法律學叢書

最新 行政法講義(上)

〔改正30版〕

朴鈗炘 (박윤흔)
鄭亨根 (정형근) 共著

博英社

ADMINISTRATIVE LAW

I

30th Edition

by

YUN-HEUN PARK
HYUNG-KEUN JUNG

Pakyoungsa Publishing Co.
Seoul, Korea

새로운 책 改正30版을 내면서

1974년에 이 책을 발간한 이래 독자 여러분의 성원에 힘입어 거의 매년 개정판을 거듭 발간하여 그동안 개정29판을 내고, 2009년 새해를 맞이하여 사제(師弟) 간인 정형근 교수와 함께 개정30판을 내게 된 것을 매우 기쁘고 또한 자랑스럽게 생각한다. 정형근 교수는 이 책의 발간의 목적과 내용을 누구보다도 가장 잘 알고 있으며, 그동안 변호사 실무와 학문적 연구를 병행한 분이어서 이 책의 진로에 새로운 활력을 불어넣을 것으로 확신한다.

이 책을 처음 발간한 이래 독자 여러분으로부터 특히 다음과 같은 평을 들어 왔다. 원래 행정법을 어려운 과목으로 생각하였는데 이 책을 읽으니 행정법이 쉽고 재미있어, 행정실무처리에 있어서는 물론이고, 사법시험 또는 행정고시 등에서 높은 점수를 얻는 데 크게 도움이 되었다는 것, 이 책은 행정법 전체분야를 거의 빠짐없이 고르게 그리고 균형 있게 다루고 있어 행정법 공부의 표준서로 삼을 수 있었다는 것, 우리 행정현실에서 발생하는 실제사례를 실제 경험을 가진 분이 저술한 것이므로 책 내용이 매우 구체적이어서 이해하기가 쉽다는 것 등이었다.

이와 같은 독자 여러분의 평은 바로 저자가 이 책을 저술한 의도였다. 이 책이 오랫동안 독자 여러분과 함께 할 수 있었던 것은 바로 그러한 연유 때문이라고 생각하며, 앞으로도 독자 여러분의 의중을 반영하면서 새로운 발전상황에 맞추어 독자 여러분의 새로운 수요를 충족시켜 나아갈 것이다.

이번 개정판에서도 2009년 1월 1일 현재로 그동안 제정되거나 개정된 관련 법령 그리고 헌법재판소 결정과 대법원 및 하급법원의 주요판례를 반영하였고, 그동안의 국내외의 행정법이론 동향을 반영하여 많은 부분에 걸쳐 내용을 수정 또는 보완하였다.

최근에 제정되거나 개정된 중요한 법률로는, 행정심판위원회에서 재결과 심리기능을 아울러 행하도록 규정한 행정심판법, 국무총리행정심판위원회의 소속과 운영에 관한 사항을 규정하고 있는 부패방지 및 국민권익위원회의 설치와 운영에 관한 법률, 행정상 즉시강제에 대한 구제제도로 기능할 수 있도록 한 인신보호법, 질서위반행위규제법, 양벌규정에서 감독자의 의무규정을 신설한 소비자기본법 등 관련 법률, 손실보상의 방법으로 대토보상을 추가한 공익사업을 위한 토지 등의 취득 및 보상에 관한 법률, 그 밖에 식품위생법, 공공기관의 정보공개에 관한 법률, 공공기관의 개인정보보호에 관한 법률, 정보통신망 이용촉진 및 정보보호 등에 관한 법률, 행정조사기본법, 행정규제기본법, 국가배상법, 공유수면매립법, 가족관계의 등록 등에 관한 법률, 소방기본법 등의 법률의 제정 또는 개정내용을 소개하였으며, 그리고 영조물책임에서의 사회적·기능적 하자로 대표되는 교통공해로 인한 국가배상청구 사례, 소비자단체소송에 관한 내용과 절차도 소개하였으며, 행정소송법에 대한 대법원과 법무부의 개정안도 소개하였다.

또한 최근의 주목할 만한 판례도 모두 반영하였는데, 법학전문대학원 설치 예비인가 거부처분에 관한 판례, 종업원의 위반행위에 대하여 개인인 영업주도 동일하게 처벌하는 양벌규정은 위헌이라는 헌법재판소의 결정 및 그에 따라 개정된 관련 법률의 양벌조항에서 신설된 사업주의 감독의무, 무효등확인소송에서의 보충성을 요하지 않는다는 취지의 대법원전원합의체판결 등 다수의 최근 판례를 소개하였다. 특히 2009년부터 법학전문대학원이 개원함에 따라 법학교육은 깊은 학문적 이론을 습득함과 더불어 실제사례를 해결할 수 있는 능력의 배양이 필요하다는 시대적 요청을 감안하여 대법원 및 헌법재판소의 판례를 각 부분에 소개하였다.

그리고 이번 개정작업을 함에 있어 이해하기 어려운 부분을 항목별로 나누어 이해의 편의를 도모하였으며, 최대한 내용을 간결하게 정리하여 책의 분량을 감소시킴으로써 독자들의 수고를 덜어주려고 노력하였다.

독자 여러분의 성원에 힘입어 여기에 다시 새로운 책 개정30판을 내놓거니와 앞으로도 여건이 허락하는 한 계속하여 행정법이론을 현대 상황전개에 따라 수정·보완하여 나아갈 것이며, 아울러 한국의 현실에 맞추어 토착화시키기 위하여 노력할 것임을 다시 한번 다짐하여 두는 바이다.

2009년 3월 1일

박윤흔·정형근 씀

차　　례

제 1 편　行政法序論

제 1 장　行　　政

제 2 장　行 政 法

제 2 편　行政法通則

제 1 장　行政法關係

제 2 장　行政上法律關係의 原因(法律要件 · 法律事實)

제 3 장 行政上立法

제 4 장 行政計劃

제 5 장 行政行爲

제 6 장 行政節次

제 7 장 行政情報公開制度 및 個人情報保護

제 8 장 非權力行爲

제 3 편　行政意思의 實效性確保手段

제 1 장　行政意思의 實效性確保手段의 의의 및 종류

제 2 장　行政強制

제 3 장 行 政 罰

제 4 장 間接強制制度
—새로운 行政法上의 義務確保手段 등—

제 4 편　行政救濟

제 1 장 概　　說

제 2 장 行政上損害賠償

제 3 장 行政上損失補償

제 4 장 行政上爭訟

제 5 장 行政訴訟

일러두기

[法 令]

法令은 괄호 속에 인용하는 경우에 한하여 다음과 같이 생략하였다.

⑴ 條·項·號의 표시

條는 數字, 項은 동그라미, 號는 괄호 속에 든 數字로 표시하였다.

예, (河川法 제25조 제1항 제3호)→(河川 25①⑶)

⑵ 法令名의 생략

① 자주 인용되고 긴 法令은 다음과 같이 생략하였다.

國家公務員法 …… 國公
國家賠償法 …… 國賠
國稅徵收法 …… 國徵
國有財産法 …… 國財
국토의계획및이용에관한법률 …… 국토의계획및이용
民防衛基本法 …… 民防基
民事訴訟法 …… 民訴
補助金의豫算및管理에관한法律 …… 補助金管理
國家財政法 …… 國財
電氣通信基本法 …… 電通基
政府組織法 …… 政組
住民登錄法 …… 住登
서울特別市行政特例에관한法律 …… 서울特別市行政特例
地方自治法 …… 地自
地方稅法 …… 地稅
地方財政法 …… 地財
공익사업을위한토지등의취득및보상에관한법률 …… 토지등의취득및보상
刑事訴訟法 …… 刑訴
行政訴訟法 …… 行訟
行政審判法 …… 行審

② 기타 모든 法律은 끝의 「法」을 생략하였다.

예, (憲法 제5조)→(憲 5)

제 1 편　行政法序論

제 1 장
行　　政

제 1 절　行政觀念의 성립
제 2 절　行政의 의의
제 3 절　統治行爲
제 4 절　行政의 분류

제 2 장
行 政 法

제 1 절　行政法의 의의
제 2 절　行政法의 성립
제 3 절　法律에 의한 行政의 원리
제 4 절　行政法의 특질
제 5 절　行政法의 法源
제 6 절　行政法의 효력
제 7 절　우리나라 行政法의 基本原理

제 1 장 行 政

제 1 절 行政觀念의 성립

Ⅰ. 行政觀念의 歷史的 發展性

행정법을 공부하려면 먼저 그 규율대상인 행정의 관념을 밝혀야 한다. 그런데 행정은 국가작용의 한 부문으로서, 입법 · 사법의 관념과 함께 역사적 · 제도적으로 성립 · 발전된 관념이다. 따라서 행정의 관념을 밝히기 위하여는 그 성립 · 발전에 대하여 알아보아야 한다.

Ⅱ. 行政觀念의 성립

근세의 절대군주국가에서는 모든 국가작용은 단일한 전제군주의 통치작용으로 행하여졌으며, 행정이라는 관념은 아직 성립되지 않았다. 이러한 전제군주제 아래서의 과대한 권력집중에 대한 반항이 영국의 17세기 제혁명 · 미국독립(1776) · 프랑스혁명(1789) 등을 가져왔고, 이들 혁명을 통하여 근대입헌국가가 성립되었다.

근대입헌국가는 개인주의 · 자유주의를 최고이념으로 하고, 국가권력으로부터 개인의 정치적 자유를 보장하기 위한 정치적 조직원리 내지는 제도적 장치로서 권력분립(separation of powers, Gewaltenteilung)의 원리를 채택하기에 이르렀다. 권력분립의 원리에 따라 국가권력은 입법(Gesetzgebung) · 사법(Justiz) · 행정(Verwaltung)의 3권으로 분립되고 각각 별개의 기관에 분장되게 된 결과, 비로소 근대적 의미의 행정의 관념이 성립된 것이다. 여기에 권력분립의 이론과 그 현실적 형태에 대한 이해가 필요하다.[1)]

1) 박윤흔, 권력분립과 그 현대적 의의, 1966(석사학위논문).

제 2 절 行政의 의의

Ⅰ. 槪 說

(1) 행정법은 행정에 관한 법이며, 행정법학은 행정의 조직과 작용에 관한 법현상을 연구대상으로 하는 학문이므로, 그 연구의 제일보로서 행정의 관념을 밝히는 것이 필요하다.

(2) 행정의 관념은 권력분립에 입각하여 군주의 통치권 중에서 입법·사법이 분화된 후 남은 작용이 행정으로 군주(또는 행정부)에게 유보되게 됨에 따라 성립하였다.

(3) 입법·사법·행정의 의의는 국가작용의 성질을 표준으로 하여 밝히는 입장(실질적 개념), 각 기관에 분배된 권한에 따라 정하려는 입장(형식적 개념), 실정제도상 법단계설의 입장에서 법의 단계적 구조 또는 기관양태를 표준으로 순수논리적으로 밝히는 입장(순수법학적 개념) 등이 있다.

(4) 또한 행정의 의의를 밝힘에 있어서는 좁은 의미의 행정과 통치행위와의 구별을 명확히 하여야 한다. 통설적 견해가 행정법의 대상으로서의 행정에 통치행위를 포함시키지 않기 때문이다.

Ⅱ. 實質的 의미의 行政

국가작용의 성질을 표준으로 행정을 입법·사법과 구별하여 그 의의를 정립하는 경우에 이를 실질적 의미의 행정이라 한다. 그러면 과연 입법·사법·행정은 성질상의 차이가 있는 것인가. 입법과 사법은, 입법은 법규를 제정하는 작용, 사법은 법률상쟁송을 재판하는 작용이라 하여 어느 정도 간명한 정의를 내릴 수 있으나, 이른바 역사적 잔존물인 행정에 대하여는 정의를 내리는 것이 지극히 어렵다. 이에 행정의 관념 내지는 그것과 입법·사법과의 차이에 대하여는 학설이 갈린다.

1. 학 설

(1) **긍정설** 입법은 법정립작용, 사법은 법선언작용, 행정은 법집행작용이라고 하여, 그 성질상의 차이를 인정하는 전통적 견해이다. 구체적인 개념규정을 어떠한 방법으로 할 것인가에 대하여는 소극설과 적극설이 대립되고 있다.

(가) **소극설**　국가작용 중에서 입법·사법을 제외한 나머지 작용을 행정이라 한다(Hatschek, W. Jellinek).

(나) **적극설**　행정의 특징을 포착하여 적극적으로 정의하는 견해이다. 대표적인 것으로는 목적설과 결과실현설(양태설)이 있다.

(a) **목적설**　사법은 법의 실현을 목적으로 하여 법에 구속되는 작용인데, 행정은 국가목적의 실현 내지는 공익의 실현을 그 목적으로 하여 법으로부터 자유로운 작용이라고 한다(O. Mayer).[1]

(b) **결과실현설(양태설)**　현대행정의 적극적·형성적 모습을 염두에 두고 행정을 정의하려는 견해이다. 행정은 「법의 범위 안에서 법에 의하여 행하여지는 장래에 대한 계속적인 사회형성활동」[2] 이라고 하는 것이 대표적이다. 우리 학자들의 일반적 견해라 하겠다.[3]

이 견해가 행정을 다른 국가작용으로부터 구별할 명확한 판단기준을 제시하는 데 완전히 성공하였는가는 검토의 여지가 있으나, 오늘날의 행정이 소극적인 질서유지에 그치지 않고 모든 영역에 걸쳐 국민의 생활배려를 위하여 보다 적극적인 활동을 행하고 있는 현실에 입각하여, 행정의 일반적 성질을 파악함에 있어 보다 성과를 거두었다 하겠다.

(2) **부정설(기관양태설)**　3작용의 성질에 따른 실질적 구별은 불가능하다고 한다(A. Merkl 등).[4] 그 구별은 오직 그 작용이 차지하는 실정법질서에서의 단계적 구조와, 그 작용을 담당하는 기관의 양태의 차이라는 형식적 표준에 의하는 수밖에 없다고 한다.

이 견해에 대하여는, 작용의 성질이 다르기 때문에 그것을 집행하는 기관의 성질에 차이가 생긴 것이라 할 것이고, 기관의 성질이 다르기 때문에 작용의 성질에 차이가 생기는 것은 아니라고 할 것이므로, 이 견해는 논리가 전도된 것이라는 비판을 받는다.

(3) **행정의 개념징표설**　(가) 행정의 의의는 긍정설에 따라 정하여야 한다는 것을 인정하면서도, 행정은 정의(definiern)할 수는 없고 묘사할 수밖에 없다고 하여, 종래의 개념정의 방식에 의한 접근방법보다는 행정의 본질적 성격을 특징지울 수 있는 개념징표(Merkmal)의 발견을 통한 접근방법이 보다 유용하다는 견해가 있다.[5] 그리하여 행정의 개념징표로는 행정은 ① 공익실현을 목적으

1) O. Mayer, Deutsches Verwaltungsrecht I, 1. Aufl., S. 13.
2) E. Forsthoff, Lehrbuch des Verwaltungsrechts, Bd. I, 10. Aufl., S. 1.
3) 김도창(상), p. 60; 이상규(상), p. 58; 서원우(상), p. 5; 최세영, p. 17; 홍정선(상), p. 6.
4) A. Merkl, Allgemeines Verwaltungsrecht, S. 36ff.
5) 김남신(I), p. 41; 서원우(상), p. 5.

로 하는 점, ② 공동체에 있어서 사회형성을 담당하는 점, ③ 행정주체의 작용인 점, ④ 적극적·미래지향적 형성활동이라는 점, ⑤ 법규와 상하의 계층체에 의한 지도·감독을 받으면서도 광범한 활동자유(Handlungsfreiheit)를 가지는 점, ⑥ 다양한 형식에 의하여 행하여지는 점, ⑦ 구체적인 사안에 대한 규율을 행하는 점을 든다.[1)]

(나) 개념징표론은 방법론적 장점은 인정할 수 있다고 하더라도, 그 내용에 있어서는 긍정설의 주장과 뚜렷한 차이를 발견할 수 없다고 하겠다.

(4) 결언 (가) 원래 권력분립을 전제로 3작용의 분화가 된 것은 각 작용이 상대적이나마 성질상의 차이가 있음에 기한 것이라 하겠다. 그러므로 결과실현설에 따라 3작용을 구별함이 타당하다고 본다.

(나) 종래 다양한 분야에 걸친 행정의 특질을 정확하게 파악하는 것이 지난함에도 불구하고 적극설이 행정을 적극적으로 정의하여 보려고 시도한 것은, 미리 행정의 특질을 명백히 하여 둠으로써, 그것을 구체적인 문제에 대한 해석상의 지침으로 활용하려 한 것이었다고 하겠다.

2. 實質的 의미의 行政의 의의 및 그 特色(立法·司法과의 차이)

(1) 행정의 의의 분설하면 다음과 같다.

(가) 법 아래서 법의 규제를 받는 작용이다. 이 점에서 행정은 법의 실현이라고 할 수 있다. 그러나 모든 행정이 법을 그대로 실시한다는 의미가 아니고, 행정이 법에 근거하여야 한다는 의미이다. 행정에 대하여는 법에 의하여 넓은 재량이 인정되는 경우가 많다.

(나) 사법 이외의 국가목적실현을 위하여 행하는 구체적 작용이다. 국가목적은 ① 좁은 의미의 국가목적과, ② 사회목적으로 나눌 수 있으며, 이들 목적 실현을 위하여 장래에 향하여 현실적 결과를 형성하는 구체적인 작용이 곧 행정이다.

(다) 전체로서 통일성을 지닌 계속적·형성적 국가활동이다. 행정작용은 개별적으로는 개개의 국가행위로 이루어지지만, 전체적으로 보면 통일적 계속성을 갖는 형성적 국가활동이라 할 수 있다.

(2) 실질적 의미의 행정과 입법·사법과의 구별 위와 같은 행정개념에 대비하여 입법 및 사법의 특색을 보면 다음과 같다.

(가) 입법 사회생활을 규율함에 필요한 일반적·추상적 법규를 정립함을

1) Erichsen/Martens, Allgemeines Verwaltungsrecht, S. 5ff.; 석종현(상), p. 97 참조.

목적으로 하는 작용으로, 사법과 행정이 따라야 할 기준을 정한다는 점에 그 특색이 있다. 이 점에서 입법은 법규범을 구체적·개별적으로 집행하여 국가목적을 실현하는 작용인 행정과 구별된다.

(나) **사법**　법 아래서 행하여지는 작용인 점에서는 행정과 공통성을 가진다. 그러나 사법은 당사자간(사인상호간 또는 행정주체와 사인간)에 구체적인 법률상 분쟁의 존재를 전제로 하여, 소제기에 기하여, 일정한 절차를 거쳐, 무엇이 법인가를 판단·선언함으로써 분쟁을 해결하기 위한 작용이다. 개개의 구체적인 사건에 대하여 정당한 법의 적용을 보장하여 국가법질서를 유지함을 목적으로 하는 작용인 점에 특색이 인정된다. 사법을 법목적적 작용, 행정을 공익목적적 작용이라 함은 이를 나타낸 것이라 하겠다.

(3) 행정내용의 변모　(가) 현대행정에 있어서는 국민의 복지를 증진하기 위한 행정이 대폭적으로 확대되고 있다.

현대에 있어서는 자유국가에서 복지국가로 국가이념이 크게 바뀌어 국민의 「인간다운 생활」의 보장이 국가에 의한 행정의 궁극의 목표로 되었다. 사회질서의 유지와 함께 국민의 생활권(헌 31 내지 36)의 실현을 지향한 생활배려가 행정의 중요한 사명이 되었다.

(나) 또한 현대에 있어서는 행정의 질적 변화가 생기게 되었다. 오늘날의 복리국가적 헌법이념 아래서는 질서유지행정이라 하더라도 결코 추상적인 공익실현작용만으로 볼 것은 아니고, 궁극적으로는 국민 각 개인의 건강·안전·자유·재산 등의 기본적 인권을 위해로부터 방지하기 위하여 실시되는 국민을 위한 활동으로서, 넓은 의미에서는 국민에 대한 역무제공활동의 일환으로 볼 수 있게 되었다. 그리하여 오늘날에는 경찰관이 직무를 해태하여 위험을 방치함으로써 국민에게 손해가 생긴 경우에는 국가배상책임이 인정되는 경우도 있다고 보게 되었다.

(4) 공공역무로서의 행정과 그 한계　우리 헌법 아래서의 행정의 특질을 위와 같은 것으로 볼 때, 행정활동은 국민의 행정수요에 정확하게 부응하여 민의에 따라 실시되는 것이 이상적이라 하겠다. 그러나 행정을 시민을 위한 역무제공활동으로 규정하는 것은 결코 현대행정이 시민으로부터의 요청이 있으면 무엇이든 실시하여야 한다는 것을 의미하는 것은 아니다.

행정부는 국민다수의 의향을 끊임없이 수렴하여야 하지만, 다른 한편으로 그의 전문지식과 경험에 의하여 자기책임 아래서 일관된 정책을 수립하고 그 정책실현을 위한 지도력을 발휘하여, 무한히 존재하는 행정수요 중에서 국민에게 가장 유익한 정책을 우선적으로 선정하여 그것을 확실하고 신속하게 실현시켜 나아가야 한다.

Ⅲ. 形式的 의미의 行政

원래 권력분립은 실질적 의미의 입법·사법·행정을 각각 입법부·사법부·행정부에 분장시키는 것이라고 하겠으나, 이 원칙만에 의하면 국정의 합리적 수행에 지장을 초래할 우려가 있다. 그리하여 국정의 합리적 수행이라는 실제적·기술적 이유에 의하여 실정제도상의 권한분배에 있어서는 입법부·사법부·행정부는 그 작용의 성질로 보아서는 다른 기관의 관장에 속하여야 할 사항까지 그 권한으로 하는 경우도 있다.

이와 같이 작용의 실질(성질)을 도외시하고, 기관의 제도상의 권한을 기준으로 행정관념을 정립하여, 행정부에 의하여 행하여지는 작용을 행정이라고 할 때, 이를 형식적 의미의 행정 또는 주관적 의미의 행정이라 한다. 그리하여 실질적 의미의 행정과 형식적 의미의 행정은 그 내용에 있어 대부분은 일치되나, 완전히는 일치되지 않게 된다.

Ⅳ. 統治行爲와 行政

종래부터 넓은 의미의 행정을 통치행위(acte de gouvernement, Regierungsakt)와 좁은 의미의 행정으로 구분하고, 좁은 의미의 행정만이 법 아래 있는 작용으로서 행정법학의 대상이 된다고 이해한다. 그러므로 행정의 한계를 명확히 하기 위하여는 통치행위의 관념, 이를 인정하는 근거와 필요성, 인식표준 등을 검토할 필요가 있다(후술).

Ⅴ. 行政法學의 대상으로서의 行政

(1) 행정법학의 대상이 되는 행정은 실질적 의미의 행정인가 형식적 의미의 행정인가에 관하여 종래의 통설은 형식적 의미의 행정으로 보아 왔으며, 우리 학자 중에도 그렇게 보는 분이 있다.[1)]

그러나 형식적 의미의 행정 속에는 실질적 의미의 입법·사법도 포함되어

1) 이종극(상), p.20.

있어, 행정을 독자적인 공통원리에 의하여 지배되는 국가작용으로 파악할 수 없기 때문에, 행정법학의 대상이 되는 행정은 실질적 의미의 행정을 의미한다 할 것이다.

(2) 통치행위의 관념을 긍정한다면 이는 행정법학의 대상에서 제외될 것이다.

Ⅵ. 우리 憲法과 行政

(1) 헌법 제66조 제 4 항은「행정권은 대통령을 수반으로 하는 정부에 속한다」고 규정하고 있다. 이는 제40조 · 제101조 제 1 항과 함께 우리 헌법에 있어서의 권력분립의 원칙을 선언하는 동시에 모든 실질적 의미의 행정이 행정수반인 대통령을 정점으로 하는 행정부에 속함을 선언한 것이다. 그러나 권력분립과 이 원칙에 대하여는 실제적 · 기술적 이유로 헌법 자체가 많은 예외를 인정하고 있다. 즉, 행정부에 실질적 의미의 입법권(행정입법 등 75 · 76 · 95), 사법권(사면권 등 79)을 부여하기도 하고, 실질적 의미의 행정권을 행정부 이외의 기관에 부여하기도 한다(예: 선거관리(114 내지 116), 지방자치(117 · 118)).

(2) 우리 헌법 아래에서는 국민주권의 원리가 확립되어 국민은 국정의 주체이며, 국가는 국민의 신탁에 의하여 국민의 자유를 보장하고 복지를 증진함을 목적으로 하는 단체이다(헌 1· 10 · 34). 그리하여 우리 헌법 아래에서의 행정은 국민 각 개인의 이익을 증진하기 위하여 공공적 역무를 제공하는 작용이며, 그 실현을 담당하는 공무원도 국민전체에 대한 봉사자이다(동 7).

제 3 절 統治行爲

Ⅰ. 槪 說

(1) 국가작용은 권력분립의 원리에 따라 입법 · 사법 · 행정으로 나누어지는 바, 광의의 행정 중에는 보통의 행정과 구별될 수 있는 특수한 성질을 가진 것으로 통치행위 또는 정치행위(Regierungsakt, acte de gouvernement)라는 것이 있으며, 이는 입법도 사법도 또한 보통의 행정도 아니기 때문에 「제 4 종 국가작용」(eine Vierte Staatstätigkeit)이라고 한다.

통치행위라 함은 ① 단순한 법집행작용이 아니라 국정의 기본방향을 제시하거나 국가적 이해를 직접 그 대상으로 하는 고도의 정치성을 띤 행정기관의 행위(정치적 행위성)로서, ② 사법심사의 대상으로 하기에 부적합한 성질의 것(사법적 심사부적합성)일 뿐만 아니라, ③ 비록 그것에 관한 판결이 있는 경우에도 그 집행이 곤란한 성질의 행위(판결의 집행곤란성)를 말한다. 그리하여 보통의 행정이 법 아래서, 법에 따라 행하여지며(rechtliche Gebundenheit), 원칙적으로 사법심사의 대상이 되는데(Justiziabilität), 통치행위는 고도의 정치성을 가지기 때문에 이러한 제약을 받지 않는 특수한 국가작용이라고 말하여진다.

(2) 통치행위가 현실의 문제로 논의되기 위하여는 그 전제로 공권력 행사에 대한 사법적 심사가 고도로 발달되어 있어야 한다.[1] 왜냐하면 법원의 권한이 한정되어 정치성이 강한 행위가 미리 사법심사에서 제외되어 있으면 이 관념을 논할 실익이 없기 때문이다(후술, 제 2 차대전 전의 독일 · 일본사정 참조).

Ⅱ. 外國에 있어서의 統治行爲의 관념

1. 프 랑 스

통치행위를 일반의 행정으로부터 구별하여 보는 이론은 주로 「프랑스」에서 행정재판소의 판례를 통하여 발달되었다. 「프랑스」에서는 행정재판제도가 고도로 발달됨에 따라, 원칙적으로 모든 행정기관의 행위가 행정재판소인 국사원(Conseil d'Etat)의 통제를 받게 되었으나, 국사원은 일군의 정치성이 강한 행위(의회의 내부행위, 의회해산, 계엄선포, 외교, 군사 등)를 정치적 합목적성의 고려에서 행정재판의 대상에서 제외

1) 권영성, 헌법학원론, p. 838.

하게 되었다. 그러한 행위가 통치행위이며, 판례에 의하여 일찍부터 인정되어 오늘에 이르고 있다. 통치행위를 인정하는 근거는 행정재판소의 법정책적 견지에서의 자제에 구하고 있다(사법자제설).

판례에 의하여 종래에 통치행위로 인정된 것은 의회의 내부행위(개회·폐회·의원의 징계 등), 국회와 행정부와의 관계(정부불신임결의·의회해산 등), 계엄선포, 외교, 군사, 영예수여 등이다. 이러한 판결이 누적된 결과, 그 내용을 검토·귀납하여 학자들이 통치행위라는 관념을 수립하게 된 것이다. 그러나 오늘날에는 고도의 정치성을 띤 국가행위일지라도 국사원에 의한 통제의 대상이 되어야 한다고 봄으로써, 통치행위의 관념은 점차 축소되어 국제관계사항과 의회의 행위만이 국사원의 심리대상에서 제외되고 있다.[1)]

2. 獨　逸

제 2 차대전 전까지는 행정소송사항에 대하여 열기주의를 채택하여 고도의 정치성을 가진 문제는 열기사항에서 미리 제외되었으므로 통치행위의 관념은 이론상 논의되었을 뿐 실정법 운영상으로는 문제되지 않았다. 그러나 2차대전 후 개괄주의가 채택됨에 따라 특히 헌법재판의 한계문제와 관련하여 비로소 실제상의 문제로 등장하고 이에 관한 논의가 활발하여졌다.

독일의 학설은 바호프(O. Bachof)와 같이 공권력에 의한 기본권침해에 대하여 포괄적인 재판청구권을 보장한 기본법 제19조 제 4 항을 근거로 통치행위관념을 부인하는 견해도 있으나, 통치행위를 인정하려는 견해가 지배적이다. 그 근거로는 통치행위는 행정행위가 아니므로 행정재판소의 관할에 속하지 않는다는 비행정재판소관할설, 통치행위는 자유재량행위이므로 사법심사에서 제외된다는 재량행위설, 권력분립의 견지에서 심사할 수 없다는 권력분립설, 사법권의 자제라고 하는 사법자제설 등이 유력하게 주장되고 있다.[2)]

통치행위의 예로는 하원의 소집, 연방장관의 임면, 연방수상의 정치기준의 설정, 사면권행사, 연방하원의 해산, 연방정부불신임결정 등이 언급되고 있다.

3. 美　國

법원은 가끔 어떠한 사건에 대한 법률의 해석적용이 문제될 경우에 정치문제(political question)라는 이유로 관할권을 부인하여 왔다. 이리하여 통치행위의

1) 김동희, 프랑스 행정법상의 통치행위에 관한 고찰, 서울대학교 법학, 제25권 제 4 호, 1984. 12 월 참조.
2) E. Forsthoff, Lehrbuch des Verwaltungsrechts, 7. Aufl., S. 466.

영역을 정치문제라는 이론으로써 인정한다. 그것은 행정부나 의회 등 정치적 부문의 결정을 최종적인 것으로 하고 법원의 심사권을 부인하는 것인데, 그 이론적인 근거에 대하여는 학설이 대립되어 있으나, 권력분립에서 구하는 견해가 가장 유력하며, 판례도 대부분 이 입장에 선다(권력분립설).[1)]

정치문제의 이론을 최초로 명백히 한 판례는 「루더」 대 「보덴」(Luther v. Borden. 1849) 사건인바,[2)] 그 이래 정치문제로 다루어진 예는 외국주재대사·공사의 권한, 전쟁의 개시·종료, 국가의 승인, 조약의 해석 등 대외문제가 많고, 국내문제로는 어느 주가 공화정체인가의 문제, 헌법개정절차에 관한 문제 등이다.

4. 英 國

통치행위에 해당하는 관념을 국사행위(act of state), 순정치문제(decision of pure policy) 또는 대권행위(prerogative power)라 하여 고도의 정치성을 띤 일군의 행위를 사법심사에서 제외하고 있다.

영국에서는 군주주권사상하에서 일찍부터 왕은 제소될 수 없다(The king is immune from suit)라는 원칙이 확립되었고, 1947년의 국왕소추법(Crown Proceedings Act)이 제정됨에 따라 이 원칙이 크게 수정되었으나, 왕에 대하여는 금지영장(injunction), 직무집행영장(mandamus)을 발부할 수 없다는 보통법의 원칙은 아직도 변경되지 않고 있다. 또한 고도의 정치성을 띤 행위는 국왕의 대권행위로 보아 사법심사로부터 배제하고 있는 것이다(대권행위설). 국왕의 대외관계에 관한 외교행위 등이 이에 해당된다.[3)]

5. 日 本

일본의 경우도 독일의 경우와 마찬가지로 2차대전 전까지는 행정소송사항에 대하여 열기주의를 채택하여 고도의 정치성을 가진 문제는 열기사항에서 미리 제외되었으므로 통치행위관념은 이론상 논의되었을 뿐 실정법운영상으로는 문제되지 않았다. 그러나 제 2 차대전 후 개괄주의가 채택됨에 따라 비로소 실제문제로서 등장하고 이에 관한 논의가 활발하여졌다.

---

1) MacDougall v. Green, 335 U.S. 281, 1948 등.

2) Rhode Island주에서 반란으로 수립된 정부와 종래의 정부가 서로 합법정부임을 주장한 데 대하여, 연방대법원은 "어느 정부가 합법인가의 판단은 정치적 문제이므로 법원이 판단할 사항이 아니라, 연방의회와 연방정부가 결정할 사항이다"라고 하였다[Luther v. Borden, 7 How, 1(1849)].

3) A.W. Bradley and K.D. Ewing, Constitutional and administrative law, 14th. 2007, p. 259.

일본에서는 砂川사건에 대한 最高裁의 판결(피고인 등에 대하여 미·일안전보장조약에 기한 형사판례법 2조를 적용할 것인가의 전제로서 동법 2조 및 동법의 기초가 되는 안전보장조약이 동국헌법 9조에 위반되지 않는가의 문제에 대한 판결. 1959), 苫米地사건에 대한 最高裁의 판결(吉田내각에 의한 중의원 해산처분에 대하여 苫米地의원이 동해산처분은 무효라고 하여 세비를 청구한 사건에 대한 판결. 1960) 등에서 통치행위의 관념을 긍정하고 있으며, 학설은 긍정설과 부정설이 대립되고 있으나 긍정설이 우세하다.1)

Ⅲ. 우리나라에 있어서의 統治行爲

1. 개　설

헌법은 국회의 국회의원에 대한 징계처분 및 제명처분을 사법심사대상에서 제외시켰다(헌 64④). 구헌법(1972.12.27 제7차 개정헌법, 유신헌법)에서는 그 이외에 대통령의 긴급조치도 사법심사에서 제외시켰었다. 이는 그러한 행위를 통치행위로 본 것이라 하겠으며, 그 범위 안에서 헌법은 통치행위의 관념을 긍정한 것으로 볼 수 있다.

2. 統治行爲의 理論的 근거

(1) **긍정설**　통치행위의 관념을 긍정하는 입장도 그 근거를 법이론적 관점에서 구하는 견해(내재적 한계설·권력분립설·자유재량행위설)와 법정책적 관점에서 구하는 견해(사법부자제설)로 나누어지고 있다.

㈎ **내재적 한계설**　사법권에는 그에 내재하는 일정한 한계가 있다는 데서 통치행위에 대한 사법심사를 부정하는 이론적 근거를 구하고 있다. 이 견해에 의하면, 동태적인 정치문제는 그 지위가 독립되어 있고 정치적으로 책임을 지지 않는 법원이 심사하기에는 부적합한 것이며, 정치문제에 관한 최종적인 판단은 행정부나 국회 또는 국민의 여론에 맡기는 것이 적당하다고 한다. 그리하여 그와 같은 정치적 문제에 대한 불개입이 바로 사법권에 내재하는 한계라고 한다.

㈏ **권력분립설**　헌법상 입법·사법·행정이 분립되어 있고, 통치행위는 행정부의 전속적 권한에 속하는 사항이므로 사법심사의 대상에서 제외되어야 한다고 한다. 앞에서 본 바와 같이 미국의 통설·판례의 입장이다.2) 우리나라에서도 앞에서 본 사법부자제설과 결부되어 가장 보편적으로 취하는 견해라고 할 수 있다.3)

㈐ **자유재량행위설**　통치행위는 정치문제이며, 정치문제는 행정부의 자유재량에 속하는 행위이므로 사법심사의 대상에서 제외된다고 한다. 그러나 오늘

---

1) 金子宏, 통치행위, 행정법강좌, 제2권, p.162 이하.
2) Jaffe, Judicial Control of Administrative Action, 1965, p.363.
3) 김도창(상), p.74; 이상규(상), p.67.

날은 자유재량행위도 사법심사의 대상이 되며, 재량을 단순히 그르친 때에는 부당에 그쳐 소송은 기각되지만, 재량을 일탈·남용한 때에는 위법이 되어 인용판결(취소판결)을 받게 된다.[1] 그리하여 오늘날은 자유재량행위는 사법심사의 대상(reviewability)의 문제가 아니고, 사법심사의 범위(한계)(scope of review)의 문제로 다루어진다. 따라서 이 견해에서는, 통치행위는 사법심사의 대상에 관한 문제(reviewability)인 데도 불구하고, 사법심사의 범위의 문제인 자유재량행위로 설명하려는 데 난점이 있다.

㈑ 사법부자제설　통치행위가 사법심사에서 제외되는 것은, 법원이 다른 국가기관의 고도의 정치성 있는 행위에 관여하는 것을 스스로 억제하기 때문이라고 보는 견해이다. 이 점에서 이 견해에 대하여는 심사권의 포기를 주장하는 것으로 그것은 헌법규정에 위배될 뿐만 아니라, 이러한 고의적 심사포기 내지는 심사기피는 그 자체가 곧 어느 쪽의 정치적 입장을 대변하는 것이 된다는 비판이 있다.

(2) 부정설　헌법이 법치주의와 권력분립을 규정하고 있고 또한 행정소송에 있어서 개괄주의를 채택하고 있으므로 통치행위의 관념은 인정할 수 없다고 한다. 통치행위를 인정하게 되면, 헌법이 인정하고 있는 명령·처분에 대한 법원의 위헌·위법심사권(헌 107②, 법조 2①·7①)을 부인하게 되고, 정치의 무법상태를 허용하게 되기 때문이라고 한다.[2] 부인설은 법이론적으로는 명쾌하나 법률문제가 내포되어 있다고 하여 모든 정치문제를 사법심사의 대상으로 하는 경우 야기될 수 있는 현실적인 문제점을 간과하고 있다는 비판을 받는다.

(3) 판　례

㈎ 대법원　① 1964년 6·3사태를 수습하기 위한 비상계엄선포(대법원 1964.7.21. 64 초 3·64 초 6)와 이른바 10·26사태를 수습하기 위하여 1979.10.27. 선포한 비상계엄선포행위를 통치행위로 인정하였다.

「대통령의 계엄선포행위는 고도의 정치적·군사적 성격을 띠는 행위라고 할 것이어서, 그 선포의 당, 부당을 판단할 권한은 헌법상 계엄의 해제요구권이 있는 국회만이 가지고 있다 할 것이고, 그 선포가 당연무효의 경우라면 모르되, 사법기관인 법원이 계엄선포의 요건 구비 여부나, 선포의 당, 부당을 심사하는 것은 사법권의 내재적인 본질적 한계를 넘어서는 것이 되어 적절한 바가 못된다」(대법원 1964.7.21. 64 초 3; 대법원 1979.12.7. 79 초 70; 대법원 1997.4.17. 96 도 3376 전원합의체판결 반란수괴·반란모의참여·반란중요임무종사 등).

---

1) 김동희(Ⅰ), p.11.
2) 김철용, 우리 헌법과 통치행위, 법정, 1964.6월호.

② 남북정상회담 개최행위에 대하여도 통치행위로 인정한 바 있다.

「남북정상회담의 개최는 고도의 정치적 성격을 지니고 있는 행위라 할 것이므로 특별한 사정이 없는 한 그 당부를 심판하는 것은 사법권의 내재적·본질적 한계를 넘어서는 것이다」(대법원 2004.3.26. 2003 도 7878 외국환거래법위반·남북교류협력에관한법률위반등).

(나) 헌법재판소　① 대통령의 2003.3.21. 국군부대의 이라크전쟁 파견결정과 국회의 2003.4.2. 국군부대의 이라크전쟁 파견결정도 통치행위이다.

「이 사건 파견결정은 그 성격상 국방 및 외교에 관련된 고도의 정치적 결단을 요하는 문제로서, 헌법과 법률이 정한 절차를 지켜 이루어진 것임이 명백한 이 사건에 있어서는, 대통령과 국회의 판단은 존중되어야 하고 우리 재판소가 사법적 기준만으로 이를 심판하는 것은 자제되어야 한다」(헌법재판소 2003 헌마 255, 2003 헌마 256 병합 이라크전쟁파견결정등위헌확인등)

② 금융실명제 실시를 위한 1993.8.12.「금융실명거래및비밀보장에관한긴급재정경제명령」의 발령도 통치행위로 보았다.

「대통령의 긴급재정경제명령은 국가긴급권의 일종으로서 고도의 정치적 결단에 의하여 발동되는 행위이고 그 결단을 존중하여야 할 필요성이 있는 행위라는 의미에서 이른바 통치행위에 속한다. 그러나 이른바 통치행위를 포함하여 모든 국가작용은 국민의 기본권적 가치를 실현하기 위한 수단이라는 한계를 반드시 지켜야 하는 것이고, 헌법재판소는 헌법의 수호와 국민의 기본권 보장을 사명으로 하는 국가기관이므로 비록 고도의 정치적 결단에 의하여 행해지는 국가작용이라고 할지라도 그것이 국민의 기본권 침해와 직접 관련되는 경우에는 당연히 헌법재판소의 심판대상이 될 수 있는 것일 뿐만 아니라, 긴급재정경제명령은 법률의 효력을 갖는 것이므로 마땅히 헌법에 기속되어야 할 것이다」(헌법재판소 1996.2.29. 93 헌마 186 전원재판부 긴급재정명령등위헌확인).

이러한 입장에 선다면 국가작용은 대부분이 국민의 기본권침해와 직접 관련된다고 할 것이기 때문에 통치행위관념을 극히 제한적으로 인정한 것이라고 할 것이다.

(4) 결언　(가) 부정설은 헌법 제107조 제2항의 문리해석으로부터 출발한 것으로, 헌법이 규정한 행정소송사항에 대한 개괄주의를 중시한 것이다. 법이론적으로는 부정설이 논리적이라 할 것이다.

(나) 위에서 본 통치행위의 이론적 근거에 관한 학설은, 사법심사의 대상의 문제를 사법심사의 한계의 문제로 설명하려고 하는 자유재량행위설을 제외하고는 모두가 통치행위를 사법심사의 대상에서 제외시키는 이론적 근거가 될 수 있

다. 다시 말하면 이들 견해는 모두가 세부적인 이론적 모순점을 지니고 있는 것은 사실이나 크게 보아 내재적 한계설 및 권력분립설은 법이론적 근거가 될 수 있고, 사법부자제설은 법정책론적 근거가 될 수 있다고 할 것이다. 그리하여 통치행위는 사법심사의 대상으로 할 것이 아니라 정치적 비판의 대상으로 남겨 두는 것이 법이론적으로 사법권의 본질에서 보거나 권력분립의 정신에서 보아 타당하다고 할 것이고, 또한 법정책론적으로도 법적 판단작용에 적합하도록 구성되어 있는 재판제도의 취지에도 합치되고 정치의 소용돌이에 휘말리는 것을 예방할 수 있어 사법권의 독립을 유지시키는 길이 된다고 생각한다.

(다) 우리 학설은 부정설도 있으나, 긍정설이 지배적이며 판례도 같다.

3. 統治行爲의 한계 및 범위

(1) 한계　통치행위도 그것이 헌법에 근거한 작용인 이상, 국민주권의 원리, 자유민주주의 등은 물론이고, 평등의 원칙, 비례의 원칙 등 헌법상의 여러 원칙에 위배될 수 없다. 그러한 의미에서 통치행위는, 다만 「법령」으로부터 자율일 따름이지, 「법」으로부터 자유일 수는 없다.[1] 그리고 통치행위는 법원에 의한 사법심사의 대상에서는 제외되지만, 국회나 국민여론에 의한 정치적 통제까지 면할 수는 없는 것이다. 대법원은 남북정상회담의 개최는 고도의 정치적 성격을 지니고 있는 통치행위라고 하면서 그 한계를 명확히 하였다.

> 「남북정상회담의 개최과정에서 재정경제부장관에게 신고하지 아니하거나 통일부장관의 협력사업 승인을 얻지 아니한 채 북한측에 사업권의 대가 명목으로 송금한 행위 자체는 헌법상 법치국가의 원리와 법 앞에 평등원칙 등에 비추어 볼 때 사법심사의 대상이 된다」(대법원 2004. 3. 26. 2003 도 7878).

헌법재판소 역시 같은 입장이다.

> 「통치행위를 포함하여 모든 국가작용은 국민의 기본권적 가치를 실현하기 위한 수단이라는 한계를 반드시 지켜야 하는 것이고, 헌법재판소는 헌법의 수호와 국민의 기본권 보장을 사명으로 하는 국가기관이므로 비록 고도의 정치적 결단에 의하여 행해지는 국가작용이라고 할지라도 그것이 국민의 기본권 침해와 직접 관련되는 경우에는 당연히 헌법재판소의 심판대상이 된다」(헌재 1996. 2. 29, 93 헌마 186)고 하여 통치행위의 한계를 명확히 하였다.

(2) 범위　통치행위의 관념은 사법절차에 의한 개인의 권리구제를 부정할 뿐만 아니라 법원의 행정사건에 대한 심사권을 부정하는 것이므로, 통치행위

---

1) 권영성, 헌법학원론, p.846.

의 범위는 극히 제한적으로 해석하여야 한다. 특히 헌법이 국민에게 재판청구권을 보장하고(헌 27), 국회의원의 징계·제명처분을 사법심사 대상에서 제외한(헌 64④) 이외에는 개괄주의를 취하여 법원에 모든 법률적 쟁송에 대한 재판권을 부여한 것(헌 27②)으로 보아, 국민의 기본권보장을 유명무실하게 하거나 적어도 실정법에 명문의 규정이 있고 그에 관한 심사를 통하여 구체적 분쟁의 해결이 가능한 한 사법심사를 배제할 수 없고, 이러한 원칙에 벗어나지 않는 범위 안에서만 극히 한정적으로 인정하여야 할 것이다.[1]

이런 입장에서 헌법상의 작용으로 대통령의 국민투표회부권(동 72), 외교에 관한 행위(동 73), 군사에 관한 행위(동 74), 긴급재정·경제처분이나 명령 또는 긴급명령권의 행사(동 76)(다만 헌법재판소는 긴급재정경제명령의 발령행위도 국민의 기본권침해와 직접 관련되는 경우에는 헌법재판소의 심판대상이 된다고 한다.), 계엄의 선포(동 77), 사면권의 행사(동 79), 영예수여권의 행사(동 80), 국무위원 등의 임면(동 86·87), 법률안에 대한 거부권행사(동 53②)와 국회의 의사 및 의원자격심사(동 64) 등을 통치행위에 해당한다고 보아도 무방하겠다.[2]

4. 統治行爲의 法的 效果

통치행위는 사법심사의 대상이 되지 아니하므로 그 청구는 각하된다. 계엄선포 또는 긴급재정경제명령과 같은 통치행위로 피해를 입은 자에 대한 국가배상 내지 손실보상 문제가 논의되고 있다.

---

1) 74 도 3501(1985.1.29 대판)에서의 대법원판사 이회창 보충의견—특히 통치행위 중에서도 이 사건 긴급조치와 같이 국민의 기본권제한과 관련된 조치인 경우에는 기본권보장과 헌법보장의 책무를 진 법원으로서는 당연히 그 효력의 존속 여부를 심사·판단할 권한이 있다고 보아야 한다.

2) 김도창(상), p.75; 권영성, 헌법학원론, p.844.

제 4 절 行政의 분류

Ⅰ. 槪 說

행정은 주체·목적·수단 등 여러 가지 표준에 의하여 분류할 수 있다. 이러한 분류는 그 분류에 따른 각각의 행정에 적용되는 법의 특수성을 파악하는데 필요하다.

Ⅱ. 主體에 의한 분류

1. 國家行政

국가가 직접 그 기관에 의하여 행하는 행정(관치행정)을 말한다. 행정권은 국가의 통치권의 일부이므로 국가행정이 원칙적인 형태이다.

2. 自治行政

지방자치단체 기타 공공단체가 주체로 되어 행하는 행정을 말한다. 근대국가에서는 공공단체도 일정한 범위 안에서 행정사무를 담당하는 것이 통례이다(우리 헌법 118·119 참조). 다만 국가와 공공단체 간의 권한분배의 형태는 국가에 따라 달라서, 중앙집권주의에 입각한 나라도 있고, 지방분권을 강화한 나라도 있다.

3. 委任行政

국가 또는 공공단체가 자기의 사무를 다른 공공단체나 그 기관 또는 사인에게 위임하여 행하는 행정을 말한다. 사인은 보통 행정객체의 지위에 서지만, 사인이 특히 국가 또는 공공단체로부터 수임한 행정사무를 집행할 때에는 그 한도 안에서 행정주체의 지위에 선다.

Ⅲ. 目的에 의한 분류

행정은 행정주체의 대내적 조직관계인가 대외적 활동관계인가에 따라 조직행정과 행정작용으로 나누어진다.

1. 組織行政

조직행정은 행정주체인 국가와 공공단체의 조직에 관한 행정이다. 국가와 공공단체가 행정을 행함에 있어서는, 각종의 행정기관을 설치하여 각 행정기관에 일정한 범위의 행정사무를 분장시키고 그 상호관계를 체계적으로 편성하여야 하며, 또한 이러한 행정기관을 구성하는 인적·물적 요소 등을 취득·관리하는 행정이 필요한바, 이러한 행정을 조직행정이라 한다.

2. 行政作用

(1) 행정작용은 「슈타인」(L. von Stein) 이래로 이른바 행정 5분설에 따라 내무행정·재무행정·군사행정·외교행정·사법행정으로 나눈다. 내무행정은 사회의 공공질서유지 또는 사회의 공공이익증진을 직접적 목적으로 하는 작용이라 하여 사회목적적 행정이라 하고, 재무·군사·외교·사법행정은 국가 자체의 존립과 활동을 직접적 목적으로 하는 작용이라 하여 국가목적적 행정이라 한다.

(2) 군사행정·외무행정·사법행정은 군사·외교·재판 등 주사무가 따로 있고, 이에 부수되는 종적 사무만이 행정에 속한다는 뜻에서 행정에 있어서 하나의 주변적 분야라고 할 수 있다.

따라서 내무행정과 재무행정만이 순수한 행정이며, 행정의 중심적 부분이라 하겠다.

(3) 현대복지국가에서는 종래의 질서유지자에서 생활배려자로 국가이념이 전환되고, 또한 객관적 여건이 변화되어 행정작용의 범위는 사회·경제·문화의 각 영역에 있어 양적으로 확대되고, 질적으로 고도화·다양화의 길을 걷고 있다. 이같은 현실에서는 종래의 행정작용법체계 내지는 그 체계 중에서 논하여져 온 작용유형으로서는 행정작용법 그 자체의 올바른 인식과 그 합리적인 위치를 설정하는 것이 어렵게 되었다. 그리하여 기본적인 골격은 유지한다고 하더라도, 그 동안 양적으로 확대되고 질적으로 변화된 행정작용에 대하여 적정한 위치를 부여하고 올바르게 인식할 수 있기 위하여서는 행정작용을 재편성하여야 한다는 요청이 강한바, 그것은 내무행정분야에서 특히 강하다.

Ⅳ. 手段에 의한 분류

1. 權力行政

공권력을 발동하여 일방적으로 명령·강제하는 고권적 행정(hoheitliche Verwaltung; 본래적 행정)을 말한다.

경찰·규제·공용부담·재력취득(조세·전매)·병력취득 등의 작용이 이에 속하며, 이는 공권력주체로서의 작용으로 특수한 공법적 규율을 받는 것이 원칙이다.

2. 非權力行政

공권력수단에 의하지 않는 행정(nicht-hoheitliche Verwaltung; 전래적 행정)을 말하며, 관리작용 혹은 단순고권행정(schlichte hoheitliche Verwaltung)이라고도 한다. 공기업·공물·재정상관리·군정상관리 등의 작용이 이에 속한다. 국가의 공적 재산 또는 공적 사업 등의 관리에 관한 작용으로, 행정목적달성에 필요한 한도에서만 공법적 규율을 받는다.

3. 國庫行政

(1) **좁은 의미의 국고행정** 널리 행정이라고 할 때에는 국고작용(fiskalische Verwaltung) 내지는 국가의 사경제작용이 포함되는바, 이는 예컨대 국유잡종재산(농지 등)의 임대에서 보는 바와 같이 사법상의 재산권의 주체로서의 작용으로, 일반사인과 같이 사법의 적용을 받으므로 행정법의 규율대상인 행정에는 속하지 아니한다고 일응 말할 수 있다. 여하튼 전통적 의미에서의 국고작용은 사법의 규율을 받는 사법적 형식에 의하여 행하여지며, 그 목적도 직접적으로 공행정목적을 달성하기 위한 것이 아니고, 경제적 수익을 목적으로 하는 작용이다.

(2) **행정사법** 그런데 오늘날은 법률관계의 형성은 비록 사법적 형식을 취하더라도 그 목적은 직접적으로 공행정목적을 달성하기 위한 활동이 광범위하게 행하여지고 있다. 예컨대 기업의 진흥·조성을 위한 자금의 대부, 수급조절을 위한 물자의 매입·판매 등이다. 이러한 작용은 원칙적으로 사법의 규율을 받는 사법적 형식에 의하여 행하여진다는 점에서는 전통적인 국고작용의 하나로 볼 수 있으나, 그것은 그 목적에 있어서는 경제적 수익을 위한 것이 아니고, 직접 공행정목적을 달성하기 위한 것인 점에서 순수국고작용과 구별된다. 그리하여 이러한 작용에 대하여도 공법적 규율이 행하여져야 하고, 따라서 행정법학의

대상으로 하여야 한다는 뜻에서 행정사법(Verwaltungsprivatrecht)의 개념이 대두되게 되었다.

4. 行政 3分法의 문제점

위에서 본 바와 같이 우리나라에서는 행정을 수단에 따라 권력행정·비권력행정(관리행정)·국고행정으로 분류하는 행정 3분법이 지금까지의 통설로 되어 있다(개괄적 구별설). 그러나 뒤에서 보는 바와 같이 특히 비권력행정과 국고행정의 차이는 극히 상대적·유동적인 것이며, 공·사법의 혼합을 특색으로 하는 현대행정에 있어서는 개별적인 법률관계의 성질에 따라서 공법과 사법을 구별할 것이지(개별적 구별설), 개괄적으로는 논할 것은 아니라는 것이 오늘날의 유력한 견해이다.

V. 法的 效果에 의한 분류

1. 授益的 行政

국민에게 권리나 이익을 부여하는 행정을 말한다. 각종 인·허가, 보조금의 지급, 국민기초생활보장급부의 지급 등이 그 예이다. 오늘날의 복지국가에서는 수익적 행정이 증대되고 있다.

2. 侵益的 行政

국민에게 새로운 의무를 부과하거나, 기존의 권리나 이익을 박탈하거나, 각종 제재를 가하는 등의 국민에게 불이익한 행정을 말한다. 침익적 행정에 대하여서는 법률에 의한 행정의 원리상 특히 엄격한 법적 근거를 요한다.

3. 複效的 行政

수익적 효과와 침익적 효과를 아울러 갖는 행정을 말한다. 즉, 하나의 행정이 한쪽 사람에게는 이익을 부여하고, 동시에 다른 쪽 사람에게는 불이익을 주는 경우이다. 예컨대 버스업자에 대한 요금인상인가는 업자에 대하여서는 이익을, 승객들에게는 불이익을 주는 것과 같다. 복효적 행정에서는 불이익을 받는 자의 보호가 특히 문제된다.

제 2 장 行 政 法

제 1 절 行政法의 의의

Ⅰ. 槪 說

(1) 행정법(Verwaltungsrecht, administrative law)이란 행정의 조직과 작용 및 구제에 관한 국내공법을 말한다. 즉, 국가·공공단체 등 행정주체에게 존립의 근거를 부여하고 행정주체의 기관의 설치·권한 및 기관상호간의 관계 등에 관한 법 및 국가·공공단체 등 행정주체상호간의 관계에 관한 법(이들을 행정조직법이라 할 수 있다.)과, 행정주체와 사인 간의 공법상 법률관계에 관한 법(이를 행정작용법이라 할 수 있다.), 그리고 행정작용에 대한 개인의 권리구제에 관한 법(이를 행정구제법이라 한다.)을 총칭한다.

(2) 행정법이라 칭하는 통일법전이나 통칙적 규정이 있는 것은 아니며, 행정의 조직과 작용에 관한 무수한 법으로 존재하나, 전체로서 공통의 지도원리를 가진 통일적 법체계를 이루고 있음에 착안하여 행정법이라고 부르는바, 이를 분설하면 다음과 같다.

Ⅱ. 行政法은 「行政」에 관한 法이다

(1) 행정법은 「행정권」을 중심관념으로 하여 행정권의 조직과 작용 및 구제에 관한 법이다. 이 점에서 국가를 중심관념으로 하는 국가의 근본조직과 근본작용에 관한 법인 헌법, 입법권을 중심관념으로 하는 입법법(국회법·국회사무처법 등), 사법권을 중심관념으로 하는 사법법(법원조직법 등 사법조직법, 민법·상법·형법 등 사법실체법, 민사소송법·형사소송법·행정소송법 등 사법절차법)과 구별된다. 다만 이들 법은 여러 면에서 상호관련성을 갖는다.

(2) 행정법은 위와 같이 행정조직법(형식적 행정법)과 행정작용법(실질적 행정법) 및 행정구제법으로 나눌 수 있는바, 행정작용법은 오늘날의 복리국가에서는 복리행정분야에서 현저히 발전을 보이고 있다.

(3) 행정에 관한 법, 즉 행정법규는 어느 국가에서나 아직 헌법·민법·형법과 같이 그 중심이 되는 법전이나 통칙적 규정을 두기에 이르지 못하고, 행정의 조직과 작용 및 구제에 관한 무수한 법으로 되어 있다. 우리나라의 경우 이러한 법 중 비교적 일반법적인 것으로는 정부조직법·지방자치법·국가공무원

법 · 지방공무원법 · 공공기관의 운영에 관한 법률 · 지방공기업법(이상 행정조직법), 행정대집행법 · 경찰관직무집행법 · 국토의 계획 및 이용에 관한 법률 · 독점규제 및 공정거래에 관한 법률 · 환경정책기본법 · 공익사업을 위한 토지 등의 취득 및 보상에 관한 법률 · 국가재정법 · 지방재정법 · 국세징수법(이상 행정작용법), 행정절차법 · 공공기관의 정보공개에 관한 법률(이상 행정절차 및 정보공개), 국가배상법 · 행정심판법 · 행정소송법(이상 행정구제법) 등을 들 수 있다. 이들 법률은 상호간에 전혀 공통성이 없는 법규같이 보이나, 결코 그러한 것은 아니다. 행정에 관한 법은 전체로서 공통의 지도원리를 가진 통일적 법체계를 구성하며,[1] 행정법학의 임무는 이러한 공통의 지도원리를 밝히는 데 있다 하겠다.

Ⅲ. 行政法은 行政에 관한 「公法」이다

(1) 행정에 관한 법이 모두 행정법인 것은 아니다. 넓게 행정이라 할 때에는 공행정권(공권력작용 및 관리작용)의 주체로서의 작용뿐만 아니라 재산권(국고)의 주체로서의 작용도 포함한다. 그런데 전자인 작용에 대하여도 사법이 적용되는 경우가 있으며, 후자인 작용은 원칙적으로 사법의 적용을 받는다. 그리하여 행정법은 행정에 관한 모든 법을 의미하는 것이 아니고, 행정에 관한 사법을 제외한 오직 행정에 특수고유한 법, 즉 공법만을 의미한다.

(2) 이와 같이 행정법이 행정에 특수고유한 법, 즉 공법이라는 것은 공법과 사법의 구별을 전제로 하는 것이다. 그러나 제 2 차대전을 전후하여 공법 · 사법의 상대화이론 내지는 혼합관계이론(상대적 이원론)이 절대적 구별론을 극복하고 통설적인 지위를 차지하게 되었다. 상대적 이원론은 공법과 사법의 구별은 실정제도상의 구별로 보며, 행정활동에 관한 법관계라고 하여 그것만으로 당연히 사법규정의 적용이 배제되는 것이 아니고, 실정법상 특수한 규율을 하고 있거나 법해석상 특수한 법원리가 인정되는 범위 안에서만 사법규정의 적용이 배제된다고 한다.

(3) ㈎ 행정주체가 사경제주체(국고)로서 활동하는 경우 그 작용은 사인의 행위와 다름이 없으므로 사법이 적용된다. 그런데 오늘날에는 행정기능의 확대 및 그 다양화에 따라 공행정역무에 해당하는 것을 사법적 규율하에서 수행하는 경우도 많다. 이 경우 그 법률관계는 물론 사법관계이나, 그 역무 자체는 공행정

1) 그리하여 오늘날은 각 분야별로 관계법규가 방대하여지고 내용도 전문화되어 분화 · 독립되는 경향을 보이고 있다. 사회보장법 · 토지법 · 환경법 · 경제법 · 조세법 등이 그 예이다. 그러나 이들은 분화 · 독립되더라도 행정법의 하나의 분야임에는 변함이 없다고 하겠다.

작용이라는 사실에 기인하여 그 법률관계를 규율하는 사법은 일정한 공법규정 또는 공법원리에 의하여 수정을 받게 된다. 이러한 경우를 행정사법이라 하는데, 이러한 행정사법은 행정법학에서도 주요한 고찰대상이 된다.[1]

(나) 그리고 원래 공법 · 사법이원론은 사법법원과는 다른 계통의 행정재판소를 두는 불·독 등 국가에서의 이원적 재판제도와 밀접한 관련이 있다. 재판제도가 일원화된 오늘날에는 공법 · 사법이원론을 일응 백지화하고, 모든 법률질서 중에서 행정에 관한 법적 규제의 특수성이 어떻게 구성되었는가를 새롭게 보는 것이 효과적이라 하여 공법이건 사법이건간에 행정에 특유한 법을 행정법으로 이해하려는 새로운 견해도 있다.[2] 이 견해는 공법 · 사법의 구별을 부인하고 공법을 사법에 대한 특별법으로 보는 것이다(공법 · 사법일원론).

Ⅳ. 行政法은 行政에 관한 「國內公法」이다

행정에 관한 모든 공법이 모두 행정법이 아니고, 그 중에서 국내행정에 관한 공법만이 행정법이다. 국제조약이나 일반적으로 승인된 국제법규 등 국제적 규율은 그 자체로서는 국제법을 구성하는 것으로 국제법학의 연구대상이다. 그러나 국제적 규율도 우리나라에서는 헌법 제 6 조에 의하여 「국내법과 같은 효력」을 가지므로, 국제적 규율 중 국내행정에 관계가 있는 것은 행정법의 일부를 구성하며(예: 조세 · 교통 · 정보통신 · 공업소유권 · 위생 · 노동 등에 관한 조약 등), 행정법학의 연구대상으로도 된다.

1) 成田賴明, 비권력행정의 법률문제, 공법연구, 제28호, p. 145; 김철용(Ⅰ), p. 13; 김동희(Ⅰ), p. 23.
2) 今村成和, 행정법입문, 제 6 판, p. 25.

제 2 절 行政法의 성립

I. 概 說

근대입헌국가에 이르러 비로소 행정관념이 성립하였으나, 행정관념의 성립이 곧 행정법의 성립을 뜻하지는 않는다. 행정법학의 연구대상인 독립의 법체계로서의 행정법은 각국의 특수한 정치적·경제적·사회적 지반 위에서 특수한 연혁을 지니고 성립하게 되었으며, 이는 불·독 등 대륙법계국가와 영·미계국가가 다르며, 프랑스와 독일은 같은 대륙법계국가이지만 그 유형이 서로 다르다.

II. 佛·獨 등에서의 行政法의 성립과 그 類型

1. 성 립

행정법이 성립하기 위하여 법치국가(Rechtsstaat)사상의 발전과, 행정제도(régime administratif)관념의 발달이라는 두 가지 요건이 필요하였다.

(1) **법치국가사상의 발전** 근대국가에 있어서의 법치국가사상은 두 가지 측면을 가진다. 즉, 하나는 근세초기에 국가의 목적을 국민의 행복실현에 두고, 이를 구실삼아 개인생활의 모든 영역에 국가의 간섭을 무제한하게 인정한 이른바 경찰국가(Polizeistaat)에 대항하여, 자연법적인 자유주의사상을 배경으로 국가의 직능을 내용적으로, 개인의 자유·평등을 확보하고 법률질서의 유지에 한정하여야 한다는 정치적 원리인 측면이다. 다른 하나는 국가의 직능을 내용적으로 한정함에 그치지 않고, 또한 방법적으로 국가권력의 행사는 법에 근거하여 법에 따라 행하여져야 한다는 측면이다.

(2) **행정제도의 발달** 법치국가사상의 발전으로 근대적 행정법 성립의 지반이 마련되었으나, 행정에 관하여 사인상호간에 적용되는 법과 다른 특수고유한 법체계로서의 행정법이 성립하기 위하여는 다른 요건, 즉 행정제도라는 관념의 발달을 필요로 하였다. 여기서 행정제도란 행정권의 지위를 보장하는 제도로서 「행정에 특수고유한 법」의 형성과 「행정재판제도」의 존재를 그 요소로 한다.

㈎ **프랑스** 행정제도의 관념의 발전은 「프랑스」에서의 행정권과 사법권과의 대립·항쟁에서 유래한다. 즉, 혁명 전 사법재판소(parlement)가 그 개괄적 관할권을 주장하여 왕의 행정에 간섭하였다. 이에 왕은 그 간섭을 배제하고 행정의 원활한 운영확보를 위하여 행정권 내부에 왕실고문(Conseil du Roi)을 설치

하여, 행정사건을 재판하게 하였다. 이것이 행정재판제도의 효시로, 혁명 후에는 왕실고문에 갈음하여 1799년에 최고행정재판소인 국사원(Conseil d'Etat)과 각 도에 도참사원(Conseil de préfecture)이 설치되고, 이들의 판례를 통하여, 사법에 대하여, 행정에 특수고유한 법체계로서 행정법의 발달이 촉진되었다. 「프랑스」 행정법이 판례법을 중심으로 발달하였다고 말하는 이유는 거기에 있다.[1)]

(나) 독일 ① 통일적 국가가 성립되고 경찰권이 특히 발달된 이른바 경찰국가시대에 이르러, 국가의 공권력주체로서의 지위와 재산권주체로서의 지위, 즉 국고(Fiskus)가 각각 독립·별개의 것으로 인정되기에 이르렀다. ② 그 후 입헌군주정으로서의 근대법치국가의 성립과 더불어, 법치국사상의 발전에 따라 공권력주체인 지위에 대하여도 새로운 법적 구속을 받게 되었다. 그러나 행정권은 종래 누려온 특수한 우월적 지위를 계속 유지하려 하여 아직도 국민에 대한 행정권의 우월성(권력성·공익우선성)을 전제로 하되, 그것을 제약하기 위한 법으로서 사법과는 다른 행정에 특수고유한 법을 제정하게 되었다. 그리고 행정의 자율성과 특권을 옹호하려 하여 이러한 법의 적용에 관한 재판을 맡게 하기 위하여 프랑스를 모방하여 1860년대 이후 각 「란트」에서 차례로 행정재판소를 설치하게 되었다(Baden 1863 Preußen 1872 등). 이들 양자가 함께 행정에 특수고유한 법체계를 발달시키게 된 것이다.

이러한 행정제도가 인정된 국가를 행정국가(Verwaltungsstaat)라 한다.

2. 類 型

(1) **프랑스** 행정법의 개념적 징표를 공공역무(public service)에 두고, 이에 관한 것은 널리 행정법의 규율을 받게 되고, 행정재판소의 관할로 하는 것이 일반적 경향이었다. 프랑스에서는 행정법으로 규율하는 대상은 넓게 인정하면서도, 행정법은 행정권의 특권적 지위의 보장을 목적으로 하는 것이 아니라 민주적인 시민사회에서의 행정의 공공적 기능을 보장하고 개인의 권리보호를 두텁게 하려는 데서 특색이 인정된다.

---

1) 「블랑코」(Blanco)판결―1873년 2월 8일의 「블랑코」 판결은 공공역무과실의 이론에 의하여 국가배상책임이 공법적 책임이라는 것과, 따라서 행정재판소의 관할로 인정함은 물론 공공역무의 개념을 중심으로 행정법의 범위와 행정재판소의 관할권을 결정 및 확대하는 이론적 기준을 확립한 획기적인 의의가 있는 것이다. 이 판결은 「블랑코」라는 어린이가 국영의 「보르도」담배공장의 고용원이 끄는 담배운반수레에 치어 부상을 입어, 그 아버지가 「보르도」 민사재판소에 민법 제1382조 이하에 의하여 고용인과 국가를 상대로 손해배상청구소송을 제기한바, 도지사가 그 관할위반의 항변을 제기하였고, 소를 각하함으로써 관할 쟁의가 되어 관할재판소의 판단을 받게 된 것이다. 관할재판소는 이 사건을 공공역무라 하여 행정재판소의 관할로 판결하였다.

(2) 독일 (가) 제 1 차대전 후「바이마르」공화국이 성립하면서, 1919년의 헌법은「민주국가화」와「사회국가화」를 표방하였는데, 입헌군주제로부터 민주공화제로의 전환은 행정법에 있어서도 어느 정도 민주화의 결실을 가져왔으나 기본적인 변혁은 가져오지 못하였다. 그것은 행정소송사항의 열기주의나 행정권의 명령을 실현하기 위한 포괄적인 행정권의 자력강제에서 엿볼 수 있었다. 그러나 사회국가화는 복리행정의 확대·강화를 가져와서 종래의 권력행정·국고행정 이외에 비권력행정을 새로이 추가하는 이론이 확립되게 되었다.[1)]

(나) 그러나 제 2 차대전 후「본」기본법 아래서는, 새로운 차원에서 민주국가화와 사회국가화의 2대목표를 추진함으로써 과거의 전형적인 권력적 행정제도의 해체에 나섰으며, 그에 따라 행정법도 커다란 변화를 겪게 되었다.[2)] 행정법의 민주화의 노력은 실질적 법치국가주의와 사법국가주의로 나타났다. 사법국가주의에 따라「본」기본법 아래서는 개괄주의가 채택되고(19④), 행정재판소는 드디어 종래와 같은 행정 내부의 자기통제기구가 아니고, 사법재판소의 일종으로 되어 행정권에 대하여 독립된 사법권의 일환으로서 행정사건을 심리하게 되었다. 또한 행정재판소법(1960) 아래서는 취소소송 이외에 의무이행소송(Verpflichtungsklage)이 인정되고, 행정사건에 있어서의 보전처분도 완비되었다.

그리고 행정법의 사회국가화는 1960년대 후반 이래 급부행정·규제행정 등 비권력적 수단 또는 사법적 수단에 의한 복리행정이 대폭적으로 확대·강화됨에 따라 행정법학의 관심을 비권력행정의 체계화 및 행정사법(Verwaltungsprivatrecht)에 쏠리게 하였다.[3)]

Ⅲ. 英·美에서의 行政法의 성립

(1) 영국에서는 옛날 왕의 행정권 내에 특별한 행정재판소가 설치된 때가 있었으나, 명예혁명 후「법의 지배」(rule of law)의 원리가 확립되어 국가와 사인간의 관계도 사인 상호간의 관계와 똑같이 원칙적으로「코먼 로」(common law)가 지배되고, 그에 대한 쟁송은 통상재판소가 재판하였으며, 특수한 법체계인 행정법은 존재하지 않았다. 그러나 19세기 말 이래 사회경제가 복잡화하여, 종래의 자유방임주의를 기조로 하는 통상재판소에 의한 권리보호나 보통의 행정청의

1) E. Forsthoff, Lehrbuch des Verwaltungsrechts, S. 369.
2)「본」기본법 아래서는「바이마르」헌법 아래서와는 달리,「베르너」(Werner)의 말처럼「행정법은 구체화된 헌법」이라는 인식이 성립하게 되었다.
3) 김도창(상), p. 86.

활동만으로는 개인의 권익과의 조정을 도모하면서 사회공공복리를 실현하는 것이 곤란하게 되었다. 이에 행정의 각 분야에 있어 전문적 · 기술적 문제를 처리하게 하기 위한 행정위원회(administrative commissions or boards)가 설치되고,[1] 이에 행정적 기능 이외에 입법적 기능 및 사법적 기능이 부여되었다. 영·미의 행정법(administrative law)은 이러한 행정기관의 권한, 권한행사의 절차, 그 활동에 대한 사법심사 등에 관한 법을 중심으로 하여 발달하였다. 이와 같이 성립한 영미행정법은 자유의 과잉에서 출발하여 권리 · 자유와 공공복리의 조화를 목적으로 한다는 점에서, 외견입헌군주적 행정권의 해석학으로 출발하여 행정권의 권위적 우월성을 보장함을 목적으로 하는 과거의 독일이나 일본의 행정법과는 다르다 하겠다.

1) 미국연방에만 오늘날 51개의 독립행정위원회가 있는 것을 알려지고 있으나, 그 중에서 특히 중요한 것은 7대위원회(big seven)이다. 그것은 ① 1887년의 주제통상위원회(Interstate Commerce Commission: I.C.C), ② 1914년의 연방거래위원회(Federal Trade Commission: F.T.C), ③ 1930년의 연방동력위원회(Federal Power Commission: F.P.C), ④ 1934년의 증권거래위원회(Securities and Exchange Commission: S.E.C), ⑤ 1934년의 연방통신위원회(Federal Communication Commission: F.C.C), ⑥ 1935년의 전국노동관계위원회(National Labor Relation Board: N.L.R.B), ⑦ 1938년의 민간항공위원회(Civil Aeronautics: C.A.B) 등이다.

제 3 절 法律에 의한 行政의 원리

Ⅰ. 槪 說

(1) 법률에 의한 행정의 원리(Prinzip der gesetzmäßigen Verwaltung)는 법치국원리의 행정면에서의 표현으로 행정법의 기본원리임과 동시에 행정법이 성립하기 위한 전제요건이다.

(2) 행정법은 헌법적 가치를 실현하기 위한 법이지마는 이 원리를 비롯한 행정법의 기본원리는 행정이 추구하여야 할 실체적인 헌법적 가치 그 자체가 아니고, 그러한 가치를 실현하는 과정에서 준수하여야 할 가치라고 하겠다. 그것은 실체적 가치에 대하여 절차적 가치라고 할 수 있겠다.

(3) 근대 독일 행정법학의 기반을 마련한 「오토 마이어」(Otto Mayer)는 이 원리를 법률의 지배(Herrschaft des Gesetzes)라는 개념으로 파악하고 그 내용으로 법률의 법규창조력, 법률유보, 법률우위를 들었다.

이 원리의 이념적 기초는 자유주의적 정치사상이다. 행정이 국민대표기관인 의회가 제정한 법률에 따라야 한다는 점에서 민주주의적 요소가 없는 것은 아니나 원래는 자유주의적 요소에 중점이 놓여졌었다. 그러나 이 원리가 자유주의에 기초를 두고 있다고 할지라도 독일의 입헌군주제의 산물이라는 데서 오는 일정한 한계가 있었다. 이 원리는 행정권에 의한 자유와 권리에 대한 침해를 법률에 의하여 방어하려는 것이었으나, 법률의 내용 자체가 국민의 자유와 권리를 실질적으로 보장하여야 한다는 법률의 내용 자체에 대한 방파제를 마련하지 못하였다. 그리하여 법률과 행정과의 형식적 관계만을 규율하는 형식적 법치국가로 되어, 그 본질적 요소를 상실하였다. 그러나 제 2 차대전 후에는 행정의 준거가 되는 법률의 내용 자체가 국민의 자유 · 권리를 보장하는 것이어야 하고 이러한 법률에 의하여 행정이 행하여져야 한다는 실질적 법치국가주의를 채택하게 되었다.

(4) 영미에서의 법의 지배(rule of law)는 처음부터 법의 내용 자체도 문제로 삼았다. 그리하여 개인의 자유와 재산을 부당하게 제한하는 법률이 제정된다면 그것은 법의 지배에 위배되는 것으로 보게 된다.

(5) 우리 헌법상으로는 권력분립에 관한 규정(40 · 66④ · 101 등), 기본권보장(10 이하), 사법심사에 관한 규정(107조) 등이 이 원리의 실정법상 근거가 된다.

Ⅱ. 獨逸 등에서의 法律에 의한 行政의 원리

1. 法治主義의 內容

(1) 법률의 법규창조력 ㈎ 법률의 법규창조력은 국가작용 중 국민의 권리의무에 관한 새로운 규율을 정하는 것은 모두 입법으로서 의회가 행하여야 한다는 것이다. 이것을 보통 「오토 마이어」의 용어례에 따라 법률의 법규창조력(rechtssatzschaffende Kraft des Gesetzes)이라고 한다. 보통 의회의 입법에 의하여 정하여지는 규율을 법률이라 하고, 국민의 권리의무에 관한 새로운 규율을 법규라 하므로 그와 같이 불리워진다.

㈏ 법률의 법규창조력에서 다시 다음의 적극·소극의 두 가지 내용의 원칙이 파생된다.

(2) 법률유보 적극적 의미의 법률적합성의 원칙이라고도 하며, 행정은 법적 근거를 갖고서 이루어져야 한다는 것을 의미한다. ① 의회의 입법이 아직 규율하고 있지 아니한 사안에 대하여는 정부의 행정은 어떠한 규율도 하여서는 안된다는 것으로, 만약 그러한 사안에 대하여 행정이 어떠한 규율을 할 수 있다면, 행정이 스스로 국민의 권리의무에 대하여 새로운 규율을 할 수 있는 것으로 되어 역시 법률의 법규창조력의 원칙에 위반되게 된다. 「오토 마이어」의 용어례에 따라 「법률유보」(Vorbehalt des Gesetzes)의 원칙이라고 한다. ② 법률유보는 법률우위보다 더 중요한 원칙이다. 법률우위는 소극적으로 기존법률의 침해를 금하는 것이나(법의 단계질서의 문제), 법률유보는 적극적으로 행정기관이 행위를 할 수 있게 하는 법적 근거(입법과 행정의 권한의 문제)의 문제이기 때문이다.[1]

(3) 법률우위 소극적 의미의 법률적합성의 원칙이라고도 한다. 의회의 입법에 의하여 이미 규율된 사안에 대하여는 행정은 그에 위반되는 일을 하여서는 안 된다는 것이다. 만약 그 경우에 행정이 입법에 위반되는 일을 할 수 있다면 그것은 바로 행정이 국민의 권리의무에 대하여 새로운 규율을 행하는 것으로 되어, 법률의 법규창조력의 원칙에 위반되게 되기 때문이다. 이것을 「오토 마이어」의 용어례에 따라 「법률의 우위」(Vorrang des Gesetzes)의 원칙이라 한다.

2. 形式的 法治國家와 實質的 法治國家

위에서 본 법치주의의 내용을 이루는 원리가 어떤 형태와 정도로 타당하였

1) H. Maurer, Allgemeines Verwaltungsrecht, 2006, S.116; 박균성(상), p.22; 홍정선(상), p.50.

는가에 따라 제 2 차대전 전의 독일이나 일본의 법치국가를 형식적 법치국가라 하고, 제 2 차대전 후의 그것을 실질적 법치국가라 부른다.

우리 헌법이 채택한 법치국가는 물론 실질적 법치국가이다. 판례도 같은 입장이다.

「오늘날의 법치주의는 국민의 권리·의무에 관한 사항을 법률로써 정해야 한다는 형식적 법치주의에 그치는 것이 아니라 그 법률의 목적과 내용 또한 기본권 보장의 헌법이념에 부합되어야 한다는 실질적 법치주의를 의미하며 헌법 제38조, 제59조가 선언하는 조세법률주의도 이러한 실질적 법치주의를 뜻하는 것이므로 비록 과세요건이 법률로 명확히 정해진 것일지라도 그것만으로 충분한 것이 아니고 조세법의 목적이나 내용이 기본권보장의 헌법이념과 이를 뒷받침하는 헌법상의 제원칙에 합치되지 아니하면 아니된다」(헌법재판소 2002. 5. 30. 2001 헌바 65, 2001 헌마 602(병합) 구 소득세법 제45조 위헌소원).

(1) 형식적 법치국가

(가) 「법률의 법규창조력」의 적용한계 법률의 법규창조력에는 많은 제약이 있었다. 즉, 제 2 차대전 전의 ① 독일 등에서는 의회가 제정하는 정식의 법률 이외에 행정권이 의회로부터 독립하여 독자적으로 제정할 수 있는 「독립명령」(「바이마르」헌법 48, 구일본헌법 9)과 법률에 갈음하는 「긴급명령」이 인정되어, 이러한 명령으로도 국민의 권리와 의무를 규제할 행정의 근거를 정할 수 있었다. ② 또한 행정권에 광범한 위임입법권을 인정하여 구체적인 행정권행사의 요건이 위임입법에 의하여 정하여졌다. ③ 그리고 행정권행사의 요건을 법률로 규정한 경우에도 그 정함이 극히 추상적이어서 행정권에 광범한 자유재량이 인정되고, 따라서 행정권행사를 구체적으로 구속하는 것이 못되었다.

(나) 「법률유보원칙」의 적용한계 제 2 차대전 전의 독일 등에서는 「법률유보」의 원리는 헌법 각 본조에서 열거하고 있는 권리와 자유에 한하여 그것을 침해·제한하는 경우에만 타당하다고 보거나(입법사항설), 혹은 헌법 각 본조에서 열거하고 있는 권리와 자유에 그치지 않고, 국민의 모든 권리와 자유를 침해·제한하는 권력행정에 대하여서만 타당하다고 보아(침해유보설), 그 이외의 영역에 있어서는 행정은 법률로부터 자유라고 하여 의회의 법률을 필요로 하지 않고 정부의 행정에 의하여 임의로 규율할 수 있는 것으로 보았다.

(다) 「법률우위원칙」의 적용한계 과거의 법률에 의한 행정의 원리는 국가가 국민의 권리의무를 규율함에 있어서는 먼저 의회의 입법으로 그것을 정하고, 다음으로 정부의 행정으로서 그것을 실제로 구체화하는 순서로 되어 있는 것을 의미하였다. 따라서, 그것은 국가가 국민의 권리의무를 규율하는 그 형식 또는

절차면에서 본 것이며, 그것은 국가가 국민의 권리의무를 규율하는 그 내용, 다시 말하면 국민의 권리의무에 대하여 어떤 규율을 하여야 하며, 어떤 규율을 하지 않아야 하는가에 대하여는 관계하지 않는다고 보았다. 이와 같이 법률에 의한 행정의 원리는 국민의 권리의무에 관한 사항을 새로이 정할 때에는 법률로 정하여야 한다는 것뿐이고, 그 경우 헌법상 법률의 내용이 어떠하여야 한다는 제약이 없었기 때문에, 법률은 문자 그대로 국가의사 가운데서 최강의 것이 되어 법률의 절대적 우위를 의미하게 되었다.

㈑ 법률에 의한 행정원리의 보장제도 법률에 의한 행정의 원리를 실체법상 확립한다고 하더라도 그 실효성을 보장하기 위하여서는 그것을 담보하는 수단이 필요하다. 과거에는 그것을 담보하는 제도가 철저하지 못하여, 법의 양면적 구속성을 담보하는 길이 극히 불충분하였다. 즉, 국민측의 법률위반에 대하여는 행정강제와 행정벌에 의하여 용서 없이 조치가 취하여졌으나, 국가측의 위법한 행정에 대하여는 행정소송사항이 열기주의로 되어 있었기 때문에 다툴 수 있는 경우가 한정되었고, 그러한 소송은 행정기관의 하나인 행정재판소에 의하여 수행되었으며, 위법한 행정권행사에 대한 국가의 손해배상책임이 완전히 부인되었다.

㈒ 법치국가원리의 변질 요컨대 과거의 법률에 의한 행정의 원리는 「행정에 대한 법적 통제」에 그 목적이 있음에도 불구하고, 행정권력에 법률의 형식을 부여함으로써 그 정당성을 유지하게 한 「권력의 법적 승인」에 불과하였고, 따라서 권력의 규제보다는 국민의 준법정신을 기초지워 주는 원리였다고 할 수 있다.

그리하여 19세기 후반의 독일의 법치국가론은 국민의 권리보장을 주안으로 하여 법률에 의한 행정의 원리와 그 제도적 보장을 요소로 하는 시민적 법치국가론이었으나, 위에서 본 바와 같이 차츰 행정권의 발동이 법률에 근거하여야 한다고 하는 「국가의사실현의 형식·절차」만을 문제로 하고 행정과 법률의 실질적 내용을 불문하는 형식적 법치국가론으로 변질되고, 나아가 입법권의 포괄적 수권 및 행정을 위한 광범한 자유재량권의 설정 등에 의하여 1930년대의 집행부독재적 법치국가로 변질되었다.

(2) 실질적 법치국가

㈎ 「법률의 법규창조력」의 관철 현대국가에서는 다음과 같은 두 가지 측면에서 그 원칙적인 관철이 도모되고 있다. 첫째로 독일이나 일본에서는 국회가 유일한 입법기관임을 선언하고(일헌법 41), 독립명령이나 긴급명령제도를 인정하지 아니함으로써 법률 이외의 행정조치가 법규창조력을 갖지 못하도록 하였으며,

위임명령은 기술적 견지에서 인정하되, 법률의 법규창조력의 원칙을 해치지 않도록 그 요건을 엄격하게 제한하고 있다. 둘째로 「법률」개념이 확장되고 있다. 종래의 「법률」은 실질적 법률을 의미하며, 그것은 「자유와 재산에 대한 침해를 내용으로 하는 법규범」(Anschütz, Thoma) 또는 「개개의 법인격자 간의 한계를 긋는 법규범」(Laband, G. Jellinek)으로 보았으나, 오늘날은 그와 같은 실질적 법률개념은 많은 비판을 받고 있다.

여하튼 오늘날 법률개념의 확대와 함께 법률의 법규창조력의 관철이 도모되는 영역은 그 범위가 상대적으로 넓어져 가고 있다.

(나) 법률우위원칙의 철저 오늘날은 「법률에 의한 행정」의 원리는 「행정에 대한 법률의 우위」에 다시 「법률에 대한 헌법의 우위」가 보태어졌으며, 그것은 합헌적 법률의 우위를 의미한다. 다시 말하면, 행정에 대한 법률의 우선적 효력은 그 법률(국회의사)이 헌법(최고의 국민의사)에 형식적으로뿐만 아니라 실질적으로도 적합하는 한도 안에서만 인정되며, 재판절차에서 위헌임이 확정된 법률은 그 효력이 부정된다(헌 107②). 이와 같이 다같은 「법률의 우위」의 원칙이라 하더라도 위와 같은 중대한 의미변천을 겪었으며, 실질적 법치주의의 철저를 기하는 방향으로 발전되어 오고 있다.[1)]

그리하여 오늘날의 실질적법치국가에서는 법률이 형식적·내용적으로 헌법의 기속을 받으며, 행정도 또한 헌법과 헌법원칙, 즉 평등원칙·비례원칙·신뢰보호의 원칙 등에 직접적인 기속을 받는다.

(다) 법률유보원칙의 적용범위의 확대 행정작용의 발동에는 법률의 근거를 요한다고 하는 이 법률유보의 원칙은, 동시에 행정작용에 대하여 법률로부터 자유로운 활동영역을 확보하는 행정유보의 원칙과 표리일체를 이루는 이론장치로서 발전하였다. 이는 법률유보의 원칙이 19세기 독일적 입헌군주정의 배경하에서 성립하였다는 점에서 쉽게 이해할 수 있다.

우리 헌법의 예를 들면 법률유보원칙을 명시적으로 선언하고 있는 규정은 없지만 제37조 제 2 항을 비롯하여 많은 규정에서 입법사항을 정하고 있는바(23①·③, 25, 31, 33, 38, 39, 96, 100, 107③, 118 등), 그러한 규정이 바로 법률유보를 정하고 있는 규정이라 할 것이다. 이와 같이 헌법에서 입법사항으로 정하고 있는 사항 이외의 행정영역에 대하여서도 법률유보원칙이 적용되어야 한다는 것이다.

(라) 법률유보원칙에 관한 학설

(a) 침해유보설 ① 행정활동의 자율성을 전제로 하면서 국민의 자유와 재

1) D. Jesch, Gesetz und Verwaltung, S.174.

산을 권력적으로 침해하는 침해행정작용에 대하여서만 법률의 근거를 요한다는 견해이다(O. Mayer, 미농부, 전중 등), 「오토 마이어」에 의하여 주장된 이래 오랫동안 독일이나 일본에서 통설적 지위를 누려 왔으며 판례나 행정실무의 일반적 입장이었다. ② 근대입헌국가 초기에는 법률유보는 개인의 자유와 재산을 침해하는 침해행정을 억제하기 위한 것이었으며, 당시에는 소극적인 질서유지를 위하여 행하여지는 침해행정이 행정작용의 대종을 이루었기 때문에 침해유보설이 통설적 지위를 차지할 수 있었다. 그러나 오늘날은 행정작용의 중점이 소극적인 침해행정에서 적극적인 급부행정으로 옮겨졌으며, 따라서 침해유보설은 그 기반을 잃게 되었다는 비판을 받고 있다.

(b) **사회유보설(급부행정유보설)** ① 사회유보설(Sozialvorbehalt)은 자유·재산에 대한 침해행정만이 아니라 급부행정 전반(공기업의 경영, 공공시설의 설치, 사회보장, 자금지원, 공업소유권행정 등)에 확대·적용되어야 한다고 한다(Rupp, Friauf, 산전행남 등).[1] ② 이 견해는 복리국가의 이념과 법앞의 평등원칙에 근거를 두어 오늘날의 사회적 복리국가에서는, 행정에 의한 급부를 공평하게 얻어 가지는 것(Teilhabe)도 중요한 권리로 등장하였다고 보아, 급부의 거부는 자유·재산에 대한 침해와 실질적으로 같은 의미를 갖는다는 것, 급부작용은 수혜자의 입장에서는 수익적 작용이지만 경쟁관계에 있는 제 3 자에게는 침해적 효과가 발생하는 복효적 행정행위인 경우가 많다는 것 등에서 찾는다. ③ 이 견해에 대하여는 법률의 근거를 요한다고 하는 급부행정의 범위가 애매하고, 급부행정에 있어서까지 법률의 근거를 요구하면 행정책임을 완수하기 어렵고, 입법부에 너무 과중한 부담을 지운다는 비판을 받는다.

(c) **권력행정유보설** ① 권력행정유보설은 침해행정이거나 수익행정이거나를 막론하고 모든 권력행정은 법률의 근거를 요한다는 견해이다(原田尙彦, 藤田宙靖 등).[2] ② 이 견해는 법률의 법규창조력에 근거를 두어 국민생활에 영향을 주는 일방적 행위에 대한 새로운 규범을 정립하는 것은, 입법권의 전권에 속한다고 한다. ③ 이 견해는 법적 개념으로 명확할 뿐만 아니라, 침해적인 것과 수익적인 것이 상대적인 복효적 행정행위의 경우를 설명하기가 좋고, 또한 헌법상의 민주적 통제원리에도 맞다고 할 것이다.

(d) **전부유보설** ① 전부유보설(Totalvorbehalt)은 모든 공행정작용에는 법률의 근거가 필요하다고 한다(Jesch, 杉村敏正, 今村成和, 高田敏, 室井力 등).[3),4)] ② 이 견해는 민주주의적

1) 山田幸男, 行政法의 展開와 市民法, p. 338; Friedmann, The State and The Rule of Law in a Mixed Economy, 1971, p. 95.
2) 藤田宙靖, 新版行政法 I(총론), p. 52 이하.
3) 「오스트리아」연방헌법 제18조는 이러한 취지를 명문으로 규정하고 있다(완전법치주의).
4) D. Jesch, Gesetz und Verwaltung, S. 7.

이념에 근거를 두고 있다. 헌법구조가 변화되어 자유주의와 함께 국민주권주의가 중요한 헌법원리가 된 오늘날의 헌법 아래서는 모든 행정권의 행사는 국민대표기관인 국회의 법률이라는 형식으로 표시된 국민의사를 구체화한 것으로 발동되어야 한다고 한다. ③ 이 견해는 민주주의원리를 모든 행정에 대하여 법률의 근거를 요구하는 원리로 보는 것은 타당하지 않고, 또한 오늘날의 헌법 아래서는 의회만을 민주적 정당성을 갖는 기관으로 보는 것은 타당하지 않다는 비판을 받는다. 그리고 이 견해는 국민에 대한 위험한 선물(Dangergeschenk)일 수 있다는 비판을 받는다. 왜냐하면 입법자가 법률을 제정하지 않는 한, 행정은 국민에게 필요한 급부를 행할 수 없게 되기 때문이다.[1)]

(e) **중요사항유보설(본질유보설)** ① 중요사항유보설(Wesentlichkeitstheorie)은 독일의 연방헌법재판소의 판례(1978.8.8의 이른바 Kalkar 결정 등)를 중심으로 하여 주장된 견해로서 법률유보의 범위와 강도에 대하여는 각 행정분야의 내용·기능이라든가, 국민의 법적 지위나 이익과의 관계 등 여러 가지 관점에서 분류하여 단계적·개별적으로 결정하는 것이 타당하다고 한다. ② 이 견해의 논거는 민주적·법치국가적 헌법구조의 해석에 있어서, 무엇이 법률에 유보되지 않으면 안될 중요사항인가의 입법정책적 판단은 의회의 의무와 책임이라는 데서 찾으며, 오늘날 독일에서 많은 지지를 받는 학설이다.[2)] ③ 이 견해에 의하면 기본권 등 국민의 법적 이익에 직접적 영향을 미치는 권력적 행정작용에는 모두 법률의 수권을 요하며 비권력적 행정작용의 경우에도, 예컨대 국토개발계획과 같이 국민생활의 장래에 중요한 영향을 미치는 작용에는 법률의 수권이 필요하다고 한다. ④ 이 견해는 본질적인 것과 비본질적인 것의 구별기준이 모호하다는 비판을 받는다. ⑤ 주로 이 견해와 관련하여 논의되는 견해로서 의회유보론(Parlamentsvorbehalt)이 있다.[3)] 의회유보론에서는 법률유보를 전제로 하여 법률로 유보된 사항은 반드시 법률로 정하여야 하고 위임입법에 위임할 수 없다고 한다. 중요사항유보설은 2중의 의미 내지 2단계로 구성된다. 1단계는 법률의 유보, 즉 입법사항의 문제이고, 2단계는 법률의 유보를 전제로 위임입법과의 관계에서 입법자가 위임입법에 위임할 수 없고 반드시 입법자 스스로 정해야 한다는 의미의 문제이다.[4)] 의회유보론은 바로 법률유보의 강도에 관한 것으로 국민의 기본권 등에 관련된 본질적

1) 홍정선(상), p.79.
2) Erichsen/Martens, Allgemeines Verwaltungsrechts, S.65; H. Maurer, Allgemeines Verwaltungsrecht, S.82.
3) M. Wallerath, Allgemeines Verwaltungsrecht, S.103.
4) 홍정선(상), p.55.

이며 중대한 사항은 반드시 법률로 정하여야 하고 위임입법에 위임할 수 없다는 것이다.

(f) 결　언　① 전부유보설은 「법률에 의한 행정의 원리」를 엄격하게 볼 때, 이상적이기는 하지마는, 이론적으로 위에서 본 바와 같은 문제점이 있으며, 현실적으로도 실현되기가 어렵고, ② 사회유보설도 오늘날의 복리국가관에 입각한 견해로서 급부의 거부가 자유 · 재산에 대한 침해와 실질적으로 동일한 의미를 가진 점을 인정하지만, 현대행정은 국민의 생존권 확보를 위하여 때로는 상대방의 동의와 협력 아래서 법률에 근거가 없는 경우에도 행정목적의 달성을 도모하여야 한다는 점에서 그대로 따르기가 어렵다 하겠다. ③ 개인의 자유와 재산의 침해에 대하여 「법률」의 수권을 요한다는 침해유보설의 기본적 입장은 오늘날에 있어서도, 법률에 의한 행정의 원리의 최소한의 요구로서 타당하다고 할 것이다. ④ 다만 오늘날은 복효적 행정행위에서 보는 바와 같이 사인에 대한 침해적 행위와 수익적 행위의 구별은 상대적으로 되었으며, 따라서 법률유보의 타당범위에 있어서도 권력행정유보설에 따라 수익적이거나 침해적이거나를 묻지 않고 권력적 행정활동에는 법률의 근거를 요한다고 할 것이다. ⑤ 법률유보의 범위와 강도는 각 행정분야의 내용 · 기능 그리고 국민의 법적 지위나 이익과의 관계 등 여러 가지 관점에서 분류하여 단계적 · 개별적으로 결정하여야 한다고 하고, 따라서 비권력적 행정작용, 예컨대 국토개발계획과 같이 국민생활의 장래에 중대한 영향을 미치는 작용에는 법률의 수권을 요한다는 중요사항유보설은 오늘날의 민주적 법치국가의 헌법구조에서 보아 매우 타당하다고 할 것이다. ⑥ 결론적으로 법률유보의 적용범위는 권력적 행정활동과, 비권력적 행정활동이라도 당해 행정활동을 개별적 · 구체적으로 검토하여 국민생활에 중대한 영향을 미치는 본질적 사항에 미친다고 할 것이다. 앞으로의 과제는 본질적 사항의 범위를 개별적 · 구체적으로 정하는 것인바, 그것은 결국 입법권을 가지는 의회에서 입법정책적으로 정하게 될 것이다.

(마) 판례　우리 판례의 입장은 확실하지 않지만, 헌법재판소는 중요사항유보설을 취하고 있다.

〔판례〕 텔레비전방송수신료 결정을 국회의 관여 없이 한국방송공사가 결정하도록 한 한국방송공사법은 법률유보원칙에 위반되지 않는다.
오늘날 법률유보원칙은 단순히 행정작용이 법률에 근거를 두기만 하면 충분한 것이 아니라, 국가공동체와 그 구성원에게 기본적이고도 중요한 의미를 갖는 영역, 특히 국민의 기본권실현과 관련된 영역에 있어서는 국민의 대표자인 입법자가 그 본질적 사항에 대해서 스스로 결정하여야 한다는 요구까지 내포하고 있다(의회유보원칙). 그런데 텔레비전방송수신료는 대다수 국민의 재산권 보장의 측면이나 한국방송공사에게 보장된 방송자유의 측면에서 국민의 기본권실현에 관련된 영역에 속하고, 수신료금액의 결정은 납부의무자의 범위 등과 함께 수신료에 관한 본질적인 중요한 사항이므로 국회가 스스로 행하여야 하는 사항에 속하는 것임에도 불구하고 한국방송공사법 제36조 제1항에서 국회의 결정이나 관여를 배제한 채 한국방송공사로 하여금 수신료금액을 결정해서 문화관광부장관의 승인을 얻도록 한 것은 법률유보원칙에 위반된다(헌법재판소 1999.5.27. 98 헌바 70 한국방송공사법 제35조등위헌소원).

〔**판례**〕 공법적 단체의 정관으로 대의원의 정수 및 선임방법 등을 정하도록 규정하고 있는 국가유공자등단체설립에관한법률이 법률유보 혹은 의회유보의 원칙에 위배되지 않는다.

국가유공자 단체의 대의원의 선출에 관한 사항은 각 단체의 구성과 운영에 관한 것으로서, 국민의 권리와 의무의 형성에 관한 사항이나 국가의 통치조직과 작용에 관한 기본적이고 본질적인 사항이라고 볼 수 없으므로, 법률유보 내지 의회유보의 원칙이 지켜져야 할 영역이라고 할 수 없다. 따라서 각 단체의 대의원의 정수 및 선임방법 등은 정관으로 정하도록 규정하고 있는 국가유공자등단체설립에관한법률 제11조가 법률유보 혹은 의회유보의 원칙에 위배되어 청구인의 기본권을 침해한다고 할 수 없다(헌법재판소 2006.3.30. 2005 헌바 31 국가유공자등단체설립에관한법률제11조위헌소원).

Ⅲ. 英·美에서의 法의 支配

1. 英 國

(1) 영국헌법의 특색은 권력분립, 법의 지배, 의회의 우위라 하겠다. 법의 지배(rule of law)는 인권보장을 이념으로 하고, 법의 실질적 내용도 인권침해가 없도록 보장하려는 실질적 법치주의의 원리이다. 법의 지배의 원리는 이론적으로는 19세기 후반에 「다이시」(A.V. Dicey, 1835～1922) 교수에 의하여 체계화되었다. 「다이시」는 이 원리의 내용으로 세 가지를 들었다. ① 누구도 통상법원에서 통상적인 법적 방법으로 법을 침해한 것이 확정된 경우 외에는 처벌되거나 신체나 재산을 침해받지 아니한다(No man is punishable or can be lawfully made to suffer in body or goods except for a distinct breach of law established in the ordinary legal manner before the ordinary courts of the land).[1] ② 누구도 법 위에 없으며, 모든 사람(국가도 포함)은 그 지위나 기타 여건에 관계없이 똑같이 통상법(ordinary law)의 지배를 받고 통상법원의 관할에 복종한다. ③ 신체의 자유 등

1) A. V. Dicey, Introduction to the study of the Law of the Constitution, 1952, p.188.

헌법의 원칙은 특정사건에서 개인의 권리에 관하여 결정한 사법판결의 결과로 확립된 것이다. 따라서 권리가 있는 경우에는 구제수단도 있어야 한다.[1)]

(2) 한편 영국에서는 의회우위(The Supremacy of Parliament)가 확립되어 있어, 이론상으로만 보면 의회가 인권을 침해하는 위헌인 법률을 제정할지라도 법원은 위헌법률심사권을 갖지 못한다. 그러나 실제로는 국민의 자유와 권력분립은 상위에 있으며, 따라서 법의 지배는 법의 실질적 내용도 인권을 침해함이 없도록 보장하는 실질적 원리가 되고 있다.[2)]

2. 美 國

법의 지배는 영국적 배경을 가지면서도 기본권과 이를 보장하는 성문헌법을 중심으로 발전하였다. 그런데 영국과는 달리 기본권을 선언한 연방과 주의 헌법은, 근본법으로서 기본권을 보장한 헌법에 위반되는 입법은 허용되지 아니한다. 이러한 헌법의 우위는 연방대법원의 위헌법률심사제에 의하여 제도적으로 보장되고 있다.

3. 英·美에서의 法의 支配의 修正

영·미에서의 근대적·시민적 「법의 지배」의 원리는 20세기에 들어와서, 특히 행정법의 탄생과 더불어 수정을 겪게 되었다. 19세기적인 법우월, 사법중시의 정부제도만으로는 현대국가의 문제를 처리할 수 없게 되었기 때문이다. ① 「다이시」 교수의 제 1 원칙에 대하여 보면, 오늘날은 사회안전이나 경제에 관련된 많은 범죄가 위임입법에 의하여 규정되고, 양차대전시에 행정부에 부여된 긴급권은 형사적 책임 없는 구금을 행하며, 징집된 자는 군법의 적용을 받게 하였다. ② 제 2 원칙에 대하여 보면 법 앞의 평등에 따라 국가도 사인에게 적용되는 법의 적용을 받아야 한다는 것은 행정법의 탄생으로, 또한 모든 사람은 통상법원의 관할에 복종한다는 원칙은 많은 행정심판소(administrative tribunal)가 설립됨으로써 수정을 받게 되었다. ③ 제 3 원칙에 대하여 보면, 「다이시」 교수는 기본권을 규정한 제정헌법은 개인의 자유에 대한 진정한 보장이 될 수 없는데, 그 권리를 실현하기 위한 영국인의 수단(사법적 구제)은 진정한 보장수단이 된다고 보고, 감방의 벽에 붙여진 헌법조문은 자의적으로 체포·구금되어 있는 불행한 사람에게는 빈약한 보장수단이 되는데, 친구의 인신보호영장청구는 어떤 문도

1) R. H. Johnes, Constitutional and Administrative Law, p. 15.
2) A. W. Bradley and K.D. Ewing, Constitutional and administrative law, 2007, p. 99.

두드려 열 수 있다고 말하였다. 그러나 오늘날의 행정법 아래서는 구제수단이 엄격한 기술적인 제한을 받기 때문에 수정이 가하여지고 있다.

Ⅳ. 法律에 의한 行政의 원리와 行政節次

(1) 법률에 의한 행정의 원리에 의하여 행정을 법에 기속시킨다고 할 때에 당초에 염두에 둔 것은, 행정작용에 대한 실체법적 규제(substantive regulation)이었다. 행정에 대한 실체법적 규제의 측면에서만 보면, 행정작용이 실체적으로 법에 적합하여 결과가 타당하기만 하면, 그 행정작용이 어떠한 절차를 거쳐 행하여지는가와 결론에 도달하는 과정은 원칙적으로 문제가 되지 아니한다. 그리하여 과거에는 개인의 권리보장을 위한 절차로는 필요에 따라 사후적인 재심사 제도를 마련하면 충분한 것으로 생각하였다.

(2) 그러나 오늘날에는 법률에 의한 행정의 원리는 행정작용에 대한 실체법적 규제와 아울러 절차법적 규제를 내용으로 하는 것으로 보게 되었다. 그것은 한편으로 행정법관계에 있어서의 개인의 주체적 지위의 확립에 따라 개인의 권익을 실체법적으로만이 아니고 절차법적으로도 보호할 것이 요청되었으며, 다른 한편으로 행정의 복잡·다양화, 전문기술화의 경향, 그리고 행정입법과 행정계획 등의 확대로 행정권의 재량범위가 넓어져 실체법적 규제만으로는 행정의 적정성을 확보하기가 어려워졌기 때문이라 하겠다.

Ⅴ. 法律에 의한 行政의 원리의 限界

(1) 법률의 법규창조력의 한계

㈎ 입법에 있어서의 행정부 역할증대 ① 법률의 법규창조력은 의회가 법률제정에 있어서 주도적인 역할을 한다는 것을 전제로 한다. 그러나 오늘날과 같은 복잡하고 전문기술화된 사회에서는 대부분의 법률안이 당해 업무를 관장하는 행정부처에 의하여 입안되어 의회에 제출되고 의회에서는 이를 거의 그대로 통과시키고 있으며, 이로 인하여 의회의 입법기능이 상당정도 형식화되고 있는 것도 사실이다.

② 또한 오늘날에는 법률에서 행정입법으로의 위임이 광범하게 그리고 중요한 실질적 사항에 대하여 행하여지고 있다. 더 나아가서 법률의 위임이 없는 행정입법인 명령(예: 사무관리규정 등)이 제정되는 경우도 있다.

㈏ **행정규칙의 기능** 행정기관이 제정하는 훈령 등 행정규칙은 행정내부에서만 법적 효력을 갖는 내부법규이다. 그러나 행정규칙은 실제로는 재량준칙이나 해석규칙에서 보는 바와 같이 매우 중요한 기능을 수행한다. 또한 예외적이기는 하지마는 행정규칙에 대하여 법규성이 인정되는 경우(규범구체화규칙)도 있다.

(2) **법률우위의 원칙의 한계**

㈎ **명령에 대한 추상적 규범통제의 불인정** 법률우위의 원칙이 확고하게 확립되기 위하여서는 행정부의 명령이 헌법과 법률에 위반되는 경우에 이를 통제하는 장치가 완벽하여야 한다. 그런데 우리나라의 경우 행정부의 명령에 대한 위헌·위법 여부가 문제된 경우에 추상적 규범통제는 인정되지 않고, 구체적 규범통제만이 인정되었다.

㈏ **신뢰보호의 원칙의 존중** ① 신뢰보호의 원칙은 법치국가원리의 내용의 하나인 법적 안정성을 위한 것인바, 그것은 법치국가원리의 또 하나의 내용인 법률적합성의 원칙과 충돌되는 경우가 있으며, 신뢰보호의 원칙을 우선시키는 경우에는 법률적합성 내지는 법률우위의 원칙이 외형적으로는 지켜지지 못하게 된다. ② 다만 오늘날은 법률적합성의 원칙과 법적 안정성 내지는 그로부터 파생되는 신뢰보호의 원칙은 다 같이 법률에 의한 행정의 원칙의 내용으로 보고 있으며, 따라서 신뢰보호의 원칙을 우선시킨다고 하더라도 그것을 법률우위의 원칙의 한계로 보지 아니한다.

(3) **법률유보의 원칙의 한계**

㈎ **전부유보설의 난점** 법치행정의 원칙을 엄격하게 적용하면 모든 행정은 법률에 근거가 있어야 한다고 할 것이다(전부유보설). 그러나 입법부의 능력의 한계로 인한 법의 불비와 행정의 필요를 고려할 때 전부유보설은 이상적이기는 하지마는 현실적으로는 채택하기가 어렵다고 할 것이다.

㈏ **행정유보설의 대두** 이 이론은 원래 과거의 입헌군주정을 배경으로 하여 행정권이 법률유보의 원칙의 기속을 받지 않고 독자적으로 처리할 수 있는 고유영역을 인정하고, 이러한 행정유보영역에서의 행정의 고유한 법규제정권을 인정하는 이론이다. 그러나 오늘날에는 의회의 입법부담의 과중과 이에 따른 법의 흠결의 존재 및 행정의 민주적 정당성의 증대를 배경으로 하여 주장되고 있으며, 일정한 행정영역에서 법률이 존재하지 아니한 경우에 보충적으로 행정입법권을 인정하여야 한다는 견해이다. 따라서 행정유보설은 행정유보영역에 대하여 의회의 관여권을 배제하는 이론으로 주장되고 있지는 않다.

㈐ **법으로부터 자유로운 영역** 행정기관의 모든 행위를 법이 엄격히 규율

하고 통제하는 것은 현실적으로 불가능하고 또한 타당하지도 않다. 그리하여 법치행정하에서도 행정에 일정한 자율권과 재량권이 부여되고 있다. 역사적으로 보면 입헌군주정하에서 인정되었던 소위 「법으로부터 자유로운 영역」(특별권력관계, 내부행위, 통치행위, 재량행위)에 대한 법적 통제가 확대·강화되어 왔지만, 오늘날 다른 한편으로 법으로부터 자유로운 영역이 확대되는 경우(재량행위, 행정계획, 행정지도)도 있다.

(4) 행정통제제도의 한계 형식적 법치주의에서와 비교하여 행정에 대한 재판적 통제제도가 강화되고 있지만, 행정소송을 제기할 수 있는 자를 다소 엄격히 해석되는 「법률상 이익」이 침해된 자에 한정하고 있는 점, 이행소송이 인정되고 있지 않는 점 등에는 비판이 제기되고 있다. 현행 행정상손해전보제도에도 흠결이 적지 않다. 그리고 위헌·위법인 명령·규칙에 대하여 직접적으로 다툴 수 없도록 하고 그 명령·규칙의 위헌·위법 여부가 재판에서 전제문제가 된 경우에 한하여 다툴 수 있도록 하고 있는 점에도 비판이 제기될 수 있다. 그리고 옴부즈만과 같은 비재판적 통제제도가 미비한 점도 지적될 수 있을 것이다.

Ⅵ. 法律에 의한 行政의 원리의 補完

(1) 법률에 의한 행정의 원리에 대한 비판(행정과정론) (가) 위에서 본 바와 같이 현대행정이 복잡화·전문기술화 등으로 인하여 전통적인 「법률에 의한 행정의 원리」와 그것을 뒷받침하는 근대행정구제법의 원리가 일정한 한계를 나타내고 있다. 여기에서 전통적인 「법률에 의한 행정의 원리」의 전제가 되고 있는 행정은, ① 행정행위라는 법형식에 의하여 법률을 단순히 집행하는 것으로 보고 행정행위의 적법성을 보장하려 한 것, ② 「행정주체」와 「사인」의 대립이라고 하는 이원적 도식, ③ 그에 따른 행정의 「내부관계」와 「외부관계」와를 구별하는 공식에 의하여 오직 사인의 외부관계에서의 권리를 행정권의 침해로부터 보호하려고 한 것에 대하여 개별적인 비판이 가하여지고 있다. 그리고 이러한 개별적인 비판을 총괄하는 것으로서, 전통적인 「법률에 의한 행정의 원리」 및 그것을 기축으로 하는 행정법이론에 대한 종합적인 비판이 나오고 있는바, 그 중에서 특히 주목할 만한 이론이 「행정과정론」이다.[1)]

1) Landis, The Administrative Process, 1938; 監野宏, 행정과정론, 현대행정법대계 2, 1984 참조.

(나) 행정과정론이 주장되게 된 것은 크게 보아 두 가지 이유에서이다. 첫째로 행정법이론의 새로운 방법론과 관련되는 것으로 오늘날 복잡하고 동태적인 행정과정이 증가하고 있는 점에 비추어, 과거와 같이 행정활동을 개개의 행위형식(행정입법 · 행정행위 · 공법상계약 등)으로 분해하여 평면적·정태적으로 고찰하는 것만으로는 현대행정의 특질을 이해할 수 없으며, 그것을 하나의 총합적인 행정과정으로 동태적으로 인식함으로써만 현대행정의 특질을 이해하는 것이 가능하다는 것이다. 둘째로 법률에 의한 행정의 원리의 보완과 관련된 것으로, 행정활동을 행정과정으로 인식하고 여기에 주민참가의 장치를 결합할 때 경직화된 법치행정, 형해화된 의회민주주의의 결함을 보완하여 이러한 원리들보다 오히려 행정활동의 민주적 정당성의 근거가 될 수 있다고 한다.

(2) **행정절차의 강화** 우리나라의 경우 법치주의는 행정작용의 실체법적 적법성만을 요구하는 것으로 인식되는 경향이 있다. 그런데 행정입법과 행정계획 및 행정재량의 증대에 따라 실체법적 규제만으로는 행정의 적정성을 확보하기 어렵게 되었다.

(3) **법률에 의한 행정의 원리의 적극적 측면** 법률에 의한 행정의 원리는 기본적으로 행정권의 자의적인 행사를 막음으로서 국민의 자유와 권리를 보장하는 것을 내용으로 하는 소극적인 법이론으로 이해되고 있다. 그런데 법치행정의 원리가 실현되기 위하여는 행정권의 협력이 필수적이다. 행정은 법이 실효성을 갖도록 노력하여야 할 것이다. 행정은 행정규칙을 포함하여 법을 잘 알도록 공포하여야 하고, 행정조치를 내릴 때 법적 근거를 명시하여야 할 것이며, 위법한 행위로 인한 위법상태를 종결시키도록 노력하여야 할 것이다. 이러한 법치행정의 적극적 측면은 아직 법적 구속력을 갖는 것으로 볼 수는 없지만 강조되어야 할 것이다.

제 4 절 行政法의 특질

Ⅰ. 槪 說

행정법은 행정의 조직과 작용 및 구제에 관한 잡다한 많은 법으로 성립되나 전체로서 공통의 지도원리를 가진 통일적인 법체계를 구성한다. 그리하여 그 공통의 지도원리, 즉 행정법을 특색지우는 지도원리가 무엇인가를 명백히 하는 것은 행정법을 전체로서 통일적으로 이해하는 데 있어서 필요하며, 또한 법규상 결함이 많은 행정법의 해석·운용에 정당한 지침을 부여한다는 점에서도 중요한 의의를 가진다. 물론 그러한 특성은 다른 법분야에서도 찾아볼 수 있으나 행정법에서 더욱 강하게 나타나며, 또한 그러한 특성을 전체로서 지니고 있다는 점에 다른 법으로부터 구별될 수 있는 행정법의 특수성이 있다.

Ⅱ. 規定의 形式의 특수성

1. 成文性

행정법은 획일성·강행성을 갖기 때문에 그 내용을 명확히 하여 장래의 예측을 가능하게 하고, 법률생활의 안정을 도모하기 위하여 원칙적으로 성문법으로 되어 있다.

2. 形式의 多樣性

행정법을 구성하는 성문법은 의회입법의 원칙에 의하여 법률임을 원칙으로 하면서도, 행정부의 위임명령·집행명령(헌 75·95·114⑥, 감사원 52 등) 또는 지방자치단체의 조례·규칙(헌 117)도 중요한 기능을 수행하며, 공고·고시 등으로도 법령의 구체적 세목 또는 해석상의 기준을 정하는 경우도 많다. 형식의 다양성은 행정작용의 규율대상이 복잡다기하고 유동성이 강하므로 그 발동형태가 극히 다양하고 고도의 기술성과 능률성을 요하는 데서 우러나온 것이다.

Ⅲ. 規定의 性質의 특수성

1. 裁量性의 문제

장래에 향하여 구체적인 국가목적을 실현하고자 하는 행정은 필연적으로 그 법규적 기속의 정도에 있어서, 과거의 특정사건에 대한 법인식을 목적으로 하는 사법(司法)에 비하여 완화되는 경우가 많다. 그리하여 종래 행정법은 재량성을 갖는다고 보아 왔다. 그러나 이는 정도의 차이에 불과하며 법규적 기속이 엄격한가, 완화되고 있는가는 행정법과 사법법을 본질적으로 구별하는 표시가 될 수 없다.

2. 劃一性 · 強行性

행정법은 보통 다수의 국민에 대하여 획일 · 평등하게, 개개 당사자의 의사에 관계없이 강제적으로 규율한다. 사법이 사적 자치(Privatautonomie)의 원칙을 인정하는 데 대하여, 행정법규는 보통 다수의 국민을 그 규율대상으로 하여 행정권에 의한 일방적 획일 · 평등한 규율을 행하는 점에서 현저하게 그 성질을 달리한다. 이는 행정법규의 해석 · 운용에서도 주의할 점이다. 여하튼 그것은 구체적으로 다음과 같은 특색으로 나타난다.

(1) 행정법은 강행법의 성질을 가진다. 이는 국가공공적 견지에서 당사자의 의사에 불구하고 획일 · 평등하게 규율하는 것을 필요로 하기 때문이다.

행정법은 강행성을 가지나, 그것은 법의 범위 안에서 당사자의 합의에 의하여 법률관계를 정하는 것(공법상 계약 등)을 부정하는 것은 아니다.

(2) 행정법은 보통 다수의 국민을 상대방으로 하여 획일 · 평등하게 규율하려고 하므로 규율대상의 주관적 · 실질적 · 내면적인 관계를 일일이 고려하지 않고, 그 객관적 · 형식적 · 외관적 상태에 따라 규율함을 승인하지 않을 수 없다(객관성 · 외관성 · 형식성)(예컨대, 진실의 토지소유자가 누구인가에 관계없이 등기부상의 토지소유자를 상대방으로 하여 수용절차를 취하는 것이 허용되는 것과 같다. 그로 인하여 생긴 결과의 부당은 외관상 소유자와 진실의 소유자 간의 내부관계로서 조정하면 된다).

3. 技 術 性

행정법은 국가공공이익을 실현함을 목적으로 하며, 이 목적에 봉사할 수 있는 기술적 · 수단적 성질을 가진다. 예컨대 「공익사업을 위한 토지 등의 취득 및 보상에 관한 법률」은 공공사업을 위한 토지 등의 취득을 목적으로 하여 토지소유자 기타 이해관계인의 이해를 어떻게 하여 공정하게 조정할 것인가 하는 견지에서 제정된 기술적 절차법이며, 국세징수법은 다른 법질서와의 조정을 도모하면서 조세수입을 확보하기 위한 기술적 절차법이라 하겠다. 따라서, 그 목적을 달성하기 위한 편의 · 능률 · 공정과 같은 합리성을 추구하는 점에 특색이 인정된다.

4. 命 令 性

법규범을 그것이 의무를 명하는 것인가, 법률상능력(권리 등)에 관한 것인가에 따라서, 명령규정(단속규정)과 능력규정(효력규정)으로 나누는 것이 보통인 바, 행정법은 명령규정을 주로 하고 사법은 능력규정을 주로 한다.

명령규정의 위반에 대한 제재는 처벌이고, 능력규정에 위반한 행위는 효력이 부인되는 것이 보통이다.

5. 行爲規範性

사적 자치의 원칙을 전제로 하는 사법은 행위규범으로서보다는 재판규범으로서의 성격이 강하나, 행정법은 법치주의의 원칙에 따라 행정권의 활동의 기준이 되고 국가와 국민 간의 권리의무를 설정하여 주는 측면이 강하므로 재판규범으로서보다는 행위규범으로서의 성격과 기능이 두드러진다.

Ⅳ. 規定의 內容의 특수성

1. 行政主體의 優越性

행정법은 지배권자로서의 국가 등 행정주체와 이에 복종하는 국민간의 법률관계를 정함을 원칙으로 한다. 조세를 부과·징수하며, 토지·물건을 수용·사용하고, 경찰상의 명령강제를 행하는 관계와 같다. 그 관계는 법에 의하여 규율되는 권리의무관계인 점에서는 사인상호간의 권리의무관계와 본질적인 차이는 없으나, 행정법은 일반적으로 행정주체의 의사(지배권의 발동)를 법률로 엄격하게 기속하는 반면에, 실정법상 행정주체의 우월성을 승인하여 행정주체의 의사에 우월적 효력을 인정하는 등 특별한 취급을 행한 점에 하나의 공통된 특색을 엿볼 수 있다. 그러나 최근에는 행정주체의 우월성의 원리에 대한 비판이 가하여지고, 따라서 종래의 행정법이론에 대한 반성이 요구되고 있다.[1)]

그리고 오늘날의 입법에 있어서는 민주행정의 요청과 국민의 권리·자유의 보호의 요청이 강하여져, 여러 가지 형태로 행정의 우월성에 제약을 가하는 경향이 나타나고 있다(예컨대 신고납세제도의 도입, 청문·공청회 등 사전절차의 도입, 불이익처분시의 이유부기, 행정강제의 제한, 권력적 조치와 급부·조성조치의 연결, 행정결정에 있어서의 주민참가 등이 그러한 경향의 표현이라고 하겠다).

(1) 행정주체는 실정법상 상대방인 국민개인의 의사여하에 관계없이 일방적으로 명령하고 또는 법률관계를 형성·변경하는 권력을 가진다(일방적으로 조세를 부과하는 것 등).

물론 법률에 근거하여 법률에 따라 행사되기는 하나, 법률 그 자체가 이러한 권력을 승인하고 있는 점에 행정법의 특색을 엿볼 수 있다.

---

1) 渡邊洋三, 公法과 私法, 民商法雜誌, 제38권 제 1 호 이하.

(2) 행정주체의 권력발동은 법률에 근거하여 법률에 따라 행하여지지만, 설혹 그것이 법률에 위반된 경우에도 중대하고 명백하여 당연무효인 경우를 제외하고는 일응의 통용력이 인정된다(공정력). 따라서 행정처분은 흠이 있는 경우에도 일응 상대방을 구속하고(상대방뿐 아니라 법원·행정청 기타의 제3자도 행정처분의 효력을 무시하고 그 존재를 부정하는 것은 허용되지 않는다.), 상대방은 이에 복종할 의무를 진다.

(3) 행정주체는 법률이 정하는 바에 따라 상대방이 행정법상의 의무를 불이행하는 경우에 스스로 자기의 권력으로 그 의무를 실현시키며, 또는 행정상 필요한 상태를 즉시 실현할 수 있는 것이 통례이다(자력강제 또는 자력집행력).

(4) 행정권발동으로 인하여 발생한 손해의 전보에 대하여는 사법상의 그것에 대한 특례가 인정된다.

국가배상법에 의하여 민법의 그것에 대한 특별한 취급을 인정하고, 또한 적법행위에 기한 손실에 대하여 손실보상을 인정하는 것 등이다.

(5) 행정작용으로 위법 또는 부당하게 권익을 침해당하였다고 주장하는 자에 대한 구제제도로 행정심판·행정소송 등의 제도가 인정되는바, 행정심판제도는 물론 행정소송에 대하여도 그 특수성에 비추어 민사소송과는 다른 여러 가지 특별한 정함을 두고 있는 점에 특색이 있다.

2. 公益優先性

행정의 본질은 모두 공익성을 추구하여 그것을 실현시키는 것이다. 행정법규 중에는 「공공이익」·「공공복지」·「공익」·「공공의 안전과 질서」 등의 문구가 사용되는 경우가 많은 것은 그 때문이라고 하겠다. 그러나 공익성의 의미·내용은 일의적인 것이 아니다. 행정주체가 객관적 여건의 변화나 국민의 요구, 그 시대의 가치관의 변화에 따라 그것을 정하여야 할 것이다. 따라서 그 의미는 고정적인 것이 아니며 유동적인 것이지만 주관적·자의적인 것이어서는 안 되며, 객관성과 합리적인 이익의 비교교량에 의하여 정하여야 할 것이다.

3. 集團性과 平等性

행정법은 보통 다수인을 그 규율대상으로 하며, 따라서 이들 다수인 간에 평등이 보장되도록 한다. 물론 평등성은 행정법에만 특유한 것이 아니고 모든 법에서 일반적으로 인정되는 기본원칙이라 하겠으나, 행정법은 보통 다수인을 동시에 또는 단일의 규율대상으로 삼는다는 점에서 더욱 강하게 나타난다 하겠다.

제5절 行政法의 法源

Ⅰ. 槪 說

1. 行政法의 法源의 의의

(1) 행정법의 법원(source of law, Rechtsquelle)이라 함은 행정권의 조직과 작용에 관한 실정법의 인식근거(Erkenntisgrund) 내지는 존재형식을 말한다. 그런데 여기에서의 실정법을 어느 범위로 이해하느냐에 따라서, 법원 개념에 관하여 협의설과 광의설이 있다.

① 협의설은 직접 행정주체와 국민 사이에서 구속력을 가지는 일반적·추상적 법규범(Rechtsnorm)인 법규(Rechtssatz), 즉 외부법규만을 법원으로 보려는 견해(법규설)이고, ② 광의설은 외부법규만이 아니라 행정규칙 등 행정조직 내부에서만 구속력을 가지는 내부법규를 포함하여, 행정사무처리기준이 되는 모든 법규범을 법원으로 이해하려는 견해(행정기준설)이다. 대체로 법규설은 독일이나 일본에서의 다수설인 데 비하여, 우리나라에서는 행정기준설이 오히려 다수설이다.[1] 이들 견해는 행정규칙의 법원성을 인정할 것인가와 관련하여 의미를 갖는다.

(2) 행정법은 원칙적으로 성문법(제정법)의 형식으로 존재하나, 불문법(비제정법)의 형식으로도 존재한다.

「행정법의 법원은 헌법·법률·명령 등의 성문법 외에 불문법으로는 재판례, 행정선례, 관습법, 조리 등을 들 수 있다」(대법원 1952.6.19. 4285 행상 20 광업권등록취소).

2. 行政法의 成文法主義

(1) 일반적으로 실정법질서의 존재형식으로서, 대륙법계국가에서는 성문법을 원칙으로 하며, 영미법계국가에서는 불문법을 원칙으로 하고 있다. 그러나 행정법의 경우는 어느 국가를 막론하고 성문법주의를 취하고 있다(다만 프랑스의 경우는 주로 판례법으로 되어 있으며, 그것이 프랑스행정법의 특징이면서 장점이기도 하다).

(2) 행정법이 성문법주의를 취하게 된 이론적 근거는 ① 행정법이 일반적으로 획일·강행성, 기술성을 가지며, ② 행정권한의 소재를 명시함으로써 국민에게 행정조직을 널리 알릴 필요가 있고, ③ 행정작용에 관한 법 중 경찰법·공용부담법·조세법 등의 경우는 국민의 권리·자유를 보장하고, 장래의 예측을

1) 김도창, 행정규칙의 성질, 율강 박일경박사화갑논문집, 1981, p.530.

가능하게 하여 법률생활의 안정을 기하기 위하여 행정권 발동의 근거와 한계를 명시할 필요가 있고, 급부행정법 · 규제행정법 등의 경우는 급부의 계속성을 보장하고 국가정책의 방향을 제시하기 위하여 지도와 규제의 목적과 수단을 명시할 필요가 있으며, ④ 행정구제절차를 명백히 함으로써 국민의 권익을 보장하고, ⑤ 행정사무의 공정을 기한다는 것 등에 있다.

(3) 이러한 이론적 근거를 바탕으로 우리 행정법도 원칙적으로 성문법주의를 취하였다. 그 실정법적 근거는 ① 국민의 기본권에 관한 사항을 법률에 유보하였고(헌 12 내지 37), ② 행정조직도 원칙적으로 법률로 정하도록 하였으며(헌 96 등), ③ 중요한 행정작용을 법률에 유보하였고(헌 23③ · 59), 또한 일정한 범위 안에서 위임입법(헌 75 · 95 · 114⑥)이 인정되고 있는 데 있다.

(4) 그러나 행정법의 성문법주의는 죄형법정주의와 같이 엄격하게 적용되지는 않는다. 그것은 규율대상이 지극히 복잡다기하여 아직 성문법이 정비되지 않은 영역도 있으며, 이런 영역에서는 관습법 · 판례법 · 조리가 법원이 된다.

3. 單一法典 또는 通則의 결여, 法典化의 노력

(1) **단일법전 또는 통칙의 결여** ㈎ 행정법은 성문법주의를 취하고 있으나, 헌법 · 민법 · 형법 등과 같이 통일적인 법전이 있는 것도 아니고, 또한 그 중심이 되는 통칙적 규정이 있는 것도 아니다. 그리하여 행정법은 행정조직 · 행정작용에 관한 무수히 많은 법령의 집합체에 지나지 아니한다.

㈏ 단일법전 및 통칙이 마련되지 못한 이유는 ① 행정법은 발달의 역사가 짧아 기본원리가 확립되어 있지 않고, ② 조직과 작용에 관한 법규는 그 상호간의 관련성의 결여로 통일이 곤란하며, ③ 특히 현대국가의 행정은 복리국가적 기능의 확대로 복잡다기하여 각 부문별로 전문적 · 기술적인 법이 요청되며, ④ 행정대상의 유동성으로 이를 통일법전의 규율대상으로 함이 어렵다는 것 등이다.

㈐ 따라서 행정법 전체에 공통되는 기본원리의 파악은 주로 학문적 연구에 기대할 수밖에 없는 실정이다.

(2) **법전화의 노력** ㈎ 단일법전 또는 통칙적 규정이 없는 것은 행정법의 통일적 파악을 어렵게 하고, 행정법은 공통원리가 없는 잡다한 법령의 「모자이크」(mosaic)적 집합에 지나지 않는다는 생각을 자아내게 된다. 여기에서 종래 통칙적 규정의 필요성이 제창되게 되고 위에서 본 바와 같은 어려움이 있음에도 불구하고 그 법전화의 노력이 계속되고 있으며, 그 결과로 여러 법안 또는 법이 나오게 되었다.

(나) 단일법전이나 통칙의 법전화가 가능한 영역은 행정행위의 통칙이나 행정조직에 관한 일반적 규정 또는 행정절차에 관한 일반적 규정 등이라 할 것인바, 행정법의 법전화는 먼저 행정절차에 관하여 이루어졌다. 그것은 적법절차 보장의 측면에서 행정절차법의 영역에서 법전화의 요청이 보다 강하고 절차법은 실체법에 비하여 기술적 성격을 가진 것이어서 그 일반원칙의 법전화와 다른 나라법의 계수가 용이하기 때문이다.

Ⅱ. 成文法源

1. 개 설

(1) 우리 행정법은 원칙적으로 성문법으로 존재하며, 그것은 헌법을 정점으로 한 다양한 형식의 법령으로 구성되어 있다. 헌법 이외에 어떤 법형식을 인정할 것인가는 제 1 차적으로 헌법에 의하여 정하여진다. 헌법이 인정한 성문법의 종류로는 법률(헌 53), 대통령의 긴급명령 및 긴급재정 · 경제명령(동 76), 대통령령(동 75), 총리령과 부령(동 95), 중앙선거관리위원회규칙(동 114⑥), 국제조약과 국제법규(동 6), 자치법규(동 117①) 등이 있다. 그 외에 법률이 인정한 것으로 감사원규칙(감사원 52) 등이 있다. 이들은 전체가 상하관계에서 단계적인 법질서를 구성한다.

(2) 법령간에 상호 모순 저촉이 생긴 경우에는 두 가지 국가의사가 타당할 수는 없으므로 행정법에 있어서도 「상위법우선의 원칙」, 「신법우선의 원칙」, 「특별법우선의 원칙」에 의하여 해결이 된다.

(3) 우리는 근대적인 행정법을 갖기 시작한 구한말 이래 일제 · 미군정 · 과도정부 · 우리 정부라고 하는 통치권의 주체에 여러 번의 변동이 있었으므로 우리 성문법 체계에도 이질적인 것이 혼재하여 왔으나, 「구법령정리에 관한 특별조치법」(1961. 7. 15 법률 659호)에 의하여 1962년 1월 20일을 기하여 완전 정리되었다.[1),2)]

1) 구법령이라 함은 1948년 7월 17일 대한민국헌법이 공포시행된 당시에 시행되고 있던 구한국법령 · 일제법령 · 미군정법령 · 과도정부법령 등으로서, 제100조에 의하여 헌법시행 이후에도 계속 효력을 가지게 된 법령들을 말한다. 예컨대 신문지법(광무 11.7.27 법률 제 1 호), 조선시가지계획령(1934.6 제령 제18호), 조선내소재일본인재산권취득에관한건(1945.12.6 미군정법령 제33호) 등이다. 이들 구법령을 정부수립 후 꾸준히 정리하여 우리 법령으로 대체시키는 작업이 진행되었으나, 그 속도는 그렇게 빠르지 못하였다. 이에 5·16군사혁명정부는 아직도 구법령이 시행되는 것은 독립국가의 체면에 관계되는 일이라 하여 1961년 7월 15일에 「구법령정리에관한특별조치법」을 제정하여 그 해 12월 30일까지 정리 · 대체하고, 만약 그 때까지 정리 · 대체되지 아니한 것은 1962년 1월 20일을 기해 모두 폐지하도록 특별조치를 취하였다. 그 기간중에 정리된 건수는 약 286건이다. 이와 같은 정리는 형식적으로 우리 법령체계를 완성하였다는 점에서는 환영할 것이었으나, 너무 단기간에 서두르다 보니 형식만 바꾸는 것이 되어 구법령에 내재하여 있던 내용상의 문제점이 그대로 인수되어 우리 법령으로 정착됨으로써 우리 법제도의 발전을 가로막는 요인도 되었다.

〔**판례**〕 신법우선의 원칙과 특별법우선의 원칙이 적용된 사례
국내법과 국제법이 서로 충돌하는 경우에는 '신법우선의 원칙' 또는 '특별법우선의 원칙'에 따라 그 우열 여부를 가려내야 할 것인데, '1955년 헤이그에서 개정된 바르샤바협약'이 민법보다 신법임은 역수상 분명할 뿐만 아니라, 위 협약은 그 규율대상을 국제항공운송 및 그 관련자에 한정하고 있어 민법에 대한 관계에 있어서 특별법이 되므로 민법에 우선하여 적용될 뿐만 아니라… 1983.9.1. 구 소련령 사할린 앞바다에서 격추된 대한항공 007기의 운항에 있어서 승객인 사망자들의 운송에 관하여는 민법과 충돌하는 한도에서 특별법인 '1955년 헤이그에서 개정된 바르샤바협약'이 적용되고 승무원인 사망자들에 관하여는 일반법인 민법이 그대로 적용된다(서울고법 1998.8.27. 96 나 37321 손해배상).

2. 成文法源의 형식

위에서 본 바와 같은 여러 형식이 있는바, 여기에 분설한다.

(1) **대한민국헌법** ① 헌법은 행정의 조직과 작용에 대하여는 거의 대부분 일반적·추상적 규정을 두고 있다. 따라서 헌법은 직접적으로 행정작용을 규율하는 것이 아니고 행정의 조직과 작용에 관하여 정할 법률 등의 지침(기속적)이 되며 행정법의 간접적인 법원이 되는 데 그친다. 그러나 헌법이 직접적으로 행정작용의 법원이 되는 경우도 있는바, 예컨대 불이익처분에 대한 절차참가권은 헌법이 채택한 법치국원리에서 직접 요청되는 것으로 보는 견해가 많다. 그리고 행정법의 일반원리 중에는 헌법의 해석을 통하여 나온 것도 있다(비례의 원칙 등). ② 헌법과 행정법과의 관계에 관하여 1957년에 「베르너」(Fritz Werner)가 말한 「구체화된 헌법으로서의 행정법」(Verwaltungsrecht als konkretisierte Verfassungsrecht)이란 말이 잘 인용된다.[1] 이는 헌법구조가 입헌군주정에서 「바이마르」민주정으로 변화되었어도 행정법은 큰 변화없이 존속한다는 행정법의 헌법구조의 변화에 대한 무감수성을 표현하기 위하여 잘 인용되는, 1924년에 「오토 마이어」가 말한 「헌법은 변하여도, 행정법은 존속한다」(Verfassungsrecht vergeht, Verwaltungsrecht besteht)와 대조된다.[2] 이와 같이 오늘날의 사회적 법치국가에서는 헌법제도는 단순한 방침(Programm)만을 정한 것이 아니고 직접적인 기속력을 가지며, 행정법은 헌법이 담고 있는 국가이념을 구체화하여 실현하는 법이라 할 것이다. 그리하여 행정법은 「구체화된 헌법」이며, 행정은 「활동하는 헌법」이라고 할 것이고 「행정에 관한 법률」과 이러한 「법률에 준거한

2) 구법령을 수록한 법령집으로는 한국도지부대신관방편 한국법전, 조선총독부편 조선법령집람, 한국법제연구소편 미군정법령집이 있다.

1) F. Werner, Verwaltungsrecht als konkretisierte Verfassungsrecht, DVBI 1959, S.527~533.

2) O. Mayer, Deutsches Verwaltungsrecht, Bd. I, 3. Aufl., 1924 Vorwort.

행정」은 헌법조항에 나타나 있는 국가이념을 구체화하여 실현하는 것이어야 한다.

(2) **법률** ① 국회입법의 원칙과 법률에 의한 행정의 원칙에 의하여 성문의 행정법은 원칙적으로 법률의 형식으로 정하여지며, 행정권은 법률에 근거하여 발동된다. 그리하여 법률은 본래적 법원(Ursprüngliche Rechtsquellen)이라고 할 수 있으며, 전래적 법원(Abgeleitete Rechtsquellen)이라 할 수 있는 명령에 대하여 우월한 지위를 가진다.[1] 즉, 법률은 명령(행정입법), 조례·규칙(자치입법)에 대하여 우월한 형식적 효력을 가지며, 그것들이 법률에 저촉될 경우에는 효력을 유지할 수 없다(헌 107②).

② 그러나 우리의 경우 국회입법의 원칙에 대한 예외인 법률의 효력을 가지는 대통령의 긴급명령, 긴급재정·경제명령제도의 인정(헌 76), 법률제정과정에서의 행정부의 역할증대, 그리고 위임입법의 증가현상으로 본래적 법원으로서의 법률의 지위가 흔들리고 있다는 우려도 나오고 있다.

(3) **명령** ① 여기에서 명령이라 함은 행정권에 의하여 정립되는 법을 총칭하며(조약과 자치입법은 제외), 「법률」에 대응하는 말이다. 명령에는 헌법에서 인정한 대통령의 긴급명령과 긴급재정·경제명령, 대통령령, 총리령과 부령, 중앙선거관리위원회규칙이 있고, 법률에서 인정한 감사원규칙(감사원 52)·노동위원회규칙(노동위원회 25) 등이 있다. 또한 국회규칙(헌 64)·대법원규칙(헌 108)과 헌법재판소규칙(헌 113②)도 공무원인사·행정소송 등과 관계되는 범위 안에서는 행정법의 법원이 된다 할 것이다.[2]

② 이들 명령은 상위법령에서 위임받은 사항을 정하는 위임명령과, 상위법령을 집행하기 위한 집행명령으로 나누어진다.

③ 대통령의 긴급명령과 긴급재정·경제명령은 엄격한 요건 아래서 예외적으로 발하여지는 명령의 일종이지만, 그 효력에 있어서는 법률과 같으며 따라서 모든 명령에 우선한다(헌 95). 국회규칙·대법원규칙·헌법재판소규칙·중앙선거관리위원회규칙은 보통의 명령과 계통을 달리하기 때문에 우열을 비교하기가 어려우나, 대통령령과 같은 효력을 갖는 것도 있다고 할 것이다(국공 4 등 참조), 대통령령은 총리령과 부령에 우선한다(헌 95). 그런데 총리령과 부령의 형식적 효력의 우열에 대하여는 명문규정이 없어 다툼이 있다.

④ 감사원규칙 등은 헌법에 의하여 인정된 법형식이 아니고 법률에 근거한

1) W. Jellinek, Verwaltungsrecht, 3. Aufl., 1931, S. 119.
2) 김도창(상), p. 147.

법형식이기 때문에 법규명령의 하나로 볼 수 있는지에 대하여 다툼이 있으나, 헌법에서 인정한 법형식은 예시적이며, 열거적이라고 볼 것은 아니기 때문에 법규명령의 일종으로 볼 것이다.

⑤ 현행법하에서는 국무총리소속기관은 비록 그 장이 국무위원으로 보하여지더라도 행정각부가 아니므로, 부령에 해당하는 명령을 발할 수는 없다. 이들 기관의 업무에 관한 사항은 총리령으로 정하여진다(정부의 관례).

⑥ 우리 헌법하에서는 국민의 권리·의무에 관한 사항은 물론 기타 많은 사항이 법률사항으로 되어 있기는 하나, 오늘날은 행정의 양적 확대와 질적 고도화에 따라 행정의 내용이 복잡성·전문성·기술성·임기성을 더해 감으로써 입법사무도 능률적 분배가 요청되어, 법률은 대강만을 정하고 세부적 규정은 명령에 위임하는 일이 많아, 명령의 법원으로서의 중요성은 커지고 있으며, 또한 헌법은 대통령의 긴급명령권을 인정하여 명령의 중요성을 더욱 크게 하고 있다.

⑦ 행정규칙을 법원의 일종으로 볼 것인가에 대하여, ⓘ 그 법규성을 승인하면서, 행정사무처리의 준칙이 되므로 법원이 된다는 견해,[1] ⓘⓘ 법규명령과 성질을 달리하기는 하나, 일반적·추상적 규범으로 행정사무처리의 준칙이 되므로 법원이 된다는 견해[2]와, ⓘⓘⓘ 행정규칙의 법규성을 부인하고 또한 법원개념에 협의설을 취하여 부정하는 견해[3]가 대립되고 있다. 생각건대 행정규칙도 넓은 의미에서 법의 하나이며 법원의 분쟁해결의 기준(재판규범)은 될 수는 없으나, 행정사무처리의 기준이 된다는 점에서 법원으로 볼 수 있겠다(사무관리규정시행규칙(총리령) 제3조「다」는 행정규칙인 훈령의 한 종류로「예규」를 들고, 이는 행정사무의 기준을 제시하는 문서라고 하여 행정규칙이「행정사무의 기준」이 될 수 있음을 명시하고 있다).

(4) 국제조약·국제법규

㈎ 의의　국제조약은 그 명칭의 여하에 불문하고 국가 간의 문서에 의한 합의를 말하며, 국제법규란 우리나라가 체약국이 아닌 조약으로서 국제사회에서 일반적으로 그 규범성이 승인된 것(예: 우리나라가 회원국이 아닌 때의 국제연합헌장 등) 및 국제관습법(예: 외교관의 특권과 면제에 관한 관습법)을 말한다.

㈏ 행정법의 법원성　① 조약과 국제법규는 원래 국제법의 법원이다. 그런데 이들 중에는 국내행정에 관한 사항을 정하고 있는 것(이중과세방지협정 등)이 있으며, 그것이 국내법규로서 효력이 인정되어 행정법의 법원이 된다고 할 때, 그 근거가 무엇인지가 다투어지고 있다.

---

1) 김남진(상), p.64; 석종현(상), p.96; 신보성, 행정법의 법원, 월간고시, 1985.5월호; 이명구, 특별권력관계에 관한 연구, 1977, pp.76~78, 106.
2) 이상규(상), p.139.
3) 김도창(상), p.152.

② 조약과 국제법규가 그대로 행정법의 법원이 될 수 있는가는 각국의 실질법의 태도에 달려 있다고 할 것이다. 오늘날은 많은 나라가 이를 「일반적으로」 국내법으로 수용하고 있으며(伊憲 10, 독일기본법 25, 佛憲 55 등), 우리 헌법도 헌법상 절차에 따라 체결·공포된 조약과 일반적으로 승인된 국제법규는 국내법으로 수용하고 있으므로(헌 6), 국내행정에 관한 사항을 정하고 있는 것은 당연히 행정법의 법원이 된다.

그러나 나라에 따라서는 일반적으로 수용하지 아니하고 조약을 국내적으로 시행하기 위하여서는 조약마다 국내법을 제정하여 개별적으로 수용하는 나라도 있다(예: 영국 등).[1)]

(다) **효력** 국내법과 조약 등의 내용이 충돌되는 경우에 양자의 효력관계가 문제된다. 국제조약 등은 헌법보다는 하위에 있으며, 그 규율사항에 따라 법률 또는 명령과 동일한 효력이 있다고 보는 국제법·국내법동위설(다만 헌법은 국제법보다 우위로 본다.)이 통설이다.[2)]

생각건대 대통령의 조약체결권은 헌법에 의하여 인정된 권한이며, 헌법 제 6 조 제 1 항은 유효하게 성립한 조약의 국내법적 효력을 인정한 것이지 위헌인 조약까지 국내법적 효력을 인정한 것이라고는 볼 수 없기 때문에, 조약은 헌법보다는 하위의 효력을 가진다고 할 것이다. 그리하여 헌법 제 6 조의 「국내법」은 「국내법령」으로 볼 것이며, 따라서 그 규율사항에 따라 법률 또는 명령과 같은 효력을 갖는다고 할 것이다. 그리고 법률 또는 명령과 내용이 충돌될 때에는 「신법우선의 원칙」「특별법우선의 원칙」 등에 의하여 그 효력의 우열이 정하여질 것이다(다만 명문으로 조약을 우선시키고 있는 경우도 있다(우편 11 등).).[3)] 이와 같이 대통령이 체결권을 갖는 조약이 법률과 동일한 효력이 인정될 수 있으며, 그것은 국회입법의 원칙과 관련하여 문제가 생길 수 있으므로, 헌법은 입법사항에 관한 조약은 체결·비준 전에 국회의 동의를 받도록 하여 이를 조정하도록 하였다(헌 60).

〔**판례**〕 「남북 사이의 화해와 불가침 및 교류협력에 관한 합의서」는 국가 간의 조약 또는 이에 준하는 것으로 볼 수 없다.

남북 사이의 화해와 불가침 및 교류협력에 관한 합의서는 남북관계가 '나라와 나라 사이의 관계가 아닌 통일을 지향하는 과정에서 잠정적으로 형성되는 특수관계'

---

1) 우리나라에 있어서도 조약을 국내적으로 시행하기 위하여 개별법률을 제정하는 경우도 있으나(예: 한·미간의 상호방위조약 제 4 조에 의한 시설과 구역 및 한국에 있어서의 합중국군대의 지위에 관한 협정의 시행에 따른 관세법 등의 임시특례에 관한 법률), 그것은 그러한 법률에 의하여 비로소 조약이 국내적으로 시행되는 것이 아니고 그러한 법률은 오직 시행상의 편의를 위하여 제정하는 것이라 할 것이다.

2) 김도창(상), p. 154; 이상규(상), p. 142; 김남진(상), p. 66; 석종현(상), p. 145.

3) 82 다카 1372(1986. 7. 22 대판) — 국제항공운송에 관한 법률관계에 대하여는 일반적인 민법에 대한 특별법으로서 위 헤이그의정서에 의하여 개정된 바르샤바협약이 우선 적용된다.

임을 전제로, 조국의 평화적 통일을 이룩해야 할 공동의 정치적 책무를 지는 남북한 당국이 특수관계인 남북관계에 관하여 채택한 합의문서로서, 남북한 당국이 각기 정치적인 책임을 지고 상호간에 그 성의 있는 이행을 약속한 것이기는 하나 법적 구속력이 있는 것은 아니어서 이를 국가 간의 조약 또는 이에 준하는 것으로 볼 수 없고, 따라서 국내법과 동일한 효력이 인정되는 것도 아니다(대법원 1999. 7.23. 98 두 14525 북한주민접촉신청불허처분취소).

〔**판례**〕 지방자치단체의 조례가 '1994년 관세 및 무역에 관한 일반협정'(GATT 1994)이나 '정부조달에 관한 협정'(Agreement on Government Procurement)에 위반되는 경우 그 조례는 무효이다.

특정 지방자치단체의 초·중·고등학교에서 실시하는 학교급식을 위해 위 지방자치단체에서 생산되는 우수 농수축산물과 이를 재료로 사용하는 가공식품을 우선적으로 사용하도록 하고 그러한 우수농산물을 사용하는 자를 선별하여 식재료나 식재료 구입비의 일부를 지원하며, 지원을 받은 학교는 지원금을 반드시 우수농산물을 구입하는 데 사용하도록 하는 것을 내용으로 하는 위 지방자치단체의 조례안이 내국민대우원칙을 규정한 '1994년 관세 및 무역에 관한 일반협정'(General Agreement on Tariffs and Trade 1994)에 위반되어 그 효력이 없다(대법원 2005.9.9. 2004 추 10 전라북도 학교급식조례 재의결무효확인).

〔**판례**〕 근로기본권에 관한 국제법상의 선언, 협약 및 권고 등은 권고적 효력만을 가지고 있어 법률조항에 대한 위헌성 심사의 척도가 될 수 없다.

국제인권규약들은 권리의 본질을 침해하지 아니하는 한 국내의 민주적인 대의절차에 따라 필요한 범위 안에서 근로기본권에 대한 법률에 의한 제한은 용인하고 있으므로, 공무원의 근로3권을 제한하는 국가공무원법 제66조 제1항과 정면으로 배치되는 것은 아니고, 그 밖에 근로기본권에 관한 국제법상의 선언, 협약 및 권고 등은 우리나라가 비준한 바 없거나 권고적 효력만을 가지고 있어 위 법률조항에 대한 위헌성 심사의 척도가 될 수 없다(헌법재판소 2007.8.30. 2003 헌바 51, 2005 헌가 5(병합) 국가공무원법 제66조 제1항등 위헌소원등).

(5) **자치법규** ① 지방자치단체 또는 그 기관이 「법령의 범위 안에서 제정하는 자치에 관한 규정」(헌 117①)을 말하며, 지방의회가 제정하는 「조례」와 집행기관이 제정하는 「규칙」이 있다. 집행기관에는 일반사무의 집행기관(서울특별시장·광역시장·도지사, 시장·군수·자치구청장)과 교육·학예에 관한 사무의 집행기관(서울특별시·광역시·도의 교육감)의 두 종류가 있으므로, 규칙에도 (일반)규칙(지자 23)과 교육규칙(지교자 25)의 두 가지가 있다.

② 조례로는 자치사무와 단체위임사무에 관하여 정할 수 있고, 규칙으로는 이들 사무뿐만 아니라 기관위임사무에 대하여도 정할 수 있다.

③ 조례는 직접 헌법의 개괄적 수권에 의하여(헌 117①) 지방의회가 독자적 판단으로 제정할 수 있으며 개별적 수권을 요하는 것은 아니다. 이 점에서 자주법으로서의 조례의 특징이 인정된다. 그러나 국가의 법령이나 광역자치단체(시·군·자치구의 경우)의 조례나 규칙에 위반되어서는 안되며(지자 24), 주민의 권리제한 또는 의무부과나

벌칙을 규정함에는 법률의 위임이 있어야 한다(지자 22단). 지방자치법은 조례의 실효성을 보장하기 위하여 상한을 정하여 일정한 범위 안에서 과태료를 정할 수 있는 일반적 위임을 하였다(지자 27).

④ 조례 중에는 법률의 개별적 위임에 의하여 제정되는 위임입법의 일종인 것도 있으며(건축 53 등 참조), 이러한 조례는 형식은 조례이나 실질에 있어서는 국가의 법률의 내용을 보완하는 종속입법으로서 보통의 위임입법과 차이가 없다.

Ⅲ. 不文法源

1. 개 설

행정법은 성문법주의를 취하지마는, 위에서 본 바와 같은 이유로 불문법도 보충적 법원이 된다. 불문법(비제정법)으로는 관습법·판례법 및 조리(행정법의 일반원리)가 있다. 그러나 불문법은 뒤에서 보는 바와 같이 단순히 성문법의 흠결상태를 보완하는 데만 그치는 것은 아니다. 이와 관련하여서는 헌법의 구체화규범으로서의 조리(행정법의 일반원리)가 특히 중요한 의미를 가진다.

2. 慣習法

(1) 의의 통설인 법적확신설에 의하면 관습법(customary law, Gewohnheitsrecht)이란, ① 행정의 영역에서 국민의 전부 또는 일부 사이에 다년간 계속하여 동일한 사실이 관행으로서 성립되고, ② 이 관행을 준수함이 국민일반의 법적 확신(정의감)을 얻음으로써 성립하는 법규범을 말한다.

(2) 성립(관습법이 효력을 가지는 근거) 관습법의 성립에 관행과 법적 확신의 결합 이외에 또 다른 요건이 필요한가에 대하여는 법적 확신설과 국가승인설이 대립되고 있다.

(개) 법적 확신설 법력내재설이라고도 한다. 법의 본질을 정의의 관념인 법적 확신으로 보고, 관습법은 관행에 의하여 표현된 법적 확신이므로 법으로서의 효력을 갖는다고 보는 법적 확신설은 다른 요건이 필요 없다고 한다(E. Forsthoff 등).[1]

(내) 국가승인설 이에 대하여 법의 본질을 국가의 명령으로 보는 이른바 명령설에서 출발하여 제정법 우위사상에 입각한 견해로서, 관습법이 법으로서의 효력을 갖는 것은 국가가 법으로서 승인하기 때문이라고 한 국가승인설은 국가

1) Forsthoff, Lehrbuch des Verwaltungsrechts, 1 Bd., Allgemeiner Teil, 7. Aufl., 1958, S. 121.

의 승인이 더 필요하다고 한다(Laband, H. Nawiasky). 소수설이다.[1)]

(다) 결언 법적확신설은 국가적 법질서와의 관계를 고려하지 않는 듯한 느낌을 주지만 관습법의 의의는 오히려 실정법(국가의 승인)과 무관하게 성립될 수 있다는 점에 있음을 생각할 때, 법적확신설이 타당하다고 하겠다. 국가승인설에 의하면 결국 관습법을 부인하는 결과를 가져오며, 이 견해가 말하는 승인은 승인이 아니라 집행 내지 적용이라고 할 것이다.

다만 법적확신설에 의할 때 관습법의 성립여부가 불분명한 경우가 많다고 할 것이다. 관습법의 성립여부는 결국 사회통념에 따라 판단할 것이며, 최종적으로는 법원에 의하여 결정될 것이다.[2)] 그러고 보면 국가승인설과 법적확신설은 실질적으로 큰 차이가 있는 것은 아니라고 하겠다.[3)]

〔**판례**〕 관습법은 거듭된 관행으로 생성한 규범이 법적 확신과 인식에 의하여 법적 규범으로 승인·강행되기에 이른 것이다.

관습법이란 사회의 거듭된 관행으로 생성한 사회생활규범이 사회의 법적 확신과 인식에 의하여 법적 규범으로 승인·강행되기에 이르른 것을 말하고, 사실인 관습은 사회의 관행에 의하여 발생한 사회생활규범인 점에서 관습법과 같으나 사회의 법적 확신이나 인식에 의하여 법적 규범으로서 승인된 정도에 이르지 않은 것을 말한다(대법원 1983.6.14. 80 다 3231 분묘이장).

〔**판례**〕 국립지리원 간행의 지형도상 해상경계선은 행정관습법상 해상경계선으로 인정된다.

국립지리원이 간행한 지형도상의 해상경계선은 행정관습법상 해상경계선으로 인정될 뿐만 아니라 행정판례법상으로도 인정되고 있기 때문에, 불문법상의 해상경계가 된다(헌법재판소 2004.9.23. 2000 헌라 2 당진군과 평택시 간의 권한쟁의).

〔**판례**〕 국가의 私法的 행위까지 다른 국가의 재판권으로부터 면제되는 것은 국제관례라고 할 수 없다.

우리나라의 영토 내에서 행하여진 외국의 사법적 행위가 주권적 활동에 속하는 것이거나 이와 밀접한 관련이 있어서 이에 대한 재판권의 행사가 외국의 주권적 활동에 대한 부당한 간섭이 될 우려가 있다는 등의 특별한 사정이 없는 한, 외국의 사법적 행위에 대하여는 당해 국가를 피고로 하여 우리나라의 법원이 재판권을 행사할 수 있다(대법원 1998.12.17. 97 다 39216 전원합의체판결 해고무효확인).[4)]

---

1) 김도창(상), p.149; Laband, Das Staatsrecht des Deutschenreiches, S.69.
2) 이상규(상), p.154; 김남진(상), p.66; 홍정선(상), p.66.
3) 김남진(상), p.75.
4) 원심으로서는 원고가 근무한 미합중국 산하 기관인 '육군 및 공군 교역처'의 임무 및 활동 내용, 원고의 지위 및 담당업무의 내용, 미합중국의 주권적 활동과 원고의 업무의 관련성 정도 등 제반 사정을 종합적으로 고려하여 이 사건 고용계약 및 해고행위의 법적 성질 및 주권적 활동과의 관련성 등을 살펴 본 다음에 이를 바탕으로 이 사건 고용계약 및 해고행위에 대하여 우리 나라의 법원이 재판권을 행사할 수 있는지 여부를 판단하였어야 할 것이다. 그럼에도 불구하고 이 사건 고용계약 및 해고행위의 법적 성질 등을 제대로 살펴보지 아니한 채 그 판시

(3) **법원성(행정관습법의 인정 여부)** 민법 제 1 조와 같은 일반적 규정이 없는 행정법에서는 소극설과 적극설이 대립되고 있다.

(가) **소극설** 사법과 달라서, 행정은 법규가 없는 경우에도 존립할 수 있기 때문에 관습법이 필요하지 않다고 하고(O. Mayer) 혹은 행정의 법률적합성의 원칙 때문에 인정될 수 없으며 ① 성문법규에서 관습법을 허용하는 명문규정을 둔 경우, ② 협소한 공통이해관계자의 내부관계에 관한 관례(Observanz)로서 예외적으로 존재한다고 한다(F. Fleiner, H. Nawiasky).

(나) **적극설** 적극설은 행정법에서는 사법분야와는 달리 「법률에 의한 행정의 원리」가 지배하고 있는 것은 사실이나, 행정은 복잡다기하여 모든 영역에 성문법규가 완비될 수 없기 때문에 성문법주의는 형벌법의 경우와 같이 엄격할 수 없다는 것을 근거로 한다(W. Jellinek, E. Forsthoff).

(다) **결언** ① 적극설이 주장하는 바와 같이 모든 영역에 성문법규가 완비될 수는 없다고 할 것이며, 행정법에 있어서는 사법분야에 비하여 성문법규는 더 불완전하다고 할 것이다. 따라서 행정법에 있어서는 관습법의 성립을 인정하는 것이 보다 현실적이라 할 것이며, 오늘날의 복리행정의 요청에도 부응하는 것이라 할 것이다.[1)]

② 적극설이 우리 학자들의 일치된 견해이다. 그러나 주로 현실적인 이유로 관습법의 성립 내지 존속이 매우 어렵다는 지적이 있다. 그것은 현대사회란 유동이 심한 다원화사회이기 때문에 일반인의 법적 확신과 같은 관습법 성립의 요건을 충족하기가 매우 어렵고, 또한 모든 것이 합리화를 향하여 달리고 있는 현대사회에서 단순히 "우리는 항상 그렇게 하여 왔다"(Das haben wir immer so gemacht)는 식의 주장이 관철되기 어렵다고 보아야 할 것이기 때문이라고 한다.[2)]

(4) **효력** 관습법의 법원성을 긍정하는 경우에 성문법에 대한 보충적인 효력만을 인정하는 견해와 성문법이 없는 분야에서도 성립될 수 있고 성문법을 개폐하는 효력까지 인정하는 견해가 있다.

법치주의에서 유래한 제정법우위가 강조되어야 할 뿐만 아니라, 관습법이 성립하여 성문법이 법으로서 타당치 않게 되는 일은 실제상 어려운 것이므로 보

와 같은 이유만으로 재판권이 없다고 단정하여 이 사건 소가 부적법하다고 판단한 원심판결에는 외국에 대한 재판권의 행사에 관한 법리를 오해하고 심리를 다하지 아니한 위법이 있다고 할 것이다(대법원 1998.12.17. 97다39216 전원합의체판결 해고무효확인).

1) 이상규(상), p.142.
2) 김남진(상), p.66.

충적 효력만을 인정하는 것이 타당할 것으로 본다. 그리고 법률유보의 원리상 그 효과가 침해적인 관습법의 성립은 인정하기 어렵다 하겠다.

(5) 종류

(가) 행정선례법 ① 행정청이 취급한 선례가 반복됨으로써 성립되는 관습법을 말한다(헌법재판소 2004.9.23. 2000 헌라 2 당진군과 평택시 간의 권한쟁의). 특히 상급행정청의 훈령 또는 예규 등이 발하여진 경우에는 하급행정청은 그것을 기준으로 하여 사무를 처리하게 되는바, 그것이 반복되어 시행되면 행정선례법으로서의 의의를 가지게 된다. 또한 행정청의 법령해석, 특히 행정부 내에서 법령의 유권해석권을 가진 법제처(민상법·형사법·소송법·국가배상관계법의 해석은 법무부)의 애매한 법규에 대한 해석은 행정기관이 이를 반복하여 적용함으로써 행정선례법으로 성립될 수 있을 것이다.[1]

② 국세기본법(18 ③), 행정절차법(4조)은 행정법분야에서의 행정선례법의 존재를 명문으로 인정하고 있다.[2] 행정선례법의 인정은 행정에 대한 신뢰보호의 관념에 밑받침된 것이라고 할 수 있다.[3]

(나) 민중적관습법 민중 사이의 다년간의 관행에 의하여 성립되는 것을 말하며 주로 공물·공수 등의 사용관계 등에 관하여 존재하는바, 그 실례는 희소하다. 예로는 입어권(수산업 2 (10), 46)·관습상의 유수사용권(관개용수이용권·유수권·음용용수권 등)(공유수면매립 12(4))(64 다 790 1964.11.24 대판) 참조)을 들 수 있다.

(6) 관습법의 소멸 관습법으로 승인되었던 사회의 거듭된 관행으로 생성한 사회생활규범이 그 법적 규범으로서의 효력을 상실하게 되어 관습법으로서의 효력이 부정되는 경우가 있다.

「사회의 거듭된 관행으로 생성된 사회생활규범이 관습법으로 승인되었다고 하더라도 사회 구성원들이 그러한 관행의 법적 구속력에 대하여 확신을 갖지 않게 되었다거나, 사회를 지배하는 기본적 이념이나 사회질서의 변화로 인하여 그러한 관습법을 적용하여야 할 시점에 있어서의 전체 법질서에 부합하지 않게 되었다면 그러한 관습법은 법적 규범으로서의 효력이 부정될 수밖에 없다」(대법원 2005.7.21. 2002 다 1178 전원합의체판결 종회회원확인).[4]

---

1) 4285 행상 20(1954.6.19 대판) — 행정선례라 함은 행정기관에 있어서 실제로 처리한 사건이 선례로서 존중되어 법규로서의 효력을 가지게 된 것으로서, 재판례의 경우와 동일하게 처리되는 것이다.

2) 86 누 571(1987.2.24 대판) — 비과세의 사실상태가 장기간에 걸쳐 계속된 경우에, 그것이 그 사항에 대하여 과세의 대상으로 삼지 아니하는 뜻의 과세관청의 묵시적인 의사표시로 볼 수 있는 경우에는 이를 국세행정의 관행이라고 인정할 수 있다.

3) 이상규(상), p.136.

4) 종중은 공동선조의 분묘수호와 봉제사 및 종원 상호간의 친목을 목적으로 형성되는 종족단체로서 공동선조의 사망과 동시에 그 후손에 의하여 자연발생적으로 성립하는 것임에도, 공동선

〔**판례**〕 국세기본법 제18조 제3항 소정의 비과세관행의 성립 요건

국세기본법 제18조 제3항에 규정된 비과세관행이 성립하려면, 상당한 기간에 걸쳐 과세를 하지 아니한 객관적 사실이 존재할 뿐만 아니라, 과세관청 자신이 그 사항에 관하여 과세할 수 있음을 알면서도 어떤 특별한 사정 때문에 과세하지 않는다는 의사가 있어야 하며, 위와 같은 공적 견해나 의사는 명시적 또는 묵시적으로 표시되어야 하지만 묵시적 표시가 있다고 하기 위하여는 단순한 과세누락과는 달리 과세관청이 상당기간의 불과세 상태에 대하여 과세하지 않겠다는 의사표시를 한 것으로 볼 수 있는 사정이 있어야 한다(대법원 2003.9.5. 2001 두 7855 종합소득세등부과처분취소).

〔**판례**〕 구 수산업법 제40조 소정의 '입어의 관행에 따른 권리'(관행어업권)의 의미

'입어의 관행에 따른 권리'(관행어업권)란, 일정한 공유수면에 대한 공동어업권 설정 이전부터 어업의 면허 없이 그 공유수면에서 오랫동안 계속 수산동식물을 포획 또는 채취하여 옴으로써 그것이 대다수 사람들에게 일반적으로 시인될 정도에 이른 것을 말하고, 이는 공동어업권자에 대하여 주장하고 행사할 수 있을 뿐만 아니라 이를 다투는 제3자에 대하여도 그 배제를 청구하거나 그에 따른 손해배상을 청구할 수 있는 권리이며, 당해 공유수면에 공동어업권이 설정되어 있는지 여부를 불문하고 인정될 수 있는 것이지, 공동어업권이 설정된 후에 비로소 그 공동어업권에 대한 제한물권적 권리로서만 발생하는 권리라고는 할 수 없다(대법원 2001. 3.13. 99 다 57942 손해배상).

3. 判例法

(1) 의의　개개의 판례 중에 내포되어 있는 법의 해석·운용의 기준이 최종적으로 대법원의 판결로 지지될 때에는 사인도 행정청도 법으로 의식하게 된다.

판례는 민법·상법 등 분야에서도 중요한 법원이 되지마는 행정법의 경우는 더한층 중요성을 가진다. 그것은 행정법의 경우는 통칙적 규정이 없어 행정법 전체에 걸친 기본적 법원칙이 이론에 의하여 확립되어야 하는바, 이러한 이론의 확립에 있어서 판례는 학설과 함께 커다란 역할을 담당하기 때문이다. 현재 우리는 근대적 법원제도를 가진 역사가 짧기 때문에 행정법통칙의 모든 문제에 관한 판례는 형성되어 있지 않으나, 중요 문제에 관하여는 점차로 형성되어 가고 있다.

조의 후손 중 성년 남자만을 종중의 구성원으로 하고 여성은 종중의 구성원이 될 수 없다는 종래의 관습은, 공동선조의 분묘수호와 봉제사 등 종중의 활동에 참여할 기회를 출생에서 비롯되는 성별만에 의하여 생래적으로 부여하거나 원천적으로 박탈하는 것으로서, 위와 같이 변화된 우리의 전체 법질서에 부합하지 아니하여 정당성과 합리성이 있다고 할 수 없으므로, 종중 구성원의 자격을 성년 남자만으로 제한하는 종래의 관습법은 이제 더 이상 법적 효력을 가질 수 없게 되었다(대법원 2005.7.21. 2002 다 1178 전원합의체판결 종회회원 확인).

(2) **관습법과의 차이** 판례법과 관습법의 중요한 차이는 ① 관습법의 경우는 동일한 행위가 관행적으로 장기 계속되어야 하는데, 판례법의 경우는 관행적으로 장기 계속될 필요가 없고, ② 관습법의 경우는 관행에 대한 사회의 법적 확신을 요하는데, 판례법의 경우는 국가기관인 법원의 행위 자체에 내포된 강제력의 소산이라는 데 있다.

(3) **법원성** 판례법의 법원으로서의 위치는 영미법계국가와 대륙법계국가 간에 차이가 있다. ① 영미 등 판례법 국가에서는 「선례구속성의 원리」(doctrine of stare decisis)가 타당하여 판례법(case law, judge-made-law)은 법적 구속력(legal binding force)을 갖기 때문에, 그것은 행정법의 법원이 되며 그 중요성은 크다. ② 대륙법계의 성문법국가에서는 최고법원은 자기 판례를 변경할 수 있음은 물론, 최고법원의 판례는 하급법원을 법적으로 구속하는 힘은 없고, 사실상으로만 구속한다. 따라서 하급심이 최고법원의 고루(固陋)와 보수에 도전함으로써 판례가 변경될 소지가 영미에 비하여 크며 판례법의 법원으로서의 지위는 약하다고 하겠다. ③ 우리나라에서도 법률상의 선례구속성은 인정되지 않는다. 즉, 법원조직법은 「상급법원의 판례에 있어서의 판단은 당해 사건에 관하여 하급심을 기속한다」(동 8)고 규정하고 있으나, 이는 상·하심급구조상 자명한 것을 규정한 것으로 「당해 사건」, 즉 「같은 사건」에서만 하급심이 기속당한다는 것이고, 같은 성질을 가진 동종사건에서까지 기속당한다는 것은 아니다.[1)]

그러나 「같은 사건」이 아니라도 만일 하급법원이 뒤의 같은 성질의 사건에서 대법원의 판례와 배치되는 판결을 할 경우에는 상고의 결과 파기될 가능성이 크므로 사실상 대법원의 판례를 존중하여 판결함이 보통이다. 또한 행정청의 행정처분이나 행정입법은 행정소송의 대상이 되며, 결국 대법원의 최종적인 심판대상이 되기 때문에(헌 105②, 행송 1), 사실상 대법원의 판례를 존중하지 않을 수 없다. 따라서 대법원의 판례는 하급법원이나 행정청에 대하여 사실상의 구속력을 가진다. 더욱이 현행법은 대법원의 심판에 있어, 다른 사건은 대법관 전원의 합의체나 대법관 3인 이상으로 구성된 부에서 과반수 찬성으로 판결하는 데 대하여, 종전의 판례변경은 항상 대법관 전원의 합의체에서 과반수 찬성으로 행하게 하여 판례의 안정성(경직성)을 부여하여, 법원성을 어느 정도 보장하고 있다

1) 우리 대법원이, 구 징발법(현행헌법 시행 전)과 동법 시행령의 절차를 거치는 것이 소송제기의 전제요건으로 명문에 의하여 규정되어 있지 않으므로 이 절차 또는 민사소송절차의 어느 하나를 선택하여 징발보상을 청구할 수 있다는 하급법원의 판결을 배척하여 오다가, 동종사건에서 하급법원의 끈질긴 도전을 받아 마침내는 대법원도 하급법원의 판결을 지지하여 버린 것(67다1334(1967.11.2 대판))은 법적 구속성이 없다는 데 대한 좋은 예가 되겠다.

(법조 7①(3)·66①).

또한「상고심 절차에 관한 특례법」제4조 제4호에 의하여 법률·명령·규칙 또는 처분에 대하여 대법원판례가 없거나 대법원판례를 변경할 필요가 있는 때에는 심리불속행의 대상이 될 수 없으며, 권리상고가 인정된다. 이는 대법원의 판례와 배치되는 하급심판결에 대하여서는 상고를 제한하지 않는다는 것으로 역시 대법원판례의 법원성을 어느 정도 보장하고 있는 것이다.

④ 우리나라의 경우, 헌법재판소의 위헌결정은 법원성을 갖는다. 그것은 위헌으로 결정된 법률(또는 법률조항)은 효력을 상실하며, 위헌결정은 법원 기타 국가기관이나 지방자치단체를 기속하기 때문이다(헌재 47①②).[1]

4. 條理(法)(行政法의 一般原理)

(1) 의의 ㈎ 조리(Natur der Sache)는 일반사회의 정의감에 비추어 반드시 그리하여야 할 것이라고 인정되는 것을 말하며 ① 해석의 기본원리로서, ② 성문법·관습법·판례법이 모두 없는 경우의 최후의 보충적 법원으로서의 중요성을 가진다.

㈏ 사법에서는 조리의 법원성을 명문으로 규정하고 있는바(민 1), 특히 행정법에는 ① 통칙적 규정이 없고, ② 그 규율대상인 행정 자체가 복잡다기하여 법규가 예상하지 못한 사태가 발생하는 일이 많으며, ③ 행정법규에는 모순·결함이 많으며 법규 상호간에 횡적 통일이 없는 경우가 많기 때문에, 조리는 다른 분야에서보다도 법원으로서 중요성을 가지고 있다.

㈐ 판례 중에서도 종종「사회통념에 비추어」,「사회일반의 정의관념에서 보아」라든가,「조리상」이라는 표현이 보이는바, 이는 조리법의 존재를 예정하고 법원이 이에 의거 판단하고 있음을 나타낸 것이라 보겠다.

㈑ 조리 중 학설·판례상 자주 문제되는 것은 평등원칙, 신의성실의 원칙, 비례의 원칙, 기득권존중의 원칙 등이며, 근래에는 신뢰보호의 원칙, 보충성의 원칙, 과잉급부금지의 원칙 등이 새로운 조리 내지는 법원칙으로 거론된다.[2]

(2) 법적 성질과 효력 종래에는 조리는 사물의 본질적 법칙으로 보아 성문법·관습법·판례법이 모두 존재하지 아니한 경우에 보충적 법원이 된다고 보았다(80 누 8255 (1980.8.28 대판) 참조). 그러나 오늘날 조리라고 하는 것들을 엄밀하게 살펴보

1) 홍정선(Ⅰ), p. 91 참조.

2) 조리의 개념이 너무나 일반적이고 추상적이기 때문에 조리의 문제가 행정법의 일반원칙으로 다루어지기도 하고(홍정선(상), p.72.), 행정법의 일반원칙을 조리에 포함시켜 논하는 것에 반대하는 견해도 있다(박균성(상), p.42.).

면 여러 가지 것에서 유래하며, 따라서 그 법적 성질 내지는 효력도 일률적으로 말할 수 없겠다. 예컨대 신뢰보호의 원칙·평등의 원칙 및 비례의 원칙은 헌법원칙(헌 37②)으로 볼 수 있고, 신의성실의 원칙은 민법(동법 2①) 내지는 법의 일반원칙이며, 행정행위의 취소권의 제한 등에 관련된 원칙 등 많은 조리는 판례법적 성질을 가진다. 특히 근래에는 행정법의 헌법집행법으로서의 성격이 강조됨으로써 종래 막연히 조리라고 보아온 것이 헌법상의 원칙으로서 재인식되고 있는 점을 유의하여야 한다. 그리하여 오늘날은 조리라는 관념은 이러한 원칙들을 모두 포괄하는 총합적 관념으로 사용되고 있으며, 따라서 조리라는 관념에 갈음하여 「행정법의 일반원리」(der Allgemeine Grundsatz des Verwaltungsrecht)라는 관념을 사용하고 좁은 의미의 조리에 속하는 법원리도 행정법의 일반원리의 일부를 이루는 것으로 이해할 수도 있을 것이다.[1]

(3) 내용 아래에서는 행정법의 일반원리 중에서 가장 중요하다고 생각되는 신뢰보호의 원칙, 평등의 원칙 및 비례의 원칙 등의 내용에 대하여 살펴보고자 한다.

I. 行政法에 있어서의 信賴保護의 原則

1. 信賴保護의 의의 및 발전

(1) 신뢰보호의 의의 행정법상의 신뢰보호(Vertrauensschutz)라 함은 행정기관의 어떤 언동(적극적 언동은 물론 소극적 언동을 포함한다)의 정당성 또는 존속성에 대한 개인의 보호가치 있는(schutzwürdig) 신뢰를 보호하여 주는 원칙을 말한다.

(2) 신뢰보호의 원칙의 발전

(가) 독일 신뢰보호의 원칙은 1950년대 후반 독일에서 위법한 수익적 행정행위의 취소권제한의 법리를 중심으로 성립하여, 오늘날의 사회적 법치국가의 일반적 헌법원리로 발전하였다. 종래에는 행정행위가 위법하기만 하면 그 위법성을 이유로 소급적으로 취소하는 것이 법률적합성의 원칙에 적합한 것으로 보았다. 이러한 원칙은 침해적 행정작용에만 적용할 때에는 문제가 되지 아니한다. 그러나 오늘날에 있어서 국가작용의 주류를 이루고 있는 급부행정과 같은 수익적 행정작용(금전이나 현물을 지급하는 작용 등)에 있어서는 행정의 법률적합성의 원칙을 기계적으로 적용할 때에는 여러 가지 문제가 발생한다.

여하튼 독일에 있어서 신뢰보호의 원리는 급속한 발전을 보아 1976년의 행정절차법에서는 위법한 수익적 행정행위의 직권취소의 제한(48조)·철회의 제한(49조)·확약(38조) 등의 법적 근거로서 신뢰보호의 원칙을 제도화하게 되었다.

(나) 영·미 영·미행정법상의 이른바 금반언(estoppel)의 법리도 신뢰보호와 대체로 같은 이념을 가진 것이라 할 수 있다. 예컨대 미국에서는 금반언의 법리를 A가 행한 표시를 B가 신뢰(rely)한 경우에는 A는 스스로의 종전의 표시와 모순되는 태도를

1) 김동희, 행정법의 일반원리, 한국공법학회, 제 5 회 월례발표회, p.16.

취하여 B에 대하여 손실을 가하여서는 안된다는 원칙으로 설명하고 있고,[1] 영국에서도 같은 취지로 보고 있다.[2]

(다) 우리나라 1996년에 제정된 우리 행정절차법도「법령의 해석 또는 행정청의 관행이 일반적으로 국민에게 받아들여진 때에는 공익 또는 제3자의 정당한 이익을 현저히 해할 우려가 있는 경우를 제외하고는 새로운 해석 또는 관행에 의하여 소급하여 불리하게 처리되지 아니한다」고 하여 신뢰보호의 원칙을 명문화하고 있다(동법 4②).

2. 信賴保護의 根據

신뢰보호의 법적 근거에 관하여는 신의칙설과 법적 안정성설이 있으며 그 밖에 사회국가원리설·기본권설이 주장되고 있다.

(1) **신의칙설** 신의칙, 즉 신의성실(Treu und Glauben) 그 자체에 신뢰(Vertrauen)의 보호라는 뜻이 포함되어 있다고 보는 견해이다. 그리하여 행정법관계에서도 법의 일반원칙으로 볼 수 있는 신의칙에 따라 행정기관은 성실하게 적법한 행정작용을 하여야 할 의무를 부담하며, 상대방은 그것을 적법한 것으로 신뢰하게 된다. 따라서 뒤에 당해 행정작용의 위법성 등을 이유로 그 존재·효력을 부정하는 행정기관의 언동은 상대방의 신뢰를 저버리는 것이므로 신의성실에 반하게 된다.

(2) **법적 안정성설** 이 견해는 법적 안정성은 두 가지의 의미 내용을 갖는다고 본다. ① 첫째는 법의 예측가능성 내지는 법의 비파기성(非破棄性)의 의미 내용을 가지며 그것은 법질서를 구성하는 개개 규범 자체의 내용의 명확성, 행정의 법률적 합성, 법규범의 예외 없는 집행을 요구한다. 이러한 의미에서의 법적 안정성은 개별사무에 있어서 위법한 행정작용의 존속성을 뒷받침하는 기능을 갖는 신뢰보호의 법적 근거로는 될 수 없다. ② 둘째는 법전개의 불변성(Stetigkeit der Rechtsentwickelung)의 의미 내용을 가지며, 그것이 행정기관이 행한 결정의 존속 내지는 행정절차의 종결을 요구한다고 할 것이다. 이런 의미에서의 법적 안정성은 위법한 행정작용, 예컨대 위법한 수익적 행정행위의 존속성을 뒷받침하는 신뢰보호의 법적 근거가 될 수 있다. 법적 안정성설은 바로 이런 의미에서의 법적 안정성이 신뢰보호의 근거가 된다고 한다. 법적 안정성설은 일반적 성격을 가진 행정작용에 의하여 전개된 법상황을 유지하는 것도 법전개의 불변성의 요청에 부합되는 것으로 보아, 당사자 간에 긴밀한 관계가 없는 계획보장(Plangewährleistung)이나 스스로 정한 행정규칙에 행정이 구속되는 행정의 자기구속(Selbstbindung der Verwaltung)의 근거로서 신뢰보호를 든다.

(3) **결언** 법적안정성설은 행정의 법률적합성의 견지에서 반대론이 있지만 오늘날 지배적 견해로 되었다.[3] 행정절차법(4②)·국세기본법(18③)과 같이 실정법에서 신뢰보호의 원칙을 명문으로 규정하고 있는 경우도 있으나, 그것은 확인적 규정에 불과하고, 명문규정이 없는 경우에도 모든 행정활동에 적용된다 할 것이다.

3. 信賴保護의 一般的 要件

〔**판례**〕 행정청의 행위에 대하여 신뢰보호의 원칙이 적용되기 위한 요건

일반적으로 행정상의 법률관계에 있어서 행정청의 행위에 대하여 신뢰보호의 원칙이 적용되기 위해서는, 첫째 행정청이 개인에 대하여 신뢰의 대상이 되는 공적인

1) K.C. Davis, Administrative Law Text, 3rd ed., 1972, p.343.
2) J.F. Garner, Administrative Law, 7th ed., 1989, pp.138~293.
3) A. Randelzhofer, Gleichbehandlung Unrecht, JZ, 1973, S.54ff.

견해표명을 하여야 하고, 둘째 행정청의 견해표명이 정당하다고 신뢰한 데에 대하여 그 개인에게 귀책사유가 없어야 하며, 셋째 그 개인이 그 견해표명을 신뢰하고 이에 상응하는 어떠한 행위를 하였어야 하고, 넷째 행정청이 위 견해표명에 반하는 처분을 함으로써 그 견해표명을 신뢰한 개인의 이익이 침해되는 결과가 초래되어야 하며, 마지막으로 위 견해표명에 따른 행정처분을 할 경우 이로 인하여 공익 또는 제 3 자의 정당한 이익을 현저히 해할 우려가 있는 경우가 아니어야 한다(대법원 2006.6.9. 2004 두 46 개발부담금부과처분취소).[1]

(1) **선행조치** 행정기관의 선행조치가 존재하여야 하는바, 그 선행조치는 법령[2), 3)]·행정규칙·행정처분·확약·행정지도(법령해석 등) 기타 적극적 또는 소극적(위법상태의 장기간묵인·방치 등) 언동을 포함한다.

위에서 본 바와 같이 신의칙설에서는 행정규칙 등 일반적 행정작용은 직접적으로 선행조치에 포함될 수 없는 것으로 본다.

(2) **보호가치** 선행조치의 정당성 또는 존속성에 대한 관계인의 신뢰가 보호가치 있는(schutzwürdig) 것이어야 한다. 즉, 관계인이 신뢰하게 된 데 대하여 관계인에게 책임 있는 사유가 있어서는 아니된다.

「여기서 귀책사유라 함은 행정청의 견해표명의 하자가 상대방 등 관계자의 사실은폐나 기타 사위의 방법에 의한 신청행위 등 부정행위에 기인한 것이거나 그러한 부정행위가 없다고 하더라도 하자가 있음을 알았거나 중대한 과실로 알지 못한 경우 등을 의미한다고 해석함이 상당하고, 귀책사유의 유무는 상대방과 그로부터 신

1) 원고가 이 사건 개발사업 시행 전에 피고에게 이 사건 토지 지상에 예식장, 대형할인매장 및 자율식당을 건축하는 것이 관계 법령상 가능한지 여부를 질의하는 민원예비심사를 의뢰하여 피고로부터 그 결과를 통보받았는데, 그 통보서에 첨부된 관련부서 협의결과에 따르면 지적민원과 의견으로 개발이익환수에 관한 법률에 '저촉사항 없음'이라고 기재되어 있는 사실은 인정되나, ① 위 민원예비심사 결과 통보는 원고가 피고에게 이 사건 개발사업에 대한 개발부담금 부과 여부에 대하여 특정하여 질의를 하고 이에 대해 피고가 개발부담금 부과대상이 아니라는 취지를 명시적으로 밝힌 것이 아닌 점, ② 위 통보서에는 참고사항으로 "본 예비심사는 현행 법령과 관련부서 협의결과에 의한 것으로 차후 관계 법령과 조례제정, 사업계획의 구체화 등으로 인하여 변동될 수 있다."고 기재되어 있는 점 등에 비추어 볼 때, 위와 같은 사정만으로 피고가 원고에게 신뢰의 대상이 되는 공적인 견해표명을 한 것이라고는 보기 어렵고, 가사 피고가 공적인 견해를 표명한 것으로 본다 하더라도 피고의 견해표명이 정당하다고 신뢰한 데에 대하여 원고에게 귀책사유가 없다고 할 수도 없다(대법원 2006.6.9. 2004두46 개발부담금부과처분취소).

2) 법령의 개정에서 신뢰보호원칙이 적용되어야 하는 이유는, 어떤 법령이 장래에도 그대로 존속할 것이라는 합리적이고 정당한 신뢰를 바탕으로 국민이 그 법령에 상응하는 구체적 행위로 나아가 일정한 법적 지위나 생활관계를 형성하여 왔음에도 국가가 이를 전혀 보호하지 않는다면 법질서에 대한 국민의 신뢰는 무너지고 현재의 행위에 대한 장래의 법적 효과를 예견할 수 없게 되어 법적 안정성이 크게 저해되기 때문이다(대법원 2007.10.29. 2005두4649 전원합의체판결 한약사국가시험응시원서접수거부처분취소). 개정 전 약사법에서 한약사 국가시험의 응시자격을 '필수 한약관련 과목과 학점을 이수하고 대학을 졸업한 자'로 규정하던 것을, 개정 시행령에서 '한약학과를 졸업한 자' 응시자격을 변경하면서, 개정 시행령 부칙이 한약사 국가시험의 응시자격에 관하여 1996학년도 이전에 대학에 입학하여 개정 시행령 시행 당시 대학에 재학중인 자에게는 개정 전의 시행령을 적용하게 하면서도 1997학년도에 대학에 입학하여 개정 시행령 시행 당시 대학에 재학중인 자에게는 개정 시행령을 적용하게 하는 것은 헌법상 신뢰보호의 원칙과 평등의 원칙에 위배되어 허용될 수 없다.

3) 변리사 제 1 차 시험을 절대평가제에서 상대평가제로 환원하는 내용의 변리사법 시행령 개정조항을 즉시 시행하도록 정한 부칙 부분은 헌법에 위반되어 무효이다(대법원 2006.11.16. 2003두12899 전원합의체판결 불합격처분취소).

청행위를 위임받은 수임인 등 관계자 모두를 기준으로 판단하여야 한다」(대법원 2002.11.8. 2001 두 1512 건축선위반건축물시정지시취소).[1]

그러나 관계인이 신뢰하게 된 데 대하여 관계인에게 귀책사유가 없다고 하더라도, 「공익과 사익의 형량」에 의하여 공익이 보다 큰 경우에는 신뢰는 보호받지 못한다.

(3) **처리보호** 신뢰보호는 상대방이 행정기관의 선행조치에 대한 신뢰에 입각하여 어떤 처리(예: 자본투하 등)를 한 경우에 그 처리를 보호하는 것이 목적이다.

선행조치가 적극적인 작위일 때에는 그에 따른 개인의 처리를 확인하기가 비교적 쉬울 것이나, 소극적인 부작위일 때에는 그에 따른 개인의 조치를 확인하기가 쉽지 않다고 할 것이다.

(4) **인과관계** 법적안정성설에 의하면 신뢰보호의 원칙이 적용되기 위하여는 당사자간에 계약 기타 유사한 구체적 관계의 존재는 요하지 않지만 선행조치에 대한 신뢰와 관계자의 처리 사이에 인과관계는 있어야 한다.

「과세관청이 납세의무자에게 부가가치세 면세사업자용 사업자등록증을 교부하였다고 하더라도 그가 영위하는 사업에 관하여 부가가치세를 과세하지 아니함을 시사하는 언동이나 공적인 견해를 표명한 것으로 볼 수 없으며, 구 부가가치세법 시행령(2005.3.18. 대통령령 제18740호로 개정되기 전의 것) 제 8 조 제 2 항에 정한 고유번호의 부여도 과세자료를 효율적으로 처리하기 위한 것에 불과한 것이므로 과세관청이 납세의무자에게 고유번호를 부여한 경우에도 마찬가지이다」(대법원 2008. 6.12. 2007 두 23255 부가가치세부과처분취소).

(5) **선행조치에 위반한 행정작용의 존재** 선행조치에 반하는 행정기관의 처분 등 행정작용이 존재하여야 한다. 왜냐하면 선행조치에 반하는 행정기관의 처분 등이 존재하여야 비로소 상대방의 신뢰를 배반하게 되기 때문이다.

4. 信賴保護의 限界

(1) **신뢰보호의 원칙과 법률적합성의 원칙과의 관계** 신뢰보호의 원칙은 법치국가원리의 내용의 하나인 법적안정성을 위한 것인바, 그것은 법치국가원리의 또 하나의 내용인 법률적합성의 원칙과 충돌되게 되며, 양자 중 어느 것을 우선시킬 것인지가 문제된다.

(가) **법률적합성우위설** 행정의 법률적합성의 요청이 행정의 법적안정성 및 그로부터 도출되는 신뢰보호의 요청보다 우선하는 것이 법치국가의 원리라고 보는 견해이다.[2] 우리 대법원 판결에서도 비록 소수의견으로 주장되기는 하였으나, 과세권자는 강행규정인 조세법규가 정한 대로 집행하여야 한다는 것이 합법성의 원칙이며, 이러한 합법성의 원칙은 납세자의 신뢰보호라는 법적안정성의 원칙에 우월하는 것이라는 의견이 있었다(80 누 6(1980.6.10 대판)—전원합의부판결에서의 이영섭·주재황·한환진·안병수·이일규·김용철 대법원판사의 반대의견).

---

1) 이 사건 대지에 상세계획지침에 의한 건축한계선의 제한이 있다는 사실에 관하여는 원고나 그로부터 이 사건 건축물의 설계 등을 위임받은 김중구가 조금만 주의를 기울였다면 충분히 알 수 있었다고 보이므로 원고나 김중구에게 이 사건 건축물의 신축 및 증축허가가 정당하다고 신뢰한 데에 귀책사유가 없다고 할 수 없으니, 피고가 이 사건 건축물에 대한 신축 및 증축허가를 하여 주고, 그에 따라 상당한 정도로 공사가 진척된 이 사건 건축물에 대하여 상세계획지침에 규정된 건축한계선을 침범하였다는 이유로 위반부분의 철거를 명하였다 하더라도 이 사건 처분이 신뢰보호원칙에 반한다고 할 수 없다.

2) Forsthoff, Lehrbuch, S. 262f.

(나) 양자동위설 법률적합성의 원칙과 법적안정성의 원칙은 다같이 법치국가원리의 요소인 것으로 양자는 헌법상 동위적(gleichrangig)이며, 동가치적(gleichwertig)인 것이라고 한다.[1]

(다) 이익교량설 위의 동위설에 입각하여 구체적 경우에 있어서의 이익교량에 의하여 결정하여야 한다는 견해로서, 신뢰보호를 인정하는 범위는 구체적인 경우에 적법상태의 실현이라는 공익과 행정작용의 존속에 대한 신뢰의 보호라는 관계자이익의 비교형량의 결과에 의존한다는 것이다.[2] 오늘날 독일에 있어서의 통설·판례의 입장이다.

또한 우리의 통설이며, 판례도 신뢰보호의 원칙이 적법성의 원칙을 희생하여서라도 납세자의 신뢰를 보호함이 정의에 부합되는 것으로 인정되는 경우에 한하여 적용된다는 입장이다(91 누 9848 (1992.4.28 대판)).

(2) 사정변경 신뢰형성에 기초가 된 결정적인 사실관계가 추후에 변경되고 관계당사자가 이를 인식하였거나 인식할 수 있었던 경우에는, 그 이후로는 관계자도 변경 전의 상태를 이유로 신뢰보호를 주장할 수 없다 할 것이다.

5. 信賴保護의 적용영역

(가) 행정법령 및 행정규칙의 소급적 개폐금지 신뢰보호의 견지에서 불이익한 소급적 변경은 금지된다. 그러나 부진정소급효를 갖는 변경의 경우에는 원칙적으로 입법자의 입법형성권이 신뢰보호보다 우선한다(88 헌마 1 (1989.3.17 헌재결정)).

(나) 무효와 취소의 구별기준 행정행위의 무효와 취소의 구별기준으로 흠의 중대성 외에 명백성을 요구하는 통설적 견해는 상대방의 신뢰보호에 근거를 두고 있다.

(다) 수익적 행정행위의 취소권과 철회권의 제한 신뢰보호의 원칙이 수익적 행정행위의 취소권과 철회권의 제한사유가 된다.

(라) 확약 확약이 행정청에 대하여 자기구속적 효력을 발생하는 근거를 판례는 신뢰보호의 원칙에서 찾는다.

(마) 실권 행정청이 취소권이나 철회권이 있는 경우에도 장기간 그 권한을 행사하지 아니하고 방치한 경우에 상대방이 그 권한을 행사하지 아니할 것이라는 신뢰를 갖게 된 때에는 취소권이나 철회권은 실권되게 된다.

(바) 행정계획의 개폐 행정계획의 변경에서 얻어지는 공익보다 당사자의 계획존속에 대한 신뢰보호의 이익이 큰 경우에는 계획보장청구권의 문제가 생긴다.

(사) 처분사유의 추가·변경 행정처분의 취소소송에서 상대방의 신뢰보호의 견지에서 행정청은 당초의 처분사유와 기본적 사실관계와 동일성이 없는 별개의 처분사유를 추가하거나 변경할 수 없다.

(아) 공법상 계약 체결된 후 법령의 개폐 등으로 효력을 더 이상 존속시키기 어려운 경우에도, 사인의 신뢰보호를 위하여 그로 인한 손실은 보상하여야 한다.

6. 原則違反의 效果

신뢰보호의 원칙에 위반된 경우에는 위법하게 되는바, 그것이 무효사유로 되는지 취소사유로 되는지는 일률적으로 말할 수 없다 하겠다. 신뢰보호원칙에 반하는 행정입법이나 공법상의 계약은 무효로 된다고 할 것이며, 행정행위의 경우에는 원칙적으로 취소사유가 된다고 할 것이고 예외적으로만 무효사유가 된다고 할 것이다. 판례도 취

1) Erichsen/Martens, Allgemeine Verwaltungsrecht, S. 226.
2) Erichsen/Martens, a.a.O., S. 226.

소사유로 본다(98 두 4061 (1998. 5. 8 대판))

〔신뢰보호를 긍정한 판례〕

① 동사무소 직원이 행정상 착오로 국적이탈을 사유로 주민등록을 말소한 것을 신뢰하여 만 18세가 될 때까지 별도로 국적이탈신고를 하지 않았던 사람이, 만 18세가 넘은 후 동사무소의 주민등록 직권 재등록 사실을 알고 국적이탈신고를 하자 '병역을 필하였거나 면제받았다는 증명서가 첨부되지 않았다'는 이유로 이를 반려한 처분은 신뢰보호의 원칙에 반하여 위법하다(대법원 2008.1.17. 2006 두 10931 국적이탈신고서반려처분취소).

② 폐기물처리업에 대하여 사전에 관할 관청으로부터 적정통보를 받고 막대한 비용을 들여 허가요건을 갖춘 다음 허가신청을 하였음에도 다수 청소업자의 난립으로 안정적이고 효율적인 청소업무의 수행에 지장이 있다는 이유로 한 불허가처분이 신뢰보호의 원칙 및 비례의 원칙에 반하는 것으로서 재량권을 남용한 위법한 처분이다(대법원 1998.5.8. 98 두 4061 폐기물처리업허가신청에대한불허가처분취소).

〔신뢰보호를 부정한 판례〕

① 건축허가기준에 관한 개정 전 조례 조항의 존속에 대한 국민의 신뢰가 자연녹지지역 안에서의 난개발 억제라는 개정 후 조례 조항이 추구하는 공익보다 더 보호가치가 있는 것이라고 할 수 없으므로, 건축허가신청에 대하여 개정 후 조례를 적용하는 것은 신뢰보호원칙에 반하지 않는다(대법원 2007.11.16. 2005 두 8092 건축허가반려처분취소).

② 주차장 용지에서 공작물축조신고를 하여 신고필증을 받고 주차장용 건축물의 부속시설로서 옥외 골프연습장을 위한 철탑을 설치하여 현재 90% 이상 완공된 상태에서 행정청이 도시계획 행정상의 공익을 위한 공사중지명령을 한 경우, 신뢰보호의 원칙에 반한다거나 재량권의 한계를 일탈한 것은 아니다(대법원 2004.10.28. 2003 두 9770 공사중지명령취소).

③ 한려해상국립공원지구 인근의 자연녹지지역에서의 토석채취허가가 법적으로 가능할 것이라는 행정청의 언동을 신뢰한 개인이 많은 비용과 노력을 투자하였다가 불허가처분으로 상당한 불이익을 입게 된 경우, 위 불허가처분에 의하여 행정청이 달성하려는 주변의 환경·풍치·미관 등의 공익이 그로 인하여 개인이 입게 되는 불이익을 정당화할 만큼 강하다는 이유로 불허가처분이 재량권의 남용 또는 신뢰보호의 원칙에 반하여 위법하다고 할 수 없다(대법원 1998.11.13. 98 두 7343 토석채취불허가처분취소).

Ⅱ. 平等의 原則

1. 의　　의

① 평등원칙(Gleiheitssatz)은, 행정작용에 있어서 특별한 합리적인 사유가 없는 한, 상대방인 국민을 공평하게 처우하여야 한다는 것이다. 비례원칙과 함께 재량권행사를 한계지우는 중요한 기능을 가지고 있다. ② 평등원칙은 헌법원칙이기 때문에 그에 위반된 행정작용은 위헌·위법이 된다.

2. 근거 및 성질

(1) 근거 평등원칙은 근대입헌주의헌법에 있어서의 기본적인 법원칙이며, 우리 헌법에 있어서도 직접 헌법에 명시된 헌법원칙(헌 11·31·32④·36①·41·67)이다. 따라서 평등원칙은 헌법 자체에 근거를 둔 원칙이다.

(2) 성질 ① 행정에서의 평등원칙의 성질에 대하여는 헌법 제11조가 행정에도 직접적으로 적용된다고 보아 헌법 제11조 그 자체, 즉 성문법원으로 보는 견해(홍정선 (상) p.72)와, ② 헌법 제11조는 단지 법 앞의 평등만을 규정하고 있을 뿐 행정작용에 대하여 직접적으로 적용되는 것은 아니라고 보아 헌법 제11조의 기본이념으로부터 해석상 도출되는 불문법원리로 보는 견해(김동희(Ⅰ), p.6; 박균성(상), p.43)가 있다. 후자가 통설적 견해이며 타당하다고 본다. 다만 그 경우에도 평등원칙은 헌법적 효력을 갖는다고 할 것이며, 따라서 전자의 견해와 실질적으로 차이가 없게 된다.

3. 平等의 原則을 근거로 한 行政의 自己拘束의 法理

(1) 의의 및 기능 ① 행정의 자기구속(Selbstbindung der Verwaltung)이란, 행정청이 상대방에 대하여, 동종사안에 있어서 제 3 자에게 행한 결정과 동일한 결정을 하도록 스스로 구속당하는 것을 말한다.

이 법리는 아무리 재량영역에서의 행정활동이라도 헌법상의 평등원칙의 적용을 받으며, 따라서 동종사안에 있어서는 모든 사람에게 동일한 판단을 하여야 한다는 것이다.

② 행정의 자기구속의 법리는 재량권(판단여지가 인정된 경우도 같다)의 행사에 있어서 행정권의 자의를 방지하여 적정한 행사가 이루어지도록 함으로써, 행정통제의 효과와 국민의 권리보호의 효과를 가져오는 기능을 갖는다.

(2) 근거 행정의 자기구속의 근거는 신뢰보호의 원칙에서 구하는 견해도 있고,[1] 평등원칙에서 구하는 견해[2]도 있다. 양쪽에서 다같이 근거를 찾을 수 있다고 할 것이나, 평등원칙에서 구하는 것이 보다 직접적이라 하겠다. 즉 행정의 재량권행사도 평등원칙에 따라 동일하게 행하여야 하며, 따라서 상대방은 자기의 행정에 대한 신뢰 유무와 관계없이 제 3 자에게 적용한 재량준칙에 의한 수익을 주장할 수 있다고 할 것이다.

(3) 적용영역(자기구속과 행정규칙) ㈎ 행정의 자기구속은 재량이 인정되는 모든 행정작용에 적용된다. 그것은 주로 수익적 행위에서의 평등보장을 위하여 발전한 것이지만, 침익적 행위(재량이 인정된 경우)의 경우에도 적용된다.

㈏ 그런데 행정의 자기구속은, 특히 행정규칙과 관련하여 중요한 의미를 갖는다. ① 전통적인 견해에 의하면 행정규칙은 행정조직 내부 또는 특별권력관계 내부의 조직·활동을 규율하는 것으로 법규가 아니며, 따라서 국민에 대하여는 직접적으로 구속력을 가지지 않고, 행정작용이 행정규칙에 위반하여도 위법이 되지 아니한다. ② 그러나 행정청이 재량영역에서 재량권행사의 준칙(재량준칙)인 행정규칙을 정립하여 시행하는 경우에는, 행정청은 평등원칙에 의하여 재량이 축소되어 행정청에는 처분의무가 발생하며, 따라서 국민에 대한 관계에서 동종사안에 대하여는 당해 행정규칙이 정하는 바에 따라 동일하게 행정활동을 하여야 할 자기구속을 당하게 된다. 그리고 상대방 국

1) 이상규(상), p.150.
2) 석종현(상), p.75.

민도 행정청에 대하여 제 3 자에게 적용한 재량준칙인 행정규칙에 따라 동일한 수익을 주장하고 이에 위반하여 처분을 할 때에는 위법을 이유로 취소를 구하는 행정쟁송을 제기할 수 있다. 이리하여 평등원칙은 행정조직내부규범인 행정규칙을 국가와 국민 간의 관계를 규율하는 법규로 전환시키는 전환규범(Umschaltnorm)으로서의 기능을 행한다(같은 취지: 90 헌마 13 (1990.9.3 헌재결정)).

(4) **성립요건** 행정의 자기구속은 ① 법적으로 동일한 사실관계, 즉 동종의 사안에 대하서만 발생한다. ② 이미 행하여진 사안과 결정을 요하는 사안이 의미와 목적이 동일하여야 한다. ③ 당해 처분청에 대하여서만 적용된다. 이미 행하여진 사안에 관여하지 아니한 다른 행정청은 자기구속의 법리가 적용되지 아니한다. ④ 근거가 되는 행정관행이 적법한 경우에만 적용된다. 이를 「불법에 평등 없다(keine Gleicheit im Unrecht)」라고 한다. 따라서 종래의 관행이 위법한 경우에는 행정기관은 자기구속을 당하지 아니하며, 상대방은 평등취급을 요구할 수 없다. 다만 위법한 행정선례에 대하여 국민의 신뢰가 형성되어 있고 그 신뢰에 기하여 어떠한 재산상 · 생활상의 조치가 이루어진 경우라면, 신뢰보호의 원칙에 의거한 구제가 가능할 것이다.

(5) **한계** 행정의 자기구속에도 일정한 한계가 있다. ① 다른 결정을 하여야 할 명백한 사유가 있고, ② 다른 결정을 하는 것이 종래의 결정을 계속함으로써 얻어지는 법적 안정성을 능가하며, ③ 신뢰보호의 원칙에 반하지 아니하는 경우에는, 종래의 결정과 다른 결정을 하여도 적법하다 할 것이다. 따라서 행정의 법률에의 구속은 엄격한 것인데 대하여, 행정의 자기구속의 법리는 탄력적이라 할 것이다.[1]

〔**판례**〕 행정규칙이 재량권행사의 준칙으로 시행되어 행정관행이 되면 자기구속을 당한다.

행정규칙이라도 재량권행사의 준칙으로서 그 정한 바에 따라 되풀이 시행되어 행정관행을 이루게 되면, 행정기관은 평등의 원칙이나 신뢰보호의 원칙에 따라 상대방에 대한 관계에서 그 규칙에 따라야 할 자기구속을 당하게 되는바, 이 경우에는 대외적 구속력을 가진 공권력의 행사가 된다(헌법재판소 2007.8.30. 2004 헌마 670 산업기술연수생도입기준완화결정등 위헌확인).[2]

〔**판례**〕 개발제한구역 훼손부담금의 부과율을 규정함에 있어서 전기공급시설등과는 달리 집단에너지공급시설에 차등을 두는 것은 평등원칙에 위배되어 무효이다.

구 개발제한구역의 지정 및 관리에 관한 특별조치법시행령 제35조 제 1 항 제 3 호에서 집단에너지공급시설에 대한 훼손부담금의 부과율을 전기공급시설 등에 대한 훼손부담금의 부과율인 100분의 20의 다섯 배에 이르는 100분의 100으로 정한 것은, 집단에너지공급시설과 전기공급시설 등의 사이에 그 공급받는 수요자가 다

1) 홍정선(I), p.95; 김철용(I), p.41.

2) 지방노동관서의 장은, 사업주가 이 사건 노동부 예규 제 8 조 제 1 항의 사항을 준수하도록 행정지도를 하고, 만일 이러한 행정지도에 위반하는 경우에는 연수추천단체에 필요한 조치를 요구하며, 사업주가 계속 이를 위반한 때에는 특별감독을 실시하여 제 8 조 제 1 항의 위반사항에 대하여 관계 법령에 따라 조치하여야 하는 반면, 사업주가 근로기준법상 보호대상이지만 제 8 조 제 1 항에 규정되지 않은 사항을 위반한다 하더라도 행정지도, 연수추천단체에 대한 요구 및 관계 법령에 따른 조치 중 어느 것도 하지 않게 되는바, 지방노동관서의 장은 평등 및 신뢰의 원칙상 모든 사업주에 대하여 이러한 행정관행을 반복할 수밖에 없으므로, 결국 위 예규는 대외적 구속력을 가진 공권력의 행사가 된다.

소 다를 수 있음을 감안한다 하더라도, 부과율에 과도한 차등을 둔 것으로서 합리적 근거 없는 차별에 해당한다. 따라서 위 시행령 중 집단에너지공급시설에 관한 부분은 헌법상 평등원칙에 위배되어 무효이고, 그러한 이상 원고에게 위 규정에 따라 산정된 훼손부담금을 부과한 피고의 이 사건 처분도 위법하다 할 것이다(대법원 2007.10.29. 2005 두 14417 전원합의체판결 개발제한구역훼손부담금부과처분취소).[1)]

Ⅲ. 比例의 原則

1. 의의 및 내용

(1) 의의　행정법에 있어서의 비례의 원칙(Verhältnismäßigkeitsgrundsatz)이라 함은 과잉조치금지(Übermaßverbot)의 원칙이라고도 하며,[2)] 넓은 의미에서는 행정작용에 의한 권리 자유의 침해는 ① 행정이 추구하는 공익목적의 달성에 법적으로나 사실상으로나 적합하고 유용한 수단을 선택하여야 하며, ② 여러 적합한 수단 중에서도 공익상의 필요에 따른 최소한의 침해를 가져오는 수단을 선택하여야 하고, ③ 그 침해의 정도는 공익상의 필요의 정도와 상당한 비례가 유지되어야 한다는 것이다(96 누 10096 (1997. 9. 26 대판)). ①을 적합성의 원칙(Grundsatz der Geeignetheit), ②를 필요성의 원칙(Grundsatz der Erforderlichkeit), 또는 최소침해의 원칙(Grundsatz der geringsten Eingriffs), ③을 협의의 비례원칙(Grundsatz der Verhältnismäßigkeit im engeren Sinn) 또는 상당성의 원칙(Grundsatz der Angemessenheit)이라 한다.

이들 3원칙은 넓은 의미의 비례원칙의 단계구조를 이룬다. 즉 많은 적합한 수단 중에서도 필요한 수단만이, 또한 필요한 수단 중에서도 상당성이 있는 수단만이 선택되어야 한다는 것을 의미한다.

(2) 내용　행정작용이 비례원칙에 위반된 경우에는 위법이 된다. 비례원칙은 헌법상의 법치국가의 원리에서 나온 법의 일반원칙 내지는 헌법원칙이기 때문이다(85누303 (1985. 11.12 대판)—행정청이 면허처분취소의 재량권을 갖는 경우에 공익목적과 취소처분으로 인하여 개인이 입게 될 불이익을 비교교량하고… 비례의 원칙에 어긋나지 않게끔 행사되어야 할 한계를 지니고 있고 이 한계를 벗어난 처분은 위법하다.).

2. 기　능

비례원칙은 선택된 어떤 구체적인 행정조치가 어떤 구체적인 권리 · 이익과 관련하여 균형을 유지하고 있는지의 여부를 심사한다. 따라서 비례원칙은 일반적 · 추상적인 법령의 적용을 구체적인 경우에 완화하여 개별적인 정의를 실현하는 여과장치로서의 기능을 수행한다.[3)]

3. 근　거

① 비례원칙은 20세기 독일 공법학의 불후의 업적으로 평가되고 있는데, 19세기 후반부터 경찰법상의 기본원칙인 경찰비례의 원칙으로 시작하여, 모든 행정법영역으로 확대되

1) 구 개발제한구역의 지정 및 관리에 관한 특별조치법 제20조 제 1 항에서 규정하는 개발제한구역 훼손부담금은 개발제한구역 내의 시설 등의 설치로 발생하는 토지형질변경에 대하여 구역 내·외의 토지가격 차액에 상당하는 경제적 부담을 부과함으로써 개발제한구역 내로의 입지 선호를 제거하여 개발제한구역의 훼손을 억제하고, 개발제한구역의 관리를 위한 재원을 확보하는 데에 그 제도적 취지가 있다.

2) Drews/Wacke/Vogel/Martens, Gefahrenabwehr Ⅰ, 8. Aufl., S.154f. BverfGE 9.

3) 김철용(Ⅰ), p. 42 참조.

었고, 특히 2차대전 이후 법률의 위헌심사에 있어서 가장 중요한 심사척도로 됨으로써 명실공히 전체 공법영역을 지배하는 기본원리가 되었다. ② 그 근거로는 처음에는 프로이센 일반「란트법」에 의거한 관습법에서 찾았고, 그 후 판례법과 조리로 파악되었으나, 오늘날에는 비례원칙은 헌법상의 법치국가원리의 내용의 하나로 보고 있다. 근대입헌국가의 헌법은 이익형량에 의한 적정한 가치의 확보, 특히 국민의 기본권보장을 그 이념으로 하고 있으며, 우리의 경우도 국민의 권리자유와 공공복리 등과의 이익형량을 정한 헌법 제37조 제 2 항 중에는 비례의 원칙이 천명되어 있다고 볼 수 있다.[1] 헌법재판소는 비례원칙의 근거를 헌법 제37조 제 2 항에서 바로 찾는다(96 헌가 16 (1997.9.25 헌재결정)). 따라서 비례원칙은 우리의 경우는 단순한 조리상의 원칙에 그치는 것이 아니고, 비록 헌법에 명문규정을 두고 있지는 않았다고 하더라도 헌법상의 법치국가원리 및 헌법 제37조 제 2 항에서 나온 법의 일반원칙 내지는 헌법원칙으로 실정제도화되었다 할 것이다. ③ 이와 같이 비례원칙은 헌법원칙이므로 행정권뿐만 아니라 입법권도 기속한다.[2] 경찰관직무집행법(1 ①) · 행정소송법(27 조)은 비례원칙을 구체적으로 규정하고 있는바, 그것은 확인적인 성격을 갖는다고 할 것이며, 그러한 규정이 없는 경우에도 비례원칙은 적용된다고 할 것이다.

4. 適用領域

(1) 개설　비례원칙은 권력행정에 속하면서도 행정재량이 가장 많이 인정된 경찰법분야에서 재량권행사를 한계지우기 위한 경찰권의 한계론으로 발전하였으며, 따라서 비례원칙의 고향은 경찰법이라고 할 수 있다.[3] 그러나 오늘날은 모든 행정영역에 적용된다.

(2) 적용영역의 확대　① 위에서 본 바와 같이 비례원칙은 원래 행정재량권행사를 한계지우는 원리로서 발전하였으나 오늘날은 각 개별영역에 구체적으로 나타나 그 적용영역이 행정법전반에 걸치는 원리로 발전되었다.

② 그리하여, 예컨대 행정행위의 내용결정, 수익적 행정행위의 취소 · 철회, 행정행위의 부관의 한계, 행정대집행의 요부, 행정상즉시강제, 행정조사, 사정판결의 요부 등에 적용되고, 더 나아가서 규제적 행정지도, 자금조성 등 급부행정에도 적용된다.[4]

③ 이와 같이 비례원칙은 단지 침해적 행위 · 사실행위에 대하여서만이 아니고 수익적 행위 · 사실행위에도 적용된다. 자금조성 등 급부행정도 그것이 공행정의 일환으로 행하여지는 이상 헌법상의 일반원칙이 적용되는 것은 당연하기 때문이다.

(3) 급부행정에 대한 적용　급부행정과 같은 수익적 행위에 비례원칙을 적용함에 있어서는, 비례원칙에 위반된 행정작용에 의하여 초래되는 불이익은 침해적 행위에 있어서와 같이 관계당사자에게만 발생하는 것이 아니고, 일반공공(납세자)에게도 발생한다. 급부행정에 있어서 비례원칙은, 급부는 급부목적에 적합한 상태에 있는 자에게만, 그리고 급부목적에 적합한 방법으로만 행할 것을 요구한다(예컨대 상계의 방법으로 조성금을 교부하는 것은 목적에 적합하지 않다고 할 것이다.). 그리하여 가급적 많은 급부가 아니고 필요한 만큼의 급부가 행하여져야 하며, 효과가

1) 김남진, 비례의 원칙, 월간고시, 1985. 8월호, p. 27; Erichsen/Martens, Allgemeine Verwaltungsrecht, S. 182.

2) 일본헌법 제13조에는 「생명 · 자유 및 행복추구에 대한 국민의 권리는 공공의 복지에 반하지 않는 한 입법 기타의 국정에 있어서 최대한도로 존중되어야 한다」라고 규정하여 입법권에 대한 기속을 명시하였다. 명문규정이 없는 우리의 경우도 동일하게 볼 것이다.

3) 川上宏二郎, 行政法에 있어서의 比例原則, 行政法의 爭點, p. 24.

4) 석종현(상), p. 76 참조.

적은 급부는 하지 않아야 된다. 또한 보조금의 교부는 동일한 목적이 대부의 방법으로 달성될 수 없는 경우에만 행하여져야 한다.

5. 訴訟方式

비례원칙에 위반되는 행정조치에 대한 소송방식에 대하여는 주로 원고적격의 관점에서 문제가 된다. 침해적 조치에 의한 과다한 규제에 대하여는 상대방이 항고소송을 제기할 수 있음은 당연하다. 수익적 조치에 의한 과소한 보호·급부나 과다한 부관 등은 가분성의 유무가 문제되나 항고소송으로 다툴 수 있다 할 것이다.

이에 대하여 수익적 조치에 의한 과다한 보호·급부는 당해 조치가 복효성을 갖는 경우에는 제 3 자가 항고소송으로 취소를 구할 수 있다고 할 것이다.

6. 比例原則의 예외

비례원칙에 대한 예외로서 긴급한 사유가 있는 경우에는 법률상 통상의 경우에는 허용되지 아니한 조치를 취할 수 있는 때가 있다. 경찰관직무집행법에 의한 무기사용, 사람에 대한 위해를 가하는 것이 그 예이다(동 11). 그러나 이러한 조치도 비례원칙에 대한 예외라기보다 비례원칙에 따른 것이라고도 할 수 있다.

〔**판례**〕 상관을 살해한 경우 사형만을 유일한 법정형으로 규정하고 있는 군형법 제53조 제 1 항은 형벌과 책임 간의 비례원칙에 위배되어 헌법에 위반된다.
군대 내 명령체계유지 및 국가방위라는 이유만으로 가해자와 상관 사이에 명령복종관계가 있는지 여부를 불문하고 전시와 평시를 구분하지 아니한 채 다양한 동기와 행위태양의 범죄를 동일하게 평가하여 사형만을 유일한 법정형으로 규정하고 있는 이 사건 법률조항은, 범죄의 중대성 정도에 비하여 심각하게 불균형적인 과중한 형벌을 규정함으로써 죄질과 그에 따른 행위자의 책임 사이에 비례관계가 준수되지 않아 인간의 존엄과 가치를 존중하고 보호하려는 실질적 법치국가의 이념에 어긋나고, 형벌체계상 정당성을 상실한 것이다(헌법재판소 2007.11.29. 2006 헌가 13 군형법 제53조 제 1 항 위헌제청).

〔**판례**〕 사법시험 제 2 차 시험의 과락제도는 비례의 원칙 내지 과잉금지에 위반되지 않는다.
국가 등이 시험을 시행함에 있어 과락제도 등 합격자의 선정에 대한 방법의 채택은 그것이 헌법이나 법률에 위반되지 않고 지나치게 합리성이 결여되지 않는 이상 시험시행자의 고유한 정책판단에 맡겨진 것으로서 폭넓은 재량의 영역에 속하는 사항이라 할 것이다. 그런데 사법시험은 여러 가지 법률분야 중 한가지 분야를 중점적으로 전공·연구하는 학자나 교수를 배출하기 위한 시험이 아니라 다방면의 법률분야에 고른 학식과 소양을 필요로 하는 판사·검사·변호사가 될 자격을 검증하기 위한 시험으로서 시험제도의 특성상 일정한 득점기준의 설정이 필요하므로, 사법시험령 제15조 제 2 항에서 과락제도를 규정한 것은 사법시험의 제도적 취지를 달성하는 데 있어 필요하고도 적합한 수단이 될 것이다(대법원 2007.1.11. 2004 두 10432 사법시험 제 2 차시험 불합격처분취소).

Ⅳ. 不當結付禁止의 原則

1. 意義 및 根據

부당결부금지의 원칙이란 행정기관이 공권력적 조치는 그것과 실질적 관련이 없는 상대방의 반대급부와 결부시켜서는 안 된다는 원칙이다. 이 원칙은 법치국가원리와 자의의 금지에서 나온 것이며, 따라서 헌법적 원리라고 할 것이다. 그러나 부당결부금지의 원칙은 법치국가의 원칙과 무관하지는 않지만 그 직접적 근거는 권한법정주의와 권한남용금지의 원칙에 있다고 보는 것이 타당하다는 이유로 법률적 효력을 갖는다는 주장도 있다.[1)]

2. 適用領域

우리나라에서는 행정행위의 부관인 부담의 한계, 행정의사의 실효성확보수단으로서의 공급거부(구 건축법 69②)[2)] · 관허사업의 제한(국세징수법 7)등과 관련하여 논의되고 있으며, 그 밖에도 실질적 관련이 없는 사항과 관계되는 모든 공권력적 조치에 적용될 수 있다고 할 것이다(대법원 1992.9.22. 91 누 8289 – 오타바이를 음주운전하였다는 이유로 제 1 종 대형면허를 취소한 것은 위법하다).

3. 要 件

부당결부금지의 원칙이 적용되기 위해서는 행정청의 행정작용이 있어야 하고, 그 행정작용은 상대방에 부과하는 반대급부와 결부되어야 하고, 그 행정작용과 사인의 급부가 부당한 내적관련(실체적 관련성)을 가져야 한다.

〔판례〕 지방자치단체장이 사업자에게 주택사업계획승인을 하면서 그 사업과는 관련이 없는 토지를 기부채납하도록 한 부관은 부당결부금지의 원칙에 위반되어 위법하다.

수익적 행정행위에 있어서는 법령에 특별한 근거규정이 없다고 하더라도 그 부관으로서 부담을 붙일 수 있으나, 그러한 부담은 비례의 원칙, 부당결부금지의 원칙에 위반되지 않아야만 적법하다고 할 것이다. 원고의 이 사건 토지 중 2,791㎡는 자동차전용도로로 도시계획시설결정이 된 광1류6호선에 편입된 토지이므로, 그 위에 도로개설을 하기 위하여는 소유자인 원고에게 보상금을 지급하고 소유권을 취득하여야 할 것임에도 불구하고, 소외 인천시장은 원고에게 주택사업계획승인을 하게 됨을 기화로 그 주택사업과는 아무런 관련이 없는 토지인 위 2,791㎡를 기부채납하도록 하는 부관을 위 주택사업계획승인에 붙인 사실이 인정되므로, 위 부관은 부당결부금지의 원칙에 위반되어 위법하다고 할 것이다(대법원 1997.3.11. 96 다 49650 소유권이전등기말소).[3)]

---

1) 박균성(상), p.59.

2) 위법건축물에 대한 수도 전기 등 공급거부 규정인 구 건축법 69조 2항은 2005년 건축법 개정으로 삭제되었다.

3) 이 사건에서 인천시장이 승인한 원고의 주택사업계획은 금 109,300,000,000원의 사업비를 들여 아파트 1,744세대를 건축하는 상당히 큰 규모의 사업임에 반하여, 원고가 기부채납한 위 2,791㎡의 토지가액은 그 100분의 1 상당인 금 1,241,995,000원에 불과한데다가, 원고가 그 동안 위 부관에 대하여 아무런 이의를 제기하지 아니하다가 인천시장이 업무착오로 위 2,791㎡의 토지에 대하여 보상협조요청서를 보내자 그 때서야 비로소 위 부관의 하자를 들고 나온 사실이 인정되는바, 이러한 사정에 비추어 볼 때 위 부관이 그 하자가 중대하고 명백하여 당연무효라고는 볼 수 없다 할 것이다.

4. 原則違反의 效果

부당결부금지의 원칙을 위반한 부관부 행정행위는 위법한 행위로서 항고소송의 대상이 된다. 행정권 행사와 아무런 관련이 없는 급부를 명하는 경우에 당해 부관은 무효라는 견해[1]도 있지만 당연 무효라고 볼 수는 없겠다.

〔**판례**〕 제 1 종 보통면허로 운전할 수 있는 차량을 운전면허정지기간 중에 운전한 경우에 이와 관련된 원동기장치자전거면허까지 취소할 수 있다.

자동차운전면허는 그 성질이 대인적 면허일 뿐만 아니라 도로교통법시행규칙 제26조 [별표 14]에 의하면, 제 1 종 보통면허 소지자는 승용자동차만이 아니라 원동기장치자전거까지 운전할 수 있도록 규정하고 있어 제 1 종 보통면허의 취소에는 원동기장치자전거의 운전까지 금지하는 취지가 포함된 것이어서 이들 차량의 운전면허는 서로 관련된 것이라고 할 것이므로, 제 1 종 보통면허로 운전할 수 있는 차량을 운전면허정지기간중에 운전한 경우에는 이와 관련된 원동기장치자전거면허까지 취소할 수 있다(대법원 1997. 5. 16. 97 누 2313 자동차운전면허취소처분취소).

〔**판례**〕 제 1 종 대형면허로 운전할 수 있는 차량을 운전면허정지기간중에 운전한 경우, 이와 관련된 제 1 종 보통면허까지 취소할 수 있다.

제 1 종 대형면허를 가진 사람만이 운전할 수 있는 대형승합자동차는 제 1 종 보통면허를 가지고 운전할 수 없는 것이기는 하지만, 자동차운전면허는 그 성질이 대인적 면허일 뿐만 아니라, 도로교통법시행규칙 제26조 [별표 13의6]에 의하면, 제 1 종 대형면허 소지자는 제1종 보통면허 소지자가 운전할 수 있는 차량을 모두 운전할 수 있는 것으로 규정하고 있어, 제 1 종 대형면허의 취소에는 당연히 제 1 종 보통면허소지자가 운전할 수 있는 차량의 운전까지 금지하는 취지가 포함된 것이어서 이들 차량의 운전면허는 서로 관련된 것이라고 할 것이므로, 제 1 종 대형면허로 운전할 수 있는 차량을 운전면허정지기간중에 운전한 경우에는 이와 관련된 제 1 종 보통면허까지 취소할 수 있다(대법원 2005.3.11. 2004 두 12452 자동차운전면허취소처분취소).[2]

---

1) 박균성(상), p.60.

2) 그럼에도 불구하고, 원고의 운전면허 정지기간중 시내버스 운전은 제 1 종 대형면허에만 관계된 것이고 제 1 종 보통면허와는 아무런 관련이 없음을 전제로 하여 이 사건 처분 중 제 1 종 보통면허를 취소한 부분은 위법하다고 판단한 원심판결에는 자동차운전면허취소에 관한 법리를 오해하여 판결에 영향을 미친 위법이 있다고 할 것이다(대법원 2005.3.11. 2004 두 12452 자동차운전면허취소처분취소).

제 6 절 行政法의 효력

I. 行政法의 효력의 의의

행정법의 효력은 행정법이 어느 범위에서 관계자를 구속하는 힘을 가지는가에 관한 것이다. 행정법은 행정주체와 그 상대방을 구속하는 힘이 있어 시간적·공간적·대인적으로 일정한 한계가 있다. 행정관계법령은 시시각각으로 변화하는 객관적 조건에 정확하게 대응하여야 하기 때문에 자주 개폐될 뿐만 아니라, 일정한 지역의 특수한 행정상의 필요에 응하기 위하여 특정지역만을 대상으로 하는 것이 있는 등 특수한 성질도 가진다.

II. 行政法의 효력의 범위

1. 時間的 效力

(1) 발효 시기　법령은 ① 일정한 유예기간을 두고 시행하는 것, ② 특정사실이 발생한 때부터 시행하는 것, ③ 공포일로부터 시행하는 것 등이 있는바, ④ 그 법령에 시행일에 관하여 특별규정이 없으면 공포한 날로부터 20일이 경과함으로써 효력이 발생한다(헌 53⑦, 법령등공포에관한 법률 13, 지자 26⑦).

「공포」란 국가의 법령과 조약에 있어서는 관보에 게재하는 행위를 말하고(법령등공포에관한법률 11①. 다만 예외적으로 일간신문에 게재하는 경우가 있다. 헌 53⑥, 위 법률 11②), 자치법규에 있어서는 당해 자치단체의 공보나 신문에 게재하거나 게시하는 행위를 말한다(지자 26⑧).

어떻든 「공포일」은 시행일(위 ③의 경우) 또는 시행일을 정하는 기준일(위 ①②의 경우)이 되는바, 「법령등공포에관한법률」 제12조는 공포일을 그 법령을 게재한 관보가 발행된 날로 하고 있으므로 「관보가 발행된 날」이 언제인지가 문제된다. 이에 대하여 ① 종래 정부의 관례는 그 법령을 게재한 관보의 일부일의 오전 0시를 「관보가 발행된 날」로 보아 오전 0시 이후에 행한 행위는 모두 새 법령의 적용을 받는다고 보아 왔다(관보일부일자설, 종전의 정부관례). 그러나 일반국민이 새 법령의 내용을 아는 것이 물리적으로 불가능한 관보일부일을 공포일로 보는 것은 공포의 본질에 반한다. 이에 ② 발신주의의 입장에서 외부에 관보의 발송절차를 완료한 때로 보는 설(발송절차완료시설. 외국의 학설·판례에서만 볼 수 있다.), ③ 도달주의의 입장을 가미하여 관보가 서울의 중앙보급소에 도달하여 일반국민이 이를 구독하고자 원하면 그것이 가능한 상태에 놓인 최초의 시점으로 보는 설(최초구독가능시설 또는 중앙보급소도달시설)이 있는바, 후설이 통설[1]·판례이다(70 누 76 (1976.7.21 대판)).

〔판례〕 관보 게재일은 관보가 보급소에 배포되어 일반인이 열람·구독할 수 있는 상태에 놓이게 된 최초의 시기를 말한다.
광업법시행령 제 3 조의 "관보 게재일"이라 함은 관보에 인쇄된 발행일자가 아니고 관보가 실제 인쇄되어 관보보급소에 발송배포되어 이를 일반인이 열람 또는 구독할 수 있는 상태에 놓이게 된 최초의 시기를 뜻한다(대법원 1969.11.25. 69 누 129 광업권설정등록불수리처분취소).

(2) 소급적용금지

㈎ 의의 및 근거 새 법령이 그 공포시행 전에 종결된 사실에 대하여 적용되는 것을 소급적용이라 한다. 법령은 이러한 소급효를 갖지 않음이 원칙인바, 이를 소급금지의 원칙(prohibition of ex post facto law, Prinzip der Nichtrückwirkung)이라 한다. 그 이유로는 소급효는 장래의 행위만을 규율하는 일반적·추상적 규범인 법령의 본질에 어긋난다는 점이 들어지나, 그보다는 오히려 소급효를 인정하면 법률생활의 안정성을 해하고, 예측가능성을 빼앗게 되어 법치국가의 원리 및 거기에 근거를 둔 신뢰보호의 원리에 어긋나게 된다는 것이 기본적인 이유라 하겠다. 헌법도 소급입법에 의한 처벌, 참정권의 제한 또는 재산권의 박탈을 금지하고 있다(헌 13).

〔판례〕 소급입법에 의한 재산권박탈이 금지되는 것은 진정소급효 입법이고, 부진정소급효 입법의 경우에는 원칙적으로 허용된다.
소급입법은 새로운 입법으로 이미 종료된 사실관계 또는 법률관계에 적용케 하는 진정소급입법과 현재 진행중인 사실관계 또는 법률관계에 적용케 하는 부진정소급입법으로 나눌 수 있는바, 이 중에서 기존의 법에 의하여 이미 형성된 개인의 법적 지위를 사후입법을 통하여 박탈하는 것을 내용으로 하는 진정소급입법은 개인의 신뢰보호와 법적 안정성을 내용으로 하는 법치국가 원리에 의하여 허용되지 아니하는 것이 원칙인 데 반하여, 부진정소급입법은 원칙적으로 허용되지만 소급효를 요구하는 공익상의 사유와 신뢰보호를 요구하는 개인보호의 사유 사이의 교량과정에서 그 범위에 제한이 가하여지는 것이다. 또한, 법률불소급의 원칙은 그 법률의 효력발생 전에 완성된 요건사실에 대하여 당해 법률을 적용할 수 없다는 의미일 뿐, 계속중인 사실이나 그 이후에 발생한 요건사실에 대한 법률적용까지를 제한하는 것은 아니라고 할 것이다(대법원 2007.10.11. 2005 두 5390 재외국민 2 세지정취소처분취소).

㈏ 적용범위 원칙적으로 금지되는 소급효는 이미 종료된 법률관계나 사

1) 김도창(상), p.172; 이상규, p.155; 서원우(상), p.77; 김남진(Ⅰ), p.72.

실관계에 법령의 효력을 미치게 하는 이른바 진정소급효(echte Rückwirkung)의 경우이다. 문제되는 것은 이미 과거에 시작하였으나 아직 완성되지 않고 진행중인 법률관계 및 사실관계에 국민에게 불리한 법령의 효력을 미치게 하는 이른바 부진정소급효(unechte Rückwirkung)의 경우이다. 예컨대 종전에 과세대상이 아니였거나 세률이 낮았던 것을 사업연도 진행중 법률을 개정하여 과세대상으로 하거나 세율을 인상하는 것 등이다. 법령의 제정이나 개정은 거의 모든 경우에 이러한 부진정소급입법의 문제를 야기한다. (a) 부진정소급효의 경우에는 소급입법금지원칙의 적용이 없는 것으로 본다(대법원 2007.7.26. 2005 두 2612 원인자부담금부과처분취소). 그러나 이 경우에도 신뢰보호의 원칙에 의하여 기존의 법률상태를 신뢰하고 행한 재산상·생활상의 조치가 당해 입법에 의하여 추구하는 공익목적과 비교형량하여 전자가 후자보다 중대하다고 판단되는 경우에는 부진정소급입법은 허용되지 않는다고 할 것이다. 이러한 입법의 경우에는 보통 국민의 신뢰를 보호하기 위하여 신구관계를 조정하는 경과조치가 두어진다.

(b) 진정소급효를 갖는 입법은 허용되지 않지만, 그것이 절대적으로 허용되지 않는 것은 아니라 할 것이다. 헌법재판소도 진정소급효를 갖는 입법도 ① 일반적으로 국민이 소급입법을 예상할 수 있었거나, ② 법적 상태가 불확실하고 혼란스러워 보호할 만한 신뢰이익이 적은 경우와, ③ 소급입법에 의한 당사자의 손실이 없거나 아주 경미한 경우, 그리고 ④ 신뢰보호에 우선하는 심히 중대한 공익상의 사유가 소급입법을 정당화하는 경우 등에는 예외적으로 허용된다고 하였다(97 헌바 76, 98 헌바 50·51·52·54·55(병합)(1999.7.22 헌재결정)).

〔**판례**〕 관행어업권에 대하여 2년 이내에 등록하여야 입어할 수 있도록 한 법률조항이 소급입법에 의하여 재산권을 박탈하는 규정에 해당되지 않는다.
종전의 관행어업권자들에게 구 수산업법 시행일로부터 2년 이내에 어업권원부에 등록을 하도록 함으로써 그 기간 내에 등록하지 아니한 관행어업권자의 관행어업권을 소멸하게 하는 것도 지나친 기본권 제한에 해당하지 아니한다. 또한 관행어업권자에게 관행어업권을 보존할 수 있는 충분한 시간과 기회를 부여한 후 관행어업권을 소멸시키는 것이어서 단순히 과거에 발생하였던 관행어업권을 무조건 소멸시키는 것과는 기본권의 침해에 있어서 차이가 있으므로 입법에 의하여 보호하려는 공공의 필요와 침해되는 기본권 사이의 균형성도 갖추었다(헌법재판소 1999.7.22. 97 헌바 76, 98 헌바 50·51·55(병합) 구수산업법 제 2 조 제 7 호등 위헌소원, 공유수면매립법 제 6 조 제 2 호등 위헌소원).

〔**평석**〕 위 법률규정은 헌법재판소결정대로 종전부터 존재하여 온 관행어업권의 행사방법만을 규제한 것이라고 볼 수 없고, 2년 내에 어업권원부에 등록하지 아니하면 관습법에 의하여 종전부터 존재하여 온 관행어업권을 더 이상 행사할 수 없

고 소멸하여 버린다는 점에서 소급입법에 의한 재산권 박탈의 측면이 있다. 헌재 결정대로 행사방법에 대한 제한이라면 등록을 하지 아니하면 행사가 정지된다든가 과태료를 부과한다든가 하는 방법으로 입법이 되었어야 할 것이다. 참고로 일본 어업법에서는 1949년에 기존의 관행어업권을 정리하면서 보상규정을 두었었다.

〔**판례**〕 조세나 부담금에 관한 법령의 불소급의 원칙은 그 법령의 효력발생 전에 완성된 요건사실에 대하여 당해 법령을 적용할 수 없다는 의미이다.
공공하수도에 관한 공사비용은 당해 사업으로 인한 하수발생량을 기준으로 하여 부과함이 상당하고, 그 하수발생량은 당해 사업의 완공시까지는 사업계획의 변경 등에 의하여 변경될 수 있는 점에 비추어 당해 사업의 완공시까지 원인자부담금을 부과할 수 있다고 할 것이므로, 당해 사업을 개시할 당시에 구 하수도법 제32조 제 2 항이 시행되고 있었고 그 사업의 완공 이전에 같은 조 제 5 항에 의하여 같은 조 제 2 항의 원인자부담금에 관하여 필요한 사항의 규정을 위임받은 지방자치단체의 조례가 제정된 경우 당해 사업에 그 조례를 적용하는 것이 소급입법금지의 원칙에 위배된다고 할 수 없다(대법원 2007.7.26. 2005 두 2612 원인자부담금부과처분취소).

(3) 효력소멸

㈎ 한시법 이외의 법령의 경우 ① 당해 법령 또는 그와 동위 또는 상위의 법령에 의한 명시적 개폐가 있거나, ② 그와 저촉되는 동위 또는 상위의 후법의 제정에 의하여 효력을 상실한다.

임시조치법의 성격이 뚜렷한 법령이라도 유효기간이 한정되지 않은 법령은 위와 같은 방법에 의하여서만 효력을 잃는다. 다만, 유효기간의 한정이 없는 법령이 실질적으로 효력을 상실하게 되는 경우가 있다. 즉, 그 법령의 제정목적이 완전히 달성되어 그 임무를 마친 경우로, 예컨대 어느 법률을 폐지하는 법률, 어느 특정의 자연재해에 관한 임시조치를 정한 법률 등이다.

㈏ 한시법의 경우 법령 중에는 특히 그 유효기간을 한정하고 있는 것이 있는데, 이를 한시법이라 한다. 「이 법은 공포한 날로부터 5년간 그 효력을 가진다」는 등의 규정이 부칙에 두어진 「지방분권 특별법」이 그 예이다. 한시법은 그 기한이 도래하면 자동적으로 실효된다. 한시법에 대하여는 그 법령의 유효기간중에 행하여진 위반행위에 대하여 실효 후 그 법령의 벌칙규정을 적용할 수 있는지에 관하여 학설과 판례상 다투어지고 있는바(긍정하는 판례, 96 도 2247(1997. 2. 28 대판)), 의문을 없애기 위하여 명문의 규정을 두는 경우가 많다.

2. 地域的 效力

행정법규는 그것을 제정한 기관의 권능이 미치는 모든 지역에 대하여 효력을 가짐을 원칙으로 한다.

(1) 국제법상 치외법권을 가지는 외교사절이 사용하는 토지 · 시설, 외국군대가 사용하는 시설 · 구역 등에 대하여는 외교특권 또는 협정상 가지는 특수한 지위에 기하여, 효력이 사실상 미치지 못하거나 특별한 취급이 인정될 때가 있다.

(2) 국가의 법령이 영토의 일부지역 내에만 적용되는 경우도 있다. 예컨대 수도권에 관한 법령 등이다.

(3) 그것을 제정한 기관의 본래의 관할구역을 넘어 적용하는 경우로, 예컨대 지방자치단체가 다른 지방자치단체의 구역 내에 공공시설을 설치한 경우에, 그에 관한 조례가 다른 지방자치단체의 구역에 효력을 미치는 것과 같다.

3. 對人的 效力

행정법규는 원칙적으로 속지주의에 의하여 영토 내에 있는 모든 사람을 일률적으로 구속한다. 그러나 속인주의에서 오는 약간의 예외가 있다.

(1) 국제법상 치외법권을 가진 외국원수 또는 외교사절은 치외법권을 가진 결과, 우리 행정법규가 적용되지 않는다.

(2) 국내에 주둔하는 외국군대의 구성원에 대하여는 협정에 의하여 세법 기타 행정법규의 적용이 배제 또는 제한되거나 특별한 입법조치가 행하여질 때가 있다.

(3) 국외의 한국인의 행위에 대하여 우리의 행정법규가 적용되는 경우가 있다. 여권법 등이 속인적으로 적용되는 것은 그 성질상 당연하지만, 일반적으로 국외의 한국인의 행위가 국가의 공공이익에 관계되고, 그 행정법규의 취지·목적에서 보아 국외의 한국인의 행위도 규제할 것이 요구되는 경우에는, 그 범위 안에서 효력이 미친다고 볼 것이다. 예컨대 어업규제법규는 어업에 관한 국제조약과 조화되는 범위 안에서 한국인의 공해상의 행위도 규율대상으로 할 필요가 있다.

(4) **일반 외국인**에게는 원칙적으로 행정법규가 일률적으로 적용되지만, 특별한 정함을 하고 있는 것도 있다. 예컨대 외국인에게 광업권을 허가함에는 국회의 동의를 받도록 한 구광업법의 규정(구광업 6①(1)②)이 여기에 해당된다 하겠다.

제 7 절 우리나라 行政法의 基本原理

Ⅰ. 槪 說

(1) 근대법치국가의 성립에 따라 형성된 행정법은 각국의 역사적 · 정치적 · 사회적 · 경제적 여건의 차이에 따라 각각 특색을 지니고 있으므로 그 기본원리도 특정국가의 실정법에서 논의되어야 할 문제이다.

(2) 우리 사회는 1882년에 한미조약을 처음으로 서구문명에 접하였으나, 근대국가로의 자주적인 전환의 틈도 없이 1905년의 을사조약으로 일제의 식민통치의 대상이 되었다. 이는 곧 우리 행정법이 일제의 식민지행정법으로 발전하기 시작하였음을 뜻한다. 그런데 일제 행정법은 그의 독창적인 것이 아니고 독일 특히 「프로이센」 행정법을 직수입한 것으로, 중앙집권주의 · 관료행정주의 · 경찰국가주의 · 행정국가주의를 특색으로 하였고, 이러한 원칙은 식민지적으로 착색되어 우리나라에 적용되었다.

(3) 현대입헌주의헌법에 의하여 탄생한 우리나라는 민주주의 제제도의 일환으로 「민주주의 행정제도」를 수립하게 되었다. 그리하여 우리 행정법은 지방분권주의 · 민주행정주의 · 실질적 법치국가주의 · 복리국가주의 · 사법국가주의를 기본원리로 하게 되었다.

Ⅱ. 地方分權主義

(1) **헌법상의 지방자치** 제헌 이래 우리 헌법은 지방자치에 관한 장을 두고 있으며, 이에 근거하여 「지방자치법」이 제정 · 시행되어 왔다. 이는 지방자치제의 채택에 의한 지방분권의 확립을 의미한다. 그런데 군사혁명위원회포고 제 4 호(1961. 5.16)에 의하여 지방의회가 해산된 채로 내려오던 차, 제 7 차 개정헌법은 통일이 될 때까지 그 구성을 유예하였고(부칙 10), 제 8 차 개정헌법은 다시 법률로 정하는 시기로 유예함으로써(부칙 10), 지방자치는 크게 수정을 받았다.

그러나 민주정치의 기초를 배양하는 토양이라고 할 수 있는 지방자치를 포기한 것은 결코 아니며, 일시적으로 변형시키되 그 동안에 여건을 조성하도록 한 것이었다고 할 것이다. 그리하여 현행 헌법(1987.10.29 제 9 차 개정헌법)에서도 지방자치에 관한 장을 두었으며(8장), 이에 근거하여 현행 지방자치법이 제정되어 1988년 5월 1일부터 시행되어 지방자치를 다시 실시하게 되었다. 현행 지방자치법은 모든 지방자치단체의 장을 주민이 직접 선거하도록 하는 등 민주화를 도모하는 한편, 지방행정의 능률성을 저해하였던 것으로 여겨지는 구법상의 제도를 개선함으로써 민주성과 능률성의 조화를 도모하고 있다. 그리하여 1991년 지방의회의원의 선거가 실시되었고, 1995년 6월 27일에 드디어 지방자치단체의 장의 선거가 실시되어 지방자치의 새 장을 열게 되었다.

(2) 지방자치에 관한 기본원칙

(가) **지방자치단체의 사무** 지방행정사무는 원칙적으로 지방자치단체의 사무로 행하여져야 한다. 헌법의 「지방자치단체는 주민의 복리에 관한 사무를 처리하고 …」(헌 117①) 등은 이를 나타낸 것으로 보겠다.

(나) **지방자치단체의 권능** 지방자치사무의 범위가 넓어져야 함은 물론 지방자치단체의 권능도 확대·강화되어야 한다. 현행 헌법하에서는 지방자치단체는 단순한 사업단체에 그치지 않고, 일종의 통치단체로서 자치행정권(주민의 복리에 관한 사무를 처리하고)·자치재정권(재산을 관리하며)·자치입법권(자치에 관한 규정을 제정할 수 있다.)이 부여되었다(헌 117①).

(다) **지방자치단체의 기관** 지방행정은 지방자치단체의 자주적 기관에 의하여 행하여져야 한다. 헌법이 지방의회와 지방자치단체의 장을 두도록 하고 지방의회의원은 주민이 직접 선거할 것을 예정하고 있으며, 장의 선임방법은 법률로 정하도록 한 것(헌 118)은 그것을 의미한다. 이 점에서 각 지방에 국가의 보통지방관청을 설치하는 것은 헌법의 취지에서 보아 허용될 수 없으며(현행법하에서도 각 지방에 국가의 보통지방관청은 별도로 설치하지 않고, 지방자치단체의 장인 서울특별시장·광역시장·도지사와 시장·군수·자치구청장이 부수적으로 이를 겸하고 있다.), 국가의 특별지방행정관청(정조 3)도 국가의 행정을 행하기 위하여 필요한 최소한도로 제한하고 당해 지방에 시행되는 사무는 지방자치단체가 종합적으로 처리하게 하는 것이 헌법의 취지라 하겠다.[1]

(라) **자주재정의 확립** 지방자치를 보장하기 위하여는 지방의 자주재정확립이 그 절대적 요건이 된다. 그리하여 한편으로 지방세법에 의하여 독립세원을 확보하고, 다른 한편으로 지방교부금제도(지방교부세·지방교육재정교부금)를 두어 재정사정이 각각 다른 지방자치단체간의 재정조정을 기함으로써 자주재정확립에 노력하고 있다.

(마) **국가와의 관계** 지방자치에 대한 국가의 감독은 최소한도에 그쳐야 한다. 현행 지방자치법은 국가와 지방자치단체간의 기본적 관계를 종전의 권력적 감독관계에서 비권력적인 조정·협동관계로 바꾸었다(지자 166 이하).[2]

1) 그러나 1995년 7월 1일 전에는 지방자치단체의 장이 국가가 임명한 국가공무원이었으며, 이 점에서 보면 지방자치단체의 장은 실질적으로는 지방자치단체의 장인 지위보다는 국가의 지방관청(지방보통관청)인 지위가 두드러지게 되었다.

2) 그러나 위에서 본 바와 같이 지방자치단체의 장이 국가의 관청화되어 있는 상태에서는 실질적으로 국가는 지방자치단체를 하급관청과 비슷하게 감독하는 것도 가능하였다고 하겠다.

Ⅲ. 民主行政主義

1. 行政組織

행정조직에 나타난 민주행정주의를 개관하면 다음과 같다.

(1) 국가행정 (개) 행정권은 대통령을 수반으로 하는 정부에 속하며(헌 66④), 대통령은 국민의 보통·평등·직접·비밀선거에 의하여 선출되는바(동 67①), 이는 행정권의 수반이 국민에게 기초를 두는 것을 의미한다. 또한 대통령을 보좌하고 그 명을 받아 행정각부를 통할하는 국무총리의 임명에는 인사청문을 거쳐 국회의 동의를 얻도록 하며(동 86), 국회에 국무총리와 국무위원의 개별적 해임건의권을 부여하여(동 63), 행정조직에 국민의 의사가 반영되도록 하였다.

(내) 또한 행정기관은 국민의 기관이므로 그 설치와 직무범위는 법률로 정하는 기관설정법정주의를 취하였다(96 동 등). 즉 정부조직법(1973.1.15 법률 2437호)은 중앙행정기관의 설치와 직무범위는 법률로 정하게 하였다(정조 2①). 다만, 종전에는 지방행정기관의 설치도 법률로 정하도록 하였는데, 현행 정부조직법은 특히 법률로 정한 경우 외에는 원칙적으로 대통령령으로 설치하게 한 점에서 보면 그 원칙이 약간 완화되었다고 하겠다.

(2) 지방행정 지방분권제가 채택되었다. 그러나 지방자치는 약 30여년 동안 사실상 중단되었다가 부활되었는바, 지방의회의원선거는 1991년에, 그리고 지방자치단체의 장의 선거는 1995년 6월 27일에 전면적으로 실시되었다.

(3) 공무원 행정을 현실적으로 담당하는 공무원에 대하여 보면 공무원은 국민 전체에 대한 봉사자이며, 국민에 대하여 책임을 진다(헌 7①). 또한 국가공무원법(국가공무원의 경우)·지방공무원법(지방공무원의 경우)에 의하여 공무원에 관한 사항을 법률로 정하여 공무원제도의 민주화를 기하고 있다.

2. 行政作用

「법률에 의한 행정의 원리」의 채택과 이를 담보하기 위한 각종의 행정통제와 행정구제제도에서 찾을 수 있다. 우리나라에서는 1996년에 행정절차법을 제정하여 국민의 행정참여를 보장함으로써 행정의 공정성·투명성 및 신뢰성을 확보하도록 하여 행정의 민주화에 거보를 내어 딛었다고 할 것이다. 또한 1996년에는 「공공기관의 정보공개에 관한 법률」을 제정하여 국정에 대한 국민의 참여와 국정운영의 투명성을 확보하도록 하였다. 그러나 다른 나라와 비교하여 행정통제의 면에서 아직 미비점이 적지 아니하며, 사후구제인 행정심판과 행정소송의 경우도 아직 개선할 점이 많다.

Ⅳ. 實質的 法治國家

헌법은 단순히 자유주의적·시민적법치국가에 그치지 않고, 사회적법치국가의 원리에 입각하고 있다.

(1) **기본권의 보장** 헌법 제 2 장은 국민의 인간으로서의 존엄과 가치, 불가침의 기본적 인권(헌 10), 평등원칙(헌 11), 국민의 인간다운 생활을 할 권리(34①)를 바탕으로, 시민적 법치국가의 헌법에서 결할 수 없는 자유권적기본권을 빠짐없이 보장하여 민주주의 성립의 정치적 지반을 형성하려 하였고, 더 나아가서 20세기 헌법의 특색인 사회적 법치국가(복리국가)의 이념인 생활권적 기본권을 보장하여 민주주의가 성장할 경제적 지반을 육성하려고 한다. 기본권은 예외적으로 국가안전보장·질서유지 또는 공공복리를 위하여 필요한 경우에 한하여 법률로써만 제한할 수 있게 하되, 제한하는 경우에도 기본권의 본질적인 내용은 침해할 수 없게 하였다(헌 37②). 법률이 이러한 헌법적 제한을 위반하여 기본권을 침해하는 경우에는 헌법재판소의 위헌결정을 받게 하였다(헌 107①).

(2) **법률에 의한 행정의 원리보장** ① 약간의 예외는 있으나 행정조치가 법규창조력을 갖지 못하도록 하여 법률의 법규창조력을 관철시키고, ② 기본권 보장을 위하여 헌법이 설정한 제한의 범위 안에서 제정한 합헌적 법률의 우위의 원칙을 확립하였으며, ③ 헌법에서 법률사항을 확대하였음은 물론, 오늘날은 침해행정을 넘어선 보다 넓은 행정활동분야에서 법률유보의 원칙이 적용되어야 한다는 것이 일반화되고 있어 법률에 의한 행정(gesetzmässige Verwaltung)의 원칙이 보장되었다.

(3) **행정구제** 헌법 제28조와 이에 근거한 국가배상법에 의하여 국가배상책임과, 헌법 제23조 제 3 항과 이에 근거한「공익사업을 위한 토지등의 취득 및 보상에 관한 법률」등 법률에 의하여 손실보상이 인정되고, 또한 행정심판법에 의하여 행정심판이 인정되었으며, 헌법 제107조 제 2 항과 이에 근거한 행정소송법에 의하여 개괄주의를 채택한 행정소송을 인정되고, 행정절차법에 의하여 일반적인 사전구제제도가 인정됨으로써 법치주의의 원리가 실질적으로 보장되게 되었다.

V. 福利國家主義

(1) 헌법은 사회적 시장경제를 바탕으로 모든 사회적 기본권의 이념적 기초를 이루는 국민의 인간다운 생활을 할 권리를 선언하고(헌 34①), 이를 보장하기 위하여 여러 가지 사회적기본권을 보장함은 물론(헌 31 내지 36), 국가의 사회보장·사회복지의 증진의무를 규정함으로써(헌 34②) 복리국가주의를 채택하였다.

(2) 이러한 복리국가주의의 실현은 우리 헌법의 경제질서에 의하여 뒷받침되고 있다고 하겠다. 우리 헌법의 경제질서는 개인과 기업의 경제상의 자유와 창의를 존중함을 기본으로 하는 자유시장경제질서를 기본으로 하면서, 균형 있는 국민경제의 성장·안정, 소득의 적정한 분배, 시장지배와 경제력의 남용방지, 경제주체간의 조화를 통한 경제민주화 등 사회정의의 실현과 균형 있는 국민경제의 발전을 위하여 필요한 범위 안에서 통제적·계획적 경제를 가미하고 있는 점(헌 119 등)에서는 사회적 시장경제라 할 것이다.

VI. 司法國家主義

1. 司法法院에 의한 行政事件의 관할

우리나라는 공·사법의 이원적 체계를 유지하고 있는 점에서는 불·독 등 국가와 같으며, 그 점에서는 「행정국가형태」에 속한다고 할 것이다. 그러나 행정국가와 사법국가의 구별은 주로 행정사건을 행정재판소와 사법재판소 중 어디에서 관할하는가를 표준으로 하는 것으로, 이 점에서 우리 헌법은 대법원에서 명령·규칙·처분의 위헌 또는 위법여부의 최종적인 심사권을 갖는다고 규정하고(헌 107②), 통설은 비록 대법원의 하급심이라도 행정권내부에 행정재판소를 설치하는 것이 불가능하다고 보고 있으며, 행정소송법(행송 9)과 법원조직법(법조 2)은 행정사건을 사법법원의 관할로 하여 영·미식인 사법국가적 형태를 취하였다.

2. 行政事件에 대한 특례인정

그러나 우리나라에서 행정사건을 사법법원의 관할로 하였다는 것은 결코 종래의 영·미와 같이 공·사법의 구별을 전적으로 부정한 것도, 행정사건을 민사사건과 동일하게 다룰 것을 요구한 것도 아니다. 공·사법의 구별을 인정하고 그 구별에 대응하여 행정사건과 민사사건의 차이를 인정하는 것은 가능하며, 합리적이기도 하다. 이런 견지에서 행정소송법을 제정하여 행정소송의 민사소송에 대한 특례를 규정하고 있다.

제 2 편　行政法通則

제 1 장 行政法關係

제 1 절 行政法關係와 私法關係(公法과 私法)

I. 概 說

1. 公法과 私法의 관념

(1) 행정활동은 기본적으로 공법(öffentliches Recht)에 의하여 규율된다. 그러나 행정에 관한 모든 법률관계가 모두 공법의 규율을 받는 것은 아니다. 예컨대 교량의 설치를 위하여 국가가 건설회사와 체결하는 도급계약은 사인상호간의 도급계약과 마찬가지로 사법의 규율을 받는다. 그리하여 널리 행정에 적용되는 법규범 중에서도 행정법(공법)이라는 특별한 법분야를 형성하는 법규범과, 그렇지 아니하고 민법·상법 등(사법)의 분야에 흡수되는 법규범과의 구별이 있게 된다. 여기에서 행정법은「행정에 특수고유한 법」(공법)이라고 말하여진다.

(2) 그리하여 행정법학에서는 맨 먼저 행정에 관한 법현상 중에서 행정법에 속하는 것과 그렇지 아니한 것의 이론적 구별에 중대한 관심을 가지게 되고, 이 문제가 공법과 사법의 구별기준이 무엇인가라는 문제로서 논하여져 왔다.

2. 公法과 私法의 區別에 관한 學說

과거 영·미에서는 국가와 사인을 법적으로 동일시하는 법의 지배(rule of law)의 원리에 따라 국가에만 적용될 특수한 법체계를 갖지 않았으나,「유럽」대륙에서는 군주(또는 국가)에 대하여 사인과는 다른 특수한 지위를 인정하려는 정치적 요청에 기하여 공법과 사법과의 구별이 생겨나게 되었다.

그리하여 우리 행정법학이 크게 영향을 받아온「유럽」대륙계의 법률학에서 공법과 사법의 구별기준(내지는「공법이 적용될 사회현상」과「사법이 적용될 사회현상」의 구별기준)이 무엇인가의 문제는 아주 오래 전부터 논의되어 온 문제이다.

(1) 주 체 설

(가) 전통적 주체설 이 견해는 당해 법률관계의 주체 내지는 당사자로서 행정주체(또는 그 기관)가 참여하고 있는지의 여부에 따라 구별하려고 하는 것으로서, 그 결과 공법, 따라서 행정법의 영역을 극히 넓게 인정하게 된다. 그러나

행정주체가 참여하고 있는 모든 법률관계가 모두 사법과는 다른 내용의 법에 의하여 규율을 받는다고 하는 것은 행정의 실태에 맞지 아니한다고 할 것이다. 따라서 주체설적인 견해는 어느 나라에서도 지배적인 것으로 받아들여지고 있지 못하다.

(나) **신주체설(귀속설)** 오늘날에는 주체설의 결함을 보완한 신주체설(귀속설)이 주장되고 있다. 이 견해는 권리의무의 귀속주체를 기준으로 하여, 공권력주체(Trager hoheitlicher Gewalt)에 대하여서만 권리의무를 귀속시키는 법이 공법이고, 누구에게나(beliebige Personen) 권리의무를 귀속시키는 법이 사법이라고 한다.[1]

(2) **권력설** (가) 이 견해는 당사자관계가 권력적 수단에 의하여 규율되는지의 여부에 따라 공법인지의 여부를 구별하려고 한다. 예컨대 「프랑스」에서는 당초에는 주체설적 견해가 지배적이었으나, 그 후 이에 대한 반성이 생기게 되어 행정기관이 참여하는 모든 활동을 「권력행위」(actes de puissance publique)와 「관리행위」(actes de gestion)로 양분하여 그 중에서 전자만을 행정법(공법)의 규율을 받는 것으로 하여 행정재판소인 국사원의 관할로 하고, 공공시설의 설치·관리 등과 같은 재산관리행위는 행정법의 대상 밖에 두고 일반사법법원의 관할로 하는 입장을 취하게 되었다. 독일에 있어서는 「프랑스」의 경우와는 달리 주체설적인 입장이 지배적으로 된 적은 거의 없었고, 국가의 공권력주체로서의 지위와 재산권주체로서의 지위를 독립·별개의 것으로 보는 국고이론(Fiskustheorie) 등의 영향도 있어 공법·사법 구별의 문제가 생긴 당초부터 권력설적 입장이 지배적이었다고 할 수 있다.

(나) 그러나 국가생활의 발전에 따라 행정활동이 증대·다양화되어감에 따라 「권력」이라는 요소만으로 행정법(공법)을 일반사법으로부터 구별하는 것이 적당한지가 문제로 되었다. 예컨대 행정주체가 경영하는 수도사업·전기통신사업 등에 대하여 보면, 사기업에 대하여는 일반적으로 계약자유가 인정되는 데 대하여, 이러한 사업에 있어서는 계약체결의 청약을 원칙적으로 거절할 수가 없게 하였다(수도법·전기통신사업법). 또한 도로·하천 등 공물의 관리·이용에 대하여는 법률에서 특별한 규정을 두고 있다(도로법·하천법).

(3) **이익설** (가) 이 견해는 공익의 실현에 봉사하는 법이 공법이며, 사익의 실현에 봉사하는 법이 사법이라고 한다.

(나) 그러나 이익설도 행정현실에 비추어 볼 때 항상 타당하다고 볼 수는 없

---

1) Wolff-Bachof, Verwaltungsrecht I, S. 99f.

다 하겠다. 예컨대 한편으로 순수한 사인의 행위이면서도 동시에 공익목적에 봉사하는 것도 적지 않고(예: 의료업 등), 다른 한편으로 행정주체가 행하는 공익목적을 위한 행위이면서도 통상의 사법형식으로 행하여지는 것이 적지 않기 때문이다.

(4) **우리의 전통적 이론** 독일행정법이론을 모델로 한 우리의 전통적인 행정법이론에 있어서 오랫동안 대표적인 견해로 군림하여 온 것은 권력설적 구조에 이익설적 견지에서 수정을 가한 입장이라 하겠다.[1)]

Ⅱ. 우리 實定法에 있어서의 公法과 私法의 구별에 관련된 學說의 변천

(1) 「공법과 사법의 구별」에 관한 논의는 서로 다른 두 가지 측면에서 행하여져 왔다. ① 하나는 공법과 사법의 구별이 가능하다는 전제 아래서 무엇을 구별기준으로 할 것인지의 논의(위에서 본 주체설 · 권력설 · 이익설의 대립)이며, ② 다른 하나는 「공법과 사법의 구별」 가능성을 당연한 것으로 받아들이지 아니하고 양자의 구별이 가능한 것인지에 대한 논의(공법 · 사법이원론과 일원론의 대립)이다. 이 중에서 ②의 논의인 공법과 사법의 구별이 과연 가능한 것인지에 대한 논의가 우리 실정법에 있어서의 공법과 사법의 구별과 관련하여 보다 기본적인 것이라 할 것이므로 여기에서는 이를 중심으로 살펴보고자 한다.

(2) 공법과 사법의 구별에 관한 우리의 학설은 독일과 일본에서의 학설의 영향을 받아 발전하여 왔다. 그런데 한 나라의 실정법 전체가 크게 사법체계와 공법체계라는 두 개의 독자적인 법체계로 구분되어 있다는 입장을 「공법 · 사법이원론」이라 하고, 이에 대하여 그와 같은 통일적인 공법체계와 같은 것은 실정법상 존재하지 않는다는 입장을 「공법 · 사법일원론」이라 한다.

1. 超實定法的 · 絶對的 구별로 보는 견해(絶對的 二元論)

이 견해가 양자의 구별을 절대적으로 본 이유는, 법적으로만 보면 공법과 사법상호간에 다른 법원리의 개입을 배척함으로써 행정법학의 독자적 범위를 확정하려는 것이었다. 이 견해는 국가가 그 목적을 달성하기 위하여서는 법률관계에 있어서도 당연히 사인보다 우월한 입장에 있어야 한다고 하여 국가의 우월적

1) 종전에 주장된 공·사법관계 구별에 관한 이론을 종합적으로 고려하여 공법관계인지 사법관계인지를 판단하여야 한다는 복수기준설이 비록 일관성 있는 법이론이 되지 못하는 문제점을 갖고 있지만, 공법관계와 사법관계의 구별에 관한 이론 중 가장 현실적인 이론이라는 주장도 있다(박균성(상), p.75. 참조).

의사주체를 승인한다(따라서 국가와 국민의 법률관계는 당연히 권력복종관계로서 나타난다.). 그리하여 이 견해에서는 공법과 사법의 구별은 개개의 실정법규의 구별이 아니고 법체계의 구별로 본다. 이 견해는 공행정에 대한 자연법적 공법원리의 지배를 주장하여 실정법이 가지는 이상의 권력적 원리의 확대를 가져왔다.

2. 相對的 區別로 보는 견해(相對的 二元論)

(1) 제 2 차대전을 전후하여 공법 · 사법상대화이론 내지는 혼합관계이론이 절대적 구별론을 극복하고 점차 통설적 지위를 차지하게 되었다.

이 견해는 행정활동에 관한 법률관계라고 하여 그것만으로 당연히 사법규정의 적용이 배제되는 것은 아니라는 전제 아래서 행정활동에 관한 법률관계를 권력관계(지배관계) · 공법상의 관리관계 · 사법관계(국고관계)로 구분한다(3분설).

(2) 이러한 상대적 구별론 내지 3분설은 공법과 사법의 구별기준에 대하여는 주체설의 입장에 대항하기 위하여 권력설적인 요소에 이익설적 요소를 혼합하여 구성한 입장을 취하며, 그것은 일반인의 상식에도 적합하여 제 2 차대전 전후에 결쳐 상당한 기간 통설적 위치를 지켜 왔다.

3. 區別을 否定하는 견해(公法 · 私法一元論)

(1) 일원론에서는 ① 오늘날의 헌법은 국민주권주의 및 국민의 기본권보장을 기본원칙으로 하고 있으므로 국가권력의 연원은 국민이며, 행정권은 당연히 국민에 대하여 우월한 지위에 서는 것은 아니며, 법률에 의하여 개별적으로 수권된 범위에서만 우월적 지위를 갖는 데 지나지 아니한다고 한다. ② 또한 이원론의 근거로 된 행정재판소가 폐지된 것은 단순한 재판조직의 문제를 넘어 법사상의 근본적 전환을 나타낸 것이라고 한다. 그리하여 일원론에서는 법 아래 있는 국가와 국민의 대등성을 인정하여 공법을 일반사법에 대한 특별법으로 보고, 또한 공법관계에 대하여 사법관계와는 다른 법적 취급을 할 것인지의 여부는 양자의 구별에서 끌어낼 것은 아니고 입법정책의 문제로, 특히 다른 규정을 두지 않은 것은 동일하게 취급하려는 의미로 보아야 한다고 한다.

(2) 일원론은 영·미법계의 행정법에서의 입장과 공통성을 가진다고 할 것인바, 영·미법계의 입장은 사인이나 국가기관이나 모두가 공통적으로 「코먼 로」(common law)의 적용을 받는다고 하는 법사상체계이다. 그리하여 행정의 모든 활동도 원칙적으로 일원적인 법원인 「코먼 로」의 원리에 의하여 규율을 받는다고 보아 왔으며(rule of law 사상), 「프랑스」나 독일에서 보는 바와 같은 사법질

서로부터 독립한 공법체계·행정법체계라고 하는 발상은 전통적으로 생겨나지 아니하였다.[1)]

Ⅲ. 우리 實定法에 있어서의 公法과 私法의 구별

1. 概 說

우리 헌법 아래서는 과거의 행정국가와는 달리 적용법규·법원칙의 면에서도 양자의 공통성이 크게 높아졌으며, 또한 행정부 내에 두는 행정재판소를 인정하지 않고 공법상의 쟁송을 포함한 모든 법률상쟁송을 사법법원의 권한으로 하고 있어 중대한 변화를 가져왔다. 그러나 이는 결코 양자의 구별을 전적으로 부정하기에 이르렀음을 의미하는 것이 아니고, 그 구별은 실정법상 의연히 승인되어 있다는 것이 전통적인 통설적 견해이다. 그리하여 실정법상의 양자의 구별의 필요성·기준 등을 고찰한 필요가 있다고 한다.

2. 實定法運營上 구별의 필요성

「공법과 사법의 구별」의 필요성 내지는 실익은 법해석론상 인정된다고 할 것이다. 「공법과 사법의 구별」을 비롯하여 전통적으로 법해석론상 사용되는 여러 가지 개념이나 이론은 ① 기존의 법규범 전체를 유형화하여 객관적으로 인식·설명하기 위한 수단이 됨과(설명적 기능) 동시에, ② 제정법규가 어떤 사항에 대하여 규정을 두지 아니하거나, 규정을 두었어도 그 뜻이 불명확한 경우에 그 흠결을 메워 주는 수단이 된다(실천적 기능). 전통적인 이원론에서는 공법개념 내지 「공법과 사법의 구별」이론이 우리 실정법의 해석론상 다음의 두 가지 점에서 실익이 있다고 한다.

(1) 재판관할과 재판절차의 결정기준 행정소송법은 행정소송에 대하여는 소송법상 재판의 제 1 심 관할(행정소송은 행정법원이 관할)과 절차에 있어서 민사소송법과는 다른 특별규정을 두고 있기 때문에 동법의 적용대상이 될 행정사건인지 또는 단순한 민사사건인지를 결정하기 위하여는, 계쟁중인 구체적 법률관계가 공법관계인지 사법관계인지를 결정하지 않으면 안된다.

이와 같이 현행의 소송법제도는 실체법상의 적용법규의 성질의 차이에 따라 소송절차를 양분하고 있기 때문에 공법과 사법을 구별할 필요가 있다.

(2) 적용법규 및 법원리의 결정기준 (가) 현행 실정법체계는 실체법상 일

1) A. V. Dicey, An Introduction to the Study of the Law of the Constitution, 1885.

반적으로 말하여 행정주체와 사인 간의 법률관계에 대하여는, 사인 상호간의 법률관계에 적용될 법과는 다른 규정을 둔 경우도 있고, 해석상 다른 법원칙을 적용하여야 할 경우도 있기 때문에, 어느 구체적인 법률관계에 대하여 사법 또는 사법원칙을 적용할 것인지, 그와 다른 공법 또는 공법원칙을 적용할 것인지를 결정하기 위하여 양자의 구별이 필요하다. 예컨대 조세가 과오납된 경우에, 민법에 의한 부당이득반환청구를 할 것인지 또는 그와 다른 법원칙을 적용할 것인지를 결정하기 위하여 조세과오납관계가 공법관계인지 사법관계인지를 구별할 필요가 있다.

(나) 그러나 「공법과 사법의 구별」이 적용법규 및 법원리를 결정하기 위한 기준으로 실익이 인정되기 위하여서는 어떤 법률관계가 공법관계로 결정된 경우에 거기에 적용될 공법원리가 발전되어 있어야 한다. 그런데 이 점에 있어서 전통적인 이원론에서도 명확한 공법원리를 가지고 있지 못하다고 할 것인바, 예컨대 과거의 공법·사법의 절대적 구별론에서는 어떤 권리가 공법상의 권리(공권)라는 법해석상의 판단이 내려지면 당연히 그 권리는 포기할 수 없으며, 또한 양도나 압류 등도 할 수 없다는 귀결이 나오기 때문에 공권인지 사권인지가 법해석상 극히 중요한 기능을 가지고 있었다. 그러나 현재의 상대적 이원론에 있어서는 공권은 항상 위와 같은 성질을 가지는 것이 아니고, 어떤 특수성이 인정될 것인가는 개개의 구체적인 법규의 목적과 성질에 따라 판단하여야 한다고 한다.

3. 구별을 인정하는 이유

우리 실정법에서 양자의 구별을 인정하는 합리적 근거는 과거와 같이 정치적 이유에 기인한 것이 아니고, 행정주체와 사인과의 관계에 대하여는 공공복리의 실현을 위하여 특수한 법적 취급을 하여야 한다는 주로 법기술상의 요구에 기인한 것이라 하겠다.

4. 구별의 표준

법규가 공법관계임을 명시하고 있을 때와, 그렇지 않을 때로 나누어 생각하여야 한다.

(1) 법규가 기준이 되는 경우 법규가 명문으로 공법관계임을 표시하는 규정을 두고 있을 때에는 법규가 구별의 기준이 되며, 그 한도 안에서 양자의 구별은 별로 문제되지 않는다. 예컨대 법규가 ① 행정상강제집행, ② 행정벌, ③ 행정상의 손해배상·손실보상, ④ 행정상쟁송, ⑤ 형법상의 공무원에 관한

죄의 성립을 인정하는 특별한 규정을 두고 있는 경우에는, 그 구체적 관계는 이 규정들에 의하여 공법관계인 것이 명백하다.

(2) 법률관계의 성질이 기준이 되는 경우 법규가 공법관계임을 명시하고 있지 않을 때에는 양자의 구별을 인정하는 이유와 구별의 필요성에 비추어 법해석상 기준이 세워져야 한다. 그리고 법해석에 있어서는 전통적인 통설적 견해인 권력설적 구조에 이익설적 견지에서 수정을 가한 입장(절충설)에 따라 구별하여야 할 것이다.

이러한 입장에서 볼 때, ① 어떤 구체적인 관계(예컨대 조세관계)에 관한 법규(조세 법규)의 해석상 법률관계의 형성·실현과정에서 행정주체의 우월적 지위를 승인하고 있는 경우는 권력관계로서 그러한 관계(조세 관계)는 공법관계라 할 것이다. ② 어떤 구체적인 관계에 관한 법규의 해석상 법률관계의 형성·실현과정에서 행정주체의 우월적 지위를 승인하고 있지 아니한 경우는 비권력관계인바, 이 경우에는 순수한 사법관계와는 구별되는 공공성이 있다는 것이 실증되는 경우에만 이른바 공법상의 관리관계로서 일정한 범위 안에서 공법원리가 적용된다고 보는 것이 종래의 통설·판례이다.

(3) 판례 ㈎ 대개의 경우 국가나 공공단체가 당사자의 일방 또는 쌍방인 법률관계는 행정소송의 대상인 공법관계이나, 그 중에서 국가나 공공단체가 순수한 사경제적 지위에서 행한 법률관계는 사법관계에 속한다는 입장에서 판단하고 있다(법원행정처 법원 실무제요(행정)).

㈏ 논의가 될 수 있는 사안 중 판례에서 공법관계로 본 예로는, ① 국유재산무단점유자에 대한 변상금부과처분(국재 51)(87 누 1046 (1988. 2. 23 대판)), ② 도시재개발조합이 조합원자격을 확인하는 관계(도시및주거환경정비법 19),[1] ③ 지방자치단체에 근무하는 청원경찰의 근무관계(92 다 47564 (1993. 7. 23 대판)) 등이며, 사법관계로 본 예로는, ① 조세과오납금환급청구권의 행사(94 다 55019 (1995. 4. 28 대판)), ② 공법인의 임직원에 대한 징계처분(89 누 2103 (1989. 9. 12 대판)), ③ 환매권의 행사(92 헌마 283 (1994. 2. 24 헌재결정)) 등이다.

〔**판례**〕 하천 또는 공유수면의 점용료 부과처분은 공법상의 의무를 부과하는 공권적인 처분으로서 항고소송의 대상이 되는 행정처분에 해당한다.

1) 재개발조합은 조합원에 대한 법률관계에서 적어도 특수한 존립목적을 부여받은 특수한 행정주체로서 국가의 감독하에 그 존립 목적인 특정한 공공사무를 행하고 있다고 볼 수 있는 범위 내에서는 공법상의 권리의무 관계에 서 있다. 대지 또는 건축시설에 대한 수분양권의 취득을 희망하는 토지 등의 소유자가 한 분양신청에 대하여 조합이 분양대상자가 아니라고 하여 관리처분계획에 의하여 이를 제외시키거나 원하는 내용의 분양대상자로 결정하지 아니한 경우, 토지 등의 소유자에게 원하는 내용의 구체적인 수분양권이 직접 발생한 것이라고는 볼 수 없어서 곧바로 조합을 상대로 하여 민사소송이나 공법상 당사자소송으로 수분양권의 확인을 구하는 것은 허용될 수 없다(대법원 1996. 2. 15. 94 다 31235 전원합의체판결 수분양권존재확인등).

하천법 및 공유수면관리법에 규정된 하천 또는 공유수면의 점용이라 함은 하천 또는 공유수면에 대하여 일반사용과는 별도로 하천 또는 공유수면의 특정부분을 유형적·고정적으로 특정한 목적을 위하여 사용하는 이른바 특별사용을 의미하는 것이므로, 이러한 특별사용에 있어서의 점용료 부과처분은 공법상의 의무를 부과하는 공권적인 처분으로서 항고소송의 대상이 되는 행정처분에 해당한다(대법원 2004.10.15. 2002 다 68485 부당이득금).

〔**판례**〕 구 예산회계법에 따른 입찰보증금의 국고귀속조치는 국가가 사법상의 재산권의 주체로서 행하는 것이므로 행정처분이 아니다.

예산회계법에 따라 체결되는 계약은 사법상의 계약이라고 할 것이고 동법 제70조의5의 입찰보증금은 낙찰자의 계약체결의무이행의 확보를 목적으로 하여 그 불이행시에 이를 국고에 귀속시켜 국가의 손해를 전보하는 사법상의 손해배상 예정으로서의 성질을 갖는 것이라고 할 것이므로 입찰보증금의 국고귀속조치는 국가가 사법상의 재산권의 주체로서 행위하는 것이지 공권력을 행사하는 것이거나 공권력작용과 일체성을 가진 것이 아니라 할 것이므로 이에 관한 분쟁은 행정소송이 아닌 민사소송의 대상이 될 수밖에 없다고 할 것이다(대법원 1983.12.27. 81 누 366 입찰참가자격정지처분취소).

〔**판례**〕 지방재정법에 의한 변상금부과처분은 기속행위로 행정처분이다.

지방재정법에 의한 변상금부과처분은 법률에 의한 대부 또는 사용·수익허가 등을 받지 아니하고 공유재산을 점유하거나 사용·수익한 자에 대하여는 정상적인 대부료 또는 사용료를 징수할 수 없으므로 그 대신에 대부 등을 받은 경우에 납부하여야 할 대부료 상당액 이외에 2할을 가산한 금원을 변상금으로 부과하는 행정처분으로 이는 무단점유에 대한 징벌적인 의미가 있는 것으로 법규의 규정형식으로 보아 처분청의 재량이 허용되지 않은 기속행위로서, (중략) 위 변상금부과처분에 대한 항고소송의 제 1 심 관할 법원은 피고의 소재지를 관할하는 행정법원이 된다(대법원 2000.1.14. 99 두 9735 변상금부과처분무효확인).[1]

〔**판례**〕 도시재개발법(현행 도시 및 주거환경 정비법)상의 관리처분계획은 행정처분이다.

도시재개발법에 의한 재개발조합은 조합원에 대한 법률관계에서 적어도 특수한 존립목적을 부여받은 특수한 행정주체로서 국가의 감독하에 그 존립 목적인 특정한 공공사무를 행하고 있다고 볼 수 있는 범위 내에서는 공법상의 권리의무 관계에서 있는 것이므로 분양신청 후에 정하여진 관리처분계획의 내용에 관하여 다툼이 있는 경우에는 그 관리처분계획은 토지 등의 소유자에게 구체적이고 결정적인 영향을 미치는 것으로서 조합이 행한 처분에 해당하므로 항고소송의 방법으로 그 무효확인이나 취소를 구할 수 있다(대법원 2002.12.10. 2001 두 6333 청산금부과처분무효확인).[2]

---

1) 과세처분이 부존재하거나 당연무효인 경우에 이 과세처분에 의하여 납세의무자가 납부하거나 징수당한 오납금은 국가가 법률상 원인 없이 취득한 부당이득에 해당하고(대법원 1992.3.31. 91 다 32053 전원합의체판결 부당이득금), 이러한 오납금에 대한 납부자의 부당이득반환청구권은 처음부터 법률상 원인이 없이 납부 또는 징수된 것이므로 납부 또는 징수시에 발생하여 확정되며, 그 때부터 소멸시효가 진행한다(대법원 2005.1.27. 2004 다 50143 부당이득금반환).

2) 재개발조합을 상대로 한 쟁송에 있어서 조합원 자격 인정 여부에 관하여 다툼이 있는 경우에

Ⅳ. 實定法에 있어서의 公法과 私法의 관련

공법과 사법의 구별은 절대적 구별이 아니고 상대적인 구별이다. 따라서 어떤 하나의 법률관계에 대하여 보면, 공법이 규율하는 부분도 있고 사법이 규율하는 부분도 있는 것과 같이, 공법과 사법이 혼합하여 존재하는 예가 많다.

(1) 포괄적인 법률관계에 대하여 공법과 사법이 상호 혼합하여 규율하는 예도 많다. 종래 자칫하면 공법인·공익·공물·공기업에 관한 법은 항상 공법이며, 이에 대하여는 어떤 경우에도 사법의 적용이 없다고 보는 경향이 있었으나, 어느 것이나 공법의 규율도 받고 사법의 규율도 받는다.

(2) 공법적 행위에 의하여 사법적인 효과를 발생시키는 예도 있다(토지수용의 경우에 토지소유권취득의 효과가 생기는 것이 그 예이다).

(3) 공법적 행위가 사법상 법률행위의 요소인 예도 많다(예: 비영리법인의 설립인가 등).

(4) 공법에 의하여 사법상 법률행위에 일정한 제한을 가하는 예도 있으며, 이 경우에는 그 행위의 효력이 어떤 영향을 받을 것인지가 문제된다(경찰법·경제규제법 등에 의한 사법상의 법률행위에 대한 제한이 그 예이다.)

〔**판례**〕 의료인이나 의료법인이 아닌 자의 의료기관 개설을 금지하는 의료법(33②)에 반하여 체결된 약정은 무효이다.

의료인이나 의료법인 등이 아닌 자가 의료기관을 개설하여 운영하는 행위는 형사처벌의 대상이 되는 범죄행위에 해당할 뿐 아니라, 거기에 따를 수 있는 국민보건상의 위험성에 비추어 사회통념상으로 도저히 용인될 수 없는 정도로 반사회성을 띠고 있다는 점등을 종합하여 보면, 위 규정은 의료인이나 의료법인 등이 아닌 자가 의료기관을 개설하여 운영하는 경우에 초래될 국민 보건위생상의 중대한 위험을 방지하기 위하여 제정된 이른바 강행법규에 속하는 것으로서 이에 위반하여 이루어진 약정은 무효라고 할 것이다(대법원 2003.4.22. 2003 다 2390, 2406 손해배상(기)).

(5) 또한 사법에 의하여 규율되던 사항이 공법에 의한 규율로 보완되거나 대체되는 경우도 있다(사법적 규제에서 공법적 규제로의 전환). 예컨대 서로 인접하는 토지이용의 조정은 민법상의 상린관계의 규정에 의하여 규율되었으나, 오늘날은 토지이용의 고도화로 그것만으로는 불충분하여 건축법에서 이에 관한 규정(건축 50의 2, 동시행령 81 등)을 두게 된 것 등이다.

는 공법상의 당사자소송에 의하여 그 조합원 자격의 확인을 구하여야 하고, 분양신청 후에 정하여진 관리처분계획의 내용에 관하여 다툼이 있는 경우에는 항고소송에 의하여 관리처분계획 또는 그 내용인 분양거부처분 등의 취소를 구할 수 있다(대법원 1997.11.28. 95다43594 명의변경이행).

제 2 절 行政上의 法律關係의 종류

Ⅰ. 概　　說

원래 법률관계라 함은 권리주체상호간에 있어 일방이 특정의 권리에 기하여 타방에 대하여 일정한 작위·부작위·수인·급부 등을 명하고, 타방은 이에 대응하여 의무를 부담하는 권리의무관계, 또는 일방이 타방에 대하여 권리 등을 발생·변경·소멸시킬 수 있는 권리를 가지고, 타방은 이에 따라야 할 법률상의 효과를 발생시키는 관계를 말한다. 그리하여 보통 행정상의 법률관계라 함은 행정권의 주체인 국가 또는 공공단체와 그 상대방인 사인 간의 법률관계를 말한다. 그러나 넓은 의미에서는 이런 행정작용법적 관계 이외에 행정조직법적 관계까지를 포함한다.

Ⅱ. 行政組織法的 관계

(1) 관청상호간(상하관청 또는 대등관청상호간)의 관계, 기관위임사무에 관한 국가행정기관의 장과 지방자치단체의 장과의 관계(지자 93) 등과 같이 행정기관상호간 내지는 행정기관의 내부적 관계가 행정조직법적 관계이다. 이러한 관계는 권리주체간의 관계가 아니므로 권리의무관계가 아니고, 직무권한에 관한 관계라고 볼 것이다. 따라서, 이런 관계에서 발생한 분쟁은 행정기관내부의 문제로 법률상쟁송이 아니고, 개별적인 특별규정(지자 170③)이 없는 한, 법원에 출소할 수 없고 내부적으로 해결되어진다.

(2) 이 점과 관련하여 국가와 지방자치단체와의 관계(예: 자치감독상의 처분, 보조금의 교부 등), 지방자치단체상호간의 관계(예: 협의·사무위탁·조합설립 등) 등 행정주체상호간의 관계가 행정조직법적 관계인가 혹은 행정작용법적 관계인가에 대하여는 의문이 있다. 행정기관상호간의 관계가 아니고 행정주체상호간의 관계이기는 하지만, 그것은 지방자치를 인정한 것에 부수하여 행정의 적정성을 담보할 목적으로 조직법적으로 인정된 관계이므로 순수한 행정작용법적 관계로 볼 수 없겠다.

Ⅲ. 行政作用法的 관계

특별한 공법적 규율을 받는 공법관계와, 사인과 동일하게 사법적 규율을 받는 사법관계가 있다. 보통 행정법관계라 할 때에는 공법관계만을 의미한다.

1. 行政上의 私法關係(좁은 의미의 國庫關係 및 行政私法)

(1) 의의 행정주체가 당사자인 경우에도 행정주체가 우월적 지배자(Herrscher)로서가 아니라, 국고(사법상 재산권의 주체) 즉 사인(Privatmann)으로서 일반사인에 대하는 경우에는, 「같은 성질의 관계는 같은 법규로」 규율되어야 한다는 의미에서 사법의 적용을 받게 되며, 따라서 그것은 사법관계이다.

(2) **종류** 국가 또는 지방자치단체가 물품구매계약을 하고, 청사·도로·교량의 건설도급계약을 하며, 국유재산(잡종재산)을 관리·매각하고,[1] 수표를 발행하며, 국공채를 모집하는 관계와 같이 행정활동에 소요되는 재화나 급부를 조달하는 「조달행정관계」와 수익을 목적으로 하여 주식회사의 주주가 되는 관계 등과 같이 사인과 같은 지위에서 수익적 사업을 경영하는 관계인 「영리작용관계」가 있다.

(3) 국고작용과의 구별

㈎ 그런데 오늘날에는 법률관계의 형성은 사법적 형식을 취하지만, 그 목적은 직접적으로 공행정목적을 달성하기 위한 활동이 광범위하게 행하여지고 있다. 예컨대 가스·전기·수도의 공급, 철도의 이용, 주택의 공급, 폐기물처리시설의 이용 등 재화나 급부의 제공 또는 공공시설의 이용을 위한 공급계약 등 각종 계약, 기업이나 수출의 진흥·조성을 위한 자금의 대부 또는 보조 등을 위한 소비대차계약 등 각종 계약, 경제규제행정수단의 하나인 수급조절을 위한 물자의 매입·판매계약 등 각종 계약이 그 예이다. 이러한 작용은 사법의 규율을 받는 사법적 형식에 의하여 행하여진다는 점에서는 전통적인 국고작용의 하나로 볼 수 있으나, 그것은 그 목적에 있어서는 경제적 수익을 위한 것이 아니고, 직접 공행정목적을 달성하기 위한 것인 점에서 전통적인 국고작용과는 다르다. 그

1) 국유재산법, 산림법 규정 등에 의하여 국유잡종재산에 관한 관리 처분의 권한을 위임받은 기관이 국유잡종재산을 대부하는 행위는 국가가 사경제 주체로서 상대방과 대등한 위치에서 행하는 사법상의 계약이고, 행정청이 공권력의 주체로서 상대방의 의사 여하에 불구하고 일방적으로 행하는 행정처분이라고 볼 수 없으며, 국유잡종재산에 관한 대부료의 납부고지 역시 사법상의 이행청구에 해당하고, 이를 행정처분이라고 할 수 없다(대법원 2000.2.11. 99 다 61675 부당이득금). 그러나 국유재산의 관리청의 사용료 부과의 성질은, 관리청이 공권력을 가진 우월적 지위에서 행한 것으로서 항고소송의 대상이 되는 행정처분이라 할 것이다(대법원 1996.2.13. 95 누 11023 국유재산사용료부과처분취소).

리하여 이러한 관계를 행정사법의 적용을 받는 관계라 하고, 전통적인 국고관계를 좁은 의미의 행정상의 사법관계라 한다. 행정사법 내지는 행정사법의 적용을 받는 관계는 ① 그것이 직접 공행정목적을 수행하는 작용이며, ② 사법형식에 의하여 행하여지고, ③ 공행정목적을 수행한다는 점에서 일정한 범위 안에서 공법적 규율이 행하여진다는 점에서 특징을 갖는다.

(나) 그리하여 오늘날은, 현대행정에 있어서 비권력적인 사법적 형식에 의한 활동이 증가된 점에 착안하여 행정목적을 직접적으로 실현하기 위한 사법형식에 의한 행정활동도 행정법학의 연구대상으로 하여, 행정법은 행정에 관한 공법 뿐만 아니라 행정에 관한 사법도 대상으로 하여야 한다는 견해가 정착되어 가고 있다.[1]

2. 公法關係

(1) **공법관계의 의의** 공법의 적용을 받는 관계를 공법관계라 한다. 사법관계에 대하여 특히 공법관계라는 관념을 인정하는 것은 양자를 구별하여 다룰 실질적 필요가 있기 때문이다. 즉 ① 먼저 행정주체가 우월한 의사주체(공권력 주체)로서 사인에 대하여 명령·강제하는 작용(권력 작용)에 대하여 보면, 그것은 사인간에서 볼 수 없는 관계로 사인간의 경제적 이익의 조정을 목적으로 하는 사법규정과는 친하지 아니한 관계이며(권력적 공법관계), ② 다음으로 행정주체가 사인과 대등한 의사주체로서 사인과의 합의를 수단으로 하는 작용 중 직접 「행정목적」을 실현하기 위한 작용(비권력적 행정작용)에 대하여 보면 그것은 공공적 성격을 띠고 공공복리와 밀접한 관계를 가지므로 수익을 목적으로 하는 순수한 사적인 관계와 전혀 동일하게 다룰 수 없다(공익적 공법관계).

(2) **공법관계 중 권력관계와 관리관계의 구별** 전통적 견해에서는 공법적인 특수한 법규·법원칙이 적용되는 관계를 권력관계와 관리관계로 나누었다.

(가) **권력관계** 국가 등 행정주체가 공권력주체로서의 지위에서 국민에 대하여 일방적으로 명령(경찰명령· 조세부과 등)·강제(강제집행· 즉시강제 등)·형성(허가·인가 특허 등)하는 관계로서(법적 지위· 행정수단), 공정력·존속력·강제력 등의 법률상 우월한 힘이 인정되고(강력한 공법적 특수성), 따라서 엄격히 법률의 수권과 기속을 받으며(엄격한 법률 유보원칙적용), 원칙적으로 법의 일반원리적 규정 이외에는 사법 규정의 적용이 배제되고 특수한 공법적 규율을 받으며(사법적용의 배제), 거기에서 발생하는 분쟁은 항고쟁송의 방법에 의하여 해결된다는 것이다(쟁송 방법).

---

1) 成田頼明, 非權力行政의 法律問題, 公法硏究, 제28호, p.145.

㈏ 관리관계

ⓐ 의의 ① 공물법(도로법·하천법 등)·공기업법(우편법·지방공기업법 등) 등에 의한 재산관리·사업경영과 같이 행정주체가 공권력주체로서가 아니고 사업 또는 재산의 관리주체로서 사인에 대하는 관계이다. 성질상으로는 사인의 사업 경영 등과 유사하지만 그것이 공행정으로 직접적으로「행정목적」,「행정임무」를 수행하기 위한 것이므로, 실정법상 공공복리를 보호할 필요상 채산성을 도외시한 특수한 법적 규율을 받게 하는 관계이다. 이 관계와 행정상의 사법관계는 다같이 본질적으로는 경제적 주체로서 사인을 대하는 경제적 관계이고 또한 비권력관계인 점에서 차이가 없다.

② 따라서 관리관계에 있어서는 공익목적의 달성에 필요한 한도 안에서만 특별한 공법적 규율을 받을 뿐이고, 그 밖에는 일반적으로 사법의 적용을 받는다는 것이다. 그리하여 공법적 규율을 받기 위하여서는 ⅰ 명문의 규정이 있거나, ⅱ 명문의 규정이 없더라도 법해석상 그것이 단순한 사경제적 관계에서는 찾아볼 수 없는 공공적(상하수도이용관계 등), 윤리적(국공립학교교육관계 등)성격이 있다는 것이 실증되어야 한다. 따라서 관리관계론은 실정법적 공법원리의 지배를 인정하는 이론이라 할 수 있다.[1] 그리고 관리관계에 관한 쟁송은 공법상의 당사자소송의 방법에 의하게 된다.

ⓑ 국고관계와의 구별

㈀ 개괄적 구별설 전통적 견해에서는 위에서 본 바와 같이 비권력관계를 다시 개괄적으로 관리관계와 국고관계로 2분하여, 관리관계는 공법과 사법이 혼합하여 규율하는 관계인데, 국고관계는 사법이 규율하는 관계라고 한다.

㈁ 개별적 구별설 이 견해는 비권력관계에 관하여 어느 정도로 사법규정과 다른 특별한 규정을 제정하여 사법법규의 적용을 배제할 것인가는 입법정책에 의하여 결정된다고 한다. 따라서 포괄적 개념으로서 관리관계와 국고관계라는 개념을 인정할 필요는 없고, 그 개별적·구체적 관계를 규율하는 법이 공익실현이라는 행정목적의 달성을 위하여 특수한 규율을 하고 있는 경우에는, 그것이 이른바, 관리관계이건 국고관계이건 간에 공법관계라고 한다.[2]

㈂ 결언 개별적 구별설이 타당하다고 할 것이다.

그리하여 권력관계와 대칭되는 개념으로는 전통적 견해에서와 같이 관리관계를 드는 것은 타당하지 아니하며, 비권력행정관계 내지는 단순고권(schlicht-

1) 成田賴明, 행정법서설, p.98.
2) 김도창(상), p.211; 유지태, p.13; 杉村敏正, 행정법강의총론(상), p.61.

hoheitlich)행정관계를 드는 것이 타당하다 할 것이다.[1] 다만 앞으로도 관리관계를 행정목적을 비권력적 수단에 의하여 달성하는 전통적이고 전형적인 관계를 지칭하는 용어로서 사용하는 것은 무방하다고 본다.

1) 홍정선(상), p.138; 유지태, p.12.

제 3 절 行政法關係의 當事者 (行政主體와 行政客體)

Ⅰ. 槪 說

1. 行政主體의 의의

(1) **개념** 행정권을 실제로 행사하는 것은 행정기관의 지위에 있는 공무원이다. 세무서장이 조세를 부과·징수하는 것과 같다. 그런데 법상으로는 이들 공무원의 행위의 법적 효과는 그 공무원 개인에게가 아니고, 국가 또는 공공단체에 귀속하게 되어 있다. 즉 개개의 행정기관의 지위에 있는 공무원의 배후에는 그 행위의 법적 효과(권리·의무)의 통일적·계속적인 귀속체(기관의 변경·폐지 등의 사정에 영향받지 않고 존속하는 것)로서, 국가 또는 공공단체가 상정되어 있다. 이러한 추상적인 인격체인 국가 또는 공공단체가 행정권의 주체, 즉 행정주체이다.

(2) **행정기관과 구별** 행정기관은 그에게 법률효과가 귀속되는 것은 아니므로 행정주체가 아니다. 그러나 최근 학설의 경향은 국가 등 행정주체에서와는 다른 의미의 인격성·권리주체성을 행정기관에 인정하려고 한다.

더러는 행정기관상호간의 관계에서는 행정기관에 효과가 귀속한다고 보아도 좋은 경우가 있다. 예컨대 행정기관간에 권한의 위임이 있는 경우에는 위임자의 권한은 수임자의 권한으로 되어, 수임자가 자기의 이름과 책임으로 이를 행사하게 된다. 이 경우에는 위임자·수임자는 이 관계에 관한 한, 일종의 인격을 갖는 것같이 생각된다.

이런 점을 강조하여 행정기관도 인격을 갖는다는 견해가 나오게 된 것이다. 그러나 행정기관상호간의 관계는 국가 또는 공공단체라는 인격 내의 문제이다. 그리하여 결국은 국가 또는 공공단체의 행위로 나타난다. 예컨대 위의 항고소송에서 행정관청에 대한 판결은 국가와 국민간에서의 효과로 나타나며, 행정기관과 국민간에서의 효과로 나타나는 것은 아니다.

(3) **법률효과의 귀속** 행정기관의 행위를 사실로서 보면, 기관구성원의 행위에 지나지 않는다. 그러나 법률효과에 있어서는 구성원인 자연인의 행위가 기관의 행위로 되어 국가 등에 귀속한다. 다만, 더러는 기관구성원의 행위의 사실성이 문제될 때가 있다(기관구성원의 행위가 구성원의 행위로서 적합한지의 여부, 따라서 징계에 해당하는 행위인가 혹은 표창에 해당하는 행위인가 등). 또한 기관

구성원이 권한의 범위를 넘어서 행동하는 경우에는 법률효과는 국가 등에 귀속하지 못하게 된다.

2. 行政客體의 의의

행정주체에 대하여 그 상대방이 되는 자를 행정객체라 한다. 자연인(내국인·외국인)·법인(사법인·공법인)을 불문하고 행정객체가 된다. 따라서 공공단체도 사인에 대하여는 행정주체가 되나, 국가나 다른 공공단체에 대한 관계에서는 행정객체가 될 수 있다.

Ⅱ. 行政主體의 종류

국가 및 공공단체(지방자치단체·공공조합·영조물법인·공재단)와 이들로부터 행정사무를 위임받은 사인(공무수탁사인)이 있다.

1. 國 家

(1) 시원적인 행정주체 국가는 하나의 인격을 가진 법인으로서 법률관계에 있어서 권리주체가 된다. 근대국가에 있어서는 행정권은 국가통치권의 한 요소로 생각되어 왔기 때문에 국가는 시원적인 행정주체이다. 국가는 행정권을 대통령을 정점으로 하는 국가행정조직을 통하여 행사한다(직접행정). 이 행정조직 중 담당사무에 대하여 국가의사를 결정·표시할 수 있는 기관을 행정관청이라 하는바, 따라서 행정주체인 국가는 담당행정관청에 의하여 대표되며, 담당행정관청이 마치 법률관계에 있어서 행정주체와 같은 지위에 선다.

(2) 간접행정·위임행정 ① 국가는 모든 행정을 스스로 행사하지 않고, 국가로부터 독립된 행정주체를 설치하여 그로 하여금 일정범위의 행정을 자주적으로 행하게 하기도 한다(간접행정). 지방자치단체·공공조합·영조물법인은 일정한 공행정을 행할 목적으로 국가로부터 그 존립의 기초가 주어졌다.

② 국가행정권의 일부가 공공단체 또는 그 기관이나 사인에게 위임되어 이들에 의하여 행사되는 경우가 있다(위임행정). 이는 직접행정에 속하는 사항이 위임되는 것으로 간접행정과 구별된다. 예컨대 지방자치단체의 고유사무는 간접행정인데, 그 장이 행하는 국가의 기관위임사무는 국가의 직접행정에 속한다.

2. 地方自治團體

(1) 지방자치단체(Gebietsköperschaft)란 국가의 영토 내의 일정한 지역 및 그 지역의 주민으로 구성되어, 그 지역 내에서 일정한 통치권을 행사하는 공공단체이다.

(2) 지방자치법은 그 종류로 보통지방자치단체와 특별지방자치단체를 인정하고 있는바, 서울특별시·광역시 및 도·특별자치도와 시·군·자치구는 전자에 속하고(지자 2①②), 지방자치단체조합 등이 후자에 속한다(지자 2③·159 내지 164).

(3) 서울특별시·광역시·도(제주특별자치도 포함)는 정부의 직할하에 두고, 시는 도의 관할구역 내에, 군은 광역시 또는 도의 관할구역 내에, 자치구는 특별시·광역시의 관할구역 내에 두며(지자 3②③), 이들 보통 지방자치단체는 그 관할구역의 자치사무와 법령에 의하여 그 단체에 속하는 사무를 처리한다(지자 9). 지방자치단체조합은 지방자치단체가 특정한 사무의 일부 또는 전부를 공동으로 처리하기 위하여 필요한 때에 규약을 정하여 행정안전부장관의 승인을 얻어 설치한다(지자 159).

(4) 지방자치단체는 의결기관과 집행기관을 통하여 활동한다.

3. 公共組合

(1) 법정의 자격을 가진 사람(조합원)의 결합으로 된 공법상의 사단법인이다. 그것은 지방자치단체와 같이 지역을 기초로 한 단체가 아니고, 또한 지방자치단체가 널리 일반적인 지방행정을 행하는 것과는 달리 특정의 한정된 사업수행을 목적으로 하는 단체이다.

(2) 공공조합이 설립되는 사정은 한결같지 않은바, 현재의 공공조합을 보면 지역적인 토목사업을 행하는 것(도시재개발조합 등), 동업자의 공통된 이익의 증진을 목적으로 하는 것(상공회의소 등), 사회보험·공제사업을 행하는 것(건설공제조합 등) 등이 있다.

4. 營造物法人(政府投資機關)·地方公社 및 地方公團

(1) 영조물법인(Anstaltsperson)이란 각종 공사나 특수은행과 같이, 보통 행정법상 영조물에 해당하는 것이 특별한 이유로 본래 그것이 소속하는 국가 또는 지방자치단체(오늘날은 지방자치단체에 소속하는 영조물법인인 지방공사와 지방공단의 수가 크게 늘어나고 있다.)로부터 독립되어 법인격이 부여된 경우, 법인격이 부여된 점에 착안하여 이를 영조물법인이라 한다.

(2) 영조물의 개념은 일정하지 않으나, 단순한 물 또는 물의 집합인 공물과

는 달리 일정한 행정목적에 바쳐진 인적·물적 시설의 종합체라 할 것이다. 그리하여 국가 등 행정주체는 자기가 소유하는 물적 시설에 사람을 배치하여 영조물을 설치한다. 이와 같은 영조물은 행정주체가 그 자신의 기관에 의하여 운영하는 것이 통상의 형식이다(현재의 국립대학이나 국립도서관 등). 이 경우에는 영조물 그 자체는 행정주체는 아니다.

(3) 영조물법인을 공공시설법인 또는 공재단으로 부르기도 한다.[1] 그러나 공공단체 중에는 인적 수단과 물적 수단이 동일한 비중을 갖는 것도 있고, 물적 수단만이 중심적 요소가 되고 인적 요소는 물적 요소를 관리하는 부수적인 것에 지나지 아니한 것이 있기 때문에, 전자를 영조물법인이라 하고, 후자를 공재단이라 하여, 영조물법인과 공재단을 서로 구별하는 것이 오늘날의 일반적인 경향이다.

(4) 국가에 속하는 영조물법인(정부투자기관)에 대한 일반법으로는 「공공기관의 운영에 관한 법률」이 있고, 지방자치단체에 속하는 영조물법인(지방공사·지방공단)에 대한 일반법으로는 지방공기업법이 있다.

5. 公法上의 財團

공법상의 재단(Stiftung des öffentlichen Rechts)이란 국가나 지방자치단체가 출연한 재산을 관리하기 위하여 설립된 재단법인인 공공단체이다. 공법상 재단의 중심적 요소는 일정한 행정목적을 위하여 출연된 재산의 결합체이다. 이 점에서 인적·물적 수단의 결합체인 영조물법인과 다르다. 현행법상으로는 공법상의 재단은 많지 아니 하나, 그 예로는 「학술진흥 및 학자금대출 신용보증 등에 관한 법률」에 의하여 설립된 한국학술진흥재단이 있다.[2]

6. 私人(公務受託私人)

(1) 의의　보통의 행정법관계에서는, 사인은 행정주체의 상대방인 행정객체의 지위에 선다. 그러나 때로는 사인도 자신의 이름으로 공행정사무를 처리할 수 있는 권한을 부여받은 경우가 있는데, 그러한 사인을 공무수탁사인(Beliehene)이라 한다.[3]

(2) 종류　사선의 선장이 항해중에 출생이 있는 때 출생신고사항을 기재

1) 이상규(상), p.162.
2) 학술활동의 지원·육성과 학자금 지원을 효율적으로 수행하기 위하여 한국학술진흥재단을 설립한다(동법 14①).
3) H. Maurer, Allgemeines Verwaltungsrecht, 1994, S.549, 516f.; Wolff/Bachof/Stober, Verwaltungsrecht I, 1994, S.411f.

하는 가족관계의 등록사무(가족관계의등록등에 관한법률 49①②③). 경찰사무를 수행하는 경우(사법경찰관리의직무를행할자와직무범위에관한법률 7), 사인인 별정우체국장이 체신업무를 행하는 경우(별정우체국 3), 사인이 공공사업의 시행자로서 다른 사인의 토지를 수용하는 경우(토지등의취득및보상 4), 공증인이 공증업무를 수행하는 경우(공증인 2), 사립대학의 장이 학위를 수여하는 경우(고등교육 35), 건축사가 건축공사에 대한 현장조사·검사 및 확인업무를 행하는 경우(건축 23), 금융기관이 보조금지급에 대한 결정을 행하는 경우, 사인이 자동차검사를 대행하는 경우(자동차관리 44), 도시재개발법상의 재개발조합(대법원 2002. 12.10. 2001 두 6333 청산금부과처분무효확인)[1] 등이다. 이러한 공무위탁은 사무처리의 능률성을 높이고, 정부의 비용을 절감하며, 민간의 독창성·전문지식·경제력을 활용하고, 국민생활과 직결되는 행정업무를 신속하게 처리하기 위한 것으로 오늘날은 이러한 민간위탁이 점차 증대되고 있다.

(3) **민영화와 구별** 공무수탁은 국가가 자신의 공행정사무를 부분적으로만 포기하고 사인을 행정업무수행에 참여시키는 점에서, 국가가 수행하여 오던 공행정사무를 전적으로 포기하는 진정한 의미에서의 행정의 민영화(echte Privatisierung)와 구별된다. 공무수탁은 부진정한 의미에서의 민영화라 할 것이다.

(4) **법적 근거** ① 사인에 대한 공무위탁은 일반국민에 대한 외부적 효력을 가진 행정권한의 위탁이므로 법률의 근거를 요한다. 현행법상 각 개별법에 근거를 두고 있는 외에 일반법으로 정부조직법 제 6 조와 이에 근거한 「행정권한의 위임 및 위탁에 관한 규정」이 있다. ② 사인에 대한 공무위탁은 법률에서 직접 행하기도 하나(예: 선장·기장에 대한 경찰사무 등의 위탁), 보통은 행정행위의 형식으로 행하며(예: 공증인의 임명), 공법상의 계약에 의하여 행할 수 있다. ③ 공무수탁사인과 제 3 자와의 법률관계는 공법상의 법률관계이며, 공무수탁사인은 외부적으로 공행정업무를 수행하는 한 제 3 자에 대하여 독립된 행정주체로서 활동을 한다.

(5) **법적 지위** 공무수탁은 넓은 의미에서는 공행정업무를 사인이 수행하는 모든 경우를 말한다고 할 것이다. 그러나 공무수탁은 좁은 의미에서는 사인이 공행정수행권을 위탁받아 행정주체의 지위에서 자기의 이름으로 처리하는 경우를 말하는데, 사인이 공행정업무를 수행하는 경우는 그 이외에도 여러 가지의 형태가 있다.[2]

㈎ **공의무부담사인** 국가가 법률에 의하여 직접 사인에게 직무의무만을

1) 이 사건 소는 집합건물의 소유 및 관리에 관한 법률과 주택건설촉진법에 의하여 규율되고 있는 재건축조합에 관한 것으로서 공무수탁사인으로서 행정기관의 성격을 갖는 도시재개발법상의 재개발조합과는 다르므로, 민사소송으로서 재건축조합 및 시공회사를 상대로 부당이득의 반환이나 불법행위에 기한 손해배상을 구할 수 있다(서울고등법원 2003.12.24. 2001 나 58131 부당이득금).

2) 정하중, 공무수탁사인의 개념과 법적 지위, 고시연구, 2002. 11월호.

부과하고 이를 통하여 행정업무를 처리하는 경우가 있는데 이를 공의무부담사인(Gezetzliche Inpflichtnahme der Private)이라 한다. 사인이 조세를 원천징수하여 납부하는 경우(소득세 127·128)(89 누 4789(1990.3.23 대판)—원천징수행위는 법령에서 규정된 징수 및 납부의무를 이행하기 위한 단순한 사무적 행위에 불과하며, 공권력의 행사로서의 행정처분을 한 경우에 해당하지 않는다), 사인의 석유비축의무(석유사업 17), 공무원에 대한 원조의무(경범죄처벌 1(36)) 등이 그 예이다. 공의무부담사인의 경우는 공행정임무의 수행이라는 공법상의 의무만이 부과되고 공행정수행권한이 부여되지 아니한 점에서 공무수탁사인과 구별된다.

(나) 행정보조인 사인에 의한 공행정수행의 또 다른 형태는 행정보조인(Verwaltungshelfer)이다. 행정보조인은 행정을 자기책임하에 수행하는 것이 아니고, 행정청을 위하여 비독립적으로 활동하고 공행정업무처리에 있어서 단순한 도구로서 사용된다. 행정보조인의 예로는 사인이 생활폐기물의 수집·운반·처리를 대행하는 경우(폐기물관리 14), 불법주차자동차의 견인을 대행하는 경우(도로교통 36①), 감정평가사가 표준지의 적정가격의 조사 내지 평가 또는 개별공시지가의 타당성 여부를 검증하는 경우(부동산가격공시및감정평가에관한법률 11), 건축감시원이 건축물의 적법한 유지·관리를 지도하는 경우(건축 28) 등이다.

(다) 타율적 기업기관제도와 공사감리제도 ① 타율적 기업기관이란 사업자가 자신의 사업에서 발생되는 위해 방지를 위하여 법률에 의하여 고용이 의무지워지는 전문가의 지위를 말한다. 환경법상의 환경기술인 제도를 들 수 있다(수질및수생태계보전에관한법률 47). 환경기술인 제도는 공무의무부담사인의 특수한 형태라고 할 것이다. 민간사업자가 일정한 공행정임무를 수행할 전문인을 고용하여야 하는 공법적인 의무를 부담하는 것이 타율적 기업기관제도의 본질적 요소이기 때문이다.

② 건축공사에 있어서 관련법규의 준수 여부의 감독을 위한 감리제도가 있다. 건축법은 건축주 등에게 공사감리를 위하여 일정한 자격을 가진 감리업자를 지정할 의무를 부과하고 있다(건축법 21②). 공사현장에서 감리업자는 건축주 등의 대리인이 아니라 관할 행정청의 연장된 팔이라고 할 것이다. 공사감리자는 한편으로 행정청을 위하여 건축주 등을 감독하며, 다른 한편으로 사법상의 도급계약을 근거로 건축주에 대하여 의무를 지며 보수를 받는다.

제 4 절 行政法關係의 특질

Ⅰ. 概 說

(1) 행정법관계에 대하여는 행정목적달성을 위하여 사법관계와는 다른 여러 특질이 인정되는바, 여기에서는 행정법관계 중 일반권력관계의 특질만을 고찰하기로 한다.

행정법관계에서의 행정의사는 주로 「행정행위」라는 형식으로 나타나기 때문에, 행정법관계의 특질은 행정행위의 특질과 결국 같은 것을 의미한다.

(2) 행정법관계의 특질, 즉 행정의사에 우월한 힘이 인정되는 전형적인 예로는 ① 법률적합성, ② 공정력, ③ 존속력(확정력), ④ 강제력을 들 수 있는바, 이 네 가지의 특질은 관리관계에는 인정되지 않고 권력관계에만 인정된다. 다만, 법률적합성이 권력관계만의 특질인가에 대하여는 다툼이 있다. 그 밖에 ⑤ 권리의무의 특수성, ⑥ 권리구제수단의 특수성 등의 특질을 가지고 있다. 다만, ② 내지 ④는 행정의사 중에서 행정행위에 대하여서만 인정된다.

Ⅱ. 行政意思의 法律適合性

(1) 「법률에 의한 행정의 원리」의 당연한 결과로 행정의사는 법에 적합한 것이어야 한다. 즉 사법상의 법률행위는 사적 자치의 원칙에 의하여 그 의사표시가 자유로운 창조적인 활동인데, 행정행위에 대하여는 국민을 명령·강제하는 우월한 힘을 인정하는 반면에 내용적으로 법규에 적합할 것을 요구한다.

(2) 근대적 법치국가에서는, 「법」은 원칙적으로 국회의 「법률」일 것이 요구되므로 「행정의사의 법률적합성」이 요구된다 하겠다.

Ⅲ. 行政意思의 公定力(豫先的 效力)

1. 개 념

(1) 공정력(Selbstbezeugungskraft)이라 함은 행정행위가 행하여지면 그 실체법상의 적법·위법 또는 당·부당을 가릴 것 없이, 다시 말하면 비록 법정요건(실체법상의 요건)을 갖추지 못하여 흠(위법·부당)이 있더라도 그 흠이 중대하고 명백하여 절대무효로 인정되는 경우를 제외하고는, 당해 행정기관의 판단을 우선시켜

권한 있는 기관(처분행정청 또는 행정심판의 행정심판위원회, 행정소송의 수소법원)에 의하여 취소되기까지는, 상대방·제 3 자(특히 다른 행정청·법원)에 대하여, 잠정적으로 구속력이 있는 것으로 통용되는 힘을 말한다. 여기에서 제 3 자라 함은 ① 행정행위의 직접상대방이 아닌 이해관계인과, ② 행정심판위원회 이외의 행정청 및 행정소송의 수소법원 이외의 법원을 말한다. 예컨대 세무서장의 조세부과처분이 있으면 그것에 흠이 있더라도 권한 있는 기관에 의하여 취소가 있기까지는 상대방은 지정기간 내에 납부할 의무를 지며, 납부하지 아니하면 체납처분을 당한다. 또한 다른 행정청이나 법원도 조세부과처분의 존재와 그 법적 효과를 인정하여야 하고 그것을 스스로의 결정의 기초 내지는 구성요건적 요소로 삼아야 한다.

(2) 당사자자치의 원칙이 지배하는 사법상의 법률행위에 있어서는, 예컨대 계약해제는 일방적 행위이나 그 적법 여부에 관하여 다툼이 생기면 그에 관하여 법원의 판결이 확정될 때까지는, 상대방이나 이해관계인은 그 행위의 효력을 승인할 필요가 없는 데 대하여, 행정행위는 공정력을 갖는 점에 특색이 있다.

(3) 「공정력」은 실정법상 용어는 아니고 학문상의 용어이다. 따라서 용어가 통일되어 있는 것도 아니고 예선적 효력이라고 하는 분도 있다.[1)]

〔**판례**〕 행정처분은 당연무효라고 보아야 할 사유가 있는 경우를 제외하고는 아무도 그 하자를 이유로 그 효과를 부정하지 못하는 공정력이 있다.
행정처분이 아무리 위법하다고 하여도 그 하자가 중대하고 명백하여 당연무효라고 보아야 할 사유가 있는 경우를 제외하고는 아무도 그 하자를 이유로 무단히 그 효과를 부정하지 못하는 것으로, 이러한 행정행위의 공정력은 판결의 기판력과 같은 효력은 아니지만 그 공정력의 객관적 범위에 속하는 행정행위의 하자가 취소사유에 불과한 때에는 그 처분이 취소되지 않는 한 처분의 효력을 부정하여 그로 인한 이득을 법률상 원인 없는 이득이라고 말할 수 없다(대법원 2007.3.16. 2006 다 83802 부당이득금반환).[2)]

2. 公定力과 構成要件的 效力

(1) **전통적 견해** 독일에서는 보통 행정행위가 사인(상대방 및 이해관계인)에 대하여 구속력이 있는 것으로 통용되는 힘을 「흠으로부터 독립된 법적 실효성」(Fehlerunabhängige Rechtswirksamkeit) 또는 「원칙적 구속성」(grundsätzliche

1) 김도창(상), p.228.
2) 조세의 과오납이 부당이득이 되기 위하여는 납세 또는 조세의 징수가 실체법적으로나 절차법적으로 전혀 법률상의 근거가 없거나 과세처분의 하자가 중대하고 명백하여 당연무효이어야 하고, 과세처분의 하자가 단지 취소할 수 있는 정도에 불과할 때에는 과세관청이 이를 스스로 취소하거나 항고소송절차에 의하여 취소되지 않는 한 그로 인한 조세의 납부가 부당이득이 된다고 할 수 없다(대법원 1994.11.11. 94 다 28000 부당이득금).

Verbindlichkeit)이라 하고,[1] 다른 국가기관(처분청 이외의 행정청, 당해 행정행위에 대한 취소소송의 수소법원 이외의 법원)에 대하여 구속력이 있는 것으로 통용되는 힘을 구성요건적 효력(Tatbestandswirkung)이라고 한다.[2] 우리 나라 통설은 전통적으로 두 가지 효력을 합쳐 공정력이라고 부른다.[3]

(2) **새로운 견해** 「행정행위의 직접 상대방(또는 이해관계인)에 대한 구속력과 제 3 의 국가기관(처분청과 행정심판위원회 이외의 행정기관 및 처분의 취소소송 수소법원 이외의 법원)에 대한 구속력은 그 근거와 내용을 달리하므로 각각 분리하여 고찰함이 타당하다」고 하여 전자를 공정력이라 하고, 후자는 구성요건적 효력이라 하여 구분한다.[4]

(3) **구별의 실익** ㈎ 그러나 종래의 공정력 이론에서는 구성요건적 효력의 근거 및 내용은 그 상대방에 따라 그 모습이 다를 뿐이며 실질적으로는 공정력의 근거 및 내용과 다르지 않은 것으로 본다.[5] 구성요건적 효력 이론에서는, 통설상의 공정력의 일부인 행정행위가 다른 국가기관에 대하여 구속력 있는 것으로 통용되는 힘을, 구성요건적 효력이라고 하는바, 행정행위가 행하여지면 위법하더라도 그것이 절대무효가 아닌 한 제 3 의 「행정기관」이 그 효력을 부인할 수 없음은 행정의사의 통일적 수행을 위한 권한존중의 원칙에 따른 것으로 이에 대하여는 논란이 없다고 할 것이다. 따라서 다른 국가기관에 대한 관계는 결국 위법한 행정행위가 행하여진 경우에 그 효력을 취소소송의 수소법원만이 부인할 수 있는 것인지, 그 효력 유무가 민사소송이나 형사소송의 선결문제로 된 경우에 민사법원이나 형사법원도 심판할 수 있는지와 관련되는 법원에 대한 관계로 압축된다 할 것이다. 그런데 구속요건적 효력 이론에서도 이러한 선결문제와 관련하여 별다른 해결책을 제시하지 못하고 있는 형편이다. 그리하여 행정행위가 다른 국가기관에 대하여 구속력 있는 것으로 통용되는 힘을 공정력으로 보던 구속요건적 효력으로 보던 선결문제와 관련하여서는 별다른 실질적인 차이가 없다고 할 것이다.

㈏ 그런데 오늘날에는 보다 근본적으로 그것을 공정력으로 보든 구속요건적 효력으로 보든 행정행위의 법원에 대한 구속력이라는 것을 인정할 것인가에 대하여 커다란 異論이 제기되고 있다. 그것은 행정행위는 법원의 판결과는 다른 것으로 기판력이 없으며(같은 취지: 94 다 28000 (1994. 11. 11 대판)), 따라서 법원을 구속할 수는 없으므

1) H. Maurer, Allgemeines Verwaltungsrecht, 9. Aufl., 1994, S. 154.
2) F. Ossenbühl, Die Handlungsformen der Verwaltung, JuS, 1979, S. 683.
3) 김도창(상), p. 435.
4) 김남진 · 김연태(Ⅰ), p. 252; 박균성(상), p. 109; 홍정선(상), p. 357.
5) 김도창(상), p. 435.

로, 행정행위의 효력유무가 선결문제로 된 경우에 민사법원이나 형사법원이 그것을 심판할 수 있는지의 여부는, 행정행위의 법원에 대한 구속력과 관련된 문제가 아니고 법원간의 관할권의 분배의 문제로 보고 선결할 수 있는지의 여부는 입법정책적으로 정하여질 사항이라는 견해가 유력하게 주장되고 있으며,[1] 이러한 견해는 매우 설득력이 있다고 할 것이다. 이러한 견해에 따르면 민사 및 형사사건에서의 선결문제는 공정력과 관련되는 것도 아니고, 구성요건적 효력과 관련되는 것도 아닌 것으로 보게 된다.

(다) 그리하여 행정행위의 다른 국가기관, 특히 법원에 대한 관계를 통설적인 공정력으로 보든 구속요건적 효력으로 보든 현실적인 선결문제의 해결에 있어서는 어떠한 실익도 없다 할 것이다. 그리고 민사 및 형사사건에서의 선결문제를 통설적인 공정력 이론과는 달리 행정행위의 법원에 대한 구속력의 문제로 보지 아니하고 행정행위의 유효성여부를 심판하는 취소소송의 수소법원과 민사법원 또는 형사법원의 관할권의 분배문제로 보는 견해가 주장되고 있으며, 커다란 설득력을 가지고 있다고 할 것이나, 이 견해도 아직 공정력이론을 극복할 만큼 발전되어 있지는 못하다.

(라) 상황이 이러하므로 본서에서는 일단 행정행위의 다른 국가기관에 대한 관계를 오늘날까지 학설상, 판례상으로도 채택되어 온 공정력이라는 이름 아래서 설명하기로 한다.

3. 본 질

(1) **자기확인설** 「오토 마이어」에 의하여 확립된 자기확인설(Selbstbezeugungstheorie)에 의하면 행정행위는 본질적으로 재판판결과 유사하며, 따라서 행정청이 그 일반적 권한 내에서 행정행위를 행하였으면 그 적법요건을 갖춘 것도 동시에 확인되어 적법성의 추정(Vermutung der Rechtmäßigkeit)을 받으며, 상대방과 제 3 자를 구속하는 힘을 가진다고 한다. 따라서 공정력의 본질은 실체법상의 「적법성의 추정력」으로 본다. 이 견해가 과거 독일 · 일본과 우리나라에서의 전통적인 견해였다.

(2) **절차법적 공정력설** 제 2 차대전 후 독일 · 일본과 우리나라에서 법치주의의 견지에서 위의 실체법상의 적법성추정력설에 대한 다양한 비판 위에 새로운 이론구성이 모색되었는바, 그것이 절차법적 공정력설이라 하겠다. 독일에서는 행정절차법의 제정에 따른 절차법적 사고의 영향을 받았다고 볼 수 있는

1) 이광윤, 행정행위의 공정력과 선결문제, 고시연구, 2000. 10월호,

것으로,[1] 이 견해는 공정력은 행정행위가 실체법상 요건을 갖춘 것으로 추정되기 때문에 갖는 효력이 아니고 절차법상 행정청의 결정에 잠정적인 통용력을 인정한 것에 지나지 않는다고 한다. 이 견해는 행정행위의 내재적 효력으로서의 공정력을 부인하는 것이다. 이 견해가 오늘날의 통설적 견해이며 타당하다고 생각한다.

4. 근 거

(1) 이론적 근거 어떠한 이유로 공정력을 인정할 수 있는가, 즉 그 이론적 근거에 대하여는 견해가 갈리어 있다.

㈎ 판결유사설 자기확인설의 주장이며, 행정행위는 재판판결과 본질적으로 유사하며, 따라서 행정청이 그 일반적 권한 내에서 행정행위를 행하였으면 그 적법요건을 갖춘 것도 동시에 확인한 것이며, 그 확인이 상대방과 제 3 자를 구속하는 힘을 가진다고 한다. 과거 독일에서 주장한 이론이다(O. Mayer). 이 견해에 대하여는 행정행위와 판결의 목적·주체·절차 등의 차이를 과소평가하고, 양자의 유사성을 과대평가하여 그 결과 행정권의 인정에 부당하게 강한 우월성을 인정한 것으로, 적법성의 유권적 인정이 법원의 임무로 되어 있는 헌법구조 아래서는 받아들이기 어렵다는 비판이 가하여진다.[2]

㈏ 국가권위설 「포르스트호프」 교수는 행정행위는 법에 적합한 것인지 흠(하자)을 띠고 있는지에 관계없이 어떠한 경우에도 국가권위(Staatautorität)의 표명이며, 따라서 그에 따를 것이 요구된다(E. Forsthoff)고 하는 국가권위설을 주장하였다.[3] 자기확인설을 계승한 이론이라 하겠다.

㈐ 행정정책설 ① 절차법적 공정력설의 시각에서의 주장이며, 행정행위 그 자체에 내재하는 특수성이나 우월성에서가 아니고 오히려 행정행위의 상대방이나 제 3 자의 신뢰보호, 행정법관계의 안정성 또는 행정의 원활한 운영이라고 하는 이른바 외재적인 특수성, 다시 말하면 정책적 이유에 근거를 구한다.[4]

② 「프랑스」에서 독일이나 우리나라의 공정력에 해당하는 관념은 행정의

1) 독일행정절차법은 「행정행위는 취소·철회 기타의 방법으로 폐기되거나 시일의 경과 기타의 방법으로 소멸되지 아니한 한 유효한 것으로 존속한다(bleibt wirksam)」고 규정하고 있다(43②).

2) 구속력과 공정력과의 관계에 대하여서는, 공정력은 구속력이 있는 것으로 통용되는 힘이라고 하여 양자를 구별하는 것이 일반적 견해이나, 공정력 중에 구속력을 포함시키는 견해도 있다. 실체법상의 효과인 구속력은 행정행위가 법정의 요건을 갖추면 논리상 당연히 생기는 것인데, 공정력은 법정의 요건을 갖추지 아니한 경우에도 인정되는 행정청의 인정의 통용력이며 그것은 논리상 당연한 것이라고는 말할 수 없으며, 따라서 양자는 구별하여야 한다.

3) E. Forsthoff, Lehrbuch des Verwaltungsrecht, 10. Aufl., 9, 1973, S. 185.

4) 박균성(상), p. 110; 홍정선(상), p. 361.

「예선적 특권」(선결적 특권; privilége du préalable)이다. 예선적 특권이란 행정권이 행정재판소에 의한 적법성에 대한 심사가 있기까지는 이에 선행하여 행정결정(집행적 결정)에 의하여 스스로 법률관계를 형성하고 그에 따른 의무를 집행할 수 있는 특권을 말한다. 예선적 특권은 행정권의 권위성·우월성이 아니고, 「공공역무의 계속성·안정성」의 보장이라는 정책적 고려에 기초를 두고 있다는 점에서 행정정책설의 입장에 선 것이라 하겠다.[1]

(라) 결언　　생각건대 행정정책설이 타당하다고 본다. 즉, 행정행위는 사인의 의사표시와는 달리 행정권의 담당자인 행정청에 의하여 법집행작용으로 행하여지며 그 권위는 법률 그 자체에서 유래한다. 따라서 수익적 행정행위에 의하여 직접적으로 이익을 받은 상대방은 물론이고 침해적 행정행위에 의하여 간접적으로 이익을 받은 일반공중의 행정행위에 대한 신뢰는 크게 보호될 필요가 있다. 법치주의는 행정이 법에 구속되는 것만을 요청하는 것이 아니고, 행정에 대한 신뢰보호의 원칙도 또한 그 내용의 하나라 하겠다. 이런 의미에서 공정력은 법치주의의 요청 그 자체에 그 실질적 근거를 구할 수 있다.

(2) 실정법적 근거　　(가) 우리나라의 경우에는 독일의 행정절차법 제43조와 같은 명시적인 실정법의 규정은 없으나, 행정심판법(4조)과 행정소송법(4조)은 공정력의 간접적인 실정법적 근거가 된다고 할 것이다. 즉, 행정심판법이나 행정소송법은 상대방측에서 일정한 기간 내에 사후적인 쟁송수단에 의하여 다투도록 하고 행정심판의 행정심판위원회나 취소소송의 수소법원만이 그것을 취소할 수 있도록 하고 있다. 이는 행정행위가 이러한 특수한 절차에 의하여 취소되기까지는 효력이 있는 것으로서 통용된다는 것을 의미한다고 하겠다.[2]

(나) 이와 같이 취소쟁송제도가 채택된 결과 행정행위는 비록 그것이 위법·부당하더라도 상대방은 행정심판이나 항고소송을 제기하여 그 취소를 구할 수밖에 없으며, 이러한 행정심판이나 항고소송을 제기받은 국가기관만이 그 효력의 유무를 유권적으로 판단할 수 있다(이를 취소제도의 배타적 관할권이라 한다). 이러한 점에서 행정행위의 공정력을 취소쟁송제도의 반사적 효과에 지나지 아니한다고 보는 견해도 있는바, 취소쟁송관계법률이 공정력의 간접적인 근거가 된다는 점에서는 그와 같이 볼 수도 있다고 하겠다. 그러나 취소쟁송제도는 행정행위에 인정되고 있는 잠정적 효력을 배제하기 위한 제도에 지나지 아니한다 할 것이므로 공정력을 그와 같이 보는 것은 본말이 전도된 것이라 할 것이다.

---

1) 한견우(I), p.481.

2) 또한 행정대집행법 등이 정한 「자력집행」의 규정은 행정행위가 위법하더라도 효력이 있는 것으로서 통용된다는 것을 전제로 한 것이라 하겠다.

5. 限 界

(1) **비권력적 행정** 공정력은 행정행위의 구속력의 잠정적 통용을 의미하는 것이므로 성질상 비권력행정(단순공행정)에는 인정되지 않는다.

(2) **무효인 행정행위** ㈎ 공정력을 인정하는 근거는 상대방 및 일반 제 3 자의 신뢰보호에 있으므로 통상인이 평가하여 무효인 경우 또는 부존재인 경우에는 그 신뢰를 보호함이 부적당하고 또한 필요도 없다. 따라서 무효인 행위 또는 부존재인 경우에는 인정되지 않는다(통설·판례). 따라서 다른 행정기관이나 법원은 물론 사인도 독자의 판단과 책임으로 무효를 인정할 수 있다.

㈏ 다만 주로 절차법적 관점에서, 행정행위의 실체법상 무효라는 문제와 그 무효를 통용시키는 절차법상 인정권의 소재라는 문제는 별개의 것으로 보고, 그 무효가 판결로 확정되기 전의 단계에서는 누구도 무효인지 취소사유에 그치는 것인지를 말할 수 없다고 하여, 무효·취소구별의 상대화 또는 무효확인소송과 취소소송의 동질화를 주장하여 공정력은 무효의 경우에도 미친다는 견해가 유력하게 주장되고 있다(행송 23·38① 참조).[2]

(3) **공정력과 입증책임의 소재** ① 공정력이 행정행위의 취소소송에서의 입증책임의 소재결정에 영향을 미치는가에 대하여, 종래의 통설은 공정력은 당해 행정행위의 적법요건이 실체법상 존재한다는 것을 추정시키는 것으로 보아 위법임을 주장하는 원고에게 입증책임이 있다고 보았으나(오늘날에도 「프랑스」의 통설·판례), 오늘날의 통설은 공정력은 행정행위의 사실상의 통용력에 불과하고, 그 실체법적 적법성을 추정시키는 것은 아니므로 공정력은 입증책임의 소재결정에 영향을 미치지 아니한다고 보아 공정력만을 이유로 입증책임의 소재를 결정할 수는 없다고 한다.

(4) **공정력(구성요건적 효력)과 위법한 행위에 대한 쟁송수단(선결문제)** ① 우리 행정심판법과 행정소송법에 의하여 위법한 행정행위에 대한 쟁송수단은 취소쟁송이며, 행정심판이나 행정소송을 제기받은 행정청이나 법원만이 행정행위의 위법여부를 심사하여 그 효력을 부인할 수 있다. 따라서, 일반적으로 말하면 취소소송의 수소법원이 아닌 다른 법원은 취소소송 이외의 다른 소송에서 선결문제(Vorfrage)로서 행정행위의 위법성을 심사하여 그 효력을 부인할 수 없다고 할 것이다. ② 그런데 다른 소송에서 선결문제로서 심사할 수 있는지의 여부는 법원간의 관할권의 범위의 문제로서, 결국 취소소송의 관할권을 정한 행정소

1) 김도창(상), p.442 참조.

송법 규정(동법 4·9 등)의 해석문제라고 할 것인바,[1] 현행법의 해석상 민사소송에서 선결문제로 된 경우와 형사소송에서 선결문제로 된 경우를 다르게 보아야 하며, 또한 민사소송에서 선결문제로 된 경우에도 행정행위의 효력을 부인하는 것인지 또는 위법성만을 인정하는 것인지에 따라 다르게 보아야 할 것이다. 다만, 행정행위가 무효인 경우는 민사소송이나 형사소송에서 그 효력을 부인할 수 있음은 의문의 여지가 없다 하겠다.

(가) 공정력(구성요건적 효력)과 민사소송

(a) 민사소송에서의 행정행위의 효력의 부인　　우리 현행법상 행정행위가 절대무효인 경우를 제외하고는 그 위법성을 심사하여 효력을 부인할 수 있는 기관은 취소쟁송을 제기받은 행정청 또는 법원뿐이라 할 것이므로, 민사소송(공법상 당사자소송 포함)을 제기받은 법원은 그 선결문제로서 행정행위의 위법성을 심사하여 이를 취소함으로써 효력을 부인할 수 없다고 할 것이다. 예컨대 과세처분이 무효가 아닌 한, 이미 납부한 조세에 대한 부당이득반환청구소송에서 과세처분의 효력을 부인하고 청구를 인용할 수는 없다(70 다 1439(1973.7.10 대판)—민사소송에서 선결문제로서 행정행위의 효력을 부인할 수 없다).

〔판례〕 당연무효인 근로소득세 부과처분이 민사소송상 선결문제로 된 때에는 민사소송에서 판단할 수 있다.

국세등의 부과 및 징수처분과 같은 행정처분이 당연무효임을 전제로 하여 민사소송을 제기한 때에는 그 행정처분이 당연무효인지의 여부가 선결문제이므로, 법원은 이를 심사하여 그 행정처분의 하자가 중대하고도 명백하여 당연무효라고 인정될 경우에는 이를 전제로 하여 판단할 수 있으나, 그 하자가 단순한 취소사유에 그칠 때에는 법원은 그 효력을 부인할 수 없다(대법원 1971.5.24. 71 다 744 과오납금환부).

(b) 민사사건에서의 행정행위의 위법성 인정　　공정력은 취소쟁송을 제기받은 권한 있는 기관만이 당해행정행위를 취소할 수 있다는 것(취소제도의 배타성)인바, 그것은 권한 있는 기관은 당해행위의 효력의 유무의 유권적 판단권만을 배타적으로 갖는다는 것인지, 당해행정행위의 법적 요건의 충족 여부(위법성)의 유권적 인정권까지를 배타적으로 갖는지에 대하여 견해가 갈린다. 이러한 논의는 위법한 행정행위로 인하여 손해를 받은 자가 행정행위의 취소소송을 제기하지 않고 바로 행정상의 손해배상소송을 제기한 경우에 수소 민사법원(행정상 손해배상소송은 행정소송인 당사자소송으로 제기하여야 할 것이나 우리 소송실무상으로는 민사소송으로 다루고 있다.)이 행정행위의 위법성을 심사하여 그 행위가 위법

1) 프랑스의 1992.7.22 법률 제92-683호에 의한 새 형법전 제111조 내지 제115조는 형사법원은 행정행위의 유효성 심사에 있어 선결할 것을 규정하였다. 이광윤, 행정행위의 공정력과 선결문제, 고시연구, 2000.10월호.

하고 다른 요건을 충족하고 있는 경우에는 청구인용의 판결을 할 수 있는지와 관련하여 행하여진다. 왜냐하면 행정상의 손해배상을 인용하기 위하여서는 효력의 유무를 판정하여 효력을 부인할 필요는 없고, 법적 요건의 충족 여부만을 판정하여 위법성만을 인정하면 되기 때문이다.

(ㄱ) 소 극 설

공정력을 실체법상의 적법성추정력으로 보는 종래의 견해는, 적법성이 추정되므로 취소소송의 수소법원만이 당해 행위의 효력 유무는 물론 위법성의 유무도 유권적으로 판정할 수 있다고 보기 때문에, 민사법원은 위법 유무를 판정하여 행정상 손해배상을 인용할 수 없다고 한다

(ㄴ) 적 극 설

공정력은 행정행위가 실체법상 위법하더라도 행정청의 인정에 따라 일응 유효한 행위로 통용시키는 것에 불과하므로, 공정력은 당해 행위의 효력의 유무에 관한 유권적 판단권만을 그 내용으로 한다는 견해는, 권한 있는 기관에 의하여 취소되기 전이라도 그 효력을 직접 부정하는 것이 아니면 민사소송이나 공법상의 당사자소송에서 선결문제로서 행정행위의 위법을 인정할 수 있다고 한다. 따라서 민사법원은 위법유무를 판정하여 행정상 손해배상을 인용할 수 있다고 한다. 판례도 이 입장이다(73 누 228(1974. 3. 12 대판), 91 누 13441(1992. 4. 28 대판)). 국가배상법에 의하여 배상금지급신청을 받은 배상심의회의 경우도 마찬가지라 할 것이다.

〔**판례**〕 손해배상청구소송에서 철거처분의 위법 여부가 선결문제인 경우 그 처분의 위법성 판단을 할 수 있다.

본건 계고처분 또는 행정 대집행 영장에 의한 통지와 같은 행정처분이 위법인 경우에는 그 각 처분의 무효확인 또는 취소를 소구할 수 있으나 행정대집행이 완료한 후에는 그 처분의 무효확인 또는 취소를 구할 소익이 없다 할 것이며, 변론의 전 취지에 의하여 본건 계고처분 행정처분이 위법임을 이유로 배상을 청구하는 취의로 인정될 수 있는 본건에 있어 미리 그 행정처분의 취소판결이 있어야만 그 행정처분의 위법임을 이유로 피고에게 배상을 청구할 수 있는 것은 아니라고 해석함이 상당하다(대법원 1972.4.28. 72 다 337 손해배상).

〔**판례**〕 손해배상청구소송에서 토지구획정리사업의 위법 여부가 선결문제인 경우 민사법원의 판단

재개발사업 시행자가 분양신청을 하지 아니한 토지의 소유자에 대하여 대지 및 건축시설을 분양하지도 아니하고 청산금도 지급하지 아니하기로 하는 분양처분고시는 행정처분의 성질을 지닌 것이므로, 그것이 적법한 행정소송의 절차에 의하여 취소되지 아니하는 한 법원도 그 처분에 기속되어 그 행정처분의 내용과 달리 청산금을 지급하라고 명할 수는 없지만, 그와 같이 대지 및 건축시설도 분양하지 아

니하고 청산금도 지급하지 아니한 채 분양처분고시를 하여 재개발구역 내에 다른 사람이 소유하고 있던 토지의 소유권을 상실시켰다면 재개발사업 시행자는 그 한도에서 재개발사업을 위법하게 시행하였으므로 그 토지의 소유자에 대하여 불법행위의 책임을 진다(대법원 2002.10.11. 2002 다 33502 토지대금지급).

㈐ 절 충 설

이 견해에 의하면 조세부과처분과 같이 금전채무를 발생시키는 효과를 가지는 행정행위의 목적은 행정주체의 활동에 불가결한 경제적 가치를 신속하게 취득·유지하려는 것이므로 수소법원이 행정상 손해배상소송에서 인용판결을 하게 되면, 바로 당해 행정행위의 목적이 방해를 받게 되기 때문에 소극설을 취하고, 금전채무를 발생시키는 효과를 가지지 아니하는 행정행위는 행정상 손해배상소송에서 인용판결을 하더라도 당해 행정행위의 목적이 방해받지 아니하기 때문에 적극설을 취한다.

㈑ 결 언

공정력의 본질에서 볼 때 적극설이 타당하다고 생각한다.

㈏ 공정력(구성요건적 효력)과 형사소송

(a) 형사소송에서의 행정행위의 효력 부인 형사법원이 행정행위의 하자를 심사하여 단순위법의 경우에 그 행정행위의 효력을 부인하는 것은 민사소송에서처럼 공정력에 반하므로 인정될 수 없다고 보는 것이 다수설·판례이다. 물론 행정행위가 당연 무효라면 형사법원이 판단할 수 있다.

〔판례〕 과세처분이 당연무효인 경우 이를 체납한 자의 범죄성립에 대한 형사법원의 판단

체납범은 정당한 과세에 대하여서만 성립되는 것이고, 과세가 당연히 무효한 경우에 있어서는 체납의 대상이 없어 체납범 성립의 여지가 없다고 볼 것이다(대법원 1971.5.31. 71 도 742 조세범처벌법위반).[1)]

〔판례〕 무면허운전죄로 처벌하기 위해 연령미달결격자에게 교부된 운전면허의 효력을 형사법원이 부정할 수 있다.

연령미달의 결격자인 피고인이 소외인의 이름으로 운전면허시험에 응시, 합격하여 교부받은 운전면허는 당연무효가 아니고 도로교통법 제65조 제 3 호의 사유에 해당함에 불과하여 취소되지 않는 한 유효하므로 피고인의 운전행위는 무면허 운전에 해당하지 아니한다(대법원 1982.6.8. 80 도 2646 도로교통법위반).

(b) 형사소송에서의 행정행위의 위법성 인정 형사소송에서 선결문제로서 행

1) 이와는 반대의 견해에서 그러한 과세처분이라고 하더라도 국세심사청구법 제10조에 의한 구제를 못 받은 한 체납범의 대상이 되는 과세로 인정하여야 될 것이라는 취의로 원판결 판단을 비위하는 논지는 채용할 길이 없고, 거기에 소론 위법이 있다고 단정하기 어렵다(대법원 1971.5.31. 71 도 742).

정행위의 위법성이 문제되는 경우(예컨대 영업허가가 취소되었음에도 영업을 계속한 자에 대한 무허가영업죄의 성립 여부와 관련하여 영업허가취소처분의 적법·위법이 다투어지는 경우 등)에 형사법원이 당해 행위의 위법성을 직접 심사할 수 있는지 다투어진다.

(ㄱ) 소극설　형사사건을 심리하는 법원은 행정행위가 절대 무효가 아닌 한, 행정행위의 위법성을 심사할 수 없고, 따라서 당해 행위가 비록 위법하더라도 행정형벌이 과하여진다고 보는 것이 종래의 통설이었다.[1] 종래의 통설이 이와 같은 견해를 취한 것은 공정력을 실체법상의 적법성의 추정력으로 보았기 때문이라고 할 것이다.

(ㄴ) 적극설　형사사건을 심리하는 법원은 스스로 행정행위의 위법성을 심사할 수 있다는 견해이다.[2] 긍정설 중에는 당해 처벌규정의 내용에 따라 구분하여, 당해 규정이 관련 행정행위의 유효성만을 처벌요건으로 정하고 있는 경우에는 형사법원은 스스로 당해 행정행위의 유효성 여부를 심사할 수 없다고 하고, 그 적법성도 또한 처벌요건으로 정하고 있는 경우에는 당해 행위의 위법성 여부를 심사하고 그에 따라 그 위반행위의 범죄구성요건에의 해당여부를 판단할 수 있다는 견해도 있다.[3]

(ㄷ) 무관계설　위법한 행정행위와 관련하여 범법행위를 행한 경우에 범죄가 성립하는가의 문제는 개개 처벌규정의 구성요건해석의 문제이며, 공정력이 미치는지의 문제와는 차원이 다르다는 견해이다. 그것은 취소소송의 배타적 관할상의 유효·무효의 판단은 행정소송에서의 사인의 구제라는 측면에서 행하여지는 것이며, 그것과 형사재판의 판단과는 논리적으로 결합되는 것이 아니라는 데에 있다.[4]

(ㄹ) 결언　① 전면적인 긍정설이 타당하다고 할 것이다. 긍정설 중 처벌요건을 구분하여 유효성 여부는 심사할 수 없고, 위법성 여부만을 심사할 수 있다는 견해는 공정력의 본질에서 볼 때 타당한 면이 있으나, 뒤에서 보는 바와 같이 우리 현행법 제도상 그러한 이론을 받아들이기가 어렵다고 할 것이다. 그리하여 공정력은 민사재판에만 미치고 형사재판에는 전면적으로 미치지 아니한다고 할 것이다. 그것은 위법한 행정명령의 이행을 확보하기 위하여 국민에게 형벌에 의한 제재를 과한다는 것은 행정편의주의에 치우치는 것으로, 적법절차에 의하지 아니하고는 처벌을 받지 아니하도록 보장한 헌법규정에(헌 12)에 위배된다

1) 이상규(상), p. 409.
2) 서원우, 행정행위의 공정력과 형사재판과의 관계, 월간고시, 1979. 10월호; 김남진, 위법한 행정행위의 복종의무와 가벌성 여부, 월간고시, 1982. 6월호.
3) 김동희(I), p. 291; 홍정선(I), p. 317.
4) 김철용(I), p. 184 참조.

고 할 것이기 때문이다. 그리고 오늘날은 공정력을 실체법상의 적법성의 추정력으로 보지 아니하고, 신뢰보호·행정법관계의 안정성·행정의 원활한 운영 등이라고 하는 정책적 이유에서 인정된 절차법상의 잠정적인 통용력에 지나지 아니한 것으로 본다. 따라서 이러한 정책적 이유에서 인정된 공정력을 근거로 형사법원이 위법성을 스스로 판단하지 못하고 행정청의 판단을 그대로 인정하여 국민에게 형벌에 의한 제재를 과한다는 것은 공정력의 성격에도 맞지 아니한다고 할 것이다.

② 공정력(구성요건적 효력)은 형사사건에는 미치지 않는다고 하면서도 형사재판에서는 행정행위에 위법이 있더라도 그것이 무효에 이르지 않는 한, 형사법원은 그 행정행위의 존재를 부인할 수 없다고 하는 견해가 있다.[1] 그러나 형사재판은 행정행위의 효력을 부인하기 위한 소송이 아니므로 직접적으로 행정행위의 존부 내지는 효력을 부인할 수는 없다고 하더라도, 형사재판에서 범죄구성요건에 대한 판단으로서 행정행위의 효력이 없는 것으로 보아 그에 대한 불복종자에게 무죄를 선고한다면 그 행정행위는 이행확보수단을 잃게 되어 간접적으로 사실상 효력을 잃게 된다고 할 것이다. 이는 결과적으로 형사재판에서는 행정행위의 유효여부를 판단하여 효력을 부인할 수 있다는 것을 의미한다.

③ 그리하여 공정력은 형사재판에는 미치지 않는다 할 것이므로 형사재판에서 선결문제로서 행정행위의 위법성이 문제되는 경우에는 독자적으로 심사할 수 있다고 할 것이다. 그러나 형사재판의 계속중에 당해 행정처분이 행정심판이나 행정소송 등 행정쟁송에서 취소가 된 경우에는 그러한 취소는 소급효가 인정되어 처분시에 소급하여 당해 처분을 소멸시키며, 행정심판의 취소재결이나 행정소송의 취소판결에는 형성력·기속력(행심 37, 행송 29·30) 등 효력이 인정되는바, 이는 행정쟁송에서 승소한 원고의 구제를 실효성 있게 하기 위한 것이므로, 형사법원도 이에 따라야 하고 당해 처분을 독자적으로 심사할 수 없다고 할 것이며(같은 취지: 81 도 1450 (1982. 3. 23 대판)), 또한 행정처분에 따른 의무를 이행하지 아니하여 유죄판결을 받은 후 행정쟁송에서 당해 처분이 취소된 경우에는 재심사유가 된다고 할 것이다(같은 취지: 83 도 2933 (1985.10. 22 대판)).

④ 판례는 통일되었다고는 볼 수 없으나, 대체로 긍정설의 입장을 취하고 있는 것으로 보인다(78 도 516 (1978. 7. 11 대판) 등).

〔판례〕 형사소송에서 선결문제로서 행정처분의 위법성을 심사할 수 있다.

구 도시계획법 제78조에 정한 처분이나 조치명령을 받은 자가 이에 위반한 경우

1) 김남진(I), p.281.

이로 인하여 같은 법 제92조에 정한 처벌을 하기 위하여는 그 처분이나 조치명령이 적법한 것이라야 하고, 그 처분이 당연무효가 아니라 하더라도 그것이 위법한 처분으로 인정되는 한 같은 법 제92조 위반죄가 성립될 수 없다(대법원 2004.5.14. 2001 도 2841 도시계획법위반).[1)]
도시계획구역 안에서 허가 없이 토지의 형질을 변경한 경우 행정청은 그 토지의 형질을 변경한 자에 대하여서만 같은 법 제78조 제 1 항에 의하여 처분이나 원상회복 등의 조치명령을 할 수 있다고 해석되고, 토지의 형질을 변경한 자도 아닌 자에 대하여 원상복구의 시정명령이 발하여진 경우 위 원상복구의 시정명령은 위법하다 할 것이다(대법원 1992.8.18. 90 도 1709 도시계획법위반).[2)]

〔**판례**〕 형사판결이 확정된 이후 행정처분의 취소판결이 확정된 경우에는 재심사유가 된다.
조세포탈에 관하여 원심판결이 있은 후에 그 조세부과처분을 취소하는 행정소송판결이 확정된 경우에는 형사소송법 제420조 제5호 소정의 재심사유에 해당한다(대법원 1985.10.22. 83 도 2933 여권법위반·외국환관리법위반등).[3)]

Ⅳ. 行政意思의 存續力

행정행위의 존속력이라 함은 행정소송제기기간의 경과 기타의 사유로 말미암아 상대방이 행정행위의 효력을 다툴 수 없게 되는 힘인 불가쟁력(형식적 존속력)과 행정행위의 성질상 행정청이 당해 행위를 임의로 취소·철회할 수 없는 힘인 불가변력을 말한다. 원래 확정력(Feststellungskraft, Rechtskraft)이라는 용어를 사용하였으나 이는 소송법에서 쓰이는 것이기 때문에, 존속력(Bestandskraft)이라는 용어가 더 적합하다고 할 것이다.[4)] 종래의 판례는 확정력이라 하였다.[5)]

1) 개발제한구역 안에 건축되어 있던 비닐하우스를 매수한 자에게 구청장이 이를 철거하여 토지를 원상회복하라고 시정지시한 조치는 위법하므로 이러한 시정지시를 따르지 않았다고 하여 구 도시계획법 제92조 제 4 호에 정한 조치명령 등 위반죄로 처벌할 수는 없다(대법원 1971.5.31. 71 도 742 조세범처벌법위반).
2) 피고인 소유인 이 사건 토지의 형질을 무단으로 변경한 자는 피고인이 아니라 피고인으로부터 이 사건 토지를 임차한 공소외 김평준과 이기환임에도 불구하고 그 형질을 변경한 자도 아닌 피고인에 대하여 판시 원상복구의 시정명령이 발하여진 것을 알 수 있으므로 위 원상복구의 시정명령은 위법하다 할 것이고, 따라서 피고인이 위법한 위 시정명령을 따르지 않았다고 하여 피고인을 같은법 제92조 제 4 호에 정한 조치명령 등 위반죄로 처벌할 수는 없다 할 것이며, 위 시정명령을 당연무효로 볼 수 없다 하더라도 그것이 위법한 처분으로 인정되는 한 이 사건 도시계획위반죄가 성립될 수 없다(대법원 1992.8.18. 90 도 1709 도시계획법위반).
3) 조세의 부과처분을 취소하는 행정소송판결이 확정된 경우 그 조세부과처분의 효력은 처분시에 소급하여 효력을 잃게 되고 따라서 그 부과처분을 받은 사람은 그 처분에 따른 납부의무가 없다고 할 것이므로 위 확정된 행정판결은 조세포탈에 대한 무죄 내지 원판결이 인정한 죄보다 경한 죄를 인정할 명백한 증거라 할 것이다(대법원 1985.10.22. 83 도 2933 여권법위반·외국환관리법위반등).
4) 김남진(Ⅰ), p.281; 석종현(상), p.317.
5) 김도창(상), p.443; 이상규(상), p.409.

1. 不可爭力(形式的 存續力)

(1) 의의　행정행위에 대하여 불복이 있는 경우에는 일정한 행정불복제기기간(행심 18 등) 또는 제소기간(행송 20) 내에 행정불복 또는 행정소송을 제기하여야 한다. 만약 그 기간이 경과되거나 쟁송수단을 마친 때에는 흠의 승계가 인정되거나, 당해 행위가 무효인 경우를 제외하고는 그 행정행위가 위법 또는 부당하더라도 상대방은 그 효력을 다툴 수 없다. 이와 같이 다툴 수 없는 힘을 불가쟁력(Unanfechtbarkeit)이라 한다. 이와 같이 불가쟁력은 쟁송기간이 도과됨으로써 비로소 발생하는 효력이며, 행정행위가 처음부터 갖고 있는 효력은 아니다.

(2) 불가쟁력의 효력 등　불가쟁력이 발생하면 행정행위에 의하여 형성되거나 변경된 법률관계는 형식적으로 확정된다. ① 불가쟁력이 생긴 행정행위에 대한 행정불복신청 등은 부적법으로 각하된다. 불가쟁력은 행정법관계를 신속하게 안정시키기 위하여 출소기간 등이 정하여진 데서 오는 절차법적 효력이다. ② 불가쟁력은 행정행위의 효력을 다툴 수 없다는 것이며, 위법성을 다툴 수 없다는 것은 아니므로 불가쟁력이 발생한 행정행위로 손해를 입은 국민은 그 위법성을 들어 국가배상청구를 할 수 있다. ③ 불가쟁력은 상대방이 행정행위의 효력을 다툴 수 없는 힘이므로 행정청이 직권으로 취소하는 것은 가능하다. ④ 무효인 행정행위에 대하여는 불가쟁력이 생기지 아니하므로 제소기간 등의 제한을 받지 아니하고 무효확인행정심판 등을 제기할 수 있다. ⑤ 불가쟁력은 공정력 때문에 흠 있는 행정행위(무효인 행위는 제외)에 대하여도 인정된다. 양자는 본래 다른 제도이지만 공정력은 불가쟁력과 결합됨으로써 커다란 힘을 갖게 된다 할 것이다.

(3) 재심청구　㈎ 위에서 본 바와 같이 불가쟁력이 생긴 행정행위에 대하여서는 아무리 위법함이 확인되더라도, 처분청이 직권으로 취소할 수는 있으나, 상대방은 그 재심사를 청구할 수는 없다. 그러나 그것은 법률관계의 신속한 안정을 통한 행정목적실현만을 강조하고 개인의 권리구제는 등한시하게 되는 결과로 된다. 여기에서 불가쟁력이 생긴 행정행위에 대하여도 상대방의 재심사청구제도가 요청된다 할 것이다.

㈏ 독일 행정절차법 제51조는 재심사청구제도를 도입하여 다음의 세 가지 경우에는 재심사청구를 할 수 있게 하고 있다. ① 행정행위의 근거가 되는 사실상태 또는 법적 상태가 사후에 당사자에게 유리하게 변경된 경우이다.[1] 상급법

1) 사실상태의 변경은 예컨대 부양자가 있다는 이유로 낮은 정도의 생활보호결정을 받았는데 사후에 부양자가 없어진 경우 등이다. 법적 상태의 변경은 실정법규정이 관계자에게 유리하게 변경된 경우이다.

원의 판례가 관계자에게 유리하게 변경된 경우도 법상태의 변경으로 볼 수 있는지에 대하여는 초기의 판례는 부정하는 경향에 있었으나 오늘날은 긍정하는 판례도 나오고 있다.[1] ② 당사자에게 유리한 결정을 내릴 수 있는 새로운 증거가 나타난 경우이다.[2] ③ 민사소송법(독일민소 580)에 정하여져 있는 재심사유가 있는 경우이다.

(다) 우리나라의 행정절차법에 있어서는 이와 같은 재심사청구제도를 채택하고 있지 않으므로 독일에서와 같은 재심사사유가 있는 때에는 권리로서 재심사청구는 할 수 없고 재심사청구를 청원하거나 진정으로 직권에 의한 재심사를 촉구할 수밖에 없다고 할 것이다.

2. 不可變力(實質的 存續力)

(1) 전통적인 다수설의 견해

(가) 의의 행정행위는 행정청의 직권에 의하여 그 원시적 흠을 이유로 취소(또는 변경)되거나, 후발적 사정을 이유로 철회될 수 있다고 보는 것이 일반적 견해이다. 그것은 행정의 법률적합성의 원칙에 합치시키기 위하여서도, 행정의 공익적합성 내지는 정세적응성의 요청에 응하기 위하여서도 필요한 조치라 하겠다. 그런데 예외적으로 행정행위 중에는 그 성질상 행정청이 직권에 의하여 취소·철회할 수 없는 행위가 있는바, 이 취소·철회를 허용하지 않는 힘을 불가변력(Unabaenderlichkeit) 또는 실질적존속력이라 한다.

(나) 실질적 확정력과의 구별 그런데 전통적 견해에서는 불가변력 또는 실질적존속력과 법원의 판결에 대하여 인정되는 실질적 확정력(기판력)과는 전혀 다른 것으로 보았다. 그것은 행정행위는 그 발급에 있어서 법원의 판결과 같은 엄격한 절차가 전제되어 있지 않으며, 그 발령기관도 법원과 같이 독립된 제 3 기관이 아니고 법률관계의 당사자인 행정기관이라는 점 등에서 판결과는 많은 차이가 있기 때문에, 행정행위가 판결이 갖는 실질적 확정력과 같은(또는 유사한) 실질적존속력을 갖는 데 대하여 부정적인 시각을 갖고 있었다. 그리하여 행정행위의 실질적존속력은 실질적확정력과는 다른 불가변력에 불과한 것으로 이해하고, 이러한 불가변력은 모든 행정행위에 대하여 인정되는 것이 아니고 예외적으로 특정한 행정행위에 대하여서만 인정되며, 또한 불가쟁력의 발생을 전제로 하고 있지 않다고 보았다. 즉 전통적 견해에서는 행정행위의 실질적존속력을

1) 신보성, 불가쟁적 행정행위의 재심사, 고시연구, 1985. 3월호, p.77.
2) 예컨대 A에 대한 보충역편입을 거부하였으나 사후에 보충역편입을 뒷받침할 수 있는 새로운 증거가 나타난 경우 등이다.

특정행위에 대하여서만 인정되는 취소나 철회가 인정되지 않거나 제한되는 불가변력으로 이해하고 있다.

(다) **본질** 불가변력의 성질에 대하여 견해가 나뉜다. ① 소송법적 확정력설(소송절차와 관련시켜 그 행정행위가 행하여진 절차 때문에 생기는 효력으로 본다), ② 불가변력설(소송절차와 관련시키지 않고 법적 안정성의 견지에서 국가행위의 성질상 발생하는 효력이라는 본다), ③ 법규범설(일반법이론으로부터 출발하여 모든 법규범에는 그 타당한 장소적 한계가 있는 것과 같이 시간적 한계가 있다고 한다)이 있다. 생각건대 행정행위의 불가변력은 법원의 판결에 대한 것과는 다른 이유로 인정된다는 점에서 불가변력설이 다수설이다.

(라) **불가변력을 발생하는 행정위의 범위**

① 준사법적 행위 일정한 쟁송절차를 거쳐 행하여지는 확인적 행위(예: 행정심판의 재결) 등 **준사법적 행위**는 원칙적으로 그 흠을 이유로 직권으로 취소하거나 사후의 공익상의 이유로 철회하지 못한다고 하는 의미의 강한 불가변력을 인정하는 것이 통설·판례라 할 것이다. 쟁송절차를 거쳐 행하여지는 분쟁판단행위의 권위가 문제될 뿐만 아니라 다툼이 끊임없이 반복되어 분쟁해결이 불가능하게 된다. 따라서 설령 분쟁판단행위가 위법한 것으로 판단되더라도 당사자가 소송 등에 의하여 그것을 다투도록 하고 판단자 스스로는 변경할 수 없도록 하여야 한다.

② 확인행위 쟁송절차와 관계없는 확인행위(예: 국가시험 합격자 결정, 당선인결정 등)도 사실 또는 법률관계의 정·부정 또는 존부를 공적 권위를 가지고 선언하는 행위이므로 성질상 임의로 변경할 수 없는 상대적 불가변력을 발생하는 것이 있음을 인정하여야 한다는 것이 유력한 견해이다.[1)]

③ 직권취소·철회의 제한 특허·허가·인가 등과 같이 상대방에게 권리·능력 등을 설정하거나 의무를 면제하여 주는 수익적 행정행위는 상대방 기타의 이해관계인의 신뢰보호와 법적 생활의 안정성을 확보하기 위하여 행정청의 직권취소와 철회권행사는 제한되며, 또한 행정행위를 취소함으로 인하여 공공복리를 해하게 되는 경우(예: 발전소 댐 건설을 위한 토지수용재결의 취소)에는 취소가 제한된다(행정심판에서의 사정재결이나 행정소송에서의 사정판결은 바로 그것을 나타낸 것이다. 행심 33, 행송 28). 이와 같이 직권취소나 철회가 제한되는 경우에 대하여서는 그것을 불가변력으로 보는 견해[2)]도 있고, 보지 않는 견해[3)]도 있다.

④ 법률의 규정 드물기는 하지만, 법률이 일정한 행위에 대하여 소송법적 확정력을 인정한 경우가 있다. 즉 통고처분(조세범처벌절차 11 등), 토지수용에 관한 확정재결(토지등의취득및보상 86)은 확정판결과 같은 효력이 인정되고, 징발보상금지급결정(징발 24의 2)은 상

1) 김도창(상), p.445.
2) 김동희(I), p.302.
3) 김남진(I), p.313.

대방의 동의를 전제로 재판상화해의 효력을 인정한다.

(마) **불가변력과 공정력과의 관계** 불가변력이 있는 행정행위는 당해 행위를 행한 행정청도 함부로 취소·변경할 수 없으므로 행정심판위원회가 일단 행한 재결을 취소하고 새로운 재결을 행한 경우에는 새로운 재결은 불가변력에 위반하여 위법하게 된다. 그러나 다른 한편으로 행정행위는 위법하더라도 공정력이 있으므로 이러한 경우에는 공정력과 불가변력 중에서 어느 것을 우선시킬 것인지가 문제된다. 공정력을 우선시키는 것이 타당하다고 할 것이며, 따라서 새로운 재결은 위법하지마는 일응 유효하다고 할 것이다.[1] 그러나 불가변력에 반하는 새로운 재결은 중대·명백한 흠을 띠게 되며, 따라서 당연무효로 보아야 한다는 견해도 유력하다.[2]

〔**판례**〕 불가변력은 당해 행정행위에 대하여서만 인정되고, 대상을 달리하는 동종의 행정행위는 인정할 수 없다.
국민의 권리와 이익을 옹호하고 법적 안정을 도모하기 위하여 특정한 행위에 대하여는 행정청이라 하여도 이것을 자유로이 취소, 변경 및 철회할 수 없다는 행정행위의 불가변력은 당해 행정행위에 대하여서만 인정되는 것이고, 동종의 행정행위라 하더라도 그 대상을 달리할 때에는 이를 인정할 수 없다(대법원 1974.12.10. 73 누 129 직물류세부과처분취소).[3]

〔**판례**〕 검사의 불기소결정에 불가변력이 발생하지 않는다.
검사의 수사제기결정은 수사기관 내부의 의사결정에 불과하고 피의자의 기본권에 직접적이고 구체적인 침해를 가하는 것이 아니며, 공소제기처분도 그 자체로서 피고인의 기본권을 침해하는 것이라고 할 수 없으므로 헌법소원의 대상이 될 수 없고, 수사과정에서 행한 구체적인 수사처분으로 인하여 기본권을 침해받은 경우에는 형사소송법 등 관계법령에 따라 구제절차를 거친 후가 아니면 헌법소원심판을 청구할 수 없다(헌법재판소 1996.2.29, 96 헌마 32, 33(병합) 검사의 공소권행사등 위헌확인).[4]

1) 같은 취지: 일본최고재판 1955.12.26, 민집 제 9 권 제14호, p.2090.
2) 原田尚彦, 행정법요론, 전정 제 3 판, p.124.
3) 국세청장이 1971.10.16. 취소결정을 한 과세처분은 1968.10.부터 1969.12.까지의 물품세와 1970.1.부터 1970.10.까지의 직물류세로서 그 결정의 효력은 여기에만 미치는 것인 만큼 그 후 1970.11.부터 1972.3.까지의 직물류세에 대한 부과처분인 이 사건 제 3 차의 부과처분에 대하여는 그 효력을 미칠 수 없다는 취지로 한 판단은 정당하다(대법원 1974.12.10. 73 누 129 직물류세부과처분취소).
4) 전두환 등은 이른바 12·12군사반란사건에 대하여는 "기소유예"처분을, 이른바 5·18내란사건에 대하여는 "공소권 없음"처분을 받았는데, 1995.12.15. 전두환을 특정범죄가중처벌등에관한법률위반(뇌물)으로 인지하고, 12.21. 5·18민주화운동등에관한특별법 및 헌정질서파괴범죄의공소시효등에관한특례법이 공포되자 5·18 특별법 제정 등 사정변경을 이유로 각 재기하여 재수사에 착수하여 1996.2.7. 공소를 제기당한 점에 대하여, 검사의 불기소처분도 행정처분의 범주에 속하므로 불가변력이 있고 또 검사의 처분이 본질상 재소금지(일사부재리)의 효력이 있다는 등의 사유로 불기소처분의 재기수사와 공소제기는 위법·위헌이라는 취지의 헌법소원을 제기하였다(헌법재판소 1996.2.29, 96 헌마 32, 33(병합) 검사의 공소권행사등 위헌확인).

(바) 불가쟁력과 불가변력과의 관계 행정행위에 대하여 불가쟁력이 인정되는 것은 쟁송제기의 가능성 여부에 관한 절차상의 문제에 지나지 않으며, 쟁송기간의 경과로 흠이 치유되는 것은 아니므로 그 기간의 경과 후에도 불가변력이 발생하는 행위가 아닌 한 직권으로는 취소할 수 있고,[1] 행정청에 대하여 불가변력이 발생한 행위도 이해관계인측에서는 불가쟁력이 생기지 않는 한 쟁송수단으로는 그 효력을 다툴 수 있다.

(2) 새로운 견해

(가) 법원판결의 실질적확정력(기판력)에 유사한 내용적인 구속력 독일의 다수설은 사법절차와 행정절차의 구조적 차이에도 불구하고, 행정행위의 실질적존속력을 판결의 실질적확정력과 유사한 제도로 이해하고 있다. 그것은 비록 구체적인 경우에 무엇이 법인지에 대한 종국적인 확인을 통하여 법질서를 확보하는 것은 우선적으로 판결의 임무이기는 하지만, 이러한 법적 안정성은 고권적이고 구속적인 권리형성과 확인기능으로 특징지워지는 행정행위에 있어서도 마찬가지로 요구된다고 한다. 행정행위에 대한 쟁송기간은 법원의 판결에 대한 상소기간과 같이 법적 안정성을 확보하기 위한 도구이며, 이에 따라 행정행위는 차원은 다르지만 불가쟁력이 발생한 경우에는 판결의 실질적 확정력과 유사한 실질적존속력이 부여된다고 한다.

(나) 행정행위의 구속력과의 관계 ① 이러한 실질적존속력은 행정행위의 불가쟁력이 발생되기 전에 존재하는 구속력과 구별된다. 유효한 행정행위의 본질적인 요소로서의 구속력은 상대방 및 이해관계인에 대한 구속력, 처분청에 대한 자박력, 다른 국가기관에 대한 구속요건적 효력으로 구분된다. 그런데 실질적존속력은 형식적존속력이 발생된 시점에서 비로소 나타나는 상대방 및 이해관계

---

1) 불가쟁력이 발생한 행위의 직권취소의 한계에 관한 정부해석

1. 질의요지

대법원판례 등 기타의 사유로 인하여 과세대상을 비과세대상으로, 중과세대상을 일반과세대상으로 하는 등 법해석을 납세의무자에게 유리하게 변경(사실판단의 변경포함)하여 운용할 경우, 동일한 성질의 사안에 대한 이의신청 또는 심사청구가 기각된 지방세부과처분이나 이미 납부한 지방세에 관하여 직권으로 그 처분을 취소 또는 변경하거나 이미 납부한 지방세액을 환부하여야 할 것인지의 여부.

2. 의견 및 이유

종전의 기결된 사안의 위법성을 확인하는 것이 아닌 한, 그 해석은 장래에 향하여 적용할 것으로서, 앞으로 행할 조세부과처분이나, 이미 행한 조세부과처분으로 그에 대한 쟁송절차가 끝나지 아니한 사안에 대하여서만 영향을 미친다고 할 것이고, 종전의 기결된 사안에 대하여는 특별한 사정이 없는 한 법 해석의 변경만을 이유로 법령상 행정청의 의무로 되어 있는 조세부과처분을 직권에 의하여 취소·변경할 수는 없다고 할 것입니다. 따라서 귀문의 경우, 해석을 변경하여 운용한다고 하더라도, 새로운 해석이 있다고 하여 종전의 조세부과처분이 바로 위법·부당하게 되는 것은 아니라고 할 것이므로, 지방세법 제25조의 2가 적용되는 것은 아니라고 할 것입니다(1987.1.8 내무부 질의에 대한 법제처 해석).

인과 행정청 등 국가기관에 대한 포괄적인 구속력을 의미한다(이른바 강화된 구속력). ② 이러한 행정행위의 실질적존속력은 판결의 실질적확정력이 이후의 소송에 있어서 법원과 당사자에 대한 내용적인 구속력, 즉 규준력을 의미하는 것과 같이 둘 이상의 행정행위가 일련의 절차에서 연속하여 행하여지는 경우, 행정청과 상대방 및 이해관계인에 대한 규준력을 의미한다. 그리하여 이 견해에서는 선행행위의 위법을 후행행위의 취소청구쟁송에서 주장할 수 있는지의 문제를 종래와 같이 흠의 승계이론으로 다루지 아니하고, 실질적존속력이 발생한 선행행위의 후행행위에 대한 구속력 내지는 기준력의 문제로 다룬다.

V. 行政意思의 強制力

국가의사의 실효성을 확보하기 위하여 행정의사에 강제력이라는 우월한 힘이 인정되는바, 이는 제재력과 자력집행력에서 볼 수 있다.

1. 制裁力(行政罰)

사법관계에서는 상대방이 권리를 침해한 때에는 민사상의 불법행위를 구성하며 이에 대한 구제로는 민사소송에 의한 손해배상이 인정되는데, 행정법관계에서는 상대방이 국가의사를 위반(의무위반)한 때에는 그에 대한 제재로서 형벌(행정형벌) 또는 질서벌(행정질서벌(과태료))을 과한다.

따라서, 법규가 벌칙을 두어 특정한 국가의사의 실현을 보장하고 있는 경우에는 그것으로 그 관계가 행정법관계임을 알 수 있다(예컨대 의료법이 의사의 진료의무를 규정하고(15), 그 위반자에 대한 벌칙을 두고 있는데(89), 이것은 의사와 환자 간의 사법관계에 관한 규정이 아니라 국가와 의사간의 공법관계임을 의미한다).

2. 自力執行力(Vollstreckbarkeit)

(1) 행정행위의 내용을 실현할 수 있는 힘을 집행력이라 한다. 집행력이 문제되는 것은 행정행위 중 국민에 대하여 의무를 명하는 하명행위(명령·금지)에 한한다. 행정법상의 의무를 불이행하는 경우에는 법원에 소송을 제기하여 의무의 존재를 확인받을 필요가 없고, 또한 국가의 집행기관에 청구하지 않고 자력으로 그 이행을 강제할 수 있는 힘을 가지는 경우가 많다.

(2) 종래의 외견적 입헌국가에서는 집행력을 행정행위에 고유한 효력으로 보아 하명행위의 수권법규는 동시에 자력집행력에 대한 수권법규가 된다고 보았다(직권집행설). 그러나 오늘날은 집행력은 행정행위에 고유한 효력이 아니고,

또한 하명행위와 집행행위는 별개의 행정작용이므로, 자력집행을 행하기 위하여서는 별도로 그 자체의 수권법규가 필요하다고 본다(법규설). 예컨대 소득세를 불납한 경우에 이를 강제징수하기 위하여는 소득세의 부과에 대한 수권법규인 소득세법에 근거할 수는 없고, 별도로 국세징수법에 근거를 두는 것과 같다.

(3) 집행력과 공정력은 직접적인 관계는 없다. 그러나 집행력은 공정력 때문에 흠 있는 행정행위(무효인 행위는 제외)에 대하여도 인정된다. 이와 같이 공정력은 집행력과 결합됨으로써 보다 커다란 힘을 갖게 된다.

Ⅵ. 權利義務의 특수성

행정법관계에서는 국가가 개인에 대하여 가지는 권리의무는 물론, 개인이 국가에 대하여 가지는 권리의무도 순전히 사익을 위하여서만 인정되는 것이 아니다. 이것을 개인에게 향유시키는 것이 공공복리의 향상 등 국가적·공익적 견지에서 필요한 때문이며(공익성), 따라서 권리가 동시에 의무의 성격을 띠는 상대적 성질을 가진다(상대성). 그 결과 공권·공의무는 그 이전성·포기성이 제한되고, 특별한 보호와 강제가 가하여지는 등의 특수성을 가진다.

Ⅶ. 權利救濟手段의 특수성

행정법관계에서 권리가 침해된 때에는 사권이 침해된 경우와는 다른 특별한 구제수단이 마련되어 있다.

1. 行政上損害塡補

(1) 헌법 제29조와 이에 근거한 국가배상법은 공무원의 직무상 불법행위와 공공의 영조물의 하자 있는 설치·관리로 인한 국가 또는 공공단체의 배상책임을 인정하고 있다. 이는 민법상의 불법행위책임(민 750) 및 공작물 등의 점유자·소유자의 책임(민 758)과는 다른 특수성이 인정되는 배상책임이라고 볼 것이다.

(2) 행정법관계에서 적법한 공권력행사(토수수용·징발 등)로 재산상의 특별한 희생이 가하여진 때에는 행정상의 손실보상의 청구가 인정된다. 사법상으로는 일방의 타방에 대한 적법한 재산권침해제도는 없으므로 행정상의 손실보상제도에 해당하는 제도가 없다.

(3) 위의 행정상손해전보의 청구소송은 공법상의 권리관계에 관한 소송으

로서 행정소송에 의하여야 할 것이나(행송 3(2)), 이에 대하여는 異論이 있었고 각국의 취급도 일정치 않은바(「프랑스」는 행정사건으로, 독일·일본은 민사사건으로 다룬다.), 종래부터 우리의 소송실무상으로는 민사사건으로 다루어 오고 있다.

〔**판례**〕 국가배상청구사건은 민사소송으로 다룬다.
경찰관이 음주운전 단속시 운전자의 요구에 따라 곧바로 채혈을 실시하지 않은 채 호흡측정기에 의한 음주측정을 하고 1시간 12분이 경과한 후에야 채혈을 하였다는 사정만으로는, 위 행위가 법령에 위배된다거나 객관적 정당성을 상실하여 운전자가 음주운전 단속과정에서 받을 수 있는 권익이 현저하게 침해되었다고 단정하기 어렵다(대법원 2008.4.24. 2006 다 32132 손해배상(기)).

2. 行政上爭訟

우리의 헌법은 과거의 행정국가와는 달리 행정사건도 사법법원의 관할로 하여, 위법한 행정행위에 대한 구제도 사법법원에 청구하게 하고 있다. 행정사건의 제1심은 행정법원이 관할하는바, 행정법원도 사법법원의 하나이다. 그러나 행정행위의 특수성에 비추어 그 효력을 다투는 절차에 대하여는 행정심판법·행정소송법 등의 특별한 쟁송절차법을 두어 특례를 인정하고 있다.

제 5 절 行政法關係의 내용

I. 概 說

(1) 공법관계도 사법관계와 본질적인 차이가 있는 것은 아니다. 따라서, 비권력관계는 물론이고 권력관계도 그것이 법률상 승인된 관계, 즉 법률관계로서 권리의무관계인 점에서 사법관계와 본질적인 차이는 없다. 다만, 사법관계에서는 사적 자치의 원칙이 인정되어 권리의무의 발생·변경·소멸이 원칙적으로 사인의 자유로운 의사로 결정되는데, 공법관계 특히 권력관계에 있어서는 법률이 정하는 바에 따라, 행정주체에게 일방적 행위가 인정되는 점에서 차이가 있다 하겠다.

(2) 공법관계는 그 내용에서 보면, 공법상의 권리의무관계라 할 수 있으며, 그 권리를 공권, 의무를 공의무라 한다. 개인이 단순한 통치의 대상에 불과하였던 경찰국가시대에는 개인적 공권의 관념은 없었다. 개인적 공권의 성립은 19세기 법치국가의 성립을 전제로 한다. 그러나 개인적 공권의 구체적·주관적 권리로서의 성립은 권리마다 다르며, 단계적으로 이루어져 왔다. 예컨대 대표적 공권의 하나인 자유권은 입헌적·민주적 요청이 관철되어 위헌법률심사권·행정소송제도·국가배상제도 등의 제도가 완비되어감에 따라 점진적으로 구체적·주관적 권리로서 성립하게 되었으며, 따라서 그 권리로서의 성격은 각 권리마다 관계법령의 내용·그것을 실현시기 위한 소송제도 등의 정비정도에 따라 각각 다르다고 할 것이다.

Ⅱ. 公權의 관념·종류 및 그 특수성

1. 公權의 관념

공권(öffentliches Recht)이라 함은 공법관계에 있어서, 직접 자기를 위하여 일정한 이익을 청구할 수 있는 법률상의 힘을 말한다.

2. 公權의 종류

공권은 국가적 공권과 개인적 공권으로 나눌 수가 있다.

(1) 국가적 공권

㈎ 의의 국가 또는 공공단체 그 밖에 국가로부터 공권력을 부여받은 자가 우월적인 의사주체로서, 상대방인 개인에 대하여 가지는 권리이다.

(나) **구분** 그 권리의 목적에서 보아, 경찰권·규제권·공용부담특권·과세권 등으로 나눌 수 있고, 그 내용에서 보아 하명권(조세납부 기타 의무를 명하는 권리)·강제권(강제집행 또는 즉시강제를 할 수 있는 권리)·형성권(법률관계를 발생·변경·소멸시킬 수 있는 권리)·공법상의 물권적 지배권(이른바 공소유권·공용지역권·공법상 담보물권) 등으로 나눌 수 있다.

(2) 개인적 공권

(가) **의의** 우월적인 의사주체인 국가 또는 공공단체, 기타 국가로부터 공권력을 부여받은 행정주체에 대하여 상대방인 개인이 직접 자기를 위하여 일정한 이익을 주장할 수 있는 법률상의 힘을 말한다.

(나) **유사개념과의 구별**

(a) **반사적 이익과의 구별** 법규가 공익을 실현하기 위하여 행정주체 또는 제 3 자에 대하여 작위·부작위의무 등을 부과하고 행정주체 등이 이를 실현하는 반사적 효과로서 관계 개인이 어떤 사실상의 이익을 얻는 경우가 있는데, 이를 반사적 이익(Reflexinteresse)이라 한다. 반사적이익은 법의 보호를 받지 못하는 이익으로서, 그것이 침해된 경우에도 소송에 의하여 구제를 받을 수 없으며, 그 점에서 법에 의하여 보호되는 이익인 공권과 구별된다. 현행 행정소송법 제12조도 취소소송은 처분 등의 취소를 구할 「법률상 이익」이 있는 자가 제기할 수 있다고 하여, 넓은 의미의 공권인 법률상 이익이 침해된 자에 대하여서만 원고적격을 인정하였는바, 이는 양자의 구별을 전제하고 있는 것이라고 하겠다. 그러나 오늘날은 뒤에서 보는 바와 같이 법규의 해석에 있어서 공익목적과 함께 개인의 이익도 보호하고 있다고 확대함으로써, 종래 반사적이익으로 인정되던 많은 이익이 점차 법적 이익으로 수용되고 있다.

(b) **법률상 이익·법률상 보호이익과의 관계** 행정소송법 제12조는 「법률상 이익」이 있는 자에게만 취소소송의 원고적격을 인정하고 있는바, 여기에서의 법률상이익이 권리(공권), 그리고(일부 견해에서 인정하는 개념인) 법률상 보호이익과 동일한 개념인지, 아니면 다른 개념인지에 대하여 견해가 갈리어 있다.

(ㄱ) **구별설** ① 일부 견해에서는 오늘날 공권의 범위가 확대되어 가는 추세에 맞추어 공권과 반사적 이익의 중간영역에 「법률상 보호이익」이라는 개념을 별도로 인정하여 이러한 법률상 보호이익과 공권을 합친 것을 법률상 이익이라고 하여, 공권·법률상 이익·법률상 보호이익을 각각 별개의 개념으로 본다. 이러한 견해에서는 「법률상 보호이익」이란 「권리는 아니면서도 그렇다고 반사적 이익으로도 볼 수 없는 이익으로서 행정쟁송을 통하여 구제되어야 할 이익」을 말하며, 따라서 개인이 행정쟁송을 통하여 자기의 이익을 주장하기 위하

여서는 법에 의하여 보호되는 이익이면 족하고, 반드시 공권의 존재를 요하지 않는다고 한다.[1] 이러한 견해에서는, 보호이익도 행정쟁송을 통하여 구제를 받을 수 있는 이익이라는 점에서는 공권과 차이는 없으나, 공권은 행정법규가 보호하는 이익이 직접 개개의 국민을 위한 것인 경우에 성립하는 것인 데 대하여, 보호이익은 행정법규가 공익과 사익보호를 아울러 규정하고 있는 경우에 당해 보호규범을 매개로 하여 관계 사인에게 성립하는 것인 점에서 서로 다르다고 한다.

(ㄴ) **동일설** 공권과 법률상 보호이익을 동일한 것으로 볼 것인지, 아니면 다른 개념으로 볼 것인지는 공권개념을 어떻게 이해하느냐에 달려 있다고 할 것이다. 공권의 개념을 좁게 파악하여 일반적으로 승인된 권리만으로 본다면, 법률상 보호이익은 권리에는 포함되지 못하고 서로 다르다고 보게 될 것이다. 그러나 뒤에서 보는 바와 같이 공권을 공권성립의 3요소, 즉 강행법규성 · 사익보호성·청구권능부여성의 세 가지 요건을 갖춘 것으로 본다면, 법률상보호이익도 세 가지 요소를 갖추고 있기 때문에 공권으로 보게 되며, 따라서 공권과 법률상 보호이익 그리고 법률상 이익은 동일한 것으로 보게 될 것이다.[2]

(ㄷ) **결언** 공권과 법률상 보호이익은 다같이 공권성립의 요건을 갖추고 있다는 점에서, 구별하지 아니하고 서로 동일한 것으로 보는 것이 타당하다고 생각하며, 따라서 공권과 법률상 이익과도 동일한 것으로 보는 것이 타당하다고 생각한다. 다만 공권개념이 확대되어 온 연혁적인 측면에서 본다면 전통적 의미의 권리를 좁은 의미의 권리로, 전통적 의미의 권리와 법률상 보호이익을 합한 것을 넓은 의미의 권리로 관념하는 것도, 실제에 부합되어 의미가 있을 것으로 본다.[3]

(c) **보호할 가치 있는 이익과의 구별** 오늘날은 「법적으로 보호할 가치 있는 이익」이 침해된 경우에도 행정쟁송에 의하여 구제받을 수 있다는 견해가 있다.[4] 그러나 공권과 법적으로 보호할 가치 있는 이익은 분명히 구별하여야 한다. 그것은 공권은 실정법규에 의하여 이미 「보호되고 있는 이익」인 데 대하여, 「법적으로 보호할 가치가 있는 이익」은 아직은 실정법규에 의하여 보호되고 있지 아니한 이익이기 때문이다. 보호할 가치 있는 이익은 입법자가 보호하기로 하여 법률을 제정하여 보호할 때 비로소 권리로 전환되게 된다.

(다) **성립요건** 개인적공권은 헌법규정에서 직접 도출되는 것도 있고, 법률의

1) 김도창(상), p.240.
2) 김남진(I), p.107; 석종현(상), p.135; 홍정선(상), p.155; 유지태, p.80.
3) 홍정선(상), p.155.
4) 이상규(상), p.197.

규정 · 공법상 계약 · 관습법에 의하여 성립하는 것도 있다. 그러나 거의 대부분의 공권은 법률의 규정에 의하여 성립한다. 법률의 규정에 의하여 성립하는 경우는, 직접 법률의 규정에 의하여 구체적 공권으로 성립하는 경우도 있고, 법률에서는 근거만을 정하고 이에 근거하여 법규명령이나 행정행위에 의하여 구체화되는 경우도 있다. 여기에서는 법률에 의한 성립과 헌법에 의한 성립에 대하여서만 살펴보기로 한다.

(a) **법률에 의한 성립**　개인적 공권은 법이론적으로 볼 때, 법규범의 존재를 전제로 한다. 그러나 법규범이 존재한다고 하여 항상 개인적 공권이 성립하는 것은 아니다. 개인적 공권의 성립요소로는 독일의 「뷸러」(Bühler)가 주장한 ① 강행법규성, ② 사익보호성, ③ 청구권능부여성의 세 가지가 들어진다(3요소론).[1) 그러나 오늘날은 개괄적인 권리구제제도를 채택함에 따라(헌 27, 행송 12, 독일 기본법 19④ 참조), ③의 청구권능부여성은 별도의 성립요소로 보지 아니한다(2요소론).

(ㄱ) **강행법규성**　국가 등 행정주체에게 일정한 행위(작위 또는 부작위)를 할 의무를 발생시키는 강행법규가 존재하여야 한다. 따라서 행위의무는 행정청이 기속적으로 행하도록 하는 기속행위여야 한다. 그러나 오늘날에는 예외적으로 행정청에게 재량이 인정되는 경우에도 일정한 요건하에 재량이 축소되어 처분의무가 발생하고 이에 대응하여 사인에게 공권이 발생할 수 있다고 보고 있다. 뒤에서 보는 흠 없는 재량행사청구권, 행정개입청구권이 그것이다.

(ㄴ) **사익보호성**　법규가 공익의 보호와 함께 특정인의 사익의 보호를 목적으로 하여야 한다(보호규범론). 법규가 공익의 보호만을 목적으로 하는 경우에는 사인이 그로부터 이익을 받더라도 그것은 반사적 이익에 불과하다. 그러나 법규가 보호하고 있는 사익의 정도에는 법규마다 차이가 있기 때문에, 어떤 법규가 공익의 보호만을 목적으로 하고 있는지, 사익의 보호도 목적으로 하고 있는지는 명백하지 아니한 경우가 많다. 그 해석에 있어서는 규범정립자의 주관적 의사가 아니고 법이 보호하려고 하는 이익의 객관적 평가에 따라야 할 것이다.[2) 오늘날에는 사인의 지위가 향상됨에 따라 관계법규에 명시적 규정이 있는 경우는 물론이고, 명시적 규정이 없는 경우에도 법규범의 취지 · 목적을 고려한 목적론적 해석방법을 통하여 사인의 공권성립을 인정한다. 특히 그것은 건축법 · 환경법 그리고 경제행정법분야에서 인근 주민 또는 경쟁관계에 있는 자 등 제 3 자보호를 위하여 인정된다.

---

1) O. Bühler, Die subjectiven öffentlichen Rechte und ihr Shutz in der deutschen Verwaltungsgerichtssprechung, S. 21.
2) Erichsen/Martens, Allgemeines Verwaltungsrecht, 1991, S. 214.

(ㄷ) 청구권능부여성 개인에게 행정주체에 대하여 그 이익을 보호받을 수 있는 청구권능이 부여되어야 한다. 다시 말하면 개인에게 소구가능성이 있어야 한다.

그러나 오늘날의 견해는 제 3 의 요소를 요하지 않는 것으로 본다. 왜냐하면 재판청구권은 헌법상 일반적으로 보장되어 있어, 이를 또 하나의 요소로 볼 필요가 없다는 것이다.[1] 이러한 견해는 우리헌법(27조)과 행정소송법(12조)의 해석으로도 일반적으로는 타당하다고 할 것이다. 다만 구체적으로 보면, 독일의 경우는 기본법 제19조 제 4 항과 이를 구체화하고 있는 행정재판소법에 의하여 개인적 공권을 사법적으로 관철시킬 수 있는 다양한 행정소송의 유형이 마련되어 있어 청구권능부여성을 별도의 요건으로 논할 실익이 없다고 할 것이다. 그러나 우리의 경우에는 의무이행소송이 인정되어 있지 않는 등 행정소송유형이 독일에 비하여 매우 불충분하여 개인적 공권을 사법적으로 관철하는 데는 많은 제한이 가하여지고 있는 형편이다. 따라서 청구권능부여성은 우리나라에서는 개인적 공권의 내용에 상응하는 소송유형이 마련되기까지는 아직도 중요한 의미를 갖는다고 할 것이다.[2]

(b) 헌법에 의한 성립(개인적 공권과 기본권과의 관계) ① 헌법은 국민의 기본권을 보장하고 있으나 그 내용은 일반적이고 추상적이어서, 헌법규정만에 의하여 위에서 본 공권의 성립요건이 갖추어졌다고 보기는 어렵다고 하겠다. 그리하여 전통적 견해에서는 헌법이 보장하고 있는 기본권은 그것이 국민 개개인을 위한 개인적 공권인 것은 틀림없으나, 그것은 그것을 구체화하는 법률이 제정되어야 구체화될 수 있는 추상적 권리로 보았다. 생활권적 기본권의 많은 것은 특히 그러하다. 따라서 개인적공권은 원칙적으로 법률의 규정에 의하여 성립하며, 개인적 공권의 성립 여부는 원칙적으로 관계법률을 기준으로 하여 판단하게 된다. 그런데 관계법규에 의한 공권의 인정여부는 제 1 단계로는 명시적 규정의 유무에 따라 결정되지만, 명시적 규정이 없는 경우에도 제 2 단계로는 관계법규의 목적론적 해석에 의하여서도 인정될 수 있다. 그리고 오늘날에는 특정한 개인의 이익보호가 절실히 요청됨에도 불구하고 기본권을 구체화하는 법률이 제정되지 않았을 경우에는 제 3 단계로 헌법과의 직접적인 관련성이 강조되는 개인의 중요한 보호가치 있는 이익인 경우에 한하여 직접 헌법상의 기본권규정에 근거하여 특정한 개인의 이익보호를 위한 구체적 공권이 성립할 수 있다고 본다. 이러한

1) H. Maurer, Allgemines Verwaltungsrecht, 1994, S. 145.
2) 유지태, p. 83 참조.

이론은 독일의 행정재판소 판례를 중심으로 발전되고 있다.[1]

② 우리 헌법재판소의 결정에서도, 국민의 알 권리(정부보유 정보 개시청구권)를 헌법상의 표현의 자유(헌21)에서,[2] 그리고 접견권을 인간의 존엄과 가치 및 행복추구권(헌10)에서(90 헌마 133 (1991.5.13 헌재결정)) 직접 도출될 수 있는 구체적 권리로 파악하고 있다. 자유권적 기본권이 그 침해에 대한 방어권이라는 측면에서 구체성을 띠는 기본권인 개인적 공권임에는 의문이 없으나, 적극적인 청구권적 측면에서 구체성을 띠는 개인적 공권으로 될 수 있는지에 대하여서는 논의가 있어 왔다. 그러한 면에서 위의 우리 헌법재판소결정은 의미가 크다고 하겠다.

㈑ 분 류

ⓐ 종래의 3분법 ① 전통적으로 게오로그 옐리네크(G. Jellinek)의 견해에 따라 그 내용에서 보아 자유권(소극적 공권)·수익권(적극적 공권)·행정결정참가권(참정권)(능동적 공권)으로 나눈다. 오늘날은 정치적·경제적 환경변화에 따라 행정도 인간존중으로 전환되게 되었다. 이에 따라 행정법학도 행정에 대한 사인의 권리·이익의 보호를 최대의 과제로 다루게 되었으며, 그것이 소익(訴益)의 확대, 제 3 자소송의 인정, 행정개입청구권의 제창, 사회보장수급권의 확립, 절차적 권리의 확충 등으로 나타나게 되었다. ② 여하튼 사인이 행정주체에 대하여 공권을 갖는다는 것은, 행정주체에 대하여 바로 그에 상응하는 지위를 갖는다는 것을 의미한다. 사인은 행정법관계에 있어서 행정주체에 대하여 방어적 지위(자유권에 대응하여), 수익적 지위(수익권에 대응하여), 행정결정참가적 지위(행정절차참가권에 대응하여)를 가지며, 그러한 지위의 총화가 다름 아닌「행정법관계에서의 사인의 지위」이다.

㈀ 자유권 ① 여기에서 자유권이란 사회권에 대칭되며 재산권을 포함하는 넓은 의미의 자유권이다. 그런데 사인은 법률에 근거하지 아니하고는 국가작용에 의하여 침해받지 아니할 포괄적·일반적 자유권을 가진다(헌37②).

② 자유권이 위법하게 침해된 때에는 위법침해배제청구권으로 나타나며, 그것을 실현하는 쟁송수단은 취소소송이다. 그리고 자유권이 위법하게 침해될 우려가 있는 때에는 위법침해예방청구권으로 나타나는데, 그것을 실현하는 쟁송수

1) BVerwGE 32, 173; BVerwGE 55, 211.

2) 부동산 소유권의 회복을 위한 입증자료로 사용하고자 청구인이 문서의 열람·복사 신청을 하였으나 행정청이 이에 불응하였다 하더라도 그 불응한 행위로 인하여 청구인의 재산권이 침해당하였다고는 보기 어려우나, 청구인의 정당한 이해관계가 있는 정부보유의 정보의 개시에 대하여 행정청이 아무런 검토 없이 불응한 부작위는 헌법 제21조에 규정된 표현의 자유와 자유민주주의적 기본질서를 천명하고 있는 헌법 전문, 제 1 조, 제 4 조의 해석상 국민의 정부에 대한 일반적 정보 공개를 구할 권리(청구권적 기본권으로서 인정되는 "알"권리)를 침해한 것이고 위 열람·복사 민원의 처리는 법률의 제정이 없더라도 불가능한 것이 아니다(헌법재판소 1989.9.4. 88 헌마 22 공권력에 의한 재산권침해에 대한 헌법소원).

단은 금지명령소송(예방적 부작위소송) 등이 있다.

(ㄴ) 수익권 ① 행정과정에 있어서 사인은 단지 방어적 지위에 서는 데 그치지 아니하고 행정주체에 대하여 적극적으로 급부를 청구할 수 있는 지위에 선다. 그러한 적극적인 급부청구권을 수익권이라고 한다.

② 법률에 의하여 구체화된 수익권의 예로는 공법상금전청구권(예: 공무원의 보수청구권 등), 영조물이용권(예: 국립대학에서 교육을 받을 권리, 국립병원에서 진료를 받을 권리 등), 공물사용권(예: 도로 · 하천을 사용할 권리 등), 행정행위발급청구권(예: 허가를 받을 권리, 오늘날은 제 3 자에 대한 행정행위 발급청구권(행정개입청구권)의 인정 여부가 문제된다.), 사회보장급부청구권, 행정불복신청권(예: 행정심판, 공무원소청·국세심판을 청구할 권리 등), 소권(예: 행정소송 제기권 등) 등이 있다.

③ 수익권은 자유권과는 달리 국가의 행위를 요구하는 적극적 공권이므로 그것을 실현하는 쟁송수단은 의무이행소송 등이 있다. 그러나 수익권이 실현되기 위하여서는 재정적 뒷받침과 함께 관계 입법이 필요하다 할 것이므로 행정부와 입법부의 역할이 보다 중요하다 하겠다.

④ 오늘날은 행정개입청구권이 제창되고 있으며, 이에 따라 사인의 수익적 지위가 새로운 영역으로 발전되고 있다.

(ㄷ) 행정결정참가권(참정권) ① 행정결정참가권에 의하여 사인은 능동적 지위를 갖는다. 두 가지 형태가 있다. ⓘ 전통적인 의미에서의 행정절차에의 참가로서 법치국가적 참가이다. 불이익처분절차에의 참가가 그것이며 침해행위에 대한 방어권으로 보아 왔다. ⓘⓘ 현대 행정에 있어서의 민주주의적 견지에서의 절차참가, 이해조정적 견지에서의 절차참가이다. 행정입법절차 · 행정계획절차에의 참가가 그 예라 하겠다.

(b) 실체적 공권과 절차적 공권 실체적 공권은 행정법규에 의하여 보호되고 행정청의 일정한 행위를 청구할 수 있는 효력이 부여되어 있는 것이 직접 실체적 이익인 경우를 말하며, 절차적 공권은 실체적 이익 자체가 아니라 실체적 공권의 보호를 실효성 있게 하기 위한 절차적 이익에 그치는 경우를 말한다. 종래에는 개인적 공권론에서는 실체적 공권만이 중시되었으나, 오늘날에는 절차적 공권도 중시되고 있다.

3. 公權의 特殊性

(1) **국가적 공권의 특수성** 행정주체가 법률상 인정된 우월적인 의사주체로서의 지위에 의하여, 법률이 정하는 바에 따라, 권리의 내용을 스스로 결정하고(권리자율성), 자력으로 그 내용을 실현할 수 있으며(자력강제성), 그 침해에 대하여는 제재를 과할 수 있는 점(행정벌)에서 그 특색이 인정된다.

(2) 개인적 공권의 특수성과 그 비판론

㈎ **특수성** 종래 공권은 사권과는 다른 특수성이 있기 때문에 양자를 구별할 실익이 있는 것으로 보았다. 즉 공권은 단순히 개인적 이익을 위한 것만은 아니고, 이를 개인에게 향유시키는 것이 공익을 위하여도 필요하기 때문인 것으로(공익성), 직접 사익을 위하여 인정된 사권과는 달리 독점적 · 배타적인 권리가 아니고, 공익적 견지에서 제약이 예상되어 있는 권리이며, 보통 권리가 동시에 의무인 성질이 현저하다(상대성). 그리하여 공권의 특수성으로는 불융통성, 보호의 특수성, 금전채권의 소멸시효의 특수성이 들어졌다.[1]

(a) **불융통성**

㈀ **이전성의 제한** ① 공권은 보통 공익적 견지에서 부여된 것으로, 일신전속성을 가지는 경우가 많고 따라서 양도 · 상속 등 이전성이 부인되는 경우가 많다(예컨대 공무원연금청구권의 양도금지(공무원연금 32), 국가배상을 받을 권리의 양도금지(국배 4), 국민기초생활보장을 받을 권리의 양도금지(국민기초생활보장 36) 등). 그러나 공권 중에도 그 내용이 경제적 가치를 주목적으로 하는 것은 사권과 같이 이전성이 인정되는 경우가 있다(2분의 1 이하의 공무원의 봉급청구권, 손실보상금청구권 등). ② 공권은 이전성이 부인된 결과로, 그 압류가 제한 · 금지되거나(위에서 든 양도가 부인되는 권리, 2분의 1 이상의 공무원 봉급청구권(민사집행법 246(4))), 담보의 목적으로 하는 것이 제한 · 금지되는 경우가 많다(위에서 든 양도가 제한된 권리 등).

㈁ **포기성의 제한** ① 공권은 보통 공익적 견지에서 부여된 것으로 이를 포기할 수 없는 경우가 많다(예컨대 봉급권). 포기할 수 없는 경우에는 포기의사를 표시하더라도 무효라고 볼 것이다.[2] ② 그러나 포기할 수 없다는 것은 현실적으로 그 권리를 행사하여야 할 의무가 있다는 것은 아니므로 권리를 불행사인 채로 방치한 결과, 시효의 완성 또는 제척기간의 경과로 행사할 수 없게 되는 것은 별문제이다. 이를 권리의 불행사라 한다.

(b) **공권의 보호의 특수성** 우리 실정법은 사법국가주의를 취한 결과, 이러한 공권이 침해된 때에는 사권과 같이 사법법원에 출소하여 그 구제를 청구할

1) 이들 중에서 보호의 특수성, 즉 소송절차의 특수성과 금전채권의 소멸시효의 특수성은 정확하게는 특수성으로서가 아니라, 공권과 사권의 구별의 실익으로 들어졌다(川上宏二郎, 行政過程에 있어서의 私人의 權利, 現代行政法大系, 제 2 권, p. 372).

2) 지방자치단체장이 도매시장법인의 대표이사에 대하여 위 지방자치단체장이 개설한 농수산물도매시장의 도매시장법인으로 다시 지정함에 있어서 그 지정조건으로 '지정기간중이라도 개설자가 농수산물 유통정책의 방침에 따라 도매시장법인 이전 및 지정취소 또는 폐쇄 지시에도 일체 소송이나 손실보상을 청구할 수 없다.'라는 부관을 붙였으나, 그 중 부제소특약에 관한 부분은 당사자가 임의로 처분할 수 없는 공법상의 권리관계를 대상으로 하여 사인의 국가에 대한 공권인 소권을 당사자의 합의로 포기하는 것으로서 허용될 수 없다(대법원 1998. 8. 21. 98 두 8919 도매시장법인지정취소에대한처분취소); 당사자 사이에 석탄산업법시행령 제41조 제 4 항 제 5 호 소정의 재해위로금에 대한 지급청구권에 관한 부제소합의가 있었다고 하더라도 그러한 합의는 무효라고 할 것이다(대법원 1999. 1. 26. 98 두 12598 재해위로금추가지급거부처분취소).

수 있다. 다만, 현행제도 아래서는 이러한 소송은 사권에 있어서와 같이 민사소송에 의하지 않고 행정소송법상의 「공법상의 권리관계에 관한 소송」으로 행정소송인 공법상의 당사자소송에 의하도록 되어 있다. 이 점에서 공권과 사권은 구별할 실익이 있다고 한다.

(c) **금전채권의 소멸시효의 특수성** 국가나 지방자치단체가 가지는 또는 그에 대하여 가지는 공법상의 금전채권에 대하여는 각각 국가재정법 제96조 또는 지방재정법 제82조가 적용되어, 소멸시효기간이 5년이 되므로[1] 이 점에서 공권과 사권을 구별할 실익이 있다고 한다.

(나) **공권·사권구별론에 대한 비판론** 사권에 대한 공권의 특수성을 인정하는 견해가 공권·사권의 구별론인데, 이에 대하여는 공권의 특수성을 부인하는 공권·사권의 구별부인론이 유력하게 주장되고 있다.[2]

(a) 공권·사권의 구별론에서는 공권을 자유권·수익권·참정권으로 나누면서도 특수성을 논할 때에는 모든 공권을 하나로 묶어서 불융통성을 갖는다고 한다. 그러나 공권도 각각 이질적인 성질을 가지고 있으며, 모든 공권의 이전성 유무를 같은 차원에서 사권의 이전성 유무와 대비할 수는 없는 것이다.

예컨대 자유권·소권·선거권이 이전성이 제한된다고 하더라도 그것은 사권이 이전성을 갖는다는 것과 같은 차원에서 대비하는 것은 무의미하며, 그것은 공권이기 때문에 갖는 속성이라기보다는, 오히려 국민된 신분에 본질적으로 부수되는 신분내재적 권능인 결과라 할 것이다.

(b) 공권에 관한 청구절차는 공법상의 당사자소송에 의하나, 공법상의 당사자소송과 민사소송의 절차상의 차이는 매우 경미한 것이며, 따라서 그것을 이유로 공권과 사권을 구별한 실익은 없다고 한다.

(c) 위의 국가재정법·지방재정법의 규정은 국가 또는 지방자치단체가 갖는 모든 금전채권과 그에 대하여 개인이 갖는 모든 금전채권의 소멸시효에 관한 특별규정이며, 공법상의 금전채권에 한하여 적용되는 규정은 아니라고 한다.

〔**판례**〕 국회의원의 급료채권의 소멸시효는 민법의 적용을 받고, 구 예산회계법의 시효의 규정은 적용되지 않는다.

국회의원이 재직중 국가로부터 받게 될 세비, 차마비, 체류비, 보수금 등을 의원직

1) 지방자치단체에 대한 금전채권 중 사법상 원인에 기한 채권에 대하여 5년의 소멸시효를 정한 것이 합리적인 이유가 있고, 5년의 단기시효기간이 채권자의 재산권을 본질적으로 침해할 정도로 지나치게 짧고 불합리하다고 할 수 없으므로, 이 사건 법률조항이 채권자들의 재산권을 합리적 이유 없이 지나치게 제한하고 있어 헌법 제37조 제2항의 기본권제한의 한계를 벗어난 것으로 볼 수는 없다(헌법재판소 2004.4.29. 2002 헌바 58 지방재정법제69조제2항위헌소원).

2) 그것은 공법·사법일원론(부인론)의 주장이다.

을 그만 둔 후에 국고에 대하여 청구하는 법률관계는 국고에 대한 사법상의 금전채권을 청구하는 경우로서 민법 제163조, 제163조 제 1 호의 급료채권에 해당한다. 따라서 원고의 급료채권은 민법 제163조 제 1 호의 적용을 받는 것이므로 예산회계법의 시효의 규정은 적용되지 않는다고 할 것이다(대법원 1966.9.20. 65 다 2506 국회의원세비).

㈐ 결언 ① 공권과 사권을 구별하여 공권에 대하여 일정한 특수성을 인정하는 것은 공법과 사법의 구별을 전제로 하는 것이라 할 것이며, 따라서 우리 실정법이 상대적이나마 공법과 사법의 구별을 인정하고 있다고 보는 이상 공권과 사권의 구별을 전적으로 부인할 수는 없다고 본다. 다만, 양자의 구별은 상대적이라 할 것이며, 따라서 공권의 특수성도 모든 공권에 대하여 선험적으로 인정되는 것이 아니고, 구체적으로 개개의 법규의 목적이나 성질에 비추어 판단하여야 한다.[1] ② 그리고 위의 구별부인론에서 말한 것과 같이, 같은 공권이라 하더라도 서로 성질을 달리하기 때문에 사권에 대하여 특수성을 논할 수 있는 것은 봉급청구권이나 하천점용권 등 재산권적 성질을 가지는 구체적 청구권인 공권에 한정되며, 자유권·소권·선거권 등 국민적 신분과 관계되는 공권의 특수성을 사권에 대비하는 것은 무의미하다 할 것이다.

Ⅲ. 行政法關係에서의 私人의 權利擴張

1. 概　說

(1) 오늘날의 사회적 법치국가에서는 개인의 지위가 현저히 향상되고, 행정도 인간존중으로 전환되게 되었다. 그리하여 행정법관계에서의 개인적 공권이 대폭적으로 확대되고 있는바, 그것은 실체법적 권리, 절차법적 권리, 그리고 그 중간영역에 해당한다고 볼 수 있는 형식적 권리로 나누어 볼 수 있다.

(2) 개인적 권리의 확대는 위에서 본 바와 같이 여러 가지 방향에서 이루어지고 있다. 여기에서 다시 정리하여 보기로 한다. ① 새로운 법규의 제정에 의하여 단순한 추상적 권리가 구체적 권리로, 그리고 반사적이익이 권리로 전환된다. 각종 사회보장수급권·환경권·소비자권·안전권 등이 그 예이다. ② 기

1) 공법과 사법의 구별이 상대적이므로, 공권과 사권의 구별에 대하여도 일의적으로 명확한 표준을 세우기는 어렵다. 광업권·어업권·댐사용권과 같이 국가가 개인을 위하여 설정한 권리는 종래 일반적으로 국가행위에 의하여 설정된 사권이라고 보아왔으나, 누구에게도 대항할 수 있는 재산권이란 의미에서 이를 사권이라고 부르는 데 그치고, 국가에 대한 관계에서는 공권이라고 보는 견해도 있다. 하천부지점용권·공원용지사용권 등에 대하여도 그 성질에 대하여 異論이 있다. 또한 국가배상법에 의한 손해배상청구권도 사권으로 보는 견해와 공권으로 보는 견해가 있다.

존 법규의 해석에 있어서, 단순히 반사적이익으로 보던 것을 권리로 보는 노력이 행하여지고 있다. ③ 특정한 개인의 이익보호가 절실히 요청되는 경우에는 헌법상의 기본권을 구체화하는 법률이 제정되지 아니한 경우에도, 예외적으로 헌법상의 기본권규정에서 특정한 개인의 이익보호를 위한 공권을 도출할 수 있다고 본다. ④ 원래 공권이 성립하기 위하여서는 행정주체의 행위가 기속행위여야 하는데, 재량행위인 경우에도 재량을 흠 없이 행사하여 줄 것을 청구하는 「흠 없는 재량행사청구권」이 발생하며, 재량이 영으로 축소되는 상황 아래서는 「흠 없는 재량행사청구권」은 실체적인 「행정행위발급청구권」으로 전환된다고 본다. ⑤ 오늘날에는 행정권의 발동과정 내지는 의사형성과정에서도 개인의 권익보장과 행정에 대한 민주적 통제가 절실히 요구되는 것으로 보고 있다. 그리하여 행정과정에서의 개인의 권리로서 절차적 권리가 크게 확장되고 있다.

2. 反射的 利益의 法的 利益化

(1) 공권과 반사적 이익과의 구별의 상대성 일반적 견해는 개인이 행정법관계에서 받는 이익을 공권과 반사적이익으로 구분한다.

그런데 공권과 반사적이익의 구별은 행정법관계에서 위법한 행정작용으로 인하여 그것이 침해된 경우에 행정쟁송수단을 통하여 구제받을 수 있는 이익과 구제받을 수 없는 이익을 구분하기 위한 도구개념이라 할 것이다. 구체적으로 양자간의 한계는 시대의 변천, 개인의 지위, 국가관·소송관의 변화에 따라 변하고 있으며, 법치주의의 발전에 따라 입법에 의하여 그리고 해석에 의하여 공권의 범위가 점차 확대되어 가고 있다.

(2) 반사적 이익론의 연혁

㈎ 통치대상에서 권리주체로 과거의 전제주의국가에서는 행정법관계에서 개인은 통치대상, 즉 신민(Untertan)으로만 취급되었으며, 권리주체(Rechtssubjekt)로서의 지위가 인정되지 아니하였다. 그러나 법치국가에 들어와서는 과거의 공권부인론을 극복하고 공권긍정론의 입장에서 행정법 관계에서도 국가와 개인간의 관계는 원칙적으로 권리의무관계로 보게 되었다. 다만, 개인이 권리주체로서의 지위를 갖는다고 하더라도 개인이 행정법관계에서 받는 이익이 모두 권리라고는 할 수 없으며, 여기에서 권리인 이익도 있고 권리 아닌 이익도 있다는 것을 설명하기 위하여 도구개념으로서 공권에 대칭되는 개념으로 반사적이익을 들게 된 것이라고 하겠다.

㈏ 공권과 반사적 이익론의 체계화 이러한 목적으로 독일에서 맨 먼저 공

권 및 반사적 이익론을 체계화한 학자가 「게오르그 옐리네크」(G. Jellinek)이다. 그는 1892년의 주관적 공권의 체계(System der subjektiven öffentlichen Rechte)에서 행정법질서에 의하여 명시적 또는 묵시적으로 인정되어 있는 개인적이익은 공권이고, 법규정이 국가기관에게 작위·부작위를 명한 결과로서 어떤 개인이 받는 이익은 반사적 이익이라 하였다. 「옐리네크」의 이론은 그 이후 「플라이너」(Fleiner)와 「뷸러」(Bühler) 등에 의하여 더 구체화되었다. 「뷸러」는 독일 각주(各州)의 판례를 실증적으로 고찰하고 ⅰ 강행법규성, ⅱ 사익보호성, ⅲ 국가에 대한 청구권능부여성의 세 가지를 공권이 인정되는 요소로 들었다.[1)]

(다) **반사적 이익의 공권화** 제 2 차대전 이후의 독일기본법은 법치국가적 요소를 더욱 강화하였는바, 특히 동기본법 제19조 제 4 항은 「누구든지 공권력에 의하여 그의 권리를 침해당한 때에는 출소의 길이 열려 있다」고 규정하였으며, 학설과 판례가 이 규정에 대한 법치국가적 확대해석을 통하여 종래의 많은 반사적 이익을 공권으로 끌어들여 반사적 이익의 공권화를 실현하였다. 그 대표적인 학자가 「클라인」(F. Klein)과 「바호프」(O. Bachof)이다. 특히 「바호프」는 개인은 이미 초개인적인 국가의 목적달성을 위한 도구가 아니며, 자유주의적 민주국가에서는 그와 반대로 국가가 개인의 이익을 충족시키기 위한 조직으로 전화되었으므로 개인은 그의 이익충족에 필요한 법규의 실현을 요구할 청구권을 가진다고 하였는바, 이는 뒤에서 보는 개인의 행정개입청구권의 근거가 되기도 한다.

(3) 법적 이익과 반사적 이익

(가) **반사적 이익의 공권화 배경** 국가기능이 과거의 시민적 법치국가에서는 소극적인 질서유지에 있었으나, 오늘날의 사회적 법치국가에서는 모든 국민의 인간다운 생활을 보장하는 적극적인 국민의 생활배려로 변모하였다. 이에 따라 행정법관계에 있어서의 개인의 지위와 국가관이 크게 변모되었으며, 또한 오늘날은 사회의 급속한 산업화에 따른 행정영역의 급격한 확대에 따라 개인의 행정의존도를 높여 결국 행정이 개인의 생활관계에 직접적이고 실질적인 영향을 미치게 되었다. 이러한 상황 아래서는, 한편으로 위법한 행정작용으로 인한 피해를 구제받고, 다른 한편으로 개인생활에 대한 행정의 관여를 적극적으로 청구하기 위하여 행정법관계에서의 사법적 보호의 필요성을 대폭적으로 증대시켰으며, 이러한 필요성을 충족시키기 위하여서는 결국 반사적이익을 공권화함으로써 행정소송에서의 원고적격의 확대를 도모하는 수밖에 없다고 하겠다.

1) O. Bühler, Die subjektiven öffentlichen Rechte und ihr Schutz in den deutschen Verwaltungsrechtsprechung, S. 21.

(나) 확대된 공권의 범위 ① 그리하여 종래 반사적이익으로 보던 이익을 대폭적으로 공권으로 보게 되어 공권개념의 확대와 이에 따르는 반사적 이익의 영역축소를 가져오게 되었다. 구체적으로 어느 범위의 이익을 공권으로 볼 것인가에 대하여는 견해가 대립되고 있다. ② 그러나 과거에는 공권은 좁은 의미의 「권리」에 한정하고 그 이외의 이익은 모두 반사적이익으로 보았으나(권리향수회복설), 오늘날은 공권의 「권리성」을 완화하여 관계 개별법률의 명문규정 또는 해석에 의하여 「당해 법률이 공익뿐만 아니라 특정한 개인의 이익을 보호하고 있는 경우」, 다시 말하면 「법률이 보호하고 있는 개인의 이익」, 즉 법률상 이익이기만 하면 좁은 의미의 권리에 해당되지 아니하더라도 널리 공권으로 보게 되었다(법률상 이익구제설). ③ 그리고 전통적 견해에서는 헌법이 보장하고 있는 기본권은 국민 개개인을 위한 개인적 공권인 것은 틀림없으나, 그것은 그것을 구체화하는 법률이 제정되어야 구체화될 수 있는 추상적 권리로 보았다. ④ 그러나 오늘날에는 특정한 개인의 이익보호가 절실히 요청됨에도 불구하고 당해 기본권을 구체화하는 법률이 제정되지 아니한 경우에는 예외적으로 직접 헌법상의 기본권규정에서 특정한 개인의 이익보호를 위한 공권을 도출할 수도 있다고 본다. 우리 헌법재판소의 결정에서도, 국민의 알 권리를 헌법상의 표현의 자유(헌 21)에서(88 헌마 22 (1989.9.4 헌재결정)), 접견권을 인간의 존엄과 가치 및 행복추구권(헌 10)에서(90 헌마 133 (1991.5.13 헌재결정)) 직접 도출될 수 있는 구체적 권리로 파악하고 있다.

⑤ 따라서 오늘날은 「공권」개념에 갈음하여 「법적 이익」 내지는 「법적으로 보호된 이익」의 개념을 반사적 이익에 대치시키고 이러한 법적 이익에 종래의 좁은 의미의 공권을 포함하여 널리 법률이 보호하는 이익을 포함시키게 되었다.[1] 우리 행정심판법과 행정소송법도 이러한 공권의 「권리성」을 완화한 견해를 받아들여 「법률상 이익」의 침해를 행정심판이나 행정소송의 제기요건으로 명시하고 있다(행심 9, 행송 12).[2]

(4) 반사적 이익의 법적 이익화(공권화) 그 법적 이익화가 특히 논의되는 분야를 예시하면 다음과 같다.[3]

1) 최송화, 서울대학교 법학, 제11권 제 2 호, p. 76.

2) 행정소송법 개정안(대법원)은 원고적격에 대하여 「법적으로 정당한 이익」이라고 하여 원고적격을 확대하였다.

3) 종래 학설·판례에서 반사적 이익으로 본 구체적 사례를 들어보면, 하천개수에 의한 수해예방, 도로개축에 의한 교통편의제공, 도로·공원 등 공물의 일반사용, 의사의 진료의무규정으로 환자가 받는 이익, 건축법상의 건축제한규정으로 인인(隣人)이 받는 이익, 공중목욕장영업허가 등 경찰규제적 영업허가로 받는 이익, 사적·명승 및 천연기념물의 지정으로 당해 지방주민이 받는 문화적·경제적 이익, 국민학생 및 그 보호자가 국민학교 통학구역으로부터 받는 이익, 공적 부조로 생활곤궁자가 받는 이익 등인바, 오늘날은 그 법적 이익화가 논의되고 있다.

(가) **경찰허가에 의하여 받는 이익** ① 종래의 일반적 견해는 특허(예: 자동차운수사업면허, 해상운송사업면허 등)로 받는 이익은 공권 내지는 법적이익으로 보았으나, 경찰허가는 단순히 금지를 해제하여 자연적 자유를 회복시켜 주는 데 그치며 특정인에게 권리를 설정하려는 것이 아니므로, 설령 경찰허가(예: 공중목욕장영업허가, 주유소영업허가 등)의 결과 일정한 영업상 이익을 얻게 되는 경우가 있다고 하더라도, 그것은 관계법규가 공공질서의 유지를 위하여 당해 영업을 허가제로 하고 있는 데서 오는(예컨대 허가제로 하여 허가를 받은 자만 금지를 해제하여 영업을 하게 하고 허가를 받지 아니한 자에 대하여는 금지를 하고 있는 데서 오는) 반사적 이익에 불과한 것으로 보았다.

② 그러나 오늘날은 종래 자연적 자유의 회복으로 본 경찰허가와 권리설정으로 본 특허기업(공기업)의 특허의 구별이 상대화되고 있다는 견해가 주장되고 있으며, 판례도 공중목욕장 영업허가로 받는 이익은 반사적이익으로 보아 기존업자의 신규영업허가의 취소를 청구할 소익을 인정하지 않으면서도,[1] 주유소영업허가의 경우에는 법률에는 근거가 없으나 행정청이 내부기준으로 정한 주유소간 거리제한을 타당한 것으로 인정하여 그 거리제한에 위반한 신규허가신청불허처분을 적법한 것으로 인정함으로써 기존업자의 허가로 얻은 이익을 법적이익으로 보호하고 있다(74 누 110 (1974.11.20 대판)).

(나) **공물의 일반사용에 의하여 받는 이익** 도로의 통행 등 공물의 일반사용으로 사용자가 받는 이익은 행정주체에 의하여 공물이 공용개시되어 일반공중의 이용에 제공되는 결과 받는 반사적이익에 그친다는 것이 종래의 학설·판례의 입장이었다. 그러나 ① 오늘날은 사용자는 행정주체에 의한 공물의 공용폐지를 저지하지는 못한다 하더라도 다른 개인이나 공물주체가 일반사용을 위법하게 침해한 경우에 그에 대한 구제를 청구할 수 있다고 할 것이고, 그 범위 안에서는 공권 내지는 법적 이익의 성질을 갖는다고 본다. ② 또한 판례는 도로와 같은 공공용물이라도 성질상 특정개인의 생활에 개별성이 강한 직접적이고 구체적인 이익을 부여하고 있는 것으로 인정되는 경우에는 그러한 이익은 법적이익으로 보호되어야 한다고 본다(91 누 13212 (1992.9.22 대판)).

〔**판례**〕 도로사용에 있어 인접주민의 법적 지위

일반적인 시민생활에 있어 도로를 이용만 하는 사람은 그 용도폐지를 다툴 법률상의 이익이 있다고 말할 수 없지만, 공공용재산이라고 하여도 당해 공공용재산의 성질상 특정개인의 생활에 개별성이 강한 직접적이고 구체적인 이익을 부여하고

---

1) 원고가 이 사건 허가처분에 의하여 목욕장업에 의한 이익이 사실상 감소된다하여도 이 불이익은 본건 허가처분의 단순한 사실상의 반사적 결과에 불과하고, 이로 말미암아 원고의 권리를 침해하는 것이라고는 할 수 없으므로, 원고는 이 사건 목욕장업허가처분에 대하여 그 취소를 소구할 수 있는 법률상 이익이 없다(대법원 1963.8.31. 63 누 101 공중목욕장영업허가취소).

있어서 그에게 그로 인한 이익을 가지게 하는 것이 법률적인 관점으로도 이유가 있다고 인정되는 특별한 사정이 있는 경우에는 그와 같은 이익은 법률상 보호되어야 할 것이고, 따라서 도로의 용도폐지처분에 관하여 이러한 직접적인 이해관계를 가지는 사람이 그와 같은 이익을 현실적으로 침해당한 경우에는 그 취소를 구할 법률상의 이익이 있다(대법원 1992.9.22. 91 누 13212 국유도로의공용폐지처분무효확인등).[1]

③ 그리고 오늘날에는 국토의 계획 및 이용에 관한 법률 등이 공물의 일반사용을 폐지하거나 변경하는 경우에도 주민의 의견청취를 법적으로 보장하고 있다(국토의계획및이용 14·20·28 등). 따라서 일반사용을 폐지하거나 변경하는 경우에 일반사용자들의 의견을 듣지 않고 결정하는 도시계획에 대하여서는 일반사용자인 주민은 권리침해를 주장하여 그 취소 등을 주장할 수 있다고 본다.

〔**판례**〕 공물의 인접주민은 인접공물의 일반사용에 있어 특별한 이해관계를 가지는 경우에 다른 사람에게 인정되지 아니하는 고양된 일반사용권이 보장될 수 있다.

공물의 인접주민은 다른 일반인보다 인접공물의 일반사용에 있어 특별한 이해관계를 가지는 경우가 있고, 그러한 의미에서 다른 사람에게 인정되지 아니하는 이른바 고양된 일반사용권이 보장될 수 있으며, 이러한 고양된 일반사용권이 침해된 경우 다른 개인과의 관계에서 민법상으로도 보호될 수 있으나, 그 권리도 공물의 일반사용의 범위 안에서 인정되는 것이므로, 특정인에게 어느 범위에서 이른바 고양된 일반사용권으로서의 권리가 인정될 수 있는지의 여부는 당해 공물의 목적과 효용, 일반사용관계, 고양된 일반사용권을 주장하는 사람의 법률상의 지위와 당해 공물의 사용관계의 인접성, 특수성 등을 종합적으로 고려하여 판단하여야 한다. 따라서 구체적으로 공물을 사용하지 않고 있는 이상 그 공물의 인접주민이라는 사정만으로는 공물에 대한 고양된 일반사용권이 인정될 수 없다(대법원 2006.12.22. 2004 다 68311, 68328 점포명도·임대차보증금반환).[2]

㈐ 타자(他者)에 대한 행정청의 행위로 인한 제 3 자의 이익 ① 제 3 자가 방어적 지위에 서는 경우, 즉 타자에 대한 행정행위로 제 3 자의 이익이 침해되

1) 원고가 거주하는 금강빌라의 주민들에 대하여는 그 빌라의 준공 당시부터 30m 대로에 연결되는 폭 6m의 진입로가 별도로 설치되어 있어 통행에 아무런 불편이 없고, 이 사건 도로는 빌라 뒤쪽 사유지 사이에 위치한 매우 좁은 도로로서 거의 일반통행에는 제공이 되지 않고 위 주민들의 산책로 등으로 가끔 이용될 뿐이어서 새마을사업으로 포장을 할 때에도 제외되었고, 1989.1.9.에는 소외 신광언에게 전으로 점용허가까지된 사실이 있었다는 것인바, 그렇다면 원고가 이 사건 도로를 산책로 등으로 가끔 이용하였던 정도의 이해관계만으로는 이 사건 도로의 용도폐지처분을 다툴 법률상의 이익이 있다고 할 수 없다(대법원 1992.9.22. 91누13212 국유도로의공용폐지처분무효확인등).

2) 재래시장 내 점포의 소유자가 점포 앞의 도로에 대하여 일반사용을 넘어 특별한 이해관계를 인정할 만한 사용을 하고 있었다는 사정을 인정할 수 없다는 이유로 위 소유자는 도로에 좌판을 설치·이용할 수 있는 권리가 없다고 본 사례(대법원 2006.12.22. 2004 다 68311, 68328 점포명도·임대차보증금반환).

는 경우와, 제 3 자가 수익적 지위에 서는 경우, 즉 타자에 대한 행정행위로 제 3 자의 이익이 증진되는 두 가지 경우가 있다. 인접지에 대한 건축허가로 이웃거주자의 생활이익이 침해되는 경우가 전자의 예이고, 공해기업에 대한 규제권발동으로 이웃거주자의 이익이 증진되는 경우가 후자의 예이다. 이러한 행정행위를 복효적 행정행위라 한다. ② 전통적인 견해에서는 타자에 대한 행정행위로 인하여 제 3 자의 이익이 침해되더라도 그것은 단순한 반사적 이익의 침해로 보고 법적 이익의 침해로 보지 아니하였다. 그러나 오늘날은 행정행위의 직접상대방인지 제 3 자인지의 구별 없이 실정법의 해석상 그 이익을 보호하고 있다고 해석되는 경우에는 법적 이익을 인정한다. 취소소송의 원고적격에서 보는 바와 같이, 우리 대법원의 판례도 인인(隣人; 이웃)소송이나 경업자소송을 통하여 제 3자의 법률상 이익의 침해를 널리 인정하고 있다. ③ 타자에 대한 행정행위로 제 3 자의 이익이 증진되는 경우는 바로 행정개입청구권의 인정 여부가 문제된다. 이에 대하여는 후술한다.

㈑ 공공부조에 의하여 받는 이익　과거에는 공공부조(öffentliche Fürsorge)에 관한 법규가 행정주체에 대하여 부조의무를 규정하고 있더라도, 요부조자(要扶助者)는 반사적이익을 가질 뿐이고 부조청구권을 갖는 것은 아니라고 보았다. 그러나 오늘날은 우리 「국민기초생활보장법」의 해석에 있어서도 요보장자는 기초생활보장청구권을 갖는 것으로 본다.

3. 行政行爲發給請求權

(1) 개　설

㈎ 성립배경　① 19세기 자유주의적 법치국가에서의 행정법이론은 국민의 자유와 재산을 침해하는 행정권의 발동을 최소한으로 억제하는 데 중점을 두었고, 그러한 침해가 있는 경우의 사후적 행정구제로서 국가배상과 행정쟁송 등의 권리를 인정하는 것이었다. 그러나 오늘날의 사회적 법치국가에서는 오히려 국민생활을 배려하기 위한 행정권의 적극적인 발동이 필요불가결하게 되었다. ② 여기에서 특히 복리행정분야에서 행정주체는 개인의 이익보호를 위하여, 혹은 직접상대방에 대하여 혹은 제 3 자에 대하여 행정권을 발동할 의무를 지게 하고, 개인에게는 행정권의 위법한 불발동, 즉 부작위에 대하여 사전예방적으로(위해발생이 예견되는 경우) 또는 사후구제적으로(위해가 이미 존재한 경우) 그 발동을 청구할 수 있는 적극적인 권리를 실체법 · 절차법 양면에서 인정할 필요가 있게 되었다.

㈏ 종류　① 행정행위발급청구권은 허가나 인가를 청구하는 권리, 기초생

활보장결정을 청구하는 권리 등과 같이 자기의 이익을 위하여 자기에 대한 행정권의 발동을 청구하는 권리와, ② 공해기업에 대한 개선조치명령의 발동을 청구하는 인근주민의 권리와 같이 자기의 이익을 위하여 타인(제 3 자)에 대한 행정권의 발동을 청구하는 권리로 나누어 볼 수 있다. 후자는 다같이 공권력의 발동을 청구하는 것이기는 하지만, 제 3 자에 대한 규제 내지는 단속을 구하는 것으로 좁은 의미에서는 이것을 행정개입청구권이라 한다.

(2) 일반적 행정행위발급청구권

(가) 성립(반사적 이익론의 극복)　① 사인이 어떤 영업활동이나 사적 거래를 하려고 하는 경우 행정청의 인·허가나 특허를 필요로 하는 경우가 많은바, 그러한 경우에 ⓘ 당해 법규가 오직 공익실현만을 목적으로 하는 것이 아니고 개인의 이익보호도 목적으로 하고 있고(사익보호성), ⓘⓘ 법규가 행정청에게 일정한 행정행위를 행할 의무를 지우고 있음에도(강행법규성) 불구하고, 행정청이 그와 같은 행정행위를 행하지 아니하는 때(부작위 또는 과소작위(過少作爲): 해태)에는 사인에게 행정행위발급청구권의 성립을 인정할 수 있다고 본다.

② 그런데 법규는 많은 경우에 행정청에 대하여는 기속적으로 일정한 행정행위를 행할 의무를 지우지 아니하고, 그것을 행할 것인지에 대하여 재량을 인정하고 있으며, 또한 법규상으로는 사익보호도 목적으로 하고 있는지가 애매한 경우가 많다. 이러한 경우에는 반사적 이익론과 행정편의주의(Opportunitätsprinzip)를 논거로 하여 행정행위발급청구권은 성립되지 아니한다고 보는 것이 전통적인 견해였다.

(나) 내용　그러나 국민의 행정의존도가 높아지고 국민의 주체적 지위가 크게 인식된 사회적 법치국가에서는 재량이 인정된 영역에서도 행정행위발급청구권이 인정될 수 있는 경우가 있다고 보게 되었다. ① 오늘날은 위에서 본 바와 같이 법규가 명문으로 사익보호를 규정하고 있지 아니한 경우에도 해석상 사익을 보호하고 있는 것으로 보는 경우가 대폭 확대되게 되었다(사익보호성).[1] ② 행정청에 재량이 인정된 경우(특히 결정재량)에도 재량권에는 일정한 한계가 있으며, 이에 따라 뒤에서 보는 바와 같이 상대방에게는 「흠 없는 재량행사청구권」이라는 형식적 권리가 인정된다고 보는바, 재량권이 0(零)으로 축소(Ermessensschrumpfung auf Null)되는 상황 아래서는 행정청에게는 특정행정행위를 하여야 할 의무가 생기고, 이에 대응하여 상대방의 형식적 권리인 흠 없는 재량행사청구권은 실체적 권리인 구체적인 특정행정행위발급청구권으로 전화(응고)

1) 이 경우 법규는 성문법뿐만 아니라 불문법(관습법 · 조리법)도 포함되는 것으로 본다.

된다고 본다(강행법규성).[1]

(다) 쟁송수단 문제는 행정행위발급청구권을 인정한다고 하더라도, 그것을 현실적으로 주장하여 관철할 쟁송이 현행법상 인정되어 있는가 하는 것이다. 독일과 같이 의무이행소송이 인정된 경우에는 의무이행소송이 바로 이러한 청구권을 실현하기 위한 것이므로 문제가 없다. 그러나 우리의 경우에는 의무이행소송이 인정되지 않고 있다.[2] 우리의 경우에도 사인의 신청에 의하여 거부하거나 방치하는 경우에는 의무이행심판과 거부처분취소소송(행송 30)(청구를 거부한 경우) 또는 부작위위법확인소송(행송 4(3))(청구를 방치한 경우) 및 간접강제제도(행송 34·38②)에 의하여 실질적으로는 의무이행소송과 거의 동일한 목적을 달성할 수 있다고 본다.

(3) 행정개입청구권

(가) 의의 및 구별개념 ① 행정법관계에 있어서 행정행위의 직접 상대방에 대하여는 침해적 행위이지만 제 3 자에 대하여는 수익적 행위인 경우, 행정청의 부작위로 인하여 권익을 침해당한 제 3 자가 행정청에 대하여 타인에 대한 침해행위의 발동을 청구하는 권리이다. 예컨대 주거지역에 설치된 석탄제조 및 하역업소에서 사용하는 띠톱에서 배출하는 먼지와 소음으로 피해를 받고 있던 인근주민이 행정청에 대하여 업소의 가동중지처분을 청구하는 것과 같다.

② 행정개입청구권은 자기의 이익을 위하여 타인에 대한 행정권의 발동을 청구하는 권리인 점에서, 자기의 이익을 위하여 자기에 대한 행정권의 발동을 청구할 수 있는 앞에서 본 행정행위발급청구권과 구별된다.

(나) 성립배경 행정개입청구권은 전통적인 자유주의적 법치국가원리에서는 부정적으로 보는 것이 일반적 경향이었다. 그 논거는 역시 반사적이익론과 행정편의주의이다.

① 전통적인 법치국가원리 아래서는 국가의 침해행위로부터의 자유영역의 확보가 기본적인 관심사였다. 이러한 입장에서는 침해행위의 발동을 규제하는 것이 법치국가원리에 부응하는 것이며, 침해행위의 발동을 명령하여 제 3 자의 이익을 확보하는 것은 법치국가원리의 수비범위를 넘는 것으로 보았다. ② 따라서 법률에서 수권한 침해행위의 현실적인 발동 여부는 행정청의 재량에 속하는 것으로 보았다. 그리고 행정개입이 요구되는 경우는 대개가 사인 간에 분쟁이 발생한 경우인데, 분쟁해결은 사법적 방법에 맡겨야 할 것이며, 행정청은 사인

1) 김도창(상), p.243.

2) 행정소송법 개정안에는 당사자의 신청에 대한 행정청의 거부나 부작위에 대한 「의무이행소송」과 행정청이 장래에 처분을 할 것이 임박한 경우에 그 처분을 금지하는 「예방적 금지소송」을 인정하고 있다.

간의 분쟁처리와는 별도로 공익적 판단에 따라 재량으로 권한발동의 여부를 결정하여야 할 것으로 보았다. ③ 또한 당해 침해행위의 발동으로 제 3 자가 얻는 이익은 반사적 이익으로 보았다.

이에 대하여 오늘날의 사회적 법치국가에 있어서는 재량영역에 있어서도 행정개입청구권이 성립할 수 있다는 것이 다수설이다. 그 논거는 행정행위발급청구권에서와 같이 해석을 통한 반사적 이익의 대폭적인 법적 이익화와 재량이 0으로 축소된 상황 아래서는 형식적 권리인 흠 없는 재량권행사청구권이 실체적 권리인 행정개입청구권으로 전화된다는 것이다.[1)]

(다) 법적 성질 (a) 행정개입청구권은 실체적 공권이다. ① 처분이 기속행위인 경우, 관계법규가 사인의 이익도 보호하고 있는 한, 사인은 행정청에 대하여 법적 의무에 따라 타인에게 특정한 처분을 할 것을 청구할 수 있는 실체적 공권을 갖는다. 행정개입청구권은 일반적으로 재량행위와 관련하여 논의되고 있으나, 기속행위에 대하여 이 청구권이 인정될 수 있음은 당연하기 때문이라고 할 것이다.

② 처분이 재량행위인 경우, 원칙적으로 행정청은 특정한 처분을 하여야 할 법적의무를 사인에게 부담하지 아니하며 사인도 행정청에 대하여 특정한 처분을 청구할 수 있는 공권을 갖지 아니한다. 그러나 예외적으로 일정한 요건(후술)이 갖추어진 경우에는 재량권이 영으로 수축되며, 행정청은 특정한 행위를 하여야 할 법적의무를 지게 되고 사인은 특정행위를 청구할 수 있는 실체적공권을 갖게 된다.

(b) 행정개입청구권은 사전예방적 성격(예컨대 축대 위의 위법건축물의 대집행을 축대 밑의 인근거주자가 행정청에 청구하는 것 등)뿐만 아니라, 사후구제적인 성격(예컨대 위법건축물의 건축으로 인한 소음에 시달린 인근 주민이 행정청에 대하여 공사중지를 청구하는 것 등)도 갖는다. 행정개입청구권은 사전예방적으로 행정개입의 발동을 청구할 수 있는 능동적권리로 보는 견해도 있다. 그러나 사후구제를 위하여서도 행정개입의 발동을 청구할 수 있다고 할 것이다.

(라) 인정 여부 학자에 따라서는 행정개입청구권의 인정을 아직 시기상조라고 하여 부인한 견해도 있고,[2)] 이 청구권으로 추구하는 내용은 행정청의 위법한 부작위로 인한 실체적권리의 침해에 대한 행정구제에 있는 것으로서, 결국

1) 해석상으로 행정개입청구권의 성립을 인정하기는 어렵다는 견해도 있다. 이러한 견해는 이러한 청구권의 확립이 필요하다면 입법적으로 해결하여야 한다고 하고, 입법적으로 해결한다고 하더라도 그에 앞서 법원이 행정개입을 명하도록 하는 것이 적절한지, 원고적격의 범위를 어떻게 할 것인지, 어떤 요건과 사정 아래서 인정할 것인지 등에 대하여 깊은 연구가 있어야 한다고 한다(成田頼明, 行政法講義, 月刊法教, 제15호, p. 71 참조).

2) 김도창(상), p. 242.

행정청에 대한 부작위소송 및 그에 있어서의 소의 이익의 문제에 귀착된다고 하고, 그렇다면 구태여 행정청의 위법한 부작위의 경우만을 들어 따로 행정개입청구권으로 구성하는 것은 불합리하다고 하여 부정하는 견해도 있다.[1] 그러나 재량행위의 영역에 있어서 직접상대방이 아닌 제 3 자를 위하여 이 청구권을 별도로 인정하는 것이 오늘날의 사회적법치국가의 원리에 맞는다고 할 것이다. 특히 행정개입청구권을 필요로 하는 분야는 건축규제행정 · 환경행정 · 소비자보호행정 등의 분야인데, 이 청구권은 관계법규에서 명문으로 인정하는 것이 바람직하다고 할 것이나, 아직 이러한 분야에서 규제권한발동청구권을 명문화한 입법 예는 거의 없다. 따라서 이러한 청구권을 명문화하고 있지 아니한 경우에도, 관계법규의 해석상 일정한 요건이 갖추어진 경우(후술)에는 행정개입청구권을 인정하여 할 것이다.

(마) 성립요건

(a) 공권의 요건구비 행정개입청구권도 개인적 공권이므로 공권의 성립요건인, ① 사익보호성과 ② 강행법규성이라는 요건을 갖추어야 성립한다. 그런데 오늘날은 재량행위의 경우에도 그러한 요건이 갖추어지는 경우가 있다고 본다.

다시 말하면 ① 관련법규의 해석에 있어서, 종래에는 그것이 전적으로 공익만을 보호하고 있는 것으로 해석하였으나, 이제는 그것이 공익(예컨대 건축법의 경우 전체적인 주거환경의 보호)과 더불어 관계되는 개인(예컨대 인근 주민)의 이익도 보호하고 있다고 해석하여, 반사적 이익의 대폭적인 법적이익화가 실현되었다(사익보호성). ② 행정청에 대하여 재량이 인정되는 경우(특히 결정재량)에도, 중대한 법익에 대한 목전의 급박한 위험이 있는 경우까지도 행정청에게 수수방관할 자유를 인정할 수는 없는 것으로서, ⅰ 사람의 생명 · 신체 · 명예 등 행정법규의 보호법익에 대한 현저한 피해가 예상되고, ⅱ 그러한 위험이 행정기관의 권한행사에 의하여 제거될 수 있다고 판단되는 상황이며, ⅲ 민사소송 그 밖의 피해자의 개인적인 노력으로서는 위험방지가 충분하게 이루어질 수 없다고 판단되는 상황 아래서는, 행정청에게 인정된 재량의 폭은 원칙적으로 영으로 수축되고, 행정청이 권한을 발동하지 아니하고 부작위를 계속하는 것은 피해를 당하는 국민에 대한 관계에서는 법적의무 위반으로 인정되게 된다(강행법규성). 이것을 「재량의 영으로의 수축의 법리」라 한다.

(b) 독일의 사례 독일에서는 행정개입청구권은 주로 경찰행정분야에서 경찰개입청구권의 이름으로 논의되어 왔다. 독일의 판례에서는 국가배상청구사건과 관련하여서는, 1921년 11월 15일의 이른바, 눈썰매 사건(Rodel Fall) 이후 행

1) 이상규(상), p.203.

정청의 작위의무, 즉 권한 불행사의 위법성을 인정하여 왔으며, 행정개입청구사건과 관련하여서는 제2차대전 후 1960년 8월 18일의 이른바, 띠톱 사건(Bandsägen Urteil) 이후 그것을 인정하여 왔다(띠톱사건은 주거지역에 설치된 석탄제조 및 하역업소에서 사용되는 띠톱에서 배출되는 먼지와 소음으로 피해를 받고 있던 인근주민이 행정청에 건축경찰상의 금지처분을 발할 것을 청구한 사건인데, 소관행정청은 이 업소의 조업은 관계법규에 위반되지 않는 것이라 하여 인근 주민의 신청을 기각하였는바, 연방행정재판소는 경찰법상의 일반수권조항의 해석에 있어, 먼저 인근주민의 흠 없는 재량행사청구권을 인정하고, 또한 재량권의 영으로의 수축이론에 따라 원고의 청구를 인용하였다). 이와 같이 행정청의 작위의무(개입의무)가 국가배상사건에서 먼저 인정되고, 행정개입청구사건에서는 훨씬 늦게 인정된 것은, 전자의 경우는 법원이 행정작용을 사후평가하게 되는 데 대해, 후자의 경우는 법원이 행정작용을 장래 예측적으로 사전평가하게 되어, 행정권과 사법권의 분립이라는 권력분립의 입장에서 보아 국가배상사건의 경우는 별로 문제가 될 수 없기 때문이라 할 것이다.

(바) 판례 우리의 판례는 국가배상사건과 관련하여서는 행정청의 작위의무를 인정하고 있으나(79 다 2341(1980. 2. 26 대판), 97 다 12907(1997. 9. 9 대판), 98 다 16890(1998. 8. 25 대판)), 행정개입청구권과 관련하여서는 아직 그것을 인정한 것이 없다(97 누 17568(1999. 12. 7 대판) 참조).

〔**판례**〕 지방자치단체의 공사중지명령의 사유가 해소되었으면, 그 중지명령의 해제를 요구할 수 있다.

지방자치단체장이 공장시설을 신축하는 회사에 대하여 사업승인 내지 건축허가 당시 부가하였던 조건을 이행할 때까지 신축공사를 중지하라는 명령을 한 경우, 위 회사에게는 중지명령의 원인사유가 해소되었음을 이유로 당해 공사중지명령의 해제를 요구할 수 있는 권리가 조리상 인정된다(대법원 2007.5.11. 2007 두 1811 공사중지명령처분취소).[1]

〔**판례**〕 행정청에 대하여 제3자에 대한 건축허가와 준공검사의 취소등을 요구할 수 있는 법규상·조리상 권리는 없다(행정개입청구권을 인정하지 아니한 사례).

구 건축법 및 기타 관계 법령에 국민이 행정청에 대하여 제3자에 대한 건축허가의 취소나 준공검사의 취소 또는 제3자 소유의 건축물에 대한 철거 등의 조치를 요구할 수 있다는 취지의 규정이 없고, 같은 법 제69조 제1항 및 제70조 제1항은 각 조항 소정의 사유가 있는 경우에 시장·군수·구청장에게 건축허가 등을 취소하거나 건축물의 철거 등 필요한 조치를 명할 수 있는 권한 내지 권능을 부여한 것에 불과할 뿐, 시장·군수·구청장에게 그러한 의무가 있음을 규정한 것은 아니므로 위 조항들도 그 근거 규정이 될 수 없으며, 그 밖에 조리상 이러한 권리가 인정된다고 볼 수도 없다(대법원 1999.12.7. 97 누 17568 건축허가및준공검사취소등에대한거부처분취소).

---

1) 원고가 이를 이유로 피고에 대하여 이 사건 처분에 의한 공사중지명령의 해제를 요구하고 피고가 이를 거부할 경우 그 거부처분에 대하여 취소를 청구할 수 있다. 판결이유의 해석상 행정개입청구권을 긍정한 것으로 보는 견해도 있다(홍정선(상), p.160.).

(사) 쟁송수단

(a) **실정법상 제도** 현대민주복지국가에 있어서는 이러한 행정개입청구권이 승인될 때에 비로소 국민의 주체성과 법치국가성은 완성되게 된다. 다만, 그러한 행정개입청구권의 구체적인 실현은 그 나라의 행정소송제도와 밀접한 관련을 가지는바, 독일과 같이 의무이행소송이 인정될 때 가장 잘 실현될 수 있다고 할 것이나, 의무이행소송이 인정되지 않고 있는 우리나라에서도 위에서 본 바와 같이 사인의 신청에 대하여 거부하거나 방치하는 경우에는 의무이행심판과 거부처분취소소송(청구를 거부한 경우) 또는 부작위위법확인소송(청구를 방치한 경우) 및 간접강제제도에 의하여 실질적으로는 의무이행소송과 거의 동일한 목적을 달성할 수 있다고 할 것이다.

(b) **한계** 그러나 환경권(공해기업에 대한 개선조치명령의 발동을 청구하는 인근주민의 권리 등)·소비자권(예: 물품제조업자에 대한 규제조치의 발동을 청구하는 소비자의 권리등)·안전권(위법건축자에 대한 무너질 위험성이 있는 건축물의 제거명령의 발동을 청구하는 인근주민의 권리 등) 등 행정개입청구권과 관련되는 새로운 인권은 어느 것이나 우리 실정법상의 권리체계에 있어서 직접 사법권의 재판에 의하여 실현될 수 있는 정도로 완전한 구체적인 실체권으로서의 성격을 갖고 있지 못하기 때문에 사법권에 의한 보장에는 일정한 한계가 있다. 오히려 국회나 행정기관의 정책판단과 입법을 매개로 하여 구체화될 수 있는 성질의 것들이 대부분이라 할 것이다. 그리하여 새로운 권리의 실현은 제 1 차적으로는 정치과정의 문제에 속하며, 대개의 경우 사법권의 관여는 제 2 차적으로 환경권 등을 충족시키기 위한 행정판단형성과정이 적법한지의 여부를 사후심사하는 데 그칠 수밖에 없다고 할 것이다. 이러한 관점에서 결국은 국민의 새로운 권리의 실현은 현시점에서는 법률문제라기보다는 그 대부분이 입법부나 행정부의 대단히 광범한 정책적인 재량문제라고 할 것이다.

4. 行政節次에 參加하는 權利

(1) 오늘날은 개인이 행정절차에 참여하는 권리가 대폭 확대되고 있다. 그것은 행정법관계에서 개인의 주체적 지위가 확립되어 감에 따라 법치주의는 국민의 기본권을 실체법적으로만이 아니고 절차법적으로도 보장할 것을 요구하는 것으로 보게 되었기 때문이라 하겠다.

(2) 영·미에서는 역사적으로 발전되어 온 자연적 정의(natural justice)나 적정절차(due process) 등의 절차적 적정성의 요구에 따라 행정절차가 일찍부터 발전하였다. 그것은 결과적으로 정당한 행정판단에 도달하기 위하여서는, 그 과정에 있어서 적정절차를 거쳐야 하고, 부적정한 과정에서는 결코 공정한 결과가

나올 수 없다고 하는 사고를 바탕으로 한다. 이에 대하여 독일 등 대륙법계국가에서는 전통적으로 실체법적 이론에 치중하여 행정활동이 적정한가의 여부는 주로 객관적으로 나타난 결과를 중심으로 평가하는 경향이 있었다.[1] 그러나 독일에서는 「본」기본법이 채택한 사회적 법치주의는 행정절차의 채택을 요구한 것으로 보며, 이에 따라 행정절차법(Verwaltungsverfahrensgesetz)이 제정되어 1977년부터 시행되고 있다.

(3) 우리나라의 경우는 「독일」 등 과거 대륙법계국가의 영향을 받아 행정절차가 발전하지 못하였으나, 오늘날은 법치주의의 실현에 있어서 행정절차에 대한 중요성이 인식되어 각 개별법률에 의하여 행정절차의 개선을 이루어 왔음은 물론, 1996년에 행정절차의 일반적인 채택을 위하여 행정절차법이 제정되었다.

문제는 법률에 규정이 없는 경우에도 헌법에 근거하여 절차참가권이 보장된다고 볼 것인가이다. 불이익처분에 대하여는 긍정하는 것이 일반적 견해인 것 같다. 생각건대 그 근거는 헌법의 개별조항에서 구할 것이 아니라 우리 헌법이 채택한 법치주의에서 구하여, 법치주의는 국민의 권익침해에 대하여는 절차적 참가권을 보장하고 있다고 할 것이다. 따라서 직접적으로 국민의 권익에 영향을 미치지 아니한 행정입법절차 등에의 참가는 헌법상 요청되는 것은 아니라고 할 것이다.

5. 흠 없는 裁量行使請求權(無瑕疵裁量請求權)

(1) 의의　기속행위(예: 건축허가)의 경우에는 신청인은 법정요건이 갖추어진 경우에는 행정청에게 신청한 특정행위(예: 건축허가)의 발급청구권을 갖는다. 그러나 재량행위(예: 운송사업면허)의 경우에는 신청인은 법정요건이 갖추어진 경우에도 행정청은 허가여부를 의무에 합당한 재량에 따라 결정할 수 있는 것이므로 신청인은 신청한 특정행위(예: 운송사업면허)의 발급청구권을 갖지 못한다. 그러나 행정청에 재량이 인정된 경우에도 거기에는 일정한 한계가 있으며, 그것을 위반한 경우에 위법이 된다는 것은 오늘날 이견이 없다. 이러한 재량한계론의 발전에 따라 재량권을 일탈·남용하면 행정처분은 위법하게 되는바, 이에 대응하여 재량행위의 상대방 기타 이해관계인에게는 행정청에 대하여 재량권을 흠 없이 행사하여 줄 것을 청구하는 주관적 권리가 성립한다고 보는 것이 이른바 흠 없는 재량행사청구권(Anspruch auf fehlerfreie Ausübung des Ermessen) 이론이다.[2] 다만 뒤에서 보는 바와 같이

1) 김도창(상), p.245.

2) 김남진 교수는 광의로는 「개인이 행정청에 대하여 재량권의 하자 없는 행사를 청구할 수 있

초기에는 모든 재량행위에 대하여 이 청구권이 인정되는 것으로 보았으나(일반적 흠 없는 재량행사 청구권), 오늘날은 재량행위 중에서도 상대방에 대하여 실정법규에 의한 이익보호가 규정되어 있는 경우에만 인정된다고 본다.

(2) **인정취지** 이 이론은 현대행정의 발전에 따르는 재량영역의 확대에 대응하여, 재량행위에 대한 사법심사의 범위를 확대시켜, 행정청의 재량권의 위법한 행사로부터 개인의 권익을 보장하기 위하여서는, 실체적 권리와는 별도로 절차적 권리로서 흠 없는 재량행사청구권을 인정하는 것이 바람직하다는 데 바탕을 둔 것이다. 종래의 행정법이론에서 공권의 성립이 어려운 것으로 보아온 재량행위의 영역에서 공권의 성립을 인정하기 위한 이론이라는 점에서 커다란 의미를 가진다 하겠다.

(3) **청구권의 성질**

㈎ **형식적 권리** 이 청구권은 재량행위에 대하여 인정된다. 따라서 기속행위에 대한 것과 같이 종국처분인 특정처분(예: 건축허가)을 구하는 것이 아니고, 종국처분(예: 운송사업면허)의 형성과정에 있어서 재량권의 법적 한계의 준수를 구하는 것(위의 예에서 운송사업면허 여부를 결정함에 있어서 재량한계의 준수)으로서 제한적인 공권으로서의 성질을 가진다. 따라서 이 청구권은 면허의 발급과 같은 실체법에 의하여 보장된 실체적 권리의 구제를 청구하는 것이 아니고, 그것과는 별도로 재량의 흠을 발생시키지 말 것을 청구하는 형식적 권리 내지 절차적 권리이다. 다만 여기에서 절차적 권리란 행위의 상대방이나 이해관계인 등의 행정과정에의 절차적 참가를 요구하는 것을 내용으로 하는 절차권(Verfahrensrecht)을 말하는 것이 아니고 실체적 권리가 아니라는 것을 나타내기 위하여 그렇게 부르는 것뿐이다. 따라서 절차적 권리라고 하기보다는 형식적 권리라고 하는 것이 더 적합할 것 같다.

㈏ **재량권의 통제수단** ① 특정처분을 요구하는 실체적 권리가 아니라는 것을 나타내기 위하여 형식적권리라고 하지만, 그것은 재량행위의 수권규범의 목적과 비례원칙·평등원칙과 같은 헌법원칙을 준수하여 결정의 내용적 한계를 지킬 것을 청구하는 권리라는 점에서 실체적권리인 성격도 있다고 할 것이다. 따라서 형식적권리라는 용어도 반드시 타당한 것은 아니라고 할 것이다.[1)]

② 이 청구권은 재량권행사의 한계를 전제로 하여 재량의 적정한 행사를 청구하는 것이므로 재량권행사에 대한 통제수단의 하나가 된다고 하겠다.[2)]

는 공법상의 형식적 권리」를 말한다고 하고, 협의로는 「행정청이 결정재량권을 갖지 못하고 선택재량권만을 가지고 있는 경우에 있어서의 하자 없는 재량행사청구권」을 말한다고 한다(김남진(Ⅰ), p. 113).

1) 정하중, 무하자재량행사청구권의 법리와 그 실용화, 월간고시, 1993. 12월호.

2) 이상규(상), p. 198.

(4) 청구권의 독자성 인정 여부

㈎ **청구권의 연혁** 흠 없는 재량행사청구권이론은 독일에서 1914년에 「뷸러」(O. Bühler)에 의하여 「자유재량의 정당한 행사를 청구하는 권리」라는 이론으로 전개된 이래 많은 학자에 의하여 주장되었으며, 제 2 차대전 후 학설·판례의 집적을 통하여 체계화된 비교적 새로운 이론이다. 이 이론을 보다 정밀하게 구성·발전시킨 것은 바호프(O. Bachof)인바, 그는 자유재량행위에 있어서도 재량권행사에 하자가 있으면 사법심사가 미치며 따라서 개인은 재량적 결정의 과정에 있어서 하자 없는 결정을 요구할 수 있는 권리를 가지는 것이라고 주장하였다.[1)]

㈏ **독자성 인정 여부 학설** 이 청구권과 관련되는 실체적 권리에 대하여 독자성을 갖는지 다투어진다.[2)]

ⓐ **긍정설** ① 이러한 법개념을 구성할 필요성은 실체적 권리의 침해 여부와는 직접 관계없이 그와는 별도로 형식적 권리인 흠 없는 재량행사청구권의 침해를 이유로 행정소송을 제기할 수 있는 소익을 인정하려고 한 것이다. ② 따라서 특히 이 청구권을 인정할 필요성이 있는 경우는 실체적 권리의 침해를 인정할 수 없는 경우이다. ③ 이 권리는 당해 재량수권법규의 해석을 통하여 도출할 수 있다. 재량수권법규도 결코 자의를 허용한 것은 아니며, 의무에 합당한 재량행사를 명한 것이므로, 이에 대응하여 상대방에게 흠 없는 재량행사청구권이 인정된다고 볼 것이기 때문이다. 따라서 재량수권법규가 근거가 된다.[3)]

ⓑ **부정설** 다시 청구권의 성질상 인정할 수 없다는 견해와 유용성의 면에서 인정할 수 없다는 견해로 나누어 볼 수 있다.

① 성질상 인정할 수 없다는 견해 이 청구권은 재량행위의 영역에서 흠 없는 재량을 구하기 위한 권리로서 인정되는 개인적 공권을 통칭하는 개념이지, 개별구체적인 그리고 독자적인 권리로 보기는 어렵다. 그것은 재량은 재량권행사가 문제되는 실체적인 권리(예: 운수사업을 경영할 권리·자유)와의 관련하에서 결정의 방법에 관련되는 것이며, 또한 재량은 다만 형태적인 성질을 갖는 것이지 그 자체가 실체적인 권리와 분리되어 가치를 갖는 독립의 성질을 갖는 것이 아니기 때문

1) Bachof, Die verwaltungsrechtliche Klage auf Vornahme einer Amtshandlung, 1951, S. 67f.; 김남진, 하자 없는 재량행사청구권의 법리, 고시계, 1976. 5월호; 이상규(상), p. 199 참조.

2) 예컨대 재량행위인 운송사업면허 여부를 결정함에 있어서 재량을 일탈·남용하여 거부처분을 한 경우에, 신청인이 실체적 권리인 운송사업면허를 받을 이익(기본권)을 침해받았는지와 직접 관계없이, 형식적인 권리인 흠 없는 재량행사청구권이 침해되었다는 이유로 운송사업면허거부처분을 다툴 수 있는지에 관한 것이다.

3) 명시적으로 이러한 견해를 표명하고 있지는 않으나, 대부분의 학자들이 행정쟁송과 관련하여 흠 없는 재량행사청구권의 침해를 법적이익의 침해로 보고 있다는 점에서 그 주장하는 바를 종합하여 보면 이 견해를 취하는 것으로 볼 수 있다. 김철용(I), p. 70.

이다.[1)]

② 유용성의 면에서 인정할 수 없다는 견해 ⓐ 이 청구권의 독자성을 인정하는 견해에서도 이 청구권의 성립요건으로 사익보호성을 갖는 실체적 권리를 드는바, 그렇다면 재량의 하자가 있는 경우에는 그로 인한 실체적 권리의 침해가 있는 경우에 한하여 실체와 관련시켜 권리구제를 인정하면 되는 것이지 굳이 실체적 권리와 구분되는 형식적 권리를 따로 인정할 필요가 없고, ⓑ 현행법상 그 적절한 근거를 찾을 수 없는 것이다.[2)]

(c) 결언 ① 긍정설이나 부정설이나 모두 재량처분을 함에 있어서 재량권 행사에 흠이 있으면 당해 재량처분은 위법성을 띠게 되고 따라서 당해 재량처분을 행정쟁송의 대상으로 하여 다툴 수 있다는 점에서는 차이가 없다. 다만 부정설에서는 재량이라는 것은 어떤 실체적인 처분(예: 운수사업면허처분)의 형성과정에서의 결정의 방법에 관한 것이므로, 실체적 권리(예: 운수사업을 경영할 권리·자유)와 독립된 흠 없는 재량행사청구권이라는 독자적인 개별구체적인 권리라는 것은 인정할 수 없다고 한다. 이에 대하여 긍정설은 흠 없는 재량행사청구권의 독자성을 인정하여 재량행사에 흠이 있으면 흠 없는 재량행사청구권의 침해를 이유로 하여 당해 재량처분을 쟁송대상으로 하여 다툴 수 있다고 한다.

② 부정설은 재량권을 잘못 행사하면 바로 실체적 권리가 침해된다고 보는데 난점이 있고, 긍정설은 형식적 권리의 침해에 대하여 소익을 인정하는 점에 난점이 있다.

③ 생각건대 이와 같이 두 견해가 모두 난점이 있기는 하지마는 재량처분에 대한 국민의 권리구제라는 면에서 볼 때, 이 청구권에 대하여 독자성을 인정하여 이 청구권의 침해를 이유로 재량처분의 재고를 청구할 수 있다고 보는 것이 보다 직접적이고 이 청구권을 인정한 취지와 논리구조에도 맞는다고 할 것이다.

(다) 판례 우리 판례는, 다수의 검사 임용신청자 중 일부만을 검사로 임용하는 결정을 함에 있어 그 임용 여부의 응답을 해 줄 의무가 있다고 판시한 바 있다.

> 「임용권자가 재량권의 한계일탈이나 남용이 없는 위법하지 않은 응답을 할 의무가 임용권자에게 있고 이에 대응하여 원고로서도 재량권의 한계일탈이나 남용이 없는 적법한 응답을 요구할 권리가 있다고 할 것이며, 원고는 이러한 응답신청권에 기하여 재량권남용의 위법한 거부처분에 대하여는 항고소송으로서 그 취소를 구할 수 있다고 보아야 한다.」(대법원 1991.2.12. 90 누 5825 검사임용거부처분취소)

1) 홍정선(I), pp.161, 163.
2) 이상규(상), p.199; Huber, Wirtschaftsverwaltungsrecht, 2. Aufl., Bd II, 1954, S.658f.

이는 우리 대법원도 흠 없는 재량행사청구권을 독자적인 권리로 인정한 것이라 할 것이다. 「응답신청권에 기하여」는 「흠 없는 재량행사청구권에 기하여」라고 새겨질 수 있기 때문이다.[1] 대법원은 검사의 임용권자는 그 임용요건을 충족한 자의 신청에 대하여 신청한 대로의 처분을 하여야 할 법적의무는 없으나, 의무에 합당한 재량권을 행사하여 그 신청에 대한 인용 또는 거부의 명시적 처분을 하여야 할 의무를 응답의무라고 표현하였는바, 처분을 하여야 할 의무라고 하는 것이 보다 적절한 표현이라고 할 것이다.[2]

(5) 성립요건 공권이 성립하기 위해서는 강행법규성과 사익보호성이 요구되는바, 강행법규성은 재량영역에서도 재량한계를 준수하여야 하므로 흠 없는 재량권행사를 청구하기 위한 전제로서는 그것은 존재한다 할 것이고, 사익보호성은 독일의 초기에 있어서의 학설은 객관적 위법사유로서의 재량하자는 동시에 주관적 권리침해사유가 된다고 보아 모든 재량행위에 대하여 이 청구권은 성립되고 별도로 재량을 허용하고 있는 실정법규에 의하여 상대방의 법익이 보호되고 있음을 요건으로 하지 아니한다고 하였다. 그러나 이러한 견해에 대하여는 많은 비판이 제기되었으며, 오늘날은 재량행위에 있어서도 재량권을 허용하는 관계 실정법규가 상대방의 사익보호를 규정하고 있는 경우에만 이 청구권은 성립한다고 한다.[3] 사익보호규범으로는 재량수권규범과 헌법상의 기본권규범을 들 수 있겠다.

(6) 대상행위 이 권리는 보통은 수익적 행정행위를 대상으로 하나, 부담적 행정행위(예: 공무원에 대한 징계처분)도 대상이 된다 할 것이다. 부담적 행정행위의 경우에는 소극적인 방어권의 성격을 갖게 된다. 그리고 재량의 유형과 관련하여서는 행정기관이 선택재량을 갖는 경우에 이 권리가 인정된다 할 것이나, 결정재량을 갖는 경우에도 인정된다 할 것이다.[4]

(7) 행사방법 우리나라에 있어서는, ① 이미 적극적으로 행정처분을 행한 경우에는 당해 처분(부담적 처분)의 취소소송을 제기하고, 소극적으로 행정처분(수익적 처분)을 거부하거나 방치한 경우에는 의무이행소송이 인정되지 않고 있으므로, ② 거부의 경우에는 거부처분취소소송을, ③ 방치한 경우에는 부작위위법확인소송을

1) 반면 위 판례는 검사임용의 경우에 임용신청자에게 응답신청권을 인정한 판례이고, 무하자재량행사청구권을 독자적인 권리로 인정하는 것은 아니라는 견해(박균성(상), p.135.)와 응답을 받을 권리 그 자체는 헌법 제10조 인간의 존엄·가치권, 헌법 제15조의 직업선택의 자유, 헌법 제25조 및 국가공무원법·검찰청법 등에서 나오는 공무담임권의 한 부분으로써 실질적인 권리라는 견해도 있다(홍정선(상), p.154.).

2) 김동희(I), p.95.

3) H. Maurer, Allgemeines Verwaltungsrecht, S.123; 김동희, 무하자재량행사청구권(상), 월간고시, 1985.8월호, p.46.

4) 유지태, p.62.

제기할 수 있을 것이다. 그런데 여기에서 주의할 것은, ① 취소소송에 따라 법원이 청구를 인용하여 당해 행정처분이 취소되더라도, 실체적권리의 침해를 이유로 하여 취소소송을 제기한 경우와는 달라서 상대방의 권리가 바로 구제되는 것이 아니고, 처분청에게 하자 없는 재량을 행사하여 처분을 다시 하여야 할 의무를 부과할 따름이며, ② 거부처분취소소송이 인용되어 거부처분이 취소되더라도, 마찬가지로 바로 상대방이 신청한 처분을 하여야 하는 것은 아니고, 행정청은 하자 없는 재량을 행사하여 신청에 따른 처분을 할 것인지, 또는 거부할 것인지를 결정하면 된다는 것이다. ③ 부작위위법확인소송이 인용된 경우에도 동일하다고 할 것이다. 이는 마치 행정처분이 절차가 위법함을 이유로 취소된 경우와 동일하다고 할 것이다.

〔**독일의 판례**〕 국립대학교수채용응모자는 흠 없는 재량행사청구권이 있다[1)]

〔**사건 개요**〕 모 국립대학에서는 정치학교수에 결원이 생겨 공채공고를 한바, X를 포함하여 28인이 응모하였다. 이에 동대학 인사위원회는 지원자 중에서 5인을 후보자로 결정하고 구술시험과 투표를 통하여 X를 제1순위로, K와 R를 공동 제2순위로 결정하였고, 이에 따라 동 대학총장은 X를 임명하기 위하여 제청하였다. 그러나 상당기간 경과 후 교육부장관은 서신을 통하여 X에게 채용되지 못하였음을 통지하였는바, 그 이유는 동 대학 정치학과 전체 교수진의 구성상 채용할 수 없다는 것이다. 이에 X는 그 결정이 자신의 흠 없는 재량행사청구권을 침해하여 위법하다 하여 그 취소소송을 제기하였다.

〔**판결 요지**〕 제1심 법원은 청구를 기각하였으나, 항소심에서는「행정기관의 재량이 인정되는 특정행위를 신청하는 당사자에게는 당해 행위에 대한 실체적인 법적 청구권이 주어지지 못하고, 단지 흠 없는 재량행사청구권이 주어질 뿐이다. 공직채용을 위한 지원행위는 공직의 수여를 받기 위한 신청행위로 볼 수 있고, 이에 대한 결정절차가 적어도 같은 가치를 가지는 두 가지 절차를 거치는 경우에는 제1의 절차를 성공적으로 통과한 지원자는 다음의 제2의 절차가 흠 없는 재량결정에 의하여 진행될 것을 요구할 수 있는 법적 지위를 갖게 된다. 만일 제2의 절차와 관련하여 지원자에게 흠 없는 재량행사청구권이라는 법적 지위가 주어지지 않는다면 이는 잘못이다」라고 하여 피고의 재량권행사가 위법함을 확인하였다.

Ⅳ. 公義務의 관념·종류·특수성

(1) 공의무라 함은 공권에 대응하여 다른 자의 이익을 위하여 의무자의 의사에 가하여진 공법상의 구속을 말한다. 국가 또는 지방자치단체의 조세징수권에 대한 개인의 납세의무(개인적 공의무), 공무원의 봉급청구권에 대한 국가 또는 지방자치단체의 지급의무(국가적 공의무) 등이 그 예이다.

1) Lüneburg, Urt. vom 11. 8, 1982, NJW, 1984, 1639.

(2) 국가적 공의무는 근대법치국가에서 비로소 인정되게 된 것으로서, 그 이행을 위한 강제수단이 위에서 본 바와 같이 한결같지 않은 점에 특색이 있다.

(3) 개인적 공의무는 의무의 내용에 따라 작위·부작위·급부·수인의무로 나눌 수 있다. 원칙적으로 의무자의 의사에 불구하고 직접 법률 또는 법률에 근거한 행정처분에 의하여 과하여지며, 의무를 불이행하는 경우에는 행정권의 자력강제가 인정되는 점에 특색이 있다. 또한 개인적 공의무의 위반에 대하여는 벌칙이 규정되어 있는 경우가 많다.

제 6 절 行政法關係에 대한 私法規定의 적용

Ⅰ. 槪說(문제의 所在와 학설)

1. 문제의 所在

공법관계에 대하여는 거기에 적용되는 통칙적 규정이 없을 뿐만 아니라 적용될 법규 또는 법원칙이 흠결된 경우도 적지 아니하다. 여기에 공법관계에 대한 적용법규가 흠결된 경우에, 사법규정 또는 사법원리의 유추적용이 인정될 수 있을 것인지가 문제된다. 예컨대, 공무원의 봉급을 과오급(過誤給)한 경우에 민법의 부당이득에 관한 규정이 적용될 것인가 하는 것 등이다.

2. 학 설

(1) **부정설** 「오토 마이어」(O. Mayer)는 공법과 사법은 전혀 별개 독립의 법류(Rechtsart)라 하였고, 「하르트만」(Hart-mann)은 사법관계는 대등자간의 이기적 관계인데, 공법관계는 불대등자 간의 이타적 · 윤리적 관계이므로 외관상 유사하더라도 공법관계에는 언제나 공법규정이 적용되고, 그것이 흠결된 때에는 공법원칙에 의하여 해결하여야 하며 사법으로 보충할 것은 아니라고 하였다. 이 견해는 과거 관료권력이 강력한 정치체제 아래에서 행정의 편의를 존중하고 국가의사의 우월성을 확립하는 이론적 지주로서 봉사하였다.

(2) **긍정설** 양관계의 공통성 · 유사성을 인정하여 사법규정에 의하여 공법규정의 흠결을 보충할 수 있다는 견해를 총칭한 것으로 오늘날의 통설이다. 다만, 보충의 방법 및 정도에 관하여는 다시 견해가 갈라지며, 원칙적으로 긍정하는 견해로부터 원칙적으로 부정하는 견해에 이르기까지 몇 단계가 있다.

㈎ **직접적용설** 이 견해는 법의 일반원리(der allgemeine Teil des Rechts)의 존재를 인정하여 사법규정의 대부분은 법의 일반원리에 속한다는 것을 이유로, 그 규정이 공법에 일반적으로 그리고 직접적으로 적용(unmittelbare Anwendung)(여기서 직접적용이라 함은 사법규정 그 자체를 그대로 적용함을 말한다.)되어야 한다고 주장한다(Friedrichs 등). 이 견해는 일반법원리가 사법규정 중에 존재한다는 것을 인정한 것은 정당하지마는, 그것이 순수한 형태로 존재하고 있는 것은 별로 없고, 사법의 특수성을 고려하여 사법적으로 분식된 형태로 존재하는 경우가 많다는 것을 간과하고 있다.

㈏ **유추적용설** 공법과 사법의 대립과 각각의 특수성을 중시하는 견해로

서 직접적용을 인정하지 않고 공법의 특수성을 고려하여 사법규정을 유추적용(Analogie)(여기서 유추적용이라 함은 사법규정 그 자체가 아니고 그 규정 속에 들어 있는 원리를 적용한다는 뜻이다.)할 것을 주장한다. 이 견해가 가장 지배적인 견해이다.

(3) 법일원설(특별사법설) 공법과 사법의 구별을 부인하고 공법을 사법에 대한 특별법으로 본다. 따라서, 공법관계에 적용할 특별한 규정이 없으면 당연히 일반법인 사법이 적용된다고 한다. 공법·사법이원론에서는, 이 견해는 법체계에 있어서 양자를 구별하여 그에 따라 다른 취급을 하고 있는 현실을 무시한 견해라고 비판한다.

(4) 결언 ㈎ 긍정설 중 유추적용설이 타당하다고 생각한다.[1] 유추적용의 정도와 방법은 첫째로 유추적용당하려는 사법규정의 성질과, 둘째로 유추적용하려는 공법관계의 성질을 검토하여 결정하여야 할 것이다.

㈏ 여기에서 공법관계의 성질을 검토하여 결정하여야 한다는 것은 당해 법률관계가 권력관계인지 비권력관계인지에 따라 유추적용되는 사법규정의 범위가 달라진다는 것이다.

Ⅱ. 우리 實定法上의 公法關係에 대한 私法規定의 適用限界

1. 私法規定의 내용에 따른 私法規定適用의 限界(一般法原理的 規定)

(1) 사법규정 중에는 공법·사법에 공통적으로 적용될 수 있는 일반법원리적규정이 있다. ① 사법은 대부분의 사적 거래관계를 규율하고 그 거래관계에서의 사인간의 이해조절을 목적으로 하며, 이러한 규정은 그 성질이 다른 공법관계에는 원칙적으로 적용될 수 없다. ② 그러나 사법규정 중에는 법 전체에 공통되는 일반법원리적규정(신의성실의 원칙 등) 또는 법의 기술적인 약속(기간계산에 관한 규정 등)을 내용으로 하는 규정이, 때로는 순수한 형태로 때로는 사법적으로 분식된 형태로 존재하는 경우가 적지 아니하다.

(2) 사법규정 중에서 일반법원리적 규정이라고 볼 수 있는 것을 들어보면 신의성실과 권리남용금지·자연인·법인·물건·의사표시·대리·부관·기간·시효 등 민법총칙의 규정, 사무관리·부당이득·불법행위 등 채권법 중의 일부 규정이라고 할 것이다.[2]

1) 김도창(상), p. 251.
2) 김도창(상), p. 251; 김남진(Ⅰ), p. 133 이하.

2. 公法關係의 종별에 따른 私法規定適用의 限界

우리 실정법상 공법관계에는 권력행정과 비권력행정이 있다.

(1) **권력행정과 사법규정** ㈎ 권력관계에서는 법률관계의 형성·실현과정에서 행정주체의 의사의 우월성이 인정되는 관계로 대등한 당사자간의 자유로운 의사합치에 의하여 법률관계가 형성되는 사법관계와는 그 성질을 달리한다. 따라서, 권력관계에는 일반법원리적 규정을 제외하고는 사법규정이 원칙적으로 유추적용되지 않는다 할 것이다.

㈏ 그러나 종래의 통설과 같이 권력행정에 대하여 사법규정의 적용을 전적으로 부인하는 것은 찬성하기 어렵고, 개개의 법률관계에 관한 구체적 판단에 따라 그 성질과 기능에 반하지 않는 한도에서 사법규정이 적용될 수 있다 할 것이다.[1]

(2) **비권력행정과 사법규정** 종래의 통설은 비권력행정을 다시 관리행정과 국고행정으로 구분하여 전자는 공법관계로서 공법적 규율과 사법적 규율이 혼합되고 있는데, 후자는 사법관계로서 완전히 사법적 규율의 대상이 된다고 보았다. 그러나 비권력행정에 관하여는, 관리행정인가 국고행정인가를 불문하고, 개별적으로 하나하나의 법률관계 내용의 구체적인 성격·기능에 따라 판단하여, 공법적 규율은 특별한 규정이 있거나 실정법 전체의 구조에 비추어 해석상 당해 관계가 직접적으로 행정목적의 달성을 위하여 필요한 사실이 입증된 경우에 한하여 행하여지고, 그 이외에는 일반적으로 사법규정이 적용된다 할 것이다.[2] 비권력행정에 대하여 특칙을 두고 있는 예로는 영조물의 설치·관리의 하자로 인한 손해배상에 관한 특칙을 둔 것(국배 5), 공기업의 목적달성을 위하여 배상책임을 부정하거나 일정한 범위에 한정시킨 것(우편 38 이하), 공물에 관하여 그 융통성을 제한한 것(국재 20), 행정재산의 사용료 징수에 대하여 행정상의 강제징수를 인정한 것 등이다.

〔**판례**〕 영업장소를 이전하지 않는 영업의 경우에도 구 공공용지의 취득 및 손실보상에 관한 특례법 시행규칙 제25조 제 1 항을 유추적용하여 보수기간 중의 인건비 등 고정적 비용을 보상하여야 한다.

휴업 및 보수기간 중에도 고정적 비용이 소요된다는 점에 있어서 영업장소를 이전하는 영업의 경우와 그렇지 않은 경우를 달리 볼 아무런 이유가 없으며, 영업장소의 이전을 불문하고 휴업 및 보수기간 중 소요되는 고정적 비용을 보상함이 적정보상의 원칙에도 부합하는 점에 비추어 보면, 영업장소를 이전하지 않는 영업의

1) 김도창(상), p.251.
2) 김도창(상), p.255; 이상규(상), p.230.

경우에도 같은 법 시행규칙 제25조 제 1 항을 유추적용하여 영업장소를 이전하는 경우와 마찬가지로 그 보수기간중의 인건비 등 고정적 비용을 보상함이 타당하다(대법원 2005.11.25. 2003 두 11230 재결처분취소및손실보상금).

〔**판례**〕 공공사업시행지구 밖의 수산제조업자의 영업손실보상을 하는 경우 공공용지의취득및손실보상에관한특례법시행규칙의 간접보상에 관한 규정을 유추적용할 수 있다.

공공사업시행지구 밖에서 관계 법령에 따라 신고를 하고 수산제조업을 하고 있는 사람에게 공공사업의 시행으로 인하여 그 배후지가 상실되어 영업을 할 수 없게 되었음을 이유로 손실보상을 하는 경우 그 보상액의 산정에 관하여는 공공용지의취득및손실보상에관한특례법시행규칙의 간접보상에 관한 규정을 유추적용할 수 있다(대법원 2002.3.12. 2000 다 73612 손해배상(기)).

제 7 절 特別行政法關係(이른바 特別權力關係)

Ⅰ. 전통적인 特別權力關係論

1. 槪 說

행정법관계(공법관계)는 여러 관점에서 분류할 수 있는바, 그 중요한 분류의 하나는, 수단에 따라 권력관계와 비권력관계로 구분하고, 권력관계는 다시 목적·성립원인·권력적 기초를 표준으로 일반권력관계(allgemeines Gewaltverhältnis)와 특별권력관계(besonderes Gewaltverhältnis)로 구분하는 것이다.

2. 特別權力關係의 의의

특별권력관계는 특별한 법률원인에 의하여 성립되어(성립원인), 특별한 공법상의 목적을 위하여 필요한 범위 안에서(목적), 포괄적으로 일방이 타방을 지배하고, 타방이 이 포괄적인 지배권에 복종함을 내용으로 하는(권력적 기초) 법률관계이다. 예컨대 국가공무원이 국민의 지위에서 일반통치권에 복종함과 동시에, 국가공무원의 지위에서 일반사인과는 다른 특별한 법률관계에 서는 것과 같다.

3. 特別權力關係理論의 발전

(1) **연혁**　특별권력관계이론은 19세기 후반의 독일의 입헌군주정를 배경으로 하여, 전통적으로 절대적 권력을 누려 왔던 군주와 신흥시민세력을 대표하는 의회와의 타협의 산물로 생성되었다고 보는 것이 일반적 견해이다. 그것은 입헌주의가 발달함에 따라 법률에 의한 행정의 원리에 의하여 군주 내지는 행정부도 의회가 제정한 법률에 의한 기속을 받게 되었는데, 군주에게 법률로부터 자유로운 행정영역을 확보하여 주기 위한 이론이라 하겠다.[1] 특별권력관계의 개념을 명백히 한 것은 「라반트」(P. Laband)이며, 이에 대한 법적 이론구성을 한 것은 「오토 마이어」(O. Mayer)이다.

(2) **이론적 기초**　특별권력관계이론의 이론적 기초는 당시의 법규(Rechtssatz) 개념에서 찾을 수 있다. 당시의 유력설(P. Laband, G. Jellinek)은 「법규란 인격주체상호간의 의사범위(Willenssphäre)를 정하여 주는 것으로서, 국가도 법인체로

1) 「특별권력관계라는 개념과 구성은 학설의 산물이며, 그것은 입헌국가 및 법치국가의 제요구에 대하여 일정한 전통적 상태를 유지하기 위하여 나온 것이다」. H. Krüger, Der Verwaltungsrechtsschutz in besonderen Gewaltverhältnis, NJW, 1953, S. 1369.

서 하나의 인격주체이므로 국가와 다른 인격주체 간에는 법규가 적용되지만 국가 내부, 즉 특별권력관계에는 법이 침투할 수 없다」(impermeable)고 하였다. 그것은 시민은 공무원이나 영조물이용자가 되어 특별권력관계에 들어가면 국가적 행정장치(Verwaltungsapparat)의 능동적 또는 수동적 구성원이 되어 버려 국가와의 관계에서 독립적인 인격주체성을 상실하는 것으로 본 것이다.

(3) 우리나라와 일본에서는 제2차대전 후까지도 독일의 이론을 거의 그대로 받아들였다. 그러나 오늘날에는 특별권력관계론은 독일의 특수한 역사적 사정을 배경으로 생성한 것이라는 점과 우리 헌법은 철저한 입헌민주주의를 채택하고 있다는 점에서 특별권력관계론에 대하여 강한 비판이 가하여지고 있으며, 독일에서와는 달리 부정설이 오히려 유력하다.

4. 特別權力關係의 성질

(1) 절대적 구별설(전통적 견해)　일반권력관계는 국가와 개인 간, 즉 법주체상호간의 외부관계인데, 특별권력관계는 행정의 내부관계(Inneres Verhältnis)라는 것이다. 그것은 개인은 특별권력관계에 들어옴으로써 국가행정의 한 분야로 되며 국가에 대하여 독립의 존재가 아니고 행정에 병합되어 버리기 때문이라고 한다.

(2) 상대적 구별설　특별권력관계에서의 복종자의 지위는 국민의 본래적 지위가 특수화된 것에 지나지 않으며, 특별권력도 결국 일반공권력의 직접적 또는 간접적 발동관계에 불과하다고 한다. 이 견해는 특별권력관계에서의 법치주의의 「부정」이 아니고, 「제한」 내지는 「변형」만을 시인한다.

5. 特別權力關係의 성립과 소멸

(1) 성립　특별권력관계가 성립하기 위하여서는 공법상의 특별한 법률원인이 필요한바, 그 원인에는 다음의 두 가지가 있다.

(가) 직접 법률의 규정에 의하여 성립하는 경우　성립원인이 법률에 규정되어 있어, 그 원인인 사실이 발생하면 상대방의 동의 없이 성립하는 경우이다. 예컨대, 징·소집해당자의 입대(병역 4장), 전염병환자의 강제입원(전염병예방 29), 수형자의 수감(행형 1·8), 일정한 자격이 있는 자의 공공조합에의 강제가입(산림조합 3장) 등이 그것이다.

(나) 상대방의 동의에 의하여 성립하는 경우　전통적 견해에 의하면, 이 경우에는 그 동의 자체가 사회통념상 당해 관계의 목적달성에 필요한 범위 안에서 포괄적인 지배권에의 복종을 승낙한 것으로 보았으며, 특별권력주체의 명령권,

강제권은 여기에 근거를 둔다고 보았다. 그 근거는 「동의는 권리침해의 성립을 조각한다」(volenti non fit iniutia)는 법언에 근거를 둔다. 그러나 그것은 사법관계에는 적용될 수 있으나, 공법관계에는 적용될 수 없다 할 것이고, 특히 동의에 의한 기본권의 침해는 인정될 수 없다고 본다.

성립원인이 되는 동의에는 다시 다음의 두 가지가 있다.

(a) **임의적 동의** 상대방의 동의가 그의 완전히 자유로운 의사표시에 의하는 경우이다. 국공립학교(초·중학교는 제외)에의 입학 및 국공립도서관의 이용 등이 그 예이다.

(b) **의무적 동의** 상대방의 동의가 임의의 의사에 의하는 것이 아니라, 법률에 의하여 의무지워진 경우이다. 의무지워진 동의이기는 하지만, 상대방의 의사표시(동의)가 그 관계의 성립원인이 되는 점에서 직접 법률에 의하여 성립되는 경우와 다르다. 학령아동의 초등학교취학(초·중등교육 13)이 그 예이다.

(2) **소멸** 일반적인 사유로는 목적의 달성(예: 대학의 졸업), 탈퇴(예: 공무원의 사임), 권력주체에 의한 일방적인 해제(예: 학생의 퇴학처분 등) 등이 있다.

6. 特別權力關係의 종류

(1) **공법상의 근무관계** 국가나 지방자치단체에 대하여 포괄적인 근무의무를 지는 관계로 상대방의 동의에 의하여 성립되는 경우(예: 공무원임명. 다만 이 경우의 동의가 어떤 성질을 갖는가에 대하여는 의견이 대립된다.)도 있고, 법률에 근거하여 국가의 일방적 의사로 성립되는 경우(병역법에 의한 현역병의 징집)도 있다.

(2) **공법상의 영조물이용관계** 여기에서의 영조물은 국가 등이 공공복리를 위하여 관리·경영하는 시설(예: 학교·철도·공원)을 말한다. 공법상의 영조물이용관계는 국공립학교,[1] 도서관, 전염병원의 이용관계와 같이 윤리적 성격을 가진 것만을 의미한다. 공공복리의 증진을 위한 것은 아니나, 감금되어 있는 수형자가 교도소의 특별권력에 복종하는 관계도 공법상의 영조물이용관계에 준하는 관계이다.

(3) **공법상의 특별감독관계** 국가적 목적을 위하여 설립된 공공단체, 국가사무를 위임받은 행정사무수임자(예: 별정우체국의 지정을 받은 자) 등과 같이 국가와 특별한 법률

1) 국립 교육대학 학생에 대한 퇴학처분은 국가가 설립·경영하는 교육기관인 동 대학의 교무를 통할하고 학생을 지도하는 지위에 있는 학장이 교육목적실현과 학교의 내부질서유지를 위해 학칙 위반자인 재학생에 대한 구체적 법집행으로서 국가공권력의 하나인 징계권을 발동하여 학생으로서의 신분을 일방적으로 박탈하는 국가의 교육행정에 관한 의사를 외부에 표시한 것이므로 행정처분임이 명백하다(대법원 1991.11.22. 91 누 2144 퇴학처분취소).; 서울대학교가 "94학년도 대학입학고사주요요강"을 제정하여 발표한 것은 공권력행사에 해당한다(헌법재판소 1992.10.1. 92 헌마 68, 76 1994학년도신입생선발입시안에대한헌법소원); 사관생도가 도서관장에게 거짓말을 하고 이후 두 차례의 사실확인 과정에서도 거듭하여 거짓말을 한 경우, 그를 퇴학처분한 것은 사관학교의 특수성 등에 비추어 정당하다(대전고법 1994.7.15. 94 구 86 퇴학처분취소).

관계를 가짐으로써 국가로부터 특별한 감독을 받는 관계를 말한다.

(4) **공사단관계** 공공조합(예: 산림조합 등)과 그 조합원과의 관계로서, 공공조합은 그 조합원에 대하여 특별한 권력을 가진다.[1)]

「농촌근대화촉진법의 관계 규정과 피고 (농지개량)조합의 정관에 따르면, 피고 조합과 그 직원과의 관계가 단순한 사법상의 근로계약관계가 아니라 공법상의 특별권력관계이므로 조합의 직원에 대한 징계처분의 취소를 구하는 이 사건 소송은 행정소송사항에 속한다」(대법원 1998.10.9. 97 누 1198 파면처분취소).

7. 特別權力關係에 있어서의 特別權力

(1) **특별권력의 종류** 특별권력관계의 종류에 따라 ① 직무상권력(Dienstgewalt), ② 영조물권력(Anstaltsgewalt), ③ 감독권력(Überwachungsgewalt), ④ 사단권력(Verbandsgewalt)으로 나뉘어진다.

(2) **특별권력의 내용** 일반적으로 인정되는 권력은 명령권과 징계권의 두 가지이다.

㈎ **명령권** ⒜ 특별권력의 주체는 포괄적인 명령권을 가지며, 당해 관계의 목적달성에 필요한 명령·강제를 할 수 있다. 그 발동형식은 ① 개별적·구체적 형식을 취하는 지시(Anweisung)(직무명령·특별감독관계에 있는 자에 대한 특정행위의 시정명령 등)와 ② 일반적·추상적 형식을 취하는 행정규칙(공무원관계에서의 훈령, 영조물이용관계에서의 영조물규칙, 특별감독관계에서의 특허명령서, 공사단관계에서의 공공조합규약 등)이 있다. 이들 지시나 행정규칙은 특별권력관계의 상대방에 대한 내부적 효력만을 가지며, 일반국민에 대한 대외적 효력을 갖지 않는다는 점에서 행정행위나 법규와 구별된다.

㈏ **징계권** 특별권력관계의 내부질서를 유지하기 위하여 질서문란자에 대하여 징계벌을 과할 수 있는 권력을 말한다. 징계권에는 소극적인 가택권적 규율권(국립도서관·공설운동장 등의 경우)과 적극적인 징계권(공무원·학생·소년원생 등의 경우)을 포함한다.

Ⅱ. 特別權力關係論의 재검토

전통적인 특별권력관계론은 2차대전 후 특히 독일에서 비판의 십자포화(Kreizfeuer der Kritik)를 받게 되었다. 「본」기본법 아래서는 의회중심주의·법치주의 및 기본권존중주의가 확립된 철저한 입헌민주주의로 헌법구조가 달라져

---

1) 서울특별시지하철공사의 임원과 직원의 근무관계의 성질은 지방공기업법의 모든 규정을 살펴보아도 공법상의 특별권력관계라고는 볼 수 없고 사법관계에 속하므로, 위 지하철공사의 사장이 소속직원에 대한 징계처분을 한 경우 그 불복절차는 민사소송에 의할 것이지 행정소송에 의할 수는 없다(대법원 1989.9.12. 89 누 2103 징계처분취소).

그 존립기반이 흔들리게 되었다고 할 것이기 때문이다.

그리하여 종래의 법규개념에 대하여도 비판이 가하여졌다.

이러한 비판에 강력한 논거를 제공한 것이 1972년 3월 14일의 독일연방헌법재판소의 수형자판결(Strafvollzugs Entscheidung)이다. 동 판결은 수형자관계에서도 기본권은 법률의 명시적 규정이나 법률에 근거하여서만 제한할 수 있다고 하였으며, 그 후 계속되는 판결에서 이러한 결론을 반복·확인하였다.

여하튼 이러한 영향을 받아 우리 학자도 1970년대 이후 전통적인 특별권력관계론에 대하여 강한 비판을 가하고 있는바, 새로이 주장 내지 논급하고 있는 비판론은 전면적 부인론과 그에 이르지 않고 이를 새로운 시각에서 재구성하려는 견해로 나누어진다.[1)]

1. 特別權力關係否定說

유형적으로 두 가지 형태의 부정설이 유력하게 주장되고 있다.

(1) 일반적·형식적 부정설 제 2 차대전 후의 헌법체제의 전환을 중시하여 궁극적으로는 헌법의 의회중심주의·법치주의 및 기본권존중주의를 근거로 하여 모든 공권력은 법률의 근거를 요하며, 따라서 특별권력관계에서의 공권력의 행사도 법률의 근거를 요한다고 한다. 즉 거기에도 법치주의가 전면적으로 타당하며, 예컨대 현재의 국가공무원법의 규율도 그와 같이 되어 있다고 한다.

(2) 개별적·실질적 부정설 종래 모두 특별권력관계로 다루어 온 법률관계를 개별적·구체적으로 검토하여 비권력관계(관리관계 또는 사법관계)·일반권력관계로 분해·귀속시키는 견해이다. 그리하여 ① 권력적 색채가 비교적 강하고 법률의 규율대상이 되고 있는 관계(예: 공무원의 신분관계, 군복무관계, 교도소수용관계, 전염병원강제입원관계, 국가의 특허기업자에 대한 감독관계 등)는 일반권력관계로 귀속시킨다. 그리고 ② 권력적 색채가 약하고 상대방의 동의에 의하여 성립하는 관계(예: 국공립학교재학관계, 국공립 병원입원관계 등)는 일종의 계약관계로 이해하려 한다. 그러나 그 계약관계의 성질에 대하여는 사법상의 계약관계로 보는 견해,[2)] 공법상계약으로 보는 견해,[3)] 공사 공통의 계약관계로 보는 견해[4)] 등으로 갈린다.

2. 特別權力關係論의 修正論

이들 이론은, 구체적인 내용에 있어서는 약간의 차이가 있으나, 기본적으로

1) Erichsen/Martens, Allgemeines Verwaltungsrecht, 10. Aufl., 1995, S. 456.
2) 室井力, 特別權力關係論, 1970, pp. 336, 426 참조.
3) 이상규(상), pp. 212, 213.
4) 兼子仁, 特殊法의 개념과 行政法, 公法學硏究(杉寸章三郎先生古稀紀念), 1974, p. 264.

는 전통적인 특별권력관계론을 부인하면서도, 이들 관계에 대하여는 일반권력관계에 대하여 일정한 특수성·독자성을 인정할 수 있는 것으로 보고 있다.

(1) **내부관계·외부관계수정설** 「바호프」교수에 의하면 전통적 견해에서 국가의 내부, 즉 특별권력관계에 법규가 침투할 수 없다고 한 것은 자연인과 법인의 본질적 차이를 간과한 것이며, 법인에 있어서는 법이 침투할 수 있는 외부관계가 있다고 한다.[1] 예컨대 영조물이용관계에 대하여 보면 영조물관리자(국가)와 영조물이용자간의 관계는 법주체 대 법주체간의 관계이며, 국가와 국민 간의 관계와 같이 외부관계라고 한다. 또한 공법상의 근무관계에 있어서 근무주체와 공무원간의 관계도 동일하다. 다만, 공법상의 근무관계는 영조물이용관계와는 달리 그 일부만이 외부관계이고, 대부분은 내부관계라고 한다.

(2) **기본관계·경영수행관계 구분론** 「울레」교수에 의하면 특별권력관계를 기본관계(Grundverhältnis)와 경영수행관계(Betriebsverhältnis)로 나누어 기본관계에서의 행위는 행정행위이며, 사법심사가 가능하다고 한다.[2] 그는 판례를 종합하여 기본관계와 경영수행관계에 속하는 행위를 예시하였다. 사법심사가 가능한 기본관계는 특별권력관계 자체의 성립·변경·종료 또는 당해 관계구성원의 법적 지위의 본질적 사항에 관련된 법률관계를 말한다. 예컨대 ① 공무원의 임면·전직, ② 군인의 입대·제대, ③ 국공립학교 학생의 입학허가·제적·정학, ④ 수형자의 형의 집행 등이다. 이에 대하여 경영수행관계란 당해 관계 구성원이 특별권력관계 내부에서 가지는 근무관계 또는 영조물관계에서 성립되는 경영수행적 질서에 관련된 법률관계를 말한다. 예컨대 ① 공무원에 대한 직무명령, ② 군인의 훈련·관리, ③ 학생에 대한 수업행위, ④ 수형자에 대한 행형 등이다.

(3) **제한적 긍정설** 이 견해는 주로 특별권력관계에서의 구성원의 기본권보장과 관련하여 전개되었다. 「에릭센」교수에 의하면 기본권의 무제약적인 제한을 정당화하는 헌법 차원의 특별권력관계의 개념은 부정하면서도 특별한 행정목적을 위하여 행정법 차원의 특별권력관계의 개념은 인정한다.[3] 그리하여 기본법상의 특별권력관계가 제대로 기능을 발휘하기 위하여서는 제한된 범위 안에서 다음과 같이 법치주의가 완화되어 적용될 수 있음을 인정한다. 특별권력관계에서도 ① 기본권의 제한은 법률에 근거하여야 한다. ② 법률유보의 원칙이 적

---

1) O. Bachof, Verwaltungsrecht und innerdienstliche Weisung, S. 285ff.
2) Ule, Das besondere Gewalthältnis, VVDSt기 15, 1957, S. 133ff.
3) Erichsen/Martens, Algemeines Verwaltungsrecht, 10. Aufl., 1995, S. 56; Ronellenfitsch, DOV. 1981, S. 933.

용된다. 다만, 본질적 사항(wesensgehalt)에 관한 것을 제외하고는 법률(입법자)은 개괄조항(Generalklausel)에 의하여 특별권력관계의 주체에게 상당한 자유영역을 부여할 수 있다. ③ 특별권력관계에서도 그 구성원의 권리침해가 있는 경우에는 사법심사가 허용되나, 당해 관계의 기능수행이라는 점에서 사법심사에 의한 통제강도의 축소(Reduzierung)가 필요하다.

(4) 결언 (가) 확실히 종래의 특별권력관계의 개념은 연혁적으로 보아 입헌군주제 아래서 군주에 의하여 대표되는 행정권의 입법권(법률유보원칙의 제한) 및 사법권(사법심사의 제한 등)에 대한 독립고유의 권능을 가능한 한 확보하려는 목적으로 성립된 것으로, 의회중심주의·법치주의 및 기본권존중주의가 확립된 오늘날의 헌법구조 아래서는 그 존립기반을 상실하였다고 할 것이다.

(나) 그러나 전통적인 특별권력관계에 속하던 법률관계 중에는 여전히 다른 법률관계와는 달리 특수성을 인정하여야 하는 것이 있음을 도외시할 수 없다. 예컨대 공무원의 근무관계, 군복무관계, 교도소재소관계 등이 그것이다. 거기에서는 ① 법률유보의 규제밀도가 다소 완화되어 있고, ② 관계법률은 일반인에게는 제한되지 아니하는 기본권을 제한하며, ③ 사법심사에 있어서도 거기에서 행하여지는 행위는 내부행위로서 「행정처분」에 해당되지 않는 것이 상대적으로 많으며, 행정처분에 해당되는 행위도 보다 넓은 재량이 인정되는 경우가 많다고 할 것이므로, 이러한 상황을 포괄적으로 설명하기 위한 실천적 기능에서 보아 특별권력관계의 개념을 제한적으로 인정하는 것이 타당하다 할 것이다.

그리하여 오늘날에는 구성원의 기본권을 법률유보의 제약 없이 제한할 수 있는 제도로서의 특별권력관계의 개념은 인정할 수 없으며, 단지 법률유보와 기본권보장의 이념 아래서 행정상의 특정목적을 달성하기 위한 제도로서의 의미를 갖는 특별권력관계의 개념만이 인정될 수 있다고 할 것이고, 결국 위에서 본 제한적 긍정설의 입장이 타당하다고 본다.[1]

(다) 그리고 「특별권력관계」라는 용어는 종래 특별권력관계라고 보아온 관계가 모두 「권력관계」는 아니며, 또한 특별권력관계라는 용어는 그 관계가 모두 일반권력관계의 내부관계로 오해되어 온 것도 사실이라 할 것이므로, 앞으로는 특별권력관계가 일반권력관계와 병렬적 관계임을 나타내기 위하여 「특별행정법관계」로 칭함이 타당하다고 생각한다.[2]

1) 석종현(상), p. 161 참조.
2) 김도창(상), p. 257.

Ⅲ. 特別行政法關係와 法治主義

특별행정법관계와 법치주의와의 관계는 「법률에 의한 행정의 원리」(법률유보의 원칙)와 「기본권보장」 및 「행정에 대한 사법적 통제」의 세 가지 점에서 논의된다.

1. 法律에 의한 行政의 원리

(1) 특별행정법관계에서도 법률유보의 원칙이 적용된다. 따라서 특별행정법관계의 문제라 하더라도 그것이 주요사항에 해당되는 경우에는 법률 또는 그 위임을 받은 법규명령에 근거를 두어야 한다. 그러나 특별행정법관계에서는 관계법률은 개괄조항(Generalklausel)에 의하여 수권이 행하여지고, 또한 포괄적인 입법위임이 행하여지며, 행정규칙에 의하여 규율되는 경우가 많아 법률유보에 의한 규제밀도가 다소 완화되어 있는 경우가 많다. 예컨대 국가공무원법 제79조(징계는 파면·해임·강등·정직·감봉·견책으로 구분한다)[1] 는 공무원에 대한 징계의 양정을 개괄적으로 수권하고 있으며, 또한 군인사법 제47조의 2는 군복무관계에서의 권리제한에 대한 세부사항을 포괄적으로 대통령령(군복무규율)에 위임하고 있으며, 군복무규율은 군인의 내무생활에 대한 규율을 국방부장관이나 각군 참모총장이(행정규칙으로) 정하도록 위임하고 있다.

(2) 그러나 일반조항에 의한 수권과 포괄적인 입법위임은 법률유보원칙의 적용에 있어서 미진함을 뜻하는 것이다. 법률유보의 원칙은 결국 그 규제밀도가 문제되는 것으로 주요사항에 대하여 법률유보가 필요하다면 그 규율의 자세함도 필요한 것이다. 만약 규제밀도가 무한정 완화된다면 법률유보의 원칙은 형해화될 수밖에 없다. 따라서 특별행정법관계에 있어서 법률유보의 원칙이 완화된다고 하더라도 권리침해에 대한 예측가능성이 있는 범위 안에서 행하여져야 할 것이며, 그렇지 못한 경우에는 법률유보의 요청이 충족되지 못한 것으로 보아야 할 것이다.

2. 特別權力과 基本權

(1) 특별권력의 한계에 관하여 특히 문제되는 것은 특별권력에 의하여 구성원의 헌법상 보장된 기본권을 제한할 수 있느냐 하는 것이다.

(2) 특별권력관계에 있어서도 기본권의 제한은 법률에 근거하여야 한다고

1) 2008. 12. 31. 개정된 국가공무원법 제79조는 공무원의 징계종류 중 "해임"과 "정직" 사이에 "강등"을 신설하여 징계처분의 실효성을 높였다(지방공무원법 제70조도 같다).

국가공무원법 제80조(징계의 효력) ① 강등은 1계급 아래로 직급을 내리고(고위공무원단에 속하는 공무원은 3급으로 임용하고, 연구관 및 지도관은 연구사 및 지도사로 한다) 공무원 신분은 보유하나 3개월간 직무에 종사하지 못하며 그 기간 중 보수의 3분의 2를 감한다〈신설 2008. 12. 31. 시행일 2009. 4. 1.〉.

할 것이다.[1] 위에서 본 바와 같이 독일의 연방헌법재판소도 「수형자의 기본권도 법률 또는 법률에 의거하여서만 제한할 수 있다」고 하여 기본권보장과 관련하여서는 특별권력관계부인설을 취하였고, 같은 맥락에서 교육관계에 있어서도 「기본법상의 법치국원리와 민주주의원리에 따라 입법기관은 학교관계의 규율에 있어서 「본질적 결정」만은 법률로 직접 규정하여야 하며 행정의 재량에 맡길 수 없다」고 판시하였는바, 이는 이른바 중요사항유보설(Wesentlichkeitstheorie)을 취한 것으로 중요사항에는 기본권행사의 제한이 당연히 포함됨을 전제로 한다.[2]

(3) 우리 헌법상으로도 특별행정법관계라 하여 법률에 의하지 아니하고 기본권을 제한할 수는 없는 것이며, 일반적인 법률유보조항인 헌법 제37조 제 2 항에 근거하여 법률에 근거하여서만 제한할 수 있는 것이다. 그리하여 국가공무원법 · 행형법 · 군인사법 등은 공무원 · 재소자 또는 군인 등에 대하여 일반 국민과는 달리 당해 법률관계의 목적달성의 필요에 의하여 일정한 기본권의 제한에 대하여 규정하고 있다.

다만 특수신분을 갖지 않는 일반국민에 대한 기본권제한의 경우와 다소 다른 점이 있다면 특별행정법관계에서의 기본권제한은 위에서 본 바와 같이 개괄조항에 의하여 이루어지고(국공 79 등), 포괄적인 입법위임이 행하여지는 경우(군인사 47의 2 등)가 있어 법률유보의 규제밀도가 완화되어 있다는 점이다. 그러나 그러한 완화는 질적인 것이 아니고 상대적인 양적인 것임을 유념하여야 한다.

특별행정법관계에서도 비록 법률에 근거를 둔다고 하더라도 그 목적 달성을 위하여 사회통념상 필요하다고 인정되는 한도에서만 기본권의 제한이 허용된다고 할 것이다. 또한 종교의 자유, 양심의 자유, 학문과 예술의 자유 등은 그 성질상 그 목적달성을 위하여 그러한 기본권까지를 제한하는 특별권력관계는 인정될 수 없다고 할 것이므로, 특별행정법관계에서도 제한당하지 않는다고 할 것이다.

3. 司法審査

(1) 특별관력관계에서 그 권력주체의 행위로 상대방의 권익이 침해된 경우

1) 수형자의 접견 등에 관한 행형법 제18조 제 2 항이 수형자의 친족 이외의 자와의 접견을 필요한 용무가 있는 때에 한하는 것으로 규정하고 있어 위 조항이 같은 법 제62조에 의하여 미결수용자에게 준용되는 경우에도 위 '필요한 용무'의 개념을 제한적으로 해석하여 적극적으로 접견을 허용하지 아니하면 안 될 특별한 사정이 있는 경우에만 미결수용자와 친족 이외의 자와의 접견이 허용되는 것으로 본다면, 이는 미결수용자의 친족 이외의 자와의 접견을 원칙적으로 허용하지 아니하고 예외적으로만 허용하는 것이 되어 위헌의 소지가 있을 수 있지만, 어떤 법률이 한 가지 해석방법에 의하면 헌법에 위배되는 것처럼 보이더라도 다른 해석방법에 의하면 헌법에 합치하는 것으로 볼 수 있을 때에는 헌법에 합치하는 해석방법을 택하여야 할 것이다(대법원 1992.5.8. 91 부 8 위헌심판제청).

2) V. Münch, in Erichsen/Martens, S. 49.

에 이에 대한 사법적 구제를 청구할 수 있는가에 대하여 우리의 다수설은 소익(권리보호의 자격, 권리보호의 이익, 권리보호의 필요)이 인정되는 한 어떤 행위가 특별권력관계에서의 행위라는 이유만으로 사법심사로부터 제외될 수 없다고 본다. 다만 거기에서의 행위는 자유재량행위인 경우가 많기 때문에 사법심사의 대상에서 제외되는 일이 많을 따름이라고 한다. 즉 일반적으로 말하여, 특별권력관계의 목적이 교육목적(재학관계)·교정목적(수형자의 피감금관계)·치료목적(강제입원관계)과 같은 고도의 전문적·기술적 판단을 요하기 때문에, 특별권력의 행사는 그 주체에게 넓은 재량을 인정한 경우가 적지 않다는 것이다.[1)]

(2) 생각건대 특별권력관계에서의 행위에 대한 사법심사의 범위는 외부관계와 내부관계를 구별하여 외부관계의 행위(예: 지방의회의원의 제명)에만 미치고 내부관계에서의 행위(예: 지방의회의원의 출석정지)에는 미치지 않는다고 보는 것이 타당하다 할 것이다. 그것은 기본권과 법률유보의 원칙적인 적용 아래서 특별권력관계제도의 필요성을 인정한다면 그 구성원의 권리보호와 특별권력관계의 기능수행간에 조화가 이루어져야 할 것이기 때문이다. 다만 이 경우에 외부관계를 널리 인정하여야 할 것이며, 그렇게 되면 소익이 인정되는 한 사법심사가 허용되어야 한다는 다수설의 견해와 사실상 일치된다고 할 것이다.

(3) 우리 판례도 어떤 행위가 특별권력관계에서의 행위라는 이유만으로 사법심사에서 제외될 수 없다고 보고 널리 사법심사를 인정하는 입장이다. 서울고등법원 판례는 공무원의 전보명령을 행정처분으로 보아 사법심사의 대상으로 인정한 바 있다. 전보발령은 행정청이 행정조직의 한 구성부분의 지위에서 기관담당자인 공무원에 대하여 단순히 직무수행의 종류와 방식에 관련하여 발한 명령에 지나지 않는다면서 공무원의 신분적 지위에 관련되는 명령이 아니라는 이유로 처분성을 부인하였다.

「불규칙적이고 잦은 전보명령이나 보직변경 등의 인사발령에 의하여 침해될 수 있는 교육공무원의 근무환경 또는 근무조건과 직무의 연속성 및 일상생활의 안정성 등은 교육공무원법 제21조, 교원지위향상을위한특별법 제 7 조 제 1 항, 제 9 조 제 1 항, 제10조 제 3 항, 국가공무원법 제16조 제 1 항, 제 2 항 등 관계 법규에 의하여 보호되는 직접적이고 구체적인 법률상의 이익이라 할 것이므로, 전보명령을 받은 교육공무원에게는 그 처분의 취소를 구할 소의 이익이 있다」(서울고법 1998.3.26. 97 구 6200 인사발령처분취소).[2)]

1) 김도창(상), p.265; 이상규(상), p.226; 김남진(I), p.130.
2) 기계공고의 교장은 1997.1.18. 원고가 전교조에 가입·활동하고 노조신문을 배포하거나 교사들을 선동하며 수업시간에도 수업을 하지 않고 학부모총회에 참석하였을 뿐만 아니라 교감에게 폭언을 하는 등 학교의 업무수행에 많은 지장을 초래하였다는 이유로 피고에게 원고에 대한 비정기 전보내신을 하였고, 피고는 그 해 2.24. 위 전보내신에 따라 원고에 대하여 그 해 3.1.부터 다사종합고등학교의 근무를 명하는 인사발령처분을 하였다(서울고법 1998.3.26. 97 구 6200 인사발령처분취소).

제 2 장 行政上法律關係의 原因 (法律要件 · 法律事實)

제1목 총　설

Ⅰ. 意　義

행정법관계의 발생 · 변경 또는 소멸이라는 법률효과를 발생시키는 원인이 되는 사실을 행정상(공법상)의 법률요건이라 하며, 이 법률요건을 조성하는 사실을 법률사실이라 한다. 공법상의 법률요건은 보통 여러 개의 법률사실로 조성되나(예: 건축허가가 신청과 허가처분으로 조성된 것과 같다.), 한 개로 조성될 때도 있다(예: 공법상의 상계와 같다.).

Ⅱ. 種　類

1. 公法上의 事件

사람의 정신작용을 요소로 하지 아니한 공법상의 법률요건 · 법률사실이며, 사람의 생사(사망으로 의사면허가 실효되는 등), 시간의 경과(출소기간의 경과로 제소권을 잃는 것 등), 일정한 연령에의 도달(선거권을 취득하는 것 등)과 같은 자연적 사실도 있고, 물건의 소유 · 점유(가옥의 소유로 재산세 납세의무를 지는 등), 거주(지방자치단체의 주민이 되는 등) 등의 사실행위도 있다. 이들 중 공법상의 기간 · 공법상의 시효 · 공법상의 주소에 대하여서만 뒤에서 설명한다.

2. 公法上의 容態

(1) 정신작용을 요소로 하는 공법상의 법률요건 · 법률사실을 말하며, 이는 다시 행위(외부적 용태)와 내심(내부적 용태)으로 나누어진다. 전자는 정신작용의 발현인 사람의 거동으로 법률적 효과를 발생시키는 것이며, 이를 공법행위라 한다. 후자는 외부에 나타나지 아니한 정신상태로 법률적 효과를 발생시키는 것이다. 선의 · 악의 등이다.

(2) 공법행위는 다시 여러 가지 표준에 의하여 분류할 수 있다. 그 중에서 중요한 것은 주체를 표준으로 행정주체의 공법행위와 사인의 공법행위로 분류하

는 것이다. 행정주체의 공법행위는 행정주체가 상대방에 대하여 우월적 지위에서 행하는 행정상입법·행정계획·행정행위도 있고, 상대방과 대등한 지위에서 행하는 공법상계약·공법상합동행위 등도 있다. 이 장에서는 사인의 공법행위 그리고 이에 덧붙여 공법상의 사무관리(공법행위에 준하는 성질을 가진다.)·부당이득(공법상의 사건인 성질을 가진다.)에 대하여서만 설명하기로 한다.

제 2 목 公法上의 期間

I. 槪 說

(1) 기간(term, Frist)이란 한 시점에서 다른 시점까지의 시간적 간격(길이)을 말한다. 이 점에서 기한 또는 기일 등과 구별된다.

(2) 공법관계에 적용법규가 흠결된 경우에 사법규정을 적용할 수 있는가 하는 문제의 한 분야는, 기간의 계산과 같은 이른바 법률기술적 약속의 분야에 속하는 규정에 관한 것이다.

행정법령 중에도 기간의 계산에 관한 규정을 둔 것이 있기는 하나(국회 165, 특허 14, 토지등의취득및보상 6 등), 대부분의 행정법령은 그와 같은 규정을 두지 않고 있다. 그러나 기간의 계산은 이른바 순수한 법률기술적 약속으로 공법관계에 있어서 사법관계에서와는 다른 약속을 하여야 할 합리적인 이유는 없다. 그런 의미에서 민법의 기간계산에 관한 규정은 일종의 일반법원리적 성격을 가진 것이라 할 수 있고, 공법상 특별한 규정이 없는 한, 공법상의 기간계산에도 적용된다 할 것이다.

Ⅱ. 期間의 起算點

(1) 기간을 시·분·초로 정한 경우에는 즉시로부터 기산하며, 일·주·월·년으로 정한 경우에는 초일은 산입하지 아니한다(민 156·157). 다만, 이 초일불산입의 원칙은 연령계산과 기간이 오전 0시로부터 시작되는 때에는 적용하지 않는다(동 157단·158).

(2) 초일불산입의 원칙은 특별한 규정이 없으면 공법상의 기간계산에도 적용된다. 예컨대 「공포한 날로부터 30일이 경과한 날로부터 시행한다」고 되어 있는 경우에는, 30일은 공포일 다음날부터 기산한다.

그런데 행정법령 중에는 초일도 산입하도록 특별규정을 둔 경우가 있는바,

예컨대 국회법(동법 165) 등이다.

〔**판례**〕 기간의 초일이 공휴일이라 하더라도 기간은 초일부터 기산한다.

민법 제161조가 정하는 기간의 말일이 공휴일에 해당한 때에는 기간은 그 익일로 만료한다는 규정의 취의는 명문이 정하는 바와 같이 기간의 말일이 공휴일인 경우를 정하는 것이고, 이는 기간의 만료일이 공휴일에 해당함으로써 발생할 불이익을 막자고 함에 그 뜻이 있는 것이므로 기간 기산의 초일은 이의적용이 없다고 풀이하여야 할 것이다(대법원 1982.2.23. 81 누 204 양도소득세부과처분취소).[1]

〔**판례**〕 기간계산에 있어 초일을 산입하여 위법하다는 판례

민법 제157조의 원칙은 농지개혁사업정리에관한특별조치법 제11조의 「동조 각호의 1에 해당하는 채권은 이 법 시행일부터 1년 내에 청구하지 아니하면 소멸한다」는 기간계산법에 적용되며, 위 특조법이 1968.3.13. 관보로서 공포 실시되었으므로 동법 실시가 같은 날 오전 영시로 부터 시작되지 않았음이 자명하다 할 것이니, 위 기간계산에 있어 1968.3.13. 초일을 산입할 것이 아니며, 그 익일인 1968.3.14.부터 1년 기간은 1968.3.13.로서 만료됨이 명백하다(대법원 1971.5.31. 71 다 787 보상금).[2]

〔**판례**〕 "선거일 공고일로부터"라고 하는 것은 "선거일을 공고한 그날로부터" 즉 "선거일을 공고한 날의 오전 영시로부터"이므로 초일을 산입한다.

선거법 제27조 제 6 항 전단에는 "정당의 당원인 자는 선거일 공고일로부터 후보자등록 마감일까지 그 소속정당으로부터 탈당하거나 당적을 변경하거나 제명된 경우에는 당해 선거에 있어서 후보자로 등록될 수 없다"고 규정되어 있는바, 이 규정에서 "선거일 공고일로부터"라고 하는 것은 "선거일을 공고한 그날로부터" 즉 "선거일을 공고한 날의 오전 영시로부터"를 의미하는 것으로 해석된다(대법원 1989.3.10. 88 수 85 국회의원선거무효).[3]

Ⅲ. 期間의 滿了點

행정법령 중 만료점에 대하여 특칙을 정한 것은 발견할 수 없다(특허 14 참조). 민법의 원칙에 의하면, ① 기간을 일·주·월 또는 년으로 정한 경우에는 그 기간의 말일이 종료됨으로써 기간이 만료되는 것이 원칙이나, 말일이 공휴일인 때에는

1) 원고는 이 사건 양도소득세 부과처분에 관한 국세심판소의 심판청구를 기각하는 결정서를 1980.7.17.에 송달받고 국세기본법이 정하는 행정소송제기의 불변기간인 60일이 되는 1980. 9.15.이 도과한 1980.9.16. 이 사건 소를 제기하였다. 그런데 원고는 위 7.17.이 공휴일인 제헌절이어서 송달의 효력은 다음날인 7.18.에 발생하니 제소기간은 7.19.부터 기산하여야 하므로, 원고의 소는 적법한 제소기간 내에 한 것이라고 주장하였으나 배척된 것이다.

2) 본건 농지부속시설(방조제 등)의 보상금 청구권은 위 법 시행일인 1968.3.13.부터 1년 이내인 1969.3.12.까지 행사함을 요하며 동일을 경과함으로써 소멸한다 할 것이라는 이유로 1969. 3.13.에 본소를 제기한 원고청구를 배척한 원심판결을 파기하였다.

3) 이와 같이… 일로부터… 일까지로 기간을 정하여 그 기간이 오전 0시로부터 시작하는 경우에는 민법 제157조 단서에 해당되어 일, 주, 월 또는 년으로 정한 기간을 기산할 때 기간의 초일을 산입하지 아니한다는 민법 제157조 본문의 규정은 적용될 여지가 없다.

그 익일에 만료된다(민 159·161). ② 기간을 주·월 또는 년으로 정한 때에는 역에 의하여 계산하되, 주·월 또는 년의 처음부터 기산하지 아니하는 때에는 최후의 주·월 또는 년에서 그 기산일에 해당한 날의 전일에 만료하고, 월 또는 년으로 정한 경우에 최종의 월에 해당일이 없는 때에는 그 월의 말일로 만료한다(동 160).

Ⅳ. 예컨대 「선거일 5日 전에」와 「선거일 전 5日에」의 차이

행정법령에는 「며칠 전에」 또는 「전 며칠에」라고 규정하는 경우가 많다. 이는 기간계산을 기산일로부터 뒤로 역산하는 경우로 역시 초일불산입의 원칙이 타당하다 할 것이다. 따라서 「선거일 5일 전에」의 경우는 선거일은 초일이므로 빼고(왜냐하면 선거일의 투표는 오전영시에 시작되지 않고 7시에 시작되므로), 선거일 전일부터 계산하여 5일이 되는 날의 이전을 말하며(중간에 5일이 있어야 한다), 「선거일 전 5일에」의 경우는 역시 선거일 전일부터 계산하되, 「전 5일에」라 하였으므로 5일이 되는 날을 말하는 것으로 볼 것이다(중간에 4일이 있으면 된다). 다만, 이에 대하여는 자구 때문에 그런 차이를 인정할 수 있는가에 의하여 의문을 표시하는 견해도 있다.[1]

Ⅴ. 期間 및 期限의 特例

(1) 천재지변 기타 당사자 등의 책임 없는 사유로 기간 및 기한을 지킬 수 없는 경우에는 그 사유가 끝나는 날까지 기간의 진행이 정지된다(행정절차 16①).

(2) 외국에 거주 또는 체류하는 자에 대한 기간 및 기한은 행정청이 그 우편이나 통신에 소요되는 일수를 감안하여 정하여야 한다(동 16②).

제 3 목 公法上의 住所

Ⅰ. 概 說

(1) 주소에 의하여 권리주체의 장소적 개별성을 정하고, 이를 기준으로 법률관계를 규정하는 것은 공법상으로도 사법의 경우와 동일하다. 예컨대 공법상으로 주소가 지방자치단체의 주민이 되는 요건(지자 12), 주민세의 납세의무성립요건(지세 173), 서류송달의 장소(국세기본 8), 인감신고지(인감증명 3), 외국인이 귀화하는 요건(국적 5)

1) 행정판례백선, 신판, p. 49.

으로 되는 경우 등이다.

(2) 사법에 있어 주소에 관하여 문제되는 것은 그 의의와 수인바, 공법상으로도 그러하다.

Ⅱ. 住所의 의의

(1) 민법 제18조 제 1 항은 「생활의 근거되는 곳을 주소로 한다」라고 성문화하고 있다.

(2) 자연인의 공법상의 주소에 관하여는 ① 주민등록법이 통칙적 규정을 두고 있는바, 공법관계에서의 주소는 다른 법률에 특별한 규정이 없는 한, 동법에 의한 주민등록지가 주소가 된다(23조).

② 주민등록은 ⅰ 30일 이상 거주할 목적(의사)으로, ⅱ 일정한 곳에 주소나 거소를 가지는(사실) 경우에 하는 것이므로(6 본문), 동법은 공법관계의 자연인의 주소의 인정에 있어, 한편에서는 의사주의에 따르면서도 결국은 주민등록이란 형식적 절차에 따르고 있다.

③ 따라서 다른 법률에 특별한 규정이 없으면, 공법상으로는 자연인의 주소는 바로 주민등록지이므로 주소에 갈음하여 주민등록지를 막바로 법률관계의 장소적 기준으로 정하고 있는 경우도 많다. 예컨대 선거권자의 선거인명부에의 등록요건(공직선거 37) 등이다.

(3) 법인의 공법상의 주소에 대하여는 통칙적 규정이 없으므로 민법이 적용된다고 볼 것이다(민 36).

Ⅲ. 住所의 數

(1) 입법례는 일치되지 않으나, 오늘날과 같이 복잡한 생활관계에서는 인간생활의 장소적 중심은 1개소에 한정할 수 없으므로 복수주의가 타당하며, 우리 민법도 「주소는 동시에 두 곳 이상 있을 수 있다」고 하여 이 원칙을 채택하였다.

(2) 그런데 위에서 본 바와 같이 자연인의 공법상의 주소는 원칙적으로 주민등록지이고, 주민등록법은 이중등록을 인정하지 않고 있으므로(10 ②), 주소는 원칙적으로 1개소에 한한다. 다만, 다른 법률(령)에서 특별한 규정을 두면 그 법률관계에서는 그 곳이 주소가 되고, 그 밖에 일반적인 법률관계에서는 주민등록지가 주소가 되므로 2개 이상의 주소가 있게 된다.

제 4 목 公法上의 時效

Ⅰ. 槪 說

(1) 일정한 사실상태가 오랜 동안 계속한 경우에, 그 상태가 진실한 권리관계에 부합하느냐의 여부에 관계없이 그 사실상태를 그대로 존중하여 이를 권리관계로 인정하는 제도를 시효라고 한다.

(2) 이러한 시효제도는 원래 사법상의 제도로서 발달되어 왔으나, 시효제도의 취지에서 보아 공법에도 타당하는 일반법원리적 제도라 할 것이다. 다만 문제는, 공법상의 시효가 사법상의 시효에 대하여 어떠한 특수성을 갖고 있느냐에 있다. 여기에 공법상의 시효는 공법규정의 흠결에 대하여 사법규정으로 보충하는 구체적인 한 예가 된다.

Ⅱ. 金錢債權의 消滅時效

공법상의 금전채권, 즉 금전의 급부를 목적으로 하는 국가의 권리 또는 국가에 대한 국민의 권리의 소멸시효에 관한 일반적 규정으로 볼 수 있는 것으로는 국가재정법의 규정이 있다(96 내지 98, 지방자치단체의 금전채권의 소멸시효에 관하여는 지방재정법 82 내지 84에 동일한 규정이 있다). 그러나 동법에는 오직 금전채권의 소멸시효기간(동법 96)과, 소멸시효의 중단·정지 기타에 관하여 적용할 다른 법률이 없을 때에는 민법의 규정을 준용한다는 것(동 97)과, 법령의 규정에 의하여 국가가 행하는 납입의 고지는 시효중단의 효력이 있다는 것(동 98)밖에 규정되어 있지 않다. 따라서, 소멸시효의 구체적인 사항에 대하여는 다른 법령에 특별한 규정이 없는 한, 민법의 규정이 유추적용된다 할 것이다(국가재정 96③, 국세기본 26 내지 28).

여하튼 공법상의 금전채권의 소멸시효의 특색은 그 기간과 효력에 있다.

1. 時效의 期間

(1) 다른 법률에 특별한 규정이 없는 것은 5년이다(국가재정 96, 지방재정 82).

(2) 「다른 법률에 특별한 규정이 없는 것」이라 함은 국가재정법 이외의 모든 법률(민법·상법·어음법·수표법 등 사법도 포함)에서 5년보다 짧게 규정하고 있지 않는 한, 5년의 시효로 소멸한다는 것이다(65 다 2506(1966.2.20 대판)—국회의원이 퇴직 후 재직중의 세비를 청구하는 것은 급료청구권에 해당하며, 따라서 민법 제163조에 의하여 3년의 소멸시효에 걸린다는 판례).

다른 법률에 특별한 규정이 있는 예로서, 국민측의 것으로 공무원연금법상의 단기급여(3년, 공무원연금 81①)·관세법상의 관세과오납금 및 기타 관세의 환급청구권(5년, 관세 22②) 등이 있다.

또한 시효기간에 관한 것이 아니라도 시효에 관한 기타의 사항(예: 기산점 등)에 관하여도 민법 이외의 다른 법률에 특별한 정함이 있는 때에는, 그러한 규정을 국가재정법에 대한 특별규정으로 볼 것이므로 그러한 특별규정에 의할 것이다.

〔**판례**〕 징발 보상청구권의 소멸시효에 관하여는 구 예산회계법 제71조를 적용할 것이 아니고 징발법 제23조를 적용할 것이다.
원고의 피고 국가에 대한 금전의 급부를 목적으로 하는 이 사건 징발보상 청구권의 소멸시효에 관하여서는 국민의 기본권인 징발보상 청구권을 보장하기 위하여 특히 규정하였다고 볼 수 있는 징발법 제23조의 규정을 배제하고 국민에게 불이익한 예산회계법 제71조를 적용할 수는 없다 할 것이다(대법원 1970.2.24. 69 다 1769 전원합의체판결 징발보상금).[1]

(3) 국가재정법 제96조는「금전의 급부를 목적으로 하는 국가의 권리와… 국가에 대한 권리」라 하였으므로, 동조는 공법상의 금전채권뿐만 아니라 사법상의 금전채권에도 적용된다고 할 것이다.

〔**판례**〕 국가에 대한 금전채권의 소멸시효기간을 5년으로 정하고 있는 예산회계법이 채권자의 재산권을 침해한 위헌이 아니다.
국가에 대한 채권의 경우 민법상 단기시효기간이 적용되는 채권과 같이 일상적으로 빈번하게 발생하는 것이라 할 수 없고 일반사항에 관한 예산·회계관련 기록물들의 보존기간이 5년으로 되어 있는 점에 비추어 이 사건 법률조항에서 정한 5년의 단기시효기간이 채권자의 재산권을 본질적으로 침해할 정도로 지나치게 짧고 불합리하다고 볼 수 없다(헌법재판소 2001.4.26. 99 헌바 37 예산회계법 제96조 위헌소원).[2]

---

1) 구 예산회계법 제71조 제 2 항과 제 1 항에 의하면 국가에 대한 권리로서 금전의 급부를 목적으로 하는 것은 다른 법률에 규정이 없는 것에 한하여 5년간 이를 행사하지 아니할 때에는 시효로 인하여 그 권리가 소멸한다고 규정하고 있는바 징발보상 청구권의 소멸시효에 관하여서는 위 다른 법률에 해당하는 징발법 제23조에서 징발보상 청구권은 같은 법 제22조의 규정에 의한 국방부장관의 보상시행 공고 기간만료일부터 5년간 이를 행사하지 아니하면 소멸시효가 완성된다고 그 소멸시효기간 진행의 기산점에 관하여 특히 규정하고 있다(대법원 1970.2.24. 69 다 1769 전원합의체판결 징발보상금).

2) 국가채무에 대하여 단기소멸시효를 두는 것은 국가의 채권, 채무관계를 조기에 확정하고 예산수립의 불안정성을 제거하여 국가재정을 합리적으로 운용하기 위한 것으로서 그 입법목적은 정당하며,… 채무자인 국가는 기한에 채권자의 청구가 있으리라는 예상을 하여 이를 예산에 반영하여야 하므로 법률상태가 조속히 확정되지 않음으로써 받는 불안정성이 상당하고 특히 불법행위로 인한 손해배상이나 구상금 채권과 같이 우연한 사고로 말미암아 발생하는 채권의 경우 그 발생을 예상하기 어려우므로 불안정성이 매우 크다(헌법재판소 2001.4.26. 99 헌바 37 예산회계법 제96조 위헌소원).

2. 時效의 中斷 · 停止

다른 법률에 특별한 규정이 없는 때에는 민법의 규정이 준용된다(국가재정 96③, 지방재정 83, 국세기본 27②). 특별한 규정이 있는 예로는, 국가가 시행하는 납입의 고지에 시효중단의 효력을 인정한 국가재정법 제96조(지방재정 83도 같음), 기타 국세기본법 제28조(중단사유로 납세에 관한 고지 · 독촉 또는 납부최고 · 교부청구·압류를 규정), 지방세법 제30조의6(국세기본법과 같은 사항 규정), 관세법 제23조(국세기본법과 비슷한 사항 규정) 등이 있다. 또한 구술에 의한 납세의 독촉은 시효중단의 효력이 없다(국징 23).

〔**판례**〕 납세고지에 의하여 발생한 시효중단의 효력은 그 부과처분이 취소되었다 하여 사라지지 않는다.
소멸시효의 중단은 소멸시효의 기초가 되는 권리의 불행사라는 사실상태와 맞지 않는 사실이 생긴 것을 이유로 소멸시효의 진행을 차단케 하는 제도인 만큼 납세고지에 의한 국세징수권자의 권리행사에 의하여 이미 발생한 시효중단의 효력은 그 부과처분이 취소되었다 하여 사라지지 않는다(대법원 1987.3.10. 85 누 959 종합소득세부과처분취소).[1]

3. 時效의 效力

공법상의 금전채권의 소멸시효에 있어서 시효기간의 경과는 권리의 절대적 소멸원인이며, 당사자의 원용을 필요로 하지 않는다고 보는 것이 일반적인 견해이다. 따라서, 예컨대 소멸시효가 완성된 후에 행한 조세의 부과처분에 기한 납세(가령 자진하여 납부하더라도)는 부당이득을 구성한다.

Ⅲ. 公物의 時效取得

공법상의 시효에 관하여 가장 문제되는 바는 도로나 하천의 부지 같은 공물의 시효취득이 인정될 수 있을 것인가 하는 점이다.

1. 학 설

① 제한적 시효취득설은 한편으로 시효취득을 인정하면서 다른 한편으로 그

1) [사실관계] ① 피고는 1979.9.19.자로 원고에 대하여 종합소득세 및 방위세부과처분을 하였다. ② 피고는 1980.7.16.자로 종합소득세 및 방위세 증액갱정부과처분을 하였다. ③ 원고는 이에 세액산출근거 미기재를 이유로 서울고등법원에 위 처분의 취소소송을 제기하여 1984.5.4. 승소판결을 받고 판결이 확정되었다. ④ 피고는 다시 1984.6.6.자로 그 세액산출근거를 명시하여 이 사건 종합소득세 및 방위세의 부과처분을 하였다. 원심판결은 위 1980.7.16.자 부과처분은 위 확정판결에 의하여 취소되어 대세적으로 소급하여 그 효력을 상실하게 되었으므로 처음부터 그 부과처분이 없었던 것이 되는 결과 시효중단의 효력이 없고, 그렇다면 1984.6.6.자로 한 이 사건 부과처분은 조세시효완성 후에 한 처분으로서 당연무효라고 판단하였으나, 대법원은 이를 파기환송하였다.

물건에 대한 공법상의 제한이 여전히 존재한다고 한다. ② 시효취득부정설은 시효제도의 이상으로 볼 때 타당한 것이 아니다. ③ 그러므로 공물이 공물로서 공적 목적에 공용(供用)되고 있지 않는 사실이 일정기간 계속되는 경우에는 공물의 완전한 취득시효가 인정되어야 한다는 완전시효취득설이 타당하다고 본다.

그런데 국유재산법은 행정재산(공물)을 취득시효의 대상에서 제외시키고 있는데(국유재산 5②), 공물의 묵시적 공용폐지를 전제로 하여 시효취득을 인정하여도 그것과 저촉되는 것은 아니라 할 것이다. 구 국유재산법과 구 지방재정법은 행정재산뿐만 아니라 잡종재산도 취득시효의 대상에서 제외시켰으나, 헌법재판소에서 잡종재산도 시효취득대상에서 제외시킨 규정을 위헌으로 결정하였고, 이에 따라 두 법률이 개정되어 현행법상으로는 잡종재산은 취득시효의 대상이 되도록 하였다.

2. 판 례

국유잡종재산과,[1] 지방자치단체 소유의 공유재산 중 잡종재산(2008. 12. 31. 개정된 공유재산 및 물품관리법은 종전의 잡종재산을 「일반재산」으로 명칭을 변경하였다(동법 5③).)을 시효취득대상으로 인정하였다.[2] 다만 행정재산의 묵시적 공용폐지를 인정하여 당해 부동산이 시효취득의 대상이 되었다고 본 사례[3]도 있으나, 행정재산은 공용이 폐지되지 않는 한 사법상의 거래의 대상이 될 수 없으므로 취득시효의 대상이 되지 않으며(대법원 1994. 9. 13. 94 다 12579 토지소유권확인등), 행정재산에 대한 공용폐지의 의사표시는 명시적이든 묵시적이든 상관이 없으나 적법한 의사표시가 있어야 하고, 행정재산이 사실상 본래의 용도에 사용되지 않고 있다는 사

1) 국유잡종재산은 사경제적 거래의 대상으로서 사적 자치의 원칙이 지배되고 있으므로 시효제도의 적용에 있어서도 동일하게 보아야 하고, 국유잡종재산에 대한 시효취득을 부인하는 동 규정은 합리적 근거 없이 국가만을 우대하는 불평등한 규정으로서 헌법상의 평등의 원칙과 사유재산권 보장의 이념 및 과잉금지의 원칙에 반한다(헌법재판소 1991. 5. 13. 89 헌가 97 국유재산법 제 5 조 제 2 항의 위헌심판).

2) 지방재정법 제74조 제 2 항이 같은 법 제72조 제 2 항에 정한 공유재산 중 잡종재산에 대하여까지 시효취득의 대상이 되지 아니한다고 규정한 것은, 사권을 규율하는 법률관계에 있어서는 그 권리주체가 누구냐에 따라 차별대우가 있어서는 아니 되며 비록 지방자치단체라 할지라도 사경제적 작용으로 인한 민사관계에 있어서는 사인과 대등하게 다루어져야 한다는 헌법의 기본원리에 반하고, 공유재산의 사유화로 인한 잠식을 방지하고 그 효율적인 보존을 위한 적정한 수단도 되지 아니하여 법률에 의한 기본권 제한에 있어서 비례의 원칙 또는 과잉금지의 원칙에 위배된다(헌법재판소 1992. 10. 1. 92 헌가 6, 7 지방재정법 제74조 제 2 항에 대한 위헌심판).

3) 학교 교장이 학교 밖에 위치한 관사를 용도폐지한 후 재무부로 귀속시키라는 국가의 지시를 어기고 사친회 이사회의 의결을 거쳐 개인에게 매각한 경우, 이와 같이 교장이 국가의 지시대로 위 부동산을 용도폐지한 다음 비록 재무부에 귀속시키지 않고 바로 매각하였다고 하더라도 위 용도폐지 자체는 국가의 지시에 의한 것으로 유효하다고 아니 할 수 없고, 그 후 오랫동안 국가가 위 매각절차상의 문제를 제기하지도 않고, 위 부동산이 관사 등 공공의 용도에 전혀 사용된 바가 없다면, 이로써 위 부동산은 적어도 묵시적으로 공용폐지되어 시효취득의 대상이 되었다고 봄이 상당하다(대법원 1999. 7. 23. 99 다 15924 소유권이전등기).

실만으로 공용폐지의 의사표시가 있었다고 볼 수는 없다(대법원 2006.6.15. 2006다 16055 소유권확인)[1]고 판시하고 있다.

제 5 목 除斥期間

(1) 제척기간(Limitation, Ausschlußfrist)이란 일정한 권리에 대하여 법률이 정한 존속기간을 말한다. 법률관계의 불안정상태를 조속히 확정하기 위한 제도이다. 행정법에 있어서도 민법에서와 마찬가지로 제척기간의 예가 있다(행정심판·행정소송의 제기기간, 조세부과의 제척기간 등). 제척기간은 권리의 행사를 제한하는 기간이므로 그 기간 내에 권리를 행사하지 않으면 권리를 소멸시키는 효과를 가진다(같은 취지: 99두3140(1999.6.25 대판)— 제척기간 도과 후의 과세처분은 무효이다.).

(2) 시효(소멸시효)와 제척기간은 그 기간이 도과함으로써 권리가 소멸되는 점에서는 같으나, 양자는 서로 다른 제도이다. 시효는 영속적인 사실상태를 권리관계로 인정하려는 제도인데, 제척기간은 법률관계의 불안정상태를 빨리 제거하려는 제도이다. 그리하여 제척기간은 대개 기간이 더 짧고, 시효제도에는 인정되는 중단·정지의 제도가 없다(다만 제척기간에도 시효의 정지 에 관한 규정이 준용된다는 소수설이 있다.).

제 6 목 公法上의 事務管理·不當利得

Ⅰ. 概 說

공법관계에 적용할 법규가 흠결된 경우에 사법규정에 의하여 보충하는 실례의 하나이다. 그런데 민법 중의 사무관리와 부당이득에 관한 규정은 일반법원리적 규정이라 할 것이므로 특별한 규정이 있는 경우를 제외하고는 공법상의 그것에도 적용된다 할 것이다.

Ⅱ. 公法上의 事務管理

1. 意 義

사무관리(Geschäftsführung ohne Auftrag)라 함은 법률상 의무 없이 타인을

1) 행정청이 행정재산에 속하는 1필지 토지 중 일부를 그 필지에 속하는 토지인 줄 모르고 본래의 용도에 사용하지 않는다는 사실만으로 묵시적으로나마 그 부분에 대한 공용폐지의 의사표시가 있었다고 할 수 없다.

위하여 그 사무를 관리하는 것을 말한다(민 734). 민법의 분야에만 있는 제도가 아니고, 공법상의 분야에서도 볼 수 있다. 예컨대 ① 국가의 특별감독하에 있는 사업에 대하여 감독권의 작용으로서 강제적으로 관리한다든가(강제관리), 재해시에 행하는 구호, 시·군에서 행하는 행려병자 취급과 같이 보호를 위하여 관리하는 경우(보호관리), ② 또한 반대로 사인이 비상재해 등의 경우에 행정사무의 일부를 관리하는 것 등이다.

이러한 관리행위는 이에 대한 공법상의 의무가 있기 때문이고, 따라서 사무관리가 아니라는 견해도 있다(W. Jellinek). 그러나 예컨대 공무원이 관리를 행하는 경우를 보면, 공법상의 의무는 국가에 대한 의무이고 피관리자에 대한 의무는 아니므로 사무관리라 할 수 있다.

2. 處理方法

이러한 공법상의 사무관리에 대하여는 비용상환 기타 이해조절조치가 강구되어야 할 것인바, 특별한 규정이 없는 한 민법상의 사무관리에 준하여 생각할 수 있다.

Ⅲ. 公法上의 不當利得

1. 意 義

(1) 부당이득(ungerechtfertigte Bereicherung)제도라 함은 법률상 원인 없이 타인의 재산 또는 노무로 인하여 이득을 얻고, 타인에게 손해를 가한 자에 대하여, 그 이득의 반환의무를 과하는 제도이다. 이러한 부당이득제도는 법률상의 원인 없이 타인의 손실로써 얻은 이득을 실질상의 형평의 이념에 따라 반환하게 하는 것이다(민 741 내지 749).

(2) 원래 부당이득은 사법상의 관념이나 공법의 분야에서도 예컨대 연금을 받을 자격이 없는 자의 연금수령, 공무원의 과액의 봉급수령(이상 개인의 부당이득), 조세 · 수수료 · 요금 등의 과오납, 과오에 의한 사유인 도로부지의 국유지 편입, 세무공무원의 과오에 의한 제 3 자의 재산의 압류 · 공매(이상 행정주체의 부당이득) 등 사법상의 그것에 상당하는 행위가 있다.

그런데 이러한 공법상의 부당이득의 처리에 대하여는 개개의 법령에 특별한 규정이 있는 데 불과하며(국세기본 51 내지 54, 관세 22 등, 지세 45 내지 47, 공연금 81②, 보조금의예산및관리에관한법률 31 내지 33, 우편 25 등), 일반적·통칙적 규정은 없다. 그러나 거기에서 생긴 재산관계의 불공정을 그대로 방치하는 것은 형평의 이념에 맞지 않으며, 이를 시정하여야 함은 사법관계에서와 다름이 없다.

2. 公法上의 不當利得의 性格

공법상의 부당이득반환청구권이 공권·사권의 어느 것인가에 대하여 견해가 대립되고 있다.

(1) **사권설** 이 견해는 부당이득의 문제는 행정행위가 무효이거나 흠을 이유로 취소된 때에 생기며, 따라서 부당이득의 문제가 생긴 때에는 벌써 아무런 법률원인이 없고, 또한 부당이득제도는 경제적 견지에서 인정되는 이해조정제도라는 데서 사권으로 보고, 그에 관한 소송은 민사소송에 의하여야 한다고 한다.[1]

(2) **공권설** 이 견해는 공법상의 원인에 의하여 발생한 결과를 조정하기 위한 제도는 공법상 원인의 유무의 탐구와 밀접한 관계가 있으므로 공법상의 제도라는 것을 이유로 하며,[2] 그에 관한 소송은 「공법상의 법률관계에 관한 소송」인 공법상의 당사자소송에 의하여야 한다고 한다(행소 3(2)).

(3) **결언** 우리 실정법구조가 공법·사법의 이원적 구별을 전제로 하고 있고, 공법상의 부당이득반환청구권은 공법상의 제도인 점에서 공권으로 볼 것이나 판례는 사권설의 입장에서 민사사건으로 다룬다.

(4) **판례** 조세부과처분이 무효일 때 이미 납부한 세금의 반환을 청구하는 것은 민사상의 부당이득반환청구로서 민사소송절차에 따라야 한다(대법원 1991.2.6. 90 프 2 증여세등부과처분무효).

〔**판례**〕 하천점용료 부과처분이 당연무효로 되어 부당이득으로 반환할 경우 그 반환의무의 주체는 하천의 관리청이 속한 지방자치단체이다.

도로점용료가 아닌 하천점용료를 부과함으로써 그 처분이 당연무효로 된다고 하더라도 위 처분에 의하여 납부된 점용료는 하천의 관리청이 속한 지방자치단체의 수입이 될 것이므로, 이를 부당이득으로 반환하여야 할 경우에도 그 반환의무의 주체는 하천의 관리청이 속한 지방자치단체가 되어야지 도로의 관리청이 속한 지방자치단체가 될 수는 없다(대법원 2004.10.15. 2002 다 68485 부당이득금).

〔**판례**〕 지방세인 담배소비세액에 부과되는 교육세를 시장·군수가 부과·징수하여 국고에 납입하므로, 교육세에 대한 부당이득의 반환청구는 그 이득의 주체가 되는 국고(국가)에 대하여 하여야 한다.

---

1) 이상규(상), p.241.
2) 김도창(상), p.225; 강문용(상), p.176.

구 교육세법(1999.12.28. 법률 제6050호로 개정되기 전의 것)에 의하여 지방세인 담배소비세액에 부과되는 교육세는 국세이기는 하나, 시장·군수 또는 그 위임을 받은 공무원이 부과·징수하되(제10조 제4항), 이와 같이 징수한 교육세는 국고에 납입하도록 되어 있으므로(제10조 제5항), 담배소비세액에 부과하여 납부된 교육세에 대한 부당이득의 반환청구는 그 이득의 주체가 되는 국고에 대하여 하여야 한다(대법원 2005.8.25. 2004 다 58277 부당이득금반환).

3. 행정주체측의 不當利得

(1) 성립요건 ㈎ 공권력의 발동인 행정행위에 기한 경우에는 당해 행위가 무효인 경우 외에는 권한 있는 기관에 의하여 취소된 경우에 한하여 부당이득이 성립한다. 행정행위가 위법하더라도 취소되지 않는 한 공정력이 인정되며, 따라서 유효하게 존재하는 이상 이에 의거하여 생긴 재산권의 변동을 부당시할 수는 없기 때문이다. 따라서, 당해 처분에 대한 출소기간이 경과된 후에는 반환청구의 길이 없다 하겠다.

㈏ 조세부과처분 기타 공권력에 의하여 부과된 채무를 이행한 경우에는 민법 제742조(비채변제)가 적용되지 않는다고 본다(채무 없음을 알더라도 상대방은 이행하지 않을 수 없기 때문이다). 행정행위에 의하지 않고 생긴 경우에도 국가가 법에 근거 없는 이득을 수납할 수는 없는 것이므로, 상대방이 채무 없음을 알았다는 것을 주장하여 반환의무를 면할 수는 없다고 보아야 할 것이다.

(2) 반환의무의 범위 ① 많은 특별규정은 국가의 선의·악의를 불문하고 항상 전액반환을 정하고 있다(위에 인용한 규정 참조. 민법은 선의인 경우는 경감하고, 악의인 경우는 가중하는 규정을 두고 있다(748)). 특별규정이 없더라도 공권력에 의하여 일방적으로 상대방에게 부담을 과한 경우에는 받은 이익의 전부를 반환함은 당연하며, 행정행위에 의하지 아니한 경우에도 법정액 이상의 이득을 수납할 수 없다고 보면 마찬가지로 해석할 것이다. ② 받은 이익에 이자를 붙일 것인가에 대하여는 법규정은 한결같지 않다. 이자를 붙이도록 한 예로는, 조세과오납금에 이자를 붙이도록 한 것이 있다(국세기본 52).

4. 개인측의 不當利得

(1) 성립요건 ① 부당이득의 원인이 행정행위에 기한 경우에는 그 행정행위를 취소하기 전에는 부당이득이 성립되지 않음은 국가의 부당이득의 경우와 같다(보조금의예산및관리 30·31). 그런데 수익적 행정행위는 취소권의 행사에 제한이 있으므로 상대방에게 귀책사유가 없는 한 원칙적으로 취소할 수 없고 따라서 반환청구가 불가능할 것이다. ② 민법 제742조의 적용에 관하여 행정청의 악의를 이유로 반

환의무를 면할 수 있는가에 대하여 의문이 있으나, 행정청의 의무 없는 급부는 동시에 위법한 급부가 되므로, 이로 인한 수익자는 반환의무를 면할 수 없다고 할 것이다.

(2) 반환의무의 범위 ① 사인이 수익자인 경우에도 법에 위반되는 이득은 허용되지 않으므로 항상 받은 이득의 전액을 반환하여야 할 것이다. ② 반환하는 경우에 이자를 붙일 것인가에 대하여는 특별한 규정을 발견할 수 없어 의문이다.

(3) 반환청구권의 행사 국가의 부당이득반환청구권의 의사표시에 대하여는 종종 각 단행법이 행정행위로서의 효력을 인정하고, 그 불이행에 대하여는 행정상강제징수를 인정한다(보조금의예산 및관리 33 등). 따라서, 이 경우에는 상대방은 항고소송에 의하지 아니하고는 그 효력을 다툴 수 없다. 그러나 이런 특별규정이 없는 한 국가의 반환청구권행사라 할지라도 대등자 간의 의사표시로서의 효력을 가진다.

5. 相計·時效

(1) 상계 부당이득반환청구권을 자동채권 또는 수동채권으로 하여 상계할 수 있는지가 문제된다.

㈎ 행정주체측으로부터의 상계에 대한 특별규정이 있는 경우의 예를 들면, ① 상대방의 부당이득반환청구권을 수동채권으로 하는 경우로는 조세과오납금 및 그 이자를 다른 국세·가산금과 체납처분비에 충당(국세기본 51, 지세 45)하도록 한 것 등이 있고, ② 국가의 부당이득반환청구권에 대하여는 보조사업자가 보조금 등의 반환명령을 받고, 반환하지 아니한 경우에 그 자에게 동종의 사무 또는 사업에 대하여 교부하여야 할 보조금 등이 있는 때에는 그것과 미반환액과를 상계할 수 있는 것(보조금의예산 및관리 32) 등이 있다.

㈏ 위와 같은 특별규정이 없는 경우에는 민법의 규정에 의하여 상계할 수 있는가에 대하여 의문이 있다. 행정주체측에서는 원칙적으로 상계할 수 있으나, 개인측에서는 공법상의 부당이득반환청구권을 사권으로 보더라도 많은 경우에 민법 제492조 제1항 단서에 규정된 「채무의 성질이 상계를 허용하지 아니할 때」에 해당될 것이라는 견해가 있다.[1)]

(2) 시효 특별한 규정을 둔 경우도 적지 아니하고(산업재해보상보험 112, 공연금 81② 등), 또한 제척기간을 정한 경우도 있다(6월, 구 전기통신사업법 60②), 이러한 특별한 규정이 없으면 소멸시효기간은 5년이다(국가재정 96, 지방재정 82).

1) 今村成和, 現代의 行政과 理論, p.47.

제 7 목 私人의 公法行爲

Ⅰ. 意 義

(1) 사인의 행위 내지는 사인의 입장에서의 행위이나, 사법행위와는 달리 공법적 효과의 발생을 목적으로 하는 행위를 말한다.

(2) 우리 헌법 아래서는 행정의 민주화의 요청에 의하여 공법관계에서의 사인의 지위가 현저히 향상되어, 종래 사인의 공법행위의 기본적 유형으로 인정되었던 신고·신청·쟁송제기 이외에 납세신고 등 일상생활에서의 사례가 많아져, 그 성질 및 적용법규의 특수성을 명백히 하는 것이 극히 중요한 의의를 가진다. 다만, 이 문제에 대하여는 일반적·통칙적 규정이 없으므로 학설·판례에 있어서의 해석론의 경향을 연구하는 것이 필요하다.

Ⅱ. 種 類

(1) 사인의 지위에 의한 분류 ① 사인의 행위이기는 하지만 행정주체의 통치작용에 능동적으로 참가함을 목적으로, 다수인이 공동으로 행하는 행위(예: 선거인의 투표행위)와 ② 행정주체에 대하여 사인의 입장에서 어떠한 이익을 받을 목적으로 행하는 행위(예: 신고·신청·동의 또는 승낙·협의·보고·의견서제출 등)로 나누어진다.

(2) 의사표시의 수에 의한 분류 ① 하나의 의사표시로 구성되는 단순행위(예: 신고·신청 등)와 ② 다수인의 공동의사표시로 하나의 의사가 구성되는 합성행위(예: 선거행위)로 나누어진다.

(3) 구성요소에 의한 분류 ① 의사표시인 행위(예: 국적이탈신고·혼인신고 등)와 ② 관념 또는 사실의 통지행위(예: 출생신고·세법상의 신고 등)로 나누어진다.

(4) 성질에 의한 분류 ① 일방적인 의사표시로 이루어지는 단독행위(예: 허가신청, 쟁송제기 등)와, ② 의사표시의 합치로 이루어지는 쌍방적 행위로 나누어진다. 쌍방적 행위는 다시 복수당사자간의 반대방향의 의사표시의 합치로 이루어지는 사인상호간의 공법상계약(사인상호간에 체결되는 공법상계약은 사인상호간의 토지수용에 관한 협의가 유일한 예라 하겠다.)과 복수당사자간의 동일방향의 의사표시의 합치로 이루어지는 사인상호간의 공법상합동행위(예: 도시개발조합, 도시재개발조합 등 공공조합설립행위)로 나누어진다.[1] 그런데 사인상호간의 공법상합동행위의

1) 공법상계약은 행정주체상호간이나 행정주체와 사인간에 체결되는 것이 보통이나 예외적이기는 하지만 사인상호간에 체결되는 것이 있고, 공법상합동행위는 행정주체상호간에 행하여지는

경우에는 공익적 견지에서 그 효력의 완성을 위하여 행정청의 인가 등 보충행위가 요구되는 경우가 많다(예: 도시및주거환경정비법 16 ① 주택재개발사업주택조합의 설립인가 · ② 주택재건축사업조합의 설립인가).

(5) 효과에 의한 분류

(가) 분류　① 그 행위 자체로서 법률효과를 완결하는 자기완결적 공법행위와 ② 행정주체의 어떤 공법행위가 행하여지는 동기 또는 요건이 되거나 공법상 계약 등의 일방 당사자의 의사표시가 되는 데 그치고, 그 자체로서는 법률효과를 완성하지 못하는 행정행위 등 요건적 공법행위로 나누어진다.[1)]

(나) 자기완결적 공법행위

(a) 선거의 투표행위　다수인인 사인의 공동의사표시로 1개의 의사가 구성되는 합성행위이다.

(b) 신고　후술한다.

(c) 사인상호간의 공법상합동행위　주택재개발조합 · 주택재건축조합 등 공공조합설립행위가 이에 해당한다.

(다) 행위요건적 공법행위　주요한 행위를 예시하면 다음과 같은 것이 있다.

(a) 신청　후술한다.

(b) 동의 · 승낙 · 협의 등　이에는 ① 쌍방적행정행위의 요건이 되는 동의 또는 승낙(예: 공무원임명에 있어 상대방의 동의), ② 행정주체를 당사자로 하는 공법상계약에 있어서의 상대방 당사자의 신청이나 승낙(예: 군입대의 지원, 토지수용에 있어서의 협의 등), ③ 다른 사인에 의한 신청행위의 요건으로서의 동의 또는 승낙(예: 토지소유자에 의한 도시재개발사업시행인가신청의 요건으로서의 일정수 이상 토지소유자의 동의(도시및주거환경정비법 17)) 등이 있다.

참고 私人의 公法行爲로서의 申請

1. 意　義

행정청에 대하여 자기의 권리 또는 이익을 위하여 어떤 사항을 청구하는 의사표시이다. 행정절차법 제17조와 민원사무처리에 관한 법률 시행령 제2조에서 이를 정하고 있다.

2. 申請의 要件

신청인에게 자기의 권리 또는 이익을 위하여 청구하는 신청권이 있어야 하며, 신청이 법령상 요구되는 문서, 형식 등의 요건을 갖추어야 한다. ① 신청권은 행정청의 응답을 구하는 절차적 권리이다. ② 법령상 신청에 구비서류 등 일정한 요건을 요하는 경우가 있다. 신청은 원칙상 문서(전자문서 포함)로 하도록 하고 있다(행정절차법 17조①②, 민원사무처리에 관한 법률 8).

것이 보통이나 사인상호간에도 행하여지는 경우가 있음을 유의하여야 한다.

1) 김도창(상), p.294.

3. 申請의 種類

신청에는 ① 쌍방적 행정행위(협력을 요하는 행정행위)에 관하여 그 행위를 청구하는 경우(예: 사직원·허가신청·귀화신청·특허기업특허신청·등록신청 등), ② 공법상 계약에 있어서의 한쪽 당사자의 의사표시로서의 청약을 하는 경우(예: 입학원서제출·임의적공용부담신청·국고보조신청 등), ③ 행정쟁송의 제기나 청원과 같이 행정청의 공법적 또는 사실적 판단을 청구하는 경우(예: 행정심판이나 행정소송의 제기) 등이 있다.

4. 申請의 效果

(1) 행정청은 신청에 대한 접수의무가 있다. 행정청은 신청이 있는 때에는 다른 법령 등에 특별한 규정이 있는 경우를 제외하고는 그 접수를 보류 또는 거부하거나 부당하게 되돌려 보내서는 아니되며, 신청을 접수한 경우에는 신청인에게 접수증을 주어야 한다. 다만, 대통령령이 정하는 경우에는 접수증을 주지 아니할 수 있다(행정절차법 17④).

(2) 행정청은 신청에 서류 등이 미비된 경우에는 보완을 요구하여야 한다. 행정청은 신청에 필요한 구비서류 등에 흠이 있는 경우에는 보완에 필요한 상당한 기간을 정하여 지체없이 신청인에게 보완을 요구하여야 한다(행정절차법 17⑤).

판례는 보완의 대상이 되는 흠은 보완이 가능한 경우이어야 하고, 그 내용 또한 형식적·절차적인 요건이어야 하며,[1] 실질적 요건의 흠이라도 민원인의 단순한 착오 등에 의한 경우에는 보완의 대상으로 본다.[2]

(3) 행정청은 적법한 신청이 있는 경우에 상당한 기간 내에 응답을 하여야 한다. 즉 행정기관은 신청에 따른 행정행위를 하거나 거부처분을 하여야 한다.

(4) 신청에 대하여 거부처분을 한 경우에는 의무이행심판이나 취소심판 또는 거부처분취소소송으로, 부작위에 대하여는 의무이행심판 또는 부작위위법확인소송으로 다툴 수 있다. 적법한 신청의 접수를 거부하거나 보완명령을 내린 경우에, 신청인은 접수거부 또는 보완명령을 신청에 대한 거부처분으로 보고 항고소송을 제기할 수 있고, 그로 인하여 손해를 입은 경우에 국가배상도 청구할 수 있다.

(5) 거부처분 취소소송 등에서 신청권의 존재를 소송요건으로 보는 견해(소송요건설)와 본안의 문제로 보는 견해(본안문제설)가 있다. 판례는 신청권을 소송요건(소송 대상의 문제)으로 보아, 법규상·조리상 신청권이 없는 경우 거부행위의 처분성을 인정하지 않고 부작위도 인정하지 않는다.[3]

---

1) [흠결 있는 민원서류를 제출받은 행정기관이 보완·보정을 요구하여야 할 대상이 되는 흠결의 정도 및 그 내용] 행정기관은 민원인으로부터 민원서류를 제출받았을 때에는 다른 법령에 특별한 규정이 없는 한 그 접수를 보류 또는 거부할 수 없고, 그 민원서류에 흠결이 있다고 인정할 때에는 2회에 걸쳐 보완 또는 보정을 요구한 이후에 그 보완 또는 보정이 없을 때에 비로소 접수된 민원서류를 반려할 수 있도록 규정되어 있는바, 그 규정 소정의 보완 또는 보정의 대상이 되는 흠결은 보완 또는 보정이 가능한 경우이어야 함은 물론이고, 그 내용 또한 형식적·절차적인 요건에 한하고 실질적인 요건에 대하여까지 보완 또는 보정요구를 하여야 한다고 볼 수 없다(대법원 1996.10.25. 95 누 14244 일반사회교육시설설치불허처분취소).

2) [건축불허가처분을 하면서 그 사유의 하나로 소방시설과 관련된 소방서장의 건축부동의 의견을 들고 있으나 그 보완이 가능한 경우, 보완을 요구하지 아니한 채 곧바로 건축허가신청을 거부한 것은 재량권의 범위를 벗어난 것이라는 사례] 보완의 대상이 되는 흠은 보완이 가능한 경우이어야 함은 물론이고, 그 내용 또한 형식적·절차적인 요건이거나, 실질적인 요건에 관한 흠이 있는 경우라도 그것이 민원인의 단순한 착오나 일시적인 사정 등에 기한 경우 등이라야 한다(대법원 2004.10.15. 2003 두 6573 건축불허가처분취소).

3) [행정관청이 노동조합원들의 회의소집권자지명 요구를 거부한 조치가 행정소송의 대상이 되는 행정처분인지] 노동조합법 제26조의 규정에 의하면, 제 2 항, 제 3 항에서 일정수 이상의 조합원이 회의의 소집을 요구하였음에도 불구하고 조합의 대표자가 회의의 소집을 고의로 기피

참고 私人의 公法行爲로서의 申告

1. 意 義

사인이 행정청에 대한 일정한 사실·관념의 통지에 의하여 바로 공법적 효과가 발생하는 행위이다. 원래 신고는 자기완결적 행위로서 행정청에 대하여 일정한 사항을 통지함으로써 최종적인 법률효과를 발생한다. 통상적 의미에서의 신고는 행정청에 대한 일방적 통고행위로서, 그것이 행정청에 접수된 때에 관계법률이 정하는 법적 효과가 발생하는 것이고, 행정청의 별도의 수리행위가 필요한 것은 아니다. 그러므로 단순한 사실로서의 신고는 여기서 말하는 법적 행위로서의 신고에 해당하지 아니한다.[1]

2. 申告의 種類

(1) 자기완결적 신고(수리를 요하지 않는 신고)

㈎ 의의 신고의 요건(형식적 요건)을 갖춰 신고를 하면 신고의무를 이행한 것이 되는 신고를 말한다. 「법령 등에서 행정청에 대하여 일정한 사항을 통지함으로써 의무가 끝나는 신고」를 말한다(행정절차법 40①②).[2]

자기완결적 신고는 행정청이 그 신고를 접수함으로 금지가 해제되는 효과를 발생하게 된다(건축신고(건축 9①), 자본거래의 신고(외국환거래 18⑤), 식품영업의 신고(식품위생 22⑤)). 자체완성적신고라도 한다.[3]

판례는, 건축을 하고자 하는 자는 건축법상 신고사항에 대하여 적법한 요건을 갖춘 신고만 하면 건축을 할 수 있고, 행정청의 수리처분 등 별단의 조치가 필요가 없다고 한다.[4]

하거나 이를 해태한 경우에 행정관청이 노동위원회의 승인을 얻어 스스로 회의를 소집할 자를 지명하여 회의를 소집할 수 있게 규정하였는바, 이는 행정관청의 노동조합에 대한 지도·감독권을 규정한 취지로 보여지고, 여기에서 일정수 이상의 조합원이 행정관청에 회의의 소집권자 지명요구를 하는 것은 회의를 개최하기 위한 일련의 절차 중의 하나를 이루는 것에 불과하여 행정관청이 이를 거부하는 조치를 하였더라도 그 자체로서 조합원인 원고에게 어떤 권리의무를 설정하거나 법률상의 이익에 직접적인 변동을 초래케 하는 처분이라고는 할 수 없고, 따라서 이는 행정소송의 대상이 되는 행정처분이라고 할 수 없다(대법원 1989.11.28. 89 누 3892 노동조합임시총회소집권자지명신청반려취소).

1) 공동주택 입주민의 옥외운동시설인 테니스장을 배드민턴장으로 변경하고 그 변동사실을 신고하여 관할 시장이 그 신고를 수리한 경우, 그 용도변경은 주택건설촉진법상 신고를 요하는 입주자 공유인 복리시설의 용도변경에 해당하지 아니하므로 그 변동사실은 신고할 사항이 아니고 관할 시장이 그 신고를 수리하였다 하더라도 그 수리는 공동주택 입주민의 구체적인 권리의무에 아무런 변동을 초래하지 않는다는 이유로 항고소송의 대상이 되는 행정처분이 아니라고 한 사례(대법원 2000.12.22. 99 두 455 용도변경허가처분취소).

2) 혼인은 호적법에 따라 호적공무원이 그 신고를 수리함으로써 유효하게 성립되는 것이며 호적부에의 기재는 그 유효요건이 아니어서 호적에 적법하게 기재되는 여부는 혼인성립의 효과에 영향을 미치는 것은 아니므로 부부가 일단 혼인신고를 하였다면 그 혼인관계는 성립된 것이고 그 호적의 기재가 무효한 이중호적에 의하였다 하여 그 효력이 좌우되는 것은 아니다(대법원 1991.12.10. 91 므 344 이혼및위자료).

3) 홍정선(상), p.176.

4) [행정청에 신고를 마친 후 담장설치공사를 진행중이었는데, 행정청이 그 신고수리처분을 철회하고서 한 공사중지명령의 적부] 건축법상 신고사항에 관하여는 건축을 하고자 하는 자가 적법한 요건을 갖춘 신고만 하면 건축을 할 수 있고 행정청의 수리처분 등 별단의 조처를 기다릴 필요가 없다고 할 것이므로, 행정청이 신고수리처분을 철회하였다고 하여 신고에 따른 건축행위가 건축법에 위반한 것으로 될 수 없으니 이를 이유로 공사의 중지를 명할 수 없으며, 더구나 높이 2미터 미만의 담장 설치공사는 건축법이나 도시계획법 등 관계법규상 어떠한 허가나 신고 없이 가능한 행위인데, 다만 서울특별시가 행정의 편의상 업무지침으로 신고 후에 축조하도록 정하고 있기는 하나 그것이 위와 같은 담장을 설치하려는 원고에게 신고의무를 지울 구

㈏ **수리거부와 권리구제** 자기완결적 신고는 행정청이 신고의 수리(접수)를 거부하더라도, 이 수리의 거부는 행정처분이 아닌 사실행위이므로 취소소송으로 다툴 수 없다.

「구 건축법 제 9 조 제 1 항에 의하여 신고를 함으로써 건축허가를 받은 것으로 간주되는 경우에는 건축을 하고자 하는 자가 적법한 요건을 갖춘 신고만 하면 행정청의 수리행위 등 별다른 조치를 기다릴 필요 없이 건축을 할 수 있는 것이므로, 행정청이 위 신고를 수리한 행위가 건축주는 물론이고 제 3 자인 인근 토지 소유자나 주민들의 구체적인 권리 의무에 직접 변동을 초래하는 행정처분이라 할 수 없다」(대법원 1999.10.22. 98 두 18435 증축신고수리처분취소).

그러므로 특히 제 3 자의 권익보호와 관련하여 문제가 발생한다. 위 판례에서 보는 바와 같이, 건축신고를 하면 건축허가를 받은 것으로 되므로 그로 인하여 권익이 침해된 이웃주민(隣人)은 행정쟁송을 제기할 수 있어야 한다. 비록 신고를 행위면에서만 보면 처분성이 인정되지 아니한다고 하더라도, 효과면에서는 법령에 의하여 금지가 해제되는 「허가의 효과」가 발생되므로 적어도 쟁송법상으로는 처분성을 인정하여야 할 것이다. 또한 수리를 거부당한 신고인의 보호를 위하여서도 처분개념으로 인정하는 것이 타당하다고 본다.[1)]

(2) 수리를 요하는 신고(행정요건적 공법행위)

㈎ **의의** 신고가 수리되어야 신고의 대상이 되는 행위에 대한 금지가 해제되는 신고를 말한다(예: 수산업법 제44조의 어업의 신고).[2)] 형식적 요건 외에 실질적 요건도 갖추어야 한다.[3)] 여기에서 수리란 사인이 알린 일정한 사실을 행정청이 유효한 행위로서 받아들이는 것을 말한다. 그러므로 여기서 수리는 준법률행위적 행정행위의 하나로서 행정소송법상 처분개념에 해당한다.[4)]

속력도 없는 터에 원고가 스스로 위 업무처리지침에 따라 이를 신고하여 행정청인 피고가 수리한 다음 진행하고 있는 이 사건 담장설치공사에 대하여 원고가 자진하여 신고를 철회하지 아니한 이상 피고가 신고수리를 철회하였다 하여 그 공사의 중지를 명할 수는 없다고 할 것이다(대법원 1990.6.12. 90 누 2468 담장설치공사중지명령취소).

1) 박균성(강의), p.120.

2) 수산업법 제44조 소정의 어업의 신고는 행정청의 수리에 의하여 비로소 그 효과가 발생하는 이른바 '수리를 요하는 신고'라고 할 것이고, 따라서 설사 관할관청이 어업신고를 수리하면서 공유수면매립구역을 조업구역에서 제외한 것이 위법하다고 하더라도, 그 제외된 구역에 관하여 관할관청의 적법한 수리가 없었던 것이 분명한 이상 그 구역에 관하여는 같은 법 제44조 소정의 적법한 어업신고가 있는 것으로 볼 수 없다(대법원 2000.5.26. 99 다 37382 손해배상(기)).

3) 구 건축법(1991.5.31. 법률 제4381호로 전문 개정되기 전의 것)과 체육시설의설치·이용에관한법률은 입법목적, 규정사항, 적용범위 등을 서로 달리하고 있어서 골프연습장의 설치에 관하여 체육시설의설치·이용에관한법률이 건축법에 우선하여 배타적으로 적용되는 관계에 있다고 해석되지 아니하므로 체육시설의설치·이용에관한법률에 따른 골프연습장의 신고요건을 갖춘 자라 할지라도 골프연습장을 설치하려는 건물이 건축법상 무허가 건물이라면 적법한 신고를 할 수 없다(대법원 1993.4.27. 93 누 1374 체육시설업신고서반려처분취소).

4) [건축주명의변경신고에 대한 수리거부행위가 취소소송의 대상이 되는 처분인지] 건축주명의 변경신고수리거부행위는 행정청이 허가대상건축물 양수인의 건축주명의변경신고라는 구체적인 사실에 관한 법집행으로서 그 신고를 수리하여야 할 법령상의 의무를 지고 있음에도 불구하고 그 신고의 수리를 거부함으로써, 양수인이 건축공사를 계속하기 위하여 또는 건축공사를 완료한 후 자신의 명의로 소유권보존등기를 하기 위하여 가지는 구체적인 법적 이익을 침해하는 결과가 되었다고 할 것이므로, 비록 건축허가가 대물적 허가로서 그 허가의 효과가 허가대상건축물에 대한 권리변동에 수반하여 이전된다고 하더라도, 양수인의 권리의무에 직접 영향을 미

(나) **법적 성질** 　수리를 요하는 신고를 실정법상 등록이라는 용어를 사용하기도 한다.[1] 수리를 요하는 신고는 허가제에서의 허가와 구별된다. 허가의 경우에는 허가행위가 있으나 신고의 경우에는 수리행위만이 존재한다.

반면, 법령상 신고라는 용어가 사용되는 경우에도 그것이 항상 통상적 의미의 신고가 아니고 다른 의미로 사용되는 것이 있음을 유의하여야 한다.[2]

(다) **수리거부와 권리구제** 　신고의 요건을 갖춘 신고가 있었다 하더라도 수리되지 않으면 신고가 되지 않은 것이 된다는 것이 다수의 견해이다. 따라서 행정청의 불수리 결정은 행정처분에 해당하며, 이에 대하여 신고인은 소를 제기할 수 있다.

3. 適法한 申告의 效果

(가) 자기완결적 신고의 경우에 적법한 신고가 있으면 행정청의 수리 여부에 관계없이 신고서가 접수기관에 도달한 때에 신고의무가 이행된 것으로 본다(행정절차법 40②) 따라서 행정청이 신고서를 접수하지 않고 반려하였더라도 신고의무는 이행된 것으로 본다.

(나) 수리를 요하는 신고의 경우 적법한 신고가 있더라도 수리되지 않은 경우에는 그 신고에 따른 법적 효과가 발생하지 않는다. 신고의 대상이 된 행위를 한 경우 당해 행위를 규율하는 법규에 따라 행정벌의 대상이 된다고 보아야 할 것이다.

4. 不適法한 申告와 申告要件의 補完

행정청은 요건을 갖추지 못한 신고서가 제출된 경우 지체없이 상당한 기간을 정하여 신고인에게 보완을 요구하여야 한다(행정절차법 40③). 행정청은 신고인이 위 규정에 의한 기간내에 보완을 하지 아니한 때에는 그 이유를 명시하여 당해 신고서를 되돌려 보내야 한다(동 40④).

치는 것으로서 취소소송의 대상이 되는 처분이라고 하지 않을 수 없다(대법원 1992.3.31. 91 누 4911 건축주명의변경신고수리거부처분취소).

1) [사회단체등록신청반려처분의 취소를 구할 소의 이익 유무] 사회단체등록신청에 형식상의 요건불비가 없는데 등록청이 이미 설립목적 및 사업내용을 같이 하는 선등록단체가 있다 하여 그 단체와 제휴하거나 또는 등록 없이 자체적으로 설립목적을 달성하는 것이 바람직하다는 이유로 원고의 등록신청을 반려하였다면 그 반려처분은 사회단체등록에관한법률 제 4 조에 위반된 것이 명백하고, 국가기관이 공식으로 등록을 하여 준 단체와 등록을 받지 못한 단체 사이에는 유형, 무형의 차이가 있음을 부인할 수 없으며, 특히 선등록한 단체와 경쟁관계에 서게 되는 경우 등록을 받지 못한 단체가 열세에 놓이게 되는 것은 피할 수 없으므로 이건 등록신청의 반려는 원고의 자유로운 단체활동을 저해한다는 점에서 헌법이 보장한 결사의 자유에 역행하는 것이며 선등록한 단체의 등록은 수리하고 원고의 등록신청을 반려했다는 점에서는 헌법이 규정한 평등의 원칙에도 위반된다고 할 것이다(대법원 1989.12.26. 87 누 308 전원합의체 사회단체등록신청반려취소등).

2) 액화석유가스의안전및사업관리법 제 7 조 제 2 항에 의한 사업양수에 의한 지위승계신고를 수리하는 허가관청의 행위는 단순히 양도, 양수자 사이에 발생한 사법상의 사업양도의 법률효과에 의하여 양수자가 사업을 승계하였다는 사실의 신고를 접수하는 행위에 그치는 것이 아니라 실질에 있어서 양도자의 사업허가를 취소함과 아울러 양수자에게 적법히 사업을 할 수 있는 법규상 권리를 설정하여 주는 행위로서 사업허가자의 변경이라는 법률효과를 발생시키는 행위이므로 허가관청이 법 제 7 조 제 2 항에 의한 사업양수에 의한 지위승계신고를 수리하는 행위는 행정처분에 해당한다(대법원 1993.6.8. 91 누 11544 건축허가무효확인등).

Ⅲ. 특 색

(1) **행정행위에 대한 특색** 공법적 효과의 발생을 목적으로 하는 점에서는 행정행위와 같으나, 공권력행사인 그것과는 유형을 달리하며 공정력 등 행정행위가 가지는 효력이 인정되지 않는다.

(2) **사법행위에 대한 특색** 사법행위의 경우에는 사적 자치의 원칙이 지배되어 그 행위의 내용과 형식을 스스로 결정할 수 있는 데 대하여, 사인의 공법행위의 경우에는 사법행위에 비하여 법적 안정성이나 법률관계의 명백성의 요청이 크기 때문에 그 내용과 형식에 있어서 획일적인 정형화가 요구된다 할 것이다.

Ⅳ. 私人의 公法行爲에 대한 適用法規

1. 개설(私人의 公法行爲와 制定法)

사인의 공법행위에 적용할 일반적·통칙적 규정은 없고, 각 법규에 개별적인 정함이 있는 데 그친다(예: 선거권행사의 연령 19세(공직선거 15)·결격사유(18)).

그리하여 이러한 규정이 없는 경우에는 민법상의 의사표시나 법률행위에 관한 규정 또는 법원칙이 직접 적용될 것인지, 특별한 고려를 할 것인지가 해석상 문제된다.

2. 適用法規

(1) **의사능력·행위능력** 사인의 공법행위에 대하여 의사능력과 행위능력이 필요한가에 대하여는, 공법상의 일반적 규정은 없다. 의사능력이 없는 자의 행위는 무효로 보고 있다. 그러나 행위능력에 관하여는 공법상 특별한 규정을 두어 민법상의 무능력에 관한 규정의 적용을 배제하고 있는 경우도 있다(우편 10, 도교법 82).[1)]

(2) **대리** 대리제도의 의의는 사적 자치의 확장 및 보충에 있으므로, 사인의 공법행위에는 대리가 명문으로 허용되지 않은 경우가 많다(예: 공직선거 157). 규정이 없는 경우에도 그 행위가 사인의 인격적 개성과 직접적 관련이 있는지의 여부에 의하여 대리에 친한 행위(행정심판 14)와 친하지 아니한 행위로 나누어진다

1) 우편물의 발송, 수취 기타 우편이용에 관하여 무능력자가 우편관서에 대하여 행한 행위는 능력자가 행한 것으로 본다(우편법 제10조 무능력자의 행위에 관한 의제). 도로교통법 제82조(운전면허의 결격사유) ① 다음 각 호의 어느 하나에 해당하는 사람은 운전면허를 받을 수 없다. 1. 18세 미만(원동기장치자전거의 경우에는 16세 미만)인 사람.

(예: 사직원의 제출 또는 그 철회는 대리에 친하지 않다).

(3) 요식(형식) 보통 요식행위가 아니라고 한다. 그러나 법규가 문서에 의하게 하거나(예: 행정심판의 제기) 또는 일정한 서식을 정하여 두어(예: 여권신청 등 각종 신청), 일정한 요식을 요구하는 경우가 오히려 많다. 또한 그 행위의 존재와 내용을 명확히 하는 것이 필요한 경우에는 법령에 특별한 규정이 없더라도 서면주의를 원칙으로 한다 할 것이다.

(4) 효력발생시기 행위의 존재를 명확히 하고 관계자의 이해조정을 위하여 민법(111조)에서와 같이 도달주의에 의한다 할 것이다. 즉, 행정청의 집무장소에 도달하여 행위내용을 알 수 있는 상태에 둔 때 효력이 발생한다(따라서, 예컨대 음식점의 연회장소에서 사직원을 교부한 것은 도달이 아니다). 일반적으로 도달주의의 결과로 의사표시의 불도달·연착은 표의자의 불이익으로 되기 때문에, 우편에 의하여 제출한 경우에는 도달의 입증은 발신인이 하여야 한다. 예외적으로 행위자의 입장을 고려하여 실정법상 발신주의를 취하는 경우도 있고(국세기본 5조의2 등),[1] 체신관서의 공증을 조건으로 기간 후의 도달을 기간 내에 도달된 것으로 보는 경우도 있다.

(5) 의사의 흠결 및 의사표시의 하자 사인의 행위에 의사의 흠결(허위표시·심리유보·착오 등) 또는 의사표시에 하자(사기·강박에 의한 의사표시)가 있는 경우에 사인의 행위의 효력에 어떤 영향을 미칠 것인가에 대하여서는 공법상 일반적인 규정이 없기 때문에, 개별법률에 특별한 규정이 없는 한 민법의 규정(107 내지 110)이 유추적용된다고 할 것이다. 다만 사인의 행위 중에는 정형적·단체적 성질이 강하여 사인간의 거래와는 다른 특수성이 인정되는 경우에는 민법총칙의 적용에 수정·변경을 가할 필요가 있음은 너무나 당연하다.

〔**판례**〕 내심의 의사보다 외부로 표시된 바에 따라 해석하여야 한다는 판례
당사자의 진정한 의사를 알 수 없다고 한다면 의사표시의 요소가 되는 것은 표시행위로부터 추단되는 효과의사, 즉 표시상의 효과의사이고 표의자가 가지고 있던 내심적 효과의사가 아니다. 인·허가 등의 행정처분에 대응하여 인·허가 등을 받는 개인이 제출하는 각서의 의미·내용을 해석함에 있어서는 행정청이 우월적인 지위에 있는 공법관계의 특성, 각서의 문언의 내용, 그와 같은 각서가 제출된 동기와 경위, 그에 의하여 달성하고자 하는 목적, 당사자의 진정한 의사 등을 종합적으로 고찰하여 사회정의와 형평의 이념에 맞도록 합리적으로 해석하여야 한다. 그렇진대 이 사건 계쟁토지가 장차 택지개발예정지구에 편입되어 수용되는 경우 그

1) 국세기본법 제 5 조의2(우편신고 및 전자신고) ① 우편으로 과세표준신고서, 과세표준수정신고서, 경정청구서 또는 과세표준신고·과세표준수정신고·경정청구와 관련된 서류를 제출한 경우 「우편법」에 따른 통신일부인이 찍힌 날(통신일부인이 찍히지 아니하였거나 분명하지 아니한 때에는 통상 소요되는 우송일수를 기준으로 발송한 날에 상당하다고 인정되는 날)에 신고된 것으로 본다.

지상의 건축물 기타 부속시설에 대한 보상을 포기하겠다는 의사표시를 하였음은 별론으로 하고, 계쟁토지까지도 위 형질변경 이전의 상태를 기준으로 보상받겠다는 의사표시를 하였다고 볼 수는 없다[97 누 3422(1999. 1. 29 대판)].

(6) **부관** 사법행위와는 달리 붙일 수 없음이 원칙이다. 왜냐하면, 사인의 공법행위의 효과는 행정법관계의 변동을 가져오기 때문에 명확성과 신속한 확정을 요하기 때문이다.

(7) **철회 · 보정** 일반적으로 말하면 사인의 공법행위는 그에 근거한 법적 효과가 완성되기까지는 허용된다고 할 것이다. 그러나 법률상 제한되는 경우도 있고(예: 소장의 수정, 과세표준수정 신고기한의 제한(국세기본 45)), 이른바 합성행위 및 합동행위는 그 집단성 · 형식성 때문에 이미 형성된 법질서를 존중하여야 하므로 그 적용이 성질상 제한된다. 공무원의 사직원의 철회가 인정될 것인가에 대하여는 특히 문제되고 있으나, 사직원은 독립적인 법적 의의를 가진 행위는 아니므로 의원면직처분이 있을 때까지는 철회를 인정하여야 할 것이고, 다만 신의칙에 반한다고 인정되는 특별한 사정이 있을 때에는 허용되지 않는다고 할 것이다(같은 취지: 92 누 16942 (1993. 7. 27 대판)).

〔**판례**〕 교사가 작성일자를 3개월 뒤로 한 사직원을 제출하였다가 사직원의 작성일자 이전에 사직의사를 철회하였다면 특별한 사정이 없는 한 철회의 효력이 있다.

교사가 교직의 계속적인 수행이 어려워 사직하기로 결심하고 작성일자를 3개월 뒤로 한 사직원을 제출하였다가 사직원의 작성일자 이전에 학교측에 대하여 다시 근무할 것을 희망하는 의사를 밝혔으나 학교측이 위 사직원을 근거로 면직처분을 하였다면, 위 사직원 제출은 사용자에 대하여 근로계약관계의 합의해지를 청약한 경우에 해당한다고 볼 것이고, 학교측에 대하여 다시 근무할 것을 희망하는 의사를 밝힌 것은 종전의 사직의사표시를 철회한 것으로 보아야 할 것인바, 학교측이 위 교사의 사직의사 철회 이후에 비로소 종전의 사직원에 기하여 그를 의원면직 처분한 것은 무효이다(대법원 1992. 4. 10. 91 다 43138 해고무효확인등).

〔**판례**〕 여군 단기복무하사관이 복무연장지원서와 함께 전역지원서를 동시에 제출한 경우 전역지원의 의사는 조건부 의사표시로서 유효하다.

군인사정책상 필요에 의하여 복무연장지원서와 전역(여군의 경우 면역임)지원서를 동시에 제출하게 한 방침에 따라 위 양 지원서를 함께 제출한 이상, 그 취지는 복무연장지원의 의사표시를 우선으로 하되, 그것이 받아들여지지 아니하는 경우에 대비하여 원에 의하여 전역하겠다는 조건부 의사표시를 한 것이므로 그 전역지원의 의사표시도 유효한 것으로 보아야 한다(대법원 1994. 1. 11. 93 누 10057 면역처분취소).

V. 私人의 公法行爲의 효과

(1) 자기완결적 공법행위의 효과

㈎ 선거의 투표행위의 효과 투표행위와 같은 합성행위는 그 자체로서 효과가 완성되는 것이나, 합성행위에 의하여 구성된 의사가 그 자체로서 객관적으로 명확하지 아니하고 의문이 있는 경우도 있다. 그러한 경우에는 행정청이 공적 권위로써 그 합성된 의사를 확인하는 확인행위를 하는 것이 보통이다(예: 당선인의 결정 등).

㈏ 신고의 효과 ⒜「법령 등에서 행정청에 대하여 일정한 사항을 통지함으로써 의무가 끝나는」 통상적 의미의 신고의 경우에는, ① 신고서의 기재사항에 하자가 없고, ② 필요한 구비서류가 첨부되어 있으며, ③ 기타 법령 등에 규정된 형식상의 요건에 적합할 때에는 신고서가 접수기관에 도달한 때에 신고의 의무가 이행된 것으로 본다(행정절차 40②).

⒝ 그리하여 행정청은 신고의 법정요건에 대한 형식적 심사만 할 수 있으며, 법정요건이 갖추어졌으면 수동적으로 접수하여야 한다. 그러나 신고가 형식적으로 법정요건을 갖추었더라도 그것이 실제와 부합되지 아니함이 명백한 때에는 무효라 할 것이며, 따라서 접수할 수 없다고 할 것이다(예컨대 선거에 즈음하여 방이 두 개밖에 없는 집에 120세대가 주민등록전입신고를 한 경우에는 실제와 부합되지 아니함이 명백하다 하겠다).

⒞ 신고가 법정요건을 갖추지 못한 때에는 부적법한 신고가 되어 효력을 발생할 수 없으며, 그 경우에는 행정청은 보완을 요구하여야 하며, 보완기간 내에 보완하지 않을 때에는 그 이유를 명시하여 되돌려 보내야 한다(행정절차 40③④).

⒟ 통상적 의미의 신고의 경우에는 행정청의 수리행위 없이 접수만으로 효력이 발생하기 때문에 그 행정처분성이 인정되지 아니한다. 그리하여 그러한 신고에 대하여 관계 법률에서 허가·인가 또는 특허 등의 효과를 인정하고 있는 경우에는 그 처분성이 인정되지 아니하여 권익을 침해당한 제 3 자가 행정쟁송을 제기할 수 있는지가 문제된다.

⒠ 신고에는 행정청의 수리를 요하는 신고도 있다(수산업법 제44조 소정의 어업신고). 그 경우에는 그 수리를 처분으로 볼 수 있으므로 권익을 침해당한 제 3 자는 행정쟁송을 제기할 수 있다 할 것이다. 물론 이 경우에는 신고는 신고만으로 효력이 발생하는 것이 아니고 행정청의 수리가 있어야 효력이 발생하므로 행정청의 불수리 결정은 행정처분에 해당하며, 이에 대하여 신고인은 소를 제기할 수 있다.

(2) 행위요건적 공법행위의 효과

(가) 수리행위 행정청은 신청 등 사인의 공법행위가 적법 · 유효한 것인지를 심사하여 적법 · 유효한 것인 때에는 수리할 의무를 진다.

(나) 처리의무 ① 행정청은 적법한 절차를 거쳐 처리기간(행정절차법 19①) 내에 사인의 행위에 상응하는 처리를 행하여야 할 법적 의무를 진다. 행정청이 정당한 처리기간 내에 처리하지 아니하면 부작위나 거부에 대한 행정쟁송을 제기할 수 있다. 그러나 법령에 특별한 규정이 없는 한 그 처리기간 안에 처리하지 아니한다고 하여 거부처분이 있는 것으로 보게 되는 것은 아니다. 다만 예외적으로 거부처분이 있는 것으로 보게 한 경우도 있다(공공기관의정보공개 11).[1)]

② 신청 등에 흠이 있는 경우에도 그것만으로 곧 당해 신청을 배척할 것이 아니라 그 흠이 보완될 수 있는 것인 때에는 보완할 수 있는 기회를 부여한 후 신청에 대한 처리방향을 결정하여야 한다(상당한 보완기간을 주지 않고 면허기준 미달만을 이유로 건설업면허의 갱신을 거절한 처분은 위법하다는 판례).[2)] 물론 보완 요구는 형식적 · 절차적인 요건에 한하며, 실질적인 요건에 대하여 행하는 것은 아니다.[3)]

(다) 수정인가의 가부 인가는 단순히 사인의 법률행위의 효력을 완성시켜 주는 데 그치는 보충적 행위라는 점에서, 인가의 내용은 신청인에 의하여 결정되며 따라서 법률에 특별한 규정이 없으면 수정인가는 안 된다고 할 것이다.

(라) 재신청의 가부 사인의 행위 중 수익적 행정행위의 신청의 경우, 그 신청이 거부된 경우에 사정변경을 이유로 재신청을 할 수 있는지가 문제된다. 이에 대하여는 선행거부처분이 불가쟁력이 발생한 경우에도 행정행위에는 일반적

---

1) 공공기관의 정보공개에 관한 법률 제11조(정보공개 여부의 결정) ⑤ 정보공개를 청구한 날부터 20일 이내에 공공기관이 공개 여부를 결정하지 아니한 때에는 비공개의 결정이 있는 것으로 본다.

2) 건설업면허의 갱신 여부를 결정함에 있어서는 건설업법시행령 제 8 조 소정의 기준에 미달되었다는 사실만으로 곧 그 갱신신청을 거절할 것이 아니라 그 기준미달사유가 특별한 사정으로 인한 일시적인 것이어서 그 보완이 가능하다고 인정될 경우에는 상당기한을 주어 보완케 함이 상당하고 위와 같은 사정을 참작함이 없이 위 기준미달만을 이유로 그 갱신을 거절함은 재량권의 행사를 잘못한 것으로서 위법하다(대법원 1985.4.9. 84 누 378 건설업면허갱신거절취소).

3) 행정기관은 민원인으로부터 민원서류를 제출받았을 때에는 다른 법령에 특별한 규정이 없는 한 그 접수를 보류 또는 거부할 수 없고, 그 민원서류에 흠결이 있다고 인정할 때에는 2회에 걸쳐 보완 또는 보정을 요구한 이후에 그 보완 또는 보정이 없을 때에 비로소 접수된 민원서류를 반려할 수 있도록 규정되어 있는바, 그 규정 소정의 보완 또는 보정의 대상이 되는 흠결은 보완 또는 보정이 가능한 경우이어야 함은 물론이고, 그 내용 또한 형식적 · 절차적인 요건에 한하고 실질적인 요건에 대하여까지 보완 또는 보정요구를 하여야 한다고 볼 수 없다. 사회교육시설설치계획서를 제출받은 관할 시 · 도교육위원회로서는 그 시설 · 설비가 사회교육법령이 정하고 있는 설치기준에 맞는 것인지 여부를 검토함은 물론 건축법 · 주택건설촉진법 등 관계 법령상 그러한 시설 · 설비를 갖추는 것이 가능한지 여부까지도 이를 검토하여 만약 그 시설 · 설비가 설치기준에 맞지 않는다거나 관계 법령상 그러한 시설 · 설비를 갖추는 것이 불가능하다면 설치계획서를 반려할 수 있다(대법원 1996.10.25. 95 누 14244 일반사회교육시설설치불허처분취소).

으로 일사부재리의 효력이 없으므로, 사정변경이 있는 때에는 재신청할 수 있다고 본다.

(마) 제 3 자에 대한 행정권발동청구(행정개입청구) 법령상 행정청에 대하여 규제의무가 부과되어 있는 경우에, 당해 규제행정권발동에 대하여 법적 이익이 있는 자가 행정청에게 제 3 자에 대한 규제권발동을 청구하는 신청이 인정된 경우에는 행정청은 신청에 따른 규제권을 발동하여야 하며, 그것을 발동하지 아니할 때에는 국가배상을 청구하거나 행정쟁송을 제기할 수 있다.

Ⅵ. 行政行爲와의 관계

사인의 공법행위에 흠(하자)이 있는 경우에 그에 따른 행정행위에 어떠한 영향을 미칠 것인지가 문제된다.

(1) 사인의 공법행위가 행정행위를 행하기 위한 단순한 동기인 경우에는 사인의 공법행위의 흠결은 행정행위의 효력에 아무런 영향을 미치지 못한다. 왜냐하면, 이들 양자간에는 서로 필요적 관계가 있지 않기 때문이다.

(2) 행정행위를 행하기 위한 전제요건인 때에는 행정절차를 형성하는 요소이므로, 사인의 공법행위가 무효이거나(68 누 8(1968.4.30 대판)—중앙정보부직원의 강박에 못이겨 제출한 사직원에 의하여 처리된 공무원의 면직처분은 무효이다.) 흠은 없더라도 적법하게 철회된 경우에는 그 행정행위도 또한 전제요건을 결하게 되어 무효로 된다 할 것이다. 그러나 사인의 공법행위에 흠이 있더라도 무효로 볼 수 있는 것이 아닌 경우에는 그에 따라 행하여진 행정행위는 원칙적으로 유효하다고 할 것이다.

제 3 장 行政上立法

제 1 절 概　　說

1. 行政上立法의 의의

(1) 행정기관이 법조(法條)의 형식에 의하여 일반적·추상적인 규정을 정립하는 것을 말한다. 행정입법 중에서 법규의 성질을 가진 것을 법규명령(Rechtsverordnung), 법규의 성질을 갖지 아니한 것을 행정규칙(Verwaltungsvorschrift)·행정명령(Verwaltungsverordnung)[1] 또는 행정규정[2]이라 한다.

(2) 행정상입법은 통상적으로 위임입법(delegated legislation)이라고도 하는바, 엄격하게 말하면 위임입법은 보다 넓은 개념이며, 행정권에 의한 입법 이외에 국회규칙(헌 64①)·대법원규칙(헌 108) 등이 포함된다.

2. 立法에 있어서의 行政府 役割增大

국회에서 제정하는 법률에서 국민의 법익과 관련된 많은 사항을 행정부의 법규명령으로 정하도록 위임함으로써 입법에 있어서의 행정부의 역할이 점차 증대되고 있다. 더 나아가서 입법권을 원천적으로 입법부와 행정부가 분담하거나, 행정입법의 근거가 되는 수권법률의 제정에 행정부가 깊이 개입하고 있다는 점에서 법치주의 내지는 이를 담보하는 제도의 하나인 행정입법의 통제에 대한 한계성을 나타내고 있다.

3. 自治立法

지방자치단체는 그 권한에 속하는 사무에 대하여 고유의 법을 정립할 수 있는 권능을 가진다. 이러한 법을 자치입법 또는 자주법(autonomie Satzung)이라 한다. 「조례」와 「규칙」(일반규칙과 교육규칙이 있다.)이 그것이다. 자치입법은 국회에서 제정하는 법형식이 아니기 때문에 넓은 의미에서는 행정입법의 일종으로 설명하기도 하지마는, 자치입법은 직접 법률의 위임에 의하여 제정되는 경우를 제외하고는(예: 건축 48③ 등), 행정입법에 포함시키는 것은 타당하지 않다.

1) 이상규(상), p.305.
2) 변우창, p.146.

제 2 절 法規命令

Ⅰ. 의의와 성질

(1) 의의 행정입법 중에서 법규의 성질을 가지는 것을 말한다. 그리하여 법규명령이란 행정권이 정립하는 일반적 · 추상적 규정(generelle abstrakte Rechtsregel)으로서, 행정주체와 국민에 대하여 직접 효력(구속력)을 가지며, 재판규범이 되는 법규범을 말한다. 원래 법규개념은 독일의 특수한 역사적 사정에 바탕을 두고 발전되어 온 것으로서, 국민의 자유와 재산에 대한 규범 또는 법주체간의 의사의 범위를 정하는 규범이라 하였다. 좁은 의미에서는 행정주체와 국민에 대하여 직접 효력을 가지는 법규범만을 말하고(외부법규), 넓은 의미에서는 행정조직 내부에서만 효력을 갖는 법규범(내부법규)을 포함하여, 행정사무의 처리기준이 되는 모든 법규범을 말한다. 법규명령에서의 「법규」는 좁은 의미의 법규를 말한다.

(2) 성질 ① 법규명령의 정립행위는 형식적 의미로는 행정이라 하겠으나, 실질적 의미로는 입법에 속한다.[1] ② 법규명령은 법규인 까닭에 일반적 · 대외적 구속력을 가진다. 따라서 이에 위반한 행정청의 행위는 위법행위로서 흠을 띠게 되며, 흠에 따른 효과가 발생하게 된다(권익을 침해당한 자의 취소 · 변경청구, 손해배상청구 등).

Ⅱ. 종 류

1. 授權의 범위 · 근거에 의한 분류

(1) 비상명령 · 법률대위명령 비상명령은 헌법에 직접 근거하여 발하며 헌법적 효력을 가지는 명령이다. 법률대위명령은 헌법에 직접 근거하여 발하는 점에서는 비상명령과 같으나, 효력에 있어서는 법률적 효력을 가지는 명령이다. 현행 헌법상에서는 법률적 효력만을 가지는 법률대위명령인 긴급재정 · 경제처분(예: 기정예산의 변경, 새로운 전시예산의 편성, 국회의 의결 없는 국채모집 · 국고부담행위 등)(헌 76①), 긴급재정 · 경제명령(헌 76①), 긴급명령(헌 76②)만을 인정하였다. 긴급명령은 헌법에 직접 근거하여 발하며, 법률과는 독립하여

1) 위임입법이란 법률 또는 상위명령에서 구체적으로 범위를 정하여 위임받은 사항에 관하여 법규로서의 성질을 가지는 일반적 · 추상적 규범을 정립하는 것을 의미하는 것으로서 형식적 의미의 법률(국회입법)에는 속하지 않지만 실질적으로는 행정에 의한 입법으로서 법률과 같은 성질을 갖는 법규의 정립이기 때문에 권력분립주의 내지 법치주의 원리에 비추어 그 요건이 엄격할 수밖에 없으니 법규적 효력을 가지는 행정입법의 제정에는 반드시 구체적이며 명확한 법률의 위임을 요하는 것이다(헌법 제75조)(헌법재판소 2001.4.26. 00 헌마 122).

발한다는 점에서 독립명령의 하나이다.

(2) **법률종속명령** 법률보다 하위의 효력을 가지는 명령이다. 독일·영국·미국·일본 등에서는 법률종속명령만이 인정되고 있다. 법률종속명령은 다시 집행명령과 위임명령으로 나누어진다(헌 75·95·114).

이들 두 가지 명령은 따로따로 발하여지는 예는 드물고 하나의 명령에 혼합되어 있는 것이 보통이다(예컨대 도로교통법시행령 중에는 위임명령인 규정과 집행명령인 규정이 혼재한다).

㈎ **집행명령** 상위법령을 실시하기 위하여 발하는 명령으로, 새로이 국민의 권리의무에 관한 사항을 정하지 못하는 명령을 집행명령이라 한다.

㈏ **위임명령** 상위법령에서 구체적으로 범위를 정하여 위임받은 사항을 정하는 명령을 위임명령이라 한다.

2. 法形式(또는 發令權限의 所在)에 의한 분류

(1) 헌법이 인정한 법형식으로 ① 대통령이 발하는 긴급명령 또는 긴급재정·경제명령(헌 76. 이하 긴급명령이라 이름 붙인다), 대통령령(헌 75. 보통 시행령이라 이름 붙인다), 국제조약(헌 6. 대통령이 체결하며, 국내법과 같은 효력이 인정되므로 넓은 의미에서 행정입법의 일종이다), ② 국무총리가 발하는 총리령(헌 95), ③ 행정각부의 장이 발하는 부령(헌 95. 보통 시행규칙이라 이름 붙인다), ④ 중앙선거관리위원회(대통령으로부터도 독립되어 있기는 하나, 중앙행정기관의 일종이다)가 발하는 중앙선거관리위원회규칙(96 우 16 (1996. 7. 12 대판))이 있고, 법률이 인정한 법형식으로 ⑤ 감사원이 발하는 감사원규칙(감사원 52) 등이 있다.

(2) 위의 법규명령과 관련하여 몇 가지 문제점이 있다.

㈎ **총리령과 부령** 먼저 총리령이 부령보다 효력상 우위에 있는가이다. 형식적 효력면에서는 차이가 없다고 할 수 있으나, 총리령은 국무총리의 행정각부에 대한 통할사무에 관하여 발하여지므로 총리령이 실질적으로 우월한 효력을 가진다는 견해[1]와, 헌법에 부령의 총리령에의 종속성에 관한 규정이 없고 총리령은 국무총리가 행정각부의 장과 동일한 지위에서 그 소관사무(국무총리직속기관의 사무)에 관하여 발하는 것이기 때문에 동위의 형식적 효력을 가진다는 견해[2]가 있다. 이 문제에 대한 해결은 결국 국무총리가 총리령을 발하는 대상이 되는 「소관사무」가 무엇이냐에 따라 행하여질 것이다. 즉 국무총리는 행정각부의 장의 상급관청인 지위를 가지면서 동시에, 행정각부의 장과 동일하게 행정부의 권한에 속하는 사무를 그 직속기관을 통하여 분장·처리하는 중앙관청인 지위를 가지는바, 대통령책임제인 우리 헌법에서 총리령을 인정한 취지는 둘째번의 지위를 예상한 것이라 하겠

1) 김도창(상), p. 311; 김남진(Ⅰ), p. 161; 홍정선(상), p. 201.
2) 이상규(상), p. 293.

다. 따라서 뒤의 견해가 타당하다고 본다(첫째번의 지위에서 총리령을 발하는 것은 대통령령이 인정된 대통령책임제와 모순된다 할 것이다.).

(나) **감사원규칙 등** 다음으로 감사원규칙(감사원 52), 공정거래위원회규칙(독점규제및공정거래 48②), 금융감독위원회규칙(금융감독기구등설치 15①), 방송위원회규칙(방송 20), 중앙노동위원회규칙(노동위원회 25) 등의 성질이 법규명령인지 또는 행정규칙인지가 문제된다. 헌법은 일정한 법형식의 행정입법을 인정하고 있으나, 법률에 의하여 그 이외의 법형식을 인정하는 것을 막는 뜻으로 해석할 것은 아니므로, 감사원규칙 등은 법률(감사원법 등)이 인정한 법규명령의 일종이라 하겠다.

Ⅲ. 근 거

1. 理論的 根據(필요성)

(1) 일반적인 경우로 ① 행정의 복잡·다기성, 전문·기술성에 따라 실제로 행정을 담당하고 전문적 기관을 갖춘 행정부의 행정입법이 보다 능률적인 것으로 되었으며, ② 법률로 규율할 대상은 변화가 많고 유동적이어서, 의회의 입법은 적응성·임기성을 잃게 되었고, 또한 특수한 경우로 ③ 전시 기타 비상사태의 발생과 국제적 긴장의 장기화와 같은 사태에 대한 신축성 있는 적응을 위하여 행정부에 광범한 수권을 불가피하게 하였으며, ④ 법률의 일반적인 규정으로서는 지방별 또는 분야별 특수사정을 고려하는 것이 곤란하게 되어 행정입법이 증가되었다.

그리하여 오늘날은 행정입법이 중요한 행정과정의 일환인바, 행정입법의 증대는 현대국가에서의 행정권의 비대화를 나타내는 하나의 현상이다.

(2) 그리하여 이러한 행정입법의 현실적인 필요성에 의하여 이른바 골격입법(skeleton legislation)의 경향이 현저하게 나타나고, 특히 비상시에는 백지수표식(blankcheque type) 수권을 의미하는 수권법이 출현하여 사실상 입법권을 완전이양함으로써 행정부독재를 결과한 적도 있다(독일의 1933. 3. 24의 수권법(Ermächtigungsgesetz)은 그 전형적인 예이다.).

(3) 오늘날에도 행정입법, 특히 환경행정·조세행정 등의 분야에서의 행정입법에 대하여는 ① 의회가 당해 분야에서의 의회의 임무를 포기한 것으로 볼 수 있는 정도의 일반적·포괄적 수권이 행하여지고, ② 행정부가 의회를 회피하여 중요한 정책결정을 행하며, ③ 수권법률의 취지에 반하는 것을 정하고 있다는 등의 비판이 있다.

2. 實定法的 근거

(1) 권력분립과 행정입법

(가) 위임입법금지론에서 위임입법한계론으로 권력분립 · 법률에 의한 행정 및 의회주의는 국민의 권리의무에 관한 사항은 직접 법률로 규율될 것을 요구하고, 또한 특히 영·미에서의 보통법상의 복위임금지의 법리(delegate potestas non potest delegari)(delegate may not subdelegate)도 행정입법의 부정 내지는 배척의 원리로 작용하였다. 그러나 오늘날은 행정기능의 양적 확대와 질적 고도화에 따라 권력분립, 즉 3권 간의 권한분배도 현대국가기능의 합리적인 수행이라는 면에서 정하여야 한다는 기능적 · 현실적인 권력분립으로 변천되어, 의회가 입법권의 일부를 행정부에 위임하는 것이 가능하다는 이론이 성립하게 되었으며, 이러한 권력분립이론의 변천과 위에서 본 행정입법의 현실적 필요성에 따라 많은 나라의 실정헌법에서도 행정입법에 관한 명문의 근거규정을 두기에 이르렀다(독 80, 한 75 등). 그리하여 오늘날은, 「웨이드」 교수가 「과거에는 행정입법은 … 권력분립에 대한 불행이나, 불가피한 침해인 필요악(necessary evil)으로 보았으나 그것은 벌써 낡은 견해」라고 주장한 것과 같이,[1] 이러한 이론적 문제들이 극복됨으로써 19세기의 위임입법금지론으로부터 20세기의 위임입법한계론(통제론)으로 이행되었다고 하겠다.

(나) 위임입법한계론에서 행정입법에의 국민참여론으로 행정입법은 법률에서 「구체적으로 범위를 정하여 위임받은 사항」을 정할 수 있게 되어 있으나(헌 75), 오늘날은 한편으로 행정기능이 비약적으로 확대 · 강화됨에 따라 「구체적으로 범위를 정하여」의 뜻을 점차 너그럽게 해석할 수밖에 없게 되었다. 다른 한편으로 수권법률 자체의 제정에 있어서조차 행정부의 역할이 커지고 있어 행정입법에 대한 전통적인 실체적 통제는 점차 어려워지고 또한 그 실효성이 저하되고 있다. 여기에서 실체적 통제와는 별도로 절차적 통제를 마련할 필요성이 절실하여졌다. 각국에서 채택하고 있는 절차적 통제수단은 국회제출절차, 행정입법절차 등이 있는바, 그 중에서도 중요한 것은 행정입법절차이다.

여하튼 이렇게 볼 때 행정입법에 관한 논의의 중심은 행정입법금지론으로부터 행정입법한계론으로 이행되고, 오늘날은 다시 행정입법에의 국민참여론으로 이행되고 있다고도 말할 수 있겠다.

(2) 실정법적 근거 우리 헌법은 직접 행정입법에 대한 근거를 두고 있

1) Wade, Administrative Law, 7th ed., 1994, p. 348.

다(헌 76 · 75 · 95 · 116 등).

이러한 헌법상의 근거에 의하면 ① 긴급명령은 법률과 동일한 효력을 갖는 그 성격상 직접 헌법에 근거하여 발할 수 있으나, ② 위임명령은 헌법상의 일반적 근거규정만으로는 제정할 수 없고 그것과 함께 「구체적으로 범위를 정하여」 수권한 개별적 법률(또는 상위법규명령)의 규정에 근거하여야 한다. 따라서 헌법의 일반적인 수권보다는 개별적 법률규정의 수권이 중요한 의미를 갖는다고 할 것이다. 그러나 ③ 집행명령은 헌법이나 법률(또는 상위명령)에 근거규정이 없더라도 법령의 집행을 의미하는 행정의 성질상 당연히 제정할 수 있다고 본다. 헌법에 「법률을 집행하기 위하여… 대통령령을 발할 수 있다」(헌 75)는 규정이 있고, 또한 대개의 법률의 끝에 「이 법 시행에 필요한 사항은 대통령령으로 정한다」는 규정을 두고 있으나, 그러한 규정은 주의적 규정에 불과하며, 그러한 규정이 없더라도 발할 수 있다.

Ⅳ. 限 界

1. 概 說

법규명령의 한계로는 두 가지가 문제된다. ① 위임의 방법 및 내용의 문제와, ② 법규명령 내용의 문제가 그것이다. 전자는 국회에서 수권법률을 제정할 때의 수권의 한계이며, 후자는 수권법률에 근거하여 행정부에서 법규명령을 제정할 때의 법규명령의 내용적 한계이다.

그런데 대통령의 긴급명령은 법률의 수권에 의한 것이 아니고 헌법의 직접적인 수권에 의하여 제정되는 것이므로 수권의 한계는 문제되지 아니한다. 집행명령도 법률을 시행하기 위한 세칙적 사항을 정하는 것이고 법률의 수권사항을 정하는 것이 아니므로 역시 수권의 한계는 문제되지 아니한다. 따라서 이들의 경우는 내용적 한계만이 문제된다. 위임명령의 경우는 반드시 법률의 개별적 수권이 있어야 하며, 그 수권의 범위 안에서 제정하여야 하므로 양자가 다같이 문제된다.

2. 大統領의 緊急命令

긴급재정 · 경제명령과 긴급재정 · 경제처분은 ① 내우 · 외환 · 천재 · 지변 또는 중대한 재정 · 경제상의 위기에 있어서, ② 국가의 안전보장 또는 공공의 안녕질서를 유지하기 위하여 긴급한 조치가 필요하고, ③ 국회의 집회를 기다릴 여유가 없을 때에 한하여, ④ 최소한으로 필요한 재정·경제상의 처분을 하거나 이에 관하여 법률의 효력을 가지는 명령을 발할 수 있으며, 긴급명령은 ① 국가의 안위에 관계되는 중대한 교전상태에 있어서, ② 국가를 보위하기 위하여 긴급한 조치가 필요하고, ③ 국회의 집회가 불가능한 때에 한하여, ④ 법률의 효력을 가지는 명령을 발할 수 있다.

위에서 본 바와 같이 긴급재정·경제명령(또는 처분)은 발동요건이 다소 완화되어 있는 반면, 발동의 대상·범위가 재정·경제로 한정되어 있으며, 이에 대하여 긴급명령은 발동요건이 더욱 엄격한 반면, 발동의 대상·범위는 한정되어 있지 아니하다. 그것은 오늘날의 복지국가에 있어서는 재정·경제상의 위기극복에 있어서 보다 신축성이 요청되기 때문이라 하겠다.

3. 委任命令

(1) 수권의 한계 입법권을 위임하는 것이므로 수권법률에서는 당연히 입법의 위임을 명확히 하고 수임기관을 특정하여야 하며, 또한「구체적으로 범위를 정하여」위임하여야 한다. 그리고 오늘날에는 헌법 제75조에 따라 위임의 방식에 의하여 위임의 범위를 한정하는 것과 함께 위임의 내용에 대하여도 제한을 가하여야 한다는 주장이 제기되고 있다. 의회유보론이 그것이다.

㈎ 입법의 위임과 수임기관의 특정성 행정입법을 위임함에는 입법의 위임임을 명확히 하고, 수임기관을 특정하여야 한다. 보통「…은 부령으로 정한다」고 하여 행정입법의 위임임과 아울러 수임기관을 명시하고 있으나 더러는 행정입법을 위임하면서도(부령에의 위임)「…에 관하여는 ○○장관이 정한다」고 하여, 그것이 행정입법의 위임인지,「일반처분」이나 행정처분의 수권인지, 또는 단지 행정내부의 기준정립의 수권인지가 불분명한 경우가 있다. 이와 같이 행정입법의 위임이면서도 그것을 특정하지 아니한 경우에는 수임기관은 그 내용을 절차가 까다로운 부령으로 제정하지 아니하고 훈령 등의 형식으로 제정할 우려가 있으므로 앞으로는 반드시 행정입법의 위임임을 명시하여야 할 것이다.

「사립학교법 시행령 제12조 제 5 호 "처분할 수 없는 시설·설비의 지정"은 대외적으로 일반국민이 알 수 있고 또 일반국민에게 구속력이 있는 문교부령의 형식으로 그 처분할 수 없는 시설과 설비의 범위를 지정, 공포하라는 취지로 해석하여야 할 것이므로 행정조직 내부에 있어서의 규칙에 불과한 훈령이라는 형식으로 이를 지정한 것은 적법한 지정에 해당된다고 할 수 없다」(대법원 1969.2.25. 68다 2196 전화가입권명의서환).

(나) 위임의 범위

(a) 개설 ① 입법권은 전부위임할 수 없음은 물론, 비록 일부분일지라도 포괄적인 위임은 권력분립, 의회입법의 원칙에 반하고 국회가 그 입법부로서의 기능을 스스로 포기하는 것이 된다. ② 헌법은 「…구체적으로 범위를 정하여 위임받은 사항…」이라 규정하여(헌 75) 위임은 범위를 정하여서 행하여야 하며, 또한 범위는 구체적으로 정하게 하였다.[1] 따라서 수권법률이 예정하는 위임명령의 기능은 대체로 법률의 보충적 규정, 구체적인 특례적 규정 및 해석적 규정, 시행세칙적 규정을 정하는 것이라고 하겠다. ③ 그러나 오늘날 행정기능의 비약적인 확대·발전에 따라 행정입법의 기능도 커지고 있고, 수권법률 자체의 제정에 있어서조차도 행정부의 역할이 커지고 있어 「구체적으로 범위를 정하여」의 뜻을 점차 너그럽게 해석할 수밖에 없게 되었다.

(b) 위임대상의 한정성과 기준의 명확성 문제는 일반적·포괄적 위임과 개별적·구체적 위임의 한계라 할 것인바, 개별적·구체적 위임이기 위하여서는 수권법률에서 ① 행정입법으로 정할 대상을 특정사항으로 한정하여야 하고(대상의 한정성), ② 그 대상에 대하여 행정입법을 행함에 있어 행정기관을 지도 또는 제약하기 위한 목표, 기준, 고려하여야 할 요소 등을 명확하게 지시하여야 한다(기준의 명확성). 행정기관이 따라야 할 기준은 ① 당해 수권규정, ② 수권규정과 관계 있는 규정 및 ③ 수권법률 전체의 취지·목적의 해석을 통하여 명확하게 나타날 수 있으면 된다고 할 것이다.

(c) 위임대상의 한정성과 기준의 명확성의 정도 「개별적·구체적 위임」이기 위하여 요구되는 규율대상의 한정성과 기준의 명확성의 정도는 일률적으로 말할 수는 없다고 할 것이고, 여러 가지 요소를 고려하여 다양한 관점에서 구체화하여야 할 것이다. 판례도 이 문제에 관하여 일반화될 수 있는 구체적 기준을 제시하기보다는 사안에 따라 개별 구체적으로 판단하는 경향을 보이고 있다(92 헌마 80(1993. 5. 13 헌재결정), 93 헌바 32(1995. 11. 30 헌재결정), 98 헌바 80·98 헌바 88(1999. 7. 22 헌재결정), 95 누 3640(1996. 3. 21 대판) 등).

> 「위임입법에 있어 위임의 구체성이나 명확성의 요구의 정도는 규제 대상의 종류와 성격에 따라서 달라질 수 있고, 특히 사회보장적인 급여와 같은 급부행정의 영역에서는 기본권침해의 영역보다 구체성을 요구하는 정도가 다소 약화될 수 있다.

1) 헌법 제75조는 "대통령은 법률에서 구체적으로 범위를 정하여 위임받은 사항에 관하여 대통령령을 발할 수 있다."라고 규정하여 위임입법의 헌법상 근거를 마련함과 동시에 위임은 구체적으로 범위를 정하여 하도록 하여 그 한계를 제시하고 있는데, 이는 행정부에 입법을 위임하는 수권법률의 명확성원칙에 관한 것으로서 법률의 명확성원칙이 행정입법에 관하여 구체화된 특별규정이라고 할 수 있다(헌법재판소 2007. 4. 26. 2004 헌가 29; 대법원 2007. 10. 26. 2007 아 32, 2007 두 9884 위헌법률심판제청).

뿐만 아니라 위임조항에 위임의 구체적인 범위를 명확히 규정하고 있지 않다 하더라도 당해 법률의 전반적 체계나 관련규정에 비추어 내재적인 위임의 범위나 한계를 객관적으로 분명히 확정할 수만 있다면, 이를 두고 일반적이고 포괄적인 백지위임에 해당한다 할 수 없다」(헌법재판소 2007.10.25. 2005 헌바 68 군인연금법 제21조 제5항 제1호 위헌소원등).

「위임입법의 경우 그 한계는 예측가능성인바, 이는 법률에 이미 대통령령으로 규정될 내용 및 범위의 기본사항이 구체적으로 규정되어 있어서 누구라도 당해 법률로부터 대통령령 등에 규정될 내용의 대강을 예측할 수 있어야 함을 의미하고, 이러한 예측가능성의 유무는 당해 특정조항 하나만을 가지고 판단할 것은 아니고 관련 법조항 전체를 유기적·체계적으로 종합 판단하여야 하며 각 대상법률의 성질에 따라 구체적·개별적으로 검토하여 법률조항과 법률의 입법 취지를 종합적으로 고찰할 때 합리적으로 그 대강이 예측될 수 있는 것이라면 위임의 한계를 일탈하지 아니한 것이다」(대법원 2007.10.26. 2007 아 32, 2007 두 9884 위헌법률심판제청; 헌법재판소 2006.6.29. 2004 헌바 8).

다만 개별 구체적인 판단에 있어서는 다음사항을 일반적으로 고려하여야 할 것이다.

(ㄱ) 일반적 기준 수권을 정당화할 수 있는 일반적 근거로서 의회의 「전문적·기술적 능력의 한계」와 「시간적 적응성·임기성의 한계」 등이 구체적으로 음미되어야 하며, 그것과 관련하여 위임대상의 범위 등이 정하여져야 할 것이다.

(ㄴ) 법률주의사항 ⓘ 헌법은 죄형법정주의(헌 12), 조세법률주의(헌 59) 그 밖에 국적취득요건(헌 2①), 재산권의 수용 및 보상(23 ③), 행정각부설치(헌 96) 및 지방자치단체종류(헌 117②) 등을 법률로 정하도록 법률주의를 채택하고 있다. 이러한 사항도 그 모두를 법률 자체에서 정하여야 하는 것은 아니고 대상을 한정하고 기준을 명백히 하여 일정한 범위에서 행정입법에 위임할 수 있다고 할 것이다. ⓘⓘ 예컨대 벌칙규정은 처벌대상인 행위의 설정(구성요건)과 그 행위에 대한 처벌(처벌수단 및 정도)의 두 부분으로 나누어 볼 수 있는바, 죄형법정주의와 관련하여 처벌의 종류·상한(형량) 자체는 법률로 정하여야 할 것이나, 범죄구성요건의 일부는 행정입법에 위임할 수 있다고 할 것이다(구 수산업 48)(대법원 2006.6.15. 2004 도 756 업무상횡령·제3자뇌물취득등; 대법원 2002.11.26. 2002 도 2998 식품위생법위반).[1)]

우리 헌법재판소도 위임입법의 근거와 한계에 관한 헌법 제75조의 규정은

---

1) 식품위생법 제11조 제2항이 과대광고 등의 범위 및 기타 필요한 사항을 보건복지부령에 위임하고 있는 것은 과대광고 등으로 인한 형사처벌에 관련된 법규의 내용을 빠짐없이 형식적 의미의 법률에 의하여 규정한다는 것은 사실상 불가능하다는 고려에서 비롯된 것이고, 또한 같은법시행규칙 제6조 제1항은 처벌대상인 행위가 어떠한 것인지 예측할 수 있도록 구체적으로 규정되어 있다고 할 것이므로 식품위생법 제11조 및 같은법시행규칙 제6조 제1항의 규정이 위임입법의 한계나 죄형법정주의에 위반된 것이라고 볼 수는 없다(대법원 2002.11.26. 2002 도 2998 식품위생법위반).

처벌법규에도 적용되지마는, 법률에 의한 처벌규정의 위임은 헌법이 특히 인권을 최대한 보장하기 위하여 죄형법정주의와 적법절차를 규정하고, 법률에 의한 처벌을 강조하고 있는 기본권보장우위사상에 비추어 바람직하지 못한 일이므로 그 요건과 범위가 보다 엄격하게 제한적으로 적용되어야 한다고 판시하였다(91 헌가 4(1991.7.8 헌재결정), 93 헌바 62(1995.10.26 헌재결정), 94 헌바 22(1997.5.27 헌재결정) 등).[1)]

ⓘⓘⓘ 그러나 법률주의를 취하고 있는 사항에 대하여 어느 범위에서 행정입법에 위임할 수 있는지는 사항별로 개별적으로 정하여져야 할 것이다. 현행법에 있어 조세법률주의와 관련하여 특별소비세법이 탄력세율제도를 채택하여 대통령령으로 기본세율의 100분의 30 범위 안에서 조정할 수 있게 하였으며(개별소비세법 1⑥), 지방자치단체의 종류의 법률주의와 관련하여 특별지방자치단체의 종류와 설치를 대통령령으로 위임하였으며(지자 2④·3),[2)] 재산권수용 및 보상법률주의와 관련하여 손실보상액의 산정방법 및 기준 등을 대통령령 및 부령[3)]에 위임하고 있는바, 그 타당성이 그것이 법률전속사항인지의 여부와 관련하여 음미되어야 할 것이다.

㈐ **국민에 대하여 미치는 영향** 법적 규율은 국민에 대하여 미치는 영향의 정도에 따라 ⓘ 벌칙이나 의무부과적 내지는 제재적 행정처분이나 행정강제에 관한 규율, ⓘⓘ 그 밖의 행정처분에 관한 규율, ⓘⓘⓘ 행정처분 이외의 국민에 대한 구체적 행정작용에 관한 규율, ⓘⓥ 행정작용과 직접 관계없는 행정내부조직에 관한 규율 등으로 구분할 수 있다고 할 것인바, 일반적으로 이 순서에 따라 한정성 등의 요구가 완화된다 할 것이다.

㈑ **관련되는 기본권의 성질 및 행정분야의 차이** 예컨대 표현의 자유 등 정신적 자유권의 제한이나 규제행정에 관한 것인 때에는 한정성 등의 요구가 보다 엄격하다고 하겠다.

㈒ **규율대상의 한정성과 기준의 명확성과의 상호관계** 양자는 상호영향을 미친다고 할 것인바, 규율대상의 범위가 좁고 중요성의 정도가 낮은 때에는 기준의 명확성의 요구도 덜 엄격하다 할 것이다.

㈓ **수임기관의 차이** 수임기관이 어느 기관인지도 고려된다고 할 것인바, 예컨대 대통령에게 위임하는 대통령령의 경우에는 국무회의의 심의를 거쳐 제정되므로 어느 정도 한정성 등이 완화된다고 할 수 있으나, 행정각부장관에게 위

---

1) 판례월보, 1997.8월호, p.63 이하.

2) 행정각부설치 등 법률주의와 관련하여 구 정부조직법은 일시적인 특수업무를 수행하기 위한 합의제중앙행정기관의 설치를 대통령령에 위임하고 있었으나(정조 2②단서), 이러한 위임은 문제가 되어 1989.12.30 법률 4183호에 의한 법개정으로 폐지되었다.

3) 「공익사업을위한토지등의취득및보상에관한법률」은 이들 사항에 대하여 국토해양부령에 위임하였다(동법 70⑥, 79② 등).

임하는 부령의 경우에는 당해 부의 입장만을 내세울 소지도 있으므로 한정성 등이 엄격하게 요구된다고 할 것이다.

(ㅅ) **행정입법의 제정절차의 정비와의 관계** 이해관계인의 참가를 포함한 행정입법의 제정절차가 정비되어 감에 따라 수권법률에 의한 행정입법의 내용에 대한 통제의 요구는 다소 완화된다 하겠다.

(d) **재위임** 재위임이란 수임된 입법권을 다시 하위명령에 위임하는 것을 말한다. 과거에는 재위임은 실질적으로 수권법을 개정하는 결과가 된다고 하여 부정하는 견해도 있었으나, 오늘날은 전면적 재위임이 아니고 요강을 정한 다음, 수권법령의 위임의 취지를 몰각하지 않는 합리적인 범위 안에서 다시 세부적인 보충을 하위명령에 위임하는 것은 가능하다고 본다.[1] 헌법 제95조에서 「대통령령의 위임」이라고 한 것은 이러한 의미에서 이해할 수 있다(예: 구 대외무역법 제7조 제1항 · 제2항은 무역을 업으로 하고자 하는 자는 상공부장관의 허가를 받도록 하고, 허가를 받고자 하는 자의 자격은 대통령령으로 정하도록 하였는바, 구 동법시행령 제1조는 그 자격자를 정하고, 다시 자격자의 하나로 부령이 정하는 자격자를 규정하여 부령에 재위임하고 있는 것과 같다).

〔판례〕 법률에서 위임받은 것을 재위임하는 것의 한계

법률에서 위임받은 사항을 전혀 규정하지 않고 모두 재위임하는 것은 '위임받은 권한을 그대로 다시 위임할 수 없다'는 복위임금지의 법리에 반할 뿐 아니라 수권법의 내용변경을 초래하는 것이 되고, 대통령령 이외의 법규명령의 제정 · 개정절차가 대통령령에 비하여 보다 용이한 점을 고려할 때 하위의 법규명령에 대한 재위임의 경우에도 대통령령에의 위임에 가하여지는 헌법상의 제한이 마땅히 적용되어야 할 것이다. 따라서 법률에서 위임받은 사항을 전혀 규정하지 아니하고 그대로 하위의 법규명령에 재위임하는 것은 허용되지 않으며 위임받은 사항에 관하여 대강을 정하고 그 중의 특정사항을 범위를 정하여 하위의 법규명령에 다시 위임하는 경우에만 재위임이 허용된다(헌법재판소 2002.10.31. 2001 헌라 1 강남구청과 대통령 간의 권한쟁의).

(다) **법률전속사항**(의회유보론) 위에서 본 바와 같이 의회유보론에서는, 일정한 내용의 사항은 법률로 직접 정하여야 하고 명령에 위임할 수 없다고 한다. 그러한 사항은 비록 「구체적으로 범위를 정하여」서도 위임할 수 없다고 한다. 즉 의회유보는 위임의 금지(Delegationsverbot)를 의미한다.[2] 의회유보론은 독일 연방헌법재판소에 의해 확립된 중요사항유보설의 한 내용을 이룬다. 의회유보의 원칙의 이론적 기초는 법률을 제정하는 의회의 국민대표성과 의회에서의 심의절차상의 공개성과 토론을 통한 민의의 수렴가능성에 있다.

의회에 유보되는 사항의 판단기준은 사항의 중요성과 본질성에 있다. 사항

1) 김도창(상), p.315; 이상규(상), p.298; 김남진(I), p.170.
2) 92 헌마 49 · 52(1994.7.29 헌재결정)—토지초과이득세법 제11조 제2항이 그 기준시가를 전적으로 대통령령에 위임한 것은 헌법상의 조세법률주의 혹은 위임입법의 범위를 구체적으로 정하도록 한 헌법 제75조에 위반되나….

의 중요성과 본질성의 여부는 구체적인 경우마다 개별적으로 판단되어야 할 것이지만, 일반적으로 국민의 기본권 및 국민의 생활관계에 중요한 영향을 미치는 사항은 의회유보사항에 해당한다고 볼 수 있을 것이다. 의회유보사항은 법률주의사항과는 구별되어야 한다.

(2) 위임명령의 내용적 한계 ① 위임명령의 내용은 수권법률이 수권한 규율대상과 목적의 범위 안에서 정하여야 한다. 수권한 규율대상이나 목적 이외의 사항을 정한 경우에는 수권법률에 위반되고 결국 수권이 없는 것이 되어 무효가 된다. 「수권의 범위를 일탈한 위임명령」이 전형적인 수권내용에 위반한 행정입법이지만, 법무사법시행규칙 제 3 조 제 1 항이 위헌이라는 헌법재판소의 헌법소원에 대한 결정에서 보는 바와 같이,[1] 법률에서 이미 전제하고 있는 사항에 제한을 가하는 행정입법도 위법 · 무효가 된다.

② 다음으로 위임명령의 내용은 헌법에 적합한 것이어야 한다. 헌법에 위반되면 말할 것도 없이 무효가 된다.

> 「당구장 경영자에게 당구장 출입문에 18세 미만자에 대한 출입금지 표시를 하게 하는 이 사건 규정은 법령이 직접적으로 청구인에게 그러한 표시를 하여야 할 법적 의무를 부과하는 사례에 해당하는 경우로서, 그 표시에 의하여 18세 미만자에 대한 당구장 출입을 저지하는 사실상의 규제력을 가지게 되는 것이므로, 모든 당구장 경영자의 직업종사 직업수행의 자유가 제한되어 헌법상 보장되고 있는 직업선택의 자유가 침해된다」(헌법재판소 1993.5.13. 92 헌마 80 체육시설의설치 · 이용에관한법률시행규칙 제 5 조에 대한 헌법소원).

4. 執行命令

오직 상위법령의 범위 안에서 그 시행에 필요한 구체적인 절차 · 형식 등을 규정할 수 있음에 그친다. 따라서 상위법령에 없는 새로운 법규사항을 정하는 것은 그 한계를 일탈한 것이 된다. 그런데 위임명령과 집행명령의 차이는 상대적이며, 따라서 시행세칙적 사항이라도 법률의 수권에 의하여 위임명령으로 정하여야 할 사항이 있음을 유의하여야 한다.

> **〔판례〕** 구 사법시험령은 사법연수생이라는 별정직 공무원의 임용절차를 집행하기 위한 집행명령이다.
>
> 변호사의 자격과 판사, 검사 등의 임용의 전제가 되는 '사법시험의 합격'이라는 직

---

1) 법무사법시행규칙 제 3 조 제 1 항은 법원행정처장이 법무사를 보충할 필요가 없다고 인정하면 법무사시험을 실시하지 아니해도 된다는 것으로서 상위법인 법무사법 제 4 조 제 1 항에 의하여 모든 국민에게 부여된 법무사 자격취득의 기회를 하위법인 시행규칙으로 박탈한 것이어서 평등권과 직업선택의 자유를 침해한 것이다(헌법재판소 1990.10.15. 89 헌마 178 법무사법시행규칙에 대한 헌법소원).

업선택의 자유와 공무담임권의 기본적인 제한요건은 국회에서 제정한 법률인 변호사법, 법원조직법, 검찰청법 등에서 규정되어 있는 것이고, 사법시험령은 단지 위 법률들이 규정한 사법시험의 시행과 절차 등에 관한 세부사항을 구체화하고 국가공무원법상 사법연수생이라는 별정직 공무원의 임용절차를 집행하기 위한 집행명령의 일종이라고 할 것이다. 또한, 사법시험령 제15조 제 2 항은 사법시험의 제 2 차시험의 합격결정에 있어서는 매과목 4할 이상 득점한 자 중에서 합격자를 결정한다는 취지의 과락제도를 규정하고 있는바, 이는 그 규정내용에서 알 수 있다시피 사법시험 제2차시험의 합격자를 결정하는 방법을 규정하고 있을 뿐이어서 사법시험의 실시를 집행하기 위한 시행과 절차에 관한 것이지, 새로운 법률사항을 정한 것이라고 보기 어렵다(대법원 2007.1.11. 2004 두 10432 사법시험제 2 차시험불합격처분취소).

V. 成立要件 · 效力要件 및 흠

권한 있는 주체가 적법한 내용 · 절차 · 형식에 따라 제정하고 외부에 표시(공포)됨으로써 성립되고, 시행됨으로써 효력을 발생한다. 이러한 요건에 흠결이 있을 때에는 흠을 띠게 된다.

(1) 성립요건

㈎ 주체 그 법형식에 따라 각각의 제정권자(대통령 · 국무총리 · 행정각부의 장 등)가 제정한 것이어야 한다. 때로는 제정권자가 둘 이상의 행정관청인 경우가 있다(예컨대 공동부령).

㈏ 내용 상위법령에 저촉되지 않고, 객관적으로 인식할 수 있는 정도로 명확하여야 하며, 평균인의 능력으로 실현가능한 것이어야 한다.

㈐ 절차 ① 대외적(국민과의 관계에서의)인 절차로는 입법예고제에 따라 학사제도 등 다수국민의 일상생활과 관련되는 중요분야의 사항에 관한 법령안에 있어서는 그 입법취지 · 주요내용을 항목별로 관보 또는 일간신문에 게재하여 국민에게 예고(통지)하고, 이해관계인으로부터 서면에 의한 의견제출을 받아야 한다. ② 행정조직내부에서의 절차로는 대통령령은 법제처의 심사(정조 20①)와 국무회의의 심의를 거쳐(헌 89③), 총리령과 부령은 법제처의 심사를 거쳐(정조 20①) 각각 제정한다. ③ 외국의 입법례로는 미국이 가장 모범적인 대국민적 절차를 채택하고 있다. ④ 행정규제를 신설하거나 강화하는 법규명령의 제정에 대하여는 행정규제영향분석(행정규제 기본 7), 의견수렴(동 9), 규제개혁위원회(대통령 소속)의 심사 등 특별한 추가적 절차를 정하고 있다.

㈑ 형식 조문형식에 의하고, 「법령등 공포에 관한 법률」이 정한 요건을 갖추어야 한다. 법규명령에는 누년일련번호를 붙인다(사무관리규정 시행규칙).

(마) 공포 법규명령의 내용을 외부에 표시함으로써 유효하게 성립한다. 이 대외적 표시절차를 공포라 한다. 그런데 공포는 관보에 게재함으로써 행하여야 하는바, 공포일은 그 법규명령을 게재한 관보가 현실적으로 「발행된 날」이다 (법령등 공포에 관한 법률 11①·12, 69 누 129(1969.11.25 대판) 등 참조).

(2) 효력요건 성립요건을 갖추어 성립된 명령은 시행됨으로써 현실적으로 효력(구속력)을 발생하게 된다. 시행일은 당해 명령에서 규정하는 것이 보통이나, 특별한 규정이 없으면 공포한 날로부터 20일을 경과함으로써 효력을 발생한다(법령등공포에 관한법률 13). 다만 국민의 권리제한 또는 의무부과와 직접 관련되는 법규명령은 긴급히 시행하여야 할 특별한 사유가 있는 경우를 제외하고는 공포일로부터 30일이 경과한 날로부터 시행되도록 하여야 한다(법률의 경우 도 같다)(동 13의 2). 그러나 이는 훈시적 규정이라 할 것이다.

(3) 흠 ① 성립·발효요건을 완전하게 갖추지 못한 때에는 당해 법규명령은 흠을 띠게 된다. 그러나 법규명령에 대한 사법심사는 구체적 규범통제만이 인정되고 추상적 규범통제는 인정되지 않고 있으므로(헌 107②) 법규명령에 비록 흠이 있어 위법하더라도, 행정행위의 경우와 같이 독립적으로 그 법규명령 자체의 효력을 다투는 쟁송을 제기하여 그 무효확인이나 취소를 구할 수는 없고, 당해 법규명령에 근거한 처분을 기다려서 그 처분을 다투는 쟁송을 제기하고 그 사건의 심판을 위한 선결문제로서 법규명령의 위법성을 다툴 수 있을 뿐이다. 그리고 법원의 심사에 의하여 당해 법규명령이 위법이라고 판단된 경우에도 그 법규명령이 절대적으로 무효로 되는 것이 아니고 오직 당해 사건에 대하여서만 적용이 거부될 뿐이다. 다만 처분법령의 경우에는 그 법규명령 자체가 직접 행정소송의 대상이 된다. ② 위에서 본 바와 같이 흠 있는 법규명령을 다투는 쟁송방법과 그 쟁송에서 위법이라고 인정된 경우의 효력범위는 한정이 되어 있다. 그러나, 법규명령의 흠이 중대하고 명백한 경우에는 적어도 법이론적으로는 위와 같은 쟁송절차에 따른 법원의 효력유무의 판단을 거치지 아니하고도, 이해관계인과 다른 행정기관이나 법원은 그 법규명령을 스스로 무효로 인정하고 복종이나 적용을 거부할 수 있다고 할 것이다.

Ⅵ. 消 滅 등

1. 消 滅

(1) 폐지 두 가지 경우가 있다.

㈎ 명령의 형식 자체가 폐지된 경우이다(예: 구 헌법상 인정되던 국무원령이라는 형식은 현행헌법에서는 인정되지 않는다). 이 경우에는 그 내용이 상위법령에 저촉되지 않는 한 계속 효력을 가진다 할 것이다. 명령의 형식 자체가 폐지된 것이 아니고, 명령을 발한 행정관청이 폐지된 경우에도 그 사항이 다른 기관의 관할사항으로 존속하는 이상 그 기관의 명령으로 효력이 존속한다(예컨대 과거의 부흥부령은 건설교통부령으로 효력이 존속된다).

㈏ 개개의 명령이 폐지된 경우이다. 상위법령 또는 동종의 명령으로 구체적인 명령을 폐지하는 것이다. 명시적으로 폐지하는 경우는 물론, 폐지한다는 명시적 규정이 없더라도 종래의 명령의 내용과 저촉되는 규정을 후의 명령에 정한 경우에는, 「후법우선의 원칙」에 따라 종전의 명령은 폐지된다(69 누 1(1969.3.25 대판)—구 법인세법 제 6 조의 3 제 5 항의 규정 중 본문의 규정은 단서의 규정에 의하여 실효되었다고 봄이 상당하다).

(2) 법정부관의 성취 당해 명령에 붙여진 종기가 도래하거나 해제조건이 성취되면 소멸한다.

(3) 근거법령의 소멸 상위법령이 개정된 경우 종전 집행명령의 효력이 문제된다.

> 「집행명령은 근거법령인 상위법령이 폐지되면 특별한 규정이 없는 이상 실효되는 것이나, 상위법령이 개정됨에 그친 경우에는 개정법령과 성질상 모순, 저촉되지 아니하고 개정된 상위법령의 시행에 필요한 사항을 규정하고 있는 이상 그 집행명령은 상위법령의 개정에도 불구하고 당연히 실효되지 아니하고 개정법령의 시행을 위한 집행명령이 제정, 발효될 때까지는 여전히 그 효력을 유지한다」(대법원 1989.9.12. 88 누 6962 영업소설치신고수리).

2. 法規命令의 改廢와 信賴保護

법규명령은 법적 구속력을 가지며, 따라서 국민은 그것의 존속을 신뢰하게 된다. 그리하여 법규명령이 폐지되거나 개정된 경우에는 개인이 재산상의 손실 등 불이익을 받는 경우가 있게 된다. 예컨대 조세감면을 인정한 법규명령을 폐지하거나, 인·허가요건이나 자격취득요건을 정하고 있는 법규명령을 더욱 엄격하게 개정하는 경우 등이다. 이러한 경우에 행정계획의 개폐의 경우와 마찬가지로 법규명령에 의하여 이익을 받고 있는 자 또는 이익을 기대한 자의 신뢰를 보호하는 문제가 생긴다. 그러나 개인에게 일반적인 법규명령 보장청구권 같은 것은 인정된다고는 볼 수 없다. 다만 일반적으로는 법적안정성과 개인의 신뢰보호를 위하여 당해 법규명령의 개폐시에 경과조치를 두어 개인의 이익과의 조화를 도모하고 있다.[1)]

---

1) 홍정선, 행정법원리, p.212.

Ⅶ. 法規命令制定에 대한 統制

1. 授權法律에 대한 統制

(1) 수권법률이 헌법에서 정한 대로「구체적으로 범위를 정하여 위임」하도록 확보하는 것이다. 또한, 의회유보의 원칙이 인정되는 경우에는 의회유보사항이 명령에 위임되는지의 여부를 통제하여야 한다.

(2) 사법적 통제에는 ① 법원의 헌법재판소에 대한 수권법률의 위헌여부 심판제청(헌 111①(1), 헌재 41)과, ② 헌법재판소의 수권법률의 위헌여부결정(헌 111①(1), 헌재 45)이 있다. 헌법재판소가 수권법률의 위헌 여부를 결정할 수 있는 경우는 세 가지가 있다. 첫째는 구체적 재판사건에 있어서 법원에 의하여 위헌여부심판의 제청이 있는 경우이다(헌재 41). 둘째는 구체적 재판사건에 있어서 법원이 소송당사자에 의한 위헌여부심판제청의 청구를 기각한 경우에 당사자가 헌법소원을 제기한 경우이다(헌 111①(5), 헌재 68②). 셋째는 공권력의 행사(입법 등) 또는 불행사(입법 불작위 등)로 인하여 헌법상의 기본권을 침해받은 자가 헌법소원을 제기한 경우이다(헌 111①(5), 헌재 68①)(법원의 재판은 제외).

수권법률에 대한 사법적 통제는「구체적으로 범위를 정하여 위임」하지 않고 포괄적인 백지위임을 한 수권법률을 위헌으로 결정하여 무효화하는 것이다. 그러나「구체적」인 위임과「포괄적」인 위임의 구별은 상대적이어서 양자의 한계선을 긋는 것은 매우 어려운 일이며, 시대의 변천에 따른 행정현상의 복잡다기화는「구체적으로 범위를 정하여」의 뜻을 점차 너그럽게 해석하도록 촉진하고 있다. 이에 따라 현행 실정법상으로도 실제상 구체적인 범위를 정한 것으로 볼 수 없는 위임이 상당히 광범하게 행하여지고 있으며, 구 양곡관리법에 관한 판례에서 보는 바와 같이(69 도 1094 (1971.1.26 대판)) 판례상으로 그러한 광범한 위임이 지지되고 있는 실정이라 하겠다.

〔**판례**〕 구 군인연금법에서 퇴역연금 지급정지대상기관을 국방부령으로 정하도록 위임하고 있는 것은 포괄위임금지의 원칙에 위반된다.
이 사건 법률조항은 퇴역연금을 받을 권리가 있는 자가 정부재정지원기관으로부터 "보수 기타 급여를 지급받고 있는 때에는 그 지급기간중 대통령령이 정하는 바에 따라 퇴역연금의 전부 또는 일부의 지급을 정지"할 수 있다고 규정하고 있는데, 이는 다음에서 보는 바와 같이 지급정지의 요건과 내용에 관하여 구체적으로 범위를 정하지 아니하고 포괄적으로 대통령령에 입법을 위임한 것으로서 헌법 제75조가 규정하는 포괄위임금지의 원칙에 위반된다고 할 것이다(헌법재판소 2005.12.22. 2004 헌가 24 구군인연금법 제21조 제 5 항 제 3 호 위헌제청).

〔**판례**〕 구 대도시 광역교통관리에 관한 특별법 제11조 제 6 호는 포괄위임금지의 원칙에 관한 헌법 제75조에 위배되지 않는다.

구 대도시 광역교통관리에 관한 특별법(2007.1.19. 법률 제8251호로 개정되기 전의 것) 제11조는 광역교통시설부담금 납부대상에 관하여 포괄적으로 시행령에 위임한 것이 아니라, 제 1 호 내지 제 5 호에서 그 납부대상이 되는 사업을 구체적으로 적시한 다음, 같은 조 제 6 호에서 '기타 제 1 호 내지 제 5 호의 사업과 유사한 사업으로 대통령령이 정하는 사업'을 시행하는 자도 그 납부대상으로 정해질 수 있다는 점을 명시한 것으로서, 그 규정 취지는 제 1 호 내지 제 5 호의 경우와 비교하여 객관적으로 이와 유사한 사업에 해당한다는 기준을 설정하여 위임의 범위를 한정한 다음, 이에 관한 세부적인 사항은 그때그때의 사회·경제적 상황에 따라 탄력적으로 대통령령으로 정할 수 있도록 한 것으로 보아야 한다. 그렇다면 같은 조 제 6 호는 법률에서 그 대강의 내용을 규정한 다음 대통령령에 의하여 부분적인 보충을 할 수 있도록 하는 입법방식을 취한 것으로서, 같은 조 제 1 호 내지 제 5 호에 적시된 구체적 사례들을 통하여 대통령령에 의하여 보충될 내용의 대강을 예측할 수 있으므로, 이를 포괄위임금지의 원칙에 관한 헌법 제75조에 위배된다고 볼 수는 없다(대법원 2007.10. 26. 2007 두 9884 광역교통시설부담금부과처분취소).

(3) 국민에 의한 통제는 수권법률의 제정시에 국민이 참여하는 것이다. 국회법은 법률안심사시에 입법예고제를 채택하고 있다. 또한 행정절차법에 의하면 정부에서 국회에 제출하는 법률안의 경우에도 국민의 의견을 듣도록 되어 있다.

2. 法規命令 자체에 대한 統制

(1) 긴급명령　의회에 의한 통제와 사법적 통제가 있다. ① 의회에 의한 통제는 대통령이 긴급명령(긴급재정·경제명령 포함)을 발할 때에는 지체 없이 국회에 보고하여 그 승인을 얻는 것이다. 승인을 얻지 못한 때에는 그 때부터 효력을 상실하며, 당해 명령에 의하여 개정 또는 폐지된 법률은 승인을 얻지 못한 때부터 당연히 효력을 회복한다(헌 76③ 내지 ⑤). ② 사법적통제는 수권법률에 대한 것과 동일하다. 긴급명령은 형식은 법규명령이나 효력에 있어서는 법률과 동일하기 때문이다(헌 76).

(2) 위임명령

(가) 개설(통제내용의 확장)　(a) 수권법률이 수권한 규율대상과 목적의 범위 안에서 정하도록 확보하는 것이다.

이와 같이 위임명령에 대한 전통적인 통제방법은 실체적 통제였으며, 절차적 통제에 대하여는 별다른 관심을 갖지 아니하였다. 그것은 절차적 관심이 박약하였던 종래의 일반적 경향을 반영한 것이라고도 하겠다. 그러나 오늘날의 행정현상의 복잡다기화는 「구체적으로 범위를 정하여」의 뜻을 점차 너그럽게 해석하도록 촉진하여 수권법률에서 수권의 범위를 실체적으로 한정하는 것만으로는 행정권에 의한 행정입법의 내용의 적정성과 민주성을 보장할 수 없게 되었으며, 여기에서 이를 보완하기 위한 절차적 통제장치를 마련할 필요성이 절실하여졌다. 각국에서 채택하고 있는 절차적 통제수단으로는 국회제출절차와 행정입법절차 등이 있는바, 특히 중요한 것은 행정입법절차이다. 그것은 행정입법과정에 직접 국민을 참여시켜 행정입법의 내용의 적정성과 민주성을 확보하려는 것이다. 다음에서 보는 미국의 행정입법절차나 우리나라의 입법예고제는 이러한 필요에서 채택된 제도라 할 것이다.

(b) 그리고 법규명령제정에 관한 전통적인 통제론에서는 주로 법규명령이 수권법률에서 정한 위임의 한계를 넘지 못하게 하는 것이 문제되었으나, 행정기능이 크게 확대·강화되고 국민의 행정의존도가 높아진 오늘날에는 수권법률이 위임한 내용을 적기에 적정하게 실현하는 법규명령을 제정·시행하도록 확보하는 것도 통제의 주요한 내용이 되어야 한다.[1)]

그리하여 명령제정권을 보유하는 행정기관은 법률의 시행을 위하여 명령제정권을 행사할 법적 의무가 있는 것이 아닌가 또한 시행명령이 제정되지 않아 권익침해를 받은 국민의 권익구제방법으로 무엇이 있는가 하는 문제가 제기된다.

(나) 의회에 의한 통제

(a) **간접적 통제** 국회가 가지는 국무총리 및 국무위원에 대한 해임건의권(헌 63) 등 일반적인 감시·비판권의 발동으로 간접적으로 위법·부당한 행정입법을 견제·교정하는 것을 말한다.

(b) **직접적 통제** ① 행정입법의 성립·발효에 대한 동의 또는 승인권을 유보하는 방법에 의한 통제이다.

② 우리 나라는 실질적으로 「의회의 소극적 결의에 의한 최종적인 확인권의 유보」에 준하는 제도를 채택하고 있다. 즉, 국회법은 중앙행정기관의 장은 법률에서 위임한 사항이나 법률을 집행하기 위하여 필요한 사항을 규정한 대통령령·총리령·부령이 제정·개정 또는 폐지된 때에는 10일 이내에 국회의 소관 상임위원회에 제출하도록 하고(그 기간 내에 제출하지 못한 경우에는 그 이유를 통지하여야 한다.), 국회의 소관 상임위원회는 위원회 또는 상설위원회를 정기적으로 개회하여 그 소관 중앙행정기관이 제출한 대통령령 등에 대하여 법률에의 위반여부 등을 검토하여 당해 대통령령 등이 법률의 취지 또는 내용에 합치되지 아니한다고 판단되는 경우에는 소관 중앙행정기관의 장에게 그 내용을 통보할 수 있도록 하였는바(국회법 98의 2), 규정상으

1) 우리나라의 경우, 정부는 국회에 행정입법추진상황을 수시로 보고하고 있다.

로는 국회가 아닌 상임위원회에 제출하도록 하고 상임위원회가 단순히 통보만 하도록 하였고, 중앙행정기관이 이에 따라 어떤 조치를 할 의무를 규정하지 아니하여, 상임위원회의 단순한 의견제시에 불과하다 할 것이나, 실질적으로는 중앙행정기관의 장은 통보가 있으면 특별한 사유가 없는 한 이에 따를 수밖에 없다고 할 것이므로, 위에서 본 소극적 결의에 의한 최종적인 확인권을 유보하는 제도에 준하는 제도라고 할 것이다.

㈐ 사법적 통제

(a) 법원에 의한 통제

① 구체적 규범통제 우리 헌법도 법규명령이 「헌법이나 법률에 위반되는 여부가 재판의 전제가 된 경우에는」 법원이 이를 심사할 수 있다고 하여 법원에 의한 통제를 명시하였는바(107②), 행정입법의 심사는 행정입법 자체의 위법성의 심사를 목적으로 하는 독립된 절차가 아니고, 어느 행정입법의 위법여부가 구체적인 사건에 대한 재판의 전제가 된 경우에, 그 사건의 심판을 위한 선결문제로서 다루어진다(구체적 규범통제). 그러나 이른바, 처분법령의 경우는 그 자체가 직접 행정소송의 대상이 된다. 법원에 의하여 위법이라고 판단된 경우에는 실효되는 것이 아니고 오직 당해 사건에 대하여서만 적용이 거부될 뿐이다.

② 시행명령제정의무 ⓐ 삼권분립의 원칙, 법치행정의 원칙을 당연한 전제로 하고 있는 헌법하에서는 법률을 시행하기 위한 행정권의 시행명령제정의무는 법적 의무로 보아야 할 것이다. 그리고 법률의 집행이 행정권의 시행명령제정의 해태에 의하여 저지되는 것은 결과적으로 행정이 법률보다 우월한 것으로 되어 삼권분립의 원칙 및 법치행정의 원칙에 위반되는 결과를 가져온다.[1]

ⓑ 국가가 1980년 공권력의 부당한 행사를 통하여 헌납 명목으로 재산을 강제 취득한 것과 관련하여, 입법자에게 그 보상 등을 위한 특별 입법의 의무가 발생하였는지 여부에 대하여 헌법재판소는 부정적인 입장을 취하였다.

> 「입법부작위에 대한 헌법소원은 헌법에서 기본권보장을 위해 명시적으로 입법 위임을 하였거나 헌법 해석상 특정인에게 구체적인 기본권이 생겨 이를 보장하기 위한 국가의 입법의무가 발생하였음이 명백함에도 불구하고 입법자가 전혀 아무런 입법조치를 취하지 않고 있는 경우가 아니면 원칙적으로 인정될 수 없고, 또한

1) 상위법령을 시행하기 위하여 하위법령을 제정하거나 필요한 조치를 함에 있어서는 상당한 기간을 필요로 하며 합리적인 기간 내의 지체를 위헌적인 부작위로 볼 수 없으나, 이 사건의 경우 현행 규정이 제정된 때(1976.4.15)로부터 이미 20년 이상이 경과되었음에도 아직 치과전문의제도의 실시를 위한 구체적 조치를 취하고 있지 아니하고 있으므로 합리적 기간 내의 지체라고 볼 수 없고, 법률의 시행에 반대하는 여론의 압력이나 이익단체의 반대와 같은 사유는 지체를 정당화하는 사유가 될 수 없다(헌법재판소 1998.7.16. 96 헌마 246 전문의 자격시험 불실시위헌확인등).

입법자가 헌법상 입법의무가 있는 어떤 사항에 관하여 입법은 하였으나 그 입법의 내용·범위·절차 등을 불완전·불충분 또는 불공정하게 규율함으로써 입법행위에 결함이 있는 이른바 부진정입법부작위의 경우에는 그 불완전한 규정을 대상으로 하여 그것이 헌법위반이라는 적극적인 헌법소원을 청구할 수 있을 뿐 입법부작위로서 헌법소원의 대상으로 삼을 수 없다」(헌법재판소 2003.1.30. 2002 헌마358 입법부작위위헌확인).

ⓒ 시행명령을 제정할 법적 의무가 있는 경우에 시행명령의 제정을 거부하거나 해태하는 행위를 위법한 처분 또는 부작위로 보고 다툴 수 있을 것인가.

「행정소송은 구체적 사건에 대한 법률상 분쟁을 법에 의하여 해결함으로써 법적 안정을 기하자는 것이므로 부작위위법확인소송의 대상이 될 수 있는 것은 구체적 권리의무에 관한 분쟁이어야 하고 추상적인 법령에 관하여 제정의 여부 등은 그 자체로서 국민의 구체적인 권리의무에 직접적 변동을 초래하는 것이 아니어서 그 소송의 대상이 될 수 없다」(대법원 1992.5.8. 91 누 11261 행정입법부작위처분위법확인).

그러나 명령의 제정거부나 해태는 이해관계인의 구체적인 권익과 관계되는 경우에는 입법행위는 아니고, 행정처분으로 볼 수 있는 경우도 있다고 할 것이다. 또한 시행명령의 부당한 지체로 인하여 손해를 입은 국민은 국가배상청구소송은 제기할 수 있을 것이다.

또한 국민은 시행명령이 제정되지 않아 신청한 허가 또는 급부의 청구 등이 거부된 경우에는 허가 등의 거부처분의 취소를 청구할 수 있고 이 경우에 시행명령제정의 해태가 위법한 것인지의 여부가 선결문제로서 판단될 것이다.

(b) 헌법재판소에 의한 통제

① 헌법규정 헌법은 명령·규칙에 대한 위헌·위법심사권을 법원에 부여하였다(헌 107②). 그런데 헌법재판소가 법원과 함께 명령·규칙에 대한 위헌심판권을 가지는지가 문제된다.

② 학설 적극설은[1] ⓐ 헌법 제107조 제 2 항은 「재판의 전제」가 된 경우에 한하여 법원의 명령·규칙에 대한 위헌심사권을 부여하고 있으므로, 명령·규칙이 국민의 기본권을 침해한 경우에 그에 대한 헌법소원을 인정하는 것은 헌법 제107조 제 2 항에 위반되는 것이 아니며, ⓑ 헌법 제111조 제 1 항 제 5 호에 근거한 헌법재판소법 제68조 제 1 항의 「공권력의 행사 또는 불행사」에는 명령·규칙의 제정(또는 불제정)이 당연히 포함된다는 것 등을 근거로 하여 헌

1) 이석연, 헌법소원의 대상으로서의 명령·규칙의 위헌여부심사, 한국공법학회 제13회 월례발표회요지논문.

법재판소는 명령·규칙에 대한 위헌심판권을 갖는다고 한다. 소극설은[1] 우리 헌법은 법률에 대한 위헌심사권과 명령·규칙의 위헌심사권을 구분하여 전자의 권한은 헌법재판소에 부여하고, 후자의 권한은 법원에 배타적으로 부여하고 있다고 볼 것이므로, 헌법재판소는 명령·규칙에 대한 위헌심판권을 가질 수 없다고 한다. 적극설이 타당하다고 생각한다.

③ 헌법재판소의 입장　우리 헌법재판소는 법무사법시행규칙(대법원 규칙)에 대한 헌법소원을 받아들여 동 규칙 제 3 조 제 1 항을 위헌으로 결정하여(89 헌마 178 (1990.10.15 헌재결정)), 적극설의 입장을 취하였다.

④ 행정입법부작위에 대한 헌법소원　시행명령제정의 위법한 거부 또는 보류(해태)로 기본권이 침해된 경우에 국민은 행정소송을 통하여 구제를 받지 못한 경우 또는 행정소송이 인정되지 않는 경우에는 위에서 본 바와 같이 헌법재판소에 헌법소원을 제기할 수 있을 것이다. 헌법재판소도 행정입법부작위에 대하여 보건복지부장관이 의료법과 대통령령의 위임에 따라 치과전문의자격시험제도를 실시할 수 있도록 시행규칙을 개정하거나 필요한 조항을 신설하는 등 제도적 조치를 마련하지 아니한 부작위가 위헌이라고 결정하였다(96 헌마 246 (1998.7.16 헌재결정)).

㈑ 행정적 통제

(a) 감독권에 의한 통제　상급관청이 가지는 지휘·감독권의 대상에는 하급관청의 행정입법권의 행사도 포함된다. 따라서, 상급관청은 ① 훈령권의 행사에 의하여 행정입법의 기준·방향 등을 지시하고, 위법한 행정입법을 폐지하도록 명하는 등 통제를 할 수 있다(정조 11·16 등). ② 행정입법이 취소권의 대상이 될 수 있는가에 대하여는 의문이 있는바, 법규명령은 일반적·추상적인 법규로서의 형식과 효력을 가지는 것이기 때문에, 감독청의 취소권도 상위명령의 형식으로써 행사되거나 그 행정입법을 행한 행정청 자신이 폐지하도록 명하는 방법에 의하여야 할 것이다. ③ 그리고 행정심판청구에 대한 심리·재결권도 상급관청의 하급관청에 대한 감독권행사의 하나의 방법인바, 국무총리행정심판위원회는 국무총리와 모든 중앙행정기관이 재결청이 되는 행정심판사건을 의결하며, 따라서 정부전체 차원에서 행정심판제도를 운영함으로써 행정심판의 심리를 통하여 행정기관이 집행하는 구체적인 법령 등의 위법성을 파악할 수 있을 것이다. 그리하여 국무총리행정심판위원회에 명령 등의 시정조치요청권을 부여하였다(동 42 의 2).

1) 대법원은 헌법 제107조 제 2 항이 명시적으로 명령·규칙에 대한 최종적인 심사권을 대법원에 부여하고 있다는 점과 침해의 직접성과 보충성의 요건이 결여되었다는 등의 이유로 부정적이었다.

(b) 특정한 심사기관의 심사를 통한 통제

① 우리나라의 법제처는 국무총리의 직속기관으로 각 부·처에서 국무회의에 상정할 모든 법령안을 심사한다(정조 20). 법제처는 한편으로는 입법사무전문기관으로서 각 부·처에서 수행하고자 하는 정책을 법령안에 수용하여 법령문안을 작성하는 입법행정사무를 담당하며, 다른 한편으로는 법제처가 소속되고 있는 국무총리의 각 부·처에 대한 총괄 · 조정권에 의하여 법규명령의 수권법률에의 적합성 등을 심사함으로써 법규명령제정을 통제하는 기능을 수행한다.

행정규제기본법은 규제의 신설 또는 강화를 억제하기 위하여 그러한 내용을 담고 있는 법령안에 대하여는 법제처심사 전에 규제개혁위원회(대통령 소속)의 심사를 받도록 하였다(동법 11).

(c) 행정입법의 절차적 통제 미국행정절차법의 행정입법절차와 우리의 입법예고제가 그 대표적인 예이다. 이는 앞에서 본 바와 같이 의회 · 법원에 의한 통제가 한계를 나타내고 있음에 비추어, 행정입법에 대한 국민의 참여를 실현하는 것으로 행정적 통제라기보다는 국민에 의한 통제의 방법이다(후술).

(마) 국민에 의한 통제 ① 오늘날 행정현상의 복잡다기화에 따른 행정입법에 대한 광범위한 위임, 그리고 국회입법에 있어서의 행정부의 역할증대로 행정입법에 대한 의회와 사법부에 의한 실체적 통제는 그 실효성이 감소되어 가고 있으며, 여기에서 행정입법에 대한 국민의 직접통제제도를 확보할 필요가 절실하게 되었다. 여기에서 행정입법절차는 행정입법에 대한 가장 중요한 통제수단이 된다.

② 행정입법절차는 행정의사형성에의 국민참여의 확보에 역점이 주어진다고 하겠다.

③ 종래 행정절차는 행정처분절차를 중심으로 발전되어 왔으며 행정입법절차에 대한 관심은 크지 못하였다. 그러나 오늘날은 위에서 본 바와 같이 행정입법절차는 국민통제제도로서 크게 부각되고 있다.

④ 여하튼 대표적 행정입법절차로는 미국행정절차법이 채택한 그것과 우리나라의 입법예고제를 들 수 있다.

(3) 집행명령 위임명령에 준하는 통제를 받는다고 할 것이다. 그것은 위임명령과 집행명령의 구별은 상대적인 것이며, 통제와 관련하여서는 특히 그러하다고 할 것이기 때문이다.

제 3 절 行政規則(또는 行政命令)

I. 槪 說

1. 意 義

(1) **전통적 견해** 행정규칙(Verwaltungsvorschrift)(행정명령[1] 또는 행정규정이라고도 한다.)이라 함은 행정기관이 정립하는 일반적·추상적인 규정으로서 법규(Rechtssatz)의 성질을 가지지 않는 것을 말한다. 법규가 아니므로 일반통치권에 기초하여 일반공권력의 사인에 대한 관계를 규율하는 것이 아니라, 공법상의 특별권력에 기초하여 행정조직 내부 또는 특별권력관계 내부에서의 조직·활동을 규율한다. 행정규칙은 행정주체와 국민 간의 권리의무에 대하여 직접적인 영향을 미치는 것은 아니다. 그것은 형식적으로는 일반적·추상적 규정이라는 점에서 법규명령과 같으나, 실질적으로는 법규가 아닌 점에서 질적인 차이가 있다고 본다.

(2) **일반적 견해** ① 순수하게 법이론적으로 볼 때에는 행정규칙도 법적 효력을 가지며 행정사무처리의 기준이 된다는 점에서 넓은 의미에서 법규의 하나로 보게 된다. 다만 행정규칙의 법적 효력이 미치는 범위는 행정조직 내부 또는 특별권력관계 내부에 한정되며, 그 점에서 국민에 대한 효력, 즉 대외적 효력을 갖는 좁은 의미의 법규와 다를 뿐이다. 여하튼 일반적 견해에서는 법규범 중에서 대외적 효력을 갖는 것만을 법규로 보는 데 대하여, 행정규칙을 법규의 하나로 보는 여기에서의 견해는 어떤 규범이 법규범이기만 하면 대외적 효력을 갖는 것은 물론 내부적 효력을 갖는 것도 법규로 보는 것이다.

② 이러한 입장에서 좁은 의미의 법규와 행정규칙은 서로 질적 차이가 있는 것이 아니고 양적 차이만 있으며, 따라서 넓은 의미의 법규개념에 양자를 함께 포괄할 수 있다고 할 것이다. 따라서 좁은 의미의 법규를 외부법규(Aussenrechtssatz)라 하고, 행정규칙을 내부법규(Innenrechtssatz)라 할 수 있다. 그리하여 이러한 입장에서는 행정규칙이란 행정기관이 법률의 수권 없이 그 권한의 범

1) 의료법에 의하면 의사면허자격정지처분의 세부적인 기준은 보건복지부령으로 정하도록 되어 있으나 위 보건복지부령은 그 규정의 성질과 내용이 의사에 대한 면허자격정지처분의 세부적인 기준이라는 행정청 내의 사무처리준칙을 규정하는 것에 불과하여 보건복지부장관이 관계 행정기관 및 그 직원에 대하여 그 직무권한 행사의 지침을 정하여 주기 위하여 발하는 행정조직 내부에 있어서의 행정명령의 성질을 가지는 것으로서 대외적으로 국민이나 법원을 기속하는 효력이 있는 것은 아니므로 의사면허자격정지처분의 적법 여부는 그 처분이 위 보건복지부령이 정하는 기준에 적합한지 여부에 따라 판단할 것이 아니라 의료법의 규정과 취지에 적합한지 여부에 따라 판단하여야 한다(대법원 1996.2.23. 95 누 16318 의사면허자격정지처분취소).

위 안에서 정립하는 일반적·추상적 규정으로서 내부법규를 말한다고 하겠다.

③ 오늘날은 행정규칙에 대하여 좁은 의미의 법규와 같은 직접적인 대외적 효력까지를 인정하는 견해가 유력하여지고 있는바, 그러한 견해에서는 행정규칙의 개념을 다르게 보게 된다.[1)]

2. 必 要 性

행정규칙, 그 중에서도 훈령·예규 등이 중요한 의미를 갖게 된 것은, 오늘날은 행정조직이 복잡·방대한 기구를 갖게 되었으며, 또한 행정의 내용이 전문기술화하여 법률해석에 있어 전문기술적 지식이 필요하게 되고, 법집행에 있어 정책적 재량판단의 여지가 넓어졌다는 것 등을 들 수 있다. 즉, ① 특수한 전문적 행정영역에 있어서는 법률해석에 의문이 생기고, ② 또한 법률이 행정측에 대하여 일정한 범위에서 재량판단의 여지를 인정한 경우도 많은바, 법률해석이나 재량판단이 행정청마다 다르게 되면, 국민은 소관행정청이 다름에 따라 다른 취급을 당하게 되어 행정의 평등에 반하게 된다. 그리하여 국세청장은 각 세무서장에 대하여 구체적인 산정기준을 훈령 등의 형식으로 시달하여 그 취급을 전국적으로 통일하도록 하고 있다.

Ⅱ. 法規命令의 形式을 취하는 行政規則 및 行政規則의 形式을 취하는 法規命令

1. 法規의 形式을 취하는 行政規則

행정규칙은 보통 고시·훈령·예규 등 독자적인 형식에 의하여 정립되나, 때로는 법률 또는 법규명령의 형식으로 정립되는 때도 적지 아니하다(예컨대 국가공무원복무규정 중 공무원의 근무시간에 관한 사항은 특별권력관계의 내부사항을 정하는 것이나, 그 형식은 법규명령인 대통령령으로 되어 있는 것 등이다). 이와 같이 행정규칙으로 정하여질 내용이 법규명령의 형식을 취하고 있을 때에는 그것은 행정규칙인지 또는 법규로 되는 것인지가 문제된다.

(1) 학 설

㈎ 적극설(형식적 기준설) ① 과거 법규는 개인의 자유와 재산에 관한

1) 이 견해가 주장하는 행정규칙의 정의는 아직 정리되어 있지는 아니하나 이들 견해를 종합하여 보면, 법규명령이 법률의 개별적·구체적 수권에 의하여 정립되는 데 대하여, 행정규칙은 행정기관이 정립하는 일반적·추상적인 규정으로서, 법률의 구체적·개별적 수권을 받음이 없이 행정권의 독자적 권한에 의하여, 법률에 의하여 주어진 그 직무권한의 범위 안에서, 행정목적을 달성하기 위하여 정립되는 법규범을 말한다고 한다. 이명구, 특별권력관계에 관한 연구, p. 79 참조.

사항을 정한 규범으로 보았으나(실질적 법규개념), 오늘날은 그러한 법규개념을 정립하는 것은 실익이 없으며, 법규는 그 내용이 어떠한 것이든 국민과 국가를 다같이 구속할 수 있는 일반적 구속력을 가진 규범으로 보아야 한다는 것을 이유로,[1] 혹은 ② 법규명령 가운데는 행정조직내부에서만 효력을 가지는 것(직제 등)이 있는 반면에, 훈령적인 사항(재량준칙 등)이더라도 그것이 일단 법규명령(특히 위임명령)으로 정해지게 되면 그것은 실질적 의미의 법률(특히 재판규범)로서의 성질을 가지게 된다는 것을 이유로,[2] 혹은 ③ 행정조직 내부영역 및 특별행정법관계에서 법치주의의 적용확대경향과 법규사항·행정규칙사항의 구분이 결코 용이한 것이 아님을 이유로[3] 한다.

이 견해에서 국민과 국가를 다같이 구속할 수 있는 일반적 구속력을 갖는다는 것, 즉 대외적 구속력을 갖는다는 것은, 처분을 함에 있어서 당해 대통령령이나 부령이 정한 행정처분기준에 따라야 하며, 법원도 그 처분의 적법여부를 그 처분기준에 따라 판단하여야 한다는 것이다.

(나) 소극설(실질적 기준설) 그 실질적 내용이 행정사무처리기준과 같이 행정조직내부에서만 효력을 갖는 것일 때에는 비록 그것이 법규명령의 형식을 취하더라도 국민일반에 대한 구속력을 갖지 못하고 행정규칙으로서의 성질을 변하지 않는다는 것을 이유로 한다.[4]

이 견해에서 국민일반에 대하여 구속력을 갖지 못한다는 것은, 그 규칙의 내용과 성질이 행정청 내의 사무처리준칙을 규정한 것으로 행정조직내부에서 행정기관이나 직원을 구속함에 그치고, 대외적으로 국민이나 법원을 구속하는 것이 아니라는 것이다. 그리하여 당해 처분이 그 규칙에 위배되는 것이라 하더라도 위법의 문제는 생기지 아니하고 그 처분의 적법 여부는 규칙에 적합한지에 따라 판단할 것이 아니고 관계 법령의 규정 및 취지에 적합한지의 여부에 따라 판단하여야 한다고 한다.

(다) 수권여부기준설 법령의 수권에 근거한 대통령령·총리령·부령은 법규명령이고, 법률의 수권이 없이 제정된 대통령령·총리령·부령은 행정규칙이라는 견해이다.[5] 법규명령을 법령의 수권에 근거하여 제정되는 명령으로 이해하면서 행정사무처리기준 등과 같은 행정내부적인 사항(행정규칙사항)일지라도 법

1) 한태연(상), p.97.
2) 김남진(I), p.188.
3) 홍정선(상), p.214.
4) 유지태, p.181; 석종현(상), p.405; 한견우(I), p.247.
5) 홍정선(상), p.235.

령의 위임을 받아 제정되었다면 법규명령으로, 법령의 위임이 없이 제정되었다면 행정규칙으로 본다.

(2) 판례

㈎ **대통령령과 부령의 구별** 판례는 종래에는 행정규칙적인 내용이 법규의 형식을 취하고 있는 경우, 그것을 모두 행정규칙으로 보았으나, 오늘날의 판례는 법규의 형식이 대통령령인 경우에는 법규로 보고, 법규의 형식이 부령인 경우에는 행정규칙으로 본다.

㈏ **법규명령으로 본 판례** 대통령령인 주택건설촉진법시행령으로 정하여진 행정처분기준에 대하여 법규명령이라고 판시하였다.

> 「당해 처분의 기준이 된 주택건설촉진법시행령 제10조의3 제 1 항 [별표 1]은 주택건설촉진법 제 7 조 제 2 항의 위임규정에 터잡은 규정형식상 대통령령이므로 그 성질이 부령인 시행규칙이나 또는 지방자치단체의 규칙과 같이 통상적으로 행정조직 내부에 있어서의 행정명령에 지나지 않는 것이 아니라 대외적으로 국민이나 법원을 구속하는 힘이 있는 법규명령에 해당한다」(대법원 1997.12.26. 97 누 15418 주택건설사업 영업정지처분취소).

다만 대통령령으로 정한 처분기준을 법규명령으로 보면서도 거기에서 정하고 있는 과징금 액수를 정액이 아니라 최고액이라고 함으로써 절대적 구속력을 인정하지 아니하고 신축적 구속력만을 인정한 판례도 있다.[1] 같은 입장에 선 판례로, 국민건강보험법 제85조 제 1 항, 제 2 항에 따른 같은 법 시행령 제61조 제 1 항 [별표 5]의 업무정지처분 및 과징금부과의 기준의 법적 성질을 법규명령이라고 하면서, 여기에서 업무정지의 기간 내지 과징금의 금액의 의미는 확정적인 것이 아니라 최고한도라고 한다(대법원 2006.2.9. 2005 두 11982 업무정지처분취소).[2]

1) [구 청소년보호법 제49조 제 1 항, 제 2 항의 위임에 따른 같은법시행령 제40조 [별표 6]의 위반행위의 종별에 따른 과징금처분기준의 법적 성격(=법규명령) 및 그 과징금 수액의 의미(=최고한도액)]구 청소년보호법시행령 제40조 [별표 6]의 위반행위의 종별에 따른 과징금처분기준은 법규명령이기는 하나 모법의 위임규정의 내용과 취지 및 헌법상의 과잉금지의 원칙과 평등의 원칙 등에 비추어 같은 유형의 위반행위라 하더라도 그 규모나 기간·사회적 비난정도·위반행위로 인하여 다른 법률에 의하여 처벌받은 다른 사정·행위자의 개인적 사정 및 위반행위로 얻은 불법이익의 규모 등 여러 요소를 종합적으로 고려하여 사안에 따라 적정한 과징금의 액수를 정하여야 할 것이므로 그 수액은 정액이 아니라 최고한도액이다(대법원 2001.3.9. 99 두 5207 과징금부과처분취소).

2) 원고가 외과의원을 운영하면서 주로 레이저를 이용한 치질 수술을 해 오던중 그 신청에 따라 포괄수가제 시범사업 요양기관으로 지정받은 후 2001.6.1.부터 2001.11.30.까지 6개월 동안의 치질 수술에 대한 요양급여비용을 청구함에 있어, 포괄수가제 시범사업은 환자가 1일 이상 입원한 경우나 수술 후 6시간 이상 관찰한 후 귀가한 경우를 급여대상으로 함에도, 원고는 치질 수술 후 6시간 미만 관찰한 후 귀가한 환자에 대하여 포괄수가제에 따른 요양급여비용을 청구함으로써 행위별수가제에 따른 적정 청구금액에 비하여 41,761,180원을 부당하게 과다 청구하여 이를 수령하고, 또 같은 기간 동안 환자에 대하여도 적법한 본인부담금에 비하여 36,520,340원을 부당하게 과다 부담하게 한 이 사건에서, 피고로서는 원고에 대하여 과징금부

㈐ 행정규칙으로 본 판례

「규정형식상 부령인 시행규칙[1] 또는 지방자치단체의 규칙으로 정한 행정처분의 기준은 행정처분 등에 관한 사무처리기준과 처분절차 등 행정청 내의 사무처리준칙을 규정한 것에 불과하므로 행정조직 내부에 있어서의 행정명령의 성격을 지닐 뿐 대외적으로 국민이나 법원을 구속하는 힘이 없고, 그 처분이 위 규칙에 위배되는 것이라 하더라도 위법의 문제는 생기지 아니하고, 또 위 규칙에서 정한 기준에 적합하다 하여 바로 그 처분이 적법한 것이라고도 할 수 없으며, 그 처분의 적법 여부는 위 규칙에 적합한지의 여부에 따라 판단할 것이 아니고 관계 법령의 규정 및 그 취지에 적합한 것인지 여부에 따라 개별적·구체적으로 판단하여야 한다」(대법원 1995.10.17. 94 누 14148 전원합의체판결 자동차운행정지가처분취소등).

고 판시하였다. 또한,

「제재적 행정처분의 기준이 부령의 형식으로 되어 있어 행정청 내부의 사무처리준칙을 정한 행정규칙에 지나지 아니하므로, 대외적으로 국민이나 법원을 기속하는 효력이 없고, 당해 처분의 적법 여부는 위 처분기준만이 아니라 관계 법령의 규정 내용과 취지에 따라 판단되어야 한다」(대법원 2007.9.20. 2007 두 6946 과징금부과처분취소)[2]

고 판시하였다. 다만 판례 중에는 부령인 행정규칙을 행정규칙으로 보면서도 평등원칙을 매개규범으로 하여 간접적으로 법규적 효력을 인정한 것이 있다. 즉, 「식품위생법시행규칙 제53조의 행정처분기준은 행정기관내부의 사무처리준칙을 규정한 것에 불과하기는 하지만… 행정청은 당해 위반사항에 대하여 위 처분기준에 따라 행정처분을 함이 보통이라 할 것이므로, 행정청이 이러한 처분기준을 따르지 아니하고 특정한 개인에 대하여서만 위 처분기준을 과도하게 초과하는 처분을 한 경우에는 재량권의 한계를 일탈하였다고 볼 만한 여지가 충분하다」고 하여(93 누 5635 (1993.6.29 대판)), 법규성을 인정하였으나, 이는 부령인 행정규칙의 법규성을 직접적으로 인정한 것이 아니고 평등원칙을 매개규범으로 하여 간접적으로 인정한 것에 불과하다 할 것이다.

과처분을 선택할 수도 있었던 점 등에 비추어 볼 때, 위 [별표 5]의 업무정지처분기준상의 기간으로서 최고한도인 241일의 업무정지를 명한 이 사건 처분은 재량권의 한계를 일탈하거나 남용한 것으로 위법하다고 판단하였다(대법원 2006.2.9. 2005 두 11982 업무정지처분취소).

1) 자동차운수사업법 제31조 등의 규정에 의한 사업면허의 취소등의 처분에 관한 규칙.

2) 약국개설자인 원고가 의약품인 '마그밀'의 포장을 개봉하여 판매함으로써 구 약사법 제39조를 위반한 사실, 2005.8.5. 이와 같은 사실을 적발한 피고는 같은 달 16. 원고에게 위 위반행위에 대하여 구 약사법 시행규칙 제89조 및 [별표 6] '행정처분의 기준'에 따라 업무정지 15일의 처분을 하겠다는 사전통지를 하였다가, 같은 해 9.30. 구 약사법 시행령 제29조 및 [별표 1의 2] '과징금 산정기준'에 따라 업무정지 15일에 갈음하는 과징금 8,550,000원(=15일×570,000원)의 부과처분을 하였다. 업무정지 15일에 갈음하는 과징금 부과처분을 한 것이 피고에게 주어진 재량권의 범위를 일탈하거나 피고가 그 재량권을 남용에 해당한다고 보기는 어렵다(대법원 2007.9.20. 2007 두 6946 과징금부과처분취소).

(3) 결언

㈎ 형식적 기준설　대통령령이나 총리령 및 부령은 모두 헌법에서 인정한 법규범이며(헌 75 · 95), 법률(또는 상위명령)에서 위임한 사항이나 집행을 위하여 필요한 사항을 정하는 법규명령이다. 따라서 법규명령은 법률이나 마찬가지로 그 내용이 개인의 자유와 재산에 관한 사항을 정한 것인지의 여부와 관계없이 대국민적 일반적구속력을 가질 수 있다는 점에서 법규의 형식을 취하는 행정규칙은 법규로 보아야 할 것이다.

㈏ 판례비판　① 판례는 위에서 본 바와 같이 대통령령인 경우와 부령인 경우를 달리 보고 있으나, 그 모두가 헌법에 근거를 두고 있으며, 다같이 법률(또는 상위명령)에서 위임된 사항이나 집행을 위하여 필요한 사항을 정하는 법규명령이라는 점에서 양자를 구별하여야 할 합리적인 근거가 없다고 할 것이다. 대통령령의 경우에는 국무회의의 심의를 거쳐 대통령이 발하고, 부령의 경우에는 국무회의의 심의를 거치지 않고 행정각부의 장관이 발하나, 그것은 양자를 질적으로 구별할 근거가 될 수 없다고 할 것이다. ② 재량준칙을 행정규칙 형식으로 제정하여도 충분할 것인데, 부령 등 법규명령형식으로 제정하는 것은 불필요한 과잉입법이라 할 수 있다. 따라서 대법원이 행정부의 의도에 굴하지 아니하고, 실질적으로는 명령심사권을 행사하면서 형식적으로는 해석론을 통하여 그 법규성을 부인하면서 국민의 권리구제폭을 넓힌 것이 법규명령의 형식으로 된 재량준칙의 법규성을 부인한 판례의 태도일 것이라고 한다.

그러나 재량준칙을 법규로 보더라도 재량준칙을 그대로 적용하는 것이 현저히 타당성을 결한 경우에는 재량권남용이론 등을 통하여 구체적 타당성을 기할 수 있다고 할 것이며(즉, 신축적인 구속)(위의 99 두 5207 (2001.3.9 대판) 참조), 재량준칙을 행정규칙의 형식으로 제정할 것인지 또는 법규명령의 형식으로 제정할 것인지는 입법정책의 문제인데 법적용기관인 법원이 그것을 이유로 하여 재량준칙의 법규성을 부인하는 것은 타당하다고 볼 수 없다. 또한 재량준칙을 정한 부령은 법률(또는 상위명령)의 구체적인 위임에 의하여 정하여진 것이며, 따라서 법률이 행정청에게 재량권을 부여한 취지 못지않게 처분기준을 부령으로 정하도록 위임하여 재량권행사를 제한할 수 있는 여지를 둔 법률의 취지도 존중되어야 한다는 점에서 타당성이 없다고 할 것이다.[1)]

③ 오늘날의 법률에서 과거에는 훈령으로 정하였던 재량준칙, 특히 제재기준을 부령 또는 대통령령으로 격상하여 정하도록 위임하고 있는 것은, 행정법상

1) 홍준형, 법규명령과 행정규칙의 구별, 법제, 1998. 8 월호.

의 의무확보라는 면에서 제재기준이 훈령인 경우와 부령이나 대통령령인 법규명령인 경우와는 너무나 현격한 차이가 있다는 행정현실 때문이다. 그러한 점에서 법원이 그러한 입법의도와 현실을 굳이 외면하고 부령이나 대통령령을 행정규칙으로 볼 필요는 없다고 본다.

2. 法規를 內容으로 하는 行政規則

(1) 의의　행정규칙은 보통 고시·훈령·예규 등 독자적인 형식에 의하여 정립된다. 그런데 행정규칙은 보통 법률 또는 법규명령의 집행을 위하여 제정하는 규칙(집행규칙)으로서 법률 또는 법규명령의 집행적 성질을 가지는 것(법률 또는 법규명령을 실현하기 위한 사무의 분배, 집행의 절차·방법 등을 규정하는 것)이 원칙이다. 「법규를 내용으로 하는 행정규칙」은 행정규칙 특히 고시 중에는 그 근거가 되는 법령의 규정과 결합한 결과로 법규의 내용을 보충하는 성질을 갖는 것을 말한다(현재까지는 고시 이외의 형식을 취하는 행정규칙 중에는 법규적 성질의 것이 많지 않다). 예컨대 물가안정에관한법률 제 2 조에 근거한 주무부장관의 긴요물품 등의 최고가격고시는 실질적으로 법규의 보충적 성질을 가진다. 즉, 매매업자 등은 고시에 따라야 하며 위반한 때에는 여러 가지 법적 불이익을 받게 된다.[1),2)]

현행법상 이러한 성질을 가지는 고시로는 「독점규제 및 공정거래에 관한 법률」 제23조에 근거한 불공정거래행위지정고시, 대외무역법 제19조에 근거한 전략물자의 공고 등이 있다.

(2) 법적 성격

㈎ 학설　① 행정규칙설(법령보충적 행정규칙에 법규와 같은 효력을 인정하더라도 행정규칙의 형식으로 제정되었으므로 그 법적 성질은 행정규칙이라고 본다.)[3)], ② 규범구체화행정규칙설(통상적인 행정규칙과는 달리 그 자체로서 국민에 대한 법적 구속력이 인정되는 규범구체화행정규칙으로 본다.), ③ 위헌·무효설(헌법상 법규명령은 한정적이므로 행정규칙 형식의 법규명령은 허용되지 않으며 따라서 위헌·무효라고 한다.)이 있으나, 이러한 행정규칙은 법률 또는 법규명령의 구체적·개별적인 위임에 따라 법규를 보충하는 기능을 가지며(법규보충행정규칙), 대 국민적 효력인 대외적 효력을 가지므로 법규명령의 일종

1) 김도창(상), p.327; 강문용(상), p.269.
2) 고시의 성질　고시에는 여러 가지 성질의 것이 있다.
(1) 일반처분의 성질을 가진 고시　원칙적으로 불특정다수인의 권리의무를 권력적으로 정하는 일반처분이다. 도로법에 의한 도로구역결정의 고시 등이다.
(2) 법규명령의 성질을 가진 고시(위에서 보았다).
(3) 행정규칙의 성질을 가진 고시(위에서 보았다).
(4) 준법률행위적행정행위(통지)인 고시　예컨대 공익사업을 위한 토지 등의 취득 및 보상에 관한 법률에 의한 사업인정의 고시 등인바, 이는 기업자에게 사업인정이 행하여졌다는 객관적 사실의 공고이다.
(5) 사실행위로서의 고시　예컨대 정부에서 유류정책을 어떻게 결정하였음을 고시한 것과 같은 것으로 고시가 어떤 법적 효과와 관계가 없는 경우이다.
3) 박균성(상), p.224.

이라 할 것이다. 따라서 구체적·개별적 수권 없이 정립하는 행정규칙은 아니므로 행정규칙에서 제외시켜야 한다.

(나) **판례** ① 대법원은 국세청장의 훈령인「재산제세 사무처리 규정」제72조 제 3 항이 근거법령인 소득세법시행령의 위임을 받아 제정되었으므로 그 형식은 행정규칙이지만, 실질적으로는 법규명령이라고 한 이후에 동일한 태도를 유지하고 있다. ② 헌법재판소 역시 법률이 부령이 아닌 고시와 같은 행정규칙으로 위임하는 것을 합헌이라고 판시하였다.

〔**판례**〕 국세청장의 훈령인「재산제세사무처리규정」제72조 제 3 항을 법규로 본 판례

「그와 같은 행정규칙 … 은 위에서 본 행정규칙이 갖는 일반적 효력으로서가 아니라, 행정기관에 법령의 구체적 내용을 보충할 권한을 부여한 법령규정의 효력에 의하여 그 내용을 보충하는 기능을 갖게 된다 할 것이고, 따라서 이와 같은 행정규칙은 당해 법령의 위임한계를 벗어나지 아니하는 한 그것들과 결합하여 대외적인 구속력이 있는 법규명령으로서의 효력을 갖게 된다」[86 누 484(1987.9.29 대판); 91 누 5334(1992.1.21 대판); 97 누 6261(1999.7.23 대판)].

〔**판례**〕 법령의 규정이 행정기관에 그 법령 내용의 구체적 사항을 정할 수 있는 권한을 부여하면서, 권한 행사의 절차나 방법을 특정하고 있지 않아 수임행정기관이 행정규칙의 형식으로 법령의 내용이 될 사항을 구체적으로 정한 경우에는 법규명령의 효력을 갖는다.

상급행정기관이 하급행정기관에 대하여 업무처리지침이나 법령의 해석적용에 관한 기준을 정하여 발하는 이른바 행정규칙은 일반적으로 행정조직 내부에서만 효력을 가질 뿐 대외적인 구속력을 갖지 않지만, 법령의 규정이 특정 행정기관에게 그 법령 내용의 구체적 사항을 정할 수 있는 권한을 부여하면서 그 권한 행사의 절차나 방법을 특정하고 있지 않아 수임행정기관이 행정규칙의 형식으로 그 법령의 내용이 될 사항을 구체적으로 정하고 있다면, 그와 같은 행정규칙은 위에서 본 행정규칙이 갖는 일반적 효력으로서가 아니라 행정기관에 법령의 구체적 내용을 보충할 권한을 부여한 법령 규정의 효력에 의하여 그 내용을 보충하는 기능을 갖게 되고, 따라서 이와 같은 행정규칙은 당해 법령의 위임 한계를 벗어나지 않는 한 그것들과 결합하여 대외적인 구속력이 있는 법규명령으로서의 효력을 가진다(대법원 2008.3.27. 2006 두 3742, 3759 목욕장영업신고서처리불가처분취소·영업소폐쇄명령처분취소).[1]

〔**판례**〕 고시가 법규명령으로서 구속력을 갖기 위한 요건

일반적으로 행정 각부의 장이 정하는 고시라 하더라도 그것이 특히 법령의 규정에

1) 구 택지개발촉진법 제 3 조 제 4 항, 제31조, 같은 법 시행령 제 7 조 제 1 항 및 제 5 항에 따라 건설교통부장관이 정한 '택지개발업무처리지침' 제11조가 비록 건설교통부장관의 지침 형식으로 되어 있다 하더라도, 이에 의한 토지이용에 관한 계획은 택지개발촉진법령의 위임에 따라 그 규정의 내용을 보충하면서 그와 결합하여 대외적인 구속력이 있는 법규명령으로서의 효력을 가진다.

서 특정 행정기관에게 법령 내용의 구체적 사항을 정할 수 있는 권한을 부여함으로써 그 법령 내용을 보충하는 기능을 가질 경우에는 그 형식과 상관없이 근거 법령 규정과 결합하여 대외적으로 구속력이 있는 법규명령으로서의 효력을 가지는 것이나 이는 어디까지나 법령의 위임에 따라 그 법령 규정을 보충하는 기능을 가지는 점에 근거하여 예외적으로 인정되는 효력이므로 특정 고시가 비록 법령에 근거를 둔 것이라고 하더라도 그 규정 내용이 법령의 위임 범위를 벗어난 것일 경우에는 위와 같은 법규명령으로서의 대외적 구속력을 인정할 여지는 없다(대법원 1999.11.26. 97 누 13474 부동산양도허가신청반려처분취소).

〔**판례**〕 법률이 국민의 권리의무와 관련된 사항을 고시와 같은 행정규칙에 위임하는 경우 그 위헌성 판단방법

행정규칙은 법규명령과 같은 엄격한 제정 및 개정절차를 요하지 아니하므로, 재산권 등과 같은 기본권을 제한하는 작용을 하는 법률이 입법위임을 할 때에는 "대통령령," "총리령," "부령" 등 법규명령에 위임함이 바람직하고, 금융감독위원회의 고시와 같은 형식으로 입법위임을 할 때에는 적어도 행정규제기본법 제 4 조 제 2 항 단서에서 정한 바와 같이 법령이 전문적·기술적 사항이나 경미한 사항으로서 업무의 성질상 위임이 불가피한 사항에 한정된다 할 것이고, 그러한 사항이라 하더라도 포괄위임금지의 원칙상 법률의 위임은 반드시 구체적·개별적으로 한정된 사항에 대하여 행하여져야 한다(헌법재판소 2004.10.28. 99 헌바 91 금융산업의구조개선에관한법률 제 2 조 제 3 호 가목등위헌소원).

Ⅲ. 行政規則의 性質問題

행정규칙의 법적 성질문제에 관하여 법규라고 보는 견해, 법규로 보지 않는 견해 및 준법규로 보는 견해가 있다.

1. 非法規性說

종래의 통설과 판례에서는 행정규칙은 그것이 비록 일반적·추상적 규정이더라도, 국민의 자유와 재산에 대하여 정하는 것이 아니고, 행정조직내부 또는 특별권력관계내부에서의 조직·활동만을 정하는 것이어서 법규가 아니라고 한다. 그리하여 종래의 통설과 판례에 의하면 법규명령과 비교하여 다음과 같은 특질을 가진다.

(1) **권력적 기초** 법규는 일반통치권에 기초를 두고 제정되는 데 대하여, 행정규칙은 상급행정기관의 하급행정기관에 대한 감독권 또는 공법상의 특별권력관계에서의 특별권력에 기초를 두고 제정되는 점에서 권력적 기초를 달리한다.

(2) **법규성의 결여** 행정규칙은 행정조직의 내부적 규범이며 국민의 권리의무를 직접 규정하는 법규인 성질을 갖지 않기 때문에, 종래의 학설·판례는

행정규칙의 내부행위적 성질을 중시하여 다음과 같은 성질을 갖는 것으로 보았다.

(가) 행정규칙과 행정조직 내부 또는 특별권력관계 내부에서의 개별적·구체적 처분과의 양적 차이 행정규칙은 일반적·추상적 성질을 가졌더라도 행정조직 내부 또는 특별권력관계에서의 개별적·구체적 하명(Anweisung)과는 상대적·양적인 차이밖에 없다. 행정조직 내부 또는 특별권력관계에 타당하는 일반적·추상적 규정인 행정규칙(예컨대 지식경제부장관의 중소기업청장에 대한 훈령)은 개별적·구체적 하명(예컨대 지식경제부장관의 중소기업청장에 대한 지시)보다 우월하지 못하고 동가치적 효력밖에 없다. 그리하여 뒤에 발하는 개별적·구체적 하명으로 앞의 일반적·추상적인 행정규칙을 개정하는 것이 가능하다. 따라서, 행정규칙과 구체적 하명과의 우열은 오직 발령기관의 지위와 발령시의 전후에 의하여 결정된다.

(나) 일면적 구속력 법규명령은 그 상대방(국민)을 구속함은 물론 발령기관(예컨대 대통령령에는 대통령도 구속되며, 따라서 개별적 처분으로 이를 무시할 수는 없다.)도 구속하는 양면적 구속력을 갖는데, 행정규칙의 발령기관은 그가 발한 행정규칙에 구속되지 않고 상대방(수명기관)만을 구속하는 편면적·일면적 구속력만을 가진다(예컨대 지식경제부장관은 자신이 발한 훈령에는 구속되지 않는다.).

(다) 사인의 법적 범위에 대한 불간섭 행정규칙은 행정조직의 내부규범이기 때문에 직접 국민에 대하여 효력을 미치지 못한다. 그리하여 법률해석 또는 재량판단의 기준 등을 정한 훈령이나 예규 등은 행정청의 국민에 대한 행정처분의 기준이 된다는 점에서 국민에 대하여 오직 간접적으로만 효력을 미친다.

(라) 행정규칙위반의 효과 ① 법규가 아니므로 수명기관이 이에 위반하여도 위법이 되지 아니하며, 또한 그에 따랐다는 것만으로 적법이 되지 아니한다. 따라서, 이에 위반한 수명기관의 행위의 효력에는 영향이 없으며 위법을 전제로 하는 법원리(특히 흠(하자)의 원리)의 적용이 없고, 국민은 수명기관의 행위가 행정규칙에 위반하였다고 하여 그 행위를 다투는 행정소송을 제기할 수 없다. ② 다만, 행정규칙을 위반한 행위를 한 공무원은 특별권력관계내부에서 공무원법상 책임(징계책임)을 지게 된다.

> **〔판례〕** 검찰청의 장이 출장 등의 사유로 근무지를 떠날 때에는 검찰총장의 승인을 얻어야 한다고 규정한 검찰근무규칙은 행정규칙이며, 그 위반행위는 직무상의 의무위반으로 징계사유에 해당한다.
>
> 검찰청법 제11조의 위임에 기한 검찰근무규칙 제13조 제1항은, 검찰청의 장이 출장 등의 사유로 근무지를 떠날 때에는 미리 바로 윗 검찰청의 장 및 검찰총장의 승인을 얻어야 한다고 규정하고 있는바, 이는 검찰조직 내부에서 검찰청의 장의

근무수칙을 정한 이른바 행정규칙으로서 검찰청의 장에 대하여 일반적인 구속력을 가지므로, 그 위반행위는 직무상의 의무위반으로 검사징계법 제 2 조 제 2 호의 징계사유에 해당한다(대법원 2001.8.24. 2000 두 7704 면직처분취소).

〔**판례**〕 상급행정기관의 하급행정기관에 대한 승인·동의·지시 등은 행정기관 상호간의 내부행위이므로 행정처분에 해당한다고 볼 수 없다.
상급행정기관의 하급행정기관에 대한 승인·동의·지시 등은 행정기관 상호간의 내부행위로서 국민의 권리 의무에 직접 영향을 미치는 것이 아니므로 항고소송의 대상이 되는 행정처분에 해당한다고 볼 수 없다(대법원 1997.9.26. 97 누 8540 개발제한구역내행위허가승인처분취소등).[1)]

(마) 위법한 행정규칙과 행정소송 행정규칙은 행정기관상호간에만 효력이 있고 국민에 대하여 직접 효력이 있는 것은 아니므로, 위법한 행정규칙이 발하여져 사실상 국민에 대하여 불이익을 초래하더라도 국민은 행정규칙 그 자체에 대하여 직접 행정소송을 제기할 수 없다. 그러한 경우에는 국민은 행정규칙에 기하여 행정청이 자기에게 불이익한 행정처분 등을 행하기를 기다려, 당해 행정처분에 대하여 행정소송을 제기하여 위법한 행정규칙의 집행행위를 다투는 수밖에 없다.

2. 法規性說

(1) 개설 전통적인 법규개념은 과거 독일의 입헌군주제를 전제로 한 것으로 법규를 인격주체 간의 사회적 한계 내지는 의사의 범위를 설정하는 규범으로 보거나(P. Laband, G. Jellinek), 법규를 국가에 의한 시민의 자유와 재산을 침해할 수 있는 수권규범으로 본(G. Anschütz) 견해에 따른 것으로, 역사적 제약성을 지니고 있다고 하겠다. 즉, 「라반트」 등은 국가를 하나의 법인체로 보아 자연인과 같이 그의 내부에는 법이 침투할 수 없는(impermeable) 폐쇄된 단일체로 보았기 때문에 국가의 내부관계인 행정조직내부나 특별권력관계에서는 법이 적용되지 아니한 것으로 보았다. 또한 「안슈츠」는 국가가 국민의 자유와 재산을 침해하는 경우에는 법률의 수권을 요하는 것으로 보고 이러한 것만을 법규로 파악하였으며, 그 이외의 영역은 군주의 집행권에 속하는 것으로 보아 행정조직내부 또는 특별권력관계에는 법률유보의 원칙이 미치지 아니한 것으로 보았다. 그 결과 역시 행정조직 내부 또는 특별권력관계의 내부관계를 규율하는 행정규칙은 법규에서 제외

1) 지방자치단체장이 개발제한구역 안에서의 혐오시설 설치허가에 앞서 건설부훈령인 "개발제한구역관리규정"에 의하여 사전승인신청을 함에 따라 건설교통부장관이 한 승인행위는 항고소송의 대상이 되는 행정처분에 해당하지 않는다(대법원 1997.9.26. 97 누 8540 개발제한구역내행위허가승인처분취소등).

하여 비법규(Nicht-Rechtssatz)로 보았다. 이와 같이 독일에서의 전통적인 법규개념은 어디까지나 독일 특유의 역사적·습속적(historischkonventionel)인 것으로서 법이론적(rechtstheoretische)으로 정립된 개념은 아니다. 그리하여 「본」기본법 아래서는 전통적 법규개념에 대한 비판이 일어나게 되었다.

(2) **특별명령법규설** 행정규칙을 특별권력관계 내부에서의 복종자의 지위·이용관계 등을 규율하는 특별명령(Sonderverordnung)과 행정조직 내부에서의 상급행정기관이 그 하급행정기관이나 그 구성원의 조직이나 행위에 관하여 정하는 좁은 의미의 행정규칙(Verwaltungsvor-schrift)으로 구분하고, 특별명령은 법규로서의 성질을 갖는다는 견해가 있다. 그것은 특별명령은 특별권력관계의 복종자라고 하는 사람(Person)을 수범자(Adressat)로 하는 점에서 전통적인 법규개념에 입각하더라도 법규로서의 성질을 가진다고 한다. 예컨대 공무원의 임용·승진·복무 등에 관한 규정이나, 학생의 입학·진급·졸업 등에 관한 규정 또는 영조물규칙은 특별권력관계 복종자의 권리의무에 관한 것이므로, 조직규칙이나 재량준칙과 같이 직접적으로는 사람을 대상으로 하지 아니하는 좁은 의미의 행정규칙과는 구별할 필요가 있다고 한다.[1)]

(3) **행정규칙내부법규설** ㈎ 법규개념은 특정한 역사적·정치적 상황을 전제함이 없이 법이론적으로 정립하여야 한다고 하여 공법의 영역에서는 그 법규개념은 모든 공법(öffentliches Recht)을 포괄하는 것이어야 한다는 견해가 주장되게 되었다. 따라서 법규는 공권력의 행사 및 공공사무처리의 근거(Begründung)와 구속력 있는 준칙(Verbindliche Maßbestimmung)을 정하여 주는 규범이라고 하여 행정규칙도 법규에 포함된다고 한다.[2)] 결국 법규의 개념을 전통적인 법규개념보다 넓힌 것이다.

㈏ 이 견해에서는 행정규칙을 비법(Nicht-Recht) 내지는 비법규(Nicht-Rechtssatz)로 보는 종래의 입장을 버리고 법 내지 넓은 의미의 법규로 본다. 그러나 행정규칙을 법 내지 넓은 의미의 법규로 본다는 것은 행정규칙을 바로 좁은 의미의 법규와 동일하게 본다는 것을 의미하는 것은 아니다. 이 견해에서는 좁은 의미의 법규와 행정규칙을 모두 법규(Rechtssatz)라는 개념에 포괄하되, 좁은 의미의 법규를 외부법규(Außenrechtssatz)(또는 법규범(Rechtsnorm)이라 한다.)라고 하고, 행정규칙을 내부법규(Innenrechtssatz)라고 하여[3)] 양자를 구별하고, 뒤에서 보는 바와 같이

1) Wolff/Bachof, Verwaltungsrecht I, 9. Aufl., 1974, S. 25.
2) Böckenförde, Die Organizationgewalt im Bereich der Regierung, 1964, S. 74.
3) 김남진 교수께서는 행정규칙을 법 또는 법규범이라 하고, 좁은 의미의 법규는 그대로 법규라 하신다. 김남진, 신판행정법의 기본문제, p. 108.

행정규칙은 원칙적으로 대내적 효력만을 가지며, 외부적 효력은 예외적으로 평등원칙 또는 신뢰보호원칙을 매개로 하여 간접적으로만 인정된다고 본다.[1)]

(4) **행정규칙 외부법규설** 오늘날에는 행정규칙도 외부적 효과를 갖는다고 하여 행정규칙의 외부법규성을 인정하는 견해가 있다. 이 견해에서는 행정권은 그 권한의 범위 안에서는 자주적인 법형성을 위한 법규의사(Normwille) 내지는 독립적인 규율권(selbständige Verordnungsrecht)을 가지며, 그것에 의하여 대외적 효력을 가지는 본래적인 행정법이 생성되기 때문이라고 한다.[2)]

(5) **유형설** 행정규칙의 법적 성격은 모든 행정규칙에 대하여 일률적으로 말할 수는 없고, 행정규칙의 유형별로 법규성을 갖는 것도 있고 갖지 못한 것도 있다고 한다.[3)] 예컨대 일정한 조직규칙, 행정청에 판단여지가 인정되는 불확정개념에 관한 법규해석규칙에 대하여서는 대외적 효력이 인정되고, 따라서 법규성을 인정할 수 있다고 한다.

3. 結言(行政規則과 法規의 一元的 파악)

행정규칙의 법규성 여부를 정하는 실익은 행정행위가 그것에 위반될 때에 국민이 그 위법성을 쟁송을 통하여 주장할 수 있는지 여부에 있다고 할 것이다. 행정규칙의 법규성 여부는 행정규칙이 외부법규로서 국민에 대한 대외적 효력을 가지는지의 여부에 따라 판단하여야 할 것이다. 그러므로 행정규칙은 내부효과만을 가지며, 외부효과는 갖지 못한다고 할 것이기 때문에 결국 행정법규의 법규성은 인정할 수 없다고 할 것이다. 그러나 여기에서 법규성을 부인하는 것이 전통적인 견해에서와 같이 행정규칙의 법규성조차 부인하는 것이 아님을 유념하여야 한다. 행정규칙도 내부법규로서 행정조직내부에서는 법적 효력을 가지는 법규범의 하나이다.

Ⅳ. 效　　力

1. 對內的 效力

행정규칙은 법규가 아니라고 한 전통적 견해에서도 위에서 본 바와 같이 행정규칙이 행정조직내부 또는 특별권력관계내부에서 일정한 법적 구속력을 갖는

1) H. Maurer, Allgemeines Verwaltungsrecht, 9. Aufl., 1994, S. 518.
2) Ossenbühl, Die Quellen des Verwaltungsrecht, in; Allgemeines Verwaltungsrecht(Erichsen/Martens), 8. Aufl., 1988, S. 99.
3) 김동희(Ⅰ), p. 142; 홍정선(상), p. 214.

점은 인정하여 특별권력관계의 복종자가 행정규칙에 위반하면 징계사유가 된다고 하였다. 법규개념을 확대하여 행정규칙도 법규의 일종으로 보는 견해는 이러한 대내적 효력도 하나의 법적 효력으로 본다.

〔**판례**〕 의료법 제53조의3 소정의 의사면허자격정지처분의 기준을 정하는 보건복지부령은 사무처리준칙에 불과하다.

의료법 제53조의3, 제53조 제 1 항에 의하면 의사면허자격정지처분의 세부적인 기준은 보건복지부령으로 정하도록 되어 있으나 위 보건복지부령은 그 규정의 성질과 내용이 의사에 대한 면허자격정지처분의 세부적인 기준이라는 행정청 내의 사무처리준칙을 규정하는 것에 불과하여 보건복지부장관이 관계 행정기관 및 그 직원에 대하여 그 직무권한 행사의 지침을 정하여 주기 위하여 발하는 행정조직 내부에 있어서의 행정명령의 성질을 가지는 것으로서 대외적으로 국민이나 법원을 기속하는 효력이 있는 것은 아니므로 의사면허자격정지처분의 적법 여부는 그 처분이 위 보건복지부령이 정하는 기준에 적합한지 여부에 따라 판단할 것이 아니라 의료법의 규정과 취지에 적합한지 여부에 따라 판단하여야 한다. 따라서 의사면허자격정지처분이 의료법의 규정과 취지에 적합하게 이루어진 이상 그 처분이 처분기준에 관한 위 보건복지부령이 제정되지 아니한 상태에서 이루어졌다고 하여 그 처분이 위법하다고 할 수는 없다(대법원 1996.2.23. 95 누 16318 의사면허자격정지처분취소).

2. 對外的 效力

(a) **통설적 견해** 행정규칙은 그것의 직접 수명자(Adressat)는 국민이 아니고 하급행정기관이지만 재량준칙이나 법령해석규칙 등에서 보는 바와 같이 그것은 하급행정기관의 국민에 대한 행정사무의 처리에 있어서 재량권행사나 법령해석의 기준을 정하고 있기 때문에 하급행정기관을 통하여 행정조직 밖에 있는 국민에게도 강한 사실상의 영향력을 미치게 된다.[1]

그런데 이러한 국민에 대한 사실상의 영향력은 어디까지나 사실상의 효력(faktische Wirkung)이며 법적인 효력은 아니다. 그리하여 행정규칙이 대외적인 법적 효력을 가지는지가 문제이다.

일반적 견해에서는 행정규칙은 행정조직내부에서만 구속력을 가지며, 행정기관은 국민에 대한 관계에서는 행정규칙을 준수할 법적의무를 지지 아니한 것으로 본다. 그것은 권력분립의 원리와 법률유보의 원리에 따라 국민과 행정권을 구속하고 재판규범이 되는 법규범의 제정권은 입법권에 속하고 행정권은 입법권

1) 예컨대 「의료관계행정처분기준령」은 우선은 행정기관의 처분기준을 정하고 있지만, 의료인 등에게 적용될 것이 당연히 예정되어 있고 궁극적으로는 의료인 등에게 적용되며, 동 기준령이 어떤 하나의 위반행위를 동 기준령 제 3 조에 규정하면 위반자는 경고처분만을 받게 되고, 제 4 조에 규정하면 1 월의 업무정지처분을 받게 되는 것과 같다.

의 위임이 있을 때에만 정립할 수 있다고 보기 때문이다. 오늘날에도 이러한 입장은 유지하되, 간접적으로만 대외적인 법적 구속력을 갖는 경우가 있다는 견해가 일반적 견해로 되었다. 그러나 최근에는 행정규칙의 다양성에 비추어 행정규칙의 유형에 따라 대외적 구속력을 개별적으로 논하여야 한다고 하고, 일정한 유형에 대하여 대외적 효력을 인정하는 견해도 주장되고 있다.[1)]

(b) **간접적으로 법적인 대외적 효력을 갖는 경우가 있다는 견해** 행정규칙은 대내적 효력만을 가지며, 대외적 효력은 가지지 아니한다. 그러나 재량준칙이나 법령해석규칙과 같이 행정기관을 통하여 일반국민에게 적용될 것이 예정되어 있는 행정규칙은 그것이 정립되고 적용되게 되면 행정관행(Verwaltungspraxis)이 성립하게 되며, 그러한 행정관행이 성립한 경우(당해 행정규칙이 제정된 후 최초의 행정작용인 경우에는 앞으로 다른 신청자들에 대하여도 당해 행정규칙을 준수한 행정작용이 행하여질 것으로 예상되는 경우, 즉 이른바 예기관행인 경우)에는 특별한 이유 없이 어느 특정한 상대방 국민에게만 그것을 적용하지 아니하면 헌법상의 평등원칙(헌 11)에 위반되게 되고, 따라서 위법하게 된다. 그리하여 행정기관은 상대방 국민에 대한 관계에서 당해 행정규칙에 따라야 할 자기구속(Selbstbindung der Verwaltung)을 당하게 된다. 이는 행정규칙이 직접적으로 대외적 효력을 갖기 때문이 아니고 헌법상의 평등원칙을 매개로 하여 간접적(mittelbar)으로 대외적 효력을 갖는 것을 의미한다. 이 경우 평등원칙은 행정규칙을 대외적 효력을 갖는 법규로 전환시키는 전환규범(Umschaltnorm)으로서의 기능을 담당한다. 이것은 독일행정재판소의 주류적인 판례의 입장이다. 우리 헌법재판소의 결정례와 일부 대법원판례의 입장도 같다.[2)]

이와 같이 행정규칙이 간접적으로 대외적 효력을 갖게 되는 근거로는 평등원칙을 드는 것이 보통이나 신뢰보호의 원칙(Vertrauensschutzprinzip)을 들기도 한다.[3)]

〔**판례**〕 행정규칙으로 정한 행정처분기준을 따르지 아니하고 특정인에게만 그 기준을 초과하는 처분을 한 것은 위법하다.

식품위생법시행규칙 제53조에 따른 별표 15의 행정처분기준은 행정기관 내부의 사무처리준칙을 규정한 것에 불과하기는 하지만, 위 규칙 제53조 단서의 식품 등의 수급정책 및 국민보건에 중대한 영향을 미치는 특별한 사유가 없는 한 행정청은 당해 위반사항에 대하여 위 처분기준에 따라 행정처분을 함이 보통이라 할 것이므로, 만일 행정청이 이러한 처분기준을 따르지 아니하고 특정한 개인에 대하여만 위 처분기준을 과도하게 초과하는 처분을 한 경우에는 일응 재량권의 한계를 일탈하였다고 볼 만한 여지가 충분하다고 할 것이다(대법원 1993.6.29. 93 누

1) 김동희(I), p.142; 홍정선(상), p.214.
2) BVerwGE 58, 45(49); 90 헌마 13(1990.9.3 헌재결정); 93 누 5635(1993.6.29 대판) 참조.
3) H. Maurer, Allgemeines Verwaltungsrecht, 9. Aufl., S.518.

5635 대중음식점업영업정지처분취소).[1]

(c) 직접적으로 법적인 대외적 효력을 갖는다는 견해 ① 오늘날에는 행정규칙은 직접적(unmittelbar)으로 대외적 효력을 갖는다는 견해도 주장되고 있다. 이 견해는 행정의 자기구속은 행정관행에 의하여 비로소 생기는 것이 아니고, 행정규칙으로 표현된 행정의 의사행위(Willensakt der Verwaltung)에 의하여 이미 나타난 것으로 보아야 한다고 한다. 따라서, 행정권은 그 권한의 범위 안에서는 자주적인 법형성을 의한 법규의사(Normwille) 내지는 독립적인 규율권(selbständiges Administrativrecht)이 생성된다고 한다.[2] 그리하여 행정규칙의 대외적 효력을 뒷받침하기 위하여 헌법상의 평등원칙에 근거한 자기구속의 구조는 불필요하다고 한다. 만약 그러한 구조에 의하는 경우에는 행정규칙의 최초의 적용에 있어서는 현실적인 관행을 인정할 수 없기 때문에 「예측되는 행정관행」(antizipierten Verwatungpraxis)을 인정할 수 있다고 하는바, 그것은 임기응변의 의제에 불과하며 솔직하게 행정권의 자주적인 규율권을 인정하여야 한다고 한다. 그리고 우리 학자 중에도 이러한 입장을 받아들인 분이 있다.[3]

② 다음으로 행정규칙에 대하여 직접적인 대외적 효력을 인정하는 경우 법규명령과 행정규칙의 차이는 무엇인가라는 의문이 생기게 되는바, 이 견해는 법규명령은 행정기관이 법률(또는 그 위임에 의한 상위법규명령)에 의한 직접적인 수권에 의하여 제정하는 규범인데, 행정규칙은 행정기관이 독자적인 권한에 의하여 권한의 범위 안에서 제정하는 규범이라고 한다.[4]

(d) 결언 ① 행정권의 독립적인 규율권을 인정하고 이에 근거하여 행정규칙의 대외적 효력을 인정하는 것은 권력분립의 원리 및 법률유보의 원리에 저촉된다고 본다. 또한 우리 행정현실로 보아서는 행정기관의 「통제 없는 행정규칙으로의 도피(Ausweichung)」를 결과하여, 행정권이 남용될 위험성도 크다고 할 것이다.[5] 따라서, 행정규칙은 원칙적으로는 법적인 대외적 효력은 갖지 못하고

---

1) 피고는 내부의 사무처리준칙을 따르지 아니하고 원고에 대하여 존재하지 아니하는 위반사유를 추가하여 2월 15일의 영업정지처분과 시설개수명령을 한 셈이 되고, 여기에 원고가 이 사건 영업정지처분을 받게 된 경위, 위반정도, 위 업소의 규모 등 기록에 나타난 제반사정을 참작하여 보면, 비록 원고가 위 업소의 영업허가를 받기 이전부터 1개월이 넘도록 위 업소를 허가 없이 운영하여 왔고 원고의 위 영업시간위반이 2시간이나 넘었다 하더라도 위 행정처분기준을 훨씬 초과하여 2월 15일의 영업정지처분을 한 것은 재량권의 한계를 일탈하였거나 재량권을 남용한 위법을 범하였다(대법원 1993.6.29. 93 누 5635 대중음식점업영업정지처분취소).

2) Ossenbühl, Die Quellen des Verwaltungsrecht, in: Allgemeines Verwaltungsrecht(Erichsen/Marten), 8. Aufl., 1988, S. 99.

3) 이명구, 특별권력관계에 관한 연구, p. 83; 행정법원론, p. 181.

4) Ossenbübl, a.a.O., S. 166f.

5) 우리의 경우 대민관계행정법령정비사업을 함에 있어 많은 행정규칙에서 국민의 권리의무에

행정조직내부에서의 법적인 대내적 효력만 갖는다고 할 것이고, 예외적으로 재량준칙 등 행정권의 재량이 인정되는 영역에서 평등원칙을 매개로 하여 간접적으로만 대외적 효력을 갖는다고 보는 것이 타당할 것이다.

② 위에서 본 바와 같이 독일에 있어서도 행정규칙에 대하여 직접적인 대외적 효력을 인정하는 견해는 많지 않으며 재량준칙 등에 대하여 간접적인 대외적 효력만을 인정하는 것이 다수설인 것으로 판단되며, 판례의 입장도 같은 것으로 보인다. 그런데 독일의 행정재판소에서는 1985년 12월 19일의 Wyhl 판결[1]에서 원자력법 제12조 제 2 호에 규정되어 있는 발전용원자로설치허가의 요건인 「방사선물질 등에 의한 인체 · 물건 · 공공의 재해방지에 지장이 없을 경우」를 시행하기 위하여 이를 구체화한 이른바, 규범구체화행정규칙(normkonkretisierende Verwaltungsvorschriften)으로서, 연방 내무부장관의 행정규칙인 「방사선피해에 관한 일반적 산정기준」에 대하여 직접적인 대외적 효력을 인정하였으며, 동 판결을 계기로 판례와 통설은, 규범구체화 행정규칙 중에서 한정적으로 고도의 과학적 · 기술적 평가를 요하는 규범구체화 행정규칙에 대하여 법규성을 인정하여 직접적인 대외적 효력을 인정한다.

참고 規範具體化行政規則

1. 意義와 沿革

원자력이나 환경과 같이 고도의 전문성 · 기술성을 가지는 법률이 그 전문성 · 기술성으로 인하여 그 내용을 구체화하지 못하고 그것을 사실상 행정기관에 맡긴 경우에, 행정기관이 법률의 명시적인 위임 없이 법률의 시행을 위하여, 그 내용을 구체화하는 행정규칙을 말한다. 위에서 본 독일 행정재판소의 Wyhl 판결에서 원자력법 제12조 제 2 호에서 정하고 있는 발전용원자로설치허가의 요건인 「방사성물질 등에 의한 인체 · 물건 · 공공의 재해방지에 지장이 없을 경우」를 구체화한 연방내무부장관의 행정규칙인 「방사선피해에 관한 일반적 산정기준」에 대하여 대외적 효력을 인정함으로써 규범구체화행정규칙이 학설 · 판례상 논의되게 되었다.

2. 性　　格

규범구체화행정규칙은 법률을 구체화하는 것이기는 하지마는 단순한 법률의 시행을 위한 세칙적 사항만을 정하는 것이 아니고, 법률을 보충하는 광범위한 형성적이고 포괄적인 판단을 내용으로 한다. 따라서 그것은 단순히 법률을 해석하는 법률해석규칙이나, 재량권행사의 지침을 부여하는 재량준칙과는 다르다고 할 것이다.[2]

관한 사항을 정한 것을 추출하여 정비한 적이 있는바, 그것은 행정기관이 법령이 인정한 직무권한의 범위를 넘어서 또는 법령이 명시적 · 묵시적으로 인정하고 있지 아니함에도 불구하고, 까다로운 법령제정절차를 일부러 피하거나 법령제정절차를 거칠 시간적 여유가 없는 긴급한 사정이 있다는 핑계로 행정규칙의 이름을 빌려서 국민의 권리의무에 관한 사항을 새로이 정한 것이었으며, 그야말로 행정기관들의 탈법적인 「통제 없는 행정규칙으로의 도피」(Ausweichung)였다고 할 것이다.

1) BVerwGE 72, 300.

2) 홍정선(상), p.217; Hill, NVwZ, heft 5, 1889, S.406.

3. 認定根據

(1) 독일의 학설이 들고 있는, 규범구체화행정규칙 내지는 그러한 규칙에 대하여 법규성을 인정하는 이론적 근거로는 다음과 같은 것이 들어진다. ① 행정, 즉 집행은 불가피하게 구체화를 필요로 한다. 그런데 구체화에 있어서는 「개별적」인 구체화도 행하여지고, 준칙에 의한 「추상적」인 구체화도 행하여진다. 준칙에 의한 추상적인 구체화는 행정기관이 법률을 집행하기 위하여 필요한 그 권한의 범위 안에서 갖는 자주적인 법형성을 위한 독립적인 규율권이다. ② 법규범의 구체화는 법의 해석·적용이며, 법원의 최종 구속력 있는 판단에 유보된다. 그러나 불확정개념의 해석에 있어서 판단여지가 인정되는 것과 마찬가지로, 법률이 행정기관에게 기준화 수권을 한 것으로 인정되는 경우에는 기준화여지(Standardsierungsspielraum)가 인정된다고 본다. ③ 기술적·과학적 분야의 규범구체화행정규칙은 전통적인 행정규칙에 포함시킬 수 없을 정도로 독특하며, 고도의 기술적·과학적 지식에 의존하여 제정된다. 따라서 그러한 분야에서는 행정기관에 구체화권한을 인정할 수 있다. ④ 규범구체화행정규칙은 대외적인 효력을 갖는다고 하더라도, 그것을 제정함에 있어서는 법률유보의 원칙이 적용되지 아니한다. 그것은 그러한 행정규칙을 제정하는 것은 법률의 구체화이며, 법률을 집행하기 위한 것이므로, 행정기관에 집행권을 부여한 법률에 그 구체화의 권한이 아울러 내재되어 있다고 볼 수 있기 때문이라고 한다.

(2) 독일에서 규범구체화행정규칙을 인정하는 학설에서는, 그것을 발하기 위한 직접적인 실정법적 근거는 필요없다고 한다. 그것은 위에서 본 바와 같이 행정권에 집행권을 부여한 법률에 그 구체화권한이 아울러 내재되어 있다고 보기 때문이다.

4. 우리나라에서의 論議

우리의 학설은 규범구체화행정규칙을 인정할 수 있을 것인가에 대하여 긍정설과 부정설로 나누어져 있다. 처음에는 국세청장의 훈령인 「재산제세조사사무처리규정」 제72조 제 3 항에 대하여 법규성을 인정한 대법원 판례(91 누 5334 (1991.1.21 대판))와 관련하여 논의되었으나, 최근에는 국무총리훈령인 「개별토지가격합동지침」에 대하여 법규성을 인정한 대법원판례(93 누 111 (1994.2.8 대판))와 관련하여 주로 논의되고 있다. 이 판례에서는 동 훈령이 법령의 구체적인 위임의 근거가 없이 발령되었고, 「위 지침은 지가공시 및 토지등의 평가에 관한 법률 제10조의 시행을 위한 집행명령으로서 법률보충적인 구실을 하는 법규적 성질을 가지고 있는 것으로 보아야 할 것이므로」라고 하여 규범구체화행정규칙을 인정하였다고 볼 수 있는 표현을 하고 있기 때문이라 하겠다. ① 긍정설은 대개 독일 학설에서 주장한 바와 같은 근거로 인정하여야 한다고 한다.[1] ② 부정설은 이러한 행정규칙은 독일에서의 규범구체화행정규칙과 같이 전문적·기술적 분야에 관한 것도 아닐 뿐만 아니라, 규범을 구체화하는 내용을 담고 있지도 않다고 하여 그것을 우리 판례가 규범구체화행정규칙을 인정한 것으로 볼 수 없다고 하는바, 기본적으로는 행정규칙에 대하여 법규성을 인정하여 대외적 효력을 인정하는 것은 법치주의에 반한다는 입장에서 규범구체화행정규칙을 부인하는 것 같다.[2] ③ 생각건대 전문적·기술적 분야에서 그 내용을 사실상 법률에서 정하기가 어렵고, 행정기관이 그것을 가장 합리적으로

1) 김남진(I), p.187; 홍정선(상), p.216.
2) 유지태, p.190.

정할 수 있는 있는 경우에, 법률의 뜻이 묵시적이기는 하지마는 그 구체화를 행정기관에 위임한 것이 확실하다고 판단되는 때에만 한정적으로 인정하는 것이 타당할 것으로 본다. 그러한 의미에서 위의 국무총리 훈령은 적어도 규범구체화행정규칙의 하나로 볼 수는 없다고 하겠다. 위의 국무총리 훈령에 대하여 판례에서 법규적 성질을 인정한 것은, 위의 훈령이 법률의 시행을 위하여 필요한 실체적 사항을 정한 것이 아니고, 단순히 법률의 집행을 위한 절차적 사항을 정하는 것으로서, 그러한 사항은 법률의 구체적인 위임 없이도 행정규칙으로 정할 수 있으나, 그것도 역시 개별적인 법률의 시행을 위한 법률보충적이기 때문에 법규성을 가진 것으로 보고 있는 것 같다. 이에 반하여 판례는, 뒤에서 보는 바와 같이 실체적 사항을 정하는 행정규칙은 법령의 구체적인 위임이 있는 경우에만 그것을 법규명령의 일종으로 보고 있으며, 절차적 사항을 정하는 것이라도 행정처분 일반에 대하여 적용되는 절차를 정하는 일반적인 행정규칙은 그 법규성을 부인하고 있다. 여하튼 규범구체화행정규칙의 인정여부와 그 법률적 성격을 어떻게 볼 것인가는 앞으로의 판례와 학설의 발전을 기다리는 수밖에 없다고 본다.

V. 종 류

1. 組織規則·勤務規則·營造物規則(법관계의 종류에 따른 구분)

(1) **조직규칙** (가) 행정권의 영역 내에서 행정권의 구조·내부질서·권한 및 권한행사절차 등에 관한 사항을 정한 규칙이다.[1)]

(나) 조직규칙이 정하여지면 그 성질상 행정기관은 그에 따라 대외적으로 권한행사를 하는 것이므로 국민에 대하여 직접적인 법규적 효력을 갖는다고 볼 수 있다.[2)]

(다) 우리나라에서는 행정기관설정 법정주의에 따라, 행정기관의 설치와 업무배분은 물론이고 행정기관내부의 보조기관의 설치와 업무배분 등까지가 법률 또는 법규명령으로 정하여지므로, 국민에게 직접적·법규적 효력을 가지는 조직규칙이 정하여질 수 있는 경우는 거의 없다고 할 것이다.

(2) **근무규칙** 상급기관이 하급기관의 근무에 관한 사항을 계속적으로 규율하기 위하여 발하는 행정규칙이다.

사무관리규정시행규칙(총리령)은 근무규칙(지시문서)을 다음과 같이 세분하고, 각각 그 서식을 정하고 있다(동 3(2)).

(가) **훈령** 상급기관이 하급기관(보조기관 포함)에 대하여 상당히 장기간에 걸쳐서

---

1) 이에는 ① 인적(personell) 조직규칙, ② 사항적(sachlich) 조직규칙, ③ 제도적(institutionell) 조직규칙이 포함되고, 제도적 조직규칙에는 다시 설치규칙·권한분배규칙·절차규칙이 포함되고 있다. 이명구, 앞 책, p.96 참조.

2) 김남진, 행정법의 기본문제, 제 2 판, p.81; 이명구, 앞 책, p.103.

그 권한의 행사를 일반적으로 지시하기 위하여 발하는 명령이다.

(나) 지시 상급기관이 직권 또는 하급기관의 문의에 의하여 개별적·구체적으로 발하는 명령이다.

(다) 예규 법규문서 이외의 문서로서 반복적 행정사무의 기준을 제시하는 것이다.

(라) 일일명령 당직·출장·시간외근무·휴가 등 일일업무에 관한 명령이다.

(3) 영조물규칙 영조물(예: 국립학교·국립도서관)의 관리청이 영조물의 조직·관리·사용 등을 규율하기 위하여 발하는 규칙이다(예: 국립대학학칙·국립도서관규칙).

「포르스트호프」는 영조물규칙의 내부적 성질을 인정하면서도 영조물이 일반국민에게 생활에 필수적인 물자를 공급하는 것일 때에는 그 영조물의 이용은 자유와 재산 이상으로 개인의 이익에 관계된다고 하여 외부적 작용에 속한다고 하여 법규성을 인정하였다.[1)]

2. 勤務規則·監督規則·營造物規則 및 社員規則

특별권력관계의 종류에 따른 구분이다.

3. 組織規則·特別命令的 行政規則·行爲統制的 行政規則(법관계의 내용에 따른 분류)

(1) 조직규칙(organisatorische Vorschriften) 위에서 본 바와 같다.

(2) 특별명령적 행정규칙 공무원·국공립학교 학생 등과 같이 특별권력관계의 복종자의 지위·이용관계 등에 관하여 정한 행정규칙이다(예: 공무원의 복무에 관한 규칙, 국립대학 학칙 등).

(3) 행위통제적 행정규칙(verhaltenslenkende Verwaltungsvorschriften)

행정기관을 그의 행위면에서 지도·향도하는 규칙을 말하는데, 이것은 다시 ① 법규해석적 행정규칙(norminterpretierende Verwaltungsvorschriften), ② 재량준칙(Ermessensrichtlinien), ③ 법률대체적 행정규칙, ④ 간소화지령(Vereinfachungsanweisungen), ⑤ 급부규칙(보조요강), ⑥ 지도요강 등으로 나눌 수 있다.

(가) 법규해석적 행정규칙 상급행정기관이 하급행정기관의 법령해석을 통일시키고 그것을 통하여 행정의 합리화를 기하기 위하여 발하는 행정규칙을 말한다. 오늘날은 많은 법령에서 행정행위의 요건을 불확정개념(unbestimmter

---

1) E. Forsthoff, Lehrbuch des Verwaltungsrechts, I. 10. Aufl., S. 140.

Rechtsbegriff)으로 정하고 있으며, 따라서 이러한 종류의 행정규칙의 중요도는 매우 높다.

(나) **재량준칙** 상급행정기관이 하급행정기관의 재량권행사에 관한 기준을 정하여 주는 행정규칙을 말한다. 우리의 현행법을 볼 때, 많은 인·허가 등을 행하는 경우에 있어서나, 인·허가를 취소·정지하는 경우에 관하여 법령은 그에 관한 준칙을 거의 제시하지 않고 있다. 그것을 법령에서 정하고 있는 경우에도 매우 포괄적으로 규정하고 있는 것이 보통이다. 따라서, 예컨대 사업면허를 받은 자가 어떤 위반행위를 한 경우에 면허정지를 할 것인가 또는 면허취소를 할 것인가 등에 관하여서는 훈령 또는 예규의 형식으로 정하는 것이 행정실례인데 이러한 것들이 「재량준칙」에 해당된다.

(다) **법률대체적 규칙** 법적 규율이 필요하나 관계 법령이 존재하지 않는 경우에 과도기적으로 발하여지는 행정규칙을 말한다. 여기에서 「법률대체적」이라는 것은 당해 사항을 규율할 법률이 제정되고 있지 아니한 상황에서 과도기적으로 사실상 법률의 기능을 대신한다는 뜻에 지나지 아니한다. 따라서 법률대체적 규칙이라 하여 대외적 효력을 가지는 것은 아니다.[1] 법률상 어떠한 행정의 기준도 존재하지 않는 경우에 행정의 기준을 처음으로 설정하는 점에서 재량준칙과 구별되지만 법률대체적 규칙도 재량준칙과 같이 행정의 자율권이 부여된 영역에서 행정권행사의 기준을 정하는 것인 점에서 재량준칙과 본질적으로 다르지 않다.

(라) **간소화지령** 행정행위가 일시에 대량으로 행하여지기 때문에 개개의 구체적인 사정을 감안하기 어려운 경우에 획일적인 처분기준을 정하여 주는 것을 말한다. 그러한 예는 조세행정에서 많이 행하여지는데, 국세청장에 의한 「소득표준율에 관한 지령」이 그 대표적 예이다.

(마) **급부규칙** 국가 또는 지방자치단체가 사인에게 보조금이나 물품을 교부하는 경우에 그 기준을 정하는 행정규칙이다. 행정의 급부활동은 권력적 행정이 아니기 때문에 법률에 근거함이 없이 행하여지는 경우도 많고, 법률에 근거를 둔 경우에도 개괄적으로 정하는 것이 보통이다. 그리하여 현실적인 급부를 행함에는 교부기준을 급부규칙으로 정하는 경우가 많다.

(바) **지도요강** 주택건축, 택지개발의 적정을 도모하기 위하여 주로 지방자치단체에 의하여 정립되는 행정지도의 기준이다. 도시계획법이나 건축법만으로는 충분한 규제를 할 수 없고 특례를 제정하는 것도 문제가 있어 행정지도에 의

1) 異說, 홍정선 교수는 대외적 효력을 갖는다고 한다. 홍정선(상), p.216.

하게 되는바, 그 기준을 정한 것이다.

Ⅵ. 根據와 限界

(1) 근거 행정규칙은 법령에서 인정한 직무권한 내에서 재량이 인정된 경우에 그 범위 안에서 발하는 것이므로, 특히 법령의 개별적 · 구체적 수권을 필요로 하지 아니하며, 행정권의 당연한 권능으로서 제정할 수 있다.

(2) 한계 ① 법령과 상급감독기관의 행정규칙에 위반되지 아니한 한도 안에서, 또한 ② 특정의 행정목적달성을 위하여 필요한 한도 안에서만 제정할 수 있다. ③ 재량의 범위를 넘어 법령에서 예정하지 아니한 국민의 권리의무에 관한 사항을 새로이 정할 수 없으며, 국민의 권리의무에 관한 사항을 새로이 정하기 위하여서는 법령의 구체적 · 개별적 위임이 있어야 하며, 이러한 위임에 따라 위임사항을 정하는 행정규칙은 위에서 본 바와 같이 법규명령의 일종으로 보아야 한다.

Ⅶ. 成立要件 · 發效要件 · 흠(瑕疵) 및 소멸

1. 成立要件

주체 · 내용 · 형식 · 절차 등의 점에서 요건을 갖추어야 하며, 또한 외부에 표시되어야 한다.

(1) 주체 권한이 있는 기관이 이를 받을 의무가 있는 기관에게 발하여야 한다.

(2) 내용 ① 법령 또는 상급감독기관의 행정규칙에 위반하여서는 안되며, ② 당해 특별권력관계의 목적에 의하여 한계지어지는 것으로 그 한계를 일탈하여 복종자에 대하여 필요 이상의 자유를 제한하는 규정을 둘 수 없으며, ③ 사회통념에 비추어 내용이 실현불가능하거나 불확실한 것을 명하는 것이 아니어야 한다.

(3) 형식 보통 훈령 · 고시 · 예규 · 통첩 · 지침 등으로 행하여지나, 고유한 형식이 있는 것은 아니다. 또한 법조의 형식으로 제정되고 문서로 행함이 일반적이나, 반드시 문서로 행하여야 하는 것은 아니고 구술로 하여도 무방하다. 사무관리규정시행규칙($\binom{2}{(2)}$)은 행정규칙 중 근무규칙의 형식을 정하고 있으나 그 규정은 훈시규정으로 볼 것이다.

(4) 절차 일반적으로 따라야 할 법정의 절차는 없다. 그러나 대통령훈

령과 국무총리훈령의 제정은 정부의 「법제에 관한 사무」(정조 20 참조)의 하나로 보아 관례적으로 법령안과 동일하게 법제처의 사전심사를 받고 있다.

행정규칙도 그것이 국민의 일상생활과 밀접한 관련이 있는 것일 때에는 행정상 입법예고의 절차를 거쳐야 한다(행정절차 41①).

(5) **표시** 법규명령의 경우와는 달라서 그 표시는 공포라는 형식에 의함을 요하지 아니한다. 따라서 반드시 대외적으로 국민에게 표시하여야 하는 것은 아니고 관보게재·게시·사본배부·전문 등 어떠한 방법으로든지 수명기관에 도달되면 된다. 다만 행정규칙 중에는 현실적으로 국민의 권리의무에 영향을 미치는 것이 많다는 점에 비추어 예측가능성과 법적 안정성을 위하여 법령과 같이 원칙적으로 대외적 공표가 요청된다 할 것이다. 고시와 훈령은 거의 관보에 의하여 대외적으로 공표되고 있다(관보규정 3(8)(9)).

〔**판례**〕 행정규칙은 공포절차가 그 요건이 되지 아니하므로 관보게재, 게시 등 어떠한 방법으로 통달하기만 하면 된다.

일반적으로 행정규칙은 공포절차가 그 요건이 되지 아니하므로 관보게재, 통첩, 회람, 게시, 인쇄물, 등본배부, 전문 등 어떠한 방법으로 통달하기만 하면 되는바, 이 사건 예규도 관보에 게재하는 등 공포절차를 밟지 않고 다만 내부적으로만 발령되었기 때문에 일반 국민으로서는 이 사건 예규의 내용을 쉽게 알 수 있었다고 볼 수 없으므로 청구인이 이 사건 예규의 시행일로부터 180일을 경과하여 이 사건 헌법소원을 청구한 데에 일응 정당한 사유가 있었다고 할 것이다(헌법재판소 2001.7.19. 2001 헌마 335 환경부예규제187호제 4 조위헌확인).

〔**판례**〕 서울시가 정한 개인택시운송사업면허지침은 재량권 행사의 기준으로 설정된 행정청 내부의 사무처리준칙에 불과하므로 외부에 고지되어야만 효력이 발생하는 것은 아니다.

서울특별시가 정한 개인택시운송사업면허지침(=노동조합 업무만을 전담한 노조 전임간부 중 노동조합장에 한하여 재임기간 동안 운전경력으로 인정하고, 기타 노조간부는 운전실무에 정상적으로 종사한 경우에만 운전경력으로 인정할 수 있다고 명시한 서울특별시의 1993년도 개인택시운송사업면허지침)은 재량권 행사의 기준으로 설정된 행정청의 내부의 사무처리준칙에 불과하므로, 대외적으로 국민을 기속하는 법규명령의 경우와는 달리 외부에 고지되어야만 효력이 발생하는 것은 아니다(대법원 1997.1.21. 95 누 12941 개인택시운송사업면허제외처분취소).

2. 發效要件

(1) 특별한 규정이 없으면 성립요건을 갖춘 때 효력을 발생하며, 특별한 효력발생요건을 요하지 않는다. 즉, 수명기관에 도달된 때부터 구속력을 발생한다.

(2) 행정규칙은 관보에 게재하여 공포하지 아니하고 어떤 방법으로든지 수

명기관에게만 통지하면 되도록 한 것은 행정규칙이 행정조직내부에만 타당한 규범이라는 것을 전제로 한 것이라 할 것이다. 그러나 위에서 본 바와 같이 행정규칙 중에는 국민생활과 직접적으로 관련되는 것이 많으며, 따라서 이러한 행정규칙은 이해관계 있는 국민이면 누구나 알고 구득할 수 있도록 공표될 것이 요청된다. 이에 그것이 비록 발효요건은 아니지만 대통령훈령과 국무총리훈령은 관보에 게재하도록 하고 있으며(관보규정 3(8)·10①(1)(2) 참조), 그 이외의 중앙행정기관의 훈령도 중요한 내용의 것은 관보에 게재한다. 그리고 모든 중앙행정기관은 반드시 대민관계훈령 등을 수록한 훈령집을 발간하여 관련행정기관에 배포하도록 하며, 아울러 이해관계 있는 국민이 유상으로 구입·활용할 수 있도록 하고, 매년 1회 이상 추록을 발간하여 보완하도록 하여 훈령집발간·배포를 의무화하였다(1984.5.14 국무총리훈령 197호).

3. 흠(瑕疵)

위의 요건을 완전히 갖추지 못한 때에는 흠을 띠게 되고 그 흠이 중대하고 명백한 때에는 무효로 된다.

4. 消 滅

폐지되거나 종기 또는 해제조건이 성취됨으로써 효력을 상실한다.

Ⅷ. 行政規則에 대한 統制

1. 行政的 統制

(1) 법제처의 사후평가제 「법제업무운영규정」(1995.8.10 대통령령 14748호)에 의하면 모든 중앙행정기관은 매년 2회에 걸쳐 매반기별로 당해 반기(半期)에 발령한 훈령·예규 등을 법제처에 제출하도록 하였다. 그리고 법제처장은 법령으로 정하여야 할 사항을 훈령 등으로 정한 훈령 등이 있는 경우에는 개선의견을 작성하여 소관 중앙행정기관에 통보하여야 하며, 중앙행정기관은 특별한 사유가 없는 한 이를 당해 훈령 등에 반영하고 그 처리결과를 법제처장에게 통보하여야 한다(동규정 25).

(2) 국무총리행정심판위원회의 시정조치요구 심판청구를 심리·재결함에 있어 처분 또는 부작위의 근거가 되는 훈령·예규·고시 등이 법령에 근거가 없거나 상위법령에 위배되거나 국민에게 과도한 부담을 주는 등 현저하게 불

합리하다고 인정되는 경우에는 관계행정기관에 대하여 당해 훈령 등의 개정·폐지 등 적절한 시정조치를 요구할 수 있으며, 요청을 받은 관계행정기관은 정당한 사유가 없는 한 이에 따라야 한다(행심 42의2).

2. 國會에 의한 통제 — 國會에의 事後提出制 —

중앙행정기관의 장은 법률에서 위임한 사항이나 법률을 집행하기 위하여 필요한 사항을 규정한 훈령·예규·고시 등 행정규칙이 제정·개정 또는 폐지된 때에는 10일 이내에 국회의 소관 상임위원회에 제출하여야 한다(국회 98의 2). 대통령령 등 법규명령의 경우와는 달리 국회의 의견통보제는 채택하지 아니하였는바, 그것은 행정부의 자율성을 침해할 우려가 있기 때문이라 할 것이다.

3. 司法的 統制

(1) 법원에 의한 통제

(가) 항고소송의 대상 ① 행정규칙은 일반적·추상적 규정이며 또한 대외적 효력을 갖는 법규가 아니고 행정조직 내부에서만 효력을 갖는 것이므로, 원칙적으로 그것에 의하여 국민의 권익이 직접 침해되는 것은 아니며 따라서 당해 행정규칙을 다투는 취소소송이나 무효확인소송을 제기할 수는 없다고 할 것이다(85 누 394(1985.11.26 대판)—개인택시면허 우선순위에 관한 건설교통부장관의 시달은 특정인의 권리를 직접 침해하는 것이 아니므로 행정소송의 대상이 되는 행정처분이 아니다). ② 그러나 당해 행정규칙에 의하여 직접 국민의 권익이 침해되었다고 인정되고(예컨대 상급행정청이 특정건축업자가 생산한 건축자재가 화재의 위험이 있으니 사용허가를 하지 말라는 지시가 있어 사용허가가 거부될 운명인 경우 등), 국민이 행정규칙 자체를 직접 다투지 아니하고는 도저히 구제받을 수 없는 특별한 사정이 있는 경우에는 행정규칙의 처분성을 인정하여(처분 규칙)(행송 2①(1)), 그것을 직접 다투는 취소소송 등을 제기할 수 있다고 할 것이다.

(나) 구체적 규범통제 위에서 본 바와 같이 행정규칙을 직접 다투는 행정소송은 원칙적으로 제기할 수 없다고 할 것이나, 그 행정규칙에 따라 행정기관이 국민에 대하여 어떠한 행정처분을 하였을 때, 그 처분을 다투는 행정소송을 제기하여 그 선결문제로서 행정규칙의 위법을 주장할 수 있는지가 문제된다. ① 행정규칙이 대외적 효력을 갖지 아니한 경우에는 당해 행정규칙에 근거를 둔 행정처분의 위법여부를 판단함에 있어서 행정규칙의 위법여부가 선결문제로 되지 아니하므로, 법원의 심사대상이 되지 아니한다. 그것은 이러한 대외적 효력을 갖지 아니한 행정규칙만에 근거를 둔 행정청의 행위는 행정소송의 대상이 되는 행정「처분」에도 해당되지 않기 때문이다(행송 2①(1)·19 등). 그런데 행정규칙을 근거로 하

여 행하여지는 행정청의 행위는 ㉠ 행정규칙만을 근거로 하여 행하여지는 것도 있으나, ㉡ 재량준칙이나 법령해석규칙을 근거로 행하여지는 행위와 같이, 대부분의 경우는 행정규칙과 함께 법령(법률 및 법규명령)을 근거로 하여 행하여지며, 따라서 ㉡의 경우에는 행정청의 작용은 결국 법령에 근거한 행정작용으로 행정소송의 대상인 행정처분에 해당되게 된다. 이러한 경우에는 그러한 행정처분의 위법성을 심사하는 과정에서 행정규칙의 위법성도 심사할 수 있다 하겠다. 우리 대법원판례는 순수하게 행정규칙만에 근거하여 행하여진 행정작용의 행정처분성은 인정하지 아니하되, 예외적으로 「행정규칙의 내부적 구속력에 의하여 상대방에게 권리의 설정 또는 의무의 부담을 명하거나 기타 법적인 효과를 발생하게 하는 등으로 그 상대방의 권리 의무에 직접 영향을 미치는 행위라면, 이 경우에도 항고소송의 대상이 되는 행정처분에 해당한다.」고 판시하여 함안군수가 원고에 대한 '불문경고조치'를 항고소송의 대상인 행정처분에 해당한다고 하였다.[1] 그러나 이 판례의 입장은 타당한 것이 아니라고 할 것인바, 그것은 법령의 위임도 없이 원고의 권리의무에 직접 영향을 미치는 사항을 정한 행정규칙은 법률유보의 원칙에 위반되어 무효인 것이며, 따라서 그러한 행정규칙을 인정하여서는 아니 되며, 법원은 명령·규칙심사권(헌 107②)에 의하여 그러한 행정규칙의 무효를 선언하고, 동시에 무효인 행정규칙에 근거한 행정작용도 무효로 판단하였어야 할 것이었다. ② 행정규칙이 법규성을 갖는 경우(예: 행정규칙이 법령의 위임에 의하여 제정된 경우)에는 그 행정규칙에 근거를 둔 행정처분의 취소소송에서 행정규칙의 위법여부는 법원의 심사대상이 된다고 할 것이다(헌 107②).

(2) **헌법재판소에 의한 통제** ㈎ 행정규칙이 헌법소원의 대상이 되는 「공권력 행사」에 해당되는지가 문제된다.

㈏ 행정규칙은 행정조직 내부의 문제이므로 원칙적으로 헌법소원의 대상이 되는 「공권력 행사」에 해당되지 아니한다.[2]

---

1) 행정규칙에 의한 '불문경고조치'가 비록 법률상의 징계처분은 아니지만 위 처분을 받지 아니하였다면 차후 다른 징계처분이나 경고를 받게 될 경우 징계감경사유로 사용될 수 있었던 표창공적의 사용가능성을 소멸시키는 효과와 1년 동안 인사기록카드에 등재됨으로써 그 동안은 장관표창이나 도지사표창 대상자에서 제외시키는 효과 등이 있다는 이유로 항고소송의 대상이 되는 행정처분에 해당한다(대법원 2002.7.26. 2001 두 3532 견책처분취소).

2) 공공용지의취득및손실보상에관한특례법시행규칙 제25조의3은, 제 1 항에서 무허가 어업행위자 등에 대하여는 손실보상을 하지 아니한다는 원칙을 천명하면서도, 제 2 항에서는 공공사업에 관한 계획의 고시 등이 있기 이전부터 무허가 어업행위 등을 해 왔던 경우에 한하여 일정 금액을 폐업보상금으로 지급할 수 있도록 규정하고 있다. 이 사건 업무지침은, 홍보지구 대단위 농업종합개발사업 시행으로 인하여 동 사업지구 내의 어장에서 면허, 허가 또는 신고 없이 어업행위를 해오면서 이를 주된 생계수단으로 생활하던 자들에 대하여 공공용지의취득및손실보상에관한특례법시행규칙 제25조의3 제 2 항에 따른 어업행위 폐지보상을 추진함에 있어 보상대상자 선정에 관한 합리적인 기준 및 절차에 관하여 필요한 사항을 정하기 위하여, 피청구인

(다) 그러나 예외적으로, ① 법규성을 가지는 경우, ② 비록 법규성은 없다고 하더라도 대외적으로 사실상 강한 구속력을 가지는 경우에는 행정규칙이 직접 국민의 기본권을 침해할 수도 있으며, 그 경우에는 「공권력 행사」에 해당되며, 헌법소원의 대상이 된다고 할 것이다.

「국립대학인 서울대학교의 "94학년도 대학입학고사주요요강"은 사실상의 준비행위 내지 사전안내로서 행정쟁송의 대상이 될 수 있는 행정처분이나 공권력의 행사는 될 수 없지만 그 내용이 국민의 기본권에 직접 영향을 끼치는 내용이고 앞으로 법령의 뒷받침에 의하여 그대로 실시될 것이 틀림없을 것으로 예상되어 그로 인하여 직접적으로 기본권 침해를 받게 되는 사람에게는 사실상의 규범작용으로 인한 위험성이 이미 현실적으로 발생하였다고 보아야 할 것이므로 이는 헌법소원의 대상이 되는 헌법재판소법 제68조 제 1 항 소정의 공권력의 행사에 해당된다고 할 것이며, 이 경우 헌법소원 외에 달리 구제방법이 없다」(헌법재판소 1992.10.1. 92 헌마 68, 76. 1994학년도 신입생선발입시안에 대한 헌법소원).

(농업기반공사)이 만든 규정이다. 그러므로 이 사건 업무지침조항은 그 성질 및 내용으로 보아 피청구인의 내부적인 사무처리준칙인 행정규칙에 불과할 뿐 국민이나 법원을 구속하는 효력은 없는 것이다. 따라서 이 사건 업무지침조항은 헌법소원 심판청구의 대상이 될 수 없다 할 것이다(헌법재판소 2005.8.9. 2005 헌마 673 보상거부결정취소 등).

제 4 장 行政計劃

I. 槪　　說

1. 行政計劃의 의의

행정계획은 오늘날 여러 분야에 걸쳐 존재하는 행위형식으로서, 여러 목적으로 책정되고, 그 내용도 천차만별이어서 통일적인 정의를 내리는 것은 매우 어렵다. 그러나 대체로 「행정주체가 일정한 행정활동을 위한 목표를 설정하고, 그 목표를 상호관련성 있는 행정수단의 조정과 종합화의 과정을 통하여 실현하기 위한 여러 행정시책의 계획 또는 그 설정행위」라고 할 수 있다. 그러므로 행정계획에는 이를 설정하는 과정으로서의 계획행정(planning)과 그 결과로서의 행정계획(plan)이 포함되며,[1] 행정계획의 개념적 징표로는 ① 목표설정과 ② 행정수단의 조정·종합화를 들 수 있다. 행정상계획은 행정청이 미래예측을 바탕으로 넓은 정책적인 재량판단에 의하여 책정한다는 점에서 특징이 인정된다.

> 「행정계획이라 함은 행정에 관한 전문적·기술적 판단을 기초로 하여 도시의 건설·정비·개량 등과 같은 특정한 행정목표를 달성하기 위하여 서로 관련되는 행정수단을 종합·조정함으로써 장래의 일정한 시점에 있어서 일정한 질서를 실현하기 위한 활동기준으로 설정된 것이다」(대법원 2007.4.12. 2005 두 1893 도시계획시설결정취소).

2. 發展背景

행정계획이 크게 발전되고 중요한 기능을 수행하게 된 것은 제 2 차대전 이후인바, ① 그것은 그 때부터 행정의 중점이, 주로 장기성·종합성을 요하는 사회국가적 복리행정으로 옮겨져, 국민의 복지향상과 생활배려가 국가의 책무로 되었으며, 이에 따라 각양각색의 행정수요가 발생하였고, ② 그러한 복잡하고 유동적인 행정수요에 대응하여 사회생활을 일정한 방향으로 정서·지도할 필요성이 높아짐에 따라 보다 다면적이고 종합적인 행정계획의 책정이 요청되게 되었으며, ③ 그 동안 과학기술의 비약적인 진보에 따라 자료의 조사·분석과 장래예측의 확실도가 향상됨으로써 행정계획책정을 가능하게 하는 전제조건이 갖추어졌기 때문이라 하겠다.

1) 김도창(상), p.336; 석종현(상), p.450; 이상규(상), p.490.

3. 行政計劃에 관한 문제점

(1) 법률에 의한 행정원리와의 관계(행정계획에 대한 입법적 통제문제)

(가) 행정계획의 확정 또는 그 실시로 관계인의 법적 지위에 변동을 주는 경우에는 법률에 근거를 요함은 말할 것도 없으며, 오늘날은 관계인의 법적 지위에 직접적인 영향이 없는 행정계획에 관하여도 법령에 근거를 두는 것이 보통이다. 그러나 그 경우에도 행정계획의 내용에 대한 규율에 있어서는 ① 전문기술적 지식을 요하며, ② 계획은 사회정세의 변화에 따라 변경되어야 하는 탄력성을 가져야 하고, ③ 또한 계획내용을 법률에서 소상히 정할 수 없다고 하는 입법기술상의 난점 때문에 법률이 계획내용을 정하는 일은 오히려 드물고, 계획내용에 대한 규율은 정책권한을 가진 행정기관의 재량에 맡겨진 경우가 많다. 이것이 바로 계획재량(Planungsermessen)의 문제인바, 이는 행정계획의 내용에 대한 입법적 통제가 어렵다는 것을 의미한다.[1]

(나) 그리하여 문제는 ① 국회를 통하여 행정에 국민의 의사를 반영하고 이를 통제하려는 법률에 의한 행정의 원리가 형해화되고, ② 민주행정주의 대신에 기술관료주의(technocracy)가 자리를 차지하게 될 우려가 있다는 점이다.[2] 이와 같은 행정계획의 발전으로 인한 법률에 의한 행정의 원리의 형해화를 방지하기 위한 처방이 앞으로의 과제라 할 것인바, 주민이 참여하는 행정계획책정상의 절차적 보장은 행정계획책정에 대한 국민통제제도를 도입하는 것으로서, 그러한 처방의 하나가 될 수 있을 것이다.

(2) 행정계획의 성질(행정계획에 대한 사법적 통제) 행정계획은 새로운 행위형식의 하나이기 때문에 그것이 행정소송의 대상이 되는 행정행위(행정처분)에 해당되는지가 문제된다. 그것은 행정계획에 대한 사법적통제와 관련된다.

1) 구 도시계획법 등 관계 법령에는 추상적인 행정목표와 절차만이 규정되어 있을 뿐 행정계획의 내용에 대하여는 별다른 규정을 두고 있지 아니하므로 행정주체는 구체적인 행정계획을 입안·결정함에 있어서 비교적 광범위한 형성의 자유를 가진다고 할 것이지만, 행정주체가 가지는 이와 같은 형성의 자유는 무제한적인 것이 아니라 그 행정계획에 관련되는 자들의 이익을 공익과 사익 사이에서는 물론이고 공익 상호간과 사익 상호간에도 정당하게 비교교량하여야 한다는 제한이 있는 것이고, 따라서 행정주체가 행정계획을 입안·결정함에 있어서 이익형량을 전혀 행하지 아니하거나 이익형량의 고려 대상에 마땅히 포함시켜야 할 사항을 누락한 경우 또는 이익형량을 하였으나 정당성과 객관성이 결여된 경우에는 그 행정계획결정은 형량에 하자가 있어 위법하다(대법원 2007.1.25. 2004 두 12063 도시계획시설결정및지형도면승인처분취소).

2) 일본의 수도(手島) 교수에 의하면, 행정계획의 일반적 도입은 ① 상대주의에 입각한 민주주의를 기술우위의 절대주의로, ② 국민대표에 의한 의회정치·책임정치를 기술관료에 의한 관료정치·무책임정치로, ③ 법의 지배를 계획의 지배로, ④ 자유주의의 기능의 약화를, ⑤ 분권체제를 집권체제로 변화시켜, 현대국가를 행정국가로 이끌게 되어 국가와 사회의 체제와 구조를 근본적으로 변화시킬 수 있다고 하였다. 手島, 행정국가의 법리, pp.18, 172.

(3) **행정계획의 확정 · 변경 · 폐지 · 실효** 행정계획이 확정 · 변경 · 폐지 · 실효된 경우에 그로 인하여 손실을 받은 자가 보상을 청구할 수 있는지가 문제된다.

Ⅱ. 機 能

행정계획의 중요한 기능으로 다음의 세 가지를 들 수 있다.[1]

1. 目標設定기능

① 행정 각 분야에 있어 미래지향적인 행정이 가능하도록 장래의 목표를 설정하는 기능을 말한다. ② 목표설정은 장기적인 안목에서 과학적이고 합리적인 판단에 의하여야 하며, 관계인의 권익이 침해되는 일이 없어야 할 것인바, 목표설정의 합리성과 정당성 그리고 관계인의 권익보호를 담보하기 위하여는 목표설정에 관한 절차적 보장(전문가가 참여한 심의회의 설치, 이해관계인 및 시민의 참가, 계획의 공표 등)이 존중되어야 한다.

2. 行政手段의 綜合化機能

① 행정계획은 관계행정기관에 통일적 지침을 제공함으로써 각 행정기관의 개별적 행정조치를 통일적 지침에 따라 상호 입체적 · 유기적으로 연관시켜 전체적인 행동방향을 종합화하고 체계화하며, 행정능률을 확보하게 하는 기능을 수행한다. ② 그러나 이러한 행정수단의 종합화과정에서는, 서로 상충되는 수단과 이해의 조정이 따르게 된다.

3. 行政 · 국민 간의 媒介的 機能

① 대부분의 행정계획은 행정의 기본방침의 표시로서 국민에 대하여 목표와 그 실현수단을 미리 알려 그 협력을 얻게 하는 기능을 수행함과 동시에, 국민의 장래 활동에 대하여 지침적 · 유도적 효과와 경우에 따라서는 규제적 효과를 발휘하게 된다.[2] ② 따라서 행정계획을 훈령 유사(類似)의 행정내부적인 수단으로만 보는 것은 타당치 않으며 행정입법이나 행정행위와 함께 대 국민적인 행정수단으로 보아야 한다.

---

1) 행정계획의 기능으로 ① 정보기능, ② 조정기능, ③ 통합기능, ④ 촉진기능, ⑤ 통제기능, ⑥ 지도기능을 드는 견해도 있다. 홍정선(상), p.228.

2) 김도창(상), p.338.

Ⅲ. 種 類

1. 綜合計劃과 部門別計劃

계획대상의 종합성·개별성에 따르는 구분으로서, 종합적·전반적인 사무·사업에 관한 계획인 종합계획(masterplan) 내지는 전체계획(Gesamtplanung)과, 특정의 개별적인 사무·사업에 관한 계획인 부문별계획(Fachplanung)으로 나누어진다. 전자는 국토종합계획·장기경제계획·장기사회계획과 같은 일종의 전략적 계획이고, 후자는 도시계획·교육계획·공해방지계획과 같은 전술적 계획이다.

2. 長期計劃·中期計劃·年度別計劃

계획의 기간에 따른 구분이다. 「정부의 기획 및 심사분석에 관한 규정」(대통령령)은 장기계획은 6년 이상의 기간, 중기계획은 2년 이상 5년 이하의 기간에 걸치는 계획을 말한다고 정의한 바 있다.

3. 地域計劃과 非地域計劃

지역적·공간적 의미를 갖는지의 여부에 따른 구분으로서, 전자의 예로는 국토계획이 있고, 후자의 예로는 경제계획·사회계획이 있다.

4. 上位計劃과 下位計劃

다른 계획의 기준이 될 계획인지의 여부에 따른 구분이다. 국토종합계획은 다른 법령에 의한 국토에 관한 계획에 우선하며, 그 기본이 되는(국토기본 8) 상위계획의 예이며, 도시관리계획은 도시기본계획(및 광역도시계획)에 부합되어야 하므로 도시기본계획(및 광역도시계획)의 하위계획의 예이다(국토의계획및이용 25).

5. 拘束的 計劃과 非拘束的 計劃

계획의 법적 구속력의 유무에 따른 구분이다. 대부분의 행정계획은 행정기관의 구상 또는 행정의 지침에 불과하며, 대외적으로 국민에 대하여 혹은 대내적으로 행정기관에 대하여 법적 구속력을 갖지 않으며, 이러한 계획을 비구속적 행정계획이라고 한다.[1] 이에 대하여 법규 또는 행정행위의 성격을 띠어 법적 구

1) 비구속적 행정계획안이나 행정지침이라도 국민의 기본권에 직접적으로 영향을 끼치고, 앞으로 법령의 뒷받침에 의하여 그대로 실시될 것이 틀림없을 것으로 예상될 수 있을 때에는, 공권력행위로서 예외적으로 헌법소원의 대상이 될 수 있다(헌법재판소 2000.6.1. 99 헌마 538·543·549(병합) 개발제한구역제도개선방안확정발표위헌확인).

속력을 갖는 것도 있으며, 이러한 계획을 구속적 행정계획이라 한다. 구속적 행정계획은 ① 대내적으로 행정기관에 대하여 구속적인 것도 있고, ② 대외적으로 국민에 대하여 구속적인 것도 있다. 좁은 의미에서는 후자만을 구속적 행정계획이라 한다. 이 구별은 법적으로 가장 중요하다.

Ⅳ. 法的 性質

1. 槪　說

① 행정계획은 그 형식이나 내용이 매우 다양하다. 그러나 그것은 전통적인 행정의 행위형식인 행정입법·행정행위·사실행위 등과 병렬적으로 나열할 수 있는 독자적인 행정의 행위형식이라기보다는, 그것의 효력면에서 보면, 어떤 것은 행정입법의, 어떤 것은 행정행위의, 또 어떤 것은 사실행위의 성질을 갖기도 하여 전통적인 행위형식의 어느 하나로 흡수될 수 있는 성질의 것이라고 할 것이다.

② 행정계획은 여러 단계의 복합적인 행정과정을 거쳐서 행하여지는 행정의 하나의 과정을 이루는 행위로서, 국가의사의 발현단계에서 보면 최종단계의 행위가 아니면서도, 국민의 권익에 일정한 법적 제한을 가하기도 하는 것이 있기 때문에 행정쟁송(행정심판·행정소송)과 관련하여 행정계획 중에서 어떤 것을 행정행위(행정처분)에 해당한다고 볼 것인지가 특히 문제된다.

2. 學　說

국민에 대한 구속적 행정계획, 그 중에서도 특히 도시계획결정의 법적 성질이 행정심판법이나 행정소송법상의 「처분」에 해당되는지가 다투어지고 있는바, 주요한 학설을 들어 보면 다음과 같다. 독일의 경우에도 주로 건설계획과 관련하여 논의되고 있다.

(1) **입법행위설**　예컨대 "도시계획결정은 도시계획사업의 기본이 되는 일반적·추상적인 도시계획의 결정으로서 특정개인에게 어떤 직접적이며 구체적인 권리의무관계가 발생한다고는 볼 수 없다"고 한다.[1] 다시 말하면 행정계획은 법규명령의 성질을 가진다고 한다.

(2) **행정행위설**　예컨대 "도시계획법 제12조 소정의 도시계획결정이 고시되면 도시계획구역 안의 토지나 건물소유자의 토지형질변경, 건축물의 신축·

1) 79 구 416(1980.1.29 서울고판)의 입장이다. 이 판결은 다음에서 보는 80 누 105(1982.3.9 대판)의 원심판결인바, 서로 반대되는 입장이다.

개축 또는 증축 등 권리행사가 일정한 제한을 받게 되는바, 이런 점에서 볼 때 고시된 도시계획결정은 특정개인의 권리 내지 법률상의 이익을 개별적이고 구체적으로 규제하는 효과를 가져오게 하는 행정청의 처분이라 할 것이고, 이는 행정소송의 대상이 되는 것이라 할 것이다"고 한다. 이는 우리 대법원의 판례의 입장이다.[1] 반면 구 도시계획법상 도시기본계획의 직접적 구속력을 부인하여 처분성을 부인한 사례도 있다.[2]

(3) **개별검토설(복수성질설)** 행정계획에는 여러 종류의 계획이 있다는 사실에 유의할 필요가 있다고 하면서 도시계획 가운데에는 법규명령적인 것도 있고, 행정행위적인 것도 있고, 단순한 사실행위인 것도 있을 수 있다고 한다.[3]

(4) **독자성설** 행정계획은 법규범도 아니고 행정행위도 아닌 특수한 법제도인 「이물(異物)」(aliud)이지만 구속력을 가진 점에서 행정행위에 준하여 행정소송의 대상이 된다고 한다.[4]

(5) **결언** 구속적 행정계획도 계획마다 특수성이 있다고 할 것이기 때문에, 그 모두를 한데 묶어 법적 성질을 논하기는 어렵다고 할 것이고, 각 계획별로 그 근거법률 등과 관련하여 개별적으로 그 성질을 판단하여야 할 것이다. 그리고 종래 행정계획의 법적 성질이 논의된 것은 주로 그것이 항고쟁송의 대상인 「처분」에 해당되는지의 여부와 관련된 것이었는바, 앞으로는 거기에 한정함이 없이 그 법적 성질을 규명하고 행정계획 특유의 통제법리를 형성하여 가야 할 것이다.

V. 法的 根據와 策定節次

1. 法的 根據

(1) 행정기관은 그 조직법에 의한 권한범위 안에서만 행정활동을 할 수 있는 것이므로, 구속적 행정계획은 물론이고, 비구속적 행정계획도 그것을 수립하기 위하여서는 조직법적 근거를 요한다고 할 것이다.

1) 도시계획법 제12조 소정의 고시된 도시계획결정은 특정 개인의 권리 내지 법률상의 이익을 개별적이고 구체적으로 규제하는 효과를 가져오게 하는 행정청의 처분이라 할 것이고, 이는 행정소송의 대상이 된다(대법원 1982.3.9. 80 누 105 도시계획변경처분취소).

2) 구 도시계획법 제10조의2, 제16조의2, 같은법시행령 제 7 조, 제14조의2의 각 규정을 종합하면, 도시기본계획은 도시의 기본적인 공간구조와 장기발전방향을 제시하는 종합계획으로서 그 계획에는 토지이용계획, 환경계획, 공원녹지계획 등 장래의 도시개발의 일반적인 방향이 제시되지만, 그 계획은 도시계획입안의 지침이 되는 것에 불과하여 일반 국민에 대한 직접적인 구속력은 없는 것이다(대법원 2002.10.11. 2000 두 8226 민영주택사업계획승인신청반려처분취소).

3) 김남진(Ⅰ), p.345; 김도창(상), p.338; 신보성, 도시계획의 법적 성질과 권리구제, 월간고시, 1988.10월호, p.104.

4) Forsthoff, Lehrbuch des Verwaltungsrechts Ⅰ Bd., S.199ff.

(2) 그러나 작용법적 근거에 있어서는 구속적 행정계획의 경우는 법적 구속력을 가지므로 당연히 작용법적 근거를 요한다고 할 것이나, 비구속적 행정계획의 경우는 단순히 행정의 지침적 기능을 가지는 데 그치므로 작용법적 근거 없이도 수립할 수 있다고 할 것이다. 다만 비구속적 행정계획의 경우도 그것이 공동체와 국민의 이익에 중대한 영향을 미치는 것인 경우(예: 경제개발계획·사회계획·국토건설계획 등)에는 작용법적 근거를 요한다 할 것이다(중요사항 유보설).

2. 策定節次

(1) 의의 (가) 행정계획에 있어서는 행정행위에서는 볼 수 없는 광범위하고 정책형성적인 특수한 계획재량(Planungsermessen)이 계획주체에게 인정되고 있다. 이해관계인 역시 아주 광범위하므로 법률에 의한 행정원리의 형해화를 방지하고 복잡한 이해관계 및 공익과의 조정을 도모하기 위하여서는 계획내용에 대한 실체법에 의한 제약이 요청된다. 계획의 성격상 실체법적 제약은 추상적인 방향성이나 판단요소를 제시하여 재량행사의 지침을 제시하는 데 그칠 수밖에 없으므로, 계획재량권을 적정하게 행사하게 하여 법률에 의한 행정의 원리의 형해화를 방지하고 복잡한 이해관계 및 공익과의 조정을 위하여는 행정행위에 있어서보다는 정밀한 계획책정절차의 마련과 그 민주화가 요청된다 하겠다.

(나) 우리의 경우는 통일적이고 일반적인 계획책정절차를 정하는 법률은 아직 제정되지 못하고, 행정계획에 관하여 정하는 각 개별법률에서 이에 관하여 규정하고 있다. 이들 법률에서 정하는 계획책정절차는 극히 미흡하며, 통일되어 있지 못하고, 그나마도 주로 다른 행정주체 또는 행정기관의 정책과의 조정을 위한 절차이며, 이해관계인의 권익보호나 주민의 참여를 위한 절차는 그리 많지 않은 각 개별 법률에서 간략한 절차를 규정하고 있을 뿐이다.[1)]

(다) 독일의행정절차법은 일반적인 행정계획확정절차(복합인허가 절차)에 관한 규정을 두고 있으며, 미국행정절차법은 행정계획확정절차에 관한 규정을 두지 아니한다. 우리 행정절차법은 미국행정절차법의 예에 따라 행정계획의 확정절차는 개별법에 맡기기로 하고 이에 관한 규정을 두지 아니하되, 국민생활에 밀접한 영향을 주거나 다수국민의 이해가 상충되는 행정계획은 행정예고절차에 포함시켜 규율하기로 하였다.

---

1) 예컨대 지방자치단체·대한주택공사·산업기지개발공사·한국토지개발공사 등이 도시개발사업·도시재개발사업·택지개발사업을 시행하는 경우에는 토지소유자의 동의를 받지도 아니하며 오직 국토해양부장관이 사업시행계획을 인가하기 전에 일정기간 공람하고 이해관계인의 의견서 제출을 허용하고 있을 뿐이다(도시개발 18, 택지개발촉진 8·9·12②).

(2) 내용

(가) 전문적 지식을 도입하기 위한 절차 ① 현행법이 채택한 계획책정절차 중에는 관계전문가를 참가시킨 심의회 등의 자문 또는 의결을 거치게 한 것이 상당히 많은데(국토정책위원회 · 중앙 도시계획위원회 등), 이는 바로 그러한 목적을 위한 절차라 하겠다. ② 우리 행정절차법에는 이에 관한 규정을 두지 아니하였다.

(나) 관련업무와의 조정을 위한 절차 위에서 본 관계행정기관과의 협의하게 한 것, 상급행정청의 승인이나 조정을 받도록 한 것(국토의 계획 및 이용 16), 심의회 등의 자문이나 의결을 거치게 한 것(동법 30), 지방의회의 의견을 듣도록 한 것이 여기에 해당된다.[1)]

(다) 이해관계인의 권익보호를 위한 절차 현행법에서는 몇 개의 법률에서 공청회를 열어 주민의 의견을 청취하거나 행정계획안을 공람하도록 하고, 이에 대하여 의견서를 제출할 수 있도록 있다(국토의 계획 및 이용 14 · 20 · 28, 도시개발 7, 택지개발 8 · 9 등). 이는 공고와[2)] 의견제출에 해당된다.[3)] 현행법상 정식의 청문제도를 채택한 법률은 없는 것 같다.

특히 문제인 것은 도시개발사업계획 등을 수립할 때에는 토지소유자에게 개별적으로 통지하는 절차 없이 오직 공람과 의견제출만에 의존하기 때문에 토지소유자 등 이해관계인은 실기한 경우에는 아무런 참여절차 없이 계획이 확정되어 버리는 결과가 된다. 또한 설령 실기하지 않았더라도 의견서제출만으로는 실체적 진실의 발견이 어렵다 할 것이며, 따라서 청문제도가 채택되어야 할 것이다. 우리 현행법도 계획이 확정된 경우에는 모든 경우에 고시하여 대외적으로 공표하도록 하였으며, 더러는 이해관계인에게 공표된 계획의 내용에 대하여 이의신청을 할 수 있게 하였다. 이는 미흡하기는 하지만 계획작성단계에서 이해관

1) 택지개발촉진법 제 3 조 제 2 항에서 건설교통부장관이 택지개발 예정지구를 지정하고자 하는 때에는 미리 당해 지방자치단체의 장의 의견을 들은 후 주택정책심의위원회의 심의를 거쳐야 한다고 규정한 것은, 행정의 법률적합성 및 합목적성을 보장하고 행정절차에 관계된 자들의 권리를 보장 · 실현하기 위하여 그 지정과 관련한 직접적 이해관계자인 당해 지방자치단체의 장의 의견 및 그 지정과 관련한 행정적 · 정책적인 이해관계자들로 구성된 주택정책심의위원회의 집단적 의견을 들어 이를 참고하라는 의미이지, 그 의견 또는 심의결과에 좇아서 처분을 하여야 한다는 의미는 아니라고 할 것이다(대법원 1997.9.26. 96 누 10096 택지개발예정지구지정처분취소등).

2) 도시계획법 제16조의2 제 2 항, 같은법시행령 제14조의2 제 6 항 각 규정의 내용과 취지에 비추어 보면, 도시계획안의 내용을 일간신문에 공고함에 있어서는 도시계획의 기본적인 사항만을 밝히고 구체적인 사항은 공람절차에서 이를 보충하면 족하다(대법원 1996.11.29. 96 누 8567 도시계획시설결정처분무효확인등).

3) 도시계획법 제16조의2 제 2 항과 같은법시행령 제14조의2 제 6 항 내지 제 8 항의 규정을 종합하여 보면 도시계획의 입안에 있어 해당 도시계획안의 내용을 공고 및 공람하게 한 것은 다수 이해관계자의 이익을 합리적으로 조정하여 국민의 권리자유에 대한 부당한 침해를 방지하고 행정의 민주화와 신뢰를 확보하기 위하여 국민의 의사를 그 과정에 반영시키는데 있는 것이므로 이러한 공고 및 공람 절차에 하자가 있는 도시계획결정은 위법하다(대법원 2000.3.23. 98 두 2768 도시계획결정취소).

계인을 참가시키지 아니한 대상(代償)으로 볼 수 있다 하겠다.

㈑ 주민참여를 위한 절차 행정계획은 미래지향적인 적극적인 형성활동으로서 그 책정에 있어 행정기관의 폭넓은 재량을 인정하지 않을 수 없으며, 이에 대한 입법적 통제는 약화될 수밖에 없다. 여기에서 이를 보완하는 장치로서 계획책정에 대한 주민참여가 요구된다. 현행법상으로는 광역도시계획·도시기본계획·도시개발계획 등의 수립에 있어서 공청회를 개최하도록 하여 주민참여절차를 정하고 있다(국토의계획및이용 14·20, 도시개발 7). 또한 위에서 본 바와 같이 행정절차법은 계획안 중에서 국민생활에 매우 큰 영향을 주는 사항 등에 대하여는 행정예고라는 주민참여절차를 정하고 있다(행정절차 46).

(3) 현행제도의 문제점

㈎ 이해관계인의 권익보호 미흡 현행 계획확정절차(복합인허가절차)는 아주 미비하다. 특히 이해관계인의 권익보호면에서 그러하다. 그것은 현행 계획확정절차 중에서 이해관계인의 직접 참여를 인정한 것은 극히 한정되어 있고, 심의회방식과 사후 공표방식이 대종을 이루고 있는바, 이해관계인의 권익보호도 이들 방식에 의하여 이룩될 수 있는 것으로 본 것이라 하겠다. 그러나 심의회방식은 주로 계획책정과정에 전문지식을 도입하기 위하여 마련된 제도이고, 또한 현행법상의 공표방식은 그 대부분이 사전에 계획안을 공표하는 것이 아니고 사후에 확정된 계획을 공표하는 것이어서 이해관계인의 권익보호절차로는 기능을 다하지 못한다. 그리고 특히 집중효가 인정되는 행정계획이 확정된 경우에 그것을 받은 것으로 의제되는 인허가처분에 대하여 이해관계를 갖는 제 3 자의 권익보호가 특히 문제된다.[1)]

㈏ 주민참여의 제한 계획확정절차에 주민의 직접참여를 인정하는 제도는 예외적으로만 인정되어 있다. 행정절차법은 계획확정절차에 관한 규정은 두지 아니하는 대신에 이른바 「행정예고제」를 채택하여 국민생활에 매우 큰 영향을 미치는 행정계획안은 행정예고를 통하여 주민의견을 수렴할 수 있도록 하였다. 따라서 행정예고제는 행정계획의 확정에 있어 주민참여방식의 하나가 되고 있기는 하지만 예고의 대상이 극히 추상적인 용어로 규정되어 있고, 또한 예고를 하지 아니할 수 있는 예외가 널리 인정되어 있어(동법 46), 그 실효성은 아직 미지수이다.

1) 건설부장관이 구 주택건설촉진법 제33조에 따라 관계기관의 장과의 협의를 거쳐 사업계획승인을 한 이상 같은 조 제4항의 허가·인가·결정·승인 등이 있는 것으로 볼 것이고, 그 절차와 별도로 도시계획법 제12조 등 소정의 중앙도시계획위원회의 의결이나 주민의 의견청취 등 절차를 거칠 필요는 없다(대법원 1992.11.10. 92 누 1162 주택건설사업계획승인처분취소).

Ⅵ. 法的 效果

계획 중에는 행정기관의 구상 또는 행정의 지침에 불과하며, 대외적으로 일반국민에 대하여 혹은 대내적으로 행정기관에 대하여 법적 구속력을 갖지 않는 것이 많다(예: 산업교육진흥 및 산학협력촉진에 관한 법률에 의한 산업교육진흥계획). 다만, 이런 계획도 행정행위를 행함에 있어 재량권행사의 준칙이 됨으로써 간접적으로 법적 의의를 지닐 수도 있다. 그러나 법적 구속력을 가진 계획도 있는바, 누구에 대하여 구속력을 갖는가에 따라 다음과 같이 구분할 수 있다.

(1) **국민에 대하여 구속력을 갖는 계획** 국민에 대하여 일정한 법적 효과를 발생하는 예도 많다. 예컨대 도시관리계획이 결정·고시되면 당해 계획으로 정하여진 용도지역 안에서는 일정한 행위가 제한되는 것과 같다(국토의계획 및이용 76).

(가) **집중효**(Konzentrationswirkung)

① 의의 행정계획이 결정되면 많은 경우에 다른 인·허가 등의 행위를 받은 것으로 의제되어 그 다른 행위로서도 법적 구속력을 갖는 경우(주택법 17①)[1]를 집중효라고 한다. 집중효는 독일 행정법상 계획확정절차에 인정되는 효과의 하나로서, 행정계획이 소정의 절차를 거쳐 확정되는 때에는 행정계획에 필요한 다른 행정청의 인·허가를 대체하는 효과가 발생하여 당해 인·허가를 따로 받지 아니하여도 되는 행정계획의 효과를 말하는 것이다. 그런데 인·허가 의제제도는 집중효가 우리 실정법에 채택된 것이라며 양자의 차이를 구별하는 견해도 있지만,[2] 두 제도의 본질이 절차간소화와 사업의 신속한 진행을 위한 것이며, 법령에 근거하여 행정관청의 권한이 통합된다는 점에서 볼 때 본질적인 차이가 있다고 보기는 어렵다 하겠다.[3]

② 기능과 문제점 대규모 사업의 수행에 있어서 요구되는 여러 인·허가 등의 요건은 많은 부분이 중복되고, 또한 인·허가요건을 각 행정기관마다 다르게 해석할 수 있다. 그렇게 되면 사업시행자가 기대가능성과 예측가능성을 가질 수 없기 때문에 집중효를 인정할 필요가 있다.

그러나 집중효의 긍정적인 측면만을 감안하여 계획확정절차의 정비 없이 많

---

1) 주택법 제17조(다른 법률에 의한 인·허가 등의 의제 등) ① 시·도지사가 제16조의 규정에 의하여 사업계획을 승인함에 있어서 다음 각호의 허가·인가·결정·승인 또는 신고 등에 관하여 제3항의 규정에 의한 관계행정기관의 장과 협의한 사항에 대하여는 당해 인·허가등을 받은 것으로 보며, 사업계획의 승인고시가 있은 때에는 다음 각호의 관계법률에 의한 고시가 있은 것으로 본다.

2) 김동희(I), p.187.

3) 홍정선(상), p.261.

은 행정계획에 대하여 그것을 널리 인정하는 것은 이해관계인과 관계행정청의 참여기회를 박탈하는 결과가 된다. 우리 현행법은 약 50여 개 법률에서 집중효를 인정하고 있는데 이러한 점에서 커다란 문제점이 제기되고 있다.[1)]

(나) 집중효의 종류 집중효에는 당해 사업과 관계되는 모든 인·허가 등을 받은 것으로 의제하는 전부집중효와 당해 법률에서 열거하는 인·허가만을 받은 것으로 의제하는 부분집중효가 있다. 독일 행정절차법은 전부집중효제도를 채택하였으나, 우리 현행법은 부분집중효제도를 채택하였다.[2)] 다만 「사회간접자본시설에 대한 민간투자법」은 전부집중효제도를 채택하였다.[3)] 독일 행정절차법은 완벽한 계획확정절차를 도입하고 있기 때문이라 하겠다.

(다) 적용절차 ① 행정계획이 결정되면 다른 인·허가 등 행위가 행하여진 것으로 의제되는 경우에는, 행정계획을 결정하고자 하는 행정청은 미리 의제되는 행위의 관계기관과 협의하도록 하였다(택지개발촉진법 11② 등). 그것은 행정계획을 결정하는 기관이 의제되는 행위의 요건을 아울러 검토하기 위한 것이라고 할 것이다. 여기에서 문제되는 바는 주된 행정계획을 행하기 위한 심사를 함에 있어서 의제되는 인·허가 등의 실체적·절차적 요건을 어느 정도로 적용 또는 존중되어야 할 것인가 하는 것이다.

② 실체규정의 적용에 대하여 보면, 예컨대 광업권자는 채광을 개시하기 전에 채광계획서를 작성하여 지식경제부장관의 인가를 받아야 하는데(광업 42①), 채광계획의 인가를 받으면 산림법상의 산림훼손허가를 받은 것으로 의제된다(광업 43, 산림 90). 채광계획을 인가하는 지식경제부장관은 채광계획인가는 비록 기속행위라 하더라도 산림법상의 산림훼손허가 규정을 적용하여 산림훼손기간을 정하여 이를 채광

1) 강현호, 집중효, 공법연구, 제28집 제 2 호, 2000. 1, p. 321.

2) [건축법에 의한 용도변경신고가 수리된 경우 구 농어촌발전특별조치법 제47조 제 3 항 소정의 승인도 받은 것으로 볼 수 없다.] 구 건축법(1995. 1. 5. 법률 제4919호로 개정되기 전의 것) 제 7 조 제 3 항, 제 8 조 제 4 항, 제 9 조 제 2 항, 제14조의 각 규정에 의하면 건축허가나 건축신고 또는 용도변경허가나 용도변경신고가 있는 경우에는 구 건축법 제 7 조 제 3 항, 제 8 조 제 4 항 각 호 소정의 다른 법률 등에 의한 허가를 받거나 신고를 한 것으로 본다고 규정되어 있으나, 그 각 호의 사항 중에는 농지의보전및이용에관한법률 제 4 조의 규정에 의한 농지전용허가는 포함되어 있어도 구 농어촌발전특별조치법 제47조 제 3 항의 규정에 의한 승인은 포함되어 있지 아니할 뿐 아니라, 구 건축법 제 7 조 제 3 항이나 제 8 조 제 4 항은 제한적인 열거규정이지 예시적인 규정이라고는 볼 수 없으므로 위 각 호에 구 농어촌발전특별조치법 제47조 제 3 항의 규정에 의한 승인도 포함되는 것으로 유추 또는 확대해석할 수 없다(대법원 1995. 10. 13. 95 도 1562 농어촌발전특별조치법위반).

3) 사회간접자본시설에대한민간투자법 제17조 (다른 법률에 의한 인·허가등의 의제) ① 주무관청이 제15조의 규정에 의하여 실시계획을 고시한 때에는 당해 민간투자사업과 관련된 관계법률이 정하고 있는 인·허가 등과 관계법률의 규정에 의하여 인·허가 등을 받은 것으로 보는 다른 법률의 인·허가 등을 받은 것으로 보며, 관계법률 및 다른 법률에 의한 고시 또는 공고가 있는 것으로 본다.

계획인가의 조건으로 붙일 수 있다.[1)]

③ 다음으로 절차규정의 적용에 대하여 보면 행정계획이 결정되면 다른 인·허가 등을 받은 것으로 의제하는 것은 심사절차를 간소화으로써 심사의 신속을 기하려고 한 것이라고 할 것이나, 의제되는 인·허가의 관계법률이 정하고 있는 이해관계인의 권익보호절차가 무시되어서는 아니될 것이므로, 이해관계있는 제 3 자의 보호를 위한 절차규정은 적용 내지는 존중되어야 할 것이다. 이에 대하여 판례는 다른 입장을 취하였다.[2)]

(2) **관계행정기관에 대한 구속력을 갖는 계획** 예컨대 국무총리가 국무회의의 심의를 거쳐 대통령의 승인을 얻어 비상대비기본계획을 확정하면 각 주무부장관은 이에 따라 집행계획을 작성할 의무를 지는 것과 같다(비상대비자원관리 7·8).

(3) **다른 계획에 대하여 구속력을 갖는 계획** 예컨대 국토종합계획은 다른 법령에 의하여 수립되는 국토에 관한 계획에 우선하며, 그 기본이 된다(국토기본 8).

(4) **재원조치 기타의 수단 또는 조치를 강구할 의무를 지운 계획** 예컨대 도로법이 도로정비장기계획을 수립하도록 하고, 당해 계획에는 「소요재원의 조달방안」을 반드시 포함시키도록 규정한 것과 같다(동법 23의 2).

Ⅶ. 計劃에 대한 司法的 統制

1. 行政上計劃과 行政爭訟

(1) 행정계획의 처분성이 인정되어 계획에 대한 항고소송의 제기가 인정된다고 하더라도 행정계획은 행정청의 넓은 정책적 재량판단에 의하여 결정되므로 법원이 계획내용의 당부에 대하여 실체적 심사를 철저하게 행하는 것은 어렵다고 할 것이다. 따라서 실체적 심사보다는 계획책정절차가 적법하게 취하여졌는지 여부라는 절차심사에 중점이 놓여질 수밖에 없다. 이에 대하여는 계획재량과

1) [산림훼손기간을 정하여 한 채광계획인가조건의 효력] 채광계획인가를 받으면 광업법 제47조의2(현행 제43조)에 의하여 산림법 제90조의 규정에 의한 산림훼손허가를 받은 것으로 볼 것이지만 그렇다고 하여 채광계획인가시 산림훼손에 관하여 조건을 붙일 수 없다고 할 수는 없으므로, 지방자치단체장이 인가 신청인에게 채광계획인가를 함에 있어 산림훼손기간을 정하여 이를 조건으로 인가한 이상 그 기간이 만료되면 신청인은 산림훼손기간의 연장 또는 새로운 산림훼손허가를 받아야 한다(대법원 1997.8.29. 96 누 15213 산림훼손기간연장허가신청불허처분취소등).

2) 건설부장관이 구 주택건설촉진법 제33조에 따라 관계기관의 장과의 협의를 거쳐 사업계획승인을 한 이상 같은 조 제 4 항의 허가·인가·결정·승인 등이 있는 것으로 볼 것이고, 그 절차와 별도로 도시계획법 제12조 등 소정의 중앙도시계획위원회의 의결이나 주민의 의견청취 등 절차를 거칠 필요는 없다(대법원 1992.11.10. 92 누 1162 주택건설사업계획승인처분취소).

관련하여 후술한다.

(2) 그리고 또한 행정계획은 단계적으로 발전하기 때문에 선행단계는 후행단계에 대하여 구속적으로 작용하여 최종단계에 이르거나 계획에 따른 공사 등이 완료되어 기성사실이 성립하면, 그것의 계속적인 준수가 요구된다 하겠다. 그리하여 행정계획이나 거기에 포함된 개별적 처분에 대하여 행정쟁송을 제기하여도 사정판결 등에 의하여 행정구제의 실효를 거두기가 어렵게 되는 경우가 많다고 하겠다.[1)]

2. 行政計劃과 損失補償

행정계획과 관련하여서는 두 가지 측면에서 손실보상의 문제가 대두된다.

(1) 그 하나는, 행정계획의 시행으로 인하여 국민의 재산권행사가 제한(이른바, 계획제한)되는 경우에 그로 인한 손실의 보상요부(예컨대 도시계획에 의한 개발제한구역 지정으로 인한 손실의 보상요부 등)이다. 이는 결국 그러한 손실이 당연히 수인하여야 할「사회적 제약」으로 볼 것인지, 아니면「특별한 희생」으로 볼 것인지에 따라 결정될 것인바, 계획제한의 경우 양자의 한계를 긋는 것은 쉬운 일이 아니다.

(2) 둘째는, 행정계획의 존속·실시를 신뢰하여 개인이 자본이나 노력을 투하한 후 계획이 개폐되어 개인이 재산상의 불이익을 받게 되는 경우에 손실의 보상을 청구할 수 있는지가 문제된다. 이에 대하여는 계획보장과 관련하여 후술한다.

Ⅷ. 行政計劃과 信賴保護(計劃保障請求權)

1. 計劃保障의 의의

(1) 일반적 견해에 의하면 ① 계획보장청구권은 계획의 존속 또는 준수를 청구하고, ② 그러한 청구를 행할 수 없어 계획의 개폐를 저지할 수 없는 경우에는 경과조치·적합원조 등 대상(代償)조치를 청구하며, ③ 또 다시 그것이 실현되지 못하거나, 실현되었더라도 계획변경으로 인한 손해가 완전히 전보되지 못한 경우에 있어서는 손해배상이나 손실보상을 청구하는 것이다.

계획보장은 종래 손해배상 내지 손실보상의 관점에서만 논의되었으나, 계획보장은 본래 계획존속·계획준수 또는 경과조치를 목적으로 하는 것이며, 손해배상 등은 계획의 개폐 또는 불준수에 의하여 재산상의 손해가 발생한 경우에 부차적으로 문제가 된다고 하겠다. 따라서 계획보장청구권과 손해배상 또는 손

1) 홍정선(상), p.235 참조.

실보상청구권은 동일시할 수 없다.

(2) 계획은 그것이 비록 지침적인 계획에 있어서조차도, 행정청에 의한 상대방에 대한 협조요청·설득·권장 등과 함께 사실상강제가 행하여져 임의(자유)와 강제가 혼합되어 있어 책임의 소재가 불분명하게 된다. 그리하여 자유와 강제의 대립(Antagonismus)을 전제로 하여 정립되어 온 오늘날까지의 법률학은 이러한 현상을 파악하기가 매우 어렵다고 하겠다.

2. 計劃保障請求權의 理論的 근거 및 法的 性格

계획보장청구권의 이론적 근거로는 ① 계약의 법리, ② 법적 안정성 및 거기에 바탕을 둔 신뢰보호의 원칙(또는 금반언의 원칙), ③ 재산권보장 등이 들어지고 있으며, 그 법적 성격에 대하여는 ① 채무불이행설, ② 불법행위설, ③ 수용유사침해설 등이 주장되고 있다. 계획보장청구권의 이론적 근거로는 이와 같이 여러 가지가 주장되고 있으나, 그 중에서도 법적안정성과 거기에 바탕을 둔 신뢰보호의 원칙이 가장 유력하게 주장되고 있는바, 그것은 바로 법치국가원칙의 내용의 하나라고 하겠다.

3. 計劃保障請求權의 성립 및 효과

(1) 사인의 신뢰와 계획의 가변성과의 조화 계획보장의 문제는 계획의 개폐 또는 불준수의 경우에 있어서 사인과 계획주체 간의 위험의 분배문제라 하겠다. 계획은 그 본질상 안정성(Stabilität), 계속성(Kontinuität)과 유연성(Flexibilität), 가변성(Veränderlichkeit)과의 긴장관계에 있다. 그리하여 위험분배의 견지에서는 한편으로 계획에 대한 사인의 신뢰와 다른 한편으로 계획의 가변성이 기준이 되며 그 중 어느 것도 침해되지 아니하도록 조정되어야 한다. 그 경우 사인의 신뢰보호와 계획의 가변성은 각 계획의 유형과 내용에 따라 다르다고 할 것이므로, 계획보장청구권은 구체적인 계획마다 다를 수밖에 없다고 하겠다.

(2) 성립 및 효과 위에서 본 바와 같이 계획보장청구권의 태양(態樣)으로는 계획존속청구권, 계획준수청구권, 경과조치 등 대상조치청구권, 손해배상청구권 또는 손실보상청구권을 들 수 있겠다.

(a) 계획존속을 구하는 청구권 계획일반의 존속을 구하는 청구권은, 원칙적으로 유연한 행위형식인 행정계획의 성질상 존재하지 아니한다고 할 것이다. 따라서 그러한 청구권의 존재여부는 계획마다 개별적으로 고찰하여야 할 것이다. 그럴진대 계획존속청구권의 인정여부와 그 태양은 계획의 법형식에 따라 다르다

고 할 것이다. ① 계획이 행정행위(구속적행정계획 포함)의 형식으로 행하여진 경우에는 행정행위의 철회에 관한 원칙이 적용되며, 계획에 대한 상대방의 신뢰와 계획의 변경이나 폐지에 의하여 달성하려고 하는 공익과의 비교형량의 문제라고 할 것이다.[1] ② 지침적 계획의 경우에는 그것이 명령・강제라는 전형적인 지배구조에 의하지 아니하고, 협동으로부터 사실상강제에 이르기까지 다양한 수단에 의하여 국민에 대하여 영향을 미친다. 이러한 계획의 개폐는 계획책정권자의 형성의 자유의 문제라 할 것인바, 거기에는 비교형량의 원칙이 적용된다 할 것이다.

(b) **계획준수청구권** 계획이 이미 확정된 것과 다르게 집행되는 경우에 확정된 계획대로 집행할 것을 요구하는 권리를 계획준수청구권이라 하고, 계획을 책정만 하고 집행을 하지 아니한 경우에 그 집행을 요구하는 권리를 계획집행청구권이라 한다. 그리고 양자를 합하여 넓은 의미의 계획준수청구권이라 한다. 일반적인 계획보장청구권은 일반적인 법률집행청구권과 마찬가지로 인정되지 아니한다고 할 것이다. 이 청구권에 대하여서는 계획이 행정기관에 대하여 법적 구속력을 갖는지의 여부, 법적 구속력을 갖는 경우에도 행정기관에 대하여 즉시 집행의 의무가 과하여졌는지의 여부 등의 문제가 있다. 계획준수청구권은 주로 계획위반을 이유로 한 이른바, 인인(隣人)소송으로 제기된다고 할 것이다.

(c) **경과조치 등 대상조치청구권** 이 청구권은 계획의 개폐를 저지할 수 없는 경우에, 계획에 대응하는 조치를 취하여 계획의 개폐에 따라 재산상의 손실을 받게 되는 자를 위하여, 경과조치 또는 적합원조 등 대상조치를 청구하는 것이다. 이 청구권은 이해관계인을 점진적으로 새로운 상황에 적응시켜 가능한 한 손실을 회피시키는 기능을 가진다. 현행법상 이러한 청구권의 근거를 정한 법률은 없다.

(d) **손해전보청구권** 이 청구권은 계획변경을 저지할 수 없어 계획이 준수되지 못한 경우에 최후수단으로서 손해배상 또는 손실보상을 청구하는 것이다. 손해배상 또는 손실보상을 구하는 독자적인 계획보장청구권은 일반적으로 존재하지 아니한다고 할 것이다. 그리하여 손해배상은 국가배상법과 민법의 불법행위법에 의하여, 그리고 손실보상은 각 개별법률의 손실보상규정 및 손실보상에 관한 법원칙에 따라 해결하여야 할 것이다. 그럴진대, ① 구속적계획의 경우에

1) [도시계획 용도지역을 일반주거지역에서 전용주거지역으로 변경한 처분에 재량권 남용의 위법이 없다고 한 사례] 원고가 토지형질변경허가를 받았다고 하나 그 허가는 토지상에 연립주택을 건축하는 것을 전제로 하는 것은 아니어서 원고에게 연립주택의 건축에 관하여 보호하여야 할 신뢰가 형성되었다고 보기도 어렵고, 가사 연립주택을 건축할 의도에서 진입로 확장공사를 하였는데 위 처분으로 2층 이하의 일반주택을 건축할 수밖에 없게 되어 위 확장공사가 불필요한 것이 되었다 하더라도 그로 인하여 원고가 입은 손실은 환경보전이라는 공공의 필요에 비하여 크다고 할 수 없어 도시계획의 변경은 재량권의 남용으로 볼 수 없다(대법원 1995.12. 22. 95 누 3831 용도지역변경결정취소).

는, 계획의 구속성이 사인에게서 위험을 회피하기 위한 자기결정의 여지를 배제하는 것이므로, 계획의 개폐에 따른 불이익도 계획주체쪽에서 보상하여야 한다.[1] 따라서 구속적 계획의 개폐의 경우에 대하여서는 보상규정을 두어야 할 것이다. 보상에 관한 규정을 두지 아니한 경우에는 손해배상 또는 수용유사침해에 의한 손실보상의 문제가 될 것이다. ② 지침적·유도적 계획의 경우에는 계획과 사인 간에 개재하여 계획실현을 도모하기 위한 각종의 협조·권고·설득·사실상강제 등 행정기관의 다양한 간접적인 힘의 발동인 행동양식이 문제로 된다. 그리하여 전통적인 국가보상법으로는 그와 같은 행정의 행동양식을 적절하게 포섭하기가 어렵다 하겠다. 따라서 계획보장청구권은 지침적계획에 있어서 가장 복잡한 문제성을 지니고 있다고 할 것이다. 결국 행정의 특수한 행동양식을 매개로 하여 형성된 특수한 사정 또는 특별한 관계를 어떻게 판단할 것인지의 문제로 귀착된다 할 것이다.

〔**판례**〕 구 국토이용관리법상 국토이용계획이 일단 확정된 후에 사정변동이 있어도 지역주민 등에게 그 계획변경신청권이 인정되지 않는다.

국토이용관리법상 주민이 국토이용계획의 변경에 대하여 신청을 할 수 있다는 규정이 없을 뿐만 아니라, 국토건설종합계획의 효율적인 추진과 국토이용질서를 확립하기 위한 국토이용계획은 장기성, 종합성이 요구되는 행정계획이어서 그 계획이 일단 확정된 후에 어떤 사정의 변동이 있다고 하여 지역주민이나 일반 이해관계인에게 일일이 그 계획의 변경을 신청할 권리를 인정하여 줄 수 없다(대법원 2003.9.26. 2003 두 5075 국토이용계획변경신청불허처분취소).[2]

〔**판례**〕 도시계획 변경신청 거부행위는 항고소송의 대상이 되는 행정처분이라 할 수 없다.

도시계획법상 주민이 행정청에 대하여 도시계획 및 그 변경에 대하여 어떤 신청을 할 수 있다는 규정이 없고, 도시계획과 같이 장기성, 종합성이 요구되는 행정계획에 있어서 그 계획이 일단 확정된 후 어떤 사정의 변동이 있다 하여 지역주민에게 일일이 그 계획의 변경을 청구할 권리를 인정해 줄 수도 없는 것이므로 그 변경거부행위를 항고소송의 대상이 되는 행정처분에 해당한다고 볼 수 없다(대법원 1994.1.28. 93 누 22029 도시계획시설폐지및변경신청거부처분취소).

1) 예컨대 일본의 도시계획법은 시가지개발사업 등 예정구역에 관한 도시계획이 정하여진 구역이 변경된 경우 등에 보상을 하도록 규정하고 있다(동법 52의 2, 57의 6).

2) 이 사건에서 원고의 국토이용계획변경신청과 관련하여 피고 시장 등이 보여 준 일련의 행위가 위 계획변경승인에 대한 공적 견해를 표명한 것이라고 볼 수 없으며, 그럼에도 불구하고 원고가 위 변경승인을 받을 것으로 신뢰하였다면 원고에게 귀책사유가 있으므로 신뢰보호의 원칙은 적용되지 않는다고 할 것이니, 원고에게 신뢰보호원칙에 기한 조리상 국토이용계획변경신청권을 인정할 수도 없다.

4. 現行法上의 計劃保障請求權

계획보장청구권을 명문으로 인정한 현행법률은 발견할 수 없다. 다만, 1987년에 입법예고된 행정절차법안 제58조에서는 행정계획을 확정 · 변경 또는 폐지하고자 할 때에는 국민의 재산상의 손실을 방지하기 위한 시설의 설치 기타 필요한 예방대책을 취하여야 하며, 그러한 예방조치에도 불구하고 국민의 재산상의 손실이 있을 때에는 법률이 정하는 바에 의하여 손실보상 기타 필요한 구제조치를 하여야 한다고 규정하고 있었다. 그런데 1996년에 제정되고 1998년부터 시행된 행정절차법에서는 행정계획확정절차를 동법에 두지 아니하고 각 개별법에 맡김으로써 그러한 규정도 두지 아니하였다. 명문규정이 없더라도 그러한 취지가 존중되어야 함은 당연하다 할 것이다.

Ⅸ. 計劃裁量

1. 計劃裁量의 의의

(1) 계획재량(Planungsermessen)이란 계획법규에 근거하여 계획책정에 있어서 계획책정기관이 가지는 재량을 말한다. 계획재량이라는 용어는 그것을 일반행정법규의 집행과 관련하여 행정기관에게 인정되는 재량행위와 구별하기 위하여 사용하는 도구개념이라 할 것이다.[1)]

행정청은 계획책정에 있어서 재량행위의 경우와 달리 광범한 형성의 자유(Planerische Gestaltungsfreiheit)를 가지며, 계획이 확정되면 그것은 이미「완성된 사실」(vollendete Tatsache)로 인정되며 그로 인한 국민의 권익침해에 대한 구제가 어렵게 된다. 그러나 헌법상의 법치국가원리에서 볼 때 계획책정도 일정한 실체법상 및 절차법상 한계 내에서 행사되어야 한다는 것은 당연하다 하겠다. 여기에서 독일에서 주로 지방자치단체가 갖는 계획고권(Planungshoheit)의 행사와 관련하여 재량통제를 가능하게 하는 이론으로서 계획재량 및 형량명령이론이 등장하게 되었다.[2)]

(2) 계획재량에 있어서도 이론상으로는 본래적 의미의 재량과 판단여지를 구별할 수 있다고 할 것이나, 실제로는 양자의 구별은 거의 불가능할 뿐만 아니

1) 석종현(상), p.258 참조.
2) 석종현, 행정재량과 계획재량, 고시연구, 1981. 7월호 ; 신봉기, 계획재량 및 형량명령리론의 재검토, 고시계, 1989. 12월호 ; Hoppe/Schlarmann, Rechtsschutz bei der Planung von Straßen und anderen Verkehrsanlagen, 1981.

라 의미도 없다고 할 것이다. 그것은 계획재량의 수권법규의 경우에는 행정행위의 경우와는 달라서 「요건-효과」에 대하여 정하는 가언(假言)명제의 정식으로 되어 있는 것이 아니고, 「목적-실현수단」에 대하여 정하는 목적·수단정식(定式)으로 되어 있기 때문에(후술), 계획재량이란 판단여지처럼 요건규정면에 존재하는 것도 아니고 또한 보통의 재량처럼 효과규정면에 존재하는 것도 아니다. 그리하여 목적규정과 수단규정으로 구성된 계획규범에서는 불확정개념규정과 재량수권규정의 구별은 본래적 의미를 상실하게 되며, 따라서 계획재량은 한편으로는 보통의 재량과, 다른 한편으로는 판단여지와도 구별되는 개념이라고 할 것이다.

2. 計劃法規의 특색

「법률에 의한 행정의 원리」와의 관계에서 계획의 정립을 수권하는 법규범의 구조와 행정행위를 수권하는 법규범의 구조상의 차이가 강조되고 있다. 즉 행정행위의 수권규범은 「요건-효과」 즉, 「어떠한 요건사실이 발생하면 어떠한 효과가 주어진다.」는 이른바 가언명제정식(Wenn-Dann Schma) 또는 조건프로그램(Konditionalprogramme)이다. 그리고 계획의 수권규범은 「목적-실현수단」 즉, 「어떤 목적을 위하여 어떠한 행위를 한다.」는 목적·수단정식(Ziel-Mittel Schema) 또는 목적프로그램(Zweckprogramme)으로 보는 것이 일반적 견해이다. 그리하여 전자에 있어서는 법이 정한 요건이 충족된 경우에 법이 정한 효과를 부여할 수 있게 되어 있는데, 후자에 있어서는 대체로 그 요건에 해당하는 부분을 목적규정으로 정하고 있으며, 그 목적달성을 위한 수단의 선택 등에 있어 계획기관에게 광범한 재량을 인정하고 있다. 이는 계획규범에서는 계획기관의 계획권의 행사에 대한 요건과 효과에 대하여 백지위임을 하는 것이라 볼 수 있다. 따라서 계획기관은 계획규범에서 부여한 계획책무(Planungsaufgabe)의 범위 안에서 그 책무의 실현을 위하여 형성적으로 활동하게 된다.

3. 行政裁量과 計劃裁量의 구분

독일의 통설과 판례는 계획재량과 전통적인 행정재량과의 질적인 차이를 인정하는바, 계획재량의 특성으로 다음과 같은 것을 든다. 그러나 소수설은 양자의 질적인 차이를 부정한다.[1)]

① 행정재량은 구체적 사실과 결부시켜 판단하고 결정하는 것이나, 계획재량은 계획규범이 규정한 목적의 범위 안에서 광범위한 형성의 자유를 가지고 행

1) Rubel, Planungsermessen, Norm und Begründungsstruktur, 1982, S. 8ff. und 60ff.

정정책적으로 행정목표를 정하기 때문에 그 재량권이 광범위하게 인정된다.

② 행정재량의 경우는 행정법규에서 정한 요건규정과 효과규정의 한계 내에서 재량권이 인정되는 것이나, 계획재량은 계획규범이 요건·효과에 대하여 공백규정을 두는 것이 보통이기 때문에 그 한계가 매우 넓다.

③ 행정재량권행사의 위법성 여부의 판단은 재량권의 외적·내적 한계를 기준으로 행하는데, 계획재량권행사의 위법성 여부의 판단은 목적·수단을 기준으로 하면서 재량권행사의 절차적 과정을 중심으로 절차하자의 구성을 통하여 행한다.

④ 행정재량은 요건·효과규정의 구체적 사실에 대한 적용에서 문제로 되는데, 계획재량은 법규에서 백지위임한 요건·효과규정에 대하여 그 요건·효과의 구체적 설정을 함에 있어서 나타나는 재량이기 때문에 법규상의 요건·효과에 대한 것은 계획지침의 형태와 행정목표의 정립으로 나타난다.

4. 計劃裁量과 司法審査

(1) 형량명령의 원칙

(개) 의의 독일의 연방건설법전(Bau GZ) 제 1 조 제 6 항은 건설기본계획의 수립주체는 계획재량권 및 계획상의 형성의 자유권을 행사함에 있어서 공익상호간, 사익상호간 및 공익과 사익상호간의 정당한 형량을 하여야 한다는 형량명령(Abwägungsgebot)의 원칙을 정하고 있다. 계획기관에 의하여 행사되는 계획재량권은 무제한으로 허용되는 것은 아니며 법치주의의 원칙상 일정한 실체법상 및 절차법상 한계 내에서 행사되어야 한다. 형량명령은 실체법상 한계의 하나를 정한 것이라고 하겠다.

계획상의 형량명령의 원칙은 1960년 연방건설법에서 처음으로 입법화되었고(동법 1④·2문), 그 후 정당한 형량의 원칙은 다른 많은 법률에서도 명문화되기에 이르렀다. 그러나 형량명령은 법률상 명시적 규정이 없더라도 법치국가원리에 따라 모든 계획에 대하여 적용되는 것으로 인정되고 있다. 연방행정법원은 「고권적 계획에 관계되는 법률상 여러 이익의 정당한 형량의 원칙은 법치국가원리에 기초한 것으로서 입법상의 명시적 규정과 관계없이 인정되는 것이며, 종래의 행정재량과는 구별되는 「계획상의 결정」이라는 그 특색에 맞추어 비례의 원칙이 적용되어야 한다」고 판시하였다.[1] 이러한 의미에서 공사익의 정당한 형량의 원칙은 직접 헌법상 보장되는 「법치국가적 형량명령」(rechtsstaatilches Abwägungsgebot)이라고도 표현되고 있다.

1) 신봉기, 앞 글, p.184 참조.

(나) 판례 우리 판례도 청계산 도시자연공원 인근에 휴게광장을 조성하기 위한 구청장의 도시계획결정처분취소소송에서 공익과 사익의 정당한 형량을 하지 않았거나, 형량을 하였으나 정당성과 객관성이 결여된 경우에는 형량에 하자가 있다고 판시하였다.

「구 도시계획법 등 관계 법령에는 추상적인 행정목표와 절차만이 규정되어 있을 뿐 행정계획의 내용에 대하여는 별다른 규정을 두고 있지 아니하므로 행정주체는 구체적인 행정계획을 입안·결정함에 있어서 비교적 광범위한 형성의 자유를 가진다고 할 것이지만, 행정주체가 가지는 이와 같은 형성의 자유는 무제한적인 것이 아니라 그 행정계획에 관련되는 자들의 이익을 공익과 사익 사이에서는 물론이고 공익 상호간과 사익 상호간에도 정당하게 비교교량하여야 한다는 제한이 있는 것이고, 따라서 행정주체가 행정계획을 입안·결정함에 있어서 이익형량을 전혀 행하지 아니하거나 이익형량의 고려 대상에 마땅히 포함시켜야 할 사항을 누락한 경우 또는 이익형량을 하였으나 정당성과 객관성이 결여된 경우에는 그 행정계획결정은 형량에 하자가 있어 위법하다」(대법원 2007.1.25. 2004 두 12063 도시계획시설결정및지형도면승인처분취소).

위 판례에서 보는 바와 같이 공익과 사익의 정당한 형량의 원칙은 명문규정이 없는 경우에도 계획재량권행사에 대하여 당연히 적용되는 것으로 받아들이고 있다.

(다) 형량하자 형량명령이론에 의하면 형량의 과정은 ① 조사 및 확인과정, ② 평가과정 및 ③ 좁은 의미의 형량과정으로 이루어진다. 그런데 계획기관이 이러한 형량을 함에 있어서 잘못이 있을 때에는 형량은 하자를 띠게 되고 법원의 심사대상이 되게 된다.

형량하자에는 ① 형량을 전혀 행하지 아니한 경우의 형량의 해태(Abwägungsausfall), ② 형량의 대상에 마땅히 포함시켜야 할 사항을 빠뜨리고 형량을 행한 경우의 형량의 흠결(Abwägungsdefizit), ③ 여러 이익간의 형량을 행하기는 하였으나 그것이 정당성·객관성을 결한 경우의 오형량(誤衡量: Abwägungsfehleinschä-tzung) 등이 있다.[1)]

(2) 절차심사 계획재량의 특수성 때문에 위에서 본 실체적 심사는 사실상 불가능한 경우가 많을 뿐만 아니라 법원이 창조적인 정책결정에 관여하는 것이 부적당한 경우도 있다고 할 것이다. 여기에서 계획재량에 대한 사법적 통제에 있어서도 계획기관의 판단의 당부에 대한 실체적 심리보다는 당해 계획이 수립된 절차·과정에 대한 절차적 심리가 통상의 행정행위에 비하여 한층 중요하다고 할 것이다. 마찬가지로 행정과정에의 사인의 참가 등 사전절차의 필요성도 여기에서는 통상의 행정행위 등의 경우와는 다른 의미를 갖는다고 할 것이다.

1) 김남진, 행정법의 기본문제, p.243 참조.

제 5 장 行政行爲

제 1 절 行政行爲의 概念 및 特質

Ⅰ. 槪　說

1. 행정의 發動形式의 하나로서의 행정행위

현대국가에 있어서는 행정기능이 변천되고 행정대상이 확대됨에 따라 행정의 발동형식도 다양화·복잡화되고 있다. 즉, 공권력의 행사를 요소로 하는 전통적인 행정입법·행정행위·행정강제 등의 행위 이외에 기준의 설정(지가의 공시 등), 계획의 책정, 행정계약이라든가, 보호·조성·알선·중재·조정·권고 등 행정지도와 같이 종래의 행위개념을 가지고는 다룰 수 없는 발동형식이 점차로 증가하고 있다.

2. 행정행위개념의 成立基礎

행정재판제도를 가진 대혁명 후의 「프랑스」에서 생겨나고, 19세기 중엽 독일에 도입되어 행정법의 아버지라 불리우는 「오토 마이어」에 의하여 정치한 이론으로 구성되었으며, 그것이 우리 행정법학에도 강한 영향을 미쳤다.

따라서 종래 행정재판제도를 갖지 않고, 「코먼 로」와 구별되는 「행정에 특유한 법」이 없던 영·미에서는 행정행위개념을 구성할 필요가 없었다.

3. 행정행위개념定立의 實益

(1) 행정쟁송대상의 한정　오늘날의 법치국가에서는 모든 행정은 재판적 통제를 받으며, 우리의 경우에도 모든 행정작용은 행정소송의 대상이 된다. 그러나 행정심판이나 항고소송은 공정력을 배제하기 위한 제도로 보아 행정작용 중 공정력이 인정되는 행정행위에 대하여서만 제기할 수 있는 것으로 보았다. 그리고 행정행위는 공정력·자력집행력 등 여러 특수한 효력을 가진다. 이러한 특색은 행정행위에만 고유한 것으로 다른 행정작용에는 인정되지 않는다.

(2) 사법행위와의 구별　사법상의 법률행위에 있어서는 표의자 스스로를 구속하고(자기 구속), 그에 의하여 타인을 구속할 수는 없는데, 행정행위에 있어서는

행정주체는 그에 의하여 상대방인 국민을 구속하고 법령내용을 일방적으로 구현시킬 수 있으며, 공정력·자력집행력 등 특수한 효력을 가진다.

(3) 결언　위에서 본 바와 같이 행정행위는 다른 행정작용이나 사법적 행위와 성질을 달리하고 적용법규나 쟁송절차를 달리하기 때문에, 학문상 독립적으로 그 개념을 정립할 필요가 있다.

4. 행정행위개념定立의 實益에 대한 새로운 견해

(1) 행정쟁송대상의 한정　(가) 전통적 견해에서는 행정행위와 항고쟁송의 대상인 처분을 동일한 것으로 보아 행정행위의 개념정립의 실익을 인정하였으나, 오늘날은 항고쟁송의 대상을 행정행위로 한정하는 경우에는 항고쟁송제도가 그 본래의 권리구제기능을 충분히 발휘할 수 없게 되었다. 여기에서 항고쟁송의 대상을 정하기 위하여 행정행위의 개념을 정립할 필요성은 감소되었다고 보고, 항고쟁송의 대상이 되는 처분개념은, 행위의 성질을 기준으로 실체법적으로 구성하는 행정행위개념과는 별도로, 쟁송법적으로 구성하여야 한다는 견해가 나오게 되었다.

(나) 우리 행정심판법과 행정소송법은 「처분」을 「행정청이 행하는 구체적 사실에 관한 법집행으로서의 공권력의 행사 또는 그 거부와 그 밖에 이에 준하는 행정작용」이라고 규정하여(행심 2①(1), 행송 2①(1)), 전통적 견해에서의 행정행위인 「행정청이 행하는 구체적 사실에 관한 법집행으로서의 공권력의 행사 또는 그 거부」 이외에, 「그 밖에 이에 준하는 행정작용」을 포함시켜 처분개념을 입법적으로 해결하였다.[1] 이는 쟁송법적 처분개념을 채택한 것이라 하겠다.

그것은 바로 항고쟁송의 대상을 한정하기 위하여 행정행위의 개념을 정립할 실익을 감소시킨 것이라 하겠다.

(2) 사법행위와의 구별　오늘날의 견해는 공정력·자력집행력 등 행정행위의 특수한 효력도 행정행위의 본질적 속성이 아니고, 실정법이 정책적으로 부여한 효력에 지나지 않는다. 따라서 행정행위도 사법상의 법률행위와 본질적으로는 동일한 것으로 본다.

(3) 결언　위에서 본 바와 같이 오늘날은 행정행위 이외에 다른 행정작용이 항고쟁송의 대상으로 포함되게 됨에 따라 항고쟁송의 대상인 처분개념만을 정립하면 되며, 별도로 행정행위의 개념을 정립할 필요성이 있는가에 대하여 의문이 제기되고 있다. 그러나 항고쟁송의 주된 대상은 행정행위이며, 행정행위는

1) 山內一夫, 行政行爲論講義, p.1 이하.

다른 행위(특히 사법행위)와는 상대적이기는 하지만 여러 가지 특질을 가지므로 그 개념정립의 필요성이 없어졌다고 할 수는 없겠다.

5. 「행정행위」는 학문상의 用語

실정법상으로는 「행정행위」라는 용어는 사용되지 않고, 허가·인가·면허·특허·금지·확인 또는 면제 등의 용어가 사용되고 있는 외에 이를 총칭하는 용어로는 「행정처분」(구 소원 3·8 등), 또는 단순히 「처분」(헌 108②, 행심 1, 행송 1, 지자 157)이란 용어가 사용된다. 따라서 「행정행위」는 법령상의 용어가 아니고 학문상의 용어이다.

Ⅱ. 개 념

1. 학 설

행정행위(administrative act, acte administratif, Verwaltungsakt)의 개념은 이를 부정하는 「켈젠」 등 「빈」학파의 견해를 별도로 하더라도 학자들의 설명에 넓음과 좁음의 차이가 심하다. 즉, ① 행정주체에 의한 모든 행정작용(G. Mayer 등, 최광의), ② 행정주체에 의한 공법행위(F. Fleiner, P. Laband, 광의), ③ 행정주체가 구체적 사실에 대한 법집행행위로서 행하는 공법행위(W. Jellinek, 협의),[1] 혹은 ④ 행정주체가, 공법의 영역에 속하는 구체적 사실을 규율하기 위하여, 외부에 대하여 직접적인 법적 효과를 발생시키는, 권력적 단독행위(O. Mayer, Forsthoff, Wolff, 최협의)라고 보는 견해 등이 대립되어 있는바, 위에서 본 행정행위개념을 정립하는 취지에서 보아 가장 좁은 의미로 이해하는 것이 통설·판례이다. 이런 의미의 행정행위를 행정처분(Verwaltungsverfügung)이라고도 한다.

〔**판례**〕 행정처분의 요건
행정소송의 대상이 되는 행정처분이란 행정청 또는 그 소속기관이나 법령에 의하여 행정권한의 위임 또는 위탁을 받은 공공단체 등이 국민의 권리·의무에 관계되는 사항에 관하여 직접 효력을 미치는 공권력의 발동으로서 하는 공법상의 행위를 말하며, 그것이 상대방의 권리를 제한하는 행위라 하더라도 행정청 또는 그 소속기관이나 권한을 위임받은 공공단체 등의 행위가 아닌 한 이를 행정처분이라고 할 수 없다(대법원 2008.1.31. 2005 두 8269 해고무효등확인청구).[2]

---

1) 윤세창(상), p.185.

2) 한국마사회가 조교사 또는 기수의 면허를 부여하거나 취소하는 것은 경마를 독점적으로 개최할 수 있는 지위에서 우수한 능력을 갖추었다고 인정되는 사람에게 경마에서의 일정한 기능과 역할을 수행할 수 있는 자격을 부여하거나 이를 박탈하는 것에 지나지 아니하므로, 이는 국가 기타 행정기관으로부터 위탁받은 행정권한의 행사가 아니라 일반 사법상의 법률관계에서 이루어지는 단체 내부에서의 징계 내지 제재처분이다(대법원 2008.1.31. 2005 두 8269 해고무효

행정처분이란 행정청이 실정법질서 구조 내에서 일정한 목적하에 특정의 기능을 다하기 위하여 하는 일련의 행정작용을 총칭하는 것으로서 그 목적, 성질을 떠나 추상적, 관념적으로 정의하기는 어려우나 행정청의 공권력행사라는 점에 비추어 적어도 그 처분의 대상인 국민에 대하여 구체적으로 권리를 설정하거나 의무를 명하는 등 법률적 규제를 하려는 요건을 갖춘 행위여야 할 것이다(대법원 1984.5.22. 83 누 485 화분세번정정처분취소등).[1]

2. 행정행위의 개념적 특징

통설적 의미의 행정행위의 개념을 분석하여 그 개념적 특징을 들면 다음과 같다.[2]

(1) **행정주체가 행한 행위** 그런데 행정주체는 행정청에 의하여 대표되므로, 행정행위는 행정청의 행위이다. 국가 또는 지방자치단체의 행정기관에 한하지 않고, 공사 기타의 공법인이나 공무수탁사인이라도 국가로부터 행정권(공권력)을 부여받은 범위 안에서 여기의 행정청에 포함된다. 그러나 행정청의 행위에 한하므로 입법부로서의 국회의 행위 또는 사법부로서의 법원의 행위는 행정행위에서 제외된다. 다만, 기능적으로 행정임무를 수행하는 경우에는 국회나 법원도 행정청에 해당한다(공무원의 임용 등).[3] 그리고 오늘날은 자동기기에 의한 자동결정이 증가추세에 있는바, 그것도 행정청이 작성한 프로그램에 따라 행하여진다는 점에서 행정행위의 일종이다.

(2) **공법영역에 속하는 구체적 사실을 규율하는 행위** ㈎ 행정행위는 구체적 사실을 규율하는 행위이므로, 일반적·추상적인 행정입법은 특정범위의 사람을 대상으로 하는 경우에도 행정행위는 아니다. 이에 대하여 구체적 사실을 규율하는 것인 한, 불특정다수인을 상대방으로 하는 이른바 「일반처분」

등확인청구).

1) 원고가 취소를 구하는 피고(관세청장)의 본건 회신은 그 형식이 원고의 청원에 대한 회신일 뿐 아니라 그 내용도 본건 라벤다 꽃가루가 상품분류상 1208에 해당한다는 피고의 의견표명으로서 이로써 원고에게 어떠한 공법상 권리의무가 발생한다고 볼 수 없고, 위 품목분류 사전회시서의 교부로 인하여 원고가 직접 공법상 권리를 취득하거나 의무를 부담하는 것이 아니라 할 것이므로 피고의 본건 회신은 행정처분이라 할 수 없다(대법원 1984.5.22. 83 누 485 화분세번정정처분취소등).

2) 행정작용
- 입법행위(행정입법)
- 사법행위
- 내부행위(행정청간의 행위, 특별행정법관계에서의 행위)
- 사실행위
- 통치행위
- 비권력적 행위(공법상계약·공법상합동행위 등)
- 행정행위(행정처분)
  - 법률행위적 행정행위
  - 준법률행위적 행정행위

3) 94 누 23(1994.10.11 대판)—의장에 대한 지방의회의 불신임의결은 행정처분이다.

(Allgemeinverfügung)(예: 도로통행의 금지 등)도 행정행위이다.

(나) 행정행위에 의하여 규율되는 구체적 사실은 공법의 영역에 속하는 것에 한한다. 즉, 공법행위이다. 따라서 사법의 영역에 속하는 사실을 규율하는 행위(예: 국유잡종재산의 매각·대부 등)는 사법행위이며, 행정행위는 아니다.

(3) **외부에 대하여 직접적인 법적 효과를 발생시키는 행위** (가) 외부, 즉 국민에 대한 행위이므로 하나의 기관이 다른 기관에 대하여 행하는 내부적 행위(상급청의 하급청에 대한 명령·승인·동의 등)는 행정행위가 아니다. 또한 특별권력관계내부에서의 행위는 행정행위가 아닌 것도 있으나 그 복종자의 지위의 박탈 등 일정한 범위의 행위는 행정행위에 포함시킨다.

(나) 직접적인 법적 효과, 즉 그 행위에 의하여 국민의 권리의무가 창설·박탈되고, 또한 그 범위가 확정되는 등 기존의 권리상태의 변동이나 일반적 법상태의 구체화가 직접 야기되어야 한다.

(다) 행정권의 행위에도 국가존립이나 국가통치의 기본에 관계되는 고도의 정치성을 지닌, 국가의 최고통치기관의 행위인 이른바 통치행위가 있다. 이러한 통치행위는 항고소송의 대상이 되는 행정행위와 구별된다.

(4) **권력적 단독행위** 공권력행사로 명령·강제하는 등의 행위이므로, 사법행위는 물론 일방성이 없는 공법상의 법률행위(공법상계약·공법상합동행위)도 행정행위가 아니다. 그러나 일방적으로 행하여지는 권력적인 행위인 한, 그 행위의 성립에 상대방의 신청·동의 등의 협력을 요하는 경우(이른바, 협력을 요하는 행정행위)라도 행정행위의 성격을 잃지 않는다.

Ⅲ. 특 질

행정행위는 공권력 내지는 법률상 승인된 우월한 행정의사의 발동인 까닭에 위에서 본 바와 같이 행정주체의 다른 행위, 특히 민법상의 법률행위에 대하여 ① 법률적합성, ② 공정성(예선적 유효성), ③ 실효성, ④ 존속성(불가쟁성 및 불가변성), ⑤ 행정행위에 대한 구제제도의 특수성 등 여러 가지 특질을 가진다. 실효성은 자력집행을 할 수 있는 것을 말하나, 넓은 의미에서는 제재를 과할 수 있는 것까지를 포함한다.

제 2 절 行政行爲의 종류

I. 머 리 말

종래 단지 강학상의 편의라는 관점에서만이 아니고, 행정행위의 의미를 보다 깊게 검토하기 위하여, 여러 표준에 따라 분류가 행하여졌다. 여기서는 중요한 것만을 개괄적으로 설명하기로 한다.

II. 종 류

1. 法律行爲的 행정행위와 準法律行爲的 행정행위(내용에 따른 분류)

(1) 양자는 다같이 사실행위에 대하여, ① 정신작용을 구성요소로 하는 법적 행위에 속하고, ② 법적 효력을 발생하는 힘을 가진 점에서는 같으나, 그 구성요소인 정신작용의 내용과 법적 효과의 발생원인에 차이가 있다. 즉 ① 전자는 의사표시(효과의사의 표시)를 구성요소로 하는데, 후자는 의사표시 이외의 정신작용(판단·인식·관념의 표시)의 표시를 구성요소로 하며, ② 전자에 있어서는 그 법적 효과가 효과의사의 내용에 따라, 다시 말하면 표의자가 바라기 때문에 바라는 대로 부여되는데, 후자에 있어서는 그 법적 효과가 행위자의 의사여하에 관계없이 직접 법규에 의하여 부여된다. 따라서, 전자에 있어서는 같은 내용의 행위에서는 항상 같은 효과가 발생하는데, 후자에서는 같은 내용의 행위에서도 다른 효과가 발생할 수 있다(예컨대 같은 등기행위로부터 구 민법하에서는 제 3 자에 대하여 대항하는 효과가, 현행 민법하에서는 권리이전의 효과가 생기는 것과 같다).

(2) 전자는 다시 명령적 행위(하명·허가·면제)와 형성적 행위(특허·인가·대리)로, 후자는 확인·공증·통지·수리로 나누어진다.

2. 收益的 행정행위와 負擔的 행정행위·複效的 행정행위(상대방에 대한 효과에 따른 분류)

(1) 의의 (가) 상대방에게 권리·이익의 부여, 권리·이익에 대한 제한의 철폐 등 유리한 효과를 발생시키는 행정행위(예: 특허·허가·인가·면제, 또는 기존의 명령·금지의 취소·철회, 수익적 행정행위의 취소의 취소 등)를 수익적 행정행위(begünstigender VA)라 한다.

(나) 이에 대하여 상대방에게 의무를 부과하거나 권리·이익을 거부·침해하는 등 불이익한 효과를 발생시키는 행정행위(예: 명령·금지, 수익적 행정행위의 취소·철회)를 부담적 행정행위(belastender VA)라 한다(침익적행정행위, 부과적행정행위, 간섭적행정행위라고도 한다).

(다) 그런데 행정행위의 이와 같은 구별은 어디까지나 행위의 직접 상대방에

대한 법률효과의 성질을 기준으로 하는 것으로, 상대방에게는 유리한 효과를 발생시키지만 제 3 자에게는 불이익을 발생시키거나 또는 그와 반대의 효과를 발생시키는 행정행위(예: 상대방에게는 수익적이나 인인에게는 불이익한 효과를 발생시키는 건축허가 등)를 복효적 행정행위(VA mit Doppelwirkung)라 한다.

(2) **구별의 실익** 행정행위를 수익적 행정행위와 부담적 행정행위로 구별하는 것은 다음과 같은 실익이 있다고 본다. 그러나 그러한 실익은 상대적인 것임을 주의하여야 한다.

(가) **법률유보와의 관계** 전통적인 통설적 견해인 침해유보설에서는 부담적 행정행위의 경우에는 법률유보의 원칙이 엄격하게 적용되는 데 대하여, 수익적 행위의 경우에는 그 적용이 완화되어 법률에 근거하지 아니하고도 행하여질 수 있는 것으로 보았다. 그러나 오늘날은 법률유보원칙의 확대주장이 통설화되고 있으며, 따라서 전부유보설이나 사회유보설에서는 물론이고 권력행정유보설에서도 수익적 행위도「권력적 단독행위」이므로 법률유보의 원칙이 적용되어야 한다고 본다.

(나) **쌍방적 행정행위성** 수익적 행위는 보통 상대방의 수익의 의사표시, 즉 신청에 의하여 행하여지는 쌍방적 행위이나, 부담적 행위는 보통 상대방의 신청 없이 직권으로 행하여지는 일방적 행위이다.

(다) **재량성** 과거의 통설적 견해인 효과재량설에서는 재량행위와 기속행위의 구별표준을 행위의 효과에 두어 수익적행위는 재량행위로, 부담적 행위는 기속행위로 보았다. 그러나 오늘날은 행위의 효과만에 의하여 재량행위와 기속행위로 구별할 수는 없다고 본다.

(라) **절차적 통제** 수익적 행위의 경우는 절차적 통제가 완화되거나 요구되지 아니하는 데 대하여, 부담적 행위의 경우는 상대방의 권익이 부당하게 침해되는 일이 없도록 하기 위하여 사전에 일정한 절차를 밟을 것이 요청된다고 보았다. 그러나 수익적행위의 경우에도 수익적 행위의 거부에 대한 상대방보호를 위하여 절차적 통제가 요청된다 할 것이고, 또한 상대방에 대한 수익적 행위가 제 3 자에 대한 부담적 행위인 경우에도 제 3 자보호를 위하여 절차적 통제가 요청된다 할 것이다.

(마) **부관** 수익적 행위에는 부관을 붙일 수 있는데, 부담적 행위에는 부관을 붙일 수 없다고 본다.

(바) **취소 · 철회의 제한** 수익적 행위의 취소 · 철회는 개인의 기득의 권익을 침해하게 되는 것이므로 기득의 권익의 보호를 위하여 강한 제한을 당하는데, 부담적 행위는 수익적 행위와는 달라서 적어도 상대방의 기득의 권익보호라

는 측면에서의 제한은 완화된다고 할 것이다.

(사) 청구권 및 그 실현을 위한 쟁송수단 ① 부담적 행위의 경우에는 행정청에 의하여 그것이 위법하게 발동되는 경우 상대방의 배제청구권이 문제되고, 그 실현수단은 취소를 구하는 항고쟁송이다. 다만, 오늘날에는 그것이 위법하게 발동되려고 할 때 예방청구권과 그 실현수단이 논의된다. ② 이에 대하여 수익적행위의 경우에는 행정청이 그것을 거부하거나 방치(부작위)한 경우에 그 발급청구권이 문제되고, 그 실현수단은 의무이행심판과 거부처분취소소송 또는 부작위위법확인소송이다. 독일과 같이 의무이행소송이 인정된 나라에서는 이 소송이 실효성 있는 실현수단이 된다. ③ 오늘날에는 제 3 자에 대한 행정행위발동으로 이익을 받는 자의 행정개입청구권과 그 실현수단이 논의된다. ④ 그리고 부담적 행위의 위법한 발동이나 수익적 행위의 거부 또는 방치(부작위)로 재산상 손해를 받은 경우에는 다같이 행정상 손해배상을 청구할 수 있을 것이다. 다만, 수익적 행정행위의 거부 또는 방치의 경우에는 불법행위의 성립요건(작위의무 및 위법성의 인정 등)의 인정이 매우 어렵다 할 것이다.

(아) 의무확보수단 부담적 행위의 경우에는 상대방에게 의무가 부과되므로 그 불이행에 대하여는 행정상강제집행이 행하여지거나 행정벌을 과하게 된다. 이에 대하여 수익적 행위의 경우에는 이러한 문제가 없다.

3. 對人的 행정행위와 對物的 행정행위 · 混合的 행정행위(대상에 따른 분류)

(1) 의의 행정행위 중에서 ① 순전히 사람의 학식 · 기술 · 경험과 같은 주관적 사정에 착안하여 행하여지는 경우(예: 의사면허 · 자동차운전면허 · 인간문화재지정 등)가 있는바, 이러한 행위를 대인적 행정행위(personaler VA)라 한다. ② 이에 대하여 오직 물건의 성질이나 상태 등 물건의 객관적 사정에 착안하여 행하여지는 경우(예: 자동차검사증교부, 건축물준공검사, 자연공원지정 등)가 있는바, 이러한 행위를 대물적 행정행위(dinglicher VA)라 한다. ③ 전당포영업허가와 같이, 허가기준으로 인적인 자격요건 이외에 물적 요건(기준에 적합한 전당물의 보관설비를 가질 것(전당포영업3① · 9①))을 정하고 있는 경우에는 양쪽 요소를 가지는바, 이를 혼합적 행정행위(gemischter VA)라 할 수 있다.

(2) 구별의 실익 대인적 행정행위의 효과는 일신전속적이기 때문에 다른 사람에게 이전할 수가 없으나, 대물적 행정행위의 효과는 다른 사람에게 이전하는 것이 가능하다는 데 있다. 다만, 대물적 행정행위의 경우에도 그 효과의 이전에는 행정기관의 승인을 받게 하거나 신고하게 하는 것이 보통이다. 행위의 효과를 이전하는 경우 그 범위가 문제된다(예컨대 양도인의 사업수행상의 의무위반의 효과가 어느 범위에서 양수인에게 승계될 것인가 등).

4. 羈束行爲와 裁量行爲(법에 구속되는 정도에 따른 분류)

법이 행정청에 대하여 일정한 요건에 해당하는 사실이 있는 때에는 일정한 행위를 하여야 할 것을 명하고 있는 경우가 기속행위(gebundener VA)이고, 법이 행정청에 대하여 판단여지 또는 여러 행위 중에서 선택을 허용하고 있는 경우가 재량행위(Ermessensakt)이다. 이 양자의 구별의 실익은 주로 행정소송사항이 될 수 있는지의 여부에 있다고 본다.

5. 雙方的 행정행위와 獨立的 행정행위(상대방의 협력의 요부에 따른 분류)

(1) 의의 행정행위는 공권력의 발동인 단독행위이므로 행정주체의 행위만으로 성립하나, 행위의 전제로 상대방의 아무런 협력이 필요없는 경우도 있고, 상대방의 협력이 필요한 경우도 있다. 전자를 독립적 행정행위(조세부과 · 경찰하명 · 허가취소 · 공무원의 징계 등 직권에 의한 행정행위라 한다.)라 하고, 후자를 쌍방적 행정행위(특허, 많은 경우의 허가 등)라 한다.

(2) 신청 등이 없이 행한 경우 쌍방적 행정행위에 있어서는 상대방의 의사에 반하여 그 행위의 효과를 그에게 강제할 필요가 없기 때문에 신청 등이 없이 행한 행정행위는 무효로 된다.[1)]

(3) 분류 쌍방적 행정행위는 그 필요로 하는 협력의 내용에 따라 다시 「동의를 요하는 행정행위」(zustimmungsbedürftiger VA)와 「신청을 요하는 행정행위」(antragsbedürftiger VA)로 나눌 수 있다.

(4) 수익적 행위와 부담적 행위의 구별과의 관계 보통 부담적 행정행위는 직권에 의한 조사에 기하여 행하여지는 독립적 행정행위인데, 수익적 행정행위는 쌍방적 행정행위이다. 그러나 수익적 행정행위도 시장 등이 사회복지전담공무원의 직권신청에 의하여 국민기초생활보장의 결정을 행하는 것과 같이 독립적 행정행위인 경우도 있다(국민기초생활보장 22 · 26. 다만 생활보장은 피보호자의 신청에 의하여서도 행한다.).

(5) 공법상계약과의 구별 쌍방적 행정행위는 행정청의 의사만으로 성립되고 상대방의 의사는 단지 그것이 행하여지기 위한 요건(유효 또는 적법요건)에 지나지 않는 점에서 행정청의 의사와 상대방의 의사의 「합치」로 성립하는 공법상계약과 다르다.

6. 受領을 요하는 행정행위와 受領을 요하지 아니하는 행정행위(수령의 요부에 따른 분류)

보통 행정행위는 의사표시가 상대방에게 수령(도달)되어야만 효력을 발생한

---

1) 柳瀨良幹, 行政法講座, 제 2 권, p.74.

다(도달주의). 그러나 상대방이 불특정다수인이거나 특정된 경우에도 주소 또는 거소가 불분명한 때에는 일정한 방법에 의한 공시·공고로 송달에 갈음하게 하여, 구체적·개별적으로 수령이 없더라도 행정행위가 그 효력을 발생한다(예: 광업법 시행령 89). 이러한 행위를 수령을 요하지 않는 행정행위라 한다. 정확하게 말하면 공시 또는 공고 등의 방법으로 상대방의 수령이 의제되는 행정행위다(사무관리 규정 8②).

7. 要式行爲와 不要式行爲(형식의 요부에 따른 분류)

(1) 보통은 행정행위의 대외적 표시에 관한 형식의 요부가 문제된다. 예컨대, 서면에 의한 결정(행정심판 재결 등), 원부에의 등록(의사면허에 있어서의 등록대장에의 등록, 건설업등록 등)을 요하는 행위가 요식행위이다. 행정행위의 내용을 상대방 및 제 3 자에게 명확하게 하기 위하여 이런 형식으로 표시된다. 법령은 많은 경우에 행정행위의 서식을 정하고 있어 요식행위는 의외로 많다.

(2) 행정행위를 절차의 개시로부터 종료까지 법정의 절차에 따라 행할 것이 필요한가의 여부에 따라 요식행위와 불요식행위로 나누기도 한다. 그것을 요하는 경우를 정식의 행정행위라고도 할 수 있다.

8. 積極的 행정행위와 消極的 행정행위(현재의 법률상태에 변동을 가져오는지의 여부에 따른 분류)

적극적 행정행위는 하명·허가·특허 등과 같이 적극적으로 현재의 법률상태에 변동을 초래하는 내용의 행위를 말하며, 소극적 행정행위는 신청의 각하(거부처분)나 부작위(행위의무가 지워진 경우의 부작위) 등과 같이 현재의 법률상태를 그대로 존속시키는 내용의 행위를 말한다.

9. 終局的 행정행위와 假(임시)행정행위·事前決定·一部決定(결정단계에 따른 분류)

종국적인 효력을 갖는 행위를 종국적 행정행위라 하고, 잠정적인 효력만을 갖는 행위를 가행정행위·사전결정·일부결정이라 한다. 행정행위는 전체과정과 관련하여 그 종국적 행정행위가 바로 행하여지는 것도 있고, 여러 단계적 과정을 거친 다음에 종국적 행정행위가 행하여지는 것도 있다. 그런데 후자의 경우에는 종국적 행정행위를 행하기 전의 단계에서 전체과정과 관련하여 볼 때에는 잠정적인 효력만을 가지는 행정결정을 행하는 경우가 있는바, 그러한 행위에는 가행정행위(vorläufiger VA), 사전결정(예비결정)(Vorbescheid), 일부결정(일부허가)(Teilgenehmigung)이 있다.

원자력발전소건설·운영과 같이 장기간이 소요되는 대규모공사는 포괄적인

1회의 결정에 의하여 행하여지는 것이 아니라 여러 단계를 거치는 다단계행정절차(mehrstufige Verwaltungsverfahren)로 행하여진다. 이는 복잡한 행정과정을 복수의 처분으로 분해하여 행정결정이 보다 신중하게 행하여지도록 하고, 이해관계인과 법원이 보다 쉽게 이해할 수 있도록 하며, 또한 이해관계인의 위험부담을 줄이고 조기에 권리구제의 기회를 갖도록 하기 위하여 독일의 원자력법 등에서 도입하였으며 우리 원자력법도 다단계절차를 채택하였다. 사전결정과 일부결정은 이러한 다단계행정절차의 일환으로 행하여진다.

(1) **가행정행위** 가행정행위는 사실관계와 법률관계의 계속적인 심사를 유보한 상태에서 당해 행정법관계의 권리와 의무를 잠정적으로 확정하는 내용의 행정행위를 말한다. 예컨대 물품수입에 있어 일단 잠정세율을 적용하여 부과처분을 하였다가 나중에 확정세율을 적용하여 부과처분을 정산하는 것과 같다. 가행정행위는 ⅰ 사실관계와 법률관계에 대한 개략적인 심사에 기초하여 행하여지는 것, ⅱ 종국적인 결정이 있을 때까지 잠정적인 효력만이 인정된다는 것, ⅲ 종국적인 행정행위가 행하여지면 그것에 의하여 대체된다는 것 등의 특징을 갖는다.

(2) **사전결정**(예비결정) 사전결정 또는 예비결정이란 최종적인 행정결정의 전제요건이 되는 어떤 형식적 또는 실질적 요건(예: 부지선정 등)의 심사에 대한 판단으로서 내려지는 결정을 말하며, 그 결정은 후속적인 최종결정의 토대로서 작용하게 된다. 예컨대 관광진흥법 제15조 제1항에서는 「관광숙박업을 경영하고자 하는 자는 관광숙박업의 등록을 하기 전에 사업계획을 작성하여 시·도지사의 승인을 얻어야 한다」고 규정하고 있는바, 여기에서의 사업계획에 대한 승인이 사전결정에 해당한다. 사전결정 또는 예비결정은 후술하는 일부결정(일부인·허가)과는 달리 신청자인 상대방에 대하여 어떠한 적극적인 행위 자체를 허용하는 것은 아니다. 사전결정 또는 예비결정은 개별적인 요건에 대한 판단이기는 하지만 그 개별적인 요건에 관하여서는 확정적이며 구속적으로 내려지는 행정행위이다.

현행법상의 사전결정의 예로는 관광숙박업 사업계획승인 이외에 체육시설의 설치 · 이용에 관한 법률 제12조[1)]의 규정에 의한 「체육시설업 사업계획승인」과

1) 제12조 (사업계획의 승인) 제10조 제1항 제1호에 따른 등록 체육시설업을 하려는 자는 제11조에 따른 시설을 설치하기 전에 대통령령으로 정하는 바에 따라 체육시설업의 종류별로 사업계획서를 작성하여 특별시장 · 광역시장 또는 도지사의 승인을 받아야 한다. 그 사업계획을 변경(대통령령으로 정하는 경미한 사항에 관한 사업계획의 변경은 제외한다)하려는 경우에도 또한 같다.

건축법[1])에 의한 사전결정 등이 있다.

〔**판례**〕 건축계획 사전결정 제도의 취지 및 건축계획 사전결정 신청에 대한 건축허가권자의 재량범위
건축에 관한 계획의 사전결정은 규정상 결정의 대상이 "당해 건축물을 해당 대지에 건축하는 것이 건축법 또는 다른 법률의 규정에 의하여 허용되는지의 여부"로 한정되어 있고, 사전결정제도의 목적이 일정 규모 이상의 건축물 등을 신축하고자 하는 자가 건축허가신청에 필요한 모든 준비를 갖추어 허가신청을 하였다가 건축물 입지의 부적법성을 이유로 불허가될 경우 그 불이익이 매우 클 것이므로 건축허가 신청 전에 건축계획서 등에 의하여 그 입지의 적법성 여부에 대한 사전결정을 받을 수 있게 함으로써 경제적 · 시간적 부담을 덜어 주려는 것이어서 그 허부판단의 기준은 건축허가에 있어서의 그것과 가급적 일치되어야 할 것이므로 사전결정을 함에 있어서도 처분 당시의 건축법 기타 관계 법령상의 제한만이 판단의 기준이 된다. 그러므로 사전결정 신청에 대한 결정권자는 건축하고자 하는 건축물을 해당 대지에 건축하는 것이 처분 당시의 건축법, 도시계획법 등의 관계 법령에서 정하는 제한에 배치되지 아니하는 이상 당연히 건축이 허용된다는 사전결정을 하여야 하고 위 관계 법령에서 정하는 제한 사유 이외의 사유를 들어 건축을 불허가하는 결정을 할 수는 없다(대법원 1996.3.12. 95 누 658 건축계획사전결정불허가처분취소).

〔**판례**〕 교육과학기술부장관이 법학전문대학원 설치 예비인가를 하거나 그 대상에서 제외한 행위는 행정소송의 대상인 처분에 해당한다.
법학전문대학원의 예비인가를 받은 대학만이 본인가를 받을 기회를 부여받는 등 후속절차를 거칠 수 있는 권리와 지위를 부여받는 데 비하여 예비인가를 받지 못한 대학은 그 후의 후속절차에서 완전히 배제되므로, 법학전문대학원의 예비인가는 본인가를 위한 준비단계의 행위가 아니라 별도로 독립한 처분이고, 교육과학기술부장관이 법학전문대학원의 예비인가를 하면서 법학전문대학원 설치인가 신청대학을 그 선정 대상에서 제외한 행위는 예비인가 거부의사를 분명히 한 것으로서 거부처분에 해당한다(서울행법 2008.8.20. 2008 구합 5889 예비인가거부처분취소).

(3) **일부결정**(부분승인 · 부분허가) 일부결정(일부 인·허가)은 다단계적 행위에 있어서 그 일부에 대하여서만 결정을 행하는 행정행위를 말한다. 주로 비교적 장기간의 시간을 요하고 중요한 시설의 건설 등에 있어서 일부결정이 행하여진다. 원자력법 제11조 제 3 항은 「교육과학기술부장관은 발전용 원자로 및 관계시설을 건설하고자 하는 자가 건설허가신청전에 부지에 대한 사전승인을 신청하는 경우에는 이를 검토한 후 승인할 수 있다.」고 한다.

〔**판례**〕 원자력법의 부지사전승인제도의 취지 및 이에 터잡은 건설허가처분이

1) 제10조 (건축 관련 입지와 규모의 사전결정) ① 제11조에 따른 건축허가 대상 건축물을 건축하려는 자는 건축허가를 신청하기 전에 허가권자에게 그 건축물을 해당 대지에 건축하는 것이 이 법이나 다른 법령에서 허용되는지에 대한 사전결정을 신청할 수 있다.

있는 경우, 선행의 부지사전승인처분의 취소를 구할 소의 이익이 없다.
원자력법 제11조 제 3 항 소정의 부지사전승인제도는 원자로 및 관계 시설을 건설하고자 하는 자가 그 계획중인 건설부지가 원자력법에 의하여 원자로 및 관계 시설의 부지로 적법한지 여부 및 굴착공사 등 일정한 범위의 공사(이하 '사전공사'라 한다)를 할 수 있는지 여부에 대하여 건설허가 전에 미리 승인을 받는 제도로서, (중략) 원자로 및 관계 시설의 부지사전승인처분은 그 자체로서 건설부지를 확정하고 사전공사를 허용하는 법률효과를 지닌 독립한 행정처분이기는 하지만, 건설허가 전에 신청자의 편의를 위하여 미리 그 건설허가의 일부 요건을 심사하여 행하는 사전적 부분 건설허가처분의 성격을 갖고 있는 것이어서 나중에 건설허가처분이 있게 되면 그 건설허가처분에 흡수되어 독립된 존재가치를 상실함으로써 그 건설허가처분만이 쟁송의 대상이 되는 것이므로, 부지사전승인처분의 취소를 구하는 소는 소의 이익을 잃게 되고, 따라서 부지사전승인처분의 위법성은 나중에 내려진 건설허가처분의 취소를 구하는 소송에서 이를 다투면 된다(대법원 1998.9.4. 97 누 19588 부지사전승인처분취소).

10. 自動機械裝置에 의한 行政行爲(행정의 자동결정)

(1) 의의　기계문명이 행정에 대하여서도 행정의 자동화(Verwaltungsautomation)를 초래하였다. 그리하여 오늘날은 각종 통계의 집계, 수많은 자료의 정리와 저장과 같은 양적 업무 이외에도, 각종의 행정적 결정과 지시라는 차원 높은 작업에까지 자동기계가 활용되고 있다.[1] 예컨대 자동기기에 의한 교통신호, 컴퓨터에 의한 중고등학생의 학교배정, 주차요금의 계산, 객관식시험의 채점과 합격자결정 등이다. 이와 같이 자동기계에 의하여 행정적 결정을 행하는 것을 행정의 자동기계결정이라 한다. 즉 미리 입력된 프로그램에 따라 행정결정이 자동으로 행하여진다는 점에서 행정의 자동결정이라고도 한다.

(2) 법적 성질　자동기계의 법적 성질은 그것이 행하여지는 구조를 분석함으로써 알아볼 수 있다고 할 것이다. 자동기계결정의 구조를 분석하여 보면 그것은 결국 인간이 기계를 도구로 사용하여 행하는 결정이라는 것을 알 수 있다. 그러한 의미에서 프로그램과 자동기계결정은 명령(행정규칙)과 그에 기속되는 행정행위의 관계를 이룬다고 볼 수 있으며, 결국 프로그램을 작성한 공무원의 행위라고 할 것이다. 그런데 위에서 든 자동교통신호 등의 예에서 본 바와 같이 자동기계결정은 특정 또는 불특정의 상대방에 대하여 일정한 구체적인 법적 효과를 발생시킨다. 따라서 그것을 단순한 사실행위로 볼 수는 없다. 그리고 자동기계결정은, 그 규율대상은 불특정다수인인 경우도 있으나 그 규율내용은 구체적인 것이므로, 그것은 행정행위에 속한다고 할 것이다.[2]

1) 김남진(I), p.385.
2) H. Maurer, Allgemeines Verwaltungsrecht, 9. Aufl., 1994, S.379.

(3) 자동기계결정에 대한 특례 위에서 본 바와 같이 자동기계결정도 일종의 행정행위이며, 그것도 하나의 행정행위인 이상 행정행위에 관한 일반원칙이 적용되는 것은 당연하다고 할 것이다. 따라서 그것이 성립·발효되기 위하여서는 다른 행정행위에 있어서와 같이 주체·내용·절차·형식에 관한 요건을 갖추어야 하며, 그 내용을 상대방에게 통지하여야 한다.

그러나 자동기계결정이라는 행정행위는 자동기계에 의하여 대량으로 행하여진다는 점에서, 행정청이 개개인을 직접 상대로 하여 개별적으로 행하는 보통의 행정행위와는 여러 가지 특수성이 있다.

우리의 「정보통신망 이용촉진 및 정보보호에 관한 법률」은 전자문서와 관련하여 약간의 특례를 정하고 있는바, 일정한 요건을 갖춘 전자서명은 당해 법령이 정한 문서상의 서명날인으로 보며(동법 18②), 인·허가 등을 전자문서로 처리한 경우에는 당해 법령에서 정한 절차에 의하여 처리한 것으로 보고(동 18③), 전자문서는 작성자 외의 자 등이 관리하는 컴퓨터에 입력된 때에 송신된 것으로 보며(동 19①), 전자문서는 수신자가 지정한 컴퓨터 등에 입력된 때에 수신된 것으로 보도록 한 것(동 19②) 등이다.

(4) 자동기계결정의 하자 (가) 자동기계결정에 의한 행정행위의 하자는 기계의 이상 또는 프로그램을 작성하는 관계공무원의 과실에 의하여 발생된다고 할 것이다. 자동기계결정에 의한 행정행위에 하자가 있는 경우에도 보통의 행정행위의 경우와 동일하게 판단하여 중대하고 명백한 하자의 경우에는 무효로 되고, 그 밖의 하자가 있는 경우에는 취소할 수 있다고 할 것이다.

(나) 자동기계결정이 행정청의 재량권에 근거한 재량결정인 경우에는, 재량결정은 사안별로 구체적 사정을 고려하여 개별적으로 행하여야 할 것이라는 점에서, 자동기계장치에 의하여 행하는 것이 가능한지에 대하여 문제가 제기될 수 있다고 할 것이다. 그러나 재량행정의 영역에서도 자동기계장치에 의한 결정이 배제된다고는 할 수 없다고 할 것이다. 그것은 자동기계장치에 의한 결정에 있어서도 정보처리시설에 입력되는 프로그램의 내용에 여러 가지 기준을 설정할 수 있을 것이고,[1] 이러한 기준에 따라 구체적 사정을 고려한 결정이 가능하다고도 할 것이기 때문이다.

1) 이러한 기준은 행정규칙으로 이해될 수 있다. H. Maurer, Allgemeines Verwaltungsrecht, 1994, S.423; 홍정선(상), p.36.

제 3 절 複效的 行政行爲

Ⅰ. 槪 說

1. 複效的 行政行爲의 의의

복효적 행정행위라 함은 행정청 이외의 2인 내지 그 이상의 당사자를 가지며, 그 중 적어도 한 사람 이상에게 이익을 부여하고(begünstigt), 동시에 다른 한 사람 이상에게 불이익을 과하는(belastet) 효과를 가지는 1개의 행정행위를 말한다.[1] 복효적 행정행위에 있어서는 하나의 행정행위가 행정청 이외의 복수당사자(이해관계인)를 가지며, 그 당사자 간의 이익상황이 대립되어 있고, 이익과 불이익은 서로 관련이 있다는 데 그 특징이 있다. 따라서 복효적 행정행위의 범위를 확정함에 있어서는 「이익」과 「불이익」의 실체적 내용이 중요한 의미를 갖게 된다. 여기에서의 이익은 넓은 의미의 공권, 즉 좁은 의미의 권리에 법적으로 보호된 이익을 더한 것이라고 할 것이다.[2] 그것은 불이익성에 있어서 취소소송의 소익과 일치한다.

2. 成立背景

복효적 행정행위라는 개념이 사용되게 된 것은 오늘날 판례에서와 같이, 반사적이익론에 의하여 취소소송의 원고적격성이 부정되었던 제 3 자 또는 주민에게 소익이 널리 인정되었기 때문이다. 여기에서 행정행위에 관련된 법률관계에 제 3 자가 권리주체로 등장하여 이익자, 행정청 및 불이익자라고 하는 3자 관계가 성립하게 되었다. 그리하여 그 이익자 및 불이익자가 각각 어떤 지위에 있으며, 어떤 권리를 가지는가 또한 양자의 권리를 어떻게 조정할 것인가가 절차법상으로나 실체법상으로 문제되게 되었다. 복효적 행정행위에 관한 논의는 이와 같은 행정행위에 관한 제 3 자의 법률관계를 고찰하려고 하는 것이다.

Ⅱ. 複效的 行政行爲의 특징

(1) 첫째로 새로이 권리주체로서 등장한 제 3 자가 어떤 권리주장의 수단을 가지는가이다. ① 제 3 자의 이익의 법적 보호의 필요성을 인정하는 것이 무엇보

1) W. Laubinger, Der Verwaltungsakt mit Doppelwirkung, Göttinger rechtswissenschaftliche Studien, Band 65, S. 29.
2) W. Laubinger, a.a.O., S. 14～15.

다도 제 3 자의 취소소송의 원고적격성을 승인하는 것과 관계되는 것은 명백하다. 그러나 취소소송의 출소권 이외에 ② 타인에 대한 행정권발동의 신청권, ③ 청문 등 사전절차에의 참가나 행정행위의 통지의 필요성 등 사전적 행정절차에서의 제 3 자의 지위도 새로이 문제로 된다. 독일에서도 행정행위의 효력발생시기 또는 출소기간의 진행시기와 제 3 자에의 통지와의 관계, 가구제에 있어서의 이익자와 불이익자의 이해의 조정이 특히 중요한 논점이 되고 있다.

(2) 둘째로 하나의 행정행위가 그 상대방에 대하여서만이 아니고 제 3 자의 이익에도 일정한 효과를 미치는 경우에, 그것이 행정청의 권한행사에 어떠한 영향을 주는가를 검토하여야 한다. 이 문제는 전형적으로는 행정행위의 철회·취소에 관한 문제로 나타나는바, 일반적으로 재량권행사에 관한 문제이다. 즉, 복효적 행정행위에서는 공익과 개인법익과의 대립이라고 하는 단순한 구도로 파악할 수 없고, 구체적인 개인법익 상호간의 대립도 고려하여야 한다. 행정청은 그 권한행사에 있어서 양 법익에 대하여 일정한 형량을 하여야 한다. 따라서, 종래 반사적 이익에 지나지 아니한 것으로 보았던 제 3 자의 이익에 대하여 법적 보호의 필요성을 인정하게 됨으로써 행정청의 재량권행사의 기준에 새로운 요소가 가미되게 된 것이다.

Ⅲ. 複效的 行政行爲에 대한 爭訟法上의 문제

1. 제 3 자인 不利益者의 權利救濟手段

(1) 복효적 행정행위에 대하여 불이익자가 취소소송을 제기할 수 있는 것은 당연하다. 문제는 복효적 행위의 범위 내지는 어떤 행정법규에 의하여 보호되는 제 3 자의 이익을 어느 범위에서 원고적격성이 인정되는 법적 이익으로 볼 것인가 하는 것이다. 행정행위의 직접상대방이 아닌 제 3 자의 출소자격을 인정하는 판례가 점차 많아지고 있다. 그것은 주로 건축법에 의한 건축허가에 대한 이웃주민(인인)의 출소자격을 인정한 것과 여객자동차운수사업법 등 각종 사업법에 의한 사업면허에 대한 기존업자의 출소자격을 인정한 것 그리고 자연공원법 등 환경관계법에 의한 사업허가에 대한 지역주민의 출소자격을 인정한 것 등이 있다.

(2) 독일 등에서는 행정행위의 직접상대방이 아닌 제 3 자에게 출소자격을 인정한 많은 판례가 나오고 있으며, 복효적행정행위에 대한 연구가 독일에서 가장 활발한 것은 그 때문이라고도 하겠다. 여하튼 독일에서 행정행위의 복효성을 인정한 판례를 행정분야별로 요약하여 보면 다음과 같다.[1] ① 복효적행정행위가 중심적으로 논하여진

1) 石崎誠也, 西獨에서의 二重效果的 行政行爲論; 兼子仁 편저, 西獨의 行政行爲論, p.235.

것은 건축행정분야이다. 거기에서는 건축허가에 대한 인인의 취소소송의 가부가 맨 먼저 문제되었는바, 건축법규범의 목적은 공익뿐만 아니라 인인보호에도 있다고 보아 인인의 출소자격을 인정하였다. ② 공해행정분야인바, 오늘날은 공해환경법분야의 복효적행정행위가 중요시되고 있다. 종래 영업법(Wirtschaftsverwaltungsrecht)이 공해방지를 위한 중심적 법률이었던바, 동법은 「인지의 소유자·거주자 또는 일반공중에 대하여 현저한 불이익·위험 또는 불쾌감을 가져오는 설비를 설치하는 경우에는 관할 행정청의 허가」를 받도록 하였는바(16 ①), 이러한 규정은 공익보호와 동시에 인인보호도 목적으로 하고 있으며, 따라서 이들 조항에 근거한 허가를 인인이 다툴 수 있음은 판례·학설이 일반적으로 승인하고 있다. 이러한 규정들은 일부수정되어 연방 「이미숀」법(Immissionsschutzrecht)(1973년)에 계수되었는바, 이 법은 인인의 지위를 더욱 강화하고 있다. 기타 원자력법이 인인보호를 중요한 법목적으로 하고 있다는 판결, 항공법에 의한 공항설치허가에 이중효과성을 확인한 판결 등이 있다. 또한 사업법관계에서는 음식점의 영업허가시간의 연장을 인정하는 경찰허가에 대한 인인의 출소자격을 승인한 판결이 있다. ③ 영업허가분야에서는 주로 신규업자에 대한 사업허가와 기존업자와의 관계 및 경원의 경우에 허가를 받은 자와 받지 못한 자의 관계에 관한 이중효과성이 문제가 되었다. 신규업자와 기존업자 간의 관계에 대하여는 여객운송업자에 관한 것이 가장 많은바, 버스노선의 허가에 대하여 기존업자의 출소자격은 인정되었으나, 택시영업에 대하여는 부정되었다. 기타 공증인·변호사·보험업 등에 관하여서도 복효성이 부정되었다. 경원에 있어서는 우유판매업허가나 연돌청소부의 등록순위에 대하여 경쟁자의 출소자격이 긍정되었다. 그리고 동업자에의 보조금교부에 대하여 제 3 자가 취소소송을 제기할 수 있다고 판시하였다. ④ 다음 사법관계형성법분야이다. 여기에서 사법관계형성법이란 사법상의 법적 지위나 법률관계를 형성·변경·소멸시키는 행정의 고권적 행위를 말한다. 특히 사회법관계에서 복효성이 많이 인정된다. 판례는 일찍부터 가임인상(家賃引上)인가, 임산부 또는 수유기에 있는 모친의 해고승인, 신체장애자의 해고승인 등의 이중효과성을 인정하였다.

2. 제 3 자인 不利益者의 假救濟

(1) 복효적 행정행위로 불이익을 받은 자, 예컨대 건축허가에 대한 이웃주민은 복효적 행위(건축허가)의 취소소송을 제기하고 그 행위로 회복하기 어려운 손해를 예방하기 위하여 긴급한 필요가 있다고 인정할 때에는 법원에 이유를 소명하여 그 행위의 집행정지를 신청할 수 있다(행송 23).

집행정지의 신청을 기각하는 결정에 대하여는 즉시항고를 할 수 있다. 행정소송법은 집행정지결정은 제 3 자에게도 효력이 있다고 규정하고 있으나(동 29), 그것은 확인적인 규정이라 하겠다.

(2) 이와 같이 복효적행위에 있어서의 집행정지결정은 사인 대 행정청의 이해관계만이 아니고 사인(예: 인인) 대 사인(예: 건축주)의 이해관계에 관련되므로 집행정지결정에 대한 이익자(건축주)의 대항수단이 강구될 것이 요청된다. 이익자는 불이익자가 취소소송을 제기하면 행정청에 대한 참가인으로 참가할 수 있으며

(동16), 불이익자가 신청한 집행정지결정이 확정된 후 집행정지결정의 취소를 청구할 수 있는지에 대하여는, 명문이 없으나 이익자는 행정청의 참가인이 된 경우, 공동소송에 있어서의 공동소송인에 준하는 지위를 가지므로 집행정지결정의 취소를 신청할 수 있다고 할 것이다.

3. 제 3 자인 利益者의 權利救濟手段

(1) 제 3 자의 행정개입청구권이론 (가) 위에서 보아온 건축허가와 같이 제 3 자에게 불이익을 주는 복효적 행위와는 역으로, 다른 자에 대한 행정권의 발동으로 제 3 자가 이익자가 되는 경우가 있다. 예컨대 공해기업에 대한 개선명령으로 인근주민이 이익을 받고, 불량물품제조업자에 대한 규제조치로 소비자가 이익을 받으며, 무너질 위험이 있는 불법건축물에 대한 철거명령으로 인근주민이 이익을 받는 것과 같다. 문제로 되는 것은 이러한 경우에 제 3 자는 다른 자에 대한 규제행위를 행정청에 대하여 청구할 수 있는가 하는 것이다. 이른바 행정개입청구권(Anspruch auf behördliches Einschreiten)의 문제이다.

(나) 독일에서 행정규제권한의 발동을 구하는 청구권은 먼저 경찰권한의 위법한 불발동을 이유로 한 국가배상소송에서 인정되었다. 그러나 행정청에 대하여 직접 규제권한의 행사를 의무지우는 것은 주로 경찰법에 타당한 반사적 이익론과 행정편의주의에 따라 인정하지 아니하였다. 독일에서 행정개입청구권은 1960년의 연방행정재판소의 띠톱판결(Bandsägen Urteil)에서 시작하여 학설·판례상 정착되었다. 띠톱판결은 “흠 없는 재량의 행사에는 다른 여러 가지 사정과 함께 방해 또는 위험의 정도와 중대성(das Ausmaß oder die Schwer der Störung oder Gefährung)이 결정적 중요성을 갖는다. 따라서, 중대한 방해·위험이 존재하는 경우에는 행정청의 불개입결정은 그것만으로도 재량의 남용이 된다”고 판시하였다.[1)]

(다) 따라서, 첫째로 행정개입청구권은 다른 자에 대한 행정권발동으로 받는 이익이 반사적 이익이 아니고, 법적이익으로 인정되어야 성립할 수 있게 된다.

둘째로 행정개입청구권이 인정되기 위하여서는 행정청에게 규제권한의 행사의무가 존재하여야 한다. 따라서 행정청이 규제권한을 행사할 것인지에 대하여 행정청의 재량이 인정되는 경우에는, 위의 띠톱판결에서 보는 바와 같이 방해 또는 위해의 정도가 특히 강하여 행정의 재량영역이 영으로 수축되어(Ermessensschrumpfung auf Null) 실제로는 개입의 결정만이 적법한 것으로 판단될 수

1) 최송화, 반사적 이익과 법적 이익, 서울대학교 법학, 제11권 제 2 호(총권 제21호), p. 72.

있는 상황이어야 한다.

㈑ 우리나라에서는 행정청에 대하여 규제권한의 발동을 청구하고 행정청의 불개입(해태)에 대하여 부작위위법확인소송을 제기하거나 그 거부회답을 받고 거부처분취소소송을 제기하여 승소한 예는 찾아볼 수 없으나, 행정규제권한의 불행사의 위법을 이유로 하는 국가배상사건에서는 인용례가 있다.[1] 따라서 우리나라에서도 국가배상에 있어서는 반사적 이익론과 행정편의주의는 이미 포기되고 재량의 영으로의 축소이론이 타당한 경우가 있다고 하겠다.

(2) **행정개입청구권의 입법화** ㈎ 오늘날 다른 사람에 대한 침해적 행정행위의 발동의 청구(규제권한발동청구)가 주로 논의되는 분야는 위법건축물규제행정, 환경보전행정 및 소비자보호행정분야이며, 위법건축물규제행정분야에 있어서는 강제집행실현청구도 논의된다. 그리고 오늘날은 이러한 행정분야에서는 규제권한발동청구권의 입법화가 행하여지고 있다.

㈏ 여하튼 우리나라에 있어서는 그러한 입법은 아직은 지극히 미미한 단계라 하겠다. 예컨대「독점규제 및 공정거래에 관한 법률」제49조 제 2 항은「누구든지 이 법의 규정에 위반되는 사실이 있다고 인정할 때에는 그 사실을 공정거래위원회에 신고할 수 있다」고 규정하고 있다. 동규정은 위반사실을 신고할 수 있게 한 데 지나지 아니하며,[2] 어떤 조치요구권을 인정하고 있지는 않다는 점에서 독점규제 및 공정거래에 관한 행정처분의 복효성을 충분히 인식한 것으로는 볼 수 없다.

---

1) 윤락녀들이 윤락업소에 감금된 채로 윤락을 강요받으면서 생활하고 있음을 쉽게 알 수 있는 상황이었음에도, 경찰관이 이러한 감금 및 윤락강요행위를 제지하거나 윤락업주들을 체포·수사하는 등 필요한 조치를 취하지 아니하고 오히려 업주들로부터 뇌물을 수수하며 그와 같은 행위를 방치한 것은 경찰관의 직무상 의무에 위반하여 위법하므로 국가는 이로 인한 정신적 고통에 대하여 위자료를 지급할 의무가 있다(대법원 2004.9.23. 2003 다 49009 손해배상(기)); 경찰관이 농민들의 시위를 진압하고 시위과정에 도로 상에 방치된 트랙터 1대에 대하여 이를 도로 밖으로 옮기거나 후방에 안전표지판을 설치하는 것과 같은 위험발생방지조치를 취하지 아니한 채 그대로 방치하고 철수하여 버린 결과, 야간에 그 도로를 진행하던 운전자가 위 방치된 트랙터를 피하려다가 다른 트랙터에 부딪혀 상해를 입은 사안에서 국가배상책임을 인정한 사례(대법원 1998.8.25. 98 다 16890 손해배상(자)).

2) 독점규제 및 공정거래에 관한 법률 제49조 제 1 항 및 제 2 항의 신고는 공정거래위원회에 대하여 같은 법에 위반되는 사실에 관한 조사의 직권발동을 촉구하는 단서를 제공하는 것에 불과하고 신고인에게 그 신고 내용에 따른 적당한 조치를 취하여 줄 것을 요구할 수 있는 구체적인 청구권까지 있다고 할 수는 없고, 공정거래위원회가 신고 내용에 따른 조치를 취하지 아니하고 이를 거부하는 취지로 무혐의 또는 각하 처리한다는 내용의 회시를 하였다 하더라도 이는 그 신고인의 권리의무에 아무런 영향을 미치지 아니하는 것이어서 그러한 조치를 가리켜 항고소송의 대상이 되는 행정처분에 해당한다고는 할 수 없다(대법원 2000.4.11. 98 두 5682 불공정거래행위무혐의각하처분취소).

Ⅳ. 複效的 行政行爲에 대한 節次法上의 문제

복효적행위에 있어서 제 3 자의 사전절차에의 참가는 ① 제 3 자에 대한 통지의 필요성 및 통지와 효력발생과의 관계, ② 통지와 쟁송제기기간의 진행시기와의 관계, ③ 제 3 자의 청문참가 등 사전절차참가 등이 문제로 된다.

1. 제 3 자에 대한 通知

(1) 복효적 행위에 있어서는 그것이 효력을 발생하기 위하여는 직접상대방 이외의 제 3 자에 대한 통지가 필요한지의 여부가 문제로 된다.

독일행정절차법은 행정행위의 통지와 효력발생과의 관계에 대하여 동법 제43조 제 1 항에서 「행정행위는 그 상대방과 이해관계인에게 각각 통지가 된 시점으로부터 효력을 발생한다. 행정행위는 통지가 된 내용에 따라 효력이 있다」고 규정하고 있다.

(2) 우리의 경우는 사무관리규정 제 8 조 제 2 항에서 「문서는 다른 법령에 특별한 규정이 있는 경우를 제외하고는 수신자에게 도달됨으로써 그 효력을 발생한다 …」고 규정하고 있다. 이는 효력발생의 시점이 도달시라는 것을 표시하고 있는 데 그치며, 통지의 상대방을 규정하고 있지는 않다. 그것은 종래 복효적 행위를 예상하고 있지 않았기 때문이며, 그것은 직접상대방에게만 통지하면 된다는 것을 당연히 전제하고 있는 것이라고 하겠다. 그러나 1987년에 입법예고된 우리 행정절차법초안 제27조는 위의 독일행정절차법 제43조 제 1 항과 같이 직접상대방과 이해관계인에게 각각 통지가 된 시점에 효력이 발생한다는 규정을 두었었다. 그러나 1996년에 제정된 우리 행정절차법은 이에 관한 규정을 두지 아니하였다.

2. 제 3 자의 爭訟提起期間의 進行時期

처분의 직접 상대방이 아닌 제3자가 행정심판이나 행정소송을 제기하는 경우에도 행정심판법(제18조)과 행정소송법(제20조) 소정의 제기기간의 제한을 받는다. 그런데 행정행위는 원칙적으로 상대방에게 도달됨으로써 효력이 발생되는데, 현행법상으로는 처분의 직접상대방에게는 통지하도록 되어 있으나(사무관리규정 8②), 제 3 자에게는 통지하도록 하는 규정이 없다. 그리하여 제 3 자는 특별한 사정이 없는 한 행정행위가 있음을 알 수가 없다고 할 것이다. 따라서, 일반적으로 행정심판 제기기간은 「처분이 있은 날로부터 180일 이내」가 기준이 될 것인바, 처분이 있은 날로부터 180일이 경과된 경우에도, 그 기간 내에 심판청구가 가능하였다는 특별한 사정이 없는 한, 행정심판법(18③단)이 정하는 「정당한 사유가 있는 경우」에 해당되어 행정심판청구가 가능하다고 할 것이다.[1)]

3. 제 3 자의 行政節次參加

(1) 복효적 행위에 있어서는 모든 이해관계인의 행정절차의 참가의 중요성이 크게 부상된다. 종래에는 예컨대 자동차운수업면허 또는 가스사업면허에 있어서 그 노선·공급구역이나 그 요금은 피규제자인 기업측의 이익에만 관계가 있고, 그 면허제 등 규제에 의하여 보호되는 지역주민이나 소비자의 이익, 즉 국민 개개인의 이익은 법적이익이 아니고 오직 행정이 공익의 일환으로 실현시키는 반사적 이익에 지나지 아니한다는 입법태도를 취하여 왔다고 하겠다. 그러나 현대복지국가에 있어서는 기업활동허가처분 등은 기업측의 이익뿐만 아니라 지역주민이나 소비자의 생존권과도 밀접한 관계가 있는 복효성이 깊이 인식되어야 하며, 기업활동허가처분 등을 함에 있어서는 그들에게 생존권적인 생활이익을 옹호하는 방편으로 청문 등 사전절차에의 참가가 보장되어야 한다고 본다.

(2) 그러한 의미에서 독일에 있어서의 행정절차법의 제정은 복효적 행위에 관하여 매우 중요한 의미를 갖는 것이다. 그것은 그 때까지는 개개의 공해관계법률 등에서 개별적으로만 규정되었던 행정행위의 직접상대방 이외의 제 3 자인 이해관계인의 절차참가가 일반적으로 인정되었기 때문이다.

(3) 복효적 행위에서 행정청이 인·허가를 하면서 이해관계 있는 제 3 자의 동의를 얻게 하는 경우가 있다. 이해관계를 가지는 제 3 자의 권익을 보호하기 위한 목적일 수 있겠지만, 법적 근거 없이 동의를 요구하거나 동의를 받지 않았다는 이유로 불이익처분을 하는 것은 위법하게 된다.

〔**판례**〕 관계 법규에서 정하는 제한사유 이외의 사유로 건축허가신청을 거부할 수 없다.

장례식장을 건축하는 것이 구 건축법 제 8 조 제 4 항, 같은법시행령 제 8 조 제 6 항 제 3 호 소정의 인근 토지나 주변 건축물의 이용현황에 비추어 현저히 부적합한 용도의 건축물을 건축하는 경우에 해당하는 것으로 볼 수 없음에도, 건축허가신청을 불허할 사유가 되지 않는 인근 주민들의 민원이 있다는 사정만으로 건축허가

1) 행정처분의 직접 상대방이 아닌 제 3 자는 일반적으로 처분이 있는 것을 바로 알 수 없는 처지에 있으므로, 위와 같은 심판청구기간 내에 심판청구를 제기하지 아니하였다고 하더라도, 그 기간 내에 처분이 있은 것을 알았거나 쉽게 알 수 있었기 때문에 심판청구를 제기할 수 있었다고 볼 만한 특별한 사정이 없는 한, 위 법조항 본문의 적용을 배제할 "정당한 사유"가 있는 경우에 해당한다고 보아 위와 같은 심판청구기간이 경과한 뒤에도 심판청구를 제기할 수 있다 (대법원 1992.7.28. 91 누 12844 시외버스운송사업계획변경인가처분취소).

신청을 반려한 처분은 법령의 근거 없이 이루어진 것으로 위법하다(대법원 2002. 7.26. 2000 두 9762 건축허가신청반려처분취소).

인근 주민들이 변전소 건립을 반대하는 집단민원을 제기하여 변전소 건립을 위한 도시계획사업 실시계획에 있어 민원이 발생하지 않도록 할 것을 내용으로 하는 인가조건을 이행하지 못하였다는 사유가 건축법, 도시계획법 등 관계 법규에서 건축허가의 제한사유로 규정되어 있음을 찾아볼 수 없다는 등의 이유로 변전소 건립을 위한 건축허가신청을 반려한 처분은 위법하다고 한 사례(부산고법 1996.11.21. 96 구 1405 건축허가신청반려처분취소).

V. 複效的 行政行爲의 撤回・職權取消

1. 複效的 行政行爲의 撤回

(1) 개설　전통적인 일반적 견해에 의하여 수익적 행정행위의 철회는 당해행위의 직접상대방인 이익자의 기득의 이익보호의 견지에서 강한 제약을 받는다고 본다.

(2) 행위의 존속이 제 3 자에게 불이익이 되는 경우　그러나 복효적 행위의 철회에 있어서는 이익자의 보호만을 중시할 것이 아니라 처분으로 인하여 불이익을 받는 제 3 자의 보호도 고려하지 않으면 안된다. 여기에서 예컨대 환경행정법에 기한 기업활동허가처분의 철회를 지역주민에게 공해피해를 일으키고 있음을 이유로 행할 수 있는지가 문제된다. 수익적행정행위가 제 3 자의 권리・이익을 침해할 때, 그 침해의 정도나 당해 이익의 내용, 보호할 필요성의 정도에 따라 때로는 행정행위의 철회가 필요한 경우도 생길 수 있을 것이다. 특히 제 3 자의 보호가 법목적이 되어 있고, 또한 그 보호법익이 당해 행정행위를 철회하는 길 이외에는 다른 방법이 없는 경우에는 법해석상 철회가 허용될 수 있을 것으로 본다.

(3) 행위의 존속이 제 3 자에게 이익이 되는 경우　반대로 행정행위의 존속이 제 3 자에게 이익이 되는 경우, 즉 행정행위의 철회(정지)가 제 3 자에게 불이익을 초래하게 되는 경우, 당해 행정행위를 철회함에 있어서는 제 3 자의 불이익을 방지하기 위하여 특별한 배려를 하여야 한다. 이러한 경우로는 두 가지의 경우가 있다고 할 것이다.

㈎ 직접상대방에게는 불이익적 행정행위일지라도 그것이 제 3 자의 법익보호를 목적으로 한 경우에는 당해 행정행위의 철회는 제 3 자의 법익보호를 위하여 제한되는 경우가 있다.[1]

1) Erichsen/Martens, Allgemeines Verwaltungsrecht, 10. Aufl., 1995, S.188.

(나) 직접상대방에 대한 수익적행정행위가 제 3 자의 법익보호를 목적으로 철회가 제한되는 경우가 있다.

따라서, 인·허가 등을 철회·정지하는 경우에는 그 처분의 상대방인 인·허가사업자의 사정을 고려함은 물론, 제 3 자인 당해 사업을 이용하는 일반국민의 입장을 고려하여야 한다. ① 인·허가사업에 있어서 그것을 철회·정지하는 경우에는 수급상의 문제는 없어 다른 사업을 이용할 수 있는 경우에도 현재 당해 사업을 이용하는 자가 불편을 겪거나 손해를 보게 되는 경우도 있을 수 있으며,[1)] ② 수급상의 균형이 깨져 당해 사업을 이용하고 있는 일반국민에게 현저한 불편을 주는 경우도 예상할 수 있다.[2)]

2. 複效的 行政行爲의 職權取消

(1) 위법한 복효적행위의 직권취소에 대하여는 불가쟁력이 발생하였는가의 여부에 따라 구별하여 검토하여야 한다는 것이 일반적 견해이다. 즉, 불복제기기간(행정심판 또는 행정소송제기기간) 내에는 수익자는 당연히 불이익을 받은 자가 행정심판·행정소송 등을 제기할 것을 고려하지 않으면 안될 것이고, 그 범위 안에서는 수익자의 신뢰를 크게 보호할 필요가 없다. 따라서, 불가쟁력발생 전에는 위법한 권리침해로부터 불이익자를 구제하기 위하여 보다 자유로이 직권취소가 인정되어야 하지만, 불가쟁력발생 후에는 수익자의 신뢰보호를 위하여 직권취소가 제한된다고 한다.[3)]

(2) 문제는 불가쟁력발생 후의 직권취소에 있어서 불이익자의 권리·이익을 어떻게 고려할 것인가에 있다고 할 것이다.

생각건대 불가쟁력발생 후에도 불이익자의 권익은 수익자의 신뢰보호에 대항할 수 없다고 일률적으로 말할 수는 없다고 본다. 이 경우에도 위법한 권익침해로부터 불이익자를 구제할 필요성은 무시할 수 없다고 할 것이며, 구체적으로 불이익의 제거요청과 신뢰보호의 요청을 비교교량하여야 할 것이다.

---

1) 건설업면허가 그 예라고 할 것인바, 건설업자는 다수가 있으므로 일부 건설업면허가 취소된다 하여도 건물을 짓고자 하는 자는 큰 불편은 없을 것이다. 그러나 건설업자에게 도급을 주어 건물을 짓고 있는 도중에 당해 건설업자의 면허를 철회한다면 큰 손해를 볼 것이다.

2) 자동차운수사업면허가 그 예라고 할 것인바, 예컨대 일시에 버스사업면허를 철회한다면 수급의 균형이 깨져 시민교통에 현저한 불편을 가져올 것이다.

3) Laubinger, a.a.O., S. 174; F. Ossenbühl, Die Rücknahme fehlerhafter begüngstigender Ver-Waltungsakte, 1964, S. 126～27.

제 4 절 不確定개념, 羈束行爲와 裁量行爲

I. 概 說

(1) 행정과 법의 해석·적용 (가) 행정법규는 보통 행위의 요건을 정하는「요건법규」와, 요건에 해당되는 경우에 행위를 할 것인지의 여부 및 행위를 하는 경우의 행위의 종류를 정하는「행위법규」(또는 효과법규)로 이루어진다.[1] 법률의 해석·적용은 ① 사실의 인정, 즉 구체적 사실로서 어떤 것이 발생하였는가 또는 어떤 것이 존재하였는가의 인정, ② 법률요건내용의 해석, 예컨대「시설기준에 적합하지 아니한 때」라 함은 무엇을 의미하는가, ③ 포섭, 즉 구체적 인정사실의 법률요건에의 합치여부판단, ④ 절차의 선택, ⑤ 법률효과의 확정, 즉 행위를 행할 것인가의 여부를 결정하고(행위결정), 행위를 행하기로 결정한 경우에는 예컨대 개수명령과 영업정지 중 어느 하나를 선택하게 되며(행위선택), ⑥ 시기의 선택, 즉 언제 행위를 할 것인가를 정하게 된다.

행정행위의 판단여지론, 재량론은 행정행위를 함에 있어서 위의 판단과정 중 행정청이 어느것에 대하여 판단여지 또는 재량을 가지는지를 탐구하는 것이다. 절차의 선택, 시기의 선택은 비교적 최근에 와서 도입된 개념이다.

(나) 법치주의를 엄격하게 이해한다면, 행정청의 해석의 여지가 없을 만큼 행위요건과 법률효과를 정확히 규정하는 것이 이상적이다. 그러나 ① 원래 법이 모든 경우를 예상하여 빠짐없이 규정을 두는 것은 입법기술상 불가능할 뿐만 아니라, ② 끊임없는 사회변천에 맞추어 활동하여야 할 행정의 사명에서 보아도 합당하지 않다. 여기에서 입법자는 ① 행정행위의 요건을 정함에 있어 불확정개념(unbestimmter Begriff)을 사용하거나 또는 ② 행위효과를 정함에 있어서 행위여부나 수개의 행위 중에서 선택할 수 있는 여지를 행정청에 부여하는 경우가 적지 않다.

(2) 불확정개념과 재량개념

(가) 전통적 견해 행정에 대한 법적 구속이 완화된 경우로는, ① 행위요건부분이 불확정개념으로 되어 있는 경우와, ② 행위효과부분이 선택적인 것으로

---

1) 요건법규와 행위법규

식품위생법 제57조(시설의 개수명령 등) ① 식품의약품안전청장은 … 영업자에 대하여 그 영업시설이 제21조의 규정에 의한 시설기준에 적합하지 아니한 때에는 기간을 정하여 시설의 개수를 명할 수 있다.

위의 규정 중「시설기준에 적합하지 아니한 때에는」하는 부분이「요건법규」이고,「개수를 명할 수 있다」는 부분이「행위법규」이다.

되어 있는 경우가 있다. 그런데 전통적 견해에서는 이들 두 경우를 모두 재량문제로 다루어 왔으며, 오늘날의 우리 판례도 그러하다.

(나) 오늘날의 견해　오늘날에는 불확정개념과 재량개념은 서로 다른 것으로 본다. ①「법률에 의한 행정의 원리」에서 볼 때, 행위요건은 객관적인 것으로서 요건해당 여부의 판단은 예측가능하여야 하므로 행위요건면에서 선택가능성을 의미하는 재량이 인정될 수 없으며, 재량이라는 것은 법률상의 행위요건이 충족된 다음에 행위효과에 있어서만 인정될 수 있기 때문이다.[1] 따라서 행위요건이 불확정개념으로 정하여진 경우에 그 불확정개념은 법적 개념이며, 행정기관이 어떤 구체적 사안의 행위요건에의 해당 여부를 판단하는 요건 판단은 법의 해석·적용이고, 선택가능성이 아니며, 행정기관의 해석·적용은 전면적인 법원의 심사대상이 된다. 다만 예외적으로 법원의 심사능력의 한계성으로 인하여 행정기관의 판단을 법원의 판단보다 우선시키는 판단여지가 인정될 수 있을 뿐이다. ② 이에 대하여 행위효과에 있어서 행위 여부 또는 수개의 행위 중에서 선택할 수 있는 여지를 행정청에게 부여한 경우에는 그것은 공익적 판단에 따르는 선택가능성을 의미하는 재량개념으로서, 일탈·남용의 경우에만 법원의 심사대상이 된다.

(다) 결언　행위요건부분이 불확정적인 경우와 행위효과부분이 선택적인 경우는 서로 구별되어야 한다. 다만 불확정개념의 해석·적용의 경우에 인정되는 판단여지도 행정청의 판단을 종국적인 것으로 존중하기 위한 것이기 때문에 넓은 의미에서는 재량과 공통성을 가진다고 할 것이다. 따라서 판단여지도 넓은 의미에서는 법률의 구성요건 부분에 한정되어 인정되는 재량의 하나로 보는 것이 타당하다고 할 것이다.[2]

Ⅱ. 不確定개념과 判斷餘地(行爲要件면에서의 行政에 대한 羈束과 그 緩和)

1. 不確定개념의 의의

(가) 불확정개념 내지는 불확정법률개념(unbestimmter Rechtsbegriff)이란 법률이 추상적·다의적이며, 불확정적인 개념을 행정행위의 요건으로 정하고 있는 경우를 말한다. 예컨대「당분간」,「정당한 보상」,「공익상 필요한 때」,「공적이

1) 홍정선(상), p. 259; F. Mayer, Allgemeines Verwaltungsrecht, 1977, S. 177.
2) 유지태, p. 57.

뚜렷한 자」,「적당한 장소」,「야간」,「치안상 위해」 등이다. 불확정개념으로 정하여진 경우에는 그 의미내용은 구체적 사안에 따라 그때 그때 판단되어지게 된다.

(나) 오늘날의 복리행정국가에서는 행정업무가 대폭적으로 확대됨에 따라 불확정개념이 행정법규에 대량으로 등장하게 되었다. 그것은 ① 입법기술상 복잡다기하고 가변적인 사회현실에 대하여 모든 경우를 예상하여 빈틈없이 일의적·확정적 개념으로 행정행위의 요건을 정하는 것은 사실상 불가능하며, ② 행정청이 정치·경제·사회·기술 등 가변적인 사회현실에 맞추어 행정목적을 능률적으로 달성하기 위하여서는 행정청에 대하여 어느 정도 해석·판단의 여지를 인정할 필요가 있기 때문이다.

2. 不確定개념의 종류

종래 불확정개념은 경험개념(Empirische Begriffe)과 가치개념(Normative Begriffe)으로 나누었다. 경험개념은「주간」,「야간」,「위험」 등과 같이 경험적으로 지각할 수 있고 경험할 수 있는 대상과 관련된 개념이며, 가치개념은「적당한 방법」,「공익상 필요」 등과 같이 주관적 평가 등 가치충족을 통하여 파악되는 개념이다.

3. 不確定개념의 해석·적용과 判斷餘地

(1) **법개념으로서의 불확정개념** (가) 불확정개념의 해석·적용과 관련하여 종래에는 거기에 행정청의 재량(요건재량)이 인정된다는 요건재량설과 재량이 인정되지 아니한다는 효과재량설이 대립되어 왔다. 그러나 오늘날에는 위에서 본 바와 같이 거기에는 선택가능성을 의미하는 재량은 인정될 수 없고, 판단여지만이 인정되는 경우가 있다는 판단여지설이 통설적 견해로 되었다. 즉, 불확정개념의 해석은 그 개념이 갖는 법적 내용의 파악이기 때문에 법적 문제이다. 따라서 법규에서 행위요건을 불확정개념으로 정하였더라도 그 의미는 구체적 사안에 따라 다의적인 것이 아니고, 하나의 결정만이 정당한 법개념이다.

(나) 불확정개념의 해석·적용은 법적인 문제이기 때문에 그것은 모두 사법심사의 대상이 되어야 한다. 그러나 구체적인 사안과 관련하여 무엇이 하나의 정당한 결정인가에 대하여서는 행정청과 법원 간에 의견이 다를 수 있기 때문에 어느것이 옳다고 말하기 어려운 경우가 있게 된다. 여기에서 불확정개념의 해석은 모두 법원의 심사대상이 된다고 할 것이나, 예외적으로 행정청에 대하여서도

판단의 여지를 인정할 수 있을 것인지가 문제된다. 이와 관련하여 주장된 것이 판단여지설이다.

(2) **판단여지설** 제2차대전 후 독일에서 주장된 견해이다. 「바호프」(O.Bachof) 교수는 불확정개념으로 정하여진 경우에 그 해석·적용은, 전면적으로 사법심사가 미치는 법의 해석·적용으로 보면서도, 거기에서의 사법심사에 일정한 한계를 설정하려고 하였다. 그리하여 그는 판단여지설(Beurteilungsspielraumtheorie)을 주장하여, 행위요건이 불확정개념으로 정하여진 경우에는 더러는 하나의 올바른 결정만이 주어지지 않으며, 경우에 따라서는 다양한 판단가능성이 주어진다고 하면서, 그것을 행정청의 판단여지라고 하고 판단여지 내에서는 법원은 예외적으로 행정청의 판단을 존중하여야 한다고 보았다.[1)]

(3) **대체가능성설(타당성이론)** 「울레」(C.H. Ule) 교수는 판단여지설을 더욱 발전시킬 대체가능성설(Vertretarkeitstheorie)(타당성이론)을 주장하여, 행위요건이 가치개념인 불확정개념으로 정하여진 경우에는 가치개념의 적용에는 행정청의 주관적인 가치판단이 불가피하기 때문에 법원은 예외적으로 행정청의 견해가 타당성(Vertretbarkeit)이 있다면 이에 따라야 한다고 보았다.[2)]

판단여지설에서는 불확정개념은 재량개념이 아니고 법개념으로서 법의 최종적 해석기관인 법원의 심사대상이 된다고 한다. 다만 법원의 심사능력의 한계성이라는 견지에서 행정의 복잡·다기성에 대응하는 행정의 전문기술성과 종국적 책임성을 존중하여, 행정청이 의무에 합당한 판단에 따라 일정한 결론에 도달하였고, 그 정당성이 인정되는 때에는 법원은 행정청의 판단을 존중하거나, 행정청의 판단을 자기(법원)의 판단에 대체시킬 수 있는(vertretbar) 경우가 있다고 하며, 그것을 판단여지(판단우선, 대체가능성)라고 한다. 판단여지설이 불확정개념의 해석·판단을 재량, 즉 합목적성의 문제로 보지 아니하고, 법의 해석·적용, 즉 판단여지로 본 것은 「법률에 의한 행정원리」에 합당하며, 요건재량설에 비하여 커다란 이론의 전진이라고 할 것이다. 그것은 또한 불확정개념을 법개념으로 보면서도 일정한 경우에 판단여지를 인정하여 사실상 사법심사에서 제외시킨 점에서 행위요건의 인정을 재량으로 보는 요건재량설의 이론적 난점을 극복하면서도 오늘날의 복리국가적 요청에 부합되는 이론을 정립한 것이라 할 것이다.

(4) **판단수권설** 오늘날의 다수설은 바호프(O. Bachof)나 울레(C.H. Ule)와는 달

1) O. Bachof, Beurteilungsspielraum Ermessen und unbestimmter Rechtsbegriff im Verwaltungsrecht, in: JZ 1955.
2) C. H. Ule, Zur Anwendung unbestimmter Rechtsbegriff im Verwaltungsrecht in: Gedächtnisschrift für Walter Jellinek, 1955.

리 불확정개념의 적용에 있어서 「하나의 올바른 결정」의 명제를 유지하면서, 행정청의 판단여지는 불확정개념에 내재하는 것이 아니라 입법자의 수권에 근거하고 있는 판단수권(Beurteilungsermächtigung)으로 이해한다. 행정청은 유일하게 적법하다고 판단되는 결정에 도달하기 위하여 주어진 법률요건의 의미를 철저히 파악하여야 하나, 한계적인 상황들에 있어서는 의심이 발생할 수 있으며, 판단여지란 그 의심이 근거가 있고 행정청에 의하여 내려진 결정이 타당하다면 법원은 행정청의 결정을 적법한 것으로 수인하여야 한다고 한다. 이 견해에서는 판단여지의 문제는 이제 방법의 문제도 아니고 법이론적 문제도 아니고 구체적인 경우에 마지막 인식에 대한 권한의 문제이고 이는 그때그때 적용되는 실정법상의 수권문제라고 한다.[1]

4. 裁量과 判斷餘地의 구별에 관한 논의

재량과 구별되는 독자적인 개념으로서 판단여지라는 개념을 인정할 것인가에 대하여서는 아직도 다투어지고 있다.

(1) **긍정설**　독일은 양자를 구별하는 것이 통설적 견해이다. 이 견해에서는 ① 행위요건부분의 인정은 인식의 문제로서 법해석의 문제이며, 행위효과결정에 관한 문제로 볼 수 없고, 따라서 판단여지는 행위의 선택의 문제인 재량으로 볼 수 없으며, ② 재량은 입법자에 의하여 부여되는 것이나, 판단여지는 법원의 인정에 의하여 주어진 것이므로 양자를 동일하게 볼 수 없다고 한다.

(2) **부정설**　이 견해에서는 ① 구조적으로(Strukturell)로 볼 때 판단여지 또는 결정의 여지(Entscheidungsspielraum)는 재량의 여지(Ermessensspielraum)에 상응한 것이며,[2] 판단여지는 행정청의 재량이 다소 수정되거나 약화된 형태라고 할 것이고,[3] ② 양개념은 동일한 법률효과를 달성하기 위하여 상호대체적으로 사용할 수 있는 것으로,[4] 법률규정의 구성요건측면에서 규정하면 판단여지가, 법률효과측면에서 규정하면 재량이 인정되게 된다.

(3) **우리의 학설 · 판례**

(가) 학설　① 우리의 다수설은 독일의 판단여지설 내지는 판단수권설을 받

1) Brohm, DVBI, 1986, S.321; 정하중(총), p.192.
2) H. Maurer, Allgemeines Verwaltungsrecht, S.114f.
3) A. Hütel, DVBI, 1965, S.66.
4) H. Maurer, Allgemeines Verwaltungsrecht, S.114.
예컨대 공무원의 부업금지를 ① 「부업의 승인은 직무상의 이익과 배치되는 경우에만 거부될 수 있다」고 규정할 수도 있고, ② 「부업의 승인은 거부될 수 있다」라고만 규정될 수 있다.

아들여, 판단여지와 재량은 다른 것으로 본다.[1] ② 그러나 일부견해는 불확정개념의 해석·적용에 있어 행정청에 판단의 여지가 인정되는 경우에는 그 한도 안에서 법원의 재판통제가 미치지 않는 것이므로, 실질적으로는 재량행위와 같은 의미를 가지며, 따라서 판단여지와 재량권은 이를 구별할 실익이 없는 것이라고 하여, 실익면에서 양자의 구별을 부인하는 견해도 있다.[2] ③ 생각건대 판단여지와 재량은 법이론적으로 서로 다른 것이므로 양자를 구별하여야 할 것이다. 다만 판단여지도 행정청의 판단을 종국적인 것으로 존중하기 위하여 행정행위에 대한 사법심사의 한계를 설정하기 위한 것이라는 점에서, 넓은 의미에서 재량행위의 하나로 보는 것은 편의의 문제라 하겠다.

㈏ 판례 　우리 판례는 종래 재량과 판단여지를 구별하지 아니하고 구체적 인정사실의 법률요건에의 해당 여부 판단을 요건재량으로 보고 재량을 인정한 것이 있다. 즉 판례는 판단여지설을 받아들이지 아니하고 법률요건규정이 불확정개념으로 되어 있는 경우에 그것을 재량개념으로 보고 요건재량으로 다루고 있다.

〔**판례**〕 행정행위로서의 시험의 출제업무에 있어서 재량권의 한계
행정행위로서의 시험의 출제업무에 있어서 출제 담당위원은 법령규정의 허용범위 내에서 어떠한 내용의 문제를 출제할 것인가, 그 문제의 문항과 답항을 어떤 용어나 문장형식을 써서 구성할 것인가를 자유롭게 정할 수 있다는 의미에서 재량권을 가지고, 반면에 그 재량권에는 그 시험의 목적에 맞추어 수험생들의 능력을 평가할 수 있도록 출제의 내용과 구성에서 적정하게 행사되어야 할 한계가 내재되는 것이어서 그 재량권의 행사가 그 한계를 넘을 때에는 그 출제행위는 위법하게 된다(대법원 2006.12.22. 2006 두 12883 공인중개사시험불합격처분취소).

〔**판례**〕 사법시험 출제업무를 담당하는 시험위원이 문제의 유형, 문제의 내용 등 시험문제의 구체적 내용을 자유롭게 정할 수 있다.
입법자가 사법시험 제 1 차 시험의 시험방법에 대하여 출제담당시험위원에게 요구하는 것은 논술형이나 면접이 아닌 선택형 또는 선택형과 일부 기입형을 요구하고 있을 뿐이고, 그 외 시험방법에 관한 구체적인 내용, 즉 시험의 난이도, 문항수, 문제유형, 출제비율, 배점비율, 시험시간, 출제범위 등은 시험위원들의 재량에 맡겨져 있다고 할 것이다(헌법재판소 2004.8.26. 2002 헌마 107 제44회사법시험제 1 차시험출제방향및기준에관한심의사항취소).

5. 判斷餘地의 認定범위

(1) 독일의 연방행정재판소 　연방행정재판소는 처음에는 판단여지의 관념을 받아들이지 아니하고 불확정개념에 대한 전면적 심사가능성을 고집하였으

1) 정하중(총), p.189; 김남진(I), p.225; 홍준형(총), p.206.
2) 김동희(I), p.251; 유지태, p.73.

나, 오늘날은 아주 좁은 범위에서 판단여지를 인정한다. 그것은 ① 시험성적의 평가(국가고시 등)(예컨대 평가기준이 「우수」, 「양호」 등으로 구분된 경우), ② 시험유사의 문제에 대한 평가(학생의 진급결정 등), ③ 공무원에 대한 근무평정, ④ 이익대표 또는 전문가로 구성되고, 직무상 독립성을 갖는 합의체기관(위원회 등)의 결정,[1] ⑤ 행정상 정책에 관련된 불확정개념의 해석, ⑥ 행정기관의 장래의 예측적 사항에 대한 결정 등이다.[2]

이러한 사항들에 대하여 판단여지가 인정되는 이유는, ① 내지 ③은 그러한 사항이 전문적·학문적 또는 교육적 평가에 관계되며, 시험의 상황이 재현 반복될 수 없는 반복불가능성(Unwiederholbarkeit) 때문이고, ④는 그 결정이 다양한 사회집단의 대표자의 합의로 이루어져 법원이 그것을 존중하여야 할 구속적 가치평가(verbindliche Wertugen)로서의 성질을 갖기 때문이며, ⑤⑥은 법원의 심사를 통하여 대체할 수 없는 것이어서 판단의 여지가 인정된다고 한다.[3]

(2) **연방헌법재판소** 그런데 오늘날에는 독일에서는, 그나마 제한적으로 인정되던 행정청의 판단여지를, 일련의 연방헌법재판소의 판례를 통하여 더욱 축소하고 있으며, 이러한 헌법재판소의 시도는 연방행정법원의 판례에 반영되었다. 헌법재판소는 외설적 소설을 청소년에게 유해하다고 판정한 청소년유해도서심사위원회의 판정을 청소년의 보호라는 공익과 출판사의 「예술의 자유」라는 법익을 충분히 고려하지 않았다는 이유로 취소하였으며(1990. 11. 27 판결, BVerfGE 83, 130), 사법시험에 있어서 시험결정에 관한 행정청의 판단여지를 수험생의 「직업의 자유」와 관련시켜 제한하였다(1991. 4. 17 판결, BVerfGE, 84, 34). 이러한 헌법재판소의 판결은 행정청의 판단수권의 범위와 사법심사의 밀도를 기본법 제19조 제 4 항의 관점에서뿐만 아니라 관련된 개별적 기본권의 해석을 통하여 결정하려고 시도한 점에 있다.

6. 判斷餘地의 限界와 흠

판단여지가 인정되는 경우에도, 그 판단에 있어 ① 절차규정을 준수하지 아니하였거나, ② 정확하지 아니한 사실에 근거하여 판단하였거나, ③ 직접 관계없는 사항에 대한 고려를 하였거나, ④ 일반적으로 인정된 평가기준을 무시하였거나, ⑤ 자의적으로 행동한 경우, ⑥ 그 밖에 헌법원칙인 평등원칙에 위반된 경우에는 그 판단여지의 한계를 넘어 하자를 띠게 되며, 위법이 된다고 할 것이다.[4] 따라서 판단여지가 인정된 경우에도 법원은 이러한 사항에 대하여는 심사

1) 연방행정재판소는 특정 잡지의 내용이 청소년에 유해로운지에 대한 연방심사청(Bundesprufstelle)의 결정에 대하여 판단여지를 인정하였다(BVerWGe 39, 197(204)).
2) H. Maurerd, Allgemeies Verwaltungsrecht, S. 110f.
3) 김남진, 행정법의 기본문제, 1989, p. 153.
4) H. Maurer, Allgemeines Verwaltungsrecht, S. 110.

할 수 있다고 할 것이다.

Ⅲ. 羈束行爲와 裁量行爲(行爲效果면에서의 行政에 대한 羈束과 그 緩和)

1. 羈束行爲와 裁量行爲의 의의

(1) 「기속행위」란 법규가 행위를 행할 것인가, 행위를 행하는 경우에는 어떠한 행위를 행할 것인가에 대하여 의문의 여지가 없을 만큼 명확하게 정하여, 법규가 정한 행위요건이 충족되면, 행정청은 법규가 정한 바를 단순히 집행하는 데 그치는 경우의 행정행위를 말한다(조세행정법규에 그 예가 많다).

(2) 「재량행위」란 법규가 정한 행위요건이 충족된 경우에, 행정청에게 행위(효과)의 여부 또는 어떠한 행위를 할 것인지에 대하여 많은 가능성 중에서 선택의 여지를 부여하고 있는 경우의 행정행위를 말한다(경찰행정법규나 급부행정법규에 그 예가 많다). 그리하여 재량행위는 다시 ① 법규에서 허용한 행위를 할 것인가에 대한 재량인 결정재량(Entschließungsermessen)과 ② 여러 가지 허용된 행위 중에서 어느것을 선택할 것인가 하는 선택재량(Auswahlermessen)으로 나눌 수 있다. 양자를 합하여 행위재량이라고 한다. 재량은 행위여부의 결정이나 행위의 선택이 행정청의 책임에 맡겨졌다는 점에서 행정편의주의(Opportunitätprinzip)의 표현이라고 하겠다.

2. 羈束裁量과 自由裁量

(1) 개념 ① 재량행위는 법기술적인 요청에 따라 다시 기속재량(법규재량이라고도 한다.)(Ermessen der Rechtmäßigkeit)과 자유재량(공익재량·편의재량 또는 목적재량이라고도 한다.)(freies Ermessen)으로 나누어 보는 것이 종래의 일반적 견해였다. 기속재량이란 무엇이 법인가의 재량, 즉 법의 해석판단에 관한 것이며, 그 재량을 그르친 행위는 위법이 되어 법원의 심사대상이 된다. 이에 대하여 자유재량이란 무엇이 공익에 적합한가의 재량이며, 그 재량을 그르친 경우에는 단지 판단의 당·부당만이 문제로 되며 법원의 심사대상이 되지 않는다(다만 재량의 한계를 일탈하거나 남용한 때에는 위법이 되어 법원의 심사대상이 된다).

② 재량행위를 기속재량과 자유재량으로 나누는 것은, 역사적 유래를 가진 것으로 모든 재량행위는 법원의 심사대상에서 제외된다는 종래의 입장에 대항하여, 재량행위 중에서도 구체적인 법의 판단에 관한 것은 법원의 심사대상으로 하여 법률에 의한 행정의 원리가 지배하는 범위를 보다 확대시키기 위한 법해석

론상의 결정의 하나로 만들어진 것이다.

(2) **구별의 상대성 내지는 무의미성** ① 오늘날에는 이른바 자유재량행위라도 사법심사의 대상이 되며 재량권을 일탈·남용한 경우에는 단순히 당·부당의 문제에 그치는 것이 아니라 위법이 되어 취소를 면치 못하게 되었다. 따라서 오늘날에는 그것이 사법심사의 대상이 되는지의 여부에 따라 기속재량과 자유재량을 구별할 필요성은 상대화 내지는 무의미하게 되었다.

② 그러나 오늘날에도 기속재량과 자유재량의 구별이 사법심사의 대상이 되는지의 여부와 관련하여서는 무의미하게 되었으나, 그것의 각각에 대한 법원의 심사방식에는 약간의 차이가 있다고 할 것이기 때문에 그 점에서는 양자를 구별할 실익이 있다고 하겠다.

〔**판례**〕 기속행위와 재량행위에 대한 사법심사 방식
행정행위를 기속행위와 재량행위로 구분하는 경우 양자에 대한 사법심사는, 전자의 경우 그 법규에 대한 원칙적인 기속성으로 인하여 법원이 사실인정과 관련 법규의 해석·적용을 통하여 일정한 결론을 도출한 후 그 결론에 비추어 행정청이 한 판단의 적법 여부를 독자의 입장에서 판정하는 방식에 의하게 되나, 후자의 경우 행정청의 재량에 기한 공익판단의 여지를 감안하여 법원은 독자의 결론을 도출함이 없이 당해 행위에 재량권의 일탈·남용이 있는지 여부만을 심사하게 되고, 이러한 재량권의 일탈·남용 여부에 대한 심사는 사실오인, 비례·평등의 원칙 위배 등을 그 판단 대상으로 한다(대법원 2005.7.14. 2004 두 6181 건축허가신청반려처분취소).

(3) **재량행위에 대한 입법적·사법적 통제** 원래 재량행위는 법률이나 행정입법에 있어서 어떤 경우에 어느 정도의 재량을 인정할 수 있는지(입법에 의한 재량통제의 문제)와, 행정청의 재량권행사에 의하여 권익을 침해당한 자가 행정소송을 제기하여 어느 정도 권익침해를 구제받을 수 있는지(사법에 의한 재량통제의 문제)의 두 가지 측면에서 문제된다.

Ⅳ. 羈束行爲와 裁量行爲의 구별의 實益(필요성)

1. 行政訴訟事項과의 관계

(1) 우리 행정소송법은 직접적인 재량조항을 두고 있지는 않으나, 행정소송사항은 「위법한 처분」만인 데 대하여(행송 1), 행정심판사항은 「위법·부당한 처분」으로 하고 있다(행심 4). 이는 행정이 법에 엄격하게 기속되는 경우에 법에 위반한 때에는 바로 위법의 문제가 생기고 행정소송사항이 되어 사법심사를 받게

되는데, 재량이 부여된 경우에는 재량의 범위 안에서의 과오는 단순히 당·부당의 문제가 생기는 데 그치며 행정행위를 위법하게 만들지는 않으므로 행정심판의 대상은 되지만 사법심사의 대상에서는 제외된다[1]는 것을 전제로 한 것이다.

(2) 또한 우리 행정소송법(27조)은 「행정청의 재량에 속하는 처분이라도 재량권의 한계를 넘거나 그 남용이 있은 때에는 법원은 이를 취소할 수 있다」고 규정하고 있다. 이 규정의 주된 취지는 재량행위라도 법으로부터 완전히 자유로운 행위는 아니며, 종래의 통설·판례의 입장을 받아들여 일탈·남용의 경우는 흠을 띠어 법원의 심사를 받아 취소된다는 것을 명백히 한 것이라고 할 것이나, 간접적으로는 재량행위는 일탈·남용이 없는 한, 행정소송의 대상이 되지 않는다는 것을 나타낸 것이라고도 볼 수 있다고 하겠다.[2] 따라서 재량조항이 없는 우리 실정법상으로도 행정소송사항을 정하기 위하여 기속행위와 재량행위를 구별할 필요가 있다.

2. 附款과의 관계

통설은 법규가 행정청의 행위에 대하여 재량을 인정한 경우에는 그 범위 안에서 행정행위에 부관을 붙일 수 있으나, 기속행위인 경우에는 특별한 규정이 없는 한 부관을 붙일 수 없다고 한다.[3] 생각건대 부관은 행정행위의 효과를 제한하거나 특별한 의무를 부과하거나 요건을 보충하기 위하여 붙여지는바, 기속행위에도 그 성질상 요건을 보충하기 위한 부관은 붙일 수 있다 할 것이므로(식품위생법 22③), 부관을 붙일 수 있는지의 여부를 정하기 위하여 양자를 구별할 필요성은 축소되었다고 하겠다. 그러나 부관을 붙일 수 있는 범위는 다르다 할 것이므로 아직도 구별의 필요성은 있다 하겠다.

3. 公權의 成立과의 관계

기속행위의 경우에는 행정청은 그 행위를 하여야 할 의무를 진다. 따라서 상대방에게는 그 기속행위(예: 건축허가)를 하여 줄 것을 요구할 수 있는 공권(공법상의 권리)

1) 여기에서 「사법심사의 대상에서 제외된다」는 것은 법원이 처음부터 심사를 하지 못한다는 뜻이 아니고 심사의 결과 재량행위인 경우에는 그것이 일탈·남용된 경우 이외에는 위법을 인정할 수 없고 행정청의 판단에 맡겨야 한다는 것을 의미한다.

2) 석종현(상), p.241 참조.

3) 건축허가를 하면서 일정 토지를 기부채납하도록 하는 내용의 허가조건은 부관을 붙일 수 없는 기속행위 내지 기속적 재량행위인 건축허가에 붙인 부담이거나 또는 법령상 아무런 근거가 없는 부관이어서 무효이다(대법원 1995.6.13. 94 다 56883 소유권이전등기말소).

이 생길 수 있다. 이에 대하여 재량행위의 경우에는 행정청은 행위를 할 것인지에 대하여 재량을 가진다고 할 것이므로 상대방에게도 재량행위에 대한 청구권이 생길 수 없다. 다만 재량행위의 경우에도 형식적 권리인 「흠 없는 재량행사청구권」이 인정되고, 재량이 영으로 수축된 경우에 있어서는 실체적 권리인 행정개입청구권이 생긴다고 할 것이다.[1] 따라서 공권의 성립과 관련하여 양자를 구별할 의미는 크지 못하다고 하겠다.

V. 羈束行爲와 裁量行爲의 구별표준

1. 의 의

기속행위와 재량행위의 구별은 실정제도의 운영, 특히 행정소송사항과 관련하여 필요하다. 그런데 종래 기속행위와 재량행위의 구별표준 및 재량행위의 본질이 무엇인가에 관하여는 견해가 대립되어 왔다.

처음에는 주로 재량의 본질을 법률요건의 인정에 관한 요건재량으로 보는 견해가 주장되었으나, 점차 법률효과발생에 관한 효과재량으로 보는 견해가 우세하게 되었으며, 다시 오늘날의 사회적 복리국가에서는 불확정개념의 증가로 불확정개념에 있어서의 판단여지(넓은 의미의 재량)가 관심의 대상이 되게 되었다.

2. 學 說

(1) 요건재량설 ㈎ 법문의 표현에 중점을 두어 법의 규정방식의 여하에 따라 구별하는 견해이다(Bernatzik, 佐佐木, 윤세창).

그리하여 행정행위의 요건에 대하여 아무런 규정을 두지 아니한 경우(공백규정)와 공익만을 행정행위의 요건으로 정한 경우(종국목적)에는 재량권을 가지며, 제정법이 중간목적을 나타내는 다의적 개념에 의하여 행정행위를 수권한 경우에는 행정청은 재량권을 갖지 않는다고 한다.

㈏ 요건재량설은 ① 법규정에 지나치게 편중함으로써 결과적으로 재량행위를 확대시켰으며, ② 법이 종국목적을 나타내는 개념(공익개념)을 사용하고 있는 경우와 중간목적을 나타내는 다의적 개념을 사용하는 경우간에는 상대적 차이밖에 없어 그것을 양자의 구별표준으로 삼기는 어렵고, ③ 또한 법률효과의 실현 자체가 행정의 합목적성·편의성에 따른 재량의 대상임에도 불구하고 효과재량을 전적으로 부인한 점에서 비판을 받는다. 그리고 오늘날의 판단여지설의

1) 김남진(상), p.216; 석종현(상), p.242; 유지태, p.48.

입장에서는 법률문제인 요건사실의 인정을 재량문제로 오인하고 있다는 비판을 받는다.

(2) **효과재량설(행위재량설)** (가) 행위의 성질에 중점을 두어 개인에게 권리·이익을 부여하는 행위인가 그것을 제한·박탈하는 행위인가에 따라 구별하는 견해로서(Tezner, 美濃部), ① 법률요건에 불확정개념이 사용된 경우, 그 인정은 모두 기속행위이고, ② 개인의 권리를 침해하거나 개인에게 부담을 명하거나 또는 그 자유를 제한하는 행위는 어떠한 경우에도 재량행위일 수 없으며, ③ 개인에게 새로운 권리를 설정하거나 이익을 제공하는 행위는 법률이 특히 개인에게 그 이익을 요구할 수 있는 권리를 부여한 경우를 제외하고는 원칙적으로 재량행위이고, ④ 직접 개인의 권리의무에 영향을 미치지 아니하는 행위는 법률이 특히 제한을 두고 있는 경우를 제외하고는 원칙적으로 재량행위라고 한다.[1)]

이 견해는 국민의 권리·자유의 보호에 중점을 두어 요건재량설보다는 재량행위의 범위를 축소하였으며, 오랫동안 통설·판례의 입장이었다.

(나) 효과재량설은 ① 오늘날 침해행정의 영역에서도 재량이 인정되는 예가 많아지고 있으며, ② 복리행정작용의 발달에 수반하여 수익적 행정의 영역에서도 행정이 기속을 받는 경향이 증가되고 있는 점에 비추어 볼 때 반드시 타당한 것이 아니다. ③ 또한 요건재량을 전적으로 부인하고 불확정개념을 모두 기속행위로 보는 것도 타당한 것이 아니라는 비판을 받는다. 효과재량설은 불확정개념을 모두 법개념으로 파악하여 그것을 전면적으로 법원의 심사대상으로 함으로써 재량과 관련된 반법치국가성을 해소하려 한 것이라고 볼 수 있다.

(3) **판단여지설** 이 견해는 실질적으로 보면 행위요건의 해석·적용을 선택가능성으로 보지 아니하고 법해석작용으로 보면서도, 행위요건의 해석·적용에 있어 판단여지를 인정하는 점에서, 요건재량설이 지닌 이론적 난점을 해결한 새로운 요건재량설이라고도 할 수 있다. 즉, 판단여지설은 한편으로 행위요건규정의 해석을 재량으로 보지 아니하고 법해석작용으로 봄으로써 요건재량설이 지닌 반법치국가성을 해소하여 법치국가적요청에 부응하고, 다른 한편으로 행위요건규정의 해석·적용에 있어서 판단여지를 인정함으로써 복리국가적 요청에 부응한 것이라 하겠다.

(4) **판례** 판례는 「어느 행정행위가 기속행위인지 재량행위인지 나아가 재량행위라고 할지라도 기속재량행위인지 재유재량에 속하는 것인지의 여부는 이를 일률적으로 규정지울 수는 없는 일이고, 당해 처분의 근거가 된 규정의 형

1) 美濃部達吉, 行政裁判法, p.152f.

식이나 체제 또는 문언에 따라 개별적으로 판단하여야 할 것이다」(83 누 451 (1984. 1. 31 대판), 98 누 8759 (1998. 9. 8 대판))라고 판시하고 있다.

(5) 결언 위에서 본 학설을 종합하여 보면, ① 전통적 견해는 판단여지와 재량을 구별하지 아니하고 다같이 재량으로 본다.[1] 현재의 우리의 판례도 약간의 예외가 있기는 하지만, 판단여지와 재량을 구별하지 아니하고, 행위요건이 불확정개념으로 정하여진 경우에 제한적으로 재량을 인정한다.

② 그러나 오늘날의 통설적 견해는, 재량은 오직 행위「효과」의 선택에 있어서만 인정될 수 있으며, 행위「요건」의 해석 · 적용에 있어서는 재량은 인정될 수 없고 예외적으로 판단여지가 인정될 뿐이라고 한다. 통설이 타당하다고 본다.

③ 다만 통설적 견해에 따르는 경우에도, 재량이 인정되는 경우와 그 구별 표준이 문제된다. 따라서 재량이 인정되는지의 여부는 위에서 본 학설들이 제시한 기준을 참작하고, 법령의 규정방식, 그 취지 · 목적, 행정행위의 성질 등을 함께 고려하여 구체적 사안마다 개별적으로 판단하는 수밖에 없다고 하겠다. 아래에서는 일응의 개괄적인 기준을 제시하여 보고자 한다.

㈎ 법령의 규정방식 ① 법문의 표현이 1차적인 구별기준이 되어야 할 것이다. 입법자의 의사를 존중하여야 할 것이기 때문이다. 그리하여 행위(효과)법규가 「… 할 수 있다」 등의 문장으로 정하여진 경우에는 많은 경우에 행위재량이 인정되었다고 보아도 좋을 것이다. ② 그러나 수익적 법규의 경우에는 법의 취지·목적의 합리적 해석에 의하여 「… 하여야 한다」고 해석하여야 할 경우도 있을 것이다. 특히 헌법상의 국민의 기본권과 관련하여서는 「… 할 수 있다」고 규정되어 있는 경우에도 그것은 다만 처분권한의 소재를 규정하고 있는 데 불과하며, 처분 자체는 기속행위로 보아야 할 경우도 있을 것이다. ③ 또한 법률요건면에 있어서 다의적인 불확정개념과 「할 수 있다」는 규정이 결합되어 있는 법률규정의 경우에는 효과재량에 있어서 고려되어야 할 사항이 불확정개념을 포함한 법률요건을 인정함에 있어서 이미 고려된 때에는 「할 수 있다」는 규정은 실제상 「하여야 한다」는 규정으로 된다 하겠다.

㈏ 행위의 성질 등 그러나 법령의 규정방식만에 의하여 재량의 허부를 결정함은 위험하며, 그 이외에 행위의 성질을 고려하고 또한 법의 취지 · 목적을 합리적으로 해석하여 판단하여야 할 것이다. 예컨대 사실의 인정, 법률관계의 존부확인 같은 확인적 판단작용의 성질을 가진 행위는 성질상 객관적으로 행하여져야 하기 때문에 재량의 여지는 없다.

1) 김철용(I), p. 153.

(다) **침해적 행위 · 수익적 행위** 침해적 처분은 보통은 재량행위라고 볼 수 없지만,[1] 예외적으로는 재량이 인정되는 경우도 있다 할 것이고(66 누 161 (1966.10.25 대판) 참조), 수익적 처분을 모두 재량행위로 보는 것은 일반적 타당성을 잃었다 할 것이므로 오늘날의 복리국가에 있어서는 수익적 처분도 많은 경우에 기속행위로 보아야 할 것이다.

3. 裁量收縮

법률상 행위재량이 인정된 경우에도 구체적 사정에 의하여 하나의 결정만이 흠 없는 행위로 되고 다른 결정은 모두 흠 있는 행위로 되는 것과 같이 재량이 영으로 수축되는 경우가 있다. 그것을 재량수축(Ermessensschrumpfung auf Null)이라 한다. 주로 경찰행정법상에서 제기되는 문제이다. 이 이론은 우리나라에 있어서 국가배상법의 분야에서는 판례상 인정되고 있다고 할 수 있으나,[2] 행위재량 내지 행정편의주의를 이유로 한 행정권불행사(재량해태)를 막고 행정권발동을 의무지우며 이에 대응하는 행정개입청구권을 뒷받침하기 위한 이론으로서는 아직은 판례상 인정되고 있지 않다.

4. 裁量의 自己拘束

행정청은 뒤에서 보는 바와 같이 법이 인정한 재량의 범위 안에서 재량기준을 정하여 통일적인 재량권행사를 도모하는 경우가 있다. 재량기준은 보통 훈령의 형식을 취하는 행정규칙이며 보통은 내부적 효력밖에 없으나, 그와 같은 재량기준의 적용이 오랫동안 반복되면 동종사건을 합리적 이유 없이 종래의 취급과 다르게 취급하는 것은 평등원칙위반으로 허용되지 않게 된다. 이 경우 행정은 스스로 설정한 행정규칙 또는 행정선례에 의하여 자기 스스로가 구속되며,

1) 63 누 111(1963.8.31 대판)—허가처분을 취소 또는 철회함으로써 그 수익자에게 불리익을 줄 경우에는 그 허가처분 중에 취소 또는 철회에 관하여 일정한 부관이 있거나 없거나를 가리지 않고 그 때에 행정청이 가지는 재량행위는 기속재량행위라 할 것이다.

2) 경찰권의 행사 여부는 원칙적으로 재량처분으로 인정되고 있으나, 목전의 상황이 매우 중대하고 긴박한 것이거나, 그로 인하여 국민의 중대한 법익이 침해될 우려가 있는 경우에는, 재량권이 영으로 수축하여 경찰권을 발동할 의무가 있다. 따라서 사람이 바다에서 조난을 당하여 인명이 경각에 달린 경우에 해양경찰관으로서는 그 직무상 즉시 출동하여 인명을 구조할 의무가 있다(헌법재판소 2007.10.25. 2006 헌마 869 불기소처분취소); 무장공비색출체포를 위한 대간첩작전을 수행하기 위하여 파출소 소장, 순경 및 육군장교 수명 등이 파출소에서 합동대기하고 있던중 그로부터 불과 60−70미터 거리에서 약 15분간에 걸쳐 주민들이 무장간첩과 격투하던 주민 중 1인이 무장간첩의 발사권총탄에 맞아 사망하였다면 위 군경공무원들의 직무유기행위와 위 망인의 사망과의 사이에 인과관계가 있다고 봄이 상당하다(대법원 1971.4.6. 71 다 124 손해배상); 반면 정신질환자인 세입자에 의해 살해당한 집주인의 유족이 정신질환자의 평소 행동에 대한 사법경찰관리의 수사 미개시 및 긴급구호권 불행사를 이유로 제기한 국가배상청구를 배척한 사례(대법원 1996.10.25. 95 다 45927 손해배상(기))도 있다.

따라서 재량이 수축되게 된다(재량의 자기구속; Selbst-bindung des Ermessen).

Ⅵ. 裁量權의 限界

1. 裁量限界論의 展開

(1) 원래 자유재량론은 19세기 중엽「오스트리아」와 독일에서 행정재판소의「자유재량 불심사의 원칙」을 입법화함으로써 발달하였는바, 당시에는 이론적으로도 자유재량은 재판적 통제로부터 완전히 배제되는 것으로 보았다.[1)]

(2) 그러나 그 후 자유주의적 법치국원리가 강조됨에 따라「법률에 의한 행정의 원리」의 실질적 확충을 위하여 행정청에 재량이 인정된 경우에도 그것은 행정청의 자의·독단을 인정한 취지는 결코 아니므로 재량권에는 일정한 한계가 있으며, 재량권의 행사에 있어서도 일정한 원칙이 준수되어야 하는 것은 당연한 것으로 보게 되었다.

그리하여 오늘날은 재량권을 일탈하거나 남용한 경우에는 그것은 부당에 그치는 것이 아니라, 위법이 되어 사법심사의 대상이 된다는 이론이 일반화되었으며, 우리 행정소송법도 이를 명문화하였다(행송 27).[2)]

(3) 재량권의 일탈 및 남용이라는 재량한계론의 발달은 사법구제라는 견지에서 보아 기속재량과 자유재량의 구별에 중대한 영향을 미치게 되었다. 종래에는 재량처분에 대하여는 법원은 심사할 수 없었으나, 재량권의 일탈 및 남용이론이 발달함에 따라 어떤 처분에 대한 취소소송이 제기되면, 당해 처분이 비록 재량처분이라 하더라도 통치행위의 경우와는 달라서 요건심리 후 각하하여서는 아니되고, 본안심리에서 일탈 및 남용여부를 심사하여야 한다. 이는 종래 사법심사의 대상이 되는지의 여부에 따라 기속재량과 자유재량을 구별하는 실익을 인정하던 의미를 감소시키고, 양자의 구별이 상대적이라는 견해를 더욱 강하게 뒷받침하였다.

---

1) 원래 자유재량권은 19세기 중엽「오스트리아」및 독일에 있어서「행정재판소의 자유재량불심리」원칙을 입법화함으로써 발달되었는바, 그것은 이들 대륙국가에서는 경찰국가시대의 군주권이 온존되어 있는데다가 산업자본의 후진성으로 인하여 행정권의「이니시어티브」를 필요로 한 데서 행정권에게 광범한 재량의 영역이 부여되었기 때문이다. 그리하여 자유재량을 행정의 고유령역으로 보아 행정재판소의 심판을 배제하였던 것이다.

2) 독일행정법원법 제15조 제 2 항 및 일본행정사건소송법 제30조에도 우리와 유사한 규정을 두고 있다. 프랑스에서는 국사원의 판례는 법률위반(violation de la loi) 또는 권력남용(detournment de pourvoir)을 이유로 월권행위취소소송을 인정하며, 영미에서는 월권(ultra vires)의 법리에 의하여 법원의 심사대상으로 한다.

2. 裁量權의 限界와 裁量瑕疵

(1) 재량권의 한계

㈎ 일반적 한계　일반적 견해는 재량권[1]의 한계를 외적 한계와 내적 한계로 나눈다.

ⓐ 외적 한계　법이 재량권을 인정한 경우에도 다른 권한 일반의 경우와 마찬가지로 법이 허용한 범위 안에서의 재량권임은 당연하다. 이와 같이 법에 의하여 허용된 재량권의 범위가 외적 한계이다.

ⓑ 내적 한계　법이 허용한 재량의 범위 안에서도 재량권행사는 법이 재량권을 부여한 목적에 적합하여야 하며, 또한 헌법원칙과 조리상의 원칙 등을 준수하여야 함은 역시 당연하다 할 것이다. 이와 같이 법의 목적 및 헌법원칙과 조리상의 원칙 등에 의한 재량권행사의 제한을 재량권의 내적 한계라 한다.

〔판례〕 재량권의 일탈·남용의 뜻을 밝힌 판례
재량권을 부여한 내재적 목적에 반하여 다른 목적을 위하여 행정처분을 하는 것과 같은 재량권의 남용이나, 재량권의 행사가 그 법적 한계를 벗어나는 경우와 같은 재량권의 일탈은 사법심사의 대상이 된다[83 누 451(1984.1.31 대판)].

㈏ 절차선택의 한계　아무런 절차규정이 없거나 너무 간략하여 어떤 절차에 의할 것인지가 분명하지 않을 때에는 행정청은 절차선택의 재량이 인정된다고 할 것이나 거기에도 일정한 한계가 있다 할 것이다.

㈐ 기간선택의 한계　특별한 정함이 없는 경우에도 「상당한 기간」 내에 행정행위를 정하여야 한다.

(2) 재량하자

㈎ 일탈·남용

ⓐ 의의　① 위에서 본 바와 같이 재량권에는 일정한 한계가 있으며 그 한계를 넘어 행사된 때에는 위법성을 띠게 된다. 행정소송법(27조)은 종래의 학설과 판례의 입장을 명문화하여 재량권행사가 위법성을 띠게 되는 재량하자를, 「한계를 넘거나 그 남용이 있는 때」, 즉 일탈과 남용의 두 가지로 나누었다. 여기에서 일탈(excess of discretion, Ermessensüberschreitung)이라 함은 바로 재량권의 외적 한계를 넘는 것을 말하며, 남용(abuse of discretion, Ermessensmißbrauch)

1) 여기에서의 재량권에는 행위재량만이 아니고 판단여지를 포함한 뜻으로 쓴다. 위에서 본 바와 같이 (행위)재량과 판단여지는 그 성질이 서로 다르다고 하더라도 그 한계문제는 동일하게 다룰 수 있기 때문이다.

은 바로 재량권의 내적 한계를 넘는 것을 말한다.[1]

② 일탈과 남용은 이론상으로는 구분이 가능하지만 실제상으로는 구분하기 어려우며, 양자를 굳이 구별할 실익도 없다. 판례에서도 일반적으로는 두 개념을 구별하나, 구체적 사안에서는 양자를 구별하지 아니하고 하나의 개념으로 두 가지 개념을 포괄하는 뜻으로 쓰고 있는 것으로 보인다.

〔**판례**〕 사립학교 교원에 대한 징계처분에서 재량권을 일탈·남용하였는지 여부의 판단 기준

사립학교 교원에게 징계사유가 있어 징계처분을 하는 경우 어떠한 처분을 할 것인가는 원칙적으로 징계권자의 재량에 맡겨 있으므로 그 징계처분이 위법하다고 하기 위하여서는 징계권자가 재량권을 행사하여 한 징계처분이 사회통념상 현저하게 타당성을 잃어 징계권자에게 맡긴 재량권을 남용한 것이라고 인정되는 경우에 한하고, 그 징계처분이 사회통념상 현저하게 타당성을 잃은 처분이라고 하려면 구체적인 사례에 따라 직무의 특성, 징계의 사유가 된 비위사실의 내용과 성질 및 징계에 의하여 이루고자 하는 목적과 그에 수반되는 제반 사정을 참작하여 객관적으로 명백히 부당하다고 인정되는 경우라야 한다(대법원 2008.2.1. 2007 두 20997 교원소청심사위원회결정취소).

〔**판례**〕 교통법규 위반 운전자로부터 1만원을 받은 경찰공무원을 해임처분한 것은 징계재량권의 일탈·남용이 아니다.

경찰공무원이 그 단속의 대상이 되는 신호위반자에게 먼저 적극적으로 돈을 요구하고 다른 사람이 볼 수 없도록 돈을 접어 건네주도록 전달방법을 구체적으로 알려주었으며 동승자에게 신고시 범칙금 처분을 받게 된다는 등 비위신고를 막기 위한 말까지 하고 금품을 수수한 경우, 비록 그 받은 돈이 1만 원에 불과하더라도 위 금품수수행위를 징계사유로 하여 당해 경찰공무원을 해임처분한 것은 징계재량권의 일탈·남용이 아니다(대법원 2006.12.21. 2006 두 16274 해임처분취소).

③ 재량하자의 존재는 행정행위의 효력을 다투는 상대방이 입증하여야 한다(87 누 861 (1987.12.8 대판)).

(b) **구체적 기준** 학설·판례에 의하여 재량한계론으로서 발전되고, 행정소송법에 의하여 실정제도화된 일탈·남용이라는 개념은 추상적인 불확정개념이어서 그것이 무엇을 의미하는지가 극히 애매하다.

(ㄱ) **사실오인** 법이 일정한 사실의 존재를 전제로 하여 재량권의 행사를 인정한 경우 법정요건에 해당하는 사실이 전혀 존재하지 아니한 경우에 행한 처분 또는 처분의 전제가 되는 요건사실의 인정이 전혀 합리성이 없는 경우이다. 공무원에게 일정한 비위가 있다고 하여 징계처분을 행하였으나 당해 행위가 도

1) 재량권의 일탈은 법령상 주어진 재량의 한계를 벗어난 재량하자를, 재량권의 남용은 법령상 주어진 재량권의 범위 내에서 재량권이 고려되었으나 잘못된 방향으로 사고되어 재량행사가 이루어지는 경우를 말한다(홍정선(상), p.312.).

저히 비위로 볼 수 없는 경우 등이다.

〔**판례**〕 관광지조성사업의 시행허가에서 행정청의 재량행위가 사실오인 등에 근거한 경우, 재량권 일탈·남용에 해당한다.

관광지조성사업시행 허가처분에 오수처리시설의 설치 등을 조건으로 하였으나 그 시설이 설치되더라도 효능이 불확실하여 오수가 확실하게 정화·처리될 수 없어 인접 하천 등의 수질이 오염됨으로써 인근 주민들의 식수 등도 오염되어 주민들의 환경이익 등이 침해되거나 침해될 우려가 있고, 그 환경이익의 침해는 관광지의 개발 전과 비교하여 사회통념상 수인한도를 넘는다고 보이며, 주민들의 환경상의 이익은 관광지조성사업시행 허가처분으로 인하여 사업자나 행락객들이 가지는 영업상의 이익 또는 여가생활향유라는 이익보다 훨씬 우월하다는 이유로, 그 환경적 위해 발생을 고려하지 않은 관광지조성사업시행 허가처분은 사실오인 등에 기초하여 재량권을 일탈·남용한 것으로서 위법하다(대법원 2001.7.27. 99 두 8589 온천조성사업시행허가처분취소).[1]

㈁ **목적위반·동기의 부정** 행정처분이 추구하는 목적은 두 가지 내용을 가진다. 하나는 일반적인 공익목적이고, 다른 하나는 근거법규상의 구체적인 내재적 목적이다. 따라서 재량권의 행사는 일반적인 공익목적에 적합하게 행사하여야 함은 물론이고, 재량권을 부여한 근거법규상의 구체적인 내재적 목적에 적합하도록 행사하여야 한다. 법규의 내재적 목적과 다른 목적으로 재량권을 행사한 경우에는 위법이 된다. 부정한 동기나 자의적·보복적 목적으로 재량권을 행사하는 것도 목적위반에 해당한다고 보겠다. 다만 이러한 주관적 요소에 의하여 생긴 재량의 하자는 입증하기가 곤란하겠다.

〔**판례**〕 개발제한구역 내에서의 토지형질변경 등의 허가신청에 대한 거부처분이 재량권의 일탈·남용이 아니라고 한 사례.

개발제한구역 내에서는 구역 지정의 목적상 건축물의 건축, 공작물의 설치, 토지의 형질변경 등의 행위는 원칙적으로 금지되고, 다만 구체적인 경우에 위와 같은 구역 지정의 목적에 위배되지 아니할 경우 예외적으로 허가에 의하여 그러한 행위를 할 수 있게 되며, 한편 개발제한구역 내에서의 건축물의 건축 등에 대한 예외적 허가는 그 상대방에게 수익적인 것으로서 재량행위에 속하는 것이라고 할 것이므로 그에 관한 행정청의 판단이 사실오인, 비례·평등의 원칙 위배, 목적위반 등에 해당하지 아니하는 이상 재량권의 일탈·남용에 해당한다고 할 수 없다

---

1) 자연공원사업의 시행은 국토 및 자연의 유지와 환경의 보전에 영향을 미치는 행위로서 그 공원시설기본설계 및 변경설계의 승인 여부는 사업장소의 현상과 위치 및 주위의 상황, 사업시행의 시기 및 주체의 적정성, 사업계획에 나타난 사업의 내용, 규모, 방법과 그것이 자연 및 환경에 미치는 영향 등을 종합적으로 고려하여 결정하여야 하는 일종의 재량행위에 속한다고 할 것이고, 법원의 심사결과 행정청의 재량행위가 사실오인 등에 근거한 것이라고 인정된다면 이는 재량권을 일탈·남용한 것으로서 위법하여 그 취소를 면치 못한다(대법원 2001.7.27. 99 두 2970 용화집단시설지구기본설계변경승인처분취소).

(대법원 2004.7.22. 2003 두 7606 형질변경허가반려처분취소).[1]

(ㄷ) **평등원칙위반** 재량행사가 평등원칙에 위반되는 경우는 다음의 두 경우에 생긴다. ① 합리적인 이유 없이 특정인을 차별 취급하는 자의에 의한 평등원칙위반이다. ② 행정청이 재량준칙에 의하여 재량의 한계를 스스로 정한 경우, 어느 하나의 사안에 대하여서만 종래와 다른 취급을 하는 경우이다. 위에서 본 바와 같이 행정은 스스로 설정한 행정선례에 의하여 자기 스스로가 구속되며(재량의 자기구속의 원리), 재량이 수축되게 된다. 평등원칙 위반의 문제는 주로 이 경우에 생긴다고 할 것이다.

〔**판례**〕 개발제한구역 훼손부담금의 부과율을 규정함에 있어서 전기공급시설 등과는 달리 집단에너지공급시설에 차등을 두는 구 개발제한구역의 지정 및 관리에 관한 특별조치법 시행령 제35조 제 1 항 제 3 호의 규정이 헌법상 평등원칙에 위배되어 무효인지 여부(적극)

집단에너지공급시설에 대한 훼손부담금의 부과율을 전기공급시설 등에 대한 훼손부담금의 부과율인 100분의 20의 다섯 배에 이르는 100분의 100으로 정한 것은, 집단에너지공급시설과 전기공급시설 등의 사이에 그 공급받는 수요자가 다소 다를 수 있음을 감안하더라도, 부과율에 과도한 차등을 둔 것으로서 합리적 근거 없는 차별에 해당하므로 헌법상 평등원칙에 위배되어 무효이다(대법원 2007.10.29. 2005 두 14417 전원합의체판결 개발제한구역훼손부담금부과처분취소).

(ㄹ) **비례원칙위반** 재량이 추상적으로는 인정되지만, 구체적인 경우에 부적당·불필요한 처분을 행하거나 가장 부담이 적은 수단을 선택하지 않은 경우 등에 생긴다. 일정한 비행에 대하여 심히 중한 징계를 과한 경우 등이다. 이 원칙은 단지 조리상의 한계가 아니고 헌법상의 원칙이므로 경찰권뿐만 아니고 모든 행정작용에 적용된다.

〔**판례**〕 공정거래위원회가 내부적으로 제정한 '과징금산정방법및부과지침'상의 과징금 부과기준의 2배에 상당하는 금액을 과징금으로 일률적으로 부과한 경우는 비례원칙에 위배된다.

건축사회의 구 독점규제및공정거래에관한법률(1999.2.5. 법률 제5813호로 개정되

---

1) 이 사건 임야 위에서 자라고 있는 입목들은 애초 개간허가 이후 모두 벌채되었다가 경기도가 국비 및 도비를 들여 식재와 추비를 실시하여 관리해 온 것으로 비록 경제적 가치가 별로 없으나 입목도가 90% 이상에 이를 만큼 울창한 숲을 이루어 공설운동장, 실내체육관 등 공원시설과 조화를 이루면서 인근 아파트와 주택단지 주민들의 휴식처로 이용되고 있는 점, 이 사건 임야에 원고가 신청한 바에 따라 택지를 조성하는 경우 전체 43,482㎡ 중 38,389㎡에 이르는 입목지역에서 6,300그루의 수목을 벌채하고 해발 78.5m, 약 12도의 경사도를 가진 이 사건 임야에서 115,225㎡의 토석을 채취하는 등 대규모의 형질변경이 불가피하여 양호한 임상을 지닌 이 사건 임야는 물론 인근의 산림지역에 심각한 영향을 줄 것으로 보이는 점 등을 알 수 있다(대법원 2004.7.22. 2003두7606 형질변경허가반려처분취소).

기 전의 것)위반행위가 그 경쟁제한성이 크다는 이유로 공정거래위원회가 내부적으로 제정한 '과징금산정방법및부과지침'상의 과징금 부과기준의 2배에 상당하는 금액을 과징금으로 일률적으로 부과한 경우, 그 경쟁제한성이 위 지침상의 부과기준액의 2배에 해당하는 과징금을 일률적으로 부과하는 것을 용인할 수 있을 정도로 크다고는 할 수 없으므로 위 과징금 납부명령은 비례원칙에 위배되어 재량권을 일탈·남용한 것이다(대법원 2002.9.24. 2000 두 1713 시정명령등취소).

〔**판례**〕 구 종합부동산세법(2005.1.5. 법률 제7328호로 제정되고, 2005.12.31. 법률 제7836호로 개정되기 전의 것) 제 7 조 제 1 항, 제 8 조, 제 9 조 전단, 종합부동산세법(2005.12.31. 법률 제7836호로 개정된 것) 제 7 조 제 1 항 전문 중 괄호 부분을 제외한 부분, 제 8 조 제 1 항, 제 9 조 제 1 항, 제 2 항은 헌법에 합치되지 아니한다.

주거 목적으로 한 채의 주택을 보유한 자로서 일정한 기간 이상 이를 보유하거나 또는 그 보유기간이 이에 미치지 않는다 하더라도 과세 대상 주택 이외에 별다른 재산이나 수입이 없어 조세지불 능력이 낮거나 사실상 거의 없는 자 등에 대하여, 과세의 예외조항이나 조세의 감경 또는 면제에 관한 조정장치를 두지 않고 다른 일반 주택보유자와 동일하게 취급하여 일률적으로 또는 무차별적으로 다액의 종합부동산세를 부과하는 것은 과잉금지 원칙에 위반하여 그들의 재산권을 침해하는 것이므로, 해당 법률조항인 구 종합부동산세법 제 7 조 제 1 항(개정 법 제 7 조 제 1 항 전문 중 괄호 부분 제외, 납세의무자), 제 8 조(개정 법 제 8 조 제 1 항, 과세표준) 및 제 9 조 전단(개정 법 제 9 조 제 1, 2 항, 세율)이 헌법에 합치되지 아니한다(헌법재판소 2008.11.13. 2006 헌바 112등 병합, 구 종합부동산세법 제 5 조 등 위헌소원).

(나) **처분절차의 위반** 재량통제방식으로서 오늘날 절차통제가 강조된다. 그것에는 두 가지 다른 방법이 있다. ① 하나의 방법은 행정청의 실체판단은 재량문제로서 완전심사를 할 수 없으므로, 이에 갈음하여 행정행위의 절차를 통제함으로써 행정결정의 공정성을 담보하는 것이다. 순수한 절차적 통제라고 하겠다. ② 다른 하나의 방법은 보다 실체적인 심사방법으로 재량권행사의 방법을 통제하는 것이다. 행정청이 재량권행사에 있어서 가장 중시하여야 할 제요소(諸要素)·제가치를 부당하게 경시한 결과로 본래 고려할 사항을 고려하지 않고 고려하지 않아야 할 사항을 고려하거나, 본래 과대하게 평가하지 않아야 할 사항을 과중하게 평가함으로써 그것에 의하여 행정청의 판단이 영향을 받은 때에는 행정청의 재량판단은 방법이나 과정에 잘못이 있게 되어 위법이 된다.[1)]

(다) **불행사 또는 해태** 행정청에게 재량이 인정된 경우에도 그 처분시기의 선택을 결코 자의에 맡긴 것은 아니다. 따라서 행정권의 발동여부가 행정청의 재량에 속하는 경우에도 당해 행정청은 구체적 사안에 있어 행정권의 발동여부를 심사할 의무가 있다고 할 것이기 때문에, 정당한 이유 없이 구체적 사안에

1) 일본 群馬中央버스事件 제 1 심판결, 동경지판 1963.12.25.

대하여 행정권의 발동여부를 심사하지 아니하거나 부당하게 지연시킨 때에는 재량권의 불행사(Ermessensnichtgebrauch) 또는 해태(Ermessensunterschreitung)로서 재량하자의 원인이 된다.[1)]

(3) **흠 없는 재량행사청구권** 행정청에 대하여 재량이 인정된 경우에는 상대방은 원칙적으로 특정내용의 행위를 요구할 수 있는 실체적인 청구권은 갖지 못하며, 예외적으로 재량이 영으로 수축된 경우에 한하여 실체적인 청구권인 행정개입청구권을 갖게 된다. 그러나 위에서 본 바와 같이 재량권을 이탈·남용하면 행정처분은 위법하게 되며, 이에 대응하여 상대방은 행정청에 대하여 형식적인 공권인 흠없는 재량행사청구권을 갖게 된다고 보는 것이 통설적 견해이다.[2)]

Ⅶ. 裁量行爲에 대한 統制

1. 立法的 統制

(1) **법규적 통제** ① 국회는 법률을 정립함으로써 재량권의 근거를 부여함과 동시에 그 범위를 획정하고 재량권행사를 통제한다. 입법을 할 때 보다 구체적인 개념으로 행정행위의 요건 및 효과를 정하는 것이 가능함에도 불구하고 추상적인 불확정개념으로 그것을 정하는 것은, 행정청이 재량권을 일탈·남용할 우려를 내포하는 것이므로 법치주의의 원칙상 허용될 수 없다.

② 국회법은 중앙행정기관의 장은 법률에서 위임한 사항이나 법률을 집행하기 위하여 필요한 사항을 규정한 대통령령·총리령·부령과 함께, 훈령·예규·고시 등이 제정·개정 또는 폐지된 때에는 10일 이내에 국회 소관 상임위원회에 제출하도록 하였다(동법98조의2). 훈령·예규·고시 등은 많은 경우에 재량권행사의 기준을 정하는 것이므로, 훈령 등을 국회 소관 상임위원회에 제출하도록 한 것은 국회에 의한 상당한 재량통제수단이 된다고 하겠다.

(2) **정치적 통제** 국회가 가지는 국정감사권(헌61), 출석요구 및 질문권(동62), 국무총리 및 국무위원의 해임건의권(동63) 등 행정부에 대한 일반적인 감시·비판

1) 과징금 부과관청이 과징금 감경사유까지 고려하고도 감경하지 않은 채 과징금 전액을 부과하는 처분을 한 경우에는 이를 위법하다고 단정할 수는 없으나, 행정행위를 함에 있어 이익형량을 전혀 하지 아니하거나 이익형량의 고려대상에 마땅히 포함시켜야 할 사항을 누락한 경우 또는 이익형량을 하였으나 정당성·객관성이 결여된 경우에는 그 행정행위는 재량권을 일탈·남용한 위법한 처분이라고 할 수밖에 없다(대법원 2005.9.15. 2005 두 3257 과징금부과처분취소).

2) 유지태, p.84 이하.

권은 행정부의 재량권행사의 정치적 통제수단이 된다.

2. 行政的 統制

(1) 감독권에 의한 통제 상급행정청의 하급행정청에 대한 감독권, 감사원의 감사 등은 재량권행사에 대한 예방적 및 교정적 통제기능을 가진다. 특히 재량권행사의 당·부당에 대하여는 입법적 통제와 함께 종국적인 시정기능을 가지게 된다.[1)]

(2) 행정절차에 의한 통제 ① 행정절차는 재량처분의 형성과정에서 적정성을 담보하여 줄 수 있기 때문에 재량행위의 통제수단이 된다. 재량권행사에 대한 통제는 오늘날 행정절차의 중요한 기능의 하나가 되었는바, 구체적으로 당사자의 처분절차에의 참여보장, 처분의 기준공표, 처분의 이유부기 등이 특히 중요하다고 하겠다(행정절차법 20, 23).

② 행정절차에 의한 통제는 처분의 상대방 등 국민이 행정절차에 참여함으로써 행하는 것이므로 재량권행사에 대한「국민에 의한 통제」이기도 하다.

(3) 행정심판을 통한 통제 행정심판은 국민의 권리구제와 함께 위법한 재량권행사, 특히 부당한 재량권행사에 대한 통제수단이 된다.

3. 司法的 統制

(1) 사법심사의 확대 우리 행정소송법(27조)은 자유재량과 기속재량을 구별함이 없이 취소소송·부작위위법확인소송 등 사법심사의 대상으로 하고 있다. 더 나아가서 독일에서의 재량수축론을 바탕으로「흠 없는 재량행사청구권」이나 행정개입청구권을 인정하려는 이론이 등장하였다.

(2) 재량의 실체적 통제의 한계 그런데 현대행정에서는 실체면에서의 재량심리의 강화에 맞추어 법원에 의한 사법심사의 실효성이 확보될 수 있는지가 문제된다. ① 사실에 법을 기계적으로 적용하여 바로 결론을 도출하는 단순행정사건의 경우는 법원의 완전심사가 가능하고 판단대치방식이 가능하며 또한 타당하다 할 것이다.

② 그런데 현대행정에 있어서는 단순 행정사건은 감소되는 추세에 있고, 행정청이 포괄적인 법률의 수권 아래 이해관계인의 참가, 심의회에 대한 자문 등 복잡한 과정과 절차를 거쳐 개별적인 행정행위에 이르는 과정이 전개되는 경우가 많다. 이러한 행정과정은 단순한 법의 집행이라기보다는 오히려 공익실현을

1) 김도창(상), p.389.

위한 정책창조의 과정이라고 할 수 있는 것으로서, 이러한 경우에 법원이 그와 같이 창조된 정책결정인 행정행위를 실체적 요건까지 완전심사하여(완전심사방식) 스스로의 판단으로 행정청의 판단을 대치시키는 것(판단대치방식)은 사실상 불가능할 뿐만 아니라 때로는 민주적인 행정결정의 취지에 반한다고도 할 수 있다. 여기에서 법원에 의한 재량의 실체적 통제의 한계가 나타나게 되었다.

(3) **절차적 심사방식의 등장** 절차적 심사방식은 실체적 판단은 원칙적으로 행정청에 맡기고, 법원은 절차적 관점에서 행정의 재량영역에 통제를 가함으로써 행정의 절차 내지 판단과정의 합리성을 심사하는 방식이다.[1] 이 방식에 의하면 법원이 쟁점마다 스스로 실체판단을 형성하는 종래의 일반적 심사방법에 비하여 심리가 한층 신속하고 능률적으로 실시될 수 있고, 행정의 재량에 대한 법원의 지나친 내용적 간섭을 피할 수 있으며, 사안에 따라서는 사인에게도 보다 밀도 있는 구제를 보장할 수 있을 것이다.[2]

(4) **양 방식의 조화** ① 절차심사에 의한 권리보호는 법원이 절차가 공정하지 못하였다 하여 당해 행정행위를 취소하더라도 행정청이 절차만 다시 거치면 동일한 처분을 하는 것을 막는 것은 아니므로 문제를 원천적으로 해결하는 것은 아니며, 더러는 문제해결을 지연시키는 결과가 되는 경우도 없지 않다. 법원의 법적 분쟁 해결기능은 원칙적으로 필요한 시점에서 실체적 판단을 명확하게 함으로써 달성될 수 있는 것이다. ② 따라서 법원에 의한 재량의 통제는 판단대치방식과 절차적 심사방식의 적절한 조화에 의하여서만 달성될 수 있다고 할 것이다.

---

1) 藤田宙靖, 行政法, 제 3 판, p. 107.
2) 김철용(I), p. 162.

제 5 절 行政行爲의 내용

제 1 목 概 說

(1) 행정행위는 그 구성요소와 법률효과의 발생원인을 표준으로 법률행위적 행정행위와 준법률행위적 행정행위로 나뉘고, 전자는 다시 법률효과의 내용, 즉 당해 행정행위에 주어진 법률효과가 국민의 권리의무와 어떠한 관계가 있는가에 따라 명령적 행정행위(befehlender VA)와 형성적 행정행위(gestaltender VA)로,[1),2)] 후자는 구성요소를 기준으로 하여 확인 · 공증 · 통지 · 수리로 구분하는 것이 통설적 견해이다. 명령적 행정행위는 개인에게 특정한 의무를 부과하거나 부과된 의무를 해제하는 행위이며, 형성적 행정행위는 권리 · 능력 · 포괄적 법률관계, 그 밖의 법률상의 힘을 형성 · 변경 · 소멸시키는 행위이다.

(2) 뒤에서 보는 용어는 학문상의 용어이고 실정법상의 용어와 일치되는 것은 아니므로, 실정법상의 행위가 뒤에서 보는 어느 행위에 해당하는가는 개개의 실정법의 합리적 해석에 의하여 구체적으로 결정하는 수밖에 없다.

제 2 목 命令的 행정행위

(1) 개인에게 특정의 의무를 부과하거나 이를 해제하는 행위이다. 이는 다시 ① 의무를 명하는 하명과, ② 의무를 해제하는 허가 · 면제로 나누어진다.

(2) 이들 행위는 개인의 자연적 자유를 제한하거나 그 제한을 해제하는 행위로 이 점에서 권리의 발생 · 변경 · 소멸을 목적으로 하는 형성적 행위와 구별

1) 전통적 법이론에 의하면 법은 그 내용상으로 보아 명령적 법규(Soll-Vorschrift)와 능력적 법규(Kann-Vorschrift)의 두 가지로 나누어진다. 명령적 법규라 함은 사람의 자연의 자유에 제한을 가하여 일정한 행위를 할 것을 명하거나 하지 말 것을 명하는 것을 내용으로 하는 법이며, 이러한 명령은 의무를 의미하므로 의무법이라고도 한다. 이에 대하여 능력적 법규라 함은 사람의 자연의 자유에는 속하지 않는 어떤 법률상의 능력을 부여하는 것을 내용으로 하는 법이며, 그 법률상의 능력은 권리 · 능력 또는 포괄적 법률관계이므로 이것을 「권리법」이라고도 한다. 이와 같은 법규의 내용상의 구별에 따라 이에 의거한 행위도 명령적 행위와 형성적 행위의 구별이 있게 된다.

2) 전통적 견해는 행정행위를 먼저 법률행위적 행정행위와 준법률행위적 행정행위로 나누고 이를 다시 본문에서 보는 바와 같이 세분한다. 그러나 이러한 세분은 행정행위의 내용, 즉 당해 행정행위에 주어진 법적 효과가 국민의 권리의무와 어떠한 관계가 있는가에 따라 분류한 것이며, 이는 행정행위를 그 구성요소 및 법적 효과의 발생원인을 기준으로 한 분류인 법률행위적 행정행위와 준법률행위적 행정행위의 분류와는 다른 차원에서의 분류이다. 따라서, 이러한 세분은 반드시 법률행위적 행정행위와 준법률행위적 행정행위의 구별을 전제로 하여서만 행하여질 수 있는 것은 아니고, 행정행위를 바로 이와 같이 분류할 수 있다 할 것이다.

된다. 그러나 명령적 행정행위와 형성적 행정행위, 그리고 그 하위분류인 허가·특허·인가 등의 개념은 행정행위에 주어지는 법적 효과를 기준으로 이론적으로 정립한 것이며, 그 성질상 일종의 모델(model)개념이며 이념형에 지나지 아니한다.

I. 下命(Befehl)

(1) **개념** 작위(Tat)(위법건축물의 제거명령 등)·부작위(Unterlassung)(영업정지·도로통행금지·건축물의 사용금지 등)·급부(Leistung)(조세부과 처분 등)·수인(Dulden)(건강진단 수진명령 등)을 명하는 행위이다. 이 중 부작위를 명하는 행위를 금지(Verbot)라고도 한다. 금지에는 어떤 경우에도 이를 해제하지 못하는 절대적 금지(비밀결사의 조직 등)와 허가를 유보한 상대적 금지(목욕탕영업의 경영 등)가 있다.

(2) **형식** 하명, 특히 금지는 ① 직접 법률·명령의 형식에 의하는 법규하명(예: 건축법에 의하여 직접 일정한 건축을 금지한 것 등)과, ② 구체적인 행정행위의 형식에 의하는 하명처분의 두 가지가 있다. 후자에는 다시 불특정다수인에 대하여 행하여지는 경우(도로통행금지와 같이 일반처분의 형식을 취하는 것)와 특정의 상대방에 대하여 개별적·구체적으로 의무를 명하는 경우(개별적 처분)가 있다. 하명은 이 점에서, 성질상 항상 처분의 형식으로 행하여지고 법규의 형식으로 행하여질 수 없는 허가와 다르다.

(3) **종류** ① 하명에 의하여 과하여지는 의무의 내용에 따라 ⓘ 작위하명, ⓘⓘ 부작위하명(금지), ⓘⓘⓘ 급부하명, ⓘⓥ 수인하명으로 분류되며, ② 그 기초가 된 행정분야에 따라 ⓘ 경찰하명, ⓘⓘ 복리행정상의 하명, ⓘⓘⓘ 재정하명, ⓘⓥ 군정하명 등으로 분류된다.

(4) **대상** 주로 사실행위이나(예: 청소, 교통방해물제거 등), 법률행위인 경우도 있다(예: 무기매매, 고시가격 초과 판매금지 등).

(5) **사전통지·의견청취** 하명은「의무를 과하거나 권익을 제한하는 처분」에 해당되므로, 하명을 행하는 경우에는 원칙적으로 사전에 일정한 사항을 통지하여야 하며(행정절차 21), 의견제출의 기회를 부여하여야 한다(동 22③).

(6) **효과** 하명의 내용에 따라 수명자가 일정한 행위를 사실상 하여야 할 또는 하여서는 아니될 공법상의무를 지는 데 있다.

하명이 있는 경우에는 상대방은 행정주체에 대하여서만 의무를 이행할 책임이 있으므로, 그 의무불이행에 대하여는 행정주체만이 그 이행을 강제하거나 처벌하는 데 그치며, 제 3 자가 의무이행을 소구한다든가 불법행위를 이유로 손해배상을 청구할 수 있는 것은 아니다(의료 15).

(7) **하명위반의 효과** ① 하명에 의하여 명하여진 의무를 불이행한 자에 대하여는 행정상강제집행이 행하여지고, 의무를 위반한 때에는 처벌(행정벌)이 과하여지는 것이 보통이다.

② 그러나 명령·금지에 위반하여 행하여진 법률행위가 민사법 또는 상사법상으로 당연히 무효로 되는 것이 아니다. 명령·금지는 법률행위를 대상으로 하는 경우에도 사실로서 어떤 행위를 하여야 할 또는 하여서는 아니될 것을 명하는 데 그치며, 직접 법률행위의 효력을 제한 또는 부정함을 본래의 목적으로 하는 것은 아니기 때문이다(예컨대, 사인이 불법으로 무기를 양도하여도 처벌은 받으나, 양도행위 자체는 유효하다).

〔**판례**〕 행정법규에 위반한 사법상 법률행위의 효력
외국환관리법 21조 1항 2호에서는 대한민국 내에서 같은법 또는 같은법에 의한 대통령령으로써 정하는 경우를 제외하고는 거주자와 비거주자 간의 채권의 발생, 변경, 변제, 소멸 등을 금지하고 있으며 또 같은법 시행령 33조 1항 1호에서는 매매로 인한 거주자와 비거주자 간의 채권에 관하여 채권의 발생등의 당사자가 되는 것을 금지하고 있으나 외국환관리법의 제규정 등에 비추어 볼 때 위 제한 규정들은 단속법규이고 위 제한 규정에 저촉되는 행위라 할지라도 그 행위의 사법상의 효력에는 아무런 영향이 없다(대법원 1975.4.22. 72 다 2161 전원합의체판결 운임차액).[1)]

보조금의예산및관리에관한법률 제35조는 국가예산으로 교부된 보조금으로 취득한 재산이 그 교부목적과 다른 용도로 사용되거나 처분되는 것을 막음으로써 보조사업에 대한 국가의 적정한 관리와 보조금의 실효성을 지속적으로 확보하기 위한 데에 그 입법 취지가 있다고 할 것이므로, 위 규정은 단속규정이 아닌 효력규정이라고 보아야 한다(대법원 2004.10.28. 2004 다 5556 소유권이전등기).[2)]

Ⅱ. 許可(Erlaubnis)

(1) **개 념**

㈎ **허가(원칙적 허가, 통제허가)** 일반적 금지(부작위의무)를, 특정의 경우에, 특정의 상대방에게 해제하여 적법하게 일정한 행위를 행할 수 있게 하여 주

1) 같은 취지의 판례; 대법원 1981.5.26. 80 다 2367 전원합의체판결 건물명도.
2) 같은 취지의 판례; 운전면허정지처분의 경우 면허관청으로 하여금 일정한 서식의 통지서에 의하여 처분집행일 7일 전까지 발송하도록 한 같은법시행규칙 제53조 제 2 항의 규정은 효력규정이다. 면허관청이 운전면허정지처분을 하면서 별지 52호 서식의 통지서에 의하여 면허정지사실을 통지하지 아니하거나 처분집행예정일 7일 전까지 이를 발송하지 아니한 경우에는 특별한 사정이 없는 한 위 관계 법령이 요구하는 절차·형식을 갖추지 아니한 조치로서 그 효력이 없고, 이와 같은 법리는 면허관청이 임의로 출석한 상대방의 편의를 위하여 구두로 면허정지사실을 알렸다고 하더라도 마찬가지이다(대법원 1996.6.14. 95 누 17823 운전면허취소처분취소).

는 처분을 말한다(영업허가 · 건축허가 · 의사면허 · 기부금품모집허가 등). 허가는 상대적 금지에 대하여서만 행하여지며, 절대적 금지(미성년자의 음주 등의 금지)에 대하여는 행하여질 수 없다.

통제허가는 건축허가 · 기부금품모집허가 등과 같이 요건을 갖춘 허가신청이 있으면 반드시 허가하여 주어야 하는 통제목적을 위한 예방적금지(präventivesVerbot)의 해제인 허가이다.

(나) 예외적 허가(예외적 승인) ① 허가제에 있어서, 허가인 통제허가는 부여함이 원칙이고 불허가는 예외인데, 허가 중에는 이와는 반대로 금지하여 두는 것이 원칙이고 허가함이 예외인 것이 있다. 이러한 허가를 예외적 허가(Ausnahmebewilligung)라 한다. 예외적허가는 자연공원지역 내에서의 산림훼손허가, 학교환경위생정화구역내에서의 유흥음식점허가 등과 같이 일반적으로 허용하지 아니하는 행위를 극히 예외적으로 허가하여 주는 억제적 금지(represives Verbot)의 해제인 허가이다. 예외적 승인이라고도 한다.[1] ② 그러나 양자는 모두 금지의 해제인 허가인 점에서 법적 성격은 동일하다 할 것이다. 다만, 전자는 원칙적으로 기속행위 내지는 기속재량행위인데 대하여, 후자는 재량행위인 점에서 차이가 있다.

(다) 신고 ① 보통의 신고는 어떠한 법률사실 또는 법률관계의 존부를 행정청에 단순히 통고하는 것이며, 그것이 행정청에 제출되어 접수된 때에 관계법률이 정하는 법적 효과가 발생하는 사인의 공법행위이다. 그런데 관계 법령에서는 건축 등을 금지하고(예방적 금지) 신고에 의하여 그러한 금지가 해제되도록 정하고 있는 경우가 있는데(예: 건축신고(건축 9①), 자본거래의 신고(외국환거래 18⑤), 식품영업의 신고(식품위생 22⑤), 농지의 전용신고(농지 35) 등), 이러한 금지를 「신고유보부금지」라 한다. 신고유보부금지의 경우에는 개인의 신고에 의하여 금지가 해제되며, 따라서 이 경우의 신고는 그 행위에 있어서는 신고이지만 효과에 있어서는 허가의 일종이다.[2] 건축법의 경우는 「신고함으로써 건축허가를 받은 것으로 본다」고 규정하여, 명문으로 신고에 의한 건축허가를 의제하고 있다(건축 9①). ② 신고에 의하여 금지가 해제되는 신고에는 행정청의 접수만으로 효과가 발생하는 「수리를 요하지 아니한 신고」도 있고(예: 건축 9①), 행정청이 형식적 요건의 구비여부를 심사하여 수리하여야 효과가 발생하는 「수리를 요하는 신고」도 있다(예: 외국환거래 18⑤, 수산업 44(어업신고)). ③ 이러한 신고유보부금지제도가 실정제도상 늘어나는 것은 규제완화정책의 일환으로 실질적 심사까지 행하여 허가 여부를 결정하는 엄격한 허가제도를 형식적 심사만으로 허가하는 완화된 허가제로 전환하는

1) 김남진(I), p. 236.
2) 박규하, 고시연구, 1989. 11월호.

것이라 할 것이다.

〔판례〕 건축허가의제적 신고의 처분성—신고유보부 금지의 해제(허가)와 인인 보호

〔사실 개요〕 박희택은 차고 48.6㎡를 증축하기 위하여 건축법 제 9 조 제 1 항의 규정에 의하여 동장에게 건축신고를 하고 증축하였다. 이에 이웃인 송한석은 신고인은 차고지토지에 대한 독점적·배타적인 사용·수익권이 없는데 인인들의 통행권을 침해하는 증축을 하였다 하여 동장의 신고수리처분의 취소소송을 제기하였던바, 원심인 서울고등법원에서는 신고수리의 처분성을 인정하고 이를 취소하는 인용판결을 하였다. 이에 동장이 대법원에 상고하였다.

〔판결 요지〕 신고를 함으로써 건축허가를 받은 것으로 간주되는 건축법 제 9 조 제 1 항에 의한 신고의 경우에는 적법한 요건을 갖춘 신고만 하면 행정청의 수리행위 없이 건축을 할 수 있는 것이므로 수리행위는 없으며 따라서 수리행위의 처분성을 인정한 원심판결은 잘못된 것이며 이 사건의 소는 각하되어야 한다[98 두 18435(1999. 10. 22 대판)].

〔평석〕 대법원이 이 사건의 경우 수리행위의 처분성을 인정하지 아니한 것은 타당하지만, 건축신고가 건축허가로 의제된다는 것과 인인보호 문제를 고려하지 아니하였다는 점에 문제가 있다. 신고가 건축허가로 의제된다는 법적 효과에 착안하여 간접적으로 신고의 처분성을 인정하는 등으로 인인보호가 행하여져야 할 것이다. 물론 이 사건의 경우는 접수는 있었으나 수리행위는 없었으므로 서울 고등법원 판결처럼 수리행위의 처분성을 직접적으로 인정하는 데는 난점이 있다.

〔판례〕 건축허가의 법적 성질
건축허가는 행정관청이 건축행정상 목적을 수행하기 위하여 수허가자에게 일반적으로 행정관청의 허가 없이는 건축행위를 하여서는 안 된다는 상대적 금지를 관계법규에 적합한 일정한 경우에 해제하여 줌으로써 일정한 건축행위를 하여도 좋다는 자유를 회복시켜 주는 행정처분일 뿐 수허가자에게 어떤 새로운 권리나 능력을 부여하는 것이 아니고, 건축허가서는 허가된 건물에 관한 실체적 권리의 득실변경의 공시방법이 아니며 추정력도 없다(대법원 2007.4.26. 2005 다 19156 소유권확인).

건축허가에 기하여 이미 건축공사를 완료하였다면 그 건축허가처분의 취소를 구할 이익이 없다 할 것이고, 이와 같이 건축허가처분의 취소를 구할 이익이 없게 되는 것은 건축허가처분의 취소를 구하는 소를 제기하기 전에 건축공사가 완료된 경우뿐 아니라 소를 제기한 후 사실심 변론종결일 전에 건축공사가 완료된 경우에도 마찬가지이다(대법원 2007.4.26. 2006 두 18409 건축허가취소).[1)]

(2) 성 질

㈎ 명령적 행위인지 형성적 행위인지의 여부 (a) 허가는 금지된 자연의 자유를 특정의 경우에 회복시켜 주는 행위로 통설·판례(63 누 97(1963.8.22 대판)—공중목욕탕영업허가는 자유회복이다.)는

1) 건물이 이격거리를 유지하지 못하고 있고, 건축 과정에서 인접주택 소유자에게 피해를 입혔다 하더라도 인접주택의 소유자로서는 위 건물에 대한 사용승인처분의 취소를 구할 법률상 이익이 있다고 볼 수 없다(대법원 2007.4.26. 2006 두 18409 건축허가취소).

금지의 반대측면으로 명령적 행위의 일종으로 보고, 그 점에서 형성적 행위인 특허와 구별한다. 그런데 이에 대하여는 의문을 제기하는 견해가 있는바, 그것은 허가를 권리설정행위로 보아 양자 모두를 형성적 행위로 보는 견해이다.

(b) 허가를 형성적 행위로 보아 특허와 구별하지 아니하는 견해는 허가도 법령 또는 행정행위에 의하여 일정한 행위를 할 수 있는 권리(자유권적 권리)가 제한되고 있는 경우에 그 제한을 해제하여 적법한 권리행사를 가능하게 하여 주는 행위이므로, 명령적행위라기보다는 형성적행위로 보아야 한다는 견해 등이 그것이다.

(c) 자유권이라는 「권리」를 회복시켜 준다는 점에서 허가는 그 범위 안에서 형성적 행위의 성질을 갖는다고 할 것이고, 따라서 일정한 경우에는 허가로 인하여 받는 이익은 보호되어야 할 것으로 본다.[1] 반면 허가로 인하여 누리는 영업상 이익이 원칙상 반사적 이익에 불과하다는 판례도 있다.[2]

② 다만, 위에서 본 바와 같이 실정법상 현실적으로 존재하는 행정행위는 「특허」와 「허가」의 성질을 겸하는 것(예: 가스사업면허·전기사업면허 등)도 있고, 두 가지 행위의 중간형의 성질을 가지는 것(예: 석유정제업 등)도 있어 양자의 구별은 상대적이다.

(나) 재량행위인지 기속행위인지의 여부 ① 허가 여부를 결정하는 것은 원칙적으로 행정청의 기속재량이라 할 것이다.[3]

> **〔판례〕** 기부금품모집규제법상 기부금품모집허가의 법적 성질
> 기부금품모집허가의 법적 성질이 강학상의 허가라는 점을 고려하면, 기부금품 모집행위가 같은 법 제 4 조 제 2 항의 각 호의 사업에 해당하는 경우에는 특별한 사정이 없는 한 그 모집행위를 허가하여야 하는 것으로 풀이하여야 한다(대법원 1999.7.23. 99 두 3690 기부금품모집허가불허처분취소).

> **〔판례〕** 건축허가권자는 관계 법령에서 정하는 제한사유 이외의 사유를 들어 그 허가신청을 거부할 수 없다.

---

1) 주류제조면허는 재정허가의 일종으로서는 일반적 금지의 해제로 자유의 회복일 뿐 새로운 권리의 설정은 아니지만 일단이 주류제조업의 면허를 얻은 자의 이익은 단순한 사실상의 반사적 이익에만 그치는 것이 아니고 주세법의 규정에 따라 보호되는 이익이다(1989.12.22. 89 누 46 법인세등부과처분취소).

2) 한의사 면허는 경찰금지를 해제하는 명령적 행위(강학상 허가)에 해당하고, 한약조제시험을 통하여 약사에게 한약조제권을 인정함으로써 한의사들의 영업상 이익이 감소되었다고 하더라도 이러한 이익은 사실상의 이익에 불과하고 약사법이나 의료법 등의 법률에 의하여 보호되는 이익이라고는 볼 수 없으므로, 한의사들이 한약조제시험을 통하여 한약조제권을 인정받은 약사들에 대한 합격처분의 무효확인을 구하는 당해 소는 원고적격이 없는 자들이 제기한 소로서 부적법하다(대법원 1998.3.10. 97 누 4289 한약조제시험무효확인).

3) 산림법 부칙 제 9 조 제 1 항, 제 2 항에 의한 형질변경허가 등 산림의 용도변경에 필요한 처분은 기속행위가 아닌 기속재량행위이다. 상수원 오염의 우려가 크다는 사유만으로도 산림의 형질변경을 불허하여야 할 충분한 이유가 된다 할 것이고, 수질오염의 정도 등에 관하여 반드시 수치에 근거한 일정한 기준을 정하여 놓고 형질변경의 허가·불허가를 결정하여야 하는 것은 아니다(대법원 1998.9.25. 97 누 19564 불법전용산림신고지산림형질변경불허처분취소).

건축허가권자는 건축허가신청이 건축법 등 관계 법규에서 정하는 어떠한 제한에 배치되지 않는 이상 당연히 같은 법조에서 정하는 건축허가를 하여야 하고, 중대한 공익상의 필요가 없음에도 불구하고, 요건을 갖춘 자에 대한 허가를 관계 법령에서 정하는 제한사유 이외의 사유를 들어 거부할 수는 없다(대법원 2006.11.9. 2006 두 1227 건축허가반려처분취소).[1]

장례식장을 건축하는 것이 구 건축법 제 8 조 제 4 항, 같은법시행령 제 8 조 제 6 항 제 3 호 소정의 인근 토지나 주변 건축물의 이용현황에 비추어 현저히 부적합한 용도의 건축물을 건축하는 경우에 해당하는 것으로 볼 수 없음에도, 건축허가신청을 불허할 사유가 되지 않는 인근 주민들의 민원이 있다는 사정만으로 건축허가신청을 반려한 처분은 법령의 근거 없이 이루어진 것으로 위법하다(대법원 2002.7.26. 2000 두 9762 건축허가신청반려처분취소).

그리하여 허가제에 있어서는 허가를 부여함이 원칙이고 불허가는 예외이다(이른바 원칙적 허가제).

참고 선원주의

허가는 기속재량행위이므로 출원이 경합되는 경우에는 먼저 출원한 것부터 심사하여 신청이 법정요건을 갖춘 때에는 허가하여야 하는 선원주의에 의하여야 한다. 이에 대하여 특허는 공익상 행정청에 대하여 신청자 중에서 보다 확실하게 당해 사업을 수행할 능력자를 선택할 재량이 인정되었다고 할 것이므로 선원주의에 의하여야 하는 것은 아니다.

② 그러나 예외적으로 허가여부가 자유재량인 경우도 있다 할 것이다. 예컨대 자연보호관계의 개발허가(자연공원 23) 등의 경우는 미관보호를 위하여 일반적으로 개발이 금지되는 지역에서 특별한 사정이 있는 경우에 개발금지를 해제하여 개발을 허용하는 것이므로 허가여부결정에 있어서 행정청에게 자유재량이 인정된다 할 것이다(예외허가제).[2]

다만 원칙허가와 예외허가의 구별은 절대적인 것이 아니고 상대적이라고 할 것이며, 따라서 그 중간영역에 위치한 것도 많다고 할 것이어서 구체적인 허가가 어느 것에 해당하는지를 가려내기 어려운 경우도 많다고 할 것이다. 예컨대

1) 국토의 계획 및 이용에 관한 법률 제54조, 건축법 제 8 조 제 4 항에 의하면 지구단위계획구역 안에서 건축물을 건축하거나 건축물의 용도를 변경하고자 하는 경우에는 그 지구단위계획에 적합하게 건축하거나 용도를 변경하여야 하며, 건축허가권자는 당해 용도·규모 또는 형태의 건축물을 그 건축하고자 하는 대지에 건축하는 것이 지구단위계획구역에 적합한지의 여부를 확인하도록 하고 있으므로, 건축허가권자는 지구단위계획구역 안에서의 건축이 그 지구단위계획에 적합하지 아니한 경우 그 건축허가를 거부할 수 있다(대법원 2006.11.9. 2006 두 1227 건축허가반려처분취소).

2) 자연공원법, 같은법시행령 관련 규정의 취지를 종합하면, 자연공원법이 적용되는 지역 내에서 단란주점영업허가의 신청이 있는 경우에, 식품위생법 관련 규정상 시설요건 등을 갖추었다고 하여 반드시 허가하여야 하는 것이 아니라, 그 단란주점영업이 자연공원법의 목적인 국민의 보건 및 여가와 정서생활의 함양, 건전한 탐방질서의 유지 등에 배치되는 등 공익상 필요가 있을 때는 불허가할 수 있다(대법원 2001.1.30. 99 두 3577 식품접객업불허가처분취소).

농지전용허가를 하급심인 서울고등법원에서는 농지법시행령이 정한 허가요건을 갖춘 이상 불허가할 수 없고 허가하여야 한다고 한 데 대하여, 대법원은 농지법시행령이 정한 심사기준에 부적합한 경우는 물론 대상농지의 현상과 위치 및 주위의 상황 등을 종합적으로 고려하여 국토 및 자연의 유지와 환경의 보전 등 중대한 공익상 필요가 있다고 인정되는 경우에도 불허가할 수 있다(98 두 15382 (2000.5.12 대판))고 판시한 것이 그 예라고 할 것이다.

(3) **형식** ① 하명의 경우와는 달리 허가는 성질상 항상 행정행위(행정처분)의 형식으로 행하여지며, 직접 법령에 의하여 행하여지는 경우는 없다. 그것은 허가는 일반적 금지를 전제로 하는바, 법령에 의한 일반적 허가가 행하여질 수 있다면 벌써 허가의 전제가 되는 일반적 금지가 모두 소멸되고 말기 때문이다. ② 허가처분은 불특정다수인에 대하여 행하여지는 경우(예: 도로통행금지해제)와, 특정의 상대방에 대하여 개별적으로 행하여지는 경우(예: 음식점영업허가)가 있음은 하명의 경우와 같다.

(4) **종류** ① 허가를 함에 있어서는 허가요건에 대한 심사를 하게 되는바, 심사대상에 따라 ⅰ 일신전속적인 인의 자격인 대인적 허가(예: 의사면허·운전면허 등), ⅱ 물적 요건인 대물적 허가(예: 차량검사합격처분·건축허가·음식점 영업허가 등), ⅲ 인적인 자격요건과 함께 물적 요건인 혼합허가(예컨대 전당포영업허가는 일정한 요건을 갖춘 자가, 또한 기준에 적합한 전당물보관시설을 갖추어야 행한다.)로 분류된다. 대인적 허가는 일신전속적이기 때문에 그 효과를 타자에게 이전할 수 없는데, 대물적 허가의 효과는 물건 또는 사업의 양도·상속 등에 수반하여 이전할 수 있다는 점에서 구별할 실익이 있다. 혼합적 허가는 원칙적으로 이전할 수 없으나, 법률이 허가청의 승인 등을 받아 이전할 수 있도록 규정한 경우도 있다.[1),2)]

(5) **대상** 보통은 사실행위이지만(예: 건축허가 등), 예외적으로 법률행위인 때도 있다(예: 무기양도허가 등). 법률행위인 경우에는 법률행위 그 자체를 대상으로 한다기보다는 그 내용인 사실행위를 대상으로 한다고 할 것이다.

(6) **신청(출원)** ① 보통 신청에 의하여 행하여지나, 특허 또는 인가와는 달리 예외적으로는 신청 없이도 행하여진다(예: 통행금지해제). ② 신청 후 행정처분 전

---

1) 사설묘지설치허가는 단순한 대물적 허가로만 볼 수 없어 그 허가의 효과는 위 임야를 양수한 자에게 당연히 이전될 수 없으므로 위 양수인은 사설묘지허가취소처분에 대하여 행정소송을 제기할 이익이 없다(대법원 1979.10.16. 79 누 175 사설묘지허가취소처분취소).

2) 학원의설립·운영에관한법률 제 5 조 제 2 항에 의한 학원의 설립인가는 강학상의 이른바 허가에 해당하는 것으로서 그 인가를 받은 자에게 특별한 권리를 부여하는 것은 아니고 일반적인 금지를 특정한 경우에 해제하여 학원을 설립할 수 있는 자유를 회복시켜 주는 것에 불과한 것이기는 하지만, 위 법률 제 5 조 제 2 항 후단의 규정에 근거한 같은법시행령 제10조 제 1 항은 설립자의 변경을 변경인가사항으로 규정하고 있어 학원의 수인가자의 지위 (이른바 인가권)의 양도는 허용된다(대법원 1992.4.14. 91 다 39986 자동차학원인가명의변경).

에 관계 법령이 개정 시행된 경우에, 원칙적으로 변경된 법령 및 허가기준에 따라야 한다.[1)]

(7) 효과 ① 허가로 인하여 사실상 이익을 받는 경우가 있으나, 그것은 원칙적으로 반사적이익에 불과하다.[2)] 그러나 허가를 받아 향유하는 이익은 허가를 행한 행정청에 대한 관계에서는 법적이익으로서 행정쟁송을 통하여 보호받을 수 있다(예: 영업허가의 철회에 대한 취소소송). 그리고 허가는 제 3 자에 대한 관계에서도 특별히 권리를 새로이 설정하여 주는 행위는 아니지마는 제한된「자유권」(기본권)을 회복시켜 주는 것이며, 그 범위 안에서는 형성적 행위의 성질을 가진다. 그리하여 일정한 경우에는 허가로 인하여 받은 이익은 법적 이익으로 보호되어야 할 경우가 있음은 위에서 본 바와 같다.

지금까지의 판례를 종합하여 보면, 허가의 요건으로 훈령 등 내부규정으로 허가업소간의 거리제한이 정하여지거나, 허가의 양도가 인정된 경우에는 허가로 얻는 이익을 법적 이익으로 보고 있다. 판례는 주유소설치허가의 경우에는 내부기준으로 거리제한을 허가요건으로 추가하는 것을 적법한 것으로 보았으나, 공중목욕장허가(63 누 97 (1963. 8. 22 대판)). 양곡가공시설물설치허가(79 누 433 (1981. 1. 27 대판))의 경우에는 위법한 것으로 보았다.

② 또한 허가의 효과는 상대적이어서 그 허가의 전제가 되는 특정목적을 위한 법적 제한을 해제하여 줄 뿐, 모든 금지를 해제하는 것은 아니다(예컨대 공무원인 자가 음식점영업허가를 받더라도 식품위생법상의 금지는 해제되나, 국가공무원법상의 금지는 해제되지 않는다).

따라서 예컨대 어떤 업종에 있어서는 여러 법령에 의하여 하나의 사안에 대하여 또는 하나의 프로젝트에 대하여, 다수의 행정기관으로부터 복수의 허가를 받아야 할 경우도 있고, 허가와 더불어 인가·신고·확인을 받아야 사업경영이 가능한 경우도 있다. 그것이 이른바 복합민원이다. 우리 행정절차법 제18조에서는「다수의 행정청이 관여하는 처분」, 즉 복합민원의 처리에 관하여 관계행정청

1) 행정행위는 처분 당시에 시행중인 법령과 허가기준에 의하여 하는 것이 원칙이고, 인·허가신청 후 처분 전에 관계 법령이 개정 시행된 경우 신법령 부칙에 그 시행 전에 이미 허가신청이 있는 때에는 종전의 규정에 의한다는 취지의 경과규정을 두지 아니한 이상 당연히 허가신청 당시의 법령에 의하여 허가 여부를 판단하여야 하는 것은 아니며, 소관 행정청이 허가신청을 수리하고도 정당한 이유 없이 처리를 늦추어 그 사이에 법령 및 허가기준이 변경된 것이 아닌 한 변경된 법령 및 허가기준에 따라서 한 불허가처분은 위법하다고 할 수 없다(대법원 2005. 7. 29. 2003 두 3550 개발행위불허가처분취소).

2) ① 서울시가 시영아파트 분양신청자에 대해서만 무주택 요건을 심사함에 따라 무자격자인 철거 대상 건물의 소유자도 그의 지위(아파트 추첨권)를 무주택자에게 양도함으로써 전매이익을 얻을 수 있는 경우(대법원 1997. 6. 24. 97 다 14453 손해배상(기)), ② 약사에게 한약조제권을 인정함으로써 한의사들의 영업상 이익이 감소된 경우(대법원 1998. 3. 10. 97 누 4289 한약조제시험무효확인)에는 반사적이익에 불과하다.

간의 협조를 통하여 당해 처분이 지연되지 아니하도록 하여야 한다는 훈시규정만을 두었다. 그러나 앞으로 보다 근본적으로 독일 행정절차법상의 계획확정절차에서 보는 바와 같이 이른바, 집중효를 인정하여, 복합민원의 경우 하나의 행정청의 허가를 받으면 다른 행정청의 허가 등도 받은 것으로 의제하는 방안도 검토하여야 할 것으로 본다. 다만 현행법상으로도 각 개별법률에서는 하나의 인·허가(특히 행정계획의 승인) 등을 받으면 다른 인·허가 등도 받은 것으로 의제되는 경우가 상당히 많다. 그런데 그러한 의제는 절차의 간소에만 치중되어 있어서 의제되는 행위에 관련되는 관계기관이나 이해관계 있는 제 3 자의 권익보호를 위한 방안이 미흡하다고 할 것인바, 독일의 행정계획확정절차와 같이 그러한 방안이 마련되어야 할 것이다.

판례는 복합민원 중 인·허가의제의 경우에 주된 인·허가의 신청에 대하여 거부처분을 하면서 의제되는 인·허가거부사유를 근거로 한 경우에는 거부처분의 상대방은 신청에 대한 거부처분을 대상으로 소송을 제기하면서 의제되는 인·허가거부사유를 다툴 수 있다고 판시하였다(2001.1.16 대판 99 두 10988). 그리고 주된 인·허가의 신청에 대한 인·허가로 권익을 침해당한 제 3 자는 당해 인·허가처분을 대상으로 하면서 의제되는 인·허가거부사유를 주장할 수 있다고 할 것이다.

(8) 허가받아야 할 행위를 허가받지 않고 행한 경우 원칙적으로 행정상 강제집행이나 처벌(행정벌)의 대상이 되는 데 그친다.

또한 예컨대 동일장소에서 행하여질 영업의 허가가 2 이상이 신청된 경우에 행정청이 중복허가를 하더라도 위법이 되지 아니한다. 그것은 허가 자체의 효과는 단지 영업을 할 자유를 각인에게 회복시켜 주는 데 그치며 그 장소에서 행할 권리 자체를 배타적으로 부여하는 것은 아니기 때문이다.

Ⅲ. 免除(Dispens, Erlassung)

특정의 경우에 작위 · 급부 · 수인의무를 해제하는 행위(예: 예방접종 · 조세면제 · 납세의무 등)를 말한다. 의무를 해제하는 행위인 점에서 허가와 그 성질을 같이한다. 다만, 허가가 부작위의무를 해제하는 행위인데, 면제는 작위 · 급부 등의 의무를 해제하는 행위라는 점에서 다르다. 면제도 행정 각 분야에 따라서 경찰면제 · 복리행정상의 면제 · 재정면제 · 군정면제 등으로 분류된다.

면제는 허가와 성질이 같은 행정행위이므로 허가에 관하여 논한 점은 대체로 면제에도 해당된다.

제 3 목 形成的 행정행위

특정의 상대방에게 권리·능력(권리능력·행위능력) 또는 포괄적 법률관계 기타 법률상의 힘이나 법률상의 지위를 발생·변경·소멸시키는 행위이다. 상대방을 표준으로 하여, 행정청이 어떤 법률관계의 일방 당사자가 되어 직접 상대방을 위하여 행하는 행위와, 행정청은 법률관계의 일방 당사자가 되지 않고 상대방이 아닌 제 3 자의 행위를 보충하여 그 효력을 완성시키거나(인가) 또는 제 3 자를 대리하여 행하는 행위(공법상대리)인 타자를 위한 행위로 나누어지고, 이들은 다시 다음 표와 같이 나누어진다.

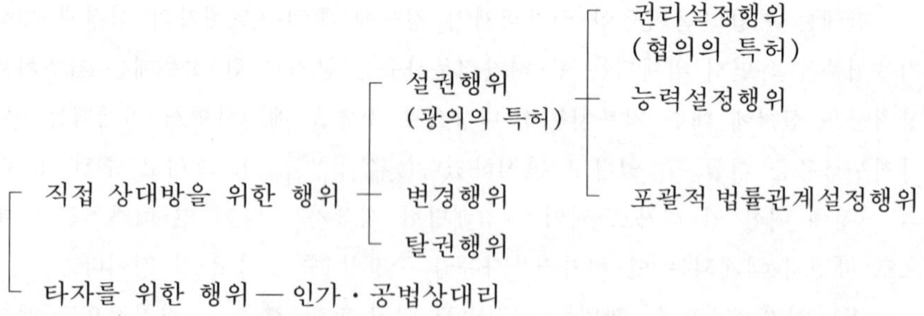

Ⅰ. 特許(廣義)

(1) **개념** 특정의 상대방을 위하여 새로이 권리를 설정하는 행위(예: 특허기업특허·토지수용권설정·도로(하천) 통행료(통항료) 징수권설정·광업허가·어업면허), 능력을 설정하는 행위(예: 공법인을 설립하는 행위), 포괄적 법률관계(예: 국가와 공무원간의 특별행정법관계, 국가와 일반국민 간의 일반권력관계)를 설정하는 행위(공무원임명·귀화허가)를 말한다. 이 중에서 권리를 설정하는 행위를 협의의 특허(konzession)라 한다. 권리·능력·포괄적 법률관계를 설정하는 행위를 특허라 하는 데 대하여, 특정인에 대하여 기존의 그것들을 변경시키는 행위를 변경행위(예: 광구변경처분·공무원전보), 그것들을 소멸시키는 행위를 탈권행위(예: 광업허가취소·귀화허가취소)라 한다.

(2) **특허와 신청(출원)** ① 특허는 신청을 필요요건(효력요건)으로 하며, 따라서 출원이 없거나 그 취지에 반하는 특허는 완전한 효력을 발생할 수 없다. 다만, 법규에 의한 특허(예: 한국도로공사법에 의하여 한국도로공사를 설립하고 고속도로의 설치·관리업무를 특허하는 것 등)를 특허의 한 형식으로 본다면 법규에 의한 특허는 성질상 신청이 있을 수 없다.[1)]

---

1) 이상규(상), p. 369.

② 신청시와 특허시의 법령 및 사실관계가 달라진 경우에는 원칙적으로 특허시의 법령과 사실관계에 따라 특허가 행하여진다.

(3) 형식　① 원칙적으로는 구체적인 행정행위(특허처분)의 형식으로 행하여지며, ② 예외적으로는 법규에 의하여 직접 행하여지는 경우도 있다.

(4) 효과　① 특정의 상대방에게 권리 등 법률상의 힘을 발생시킨다. 설정되는 권리는 공권인 것이 보통이나, 사권(예: 광업허가로 광업권이 생기는데 이것은 사법상의 물권이다(광업 10).)인 경우도 있다. 특허된 힘을 제 3 자가 침해하면 권리침해가 된다.

② 대인적인 특허의 효과는 이전될 수 없는데, 대물적인 특허의 효과는 자유로이 또한 일정한 제한(행정청에의 보고 또는 승인) 아래 이전될 수 있다.

(5) 성　질

(가) 쌍방적 행정행위인지 공법상계약인지의 여부　특허는 출원에 의하여 행하여지기 때문에, 이 출원을 성립요건으로 보아 특허를 공법상계약으로 보고, 따라서 출원의 취지와 다른 특허는 원칙적으로 유효하게 성립할 수 없다는 견해도 있다(G. Jellinek). 그러나 사인의 의사표시와 행정청의 의사표시에 대등한 가치를 인정하지 아니하고, 출원은 단순한 효력요건으로 보아 신청을 요하는 쌍방적행정행위로 보는 것이 일반적 견해이다.

(나) 특허와 허가와의 차이　우리 실정법제도상으로 특허와 허가, 그리하여 특허기업특허와 영업허가 간에는 차이가 인정되어 있다고 보는 것이 통설적 견해이다. 그러나 양자의 차이는 상대적인 것이며, 양자를 구별하는 실익도 재량행위이론과 소익이론의 발전에 따라 점차 감소되어 가고 있음은 위에서 본 바와 같다. 여하튼 양자는 모두 사업활동에 대한 규제수단인 점 등에서 유사한 점도 있으나(법령상 서로 용어가 혼용되고, 양자에 모두 부관이 붙여지며, 출원에 의하여 행하여지고, 행정청의 감독을 받으며, 모두 경제적 이익을 받는다는 점 등), 통설에 의하면 다음과 같은 차이가 있다.

(a) 허가는 그 대상사업이 소극적인 사회질서유지를 위하여 국가의 관여를 요하는 음식점 · 숙박업영업 등 개인적 · 영리적 사업인데, 특허는 그 대상사업이 적극적인 공익증진을 위하여 국가의 관여를 요하는 국민생활필수재화의 공급인 물 · 전기 · 가스사업 등 공익사업이다.

(b) 허가는 자연적 자유를 회복시키는 금지해제행위로 명령적행위인데, 특허는 설권행위로 형성적 행위이다. 허가는 단순한 허용(sollen)을 의미하는데, 특허는 적극적으로 제 3 자에 대항하여 이익을 주장할 수 있는 가능(können)을 의미한다. 그리하여 허가로 얻은 이익은 반사적 이익으로서, 제 3 자에게 신규허가를 하여 그 이익이 사실상 침해되어도 사법적 구제를 받을 수 없는 데 대하여, 특

허로 얻은 이익은 권리로서, 제 3 자에 대하여 신규특허를 하여 그 권리가 침해된 경우에는 사법적 구제를 받을 수 있다. 다만 오늘날에는 허가로 얻은 이익도 법적이익으로 보는 경우도 있어, 양자 간의 차이는 상대화되었다고 할 수 있다.

(c) 허가는 신청 없이 행하여지는 경우도 있으나, 특허는 항상 신청을 요하는 쌍방적 행정행위이다.

(d) 허가여부는 원칙적으로 기속행위인데, 특허여부는 국민에게 권리 등을 부여하는 행위이므로 원칙적으로 재량행위라고 보는 것이 종래의 통설이었다. 그러나 오늘날은 당해 행위가 수익적인 것인지 또는 부담적인 것인지 하는 것만으로 재량행위와 기속행위로 구별할 수 없다고 하는 것이 일반적 견해이다.

(e) 허가의 효과는 공법상의무의 해제로 공법적인 데 비하여, 특허의 효과는 보통은 공법적이지마는 사권을 설정하여 주는 사법적일 때도 있다(예: 광업허가).

(f) 허가여부의 결정기준은 공공질서에 대한 장해를 발생시킬 우려가 있는 영업행위를 배제함을 목적으로 하여 정하여지는데, 특허여부의 결정기준은 당해 특허사업을 통하여 국민의 복리를 적극적으로 증진시킬 것을 목적으로 하여 정하여진다.

(g) 허가를 받은 자에 대한 감독은 공공의 안녕 · 질서를 유지하기 위한 소극적인 것인데, 특허를 받은 자에 대한 감독은 당해 특허사업을 조성하기 위한 적극적인 것이다.

Ⅱ. 認可(補充行爲—Genehmigung)

(1) 개념 ㈎ 제 3 자의 계약 · 합동행위 등 법률적 행위에 동의를 부여하여 그 행위의 효력을 보충함으로써 법률상의 효력을 완성시키는 행위이다(비영리법인설립인가, 특허기업의 운임 · 요금인가, 공공조합설립인가, 지방채기채승인, 제 3 자의 행위에 동의를 부여하여 그 효력을 보충한다는 것은 예컨대 비영리법인의 설립은 발기인들이 행하는 것인바, 발기인들의 행위만으로는 효력이 완성되지 못하고, 행정청의 인가가 있어야 비로소 효력이 완성된다. 이 경우, 기본적 행위는 발기인들이 행하는 것이고, 행정청의 인가는 어디까지나 보조적 · 보충적이다.).

㈏ 허가는 사실로서의 행위가 적법하게 행하여지기 위한 적법요건인데, 인가는 법률적 행위가 효력을 발생하기 위한 효력요건이다. 즉, 인가를 받아야 할 행위를 인가받지 않고 행한 때에는 그 행위는 무효로 된다(보통, 강제집행 또는 처벌의 문제는 생기지 않는다.). 이 점에서 허가를 받아야 할 행위를 허가받지 않고 행하더라도 그 행위는 위법으로 되지만(보통 벌칙이 있다.), 당연히 무효로 되는 것은 아닌 것과 다르다.[1)]

---

1) 허가와 인가와의 차이 본문에서 본 양자의 차이를 요약하면, ① 허가는 명령적행위인데, 인가는 형성적행위이다. ② 허가의 대상에는 법률적 행위도 있고, 사실적 행위도 있으나, 인가의 대상은 법률적 행위뿐이다. ③ 허가는 적법요건인데, 인가는 효력요건이다. ④ 허가는 신청

(2) 대상 ㈎ 성질상 항상 법률적 행위에 한하고 사실행위는 제외된다. 이 점에서도 허가와 다르다. 법률적 행위 중에는 ① 일반국민의 행위(예: 비영리법인의 설립인가 등)인 경우도 있고 공공단체·특허기업자 등 국가의 특별한 감독하에 있는 자의 행위인 경우도 있으며, 또한 ② 공법상행위인 경우(주택재개발조합설립인가)도 있고 사법행위인 경우(예: 특허기업의 사업양도인가, 외국인의 지정지역 내에서의 토지취득인가)도 있다.

㈏ 인가는 법률적 행위를 대상으로 하여서만 행하여지는 것이기 때문에 그 효과는 당해 법률적 행위에 대한 관계인에 한하여 발생하고 타인에게 이전되지 않음이 원칙이다.

(3) 신청 항상 신청에 의하여 행하여지며, 이 점에서도 예외적이기는 하나 신청 없이도 행하여지는 허가와 다르다. 인가의 경우, 기본적 법률행위의 내용은 신청인이 결정하여 신청하게 하고, 행정청은 이에 대한 인가여부만을 소극적으로 결정하는 것으로, 행정청이 당사자의 의사를 대리행사하는 것은 허용되지 않는다 할 것이다. 따라서, 그 내용을 수정하는 수정인가는 법령에 특별히 근거가 있는 경우 이외에는 인정되지 않는다.

(4) 기본적 법률행위와 인가와의 효력관계 인가는 타자의 법률적 행위의 효력을 보충하여 이를 완성시켜 주는 보충적(보조적) 행위에 지나지 않으므로, ① 기본적 행위가 불성립 또는 무효로 된 경우에는, 인가를 받더라도 유효하게 될 수 없으며 인가도 무효로 된다. ② 또한 인가의 대상인 행위에 취소원인이 있는 때에는 인가 후에도 이를 취소할 수 있다. ③ 기본적 행위는 유효하고 인가만 무효인 때에는 무인가행위로 된다.

〔**판례**〕 도시 및 주거환경정비법이 정한 조합의 정관을 변경하고자 할 경우 시장의 인가를 받지 않고 변경한 정관은 무효이다.
도시 및 주거환경정비법 제20조 제 3 항은 "조합이 정관을 변경하고자 하는 경우에는 조합원 과반수의 동의를 얻어 시장·군수의 인가를 받아야 한다."고 규정하고 있는바, 여기서 관할 시장 등의 인가는 그 대상이 되는 기본행위를 보충하여 법률상 효력을 완성시키는 행위로서, 이러한 인가를 받지 못한 경우 변경된 정관은 효력이 없다고 할 것이다(대법원 2007.7.24. 2006 마 635 조합해산결의효력정지가처분).

〔**판례**〕 행정청의 사립학교 정관변경에 대한 인가처분에 하자가 없고 기본행위인 정관변경에 하자가 있는 경우, 기본행위의 하자를 내세워 바로 그에 대한 행정청의 인가처분의 취소를 구할 수 없다.

없이도 행하여지는 경우가 있는데, 인가는 항상 신청에 의하여 행하여진다. ⑤ 요허가행위를 허가 없이 행하면 처벌이나 강제집행의 대상은 되지만 효력에는 관계가 없음이 원칙인데, 요인가행위를 인가 없이 행하면 효력을 발생하지 못하지만 처벌이나 강제집행의 대상이 되지 않음이 원칙이다.

행정청의 사립학교 정관변경에 대한 인가는 기본행위인 사립학교의 정관변경에 대한 법률상의 효력을 완성시키는 보충행위로서 그 기본행위인 정관변경에 하자가 있을 때에는 그에 대한 인가가 있다 하더라도 정관변경이 유효한 것으로 될 수 없으므로 기본행위인 정관변경이 적법·유효하고 보충행위인 인가처분 자체에만 하자가 있다면 그 인가처분의 취소를 주장할 수 있지만, 인가처분에 하자가 없다면 기본행위에 하자가 있다 하더라도 따로 그 기본행위의 하자를 다투는 것은 별론으로 하고 기본행위의 하자를 내세워 바로 그에 대한 행정청의 인가처분의 취소를 구할 수는 없다(대법원 2004.10.28. 2002 두 10766 정관변경인가처분취소).

Ⅲ. 公法上代理

제 3 자가 행할 행위를 행정청이 대리하여 행한 경우에, 그 제 3 자가 스스로 행한 것과 동일한 효과를 발생시키는 행위를 말한다. 다만 여기에서의 대리는 행정주체가 국민을 대리하는 것이므로, 행정조직내부에서의 행정기관간에 이루어지는 대리는 포함되지 아니한다.

① 감독적인 입장에서(감독청에 의한 공법인의 정관작성·임원임명 등), ② 타인을 보호하는 입장에서(행려병자·사자의유류품처분), 또는 ③ 국가 자신의 행정목적 달성을 위하여서(체납처분절차에서 행하는 압류재산의 공매처분) 행하여진다.

제 4 목 準法律行爲的 행정행위

Ⅰ. 確認(Feststellung)

(1) 의의 특정의 사실 또는 법률관계에 관하여 의문이 있거나 다툼이 있는 경우에 공적 권위로써 그 존부 또는 정부를 확인하는 행위이다.

(2) **성질** 확인행위는 형성적 행위와의 구별이 문제될 때가 있는바, 형성적행위는 효과의사의 표시로서 새로운 법률효과의 형성을 목적으로 하는 법률행위적 행정행위인데, 확인행위는 「판단의 표시」로서 기존의 법률사실 또는 법률관계의 존부 또는 정부(正否)를 공적 권위로써 확정하고 선언하는 준법률행위적 행정행위이다. 확인행위가 있음으로써 구체적 권리가 발생하는 일종의 형성적효과를 수반하는 경우가 있으나(발명의 특허 등), 그것은 특히 법률이 부여하는 효과이며 확인행위 자체의 효과는 아니다. 법선언행위라는 점에서 넓은 의미의 사법행위의 일종이라 할 수 있다. 법선언행위이며 판단작용으로 성질상 판단된 이상, 확인하지 않을 수 없으므로 기속행위이다.

(3) **종류** 조직법상(당선인결정 · 국가시험합격자결정) · 복리행정법상(도로구역결정 · 발명권특허 · 교과서의 검인정) · 재정법상(소득세부과를 위한 소득금액 결정) · 쟁송법상(행정심판재결)의 확인으로 나눌 수 있다.

(4) **형식** 항상 구체적인 처분의 형식으로 행하여지며, 법령에 의한 일반적인 확인은 있을 수 없다. 또한 확인은 일정한 형식이 요구되는 요식행위인 것이 보통이다(행심 35, 공무원연금법시행령 92 등).

(5) **효과** 확인의 공통적인 효과는 확인된 바는 새로운 판단자료가 생긴 경우를 제외하고는 함부로 변경할 수 없는 불가변력(확정력)을 발생한다. 확인의 효력발생시기는 그 성질상 일정한 상태가 존재하였을 때로 소급하는 것이 보통이다.

Ⅱ. 公證(Beurkundung)

(1) 의의 특정의 사실 또는 법률관계의 존부를 공적으로 증명하여 공적 증거력을 부여하는 행위이다.

(2) **성질** 효과의사의 표시가 아닌 점에서는 확인과 같으나, ① 확인이 판단의 표시인데, 공증은 인식의 표시이며, ② 또한 확인은 사실 또는 법률관계에 대한 다툼이나 의문을 전제로 하나, 공증은 다툼이나 의문이 없는 사실 또는 법률관계의 존부에 대하여 형식적으로 증명하여 공적 증거력을 부여하는 행위이다. 인식작용으로 성질상 인식된 이상 공증하지 않을 수 없으므로 기속행위이다.

(3) **형식** ① 등기 · 등록(부동산등기, 외국인등록 등), ② 등재(토지대장에의 등재 등), ③ 회의록 등에의 기재, ④ 증명서발급(합격증서 발급 등), ⑤ 영수증교부, ⑥ 여권 등의 발급, ⑦ 검인·극인의 압날 등의 형식에 의한다.

이러한 행위는 본래는 단순한 사실행위에 지나지 않으나, 법률에 의하여 일정한 법률효과, 즉 공적 증거력이 부여된 경우에는 준법률행위적 행정행위로 된다. 따라서 여기에서 든 행위가 모두 준법률행위적 행정행위에 해당하는 것은 아니며, 단순한 사실행위에 그치는 것도 있음을 유념하여야 한다.

(4) **효과** 공적 증거력이 생긴다. 그 외에 어떤 효과가 생기는가는 각 법령이 정하는 바에 의한다(권리성립 또는 권리행사의 요건인 경우도 있고, 제 3 자에 대한 대항요건인 경우도 있다.). 공적 증거력은 일응의 증거력에 그치며, 반증이 있으면 이를 번복할 수 있고, 또한 행정기관 또는 법원이 공증을 취소하는 것을 막는 것도 아니다.

〔**판례**〕 지적공부 소관청의 지목변경신청 반려행위는 행정처분에 해당한다.

구 지적법 제20조, 제38조 제 2 항의 규정은 토지소유자에게 지목변경신청권과 지목정정신청권을 부여한 것이고, 토지소유자는 지목을 토대로 토지의 사용·수익·처분에 일정한 제한을 받게 되는 점 등을 고려하면, 지목은 토지소유권을 제대로 행사하기 위한 전제요건으로서 토지소유자의 실체적 권리관계에 밀접하게 관련되어 있으므로 지적공부 소관청의 지목변경신청 반려행위는 국민의 권리관계에 영향을 미치는 것으로서 항고소송의 대상이 되는 행정처분에 해당한다(대법원 2004.4.22. 2003 두 9015 전원합의체판결 지목변경신청반려처분취소청구각하취소).[1]

Ⅲ. 通知(Mitteilung)

특정인 또는 불특정다수인에게 특정사실을 알리는 행위이다. 이미 성립한 행정행위의 효력발생요건으로서의 교부나 송달은 그 자체 독립된 행정행위가 아닌 점에서 여기서의 통지와 구별하여야 한다.

어떤 사실에 관한 관념의 통지일 때도 있고(토지세목의 공고·통지, 특허출원공고, 귀화의 고시), 행위자의 의사의 통지인 경우(납세 독촉, 대집행의 계고)도 있다. 통지의 효과는 행위자의 의사에 기하는 것이 아니고 법률에 의하여 생긴다.[2]

통지가 아무런 법률적 효과를 발생하지 아니할 때도 있는바, 이 경우는 사실행위에 그치고 행정행위가 아니며, 법률에 의하여 법률적 효과가 부여되었을 때에만 준법률행위적 행정행위인 통지에 해당한다.

Ⅳ. 受理(Annahme)

원서·신고서·행정심판청구서 등의 제출이 형식적 요건을 갖춘 경우에 행정청이 이를 유효한 행위로 받아들이는 행위이다. 수리는 단순한 사실인 도달과는 달리 수동적 의사행위이다. 신청이 형식적 요건을 결한 경우에는 행정청에 의하여 보정명령이 내려지고, 보정되지 아니한 경우에는 수리가 거부된다. 수리되면 사법상의 법률효과가 발생되는 것(혼인신고 수리), 심리·재결하여야 할 행정청의 의무를 발생시키는 것(행정심판 청구서 수리) 등 법령이 정한 효과가 발생한다.[3] 특히 일정한

1) 이 사건 토지에 관하여는 지적법 제38조 제 2 항이 규정하는 바와 같이 지적공부의 등록사항에 오류가 있는 경우에 해당하여 피청구인으로서는 청구인의 등록사항 정정신청에 응하여 이 사건 토지의 지목을 “대”로 정정해 주어야 할 의무가 있음에도 불구하고 부당한 이유를 들어 이를 거부하였고, 이로 인하여 이 사건 토지의 정당한 등록을 통하여 토지소유자인 청구인이 누리게 될 재산권이 침해당하였다(헌법재판소 1999.6.24. 97 헌마 315 지목변경신청서반려처분취소).

2) 행정청이 침해적 행정처분을 하면서 당사자에게 행정절차법상의 사전통지를 하거나 의견제출의 기회를 주지 아니하였다면 사전통지를 하지 않거나 의견제출의 기회를 주지 아니하여도 되는 예외적인 경우에 해당하지 아니하는 한 그 처분은 위법하여 취소를 면할 수 없다(대법원 2007.9.21. 2006 두 20631 진급낙천처분취소).

3) 구 관광진흥법 제 8 조 등 관계 규정의 형식이나 체재 또는 문언 등을 종합하여 보면, 관광사

기간 내의「부작위」에 대한 구제와 관련하여 수리나 접수의 일시가 중요한 의미를 가진다.

수리거절행위, 즉 각하(Zurückweisung)는 불수리의 의사표시로 소극적인 법률행위적 행정행위이다.

신고서 등에 대한 보정명령은 명령적 행위인 하명이 아니라 소정기한까지 보정되지 아니하는 경우에는 수리를 거절할 의사를 알리는 통지이다.

〔**판례**〕 수산업법 소정의 어업신고의 법적 성질(수리를 요하는 신고)
수산업법 제44조 소정의 어업의 신고는 행정청의 수리에 의하여 비로소 그 효과가 발생하는 이른바 '수리를 요하는 신고'라고 할 것이고, 따라서 설사 관할관청이 어업신고를 수리하면서 공유수면매립구역을 조업구역에서 제외한 것이 위법하다고 하더라도, 그 제외된 구역에 관하여 관할관청의 적법한 수리가 없었던 것이 분명한 이상 그 구역에 관하여는 같은 법 제44조 소정의 적법한 어업신고가 있는 것으로 볼 수 없다(대법원 2000.5.26. 99다37382 손해배상(기)).

〔**판례**〕 구 건축법상의 신고에 대하여 그 수리를 거부할 수 있는지 여부(수리를 요하지 않는 신고)
구 건축법 제 5 조 제 2 항에 규정한 신고가 동법시행령 소정의 형식적 요건을 갖추어 적법하게 제출된 이상 군수는 이를 수리하여야 할 것이고 실체적인 이유로 그 수리를 거부할 수는 없으므로 형식적 요건에 흠결이 없는 신고에 대하여 실체적인 사유를 들어 신고서를 반려하였다 하더라도 그 신고의 효력이 없다고 할 수 없다(대법원 1988.9.20. 87 도 449 자연공원법위반, 건축법위반).

제 5 목 行政規制 완화 및 民願事務 처리 등

I. 行政規制 완화

1. 行政規制手段으로서의 행정행위

(1) 행정행위는 원래 행정기관이 일정한 행정목적을 달성하기 위하여 국민의 사회활동이나 경제활동을 규제하기 위하여 마련한 것이다. 그것은 부담적 행정행위의 경우는 물론이고 수익적 행정행위의 경우도 마찬가지이다. 수익적 행위라는 것은 그러한 행정행위가 이미 존재한다는 것을 전제로 하여 당해 행정행위가 직접 상대방에게 주는 법률효과를 기준으로 하여 정립한 개념에 지나지 아

업의 양도·양수에 의한 지위승계신고에 대하여는 적법·유효한 사업양도가 있고, 양수인에게 구 관광진흥법 제 7 조 제 1 항 각 호의 결격사유가 없는 한 행정청이 다른 사유를 들어 수리를 거절할 수 없다고 할 것이므로, 위 신고의 수리에 관한 처분을 재량행위라고 볼 수 없다(대법원 2007.6.29. 2006 두 4097 거부청구등취소청구).

니한다. 예를 들면 수익적 행위의 하나인 어업면허는 특허의 일종으로 수익적 행위이지만, 그것들은 함부로 물고기를 잡지 못하도록 하기 위하여 국가기관에 의하여 마련된 것이다. 또한 인가도 사립학교 인가에서 보는 바와 같이 누구나 함부로 사립학교를 설립하지 못하도록 하기 위하여 마련된 것이다. 또한 준법률행위적 행정행위의 경우도 마찬가지이다. 확인의 하나인 교과서의 검인정도 그러한 교과서를 함부로 발간하지 못하도록 규제하기 위하여 마련된 것이며, 공증의 하나인 부동산등기도 등기를 하지 아니하면 소유권이전 등의 효과를 발생하지 못하도록 하기 위하여 마련한 것이다.[1)]

(2) 이러한 규제수단인 행정행위는 사회·경제의 발전에 따라 그 수도 기하급수적으로 늘어나고 그 내용도 복잡다기하게 되었다. 규제완화를 목적으로 제정된 주된 법률이 「행정규제 및 민원사무 기본법」(1993. 1. 7 법률 4735호)·「기업활동 규제완화에 관한 특별조치법」(1993. 6. 11 법률 4560호, 1995. 1. 5 법률 4900호로 전문개정) 등이다. 그런데 「행정규제 및 민원사무 기본법」은 폐지되고 이에 대체하여 「행정규제기본법」(1997. 8. 22 법률 5368호)과 「민원사무처리에 관한 법률」(1997. 8. 22 법률 5369호)이 제정되었다.

아래에서는 행정규제기본법과 「기업활동 규제완화에 관한 특별조치법」을 중심으로 행정규제완화에 관하여 살펴보기로 한다.

2. 行政規制基本法의 주요내용—旣存規制의 폐지·정비 및 新設의 억제—

(1) **행정규제의 의의** 「행정규제」란 국가 또는 지방자치단체가 특정한 행정목적을 실현하기 위하여 국민의 권리를 제한하거나 의무를 부과하는 것으로서 법령 등 또는 조례·규칙에 규정되는 사항을 말한다. 그리고 여기에서의 법령 등에는 법률·대통령령·총리령·부령뿐만 아니라 그 위임에 의하여 정하여진 고시 등도 포함한다(행정규제기본 2①(1)).

(2) **적용범위** ㈎ 이 법은 ① 국회·법원·헌법재판소·선거관리위원회 및 감사원이 행하는 사무, ② 형사·행형 및 보안처분에 관한 사무, ③「국가정보원법」에 의한 정보·보안업무에 관한 사항, ④「병역법」·「통합방위법」·「향토예비군설치법」·「민방위기본법」·「비상대비자원관리법」 및 「재난 및 안전관리 기본법」의 규정에 의한 징집·소집·동원·훈련에 관한 사항, ⑤ 군사시설·군사기밀보호 및 방위사업에 관한 사항, ⑥ 조세의 종목·세율·부과 및 징수에 관한 사항에는 적용하지 아니한다(동 3②).

㈏ 이 법은 국가사무에 대해서만 적용되고 지방자치단체의 사무에 대하여는

1) 김남진(I), p. 267 참조.

직접 적용되지 아니한바, 지방자치단체는 이 법이 정하는 취지에 따라 조례·규칙에 규정된 규제의 등록 및 공표, 규제의 신설 또는 강화에 대한 심사, 기존규제의 정비, 규제심사기관의 설치 등에 관해 필요한 조치를 해야 한다(동 3③).

(3) **규제법정주의** 규제는 법률로 정하여야 하며, 그 내용은 알기 쉬운 용어로 구체적이고 명확하게 규정되어야 한다. 규제의 세부적인 내용은 원칙적으로 대통령령·총리령·부령 또는 조례·규칙에 위임할 수 있으며, 고시 등에는 예외적으로 전문적·기술적 사항이나 경미한 사항으로서 업무의 성질상 위임이 불가피한 사항에 관하여서만 구체적으로 범위를 정하여 위임할 수 있다(동 4).

(4) **규제의 원칙** 국가 또는 지방자치단체는 국민의 자유와 창의를 존중하여야 하고, 규제를 정하는 경우에도 그 본질적 내용을 침해하지 아니하도록 하여야 한다. 국가 등은 국민의 생명·보건과 환경 등을 보호하기 위한 규제를 실효성 있게 정하여야 한다. 규제의 대상과 수단은 규제의 목적을 실현하는 데 필요한 범위 안에서 가장 효과적인 방법으로 객관성·투명성 및 공정성이 확보되도록 설정하여야 한다(동 5).

(5) **규제의 등록 및 공표** 중앙행정기관의 장은 소관 규제의 명칭·내용·근거·처리기관 등을 규제개혁위원회에 등록하여야 하며, 위원회는 등록된 규제사무목록을 작성하여 공표하여야 한다(동 6).

3. 「企業活動 規制緩和에 관한 特別措置法」의 주요내용

(1) 각 개별법에 의한 행정규제 중에서 특히 그 완화가 시급하게 요청되는 기업활동에 대한 규제를 완화하기 위하여 각 개별법에 대한 특별법을 제정하였는바, 그것이 바로 이 특별조치법이다.[1]

(2) 그러한 특례로는 창업 및 공장설립에 관한 규제완화(2장), 의무고용의 완화(3장), 수출입에 관한 규제의 완화(4장), 검사 등의 완화(5장), 진입제한 등의 완화(6장) 등이 있다.

(3) 지식경제부에 기업활동규제심의위원회를 설치하여, 기업활동에 관한 행정규제의 조사 및 심사 등을 행하게 한다. 위원회는 지식경제부장관이 임명 또는 위촉하는 15인 이하의 위원으로 구성한다(동 61 이하).

1) 홍준형, 행정규제기본법의 제정, 고시연구, 1997. 10월호.

Ⅱ. 民願事務 처리 및 國民提案 처리

1. 民願事務 처리

(1) 오늘날의 행정과 민원사무 처리 (가) 오늘날은 국민들이 하루도 행정기관을 출입하지 않고는 일상생활을 영위할 수 없는 정도로 민원사무는 많아지고 있으며, 또한 민주주의의 진전에 따라 국민의 봉사행정에 대한 욕구도 날로 커지고 있다. 여기에서 국민의 편익을 도모하기 위하여 민원사무 처리의 기준을 정할 필요가 있으며, 그러한 사항을 정하고 있는 법률이 바로 「민원사무 처리에 관한 법률」(1997.8.22 법률 5369호)이다.

(나) 이 법이 정하고 있는 민원사무는 (일반)민원사무와 복합민원이 있다. ① (일반)민원사무는 민원인이 행정기관에 대하여 처분 등 특정한 행위를 요구하는 사항에 관한 사무를 말하고(동법 2(2)), ② 복합민원은 하나의 민원목적을 실현하기 위하여 법령·훈령·예규·고시 등에 의하여 다수의 관계기관(민원사항과 관련된 단체·협회 등을 포함한다.) 또는 관계부서의 허가·인가·승인·추천·협의 또는 확인 등을 거쳐 처리되는 민원사무를 말한다(동법 2(3)).

(2) 「민원사무 처리에 관한 법률」의 주요내용

(가) 민원의 신청 민원사항의 신청은 문서(「전자정부구현을 위한 행정업무 등의 전자화촉진에 관한 법률」 제2조제5호의 규정에 의한 전자문서를 포함한다.)로 한다. 다만, 구술 또는 전화·전신·모사전송 등 정보통신망(「전자정부구현을 위한 행정업무 등의 전자화촉진에 관한 법률」 제2조제7호의 규정에 의한 정보통신망을 말한다.)으로 할 수 있다(동법 8).

(나) 접수의 유보·거부·반송의 금지 행정기관의 장은 민원사항의 신청이 있는 때에는 다른 법령에 특별한 규정이 있는 경우를 제외하고는 그 접수를 보류하거나 거부할 수 없으며, 접수된 민원서류를 부당하게 되돌려 보내서는 아니된다(동법 9①).

> 「민원사무처리규정상의 보완 또는 보정의 대상이 되는 흠결은 보완 또는 보정할 수 있는 경우이어야 함은 물론이고, 그 내용 또한 형식적, 절차적인 요건에 한하고 실질적인 요건에 대하여까지 보완 또는 보정요구를 하여야 한다고 볼 수 없으며, 또한 흠결된 서류의 보완 또는 보정을 하면 이미 접수된 주요서류의 대부분을 새로 작성함이 불가피하게 되어 사실상 새로운 신청으로 보아야 할 경우에는 그 흠결서류의 접수를 거부하거나 그것을 반려할 정당한 사유가 있는 경우에 해당하여 이의 접수를 거부하거나 반려하여도 위법이 되지 않는다」(대법원 1991.6.11. 90 누 8862 석유판매업허가신청반려처분취소).[1]

1) 피고(경기도 안양교육청)가 원고에게 2회에 걸쳐 이 사건 건물의 용도를 교육연구시설로 변경하도록 하는 등의 보완요구를 하였다가 그 보완이 없자 이 사건 반려처분을 하였는데, 원고로부터 설치계획서를 제출받은 피고로서는 만약 위와 같은 용도변경이 가능하다면 원고가 2회

(다) **다른 행정기관 등을 이용한 민원의 접수·교부** 행정기관의 장은 민원인의 편의를 위하여 그 행정기관이 접수·교부하여야 할 민원사항을 다른 행정기관 또는 특별법에 의하여 설립되고 전국적 조직을 가진 법인 중 대통령령이 정하는 법인으로 하여금 접수·교부하게 할 수 있다(동법 11).

(라) **민원사무편람의 비치** 행정기관의 장은 민원사항의 신청에 필요한 사항을 게시(인터넷 등을 통한 게시를 포함한다)하거나 편람을 비치하여 민원인이 이를 볼 수 있도록 하여야 한다(동법 7).

(마) **민원 1회방문 처리제 시행** 행정기관의 장은 민원사무를 처리함에 있어서 그 행정기관의 내부에서 할 수 있는 자료의 확인, 관계기관·부서와의 협조 등에 따른 모든 절차는 담당 공무원이 직접 행하도록 하여 민원 1회방문 처리제를 확립함으로써 불필요한 사유로 민원인이 행정기관을 다시 방문하지 아니하도록 하여야 한다(동법 24①).

(바) **민원사무처리기준의 통합고시** 행정안전부장관은 민원인의 편의를 위하여 관계법령 등에 규정되어 있는 민원사항의 처리기관·처리기간·구비서류·처리절차·신청방법 등에 관한 사항을 종합한 민원사무처리기준표를 작성하여 관보에 고시하고 인터넷에 게시하여야 한다(동법 20).

(사) **거부 등의 경우의 이유통지** ① 행정기관의 장은 민원인이 신청한 민원사항에 대한 처리결과를 민원인에게 문서로 통지하여야 한다. 다만, 대통령령이 정하는 경우에는 구술 또는 정보통신망으로 통지할 수 있으며, 이 경우 민원인의 요청이 있는 때에는 지체 없이 처리결과에 관한 문서를 교부하여야 한다. ② 행정기관의 장은 제 1 항의 규정에 의하여 처리결과를 통지함에 있어서 민원인의 신청을 거부하는 때에는 그 이유와 구제절차를 함께 통지하여야 한다(동법 15).

(아) **민원후견인** 행정기관의 장은 민원 1회방문 처리제의 원활한 운영을 위하여 민원사무의 처리에 경험이 많은 소속 공무원을 민원후견인으로 지정하여 민원인 안내 및 민원인과의 상담에 응하도록 할 수 있다(동법 25).

(자) **민원사무의 정보보호** 행정기관의 장은 민원사무의 처리와 관련하여 알게 된 민원사항의 내용과 민원인의 신상정보 등이 누설되어 민원인의 권익이 침해되지 아니하도록 노력하여야 한다(동법 26).

(차) **민원행정제도의 개선** ① 중앙행정기관의 장은 매년 그 기관이 관장하

에 걸친 용도변경의 보완 요구에 따르지 아니하였으므로 이를 반려할 수 있고, 반대로 그것이 불가능하다면 당초에 위와 같은 보완요구를 할 필요 없이(보완요구를 하였더라도 그것과 관계 없이) 곧바로 이를 반려할 수 있기 때문에 어느 쪽으로 보나 이 사건 반려처분은 적법하다 할 것이다(대법원 1996.10.25. 95 누 14244 일반사회교육시설설치불허처분취소).

는 민원사무의 처리 및 운영실태를 조사하여야 한다(동법 27①). ② 행정안전부장관은 효과적인 민원사무의 개선을 위하여 필요하다고 인정되는 때에는 행정기관에 대하여 민원사무의 개선상황과 운영실태를 확인·점검·평가할 수 있다(동법 28①). ③ 행정안전부장관은 행정기관의 민원처리에 관하여 필요한 경우 국민들의 여론을 수집하여 이를 민원행정 제도 및 운영의 개선에 반영할 수 있다(동법 29①).

2. 國民提案 처리

행정기관의 장은 정부시책이나 행정제도 및 운영의 개선에 관한 국민제안을 접수·처리하여야 한다(동법 31①). 이는 정부제안제도를 법률에 의하여 도입한 것이다.

제 6 절 行政行爲의 附款

Ⅰ. 概 說

1. 附款의 의의

(1) 행정행위의 부관(Nebenbestimmungen)이란 행정행위의 효과를 제한하거나 특별한 의무를 부과하거나 요건을 보충하기 위하여 주된 행위에 붙여진 종된 규율을 말한다. 오늘날까지의 통설은 「행정행위의 효과를 제한하기 위하여 주된 의사표시에 붙여진 종된 의사표시」라고 한다.[1)]

(2) 통설적 견해에서는 「효과를 제한」하기 위하여 붙여지는 것만을 부관이라고 하나, 그에 더하여 「특별한 의무의 부과」와 「요건의 보충」을 위하여 붙여지는 것도 부관으로 보는 것이 부관의 현실적 기능에서 보아 타당하다고 하겠다. 또한 통설적 견해는 「주된 의사표시」에 붙여진 「종된 의사표시」를 부관이라고 하는바, 그것은 준법률행위적 행정행위에는 부관을 붙일 수 없다는 것을 강조하기 위한 것이다. 그러나 준법률행위적 행정행위는 의사표시를 구성요소로 하지 않기 때문에 「효과를 제한」하기 위한 부관은 붙일 수 없어도 「특별한 의무의 부과」(부담)와 「요건을 보충」하기 위한 부관은 붙일 수 있다고 할 것이기 때문에 「주된 의사표시」, 「종된 의사표시」를 부관의 개념요소로 들지 않는 것이 타당하다고 본다.

2. 附款의 기능

(1) **행정에 대한 유연성 부여** 행정행위의 부관은 행정실무에 있어 불가결한 보조수단으로서, 행정행위라는 행위형식에 의하여 행정목적을 달성함에 있어서 행정에 대하여 광범한 유연성(weitgehende Flexibilität)을 부여한다. 그리하여 부관의 기능은 크게 세 가지로 요약할 수 있겠다.[2),3)]

㈎ **행정행위의 허여(許與)에 대한 신축성 부여** 행정청은 예컨대 허가요건이 허가요건을 충족시키지 못한 경우에 충족되지 못한 허가요건을 부관의 대상으로 함으로써 신청의 허여와 거부와의 사이에서 타협적인 해결을 할 수 있다

---

1) 김도창(상), p.420; 이상규(상), p.378.

2) T. Elster, Begünstigende Verwaltungsakte mit Bedingungen, Einschränkungen und Auflagen, 1979, S.54.

3) 독일에 있어서는 부관의 기능은 이른바 교환계약(Austausch Vertrag)(독일행정절차법 56)에 의하여 달성되며, 일본과 우리나라에서는 행정지도에 의하여 달성되는 경우가 많고 더러는 별도의 행정행위에 의하여 달성된다. 예컨대 독일에서는 수익적행정행위에 대한 반대급부획득수단으로 개발비용부담계약(Folgekostenvertrag)이 활용되며, 일본과 우리나라에서는 건축허가에 따른 일조분쟁대책이나 공해방지대책이 행정지도에 의하여 배려된다.

(예: 건축허가신청이 이웃집과의 법정거리를 두지 아니한 경우, 이웃집과의 법정거리를 두기 위하여 필요한 토지를 취득할 것을 조건으로 하여 건축허가를 하는 것 등).

㈏ 절차경제의 도모 부관의 절차적 기능으로서 부관을 붙여 허가를 발급함으로써 신청을 거부한 경우에 생기는 재신청과 재심사를 생략할 수 있어 절차경제를 거둘 수 있다.

㈐ 공익의 보호 다음으로 부관은 신청자의 이익뿐만 아니라 일반공중 또는 개별적인 제 3 자의 이익을 위하여 중대한 의미를 가진다. 예컨대 보조금교부시의 「부담」은 상대방이 행정주체의 결정노선에 따르도록 유도함으로써 경제정책이 보다 유효하게 기능을 발휘하도록 한다.

(2) 남용우려(역기능) 불이익을 가져올 수 있는 경우는 부관의 두 가지 전형적인 이용영역인 해제부관과 반대급부획득수단으로 활용되는 부담 등의 경우이다.

㈎ 해제부관 일단 행하여진 수익적 행정행위를 뒤에 변화된 법적·경제적 상황에 적합시키는 것은 행정청의 커다란 관심사라 할 것인바, 그 수단으로 해제조건·해제기한(종기)·철회권유보 등 이른바 해제부관(auflösende Nebenbestimmungen)이 활용된다. 그런데 해제부관은 새로운 상황에의 적응리스크와 비용을 행정행위의 상대방에게 전가시키는 것으로 경우에 따라서는 상대방에게 중대한 불이익을 초래하게 된다.

㈏ 반대급부획득수단인 부담 인·허가와 같은 수익적 행정행위가 다른 한편으로 공재정(公財政)의 부담을 초래하는 때에는 행정은 그 경제적 이익의 일부를 흡수하려고 하며, 이와 같은 수익적 행정행위에 대한 반대급부획득수단으로서 부담 등 부관이 활용된다. 그러나 이러한 부관은 행정편의에 치우치는 경우에는 상대방은 불이익을 당하게 된다.

3. 附款과 구별하여야 할 觀念

(1) 법정부관 행정행위의 효과의 제한이 직접 법규에 의하여 정하여지는 경우(광업허가의 효과가 등록을 법정조건으로 하는 것, 수렵면허에 법정의 기한(엽기)이 붙여지는 것 등)를 법정부관이라 하며, 그것은 부관과 구별된다.[1)]

(2) 행정행위의 내용적 제한 행정행위의 내용적 제한으로서 행정행위의

1) 구 식품위생법 제23조의3 제 4 호에 따라 보건사회부장관이 발한 식품제조영업허가기준이라는 고시에 정한 허가기준에 따라 보존음료수 제조업의 허가에 붙여진 전량수출 또는 주한외국인에 대한 판매에 한한다는 내용의 조건은 이른바 법정부관으로서 행정청의 의사에 기하여 붙여지는 본래의 의미에서의 행정행위의 부관은 아니므로, 이와 같은 법정부관에 대하여는 행정행위에 부관을 붙일 수 있는 한계에 관한 일반적인 원칙이 적용되지는 않는다(대법원 1994.3.8. 92 누 1728 과징금부과처분취소).

내용 그 자체를 정하는 것으로 볼 수 있는 것은 부관이 아니다. 예컨대 영업구역의 설정은 부담과는 달리 행정행위에 특히 붙여진 의무가 아니고 그 행정행위의 지역적 한계를 설정하는 것으로서 행정행위의 내용 그 자체를 정하는 것으로 볼 것이다.

(3) **변경처분(수정부담)** ① 신청에 따른 행정행위에 있어서 신청의 중심적 내용을 변경하는 것은 부관으로 볼 것이 아니고 변경처분이라 할 것이다. 예컨대 신청한 노선을 변경하여 여객자동차운송사업면허를 행하는 것 등이다. 여객운송사업면허에 있어서 노선은 신청의 중심부분이며 가장 중요한 내용이기 때문에 그것을 변경한 것은 변경처분이라 할 것이다. ② 부관의 일종으로 수정부담(modifizierende Auflage)을 들기도 한다. 그 예로 A국으로부터의 수입허가를 신청하였는데 수입국을 B국으로 수정하여 수입허가를 하는 것 등을 드는바, 그것은 바로 신청된 주된 행정행위의 내용 자체를 질적으로 변경하는 변경처분이다. 변경처분 내지는 수정부담의 경우에는 상대방이 수정된 내용을 받아들여야 효력을 발생한다. 수정된 내용을 받아들이지 않을 때에는 수정된 행정행위의 취소소송을 제기할 수는 없고, 신청한 행정행위의 거부처분취소소송 또는 부작위위법확인소송을 제기하여야 할 것이다.[1)]

Ⅱ. 附款의 종류

1. 條件(Bedingung)

① 행정행위의 효력을 발생불확실한 장래의 사실에 매이게 하는 부관을 말한다. ② 조건이 붙여지면 조건인 사실의 성취 여부가 미정인 동안은 행정행위의 효력은 불안정한 상태에 놓이게 되는바, 조건의 성취에 의하여 비로소 행정행위의 효력이 발생하는 「정지조건」(예: 시설완성을 조건으로 한 학교법인 설립인가, 도로확장을 조건으로한 자동차운수사업면허, 제해시설완비를 조건으로 한 도로점용허가 등)과 그 성취에 의하여 효력이 소멸하는 「해제조건」(예: 월내공사를 착수하지 않으면 효력을 잃는다는 조건으로 행한 특허기업특허)이 있다. ③ 조건인 사실은 장래의 불확실한 사실, 즉 객관적으로 성부불명의 것이며, 성취될 것이 확실한 사실인 경우에는 기한이지 조건은 아니다. ④ 행정법관계를 오랫동안 불안정한 상태에 놓아 두는 것은 공익상 적당하지 않기 때문에 조건부행정행위는 그리 많지 않다(실정법상 용어로는 「조건」이라고 한 것도 실질적 내용은 뒤에서 보는 「부담」인 경우가 많다).

〔**판례**〕 법률행위의 부관으로서 조건의 성립 요건

의사표시의 일반원칙에 따라 조건을 붙이고자 하는 의사, 즉 조건의사와 그 표시

1) 유지태, p.128.

가 필요하며, 조건의사가 있더라도 그것이 외부에 표시되지 않으면 법률행위의 동기에 불과할 뿐이고 그것만으로는 법률행위의 부관으로서의 조건이 되는 것은 아니다(대법원 2003.5.13. 2003 다 10797 부당이득금).[1]

2. 期限(Befristung)

① 행정행위의 효력을 장래 도달할 것이 확실한 사실(예: 일자, 어떤 사람이 죽을 때)에 매이게 하는 부관을 말한다. ② 그 사실의 발생에 의하여 행정행위의 효력을 발생하게 하는 경우를 「시기」(1996.1.1부터 허가한다.)라 하고, 효력을 소멸하게 하는 경우를 「종기」(1996.12.31까지 허가한다.)라 한다. ③ 기한은 다시, 도래할 것이 확실함은 물론 도래하는 시기까지 확실한 「확정기한」(일자 등)과, 도래는 확실하나 도래하는 시기는 확실하지 않은 「불확정기한」(A가 사망할 때)으로 나누어진다. ④ 그 효력이 장기계속성이 예정되어 있는 행정행위(예: 음식점 영업허가)에 붙여진 기한은, 그 행정행위의 존속기간(따라서 기한의 도래로 효력이 자연히 소멸되는)으로 볼 것이 아니라, 행정행위 내용의 갱신기간(예: 3년 기한이 붙었으면, 3년마다 그 동안의 사회변천에 맞추어 내용을 바꾸는)으로 보아야 할 경우가 많다.[2]

3. 負擔(Auflage)

(1) 의의　주된 행정행위에 부수하여 행정행위의 상대방에게 작위·부작위·급부 또는 수인의무를 부과하는 부관이다(예: 영업허가를 하면서 각종 준수의무를 명하는 것, 도로·하천의 점용허가를 하면서 점용료 또는 사용료의 납부를 명하는 것, 건축허가를 하면서 각종의 부담을 명하는 것, 특허기업특허를 하면서 기업경영조건 기타에 대하여 여러 가지 의무를 명하는 것 등).

(2) **조건과 구별**　부담이 붙여져도 행정행위의 효력은 처음부터 완전히 발생하며(이 점에서 정지조건과 다르다.), 또한 부담(의무)을 불이행한다고 하여 당연히 그 효력이 소멸하는 것도 아니다(이 점에서 해제조건과 다르다.). 의무불이행이 있는 경우에 별개의 행정행위로 부담이 붙여진 행정행위를 철회하거나 기타 불이익을 과함은 별개의 문제이다. 또한 부담만에 대하여 행정상강제집행을 할 수도 있다.

---

1) [정지조건인지 불확정기한인지를 판단하는 기준] 부관이 붙은 법률행위에 있어서 부관에 표시된 사실이 발생하지 아니하면 채무를 이행하지 아니하여도 된다고 보는 것이 상당한 경우에는 조건으로 보아야 하고, 표시된 사실이 발생한 때에는 물론이고 반대로 발생하지 아니하는 것이 확정된 때에도 그 채무를 이행하여야 한다고 보는 것이 상당한 경우에는 표시된 사실의 발생 여부가 확정되는 것을 불확정기한으로 정한 것으로 보아야 한다(대법원 2003.8.19. 2003 다 24215 퇴직금등).

2) 일반적으로 행정처분에 효력기간이 정하여져 있는 경우에는 그 기간의 경과로 그 행정처분의 효력은 상실되고, 다만 허가에 붙은 기한이 그 허가된 사업의 성질상 부당하게 짧은 경우에는 이를 그 허가 자체의 존속기간이 아니라 그 허가조건의 존속기간으로 보아 그 기한이 도래함으로써 그 조건의 개정을 고려한다는 뜻으로 해석할 수는 있지만, 그와 같은 경우라 하더라도 그 허가기간이 연장되기 위하여는 그 종기가 도래하기 전에 그 허가기간의 연장에 관한 신청이 있어야 하며, 만일 그러한 연장신청이 없는 상태에서 허가기간이 만료하였다면 그 허가의 효력은 상실된다(대법원 2007.10.11. 2005 두 12404 보전임지전용허가취소처분무효확인).

이와 같이 부담과 조건의 구별은 일견 명백한 것 같다. 그러나 실제로는 양자의 구별이 불명확한 경우가 적지 아니한바, 예컨대 음식점영업허가를 하면서 사용건물의 결함이 시정되어야 한다는 부관을 붙인 경우, 그것이 건물의 결함이 시정되기 전에는 영업허가의 효력이 발생되지 아니한다는 정지조건인지, 영업허가의 효력은 즉시 발생하되 건물의 결함을 시정할 의무를 명하는 부담인지가 명백하지 않다.

〔**판례**〕 주택재건축사업시행 인가에 법령상 제한에 근거하지 않은 조건(부담)을 부과할 수 있다.
주택재건축사업시행의 인가는 상대방에게 권리나 이익을 부여하는 효과를 가진 이른바 수익적 행정처분으로서 법령에 행정처분의 요건에 관하여 일의적으로 규정되어 있지 아니한 이상 행정청의 재량행위에 속하므로, 처분청으로서는 법령상의 제한에 근거한 것이 아니라 하더라도 공익상 필요 등에 의하여 필요한 범위 내에서 여러 조건(부담)을 부과할 수 있다(대법원 2007.7.12. 2007 두 6663 사업시행인가처분일부취소).

4. 撤回權(取消權)의 留保(Widerrufsvorbehalt)

① 주된 행정행위에 부가하여, 특정의 경우에, 행정행위를 철회할 수 있는 권한을 유보하는 부관이다. 동시에 철회로 인한 손실을 보상하지 아니하도록 하거나 무상으로 원상회복을 명할 수 있는 뜻을 유보하는 경우도 있다. ② 행정청이 행정행위를 거부하거나 조건이나 기한을 붙일 정도는 아니나, 행정행위를 장래에 계속적으로 유지하는 것이 공익상 불안한 경우에 붙여진다. ③ 철회권의 유보에는 조리상 일정한 한계가 있다고 할 것이다. 철회를 하지 않으면 안될 공익상 필요가 있고 허가 등 당해 행정행위의 목적에 비추어 합리적 이유가 있다고 인정되는 경우에만 유효하다 할 것이다. ④ 철회권이 유보된 경우(특히 철회사유를 특정하지 않고 막연하게 유보한 경우)에도 그 자체만으로 후의 철회를 정당화하는 근거는 되지 못하며, 철회시에 철회의 일반적 요건이 충족되지 않으면 철회할 수 없다.

〔**판례**〕 행정청이 종교단체에 대하여 기본재산전환인가를 함에 있어 인가조건을 부가하고 그 불이행시 인가를 취소할 수 있도록 한 것은 철회권을 유보한 것이다.
인가처분을 함에 있어 위와 같은 철회사유를 인가조건으로 부가하면서 비록 철회권 유보라고 명시하지 아니한 채 조건불이행시 인가를 취소할 수 있다는 기재를 하였다 하더라도 위 인가조건의 전체적 의미는 인가처분에 대한 철회권을 유보한 것이라고 봄이 상당하다(대법원 2003.5.30. 2003 다 6422 소유권이전등기말소등).

5. 法律效果의 一部排除(除外)

① 주된 행정행위에 부가하여 법령이 일반적으로 그 행위에 부여한 효과의 일부의 발생을 배제하는 의사표시이다(예: 택시영업허가를 하면서 격일제운행을 명하는 것 등). 법률이 인정한 효과를 행정청의 의사로 배제하는 것이므로 법률에 근거가 있을 때에만 붙일 수 있다(개인택시운송사업면허를 하면서 3부제 운행을 명하는 것(여객자동차운수사업 5③)). ② 부관의 하나로 보지 않는 견해가 있음은 위에서 보았다.

〔**판례**〕 일부 공유수면매립지에 대하여 한 귀속처분은 매립의 면허를 받은 자에 대한 공유수면매립법상의 효과 일부를 배제하는 부관이다.
지방국토관리청장이 일부 공유수면매립지에 대하여 한 국가 또는 직할시 귀속처분은 매립준공인가를 함에 있어서 매립의 면허를 받은 자의 매립지에 대한 소유권취득을 규정한 공유수면매립법 제14조의 효과 일부를 배제하는 부관을 붙인 것이고, 이러한 행정행위의 부관은 위 법리와 같이 독립하여 행정소송 대상이 될 수 없다(대법원 1993.10.8. 93 누 2032 공유수면매립공사준공인가처분취소).

6. 負擔의 追加·變更 또는 補充權의 留保[1)]

행정행위의 부담의 사후적 추가·변경(예: 도로 74① 등)·보충의 권한을 미리 유보하는 부관을 말한다. 행정행위의 효력은 장기간에 걸쳐 지속되는 것이기 때문에 그 동안의 사회·경제적 변화와 기술적 발전을 예측하기 어려운 경우에 이에 대비하기 위하여 붙이는 부관이라 하겠다.

Ⅲ. 附款을 붙일 수 있는 限界

1. 附款可能性

(1) 법률행위적 행정행위와 준법률행위적 행정행위 (가) 통설은 부관을 「주된 의사표시」에 붙여진 「종된 의사표시」라 하여 부관은 법률행위적 행정행위(명령적행위·형성적행위)에 대하여만 붙여지며, 준법률행위적 행정행위(확인·공증·통지·수리)에는 그것이 의사표시를 구성요소로 하지 아니하고, 효과도 법률에 의하여 부여되므로 성

1) 종래에는 부관의 일종으로 들지 아니하였으나, 독일행정절차법 제36조 제2항에서 행정행위의 부관의 종류로 ① 조건, ② 기한, ③ 철회권의 유보, ④ 부담 이외에, ⑤ 부담의 사후적 추가, 변경 또는 보충권의 유보를 규정함으로써, 이를 새로이 부관의 일종으로 보게 되었다. 동법은 「법률효과의 일부배제」는 부관의 일종으로 들지 않고 있다. 다만, 우리 학자 중에는 부담의 사후적 추가, 변경 또는 보충권의 유보를 별도의 부관의 일종으로 보지 않고 그것을 철회권의 유보와 행정행위의 변경으로 보는 분도 있다(윤세창(상), p.175; 이상규(상), p.307; 김철용, 행정행위의 부관의 한계, 고시계, 1977.12월호; 서원우, 행정행위의 부관, 법정, 1977.8월호).

질상 붙일 수 없다고 본다.

(나) 이에 대하여 오늘날의 새로운 견해는 부관의 허용성은 행정행위의 성질(Natur, Charakter)에 의하여 결정된다고 본다. 그리하여 통설이 준법률행위적 행정행위라 하여 부관을 붙일 수 없다고 하는 확인·공증에도 기한 등의 부관을 붙일 수 있다고 하고, 통설이 법률행위적 행정행위로 보아 부관을 붙일 수 있다고 하는 귀화허가에는 부관을 붙일 수 없다고 한다.[1)]

(다) 생각건대 준법률행위적 행정행위는 의사표시를 구성요소로 하지 않기 때문에 「효과를 제한」하기 위한 부관을 붙일 수 없다 할 것이나, 「특별한 의무를 부과하기 위한 부관」(부담)과 「요건을 보충」하기 위한 부관은 붙일 수 있다 할 것이다.

(2) **기속행위와 재량행위** (가) 통설은 법률행위적 행정행위에 대하여도 법령상 명문규정이 있으면 몰라도 명문규정이 없는 경우에는 기속행위에 대하여는 붙일 수 없고, 재량행위에만 부관을 붙일 수 있다고 한다.[2)] 왜냐하면 재량행위는 행정청에게 행위를 거부할 수 있는 자유가 인정되어 있다고 볼 것이므로, 부관에 의하여 그 효과를 제한하는 것도 허용된다고 볼 수 있기 때문이다. 이에 반하여 기속행위는 행정청은 법령이 정한 바에 따라서 그 행위를 행하여야 할 구속을 받으므로, 자기의 의사에 의하여 그 효과를 제한하는 부관을 붙일 여지가 없다.[3)]

(나) 이에 대하여 부관은 행정행위의 「효과의 제한」을 위하여서뿐만 아니라 「행정행위의 요건을 보충」하기 위하여서도 붙여진다고 보는 오늘날의 새로운 견해는 기속행위에도 행정행위의 요건을 보충하기 위한 부관은 붙일 수 있다고 한다.

2. 附款의 限界

(1) **부관의 한계(일반적 고찰)** 부관의 내용은 적법하여야 하고, 이행가능하여야 하며, 비례의 원칙 및 평등의 원칙에 적합하고, 행정처분의 본질적 효

---

1) 김남진(I), p.262 이하.

2) 재량행위에 있어서는 관계 법령에 명시적인 금지규정이 없는 한 행정목적을 달성하기 위하여 부관을 붙일 수 있으며, 그 부관의 내용이 이행가능하고 비례의 원칙 및 평등의 원칙에 적합하며 행정처분의 본질적 효력을 저해하지 아니하는 한도 내의 것인 이상 부관의 한계를 벗어난 위법이 있다고 할 수 없다(대법원 2004.2.13. 2001 다 15828 건물명도등).

3) 기속행위 내지 기속적 재량행위 행정처분에 부담인 부관을 붙인 경우 일반적으로 그 부관은 무효라 할 것이고 그 부관의 무효화에 의하여 본체인 행정처분 자체의 효력에도 영향이 있게 될 수는 있지만, 그러한 사유는 그 처분을 받은 사람이 그 부담의 이행으로서의 증여의 의사표시를 하게 된 동기 내지 연유로 작용하였을 뿐이므로 취소사유가 될 수 있음은 별론으로 하여도 그 의사표시 자체를 당연히 무효화하는 것은 아니다(대법원 1998.12.22. 98 다 51305 소유권이전등기말소).

력을 해하지 않는 한도의 것이어야 한다(대법원 1992.4.28. 91 누 4300 공유수면매립준공인가처분취소).[1)]

(가) 부관은 법령에 위배되어서는 아니된다. 예컨대 법령이 행정행위의 상대방에게 신고·인가 등을 받을 것을 조건으로 하여 일정한 행위를 허용하고 있는 경우에, 부관으로서 이러한 행위를 절대금지시키는 것은 허용되지 않는다.

(나) 부관은 그 행정행위가 추구하는 목적의 범위를 일탈하여서는 아니된다. 예컨대 도로법에 의한 도로점용허가의 부관은 오직 도로관리적 견지에서만 붙여져야 한다.

(다) 부관의 내용은 비례의 원칙에 반한 것이 아니어야 한다. 즉 필요한 한도를 넘어서, 또는 상대방에게 가혹한 부관을 붙일 수 없다.[2)] 또한 부관의 내용은 평등의 원칙에 반한 것이 아니어야 한다.

(라) 법률은 이따금 부관에 위반한 경우에 형벌을 과하는 벌칙을 두고 있는바(예: 식품위생 77(3)), 이 경우의 부관은 범죄구성요건에 해당하므로 죄형법정주의의 원칙에 비추어 부관의 한계는 특히 엄격하게 해석하여야 한다.

(마) 재량행위에 있어서는 법령상의 근거가 없다고 하더라도 부관을 붙일 수 있다. 그 부관의 내용은 적법하고 이행가능하여야 하며, 비례의 원칙 및 평등의 원칙에 적합하고 행정처분의 본질적 효력을 해하지 아니하는 한도의 것이어야 한다(대법원 1997.3.14. 96 누 16698 사용검사신청반려처분취소).[3)]

---

1) 공유수면매립면허를 함에 있어 면허조건으로 '매립한 후 수면으로 되는 지역은 준공인가시 매립면적에서 제외한다'고 붙인 사정 등에 비추어 보면, 면허관청은 매립면허 당초부터 위 유원지 부분이 매립공사 준공 이후에도 공유수면으로 계속 유지되어 공공의 용에 사용될 것을 전제로 이를 사권설정의 대상에서 제외하였을 뿐 아니라 면허권자도 이를 인식하고 그 전제 하에서 실시계획인가 설계도를 작성하여 매립공사를 진행하여 왔다 할 것이어서 면허관청이 위 면허조건에 따라 그 준공인가시 위 유원지 부분을 국유로 유보한 조치는 위법하다고 할 수 없다(대법원 1992.4.28. 91 누 4300 공유수면매립준공인가처분취소).

2) 수산업법 제15조에 의하여 어업의 면허 또는 허가에 붙이는 부관은 그 성질상 허가된 어업의 본질적 효력을 해하지 않는 한도의 것이어야 하고 허가된 어업의 내용 또는 효력 등에 대하여는 행정청이 임의로 제한 또는 조건을 붙일 수 없다고 보아야 할 것이며, 수산업법시행령 제14조의4 제 3 항의 규정내용은 기선선망어업에는 그 어선규모의 대소를 가리지 않고 등선과 운반선을 갖출 수 있고, 또 갖추어야 하는 것이라고 해석되므로 기선선망어업의 허가를 하면서 운반선, 등선 등 부속선을 사용할 수 없도록 제한한 부관은 그 어업허가의 목적달성을 사실상 어렵게 하여 그 본질적 효력을 해하는 것일 뿐만 아니라 위 시행령의 규정에도 어긋나는 것이며, 더욱이 어업조정이나 기타 공익상 필요하다고 인정되는 사정이 없는 이상 위법한 것이다(대법원 1990.4.27. 89 누 6808 어업허가사항변경신청불허가처분취소).

3) 65세대의 공동주택을 건설하려는 사업주체(지역주택조합)에게 주택건설촉진법 제33조에 의한 주택건설사업계획의 승인처분을 함에 있어 그 주택단지의 진입도로 부지의 소유권을 확보하여 진입도로 등 간선시설을 설치하고 그 부지 소유권 등을 기부채납하며 그 주택건설사업 시행에 따라 폐쇄되는 인근 주민들의 기존 통행로를 대체하는 통행로를 설치하고 그 부지 일부를 기부채납하도록 조건을 붙인 경우, 주택건설촉진법과 같은법시행령 및 주택건설기준등에 관한규정 등 관련 법령의 관계 규정에 의하면 그와 같은 조건을 붙였다 하여도 다른 특별한 사정이 없는 한 필요한 범위를 넘어 과중한 부담을 지우는 것으로서 형평의 원칙 등에 위배되는 위법한 부관이라 할 수 없다(대법원 1997.3.14. 96 누 16698 사용검사신청반려처분취소).

(2) 해제부관과 반대급부획득수단인 부담의 한계

㈎ 해제부관

(a) 철회권유보의 한계　① 보상 없이 철회할 수 있다는 철회권유보가 붙여져서 논란이 생기는 경우가 많다. 예컨대 공증각서 형식으로 상대방의 동의까지 받고 광업권설정허가시 추후 국가중요건설사업시행의 경우 보상 없이 광업권을 철회할 수 있다는 철회권유보부 광업허가(광업 39③ 참조) 등이다. 우리나라에서의 실무상 처리는 그러한 부관은 각 실정법상의 보상규정[1]에 위배되어 효력이 없는 것으로 보는 것 같다.

② 철회권유보는 철회제한의 법리를 지키기 위하여 철회권유보만으로 일반적인 철회제한으로부터 벗어나거나 보상 없는 철회를 가능하게 할 수는 없다고 본다. 다만, 예외적으로 수익적 행정행위를 발급할 때에 이미 허가대상지역에서의 국가중요건설사업의 시행 등 철회사유발생의 시기는 확정할 수 없으나 발생자체는 거의 확실하게 예측할 수 있어서, 행정측으로서는 철회의 경우 보상을 전제로 한다면 행정행위의 발급 자체를 할 수 없다고 판단되는데, 상대방이 철회시까지의 수익만이라도 원하여 신청한 경우에는, 그것은 철회권의 유보로 보기보다는 불확정기한을 붙인 것으로 볼 수 있으며, 따라서 일반적인 철회제한으로부터 벗어나고 보상 없는 철회가 가능하다고 할 것이다.[2]

(b) 해제기한의 한계　① 보상을 피하기 위한 것으로 여겨지는 단기간의 해제기한이 붙여져서 논란이 생기는 경우가 많다. 예컨대 사실상 영구시설물(원유선의 계류시설)의 설치를 위한 공유수면점용허가에 있어서 점용허가기한을 1년으로 하고 계속 갱신하는 것 등이 그 예이다.

② 해제기한(종기)에 있어서도 비록 수익을 적법하게 거부할 수 있는 경우라 하더라도, 철회제한과 보상을 피하기 위한 행정편의만을 위하여 수익의 내용과 균형이 맞지 아니한 기한을 붙이는 것은 허용될 수 없다 할 것이며, 붙인 경우에는 수익의 내용인 시설의 철거 내지는 이동이 불가피하다는 것을 예고하는 의미밖에 없는 것으로 보아야 할 것이다.

(c) 해제조건의 한계　해제조건은 철회권유보와 마찬가지로 수익의 소멸시

1) 우리나라의 경우 행정행위를 공익상 철회하는 경우 각 개별법에서 보상에 관한 규정을 두고 있으며, 개별법에 규정이 없는 경우에도 허가사업, 인가사업과 같이 당해 행정행위에 의한 활동을 영업으로 볼 수 있는 경우에는「공공용지의 취득 및 손실보상에 관한 특례법」에 의하여 보상을 받게 된다.

2) 멀지 않은 장래에 댐이나 항만건설사업이 확실하게 예정되어 있어 광업허가나 공유수면점용허가를 할 수 없는 경우에 상대방으로부터 그 때까지만이라도 허가하여 달라는 간곡한 신청에 의하여 보상 없는 철회권유보부허가를 한 경우 등이 그 예이다.

기가 불확정적이며, 또한 해제기한과 마찬가지로 수익은 자동적으로 소멸되기 때문에 가명령에 의한 구제수단이 인정되지 않는다. 따라서 해제조건은 철회권 유보와 해제기한의 단점을 아울러 가지며, 상대방에게 가장 불리한 부관이므로 과잉조치금지(Übermaßverbot)의 법리에 의하여 허용여지는 거의 없다고 한다.[1)]

(나) 반대급부획득수단인 부담 ① 부관은 그 행정행위가 추구하는 목적의 범위를 일탈하여서는 아니된다고 할 것인바, 독일행정절차법은 이를 명시하고 있다(동법 36③).

② 우리나라에서도 오늘날 수익적행정행위에 대한 반대급부획득수단으로서 부관이 널리 활용되고 있으며, 그것은 결국 상대방에 대하여 경제적 부담을 지우는 것이기 때문에 그 남용에 대한 통제가 요청되고 있다. 그러한 부관의 예로는 국토의 계획 및 이용에 관한 법률 제56조의 규정에 의한 토지형질변경(주택조성 등)허가시의 공공용지의 부담을 들 수 있겠다. 예컨대 「서울특별시 토지형질변경 등 행위허가사무취급요령」(1988.6.16 예규 499호 전문개정) 제12조에 의하면 「행정청이 아닌 자가 도시계획법 제 46 조의 규정에 의한 토지의 형질변경을 하고자 하는 경우에는 다음 각호의 기준에 따라 공공시설을 확보하여 그 시설을 관리할 주체에 따라 행정청에 무상으로 귀속시켜야 한다」고 규정하고 있다. 이는 토지형질변경 허가처분에 일정한 토지소유권 등 이전의무를 명하는 부관인 부담을 붙인 것이라고 할 것이다.[2)]

〔**판례**〕 부관이 부당결부금지의 원칙에 위반하여 위법하지만 당연무효라고 볼 수는 없다고 한 사례

지방자치단체장이 사업자에게 주택사업계획승인을 하면서 그 주택사업과는 아무런 관련이 없는 토지를 기부채납하도록 하는 부관을 주택사업계획승인에 붙인 경우, 그 부관은 부당결부금지의 원칙에 위반되어 위법하지만, 지방자치단체장이 승인한 사업자의 주택사업계획은 상당히 큰 규모의 사업임에 반하여, 사업자가 기부

---

1) Schneider, a.a.O., S. 68~71.

2) 형질변경허가시 행정청이 부과하는 기부채납의 부관은 그 토지의 일부에 공공시설을 확보하여 이를 관리할 국가 또는 지방자치단체에 무상으로 귀속시키는 점에서 사권침해의 면이 있지만, 토지형질변경으로 인하여 당해 토지의 이용가치가 증진되고 그 공공시설이 당해 토지의 편익에도 이바지할 것이므로, 당해 공공시설을 설치할 구체적이고 객관적인 필요가 있고 그 기부채납의 정도가 공익상 불가피한 범위와 형질변경의 이익범위 내에서 이루어지는 경우에는 재산권보장에 관한 헌법규정 제23조 제 3 항이나 형평의 원칙에 위배한 것이라고는 할 수 없고, 다만 그 부담내용이 주변토지와의 관계에서 형평의 이념에 반하거나, 기부채납의 대상이 된 공공시설의 규모가 도시기능의 유지 및 증진에 기여할 수 있는 도시계획시설기준에관한규칙(1979.5.21. 건설부령 제225호) 소정의 적정규모를 초과하였거나 또는 형질변경공사착수 전의 전체 토지가격에 그 공사비를 합산한 가격이 공사완료 후의 기부채납 부분을 제외한 나머지 토지의 가격을 초과하는 경우 등에는 위법을 면치 못한다. (형질변경 허가신청을 한 토지위에 폭 4m의 도로를 개설하여 기부채납하도록 사전 제시한 부관이 위법하다고 본 원심판결을 파기하였다.)(대법원 1999.2.23. 98 두 17845 토지형질변경불허가처분취소).

채납한 토지 가액은 그 100분의 1 상당의 금액에 불과한데다가, 사업자가 그 동안 그 부관에 대하여 아무런 이의를 제기하지 아니하다가 지방자치단체장이 업무착오로 기부채납한 토지에 대하여 보상협조요청서를 보내자 그 때서야 비로소 부관의 하자를 들고 나온 사정에 비추어 볼 때 부관의 하자가 중대하고 명백하여 당연무효라고는 볼 수 없다(대법원 1997.3.11. 96 다 49650 소유권이전등기말소).

3. 附款을 붙일 수 있는 時間的 限界(事後附款의 문제)

사후부관은 주된 행정행위를 할 때 붙이지 않고, 행정행위가 행하여진 후에 부관(특히 부담)을 추가하거나, 이미 붙여진 부관을 변경하거나 보충하는 것을 말한다. 부관중 조건·기한 또는 철회권의 유보를 사후부관으로 붙인 경우에는 이미 행한 행위를 취소 또는 철회하고 이런 부관이 붙은 새로운 행정행위를 한 것으로 볼 것이다.

「법률에 명문의 규정이 있거나 그것이 미리 유보되어 있는 경우 또는 상대방의 동의가 있는 경우에 허용되는 것이 원칙이다.」(대법원 2007.12.28. 2005 다 72300 부당이득금반환).[1]

「사정변경으로 인하여 당초에 부담을 부가한 목적을 달성할 수 없게 된 경우에도 그 목적달성에 필요한 범위 내에서 예외적으로 허용된다.」(대법원 1997.5.30. 97 누 2627 토지굴착등허가처분중부담무효확인).

Ⅳ. 違法한 附款과 행정행위의 효력

(1) **부관의 흠** 부관이 위법한 경우에 그 부관이 무효인가 취소할 수 있는 것인가는 행정행위의 무효와 취소의 구별에 준하여 생각하면 된다. 즉 부관의 흠이 중대하고 명백한 때에는 무효라 할 것이며, 그 흠이 중대하고 명백한 것이 아닌 때에는 취소할 수 있는 것이라 할 것이다.

(2) **무효인 부관과 행정행위의 효력** 부관이 무효인 경우에 그것이 본체인 행정행위의 효력에 어떠한 영향을 미칠 것인가에 대하여는 학설이 갈리어 있다. ① 그 부관만이 무효로 되고 행정행위의 본체에는 영향을 미치지 않는다는

1) 당초 이 사건 승인조건은 경전철 분담금의 부과만을 유보하고 있었을 뿐인데, 그 후에 이루어진 이 사건 분담금 부과는 그 외에도 광역전철 및 도로기반시설 분담금까지 포함하고 있으므로, 이는 행정처분이 발하여진 후 새로운 부담을 부가하거나 이미 부가되어 있는 부담의 범위 또는 내용 등을 변경하는 것으로서 사후부담에 해당하는바, 이를 허용하는 법률의 규정도 없고 이 사건 승인조건에서 이를 유보하고 있지도 않음은 명백하고 또한 이에 대한 원고의 동의도 없었으므로, 이 사건 분담금 부과 중 경전철 분담금을 제외한 나머지 부분은 위법하고, 이 사건 분담금 부과 당시의 제반 사정이 비추어 볼 때 그러한 하자는 중대하고 명백한 것이어서 당연무효라고 판단하여, 피고로 하여금 그 나머지 부분에 대한 부당이득의 반환을 명한 것은 정당하다(대법원 2007.12.28. 2005 다 72300 부당이득금반환).

설, ② 행정행위 전체를 무효로 되게 한다는 설, ③ 그 부관만이 무효로 되고, 행정행위의 본체에는 영향을 미치지 않으나(예: 62 누 49 (1962.7.19 대판)), 그 부관이 행정행위를 행함에 있어 중요한 요소인 경우, 즉 부관이 없었으면 행정청이 당해 행정행위를 행하지 않았을 것이라고 인정되는 경우에는 행정행위 그 자체까지 무효로 되게 한다는 견해가 통설이다.[1)]

Ⅴ. 違法한 附款과 爭訟節次

(1) 문제의 소재 수익적행정행위에 부관이 붙여진 경우에 상대방은 부관이 위법하여 자신의 법률상이익을 침해한 때에는, 부관만을 취소쟁송의 대상으로 할 수 있는지 또는 부관부행정행위 전체를 취소쟁송의 대상으로 하여야 하는지(쟁송제기 가능성), 그리고 부관부행정행위가 쟁송의 대상이 된 경우에 부관만의 취소가 가능한지(독립취소 가능성)가 문제된다.

(2) 소송형태 위법한 부관의 취소를 구하는 소송형태로는 부관만을 대상으로 하는 진정일부취소소송과, 부관이 붙은 행정행위 전체를 대상으로 하여 부관만의 취소를 청구하는 부진정일부취소소송을 생각할 수 있다.

(3) 부관에 대한 취소쟁송의 제기가능성

(가) 학설 ① 일반적인 다수설(부담만의 독립 쟁송가능성설)은 부관에 대한 쟁송의 문제를 부관의 종류에 따라 구별한다. 부담인 경우에는 그 자체 행정행위의 성질을 갖고 있기 때문에 주된 행정행위와 분리하여 독립적으로 취소쟁송을 제기할 수 있다고 하고(진정일부 취소쟁송), 그 밖의 부관은 그 자체가 행정행위의 성격을 갖지 않고 주된 행정행위의 일부에 지나지 아니하기 때문에 부관만을 대상으로 취소쟁송을 제기할 수 없으며, 부관부행정행위를 대상으로 취소쟁송을 제기하여 부관만의 취소를 구할 수 있다고 한다(부진정일부 취소쟁송). ② 일부학설(분리가능 성기준설)은 부관이 독립하여 쟁송제기의 대상이 될 수 있는지의 문제는 부관의 종류에 따라 결정되는 것이 아니라 부관의 주된 행정행위로부터의 분리가능성에 초점을 맞추어 부관이 분리가능한 경우에는 부관만을 대상으로 쟁송을 제기할 수 있다고 하고, 부관이 주

---

1) 원고가 신축한 상가 등 시설물을 부산직할시에 기부채납함에 있어 그 무상사용을 위한 도로점용기간은 원고의 총공사비와 시 징수조례에 의한 점용료가 같아지는 때까지로 정하여 줄 것을 전제조건으로 하고 원고의 위 조건에 대하여 시는 아무런 이의없이 수락하고 위 상가등 건물을 기부채납받아 그 소유권을 취득하였다면, 시가 원고에 대하여 위 상가 등의 사용을 위한 도로점용허가를 함에 있어서는 그 점용기간을 수락한 조건대로 해야 할 것임에도 합리적인 근거없이 단축한 것은 위법한 처분이라 할 것이며, 가사 원고가 위 상가를 타에 임대하여 보증금 및 임료수입을 얻는다 하여 위 무상점용기간을 단축할 사유가 될 수 없다(대법원 1985.7.9. 84 누 604 지하상가점용기간등처분취소).

된 행정행위의 본질적 요소를 이루고 있는 경우에는 부관부 행정행위 전체를 대상으로 그 전체의 취소를 구하는 쟁송을 제기하여야 한다고 한다.[1] ③ 다른 견해(전면긍정설)는 부담을 포함하여 모든 부관은 주된 행정행위로부터 분리가능하기 때문에 취소쟁송의 대상이 된다고 하고,[2] 이 경우 그 소송형태는 부진정일부취소쟁송이라고 한다.

(나) 판례 판례는 부관에 대한 쟁송의 문제를 부관의 종류에 따라 구별한다. 즉 부담인 경우에는 주된 행정행위와 분리하여 독립적으로 취소쟁송을 제기할 수 있다고 하고, 그 밖의 부관은 그 부관만을 대상으로 취소쟁송을 제기할 수 없으며, 부관부행정행위 전체를 대상으로 그 전체의 취소쟁송을 제기하여야 한다고 한다(91 누 1264 (1992.1.21 대판) 참조). 그리하여 판례는 다수설과는 달리 부담 이외의 부관의 경우에 부진정일부취소쟁송을 인정하지 아니한다.「어업면허처분을 함에 있어 그 면허의 유효기간을 1년으로 정한 경우, 위 면허의 유효기간은 행정이 위 어업면허처분의 효력을 제한하기 위한 행정행위의 부관은 독립하여 행정소송의 대상이 될 수 없는 것이므로 위 어업면허처분 중 그 면허유효기간만의 취소를 구하는 청구는 허용할 수 없다」고(82 누 202 (1986.8.19 대판)) 한 것이 그 예이다. 이러한 판례의 입장은 원고의 권리구제측면에서 매우 우회적이다. 판례에 따르면 부담 이외의 부관의 경우 원고가 부관부행정행위 전체를 대상으로 취소소송을 제기하여 승소하더라도 그가 원하는 수익적 행정행위 자체도 상실하는 결과가 되어 버리며, 원고는 승소 후에 다시 위법한 부관이 붙지 아니한 수익적 행정행위에 대한 신청을 하여야 하고 그에 대하여 행정청이 거부하면 또다시 거부처분취소소송을 제기하여야 하기 때문이다.[3]

(다) 결언 다수설과 같이 부관에 대한 쟁송의 문제를 부관의 종류에 따라 구별함이 타당하다고 본다. 그리하여 부담인 경우에는 주된 행정행위와 분리하여 부담만에 대하여 독립적으로 취소쟁송을 제기할 수 있고(진정일부취소쟁송), 그 밖의 부관은 부관부행정행위를 대상으로 부관만의 취소를 구하는 취소쟁송을 제기할 수 있다고 할 것이다(부진정일부취소쟁송). 결국 모든 부관에 대하여 취소쟁송의 제기가 가능하다고 할 것이다.

(4) 본안에 있어서 부관의 독립취소가능성 부관에 대한 취소쟁송의 제기가 가능하다면 다음으로 본안의 심리결과 부관의 위법성이 인정되는 경우에 행정심판에서 행정심판위원회나 법원이 부관만을 본체인 행정행위와 분리하여

1) 홍정선(상), p.432.
2) 박균성(상), p.327.
3) 정하중(총), p.242 참조.

독립적으로 취소할 수 있는지가 문제된다. 행정심판과 행정소송으로 구별하여 다루어야 한다. 그것은 행정심판의 경우는 행위의 위법성뿐만 아니라 당·부당의 문제도 다룰 수 있고, 청구가 이유 있다고 인정할 때에는 처분의 취소뿐만 아니라 적극적인 변경이나 취소·변경을 명할 수도 있기 때문이다(행심 32③).

㈎ 행정심판에서의 부관의 독립취소가능성 본안 심리결과 부관의 위법·부당성이 인정되는 경우에는 행정심판위원회는 직접 부관을 취소하거나 또는 새로운 적법한 부관을 붙일 수 있으며, 또한 취소·변경을 명하는 인용재결을 할 수 있다.

㈏ 행정소송에서의 부관의 독립취소가능성

(a) 기속행위의 경우에만 독립취소가 가능하다는 견해 기속행위의 경우 상대방의 신청이 법률요건을 충족시키고 있는 때에는, 신청인은 관계법령이 정하는 대로 부관이 없는 수익적 행정행위의 발급청구권이 있기 때문에 위법한 부관이 붙여진 때에는 부관만을 분리하여 취소할 수 있다고 한다.

이에 대하여 재량행위의 경우에는 부관만을 독립적으로 취소하여 본체인 행정행위를 유지시키는 것은 결국 행정청이 원하지 않는 부관 없는 행정행위를 행정청에게 강요하는 결과가 되기 때문에 권력분립의 관점에서 허용될 수 없다고 한다.[1]

(b) 모든 행정행위의 경우에 독립취소가 가능하다는 견해 오늘날 독일의 다수설은 본안 심리의 결과 부관이 위법한 경우에는 기속행위는 물론 재량행위의 경우에도 부관만의 일부취소를 제한 없이 인정하며,[2] 우리 학설도 이러한 입장을 취하는 견해가 있다.[3] 이 견해에서는 부관의 분리가능성의 문제를 행정행위의 일부취소 후에 잔여행정행위가 독자적으로 존속할 수 있는지에 의존시키고 있으며, 모든 부관은 주된 행정행위에 부가된 규율에 해당하기 때문에, 주된 행정행위로부터 분리가 가능하며, 이에 따라 모든 경우에 일부취소가 허용된다고 한다. 그리하여 이 견해에서는 부관의 종류나, 주된 행정행위의 재량성 여부, 부관이 제거된 후에 남는 주된 행정행위의 위법성 여부는 문제되지 못한다고 본다.

(c) 결언 ① 기속행위의 경우는 상대방의 신청이 법정요건을 충족하고 있는 경우에는 부관에 의한 제한이 없는 행정행위에 대한 청구권이 있다고 할 것이므로, 부관이 위법하면 부관만의 취소가 인정되어야 한다. 그러나 법률요건충족부관의 경우 부관이 위법하더라도 부관만의 취소가 인정될 수 없다고 할 것이

1) 김동희(I), p.286.
2) Laubinger, VerwArch 73(1982), S.362.
3) 정하중(총), p.247.

다. 그 이유는 이 경우에 부관만을 취소한다면 결국 요건이 충족되지 아니한 신청에 대하여 행정행위를 행한 것이 되기 때문이다.

② 재량행위의 경우는 부관만을 취소하여 본체인 행정행위를 유지시키는 것은 결국 행정청에게 부관 없는 본체인 행정행위만을 선택하도록 강제하는 것이 되며, 재량행위의 경우는, 부관은 당해 행위를 행함에 있어서 중요한 요소로서, 원칙적으로 행정청이 부관을 붙이지 않고는 당해 행위를 하지 않았을 것이라고 해석하여야 할 것이므로 부관만을 독립적으로 취소하는 것은 인정되지 않는다고 할 것이다. 다만 예외적으로 행정청이 부관이 없이도 당해 행위를 하였을 것이라고 해석되는 경우에는 부관만을 독립적으로 취소하는 것이 인정된다 할 것이다.

③ 모든 부관의 독립취소가능성을 인정하는 견해에서는, 부관만이 취소된 후에 주된 행정행위가 위법하게 되거나, 재량행위의 경우 행정청이 발하기를 원하지 않는 주된 행정행위가 존속하게 되는 문제점이 나타날 수 있으나, 그러한 문제점은 행정청이 직권취소 또는 철회권을 행사하거나 사정변경을 이유로 한 사후부관을 붙임으로써 해결할 수 있다고 한다. 그러나 그렇게 되면 상대방의 권리구제의 측면에서 볼 때 처음부터 부관만의 취소를 인정하는 의미가 없어진다고 할 것이다.

따라서 재량행위에 있어서 부관이 위법한 경우에는 상대방은 결국 부관부 행정행위 전체의 취소를 구하여 승소한 경우, 부관 없는 새로운 수익적행정행위의 발급을 신청하는 수밖에 없다고 할 것이다.[1]

1) 정하중(총), p.246 참조.

제 7 절 行政法上의 確約

I. 의 의

(1) **확약의 개념** 확약(Zusicherung)이란 행정기관이 국민에 대한 관계에 있어서 자기구속을 할 의도로써 장래에 향하여 일정한 행위 또는 불행위를 약속하는 의사표시라 할 수 있다. 각종의 인·허가에 관한 이른바 내허가·내인가, 공무원임용의 내정, 과세처분에 관한 견해표명 등은 확약의 성질을 가졌다고 볼 수 있는 현저한 예이다.[1)]

(2) **독일행정절차법 규정** 독일행정절차법 제38조는 확약을 명문으로 제도화하여 확약의 형식, 효력발생요건, 무효, 취소 및 변경, 철회, 실효 등에 관하여 규정하였다. 독일에 있어서 행정절차법의 제정 이전에는 확약의 대상은 행정행위에 국한되지 아니하고 공법상계약의 체결, 행정계획의 실시·존속, 사실행위의 확약도 생각할 수 있었다. 이와 같이 넓은 의미의 확약을 확언(Zusage)이라고 한다.

(3) **구별개념** 확약은 본행정행위를 행할 것을 약속하는 의사표시라는 점에서, ① 바로 본행정행위를 행하면서 단지 그 효력의 발생 또는 소멸을 장래의 발생불확실한 사실에 매이게 하는 조건부행정행위와 구별되고, ② 대외적으로 국민에 대하여 표시하는 행위라는 점에서 단순한 내부결정과 구별되며, ③ 개인적인 사실설명이나 현존하는 사실 및 법상태에 관련된 비구속적인 법률적 견해의 표명과 같은 교시(Auskunft)와 구별되고, ④ 장래의 행위를 약속하는 데 그치는 점에서, 제한된 사항에 관한 것이기는 하지만 종국적 규율을 내용으로 하는 사전결정 또는 예비결정(Vorbescheid)이나 일부결정(Teilgenehmigung)과 구별된다. 그리고 역시 ⑤ 확약은 장래의 행위를 약속하는 데 그치는 점에서, 종국적인 행정행위가 행하여지기 전에 행하여지는 가(잠정적인)행정행위(vorläufiger VA)와도 구별된다. 가행정행위는 잠정적이기는 하지만 확정적인 행정행위의 하나이다.

---

1) 행정주체가 사인에 대해 장차 일정한 행정작용(공법상 계약의 체결, 행정계획의 수립·실시, 도로보수 등 사실행위의 실현 등)을 행하거나 행하지 않겠다고 하는 것을 내용으로 하는 공법상 일방적인 자기구속의 의사표시를 행정법상 확언이라 하고, 확언의 대상이 특정 행정행위의 발령이나 불발령에 관한 것인 경우를 확약이라 구별한다(홍정선(상), p.442.).

Ⅱ. 法的 性質

(1) **학설(행정행위로서의 성질)** ① 부정설(확약에는 행정행위의 개념적 징표인 개별적 사항에 대한 법적규율의 성질이 없으므로 행정행위성을 부인한다), ② 긍정설(확약은 그 자체로서 행정기관에 대하여 장래의 약속의 이행의무를 발생시킨다는 점에서 행정행위성을 긍정한다), ③ 행정행위유사설(확약은 행정청만을 구속하고 국민은 구속하지 않으므로 행정행위와 동일할 수는 없고 그와 유사한 성질을 가진 것으로 볼 수 있다)이 있다.

생각건대 확약은 그 내용에 따라 행정기관에 대하여 장래의 이행 또는 불이행을 의무지우는 효과를 발생시키는 점에서 행정행위성을 갖는다고 할 것이다.[1]

(2) **판례** 판례는 확약의 개념을 인정하고 있으나, 행정처분인지 여부에 대하여는 긍정하는 판례와 부정하는 판례[2]가 있다.

「관계 법령의 규정에 의하면 폐기물처리업의 허가를 받기 위하여는 먼저 사업계획서를 제출하여 허가권자로부터 사업계획에 대한 적정 통보를 받아야 하고, 그 적정 통보를 받은 자만이 일정기간 내에 시설, 장비, 기술능력, 자본금을 갖추어 허가신청을 할 수 있으므로, 결국 부적정 통보는 허가신청 자체를 제한하는 등 개인의 권리 내지 법률상의 이익을 개별적이고 구체적으로 규제하고 있어 행정처분에 해당한다」(대법원 1998.4.28. 97 누 21086 폐기물처리사업부적정통보취소).

Ⅲ. 許容性 및 한계

1. 許容性

확약을 허용하는 명문의 규정이 있는 경우에 그것이 허용됨은 당연하나, 그러한 명문의 규정이 없을 경우에 그것이 허용될 것인지에 대하여는 견해의 대립이 있다. 독일에서도 과거에는 그 허용성에 대하여 다툼이 있었으나 행정절차법에서 명문으로 인정하여 입법적으로 해결되었다.

(1) **부정설** 법령에 특히 확약을 인정하는 규정이 있는 경우에 한하여 허용될 수 있다는 견해이다. 일본의 판례 및 독일의 과거의 판례가 이에 속한다고 할 수 있다.

(2) **긍정설** 확약을 허용하는 명문의 규정이 있는 경우는 물론이고 명문의 규정이 없는 경우에도 허용된다는 견해인바, 다시 허용되는 근거에 대하여는

---

1) 김남진·김연태(Ⅰ), p.313; 박균성(상), p.402; 홍정선(상), p.444.

2) 어업권면허에 선행하는 우선순위결정은 행정청이 우선권자로 결정된 자의 신청이 있으면 어업권면허처분을 하겠다는 것을 약속하는 행위로서 강학상 확약에 불과하고 행정처분은 아니므로, 우선순위결정에 공정력이나 불가쟁력과 같은 효력은 인정되지 아니하며, 따라서 우선순위결정이 잘못되었다는 이유로 종전의 어업권면허처분이 취소되면 행정청은 종전의 우선순위결정을 무시하고 다시 우선순위를 결정한 다음 새로운 우선순위결정에 기하여 새로운 어업권면허를 할 수 있다(대법원 1995.1.20. 94 누 6529 행정처분취소).

견해가 갈린다.

㈎ 신뢰보호설 법적 안정성에 바탕을 둔 신뢰보호의 법리는 법의 일반원리로서, 공법의 영역에도 타당하다는 입장에서 이를 근거로 하여 확약을 인정하는 견해이다.[1] 독일의 종전 판례의 태도이다.

㈏ 본처분권한포함설 법령이 행정기관에 대하여 본행정행위를 할 수 있는 권한을 부여한 경우에는, 특히 반대의 뜻이 보이는 경우가 아니면 본행정행위에 관한 확약의 권한도 함께 주어진 것으로 보고 별도의 근거를 요하지 아니한 것으로 보는 견해이다.[2]

(3) 결언 생각건대 확약의 허용성은 확약의 권한이 본처분의 권한에 포함되어 있다는 데서 찾는 것이 타당하다고 본다. 확약은 본처분과는 별개의 행위라 할 것이나, 본처분 행사에 관한 사전처리작용이라 할 것이며, 상대방에게 예지이익 및 대처이익을 준다.

예컨대 고등교육법 제 4 조는 학교설립인가권(본처분권)을 교육과학기술부장관에게 부여하고 있다. 이 인가권에는 당연히 확약의 권한도 포함되어 있는 것으로 보고, 대학설립 · 운영규칙(2 ③)은 대학설립계획서를 제출하도록 하고 있다.

2. 한 계

(1) 기속행위에 대한 확약 확약은 본처분이 재량행위인 경우에 행할 수 있음은 다툼이 없다. 그러나 기속행위의 경우에는 그 기속에의 위배가 없는 한 사전적 · 예비적 결정이 가능하다고 하고, 혹은 기속행위와 재량행위의 구별이 다투어지고, 기속행위에서도 예측가능성을 확보하기 위해서 긍정하는 견해[3]와, 기속행위의 경우에는 본처분을 행하는 것이 기속되므로 본처분을 확약하는 것은 의미가 없다고 하여 부정하는 견해가 있다.

생각건대 이론상으로는 본처분에 대한 선택의 여지가 있는 경우에만 확약이 의미를 갖는다고 할 것이나 실제로는 기속행위와 재량행위의 한계가 명백하지 아니하며, 기속행위의 경우에도 확약에 의하여 예지이익 및 대처이익이 주어질 수도 있다고 할 것이므로 긍정설이 타당하다 할 것이다.

(2) 요건사실완성 후의 확약 행정행위를 할 요건사실이 완성된 후에도 상대방에게 예지이익 및 대처이익을 주기 위하여 미리 확약을 하는 것이 무방하

1) 김남진 · 김연태(I), p. 314.
2) 김철용(I), p. 268; 박균성(상), p. 403.
3) 박균성(상), p. 403.

다는 견해도 있으나,[1] 확약은 상대방에게 수익적인 행위에 대하여 행하여지는 것이므로 본처분의 요건사실이 완성된 후에는 확약을 할 것이 아니라 본처분을 하여야 할 것이다.

Ⅳ. 要 件

(1) 주체　확약의 내용이 되는 본행정행위를 할 수 있는 권한을 가지는 행정청이 그 권한의 범위 안에서 행하여야 한다.

(2) 내용　법령에 적합하고 실현가능하여야 한다.

(3) 절차　확약의 내용인 본행정행위에 관하여 상대방에 대한 청문이나, 다른 행정청의 동의 또는 승인 등 일정한 절차가 요구되는 경우에는 확약에 있어서도 그 절차가 이행되어야 한다. 특히 상대방에 대한 청문 등은 개인의 권익을 보장하기 위하여 요구되는 것인데, 확약에 있어 행정절차의 생략이 인정된다면 결국 확약은 행정절차를 회피하기 위한 방편으로 활용될 수 있는 것이기 때문이다.

(4) 형식　독일행정절차법은 서면에 의할 것을 효력발생요건으로 정하고 있다. 명문의 규정이 없는 현행법상으로는 구술에 의한 확약도 가능하다고 할 것이다.

Ⅴ. 效 果

1. 確約의 履行義務

행정청은 상대방에게 확약된 행위를 하여야 할 자기구속적인 의무를 지게 된다. 그 구속력의 근거는 신뢰보호의 원칙이라 할 것이다. 행정청이 의무를 이행하지 아니할 때에는 상대방은 의무이행행정심판과 부작위위법확인소송을 제기할 수 있다.

2. 確約의 無效, 取消·變更, 撤回, 失效

독일행정절차법은 행정행위에 관한 규정을 준용한다. 우리 행정절차법은 이에 관한 규정을 두지 아니하였다. 명문의 규정이 없는 경우에도 동일하게 보아야 할 것이다.

---

1) 이상규(상), p.394.

3. 確約과 事情變更

독일행정절차법은 만약 확약 후 사실상태 또는 법률상태가 변경된 경우, 행정청이 그와 같은 변경이 있을 것을 미리 알았더라면 그와 같은 확약을 하지 않았을 것으로 인정되는 경우에는 확약에 대한 구속을 면제하고 있다.

「행정청이 상대방에게 장차 어떤 처분을 하겠다고 확약 또는 공적인 의사표명을 하였다고 하더라도 그 자체에서 상대방으로 하여금 언제까지 처분의 발령을 신청을 하도록 유효기간을 두었는데도 그 기간 내에 상대방의 신청이 없었다거나, 확약 또는 공적인 의사표명이 있은 후에 사실적·법률적 상태가 변경되었다면 그와 같은 확약 또는 공적인 의사표명은 행정청의 별다른 의사표시를 기다리지 않고 실효된다」(대법원 1996.8.20. 95 누 10877 주택건설사업승인거부처분취소).[1]

1) 주택건설사업계획 입지심의와 건축물건축계획 심의가 대전직할시장이 장차 주택건설사업계획 승인처분을 하겠다는 내용의 확약 또는 공적인 의사표명이라고 하더라도 그 유효기간 1년 이내에 원고가 그 승인신청을 하지 아니함으로써 실효되었다고 할 것이므로, 피고가 위 건축법상의 사전결정과 주택건설사업계획 입지심의 및 건축물건축계획 심의와는 달리 원고의 승인신청을 거부하는 내용의 이 사건 거부처분을 하였더라도 그것이 위법하다고는 할 수 없다 할 것이다(대법원 1996.8.20. 95 누 10877 주택건설사업승인거부처분취소).

제 8 절 行政行爲의 成立要件 · 發效要件 및 效力

Ⅰ. 槪 說

행정행위가 효력을 발생하기 위하여는 법규가 요구하는 성립 · 발효요건을 갖추어야 한다. 성립요건은 성립하기 위한 법사실을 말하며, 발효요건은 현실적으로 행정객체 또는 행정주체를 구속하는 효력을 발생하기 위한 법사실을 말한다. 행정행위의 성립요건의 내용에 관하여는 실정법상 규정을 둔 입법례도 있으나, 일반적인 규정을 두지 아니한 것이 보통이다.[1)]

Ⅱ. 成立要件

1. 內部的 成立要件

주체 · 내용 · 형식 · 절차의 점에서 법정요건에 적합하고(적법) 또한 공익에 적합하게(타당) 행정기관 내부에서 의사가 결정되어야 한다.

(1) 주체에 관한 요건　정당한 권한을 가진 자가, 권한 내의 사항에 대하여, 정상적인 의사에 기하여 행한 행위라야 한다.

㈎ 정당한 권한을 가진 자의 행위　공무원이 아닌 자, 대리권이 없는 자, 적법하게 구성되지 않은 합의체기관의 행위, 다른 기관의 필요적 협의를 거치지 아니한 행위는 적법하게 성립될 수 없다.

㈏ 권한 내의 행위　사항적 · 지역적 · 대인적 · 시간적인 면에서 권한 내의 행위여야 한다. 행정청의 권한은 조직법에서 정하여진다.

㈐ 정상적인 의사에 기한 행위　의사능력 · 행위능력이 있어야 하고, 사기 · 강박에 의하거나 착오에 의하는 등, 의사결정에 흠이 있어서는 아니된다.

(2) 내용에 관한 요건　① 법률상 · 사실상으로 실현가능하고, 관계인이 인식할 수 있는 정도로 명확하여야 하며(행정절차 5), ② 법(형식적인 법령은 물론, 법의 일반원칙인 권리남용금지 · 신의칙 · 신뢰보호의 원칙 · 비례원칙 · 평등원칙 등도 포함한다.)에 위반되지 않고, 공익에 적합하여야 한다.

(3) 절차에 관한 요건　법정의 일련의 절차를 밟고 누락이 없어야 한다.

---

1) 미국행정절차법(5 U.S.C. 706)은 사법심사에서의 행정행위취소사유를 규정함으로써 행정행위의 성립요건을 간접적으로 규정하였고, 독일행정절차법(37)은 내용의 명확성과 형식에 관하여 규정하고 있는바, 형식에 있어서는 「문서 · 구술 또는 기타의 방법으로 할 수 있다」고 규정하였다.

이러한 절차에는 ① 쌍방적 행정행위에서의 상대방의 협력(신청·동의), ② 당사자간의 이해조정 또는 이해관계인의 권익보호를 위한 사전참가절차(사전통지와 이에 따르는 의견제출), ③ 행정의 신중·공정을 도모하기 위하여 법령에 규정된 행정조직 내부에서의 협의·심의·자문·의결·동의 등과, ④ 기타의 법정절차가 포함된다.

우리 행정절차법은 ②의 절차로서 「당사자에게 의무를 과하거나 권익을 침해하는 행정처분」을 할 때에는 당사자에게 통지하도록 하였고, 또한 원칙적으로 의견청취(의견제출·청문·공청회 개최)를 하도록 하였다(동법 21·22).

(4) 형식에 관한 요건 (가) 법정의 문서 기타의 형식에 적합하여야 한다.[1] 행정행위는 법령이 특별한 형식을 정하고 있지 않는 한 문서·구술 또는 기타의 적당한 방법(표식·공시 등)으로 행할 수가 있다. 이런 의미에서 행정행위에도 형식자유의 원칙이 타당하다고 말할 수 있다. 다만, 법령이 특별한 형식을 정하고 있지 않은 경우에도 행정행위의 존재와 내용을 명확히 하여 법률관계를 명료하게 하기 위하여 원칙적으로 문서에 의하여야 할 것이다.

(나) 문서에 의한 행정행위는 법령에 특별한 정함이 없는 한, 상대방의 주소와 성명 또는 명칭, 행위내용, 일부를 기재하고 행정청의 관인을 날인하면 된다(사무관리규정 21 등). 법령상의 근거의 기재는 합목적적인 점에서 관용되고 있는바, 특별한 사정이 없는 한, 기재하여야 할 것이다.

(다) 행정행위를 문서에 의하여 행하는 경우, 법령에서 처분이유를 부기하도록 하였으면 당연히 이유를 부기하여야 할 것이다. 우리 행정절차법은 처분을 하는 때에는 원칙적으로 이유를 부기하도록 하였다.

2. 外部的 成立要件

행정행위는 행정결정의 외부에 대한 표시행위이므로, 행정내부의 결정(예컨대 합의체기관에서의 결정, 기관장의 결재)이 있는 것만으로는 아직 행정행위는 성립하였다고는 할 수 없으며, 그것이 외부에 표시되어야 비로소 성립한다. 행정행위가 일응 성립하면 그 행위가 아직 상대방에게 도달되지 아니한 경우에도, 행정청은 이유 없이 그것을 취소·변경할 수 없는 구속을 받게 된다. 여기에서 행정행위의 성립시기를 효력발

1) 행정청이 문서에 의하여 처분을 한 경우 그 처분서의 문언이 불분명하다는 등의 특별한 사정이 없는 한, 그 문언에 따라 어떤 처분을 하였는지 여부를 확정하여야 할 것이고, 처분서의 문언만으로도 행정청이 어떤 처분을 하였는지가 분명함에도 불구하고 처분경위나 처분 이후의 상대방의 태도 등 다른 사정을 고려하여 처분서의 문언과는 달리 다른 처분까지 포함되어 있는 것으로 확대해석하여서는 아니 된다(대법원 2005.7.28. 2003 두 469 지방공무원지위확인). 지방소방사시보 발령을 취소한다고만 기재되어 있는 인사발령통지서에 정규공무원인 지방소방사 임용행위까지 취소한다는 취지가 포함되어 있다고 볼 수 없다고 한 사례이다.

생시기와 구별하여 따로 인정할 실익이 있다 하겠다.

Ⅲ. 發效要件

(1) 수령을 요하는 행정행위에 있어서는 상대방에게 통지하여 도달되는 것이 효력발생요건이다.[1] 행정절차법은 「송달은 다른 법령에 특별한 규정이 있는 경우를 제외하고는 송달받을 자에게 도달됨으로써 그 효력이 발생한다」(15①)라고 규정하여 도달주의를 채택하였는바, 이는 법의 일반원리적규정으로 볼 수 있는 민법상의 법률행위의 효력발생요건을 행정법령에 받아들여 성문화한 것이라 하겠다.

(2) 통지, 즉 송달은 우편·교부 또는 정보통신망이용 등의 방법에 의하되, 송달받을 자의 주소·거소·영업소·사무소 또는 전자우편주소로 하며, 송달받을 자가 동의하는 경우에는 그를 만나는 장소에서 송달할 수 있다. 정보통신망을 이용한 송달은 송달받을 자의 동의가 있는 경우에 한하며, 이 경우 송달받을 자는 전자우편주소 등을 지정하여야 한다(행정절차 14①③). 정보통신망을 이용하여 전자문서로 송달하는 경우에는 송달받을 자가 지정한 컴퓨터에 입력된 때에 도달된 것으로 본다(동 15②).

(3) 도달은 상대방이 요지(了知)할 수 있는 상태에 두는 것을 말하며(사무원 피용자 또는 동거자로서 사리를 분별할 지능이 있는 자에게 교부하는 것 등), 상대방이 현실적으로 수령하여 요지한 것을 말하지 않는다.

(4) 보통우편에 의하여 상대방의 주소에 송달한 경우에는 종래에는 상당한 기간 내에 도달된 것으로 추정하는 것이 일반적 견해였으나, 오늘날은 추정하지 않는 것이 통설의 경향이므로 그 입증을 위하여 등기우편의 방법에 의할 필요가 있다(국세기본 10②).[2]

1) 우편물이 배달되면 우편물이 정당하게 교부된 것으로 인정하여 국가의 배달업무를 다하였다는 것일 뿐이지 우편물의 송달로써 달성하려고 하는 법률효과까지 발생하게 하는 것은 아니므로 위 규정에 따라 우편물이 배달되었다고 하여 언제나 상대방있는 의사표시의 통지가 상대방에게 도달하였다고 볼 수는 없다 할 것인바, 집배원으로부터 우편물을 수령한 빌딩건물경비원이 원고나 그 동거인 또는 고용인에게 위 청문서를 전달하였다고 볼 수 없는 이상 청문서가 원고에게 적법하게 송달되었다고 볼 수 없다 할 것이고, 원고가 청문서를 송달받지 못하여 청문절차에 불출석하였는데도 불응하는 것으로 보아 원고에게 의견진술기회를 주지 아니한 채 이루어진 이 사건 처분은 영업정지사유가 인정된다 하더라도 위법하다 할 것이다(대법원 1993.11.26. 93 누 17478 유흥접객업영업정지처분취소).

2) 우편물이 등기취급의 방법으로 발송된 경우, 특별한 사정이 없는 한, 그 무렵 수취인에게 배달되었다고 보아도 좋을 것이나, 수취인이나 그 가족이 주민등록지에 실제로 거주하고 있지 아니하면서 전입신고만을 해 둔 경우에는 그 사실만으로써 주민등록지 거주자에게 송달수령의 권한을 위임하였다고 보기는 어려울 뿐 아니라 수취인이 주민등록지에 실제로 거주하지 아니하는 경우에도 우편물이 수취인에게 도달하였다고 추정할 수는 없고, 따라서 이러한 경우에는 우편물의 도달사실을 과세관청이 입증해야 할 것이다(대법원 1998.2.13. 97 누 8977 양도소

「과세처분에 관한 납세고지서의 송달이 국세기본법 제 8 조 제 1 항의 규정에 위배되는 부적법한 것으로서 송달의 효력이 발생하지 아니하는 이상, 그 과세처분은 무효이다」(대법원 1995.8.22. 95 누 3909 종합소득세부과처분취소).

(5) 송달받을 자의 주소 등을 통상의 방법으로 확인할 수 없는 경우, 송달이 불가능한 경우에는 송달받을 자가 알기 쉽도록 관보·공보·게시판·일간신문 중 하나 이상에 공고하고 인터넷에도 공고하여야 한다(행정절차 14④). 이 경우에는 다른 법령에 특별한 규정이 없는 한, 공고일로부터 14일이 경과한 때에 효력이 발생한다(동 15). 다만 긴급히 시행하여야 할 특별한 사유가 있어, 효력발생시기를 달리 정하여 공고한 때에는 그에 의한다(동 15③).

(6) 어떤 행위에 있어서는 특별한 발효요건을 정하고 있다(예컨대 귀화허가가 관보고시를 발효요건으로 하는 것과 같다).

Ⅳ. 行政行爲의 無效·取消·不存在

(1) 위의 요건을 결한 행정행위는 흠 있는 행정행위로서 무효로 되거나 취소할 수 있는 행위로 되어 완전한 효력이 발생될 수 없다.

(2) 또한 법정의 성립요건을 전적으로 결하여 외관상으로도 행정행위에 상당하는 것이 전혀 없는 경우를 행정행위의「부존재」라 한다.

(3) 행정행위의 부존재를 흠 있는 행정행위와 구별하여 논하는 것이 일반적 견해이나, 부존재를 흠의 한 태양으로 논하는 견해도 있다. 어느 견해에 따르건, 어떤 경우를 부존재로 볼 것인가, 그리고 행정행위의 부존재와 행정행위의 무효를 구별할 실익은 무엇인가 등이 문제된다.

Ⅴ. 行政行爲의 效力

1. 拘束力(覊束力)(Verbindlichkeit)

행정행위가 법정요건을 갖추어 행하여진 경우에 그 내용에 따라 상대방과 행정청을 구속하는 효력을 말한다. 상대방은 행정행위에 대하여 불복이 있는 경우에는 법률이 정하는 바에 따라 이를 다툴 수 있지만 이 경우에도 그 취소가 있기까지는 그 행위에 구속된다. 행정청도 그 행위가 법령이 정하는 바에 따라 취소되지 않는 한 이에 구속된다.

득세등부과처분무효확인).

2. 公 定 力

행정행위가 행하여지면 그 실체법상의 적법·위법 또는 당·부당을 가릴 것 없이, 절대무효인 경우를 제외하고는, 행정기관의 판단을 우선시켜, 권한 있는 기관에 의하여 취소되기까지는, 상대방 및 제 3 자(특히 다른 행정청·법원)에 대하여 일응 구속력이 있는 것으로 통용되는 힘을 말한다. 공정력은 과거에는 행정행위에 내재하는 효력으로 보았으나, 오늘날은 행정상쟁송제도의 반사적 효과에 지나지 아니한 것으로 본다.

오늘날에는 위의 공정력 중에서 사인(상대방 및 이해관계인)에 대한 통용력만을 공정력이라 하고, 다른 국가기관에 대한 통용력은 이와 구별하여「구성요건적 효력」이라고 하는 견해가 유력하다. 그러나 양자간에는 상대방이 다를 뿐, 성질상의 차이가 있는 것은 아니라고 할 것이다.

3. 確定力(存續力)

(1) **불가쟁력** 행정행위의 상대방으로부터 더 이상 그 효력을 다툴 수 없는 힘을 불가쟁력이라 한다. 형식적 확정력이라고도 한다. 행정행위에 대하여는 법정기간 내에 한하여 쟁송이 인정되며, 그 법정기간이 지나면 불가쟁력이 생긴다. 불가쟁력은 모든 행위에 대하여 인정된다.

(2) **불가변력** 행정청이 행정행위를 취소·변경 또는 철회할 수 없는 힘을 불가변력이라 한다. 실질적 확정력이라고도 한다. 행정청이라 하여 행정행위를 자유로 취소·변경 또는 철회할 수 있는 것이 아니고 수익적 행위, 확인적 행위, 행정행위에 의하여 정하여진 법률관계의 내용이 그 뒤의 당사자간의 법률관계의 기준이 되는 경우 등에는 그것이 제한된다.

4. 強 制 力

의무를 부과하는 하명행위에 있어 그 상대방이 의무를 불이행한 경우에는, 사법행위의 경우와는 달리 법원의 힘을 빌리지 아니하고 행정청이 자력으로 이를 실현할 수 있음을 원칙으로 하는바, 이를 강제력이라 한다. 넓은 의미에서는 그 상대방이 의무를 위반한 때에 그에 대한 제재를 과할 수 있는 힘까지를 합하여 강제력이라 한다.

제 9 절 行政行爲의 흠(瑕疵)

제 1 목 槪 說

1. 행정행위의 흠의 의의 및 態樣

(1) 의의 행정행위가 법령 또는 법의 일반원칙에 위반한 경우(위법한 행정행위) 또는 공익에 위반한 경우(부당한 행정행위)에는 행정행위가 본래 목적하는 효력을 발생할 수 없다. 이와 같이 행정행위의 효력의 발생을 방해하는 사정을 행정행위의 흠(하자)이라 하고(행정행위의 흠은 사람에 비유하면 사람에게 병이 든 것과 같다.), 이러한 흠을 가진 행정행위를 흠 있는 행정행위(der fehlerhafte Verwaltungsakt)라 한다. 행정행위의 흠은 위법의 경우와 부당의 경우를 포함한다.

(2) 태양(態樣) 흠 있는 행정행위가 법률상 어떠한 효력을 발생할 것인가에 대하여는 실정법상 정함이 없는 것이 통례이고, 정함이 있는 경우에도 그 뜻이 명백하지 못한 경우가 많아, 결국 흠의 효과의 태양, 구별의 실익 · 기준 등의 문제는 이론상의 문제로 학설이나 판례에 의하여 해결하는 수밖에 없다. 다만, 오늘날에는 흠의 효과에 관하여 개별적인 규정을 두는 입법례도 늘어나고 있고(예: 국공 13② 소청인에게 진술기회를 주지 아니한 결정은 무효로 한다), 학설 · 판례에 의하여 구성 · 발전된 법리를 성문화하려는 움직임도 활발하여지고 있다.[1)]

우리 행정심판법이 항고쟁송의 종류로 취소심판과 무효등확인심판을, 행정소송법이 항고소송의 종류를 취소소송과 무효등확인소송으로 구분 · 인정하고 있는 것은 흠의 태양을 무효와 취소로 나누는 것을 전제로 한다고 할 수 있다.

2. 行政行爲의 不存在

(1) 의의 무효인 행정행위는 행정행위가 외관상으로는 존재하고 있으나, 다만 법률효과를 발생하지 못한 경우인데, 행정행위의 부존재란 행정행위가 그 성립요건의 어떤 중요한 요소를 전혀 결여함으로써 외관상으로도 행정행위로서 성립하지조차 못한 경우를 말한다. 넓은 의미의 부존재에는 성질을 달리하는 두 가지가 있는바, ① 본래 행정행위의 개념에 해당한 것이기는 하나, 아직 내부적 의사결정의 단계에 있어 행정행위로서 성립되지 못하였거나(내부적 결정만 있고 아직 외부에 표시되지 않은 행위), 이미 취소 · 철회 · 해제조건의 성취 등에 의하여 소멸되어 버렸기 때문

1) 미국행정절차법 5 U.S.C. 706; 독일행정절차법 제44조 내지 제48조 등 참조.

에 사실상으로 부존재인 경우(좁은 의미의 부존재), ② 주의·권고·호의적 중재·조정·희망의 표시·알선·지도·사인의 공무원사칭행위 등 사인의 권리의무에 대하여 직접의 법률효과를 미치는 것이 아니기 때문에, 행정행위의 개념에도 해당되지 않고 따라서 본래 행정행위가 아닌 것, 즉 비행정행위인 경우가 있다(비행정행위). 보통 부존재라 할 때에는 좁은 의미의 부존재를 말한다고 할 것이다.

(2) **구별의 실익** ㈎ 무효인 경우도 아무런 법률상 효력도 생기지 않으므로 법률상 효과의 면에서는 부존재인 경우와 같으며, 또한 구체적 사례에 있어서 어느 것이 무효이고 어느 것이 부존재인지는 명확하지 아니하다. 전통적 통설은 양자의 구별의 실익을 행정쟁송에 있어서 그 목적물이 될 수 있는지의 여부에 두었다.

㈏ 우리 행정소송법은 무효확인소송과 함께 부존재확인소송을 인정하여 무효가 무효확인소송의 대상이 되는 것과 같이 부존재는 부존재확인소송의 대상이 된다(동법 4②)(행정심판법의 경우도 같다.).[1]

이와 같이 무효와 부존재가 다같이 쟁송의 대상이 된다는 점에서 전통적 통설에서와 같은 양자의 구별의 실익은 없어졌다고 하겠다. 그러나 우리 행정소송법 아래서도 무효확인소송과 부존재확인소송은 그 소송형태를 달리하므로 이 점에서는 무효와 부존재를 구별할 실익이 있다 하겠다(다만, 행정소송법상 두 가지 소송형태에 대한 적용법규는 동일하다(38①).).

(3) **구별표준** 무효와 부존재의 구별은 명확한 것이 아니며, 또한 사회통념에 비추어 양자의 일반적인 구별표준을 세우는 것도 어렵다. 결국 행정청측의 태도 등 구체적인 분쟁의 상황여하에 따라 구별할 수밖에 없다고 할 것이나, 위에서 본 바와 같이 본래 행정행위의 개념에 해당하기는 하나, ① 아직 내부적 의사결정의 단계에 있어 행정행위로서 성립되지 못하였거나, ② 이미 취소·철회·해제조건의 성취 등에 의하여 소멸되어 버렸기 때문에 사실상으로 존재하지 아니한 경우 등은 부존재에 해당한다 하겠다.[2]

---

1) 좁은 의미의 부존재의 경우에는 아직 성립되지 못하였거나 사실상으로 부존재이기는 하나, 그것이 성립되고 존재한다면 행정행위의 개념에 해당하는 것으로, 부존재에 의하여도 사실상 국민의 권익이 침해되는 경우도 있다. 따라서 행정행위의 존재·부존재가 불명확한 경우에는 부존재확인소송을 제기할 수 있다 할 것이다. 우리 판례에서 문제된 예를 들면, 징발은 징발영장에 의하도록 되었으나 영장에 의하지 아니하고 사실상 징발하여 군이 개인의 토지를 사용하고 있는 경우에, 그 구제를 청구한 소송에 대하여 법원이 부존재라 하여 소를 각하하여 버리면 군의 사실상 사용을 방치하는 결과가 되어 국민의 권리침해상태는 계속되게 된다.

2) 원고가 취소를 구하는 토지초과이득세 부과처분이 부존재한다면, 행정소송에 있어 쟁송의 대상이 되는 행정처분의 존재는 소송의 적법요건이라고 할 것이므로, 원고가 취소를 구하는 부과처분이 존재하지 아니하는 이상 소는 부적법하여 각하되어야 한다(대법원 1997.8.26. 96 누 6707 토지초과이득세부과처분취소).

제 2 목 無效인 行政行爲와 取消할 수 있는 行政行爲의 구별

Ⅰ. 兩者의 의의

(1) 무효인 행정행위 무효인 행정행위(nichtiger Verwaltungsakt)는 외관상 행정행위로서 존재함에도 불구하고 권한 있는 행정청이나 법원의 취소를 기다림이 없이, 처음부터 그 행위의 내용에 따른 법률적 효과를 전혀 발생하지 않는 행위를 말한다.

(2) 취소할 수 있는 행정행위 취소할 수 있는 행정행위[1]는, 그 성립에 흠이 있음에도 불구하고 권한 있는 행정청이나 법원의 취소가 있기까지는 유효한 행위로서 효력을 가지며 그 취소로 비로소 효력을 잃는 행위를 말한다.

Ⅱ. 無效와 取消의 구별필요성

(1) 이론적 구별필요성

(가) 논리적 견해(부정설) 행정행위를 하기 위한 법률요건의 추상적 성격을 중시하는 견해로, 법률요건은 행위의 효과를 국가에 귀속시키기 위한 요건이므로 이에 위반한 행위는, 법률상 특별한 규정이 있는 경우에만 취소할 수 있는 행위로 되고, 그 이외에는 원칙적으로 무효라고 한다(귀속설).

(나) 개념론적 견해 행정행위를 하기 위한 법률요건에 대하여 가치의 경중을 인정하고, 요건을 정하는 법규의 성질·중요성(요컨대 단속법규인가, 능력법규인가, 강행법규인가, 임의법규인가 등) 또는 흠의 종류·정도에 따라 형식적·개념론적으로 구별하려는 견해이다.

(다) 목적론적 견해 개개의 행정행위를 하기 위한 법률요건이 아니고, 행정행위 일반의 성질이나, 전체로서의 행정제도의 취지·목적에 비추어 구별하려는 견해이다. 행정행위는 우월적 의사의 발동으로서의 성질을 가지므로 사인의 행위와는 달리 행정청의 권한 내에서 행하여졌으면 위법하더라도 원칙적으로 취소할 수 있음에 그치며, 예외적으로 무효라는 견해(O. Mayer 등)등이 있다.

(라) 기능론적 견해 행정행위의 흠의 판정에는 전문기술적 판단을 요하는 바, 흠의 유무를 전문적인 국가기관이 통상의 행정쟁송절차에 의하여 판단하여야 할 정도의 것이면 취소할 수 있는 행정행위이고, 그런 절차를 거칠 것도 없

---

1) 무효사유 이외의 흠은 원칙적으로 모두 취소사유라 할 것이나, 행정청의 진의가 객관적으로 쉽게 확정될 수 있는 단순한 오기·오산 등은 그 진의에 따라 효력이 발생하며, 행정청은 다만 그 오류를 제거하기 위하여 그것을 정정하면 된다. 이를 행정행위의 정정이라 한다.

이 전문기관이 아닌 사인도 독자의 판단으로 무효를 인정할 수 있는 정도의 것이면 무효인 행정행위라 한다.

(2) 실제적 구별필요성(실익)

㈎ 쟁송과 관련된 구별의 실익

(a) 선결문제와의 관계 취소할 수 있는 행정행위는 비록 흠이 있더라도 공정력이 인정되기 때문에 행정소송인 취소소송을 제기하여 취소를 구하여야 하고, 부당이득반환청구 등 민사소송을 제기하고 거기에서 선결문제로서 효력을 부인받을 수 없는 데 대하여(다만, 형사소송에서는 효력을 부인할 수 있다고 본다.), 무효인 행정행위는 공정력이 인정되지 아니하기 때문에 민사소송에서 그 선결문제로서 무효를 확인받을 수 있다.[1)]

(b) 행정쟁송의 방식과의 관계 취소할 수 있는 행정행위의 경우에는 취소행정심판 또는 취소소송에 의하여 취소를 구할 수 있는데(행심 4(1), 행송 4(1)), 무효인 행정행위에 대하여는 무효등확인행정심판 또는 무효등확인소송에 의하여 무효확인을 구할 수 있다(행심 4(2), 행송 4(2)).

(c) 행정쟁송의 제기요건과의 관계 취소쟁송을 제기함에는 다른 일반적인 쟁송요건 외에 제기기간(행심 18, 행송 20)의 요건을 충족하여야 하나, 무효등확인쟁송을 제기함에는 그러한 제한을 받지 아니한다.

(d) 사정재결 및 사정판결과의 관계 행정심판법 및 행정소송법은 공익보호의 견지에서 사정재결(행심 33①) 및 사정판결(행송 28①)을 인정하고 있는바, 이들은 취소할 수 있는 행정행위에 대하여만 인정되고 무효인 행정행위에 대하여는 인정되지 아니한다.

㈏ 그 밖의 구별의 실익

(a) 선행행위의 하자의 승계와의 관계 일정한 행정목적을 실현하기 위하여 둘 이상의 행정행위가 단계적으로 행하여지는 경우에, 선행행위에 흠이 있는 경우에는 그것이 무효사유인 때에는 그 성질상 모든 경우에 후행행위에 승계되는 데 대하여, 취소사유인 때에는 원칙적으로 선행행위와 후행행위가 하나의 행정목적을 실현하기 위한 것인 경우에 한하여 흠이 승계된다고 본다(후술).

(b) 하자의 치유 및 전환과의 관계 흠 있는 행정행위의 치유는 원칙적으로

1) 취소할 수 있는 행정행위와 무효인 행정행위의 구별은 연혁적으로는 과거 행정소송사항에 대하여 열기주의를 취한 행정국가에서 국민의 권리구제를 넓히기 위하여 행하여졌다. 그것은 아무리 위법한 행정행위라도 열기사항에 포함되지 아니한 것에 대하여는 행정소송을 제기할 수 없었는바, 무효라는 개념을 인정함으로써 열기사항에 포함되지 아니한 사항에 대하여도 그 행위의 결과로 생긴 손해의 배상 또는 부당이득의 반환을 청구하는 민사소송을 제기하여 그 선결문제로서 당해 행정행위의 무효확인을 받을 수 있었다.

취소할 수 있는 행위에 대하여 인정될 수 있는 데 대하여, 흠 있는 행정행위의 전환은 무효인 행정행위에 대하여 인정된다고 본다.

Ⅲ. 구별기준

(1) 흠 자체의 성질을 기준으로 하는 견해

㈎ 중대명백설

ⓐ 의의 흠의 내부적 성질이 「중대」하고 외부적 성질이 「명백」한 것은 무효이고, 그 이외의 경우는 취소할 수 있음에 그친다는 학설이다. 즉, 흠이 「중대」하고 「명백」한 경우에는 통상의 행정소송절차에 의하여 권한을 가진 행정청이나 법원의 취소를 기다릴 것 없이, 법원은 민사사건 등의 전제(선결문제)로 그 무효를 인정할 수 있고 다른 행정청도 흠 있는 행위를 존중할 필요가 없으며, 사인도 독자의 판단으로 무효를 인정할 충분한 이유가 있다고 한다.

ⓑ 기능 무효의 요건으로 흠의 중대성과 명백성의 두 가지 요건을 요구하는 것은 한편으로 국민의 권리구제의 요청과 다른 한편으로 행정법질서의 안정(국가행위에의 복종성의 확보와 신뢰성의 보호)의 요청을 조정하기 위하여서도 필요하다. 즉, 무효의 요건으로 흠의 중대성만 요구하면 권리구제의 측면만 강조되고, 명백성만 요구하면 행정목적달성 등의 측면만 강조되기 때문에 두 가지 요청을 조정하기 위하여서는 중대성과 명백성이 다같이 요구된다.

ⓒ 중대·명백의 개념 흠의 「중대」성은 행정행위가 중요한 법률요건을 위반하여 흠이 내용적으로 중대하다는 것을 말한다고 한다. 흠의 「명백」성은 첫째로 무엇이 명백한지가 문제되는바, 「흠」이라는 것이 명백하다는 것과, 흠이 있다는 것이 명백하다는 이중적인 의미를 갖는다고 할 것이다. 흠의 「명백」성은 둘째로 누구에 대하여 명백한지가 문제되는바, ① 처분요건의 존재를 긍정한 처분청의 인정에 중대한 오인이 있었다는 것이, ② 행정행위성립 당시로부터, ③ 객관적으로, ④ 관계인(특히 처분청)의 지·부지와 관계없이 누구에 대하여서도 외관상 일견하여 명백하다는 것, 즉 누구의 판단에 의하여서도 거의 동일한 결론에 이를 정도로 분명하다는 것을 말한다고 한다. 이 견해가 전통적 통설이며, 「외관상일견명백설」이라고 한다.

〔**판례**〕 위헌법률에 근거하여 발하여진 행정처분의 효력(취소사유)

법률에 근거하여 행정처분이 발하여진 후에 헌법재판소가 그 행정처분의 근거가 된 법률을 위헌으로 결정하였다면 결과적으로 행정처분은 법률의 근거가 없이 행하여진 것과 마찬가지가 되어 하자가 있는 것이 되나, 하자 있는 행정처분이 당연무효가 되기 위하여는 그 하자가 중대할 뿐만 아니라 명백한 것이어야 하는데, 일반적으로 법률이 헌법에 위반된다는 사정이 헌법재판소의 위헌결정이 있기 전에는 객관적으로 명백한 것이라고 할 수는 없으므로 헌법재판소의 위헌결정 전에 행정처분의 근거되는 당해 법률이 헌법에 위반된다는 사유는 특별한 사정이 없는 한 그 행정처분의 취소소송의 전제가 될 수 있을 뿐 당연무효사유는 아니라고 봄이 상당하다(대법원 1994.10.28. 92 누 9463 압류처분등무효확인).[1]

(나) 조사의무위반설(직무성실의무설) 이 견해는 행정청의 판단이 각별한 조사를 하지 않아도 누구라도 명백한 오인이 있었다고 인정할 수 있고, 행정청이 직무의 성실한 수행으로서 당연히 요구되는 정도의 조사에 의하여 판명될 수 있는 사실관계에 비추어 보아, 누구라도 명백한 오인이 있었다고 인정할 수 있는 경우뿐만 아니라, 행정청이 구체적인 경우에 그 직무의 성실한 수행으로서 당연히 요구되는 정도의 조사에 의하여 판명될 수 있는 사실관계에 비추어 보아, 누구라도 명백한 오인이 있었다고 인정할 수 있는 경우에도 명백성이 인정되어 무효라고 한다.[2] 그러나 무엇을 「직무의 성실한 수행으로 당연히 요구되는 정도의 조사」로 볼 것인지가 명확하지 아니하다는 비판을 받는다.

(다) 명백성보충요건설 무효로 되기 위하여서는 흠의 중대성은 항상 그 요건으로 하되, 명백성은 일률적으로 요구할 것이 아니고 구체적 사안에 있어서의 이익형량에 따라 보충적 가중요건으로 하는 것이 타당하다고 보는 견해이다. 이 견해는 「명백」성은 ① 그 개념 자체가 명확하지 아니하여 일률적인 요건으로 삼는 것은 적당하지 아니하며, ② 이해관계를 가진 제 3 자가 있는 경우에는 명백성이 요구된다고 할 것이나 직접상대방의 이해에만 관계되는 경우에는 굳이 명백성을 요구할 것이 아니기 때문이라고 한다.[3]

(라) 중대설 중대한 흠만 있으면 무효로 되며, 명백성은 요구되지 아니한다는 견해가 있다. 이 견해는 통설이 무효라고 하는 중대하고 명백한 흠이 있는 행정행위는 부존재라고 한다.[4] 이 견해는 무효사유를 넓혀 국민의 권리구제에 이바지하려는 것인바, 침해적 행위의 경우는 그렇다고 할 것이나 수익적 행위

1) 위헌결정의 소급효가 인정된다고 하여 위헌인 법률에 근거한 행정처분이 당연무효가 된다고는 할 수 없고, 오히려 이미 취소소송의 제기기간을 경과하여 확정력이 발생한 행정처분에는 위헌결정의 소급효가 미치지 않는다고 보아야 한다. 어느 행정처분에 대하여 그 행정처분의 근거가 된 법률이 위헌이라는 이유로 무효확인청구의 소가 제기된 경우에는 다른 특별한 사정이 없는 한 법원으로서는 그 법률이 위헌인지 여부에 대하여는 판단할 필요 없이 그 무효확인청구를 기각하여야 한다(대법원 1994.10.28. 92 누 9463 압류처분등무효확인).
2) 日本東京高判 1959.7.7, 行裁例集 제10권, p.365 참조.
3) 鹽野宏, 行政法(I), 제 2 판, 1994, p.132.
4) 兼姿仁, 無效등確認訴訟의 범위, 公法硏究, 제26권, p.341.

내지는 복효적 행위의 경우에는 오히려 불리하게 된다.

(2) **구체적 가치형량설(다원설)** 다종·다양한 행정행위 내지는 행정과정의 흠의 효과를 그 성질이 중대명백하다고 하는 단일의 일반적 기준만에 의하여 결정하는 것은 무리라고 하여 개개의 구체적인 경우마다 여러 구체적 이익상황을 고려하여 구분하여야 한다고 한다.

(3) **결언** 위에서 본 이론적 구별필요성에 관한 기능론적 견해에서 볼 때 중대명백설이 일응 타당하다고 할 것이다. 그것은 개인의 권리구제와 국법질서의 안정의 요청을 합리적으로 조정하기 위하여서는, 흠이 중대할 뿐만 아니라 명백한 경우에 한하여 행정쟁송절차를 거치지 아니하고 무효로 인정할 수 있다고 할 것이기 때문이다.[1]

(4) **판례**

㈎ **대법원** 대법원 판례의 주류적 태도는 중대명백설을 취하고 있다.

「하자 있는 행정처분이 당연무효가 되기 위하여는 그 하자가 법규의 중요한 부분을 위반한 중대한 것으로서 객관적으로 명백한 것이어야 하며 하자가 중대하고 명백한 것인지 여부를 판별함에 있어서는 그 법규의 목적, 의미, 기능 등을 목적론적으로 고찰함과 동시에 구체적 사안 자체의 특수성에 관하여도 합리적으로 고찰함을 요한다」(대법원 1995.7.11. 94 누 4615 전원합의체판결 건설업영업정지처분무효확인).[2] 이 판결에 대한 소수의견은 명백성보충요건설을 취하고 있다.[3]

㈏ **헌법재판소** 헌법재판소는 원칙적으로 중대명백성을 취하고 있지만, 예외적으로 법적 안정성의 요구에 비하여 권리구제의 필요성이 큰 경우에는 무효를 인정한다.

「행정처분의 집행이 이미 종료되었고 그것이 번복될 경우 법적 안정성을 크게 해치게 되는 경우에는 후에 행정처분의 근거가 된 법규가 헌법재판소에서 위헌으로 선고된다고 하더라도 그 행정처분이 당연무효가 되지는 않음이 원칙이라고 할 것이나, 행정처분자체의 효력이 쟁송기간 경과 후에도 존속중인 경우, 특히 그 처분이 위헌법률에 근거하여 내려진 것이고 그 행정처분의 목적달성을 위하여서는 후

1) 原田尙彦, 行政法要論, p.155.

2) 조례 제정권의 범위를 벗어나 국가사무를 대상으로 한 무효인 서울특별시행정권한위임조례의 규정에 근거하여 구청장이 건설업영업정지처분을 한 경우, 그 처분은 결과적으로 적법한 위임 없이 권한 없는 자에 의하여 행하여진 것과 마찬가지가 되어 그 하자가 중대하나, 지방자치단체의 사무에 관한 조례와 규칙은 조례가 보다 상위규범이라고 할 수 있고, 또한 헌법 제107조 제 2 항의 "규칙"에는 지방자치단체의 조례와 규칙이 모두 포함되는 등 이른바 규칙의 개념이 경우에 따라 상이하게 해석되는 점 등에 비추어 보면 위 처분의 위임 과정의 하자가 객관적으로 명백한 것이라고 할 수 없으므로 이로 인한 하자는 결국 당연무효사유는 아니라고 봄이 상당하다(대법원 1995.7.11. 94 누 4615 전원합의체판결 건설업영업정지처분무효확인).

3) 처분 상대방의 권익을 구제하고 위법한 결과를 시정할 필요가 훨씬 더 큰 경우라면 그 하자가 명백하지 않더라도 그와 같이 중대한 하자를 가진 행정처분은 당연무효라고 보아야 한다.

행 행정처분이 필요한데 후행 행정처분은 아직 이루어지지 않은 경우와 같이 그 행정처분을 무효로 하더라도 법적 안정성을 크게 해치지 않는 반면에 그 하자가 중대하여 그 구제가 필요한 경우에 대하여서는 그 예외를 인정하여 이를 당연무효사유로 보아서 쟁송기간 경과 후에라도 무효확인을 구할 수 있는 것이라고 봐야 할 것이다」(헌법재판소 1994.6.30. 92 헌바 23 구국세기본법제42조제1항단서에 대한헌법소원).[1]

제 3 목 흠의 承繼

1. 概 說

(1) **흠의 승계의 의의** 두 개 이상의 행정행위가 서로 연속하여 행하여지는 경우에, 선행행위가 출소기간이 경과되어 불가쟁력이 발생한 후에 후행행위의 취소소송에서 그 자체는 위법하지 아니함에도 불구하고, 선행행위의 위법을 이유로 후행행위의 위법을 주장할 수 있는지가 문제된다. 주장할 수 있는 경우에는 위법성이 승계된다고 한다.

(2) **근거** 선행행위에 불가쟁력이 생긴 뒤에는 그 행위의 효력은 다툴 수 없게 되나, 그 선행행위의 흠을 이유로 후행행위의 효력을 다툴 수 있게 된다는 점에서 실익이 있다.

2. 承繼 여부

(1) 전통적 견해

㈎ 선·후행정행위가 「하나」의 효과의 발생을 목적으로 하는 경우에만 승계를 인정하는 견해 ⒜ 승계여부는 양자가 서로 결합하여 하나의 효과를 완성하는 것인 경우에는 흠이 승계된다고 한다. 이 경우에는 서로 연속하는 두 개 이상의 행위에 의하여 법률이 달성하려고 하는 목적은 최종의 행정행위에 유보되어 있다고 보기 때문이다. 비록 선행행위를 독립의 행정행위로 보아 독립의 쟁송이 인정되었다고 하더라도 그것은 준비행위로 본다. 판례에서 승계를 인정한 예로는 ① 계고처분과 대집행 영장발부통보처분 사이(대법원 1996.2.9. 95 누 12507 행정대집행계고처분취소),[2] ② 개

1) 그렇다면 관련소송사건에서 청구인이 무효확인을 구하는 행정처분의 진행정도는 마포세무서장의 압류만 있는 상태이고 그 처분의 만족을 위한 환가 및 청산이라는 행정처분은 아직 집행되지 않고 있는 경우이므로 이 사건은 위 예외에 해당되는 사례로 볼 여지가 있고, 따라서 헌법재판소로서는 위 압류처분의 근거법규에 대하여 일응 재판의 전제성을 인정하여 그 위헌 여부에 대하여 판단하여야 할 것이다(헌법재판소 1994.6.30. 92 헌바 23 구국세기본법제42조제1항단서에대한헌법소원).

2) 후행처분인 대집행영장발부통보처분의 취소를 청구하는 소송에서 청구원인으로 선행처분인

별공시지가결정과 과세처분 사이(대법원 1994.1.25. 93 누 8542 양도소득세등부과처분취소),[1] ③ 독촉과 가산금·중가산금징수처분(대법원 1986.10.28. 86 누 147 상속세부과처분취소),[2] ④ 한지의사시험의 자격인정과 한지의사면허처분(대법원 1975.12.9. 75 누 123 의사면허취소처분취소), ⑤ 안경사국가시험합격무효처분과 안경사면허취소처분(대법원 1993.2.9. 92 누 4567 안경사면허취소처분취소) 등이다.

(b) 이에 대하여 양자가 서로 독립하여 각각 별개의 효과를 목적으로 하는 경우에는 선행행위가 당연 무효인 경우에만 승계되고, 취소사유인 흠은 승계되지 아니한다고 본다. 판례에서 승계를 인정하지 아니한 예로서는 ① 납세의무자의 신고와 징수처분(대법원 2006.9.8. 2005 두 14394 취득세등부과처분무효),[3] ② 항공노선운수권배분실효처분과 노선면허처분(대법원 2004.11.26. 2003 두 3123 국제선정기항공운송사업노선면허처분취소),[4] ③ 택지개발예정지구지정과 택지개발계획승인처분(대법원 1996.3.22. 95 누 10075 택지개발계획승인처분취소),[5] ④ 도시계획결정과 수용재결(대법원 1990.1.23. 87 누 947 토지수용재결처분취소등) 등이다.

(나) **선·후행정행위가 「별개」의 효과의 발생을 목적으로 하는 경우에도 승계를 인정하는 견해** 흠의 승계 여부는, ① 한편으로 선행행위의 불가쟁력이 가져다 주는 법적 안정성 및 제 3 자보호를 고려하고, ② 다른 한편으로 선행행위의 위법성의 승계를 인정하는 경우에 가능하여지는 국민의 권리구제를 고려하여, 양자가 조화되고 구체적 타당성이 기하여지도록 결정하여야 할 문제라고 한다.

따라서 불가쟁력이 발생한 선행행위의 흠을 후행행위의 취소청구에서 주장하게 하여도 법적 안정성이나 제 3 자보호에 지장이 없다면 흠의 승계를 널리 인정하여야 한다고 한다.[6]

계고처분이 위법한 것이기 때문에 그 계고처분을 전제로 행하여진 대집행영장발부통보처분도 위법한 것이라는 주장을 할 수 있다(대법원 1996.2.9. 95 누 12507 행정대집행계고처분취소).

1) 개별공시지가결정에 위법이 있는 경우에는 그 자체를 행정소송의 대상이 되는 행정처분으로 보아 그 위법 여부를 다툴 수 있음은 물론 이를 기초로 한 과세처분 등 행정처분의 취소를 구하는 행정소송에서도 선행처분인 개별공시지가결정의 위법을 독립된 위법사유로 주장할 수 있다고 해석함이 타당하다(대법원 1994.1.25. 93 누 8542 양도소득세등부과처분취소).

2) 가산금 및 중가산금의 납부독촉이 부당하거나 그 절차에 하자가 있는 경우에는 그 징수처분에 대하여도 취소소송에 의한 불복이 가능하다(대법원 1986.10.28. 86 누 147 상속세부과처분취소).

3) 납세의무자의 신고행위에 하자가 존재하더라도 그 하자가 당연무효 사유에 해당하지 않는 한 그 하자가 후행처분인 징수처분에 그대로 승계되지는 않는다(대법원 2006.9.8. 2005 두 14394 취득세등부과처분무효).

4) 선행처분인 국제항공노선 운수권배분 실효처분 및 노선면허거부처분에 대하여 이미 불가쟁력이 생겨 그 효력을 다툴 수 없게 된 이상 그에 위법사유가 있더라도 그것이 당연무효 사유가 아닌 한 그 하자가 후행처분인 노선면허처분에 승계된다고 할 수 없다(대법원 2004.11.26. 2003 두 3123 국제선정기항공운송사업노선면허처분취소).

5) 두 처분은 후자(택지개발계획승인)가 전자(택지개발예정지구 지정)의 처분을 전제로 한 것이기는 하나 각각 단계적으로 별개의 법률효과를 발생하는 독립한 행정처분이어서 선행처분에 불가쟁력이 생겨 그 효력을 다툴 수 없게 된 경우에는 선행처분에 위법사유가 있다고 할지라도 그것이 당연무효 사유가 아닌 한 선행처분의 하자가 후행처분에 승계되는 것은 아니다(대법원 1996.3.22. 95 누 10075 택지개발계획승인처분취소).

6) 변재옥(I), p.355.

(다) 결언 대법원은 「개별공시지가결정과 과세처분 사이」(대법원 1994.1.25. 93 누 8542 양도소득세등부과처분취소) 판례에서 개별공시지가의 결정은 그것을 기초로 한 과세처분과는 별개의 법률적 효과의 발생을 목적으로 하는 별개의 처분임을 인정하면서도, 개별공시지가결정을 다투지 않았다고 하더라도 이를 기초로 한 과세처분 등 후행처분에서 그 위법을 주장할 수 없도록 하는 것은 관계인에게 수인한도를 넘는 불이익을 강요하는 것이라고 하여 하자의 승계를 인정하면서 후자의 견해를 따랐다. 수인한도의 법리가 중요한 기준이 되었다고 할 것인데, 수인한도의 법리는 대단히 추상적인 것이므로 어느 범위까지 예외를 인정할 것인가는 어려운 문제이다. 대법원은 그 후 표준지의 공시지가에 있어서는 그 이후의 과세처분에 승계되지 않는다고 판시(대법원 1997.9.26. 96 누 7649 토지초과이득세부과처분취소)하여,[1] 예외의 범위를 제한적으로만 인정하려는 입장의 표명이라고 할 것이다.[2] 따라서 후자의 견해가 타당하다고 생각한다.

(2) 새로운 견해(선행행위의 후행행위에 대한 구속력)

(가) 새로운 견해의 내용 (a) 오늘날 독일에서는 이 문제를 「불가쟁력이 발생한 선행행위의 후행행위에 대한 구속력의 한계」의 문제로서 다루고 있으며, 우리 학자 중에서도 이러한 입장을 취하는 분이 많아지고 있다.[3] 이러한 선행행위의 구속력은 행정행위의 기준력(Maßgeblichkeit), 기판력 또는 선례구속적 효력(präjudiziele Wirkung) 등으로 불리운다.

새로운 견해는 다수설의 흠의 승계이론을 비판하는바, 흠의 승계이론은 후행하는 행위와 결합하여 한 개의 효과를 발생한다는 이유로 이미 불가쟁력이 발생한 선행행위의 규율내용에 대하여 다시 다툴 수 있게 하는 것은 법적 안정성을 실현시키는 쟁송제기기간제도의 의미를 본질적으로 훼손하는 것이며, 흠의 승계이론에서는 연속하여 행하여지는 두 개의 행정행위간에 서로 결합하여 하나의 효과를 발생시키는 경우에 흠의 승계를 인정하는바, 그것은 지나치게 형식적이고 편의적인 사고방식에서 나온 논리라고 비판하고, 불가쟁력이 발생한 행정행위의 흠의 승계가능성은 원칙적으로 부인되어야 한다고 주장한다.

1) 개별토지가격에 대한 불복방법과는 달리 표준지의 공시지가에 대한 불복방법을 지가공시및토지의평가등에관한법률 제 8 조 제 1 항 소정의 절차를 거쳐 처분청을 상대로 다툴 수 있을 뿐 그러한 절차를 밟지 아니한 채 조세소송에서 그 공시지가결정의 위법성을 다툴 수 없도록 제한하고 있는 것은 표준지의 공시지가와 개별토지가격은 그 목적 · 대상 · 결정기관 · 결정절차 · 금액 등 여러 가지면에서 서로 다른 성질의 것이라는 점을 고려한 것이므로, 이러한 차이점에 근거하여 표준지의 공시지가에 대한 불복방법을 개별토지가격에 대한 불복방법과 달리 인정한다고 하여 그것이 헌법상 평등의 원칙, 재판권 보장의 원칙에 위반된다고 볼 수는 없다(대법원 1997.9.26. 96 누 7649 토지초과이득세부과처분취소).

2) 김동희(I), p.310.

3) 정하중(총), p.293; 김남진(I), p.325; 신보성, 선행행위의 후행행위 구속력, 고시계, 1991. 5월호; 김성수, 행정행위의 존속력, 월간고시, 1990. 7·8월호 등.

(b) 이 견해에서는 둘 이상의 행정행위가 동일한 법적 효과를 추구하고 있는 경우에 선행행위는 후행행위에 대하여 일정한 범위 안에서 구속력을 갖는다고 하고, 그러한 구속력이 미치는 범위 안에서 후행행위에 있어서 선행행위의 효과와 다른 주장을 할 수 없게 된다고 한다. 이 견해에서는 그러한 구속력이 인정되기 위한 전제조건으로서 ① 두 행정행위가 동일한 목적을 추구하고, 그 법적 효과가 일치하여야 하며(사물적 한계), ② 두 행위의 수범자가 일치하여야 하고(대인적 한계), ③ 선행행위의 사실상태 및 법상태가 동일성을 유지하여야 한다는 것(시간적 한계)을 제시한다. 그러나 이 견해에서는 ④ 위와 같은 구속력을 인정하는 경우에도 예측가능성·수인가능성이라는 추가적 요건을 충족할 필요가 있다고 한다. 그리하여 그 결과에 대하여 예측가능성·수인가능성이 없어 개인에게 지나치게 가혹한 경우에는 구속력을 인정하여서는 아니된다고 한다.

(나) 새로운 견해의 문제점　① 양자의 실질적인 차이에 대한 검토 없이 판결의 기판력이 발생하는 한계에 관한 논의를 선행행위의 후행행위에 대한 구속력의 한계에 관한 논의에 차용하고 있으며, ② 둘 이상의 행정행위가 동일한 법적 효과를 추구하고 있는 경우를 전제로 하고 있으나, 실제로 예시하고 있는 예(과세처분과 체납처분, 위법건축물철거명령과 대집행 등)는 동일한 법적 효과를 추구하고 있는 경우로 보기 어렵고, ③ 추가적 한계로 드는 예측가능성과 수인가능성의 요구는 반드시 선행행위의 구속력의 주장에 특유한 논의라기보다는 당사자의 개별적인 사정에 상응한 권리보호를 위하여 법치주의원리에서 당연히 파생하는 일반적인 한계로서의 의미를 갖는다고 볼 것이며, ④ 판결의 기판력에 준하는 규준력이라는 효력이 행정행위에 발생하는 근거가 제시되지 못하고 있는 점 등이다.[1)]

제 4 목　흠 있는 行政行爲의 治癒와 轉換

1. 개　설

(1) 치유와 전환의 필요성　흠의 효과를 무효 또는 취소 중 어느 것으로 볼 것인가는 구체적인 경우에 관계이익 간의 조화를 고려하여야 한다. 더 나아가서 공익이나 사익에 새로운 불이익을 미치지 아니한 범위 안에서, 상대방의 신뢰보호, 기득권의 존중, 법률생활의 안정을 도모하고, 행정행위의 무용한 반복을 피하여, 행정경제를 기하기 위하여 흠의 성질에서만 보면 무효 또는 취소로

1) 김철용(I), p.197; 김동희(I), p.311 참조.

보아야 할 흠 있는 행위의 치유나 전환을 인정할 수 있게 된다.

(2) **법적 근거** 흠 있는 행정행위의 치유나 전환의 이론은 사법상 무효인 행위의 전환(민 138)과 취소할 수 있는 행위의 추인(민 143 내지 145)을 인정한 것과 같은 법리이다. 행정행위의 경우에는 독일행정절차법 제45조와 같이 일반적·통칙적 규정을 둔 예도 있으나, 우리나라와 같이 일반적·통칙적 규정이 없는 것이 보통이다. 따라서 행정행위의 치유와 전환은 민법규정을 유추하여 이론적으로 정하는 수밖에 없다.

2. 治癒(Heilung)

(1) 의의 행정행위가 성립 당시에 흠이 있기는 하지만, ① 사후에 그 요건이 보완되었다든가 또는 ② 흠이 경미하거나 기타 사유로 취소할 필요성이 없는 것으로 인정되는 경우에, 그 흠에도 불구하고 행위의 효력을 다툴 수 없게 유지하는 것을 말한다.

「하자 있는 행정행위의 치유는 행정행위의 성질이나 법치주의의 관점에서 볼 때 원칙적으로 허용될 수 없는 것이고, 예외적으로 행정행위의 무용한 반복을 피하고 당사자의 법적 안정성을 위해 이를 허용하는 때에도 국민의 권리나 이익을 침해하지 않는 범위에서 구체적 사정에 따라 합목적적으로 인정하여야 한다」(대법원 2002.7.9. 2001 두 10684 토지수용이의재결처분취소).[1]

(2) 적용범위

㈎ **취소할 수 있는 행위** 행정행위는 실체법상 또는 절차법상의 각종의 요건을 처분시에 갖추어야 하며, 그 시점에서 그것을 갖추지 못한 경우에는 위법이 되어 취소됨이 원칙이다. 그러나 취소소송 등에서 처분의 위법성의 판단이 현실적으로 문제가 된 시점에서, 처분 후의 사정변경 등으로 처분시에 결여되었던 법정요건이 실질적으로 충족되었다고 볼 수 있는 경우 또는 흠이 경미하거나 기타 사유로 취소할 필요성이 없는 경우가 있다. 이러한 경우에 처분시에는 위법한 것임에도 불구하고 그 흠이 사후에 치유되었다고 보아 처분을 취소하지 아

1) 건물의 일부가 공공사업지구에 편입된 경우의 그 건물 잔여 부분에 대한 보수비의 보상은 성질상 그 건물 잔여 부분에 대한 보상이 아니라 건물의 일부분이 공공사업지구에 편입된 데에 따른 보상에 지나지 아니하는 것이고, 따라서 1차로 건물의 일부가 공공사업지구에 편입되었으나 그 건물의 잔여 부분을 종래의 목적대로 사용할 수 있는 경우에 해당하여 그 보수비를 보상하여야 할 사유가 발생하고 그에 대한 이의재결이 있은 이후에, 2차로 그 건물의 잔여 부분이 당초의 목적사업과 다른 공공사업을 위하여 다시 편입되었다고 하더라도, 1차 편입으로 인한 이의재결의 위법 여부를 판단함에 있어서는 그 이의재결 당시의 법령과 사실상태를 기준으로 위법 여부를 판단하면 족하고, 특별한 사정이 없는 한 이의재결 이후에 발생한 2차 편입으로 인한 사정들을 고려하거나 반영할 것이 아니라고 할 것이다(대법원 2002.7.9. 2001 두 10684 토지수용이의재결처분취소).

니하고 그 효력을 유지하는 것이다.

(나) **무효인 행위** 무효인 행위는 처음부터 어떠한 효력도 발생할 수 없으므로 다른 행위로 전환됨은 별문제이나, 본래의 행위로서는 효력을 발생할 수는 없다 할 것이므로 치유될 수 없다.[1)]

(3) **치유의 근거** 이미 요건이 충족되거나 취소가 필요없게 된 경우에 처분시의 위법을 이유로 처분을 취소하더라도 이미 요건이 충족된 이상 행정청은 동일한 처분을 다시 행할 것이 예상된다. 그렇게 되면 처분의 취소는, 상대방의 권리구제의 관점에서 보면 처분의 시기를 늦추는 이상의 실익이 없고, 행정능률의 관점에서도 무용한 행위를 반복하는 것이 되며, 새로운 처분에 대하여 다시 소송이 제기될 수도 있기 때문에 소송경제를 해칠 우려도 있다. 그리하여 공익과 사익에 새로운 불이익을 미치지 아니한 범위 안에서 ① 상대방의 신뢰보호, 기득권의 존중, 법률생활의 안정을 도모하고, ② 행정행위의 무용한 반복을 피하고 행정경제를 기하기 위하여 인정된다. 흠의 치유는 위에서 본 양 측면의 조화라는 면에서 제한적으로만 인정되어야 할 것이다. 행정활동에는 실체법적으로나 절차법적으로나 일정한 순서가 있으며, 그것이 뒤바뀐 경우에는 정상적인 행정과정이라 할 수 없으며, 결론에도 영향이 있다고 할 것이기 때문이다. 이러한 점에서 이유제시의 사후추완이 특히 문제된다.

> 「하자 있는 행정행위의 치유나 전환은 행정행위의 성질이나 법치주의의 관점에서 볼 때 원칙적으로 허용될 수 없는 것이지만, 행정행위의 무용한 반복을 피하고 당사자의 법적 안정성을 위해 이를 허용하는 때에도 국민의 권리와 이익을 침해하지 않는 범위에서 구체적 사정에 따라 합목적적으로 인정해야 할 것이다」(대법원 1983.7.26. 82 누 420 법인세등부과처분취소).

(4) **치유의 사유** 치유의 사유는 그 대부분이 ① 요건의 사후보완이며, 이에 준하는 것으로, ② 이유의 사후제시가 있으며, ③ 요건의 흠을 보완하는 특별한 행위가 없었음에도 불구하고 취소할 필요가 없게 된 경우가 있다.[2)] 그 이외에 장기간방치(흠 있는 행정행위의 내용실현), 취소할 수 없는 공공복리상의 필요(예컨대 흠 있는 절차에 의하여 수용한 토지 위의 댐 건설)가 생긴 경우가 치유사유로 들어지고 있으나,[3)] 이들은 치유의 뜻에

1) 토지등급결정내용의 개별통지가 있다고 볼 수 없어 토지등급결정이 무효인 이상, 토지소유자가 그 결정 이전이나 이후에 토지등급결정 내용을 알았다거나 또는 그 결정 이후 매년 정기등급수정의 결과가 토지소유자 등의 열람에 공하여졌다 하더라도 개별통지의 하자가 치유되는 것은 아니다(대법원 1997.5.28. 선고 96 누 5308 토지등급수정무효확인).

2) 독일행정절차법 제45조 제 1 항은 치유사유로 다음의 다섯 가지를 규정하고 있다.
① 필요한 신청의 추후제출, ② 필요한 이유의 사후제시, ③ 필요한 관계인의 청문의 사후보완, ④ 필요한 위원회의결의 사후보완, ⑤ 관계행정기관의 참여의 보완.

3) 김도창(상), p.484; 이상규(상), p.431; 김동희(I), p.256.

비추어 볼 때, 치유사유로 보기보다는 취소권의 제한사유로 보는 것이 타당할 것 같다.[1)]

㈎ 요건의 사후보완

(a) (좁은 의미의) 요건의 사후보완 ① 필요한 신청서의 사후제출 또는 보완, ② 무권대리행위의 추인, ③ 불특정목적물의 사후특정(예컨대 계고에서는 철거부분이 불특정이었으나 대집행영장에서 명기된 경우), ④ 다른 기관의 협력(의결·승인·동의·협의 등) 또는 상대방의 필요적 협력(신청·동의 등)이 결여된 경우의 추인, ⑤ 허가요건·등록요건의 사후충족(결격자의 입후보등록 수리행위가 사후에 적격자가 된 경우), ⑥ 필요적 사전절차의 사후이행(행정심판전치·상대방에 대한 청문절차의 사후이행),[2)] ⑦ 요식행위의 형식보완 등이 있다.

(b) 이유의 사후제시 법령에서 행정행위에 이유를 붙이게 한 경우, 이유부기가 사후에 보정되면 흠이 치유될 것인지에 대하여는, 그러한 치유를 인정하면 행정청으로 하여금 판단을 신중·합리적으로 행하게 하여 자의를 억제하려는 이유부기의 절차적 의의를 살릴 수 없다고 하여 반대하는 견해가 유력하다. 독일 행정절차법은 치유를 인정한다. 우리 판례는 상당한 기간 내에 이유제시가 있었으면 치유된다고 본다.[3)]

㈏ 취소가 필요없게 된 경우 흠 있는 절차·형식 등을 사후에 보완하는 특별한 행위가 행하여지지는 않았으나, 구체적인 사실관계 아래서 그 흠에 의하여 실해가 생기지 않았다고 여겨지는 경우에도 흠이 치유되는 경우가 있다(예컨대 회의소집절차의 흠은 과반수 의원이 출석·의결하고 결석의원도 추후에 이의를 말하지 아니한 경우 치유된다고 볼 때가 있다).

(5) 치유대상인 흠

㈎ 형식과 절차의 흠 위의 치유사무에서 본 바와 같이 주로 형식과 절차상의 흠이 치유대상이 된다. 독일행정절차법은 절차(Verfahren)와 형식(Form)의 흠의 치유만을 인정한다.

㈏ 내용의 흠 우리나라의 경우는 행정절차법이나 관계법률에 그와 같은 규정이 없기 때문에 절차나 형식에 관한 흠뿐만 아니라 행정행위의 내용에 관한 흠도 치유대상이 될 것인지 문제된다. 치유를 인정하는 취지에 반하지 않는 범

1) 김남진(Ⅰ), p.304.

2) 행정청이 청문서 도달기간을 다소 어겼다 하더라도 영업자가 이에 대하여 이의하지 아니한 채 스스로 청문일에 출석하여 그 의견을 진술하고 변명하는 등 방어의 기회를 충분히 가졌다면 청문서 도달기간을 준수하지 아니한 하자는 치유되었다고 봄이 상당하다(대법원 1992.10. 23. 92 누 2844 영업허가취소처분취소).

3) 세율 과세표준등 산출근거 등을 아울러 고지하도록 규정한 취지가 조세행정의 공정성의 확보와 납세의무자에게 그 부과처분에 대한 불복 여부의 결정과 그 불복신청에 편의를 주려는데 있다고 봐야 하므로 그렇다면 피고 주장과 같은 위 뒤늦은 납세고지서의 송달이나 오랜기간(4년)의 경과로 위 각 과세처분의 하자가 치유되었다고 보기 어렵다(대법원 1983.7.26. 82 누 420 법인세등부과처분취소).

위 안에서 내용에 관한 흠도 치유대상이 될 수 있다고 할 것이다.[1] 이에 대하여는 판례를 통하여 적어도 처분의 내용에 관한 하자의 치유는 인정하지 않는 방향으로 나가는 것이 바람직하다는 견해가 있으며,[2] 판례도 내용에 관한 것이라 하여 치유를 인정하지 않는 것이 있다(90 누 1359 (1991.5.28 대판))(후술 판례 참조).

〔**판례**〕 흠의 치유를 인정하지 아니한 판례 — 행정행위의 내용에 관한 흠 —

〔사실 개요〕 피고(경북지사)는 A기점에서 B종점까지 노선여객자동차운송사업면허를 받아 사업을 하는 X에게 노선을 A기점에서 C종점으로 변경하는 사업계획변경인가를 하였다. 이에 대하여 원고 Y는 사업계획변경인가는 기면허노선의 범위 안에서만 할 수 있는데 사업계획변경인가로 새로운 노선면허를 한 것은 위법하다 하여 취소소송을 제기하였다. 그런데 피고는 이 사건 원심법원 계속중에 변경인가처분으로 연장되는 부분의 노선면허를 새로이 행하였다.

〔판결 요지〕 이 사건 처분에 관한 하자가 행정처분의 내용에 관한 것이고 새로운 노선면허가 이 사건 소제기 후에 이루어진 사정 등에 비추어 하자의 치유를 인정치 않은 원심 판단은 정당하다[90 누 1359(1991. 5. 28 대판)].

(6) 치유의 시간적 한계 흠의 치유를 인정하는 경우에도 일정한 시간적 한계에 의하여 제한을 받는다고 볼 것인지가 문제된다. 법치주의와의 관계에서 볼 때 하자의 치유를 위한 추완행위는 원칙적으로 당해 처분에 대한 불복 여부의 결정 및 불복신청에 편의를 줄 수 있는 상당한 기간 내에, 다시 말하면 처분에 대한 소제기 이전에 행하여야 한다고 본다. 이것이 통설·판례의 입장이다.[3] 그러나 예외적으로는 ① 흠의 치유는 행정행위의 성질이나 법치주의의 관점에서 볼 때 원칙적으로 허용할 수 없다는 점과, ② 예외적으로 흠의 치유를 인정함으로써 행정행위의 무용한 반복을 피하고 당사자의 법적 생활의 안정을 기한다는 점을 비교형량하여 흠의 치유에 대한 시간적 한계를 다르게 정할 수 있다고 할 것이다.

3. 轉換(Konversion, Umdeutung)

(1) 개 설

㈎ 의의 ① 행정행위가 원래 행정청이 의도하였던 행정행위로는 흠이 있

1) 박균성(상), p.373.
2) 홍준형, 행정행위 하자의 치유, 고시계, 2000. 8월호, p.61.
3) 피고가 이 사건 제3 부과처분에 앞서 원고에게 보낸 지방세 과세예고서에도 납세고지서에 누락된 부과근거법령, 세율 등 납세고지서의 필요적 기재사항이 제대로 기재되어 있지 아니한 사실을 알 수 있으므로, 이러한 과세예고서를 사전에 원고에게 교부한 적이 있다 하여 이로써 납세고지서의 하자가 치유 또는 보완된다고 할 수 없다(대법원 1998.6.26. 96 누 12634 취득세등부과처분취소).

지만, 그것이 다른 종류의 행정행위로 본다면 그 요건을 완전히 갖추고 있다고 판단된 경우에, 행정청의 의도에 반하지 아니하는 한, 그 다른 행위로서 효력이 승인되는 것을 말한다. 사망자에 대한 귀속재산의 불하처분(매각처분)을 상속인에 대한 처분으로 전환하는 것이다.[1)]

(나) 처분의 이유변경과 구별 전환은 흠 있는 행정행위를 다른 행위로 전환할 수 있는가(양자간에는 처분의 동일성이 없다.) 하는 실체법상의 문제인데, 처분의 이유변경은 예컨대 징계처분의 취소소송에서 처분시에 근거로 한 의무위반은 없으나 다른 의무위반이 있으므로 징계처분은 적법하다고 주장하는 것과 같이,[2)] 어떤 처분이 소송상 다투어지고 있는 경우에 처분청이 그 처분을 유지하기 위하여(따라서 처분의 동일성이 손상되지 아니하는 범위 안에서) 그 행위의 기초가 되는 법률상 또는 사실상의 이유를 어느 정도까지 변경할 수 있는가 하는 소송법상의 문제이다.

(2) 인정근거

(가) 이론적 근거 전환은 공익과 사익에 새로운 불이익을 가져오지 아니하고「법률에 의한 행정의 원리」에 위배되지 않는 한도 안에서, 법적 안정성을 도모하고 행정행위의 무용한 반복을 피하려는 행정경제적 고려에서 인정되는 것이다.

(나) 설정법적 근거 전환에 관한 실정법적 근거규정은 없으나, 무효행위의 전환에 관한 민법 제138조가 그 성질이 허용하는 한 유추적용될 수 있다고 본다. 독일에서는 행정절차법 제47조에서 근거를 두고 있다.

(3) 적용범위 전환은 무효인 행위에 대하여서만 인정된다고 할 것이다. 취소할 수 있는 행정행위는 장래 흠이 치유될 가능성이 있고, 따라서 그 행위의 효력이 불확정상태에 있는 동안은 당사자가 의욕한 바가 아닌 다른 행위로 전환되어서는 아니되기 때문에 전환이 인정될 수 없다고 본다.[3)]

(4) 요건 전환이 인정되기 위해서는 ① 두 행정행위가 처분청·요건·효과에 있어서 실질적으로 공통성이 있고, ② 전환되는 행위로서의 성립·발효

1) 귀속재산을 불하받은 자가 사망한 후에 그 수불하자에 대하여 한 그 불하처분은 사망자에 대한 행정처분이므로 무효이지만, 그 취소처분을 수불하자의 상속인에게 송달한 때에는 그 송달시에 그 상속인에 대하여 다시 그 불하처분을 취소한다는 새로운 행정처분을 한 것이라고 할 것이다(대법원 1969.1.21. 68 누 190 매매계약처분취소).

2) [직권해임, 직권휴직 및 징계해임의 어느 한 처분이 무효이나 다른 처분으로서는 정당한 사유 및 절차적 요건을 갖춘 경우 전환의 가부] 직권해임, 직권휴직 및 징계해임은 모두 근로자에게 불리한 신분적 조치를 규정한 것으로서 각 사유 및 절차를 달리하므로 어느 한 처분이 정당한 사유나 절차의 흠결로 인하여 무효인 경우 다른 처분으로서 정당한 사유 및 절차적 요건을 갖추었다 하더라도 다른 처분으로서의 효력을 발휘할 수 없다(대법원 1993.5.25. 91 다 41750 해고무효확인).

3) 반대: 박균성(상), p.377; 홍정선(상), p.395; 홍준형(총), p.317. 또한 독일행정절차법은 취소할 수 있는 행정행위의 전환도 인정한다.

요건을 갖추고 있어야 하며, ③ 흠 있는 행정행위를 한 행정청의 의도에 반하는 것이 아니어야 하고, ④ 당사자에게 원처분보다 새로운 불이익을 가하는 것이 아니어야 하며, ⑤ 제3자의 이익을 침해하는 것이 아니어야 한다. 독일의 행정절차법이 요구하고 있는 전환의 요건도 표현은 다르나 기본적인 방향에 있어서는 우리의 통설·판례가 드는 것과 공통된다.[1)]

(5) 효과 전환으로 인하여 생긴 새로운 행정행위는 종전의 행정행위의 발령 당시로 소급하여 효력을 발생한다.

전환은 단순한 확인에 지나지 않는 순수한 인식행위로 보아 전환은 전환의 요건이 충족되면 새로운 내용의 행정행위가 존재한다고 보는 견해도 있으나, 전환은 행정청의 별도의 의사결정에 의하여 이루어진다고 보아야 하기 때문에 행정행위의 성격을 갖는다고 할 것이다. 따라서 전환에 대하여서는 필요한 행정절차규정이 적용되어야 하며, 전환되는 행위에 대하여 행정불복을 제기할 수 있음은 당연하다 하겠다.

1) 독일행정절차법(47)은 전환의 요건으로 ① 목적의 동질성, ② 처분성·절차·형식의 동일성, ③ 전환되는 행위로서의 요건의 충족, ④ 처분청의 의도에 반하지 아니할 것, ⑤ 관계자에게 불이익한 효과를 가져오지 아니할 것, ⑥ 종래의 행위를 취소하는 데 지장이 없을 것(직권취소의 제한 등 사유가 없을 것), ⑦ 기속행위를 재량행위로 전환하는 것이 아닐 것(처분청의 재량권을 침해하는 것이 아닐 것) 등을 든다.

제10절 行政行爲의 無效(無效原因)

I. 槪 說

1. 無效의 의의

무효(Nichtigkeit, Unwirksamkeit)란 중대하고 명백한 흠이 있어, 행정행위로서의 외형은 갖추고 있으나, 처음부터 행정행위로서의 효력을 발생하지 못하는 것을 말한다. 그것은 ① 외형은 존재한다는 점에서 외형도 존재하지 아니하는 부존재와 구별되며, ② 처음부터 아무런 효력이 발생하지 아니한다는 점에서, 권한 있는 기관(법원·행정청(처분청)·감독청)에 의하여 취소되기까지는 공정력에 의하여 효력을 갖는 취소할 수 있는 행정행위와 구별된다.

2. 無效原因

행정행위를 무효로 되게 하는 흠은 흠 자체의 성질인 중대·명백성을 일반적 기준으로 판정하여야 할 것이다. 그러나 「중대·명백성」은 추상적인 불확정개념이어서 무효와 취소를 구별하는 구체적 판단기준은 되지 못할 뿐만 아니라 개별적인 사안에 있어서는 당해 사안과 관계되는 구체적인 이익상황의 형량에 따라 타당한 결정을 하여야 할 것이기 때문에, 어떤 흠이 있는 행위는 무효이고 어떤 흠이 있는 행위는 취소할 수 있는 것이라고 일반적·유형적으로 말하는 것은 어렵다. 여기에서는 실제상 문제되었던 대표적인 무효원인(내지는 취소원인)을 행정행위의 성립요건과 관련하여 주체·내용·절차·형식에 관한 흠으로 구분하여 살펴보기로 한다.[1)]

II. 無效原因

1. 主體에 관한 흠

완전한 효력을 발생하기 위하여는 정당한 권한을 가진 행정기관이, 그 권한 내에서, 정상적인 의사에 기하여 행한 행위라야 한다.

1) 독일행정절차법(44)은 「중대하고 명백한 흠 있는 행정행위는 무효로 한다」고 규정함과 아울러 현저한 무효사유로 ① 처분행정청의 불분명, ② 형식상의 흠, ③ 권한 외의 행위, ④ 사실상 불능인 행위, ⑤ 범죄행위 및 ⑥ 선량한 풍속위반행위를 들고 있다.

(1) 정당한 권한을 가진 행정기관이 아닌 자의 행위

(가) 공무원 아닌 자의 행위 적법하게 선임되지 아니한 자(결격자가 공무원으로 선임된 경우), 또는 행위 당시에는 이미 신분을 가지지 아니한 자(정년·임기만료·면직·당연퇴직사유의 발생 등으로 신분을 상실한 자 등) 등이 행한 행위는 원칙적으로 무효이다. 상대방의 신뢰보호와 법적 안정성을 위하여 무효로 되지 않음은 물론 취소할 수도 없는 것으로 하여 유효로 인정하는 경우가 있다. 이를 뒷받침하는 것이 독일에서부터 전개된 「사실상의 공무원」(*de facto* Beamten, fonctionaire *de facto*) 이론이다. 또한, 예컨대 독일공무원법은 임명행위가 무효 또는 철회된 경우에도 그 자가 행한 관청행위는 유효함을 명문으로 규정하였다.

(나) 대리권이 없는 자 또는 권한의 위임을 받지 아니한 자의 행위 원칙적으로 무효로 된다고 할 것이다. 그러나 이 경우에도 사법상의 표현대리의 법리(민 125·126)를 유추하여 상대방이 정당한 권한을 가졌다고 믿을 만한 상당한 이유가 있는 경우에는 유효로 보아야 할 경우가 있다(표현대리 이론).[1)]

(다) 적법하게 구성되지 아니한 합의체기관의 행위 독임제기관에 있어서는 별로 문제가 없으나(보조기관 등에 관한 것은 예외임), 합의제기관인 경우에는 조직상의 적법성에 관한 문제가 생긴다. 법규가 요구하는 조직을 갖추는 것이 그 활동능력을 취득하기 위한 전제요건이며(구 토지수용 28 내지 24 등), 1 인의 의견이 전체의 의견에 영향을 미쳐서 그 결과를 지배할 수 있는 특수성 때문이라 하겠다(68 누 209(1969. 6. 24 대판)—교육위원회의 의결 없는 유치원설립인가는 무효이다.). 또한 심의는 합의제기관의 특성상 서면심의가 아닌 회의심의의 방식이어야 한다(반대의 판례).[2)]

따라서 적법한 소집절차가 없는 경우, 결격자가 참석한 경우, 소정의 의사 또는 의결정족수를 결한 경우에는 원칙적으로 무효라 할 것이다.

(라) 법령상 필요한 다른 행정기관의 협력을 받지 아니하고 행한 행위 법령은 일정한 행위를 할 수 있는 권한을 특정기관에 부여하되, 그 행위를 함에는 다른 기관의 의결(예: 지방자치단체의 집행기관이 특정한 사항을 집행하기 위한 전제로 지방의회의 의결을 요구하는 경우 등(지자39))·승인(예: 공공요금을 결정함에 있어서 대통령의 승인을 요하는 경우 (물가안정에관한법률4))·협의(예: 국토해양부장관이 공유수면매립면허를 함에 있어서 관계 부·처·청의 장과 협의하는 것 등(공유수면매립 9)) 등을 얻도록 한 경우가 적지 않다. 이는 국민의 권익보호, 행위의 적법타당성의 사전보장, 다른

1) 본건 임야의 관리청은 처분당시인 1963. 3. 13에는 농림부장관이고, 그 관리처분권은 농림부장관만이 가지고 있다고 할 것이므로, 그 권한이 없는 재무부장관의 위임에 의한 부산관재국장의 본건 매각처분은, 국유재산법과 산림법에 위반한 처분으로서 법률상 무효라고 할 것이다(대법원 1967. 12. 19. 67 다 1694 소유권이전등기말소).

2) 행정의 법률적합성 및 합목적성을 보장하고 행정절차에 관계된 자들의 권리를 보장·실현하기 위하여 그 지정과 관련한 직접적 이해관계자인 당해 지방자치단체의 장의 의견 및 그 지정과 관련한 행정적·정책적인 이해관계자들로 구성된 주택정책심의위원회의 집단적 의견을 들어 이를 참고하라는 의미이다(대법원 1997. 9. 26. 96 누 10096 택지개발예정지구지정처분취소등).

기관의 관장사무와의 관련성유지 등을 위한 것으로, 이 경우에는 법령상 단독으로 행하는 것을 인정하지 않은 취지로 볼 것이므로, 협력을 결한 행위는 원칙적으로 무효로 볼 것이다. 그러나 취소사유로 보는 판례가 있다.[1)]

(마) 공무원이 정당한 증표를 제시하지 아니하고 행한 행위 일정한 행정강제에 있어서 법령상 의무로 규정하고 있는 경우(예컨대 대집행의 집행책임자는 증표를 휴대하여, 대집행시에 이해관계인에게 제시하여야 하며(행정대집행 4), 세무공무원이 체납처분을 하기 위하여 질문 · 검사 · 수색 또는 재산압류를 할 때에는 증명서를 휴대하고 관계자의 요구가 있을 때에는 제시하게 한 것 등(국징 25))에, 증표를 제시하지 않고 행정강제를 행한 때에는 증표의 휴대와 제시의무가 국민의 권익보호를 위한 취지이므로 무효원인으로 본다.

(2) 행정기관의 권한 외의 행위 행정기관은 오직 법령에 의하여 수권된 범위 안에서만 적법하게 행위를 할 수 있는바, 그 수권의 범위를 넘는 행위는 무권한 또는 권한유월(權限踰越: Ultra Vires)[2)]로서 원칙적으로 무효이다(무권한행위는 권한초과행위와 구별하여야 하는바, 후자는 취소원인이 됨에불과하다.).[3)]

(3) 행정기관의 의사에 결함이 있는 행위

(가) 의사능력 없는 자의 행위 공무원의 심신상실중의 행위나 저항할 수 없는 정도의 물리적 · 정신적 강제로 인한 행위는 무효라 할 것이다.

(나) 행위능력 없는 자의 행위 미성년자인 공무원의 행위는 미성년자도 공무원이 될 수 있으므로, 행위의 효력에 영향이 없다. 금치산자 또는 한정치산자는 공무원이 될 수 없는 결격사유(국공 33)에 해당되므로, 이들에 해당되는 공무원이 행한 행위는 무효라 할 것이다. 다만, 사실상 공무원의 이론에 의하여 유효로 되는 경우가 있음은 위에서 보았다.

(다) 착오로 인한 행위 행정청의 책임영역에서 유래하는 단순한 착오는 취소원인이 된다는 견해도 있으나, 통설은 표시주의에 치중하고 거래안전 내지는 신뢰보호의 견지에서 독립된 무효 또는 취소원인으로 보지 않는다. 이리하여 착오로 인한 행위는 ① 법규에 특별한 규정이 없는 한(구 광업 38은 착오로 인한 광업허가를 취소사유로 규정하고 있었다.),

---

1) 자동차운송사업계획변경(기점연장)인가처분과 자동차운송사업계획변경(노선및운행시간)인가처분을 함에 있어서 그 내용이 2 이상의 시·도에 걸치는 노선업종에 있어서의 노선신설이나 변경 또는 노선과 관련되는 사업계획변경의 인가 등에 관한 사항이므로 미리 관계 도지사와 협의하여야 함에도 불구하고 이를 하지 아니한 하자가 있으나, 그와 같은 사정만으로는 자동차운송사업계획변경(기점연장)인가처분과 자동차운송사업계획변경(노선 및 운행시간)인가처분이 모두 당연무효의 처분이라고 할 수 없다(대법원 1995.11.7. 95 누 9730 자동차운송사업계획변경인가처분취소등).

2) 이상규(상), p.438.

3) 5급 이상의 국가정보원직원에 대한 의원면직처분이 임면권자인 대통령이 아닌 국가정보원장에 의해 행해진 것으로 위법하고, 나아가 국가정보원직원의 명예퇴직원 내지 사직서 제출이 직위해제 후 1년여에 걸친 국가정보원장 측의 종용에 의한 것이었다는 사정을 감안한다 하더라도 그러한 하자가 중대한 것이라고 볼 수는 없으므로, 대통령의 내부결재가 있었는지에 관계없이 당연무효는 아니다(대법원 2007.7.26. 2005 두 15748 면직처분무효확인).

착오가 있다는 것만으로는 영향을 받지 않고 표시된 내용에 따라 효력이 생긴다.[1] (다만, 의사와 표시의 불일치가 객관적으로 명백히 인식될 수 있을 때에는 진의에 따라 효력이 발생한다). ② 다만, 착오의 결과 그로 인한 행위의 내용이 불능 또는 위법한 것으로 된 때에는 내용의 불능 또는 위법을 이유로 무효 또는 취소를 할 수 있음에 그친다 할 것이다(같은 취지: 64 누 171 (1965.4.20 대판)). 그러나 이 경우에도 원칙적으로 상대방인 사인에게 불이익하게 취소할 수는 없다 할 것이다.

㈑ 사기 · 강박 · 증수뢰에 의한 행위　상대방의 사기 · 강박 등에 의하여 의사결정에 흠이 있는 행위 또는 증수뢰 · 부정신고 기타 부정행위에 의한 행위는, 그 결과인 행정행위의 내용이 위법이 아닌 경우에도 독립의 취소원인으로 보는 것이 일반적 견해이다.

2. 내용에 관한 흠

행정행위는 내용적으로는 법의 집행이며 구체화이다. 따라서, 그 내용이 법률상 또는 사실상으로 실현불가능하든가 불명확한 경우에는 무효로 되며, 공서양속에 위반되는 행위도 무효의 문제를 가져온다.

(1) 내용이 실현불능인 행위

㈎ 사실상 실현불능(tatsächliche Unmöglichkeit)　기술적 또는 물리적으로 불능한 경우뿐 아니라 사회통념상 그 실현이 불능한 경우도 포함된다(예: 그 실현에 과다한 비용이 소요된다든가, 과거를 기한으로 하여 출석을 명하는 것 등이다).

㈏ 법률상 실현불능(rechtliche Unmöglichkeit)　법이론상으로 절대로 불능인 경우(예: 사자에 대한 의사면허, 납세의무 없는 자에 대한 조사부과처분 등), 또는 법이론적으로는 실현가능하나, 법의 금지 또는 불인정의 결과 실현불가능이 객관적으로 명백한 경우(국가시험에 불합격한 의과대학졸업자에 대한 의사면허 등)를 말한다. 법률상 불능인 행위는 무효이고(68 누 150(1968.9.24 대판)—막대한 공사비가 소요되고 유지관리가 곤란한 매립과 수리시설을 내용으로 하는 공유수면매립면허는 무효이다), 단순한 위법인 행위는 취소할 수 있음에 그친다.

(a) 행위의 상대방인 「인」에 관한 불능　실존하지 않는 허무인을 상대방으로 하는 행위(예: 사자에 대한 의사면허, 존재치 않는 법인에 대한 조세부과), 명백하게 권리 또는 의무능력 없는 자에 대하여 권리를 부여하거나 의무를 명하는 행위(예: 민법이나 상법에 의한 설립등기 전의 법인에 대한 광업허가, 금치산선고를 받은 자의 공무원임명, 이미 조세를 완납한 자에 대한 체납처분, 가옥을 소유하지 아니한 자에 대한 재산세부과 등)(64 누 112(1965.2.9 대판)—조합원이 아닌 자에 대한 토지개량조합의 조합비부과처분은 무효이다) 등이다.

(b) 행위의 목적인 「물」에 관한 불능　실존하지 않는 허무의 물건을 목적으

---

1) 개축허가신청에 대하여 행정청이 착오로 대수선 및 용도변경 허가를 하였다 하더라도 취소 등 적법한 조치없이 그 효력을 부인할 수 없음은 물론, 더구나 이를 다른 처분(즉 개축허가)으로 볼 근거도 없다(대법원 1985.11.26. 85 누 382 건축허가취소, 위법건물자진철거지시처분취소).

로 하는 행위(예: 존재하지 않는 물건의 징발을 명하는 행위), 명백하게 행정행위의 목적이 될 수 없는 물건을 목적으로 하는 행위(예: 제3자의 소유인 것이 증명된 물건에 대한 체납처분, 사유수면에 대한 매립면허, 법률상 압류의 목적이 될 수 없는 물건의 압류) 등이다.

(c) **행위의 목적인「법률관계」에 관한 불능** 실존하지 않는 허무의 법률관계를 대상으로 하는 행위(예: 치외법권을 가진 자와 같이 납세의무 없는 자에 대한 납세의무면제, 영조물리용자가 아닌 자에 대하여 사용료납부를 명하는 것)(65 다 43(1966. 12.20 대판)—판매되지 아니한 물품에 대한 물품세부과는 무효이다.), 법률상 명백하게 금지되어 있거나 법률상 절대로 인정되지 않는 권리의무를 목적으로 하는 행위(예: 법률상 인정되지 아니한 독점권을 부여하며, 법률상 인정되지 아니한 종류의 어업권을 설정하며, 법률상 인정되지 아니한 집행벌을 과하며, 매춘알선업에 대한 경찰허가, 형법 또는 경찰법이 금지한 행위를 명하는 것 등)는 원칙적으로 무효이다.

(d) **선량한 풍속 기타 사회질서에 위반되는 사항을 내용으로 하는 행위(공서양속에 위반되는 행위)** 이러한 행위(예: 종교적 신앙, 국민적 신앙의 대상인 문화재·동상·분묘 기타 물건의 이전 또는 제거를 명하는 행위 등)의 효력에 대하여는 무효로 된다는 이설(異說)도 있으나(Kormann), 통설은 민법(103조)에서와는 달리 취소원인으로만 본다.

(e) **법적 근거를 결여한 행위** 헌법재판소에 의하여 위헌으로 결정된 법률 또는 법원에 의하여 위헌·위법으로 결정된 법규명령에 근거하여 행하여진 행위는 당연무효이다. 그러나 판례는 헌법재판소에 의하여 위헌으로 결정되기 이전에 당해 법률에 근거하여 행하여진 행위는 당시로서는 위헌인지의 여부가 명백한 것이 아니라는 이유로 취소사유가 된다고 한다(95 다 39137 (1995. 12. 5 대판)).

(2) **내용이 불명확한 행위** 하명행위에 의한 의무의 범위 또는 형성행위에 의한 법률관계의 변동의 범위가 사회통념상 내용을 인식할 수 없을 정도로 불명확한 행위이다(4292 행상 92(1961.3.13 대판)—목적물의 특정 없는 귀속재산의 임대처분은 무효이다.). 다만, 불명확하더라도 전후의 사정으로 그 내용이 명확히 될 수 있는 경우는 그 흠은 치유된 것으로 볼 경우도 있을 것이다.

3. 節次에 관한 흠

절차에 관한 흠이 행위의 효과에 어떠한 영향을 미칠 것인가는 통설에 의하면, ① 대립하는 당사자 간의 이해조정 또는 이해관계인의 권익보장을 위하여 규정된 것인 경우에는, 그것을 결한 행위는 무효라고 할 것이고, ② 행정의 원활 또는 합리적인 운영 등 행정상의 편의를 목적으로 하는 것인 때에는 그 결여는 취소원인에 불과하다고 한다.

절차에 관한 흠으로 무효가 되는 전형적인 예는 다음과 같다.

(1) **법률상 필요한 상대방의 신청 또는 동의를 결여한 행위** 원칙적으로 무효이다(상대방의 신청 없이 행한 광업허가, 상대방의 동의 없는 공무원임명 등).

(2) **필요한 공고 또는 통지를 결여한 행위** 이해관계인의 권리의 주장,

이의신청의 기회를 부여하기 위하여 법령상 공고 또는 통지를 요구하는 경우가 있는바, 이를 결한 행위는 원칙적으로 무효이다(예: 열람시키지 않고 행한 선거인명부확정, 특허출원공고를 거치지 아니한 발명특허, 수용할 토지세목의 공고·통지 없이 행한 토지수용의 재결, 독촉절차를 거치지 아니한 조세체납처분 등). 다만 그 내용에 단순한 흠이 있는 정도인 때에는 무효로 되는 것은 아니다.[1)]

(3) 필요한 이해관계인의 참여 또는 협의를 결여한 행위 원칙적으로 무효이다(예: 체납자 등의 참여 없이 행한 조세체납절차로서의 재산압류, 미리 토지소유자와의 협의를 거치지 아니하고 행한 토지수용의 재결 등). 다만 판례는 기업자가 토지소유자와 협의를 거치지 아니한 채, 수용의 재결을 신청한 것은 절차상의 하자로서 취소사유에 그친다고 하는바(93 누 2148 (1993. 8. 13 대판)), 찬성하기 어렵다.

(4) 필요한 청문 또는 변명의 기회를 주지 아니한 행위 행정절차법과 많은 개별 법률에서 요구하는 청문 등을 결여한 행위는 원칙적으로 무효라 할 것이다(예: 청문절차 없이 행한 영업의 폐쇄명령). 판례는 청문절차를 결여한 처분은 취소사유로 본다.[2)]

4. 形式에 관한 흠

(1) 문서에 의하지 아니한 행위 법령상 문서에 의할 것을 요건으로 한 경우에 구술로 한 때에는 원칙적으로 무효라 할 것이다(예: 재결서에 의하지 아니한 행정심판의 재결, 독촉장에 의하지 아니한 납세의 독촉 등).[3)] 문서에 의하되, 다만 기재사항에 오류가 있는 정도인 때에는 취소원인이 됨에 그친다.

(2) 필요적 기재(이유·일자 등)가 없는 행위 법령이 이유 등을 필요적으로 기재하도록 한 경우에 이를 결한 행위는 원칙적으로 무효라 할 것이다(예: 이유를 붙이지 아니한 행정심판재결, 집행책임자를 표시하지 아니한 대집행영장 등). 그러나 이유 등 기재사항이 불비한 정도인 경우에는 취소원인에 그친다.

(3) 관인날인 또는 서명을 결여한 행위 개별 법령에 규정이 있는 경우도 있으나(공직선거법 151④, 179①), 그러한 규정이 없는 경우에도 사무관리규정에 의하여 행

---

1) 정보통신윤리위원회가 특정 인터넷 웹사이트를 청소년유해매체물로 결정하고 청소년보호위원회가 효력발생시기를 명시하여 고시함으로써 그 명시된 시점에 효력이 발생하였다고 봄이 상당하고, 정보통신윤리위원회와 청소년보호위원회가 위 처분이 있었음을 위 웹사이트 운영자에게 제대로 통지하지 아니하였다고 하여 그 효력 자체가 발생하지 아니한 것으로 볼 수는 없다(대법원 2007.6.14. 2004 두 619 청소년유해매체물결정및고시처분무효확인).

2) 행정청이 특히 침해적 행정처분을 할 때 그 처분의 근거 법령 등에서 청문을 실시하도록 규정하고 있다면, 행정절차법 등 관련 법령상 청문을 실시하지 않아도 되는 예외적인 경우에 해당하지 않는 한 반드시 청문을 실시하여야 하며, 그러한 절차를 결여한 처분은 위법한 처분으로서 취소사유에 해당한다(대법원 2007.11.16. 2005 두 15700 주택조합설립인가취소처분의 취소).

3) 면허관청이 운전면허정지처분을 하면서 별지 52호 서식의 통지서에 의하여 면허정지사실을 통지하지 아니하거나 처분집행예정일 7일 전까지 이를 발송하지 아니한 경우에는 특별한 사정이 없는 한 위 관계 법령이 요구하는 절차·형식을 갖추지 아니한 조치로서 그 효력이 없다(대법원 1996.6.14. 95 누 17823 운전면허취소처분취소).

정기관이 발신하는 문서에는 원칙적으로 정당한 권한이 있는 행정기관이 행한 것임을 명백하기 위하여 관인(전자관인 포함)을 찍거나 장이 서명하여야 하며(사무관리규정 21① 본문), 이를 결한 행위는 원칙적으로 무효라고 할 것이다(예: 선거관리위원의 서명날인이 없는 선거록 등).

Ⅲ. 無效의 효과와 無效를 주장하는 방법

행정청의 특별한 의사표시를 기다릴 것 없이 처음부터(행위 당시) 아무런 효력도 발생하지 못한다. 그러나 외형은 존재하기 때문에 행정청 또는 이해관계인이 그 유효함을 주장할 우려가 있다. 이에 그 무효를 주장할 수 있는 방법이 인정될 실익이 있다. 행정청에 대하여 무효확인행정심판을 제기하여 무효를 주장할 수 있고, 법원에 대하여 무효확인소송을 제기하여 무효를 주장할 수 있음은 물론, 무효선언적 의미의 취소소송, 다른 소송에서 선결문제로서 무효를 주장하는 방법 등이 있다.

1. 無效確認訴訟

직접 행정행위의 무효확인을 구하는 소송을 말하는데, 현행 행정소송법은 이를 항고소송의 하나로 명문으로 인정하였다(동법 4(2)). 무효확인소송의 경우에는 행정소송법상의 행정심판전치(예외적으로 행정심판전치주의를 취한 경우에도)와 제소기간에 관한 제한을 받지 아니한다(행송 38① 참조).

2. 無效宣言的 의미에서의 취소소송

무효의 주장을 취소소송(형성의 소송)으로 행하는 것이다. 무효확인소송을 제기함으로써 무효확인을 구할 수 있으나 무효선언적 의미에서의 취소소송을 제기하는 것도 무방하다 할 것이다.

〔**판례**〕 행정처분의 당연무효를 선언하는 의미에서의 취소를 구하는 항고소송에도 소원전치주의가 적용된다.
세무서장의 국세부과처분이 위법 또는 부당하고 하여 그 취소를 구하는 소송에서는 먼저 당시 시행되던 국세심사 청구법에서 규정한 재조사 심사 및 재심사의 불복방법을 거쳐야 하고, 동 과세처분의 당연무효를 선언하는 의미에서의 취소를 구하는 경우도 그것이 외견상 존재하는 행정처분에 관하여 권한 있는 기관에 의한 취소를 구하고 있는 점에서 하나의 항고소송인 이상 위와 같은 전심절차를 거치지 아니하는 한 결국 그 제소요건을 구비하지 못한 부적법한 소이다(대법원 1976.2.24. 75 누 128 전원합의체판결 갑종배당소득세과세처분취소).

3. 民事訴訟 등에서의 先決問題로서의 無效의 주장

무효를 직접적으로 주장하는 것이 아니고 간접적으로 주장하는 것이다. 즉, 무효인 행위로 생긴 결과의 시정을 구하는 소송을 제기하여 그 소송의 선결문제로서 행정행위의 무효를 확인받는 것이다. 즉, 공법상의 당사자소송 또는 민사소송을 제기함으로써(예: 무효인 과세처분에 의하여 조세를 납부한 자가 부당이득반환청구소송을 제기하고, 무효인 토지수용에 의하여 소유권을 침해당한 자가 토지소유권확인 및 원상회복청구소송을 제기함으로써), 혹은 형사소송에서(예: 공무집행방해죄로 기소된 자가 그 공무집행이 무효라는 항변을 제기함으로써), 선결문제로서 그 행정행위의 무효를 주장하여 이를 확인받는 것이다. 현행 행정소송법은 민사소송의 선결문제로 된 경우에 대하여서만 규정을 두어 민사소송의 수소법원이 이를 심리·판단하는 경우에는 취소소송에 관한 일부규정을 준용하도록 하고 있으나, 공법상의 당사자소송이나 형사소송의 선결문제로 된 경우에도 수소법원은 무효를 확인할 수 있다고 할 것이다.

제11절 行政行爲의 取消

Ⅰ. 槪 說

1. 행정행위의 取消의 의의

(1) 의의 취소(Anfechtung, Rücknahme)란, 일응 유효하게 성립한 행정행위의 효력을, 그 성립에 흠(무효원인 이외의 단순한 흠)이 있음을 이유로, 권한 있는 기관이, 원칙적으로 원래의 행위시에 소급하여 소멸시키는, 원래의 행정행위와는 별개의 독립된 행정행위를 말한다.

(2) 무효선언·철회와의 구별 무효선언(Nichtigkeitserklärung)과 철회(Widerruf)도 취소라고 불리어지기도 하나, 취소는 일응 유효하게 성립한 행정행위의 효력을 소멸시키는 행위인 점에서, 처음부터 효력이 없는 무효인 행위를 무효라고 선언하는 「무효선언」과 구별되고, 또한 그 성립에 흠이 있음을 이유로 하는 점에서, 흠 없이 성립한 행정행위에 대하여 그 효력을 장래에 존속시킬 수 없는 새로운 사유의 발생을 이유로 소멸시키는 「철회」와 구별된다.

「행정행위의 취소는 일단 유효하게 성립한 행정행위를 그 행위에 위법 또는 부당한 하자가 있음을 이유로 소급하여 그 효력을 소멸시키는 별도의 행정처분이고, 행정행위의 철회는 적법요건을 구비하여 완전히 효력을 발하고 있는 행정행위를 사후적으로 그 행위의 효력의 전부 또는 일부를 장래에 향해 소멸시키는 행정처분이므로, 행정행위의 취소사유는 행정행위의 성립 당시에 존재하였던 하자를 말하고, 철회사유는 행정행위가 성립된 이후에 새로이 발생한 것으로서 행정행위의 효력을 존속시킬 수 없는 사유를 말한다」(대법원 2006.5.11. 2003 다 37969 채무부존재확인).

2. 행정행위의 取消의 종류

(1) 법원에 의한 취소와 행정청에 의한 취소 행정행위를 취소할 수 있는 정당한 권한을 가진 국가기관으로는 법원과 행정청이 있다. 따라서 취소는 행정청에 의해 행하여지는 경우와 소송의 제기를 전제로 법원에 의해 소송절차에 따라 행하여지는 경우가 있다. 행정청에 의한 취소는 다시 직권으로 행하여지는 경우와 개인의 행정심판제기 등 쟁송제기에 의해 행하여지는 경우로 나누어진다.

(2) 쟁송에 의한 취소와 직권에 의한 취소 법원에 의한 취소와 행정심

판 등의 제기에 의하여 행정청이 행하는 취소를 합쳐 쟁송에 의한 취소라 하고, 행정청의 「이니시어티브」(initiative)에 의하여 직권으로 행하는 취소를 직권에 의한 취소라 한다.

(3) **수익적 행정행위의 취소와 부담적 행정행위의 취소** 부담적 행정행위의 취소는 상대방인 사인이 원하는 바로, 쟁송의 제기는 원칙적으로 권익의 침해를 전제로 하므로 쟁송에 의한 취소에 있어서 주로 문제된다. 물론 행정행위를 수익적인 것과 부담적인 것으로 구분하는 것은 어렵고 두 성질을 아울러 가진 것도 많으나, 쟁송에 의한 취소가 가능한 경우에는 부담적이라 할 수 있다. 이에 대하여 직권에 의한 취소에 있어서는 부담적 행정행위가 대상으로 되는 경우도 있으나, 주로 수익적 행정행위가 대상이 된다.

3. 爭訟取消와 職權取消의 구별

종래의 흠이론은 모든 취소를 한데 묶어 한편으로 무효와, 다른 한편으로 철회와 대립시켰다. 그러나 주로 부담적 행위가 대상이 되는 쟁송취소와 주로 수익적 행위가 대상이 되는 직권취소는 차이가 있으므로 구별하여 논하여야 할 것이다.

(1) **기본적 성격상의 차이** 양자는 그 기본적 성격과 이익상황을 달리한다.

쟁송취소제도는 「법률에 의한 행정의 원리」의 실현을 위하여 행정행위의 추상적인 위법성을 이유로 회고적으로 적법상태를 회복하고 국민의 권리를 구제하는 제도이다. 이에 대하여, 직권취소는 추상적인 위법성을 이유로 하는 적법성의 회복만이 아니고, 오히려 취소행위도 하나의 행정행위로서 장래에 향하여 행정목적실현을 위한 수단으로 사용되는 점에 특색이 있다 할 것이다.

(2) **구체적 차이점** 이러한 기본적 성격의 차이로 다음과 같은 구체적인 차이가 생긴다.

㈎ **취소대상** 쟁송취소에서는 주로 부담적 행위가 대상이 되고, 직권취소에서는 주로 수익적 행위가 대상이 된다.

㈏ **취소사유** 쟁송취소에서는 추상적 위법성을 이유로 행위가 취소되지만, 직권취소에서는 당해 위법사유의 구체적인 내용이 개개의 구체적인 행정목적에 위반됨을 이유로 취소된다.

㈐ **취소권의 제한** 따라서 쟁송취소에서는 가령 직권취소라면 당연히 고려될 만한 이익을 얻고 있는 제 3 자가 있더라도 위법하면 원칙적으로 취소하여야 한다. 이에 대하여 직권취소의 경우에는 단지 추상적인 위법성에 의하여서가

아니고, 개개의 구체적인 행정목적에 비추어 취소를 요청하는 위법의 내용을 구체적으로 확정함과 아울러 취소를 제한하여 행정행위의 효력의 유지를 요청하는 제이익을 명백히 하여 이 상반되는 두 개의 요청을 비교형량하여 취소 여부를 개별적으로 결정하여야 한다.

(라) **제기기간 등** 쟁송취소에 대하여는 제기기간 등이 법정되어 있으나, 직권취소의 경우에는 원칙적으로 기간상의 제한이 없다. 그러나 「실권의 법리」에 의하면 실질적으로 기간의 제한을 받게 된다.

(마) **취소의 효력** 쟁송취소에서는 제도의 목적에 비추어 취소는 원칙적으로 소급효를 가지나, 직권취소에서는 상대방에게 책임 있는 경우 외에는 원칙적으로 소급효가 없다 할 것이다.

(바) **취소의 절차** 쟁송취소는 법정의 절차를 거쳐 행하며, 취소에는 구속력·확정력 같은 특수한 효력이 인정된다. 직권취소는 개별법 또는 행정절차법에 그 절차가 정하여진 경우에는 그에 따라야 한다. 다만 직권취소의 경우에는 구속력·확정력 등의 특수한 효력이 인정되지 아니한다.

(사) **취소의 내용** 직권취소는 예컨대 영업정지·개선명령 등의 행정적 개입수단과 공통성을 가지므로 당연히 행정행위의 적극적 변경도 내용으로 할 수 있다. 그런데 쟁송취소 중에서 소송에 의한 취소의 경우에는 특별한 규정이 없는 한 행정행위의 적극적 변경은 내용으로 할 수 없다고 보는 것이 통설이다.

Ⅱ. 取消權者

(1) **직권취소** 처분청과 그 감독청이다. 다만, 감독청이 직권취소를 할 수 있는가에 대하여는 취소권은 감독권에 포함되는 것이므로 별도의 명문규정이 없어도 직접 취소할 수 있다는 견해(적극설)[1] 와, 감독청은 명문규정이 없는 한 직접 취소할 수는 없고 피감독청에 대하여 취소를 명할 수 있음에 그친다는 견해(소극설)[2] 가 있는데, 소극설이 타당하다고 본다.

(2) **쟁송취소** 행정청과 법원이다. 행정청은 처분청과 감독청을 말한다. 예외적이기는 하나 제 3 기관을 재결청으로 하는 경우가 있다(예: 공무원소청심사위원회). 이 경우에는 그 재결청은 그 법률의 규정에 의하여 취소권을 가진다.

1) 김동희(Ⅰ), p.347; 류지태, p.162; 홍정선(상), p.400.
2) 김남진·김연태(Ⅰ), p.296; 박균성(상), p.381.

Ⅲ. 取消權의 근거

(1) 쟁송취소는 행정심판법 · 행정소송법 등, 쟁송을 인정한 법률에 근거하여 행하여진다.

(2) 직권취소는 특별한 법률의 근거를 요하지 않는다 하겠다. 취소권의 근거는 행정행위의 근거법에 포함되었다고 할 것이다.[1)]

Ⅳ. 取消事由

(1) 위법 · 부당한 행위 취소사유는 법령에서 명문으로 규정되어 있는 경우(정부조직법 11②, 16②, 지방자치법 169①) 외에는 통칙적 규정이 없기 때문에 의문의 여지가 있으나, 행정행위의 위법 또는 부당한 모든 경우가 원칙적으로 취소사유가 된다고 하겠다. 따라서 행정행위에 하자가 있을지라도 그 하자가 중대 · 명백하지 않는 경우 및 하자가 중대하기는 하나 명백하지 않는 경우에 취소의 대상이 된다고 말할 수 있다.[2)]

취소사유는 행정청측의 원인 또는 상대방인 사인측의 원인으로 생긴다. 특히 문제되는 경우를 들어 보면 다음과 같다.

(2) 행정청의 착오 행정청의 착오는 그것만으로는 행정행위를 위법하게 만들지는 않는다. 착오에 의하여 법령해석 · 사실인정을 잘못한 결과, 행정행위가 객관적으로 위법하게 된 경우에도, 상대방의 신뢰보호의 견지에서 취소가 제한된다고 할 것이다.

(3) 사인의 부정행위 사인의 사기 등 부정수단에 의하여 행정행위가 행하여진 경우에는, 그 결과인 행정행위의 내용이 위법하지 않더라도 독립의 취소원인이 된다는 견해가 유력하다. 신뢰보호를 할 필요가 없다는 것을 실질적 이유로 하는바, 행정청의 의사에 결함이 있다고도 할 수 있고 행정행위의 성립과정에 위법이 있다고도 할 수 있다.[3)]

---

1) 행정행위를 한 처분청은 그 행위에 하자가 있는 경우에는 별도의 법적 근거가 없더라도 스스로 이를 취소할 수 있고, 수익적 행정처분의 하자가 당사자의 사실은폐나 기타 사위의 방법에 의한 신청행위에 기인한 것이라면 당사자는 처분에 의한 이익이 위법하게 취득되었음을 알아 취소가능성도 예상하고 있었다 할 것이므로, 그 자신이 처분에 관한 신뢰이익을 원용할 수 없음은 물론 행정청이 이를 고려하지 아니하였다고 하여도 재량권의 남용이 되지 않는다(대법원 2006.5.25. 2003 두 4669 공장등록취소처분취소).

2) 김남진 · 김연태(Ⅰ), p.296.

3) 행정처분에 하자가 있음을 이유로 처분청이 이를 취소하는 경우에, 그 처분의 하자가 당사자의 사실은폐나 기타 사위의 방법에 의한 신청행위에 기인한 것이라면 당사자는 그 처분에 의

(4) **판례** 헌법재판소 결정과 대법원 판례는, 어느 법률이 헌법재판소에서 위헌으로 결정된 경우에 당해 법률이 위헌으로 결정되기 전에 그 법률에 근거하여 행하여진 행정처분의 하자는 특별한 사정이 없으면 취소사유에 그친다고 한다. 그것은 일반적으로 법률이 헌법에 위반되는지의 여부는 헌법재판소의 위헌결정이 있기 전에는 객관적으로 명백한 것이라고는 볼 수 없기 때문에 법적안정성의 측면에서 취소사유로 본 것이다(92 헌바 23 1994. 6. 30 헌재결정), 92 누 9463(1994. 10. 28 대판) 등). 판례는 마찬가지로 명령・규칙(지방자치단체의 조례・규칙 포함)이 법원에서 위헌・위법으로 결정된 경우에, 그러한 결정이 있기 전에 당해 명령・규칙에 근거하여 행하여진 행정처분의 하자도 특별한 사정이 없으면 취소사유에 그친다고 한다(대법원 1995.7.11. 94 누 4615 전원합의체판결 건설업영업정지처분무효확인). 그러나 헌법재판소는 위헌으로 된 법률에 근거한 행정처분을 무효로 하더라도 법적안정성을 크게 해치지 않는 반면에 그 하자가 중대하여 그 구제가 필요한 경우에 대하여서는 예외를 인정하여 이를 당연무효로 보아서 쟁송기간경과 후에라도 무효확인을 구할 수 있게 하여야 한다고 한다. 특히 그 행정처분(예: 조세부과처분)의 목적달성을 위하여 후행행정처분(체납처분절차인 재산압류처분)이 필요한데, 후행행정처분이 아직 이루어지지 아니한 경우에는 무효사유로 보아야 한다고 하였다. 따라서 위헌결정 이후에 위헌법률에 근거한 처분을 집행하는 것은 허용될 수 없게 된다(2001 두 1925 (2002.6.28 대판)).

V. 取消權의 제한

(1) **쟁송취소** 쟁송취소의 경우에는 주로 부담적 행위가 대상이 되며, 따라서 법률에 특별한 제한이 없는 한 취소사유가 있으면 취소하여야 한다고 본다. 행정심판법 제33조 및 행정소송법 제28조는 「현저히 공공복리에 적합하지 아니하다고 인정하는 때」를 취소의 제한사유로 규정하고 있는바, 공공복리는 쟁송취소의 일반적인 제한사유로 볼 것이다.

부담적 행위에 대하여는 그 취소는 원칙적으로 자유라 하겠으나, 법률상 행

한 이익이 위법하게 취득되었음을 알아 그 취소가능성도 예상하고 있었다고 할 것이므로 그 자신이 위 처분에 관한 신뢰이익을 원용할 수 없음은 물론 행정청이 이를 고려하지 아니하였다고 하여도 재량권의 남용이 되지 않는다. 허위의 고등학교 졸업증명서를 제출하는 사위의 방법에 의한 하사관 지원의 하자를 이유로 하사관 임용일로부터 33년이 경과한 후에 행정청이 행한 하사관 및 준사관 임용취소처분은 적법하다(대법원 2002.2.5. 2001 두 5286 임명취소처분취소).; 그 밖에 충전소설치예정지로부터 100m 내에 있는 건물주의 동의를 모두 얻지 아니하였음에도 불구하고 이를 갖춘 양 허가신청을 하여 그 허가를 받아낸 경우(대법원 1992.5.8. 91 누 13274 엘피지충전소허가처분취소). 행정청이 신청인의 사위방법에 의하여 면허자격이 있는 것으로 오인하고 착오로 한 면허처분(대법원 1989.3.28. 88 누 2694 개인택시운송사업면허취소처분취소)이 여기에 해당한다.

정청의 의무에 속하는 행위에 대하여는 자유로운 취소는 허용되지 않고, 그 취소에는 법률의 근거를 요한다. 조세부과처분이 그 예이다.

(2) 직권취소

(가) 공익목적 달성과 상대방 신뢰보호와의 이익형량 ① 직권취소의 경우에는 주로 수익적 행위가 대상이 되며, 흠 있는 수익적 행정행위에 있어서는 비록 위에서 본 취소사유가 존재한다 하더라도 법률생활의 안정, 기득의 권익보호, 그리고 이러한 것의 결정[1]으로 볼 수 있는 신뢰보호의 원칙에 의하여 직권취소는 제한된다고 할 것이다.

(나) 이익형량의 기준 직권취소의 경우에는 위에서 본 바와 같이 한편으로 취소에 의하여 달성하려는 공익상 목적과, 다른 한편으로 법률생활의 안정, 기득의 권익보호 및 이러한 것의 결정으로 볼 수 있는 상대방 또는 제 3 자의 신뢰보호의 요청을 비교형량하여 개별적인 경우에 취소여부를 결정하여야 한다.[2] 위법사유가 있더라도 상대방에게 고통을 적게 주는 개선명령 등에 의하여 그 시정이 가능하다면 그렇게 하는 것이 비례의 원칙상 당연하다. 이익형량의 결과 행정청은 전부취소 또는 일부취소를 선택할 수 있고, 소급효 있는 취소 또는 소급하지 않는 취소를 결정할 수 있다.

문제는 어떤 기준에 의하여 여러 이익을 형량하느냐이다. 그러한 기준을 체계화하는 것은 앞으로의 과제라 할 것이나, 여기에서는 현재까지의 성과를 바탕으로 그러한 기준을 나열하여 보기로 한다.

(a) 취소가 제한되는 경우

(ㄱ) 행정행위를 이용하고 있는 경우 직권취소가 제한되는 경우로 상대방이 행정행위를 객관적으로 신뢰하였을 뿐만 아니라, 이미 행정행위를 이용하고 있는 경우가 들어진다. 행정행위를 신뢰하고 수령한 금전이나 물건을 소모 또는 처분하거나 건축허가를 받고 건축에 착수한 경우[3] 등이 이에 해당한다.

---

1) 김남진(Ⅰ), p.317; 신보성, 위법한 행정행위의 직권취소, 고시계, 1984. 11월호.

2) 수익적 행정처분을 취소 또는 철회하는 경우에는 이미 부여된 그 국민의 기득권을 침해하는 것이 되므로, 비록 취소 등의 사유가 있다고 하더라도 그 취소권 등의 행사는 기득권의 침해를 정당화할 만한 중대한 공익상의 필요 또는 제 3 자의 이익보호의 필요가 있는 때에 한하여 상대방이 받는 불이익과 비교·교량하여 결정하여야 하고, 그 처분으로 인하여 공익상의 필요보다 상대방이 받게 되는 불이익 등이 막대한 경우에는 재량권의 한계를 일탈한 것으로서 그 자체가 위법하다(대법원 2004.11.26. 2003 두 10251, 10268 노선배분취소처분취소등).

3) 이 사건 건축물만이 1.9m정도 돌출되어 있어 도시미관이 크게 손상되는 결과를 가져올 뿐만 아니라 인근 건물들의 조망을 방해하는 점 등을 종합적으로 고려하여 보면, 이 사건 처분이 달성하고자 하는 건축행정 또는 도시계획행정상의 공익이나 제 3 자의 이익보호가 원고가 입게 되는 불이익보다 결코 작다고 할 수 없다고 보아 이 사건 처분은 재량권의 범위를 일탈·남용한 위법한 처분이라고 할 수 없다(대법원 2002.11.8. 2001 두 1512 건축선위반건축물시정지시취소).

(ㄴ) **경제적 효과의 형량** 취소에 의하여 관계인이 막대한 경제적 손실을 입게 된다든가(예: 위법한 개간허가이지만 많은 사람의 생계가 달려 있는 경우), 국가재정 등이 막대한 경제적 손실을 입게 되는 경우(예: 위법한 수용절차로 취득한 토지에 댐 건설공사가 진행중인 경우 등)에는 취소가 제한된다.

(ㄷ) **불가변력이 있는 행정행위** 이의신청이나 행정심판에 대한 재결 등은, 쟁송제기를 전제로 이에 대한 응답으로 행하여지는 것이므로, 그것이 위법하더라도 상대방이 법정의 쟁송 등으로 다투는 것은 별문제이지만, 행정청이 직권으로 취소할 수는 없다. 재결 등은 이른바 불가변력을 갖기 때문이다. 국가시험의 합격자결정 등과 같은 확인행위에 대하여도 불가변력이 인정된다.

(ㄹ) **포괄적인 신분을 설정하는 행위** 국적부여행위·공무원임용행위 등은 취소가 제한된다고 본다.

(ㅁ) **사인의 법률적 행위의 효력을 완성시켜 주는 행위** 예컨대 인가 등 사법상 법률행위의 효력발생요건인 행위는 그것에 의하여, 그 때까지 효력이 없던 법률행위가 이를 받음으로써 완전히 유효하게 되어, 이를 기초로 여러 가지 거래가 사법의 분야에서 전개되게 된다. 이를 행정청이 취소한다면 사적 거래의 안전과 법률생활의 안정을 현저히 해치게 된다.

(ㅂ) **실권(시간경과)** 행정청에 취소권이 인정된 경우에도 장기간 그 권한을 행사하지 않기 때문에, 상대방이 그 권한을 행사하지 않을 것이라는 신뢰를 갖게 되고 이를 기초로 재산적 지출 등 행위를 한 경우에는, 그 후 이를 취소하는 것은 상대방에게 현저한 불이익을 주게 된다. 이 경우에는 실권의 법리에 의하여 원래 가진 취소권을 잃게 된다고 해석할 것이다.[1)]

(ㅅ) **복효적 행정행위** 제 3 자의 이익 또는 불이익도 고려하여야 한다.

(b) **취소가 제한되지 아니하는 경우**

(ㄱ) **위험방지** 위험방지(Gefahrenabwehr)는 항상 우선적 지위를 차지하여

1) 87 누 915(1988.4.27 대판)(실권 또는 실효의 법리는 행정법관계에도 적용된다)—무자격자에게 행정서사업무허가를 행한 뒤 20년이 다 되어 허가를 취소한 것은 실권 또는 실효의 법리에 반한다는 원고의 주장에 대하여「소론 실권 또는 실효의 법리는 법의 일반원리인 신의성실의 원칙에 바탕을 둔 파생원칙인 것이므로, 공법관계 가운데 관리관계는 물론이고 권력관계에도 적용되어야 함을 배제할 수는 없다 하겠으나, 그것은 본래 권리행사의 기회가 있음에도 불구하고 권리자가 장기간에 걸쳐 그 권리를 행사하지 아니하였기 때문에 의무자인 상대방은 이미 그 권리를 행사하지 아니할 것으로 믿을 만한 정당한 사유가 있게 되거나 행사하지 아니할 것으로 추인케 할 경우에 새삼스럽게 그 권리를 행사하는 것이 신의성실의 원칙에 반하는 결과가 될 때 그 권리행사를 허용하지 않는 것을 의미하는 것이므로 이 사건에 관하여 보면 원고가 허가받은 때로부터 20년이 다 되어 피고가 그 허가를 취소한 것이기는 하나 피고가 취소사유를 알고서도 그렇게 장기간 취소권을 행사하지 않은 것이 아니고 1985.9 중순에 비로소 위에서 본 취소사유를 알고 그에 관한 법적 처리방안에 관하여 다각도로 연구검토가 행하여졌고, 그러한 사정은 원고도 알고 있었음이 기록상 명백하여 이로써 본다면 상대방인 원고에게 취소권을 행사하지 않을 것이란 신뢰를 심어 준 것으로 여겨지지 않으니 피고의 처분이 실권의 법리에 저촉된 것이라고 볼 수 있는 것도 아니다」(판월 1988.7월호).

야 할 것이다.

(ㄴ) 수익자의 주관적 책임　수익적행정행위가 수익자의 사기·강박·증뢰 등 부정한 방법으로 얻어진 경우이다.[1] 수익자가 행정행위의 위법을 알았거나 중대한 과실로 알지 못한 경우도 동일하게 볼 것이다(독일행정절차법 48②).

(ㄷ) 수익자의 객관적 책임　수익자의 고용인·대리인 등의 부정 또는 부실신고에 의하여 행정행위가 행하여진 경우이다(동 48②).

Ⅵ. 取消의 절차

(1) 쟁송취소　행정심판법·행정소송법이 정하는 행정쟁송절차에 의하게 된다.

(2) 직권취소　수익적 행정처분의 취소와 같은 불이익처분의 경우에는 원칙적으로 상대방에 대한 의견청취(의견제출 또는 청문)절차를 거쳐야 한다(행정절차법 22). 또한 행정절차법 이외의 개별법률(도로법 75조의2, 식품위생법 64)에서 다른 절차를 정하고 있는 경우에는 그러한 절차도 함께 거쳐야 함은 물론이다.[2]

Ⅶ. 取消의 효과

(1) 효과결정의 개별화　취소는 철회와는 달라서 행정행위의 성립시의 흠을 이유로 하므로 그 효과는 원칙적으로 당해 행위를 한 때에 소급하여 발생한다. 즉, 취소되면 처음부터 그 행위가 없었던 것과 같은 효과를 발생한다. 그러나 다른 한편으로 소급효로 기성의 법률질서를 파괴하고, 상대방의 신뢰를 배

1) [원고가 국군수도병원에서 치료중 원고 소속 부대의 대대장에게 의병전역을 부탁하며 금 2,000만 원을 교부한 사례] 행정처분의 성립과정에서 그 처분을 받아내기 위한 뇌물이 수수되었다면 특별한 사정이 없는 한 그 행정처분에는 직권취소사유가 있는 것으로 보아야 할 것이고, 이러한 이유로 직권취소하는 경우에는 처분 상대방측에 귀책사유가 있기 때문에 신뢰보호의 원칙도 적용될 여지가 없다 할 것이며, 다만 행정처분의 성립과정에서 뇌물이 수수되었다고 하더라도 그 행정처분이 기속적 행정행위이고 그 처분의 요건이 충족되었음이 객관적으로 명백하여 다른 선택의 여지가 없었던 경우에는 직권취소의 예외가 될 수 있을 것이지만, 그 경우 이에 대한 입증책임은 이를 주장하는 측에게 있다(대법원 2003.7.22. 2002 두 11066 의병전역취소및재복무통지처분취소).

2) 관계행정청이 식품위생법에 의한 영업정지처분을 하려면 반드시 사전에 청문절차를 거쳐야 함은 물론 청문서 도달기간 등을 엄격하게 지켜 영업자로 하여금 의견진술과 변명의 기회를 보장하여야 할 것이고 가령 식품위생법 제58조 소정의 사유가 분명히 존재하는 경우라 하더라도 위와 같은 청문절차를 제대로 준수하지 아니하고 한 영업정지처분은 위법임을 면치 못할 것이다(대법원 1990.11.9. 90 누 4129 대중음식점영업정지처분취소). 피고가 영업정지처분을 함에 있어 청문일 5일 전에 청문통지서를 받아보게 하였고, 원고는 이를 이유로 위 청문기일에 불출석하였는데, 피고가 이 사건 처분을 하였다.

반하여서는 안된다는 점에서 보면 소급하여서는 안되는 경우도 있다 할 것이다.

(2) **쟁송취소** ① 그 성질상 과거(행위시)에 소급된다. 그러나 ② 쟁송취소의 경우에도 흠이 당사자에게 책임 있는 경우(사기·강박·증뢰로 유발된 경우, 부정 또는 부실신고로 유발된 경우) 이외에는, 당사자에게 불이익되게 소급하지 아니하고 장래에 향하여서만 행위의 효력을 상실시키는 데 그친다 할 것이다.

(3) **직권취소** ㈎ 명문의 규정이 없는 한, 행정청은 취소의 범위(행정행위의 전부 또는 일부 취소)와 효력발생시기에 대하여 자유로이 정할 수 있다고 할 것이다. 따라서 직권취소의 경우에는 효력발생시기에 대하여 일률적으로 말할 수 없다. ① 취소의 원인이 상대방의 사기 등 귀책사유로 생긴 것이 아닌 경우에는 상대방의 신뢰보호를 위하여 소급하지 않는다고 할 것이다. ② 행정행위의 효과가 계속적인가, 일시적인가에 의하여 당연히 달라지지 않을 수 없다. ③ 기타 취소를 요구하는 이유가 이미 완결된 법률관계까지도 제거하지 않으면 안되는지의 여부, 취소시기 여하 등 구체적 사정에 따라 결정할 것이다. ④ 행정행위가 철회·취소 기타 사유로 효력이 없게 된 경우, 행정청은 그 행정행위와 관련하여 부여한 문서(허가증 등), 물건의 반환을 요구할 수 있게 한 입법례가 있다(독일행정절차법 52). 우리의 경우는 명문이 없으나 반환을 요구할 수 있다고 본다.

㈏ 또한 수익적 행정행위의 취소로 당사자가 재산상의 손실을 받게 된 경우, 당사자가 그 행위의 존속을 신뢰하였고 그 신뢰가 공익과 비교형량하여 보호할 가치가 있는 경우에는 당사자의 신청이 있으면 당해 손실을 보상하도록 한 입법례가 있다(동 48③). 비록 행정행위가 위법·부당하더라도 상대방의 귀책사유에 의한 것이 아니고 공익을 이유로 취소하는 경우에는, 그로 인한 손실은 보상하여야 할 것이다. 따라서 우리의 경우도 이에 해당한 때에는 관계법률에서 보상규정을 두어야 할 것이다(헌 23③ 참조).

Ⅷ. 取消의 取消

(1) **문제의 소재** 행정행위(예: 영업허가)를 취소(영업허가의 취소)하면 그 효력이 상실되기 때문에(영업허가 없는 상태로 된다), 취소처분을 취소하여 행정행위를 되살릴 수 있느냐가 문제된다(종전의 영업허가가 새로운 허가처분 없이 되살아날 수 있는가).

(2) **취소처분에 중대하고 명백한 흠이 있는 경우** 무효선언으로서의 취소 또는 무효확인이 가능할 것이고 별로 문제가 없다.

(3) 취소처분에 단순한 위법인 흠이 있는 경우

㈎ 부인하는 견해 종래의 통설로서, 취소처분은 그에 대하여 법률이 명문으로 행정심판 또는 행정소송을 인정하고 있는 경우를 제외하고는 행정행위의 효력을 확정적으로 상실시키는 것이므로, 취소처분의 취소에 의하여 행정행위를 소생시킬 수 없으며, 소생시키기 위하여는 원래의 행정행위와 동일한 내용의 새로운 행위를 행할 수밖에 없다고 한다(대법원 1979.5.8. 77 누 61 물품세과세부활처분취소).[1)]

㈏ 긍정하는 견해 오늘날의 일반적인 견해로서, 취소처분이 위법할 때에는 법률에 규정이 있고 없고를 막론하고, 그 행정행위의 효력을 확정적으로 상실시키는 것이 아니고, 오직 그것을 정지시키는 효력만을 발생시킨다고 해석할 것이므로 취소처분의 재취소도 취소의 일반원칙에 따라 가능하다고 한다.[2), 3)]

㈐ 결언 취소처분도 독립의 행정행위이므로 흠의 일반원칙에 따라 취소가 가능하다 할 것이다. 실제로도 취소처분의 취소를 구하는 소송은 많다. 다만, 쟁송취소의 경우에는 쟁송절차를 거친 결과 확정력(불가변력)이 발생하므로 취소가 제한된다 하겠다.

1) 부과의 취소에 위법사유가 있다고 하더라도 당연무효가 아닌 한 일단 유효하게 성립하여 부과처분을 확정적으로 상실시키는 것이므로, 과세관청은 부과의 취소를 다시 취소함으로써 원부과처분을 소생시킬 수는 없고 납세의무자에게 종전의 과세대상에 대한 납부의무를 지우려면 다시 법률에서 정한 부과절차에 좇아 동일한 내용의 새로운 처분을 하는 수밖에 없다(대법원 1995.3.10. 94 누 7027 상속세부과처분취소등).

2) 김동희(Ⅰ), p.352; 박균성(상), p.387; 홍정선(상), p.407.

3) 행정처분이 취소되면 그 소급효에 의하여 처음부터 그 처분이 없었던 것과 같은 효과를 발생하게 되는바, 행정청이 의료법인의 이사에 대한 이사취임승인취소처분(제 1 처분)을 직권으로 취소(제 2 처분)한 경우에는 그로 인하여 이사가 소급하여 이사로서의 지위를 회복하게 되고, 그 결과 위 제 1 처분과 제 2 처분 사이에 법원에 의하여 선임결정된 임시이사들의 지위는 법원의 해임결정이 없더라도 당연히 소멸된다(대법원 1997.1.21. 96 누 3401 법인임원취임승인신청거부처분취소등).

제12절 行政行爲의 撤回(또는 廢止)

I. 撤回의 의의 및 取消와의 차이

1. 撤回의 의의

철회(Widerruf)라 함은 행정행위가 아무런 흠 없이 완전히 유효하게 성립하였으나, 사후에 이르러 공익상 그 효력을 더 존속시킬 수 없는 새로운 사정이 발생하였기 때문에, 장래에 향하여 그 효력을 상실시키는, 원래의 행정행위와는 별개의 독립된 행정행위를 말한다. 폐지(Aufhebung, Rücknahme)라고도 한다. 실정법상으로는 철회에 해당하는 경우를 취소라고 하는 경우도 많다(예: 도로 75, 하천 65, 도로교통 79 등). 넓은 의미에서의 철회는 위와 같은 좁은 의미의 철회 이외에, 예컨대 영업허가의 「정지」와 같은 행정행위의 효력을 일시적으로 중단시키는(사실상의 일시적 소멸) 불이익처분을 포함한다.

2. 取消와의 異同

취소와 철회는 그것을 행할 수 있는 기관 · 효과 · 원인 등에 차이가 있다고 보는 것이 통설적 견해이다. 즉, ① 철회는 그 성질에 있어 새로이 동일한 행정행위를 소극적으로 행하는 것과 같기 때문에 당해 처분행정청만이 이를 행할 수 있으며, ② 철회는 사후의 새로운 사유의 발생을 이유로 하여, 행정행위의 효력을 상실시킨다는 그 성질상 당연히 장래에 향하여서만 그 효력을 발생하고, ③ 철회원인은 취소원인과는 달리 행정행위의 성립에 흠이 있기 때문이 아니고, 흠 없이 성립한 행정행위에 대하여 사후에 그 행위의 효력을 존속시킬 수 없는 새로운 사유의 발생인 점에서 구별된다고 한다. 그러나 ①의 점에서는 취소(직권취소)에 있어서도 법률에 특별한 규정이 있는 경우 이외에는 감독청은 취소권이 없다는 견해가 있고, ②의 점에서는 취소(직권취소)의 효과의 소급성은 구체적 사정에 따라 결정되는 것이므로 그것은 양자를 구별하는 결정적 기준이 못되며, ③의 점은 얼핏 보면 양자의 가장 명확한 구별인 것 같이 보인다. 그러나 취소의 원인이 원시적 흠이고 철회의 원인은 원시적 흠이 아니라는 것은 절대적으로 결정되는 것은 아니고, 입법의 방법여하에 따라 취소원인이 철회원인이 될 수도 있고 그와 반대로 될 수도 있다.[1)]

---

1) 예컨대, 행정처분의 요건인 사유로 A·B·C가 규정되고 동시에 취소사유로도 A·B·C가 규정

따라서 철회와 취소의 이동을 살피기 위하여서는 취소를 직권취소와 쟁송취소로 구별하여 각각 철회와 비교하여야 할 것이다.

Ⅱ. 撤回權者

처분청만이 할 수 있고 감독청은 철회할 수 없다. 행정기관의 권한은 횡적으로만이 아니고 종적으로도 획정되어 있어, 감독청은 법률에 특별한 규정이 없는 한 피감독청의 권한에 속하는 사항에 대하여 대집행의 권한이 없고, 피감독청에 대하여 일정한 행위를 행하라는 또는 행하지 말라는 지휘명령권밖에 없는데, 철회는 성질상 원래의 행정행위와 동일한 새로운 행위를 소극적 의미에서 행하는 것이므로 감독청은 법률에 특별한 규정이 없으면 철회권을 갖지 못한다. 그 밖의 행정청이나 법원은 철회권을 갖지 못한다.[1)]

Ⅲ. 撤回原因(또는 撤回事由)

한마디로 「공법상 행정행위의 효력을 더 존속시킬 수 없는 새로운 사유」라 말할 수 있다.

> 「행정행위의 부관으로 취소권이 유보되어 있는 경우, 당해 행정행위를 한 행정청은 그 취소사유가 법령에 규정되어 있는 경우뿐만 아니라 의무위반이 있는 경우, 사정변경이 있는 경우, 좁은 의미의 취소권이 유보된 경우, 또는 중대한 공익상의 필요가 발생한 경우 등에도 그 행정처분을 취소할 수 있는 것이다」(대법원 1984. 11.13. 84 누 269 주류판매업면허처분취소).

이 판례에서 「취소」는 철회를 의미한다.

1. 事情變更

행정행위의 기초가 된 사실관계가 변경되거나 법령이 개정된 결과, 현재의 사실관계 또는 법령 아래서 전에 행한 행정행위가 행하여진다면 당연히 위법이

되었다면, 행위시부터 A·B·C 어느 것에 위반되었음을 이유로 행하는 취소는 학문상의 「취소」에 해당한다. 그러나 처분요건사유가 A·B만이라면 C를 이유로 하는 취소는 학문상의 「철회」로 된다. 더 나아가 A·B·C에 위반한 상태가 있는 경우에도 ⅰ 법률상 위반상태의 시정의무를 사인에게 과하거나, ⅱ 법률상 행정청에게 위반상태의 시정을 명할 수 있게 하고, 이러한 법률·하명에 의한 의무위반에 대하여 행정벌인 제재를 과하거나 행정상의 제재수단으로 영업의 정지 등을 명하고, 최후수단으로 허가 등의 취소를 인정한 경우가 적지 않다. 이 경우 「취소」는 형식적으로 A·B·C위반을 이유로 하면 학문상의 「취소」이나, 그 후의 법령 또는 처분상의 의무위반을 이유로 하면 「철회」에 해당한다.

1) 홍정선(상), p.410.

되는 경우이다.[1] 말하자면, 행정행위가 사후적으로 위법하게 된 경우이다.

(1) **사실관계의 변경** 사실관계의 변경에 의하여 당연히 철회되어야 할 행정행위가 있다. 국민기초생활보장결정(국민기초생활보장법 30)[2] 등이 그 예이다. 그 이외의 많은 행정행위, 예컨대 경찰허가 등은 취소의 경우와 마찬가지로 중요한 사실을 결하게 된 경우에 한하여 철회가 인정된다고 할 것이다.

(2) **근거법령의 개폐** 근거법령의 개폐에 따른 행정행위의 요건의 변경은 원칙적으로 기존의 행정행위의 효력에 영향이 없다고 본다. 왜냐하면, 보통 법령에는 소급효가 없기 때문이다. 다만, 이 원칙의 적용범위 또는 법령의 소급효의 의미에 대하여는 문제가 많으므로, 그 법령에 경과조치를 두어 이 문제를 입법적으로 해결하는 것이 타당하다.

2. 상대방의 有責行爲에 대한 制裁로서의 撤回(행정법상의 의무확보를 위한 철회)

(1) 의의 ① 일정한 비행, 법령·처분 위반, 부담의 불이행 등에 대한 제재로서 인가 또는 허가 등의 철회가 인정된다. 이 경우의 철회도 구체적인 행정목적실현을 위한 수단으로 행하여지므로, 철회 이외의 수단으로 법령위반상태의 시정이나 부담을 이행시킬 수 있으면 그에 의하고, 철회는 최후수단으로 인정된다 하겠다.

② 철회사유에는 여러 가지가 있으나, 철회의 대부분은 상대방의 유책행위에 대한 제재 내지는 행정법상의 의무확보를 위한 철회라 하겠다.[3] 그리고 인·

1) 구 농림수산부장관은 매립공사의 준공인가 전에 공유수면의 상황 변경 등 예상하지 못한 사정변경으로 인하여 공익상 특히 필요한 경우에는 같은 법에 의한 면허 또는 인가를 취소·변경할 수 있는바, 여기에서 사정변경이라 함은 공유수면매립면허처분을 할 당시에 고려하였거나 고려하였어야 할 제반 사정들에 대하여 각각 사정변경이 있고, 그러한 사정변경으로 인하여 그 처분을 유지하는 것이 현저히 공익에 반하는 경우라고 보아야 할 것이다. (중략)갯벌 내지는 환경 보전의 중요성을 참작한다고 하더라도 새만금간척종합개발사업을 통하여 이루려고 하는 국가의 발전이라는 실질적인 목적을 달성할 수 없을 정도로 과다한 비용과 희생이 요구되어 경제성 내지는 사업성이 없다고 인정하기에 부족하므로, 결국 새만금간척종합개발사업의 경제적 타당성에 있어서 공유수면매립면허처분 등을 취소하여야 할 만큼 예상하지 못한 사정변경이 있다고 할 수 없다(대법원 2006.3.16. 2006 두 330 전원합의체판결 정부조치계획취소등).

2) 국민기초생활보장법 제30조 (급여의 중지 등) ① 보장기관은 수급자가 다음 각호의 1에 해당하는 경우에는 급여의 전부 또는 일부를 중지하여야 한다. 1. 수급자에 대한 급여의 전부 또는 일부가 필요없게 된 때 2. 수급자가 급여의 전부 또는 일부를 거부한 때

3) 부담부 행정처분에 있어서 처분의 상대방이 부담(의무)을 이행하지 아니한 경우에 처분행정청으로서는 이를 들어 당해 처분을 취소(철회)할 수 있는 것이다. (사실관계) 피고는 원고에게 떼붙임공사와 조경공사를 하도록 의무를 부과하고, 공사기간을 한정하여 이 사건 토지형질변경허가처분을 하였으나, 원고가 입목벌채, 일부배수시설공사만 할 뿐 그 나머지 떼붙임공사와 조경공사는 하지 않고 방치하는 바람에 여름철 집중호우시에 공사장의 토사가 유출되어 인근 주민들에게 피해를 입힌 사실 및 이에 피고가 원고에게 잔여공사의 이행을 촉구하는 한편 원고의 요청에 따라 공사기간을 연장하여 주었음에도 공사지연 사유에 대한 성의 있는 답변조차 하지 아니하여 이 사건 허가처분을 취소하게 되었다(대법원 1989.10.24. 89 누 2431 토지형질변경허가취소처분취소).

허가 등의 철회·정지는 오늘날 많은 국민의 생업이 인·허가사업으로 되어 있기 때문에, 행정상강제집행이나 행정벌보다 오히려 실효성 있는 의무확보수단이 되고 있다.

(2) 기준 철회의 대부분은 상대방의 유책행위에 대한 제재로서 행하여지는바, 그 경우 철회사유는 법령에 따라서는 어느 정도 구체적으로 정하여지는 것도 있으나, 대부분의 법령은 상대방의 의무위반행위의 형태 및 정도의 다양성 등으로 인하여 입법기술상 구체적으로 정하지 못하고, 「이 법 또는 이 법에 의거한 명령 … 에 위반한 때」(예: 여객자동차운수사업 76 등) 등으로 추상적·포괄적으로 정하고 있다. 따라서, 행정기관의 재량권이 넓게 인정되어 행정기관 또는 지역의 차이에 따라 제재의 정도가 불균형하게 되는 경우가 많게 된다. 그리하여 철회사유가 되는 구체적인 위반행위의 형태 및 정도와 그에 따른 제재의 기준(철회 또는 정지하는 경우에는 그 기간 등)이 구체적으로 정하여져야 담당기관의 재량권의 범위를 축소하고, 위반행위의 형태 및 정도에 따른 공정한 처분을 할 수 있을 것이다. 그러나 종래의 실정은 많은 경우에 재량준칙이 되는 철회의 구체적 기준이 마련되어 있지 아니하였다.

우리 행정절차법은 행정청은 행정처분의 기준을 미리 정하여 공표하도록 하였다(동법 20). 따라서 앞으로는 철회기준도 원칙적으로 제정·공표되어야 한다.

3. 撤回權의 留保

철회권이 유보된 경우에도 그 내용의 타당성을 검토함은 물론, 구체적 사정에 비추어 그 행사로 인한 상대방의 권익에 대한 부당한 침해 여부, 신뢰보호와 법적 안정성의 견지에서 철회 여부를 결정하여야 한다.[1)]

4. 보다 우월한 公益의 요구에 의한 撤回

위의 어느 경우에도 해당되지 않으나, 행정행위에 외재하는 공익의 요구로 철회가 인정되는 경우가 있다. 상대방의 유책행위가 원인이 되는 것도 아니고, 행위 자체가 공익상 위험하거나 기타 공익에 위반되는 등 내재적 이유에 의한 것이 아니고, 별개의 공익상의 필요에 따라 새로운 행정적 개입이 행하여져 그것이 철회의 형태로 나타나는 경우이다(법령에 의하여 토지를 수용 또는 사용할 수 있는 사업을 위하여 당해 공유수면이 필요한 경우에 기존의 공유수면매립면허

1) 인가처분을 함에 있어 철회사유를 인가조건으로 부가하면서 비록 철회권 유보라고 명시하지 아니한 채 조건불이행시 인가를 취소할 수 있다는 기재를 하였다 하더라도 위 인가조건의 전체적 의미는 인가처분에 대한 철회권을 유보한 것이라고 봄이 상당하다. 그럼에도 원심이 이와 다른 견해에서 부산광역시장의 위 처분이 기본재산전환인가의 취소에 해당한다는 이유로 위 인가처분이 소급하여 무효가 되었다고 판단한 것은 기본재산전환인가의 인가조건의 성격에 관한 법리를 오해한 것이다(대법원 2003.5.30. 2003 다 6422 소유권이전등기말소등).

를 철회하는 것 등 (공유수면매립 32(4))). 따라서, 실질에 있어서는 공용수용과 같으며, 철회로 생기는 불이익에 대하여는 보상이 필요하다 할 것이다.

Ⅳ. 撤回의 可能性(撤回權의 근거)

철회원인이 있는 경우에 행정청이 법률에 근거가 없는 경우에도 자유로이 철회할 수 있는가에 대하여는, 철회자유의 원칙을 주장하는 견해와, 법률에 근거가 있는 경우에만 철회가 가능하다는 철회부자유의 원칙을 주장하는 견해가 대립되고 있다.

1. 撤回自由說

종래의 통설은, 행정행위는 사법판결과는 달리 공익실현을 목적으로 하고, 정세변천에 적응하여야 하는 특질을 가진다는 것을 바탕으로 하여 행정행위일반에 대하여 자의적이 아닌 한 원칙적으로 그 철회가 자유롭다고 한다. 다만 수익적행정행위에 있어서는 기성의 법률질서유지와 상대방의 권익보호라는 견지에서 또한 불가변력(확정력)을 발생하는 행위는 그 성질상, 행정청이 가지는 철회권이 조리상 제한된다고 한다.

2. 撤回不自由說

이에 대하여 오늘날은 ① 법률에 의한 행정의 원리를 근거로 하여, 법령의 근거 없이 단순히 공익상의 필요만으로 행정행위를 행할 수 없는 것과 마찬가지 이유로, ② 수익적 행정행위는 물론이고 침해적 행정행위의 철회도, 법률이 일정한 요건 및 내용을 정하여 행정청에게 행정행위를 할 권한을 수권함과 동시에 그것을 행하도록 의무지우고 있는 경우에는 외부적 사실관계가 변경되었다 하여 독자적인 공익판단만에 의하여 철회할 수는 없다는 것을 이유로, 법률에 근거가 없으면 철회할 수 없다는 철회부자유의 원칙을 주장하는 견해가 늘어나고 있다.[1)]

3. 판　　례

판례는 철회자유설을 취한다.

---

1) 김남진·김연태(Ⅰ), p.305; 이상규(상), p.459; 홍정선(상), p.410.

「행정행위를 한 처분청은 비록 그 처분 당시에 별다른 하자가 없었고, 또 그 처분 후에 이를 철회할 별도의 법적 근거가 없다 하더라도 원래의 처분을 존속시킬 필요가 없게 된 사정변경이 생겼거나 또는 중대한 공익상의 필요가 발생한 경우에는 그 효력을 상실케 하는 별개의 행정행위로 이를 철회할 수 있다」(대법원 2004.7.22. 2003 두 7606 형질변경허가반려처분취소).

4. 結 言

(1) 생각건대, 철회의 허용성과 한계는 행정행위의 수미일관성 내지는 계속성에 대한 사인의 신뢰보호의 요청과 정세변천에 적응하여야 하는 행정행위의 가변성의 요청의 비교형량에 의하여 결정된다 할 것인데, ① 행정은 공익에 적합하고 정세변천에 적응하여야 한다는 점, ② 철회원인의 발생시에 본래의 행정행위를 행하였다면, 그것이 흠 있는 행위가 되었을 것이라는 점, ③ 철회에 대하여도 쟁송이 가능하다는 점 등을 감안한다면, 법률에 근거가 없으면 철회는 절대로 허용되지 않는다고 보는 것은 너무 엄격한 것이라 하겠다. 따라서, 철회자유의 원칙에 서서 상대방의 신뢰보호와의 조화를 도모하면서 구체적 사안에 따라 철회의 허부를 결정하는 것이 타당하다고 본다.[1]

(2) 우리 현행 실정법도 많은 경우에 철회의 근거를 두고 있다. 그러나 미리 행위 후에 발생할 공익상의 필요를 모두 예상하여 근거를 두는 것은 입법기술상으로 불가능에 가까우며, 따라서 철회에 대하여 법률의 근거를 요구하는 것은 무리하다 하겠다. 다만, ① 상대방의 의무위반에 대한 제재목적으로 행하여지는 철회의 경우에는 비록 행정제재라도 그 성격상 법률에 근거가 있는 경우에만 과할 수 있다 할 것이므로, 법률에 근거가 있어야 할 것으로 본다. ② 그리고 공익상 철회가 필요하고 그로 인하여 상대방이 재산상 손실을 입게 되는 경우에는 공용수용에 준하여 손실보상을 하여야 할 것인바, 우리 헌법상 손실보상은 법률로 정하게 되어 있으므로, 상대방에게 재산상 손실을 입히는 철회와 그로 인한 손실보상은 법률에 근거가 있어야 할 것으로 본다(광업 69, 공유수면매립 33 등 참조).

V. 撤回權의 제한

1. 公益目的달성과 상대방 信賴保護와의 利益衡量

(1) 철회에 있어서는 그 근거가 문제된다기보다는 그 허용의 범위, 즉 철회권의 제한이 문제된다 할 것이다.

1) 같은 취지: 유지태, p.167.

(2) 부담적 행정행위의 경우는 그것을 철회하는 것은 상대방의 불이익을 제거하는 것이 되기 때문에 별문제는 없다(독일행정절차법 49 참조). 다만 복효적행정행위의 경우는 철회로 인하여 제 3 자가 불이익을 당하게 되며, 따라서 부담적행정행위의 철회도 제한을 받는다.

(3) 수익적 행정행위의 경우는 법률적합성 · 행정목적실현과 같은 공익도 중요하지만 사인의 신뢰보호를 위하여 철회자유의 원칙은 제한을 받으며, 철회하여야만 하는 공익상의 필요와 국민의 신뢰보호를 비교형량하여 공익상의 필요가 더 클 때에만 철회가 허용된다고 할 것이다.

2. 利益衡量의 기준

(1) 철회가 제한되는 경우

(가) 기득권익의 존중 철회로 인하여 사인의 기득권익이 침해되는 경우에는 철회하여야만 하는 공익상의 필요가 그것을 압도할 경우에만 허용된다 할 것이다.[1)]

(나) 불가변력 있는 행정행위 행정심판에 대한 재결과 같은 쟁송재단행위와 국가시험합격자결정 등과 같은 직권확인행위는 불가변력을 갖는 행위로 철회가 제한된다 할 것이다.

(다) 포괄적 신분설정행위 국적부여행위 · 공무원임용행위 등은 철회가 제한된다고 본다.

(라) 실권(시간경과) 행정청이 철회사유가 있음을 알면서도 장기간 철회권을 행사하지 아니한 경우에는 신의성실의 원칙에 바탕을 둔 실권의 법리에 의하여 철회권을 행사할 수 없다고 할 것이다.[2)]

1) 원고는 건축허가 사항을 어겨 행정당국의 10여 차례 시정지시 중간검사이행 중지명령 및 경고 등에도 건축공사를 강행하였음은 건축에 따른 법질서를 문란케 하고 또 이점에서 공공의 복리를 침해하였다고 할 수 있으나, 그 위반사항이 그다지 중대한 것이 아니고 허가변경신청을 허용하고 구조감정서를 받아들임으로써 그 위법사유가 치유될 수 있는 성질의 것이라면, 이 법질서 회복을 위하여 이미 2천 만원을 투입하여 그 공정이 80% 정도로 진척된 4층 건물을 그 건축허가취소로 철거하게 되는 원고의 손해는 너무나도 막대하며, 국민경제상으로 보아도 바람직한 일이 못된다고 할 것이니, 본건 건축허가취소 처분은 그 재량권을 남용하였다고 보아야 할 것이다(대법원 1977.9.28. 76 누 243 건축허가취소처분취소).

2) 택시운전사가 1983.4.5 운전면허정지기간중의 운전행위를 하다가 적발되어 형사처벌을 받았으나 행정청으로부터 아무런 행정조치가 없어 안심하고 계속 운전업무에 종사하고 있던중 행정청이 위 위반행위가 있은 이후에 장기간에 걸쳐 아무런 행정조치를 취하지 않은채 방치하고 있다가 3년여가 지난 1986.7.7에 와서 이를 이유로 행정제재를 하면서 가장 무거운 운전면허를 취소하는 행정처분을 하였다면 이는 행정청이 그간 별다른 행정조치가 없을 것이라고 믿은 신뢰의 이익과 그 법적안정성을 빼앗는 것이 되어 매우 가혹할 뿐만 아니라 비록 그 위반행위가 운전면허취소사유에 해당한다 할지라도 그와 같은 공익상의 목적만으로는 위 운전사가 입게 될 불이익에 견줄 바 못된다 할 것이다(대법원 1987.9.8. 87 누 373 자동차운전면허취소처분취소).

(마) 복효적행정행위　　복효적행정행위의 철회에 있어서는 그 철회로 인하여 불이익을 받게 되는 제 3 자의 이익보호를 위하여 제한을 받는다.

(2) 철회가 제한되지 아니하는 경우

(가) 위험방지　　위험방지는 항상 우선적 지위를 차지하여야 할 것이다.

(나) 수익자의 책임　　위에서 본 바와 같이 철회는 의무위반 등 상대방의 유책행위에 대한 제재수단으로 행하여지는 경우가 있는바, 이 경우에는 상대방의 신뢰보호를 위한 제한을 받지 아니한다 할 것이다. 다만, 이 경우에도 시정명령 등으로 위법상태가 제거될 수 있는 때에는 먼저 그러한 가벼운 조치를 취하여야 할 것이다.

Ⅵ. 撤回의 절차

철회의 방식에 대하여 정한 ① 일반적·통칙적 규정은 없다. 따라서, 행정청이 적당하다고 인정하는 방식에 따라 철회할 수 있다. ② 우리나라의 경우에도 행정절차법이 제정되어 일반적인 행정절차제도가 도입되었으므로 철회와 같은 불이익처분에 있어서는 원칙적으로 상대방에 대한 의견청취절차를 거쳐야 한다.[1]

Ⅶ. 撤回의 효과

(1) 장래의 효력상실　　철회의 시기는 행정청의 재량에 의하여 정하여질 것이나, 철회의 효과는 장래에 향하여서만 발생한다(다만, 철회시에 의하는 외에 철회원인발생시에 의하기도 한다). 즉, 장래에 향하여 그 행정행위의 효력을 상실시킨다.

(2) 손실보상 등

(가) 철회의 부수적 효과로서 원상회복·개수명령 등이 있을 수 있다.

(나) ① 상대방의 귀책사유에 의하는 경우 또는 행정행위에 기한 상태에 내재하는 위험을 방지하기 위하여 행하여진 경우 이외에는 수익적 행정행위의 철회로 인한 손실은 보상되어야 한다(도로 80, 하천 75, 공유수면관리 33, 광업 69, 수산업 79).

② 철회로 인한 손실의 보상에 대하여는 각 개별법에 규정이 있는 이외에, 공공사업(토지등의취득및보상 4)의 시행을 위하여 영업(인허가사업·특허사업·등록사업·신고사업 등 행정기관의 행정행위를 기초로 한 넓은 의미의 사업경영을 말한다.)의 기초가 되는 인허가·특허·등록·신고·수리 등 행정행위를 철회하게 되는

1) 68 누 189(1969.3.31 대판)—하천법 제67조 제 2 항의 규정에 의한 관계인의 의사를 듣지 아니하고, 동법에 의한 허가를 철회한 것은 절차에 흠이 있는 위법한 처분이다.

경우, 이로 인한 손실보상에 관하여는 공익사업을 위한 토지 등의 취득 및 보상에 관한 법률(77조)에 일반적 규정을 두고 있다. 이들 법률은 영업경영의 기초가 되는 행정행위를 철회한 경우에는 영업의 종류에 따라 2년 또는 3년간의 순이익을 보상하고, 영업을 휴업하게 되는 때에는 3월의 범위 안(특별한 경우에는 3월을 초과할 수 있다.)에서 휴업으로 인한 수익감소액과 영업시설의 이전비용을 보상한다(공특법시행규칙 64).

Ⅷ. 撤回의 取消

철회처분을 그것이 위법하다는 이유로 취소할 수 있느냐가 취소에서와 마찬가지로 문제된다. 철회처분에 중대하고 명백한 흠이 있는 때에는 무효선언으로서의 철회의 취소가 가능하다는 데 대하여는 이론이 없으나, 단순한 위법인 흠이 있는 경우에는 취소의 경우와 마찬가지로 종래의 통설은 철회로 인하여 행정행위의 효력은 확정적으로 상실되므로, 철회처분의 취소에 의해 이미 효력을 상실한 행정행위를 소생시킬 수 없다는 것을 이유로 철회의 취소를 부정한다.[1] 그러나 철회처분도 행정행위의 일종인 만큼 행정행위의 흠에 관한 일반원칙에 따라 흠이 있는 때에는 취소가 가능하다고 할 것이다.[2]

1) 윤세창(상), p.307; 이종극(상), p.123 등.
2) 박균성(상), p.398.

제13절 行政行爲의 失效

1. 意　義

실효라 함은, 하자(흠) 없이 성립·발효한 행정행위의 효력이 행정청의 의사와 관계없이 일정한 사실의 발생으로, 장래에 향하여 당연히 소멸되는 것을 말한다. 실효는 ① 일단 발효된 행정행위의 효력이 소멸되는 것인 점에서 처음부터 효력이 발생하지 아니한 무효와 구별되고, ② 효력의 소멸이 흠이나 행정청의 의사와 관계가 없는 점에서 취소에 의한 소멸과 다르며, 또한 ③ 행정청의 의사에 의한 것이 아니라는 점에서 철회에 의한 소멸과 다르다.

2. 실효의 事由

실효의 사유는 모든 행정행위에 동일한 것이 아니고, 행정행위의 성질과 내용에 따라 상이하다고 할 것이나, 가장 일반적인 사유만을 들어보면 다음과 같다. 다만 실효사유가 발생하였는지는 명백하지 아니한 경우가 많다. 그러한 경우에는 결국 「무효등확인소송」의 일종인 행정행위 효력존재 확인소송을 제기하여 법원에 의하여 해결할 것이다.

(1) **대상의 소멸**　대상이 되는 사람의 사망, 목적물의 소멸(자동차가 소실된 경우의 자동차검사합격처분 등)로 인하여 당연히 실효된다. 판례는 신청에 의한 허가영업을 자진 폐업한 경우에도 허가는 실효된다고 보고 있다.[1)]

또한 판례는 대물적 행정행위에 있어서 물적 시설을 철거하는 것은 대상의 소멸로서 실효의 사유가 된다고 보고 있다.[2)3)]

(2) **해제조건의 성취 또는 종기의 도래**　행정행위의 부관으로 정한 해제조건이 성취되거나, 기한부 행정행위에 있어서 기한이 도래하면 행정행위의 효

1) 청량음료 제조업허가는 신청에 의한 처분이고, 이와 같이 신청에 의한 허가처분을 받은 원고가 그 영업을 폐업한 경우에는 그 영업허가는 당연 실효되고, 이런 경우 허가행정청의 허가취소처분은 허가의 실효됨을 확인하는 것에 불과하므로 원고는 그 허가취소처분의 취소를 구할 소의 이익이 없다고 할 것이다(대법원 1981.7.14. 80 누 593 청량음료제조업허가취소처분취소).

2) 유기장의 영업허가는 신청에 의하여 행하여지는 처분으로서 허가를 받은 자가 영업을 폐업할 경우에는 그 효력이 당연히 소멸되는 것이니, 이와 같은 경우 허가행정청의 허가취소처분은 허가가 실효되었음을 확인하는 것에 지나지 않는다고 보아야 할 것이므로, 유기장의 영업허가를 받은 자가 영업장소를 명도하고 유기시설을 모두 철거하여 매각함으로써 유기장업을 폐업하였다면 영업허가취소처분의 취소를 청구할 소의 이익이 없는 것이라고 볼 수 있다(대법원 1990. 7.13. 90 누 2284 전자오락실영업허가취소처분취소).

3) 영업장소 변경허가를 받지 아니하고 장소를 옮겨 유기장영업을 한 경우, 새로운 장소에서는 영업허가 없이 영업을 하고, 당초 허가된 장소에는 유기장업법 소정의 시설을 갖추지 아니하여 준수사항과 허가조건을 위반하였다고 할 것이다(대법원 1984.11.13. 84 누 389 유기장영업허가취소처분취소).

력이 실효된다.

(3) **목적의 달성** 작위하명이나 급부하명의 경우에 작위의무나 급부의무를 이행하는 것과 같이 행정행위는 목적이 달성되면 효력이 실효된다.

3. 효 과

실효사유가 발생하면, 행정행위의 효력은 그 때부터 장래에 향하여 당연히 실효된다.

제 6 장 行政節次

Ⅰ. 개 념

행정절차(administrative procedure, Verwaltungsverfahren)라 함은 행정기관이 행정활동을 함에 있어서 밟는 절차를 말한다고 할 수 있다. 그런데 행정절차는 보는 관점에 따라서 여러 가지 의미로 사용된다.

(1) **광의** 넓은 의미에서는 행정기관이 행정활동을 함에 있어서 밟는 모든 절차를 말하며, 그것은 입법권의 작용인 입법절차, 사법권의 작용인 사법절차에 대한 개념으로 쓰여진다. 이 경우에는 사전절차인 제 1 차적 행정절차(일반행정절차라고 한다), 집행절차(행정강제 및 행정벌), 사후절차인 행정불복절차 그 밖에 행정권과 관련 있는 모든 절차를 말한다.

(2) **협의** ① 협의로는 행정실체법에 대한 행정절차법이란 개념으로 쓰여진다. 이 경우에는 위의 제 1 차적 행정절차를 말하며, 행정행위나 행정입법 또는 행정계획을 확정하거나 공법상계약을 체결함에 있어서 거치는 사전절차가 이에 해당한다. 행정절차는 보통 좁은 의미의 뜻으로 사용하며, 여기에서도 이런 의미로 쓴다.

② 각국의 행정절차법은 협의의 행정절차를 그 내용으로 하고 있으나, 그 범위는 나라마다 다른바, 우리 행정절차법은 행정처분절차 · 신고절차 · 행정입법예고절차 · 행정예고절차 · 행정지도절차를 규정하고 있다.[1] 그 이외에 행정조사절차가 있는데, 이는 포함되어 있지 아니하다.

Ⅱ. 필 요 성

(1) **사전적 권익구제** 과거 전통적인 「유럽」대륙의 「법률에 의한 행정의 원리」와 그 배경이 되는 법치주의 아래서는 사인의 권리에 대한 국가권력의 침해는 입법권이 행정활동의 실체적 요건을 정하여 통제하고, 행정권이 그와 같은 입법적 통제에 위반한 경우에는 사법적으로 시정한다는 데 주안점이 두어졌었다.

1) 이와 같이 각국 실정법은 좁은 의미의 행정절차, 즉 사전절차만을 규정하는 것이 일반적이나, 오스트리아 행정절차법과 같이 사후절차인 행정집행절차 및 행정심판절차까지 규정하고 있는 입법례도 있다.

그러나 실체법에 의한 규율과 사후적·재판적 통제만으로는 개인의 권익 구제에 있어서 한계가 있다. 거기에서 처분 전에 처분의 적정을 담보하기 위한 방법으로서 실체법적 규율 이외에 그 절차를 규제하여 관계인에게 방어권을 행사하게 함과 동시에 그 절차의 투명성을 확보하는 것이 법률에 의한 행정 내지는 그 배경이 되는 법치주의를 실현하는 데 절실히 요청되는 것으로 보게 되었다.

그리고 행정절차는 종래에는 침해행정의 분야에서 행정구제제도를 보완하는 제도로 여겨져 왔으나, 오늘날은 다른 행정분야에서도 국민의 권익보장기능을 갖는다.

(2) **국민의 행정참여** ㈎ 국민의 행정참여절차는 행정권 억제의 제도가 아니며, 오히려 이익상황이 심히 복잡한 현대행정에 있어서 다원적 이해관계자 간의 합의를 도출하고, 행정권의 행사에 적정한 목표와 방향성을 제시하여 그 적정한 행사를 촉진함을 목적으로 하는 촉진적 제도라고 하겠다. 이 점에서 종래의 행정절차법의 이념과는 근본적으로 이질적인 것이라 할 것이다. 오늘날 행정절차의 새로운 기능으로 강조되고 있으며, 행정절차의 민주주의적 기능이라 하겠다.

㈏ 행정에의 국민의 능동적 참가라고 하는 관점에서 행정절차이론이 검토되어야 할 새로운 행정영역에, 법률에 의한 행정의 이론과 개인주의적 권리구제방법을 적용하기 어려운 계획행정이 있다. 여기에서의 행정절차는 진술형청문에 속하는 공청회가 중심이 되며, 정책결정에 필요한 기초적 사실, 자료 등에 대하여 널리 이해관계인의 의견을 청취하여 최종결정에 반영시키게 된다.

(3) **행정작용의 적정화** ① 행정행위나 행정입법을 함에 있어 상대방이나 이해관계인에게 통지를 하고 의견이나 참고자료를 제출하게 하는 것은 행정청이 모르던 사실을 알 수 있고(공중목욕탕의 규모를 넓히는 구 공중목욕장영업법시행규칙안을 입법예고한바, 입안자가 특히 농촌 사정을 모르고 있는 것이 밝혀졌다), 판단의 잘못을 발견할 수 있는 기회도 되어 행정청의 사실인정 및 법령의 해석·적용을 적정화함으로써 행정작용의 적법·타당성을 확보하는 바탕이 된다. ② 행정절차는 비정식적(informal)인 정당정치적 영향에서 행정을 보호하는 수단이 된다. 그리고 ③ 오늘날은 행정절차의 행정재량에 대한 통제기능이 특히 중시되고 있다. 따라서 행정절차의 의의는 오늘날 행정재량의 확대와 행정에 대한 사법심사의 한계와의 관계에 있어서 고려하여야 한다.

(4) **행정작용의 능률화** 행정절차는 행정청에 대하여서도 사실인정 등에 도움을 주고, 상대방에 대하여 행정청의 입장을 이해시켜 설득하는 기회를 제공하며, 또한 절차를 표준화·간소화하는 데 도움이 될 수 있어 장기적 안목에서

는 행정능률에도 이바지하게 된다고 할 것이다.

Ⅲ. 行政節次의 발전

1. 개 설

행정절차는 각국의 역사적·사회적·정치적 배경의 차이에 따라 그 발전과정·내용 및 이념을 달리하는데, 영미의 경우는 일찍부터 적법절차와 관련하여 행정절차의 발달을 보았으며, 사전에 국민의 권익을 절차적으로 보장하는 데 중점이 놓여졌다. 대륙법계의 경우에는 원래는 행정운영의 통일과 능률을 기한다는 데 중점이 놓여졌으나, 제 2 차대전 후에는 국민의 권익을 보장한다는 영미적인 의미로 중점이 옮겨졌다.

2. 英 國

영국에서의 행정절차는 1215년의 대헌장(Magna Carta)에까지 거슬러 올라가 그 연원을 찾을 수 있는 적법절차(due process of law)[1]의 내용으로서 판례법으로 형성되어 온 자연적 정의(natural justice)에 기초를 두고 있다.

자연적 정의는 판례법으로 형성되어 온 것으로 실정법규정의 유무에 관계없이 모든 사법 및 준사법작용의 적법한 수행을 위한 전제조건이 되고 있으며, 특히 행정작용에 대한 사법적 통제를 위하여 발달되었다고 할 수 있다. 자연적 정의는 ① 누구든지 자기의 사건에 대한 심판관이 될 수 없다(no one should be a judge in his own cause)와, ② 누구든지 청문 없이 비난당하지 아니한다(hear both sides to a dispute)는 두 가지 원리를 내용으로 하고 있다. 행정절차는 특히 ②의 원리에 의하여 뒷받침되고 있는데, 그것은 구체적으로 국가적 행위에 의하여 어떤 영향을 받는 자는 청문을 받을 권리가 있으며 그 청문은 편견 없이 공정할 것이 요구된다.[2] 행정절차에 대하여는 이와 같은 보통법에 의한 규제 이외에 오늘날에 와서는 각 제정법(statute)에서 이에 관한 규정을 두는 예가 늘어나고 있으며, 「심판소 및 심문에 관한 법률」(Tribunals and Inquires Act)(1958년에 제정되고 1971년에 전문개정)은 재결절차에 관한 일반적 사항을 규정하고 있다.[3]

---

1) 대헌장 제29장에 적법절차(due process of law)라는 문구가 들어간 것은 1354년이다.
2) I. N. Stevens, Constitutional and Administrative Law, 1984, p. 224.
3) J. F. Garner, B. L. Jones, Administrative Law, 7th ed., 1989, p. 275.

3. 美 國

미국에서의 행정절차의 문제는 자연적 정의의 미국판이라고도 할 수 있는 미국헌법수정 제 5 조(1791년, 연방에서의 적법절차채택) 및 제14조(1868년, 주에서의 적법절차채택)의 적법절차조항(due process clauses)에 기초를 두고 있다. 처음에는 적법절차조항은 사법작용에만 적용되는 것으로 보고 행정작용에의 적용여부에 대하여는 오히려 소극적인 입장이 지배적이었으나, 1880년대부터 판례는 적법절차는 국민의 권익을 침해할 우려가 있는 모든 국가작용에 대하여 요구된다는 태도를 확립함에 따라 행정작용에 대하여서도 일반적으로 적용되게 되었다. 이와 같이 미국에서의 행정절차의 적정화의 문제는 주로 적법절차조항의 해석과 운용을 통하여 발전되어 왔으나, 행정절차를 일반적으로 규제하고 적정화하는 노력은 행정절차법(Administrative Procedure Act, 1946)의 제정으로 그 결실을 보게 되었다.

4. 大陸法系국가의 경우

영미에서와는 달리 과거 대륙법계국가에서는 행정절차는 발전하지 못하였는데, 행정작용의 법적합성은 행정기관의 책임하에 실현되어야 하며, 개인의 권익보장을 위한 절차는 필요에 따라 사후적인 재심사의 길이 열려 있으면 충분한 것으로 보았다.

과거에는 사전에 당사자의 의견을 듣는 행정절차 같은 것은 불필요할 뿐만 아니라 오히려 행정능률을 저해하는 것으로까지 여겨지기도 하였다. 그러나 이들 국가에서도 점차 행정절차의 발전을 보았는바, 처음에는 행정운영의 통일·능률을 기한다는 데 그 중점이 놓여 있었다. 1926년의 튀링겐행정법(Landesverwaltungsordnung für Thüringen) 및 1931년의 뷔르템베르크행정절차법초안(Verwaltungsverfahrensgesetz für Württemberg, Entwurf) 등과 같은 입법 또는 입법안이 그 예이다.

(1) **독일** 제 2 차 대전 후 독일에서는 「본」기본법의 채택으로 행정절차의 적정화는 헌법적 요청으로 받아 들여졌다. 따라서 그 중점이 국민의 권익을 보장하고 행정작용에 국민참여 기회를 확보하는 방향으로 옮겨지게 되었다. 독일에서 행정절차법(Verwaltungsverfahrensgesetz)이 제정되어 1977년 1월 1일부터 시행을 보게 된 것은 이러한 요청에 따른 것이라 하겠다.

독일의 행정절차법은 행정처분절차·행정계획절차 및 공법상 계약절차에 관하여 규정하고 있으며, 행정입법절차는 규정하지 않았다. 개인의 권리보호기능과 행정의 능률보장과의 조화를 이념으로 한다.

(2) **일본** 일본은 아시아국가 중에서도 처음으로 1993년 11월 12일에 행정절차법을 제정·공포하고, 1994년 10월 1일부터 시행하였다. 1964년에 그 최초의 초안이 작성된 지 30년 만에 시행을 보게 된 것이다. 일본 행정절차법은 37개 조문으로 구성되었으며, 한정된 국가활동에만 적용되도록 되어 있다. 즉, 신청에 대한 처분, 불이익처분, 행정지도, 신고절차만을 대상으로 하고 있다. 1983년의 초안에서는 행정입법절차, 공공사업실시계획확정절차, 토지이용규제계획확정절차가 포함되어 있었으나, 그 내용이 다양하여 통일적인 절차를 마련하는 것이 어렵다는 이유 등으로 각 부처의 저항에 부딪혀 이러한 사항들은 입법화되지 못하였다. 그리고 일본의 행정절차법은 순수한 절차규정만을 담고 있으며, 실체적 규정은 담고 있지 않다.

Ⅳ. 우리나라에 있어서의 行政節次

1. 憲法과 行政節次

(1) **헌법적 근거** 오늘날 행정절차의 마련이 필요하다는 데 대하여는 인식을 같이하고 있다. 그러나 행정절차상의 법원리가 헌법상의 요청으로서 헌법상의 근거를 갖는 것이라고 볼 것인지 또는 단순한 법률로 선택할 수 있는 입법론의 문제로 볼 것인지에 대하여는 견해가 일치되지 않고 있다. 통설은 헌법상의 근거를 갖는 것으로 보고 있다.

㈎ 적법절차근거설 「적법한 절차에 의하지 아니하고는 처벌…을 받지 아니한다」는 우리의 헌법 제12조 제1항 후단은 미국헌법상의 적법절차조항이나, 일본헌법상의 법정절차조항과 비슷한 내용을 규정함으로써 형사사법작용에 의한 것이거나 행정작용에 의한 것이거나를 가릴 것 없이 국민에 대한 불이익적 제재는 실체적으로 법률의 근거를 요할 뿐만 아니라, 절차적으로도 적정한 것이어야 함을 보장하였는바, 이는 영미의 자연적 정의 내지 적법절차(due process of law)의 요구와 비슷한 내용의 것으로서, 편견 없는 공정한 결정을 위한 법적 절차를 뜻하는 것이라고 보는 견해이다.[1]

㈏ 헌법원리근거설 우리 헌법 제12조의 '적법한 절차'라는 규정은 물론 직접적으로 형사사법권의 발동에 관한 조항이고 행정절차의 근거규정은 아니지

1) 이상규(상), pp.273, 274; 헌법재판소 1990.11.19. 90 헌가 48 변호사법제15조에대한위헌심판; 헌법재판소 1992.12.24. 92 헌가 8 형사소송법 제331조 단서규정에대한위헌심판.

만, 그 취지는 행정절차에도 유추된다고 볼 수 있고, 제10조와 제37조가 이러한 해석을 뒷받침한다고 보는 견해 등이 있다.[1)]

(2) **판례** 헌법재판소는 적법절차근거설을 취하고 있다.

「헌법 제12조 제 3 항 본문은 동조 제 1 항과 함께 적법절차원리의 일반조항에 해당하는 것으로서, 형사절차상의 영역에 한정되지 않고 입법, 행정 등 국가의 모든 공권력의 작용에는 절차상의 적법성뿐만 아니라 법률의 구체적 내용도 합리성과 정당성을 갖춘 실체적인 적법성이 있어야 한다는 적법절차의 원칙을 헌법의 기본원리로 명시하고 있는 것이므로」(헌법재판소 1992.12.24. 92 헌가 8 형사소송법제331조단서규정에대한위헌심판).

(3) **결언** 따라서 행정절차의 헌법상 근거는 헌법 제12조 제 1 항 후단에서 찾을 수 있다고 할 것이다. 그러나 그 근거를 헌법의 개별적 조항에서 구하지 아니하고 보다 넓게 보아 우리 헌법이 채택한 법치국가주의에서 구하는 것도 가능하다고 할 것이다. 그리하여 개별 조항인 헌법 제12조 제 1 항 후단과 함께 우리 헌법이 채택한 법치국가주의에 근거하여 불이익처분에 있어서는 절차적 참가권이 헌법적으로 보장되었다고 할 것이다. 다만, 개인의 권익을 구체적으로 침해하는 것이 아닌 행정입법절차와 행정계획절차(행정처분성이 인정되지 아니한 행정계획을 말한다.)에의 참가는 헌법적 요청으로는 볼 수 없고, 따라서 그 실현을 위하여서는 입법이 필요하다고 할 것이다.

2. 一般的인 行政處分節次 및 立法豫告節次의 暫定的 施行

뒤에서 보는 바와 같이 우리의 경우는 오래 전부터 행정절차법안이 마련되어 입법을 추진하여 왔으며, 그 중에는 행정처분절차와 입법예고절차도 포함되어 있었다. 그런데 행정절차법의 입법은 지연되어 왔는바, 우선 행정처분절차는 국무총리훈령으로 정하여, 그리고 입법예고절차는 대통령령으로 정하여 국민에 대한 관계에서는 비구속적인 제도로서 잠정적으로 시행하여 왔었다.

(1) **행정절차에 관한 훈령** 행정절차에 관련하여 두 개의 국무총리훈령이 발하여졌다.

(가) 첫째는 「행정처분기준의 법제화를 위한 특별지시」(1984.5.14 국무총리훈령 196호)이며, 각 행정기관에 대하여 관련법률을 제정 또는 개정할 때에 청문제도를 도입하도록 명하는 훈령이다. 인·허가의 취소 · 정지 등 국민에 대한 불이익처분을 정하고 있는 각 개별법률을 개정하여 불이익처분 전에 반드시 상대방의 의견을 듣도록

1) 김도창(상), p.537.

하는 청문제도를 도입하기로 하였다.[1]

(나) 둘째는 「국민의 권익보호를 위한 행정절차에 관한 훈령」(행정절차운영지침)(1989.11.14 국무총리훈령 235호)이며, 이 훈령은 일반적인 행정처분절차를 직접 정하여 각 행정기관에 대하여 시행하도록 한 것이다.

(2) **입법예고절차** 행정입법절차에 있어서는 현재는 법제업무운영규정(1995.8.10 대통령령 14748호)에 흡수된 대통령령인 구「법령안 입법예고에 관한 규정」(1983.5.1 대통령령 11133호)에 의하여 일반적인 행정입법절차를 도입하였다. 이는 행정절차법이 제정되기까지의 잠정적인 제도였다고 할 것인바, 행정입법절차에 한정되기는 하지만, 우리나라에 있어서 일반적 행정절차를 처음으로 도입하였다는 점에서 획기적이었다고 하겠다.

3. 우리 行政節次法에 의한 行政節次

(1) **특색** 행정절차법의 특색은 다음과 같다.[2] ① 행정절차의 기본틀만을 규정하고, 나머지의 제도들은 추후 법개정을 통하여 점진적으로 도입하기로 하였다. 그것은 1987년에 입법예고된 행정절차법안의 경우에도 마찬가지였으나, 1996년에 제정된 행정절차법에서는 더욱 철저하여 행정절차의 부대적인 사항들은 거의 규정하지 아니하였다. 그것은 전자가 71개 조문이었는데, 후자가 59개 조문에 불과한 것만을 보아도 알 수 있다. 그리하여 약간의 예외는 있으나(예컨대 28조, 29조 등), 순수 절차규정만을 입법화하고 실체규정은 포함시키지 아니하였다. 위에서 본 바와 같이 독일행정절차법은 많은 실체법규정을 포함시키고 있다. ② 행정계획의 확정절차는 정하지 아니하였다. 행정계획에 대하여서는 재량이 넓게 인정되기 때문에, 행정계획의 내용의 적정화를 도모하기 위하여서는 이에 대한 절차적 규제가 매우 중요한 의미를 갖는다고 할 것이다. 그런데 행정처분의 절차적 규제는 주로 당해 처분의 상대방과의 관계에서만 고려되는데, 행정계획에 있어서는 목표의 설정과 그 목표를 달성하기 위한 복합적 수단의 제공이라고 하는 행정계획의 성격상, 그에 대한 절차적 규제는 계획에 대한 민주적 통제, 이해관계인의 참가, 전문지식의 도입 등 복합적 측면에서 고려하여야 한다. 그리고 그 절차참가의 방법도 자문위원회 방식, 공청회 방식, 협의 방식 또는 주민직접 참가 방식 등 다양하다. 이와 같이 행정계획의 확정절차가 지나치게 다양하여 하나의 절차에 의하여 획일적으로 규율하기가 어렵기 때문에 행정절차법의 입법

1) 이 훈령에 따라 1990. 10. 30 현재 약 70개 법률에 청문제도를 도입하였다.
2) 총무처, 행정절차법제정을 위한 공청회자료집(1996. 6. 4 발행).

에 있어서는 행정계획에 관한 규정을 두지 못한 것이다. 따라서 행정계획의 확정절차를 입법화하는 것은 앞으로의 과제라 할 것이다. 그리하여 행정절차법에서는 행정계획의 확정절차는 각 개별법에 맡기기로 하되, 우선은 국민생활에 밀접한 영향을 주거나 다수국민의 이해가 상충되는 행정계획은 행정예고대상에 포함시켜 규율하기로 하였다. ③ 행정절차법은 국민의 권익보호와 행정능률을 적절히 조화시키려고 노력하였다. 그리하여 지나치게 국민의 권익을 강조함에 따르는 행정업무수행의 차질 또는 비능률을 막는 한편, 행정목적의 원활한 수행만을 내세워 국민의 권익보호에 소홀함이 없도록 양자간의 조화를 도모하였다. 그것은 예컨대 당사자 등에게 문서의 열람·복사권을 인정하되, 청문절차로 한정하고(동 33), 행정지도가 구두로 이루어지는 경우에는 상대방에게 행정지도의 내용 등을 기재한 문서교부요구권을 인정하되, 직무수행상 특별한 지장이 없는 경우에만 이에 응하도록 한 것(동 5 4②) 등에서 알 수 있다. ④ 새 제도의 대폭적인 도입으로 인한 혼란을 줄이기 위하여 「법제업무운영규정」, 「국민의 권익보호를 위한 행정절차에 관한 훈령」 등에 의하여 시행하고 있는 제도를 가능한 한 존중하였다.

(2) 행정절차의 개요 원래 행정절차는 ① 통지(notice, Bekanntgabe) ② 청문(hearing, Anhörung), ③ 결정(decision, Entscheidung)의 3단계를 요소로 하고 있는바, 그 중에서 청문이 중심적인 절차이다. 우리 행정절차법도 행정처분절차에 관하여 ① 사전통지에 관한 규정을 두었으며(동 21), ② 넓은 의미의 청문절차인 의견제출, 청문(좁은 의미), 공청회에 관한 규정을 두었다(동 27 내지 39). 이 중에서 의견제출은 비정식절차이며, 청문(좁은 의미)은 정식절차이다. 그리고 ③ 제출된 의견은 충분히 참작하고 상당한 이유가 있을 때에는 적극 반영하도록 하는 규정을 두었다(동 39의2). 그리고 행정 입법절차도 크게 보아 이에 준한다.

(3) 총칙적 일반사항

㈎ 목적 행정절차법 제1조는 「국민의 행정참여를 도모하여」 행정의 「공정성·투명성 및 신뢰성의 확보」와 「국민의 권익보호」를 목적으로 한다고 선언하였다.

㈏ 정의 동법 제2조는 행정청·처분·행정지도·당사자 등·청문·공청회·의견제출에 관한 정의규정을 두고 있다. 그 중에서 특히 유념하여야 할 점은 다음과 같다.

① 제1호는 행정청을 「행정에 관한 의사를 결정하여 표시하는 국가 또는 지방자치단체의 기관 기타 법령 또는 자치법규(이하 '법령'이라 한다)에 의하여 행정권한을 가지고 있거나 위임 또는 위탁을 받은 공공단체나 그 기관 또는 사인」이라고 정

의하고 있다. 따라서 행정절차법에서는「행정기관」이라는 용어도 사용하고 있으나, 그것과 행정청과는 서로 구별되는 개념으로 사용하고 있다.

② 제 2 호는 처분을「행정청이 행하는 구체적 사실에 관한 법집행으로서의 공권력의 행사 또는 그 거부와 기타 이에 준하는 행정작용」이라고 하여, 행정심판법 및 행정소송법상의 처분개념과 일치시키고 있다. 따라서 행정계획 · 사실행위 중에서도 처분에 해당하는 것에 대하여는 처분절차에 따라야 한다.

③ 제 4 호는「당사자 등」을「행정청의 처분에 대하여 직접 그 상대가 되는 당사자와 행정청이 직권 또는 신청에 의하여 행정절차에 참여하게 한 이해관계인」이라고 정의하였다. 따라서 행정절차법상의 이해관계인은 독일행정절차법과는 달리 법률상이익을 갖는 모든 이해관계인이 아니고, 직권으로 또는 본인의 신청에 의하여 행정청이 행정절차에 참여시킨 자만이 이해관계인이 된다. 그리하여 행정청이 직권으로 참여시키지 아니한 한 이해관계인으로 행정절차에 참여하기 위하여서는 본인이 신청을 하여야 한다.

(다) **적용범위** 행정절차법은 우리 나라 행정절차에 관한 일반법이다. 따라서 다른 법률에 특별한 규정이 있는 경우에는 특별법이 우선한다.[1] 지방자치단체의 행정에 대하여도 적용된다. 그러나 다음 사항들은 행정절차법의 적용에서 제외된다. 즉, ① 국회 또는 지방의회의 의결을 거치거나 동의 또는 승인을 얻어서 행하는 사항, ② 법원 또는 군사법원의 재판에 의하거나 그 집행으로 행하는 사항, ③ 헌법재판소의 심판을 거쳐 행하는 사항, ④ 각급 선거관리위원회의 의결을 거쳐 행하는 사항, ⑤ 감사원이 감사위원회의 결정을 거쳐 행하는 사항, ⑥ 형사 · 행형 및 보안처분 관계법령에 의하여 행하는 사항, ⑦ 국가안전보장 · 국방 · 외교 또는 통상에 관한 사항 중 행정절차를 거칠 경우 국가의 중대한 이익을 현저히 해할 우려가 있는 사항, ⑧ 심사청구 · 해난심판 · 조세심판 · 특허심판 · 행정심판 기타 불복절차에 의한 사항, ⑨ 병역법에 의한 징집·소집, 외국인의 출입국 · 난민인정 · 귀화, 공무원인사관계법령에 의한 알선 · 조정 · 중재 · 재정 기타 당해 행정작용의 성질상 행정절차를 거치기 곤란하거나 불필요하다고 인정되는 사항과 행정절차에 준하는 절차를 거친 사항으로서 대통령령으로 정하는 사항은 적용에서 제외된다(동 3②).

(라) **신의성실 및 신뢰보호** 독일 행정절차법과 같이 이 원칙을 명문화하였다. ① 행정청은 직무를 수행함에 있어서 신의에 따라 성실히 하여야 한다(동 4①).

1) 행정절차법 제 3 조 제 1 항의 규정 취지와 사립학교법 제20조의2 제 2 항이 행정절차법의 특별규정이라는 판례(대법원 2002.2.5. 2001 두 7138 취임승인취소처분등취소).

② 행정청은 법령 등의 해석 또는 행정청의 관행이 일반적으로 국민들에게 받아들여진 때에는 공익 또는 제 3 자의 정당한 이익을 현저히 해할 우려가 있는 경우를 제외하고는 새로운 해석 또는 관행에 의하여 소급하여 불리하게 처리하여서는 아니 된다(동 4②). 이 원칙은 조세법분야에서는 이미 국세기본법에 규정되었으며(동법 18③ 내지 ⑤), 1980년대에 들어와 판례를 통하여 발전되어 온 것을 일반제도화한 것이다.

(마) **투명성** 행정작용은 그 내용과 과정이 명확하여야 한다는 것이 모든 것의 출발점이라고 할 수 있다. 그리하여 행정절차법은 그 목적을 「이 법은 행정절차에 관한 공통적인 사항을 규정하여 국민의 행정참여를 도모함으로써 행정의 공정성·투명성 및 신뢰성을 확보하고 국민의 권익을 보호함을 목적으로 한다」고 규정하고, 투명성에 관하여 「행정청이 행하는 행정작용은 그 내용이 구체적이고 명확하여야 하며, 행정작용의 근거가 되는 법령 등의 내용이 명확하지 아니한 경우 그 상대방은 당해 행정청에 대하여 그 해석을 요청할 수 있다」고 규정(법 5)하였다. 투명성이란 용어는 국제조약(GATT 협정 3 등) 등에서는 과거부터 사용하여 왔으나, 국내법령에서는 행정절차법에서 처음으로 사용된 것 같다. 투명성이란 행정상의 의사결정에 있어서 그 내용과 과정이 국민에 대하여 명확하여야 한다는 것을 의미한다고 할 것이다.

(바) **행정관청의 관할·협조 및 행정응원** 행정조직은 종적인 계층체계로 되어 있어 자칫하면 횡적인 협조·조정·응원이 소홀히 될 수 있는바, 종합행정을 특색으로 하는 현대행정에 있어서는 그것이 절실히 요청되므로 이에 관한 규정을 두었다(동 6 내지 8).

(사) **송달** 행정송달에 관한 현행법의 규정은 매우 미흡하다. 이에 송달의 방법과 효력에 관한 규정(동 14·15)을 두었다. 송달의 방법은 우편·교부 또는 정보통신망이용 등의 방법에 의하되, 송달을 받을 자가 동의하는 경우에는 그를 만나는 장소에서 송달할 수 있다(동 14①). 정보통신망을 이용한 송달은 송달을 받을 자가 동의하는 경우에 한하며, 이 경우 송달을 받을 자는 송달받을 전자우편주소 등을 지정하여야 한다(동 14③).

(아) **기간 및 기한의 특례** 기간 및 기한의 특례를 정하였는바, 천재지변 기타 당사자 등의 책임 없는 사유로 기간 및 기한을 지킬 수 없는 경우에는 그 사유가 끝나는 날까지 기간의 진행이 정지된다. 그리고 외국에 거주 또는 체류하는 자에 대한 기간 및 기한은 행정청이 우편이나 통신에 소요되는 일수를 감안하여 정하여야 한다(동 16).

(4) **행정처분절차** 처분은 「행정청이 행하는 구체적 사실에 관한 법집행으로서의 공권력의 행사 또는 그 거부와 기타 이에 준하는 행정작용」을 말한다. 처분절차는 행정절차의 중심이다. 처분절차에 관하여서는 통칙·수익적 처분(신청에 의한 처분절차) 및 불이익처분에 대해 정하고 있는바, 좁은 의미에서 처분절차는 불이익절차를 말한다.

(가) **통칙** 수익적 처분과 불이익처분에 공통되는 사항으로, ① 처분기준의 설정 및 공표(동 20), ② 처분의 이유제시(동 23), ③ 처분의 방식(동 24), ④ 처분의 정정(동 25), ⑤ 고지(동 26) 등에 관하여 규정하고 있다.

(ㄱ) **처분기준의 설정·공표** 행정절차법은 「행정청은 필요한 처분기준을 당해 처분의 성질에 비추어 될 수 있는 한 구체적으로 정하여 공표」하도록 하였다. 다만 예외적으로 「처분기준을 공표하는 것이 당해 처분의 성질상 현저히 곤란하거나 공공의 안전 또는 복리를 현저히 해하는 것으로 인정될 만한 상당한 이유가 있는 경우」에는 공표하지 아니할 수 있다. 당사자 등은 공표된 처분기준이 불명확한 경우, 당해 행정청에 대하여 그 해석 또는 설명을 요청할 수 있으며, 이 경우 당해 행정청은 특별한 사정이 없는 한 이에 응하여야 한다(동법 20① 내지 ③).

(ㄴ) **처분이유의 제시** 행정절차법은 행정청이 처분을 하는 때에는 ① 신청 내용을 모두 그대로 인정하는 처분인 경우, ② 단순·반복적인 처분 또는 경미한 처분으로서 당사자가 그 이유를 명백히 알 수 있는 경우, ③ 긴급을 요하는 경우를 제외하고는 당사자에게 그 근거와 이유를 제시하도록 하였으며, ②③의 경우에 처분 후 당사자가 요청하는 경우에는 그 근거와 이유를 제시하도록 하였다(동법 23). 결국 신청에 대한 거부처분(일부 또는 전부거부처분) 및 불이익처분의 경우에는 원칙적으로 이유를 제시하여야 한다.

(ㄷ) **처분의 방식** ① 행정청이 처분을 하는 때에는 원칙적으로 문서(전자문서 포함 이하 같음)로 하여야 한다(동 24①). ② 행정청이 처분을 함에 있어서 신속을 요하거나 사안이 경미한 경우에는 구술 기타의 방법으로 할 수 있다. 그러나 이 경우에도 당사자의 요청이 있는 때에는 지체없이 처분에 관한 문서를 주어야 한다(동 24① 단서).[1)]

그리고 처분을 하는 문서에는 그 처분청 및 담당자의 소속·성명과 연락처(전화번호·모사전송번호·전자우편주소 등)를 기재하여야 한다고 하여(동 24②), 행정실명제를 도입하였다.

1) 행정청이 문서에 의하여 처분을 한 경우 그 처분서의 문언이 불분명하다는 등의 특별한 사정이 없는 한, 그 문언에 따라 어떤 처분을 하였는지 여부를 확정하여야 할 것이고, 처분서의 문언만으로도 행정청이 어떤 처분을 하였는지가 분명함에도 불구하고 처분경위나 처분 이후의 상대방의 태도 등 다른 사정을 고려하여 처분서의 문언과는 달리 다른 처분까지 포함되어 있는 것으로 확대해석하여서는 아니 된다(대법원 2005.7.28. 2003 두 469 지방공무원지위확인).

(ㄹ) **처분의 정정** 행정청은 처분에 오기·오산 기타 이에 준하는 명백한 잘못이 있는 때에는 직권 또는 신청에 의하여 지체없이 정정하고 이를 당사자에게 통지하여야 한다(동 25).

(ㅁ) **고지** 행정청이 처분을 하는 때에는 당사자에게 그 처분에 관하여 행정심판 및 행정소송을 제기할 수 있는지의 여부, 기타 불복을 할 수 있는지의 여부, 청구절차 및 청구기간 기타 필요한 사항을 알려야 한다(동 26). 고지에 관한 규정은 행정심판법 제42조의 규정과 거의 동일한 규정인바, 고지는 원래 행정절차법에서 규정할 사항인데, 그 동안 행정절차법이 제정되지 아니하여 먼저 제정된 행정심판법에 규정을 두었던 것이다.

(나) **수익적 처분절차**(신청에 의한 처분절차)

(ㄱ) **처분의 신청** ① 행정청에 대하여 처분을 구하는 신청은 원칙적으로 문서로 하여야 한다(동 17①).

② 행정청은 미리 신청에 필요한 구비서류·접수기관·처리기간 기타 필요한 사항을 게시(인터넷 등을 통한 게시 포함)하거나 이에 대한 편람을 비치하여 누구나 열람할 수 있도록 하여야 한다(동 17③). 행정청은 신청인의 편의를 위하여 다른 행정청에 신청을 접수하게 할 수 있다(동 17⑦).

③ 행정청은 신청이 있는 때에는 다른 법령 등에 특별한 규정이 있는 경우를 제외하고는 그 접수를 보류 또는 거부하거나 부당하게 되돌려 보내서는 아니되며, 별도로 대통령령으로 정하지 아니한 한 접수증을 교부하여야 한다(동 17④).

④ 신청에 구비서류의 미비 등 흠이 있는 경우에는 행정청은 상당한 기간을 정하여 신청인에게 보완을 요구하여야 하며(동 17⑤), 그 기간 내에 보완을 하지 아니한 때에는 그 이유를 명시하여 신청을 되돌려 보낼 수 있다(동 17⑥).

⑤ 접수한 신청이 다수의 행정청이 관여하는 것(복합민원)인 때에는 행정청은 관계 행정청과의 신속한 협조를 통하여 당해 처분이 지연되지 아니하도록 하여야 한다(동 18).

⑥ 신청인은 원칙적으로 처분이 있기까지는 그 신청의 내용을 보완·변경 또는 취하할 수 있다(동 17⑧).

(ㄴ) **처리기간의 설정·공표** 행정청은 처분의 처리기간을 종류별로 미리 정하여 공표하여야 하며(동 19①), 1회에 한하여 그 기간을 연장할 수 있다(동 19②). 행정청이 처리기간 내에 처리하지 아니한 때에는 신청인은 당해 행정청 또는 그 감독행정청에 대하여 신속한 처리를 요청할 수 있다(동 19④).

(ㄷ) **청문 또는 공청회개최** 행정청은 수익적 처분을 행함에 있어서도 법령

등에서 청문 또는 공청회개최를 규정하고 있거나, 행정청 자신이 청문실시가 필요하다고 인정하는 경우 또는 당해 처분의 영향이 광범위하여 공청회개최가 필요하다고 인정하는 경우에는 청문을 실시하거나 공청회를 개최할 수 있다(동 22①②).

㈑ **처분기준의 설정·공표, 이유제시, 처분방식, 고지** 위에서 본 이들에 관한 사항은 수익적 처분에도 적용된다.

㈐ **불이익처분절차** 행정처분의 사전통지·의견청취·결정 등에 관하여 규정하였다. 여기에서 불이익처분이라 함은「당사자에게 의무를 과하거나 권익을 제한하는 처분」을 말한다(동 21①). 따라서 상대방이 불특정다수인 경우(일반처분)는 여기에서의 불이익처분에 해당하지 않는다. 또한 허가신청에 대한 거부처분도 여기에서의 불이익처분에는 해당되지 않는다. 그리고 당사자에 대한 불이익처분이므로 제 3 자의 권익을 침해하는 복효적행정행위에는 적용되지 않아 문제된다.

㈀ **행정처분의 사전통지** 1) 행정청이 처분 중에서 불이익처분을 하고자 할 때에는 미리 당사자 등, 즉 상대방과 이해관계인에게 처분하고자 하는 ① 처분의 제목, ② 당사자의 성명 또는 명칭과 주소, ③ 처분을 하고자 하는 원인이 되는 사실과 처분의 내용 및 법적 근거, ④ 이에 대하여 의견을 제출할 수 있다는 뜻과 의견을 제출하지 아니하는 경우의 처리방법, ⑤ 의견제출기관의 명칭과 주소, ⑥ 의견제출기한 등을 통지하여야 한다(동 21①).[1)]그러나 ① 공공의 안전 또는 복리를 위하여 긴급히 처분을 할 필요가 있는 경우, ② 법령 등에서 요구된 자격이 없거나 없어지게 되면 반드시 일정한 처분을 하여야 하는 경우에 그 자격이 없거나 없어지게 된 사실이 법원의 재판 등에 의하여 객관적으로 증명된 때, ③ 당해 처분의 성질상 의견청취가 현저히 곤란하거나 명백히 불필요하다고 인정될 만한 상당한 이유가 있는 경우(2000 두 3337 (2001.4.13 대판)) 등에는 사전통지를 아니할 수 있다(동 21④).[2)]

1) 구 식품위생법 제25조 제 2 항, 제 3 항의 각 규정에 의하면, 지방세법에 의한 압류재산 매각절차에 따라 영업시설의 전부를 인수함으로써 그 영업자의 지위를 승계한 자가 관계 행정청에 이를 신고하여 행정청이 이를 수리하는 경우에는 종전의 영업자에 대한 영업허가 등은 그 효력을 잃는다 할 것인데, 위 규정들을 종합하면 위 행정청이 구 식품위생법 규정에 의하여 영업자지위승계신고를 수리하는 처분은 종전의 영업자의 권익을 제한하는 처분이라 할 것이고 따라서 종전의 영업자는 그 처분에 대하여 직접 그 상대가 되는 자에 해당한다고 봄이 상당하므로, 행정청으로서는 위 신고를 수리하는 처분을 함에 있어서 행정절차법 규정 소정의 당사자에 해당하는 종전의 영업자에 대하여 위 규정 소정의 행정절차를 실시하고 처분을 하여야 한다(대법원 2003.2.14. 2001 두 7015 유흥주점영업자지위승계수리처분취소).

2) 신청에 따른 처분이 이루어지지 아니한 경우에는 아직 당사자에게 권익이 부과되지 아니하였으므로 특별한 사정이 없는 한 신청에 대한 거부처분이라고 하더라도 직접 당사자의 권익을 제한하는 것은 아니어서 신청에 대한 거부처분을 여기에서 말하는 '당사자의 권익을 제한하는

2) 행정처분이 사전통지된 뒤에는 의견제출, 청문 또는 공청회개최를 거치게 된다. 이 세 가지 절차를 합하여 넓은 의미의 청문절차 또는 의견청취라 하는데, 내용상으로 볼 때, 의견제출절차는 미국행정절차법상의 약식절차 또는 비정식절차에 해당하고, 청문절차는 동법상의 사실심형청문절차에 해당하며, 공청회절차는 진술형청문절차에 해당한다.

(ㄴ) 의견제출 · 청문 또는 공청회개최 절차

1) **의견제출** ① 행정청은 불이익처분을 함에 있어서는 다음에서 보는 청문이나 공청회를 개최하는 경우를 제외하고는 당사자 등에게 의견제출의 기회를 주어야 한다. 그러나 위에서 본 통지를 아니할 수 있는 경우와 당사자가 의견진술의 기회를 포기한다는 뜻을 명백히 표시한 경우에는 의견청취를 아니할 수 있다(동 22③④). ② 의견제출은 당사자 등이 처분 전에 서면 · 구술로 또는 정보통신망을 이용하여 행한다(동 27). 행정청은 당사자 등이 제출한 의견이 상당한 이유가 있다고 인정하는 경우에는 처분을 함에 있어서 이를 반영하여야 한다(동 27의2).

2) **청문** ① 청문은 ⓘ 다른 법령에서 요구하고 있는 경우, ⓘⓘ 행정청이 필요하다고 인정하는 경우에만 실시한다(동 22①). 「다른 법령에서 요구하고 있는 경우」란 행정절차법 이외의 법령에서 요구하고 있는 경우를 말하는바, 행정절차법에서는 청문의 일반적 절차만을 정하고 있으며, 어떠한 불이익처분을 행할 경우에 청문을 실시할 것인지의 여부는 당해 불이익처분에 대하여 정하고 있는 각 개별법령에서 정한다는 것이다. 행정절차법이 시행되기 전에 제정된 「행정절차법시행에 따른 공인회계사법 등의 정비에 관한 법률」은 그 때까지의 기존 248개 법률을 일괄개정하여 청문을 실시하여야 할 행정처분을 정하였고, 그 후에 제정된 법률에서도 청문을 실시하여야 할 행정처분을 개별적으로 정하고 있는바, 청문은 행정청이 필요하다고 인정하지 않는 한 그 경우에만 실시한다.[1)]

② 「청문」이란 행정청이 어떠한 처분을 하기에 앞서 당사자 등의 의견을 직접 듣고 증거를 조사하는 절차를 말한다(동 2⑤). 다시 말하면 사안에 대하여 의견을 진술하고, 사실을 주장하거나 증거를 제출하며, 상대방이 제시한 증거나 사실 및 직권조사결과에 대하여 반증을 제출하는 것이다.

처분'에 해당한다고 할 수 없는 것이어서 처분의 사전통지대상이 된다고 할 수 없다(대법원 2003.11.28. 2003 두 674 임용거부처분취소).

1) 청문제도는 행정처분의 사유에 대하여 당사자에게 변명과 유리한 자료를 제출할 기회를 부여함으로써 위법사유의 시정가능성을 고려하고 처분의 신중과 적정을 기하려는 데 그 취지가 있음에 비추어 볼 때, 행정청이 침해적 행정처분을 함에 즈음하여 청문을 실시하지 않아도 되는 예외적인 경우에 해당하지 않는 한 반드시 청문을 실시하여야 하고, 그 절차를 결여한 처분은 위법한 처분으로서 취소사유에 해당한다(대법원 2004.7.8. 2002 두 8350 유희시설조성사업협약해지및사업시행자지정 거부처분취소).

③ 행정청이 청문을 실시하고자 하는 경우에 청문이 시작되는 날로부터 10일 전까지 원칙적으로 위에서 본 사전통지사항을 당사자 등에게 통지하여야 한다(동 21②).

④ 청문은 행정청이 소속직원 등 중에서 선정하는 청문주재자가 주재한다(동 28①). 청문주재자는 독립하여 공정하게 직무를 수행하며, 직무수행상의 이유로 신분상의 어떠한 불이익도 받지 아니한다(동 28②).

⑤ 청문은 당사자의 공개신청이 있거나 청문주재자가 필요하다고 인정하는 경우 이를 공개할 수 있다(동 30).

⑥ 청문주재자는 예정된 처분의 내용, 그 원인이 되는 사실 및 법적 근거의 설명으로부터 청문을 시작하고(동 31①), 신청 또는 직권에 의하여 필요한 조사를 할 수 있으며, 당사자 등이 주장하지 아니한 사실에 대하여도 조사할 수 있다(동 33①).

⑦ 당사자 등은 의견을 진술하고 증거를 제출할 수 있으며, 참고인·감정인 등에 대하여 질문할 수 있다(동 31②).

⑧ 청문주재자는 청문이 종료되면 청문조서와 청문주재자의 의견서를 작성하여야 한다(동 34①·34의 2).

⑨ 청문주재자는 당해 사안에 대하여 당사자 등의 의견진술·증거조사가 충분히 이루어졌다고 인정되는 경우에는 청문을 마칠 수 있으며(동 35①), 청문을 마친 때에는 지체없이 청문조서·청문주재자의 의견서 그 밖의 관계서류 등을 행정청에 제출하여야 한다(동 35④).

⑩ 당사자 등은 청문의 통지가 있는 날로부터 청문이 끝날 때까지 행정청에 대하여 당해 사안의 조사결과에 관한 문서 기타 당해 처분과 관련되는 문서의 열람 또는 복사를 요청할 수 있다(동 37① 본문).

⑪ 처분청은 처분을 함에 있어서 청문조서·청문주재자의 의견서 그 밖의 관계서류 등을 충분히 검토하고 상당한 이유가 있다고 인정하는 경우에는 청문결과를 반영하여야 한다(동 35의 2).

3) 공청회개최 ① 공청회는 다른 법령 등에서 공청회를 개최하도록 규정하고 있는 경우 또는 당해 처분의 영향이 광범하여 널리 의견을 수렴할 필요가 있다고 행정청이 인정하는 경우에 개최한다(동 22②).

② 공청회를 개최하고자 하는 경우에는 개최 14일 전까지 당사자 등에게 통지하고 관보·공보·인터넷 또는 일간신문 등에 공고하는 등의 방법으로 널리 알려야 한다(동 38①).

③ 공청회주재자는 전문적 지식이 있거나 그 분야에서 종사한 경험이 있는 자 중에서 행정청이 지명 또는 위촉한다(동 38의3①).

④ 공청회주재자는 공청회를 공정하게 진행하여야 하며, 발표내용의 제한과 질서유지를 위한 조치를 취할 수 있고, 발표자의 발표가 끝난 후에 발표자 상호간의 질의·답변, 방청인에 대한 의견제시의 기회를 주어야 한다(동 39).

⑤ 행정청은 처분을 함에 있어서 공청회에서 제시된 사실 및 의견이 상당한 이유가 있다고 인정하는 경우에는 이를 반영하여야 한다(동 39의2).

㈐ **행정처분의 결정** ① 청문을 행한 경우에는 행정청은 청문조서 기타 관계서류 등을 충분히 검토하고 상당한 이유가 있다고 인정하는 경우에는 처분을 함에 있어서 청문결과를 적극 반영하여야 한다(동 35의2).

② 행정청은 처분을 함에 있어서 공청회에서 제시된 사실 및 의견이 상당한 이유가 있다고 인정하는 경우에는 이를 반영하여야 한다(동 39의2).

㈑ **처분기준의 설정·공표, 처분이유의 제시, 처분의 방식, 처분의 정정, 고지**
위에서 본 이들 사항은 불이익처분에도 적용된다.

(5) 신고 ① 원래 신고는 자기완결적 행위로서 행정청에 대하여 일정한 사항을 통지함으로써 최종적인 법률효과를 발생한다. 따라서 신고가 법정요건을 갖추었으면 행정청은 수동적으로 접수하여야 한다. 그러나 실제로는 적법한 신고가 있었음에도 불구하고 행정청이 신고자의 의사에 반하여 접수를 거부함으로써, 신고를 인허가 등의 신청과 동일하게 다루는 일이 적지 아니하기 때문에,[1] 행정절차법은 이를 시정하기 위하여 신고에 관한 규정을 두었다. 즉, 법령 등에서 행정청에 대하여 일정한 사항을 통지함으로써 의무가 끝나는 신고에 대하여 규정하고 있는 경우에, 신고가 ⓘ 신고서의 기재사항에 하자가 없고, ⓘⓘ 필요한 구비서류가 첨부되어 있으며, ⓘⓘⓘ 기타 법령 등에 규정된 형식상의 요건에 적합한 경우에는 신고서가 접수기관에 도달된 때에 신고의무가 이행된 것으로 보도록 하였다. 「신고서가 접수기관에 도달된 때에 신고의 의무가 이행된 것으로 본다」고 규정한 것은 수리 등의 관념을 부정한 것이라고 할 것이다. 위의 요건을 갖추지 못한 신고서가 제출된 경우에는 행정청은 상당한 기간을 정하여 보완을 요구하여야 하며, 그 기간 내에 보완을 하지 아니한 때에는 신고서를 되돌려 보내야 한다(동 40). 그리고 행정절차법이 정한 요건은 형식적 요건이다. 그러나 신고가 이러한 형식적 요건을 갖추었더라도 그것이 실체와 부합되지 아니한 때에는

1) 특히 규제완화를 한다고 허가제를 신고제로 바꾼 다음에도 실제로는 요건을 갖춘 신고를 거부함으로써 규제완화의 실효를 거두지 못한 경우가 많이 있었다.

실체상의 효과가 생기는 것은 아니다. 그리고 부적법한 신고의 경우에는 설령 행정이 접수하였더라도 신고의 효과가 발생하지 않으며, 관련 영업이나 건축 등은 무신고행위로서 폐쇄조치·철거명령 등의 대상이 될 수 있다.

② 위에서 본 행정절차법 제40조가 적용되는 신고는 「행정청에 대하여 일정한 사항을 통지함으로써 의무가 끝나는 신고」인 통상의 신고에 대하여서만 적용되며, 관계법령에서 신고라는 용어를 사용하였더라도 관계규정의 내용상 그 수리 여부에 대하여 행정청에게 실질적인 심사권을 부여하고 있는 신고에는 적용되지 아니함을 유념하여야 한다.

(6) 행정상 입법예고절차

㈎ 개설 　행정입법예고절차는 위에서 본 바와 같이 행정절차법이 시행되기 훨씬 전에 대통령령인 「법령안 입법예고에 관한 규정」(1983. 5. 1 대통령령 11133호)에 의하여 채택·시행되고, 같은 대통령령인 「법제업무운영규정」(1995. 8. 10 대통령령 14748호)에 의하여 승계·시행 되었다. 그러나 1998년 1월 1일로부터 행정절차법이 시행됨에 따라 입법예고절차는 법률에 근거를 두고 시행되게 되었다. 그러나 행정절차법에서도 입법예고의 기준·절차 등을 대통령령으로 정하도록 하고 있는바, 행정절차법시행령과 법제업무운영규정에서 그러한 사항 등을 정하고 있다(동법 41④).

㈏ 예고대상 　법령 등을 제정·개정 또는 폐지하고자 할 때에는 당해 입법안을 마련한 행정청은 이를 예고하여야 한다(행정절차법 41①). 「법제업무운영규정」은 부처에 소속된 기관의 장은 그 소속 부처의 장의 승인을 얻어 입법예고를 하도록 하고 있다(14①). 여기에서 「법령 등」이라 함은 국가의 법령과 지방자치단체의 자치법규를 말한다(동법 2(1)).

다만 위의 법령 등 안에 있어서도 ① 입법내용이 국민의 권리·의무 또는 일상생활과 관련이 없는 경우, ② 입법이 긴급을 요하는 경우, ③ 상위 법령 등의 단순한 집행을 위한 경우, ④ 예고함이 공익에 현저히 불리한 영향을 미치는 경우, ⑤ 입법내용의 성질 그 밖의 사유로 예고의 필요가 없거나 곤란하다고 판단되는 경우에는 예고를 행하지 아니할 수 있게 하였다(동 41①). 입법예고에 있어서 폭넓은 예외를 인정한 것은 법령 등 안 중에는 입법예고의 취지에서 보아 예고의 필요성이 없는 법령 등 안이 많을 뿐만 아니라, 국가정책의 원활한 수행을 위하여서는 보안상 기타의 이유로 예고할 수 없는 법령 등 안도 많을 것이기 때문이라 할 것이다.

법제처장은 입법예고를 하지 아니한 법령 등 안(案)의 심사요청을 받은 경우에 입법예고를 함이 적당하다고 판단될 때에는 당해 행정청에 입법예고를 권고하거나 직접 예고할 수 있다(동 41③).

행정청은 당해 입법에 대하여 관계 행정기관과의 협의를 필요로 하는 경우에는 협의를 한 후에 예고를 하여야 하며, 부처에 소속된 기관의 장은 소속부처의 장의 승인을 얻어 입법예고를 하여야 한다(법제업무규정 14①).

(다) **예고방법** 행정청은 입법안의 취지, 주요내용 또는 전문을 관보·공보나 인터넷·신문·방송등의 방법으로 널리 공고하여야 한다(행정절차법 41①). 행정청은 입법예고를 하는 경우에는 대통령령을 국회 소관 상임위원회에 제출하여야 한다(동조 ②). 행정청은 입법예고를 하는 때에 입법안과 관련이 있다고 인정되는 중앙행정기관, 지방자치단체 그 밖의 단체 등이 예고사항을 알 수 있도록 예고사항의 통지 그 밖의 방법 등으로 알려야 한다(동조 ③). 법제처장은 법령안의 내용이 국가의 중요정책사항이나 국민생활에 중대한 영향을 미치는 사항을 포함하고 있어 국민에게 이를 널리 예고할 필요가 있는 경우에는 예산의 범위 안에서 인터넷, 일간신문 등에 유료광고를 게재하거나 기타의 방법으로 이를 예고할 수 있다(법제업무운영규정 15④).

(라) **예고기간** 예고기간은 예고할 때 정하되, 특별한 사정이 없는 한 20일 이상으로 한다(동법 43).

(마) **의견제출 및 그 처리** 누구든지 예고된 입법안에 대하여 그 의견을 제출할 수 있다. 행정청은 의견접수기관·의견제출기간 기타 필요한 사항을 당해 입법안을 예고할 때 함께 공고하여야 한다. 행정청은 당해 입법안에 대하여 의견이 제출된 경우 특별한 사유가 없는 한 이를 「존중」하여 처리하여야 한다. 행정청은 입법예고결과 제출된 의견 중 중요한 사항에 대하여는 그 처리결과를 법률안 또는 대통령령안의 경우에는 국무회의 상정안에 첨부하고, 총리령안 또는 부령안의 경우에는 법제처장에게 제출하여야 한다. 행정청은 의견을 제출한 자에게 그 의견의 처리결과 및 처리이유 등을 지체없이 통지하여야 한다(행정절차 44, 법제업무규정 18).

여기에서 문제가 되는 바는 입법예고절차를 통하여 제출된 국민의 의견을 어떻게 평가할 것인가인데, 궁극적으로 그 반영 여부는 행정기관의 합리적인 재량에 맡겨야 할 것으로 본다. 입법예고절차와 같은 시민참가의 절차를 오늘날의 간접민주주의를 수정하여 직접민주주의원리에 입각한 국가의사의 형성방식으로 보는 견해도 있다. 그러나 현행 헌법이 간접민주주의를 기조로 하여 국가업무수행에 대하여는 국가기관에 모든 책임을 지워 국가기능의 통일성·안정성·계속성을 도모하고 있다고 본다면, 입법예고와 같은 시민참가제도에 간접민주주의를 대체시키는 기능을 인정하기에는 법제상 무리가 있다고 할 것이다. 또한 정책론적 입장에서 보더라도 전문기술적 판단을 요하는 국가업무수행에 있어서 일일이 시민참가에 의하여 정책을 결정하는 것은 정책의 일관성을 유지하여 현명한 정책을 수립한다는 점에서 적절하지 못하다고 할 것이다.

(바) **공청회** 행정청은 입법안에 대하여 공청회를 개최할 수 있다(행정절차 45). 입법예고절차는 위에서 본 바와 같이 국민의 권리·의무 또는 일상생활과 밀접한 관련이 있는 법령안에 있어서는 일정한 예외의 경우를 제외하고는 입법예고와 의견제출의 기회를 반드시 부여하도록 하였으나, 공청회를 개최할 것인가의 여부는 주관기관의 재량에 맡겨 주관기관이 필요하다고 인정하는 경우에만 행하게 하였다.

(사) **자치법규안의 입법예고** 자치법규안의 입법예고에 대하여서도 국가의 법령안의 입법예고와 함께 위에 설명한 행정절차법의 규정이 적용된다(행정절차 2(1)). 그러나 자치법규안의 입법예고에 대하여는 성질상 그대로 적용될 수 없는 경우가 있음을 유의하여야 한다. 그리하여 자치법규의 입법예고에 대하여는 행정절차법과 그 시행령 기타의 법령에 위배되지 아니한 범위 안에서 조례로 정할 수 있다(지자 15, 법제업무운영규정 20).

(7) **행정예고절차** 행정청은 ① 국민생활에 매우 큰 영향을 주는 사항, ② 많은 국민의 이해가 상충되는 사항, ③ 많은 국민에게 불편이나 부담을 주는 사항, ④ 기타 널리 국민의 의견수렴이 필요한 사항에 대한 정책·제도 및 계획을 수립·시행하거나 변경하고자 하는 때에는 예고하여야 한다(동 46·47). 법령 등의 입법을 포함하는 행정예고의 경우에는 행정예고를 입법예고로 갈음할 수 있다(동 6② 4).

앞에서 본 바와 같이 행정계획절차는 그 성질이 지나치게 다양하여 일률적으로 규율할 수 없어 행정절차법에서는 이에 관한 규정을 두지 못하고 각 개별법에 맡기도록 하였으나, 국민생활에 밀접한 영향을 주거나 다수국민의 이해가 상충되는 행정계획은 행정예고절차에 의하여 국민의 의견을 수렴할 수 있을 것이다.

(8) **행정지도절차**

(가) **취지** 행정절차법에서 행정지도에 관한 규정을 둔 것은, 행정처분절차에 관한 규정만을 두어 처분절차만을 규제하는 경우에는 행정지도로의 도피를 조장할 우려가 있기 때문이라고 할 것이다.

(나) **행정지도의 원칙** 행정지도는 목적 달성에 필요한 최소한도에 그쳐야 하며, 상대방의 의사에 반하여 부당하게 강요하여서는 아니된다. 행정기관은 행정지도의 상대방이 행정지도에 따르지 아니하였다는 것을 이유로 불이익한 조치를 하여서는 아니 된다(동 48). 여기에서 불이익한 조치가 무엇을 의미하는지가 다

투어질 수 있는바, 제재적인 목적으로 행정지도에 따르지 아니한 사실을 공표하는 것 등이 특히 문제될 수 있을 것이다.

(다) **행정지도의 방식** 행정지도를 행하는 자는 그 상대방에게 행정지도의 취지·내용 및 신분을 밝혀야 하고, 행정지도가 구술로 이루어지는 경우에 상대방이 그러한 사항을 기재한 서면의 교부를 요구하는 때에는 당해 행정지도를 행하는 자는 직무수행에 특별한 지장이 없는 한 이를 교부하여야 한다(동 49). 행정지도에 대하여서는 그 불명확성에 대한 비판이 가하여져 왔으며, 이러한 점을 감안하여 행정지도를 행하는 경우에는 그 취지·내용과 행정지도를 행하는 자의 신분을 밝히도록 하여 행정지도의 명확화를 기하고, 동시에 위법·부당한 행정지도를 억제하도록 한 것이다. 그러나 행정지도를 반드시 문서에 의하도록 한 것은 아니다. 그리고 행정지도가 구술로 행하여진 경우에는 상대방에게 문서교부요구권을 인정하였는바, 그것은 행정지도의 명확화원칙을 담보하고, 동시에 자의적인 행정지도를 억제하려고 한 것이라 하겠다. 상대방의 요구에 의하여 교부하는 서면은 특별한 정함이 없는 한 어떠한 형식을 요하는 것은 아니하며, 또한 당해 서면을 교부하기 위하여 반드시 결재를 받아야 되는 것도 아니고 직인을 압날하여야 하는 것도 아니라고 할 것이다.

(라) **행정지도에 대한 의견** 행정지도의 상대방은 당해 행정지도의 방식·내용 등에 관하여 행정기관에 의견제출을 할 수 있다(동 50). 행정지도에 있어서도 상대방의 의견을 듣고 사후 분쟁을 예방하기 위한 것이라 할 것이다.

(마) **행정지도의 공표** 행정기관이 같은 행정 목적을 실현하기 위하여 많은 상대방에게 행정지도를 하고자 하는 때에는 특별한 사정이 없는 한 행정지도에 공통적인 내용이 되는 사항을 공표하여야 한다(동 51). 이것은 행정지도의 명확성을 기하고 아울러 동일한 조건하에 있는 복수의 자에 대하여 공평한 행정지도가 행하여지도록 담보하려는 것이다.

4. 特別行政節次

행정절차에는 그에 관한 일반법인 행정절차법이 정하고 있는 행정절차 외에 각 개별법률이 정하고 있는 특별행정절차가 있다. 특별행정절차의 대표적인 것은 「행정규제기본법」이 정하고 있는 행정규제심사절차(특별행정 입법절차), 「민원사무처리에 관한 법률」이 정하고 있는 민원사무처리절차 그리고 「공공기관의 정보공개에 관한 법률」이 정하고 있는 정보공개절차 등이다. 이들 사항에 대하여는 각각 관련 다른 분야에서 다루었다.

5. 節次上의 흠이 있는 行政行爲의 효력

(1) 절차상의 흠　법령에 의하여 요구되는 위에서 본 바와 같은 사전통지·청문·이유제시 등의 행정절차를 결여한 행정행위 등은 절차상의 요건을 충족하지 못한 행위로서 흠을 띠게 된다.[1]

(2) 독자적 흠으로 인정할 것인지의 여부　그런데 절차상의 흠이 있는 행정행위의 효력은 어떻게 될 것인지가 문제된다. 명문의 규정을 둔 예도 있다. 「소청사건을 심사할 때 소청인 등에게 진술의 기회를 부여하지 아니하고 한 결정은 무효로 한다」는 국가공무원법 제13조 제 2 항이 그 예이다. 명문의 규정이 없는 경우에는 절차상의 흠이 중대하고 명백한 것인 때에는 흠의 일반이론에 따라 당해 행위는 무효가 된다고 할 것이다. 그러나 그 흠이 그 정도에 이르지 아니하여 취소사유에 그치는 것인 경우에는 당해 절차상의 흠이 독자적 취소사유가 되는지의 문제가 제기된다. 그리하여 이러한 경우에는 행정행위가 실체법상으로 적법함에도 불구하고 절차상의 흠만을 이유로 당해 행위가 취소되어야 하는지의 문제가 제기되는 것이다. 따라서 이 문제는 기속행위에 대하여서만 제기되며, 재량행위에 대하여서는 제기되지 아니한다. 이에 대하여서는 소극설과 적극설이 대립되어 있다.

(a) 독자적인 흠으로 인정하지 않는 견해(소극설)　절차상의 흠만을 이유로 하여 행정행위를 취소할 수 없다는 견해로서, ① 절차규정은 실체법적으로 적정한 행정결정을 확보하기 위한 수단인 점에 그 본질적 기능이 있고, ② 다시 적법한 절차를 거쳐 처분을 하여도 동일한 처분을 반복할 수밖에 없기 때문에 단지 절차상의 흠만을 이유로 행정행위를 취소하는 것은 행정경제 또는 소송경제에 반한다는 것이다. 따라서 절차상의 흠은 사후보완(Nachholung)과 같은 치유방법으로 해결하여야 한다고 한다.

(b) 독자적인 흠으로 인정하는 견해(적극설)　절차상의 흠만을 이유로 하여 행정행위를 취소할 수 있다는 견해로서, ① 적정한 결정은 적정한 절차에 의하여서만 행하여질 수 있고, ② 기속행위의 경우에도 다시 적법한 절차를 거쳐 처분을 하는 경우에 반드시 동일한 처분을 하게 된다고는 말할 수 없는 것이며, ③ 소극설에 따른다면 절차적 규제의 담보수단이 없어지게 된다고 한다.[2] 우리 행정소송법 제30조 제 3 항은 취소소송의 판결의 구속력과 관련하여 「신청에 따

1) 김동희, 이유부기제도, 절차상의 하자 있는 행정행위의 효력, 고시연구, 1998. 4 월호.
2) 김동희, 행정법 I, p. 312 참조.

른 처분이 절차의 위법을 이유로 취소되는 경우」를 규정하고 있는바, 이는 적극설의 입장을 취하고 있는 것이라고 할 것이다.[1]

(c) 판례 우리 판례는 적극설을 취한다.

「행정청이 구 도시계획법 제23조 제 5 항의 규정에 의한 사업시행자 지정처분을 취소하기 위해서는 청문을 실시하여야 하고, 다만 행정절차법 제22조 제 4 항, 제21조 제 4 항에서 정한 예외사유에 해당하는 경우에 한하여 청문을 실시하지 아니할 수 있으며, 이러한 청문제도는 행정처분의 사유에 대하여 당사자에게 변명과 유리한 자료를 제출할 기회를 부여함으로써 위법사유의 시정가능성을 고려하고 처분의 신중과 적정을 기하려는 데 그 취지가 있음에 비추어 볼 때, 행정청이 침해적 행정처분을 함에 즈음하여 청문을 실시하지 않아도 되는 예외적인 경우에 해당하지 않는 한 반드시 청문을 실시하여야 하고, 그 절차를 결여한 처분은 위법한 처분으로서 취소사유에 해당한다」(대법원 2004.7.8. 2002 두 8350 유희시설조성사업협약해지및사업시행자지정 거부처분취소).

「구 독점규제및공정거래에관한법률 제49조 제 3 항은 공정거래위원회로 하여금 법위반사실에 대한 조사결과를 서면으로 당해 사건의 당사자에게 통지하도록 규정하고, 같은 법 제52조 제 1 항에 의하면 공정거래위원회가 같은 법 위반사항에 대하여 시정조치 또는 과징금납부명령을 하기 전에 당사자에게 의견을 진술할 기회를 주어야 하고,(중략) 같은 법 제49조 제 3 항, 제52조 제 1 항이 정하고 있는 절차적 요건을 갖추지 못한 공정거래위원회의 시정조치 또는 과징금납부명령은 설령 실체법적 사유를 갖추고 있다고 하더라도 위법하여 취소를 면할 수 없다」(대법원 2001.5.8. 2000 두 10212 시정명령등취소).

다만, 행정청이 청문서 도달기간을 다소 어겼다 하더라도 영업자가 청문일에 출석하여 그 의견을 진술하고 변명하는 등 방어의 기회를 충분히 가졌다면, 청문서 도달기간을 준수하지 아니한 하자는 치유되었다는 판례도 있다(대법원 1992.10. 23. 92 누 2844 영업허가취소처분취소).

(d) 결언 생각건대 ① 우리 헌법상의 법률에 의한 행정의 원칙은 행정행위가 실체법상은 물론 절차법상으로도 적법할 것을 요구한다고 볼 것이기 때문에 절차에 흠결이 있는 경우에는 통지와 청문을 받을 상대방의 절차적 권리를 침해한 것으로 볼 것이고, ② 또한 절차의 위법을 이유로 행정행위가 취소된 경우에 항상 행정청이 동일한 처분을 반복한다고 말할 수 없으며,[2] ③ 그리고 행정절차는 행정청으로 하여금 판단을 신중·합리적으로 행하여 자의를 억제한다고 하는 행정절차의 의의를 고려할 때 절차상의 흠은 실체법상의 흠이나 마찬가지로 독립적으로 행정행위를 위법으로 만든다고 할 것이다.

1) 김남진·김연태(I), p.400; 박균성(상), p.568; 홍정선(상), p.528.
2) 적법한 절차를 거치는 경우에는 사실확인과 그에 따르는 결정이 달라질 수 있다고 할 것이다.

6. 處分의 節次上의 흠의 治癒

절차상의 흠이 있는 경우에 사후보완에 의하여 그것이 치유될 수 있는지가 다투어지고 있다.

(1) 학설

(가) 무제한허용설　절차상의 흠을 독자적 흠으로 인정하지 아니하는 견해가 취하는 견해로서, 행정심판도 행정과정의 일부라는 이유에서 행정심판의 단계에서는 물론이고, 심지어 행정소송의 단계에서도 일정한 조건하에서 치유를 허용할 수 있다고 한다.[1)]

(나) 제한적 허용설　원칙적으로 절차상의 흠의 치유를 인정하되, 절차의 본질적 의의를 손상하지 않는 범위에서 제한적으로 인정하여야 한다.[2)]

(다) 원칙적 불허용설　원칙적으로 절차상의 흠의 치유를 허용하지 않는 견해이다. 그 논거는 ① 행정절차는 사전에 국민의 행정참여를 통하여 행정의 공정성을 보장하자는 것인데, 처분 후에 절차상의 흠의 치유를 허용하는 것은 행정절차를 인정한 본래의 목적에 반하게 된다는 점, ② 사후 보완을 무작정 인정하게 되면 행정청으로 하여금 사전에 당사자의 의견을 충분히 들어 신중한 결정을 하지 않았으면서도 사후에 적당히 형식만 갖추고는 흠이 보완되었다고 주장하는 식으로 악용될 소지가 있다는 점 등을 든다.[3)]

(2) 판례　불복 여부 결정 등에 편의를 줄 수 있는 상당한 기간 내에 보정행위가 있어야 치유된다고 한다. 제한적 허용설의 입장으로 보인다.

> 「과세처분이 있은 지 4년이 지나서 그 취소소송이 제기된 때에 보정된 납세고지서를 송달하였다는 사실이나 오랜 기간(4년)의 경과로써 과세처분의 하자가 치유되었다고 볼 수는 없다」(대법원 1983.7.26. 82 누 420 법인세등부과처분취소).

(3) 결언　한편으로 행정행위의 무용한 반복을 피하고 당사자의 법적 생활안정을 기한다는 입장에서는 흠의 치유를 인정할 수 있는 것이고, 다른 한편으로 행정행위의 성질이나 법치주의의 입장에서는 흠의 치유는 원칙적으로 허용할 수 없는 것이라는, 상반되는 입장이 조화되는 범위 안에서 흠의 치유를 인정하는 것이 타당하다 할 것이므로 제한적허용설이 타당하다 할 것이다.

---

1) 김남진 · 김연태(Ⅰ), p.401.
2) 김동희(Ⅰ), p.401; 홍정선(상), p.528.
3) 석호철, 청문절차에 관한 제반 판례의 검토, 특별법연구, 제 5 권, p.106.

V. 行政節次의 內容(基本的 要素)

1. 通知와 聽聞

(1) **필요성** 행정절차의 내용으로서 가장 기본적인 것이 통지와 청문이다. 앞에서 본 바와 같이 영국에서는 자연적 정의(natural justice)의 내용으로서 「누구든지 청문 없이 비난당하지 아니한다」는 법리가 적용되고 있으며, 미국에서는 통지와 청문은 적법절차(due process)의 중요한 내용이 되었다. 독일의 연방행정절차법에서도 법적 청문(rechtliches Gehör)이 중요한 제도의 하나로서 규정되어 있다. 또한 프랑스에서도 제재적 처분에 있어서의 방어권의 법리로서 판례상 확립되어 있다.

우리나라에서도 법치주의를 국민의 자유와 권리를 실체법상으로는 물론 절차법적으로도 보장하는 제도로 이해하게 됨에 따라 통지와 청문을 행정절차의 가장 기본적인 요소로 보게 되었다.

통지와 청문이 개인의 자유와 권리의 절차적 보장에 봉사하는 제도임을 감안할 때, 불이익처분에 대하여는 원칙적으로 통지와 청문이 헌법상 요구된다고 할 것이다. 그리하여 우리 행정절차법상으로는 위에서 본 바와 같이 어떠한 불이익처분을 행할 경우에 청문을 실시할 것인지의 여부는 당해 불이익처분에 관한 근거법률에서 개별적으로 정하도록 하고 있다.

(2) **청문의 방법** ⒜ 여러 나라의 행정절차법에서 채택하고 있는 청문의 방법은 대개 세 가지로 요약할 수 있는데, 그 모범은 미국행정절차법에서 찾을 수 있다. 미국행정절차법상의 청문의 방법은 의견제출절차(presentation of oral or written data, view and argument)(비정식절차), 사실심형청문(trial type hearing) 및 진술형청문(argument type hearing)이다. 의견제출절차, 즉 비정식절차는 행정재결절차와 행정입법절차에서 공통적으로 행하여지고, 사실심형청문은 법원의 재판절차에 준하는 절차인바, 당사자의 수가 한정되어 있고 당사자가 그 권익에 개별적·구체적인 이해관계를 가지는 행정재결절차에서 주로 행하여지며, 의견진술형청문은 당사자의 수가 불특정다수이고 당사자가 그 권익에 오직 일반적·추상적인 이해관계를 가지는 행정입법절차에서 주로 행하여진다.

⒝ 우리 행정절차법은 미국행정절차법상의 청문의 방법과 거의 유사한 방법을 채택하고 있다. 우리 행정절차법은 넓은 의미의 청문의 방법으로 ① 의견제출, ② 청문(좁은 의미), ③ 공청회 개최의 세 가지를 채택하였는바, 내용면에서 보아 ①

이 비정식절차이고, ②가 사실심형청문이며, ③이 진술형청문에 해당한다.

의견제출은 당사자 등이 서면·컴퓨터통신 또는 구술로 의견을 제출하는 것이며, 그 주장을 입증하기 위한 증거자료 등을 첨부할 수 있다(법 27).

청문은 사안에 대하여 의견을 진술하고 사실을 주장하거나 증거를 제출하며, 상대방이 제시한 증거나 사실 및 직권조사결과에 대하여 반증을 제출하는 것이다. 그리고 이 절차에서 당사자 등은 참고인 또는 감정인 등에 대하여 질문할 수 있다(법 31).

공청회는 신청한 자 중에서 행정청이 선정한 발표자가 발언하고, 발표자의 발언이 끝난 후 발표자 상호간과, 발표자와 공청회주재자 상호간에 질문을 하는 것이며, 방청인에게도 의견진술의 기회가 부여된다(법 39).

행정절차법에서는 행정처분절차·행정입법절차에 있어서 의견제출은 가장 보편적인 주된 청문의 방법으로 되어 있다. 사실심형청문이나 진술형청문은 법령 등에 정한 경우를 제외하고는 그 실시가 행정청의 선택에 맡겨져 있어 예외적인 방법으로 되어 있다.

2. 記錄閱覽

여기에서 기록열람이라 함은 청문절차(넓은 의미의)와 관련하여 당사자 등이 당해 사안에 관하여 행정청이 보유하고 있는 기록을 열람하는 것을 말한다. 행정처분절차에 대하여 보면 통지에 의하여 상대방은 어떠한 이유로 불이익처분을 하려고 하는지를 알 수 있다고 할 것이나, 그 이유가 어떠한 증거에 의하여 지지되고 있는지를 알아야 비로소 정확한 주장과 입증을 하는 것이 가능하게 된다고 할 것이어서 기록열람은 청문절차를 실효화하는 제도라 하겠다.

이러한 의미에서 1946년의 미국행정절차법은 당사자에 대한 기록공개를 규정하였고(동법 3), 독일행정절차법에서도 관계인의 서류열람권을 규정하고 있다(동법 29).

우리 행정절차법에서는 열람복사에 관한 일반적인 기준을 두었는바, 국민의 권익보호와 행정능률을 조화시킨다는 이유로 사실심형청문(좁은 의미의 청문)절차에 있어서만 당사자의 기록열람·복사권을 인정하였다(법 37).

3. 處分基準의 設定·公表

(1) 의의 ① 행정절차법은 「행정청은 필요한 처분기준을 당해 처분의 성질에 비추어 될 수 있는 한 구체적으로 정하여 공표」하도록 하였다. 다만 예외적으로 「처분기준을 공표하는 것이 당해 처분의 성질상 현저히 곤란하거나 공

공의 안전 또는 복리를 현저히 해하는 것으로 인정될 만한 상당한 이유가 있는 경우」에는 공표하지 아니할 수 있다. 당사자 등은 공표된 처분기준이 불명확한 경우, 당해 행정청에 대하여 그 해석 또는 설명을 요청할 수 있으며, 이 경우 당해 행정청은 특별한 사정이 없는 한 이에 응하여야 한다(동법 20① 내지 ③).

② 여기에서 처분기준이란 어떠한 처분을 할 것을 전제로 하여 그러한 처분을 할 것인지 여부, 처분을 한다고 하는 경우에 어떠한 처분을 선택할 것인가 하는 효과재량의 기준만이 아니라, 어떠한 처분을 행할 법정의 요건을 갖추고 있는지에 관한 요건판단(종래의 요건재량)의 기준까지를 의미한다고 할 것이다.

(2) **필요성**　처분기준의 설정·공표는 행정청의 자의적인 권한행사를 방지하고, 관련처분에 대한 상대방의 예측가능성을 부여하기 위한 것이다.

(3) **예외**　위에서 본 바와 같이 처분기준의 공표에 대하여서는 많은 예외가 인정되어 있는바, 그것은 사전에 기준을 정하여 공표하는 것이 곤란한 경우도 많고, 처분기준을 미리 정하여 공표한 경우에는 폐해도 발생할 수 있기 때문이라고 할 것이다. 예컨대 1회 위반의 경우에는 구술에 의한 주의, 2회 위반의 경우에는 서면에 의한 엄중주의, 3회 위반의 경우에는 영업정지라고 정하여 공표한 경우, 악덕업자는 2회 위반까지는 실해가 없다는 것을 알게 되어 그의 위반을 조장하는 결과를 초래할 수도 있다고 할 것이다.

(4) **처분기준의 효력**　① 법치주의의 원칙에 의하면 불이익처분 등의 경우에는 법령에서 직접 처분기준을 정할 것이 요청된다. 그러나 법령에서 처분기준을 정하지 아니하고 행정청이 그때그때 사정에 따라 개별적으로 판단하도록 한 경우도 적지 아니하다. 전자를 기속처분, 후자를 재량처분이라 할 수 있는데, 따라서 주로 재량처분의 경우에 행정청이 처분기준을 설정·공표하게 된다. 처분기준은 주로 훈령 등 행정규칙으로 정하여지며(우리 현행법상으로는 부령 등 법규명령의 형식으로 정하는 경우도 많은데 판례는 그 경우에도 행정규칙으로 보고 있다), 처분기준은 상급관청의 하급관청에 대한 감독수단으로서 내부적 효력만을 갖게 된다. 그러나 행정절차법이 처분기준을 설정·공표하도록 한 취지에서 보면 공표된 것과 다른 기준에 의하여 처분을 하는 경우에는, 행정청은 그 합리적 근거를 제시할 의무가 있다고 할 것이고, 특히 재량규칙으로 정하여진 처분기준은 평등원칙을 매개규범으로 하여 법규로서의 대외적 효력을 갖는 경우가 있다는 것은 이미 본 바와 같다.

② 다만 재량의 처분기준을 너무 엄격하게 정하면 재량을 부여한 법령의 취지에 반하게 되고 행정운영을 경직시키는 역작용도 있다고 할 것이다. 따라서 처분기준의 구체성의 정도에는 내재적인 한계가 있다고 할 것이다.

(5) 처분기준이 결여된 경우의 처분의 효력 등 행정절차법 제20조는 처분기준을 설정·공표하도록 하였는바, 이와 관련하여 ① 처분기준의 설정·공표를 하지 아니한 경우에 그에 따른 처분의 효력이 어떻게 되는지와, ② 설정·공표된 기준이 위법한 경우에 행정쟁송으로 그 취소를 구할 수 있는지가 문제된다. ①에 대하여는 행정절차법상 처분기준을 설정·공표하여야 할 경우와 설정·공표하지 않아도 되는 경우의 구분이 불명확하고, 처분기준이 설정되지 않았다 하여 처분을 할 수 없는 것은 아니므로, 효력에는 영향이 없다 할 것이고, ②에 대하여는 처분기준 자체는 성숙성의 면에서 행정쟁송으로 직접 다툴 수 없고, 그에 의거한 처분이 행하여진 후에 비로소 처분을 쟁송대상으로 하여 처분기준을 간접적으로 다툴 수 있다고 할 것이다.

4. 處分理由의 提示

(1) 의의 행정절차법은 행정청이 처분을 하는 때에는 ① 신청내용을 모두 그대로 인정하는 처분인 경우, ② 단순·반복적인 처분 또는 경미한 처분으로서 당사자가 그 이유를 명백히 알 수 있는 경우, ③ 긴급을 요하는 경우를 제외하고는 당사자에게 그 근거와 이유를 제시하도록 하였으며, ②③의 경우에 처분 후 당사자가 요청하는 경우에는 그 근거와 이유를 제시하도록 하였다(동법 23).

(2) 이유제시의 내용과 정도 이유제시란 행정처분을 하면서, 당해 처분의 사실상 및 법률상의 이유, 그리고 재량행위에 있어서는 재량권행사에 있어서 행정청이 취한 관점(기준)을 제시하는 것을 말한다. 이유제시의 정도는 처분의 성질에 따라 차이가 있겠지마는 이유제시의 기능에 부합할 수 있는 정도의 것이어야 한다.

> 「일반적으로 당사자가 근거규정 등을 명시하여 신청하는 인·허가 등을 거부하는 처분을 함에 있어 당사자가 그 근거를 알 수 있을 정도로 상당한 이유를 제시한 경우에는 당해 처분의 근거 및 이유를 구체적 조항 및 내용까지 명시하지 않았더라도 그로 말미암아 그 처분이 위법한 것이 된다고 할 수 없다」(대법원 2002.5.17. 2000 두 8912 토지형질변경불허가처분취소).[1]

(3) 기능(필요성) ① 자의억제기능 내지 신중배려기능이다. 행정처분을 하면서 그 이유를 처분과 동시에 제시하게 한다면, 그것만으로 자의가 억제되고

1) 피고가 원고의 요청에 대한 회신을 함에 있어 '도시계획법'이라고만 하였을 뿐 '도시계획법시행령 제20조'를 명시하지 아니하였으나, (중략) 피고는 원고가 벌채허가를 득한 내용대로 조림을 하여야 한다는 이유로 불허하였음이 분명하므로, 원고로서는 당초 벌채허가와 달리 이 사건 임야를 이용하기 위한 원고의 신청이 개발제한구역의 지정목적에 현저히 지장을 초래하는 것이라는 이유로 도시계획법시행령 제20조 제 1 항 제 2 호에 따라 불허된 것임을 알 수 있었다고 할 것이고, 따라서 피고가 근거규정을 단지 '도시계획법'이라고만 하였다고 하여 그 처분 자체를 위법하다고 할 수 없다(대법원 2002.5.17. 2000 두 8912 토지형질변경불허가처분취소).

행동은 신중하게 된다. ② 행정쟁송제기 편의제공기능이다. 상대방은 처분이유에 근거하여 행정쟁송을 제기할 것인지 여부를 판단할 수 있게 될 것이다. ③ 상대방에 대한 설득기능이다. 상대방이 알지 못하거나 잘못 알고 있던 사실을 올바르게 이해하여 처분을 납득할 것이 기대된다. ④ 결정과정공개기능이다. 결정과정이 공개되면 행정의 민주화에도 기여할 수 있게 된다.

(4) **외국의 입법 예**　독일 행정절차법 제39조는 우리 행정절차법과 유사한 규정을 두어, 불이익처분은 물론 수익적 처분에 대하여서도 일정한 법정의 사유가 있는 경우를 제외하고는 이유제시를 요구하고 있으며, 또한 재량권을 행사함에 있어서의 행정청의 관점(Gesichtspunkte)을 명시하도록 하였다. 그리고 프랑스의 1979. 7. 18의 법률은 모든 불이익처분 그리고 일반원칙에 대한 예외가 되는 개별처분에 대하여는 이유제시를 요구하였으며, 미국 행정절차법(5 U.S.C. 557(c))은 모든 결정에는 사실상·법률상 또는 재량상의 중요한 쟁점에 대하여, 사실인정·결론 및 그에 대한 이유 또는 근거에 관한 설명을 기재하도록 하였고, 일본 행정절차법 제 8 조 및 제14조는 신청에 대한 거부처분과 불이익처분에 대하여는 이유제시를 요구하고 있다.

(5) **근거**(이유제시와 헌법)　현행법상의 이유제시의 일반적인 근거 법률은 행정절차법 제23조이다. 그런데 행정절차법이 제정되기 전에는 이유제시가 법률에 의하여 비로소 요구되는 것인지, 아니면 법률에 규정이 없는 경우에도 헌법상 요구된다고 볼 것인지에 대하여 다툼이 있었다. 이에 대하여는 견해의 대립이 있었으나, 일반적 견해와 판례는 적어도 불이익처분에 대하여는 이유제시가 헌법상 요구된다고 보았다. 행정절차법이 시행되기 전의 우리 판례[1]도 이유제시를 요구하는 근본취지를「행정청의 자의적 결정을 배제하고 이해관계인으로 하여금 행정구제절차에 적절히 대처할 수 있게 하기 위한 때문이다」라고 밝히고 있다. 이는 바로 이유제시가 헌법상의 법치주의원칙과 행정소송의 개괄주의에서 요구되고 있음을 분명히 한 것이라 할 것이다. 이와 같이 보면 적어도 불이익처분에 대하여 행정절차법에서 이유제시를 요구한 것은 이러한 헌법적 요청을 명문화 내지는 구체화하는 의미밖에 없다고 할 것이다.

---

1) 피고가 원고에 대하여 한 이 사건 일반주류도매업면허취소통지(갑제 2 호증)에 의하면 "상기 주류도매장은 무면허주류판매업자에게 주류를 판매하여 주세법 제11조 및 국세법사무처리규정 제26조에 의거 지정조건위반으로 주류판매면허를 취소합니다"라고만 되어 있어서, 기록에 나타난 원고의 영업기간과 거래상대방 등에 비추어 그 정도의 사실적시만으로는 원고가 어떠한 거래행위로 인하여 이 사건 처분을 받았는지를 알 수 없다 할 것이므로, 원심이 이 사건 면허취소처분이 위법하다고 판단한 것은 정당하다(대법원 1990.9.11. 90 누 1786 일반주류도매업면허취소처분취소).

(6) 이유제시의 결여와 행정행위의 효력 이유제시를 하여야 할 경우에 그것을 결여하거나 불비된 경우에, 그것을 독자적인 흠으로 볼 것인가 여부에 관하여 견해가 대립된다.

(가) 독자적 흠으로 인정하지 아니한 견해 행정행위에 실체법상의 흠이 있는 경우에는 그것은 무효 또는 취소사유가 되고, 무효로 선언되거나 취소가 되면 그것으로 무효 또는 취소가 확정된다. 그러나 절차상이나 형식상의 흠의 경우에는 그것을 독자적인 무효 또는 취소사유인 흠으로 인정하여, 무효로 선언하거나 취소되더라도, 행정청이 다시 법정의 절차나 형식을 갖추어 행정행위를 다시 하면 원래의 행정행위가 부활되어 버리기 때문에,[1] 행정능률을 고려한다면 이유제시의 흠과 같은 절차상의 흠을 독자적인 흠으로 인정할 수 없고, 그것과 함께 실체법상의 흠, 즉 내용상의 흠이 있을 때에만 무효 또는 취소사유로 인정하여야 할 것이라고 한다.

(나) 독자적 흠으로 인정하는 견해 (a) 이유제시의 흠을 독자적인 흠으로 인정하지 아니하면, 실정법상 또는 해석에 의하여 이유제시를 요구하더라도 그것은 일종의 훈시규정에 지나지 않게 될 것이라고 한다. 행정청은 이유제시를 결한 경우에도 쟁송단계에서 이유를 명백히 제시하고, 별도로 처분내용의 타당성을 주장하게 되면, 처분은 취소되지 않게 되며, 따라서 법률기술적으로는 이유제시가 결국 법률상의 요건으로는 될 수 없게 된다고 할 것이다.

(b) 당해 처분의 상대방과 동일한 처분을 받을 지위에 있는 자의 이익을 위하여서도 이유제시의 흠을 독자적인 흠으로 인정할 필요가 있다고 한다. 처분의 직접 상대방과 관련하여 이유제시의 흠을 독자적인 흠으로 인정하지 아니하면 행정청은 이유제시의무를 일반적으로 이행하지 아니할 것이기 때문이다. 재결청이나 법원이 이유제시의 불비를 독자적인 흠으로 인정하여 취소하여야만, 이유제시불비의 일반예방이라는 커다란 효과를 거둘 수 있다고 할 것이다.[2]

(다) 결언 (a) 이유제시의 흠을 독자적인 흠으로 인정하는 견해가 타당하다고 할 것이다. 그리고 그 주된 근거는 침해된 상대방의 절차적 권리를 회복시켜 주는 데 있다고 할 것이다.

(b) 그런데 현실적으로 당해 소송에서 심리의 결과 처분이 실체면에서는 전

---

1) 과세의 절차 내지 형식에 위법이 있어 과세처분을 취소하는 판결이 확정되었을 때는 그 확정판결의 기판력은 거기에 적시된 절차내지 형식의 위법사유에 한하여 미치는 것이므로 과세관청은 그 위법사유를 보완하여 다시 새로운 과세처분을 할 수 있고 그 새로운 과세처분은 확정판결에 의하여 취소된 종전의 과세처분과는 별개의 처분이라 할 것이어서 확정판결의 기판력에 저촉되는 것이 아니다(대법원 1987.2.10. 86 누 91 취득세부과처분취소).

2) 室井力・鹽野宏 編, 행정법을 배운다, 1, p.269.

혀 흠이 없다는 것이 밝혀졌음에도 불구하고, 이유제시의 흠을 독자적인 흠으로 인정하여 처분을 취소하는 것은, 결과적으로 상대방에게 부담만 가중시키고 분쟁해결만 지연시키는 경우도 있다고 할 것이다. 일반적으로 말한다면 통지·청문·이유제시·기록열람 등 절차상의 기본원칙 들은 그것을 준수하지 아니한 경우에는 절차적으로는 물론이고, 실체적으로도 적법한 결정이 행하여지지 아니하였다는 관점에서 사안을 고려하는 것이 타당할 것으로 생각한다. 우리 판례는 이러한 입장에 서서 청문절차의 흠결을 독자적인 흠으로 인정하였다.[1)]

(c) 독자적인 흠으로 인정하는 경우에 무효원인인지, 취소원인인지 중대명백설에 따라 결정하여야 할 것으로 본다. 판례는 일관되게 취소원인으로 본다(대법원 2004.7.8. 2002 두 8350 유희시설조성사업협약해지및사업시행자지정거부처분취소).

(7) 이유제시의 흠의 치유 (개) 이유제시의 흠이 있는 경우에 사후보완에 의하여 그것이 치유될 수 있는지가 다투어지고 있다. 이유제시의 흠의 치유 문제는 일반적인 흠의 치유 문제의 구체적인 적용사례라고 할 것인바, 그것이 특히 논의되는 것은 특히 불이익처분에 있어서 이유제시의 중요성이 크기 때문이며, 또한 독일 행정절차법이 특히 그에 관한 규정을 두고 있기 때문이라고 할 것이다.

(내) 이유제시의 흠을 독자적인 흠으로 인정하지 않는 견해에서는, 흠의 치유를 널리 인정하는 것이 그 논리구조로 보아 당연하다 할 것이다.

(대) 그러나 이유제시의 흠을 독자적인 흠으로 인정하는 견해에서는, 이유제시의 기능 중 쟁송제기 편의제공 기능에서 볼 때에는 독일 행정절차법에서와 같이 쟁송제기 전까지 추완하면 치유를 인정할 수 있을 것이나, 행정청의 판단을 신중하게 하도록 한다는 기능에서 볼 때에는 치유를 쉽게 인정할 수 없다고 한다.

(래) 우리 판례는「치유를 허용하려면 적어도 처분에 대한 불복 여부의 결정 및 불복신청에 편의를 줄 수 있는 상당한 기간 내에 하여야 할 것이다」(대법원 1984.7.10. 82 누 551 복합비료생산업허가취소처분취소).[2)]고 하여 제한적으로 치유를 인정한다.

(매) 생각건대 이유제시의 흠의 치유도 일반적인 흠의 치유의 일환이므로 일반적인 흠의 치유에 있어서와 같이 제한적으로만 인정하는 것이 타당하다 할 것이다.

---

1) 행정절차법 등 관련 법령상 청문을 실시하지 않아도 되는 예외적인 경우에 해당하지 않는 한 반드시 청문을 실시하여야 하며, 그러한 절차를 결여한 처분은 위법한 처분으로서 취소사유에 해당한다. 행정청이 구 주택건설촉진법 제48조의2 제 6 호에 따른 청문을 실시하지 않은 채 주택조합의 설립인가를 취소하는 처분을 한 것은 위법하다고 한 사례(대법원 2007.11.16. 2005 두 15700 주택조합설립인가취소처분의취소).

2) 허가의 취소처분에는 그 근거가 되는 법령과 처분을 받은 자가 어떠한 위반사실에 대하여 당해 처분이 있었는지를 알 수 있을 정도의 위 법령에 해당하는 사실의 적시를 요한다고 할 것이고 이러한 사실의 적시를 흠결한 하자는 그 처분 후 적시되어도 이에 의하여 치유될 수는 없다(대법원 1984.7.10. 82 누 551 복합비료생산업허가취소처분취소.

제 7 장 行政情報公開制度 및 個人情報保護

제 1 절 行政情報公開制度

Ⅰ. 意　　義

1. 槪　　念

(1) 「정보공개제도」란 국민이 국가가 보유한 정보에 접근하여 그것을 이용할 수 있게 하기 위하여 국민에게 정부보유정보에 대한 공개를 청구할 수 있는 권리를 보장하고, 국가에 대하여 정보공개의 의무를 지게 하는 제도를 말한다.

(2) 원래 정보공개제도는 행정절차의 상대방이나 기타의 이해관계인이 행정절차에 참가하는 경우에 예비지식을 얻기 위하여 필요하다고 할 것이며, 따라서 정보공개제도는 사전절차제도의 전제로서 그 일환을 이룬다고 할 것이고, 이러한 입장에서 볼 때에는 행정법 차원의 문제라 할 것이다. 실제로 미국 등에서도 행정절차법의 일환으로 입법화되었다.[1)]

그러나 정보공개제도는 다른 한편으로는 헌법원리로서의 국민의 「알 권리」(right to know)를 실현하는 독자적인 제도로서 요청된다.

(3) 오늘날에는 정보공개제도는 그 자체로서 독자적인 법제도로 발전되고 있다. 다만 정보공개제도는 다른 제도 특히 행정절차제도 및 개인정보보호제도와 밀접한 관계를 가지고 있다.

2. 情報公開制度의 필요성

(1) 정보공개와 국민의 「알 권리」　정보공개는 국민의 「알 권리」의 충족을 위하여 필요하다. 「알 권리」는 인간의 인격형성을 위한 전제이며, 개인의 자기실현을 가능하게 하는 개인적권리로서 인간의 행복추구의 중요한 내용이 된다.

(2) 정보공개와 민주주의　정보공개는 민주주의의 존립을 위하여서도 필수적이다. 민주주의와 국민자치를 실현하기 위하여서는 국민이 정부가 하는 일에 관한 정보를 자유로이 알아야 한다. 국민은 국정에 관한 광범한 정보를 가짐

---

1) 兼子仁, 情報公開와 行政의 改革, 日本 公法硏究, 제43호, p.43.

으로써 올바른 정치적 의사를 형성하며, 선거권을 행사하고, 여론의 형성을 통하여 국정과정에 참여할 수 있게 된다.

(3) **정보공개와 국민의 권리 · 이익의 보호** 정보공개는 국민의 권리 · 이익을 보호하고 국민에게 봉사하는 행정을 실현하기 위하여서도 필수적이다. 국민들은 자신들의 권리나 생명 · 건강 · 건전한 생활을 보호하기 위하여서는 수시로 관련 정보를 입수하여 정부나 기업에 대하여 적절한 대책을 강구하여 주도록 요구할 수 있어야 한다.

(4) **정보공개와 사회통합** 사회발전에 있어 갈등과 합의(consensus), 즉 변화와 안정의 균형을 유지하기 위한 수단으로 정보의 공개가 요청된다. 사회와 인류문명의 발전에 있어서는 갈등이나 분열이 토론의 과정을 거쳐 콘센서스를 낳는 과정을 되풀이하게 된다. 그러한 과정에서 정보공개는 분열과 갈등이 사회를 파괴함이 없이 계속될 수 있는 틀(framework)을 마련하여 준다.

(5) **정보공개와 국정에 대한 국민의 신뢰성확보** 정보공개에 의하여 개방된 정부의 실현은 국정운영의 투명성을 확보하여 공정하고 민주적인 국정운영을 구현하고 국정에 대한 국민의 신뢰성을 확보하게 된다. 또한 정보공개는 부정 · 부패의 방지를 위하여서도 필수적으로 요청된다. 부패는 일광소독에 의하여서만 예방할 수 있는 것과 같이 국정정보의 공개는 정부공무원의 부패를 방지할 수 있는 방부재가 된다.

3. 정보공개의 逆機能

정보공개에 따른 역기능으로는 ① 국가기밀이나 개인정보가 침해될 우려가 커지고, ② 경쟁상대가 되는 기업의 비밀을 탐지하기 위한 목적으로 악용될 소지가 있으며, ③ 정보공개를 위한 문서목록작성, 전담기구의 설치, 인력충원 등 행정부담이 증가되고, ④ 부실한 정보의 유통이나 조작된 정보가 공개될 우려가 있으며, ⑤ 정보접근능력이 있는 자만이 정보를 접함으로써 정보접근능력이 없는 자보다 상대적으로 유리하여져서 형평성을 잃을 우려 등이 있다.

Ⅱ. 국민의 「알 權利」(情報公開請求權)의 법적 근거

1. 概 說

(1) **「알 권리」의 의의** 「알 권리」는 소극적으로 국가권력에 의한 방해를 받지 아니하고, 일반적으로 접근할 수 있는 정보원으로부터 의사형성에 필요

한 정보를 수집하고, 수집된 정보를 취사·선택할 수 있는 자유(정보의 자유)와, 적극적으로 정부에 대하여 정부가 보유하고 있는 정보의 제공을 청구할 수 있는 권리(정보공개청구권)를 말한다. 일반적으로 정보공개청구권이라 할 때에는, 후자의 뜻으로 사용한다. 여기에서의「정보의 자유」는 정보의 수집을 정부가 방해하는 때에는 방해배제청구권으로 나타난다. 그리고「정보공개청구권」은 자기에 관한 정보 또는 자기의 권익보호와 직접 관련이 있는 정보의 공개를 청구하는 개별적 정보공개청구권[1]과, 국민의 한 사람으로서 일반적인 정보의 공개를 청구하는 일반정보공개청구권[2]으로 나누어진다(헌법재판소 1991.5.13. 90 헌마 133 기록등사신청에대한헌법소원).

(2)「알 권리」의 내용 국민의「알 권리」의 기본이념은 원래 기본적 인권과 민주주의의 원리에 포함되어 있다고 할 것이다.「알 권리」는「읽을 권리」「들을 권리」와 함께 인간의 인격형성을 위한 전제이며, 개인의 자기실현을 가능하게 하는 개인적 권리로서 인간의 행복추구권의 중요한 내용의 하나라 할 것이다. 또한「알 권리」는 민주주의 원리와 불가분의 관계가 있다고 할 것이다.

2.「알 권리」(情報公開請求權)의 憲法的 근거

우리나라에서는 정보공개청구권을「알 권리」의 본질적 요소의 하나로 보고 있다.[3] 그런데 우리 헌법에는「알 권리」에 관한 명문의 규정이 없다. 그리하여「알 권리」의 헌법적 근거를 어디에서 찾을 것인지와 그러한「알 권리」에 관한 헌법 규정에 의하여 직접 국가에 대하여 정보의 공개를 청구할 수 있는지가 다투어지고 있다.

(1) 헌법 제21조의 표현의 자유에서 찾으면서 당해 규정에 의하여 직접 정보공개청구를 할 수 있다는 견해 헌법재판소의 결정(88 헌마 22 (1989.9.4 헌재결정) 등) 및 대법원판례(97 누 5114(1999.9.21 대판), 98 두 3426(1999.9.21 대판))의 입장이다.

(2) 헌법의 여러 조항에서 찾으면서 당해 규정들에 의하여 직접 정보공개청구를 할 수 있다는 견해 ㈎「알 권리」를 포괄적 또는 복합적 성격의 권리로 이해하는 견해이다.

---

1) 종결된 수사기록에 대한 고소인의 열람·등사청구에 대하여 그 내용을 이루는 각각의 수사기록에 대한 거부의 구체적 사유를 밝히지 아니한 채 고소인이 제출한 서류 이외의 내용에 대한 열람·등사를 거부한 것은 고소인의 알 권리를 침해한 것이다(대법원 1999.9.21. 98 두 3426 행정정보공개거부처분취소).

2) 피고가 1996.3.경 미국정부로부터 당시 미국 정보공개법에 따라 비밀이 해제된 바 있는 1979년 및 1980년의 우리나라 정치상황과 관련한 미국 정부 보유의 이 사건 문서 사본을 제공받아 보관하고 있는 이상 이는 국민의 알 권리에 기한 일반적 정보공개청구권의 대상이 된다(대법원 1999.9.21. 97 누 5114 정보공개거부처분취소).

3) 권영성, 헌법학원론, p.412; 90 헌마 133(1991.5.13 헌재결정).

(나) 「알 권리」는 ① 민주적인 국정참여를 위하여, ② 인격의 자유로운 발현과 인간다운 생활을 확보하기 위하여 필요한 정보수집권을 의미하므로, 헌법 제21조 제 1 항(표현의 자유), 제 1 조(국민주권의 원리), 제10조(인간의 존엄성 존중과 행복추구권), 제34조 제 1 항(인간다운 생활을 할 권리) 등에서 그 헌법적 근거를 찾을 수 있다는 견해가 그 대표적인 예이다.[1)]

(3) 「알 권리」 중 적극적인 정보공개청구권은 헌법적 근거를 찾을 수 없으며, 따라서 헌법규정만을 근거로 정보공개를 청구할 수 없다는 견해 「알 권리」는 국가의 부작위에 대한 요구권에 머물지 않고 적극적인 정보공개를 요구하는 권리로 발전하고 있지만 실정법상 근거 없이 개개의 국민이 정보공개를 청구할 만한 구체적 권리를 가지지 않는 견해가 그것이다.[2)]

(4) 결언 「알 권리」(정보공개청구권)의 근거를 헌법의 여러 조항에서 찾으면서 당해 조항에 의하여 직접 정보공개를 청구할 수 있다는 견해가 타당할 것으로 생각한다. 그러나 우리나라에서도 정보공개입법이 행하여진 현재로서는 정보공개청구권의 헌법적 근거에 관한 논의는 그 실익이 반감되었다고 하겠다.

Ⅲ. 정보공개에 관한 外國의 立法例

1. 美 國

미국에서는 1946년 행정절차법 제 3 조에 정보공개에 관한 근거규정을 둔 이래, 1966년에 행정절차법 제 3 조의 개정법률인 정보자유법(The Freedom of Information Act)을 제정하기에 이르렀으며, 1974년, 1976년, 1986년, 1996년에 각각 개정되었는바, 1996년의 개정인 전자정보자유법(The Electronic Freedom of Information Act Amendments of 1996: EFOIA)은 전자정보와 절차상의 공개지연에 대한 대응에 대하여 규정하였다. 미국의 정보자유법의 하나의 특색은 공중의 청구에 의한 정보공개와 함께, 행정기관에게 일정한 정보공표(기관의 조직 · 기능 · 절차, 실체적 규칙, 일반정책의 선언 등 정보를 Federal Register를 통하여 공개)와 정보제공(일정한 유형의 기록을 일반공중이 열람 · 복사할 수 있도록 제공)을 의무화하고 있는 것이다. 정보자유화법은 정부가 보유하는 모든 정보를 국민의 것으로 보며, 국민은 그러한 정보를 알 권리가 있다고 하는 정보의 자유를 확립한 것이다.[3)] 정보자유법은 연방정부의 자의적인 비밀주의를 견제하려는 의회와 언론계의 집요한 노력의 결과라고 할 수 있다.[4)]

1) 권영성, 헌법학원론(2001년판), p.469; 허영, 한국헌법론, 박영사(2008년), p.545.

2) 구병삭, 신헌법원론, p.438; 강경근, 행정전산화의 법적 문제, 한국공법학회 제25회 발표논문.

3) 한국행정연구원, 행정정보공개제도에 관한 연구; 변재옥, 미국의 정보자유화법의 운용상 문제점, 현대공법이론(목촌김도창 박사 화갑기념), 1982, p.146 참조.

4) 박윤흔, 행정부의 자의적인 비밀주의견제, 신문과 방송, 1992.8월호, p.7 이하.

여하튼 미국은 더 나아가서 정보자유의 이념을 정보자유법에 의한 정보공개에 더하여 다음의 세 가지 방향으로 확대·발전시키고 있다. ① 국민은 각자 자기에 관하여 정부가 수집한 정보를 「알 권리」가 있으며, 개인의 정보를 정부가 함부로 이용할 수 없도록 하는 「프라이버시」법(Privacy Act 1974)의 제정, ② 정부의 문서를 공개할 뿐만 아니라 정책의 결정과정인 모든 회의까지 공개하는 회의공개법(Government in the Sunshine Act 1976), ③ 정책결정의 책임기관에 있는 정치인·고급공무원·법관 등의 재산 및 수입을 공개하여 국민생활에 중대한 영향을 주는 정책결정에 사적작용을 하지 못하도록 하는 정부윤리법(Ethics in Government Act 1978)의 제정이다.

2. 프 랑 스

「프랑스」는 1978년 7월 17일의 법률(1편)에 의하여 정보자유화가 실현되었는바, 「행정문서의 액세스에 관한 위원회」가 공개원칙의 준수를 감시한다. 이 위원회에 대하여는 정보자유법의 적용에 관련하여 생기는 문제에 대하여 행정측에서도, 공개를 거부당한 사인측에서도 불복을 제기할 수 있다. 정보자유법은 또한 재량기준의 정기적인 공표를 제도화하였다. 그리고 「프랑스」에서도 1978년 1월 6일의 법률에 의하여 정부가 작성한 개인에 관한 전산처리정보를 알 권리가 있으며, 그에 대한 이의신청권을 보장하였다.[1)]

Ⅳ. 行政情報公開와 行政節次 및 個人情報保護

1. 行政情報公開와 行政節次

(1) 절차적 공정성의 보장 (가) 행정결정에 있어 절차적 공정성을 보장하기 위하여 사전에 이해관계인에게 정보를 공개하는 행정절차의 법제는 앞에서 본 국민의 「알 권리」에 따른 정보공개와는 다른 의미에서(오히려 전통적인 의미에서) 정보공개를 촉진시켰다.[2)] 이러한 행정의 절차적 공정(procedural fairness)의 원리에 따라 미국의 1946년의 행정절차법(Administrative Procedure Act)은 「정당하고 직접적인 관계가 있는 자에게 정보공개를 인정한다」고 규정하였다(동법 3).

(나) 행정절차에 있어서의 정보공개는 일반공개가 아니고 이해관계가 있는 국

1) 성낙인, 정보공개법의 제정방향 — 프랑스정보공개법제를 중심으로 — 아산재단연구논문 사회과학연구(영남대), 1991 참조.

2) 東平好史, 情報公開와 行政節次, 쥬리스트臨時增刊 情報公開, 프라이버시(1981), p. 41 이하 참조.

민에 대한 것이라는 한정성을 가지고 있다. 따라서 국민의「알 권리」에 근거한 정보공개제도와는 약간의 차이가 있게 되는바, 행정절차의 일환인 정보공개는 구체적인 당해 사안에 대한 정보를 당해 사안의 관계인에게만 개시하는 것이나, 일반적인「알 권리」에 근거한 정보공개에는 그러한 제한이 없다.[1)]

(2) 정보공개입법과 행정절차법의 상호보완성 ㈎ 정보공개법이 법령해석이나 재량기준에 관한 문서 등 공문서를 일반인에 공개하도록 규정한 경우가 많은바(미국법전 552a(1)(2), 프랑스정보공개법 1), 이러한 공개로 인하여 행정절차에 참가하는 관계국민은 행정방침을 미리 알게 된다. 따라서, 공문서의 일반공개원칙이 법정되면 행정절차의 관계국민은 공문서정보를 입수함에 있어 일일이 이해관계가 있음을 입증하는 번거로움을 면하게 된다.

㈏ 그러나 정보공개법 아래서는 행정절차에 참가하는 관계국민에게 가장 절실하게 요청되는 행정절차과정상의 정보가 대개 공개제외사항에 포함되어 있는바, 이는 행정절차법에서 이를 개시하도록 보장하여 정보공개법을 보충하여야 할 것이다. 예컨대 미국의 정보자유법은 행정기관내부문서(intra-agency memorandums or letters)를 비공개기록으로 하고,「프랑스」정보공개법은 행정결정의 준비서류를 공개대상에서 제외하였다.

(3) 행정정보의 사전개시를 담보하는 행정절차법상의 제도

㈎ 행정처분기준(재량기준)의 설정의무 및 그 공개제도 오늘날은 행정재량기준을 행정입법(주로 부령)이나 고시·훈령 등 행정규칙으로 정하는 경우가 많다. 그리하여 행정재량기준이 문서화되어 있는 경우에는 정보공개입법에서도 이를 공시대상으로 규정하고 있는 경우가 있다(예: 프랑스 정보공개법). 그러나 재량기준설정을 행정기관에게 의무지우고, 그것을 관계국민에게 공개하도록 하는 것은 본격적으로는 행정절차법제에 기대하는 수밖에 없다(예: 행정절차 24).

㈏ 행정결정근거자료의 사전개시제도 행정결정의 근거자료를 이해관계인에게 미리 개시하도록 하여 행정결정이 거기에 근거를 두도록 행정절차법에서 담보하는 것이 행정의 공정을 기하기 위하여 필요불가결하다는 것은 말할 것도 없다. 우리 행정절차법도 같다(동법 37).

㈐ 행정처분의 이유부기의무의 일반화 이유부기(Reasons to be given for decision, Begründung des Verwaltungsakts)의무는 행정처분을 신중·적정하게 하도록 보장함과 동시에, 이유부기라는 형태로 상대방에게 행정정보를 개시하는 의미를 가진다. 그것은 상대방에 한한 것이기는 하지만 그만큼 행정과정의 비밀을

1) 平松毅, 情報公開, p.17 이하 참조.

감소시키고 의무적인 공문서화의 범위를 넓혀 정보공개입법의 대상인 정보를 넓히는 효과를 갖는다. 우리 행정절차법도 이유부기를 의무화하였다(동법 23).

2. 行政情報公開와 個人情報保護

(1) **두 제도의 조정의 필요성** 국민의「알 권리」내지는 정보공개는 우리사회에 있어서의 정보의 자유로운 유통을 보장하는 데 있다. 그런데 정부가 수집·관리하는 정보 중에는 국가의 안전보장이나 사회공익에 관한 정보 또는 개인의 사생활에 관한 많은 정보가 포함되어 있다. 그리하여 국민의「알 권리」는 국가의 안전보장이나 사회공익을 위하여 그리고 개인의 사생활보호를 위하여 필요한 경우에는 제한을 당하게 된다.

(2) **두 제도의 차이점** 두 제도는 목적과 구성을 달리한다. 개인정보보호제도는 개인의 권리·이익을 보호함을 목적으로 하는 데 대하여, 정보공개제도는 국민 누구에게나 국정정보를 공개하여 공정하고 민주적인 국정운영을 도모함을 목적으로 한다. 그리하여 정보공개입법을 하는 경우에는 이러한 법익을 조정하기 위한 법적장치를 하게 된다. 우리나라의 경우에도 뒤에서 보는 바와 같이 정보공개법에서 개인정보를 공개대상에서 제외하는 규정을 두고 있으며, 또한 개인정보보호를 위하여「공공기관의 개인정보 보호에 관한 법률」이 제정되어 시행되고 있다.

(3) **두 제도의 상호관련성** 위에서 본 바와 같이 정보공개와 개인정보보호는 서로 충돌되는 면이 있으나, 거시적으로 볼 때에는 양자는 모두 정보의 자유로운 흐름과 정보에 있어서 공익과 사익의 적정한 조화를 도모함으로써 정보화사회에 있어서의 개방된 정부와 인격의 자유로운 형성·발전을 기하는 데 있어서 공동보조를 취하는 제도라고 하겠다.[1)]

V. 우리나라에 있어서의 情報公開制度의 推進

1. 概 說

(1) **정보공개법의 입법** 위에서 본 바와 같이 국민이 헌법규정에 근거하여 일반적 정보공개청구권을 직접 행사할 수 있는지에 대하여서는 견해가 대립되어 있으나, 헌법이 보장하고 있는 국민의「알 권리」를 확실하게 실현하기 위하여서는「알 권리」, 즉 정보공개청구권의 주체, 그 구체적인 내용과 한계 등을

1) 홍준형(총), p.436 참조.

정하는 실정법의 제정이 필요함은 두말할 것도 없다.

이와 같은 요청으로 「공공기관의 정보공개에 관한 법률」이 제정되어 1998년 1월 1일부터 시행되었다.

(2) **행정정보공개운영지침의 시행** 한편 정부에서는 정보공개제도의 시행을 위한 준비작업으로 국무총리훈령으로 「행정정보공개운영지침」(국무총리훈령 288호 1994. 3. 2)을 발령하여 시행하여 왔다. 이는 정보공개법의 제정·시행을 위한 여건을 조성하고, 정보공개를 비구속적인 제도로 우선 시행함으로써 정보공개제도의 시행에 따르는 문제점을 최소화하기 위한 것이라고 하겠다.

(3) **지방자치단체의 정보공개조례의 시행** 많은 지방자치단체에서 정보공개조례가 제정됨에 따라 정보공개제도가 지방자치단체 차원에서 먼저 시행되었다. 이러한 지방자치단체 차원에서의 정보공개는 국가 차원에서의 정보공개제도의 채택을 촉진하는 하나의 계기가 되었다.

정보공개조례는 청주시에서 맨 먼저 제정하는 영광을 차지하였으며(1991. 12. 26),[1] 많은 지방자치단체에서 조례가 제정되어 시행중에 있다.

2. 公共機關의 情報公開에 관한 法律의 주요내용

(1) **목적 및 적용범위** ㈎ 이 법은 공공기관이 보유·관리하는 정보에 대한 국민의 공개청구 및 공공기관의 공개의무에 관하여 필요한 사항을 정함으로써 국민의 알 권리를 보장하고 국정에 대한 국민의 참여와 국정운영의 투명성을 확보함을 목적으로 한다(동 1).

㈏ 정보공개법은 「정보의 공개는 다른 법률에 특별한 규정이 있는 경우를 제외하고는 이 법이 정하는 바에 의한다」고 규정하여(동 4①), 이 법이 공공기관이 보유·관리하는 정보공개에 관한 일반법임을 명시하고 있다. 그러나 국가안전보장에 관련되는 정보 및 보안업무를 관장하는 기관에서 국가안전보장과 관련된 정보분석을 목적으로 수집하거나 작성된 정보에 대하여는 이 법이 적용되지 않는다. 다만 제 8 조 제 1 항의 규정에 의한 정보목록의 작성·비치 및 공개는 행하여야 한다(동 4③). 국가안전정보 등에 대하여 전반적으로 적용을 제외한 것은 위

1) 청주시의회에서 정보공개조례안을 의결하자 청주시장이 이 조례는 지방자치법 제15조 제 1 항에 의하여 자치사무에 대하여서만 정할 수 있는데, 기관위임사무에 대한 정보도 공개하도록 하는 동 조례안은 지방자치법 제15조 제 1 항에 위반된다는 등의 이유로 재의를 요구하였으나, 의회에서 다시 출석의원 3분의 2 이상으로 재의결하였고, 시장은 지방자치법 제159조에 근거하여 대법원에 제소하였으나, 대법원은 동조례안을 의회의 주장취지와 함께 살펴보면 동 조례안은 자치사무와 단체위임사무에 관한 정보의 공개를 정하려는 것으로 위법이 아니라고 하여 시장의 주장을 배척하였다(92 추 17(1992. 6. 23 대판)).

헌의 소지가 있다는 비판이 있다.[1]

(다) 이 법은 지방자치단체에 의한 정보공개에도 적용된다. 지방자치단체는 그 소관사무에 관하여 법령의 범위 안에서 정보공개에 관한 조례를 제정할 수 있다(동 4②).

(2) 정보공개의 원칙 및 공개대상정보 (가) 공공기관이 보유·관리하는 정보는 이 법이 정하는 바에 따라 공개하여야 한다(동 3). 이는 정보공개가 원칙이고, 비공개가 예외임을 명백히 한 것이다.

「'공공기관이 보유·관리하는 정보는 이 법이 정하는 바에 따라 공개하여야 한다.' 고 규정한 이 사건 법률조항은 단지 공공기관이 실제로 보유·관리하고 있는 정보에 대하여 그 공개원칙을 정하는 의미일 뿐이며 공공기관이 고의 또는 과실로 문서의 존부에 대한 확인의무를 게을리하였거나, 공공기관이 고의 또는 과실로 문서를 보유·관리하고 있지 않게 된 경우 당해 공공기관이 정보비공개를 정당화하는 법적 근거가 되는 것이 아니며 그렇게 해석될 여지도 없다. 또한 이 사건 법률조항이 '공공기관이 보유·관리하는 정보'라는 표현을 사용하고 있는 점이나 존재하지 아니하는 문서는 공개하는 것이 당연히 불가능한 것이라는 점 등을 고려할 때 일반적인 상식이나 통상적인 법감정을 가진 사람이라면 누구나 용이하게 이와 같이 판단할 수 있을 뿐만 아니라 이를 예견하고 이에 따라 행동할 수 있다고 할 것이다. 따라서 이 사건 법률조항은 법치주의에서 요구하는 법규의 명확성 원칙에 위배되지 아니한다」(헌법재판소 2003.4.24, 2002 헌바 59, 공공기관의정보공개에관한법률 제 3 조 위헌소원).[2]

(나) 공개대상정보는 공공기관이 직무상 작성 또는 취득하여 관리하고 있는 문서(전자문서 포함)·도면·사진·필름·테이프·슬라이드 및 그 밖에 이에 준하는 매체 등에 기록된 사항을 말한다(동 2(1)). 널리 공문서의 성격을 갖는 모든 기록물을 공개의 대상으로 하고 있다.

〔판례〕 정보공개 청구의 대상이 되는 문서는 반드시 원본일 필요가 없다.

공공기관의 정보공개에 관한 법률상 공개청구의 대상이 되는 정보란 공공기관이

1) 김배원, 미국·일본·한국의 「정보공개법」 비교고찰, 공법연구, 제28집 제 2 호, 2000. 1 월호, p.338.

2) 이 사건 법률조항은 단지 공공기관이 보유·관리하는 정보에 대한 '정보공개의 원칙'을 선언한 규정으로서 공공기관이 고의 또는 과실로 문서를 보유·관리하고 있지 않게 된 경우 당해 공공기관이 정보비공개를 정당화하는 법적 근거가 되는 것이 아니며, 별도로 공공기관의 기록물관리에 관한 법률에 의하여 문서의 보관·관리에 관한 법적 책임을 규율하고 있는 현행법 체계상 그와 같이 해석될 필요도 없으므로 국민의 알 권리를 침해하는 하등의 내용을 가진 것이라고 할 수 없다. 다만 알 권리 등 기본권을 보장하는 법률조항이라고 하더라도 불충분하거나 기본권 보장의 방법이 평등의 원칙에 반한다면 헌법에 위배될 수도 있다고 할 것이나, 공공기관이 보유·관리하고 있지 않은 정보를 공개하도록 하는 것은 불능의 조치를 강제하는 무의미한 것으로 그러한 내용을 포함하고 있지 않다고 하여 불충분하거나 불평등한 입법이라고 할 수도 없다(헌법재판소 2003.4.24, 2002 헌바 59, 공공기관의정보공개에관한법률 제 3 조 위헌소원).

직무상 작성 또는 취득하여 현재 보유·관리하고 있는 문서에 한정되는 것이기는 하나, 그 문서가 반드시 원본일 필요는 없다(대법원 2006.5.25. 2006 두 3049 사건기록등사불허가처분취소).

〔**판례**〕 공개를 구하는 정보를 공공기관이 보유·관리하고 있을 상당한 개연성이 있다는 점에 대한 증명책임의 소재(=공개청구자) 및 그 정보를 더 이상 보유·관리하고 있지 아니하다는 점에 대한 증명책임의 소재(=공공기관)
정보공개제도는 공공기관이 보유·관리하는 정보를 그 상태대로 공개하는 제도로서 공개를 구하는 정보를 공공기관이 보유·관리하고 있을 상당한 개연성이 있다는 점에 대하여 원칙적으로 공개청구자에게 증명책임이 있다고 할 것이지만, 공개를 구하는 정보를 공공기관이 한 때 보유·관리하였으나 후에 그 정보가 담긴 문서 등이 폐기되어 존재하지 않게 된 것이라면 그 정보를 더 이상 보유·관리하고 있지 아니하다는 점에 대한 증명책임은 공공기관에게 있다(대법원 2004.12.9. 2003 두 12707 정보공개거부처분취소).

(3) 정보공개 의무공공기관 및 그 의무

(가) 정보공개의무기관 공공기관이며, 공공기관은 국가·지방자치단체, 정부투자기관관리기본법 제 2 조의 규정에 의한 정부투자기관 기타 대통령령이 정하는 기관을 말한다(동 2(3)). 여기에서 「대통령령으로 정하는 기관」은 ① 각급학교(초·중등교육법 및 고등교육법 기타 다른 법률에 의한),[1] ② 공공기관(공공기관의 운영에 관한 법률에 의하여 설립된),[2] ③ 특수법인, ④ 지방공기업법에 따른 지방공사 및 지방공단이다(동법시행령 2). 정보공개는 행정정보의 공개가 주류를 이루며, 따라서 정보공개법제의 일반적인 경향은 행정정보공개법의 형태를 취한다. 실제로 국회의 입법과정은 국회의 본질상 이미 공개되고 있으며, 법원의 재판 역시 공개되고 있다. 그러나 입법행정 및 사법행정도 국민의 「알 권리」의 보장이라는 측면에서 공개될 것이 요청된다.

여하튼 우리나라의 정보공개의무기관은 약 3만 6 천여 기관이다.

(나) 공공기관의 의무

(a) 정보관리체계의 정비 등 ① 공공기관은 정보의 공개를 청구하는 국민의 권리가 존중될 수 있도록 이 법을 운영하고 소관 관련 법령을 정비하여야 한

---

1) 공공기관은 국가기관에 한정되는 것이 아니라 지방자치단체, 정부투자기관, 그 밖에 공동체 전체의 이익에 중요한 역할이나 기능을 수행하는 기관도 포함되는 것으로 해석되고, 사립대학교에 대한 국비 지원이 한정적·일시적·국부적이라는 점을 고려하더라도, 같은법 시행령 제 2 조 제 1 호가 정보공개의무를 지는 공공기관의 하나로 사립대학교를 들고 있는 것이, 모법인 구 공공기관의 정보공개에 관한 법률의 위임 범위를 벗어났다거나 사립대학교가 국비의 지원을 받는 범위 내에서만 공공기관의 성격을 가진다고 볼 수 없다(대법원 2006.8.24. 2004 두 2783 정보공개거부처분취소).

2) 대한주택공사의 아파트 분양원가 산출내역에 관한 정보는, 그 공개로 위 공사의 정당한 이익을 현저히 해할 우려가 있다고 볼 수 없어 구 공공기관의 정보공개에 관한 법률 제 7 조 제 1 항 제 7 호에서 정한 비공개대상정보에 해당하지 않는다(대법원 2007.6.1. 2006 두 20587 행정정보공개청구거부처분취소).

다(동 6①). ② 공공기관은 정보의 적절한 보존과 신속한 검색이 이루어지도록 정보관리체계를 정비하고, 정보공개업무를 주관하는 부서 및 담당인력을 적정하게 두어야 하며, 정보통신망을 활용한 정보공개시스템을 구축하도록 노력하여야 한다(동 6②).

(b) **행정정보의 공표 등** 공공기관은 ① 국민생활에 매우 큰 영향을 미치는 정책정보, ② 국가의 시책으로 시행하는 공사 등 대규모의 예산이 투입되는 사업정보, ③ 예산집행의 내용과 사업평가결과 등 행정감시를 위하여 필요한 정보, ④ 그 밖에 공공기관의 장이 정하는 정보에 대하여는 공개의 구체적 범위, 공개의 주기·시기 및 방법 등을 미리 정하여 공표하고, 이에 따라 정기적으로 공개하여야 한다. 다만 비공개대상정보는 예외로 한다(동 7①). 공공기관은 그 밖의 정보로서 국민이 알아야 할 필요가 있는 정보를 국민에게 공개하도록 적극 노력하여야 한다(동 7②).

공공기관이 스스로 일정한 행정정보를 공개하게 한 것은 정보공개제도의 발전에 커다란 획을 긋는 것이라고 하겠다.

(c) **정보목록의 작성·비치 등** 공공기관은 당해 기관이 보유·관리하는 정보에 대하여 국민이 쉽게 알 수 있도록 정보목록을 작성·비치하고, 그 목록을 정보통신망을 활용한 정보공개시스템 등을 통하여 공개하여야 한다. 다만 비공개대상정보가 포함된 경우에는 당해 부분은 비치 및 공개하지 아니할 수 있다(동 8①). 공공기관은 정보공개장소를 확보하고 공개에 필요한 시설을 갖추어야 한다(동 8②).

(4) 정보공개 청구권자 모든 국민은 정보의 공개를 청구할 권리를 가진다. 외국인의 정보공개청구에 관하여는 대통령령으로 정한다(동 5). 국민에는 자연인과 법인이 포함한다. 외국인에게 어느 정도까지 정보공개청구권을 인정할 것인가는 오늘날 세계화의 추세에 비추어 볼 때, 상호주의의 원칙이 적용되어야 할 것이다.[1] 정보공개청구권을 행사하기 위하여서는 당해 정보와 이해관계가 있을 필요는 없다.

「여기에서 말하는 국민에는 자연인은 물론 법인, 권리능력 없는 사단·재단도 포함되고, 법인, 권리능력 없는 사단·재단 등의 경우에는 설립목적을 불문한다」(대법원 2003.12.12. 2003 두 8050 사본공개거부처분취소).

「정보공개청구의 목적에 특별한 제한이 없으므로, 오로지 상대방을 괴롭힐 목적으

1) 미국의 정보자유화법에서는 「any person」이라는 어구를 사용하고 있는데 여기에는 외국인도 포함되는 것으로 보고 있다.

로 정보공개를 구하고 있다는 등의 특별한 사정이 없는 한 정보공개의 청구가 신의칙에 반하거나 권리남용에 해당한다고 볼 수 없다」(대법원 2006.8.24. 2004 두 2783 정보공개거부처분취소).

(5) 비공개대상정보 ㈎ 제 9 조 제 1 항에서는 비공개대상정보를, ① 다른 법률 또는 법률이 위임한 명령(국회규칙 · 대법원규칙 · 헌재규칙 · 중앙선관위규칙 · 대통령령 · 조례에 한한다.)에 의하여 비밀 또는 비공개사항으로 규정된 정보(1호),[1),2)] ② 국가안전보장 · 국방 · 통일 · 외교관계 등에 관한 사항으로서 공개될 경우 국가의 중대한 이익을 현저히 해할 우려가 있다고 인정되는 정보(2호),[3)] ③ 공개될 경우 국민의 생명 · 신체 및 재산의 보호에 현저한 지장을 초래할 우려가 있다고 인정되는 정보(3호), ④ 진행중인 재판에 관련된 정보와 범죄의 예방, 수사, 공소의 제기 및 유지, 형의 집행, 교정, 보안처분에 관한 사항으로서 공개될 경우 그 직무수행을 현저히 곤란하게 하거나 형사피고인의 공정한 재판을 받을 권리를 침해한다고 인정할 만한 상당한 이유가 있는 정보(4호),[4)] ⑤ 감사 · 감독 · 검사 · 시험 · 규제 · 입찰계약 · 기술개발 · 인사관리 · 의사결정과정[5)] 또는 내부검토과정에 있는 사항 등으로서 공개

1) 국방부의 한국형 다목적 헬기(KMH) 도입사업에 대한 감사원장의 감사결과보고서가 군사2급비밀에 해당하는 이상 공공기관의 정보공개에 관한 법률 제 9 조 제 1 항 제 1 호에 의하여 공개하지 아니할 수 있다(대법원 2006.11.10. 2006 두 9351 정보공개거부처분취소).

2) 기록의 열람 · 등사의 제한을 정하고 있는 검찰보존사무규칙 제22조는 법률상의 위임근거가 없어 행정기관 내부의 사무처리준칙으로서 행정규칙에 불과하므로, 위 규칙상의 열람 · 등사의 제한을 공공기관의 정보공개에 관한 법률 제 9 조 제 1 항 제 1 호의 '다른 법률 또는 법률에 의한 명령에 의하여 비공개사항으로 규정된 경우'에 해당한다고 볼 수 없다(대법원 2006.5.25. 2006 두 3049 사건기록등사불허가처분취소).

3) 보안관찰처분을 규정한 보안관찰법에 대하여 헌법재판소도 이미 그 합헌성을 인정한 바 있고, 보안관찰법 소정의 보안관찰 관련 통계자료는 우리 나라 53개 지방검찰청 및 지청관할지역에서 매월 보고된 보안관찰처분에 관한 각종 자료로서, 보안관찰처분대상자 또는 피보안관찰자들의 매월별 규모, 그 처분시기, 지역별 분포에 대한 전국적 현황과 추이를 한눈에 파악할 수 있는 구체적이고 광범위한 자료에 해당하므로 '통계자료'라고 하여도 그 함의를 통하여 나타내는 의미가 있음이 분명하여 가치중립적일 수는 없고, 그 통계자료의 분석에 의하여 대남공작활동이 유리한 지역으로 보안관찰처분대상자가 많은 지역을 선택하는 등으로 위 정보가 북한정보기관에 의한 간첩의 파견, 포섭, 선전선동을 위한 교두보의 확보 등 북한의 대남전략에 있어 매우 유용한 자료로 악용될 우려가 없다고 할 수 없으므로, 위 정보는 공공기관의정보공개에관한법률 제 7 조 제 1 항 제 2 호 또는 제 3 호 소정의 정보에 해당한다(대법원 2004.3.18. 2001 두 8254 전원합의체판결 정보비공개결정처분취소).

4) 수용자자비부담물품의 판매수익금과 관련하여 교도소장이 재단법인 교정협회로 송금한 수익금 총액과 교도소장에게 배당된 수익금액 및 사용내역, 교도소직원회 수지에 관한 결산결과와 사업계획 및 예산서, 수용자 외부병원 이송진료와 관련한 이송진료자 수, 이송진료자의 진료내역별(치료, 검사, 수술) 현황, 이송진료자의 진료비 지급(예산지급, 자비부담) 현황, 이송진료자의 진료비총액 대비 예산지급액, 이송진료자의 병명별 현황, 수용자신문구독현황과 관련한 각 신문별 구독신청자 수 등에 관한 정보는 구 공공기관의정보공개에관한법률 제 7 조 제 1 항 제 4 호에서 비공개대상으로 규정한 '형의 집행, 교정에 관한 사항으로서 공개될 경우 그 직무수행을 현저히 곤란하게 하는 정보'에 해당하기 어렵다(대법원 2004.12.9. 2003 두 12707 정보공개거부처분취소).

5) 제 5 호에서의 「감사 · 감독 · 검사 · 시험 · 규제 · 입찰계약 · 기술개발 · 인사관리 · 의사결정과정 또는 내부검토과정에 있는 사항」은 비공개대상정보를 예시적으로 열거한 것이라고 할 것이

될 경우 업무의 공정한 수행이나 연구·개발에 현저한 지장을 초래한다고 인정할 만한 상당한 이유가 있는 정보(5호),[1] ⑥ 당해 정보에 포함되어 있는 이름·주민등록번호 등 개인에 관한 사항으로서 공개될 경우 개인의 사생활의 비밀 또는 자유를 침해할 우려가 있다고 인정되는 정보(다만 ㉮ 법령 등이 정하는 바에 따라 열람할 수 있는 정보, ㉯ 공공기관이 공표를 목적으로 작성하거나 취득한 정보로서 개인의 사생활의 비밀과 자유를 부당하게 침해하지 않는 정보, ㉰ 공공기관이 작성하거나 취득한 정보로서 공개하는 것이 공익 또는 개인의 권리구제를 위하여 필요하다고 인정되는 정보, ㉱ 직무를 수행한 공무원의 성명·직위, ㉲ 공개하는 것이 공익을 위하여 필요한 경우로써 법령에 의하여 국가 또는 지방자치단체가 업무의 일부를 위탁 또는 위촉한 개인의 성명 또는 직업은 제외한다.)(6호),[2] ⑦ 법인, 단체 또는 개인의 경영·영업상 비밀에 관한 사항으로서 공개될 경우 법인 등의 정당한 이익을 현저히 해할 우려가 있다고 인정되는 정보(다만 ㉮ 사업활동에 의하여 발생하는 위해로부터 사람의 생명·신체 또는 건강을 보호하기 위하여 공개할 필요가 있는 정보, ㉯ 위법·부당한 사업활동으로부터 국민의 재산 또는 생활을 보호하기 위하여 공개할 필요가 있는 정보는 제외한다.)(7호),[3] ⑧ 공개될 경우 부동산투기·매점매석 등으로 특정인에게 이익 또는 불이익을 줄 우려가 있다고 인정되는 정보(8호) 등 8개 사항을 정하고 있다(동 9①).

공공기관은 위의 비공개대상정보라도 기간의 경과 등으로 인하여 비공개의 필요성이 없어진 경우에는 당해 정보를 공개대상으로 하여야 한다(동 9②).

공공기관은 제 1 항 각 호의 범위 안에서 당해 공공기관의 업무의 성격을 고려하여 비공개대상정보의 범위에 관한 세부기준을 수립하고 이를 공개하여야 한다(동 9③).

(나) 정보공개제도의 본질에 비추어 볼 때 국가의 모든 정보를 공개함이 원칙이다. 그러나 국가의 기밀, 개인정보, 기업비밀 등 일정한 정보를 예외적으로 비공개정보로 하는 것은 다른 이익의 보호와 조화를 도모하기 위하여 불가피한 일이다. 그리하여 비공개정보의 범위를 어떻게 정할 것인가는 정보공개법의 입법에 있어서 핵심적 사항의 하나이다. 비공개정보를 지나치게 확대할 경우에는 정

므로 의사결정과정에 제공된 회의 관련 자료나 의사결정과정이 기록된 회의록 등은 의사가 결정되거나 의사가 집행된 경우에는 더 이상 의사결정과정에 있는 사항 그 자체라고는 할 수 없으나, 의사결정과정에 있는 사항에 준하는 사항으로서 비공개대상정보에 포함될 수 있다(대법원 2003.8.22. 2002 두 12946 정보공개거부처분취소).

1) 치과의사 국가시험에서 채택하고 있는 문제은행 출제방식이 출제의 시간·비용을 줄이면서도 양질의 문항을 확보할 수 있는 등 많은 장점을 가지고 있는 점, 그 시험문제를 공개할 경우 발생하게 될 결과와 시험업무에 초래될 부작용 등을 감안하면, 위 시험의 문제지와 그 정답지를 공개하는 것은 시험업무의 공정한 수행이나 연구·개발에 현저한 지장을 초래한다고 인정할 만한 상당한 이유가 있는 경우에 해당하므로, 공공기관의 정보공개에 관한 법률 제 9 조 제 1 항 제 5 호에 따라 이를 공개하지 않을 수 있다(대법원 2007.6.15. 2006 두 15936 정보공개거부처분취소).

2) 사면대상자들의 사면실시건의서와 그와 관련된 국무회의 안건자료에 관한 정보는 그 공개로 얻는 이익이 그로 인하여 침해되는 당사자들의 사생활의 비밀에 관한 이익보다 더욱 크므로 구 공공기관의 정보공개에 관한 법률 제 7 조 제 1 항 제 6 호에서 정한 비공개사유에 해당하지 않는다(대법원 2006.12.7. 2005 두 241 정보공개청구거부처분취소).

3) 아파트재건축주택조합의 조합원들에게 제공될 무상보상평수의 사업수익성 등을 검토한 자료가 구 공공기관의 정보공개에 관한 법률 제 7 조 제 1 항에서 정한 비공개대상정보에 해당하지 않는다(대법원 2006.1.13. 2003 두 9459 행정정보비공개결정처분취소).

보공개법은 오히려 정보비공개를 법적으로 제도화하여 주는 비밀보호법으로 전락할 우려도 있다.

(다) 우리 법의 경우에도 가장 논의가 많은 사항은 「국가안전보장·국방·통일·외교관계 등에 관한 사항으로서 공개될 경우 국가의 중대한 이익을 현저히 해할 우려가 있다고 인정되는 정보」(2호)이다. 이 조항에 대하여서는 법령의 형식을 빌려서 비공개로의 도피를 제도적으로 보장하여 준 것이라는 비판도 있는바, 만약 이 조항에 의하여 비공개사항을 일반적·추상적으로 규정하면 비공개사항은 얼마든지 확대될 수 있기 때문이다. 따라서 법령에서 비공개사항을 정할 때에는 개별적·특정적으로 정하여야 할 것이다. 다음으로 국익에 관한 정보에 있어서는 우리나라에서는 그동안 남북분단이라는 특수사정에 의하여 국가기밀이 너무 광범하게 정하여진 것도 부인할 수 없다고 할 것이다.[1]

(6) 정보공개청구절차

(가) **정보공개청구 및 그 제한** ① 정보공개청구자는 당해 공공기관에 청구인의 이름, 주민등록번호·주소 및 연락처(전화번호·전자우편번호 등)를 기재한 정보공개청구서를 제출하거나 구술로써 정보의 공개를 청구할 수 있다(동 10①). ② 구술로써 정보의 공개를 청구하는 때에는 담당공무원 또는 담당 임·직원의 면전에서 진술하여야 하고, 담당공무원 등은 정보공개청구조서를 작성하고 이에 청구인과 함께 기명날인하여야 한다(동 10②).

(나) **공공기관의 결정** ① 공공기관은 청구를 받은 날로부터 10일 이내에 공개여부를 결정하여야 한다. 다만 부득이한 사정이 있는 때에는 10일의 범위 안에서 연장할 수 있다. 이 경우에는 청구인에게 연장이유를 지체없이 통지하여야 한다(동 11①②). ② 공개대상정보의 전부 또는 일부가 제 3 자와 관련이 있다고 인정되는 때에는, 공공기관은 그 사실을 지체없이 관련 제 3 자에게 통지하여야 하며, 필요한 경우에는 그에 대한 의견을 청취할 수 있다(동 11③). ③ 공공기관은 다른 공공기관이 보유·관리하는 정보의 공개청구를 받은 때에는 지체없이 이를 소관기관으로 이송하여야 하며, 이송을 한 공공기관은 지체없이 소관기관 및 이송사유 등을 명시하여 청구인에게 문서로 통지하여야 한다(동 11④). ④ 정보공개를 청구한 날부터 20일 이내에 공공기관이 공개 여부를 결정하지 아니한 때에는 비공개의 결정이 있는 것으로 본다(동 11⑤). 비공개결정의 의제는 정보공개의 원칙

1) 국가기밀의 보호에 관한 법률로는 형법 제98조 제 2 항(군사상 기밀의 적국에의 누설), 군형법 제13조 제 2 항(군사상의 기밀), 국가보안법 제 4 조 제 1 항(형법 제98조의 군사상기밀이나 국가기밀의 누설에 대한 처벌), 국가공무원법 제60조(비밀엄수의무), 군사기밀보호법 등이 있다. 이러한 국가기밀과 관련된 법들은 그 취지에 맞추어 전면적으로 정비되어야 할 것이다.

을 천명한 동법 제 3 조에 반하며, 공공기관이 정보공개 의무로부터 벗어나기 위해서는 비공개결정 사유를 적극적으로 소명하여야 한다. 이러한 적극적인 소명이 없어도 20일만 지나면 비공개결정이 있는 것으로 보는 것은 지나친 행정편의주의적인 발상이라는 지적도 있으나,[1] 정보공개청구권자가 신속한 불복구제절차를 밟을 수 있는 등의 권리행사에 도움을 주는 점이 있다. ⑤ 공공기관은 정보공개 여부 등을 심의하기 위하여 정보공개심의회를 설치 · 운영한다(동 12). ⑥ 공공기관은 비공개결정을 한 때에는 그 사실을 청구인에게 지체없이 문서로 통지하여야 한다. 이 경우 비공개이유 · 불복방법 및 불복절차를 구체적으로 명시하여야 한다(동 13④).

(다) 정보공개결정의 통지 및 공개방법 공공기관은 정보공개를 결정한 때에는, 그 공개일시 · 공개장소 등을 명시하여 통지하여야 한다. 정보공개는 원본으로 함이 원칙이나, 공개대상 정보의 양이 과다하여 정상적인 업무수행에 현저한 지장을 초래할 우려가 있는 경우에는 사본 또는 복제물을 일정한 기간별로 나누어 교부하거나 열람과 병행하여 교부할 수 있으며, 원본이 오손 또는 파손될 우려가 있거나 그 밖에 상당한 이유가 있다고 인정될 때에는 사본 또는 복제물을 공개할 수 있다(동 13①②③).[2]

(라) 부분공개 공공기관은 공개청구한 정보가 비공개정보에 해당하는 부분과 공개가 가능한 부분이 혼합하여 있는 경우에, 공개청구의 취지에 어긋나지 아니하는 범위 안에서 두 부분을 분리할 수 있는 때에는, 비공개부분을 제외하고 공개하여야 한다(동 14).[3]

(마) 전자적 공개 ① 공공기관은 전자적 형태로 보유 · 관리하는 정보에 대하여 청구인이 전자적 형태로 공개하여 줄 것을 요청하는 경우에는 당해 정보의 성질상 현저히 곤란한 경우를 제외하고는 이에 응하여야 한다(동 15①). ② 공공기관은 전자적 형태로 보유하지 아니하는 정보에 대하여 청구인이 전자적 형태로

1) 김남진 · 김연태(I), p.423.

2) 정보공개를 청구하는 자가 공공기관에 대해 정보의 사본 또는 출력물의 교부의 방법으로 공개방법을 선택하여 정보공개청구를 한 경우에 공개청구를 받은 공공기관으로서는 정보공개법 제 8 조 제 2 항에서 규정한 정보의 사본 또는 복제물의 교부를 제한할 수 있는 사유에 해당하지 아니하는 한 정보공개청구자가 선택한 공개방법에 따라 정보를 공개하여야 하므로 그 공개방법을 선택할 재량권이 없다고 할 것이다(대법원 2004.6.25. 2004 두 1506 사본공개거부처분취소; 대법원 2003.3.11. 2002 두 2918 참조).

3) 공개청구의 취지에 어긋나지 아니하는 범위 안에서 비공개대상 정보에 해당하는 부분과 공개가 가능한 부분을 분리할 수 있다고 함은, 이 두 부분이 물리적으로 분리가능한 경우를 의미하는 것이 아니고 당해 정보의 공개방법 및 절차에 비추어 당해 정보에서 비공개대상 정보에 관련된 기술 등을 제외 내지 삭제하고 그 나머지 정보만을 공개하는 것이 가능하고 나머지 부분의 정보만으로도 공개의 가치가 있는 경우를 의미한다고 해석하여야 한다(대법원 2004.12.9. 2003 두 12707 정보공개거부처분취소).

공개하여 줄 것을 요청한 경우에는 정상적인 업무에 현저한 지장을 초래하거나 당해 정보의 성질이 훼손될 우려가 없는 한 전자적 형태로 변환하여 공개할 수 있다(동 15②).

(바) 즉시공개 정보의 공개는 청구서의 제출과 그에 따른 결정이라는 공식적 절차에 따라 행하는 것이 원칙이나, ① 법령 등에 의하여 공개를 목적으로 작성된 정보, ② 일반국민에게 알리기 위하여 작성된 각종 홍보자료, ③ 공개하기로 결정된 정보로서 공개에 오랜 시간이 걸리지 아니한 정보, ④ 그 밖에 공공기관이 정한 정보로서 즉시 또는 구술처리가 가능한 정보는 청구서의 제출과 그에 따른 결정절차를 거치지 아니하고 공개하여야 한다(동 16).

(사) 비용부담 정보의 공개 및 우송 등에 소요되는 비용은 실비의 범위 안에서 청구인의 부담으로 한다. 사용목적이 공공복리의 유지·증진을 위하여 필요하다고 인정되는 경우에는 비용을 감면할 수 있다(동 17).

(7) 불복절차

(가) 공공기관의 비공개 또는 부분공개결정에 대한 청구인의 불복절차 청구인은 이의신청 또는 행정심판을 청구할 수 있고, 직접 행정소송을 제기할 수도 있다(임의전치주의 행송 18① 본문).

(a) 이의신청 ① 청구인은 그가 원하는 때에는 행정심판을 제기하기 전에 공공기관으로부터 비공개결정 또는 부분공개결정을 받은 날이나 당해 청구에 대하여 20일 이내에 명시적 결정이 없어서 비공개의 결정이 있는 것으로 보는 날로부터 30일 이내에 당해 공공기관에 문서로 이의신청을 할 수 있다(동 18①). ② 공공기관은 이의신청을 받은 날로부터 7일 이내에 그에 대한 결정을 하여 그 결과를 문서로 통지하여야 한다(동 18②). ③ 공공기관이 이의신청을 각하 또는 기각하는 결정을 한 때에는 청구인에게 행정심판 또는 행정소송을 제기할 수 있다는 취지를 결과통지와 함께 통지하여야 한다(동 18③).

(b) 행정심판 청구인이 정보공개와 관련한 공공기관의 결정에 대하여 불복이 있는 때에는 행정심판법이 정하는 바에 따라 행정심판을 청구할 수 있다. 이 경우 국가기관 및 지방자치단체 외의 공공기관의 결정에 대한 감독행정기관은 관계 중앙행정기관의 장 또는 지방자치단체의 장으로 한다(동 19①; 개정 2008. 2. 29.). 청구인은 제18조의 규정에 의한 이의신청절차를 거치지 아니하고 행정심판을 청구할 수 있다(동 19②).

(c) 행정소송 ① 청구인이 정보공개와 관련한 공공기관의 결정에 대하여 불복이 있는 때에는 행정소송법이 정하는 바에 따라 행정소송을 제기할 수 있다

(동 20①). 청구인은 청구가 거부된 경우에는 거부처분의 취소소송을 제기하게 되겠고, 불충분하게 공개가 행해진 경우에는 불충분한 공개결정의 취소 또는 변경을 청구하여야 할 것이며, 청구에 대한 가부간의 응답이 없는 경우에는 부작위위법확인소송을 제기하게 될 것이다. ② 행정소송에 있어서, 재판장은 필요하다고 인정할 때에는 당사자를 참여시키지 아니하고 제출된 공개대상정보를 비공개로 열람·심사할 수 있다(동 20②)(in camera inspection). 재판장이 모든 공개청구대상 정보를 비공개로 열람·심사할 수 있게 함으로써 행정청의 자의적인 비밀유지를 법원이 실질심사를 통하여 견제할 수 있게 되었다는 점에서 매우 획기적인 것이라 하겠다. ③ 또한 재판장은 재판의 대상이 공개될 경우 국가의 중대한 이익을 해할 우려가 있다고 인정되는 정보(동 9①②) 중 국가안전보장·국방 또는 외교에 관한 정보의 비공개 또는 부분공개결정처분인 경우에, 공공기관이 그 정보에 대한 비밀지정의 절차, 비밀의 등급·종류 및 성질과 이를 비밀로 취급하게 된 실질적인 이유 및 공개를 하지 아니하는 사유 등을 입증한 때에는 당해 정보를 제출하지 아니하게 할 수 있다(동 20③).

㈐ **공공기관의 정보공개결정에 대한 제 3 자의 불복절차** 제 3 자에 대한 권익보호수단이 마련되어 있다. ① 위에서 본 바와 같이 공개대상이 된 정보의 전부 또는 일부가 제 3 자와 관련이 있다고 인정되는 때에는 공개청구된 사실을 제 3 자에게 지체없이 통지하여야 하며, 필요한 경우에는 그 의견을 청취하여야 한다(동 11③). ② 공개청구된 사실을 통지받은 제 3 자는 3 일 이내에 당해 공공기관에 자신과 관련된 정보를 공개하지 아니할 것을 요청할 수 있으며, 비공개요청을 받은 공공기관이 당해 제 3 자의 요청에도 불구하고 공개결정을 하는 때에는 공개결정이유와 공개실시일을 명시하여 지체없이 문서로 통지하여야 하며, 통지를 받은 제 3 자는 이의신청을 하거나 행정심판 또는 행정소송을 제기할 수 있다. 이 경우 이의신청은 통지를 받은 날로부터 7 일 이내에 제기하여야 한다. 공공기관은 공개결정일과 공개실시일의 사이에 최소한 30일의 간격을 두어야 한다(동 21).

여기에서의 행정소송은 제 3 자의 비밀침해를 예방하기 위하여 미국에서 판례를 통하여 발전되어온 이른바 역정보소송(Reverse FOIA Law Suit)이다.

그런데 제 3 자가 제기하는 행정심판이나 행정소송에 대하여는 특례를 두고 있지 아니하므로, 집행부정지의 원칙이 그대로 적용된다고 할 것인바, 제 3 자는 행정심판이나 행정소송의 제기와 동시에 집행정지신청을 하여 관련정보의 공개를 정지시켜야 할 것이다. 만약 집행정지가 받아들여지지 않아 관련정보가 공개되고 나면 제 3 자가 승소하여도 실질적인 의미가 없게 될 것이다.

㈑ 현행불복제도의 문제점 정보공개거부처분에 대하여서는 법원이 행정청에 대하여 공개를 명하는 의무이행소송이 채택되어야 한다. 현행 행정소송법에서는 행정청이 상대방의 신청을 거부한 경우에는 거부처분취소소송을, 그리고 부작위로 방치한 경우에는 부작위위법확인소송에 의하여 구제받게 되어 있으나, 그러한 소송형태는 신속하게 정보공개를 받을 소송형태로는 적합하지 못하다는 것이다.

(8) 정보공개위원회 등 ① 정보공개에 관한 정책의 수립 및 제도개선에 관한 사항 등을 심의·조정하기 위하여 행정안전부장관 소속하에 정보공개위원회를 둔다(동 22). ② 행정안전부장관은 정보공개제도의 정책수립 및 제도개선사항 등에 관한 기획·총괄업무를 관장한다(동 24①). ③ 행정안전부장관은 전년도의 정보공개 운영에 관한 보고서를 매년 정기국회 개회전까지 국회에 제출하여야 한다(동 26①).

3. 政策實名制 등 및 公共機關의 記錄物管理

(1) 개설 정보공개제도의 실효성을 확보하기 위하여서는 정부기관의 중요정책결정의 근거가 되는 정보가 공문서화되어야 하고 또한 체계적으로 보존·관리되는 것이 무엇보다도 중요한 전제요건이 된다 할 것이다. 우리 현행법에서는 대통령령인 사무관리규정(1998.7.1 대령 15823호에 의한 개정으로 채택)에 의하여 이른바 정책실명제를 도입하여 주요정책결정의 근거가 되는 정보를 공문서화하도록 하였으며, 공공기관의 기록물관리·보존 및 공개 여부 분류는 종전에는 법률적 근거 없이 사무관리규정에서만 정하고 있었으나, 현재는 「공공기록물 관리에 관한 법률」에서 모든 기관의 기록물을 관리·보존하도록 규정하고 있다.

(2) 정책실명제 등 사무관리규정은 이른바 정책실명제를 도입하였다. 정책실명제는 국가의 주요정책의 결정과 집행에 참여한 관련자들의 실명과 의견 등을 종합적으로 기록·보존하는 제도를 말한다. 정책실명제는 직접적으로는 행정의 투명성을 높이고, 행정의 책임성과 신뢰성을 확보하려는 것이나, 간접적으로는 행정결정의 근거가 되는 정보를 공문서화하도록 하여 정보공개제도의 실효성을 확보하는 것이라고 하겠다. 그것은 정보공개제도의 실효성이 확보되기 위하여서는 정부기관의 주요정책결정의 근거가 되는 정보가 공문서화되어 보존되는 것이 무엇보다도 중요하기 때문이다.

㈎ 정책실명제 행정기관의 장은 주요정책의 결정 또는 집행과 관련하여

① 참여한 관련자의 소속·직급 및 성명과 그 의견, ② 각종 계획서, 보고서, 회의·공청회·세미나 관련 준비자료 및 토의내용을 종합적으로 기록 보존하여야 하며, 주요정책의 결정을 위하여 공청회·세미나 관계회의 등을 개최하는 경우에는 개최일시·참석자·발언내용 결정사항·표결내용 등을 직원으로 하여금 기록하게 하여야 한다(사무관리규정 34의 2).

㈏ **정책자료집의 작성** 행정기관의 장은 매년 담당과(처리과)로 하여금 ① 주요국정현안사항, ② 대규모의 국책공사 기타 대규모의 예산이 투입되는 사항, ③ 주요 외교 및 통상협상의 내용, ④ 대통령령 이상의 법령의 개정, ⑤ 국민생활에 큰 영향을 미치는 제도, ⑥ 기타 정책자료집으로 만들어 보존할 필요가 있는 사항에 관한 정책자료집을 만들게 하여야 한다. 정책자료집에는 ① 추진배경, ② 추진경과, ③ 계획에서부터 시행·완결까지에 관련된 계획서·보고서·추진계획표·일정표·심사분석결과 등과, 관련자 및 관련자별 업무분담내용, 그리고 공청회·세미나 및 관련자회의의 기록이 포함되어야 한다(동 34의 3).

(3) 공공기관의 기록물 관리

㈎ 「공공기록물 관리에 관한 법률」

기록유산의 안전한 보존과 공공기관의 기록정보의 효율적 활용을 도모함을 목적으로 모든 공공기관의 기록물을 관리·보존하도록 하였다.

기록물관리기관 중 영구보존을 위한 시설 및 장비와 전문인력을 갖추고 기록물관리 업무를 전문적으로 수행하는 기관을 전문관리기관이라 한다. 그러한 전문관리기관으로 다음과 같은 기관을 설치하거나 설치할 수 있게 하였다. ① 기록물관리를 총괄·조정하고 기록물의 영구보존 및 관리를 위하여 행정안전부장관은 그 소속하에 영구기록물관리기관을 설치·운영한다(동 9①). ② 국회·대법원·헌법재판소 및 중앙선거관리위원회는 소관 기록물의 영구보존 및 관리를 위하여 영구기록물관리기관을 설치·운영할 수 있다(동 10①). ③ 특별시장·광역시장·도지사 또는 특별자치도지사는 소관 기록물의 영구보존 및 관리를 위하여 영구기록물관리기관을 설치·운영하여야 한다(동 11①). ④ 통일·외교·안보·수사·정보 분야의 기록물을 생산하는 공공기관의 장은 소관 기록물을 장기간 관리하고자 하는 경우에는 중앙기록물관리기관의 장과 협의하여 특수기록관을 설치·운영할 수 있다(동 14①).

㈏ 「대통령기록물 관리에 관한 법률」(제정 2007.4.27.)

(a) **대통령기록물** 「대통령기록물」이란 대통령(「대한민국 헌법」 제71조에 따른 대통령권한대행과 「대한민국 헌법」 제67조 및 「공직선거법」 제187조에 따른 대통령당선인을 포함한다)의 직무수행과 관련하여 다음 각 목(가. 대통령, 나. 대통령의 보좌기관·자문기관 및 경호업무를 수행하는 기관,

다.「대통령직인수에 관한 법률」제 6 조에 따른 대통령직인수위원회(대통령직인수기관))의 기관이 생산·접수하여 보유하고 있는 기록물(「공공기록물 관리에 관한 법률」제 3 조 제 2 호에 따른 기록물을 말한다)과 국가적 보존가치가 있는 대통령상징물(대통령을 상징하는 문양이 새겨진 물품 및 행정박물 등을 말한다)을 말한다(동법 2(1)).

(b) **소유권** 대통령기록물의 소유권은 국가에 있으며, 국가는 대통령기록물을 이 법으로 정하는 바에 따라 관리하여야 한다(동법 3).

(c) **대통령기록관리위원회** 대통령기록물의 관리에 관한 사항을 심의하기 위하여 공공기록물관리법 제15조 제 1 항에 따른 국가기록관리위원회에 대통령기록관리위원회를 둔다(동법 5①).

(d) **생산·관리원칙** 대통령과 제 2 조 제 1 호 나목 및 다목의 기관의 장은 대통령의 직무수행과 관련한 모든 과정 및 결과가 기록물로 생산·관리되도록 하여야 한다(동법 7①). 공공기록물관리법 제 9 조에 따른 중앙기록물관리기관의 장은 대통령기록물을 철저하게 수집·관리하고, 충분히 공개·활용될 수 있도록 하여야 한다(동법 7②).

(e) **무단파기·반출 등의 금지** 누구든지 무단으로 대통령기록물을 파기·손상·은닉·멸실 또는 유출하거나 국외로 반출하여서는 아니 된다(동법 14).

(f) **공개** 대통령기록물은 공개함을 원칙으로 한다. 다만,「공공기관의 정보공개에 관한 법률」제 9 조 제 1 항에 해당하는 정보를 포함하고 있는 경우에는 이를 공개하지 아니할 수 있다(동법 16①).

(g) **전직 대통령에 의한 열람** 대통령기록관의 장은 제17조 제 4 항에도 불구하고 전직 대통령이 재임 시 생산한 대통령기록물에 대하여 열람하려는 경우에는 열람에 필요한 편의를 제공하는 등 이에 적극 협조하여야 한다(동법 18).

제 2 절 個人情報保護

1. 의의 및 근거

개인정보보호는 개인은 누구나 자신에 관한 정보를 관리하고 외부로 공개함에 있어 스스로 결정할 수 있는 권리인 「정보상 자기결정권」(Recht auf informationalle Selbstbestimmung)을 가지며, 국가가 그것을 개인의 기본권의 하나로서 보호하는 것을 말한다. 개인정보보호는 사생활의 비밀과 자유의 한 부분이라 하겠다. 사생활의 비밀과 자유는 인간행복의 최소한의 요건이며, 그것은 헌법 제10조의 인간의 존엄과 행복추구권에서 당연히 흘러나온다고 할 것이다. 사생활의 비밀과 자유에 관한 직접적인 규정이 없는 독일에 있어서 학설과 판례[1]는 그것을 인간의 존엄과 행복추구를 중심내용으로 하는 인격권의 한 내용으로 보고 있는 것은 바로 그러한 맥락에서 이해할 수 있다고 하겠다.

2. 보호의 한계

개인정보보호도 절대적인 것은 아니며, 다른 기본권과 마찬가지로 국가안전보장 등을 위하여 필요한 경우에는 법률에 의하여 제한을 받게 된다. 개인의 사생활영역에 관한 정보, 특히 비경제분야의 개인정보가 잘못 다루어지면 사생활의 비밀과 자유의 「본질적 내용」을 침해할 위험성이 있다고 할 것이다.[2] 정보산업이 초고속으로 발전되고 있는, 이른바 오늘날의 정보화시대에 있어서는 정부 등이 개인의 주민등록 기타 신상과 부동산소유 기타 재산에 관한 모든 개인정보를 전산처리하여 관리하게 됨으로써, 정부 등에 의한 주민통제가 용이하여지고, 개인의 사생활을 쉽게 침범할 수 있게 되어 개인의 정보보호문제가 심각하게 제기되고 있다.

3. 우리나라의 제도

(1) 개인정보보호의 헌법적 근거 ① 우리 헌법은 인간의 존엄과 행복추구권에 관한 규정을 두면서(헌 10), 그와는 별도로, 제17조에서 「모든 국민은 사생활의 비밀과 자유를 침해받지 아니한다」고 규정하여, 사생활의 비밀과 자유를 보장하고 있다. 따라서 개인정보보호의 헌법적 근거는 직접적으로는 헌법 제17

1) 독일 헌법재판소의 1983. 12. 15 국세조사법(Volkszahlungsgesetz)에 관한 판결 등 BVerfGE 651ff.

2) 허영, 한국헌법론, p. 368 참조.

조라고 할 것이다. 그러나 넓게는 그 이외에 역시 사생활의 비밀에 관한 기본권인 주거의 자유(헌16), 통신의 비밀 등에 관한 규정(헌18)에 의하여 보호되며, 그 원천은 인간의 존엄과 행복추구권에 관한 규정이라 하겠다. ② 그리하여 이러한 헌법규정은 개인정보를 침해받지 않을 소극적인 권리뿐만 아니라 자신에 관한 정보가 부당하게 수집·유통·이용되는 것을 막는 적극적인 권리도 직접적으로 보장하고 있다고 할 것이다.

〔**판례**〕 헌법 제10조 및 제17조에 의한 사생활의 비밀과 자유의 보호 범위
이들 헌법 규정은 개인의 사생활 활동이 타인으로부터 침해되거나 사생활이 함부로 공개되지 아니할 소극적인 권리는 물론, 오늘날 고도로 정보화된 현대사회에서 자신에 대한 정보를 자율적으로 통제할 수 있는 적극적인 권리까지도 보장하려는 데에 그 취지가 있는 것으로 해석된다(대법원 1998.7.24. 96 다 42789 손해배상(기)).[1]

(2) 개인정보보호의 법률적 근거 ① 우리나라에서는 오랫동안 개인정보호법이 제정되지 아니하였고, 행정규칙의 하나인「전산처리되는 개인정보 보호를 위한 관리지침」이라는 국무총리 훈령만이 있었다. 그러나 우리나라에서도「공공기관의 개인정보 보호에 관한 법률」(1994.1.7 법률 4734호)을 1994년에 제정하고, 1995년(공포 후 1년이 경과한 날인1995.1.8)에 시행하여, 개인정보를 보호하고 있다.[2] ② 이 법은 공공기관이 컴퓨터에 의하여 처리하는 개인정보보호에 관하여 적용되며, 공공기관 이외의 자가 처리하는 개인정보에 대하여는 적용되지 아니한다. 공공기관 이외의 자가 처리하는 개인정보보호에 관하여서는 일반법이 없으며, 그러한 개인정보 중 정보통신서비스제공자가 수집한 이용자의 개인정보보호는「정보통신망 이용촉진 및 정보보호 등에 관한 법률」(1999.2.8 법률 5835호, 원래는 전산망보급확장과이용촉진에관한법률이었으나 전면개정되어 명칭 이 변경됨.)에 의하여 보호되고, 신용정보업자가 수집·이용하는 개인의 신용정보는「신용정보의 이용 및 보호에 관한 법률」(1995.1.7 법률 5017호)에 의하여 보호되며, 또한 금융거래의 내용에 관한 개인정보는「금융실명거래 및 비밀보장에 관한 법률」(1997.12.31 법률 5493호)(원래는 대통령긴급재정경제명령이었다.)에 의하여 보호가 행하여진다.

(3) 공공기관의 개인정보 보호에 관한 법률의 내용

㈎ 보호대상정보 ⓐ 공공기관의 개인정보 보호에 관한 법률(이하「개인정보보호법」이라 한다.)

1) 공적 인물에 대하여는 사생활의 비밀과 자유가 일정한 범위 내에서 제한되어 그 사생활의 공개가 면책되는 경우도 있을 수 있으나, 이는 공적 인물은 통상인에 비하여 일반 국민의 알 권리의 대상이 되고 그 공개가 공공의 이익이 된다는 데 근거한 것이므로, 일반 국민의 알 권리와는 무관하게 국가기관이 평소의 동향을 감시할 목적으로 개인의 정보를 비밀리에 수집한 경우에는 그 대상자가 공적 인물이라는 이유만으로 면책될 수 없다(대법원 1998.7.24. 96 다 42789 손해배상(기)).
2) 박윤흔, 개인의 사생활보호에 관한 법적 연구, 한국통신개발연구원, 1989 참조.

은 「공공기관의 컴퓨터 · 폐쇄회로 텔레비전 등 정보의 처리 또는 송·수신 기능을 가진 장치에 의하여 처리되는 개인정보의 보호를 위하여 그 취급에 관하여 필요한 사항을 정함으로써 공공업무의 적정한 수행을 도모함과 아울러 국민의 권리와 이익을 보호」하기 위하여 제정된 법률로서(동법 1), 공공기관의 개인정보보호에 관한 일반법이다(동 3①). 이 법에 의하여 보호되는 개인정보는 공공기관, 즉 국가행정기관 · 지방자치단체와 기타 공공단체 중 대통령령이 정하는 기관의 컴퓨터에 의하여 처리하는 개인정보이다(동 2). 여기에서 개인정보라 함은 「생존하는 개인에 관한 정보로서 당해 정보에 포함되어 있는 성명 · 주민등록번호 및 화상 등의 사항에 의하여 당해 개인을 식별할 수 있는 정보」를 말한다(동 2(2)). 따라서 사자와 법인의 정보는 보호대상이 아니다. ① 그러나 공공기관이 처리하는 정보라도 통계법에 의하여 수집된 개인정보와 국가안전보장과 관련된 정보분석을 목적으로 수집 또는 제공요청되는 개인정보에는 이 법이 적용되지 아니한다(동 3②). ② 그리고 공공기관이 아닌 개인이나 단체에서 처리하는 정보는 제외되며, 또한 비록 공공기관에 의하여 처리되는 정보라도 컴퓨터에 의하지 아니하고 수작업으로 작성된 문서정보는 보호대상에서 제외된다(동법 2). 다만, 공공기관이 아닌 개인 또는 단체는 컴퓨터를 사용하여 개인정보를 처리함에 있어 공공기관의 예에 준하여 개인정보의 보호를 위한 조치를 강구하여야 하며, 관계 중앙행정기관의 장은 개인정보의 보호를 위하여 필요한 때에는 공공기관 외의 개인 또는 단체에 대하여 개인정보의 보호에 관하여 의견을 제시하거나 권고를 할 수 있다(동 22).

(b) 개인정보보호는 좁은 의미에서는 공공기관이 수집 · 관리하는 개인정보의 보호에 관한 것이지마는, 넓은 의미에서는 공공기관 이외의 사인이나 단체가 수집 · 관리하는 개인정보의 보호도 포함된다.[1] 전자는 공법관계인데 대하여, 후자는 사법관계로서 그 보호의 내용이 동일한 것은 아니지마는, 공공기관에 대한 개인정보보호의 법리는 사인이나 단체에 대한 개인정보보호에도 준용되어야 할 것이다. 그것은 일반적 인격권의 하나인 정보자결권은 사인 간의 관계에서도 통용된다고 할 것이기 때문이다. 이러한 점에서 사인에 대한 개인정보보호제도는 앞으로 크게 보완되어야 할 것이다.

(나) 개인정보의 수집 · 보유　① 공공기관의 장은 사상 · 신조 등 개인의 기본적 인권을 현저하게 침해할 우려가 있는 개인정보를 수집하여서는 아니된다.

1) 공공기관의 개인정보 보호에 관한 법률 제23조 제 2 항은 개인정보의 처리를 행하는 직원 등이 개인정보를 누설하거나 타인에게 이를 이용하게 하는 행위를 처벌할 뿐이고, 개인정보를 전네받은 타인이 이를 이용하는 행위는 위 조항에 해당하지 않는다(대법원 2006.12.7. 2006 도 6966 공직선거법위반 · 공공기관의개인정보보호에관한법률위반).

다만, 정보주체의 동의가 있거나 다른 법률에 수집대상 개인정보가 명시되어 있는 경우에는 그러하지 아니하다(동 4①). 이러한 한계 내에서 공공기관은 소관업무를 수행하기 위하여 필요한 범위 안에서 개인정보파일을 보유할 수 있다(동 5).

「피청구인 서울특별시 교육감과 교육인적자원부장관이 졸업생 관련 제 증명의 발급이라는 소관 민원업무를 효율적으로 수행함에 필요하다고 보아 개인의 인격에 밀접히 연관된 민감한 정보라고 보기 어려운 졸업생의 성명, 생년월일 및 졸업일자만을 교육정보시스템(NEIS)에 보유하는 행위에 대하여는 그 보유정보의 성격과 양(量), 정보보유 목적의 비침해성 등을 종합할 때 수권법률의 명확성이 특별히 강하게 요구된다고는 할 수 없으며, 따라서 "공공기관은 소관업무를 수행하기 위하여 필요한 범위 안에서 개인정보화일을 보유할 수 있다."고 규정하고 있는 공공기관의개인정보보호에관한법률 제 5 조와 같은 일반적 수권조항에 근거하여 피청구인들의 보유행위가 이루어졌다 하더라도 법률유보원칙에 위배된다고 단정하기 어렵다」(헌법재판소 2005.7.21, 2003 헌마 282, 개인정보수집등위헌확인).[1]

② **폐쇄회로텔레비전의 설치** 공공기관의 장은 범죄예방 및 교통단속 등 공익을 위하여 필요한 경우에 「행정절차법」 제 2 조 제 6 호에 따른 공청회 등 대통령령으로 정하는 절차를 거쳐 관련 전문가 및 이해관계인의 의견을 수렴한 후 폐쇄회로 텔레비전을 설치할 수 있다. 설치된 폐쇄회로 텔레비전은 설치목적 범위를 넘어 카메라를 임의로 조작하거나 다른 곳을 비추어서는 아니 되며, 녹음기능은 사용할 수 없다(제 4 조의 2 ①②).

(a) **사전통보** 공공기관의 장이 개인정보파일을 보유하고자 하는 경우(다른 공공기관으로부터 처리정보를 제공받아 보유하고자 하는 경우를 제외한다)에는 다음 각 호(1. 개인정보파일의 명칭, 2. 개인정보파일의 보유목적, 3. 보유기관의 명칭, 4. 개인정보파일에 기록되는 개인 및 항목의 범위, 5. 개인정보의 수집방법과 처리정보를 통상적으로 제공하는 기관이 있는 경우에는 그 기관의 명칭, 6. 개인정보파일의 열람예정시기, 7. 열람이 제한되는 처리정보의 범위 및 그 사유, 8. 그 밖에 대통령령이 정하는 사항)의 사항을 행정안전부장관과 협의하여야 한다. 위 각 호의 어느 하나에 해당하는 사항을 변경하고자 하는 경우에도 같다(동 6①).

(b) **개인정보파일의 공고** 행정안전부장관은 제 6 조 제 1 항 또는 제 4 항에 따라 협의한 사항을 대통령령으로 정하는 바에 따라 연 1 회 이상 관보 또는 인터넷 홈페이지 등에 게재하여 공고하여야 한다(동 7). 개인정보를 보유한 기관의 장은 개인정보보호방침을 정하여야 한다(동 7의2①).

1) 피청구인들이 졸업증명서 발급업무에 관한 민원인의 편의 도모, 행정효율성의 제고를 위하여 개인의 존엄과 인격권에 심대한 영향을 미칠 수 있는 민감한 정보라고 보기 어려운 성명, 생년월일, 졸업일자 정보만을 NEIS에 보유하고 있는 것은 목적의 달성에 필요한 최소한의 정보만을 보유하는 것이라 할 수 있고, 공공기관의개인정보보호에관한법률에 규정된 개인정보 보호를 위한 법규정들의 적용을 받을 뿐만 아니라 피청구인들이 보유목적을 벗어나 개인정보를 무단 사용하였다는 점을 인정할 만한 자료가 없는 한 NEIS라는 자동화된 전산시스템으로 그 정보를 보유하고 있다는 점만으로 피청구인들의 적법한 보유행위 자체의 정당성마저 부인하기는 어렵다(헌법재판소 2005.7.21, 2003 헌마 282, 개인정보수집등위헌확인).

(c) 개인정보파일대장의 작성 및 열람 보유기관의 장은 제 6 조제 3 항 각 호에 따른 개인정보파일을 제외하고는 당해 기관이 보유하고 있는 개인정보파일별로 제 6 조 제 1 항 각 호에 따른 사항을 기재한 대장(개인정보 파일대장)을 작성하여 일반인이 열람할 수 있도록 하여야 한다(동 8).

(d) 개인정보파일의 보유·변경시 사전협의 제외사항 다음 각 호(1. 국가의 안전 및 외교상의 비밀 그 밖에 국가의 중대한 이익에 관한 사항을 기록한 개인정보파일, 2. 범죄의 수사, 공소의 제기 및 유지, 형의 집행, 교정처분, 보안처분과 출입국관리에 관한 사항을 기록한 개인정보파일, 3. 조세범처벌법에 의한 조세범칙조사 및 관세법에 의한 관세범칙조사에 관한 사항을 기록한 개인정보파일, 6. 보유기관의 내부적 업무처리만을 위하여 사용되는 개인정보파일, 8. 그 밖에 이에 준하는 개인정보파일로서 대통령령이 정하는 개인정보파일)의 어느 하나에 해당하는 개인정보파일에 대하여는 이를 적용하지 아니한다.

(e) 개인정보의 안전성 확보 공공기관의 장은 개인정보를 처리하거나 개인정보파일을 「전자정부법」 제 2 조 제 7 호에 따른 정보통신망(情報通信網)에 의하여 송·수신하는 경우 개인정보가 분실·도난·누출·변조 또는 훼손되지 아니하도록 안전성 확보에 필요한 조치를 강구하여야 한다(동 9①). 공공기관의 장은 개인정보의 처리에 관한 사무를 다른 공공기관 또는 관련 전문기관에 위탁할 수 있으며, 이 경우 개인정보가 분실·도난·유출·변조 또는 훼손되지 아니하도록 안전성 확보에 필요한 조치를 취하여야 한다(동 9②).

(f) 인터넷상의 본인확인 공공기관의 장은 인터넷상의 본인확인 과정에서 주민등록번호, 성명 등의 개인정보가 변조·유출 또는 도용되지 아니하도록 안전성 확보에 필요한 조치를 강구하여야 한다(동 9의2①). 행정안전부장관은 제 1 항에 따른 안전성 확보에 필요한 조치를 지원하기 위하여 관련 법령의 정비, 계획의 수립, 필요한 시설 및 시스템의 구축 등 제반 조치를 마련할 수 있다(동 9의2②).

(라) 개인정보의 보유목적 외의 이용 또는 제공의 금지 보유기관의 장은 다른 법률에 따라 보유기관 내부 또는 보유기관 외의 자에 대하여 이용하게 하거나 제공하는 경우를 제외하고는, 당해 개인정보파일의 보유목적 외의 목적으로 처리정보를 이용하게 하거나 제공하여서는 아니 된다(동 10①). 보유기관의 장은 보유목적에 따라 처리정보를 이용하게 하거나 제공하는 경우에도 업무수행에 필요한 최소한의 범위로 그 이용 또는 제공을 제한하여야 한다(동 10②, 신설 2007.5.17). 보유기관의 장은 제 1 항의 규정에 불구하고 다음 각 호(1. 정보주체의 동의가 있거나 정보주체에게 제공하는 경우, 2. 처리정보를 보유목적 외의 목적으로 이용하게 하거나 제공하지 아니하면 다른 법률에서 정하는 소관 업무를 수행할 수 없는 경우로서 제20조에 따른 공공기관개인정보보호심의위원회의 심의를 거친 경우, 3. 조약 기타 국제협정의 이행을 위하여 외국정부 또는 국제기구에 제공하는 경우, 4. 통계작성 및 학술연구등의 목적을 위한 경우로서 특정개인을 식별할 수 없는 형태로 제공하는 경우, 5. 정보주체 또는 그 법정대리인이 의사표시를 할 수 없는 상태에 있거나 주소불명 등으로 동의를 할 수 없는 경우로서 정보주체외의 자에게 이용하게 하거나 제공하는 것이 명백히 정보주체에게 이익이 된다고 인정되는 경우, 6. 범죄의 수사와 공소의 제기 및 유지에 필요한 경우, 7. 법원의 재판업무수행을 위하여 필요한 경우)의 어느 하나에 해당하는 경우에는 당해 개인정보파일의 보유목적 외의 목적으로 처리정보를 이용하게 하거나 제공할 수 있다. 다만, 위 각 호의 어느 하나에 해당하는 경

우에도 정보주체 또는 제 3 자의 권리와 이익을 부당하게 침해할 우려가 있다고 인정되는 때에는 그러하지 아니하다(동 10③).

(마) 개정정보의 열람 · 정정청구 및 불복절차

(a) 개인정보의 열람　정보주체는 개인정보파일대장에 기재된 범위 안에서 문서로 본인에 관한 처리정보의 열람(문서에 의한 사본의 수령을 포함한다.)을 보유기관의 장에게 청구할 수 있다(동 12①). 보유기관의 장은 제 1 항의 규정에 의한 열람청구를 받은 때에는 제13조 각 호(1. 다음 각 목의 어느 하나에 해당하는 업무로서 당해 업무의 수행에 중대한 지장을 초래하는 경우, 가. 조세의 부과 · 징수 또는 환급에 관한 업무, 나. 「초 · 중등교육법」 및 「고등교육법」에 따른 각급학교와 「평생교육법」에 따른 평생교육시설에서의 성적의 평가 또는 입학자의 선발에 관한 업무, 다. 학력 · 기능 및 채용에 관한 시험, 자격의 심사, 보상금 · 급부금의 산정 등 평가 또는 판단에 관한 업무, 라. 다른 법률에 의한 감사 및 조사에 관한 업무, 바. 그 밖에 가목 내지 라목에 준하는 업무로서 대통령령이 정하는 업무, 2. 개인의 생명 · 신체를 해할 우려가 있거나 개인의 재산과 기타의 이익을 부당하게 침해할 우려가 있는 경우)의 어느 하나에 해당하는 경우를 제외하고는 청구서를 받은 날부터 10일 이내에 청구인으로 하여금 당해 처리정보를 열람할 수 있도록 하여야 한다. 이 경우 10일 이내에 열람하게 할 수 없는 정당한 사유가 있는 때에는 청구인에게 그 사유를 통지하고 열람을 연기할 수 있으며, 그 사유가 소멸한 때에는 지체없이 열람하게 하여야 한다(동 12②).

(b) 개인정보의 정정　본인의 처리정보를 열람한 정보주체는 그 내용에 오류가 있다고 판단하는 때에는, 보유기관(다른 기관으로부터 처리정보를 제공받아 보유하는 기관을 제외한다.)의 장에게 문서로 당해 처리정보의 정정 또는 삭제를 청구할 수 있다. 다만, 다른 법률에 당해 처리정보가 수집대상으로 명시되어 있는 경우에는 그 삭제를 청구할 수 없다(동 14①).

(c) 불복절차　정보의 열람, 정정청구에 대한 공공기관의 장이 행한 처분 또는 부작위로 인하여 권리 또는 이익의 침해를 받은 자는 「행정심판법」으로 정하는 바에 따라 행정심판을 청구하거나 「행정소송법」으로 정하는 바에 따라 행정소송을 제기할 수 있다(동 15①). 행정심판을 제기하는 경우 국가행정기관 및 지방자치단체 외의 공공기관의 장의 처분 또는 부작위에 대한 감독행정기관은 관계 중앙행정기관의 장으로 한다(동 15②).

(바) 개인정보보호심의위원회　공공기관의 컴퓨터 등에 의하여 처리되는 개인정보의 보호에 관한 사항(1. 개인정보보호에 관한 정책 및 제도 개선에 관한 사항, 2. 처리정보의 이용 및 제공에 대한 공공기관 간의 의견조정에 관한 사항, 3. 제 6 조 제 5 항에 따라 심의요청을 받은 사항, 4. 제10조 제 3 항 제 2 호에 따른 처리정보의 이용 또는 제공에 관한 사항, 5. 그 밖에 개인정보의 보호에 관하여 대통령령으로 정하는 사항)을 심의하기 위하여 국무총리소속하에 공공기관개인정보보호심의위원회를 둔다(동 20①).

(사) 실효성확보(벌칙)　공공기관의 개인정보처리업무를 방해할 목적으로 공공기관에서 처리하고 있는 개인정보를 변경 또는 말소한 자는 10년 이하의 징역에(동 23①), 개인정보를 누설 또는 권한없이 처리하거나 타인의 이용에 제공하

는 등 부당한 목적으로 사용한 자는 3년 이하의 징역 또는 1천만원 이하의 벌금에(동 23②), 부정한 목적으로 폐쇄회로 텔레비전의 설치목적 범위를 넘어 카메라를 임의로 조작하거나 다른 곳을 비추는 자 또는 녹음기능을 사용한 자와 거짓 그 밖의 부정한 방법으로 공공기관으로부터 처리정보를 열람 또는 제공받은 자는 2년 이하의 징역 또는 700만원 이하의 벌금에 처한다(동 23③).

제23조 제 2 항 및 제 3 항의 위반행위를 한 때에는 행위자를 벌하는 외에 그 법인 또는 개인에 대하여도 동조의 벌금형(동 24)을 과하는 양벌규정이 있고, 개인정보의 보유기관 및 개인정보를 위탁받아 처리하는 기관의 종사자 중 공무원이 아닌 자는 형법 제129조 내지 제132조의 적용에 있어서는 이를 공무원으로 본다(동 25).

제 8 장　非權力行爲

제 1 절　총　　설

Ⅰ. 의의 및 범위

(1) **국고적 행정**　종래의 행정법이론(독일의 경우)은 행정작용을 명령·강제 등 권력발동에 의하는 것인지 또는 사인과 대등한 지위에서 행하는 것인지에 따라 고권적 행정(hoheitliche Verwaltung)과 국고적 행정(fiskalische Verwaltung)으로 나누어, 후자는 사법이 적용되는 분야이므로 「행정에 고유한 공법」만을 연구대상으로 하는 행정법학의 체계에는 포함되지 않는다고 하였다.

(2) **관리행정**　비권력행정(관리행정)은 행정주체가 공권력주체로서가 아니라 사업 또는 재산의 관리주체로서의 작용이며, 성질상으로는 사인의 사업경영 등과 유사하지만 그것이 공공복리와 밀접한 관련이 있으므로 실정법상 공공복리를 보호할 필요상 특수한 법적 규율을 받는 작용을 말한다. 이러한 비권력행정은 한편으로 권력행정으로부터 구별되고 다른 한편으로 국고적 활동으로부터 구별되는 중간적 영역을 의미하였다.

(3) **급부행정**　급부행정은 생활배려(Daseinsvorsorge)에 봉사하는 활동을 말하며, 현대의 집단적 생활이 불가피하게 된 인간에게 일상생활상 결할 수 없는 생활재화 또는 생활역무를 제공하는 작용이다(전기·수도 등 공급사업, 운수·통신사업 등). 이들 작용은 공법상의 조직형태 또는 공법적 행위형식을 사용하여 공법적으로 법률관계를 형성하기도 하며, 혹은 사법적 조직형태 또는 사법적 행위형식을 사용하여 사법적으로 법률관계를 형성하기도 한다.

그리하여 이러한 사법적 형식을 취하는 작용은 그것이 국민에 대한 관계에 있어서 공행정의 본래의 임무달성의 수단으로서 사용되는 한, 그것을 순수 국고행정과 구별하여 행정법학의 대상으로 삼아야 한다는 뜻에서 오늘날 독·불에서 행정사법(Verwaltungsprivatrecht)의 개념이 대두되었다.

Ⅱ. 非權力行政의 行爲形式

1. 槪 說

현대행정의 대상영역의 확대는 행정목적달성을 위한 행정수단의 다양화, 공행정의 행위형식의 다양화를 초래하였다. 비권력행정의 행위유형을 정리하여 보면 법적 행위와 사실행위로 구분할 수 있으며, 다시 전자에 속하는 것으로 형식적 행정행위·공법상계약·공법상합동행위 및 사법적행위를, 후자에 속하는 것으로 비구속적 행정계획·행정지도 등을 들 수 있다.

2. 形式的行政行爲

오늘날 행정의 행위형식의 다양화에 따라 행정계획·행정지도·사실행위 등 강학상의 행정행위(실체적 행정행위)가 아닌 비권력적행정행위에 대하여도 국민이 다른 적당한 불복절차를 발견하지 못하는 경우에는 이를 「처분」에 포함시켜 취소소송의 대상을 확대하려는 노력이 있게 되었다. 이와 같이 강학상의 행정행위는 아니나, 개인의 법익에 계속적으로 「사실상의 지배력」을 미치는 비권력적 행위(예: 의사에 대한 경고 등)를 취소소송의 대상으로 포함시키기 위하여 형식적 행정행위라 한다.

3. 私法形式의 行政作用

(1) 개설 ㈎ 행정기능이 확대됨에 따라 사법형식의 행정작용이 증대되고 있다. 행정목적달성을 위하여 사법형식이 활용되는 것은 여러 가지 이유에서라고 하겠으나, 주된 이유로는 다음사항이 들어진다.[1] ① 행정기능의 확대에 따라, 공법에서는 구체적인 경우에 적당한 행위형식이 마련되어 있지 못한 경우가 있다. ② 사법의 행위형식은 공법의 행위형식에 비하여, 행정목적 수행에 있어 행정기관에 대하여 보다 자유로움을 주는 경우도 있다. 그리하여 행정기관이 단순히 공법적 구속을 회피할 목적으로 사법형식으로 도피(Flucht in das Privatrecht)할 우려가 있으며, 여기에서 사법형식의 행정작용에 대한 통제가 문제되는 바, 그러한 목적으로 나온 이론이 행정사법(Verwaltungsprivatrecht)의 이론이라고 하겠다.

㈏ 사법형식의 행정작용은 그것이 사법형식의 작용이라는 점에서 모두를 국

1) Erichsen/Martens, Allgemeines Verwaltungsrecht, 9. Aufl., S. 405f.

고작용이라 할 수 있으나, 그 직접목적에 따라, 좁은 의미의 국고작용과, 행정사법작용으로 나눌 수 있다. 두 가지 작용은 「수단」에 있어서는 다같이 사법형식의 작용이지만, 「목적」에 있어서는 좁은 의미의 국고작용은 「간접적」으로 행정목적을 실현하기 위한 사법작용이고, 행정사법작용은 「직접적」으로 행정목적을 실현하기 위한 사법작용을 말한다.

(2) **좁은 의미의 국고작용** 좁은 의미의 국고작용은 다시 조달행정작용(행정의 사법상 보조작용)과 영리작용(영리적 활동)으로 나눌 수 있다.

(가) **조달행정작용** 행정기관이 필요로 하는 물자(사무용품 · 자동차 · 토지 · 건물 등)를 계약 기타 사법형식에 의하여 조달하는 행정작용이 그것의 중심을 이룬다고 할 것이나, 그 밖에 각종 공사의 도급계약, 근로자의 고용계약 등도 이에 해당된다.

(나) **영리작용** 국가나 지방자치단체 등 행정주체가 직접 스스로의 기관을 통하여 또는 공사 · 공단 등 독립법인이나 주식회사 등의 형태를 취하여 수익적인 기업적 활동을 전개하는 경우이며, 국가나 지방자치단체가 광산이나 은행을 경영하며, 혹은 주식시장에 참가하는 경우 등이 이에 해당한다.

(3) **행정사법작용**

(가) **의의** 행정주체가 사법의 형식에 의하여 직접적으로 행정목적을 수행하는 경우를 행정사법작용이라 한다. 예컨대 기업의 진흥 · 조성을 위한 자금의 대부, 수급조절을 위한 물자의 매입 · 판매 등이다. 이러한 작용은 그 수단이 사법적 형식인 점에서는 좁은 의미에서의 국고작용과 같으나, 그 목적이 경제적 수익이 아니고, 행정목적인 기업의 진흥 · 조성이나 물자의 수급조절을 직접적으로 달성하기 위한 작용인 점에서 그것과 다르다.

(나) **공법적 기속** 행정주체는 사법의 형식에 의하여 활동하는 경우에도 「사적자치를 완전히 누리지를 못하며, 일정한 공법적 기속을 받게 된다」.[1] 그러한 논리의 근거로는 독일의 경우에는 기본법 제 1 조 제 3 항 「다음의 기본권은 직접 유효한 법으로서 입법권과 행정권 및 사법권을 기속한다」는 규정이 제시되고 있다. 「기본권 규정이 행정권을 기속한다」는 것은, 행정권의 행위형식을 가리지 않고 기본권규정이 적용된다는 것을 의미하기 때문이다. 우리의 경우는 헌법 제10조(인간의 존엄성과 기본적 인권의 보장)가 제시될 수 있다. 공행정임무수행을 위하여 사법형식을 활용하는 것은, 국가가 권력주체인 경우에 비하여 보다 자유롭기 때문이라고도 할 수 있으며, 이는 바로 사법으로의 도피를 가져올 가능성이 크다고 할 것이다.

1) Wolff/Bachof, Verwaltungsrecht I, 9. Aufl., S. 108.

(a) **기본권규정 등에 의한 제약** 국가나 지방자치단체 등 행정주체는 사법의 형식으로 활동하는 경우에도 헌법상의 평등원칙, 자유권조항 그 밖의 헌법원칙(비례원칙 등)에 의한 기속을 받는다고 보아야 한다.

(b) **사법적 규율의 수정·제약** 행정주체가 사법의 형식으로 활동하는 경우에도 행정사법작용은 행정목적을 직접적으로 실현하는 작용이며, 통상적으로 대량성·획일정형성을 갖기 때문에, 사법상의 행위능력에 관한 규정, 의사표시에 관한 규정 등이 수정되는 경우가 있다. 우편법이 무능력자의 행위를 능력자의 행위로 보도록 하는 규정(우편 10), 공기업이용관계에 있어서 계약강제 등이 그 예이다.[1)]

(c) **행정사법의 적용영역 확대** ①「볼프」에 의하여 행정사법이론이 제창된 것은, 사법형식의 행정작용 중에서 직접적으로 행정목적을 달성하는 작용인「행정사법작용」에 대하여 위에서 본 공법적 기속이 가하여지는 것을 뒷받침하기 위한 것이었다. 그리하여 사법형식의 행정작용이라도 행정사법작용이 아닌 위에서 본 조달행정작용이나 영리작용은 공법적 기속에서 제외되는 것으로 보았으며, 그렇게 보는 것이 우리나라에서도 종래의 통설이었다.

② 그런데 오늘날에는 조달행정작용이나 영리작용에 대하여 행정사법, 즉 공법적 기속이 없다고 보는 것은 타당하지 아니하며, 그러한 작용에 대하여서도「특별한 국가의 힘」이 작용하고 있는 경우에는 행정사법, 특히 기본권 규정에 의한 제약이 가하여져야 한다는 주장이 유력하게 주장되고 있다.[2)]

(4) **권리구제** 사법형식의 행정작용은 그 자체 사법작용이므로, 그에 관한 법적 분쟁은 특별한 규정이 없는 한 민사소송을 통하여 구제를 도모하여야 할 것이다. 사법작용이 공법규정에 의한 기속을 받는다고 하여 그것이 공법작용으로 변질되는 것은 아니기 때문이다. 행정사법작용의 경우에도 마찬가지이다.

---

1) Wolff/Bachof, Verwaltungsgerecht Ⅰ, S. 108.
2) 김남진·김연태(Ⅰ), p. 365.

제 2 절 公法上契約

I. 槪 說

1. 意 義

(1) 우리나라에서는 실정법상 「공법상계약」(öffentlichrechtlicher Vertrag)이라는 용어가 명문으로 규정되어 있지도 아니하고,[1] 판례에서도 공법상계약의 관념을 채택한 것은 많지 않다. 그럼에도 우리의 전통적 학설은 행정의 행위형식의 하나로 공법상계약의 관념을 채택하여 왔다. 그러나 우리의 학설·판례는 공법상계약의 법리를 크게 발전시키지 못하였는바, 그것은 행정행위론을 중심으로 하는 독일의 행정법이론의 영향을 받은 탓이라 하겠다. 그리하여 학설에서 다루는 것은 거의 전부가 공법상계약의 개념설명과 사법상계약과의 차이, 그리고 얼마 안되는 구체적 계약유형에 관한 것이다.

(2) 통설에 의하면 공법상계약은 공법적 효과의 발생을 목적으로 하는, 복수당사자 간의 반대방향의, 의사의 합치에 의하여 성립하는 공법행위이다. 판례 역시 같은 입장이다.

> 「공법상의 계약은 당사자 사이의 의사의 합치라는 점에서는 사법상의 계약과 동일하지만 공법적 효과발생을 목적으로 하는 공공적 성격을 가진 것이라는 점에서 사인간의 이해조정을 위한 사법적 효과발생을 목적으로 체결되는 사법상의 계약과 다르다고 할 것이다」(서울고법 1996.8.27. 95 나 35953 해임처분무효확인).[2]

2. 私法上의 契約·行政行爲 및 公法上의 合同行爲와의 구별

(1) **사법상의 계약과의 구별** 「공법적 효과의 발생」을 목적으로 하는 계약인 점에서 사법상계약과 구별된다.

다만, 이 구별은 공법과 사법의 구별에 대응하는 것으로서, 반드시 명확한 것은 아니다. 공법상계약을 논하는 경우에 고려되어야 할 것은 공익보호의 견지에서 사인 상호간의 이해조정을 넘어선 특수한 규율을 정하는 법인 공법이어야

---

1) 「뷔르템베르크」 행정법초안에서 처음으로 공법상계약에 관한 규정을 두었으며, 독일행정절차법은 공법상계약에 관한 규정을 두었다(56 내지 62).

2) 원고의 이 사건 청구는 공법상의 계약의 해지의 효력을 다투면서 공법상의 신분이나 지위의 확인을 구함과 아울러 급여를 구하는 것임이 명백하므로, 행정소송으로서의 당사자소송을 제기하였어야 할 것임에도 이를 민사소송으로서 이 사건 제 1 심 법원에 제기한 것은 부적법한 것이라 할 것이다(서울고법 1996.8.27. 95 나 35953 해임처분무효확인).

한다. 이러한 특수성은 당해 법률관계를 규율하는 실정법규의 해석에 의하여 개별적으로 도출시킬 수밖에 없다. 그리하여 어느 구체적인 행위가 공법상계약인지 사법상계약인지가 다투어지게 된다. 예컨대, 「토지수용에 있어서의 협의」(후술)[1] 등이다.

(2) **행정행위와의 구별** ㈎ 행정행위를 「권력적 단독행위」로 보는 통설적 견해는 공법상계약의 체결은 「의사의 합치」로 이루어지는 점에서 공권력의 발동인 행정행위와 구별되며, 따라서 공정력 · 집행력 등 행정행위에 고유한 효력은 인정되지 않는다고 본다.

㈏ 그러나 통설에 따르는 경우에도 어느 구체적 행위가 공법상계약과, 행정행위 중 상대방의 동의나 신청을 요하는 쌍방적 행정행위의 어느 것에 속하는지가 명확하지 않을 때가 있다. 이에 관련하여 종래 공무원임명과 귀화허가 등의 성질이 다투어졌다(후술).

(3) **공법상합동행위와의 구별** 양자는 복수당사자의 의사의 합치로 성립한다는 점에서는 서로 같다. 그러나 공법상계약은 「반대방향의 의사의 합치」로, 법률효과는 일방이 권리를 가지며 상대방은 의무를 지는 것과 같이 반대의 의미를 가지는데, 공법상합동행위는 당사자의 「동일방향의 의사의 합치」이며, 그 법률효과도 예컨대 A시와 B군이 시·군조합(지자 159 이하)을 설립하는 데서 보는 바와 같이 양당사자 모두에게 동일한 의미를 가지는 점에서 서로 다르다.

3. 行政契約論

(1) **공법상계약 · 사법상계약 구분론** 행정주체가 체결하는 계약을 공법상계약과 사법상계약으로 이분하는 전통적 견해는 공법 · 사법이분론을 전제로 하며, 공법상계약의 특색은 실체법과 소송법에 있어서 많은 경우에 사법적 취급이 배제되는 점에 있다고 본다. 즉, ① 실체법적으로는 공법상계약은 공법적 효과의 발생을 목적으로 하여 공익과 밀접한 관계를 가지므로 단지 사인 간의 사적 이익을 조정하는 사법규정은 직접적 적용이 배제된다. ② 또한 소송법상의 특색으로는 공법상계약에 관한 사건은 민사소송절차가 아니고 행정소송의 하나인 공법상 당사자소송절차에 의하여 처리되는 점을 든다. ③ 그 밖에 공법상계약에 의한 의무의 불이행에 대하여는 사법상 확보수단과는 이질적인 행정상 강제집행이나 행정벌이 두어지는 경우가 있다는 것이 지적된다.

(2) **행정계약론** 오늘날은 공법과 사법의 일원론이 유력하게 주장되고

---

1) 成田頼明 등, 現代行政法, p.166.

있다.[1] 공법상계약에 대하여도 이러한 입장에서 공법상계약과 사법상계약의 구별을 전제로 하지 않고 행정주체가 넓은 의미에서 행정목적달성을 위하여 체결하는 모든 계약을 대상으로 하여 그 특색을 검토하려고 하는 견해가 유력하다. 이를 행정계약론이라 한다.

㈎ **구분론에 대한 비판** 포괄적 행정계약의 개념을 주장하는 견해는 종래의 공법상계약・사법상계약 구별론을 법해석학적으로 거의 의미가 없다고 비판한다. ① 공법상계약을 사법상계약과 구분하는 견해도 공법상계약이 성립하는 이른바 공법관계의 일종인 관리관계에 있어서는 공공복리의 실현을 위하여 공법관계로서의 특수취급을 인정한 실정법상의 기초를 명백히 하지 아니하는 한, 그 관계는 사법의 적용을 받는다고 한다. ② 또한 공법상계약의 공법적 성격 부여의 근거로서 공법상 당사자소송을 드는 것도 거의 설득력이 없다고 한다. 왜냐하면 공법상 당사자소송의 절차는 일반 민사소송절차와 거의 차이가 없기 때문이다. ③ 그리고 공법상계약에 의한 의무불이행에 대하여 행정상 강제집행이나 행정벌이 인정된 경우가 있다고 하더라도 그것은 법률이 정한 강제방법이며 계약(합의)의 법적 효과라고는 말할 수 없다 한다.

㈏ **포괄적 행정계약론의 효용** 포괄적 행정계약의 개념을 주장하는 견해는 포괄적 행정계약개념을 구성하는 것은 다음과 같은 적극적 효용이 있다고 한다. 즉, ① 행정상계약은 행정목적실현을 위한 사법상계약까지를 포함하여 공공적 성격을 가진 행정활동의 일환이 되며, 그에 대하여 법률에 의한 통제를 가할 필요성이 있는 점에서 차이가 없다. ② 평등원칙 등 헌법상의 기본권에 관한 규정은 일반적으로 공법상계약이거나 사법상계약이거나를 묻지 않고 행정주체가 체결하는 모든 계약에 적용되어야 한다. ③ 공법상계약만을 분리하여 다루는 것은 행정법학의 대상영역으로부터 현대생활상 중요한 과제를 부당하게 배제하는 것이 된다.

(3) 결언 ㈎ 이론상으로는 비록 상대적이기는 하지만 우리 실정법제도는 공법・사법의 이원적 체계를 유지하고 있다고 할 것이며, 또한 경미한 것이라 하더라도 공법상의 당사자소송은 행정소송의 일종으로서 행정소송법상 민사소송에 대한 특례가 인정되고 있다(행송 40 내지 44)는 점에서 행정계약론은 이론상으로는 받아들이기 어렵다고 할 것이다.

㈏ 그러나 실제상으로 볼 때에는 위에서 본 행정계약론의 주장은 타당성이 인정되며, 행정주체가 체결하는 계약을 공법상계약과 사법상계약으로 구별할 실정제도 운영상의 실익도 거의 없다. 그리고 오늘날은 행정주체가 순수한 사경제

1) 今村成和, 行政法入門, p.130; 室井力, 行政法의 爭點, p.30.

주체로서가 아니고 공행정주체의 지위에서 행정목적달성을 위한 행위수단의 하나로 사법상계약을 활용하는 경우가 많아지고 있다는 점에서 공법상계약과 사법상계약은 서로 공통성을 갖게 되었다.

Ⅱ. 지위 및 그 有用性

(1) 지위 전통적인 행정법학의 체계에서는 그 관심은 오직 행정행위에 향하여졌고, 공법상계약은 가련한 의붓자식(stiefkind)으로 거의 돌봐지지 않았다. 그러나 오늘날은 그 유용성이 크게 인식되었다. 그 이유는 현대국가의 기능의 변천에 수반하여 급부행정의 분야에서 행정행위도 사법상계약도 아닌 중간적인 계약형식에 의한 행정이 증가되었기 때문이다.

(2) 유용성 ① 공법상계약은 획일적이고 신축성 없는 행정행위에 의한 규율보다는 개별적·구체적 사정에 즉응하여 탄력적으로 행정목적을 달성할 수 있다는 것, ② 상대방의 반대급부가 확보된 때에는 오히려 신속하고 원활하게 행정목적을 달성할 수 있다는 것, ③ 사실관계 또는 법률관계가 불명확한 경우에 해결을 용이하게 하여 행정경제에 이바지한다는 것, ④ 계약은 법률생활의 안정을 가져오고 쟁송의 건수를 최소한으로 줄인다는 것, ⑤ 법률지식이 없는 자에게도 교섭을 통하여 계약의 내용을 이해시킬 수 있다는 등의 점에서 행정행위가 갖지 못한 장점을 가진 것을 부정할 수 없겠다.

Ⅲ. 成立可能性과 自由性

공법상계약에 관하여는 의사의 합치에 의한 계약이 행정주체와 개인간에 성립가능한가의 문제와, 성립가능하다고 할 경우에도 그 체결에는 법률에 근거가 있어야 할 것인가의 자유성의 문제가 있다.

1. 成立可能性

(1) 부정설 행정법(공법)에 있어서는 계약의 관념이 용납될 수 없으며, 공법상계약이란 성립될 수 없다는 견해이다. 계약에 있어서는 당사자의 의사의 대등이 불가결의 요소인데 국가와 사인간에는 의사의 대등이 없다는 것을 이유로 하거나(O. Mayer), 혹은 계약평등의 원칙에의 배치나 공법상계약에 관한 법규의 결여를 근거로 한다.

(2) **긍정설** 공법상계약의 관념을 인정하는 견해로서 통설이다(Fleiner·田中二郎). 공법상계약의 근거를 혹은 실정법규에서 구하기도 하고(규범적 입장), 혹은 실제상의 필요성에서 구하기도 한다(실용주의적 입장).

(3) **결언** 계약의 본질은 당사자간의 의사의 합치에 있는 것이지 그 지위의 대등성에 있는 것은 아니며, 행정주체에 우월한 의사력이 인정되는 것은 행정법관계의 본질이 명령·복종의 관계이기 때문이 아니라 어디까지나 개별적·구체적인 실정법규에 의한 수권의 결과이므로, 법률이 직접 또는 간접으로 우월한 의사력을 인정하고 있지 아니한 경우에는 계약의 관념을 배척할 아무런 합리적 이유가 없다고 할 것이다.[1]

2. 自 由 性

(1) **부정설** 법치주의는 공법상계약에도 타당하다는 전제에서 상대방의 동의는 법률규정을 갈음할 수 없으므로 법률의 근거를 요한다고 하고, 혹은 공법상의 법효과라고 하는 특수한 법효과의 발생을 목적으로 하는 이상, 그것을 인정하는 법률의 근거를 요한다고 한다.

(2) **긍정설** 공법상계약은 행정행위와는 유형을 달리하는, 비권력관계에서의 행위이며,「법률에 의한 행정의 원리」중 법률유보의 원리에 의한 제한을 받지 않고,「합의는 구속한다」(pacta sunt servanda)는 법의 일반원리에 따라, 계약에 의한 법률관계의 형성이 인정된다는 것이다.

(3) **절충설** 수익적 행정행위의 경우에는 행정객체와의 합의를 통하여 권리를 부여하고 계약의 조건을 삽입하여 의무를 부과하는 것도 가능할 것이므로, 법령에 위반되지 않는 한, 법률에 근거가 없더라도 공법상계약이 성립할 수 있으나, 침해적 행정행위의 경우에는 공법상계약은 친숙한 법형식이 아니며, 반드시 행정행위에 의하여야 한다고 한다.[2]

(4) **결언** 공법상계약이 법률유보의 원리가 지배하는 행정처분의 범주에서 해방되는 영역을 인정하려는 데서 논의된 것을 감안하면, 법령에 위반되지 않는 한, 모든 행정영역에 있어서 법률적 근거가 없어도 성립할 수 있다고 할 것이다. 따라서 긍정설이 타당하다.

〔**판례**〕 행정주체와 사인간의 약정의 내용을 어긴 행정처분은 위법하다는 판례

〔**사실 개요**〕 원고는 신축한 지하상가와 지하도를 부산직할시에 기부채납하고 부

1) 김남진·김연태(I),p.333; 박균성(상), p.422; 홍정선(상), p.450.
2) 김성수, 행정법(I), p.388 이하.

산시는 원고의 총공사비와 시 징수조례에 의한 점용료가 같아질 때까지의 기간 동안 원고에게 무상으로 도로점용허가를 하기로 약정하였는바, 이에 따르면 점용기간은 33년이며, 점용허가기간을 그와 같이 정하는 것은 지방재정법상 가능하게 되어 있었다. 그런데 부산시는 점용허가기간을 20년으로 하여 점용허가를 하였다.

〔판결요지〕 시가 원고에 대하여 위 상가 등의 사용을 위한 도로점용허가를 함에 있어서는 그 점용기간을 수락한 조건대로 해야 할 것임에도 합리적인 근거없이 단축한 것은 위법한 처분이라 할 것이며, 가사 원고가 위 상가를 타에 임대하여 보증금 및 임료수입을 얻는다 하여 위 무상점용기간을 단축할 사유가 될 수 없다(대법원 1985.7.9. 84 누 604 지하상가점용기간등처분취소).

〔평석〕 판례가 이 사건의 약정을 공법상계약으로 본 것인지는 명확하지 않으나, 행정행위의 발급을 내용으로 하는 점에서 공법상계약으로 볼 것이다.

Ⅳ. 종 류

1. 행정주체상호간(공공단체상호간, 국가와 공공단체간 또는 넓은 의미에서는 대등관청상호간)에 체결되는 公法上契約

공공단체상호간의 사무위탁(예: 지방자치단체간의 교육사무위탁, 구 농촌근대화촉진법에 의한 농지개량조합의 구·시·군에 대한 조합비징수위탁), 지방자치단체상호간의 도로 또는 하천의 경비부담에 관한 협의(도로 58, 하천 50) 또는 도로관리에 관한 협의(도로 23) 등이다.

2. 행정주체와 私人 간에 체결되는 公法上契約

(1) 준비행정에서의 계약 행정을 행함에 앞서 행정권한을 배분하고, 인적·물적 수단을 정비하는 행정을 준비행정이라고 할 수 있다. 준비행정에서의 공법상계약의 예로는 지원에 의한 군에의 입대, 도지사의 공중보건의사채용계약,[1] 서울시립무용단원위촉계약,[2] 재개발조합에 대하여 조합원자격확인,[3] 국립중

1) 현행 실정법이 전문직공무원인 공중보건의사의 채용계약 해지의 의사표시는 일반공무원에 대한 징계처분과는 달라서 항고소송의 대상이 되는 처분 등의 성격을 가진 것으로 인정되지 아니하고, 일정한 사유가 있을 때에 관할 도지사가 채용계약 관계의 한쪽 당사자로서 대등한 지위에서 행하는 의사표시로 취급하고 있는 것으로 이해되므로, 공중보건의사 채용계약 해지의 의사표시에 대하여는 대등한 당사자 간의 소송형식인 공법상의 당사자소송으로 그 의사표시의 무효확인을 청구할 수 있는 것이지, 이를 항고소송의 대상이 되는 행정처분이라는 전제하에서 그 취소를 구하는 항고소송을 제기할 수는 없다(대법원 1996.5.31. 95 누 10617 공중보건의사전문직공무원채용계약해지처분취소등).

2) 서울특별시립무용단원으로 위촉되기 위하여는 일정한 능력요건과 자격요건을 요하고, 계속적인 재위촉이 사실상 보장되며, 공무원연금법에 따른 연금을 지급받고, 단원의 복무규율이 정해져 있으며, 정년제가 인정되고, 일정한 해촉사유가 있는 경우에만 해촉되는 등 서울특별시립무용단원이 가지는 지위가 공무원과 유사한 것이라면, 서울특별시립무용단 단원의 위촉은 공법상의 계약이라고 할 것이고, 따라서 그 단원의 해촉에 대하여는 공법상의 당사자소송으로 그 무효확인을 청구할 수 있다(대법원 1995.12.22. 95 누 4636 해촉처분취소등).

3) 구 도시재개발법에 의한 재개발조합을 상대로 한 쟁송에 있어서 강제가입제를 특색으로 한

앙극장전속단원채용계약(서울고법 1996.8.27. 95 나 35953 해임처분무효확인), 토지등의취득및보상법상의 사업인정 후의 협의(행정주체와 사인 간의), 임의적 공용부담, 사인에 대한 행정사무의 위임(예: 사인의 신청에 의한 별정우체국의 지정) 등이 있다. 행정을 행하기 위한 물적 수단의 정비는 공법상계약에 의하여서가 아니고 주로 민법상의 방법에 의한다(예컨대 토지취득은 대부분 매매계약에 의하여, 관공청사의 건축은 도급계약에 의하여, 사무용품은 매매계약에 의하여 조달하는 것과 같다).

(2) **급부행정에서의 계약** ① 특별한 규정이 없는 한 공법상계약이 활용될 수 있다. 국공립대학에의 입학, 국공영의 수도 · 전기 · 가스공급계약 등이 그 예이다. 그러나 이러한 공급계약은 「공법상」계약으로 관념할 실익은 거의 없다. 종래에는 평등원칙을 적용하고 공급의무를 과하기 위하여 「공법상」계약으로 관념할 실익을 인정하였다.

3. 私人(公務受託私人)과 私人상호간에 체결되는 公法上契約

현행법상 사인간의 공법상계약을 인정하는 법규는 오직 특허기업자 등 사인인 기업자와 토지소유자간의 토지수용법상의 협의가 있을 뿐이다(이 협의는 사인상호간에서뿐만 아니라 국가와 공공단체 등 행정주체와 사인간에 체결될 수도 있다). 이 경우의 사인은 순수한 사인이 아니고 공무를 수탁받은 사인이다.[1)]

Ⅴ. 특 색

1. 實體法的 특수성

(1) **성립(체결)** 원칙적으로 민법규정에 따른다고 할 것이다. 다만, 체결에 있어 관계행정기관의 확인을 받도록 한 경우가 있다(토지등의 취득 및 보상 29). 또한 급부행정상의 재화 또는 서비스의 제공에 대하여는 법률상 계약체결이 강제되어 행정청은 정당한 사유 없이는 수돗물의 공급을 거절하지 못하며(수도 39), 정당한 사유 없이 거절한 때에는 책임자에게 벌칙이 적용되는 경우가 있다(수도 83). 여기에서 문제되는 것은 계약강제가 정하여진 경우에 신청이 있는 때에는 계약이 성립된 것으로 볼 수 있는지이다. 종래의 통설은 비록 행정청이 승낙을 거부할 수 없다고 하더라도 행정청이 승낙하기까지는 계약이 성립되지 않는 것으로 보았다. 수도와 같이 국민생활에 직결되고 건강하고 문화적인 생활을 보장하기 위하여 하

조합원의 자격 인정 여부에 관하여 다툼이 있는 경우에는 그 단계에서는 아직 조합의 어떠한 처분 등이 개입될 여지는 없으므로 공법상의 당사자소송에 의하여 그 조합원 자격의 확인을 구할 수 있다(대법원 1996.2.15. 94 다 31235 전원합의체판결 수분양권존재확인등).

1) 김남진 · 김연태(Ⅰ), p.337.

루라도 없어서는 아니될 물자의 급부계약의 경우에는 행정청의 태만으로부터 국민생활을 보호하기 위하여 계약이 성립된 것으로 보는 것이 타당하다고 본다.

(2) 이행 사정변경이 있는 경우에도 공행정은 항상 공익에 적합하여야 한다는 입장에서 명문으로 특례를 둔 경우는 물론이고, 명문이 없는 경우에도 민법의 계약해제규정(민 543 이하)이 그대로 적용될 수 없다고 한다. 통설은 예컨대 위에서 본 사유지를 도로 등의 부지로 사용하는 공용부담계약은 강한 공공성을 띠기 때문에 한쪽 당사자의 채무불이행 기타 해제사유가 있으면, ① 행정주체측에서는 공익상 해제할 수 있으며, 상대방이 손실을 받으면 손실보상청구권을 인정하되, ② 사인측에서는 그 해제의 효과가 공익에 영향이 없는 경우 외에는 해제할 수 없다고 한다. 그러나 행정주체측에도 해제가 제한되는 경우가 있다고 할 것인바, 일상생활상 필수의 재화와 역무의 제공은 국민의 생존권보장을 위하여 계속적·안정적으로 행하여야 하기 때문에 급부계약은 행정주체측에서도 법정사유가 있는 경우를 제외하고는 해제할 수 없다 할 것이다. 그리고 이 경우에는 계속적인 제공의무를 지기 때문에 사정변경이 있는 경우에는 행정주체측은 요금 기타의 공급조건을 일방적으로 변경할 수 있다고 할 것이다. 「보조금의 예산 및 관리에 관한 법률」은 사정변경에 의한 보조금교부결정의 내용변경·해제(취소) 및 그로 인한 손실보상에 관하여 명문규정을 두고 있다(동법 21).[1)]

2. 節次法的 특수성

(1) 공법상계약에 관한 쟁송은 「공법상의 법률관계에 관한 소송」(공법상의 당사자소송)으로, 행정소송법의 적용을 받는다는 점에서, 사법상계약과 다르다.

(2) 공법상계약에 의한 의무를 불이행하는 경우에는 공법상의 당사자소송으로 그 이행을 청구하는바, 행정주체와 사인 간 또는 사인상호 간에 체결되는 계약은 별로 문제가 없으나, 행정주체 상호간에 체결되는 것에 대하여는 그것이 사법적 강제에 적합한지가 다투어지고 있다.[2)]

1) 「보조금의 예산 및 관리에 관한 법률」 제33조를 공법상계약에 의하여 상대방이 지는 의무를 불이행하는 경우에 행정상강제집행을 인정한 예로 들기도 하나(이상규(상), p.422), 동규정은 정확하게는 계약에 의하여 상대방이 지는 의무불이행에 대한 행정상강제집행을 인정한 것이 아니고, 계약이 취소된 경우의 보조금반환의무의 불이행에 대하여 행정상 강제집행을 인정한 것이라 하겠다.

2) 예컨대 A시가 X군에 교육사무를 위탁한 사안에서 X군이 교육을 실시하지 않을 경우의 강제수단으로는 위탁계약에 근거하여 급부 또는 의무확인을 구하는 당사자소송을 생각할 수 있겠다. 이러한 소송은 그 내용이 계약에 의하여 정하여져 있어 행정기관의 새로운 의사표시를 구하는 것은 아니라는 의미에서는 금전청구소송(당사자소송)과 유사하나, 비록 공권력작용은 아니지만 아동의 교육이라는 공행정작용을 행할 의무확인을 구하는 점에서 이른바 의무이행소송 또는 공법상의 의무확인소송과 유사한 성질을 갖기 때문에 그 허용여부가 문제된다.

제 3 절 公法上合同行爲

공법상합동행위(öffentlichrechtlicher Gesamtakt 또는 Vereinbarung)라 함은 공법적 효과의 발생을 목적으로 하는, 복수당사자의 동일방향의, 의사표시의 합치에 의하여 성립하는 공법행위를 말한다. 예컨대, 지방자치단체간의 협의로 지방자치단체조합을 설립하는 행위(지자 159 이하), 공공조합의 합의로 공공조합연합회(예: 산림조합이 산림조합연합을 설립하는 행위(산림조합법 3장))를 설립하는 행위 등이다. 공법상합동행위에 대하여도, 실정법에 특별한 규정을 둔 경우가 많지 않기 때문에, 그 공법적 특수성이 명확하지 않다.

공법상합동행위는 각 당사자의 의사표시의 방향이 동일하고 그 효과도 각 당사자에게 동일한 의미를 가지는 점에서 공법상계약과 구별된다.

일단 공법상합동행위가 성립한 때에는 개개 당사자의 무능력·착오 기타의 의사의 흠결을 이유로 그 무효 또는 취소를 주장할 수 없고, 직접 설립행위에 관여한 자뿐만 아니라 그 이후에 관여한 자도 구속당하며, 정당한 절차에 따라 개정된 경우에는 모든 관계자가 구속된다.[1)]

1) 田上穰治·市原昌三郎, 行政法 上卷, p.135.

제 4 절 行政指導

Ⅰ. 槪 說

오늘날 행정기능의 질·양 양면에서의 확대는, 행정주체가 그 임무수행을 위하여 사용하는 수단의 다양화를 가져왔다. 행정주체와 사인 간의 직접적인 법률관계를 형성하지 않음에도 불구하고 공행정의 구체적 활동형식으로 중요한 지위를 차지하는 사실행위가 있다. 각종의 조성법 등에서의 지도 · 권고 등의 조치가 그 예이다. 이는 행정주체의 행정객체에 대한 희망의 표시로 직접적인 법적 효과를 가지는 것이 아닌 점에서 법적 행위인 행정행위 등과 구별됨은 물론 또한 외계에 대한 물리적 변화를 가져오지 않는 점에서 보통의 사실행위와도 구별된다. 그럼에도 불구하고 그 행위의 효과는 간과할 수 없는 점이 있다. 이러한 활동은 경제법의 분야에서는 물론 다른 분야에서도 볼 수 있는 것이므로 오늘날은 정책론적 혹은 기술론적 견지에서 검토를 요할 뿐만 아니라 법적 측면에서도 이를 연구하지 않고서는 행정의 실태를 파악할 수 없게 되었다.[1)]

Ⅱ. 意 義

1. 槪 念

행정지도는 「행정기관이 일정한 행정목적의 실현을 위하여, 특정한 개인 또

1) 행정지도는 모든 행정분야에서 행하여지는바, 예컨대 조업단축권고, 투자억제 등 경제법 분야에서 볼 수 있는 체제관계적인 것에 한하지 않고 통상의 경제생활이나 일반사인의 일상생활에 대하여도 행하여진다.

그리고 행정지도는 모든 나라에서 행정수단의 하나가 되고 있다. 예컨대 독일행정법에 있어서 「옐리네크」의 이른바, 단순공행정(schlichte Hoheitsverwaltung)의 내용 중에는 권고 · 지도에 해당하는 것이 있다(W. Jellinek, Verwaltungsrecht, 3. Aufl., S. 22). 또한 「엘러만」은 경제행정은 비구속적 교시, 통지, 권장(Ausküunft, Mitteilungen, Empfelungen)에 의하여, 또한 권한 있는 관청의 의향의 시사(Hinweis auf die Absicht)에 의하여, 그리고 더 나아가서는 앞으로의 생산과정의 형성에 관한 일반적 권고(gemeinsame Beratungen) 및 교섭(Verhandlungen)에 의하여 직접적인 명령 · 금지, 사법적 · 공법적 계약에 의한 것 이상으로 수행되고 있다고 하였다(Claus Dieter Ehlermann, Wirtschaftslenkung und Entschädingung, S. 38f.).

그리고 행정지도는 미국에서도 행하여진다. 「레드포드」는 규제행정의 수단으로서 전통적 수단(허가 · 명령) 이외에 자발적 협력의 요청(appeal for voluntary cooperation), 중재 및 사실조사(mediation and factsfinding), 권고 내지 상담(government counsel)을 들고 있다(Redford, Administration and National Economic Control, pp. 25～). 또한 사인의 활동에 대한 조언(주로 제정법의 해석에 관한)은 행정기관에 의하여 일상적으로 행하여지고 있다(Davis, Administrative Law). 그런데 행정법에서 행정지도가 행정법의 주요연구과제로 등장한 것은 1965년경 일본에서였으며, 그것이 구미학자들에 의하여 일본행정법연구의 하나의 과제로서 소개되었다.

는 법인이나 기타의 단체에 대하여, 협력적행위(작위·부작위)를 요청하는 희망의 표시인 비강제적인 사실행위」를 말한다. 행정절차법도 이를 받아들여 행정지도라 함은「행정기관이 그 소관사무의 범위 안에서 일정한 행정목적을 실현하기 위하여 특정인에게 일정한 행위를 하거나 하지 아니하도록 지도·권고·조언 등을 행하는 것을 말한다」고 정의하고 있다(동법 2(3)).

2. 性 質

(가) 비권력성(복종의 임의성) ① 행정지도는 「지도」인 까닭에 상대방이 이에 따를 것인지의 여부는 전적으로 그 자유의사에 달려 있다. 행정절차법도 「행정기관은 행정지도의 상대방의 의사에 반하여 부당하게 강요하여서는 아니된다」고 규정하고 있다(동 48①).

② 이와 같이 행정지도는 상대방에 대한 권고·설득 등의 방법에 의하여 임의적인 협력을 요청하는 것이지만, 그에 따르지 아니한 경우에 사실상의 억제적 조치가 취하여지는 등 사실상의 강제적 계기가 있으며 상대방에 대한 상당 정도의 수인을 강요한다는 점에서 그 한계가 문제된다. 사회통념상 타당하다고 인정되는 범위 안에서 허용된다 하겠다.[1] 결국 판례 등 사례의 집적에 맡기는 수밖에 없다고 할 것이다. 예컨대 건축허가신청에 대하여 허가관청에서 주민과의 분쟁예방을 위하여 주민의 동의를 받아오도록 행정지도를 하는 경우가 있다. 이러한 경우에 상대방이 행정지도에 대하여 반발하는 것은 당연히 예상할 수 있으나, 그러한 반발을 무마하여 번의하도록 하는 것이 행정지도의 본질이라 할 것이므로 행정지도의 내용이 상대방의 의사와 일치되지 않는다고 하여 바로 임의성이 없다고는 말할 수 없다.[2]

(나) 사실행위성 (a) 행정지도는 법률효과를 발생하지 아니하는 사실행위이다.

(b) 그러나 예외적으로는 다음에서 보는 바와 같이 법률의 규정에 의하여 일정한 법률적 효과를 발생시키는 경우가 있다.

---

1) 주주가 주식매각의 종용을 거부한다는 의사를 명백하게 표시하였음에도 불구하고, 집요하게 위협적인 언동을 함으로써 그 매각을 강요하였다면 이는 위법한 강박행위에 해당한다고 하지 않을 수 없다 하여, 정부의 재무부 이재국장 등이 국제그룹 정리방안에 따라 신한투자금융주식회사의 주식을 주식회사 제일은행에게 매각하도록 종용한 행위가 행정지도에 해당되어 위법성이 조각된다는 주장을 배척한 사례(대법원 1994.12.13. 93 다 49482 주식인도).

2) 그렇다면 건축허가신청에 대한 결정을 유보하고 주민의 동의를 얻도록 언제까지 행정지도를 할 수 있는지 문제된다. 일본 판례는 행정지도를 받은 자가 이에 대하여 심사청구를 제기한 경우에는 그 시점에서 행정지도에 따르지 아니할 의사가 명확하여졌으므로 그 이후에 건축허가 확인신청에 대한 결정의 유보는 위법하다고 하였다(동경고재 1979.12.2.판결, 판례시보 제955호, p.73.).

(ㄱ) 행정절차상의 효과 법률은 때때로 권력적 규제를 행하기에 앞서 일정한 행정지도를 규정하고 있는 경우가 있다(중소기업의 사업영역보호 및 기업간협력증진 6). 이러한 경우에는 행정지도는 권력적 규제의 사전절차가 되는바, 따라서 행정지도는 행정절차상의 효과를 발생한다고 할 것이다.

(ㄴ) 행정지도에 대한 수락의 효과 법률은 때때로 행정지도의 수락에 대하여 일정한 법률적 효과를 인정하고 있는 경우가 있다. 예컨대 노동조합 및 노동관계조정법은 관계당사자가 조정(행정지도)을 수락한 때에는 조정서의 내용은 단체협약과 동일한 효과를 갖게 하였다(동법 61 등).

(ㄷ) 적극성과 우위성 (a) 행정지도에 해당하기 위하여서는 상대방에 대하여 일정한 작위 또는 부작위를 적극적으로 요청하는 행정기관 자체의 의사가 존재하여야 한다. 따라서, 이와 같은 의사의 적극성이 없는 행위는 행정지도로 볼 수 없다. 따라서 법령해석의 제시(법령질의회신), 확인적 판단의 표시,[1] 설명 내지는 정보의 제공[2]은 의사의 적극성이 없으므로 행정지도가 아니고 사인에게 편의를 제공하는 서비스 활동에 지나지 아니한다. 다만, 이러한 정보제공 등도 그로써 사인의 활동을 조성하여 정책적 목적을 달성하려고 하는 경우에는 행정지도에 해당한다.

(b) 행정지도는 그 성질상 지도하는 자가 우위에 서서 상대방에 대하여 그 상대방이 본래 당연히 할 수 있는 행위를 하도록 추진하는 것이다. 따라서, 행정기관이 상대방과 대등한 지위에서 행하는 단순한 행정상의 요망[3]은 행정지도라고 볼 수 없다.

(ㄹ) 행정지도의 상대방 행정지도의 상대방은 개인·법인 기타의 단체이다. 법인에는 사법인뿐만 아니라 공법인, 즉 공공단체(지방자치단체·공공조합·정부투자기관)도 포함된다고 할 것이다.

---

1) 비영리법인 등의 정관에서는 법인을 해산함에는 주무관청의 허가를 받도록 규정하고 있는 경우가 있는바, 이러한 정관에 따른 주무관청의 허가는 해산사유의 존재에 대한 확인적 판단의 표시라고 할 것이다.

2) 예컨대, 시·군·구청에서는 시민의 문의에 따라 어떤 대지에 건축할 수 있는 건축물에 대한 상담에 응하여 보조기관이 비공식적으로 의견을 제시하는 경우가 있는바, 대부분의 경우에 이는 단순한 설명의 제공이라 할 것이다.

3) 예컨대 행정기관이 상대방에게 새로 건설되는 주택단지 내에 공중목욕탕을 건설할 것을 요망하는 것은 단순한 행정상의 요망에 지나지 아니한다고 할 것이다.

Ⅲ. 機能과 問題點

1. 機 能

(1) 법령의 시행원활화기능 및 보완적 기능 행정지도는 법령에 근거 없이도 행하여질 수 있으므로 근거법령이 흠결된 분야에서 새로운 행정수요에 능동적으로 대처하여 법령보완적 기능을 가짐은 물론, 근거법령이 있는 분야에서도 행정지도는 법령에 의한 규율과 현실과의 괴리의 극복, 지역성 및 다양성의 확보 등 법령보완적 기능을 갖는다.

(2) 권력성의 완화기능 행정지도는 행정청과의 협의의 여지가 있고 국민이 그것에 자발적으로 따른다는 형식을 취하기 때문에 권력성이 완화되고 내용에 있어서 탄력성을 가진다. 또한 권력적 조치에 앞서 행하는 주의·권고 등 행정지도는 정보의 제공, 고지, 협의과정에서의 합리적 해결방법의 발견, 권익의 침해예방 등 행정절차적 기능을 수행하는 측면도 있다.[1)]

(3) 이해의 조정·통합기능 경제분야의 행정지도는 업계 내부 또는 경쟁업종 간의 이해의 대립을 조정하여 그것을 일정한 방향으로 정서·통합하는 기능을 가지는 것이 많다. 우리나라에서는 그 동안 감독관청이 강력한 인·허가권이나 재정적 수단에 의하여 경제계에 대한 강한 지배력을 행사하여 왔으며, 감독관청과 사업자 또는 사업자단체 간에는 사실상의 특별권력관계가 성립되었다고도 할 수 있다. 이러한 풍토 아래서는 경제계는 업계의 이해대립이나 과당경쟁의 재정을 정부에 의뢰하여 행정력을 빌려 조정하는 경우가 많아진다.[2)]

(4) 새로운 시책의 실험적 기능 많은 시행착오적인 실험적 조치를 반복하여 이를 통한 사실관계, 미치는 영향, 문제의 소재 등을 충분히 파악하여야 할 필요가 있는 경우에는 제도화의 준비활동으로서 행정지도가 활용되는 경우가 있다. 식품의 제조 연월일 및 유통기한의 표시의 행정지도 등이 그 예이다(식품위생 10①).

(5) 임시응급대책기능 행정의 책무를 달성함에 있어서 객관적 여건이 급격히 변화되거나 사회문제가 되는 커다란 사건이 발생할 경우 등에는 임시응급의 대책이 필요하게 된다.

---

1) 김형배, 앞 책, p.284 이하 참조.

2) 일본 동경고재의 1980년 9월 26일의 판결은 행정관청이 사업자단체를 지도하여 각 업자에 대한 생산량을 제한한 것은 독금법에 위반된다고 판시하였으나, 일반적 견해는 이러한 판결에도 불구하고 행정지도가 필요악으로서 업계의 이해의 조정·통합화기능을 장래에도 계속하여 수행할 것으로 보고 있다.

2. 문 제 점

(1) **법치주의의 공동화(空洞化)** 행정권이 입법권을 갈음하거나 입법권에 의한 수권의 범위를 넘어서 실질적으로 규범을 정립하고 규범내용을 변경하는 폐해를 수반한다. 또한 행정은 행정지도라는 이름에서 법령규정을 공권적으로 확대·완화하여 해석하여 국민에게 법령이 요구하지 아니한 작위·부작위를 부과하는 등 법령으로부터 이탈하여 자의적으로 활동할 위험성도 있다.

(2) **법령적용의 회피(공익목적실현의 경시)** 행정지도는 한편으로 권력성을 완화하고 상대방으로부터 저항을 받지 않는 부드러운 법령운영을 기할 수 있는 장점이 되는 반면, 다른 한편으로는 법령적용을 회피하고 온정적·타협적 해결을 행함으로써 법률이 예정한 본래의 목적이 실현되지 못하는 폐해가 생기는 경우도 있게 된다.

(3) **불명확성·불안정성** 행정지도는 기준이 불명확하고 안정성이 없으며, 책임의 소재가 불명확한 경우가 많다. 행정지도는 요강·계획·훈령·표준약관 등의 형식으로 미리 일정한 기준을 정하여 이에 따라 행하여지는 경우도 있으나, 많은 경우에는 일반적 기준을 정함이 없어 개별적 사안에 따라 행하여진다.

(4) **행정구제기회의 상실** 행정지도는 그것이 비록 위법한 경우에도 국민이 일단 그것에 따른 경우에는 법률적으로는 자발적으로 받아들인 것이 되어, 행정구제의 기회를 잃게 되는 경우가 있다.

(5) **잘못된 정보 또는 기술제공** 잘못된 과세상담이나 잘못된 정보 또는 기술제공으로 국민이 불측의 손해를 입는 경우가 있으며, 이러한 경우에는 국가책임의 문제가 생긴다.

Ⅳ. 種 類

(1) **법률의 근거의 유무에 따른 분류** ① 법률에 근거하여 행하여지는 것, ② 법률에 근거 없이 행하여지는 것으로 나눌 수 있다. 법률에 근거 없는 법정외행정지도가 오히려 많으며, 법률에 근거 없이도 행할 수 있다는 것이 행정지도의 최대의 장점이라 하겠다. 모든 행정기관에게는 그 조직법(예컨대 각 중앙행정기관은 정부조직법)에 의하여 각각 그 권한이 부여되었으므로 후자인 행정지도는 이 일반적 권한을 근거로 행하여진다고 할 것이다.

(2) **상대방에 의한 분류** ① 첫째로 상대방의 공사에 따라 ⓘ 사인(개인·사법인 기타의 단체)에 대한 것과, ⓘⓘ 공법인, 즉 지방자치단체 기타의 공공단체에 대한 것으로 나눌 수 있다.

② 불특정다수인에 대한 행정지도는 보통 어떤 법률의 규정에 대한 행정기관의 통일적 해석을 지침·요령·요강 등의 명칭을 가진 예규·고시의 형식으로 공표하는 방법으로 행하여지며, 일반성·추상성을 갖고, 법규적 뉘앙스를 갖는 경우도 있기 때문에 「법률에 의한 행정」에 갈음하여 「행정지도에 의한 행정」이 행하여질 위험이 있다는 지적도 있게 된다.[1)]

(3) **내용의 차이에 의한 분류** 현실적으로 행하여지는 행정지도를 그 내용에 따라 예시적으로 조언·요청·권장·주의·권고·경고·지시 등으로 분류할 수 있다.

(4) **신청의 유무에 따른 분류** ① 행정기관이 능동적으로 직권에 의하여 행하는 것과, ② 수동적으로 상대방의 신청에 의하여 행하는 것으로 나눌 수 있다.

(5) **기능의 차이에 의한 분류** 하나의 행정지도가 하나의 기능만을 가지는 일은 드물고, 오히려 여러 기능을 경합적으로 가지는 경우가 많다. 따라서, 기능의 차이에 의한 분류는 그것이 주로 어떤 기능을 가지는가를 표시함에 그친다. 이러한 의미에서 분류하면 ① 조성적(촉진적)행정지도, ② 규제적(억제적)행정지도, ③ 조정적 행정지도로 나눌 수 있다.

V. 行政指導의 實效性確保

1. 개 설

행정절차법은 행정지도는…「상대방의 의사에 반하여 부당하게 강요하여서는 아니된다」고 규정하고 또한 「행정기관은 상대방이 행정지도에 따르지 아니하였다는 것을 이유로 하여 불이익한 조치를 하여서는 아니된다」고 규정하고 있다(동법 48). 따라서 상대방의 임의적 협력을 전제로 하는 행정지도의 실효성 확보는 당연히 이러한 규정에 위반되지 아니한 범위 안에서 행하여져야 할 것이다.

2. 行政機關意思의 尊重意識

우리나라에서는 행정기관의 의사를 존중하는 경제계 내지는 국민의식이 매우 강하며, 그것이 행정지도의 실효성을 담보하는 유력한 지주라고 말할 수 있

1) 新井雄一·行政指導·成田賴明 등, 行政法講義(下), p.308.

겠다.

3. 輿 論

여론이 행정지도를 지지하는 경우에 그것이 행정지도의 실효성을 담보하는 수단이 되는 것은 말할 것도 없다. 우리나라에서 그러한 일은 이른바 지도가격 등 물가에 관한 행정지도 등에서 볼 수 있다. 그러한 행정지도에 있어서는 그에 대한 불복종은 여론에 의하여 비난을 받게 되므로 상대방은 따를 수밖에 없다.

4. 抑制措置

상대방으로 하여금 행정지도에 순응하게 할 목적으로, 복종하지 아니한 경우에 일정한 불이익을 받게 하는 조치이다.

(1) **공식적 조치** 상대방이 행정지도에 순응하지 아니할 때에는 일정한 억제적 조치를 취할 것을 미리 공표·경고하고 불복종의 경우에 그러한 조치를 취하는 것을 말한다. 예컨대 부동산투기억제를 위한 행정지도에 따르지 아니한 경우에는 그 명단을 공개할 뜻을 미리 공표하고 그러한 조치를 취하는 것 등이다.

(2) **비공식적 조치** 행정기관이 다른 행정목적의 실현을 위하여 가지고 있는 여러 가지 권한을 행사하여 행정지도에 따르지 아니한 상대방에게 일정한 불이익을 가하는 경우를 말한다. 예컨대 행정지도에 따르지 아니한 상대방에 대하여 세무조사, 공공시설의 이용거절, 인·허가의 보류 등 그와 직접적인 관련이 없는 다른 법적 규제를 강화하는 것 등이다. 그러나 비공식적 조치는 일종의 탈법적인 조치로서 권한남용이며 위법한 것으로 볼 수도 있으며 행정지도의 문제의 하나라 하겠다.[1)]

5. 奬勵的 措置

행정지도에 순응하는 상대방에게 일정한 이익을 제공하는 것이다.

장려적 조치는 그 내용에 따라 경제적 지원(예: 보조금지급·저리융자 알선·원자재의 알선 등), 기술적 지

---

1) 재무부장관이 대통령의 지시에 따라 정해진 정부의 방침을 행정지도라는 방법으로 금융기관에 전달함에 있어 실제에 있어서는 통상의 행정지도의 방법과는 달리 사실상 지시하는 방법으로 행한 경우에 그것이 헌법상의 법치주의 원리, 시장경제의 원리에 반하게 되는 것일 뿐이다. (중략) 행정지도가 바로 채무 기업의 주주들에 대하여 행하여진 것이 아니라 채권자인 은행에 대하여 행하여졌고, 그 후 은행 스스로의 판단으로 이러한 지도를 받아들여 채권금융단들과의 협의를 거쳐 채권금융단의 담보권 실행 의사에 따라 제3자에 대한 주식 매매계약이 이루어진 점에 비추어, 위와 같은 국가 공권력의 관여 방법 및 정도만으로 이를 통상의 행정지도의 한계를 넘어서 헌법 또는 법률에 위반된다고 하거나 위 주식 매매를 무효로 만들 사유가 된다고 할 수는 없다 (대법원 1999.7.23. 96 다 21706 주식및경영권양도계약무효확인등).

원(새로운 기술지도 · 연수원조 · 기술개발을 필요로 하는 제품의 발주 등), 기타의 편의제공(국·공유지의 우선 매각, 인·허가상의 특별배려 등)으로 나눌 수 있다.

Ⅵ. 行政指導와 法治主義

1. 行政指導의 法的 근거의 要否

(1) **조직법적 근거** 행정지도에 있어서도 적어도 조직법적(소관사무의 범위 내) 근거가 있어야 행할 수 있다는 점에 대하여는 다툼이 없다고 하겠다.[1)]

(2) **작용법적 근거** 법률유보의 원리가 행정의 모든 종류의 활동에 적용될 것인가에 대하여는 침해유보설을 한쪽으로 하고, 전부유보설을 다른 한쪽으로 하여 여러 견해가 대립되어 있다. 행정지도에 대한 순응 여부는 상대방이 임의로 결정할 수 있으므로 작용법적 근거를 요하지 않는다는 것이 통설이다. 만약 법률의 근거를 요한다고 하면, 행정청이 법률의 불비를 보완하여 새로운 행정수요에 기민하게 대처함으로써 행정책임을 다할 수 있다고 하는, 행정지도의 장점을 살릴 수 없을 것이다.

2. 行政指導의 法的 限界

(1) **법규상의 한계** 당해 행정기관의 소관사무(조직규범)의 범위 안에서만 허용되며, 그 범위를 넘는 경우에는 위법의 문제가 생긴다. 또한 법률이 행정지도의 기준 · 절차 · 형식 등을 규제(규제규범)하고 있을 때에는 그에 따라야 함은 물론이다. 그리고 직접적으로 행정지도를 규제하는 법령이 없는 경우에도 헌법에 의하여 보장되어 있는 국민의 기본권을 부당하게 침해하거나 현행법령의 규정을 위반하여서는 아니된다.

행정지도의 법규상의 한계와 관련하여 특히 논의되는 것 중의 하나는 법령에 위반되는 행위를 하도록 한 행정지도, 즉 위법한 행정지도를 받은 상대방이 그에 따라 위법한 행위를 행한 경우에 위법성이 조각되는가 하는 것이다. 예컨대 지식경제부에서 석유수급조절을 위하여 석유사업자단체에 대하여 「독점규제 및 공정거래에 관한 법률」에 위반되는 공동행위를 하도록 행정지도를 하고 석유사업자가 공동행위를 행한 경우에 행정지도에 따른 것이라는 이유로 동법에 의한 제재를 면할 수 있는가 하는 것이다. 뒤에서 보는 신뢰보호원칙과도 관련되

1) 이것이 이른바 형식적 의미에서의 「법률에 의한 행정의 원리」(Prinzip der formellen Gesetzmäßigkeit der Verwaltung)이다. 鹽野宏, 행정지도, 행정법강좌, 제 6 권, p.19 참조.

는바, 행정지도에의 복종의 임의성을 이유로 면책되지 않는다고 보는 것이 일반적 견해이다.[1] 다만, 위법성을 알 것이 기대될 수 없는 경우에는 면책될 수 있을 것이다. 이러한 경우에 「독점규제 및 공정거래에 관한 법률」의 적용을 명문으로 배제한 경우도 있으며(산업발전 19), 그러한 경우에 면책되는 것은 당연하다.

(2) 조리상의 한계 행정지도는 비권력적인 사실행위이나 넓은 의미에서 공행정의 일환인 이상 비례원칙·평등원칙·신뢰보호원칙 등 조리법의 구속을 받는다 할 것이다. 신뢰보호원칙과 관련하여 문제되는 바는, 행정청의 잘못된 행정지도를 신뢰한 상대방이 어떤 보호를 받을 수 있는가이다. 행정청의 지도 등을 선의로 신뢰한 상대방을 보호할 필요성이 강하다 할 것이므로 당해 사항의 성질(임의로 처분할 수 있는 것인지의 여부), 상대방의 선의 여부, 행정지도의 형식, 행정지도를 한 자(상급직원·하급직원), 상대방이 받는 불이익의 정도 등 제반사정을 고려하여 결정할 일이다. 이러한 입장에서 볼 때, 예컨대 상대방이 세무담당관에 의한 잘못된 지도를 따른 경우에 가산세와 같은 제재적 불이익을 과하는 것은 허용되지 않는다고 할 것이다. 다만 국민은 명백하게 위법한 행정지도에 대하여는 자기책임에서 거부하여야 할 것이므로 이에 따른 경우에는 민·형사책임을 면할 수 없다 할 것이다.

〔**판례**〕 행정관청의 위법한 관행에 따라 토지의 매매가격을 허위로 신고한 행위가 사회상규에 위배되지 않는 정당한 행위라고 볼 수 없다.
행정관청이 토지거래계약신고에 관하여 공시된 기준지가를 기준으로 매매가격을 신고하도록 행정지도하여 왔고 그 기준가격 이상으로 매매가격을 신고한 경우에는 거래신고서를 접수하지 않고 반려하는 것이 관행화되어 있다 하더라도 이는 법에 어긋나는 관행이라 할 것이므로 그와 같은 위법한 관행에 따라 허위신고행위에 이르렀다고 하여 그 범법행위가 사회상규에 위배되지 않는 정당한 행위라고는 볼 수 없다(대법원 1992.4.24. 91 도 1609 특정범죄가중처벌등에관한법률위반(조세), 국토이용관리법위반).[2]

3. 行政指導에 대한 法的 規制(行政指導의 原則 및 方式)

(1) 행정지도의 원칙

(가) 비례의 원칙 및 임의성의 원칙 행정지도는 그 목적달성에 필요한 최소한도에 그쳐야 하며, 또한 상대방의 의사에 반하여 부당하게 강요하여서는 아니

1) 판례시보, 제983호, p.22.
2) 피고인이 토지매매대금을 허위로 신고하고 계약을 체결하였다면, 설사 행정관청이 토지거래계약신고에 관하여 공시된 기준시가를 기준으로 매매가격을 신고하도록 행정지도를 하고 피고인이 그에 따라 허위신고를 한 것이라 하더라도 이와 같은 행정지도는 법에 어긋나는 것으로서 피고인이 그와 같은 행정지도나 관행에 따라 허위신고행위에 이르렀다고 하여도 이것만 가지고서는 그 범법행위가 정당화 될 수 없다고 할 것이다(대법원 1994.6.14. 93 도 3247 조세범처벌법위반, 국토이용관리법위반).

된다(행정절차법 48①). 행정지도의 상대방은 행정지도의 방식·내용 등에 관하여 행정기관에 의견제출을 할 수 있다(동 50).

이러한 원칙에 위반하여 행하여지는 행정지도는 뒤에서 보는 바와 같이 위법성을 띠게 되며, 그로 인하여 손해를 받은 관계인은 국가 등에 대하여 손해배상을 청구할 수 있다고 할 것이다.

(나) **불이익조치금지의 원칙** 행정기관은 상대방이 행정지도에 따르지 아니하였다는 것을 이유로 불이익한 조치를 하여서는 아니된다(동 48②).

(2) **행정지도의 방식**

(가) **명확성의 원칙 및 행정지도실명제** 행정지도를 행하는 자는 그 상대방에게 당해 행정지도의 취지·내용 및 신분을 밝히도록 하였다(동 49①). 행정지도에 있어서는 하급행정기관이나 보조기관이 행한 행정지도를 상급행정기관이나 소속행정기관이 부인하는 경우도 있으며, 또한 어느 행정기관이 행정지도를 행하였는지 잘 알 수 없는 경우도 있게 된다. 이러한 경우에는 행정지도를 신뢰하고 행동한 상대방은 불측의 손해를 입게 되는 경우도 있게 된다. 그리하여 행정지도에 있어서의 명확성을 기함과 동시에 책임소재를 밝히도록 하였다.

(나) **서면교부청구권** 행정지도가 구술로 이루어지는 경우에 상대방이 그 취지·내용 및 신분을 기재한 서면의 교부를 요구하는 때에는 당해 행정지도를 행하는 자는 직무수행에 특별한 지장이 없는 한 이를 교부하여야 한다(동 49②).

이러한 서면교부청구절차는 행정지도의 존재·내용 및 책임소재를 명확하게 하고, 자의적인 행정지도를 억제하려는 것으로서, 행정지도를 신뢰하여 행동한 상대방은 행정지도에 관한 문서를 받아두는 것이 차후 행정지도에 따른 문제발생시에 권익을 보호하기 위한 유용한 수단이 될 수 있을 것이다.

(다) **다수인에 대한 행정지도의 공통사항의 공표** 행정기관이 같은 행정목적을 실현하기 위하여 다수인에게 행정지도를 하고자 하는 경우에는, 특별한 사정이 없는 한 행정지도에 공통적인 내용이 되는 사항을 공표하여야 한다(동 51). 이는 행정지도의 사전예견가능성 및 공평성을 확보하고 제 3 자효를 갖는 행정지도에 있어 투명성을 확보하여 제 3 자를 보호하기 위한 것이라 하겠다.

Ⅶ. 行政指導와 行政救濟

1. 行政節次 — 事前救濟 —

우리 행정절차법은 행정지도가 비례원칙을 준수할 것과, 상대방의 의사에 반하여 강요하여서는 아니되며(동법 48), 또한 행정지도가 구술의 형식으로 행하여진 때에는 당사자의 문서교부청구권을 인정하고(동 49②), 행정지도를 받은 자의 의견제출권도 인정하였다(동 50).

2. 行政爭訟에 의한 救濟

(1) 행정지도의 처분성 　행정지도는 그 자체로서는 국민의 권리 또는 의무에 영향을 미치지 아니하며, 따라서 아무런 법적 효과도 발생하지 아니하는 비권력적 사실행위이기 때문에 행정쟁송의 대상이 되지 아니한다고 한다. 다만, 행정지도의 존재 그 자체 또는 행정지도에 따르지 아니한 것이 법률상 어떤 행정처분의 요건으로 되어 있는 경우에 행정지도가 위법한 때에는, 당해 행정지도의 취소를 구하는 행정쟁송을 제기하거나 행정처분을 기다려 행정지도의 위법을 이유로 행정처분의 취소를 구하는 행정쟁송을 제기할 수 있다.[1]

또한 행정지도가 사실상 강제력을 갖고 사실상 국민의 권익을 침해하는 경우에는 예외적으로 행정심판법이나 행정소송법상의 "그 밖에 이에 준하는 행정작용"에 해당하는 것으로 보아 처분성을 인정하기도 한다.[2]

(2) 판례 　「행정권 내부에서의 행위나 알선, 권유, 사실상의 통지 등과 같이 상대방 또는 기타 관계자들의 법률상 지위에 직접적인 법률적 변동을 일으키지 아니하는 행위 등은 항고소송의 대상이 되는 행정처분이 아니다」(대법원 1996. 3.22. 96 누 433 시정명령 처분등취소)[3]고 하여 행정지도는 행정쟁송의 대상이 되지 않는다고 한다.[4]

---

1) 鹽野宏, 앞 논문, p.30.

2) 박균성(상). p.443.

3) 원심이 피고가 전기·전화공급자에 대하여 위 다세대주택에 대한 전기공급 및 전화통화를 중지할 것을 요청하는 내용의 조치를 한 것을, 항고소송의 대상이 되는 행정처분으로 보아 본안에 들어가 판단한 것은 행정처분에 관한 법리를 오해한 위법이 있다고 할 것이다(대법원 1996.3.22. 96 누 433 시정명령처분등취소).

4) 교육인적자원부장관의 대학총장들에 대한 이 사건 학칙시정요구는 고등교육법 제6조 제2항, 동법시행령 제4조 제3항에 따른 것으로서 그 법적 성격은 대학총장의 임의적인 협력을 통하여 사실상의 효과를 발생시키는 행정지도의 일종이지만, 그에 따르지 않을 경우 일정한 불이익조치를 예정하고 있어 사실상 상대방에게 그에 따를 의무를 부과하는 것과 다를 바 없으므로, 단순한 행정지도로서의 한계를 넘어 규제적·구속적 성격을 상당히 강하게 갖는 것으로서 헌법소원의 대상이 되는 공권력의 행사라고 볼 수 있다(헌법재판소 2003.6.26. 2002 헌마 337, 2003헌마7·8(병합) 학칙시정요구등위헌확인).

3. 행정상의 損害塡補에 의한 救濟

(1) 행정상손해배상

(가) 국가배상책임 국가배상법이 정한 배상청구의 요건인 「공무원의 직무」에는, 권력적 작용은 물론, 비권력적 작용(관리작용)도 포함시키는 것이 통설·판례이므로 행정지도에 대하여도 국가배상법이 적용된다 할 것이다.[1)]

(나) 행정지도의 위법성 행정지도의 위법성이 입증되면, 일응추정(*prima facie*) 이론에 의하여 공무원의 고의·과실의 존재는 추정된다. 따라서, 일반적으로는 위법성만 인정되면 배상책임이 성립된다고 할 것이나 경우에 따라서는 고의·과실의 존재가 따로 문제되기도 한다.

(다) 행정지도와 손해의 인과관계 행정지도와 손해 간의 상당인과관계의 존부를 판단함에는 어려움이 있다. 그것은 행정지도에 의한 손해의 발생에는 보통 행정지도에 대한 상대방의 판단이 개재되어 있기 때문이다. 따라서 행정지도와 손해간의 인과관계를 판단함에 있어서는 상대방의 판단을 어떻게 평가할 것인지가 문제된다. 극히 일반적으로 말하면 국가배상제도의 취지·목적에 따라 합목적적으로 검토하여 판단하여야 할 것이나, 실제문제로서는 명확하게 판단하기 어려운 경우가 많다.[2)] 우리 판례 중에도 비록 하급법원의 판례이지만 상당인과관계를 인정한 것이 있다. 구 서울민사지방법원에서 "법령의 근거도 없이 「판매금지종용」을 하였다면 이는 불법행위를 구성할 뿐만 아니라 원고들이 위 책자들을 시판불능으로 입은 손해의 상당인과관계가 있다"고 판시한 것(88 가합 4039 (1989.9.26 서울민지판))은 그러한 예로 볼 수 있다 할 것이다(같은 취지: 96 다 38971 (1998.7.10 대판)).

(2) 행정상손실보상 적법하게 행하여진 행정지도에 의하여 재산상의 「특별한 희생」(besonderes Opfer)을 입은 경우, 예컨대 조업단축권고에 의하여 얻을 수 있는 수익을 잃고, 구 농촌진흥청의 통일벼 재배장려로 손실을 본 기업주 또는 농민이 보상을 청구할 수 있는지가 문제된다. 전통적인 통설적 견해에서는 행정상손실보상은 「공권력행사」, 즉 권력작용으로 인하여 입은 손실의 보상으로 보며, 따라서 비권력작용인 행정지도로 입은 손실에 대하여는 비록 그것이 「특별한 희생」일지라도 자유로운 의사에 의하여 자기의 손실의 가능성을 수인한 이상, 보상을 청구할 수 없는 것으로 본다. 또한 대개 문제로 되는 것은 사

1) 국가배상법이 정한 배상청구의 요건인 '공무원의 직무'에는 권력적 작용만이 아니라 행정지도와 같은 비권력적 작용도 포함되며 단지 행정주체가 사경제주체로서 하는 활동만 제외된다(대법원 1998.7.10. 96 다 38971 손해배상(기)).

2) 鹽野宏, 앞 논문, p.28.

인에 대한 「특별한 희생」을 과하는 근거법률이 없는 경우인바, 그러한 행위는 무권한으로 볼 것이며, 이 경우의 손실의 전보는 이론적으로는 손실보상이라기보다는 손해배상 내지는 위험책임에 속한다고 할 것이다.[1)]

1) 과거에 정부의 통일벼 재배권장에 따라 통일벼를 심은 농가에서 기후조건에 따라 수확이 크게 감소되어 손해를 입은 경우에 정부에서는 손해를 전보하면서 굳이 「손해」라는 용어를 피하고 「손실」이라는 용어를 사용하였다. 그것은 정부의 행위가 불법이 아니라는 것을 나타내기 위한 정책적 배려였으며, 이론적으로는 정부의 책임이 없다는 것을 전제로 행한 일종의 「보조」이거나 불법행위로 인한 손해배상으로 볼 것이다.

제 5 절 行政上의 事實行爲[1)]

Ⅰ. 의 의

행정상의 사실행위(Verwaltungs-Realakt)란 행정행위 기타 법적행위와는 달리 법률적 효과의 발생을 목적으로 하는 것이 아니라, 직접적으로 일정한 사실상의 결과의 발생만을 목적으로 하는 행정주체의 행위를 말한다.

종래 행정상의 사실행위는 공법상의 의무이행강제에 있어서의 실력행사와 그에 대한 행정쟁송의 문제로만 다루어져 왔을 뿐, 행정법이론에 있어서 독자적인 문제로 다루어지지는 아니하였으나 근래에 와서 그 중요성이 부각되고 있다.

Ⅱ. 종 류

1. 權力的 事實行爲와 非權力的 事實行爲

사실행위가 공권력의 행사인 실력행사인지의 여부에 따른 구분이다. 권력적 사실행위는 해석상 행정쟁송의 대상인 처분개념에 해당되므로 이에 대하여서는 행정쟁송이 가능하다. 권력적 사실행위의 전형적인 예로는 대집행의 실행을 들 수 있으며, 비권력적 사실행위로는 공법상의 금전출납·폐기물수거·행정지도 등을 들 수 있다.

2. 執行的 事實行爲와 獨立的 事實行爲

사실행위가 법령 또는 행정행위를 집행하기 위한 것인지 아니면 그 자체로서의 독립적 의미를 가지는지에 따른 구분이다. 집행적 사실행위는 경찰관의 무기사용, 대집행의 실행 등과 같이 권력적 사실행위인 것이 보통이다.

3. 精神的 事實行爲와 物理的 事實行爲

사실행위가 의사작용을 중심으로 하여 이루어지는지 아니면 물리적 작용을 중심으로 하여 이루어지는지의 구분이다. 행정지도, 법적 효과 없는 고지·통지·보고, 표창 등은 의사작용을 요소로 하는 것이므로 정신적 사실행위에 속하고, 의사작용을 요소로 하지 아니한 재산압류, 상하수도시설의 설치 등은 물리적

1) 행정상의 사실행위에는 권력적인 것도 있으나, 편의상 비권력행정의 부분에서 다루기로 한다.

사실행위에 속한다. 주의할 것은 물리적 사실행위도 용태의 일종으로 정신작용을 매개로 한다는 점이다.[1)]

4. 公法的 事實行爲와 私法的 事實行爲

사실행위가 공·사법 어느 쪽의 규율을 받게 되는가에 따른 구분이다. 이것은 행정구제의 방법과 관련하여 의미가 있다.

Ⅲ. 法的 근거와 限界

1. 法的 근거

사실행위는 법적 효과를 발생하지 아니하는 행위이기 때문에 법적 근거가 필요하지 않는 경우가 많다. 그러나 ① 모든 행정작용이 그러하듯이 사실행위도 조직법상의 근거는 필요하다. 즉, 행정청이 자신의 정당한 권한의 범위 안에서 행하여야 한다는 것이다. ② 사실행위에 있어서 작용법적 근거를 필요로 하는 범위, 즉 법률유보의 범위에 대하여서는 행정작용에 대한 법률유보의 범위에 대한 여러 견해 중 어느 입장에 서느냐에 따라 그 범위가 달라질 것이다. 그러나 어느 견해를 취하든 최소한 권력적 사실행위는 법률유보가 필요하다고 보아야 할 것이다.

2. 限 界

사실행위가 권력적 성질을 띠어 법률유보의 대상이 되든 또는 비권력적인 것으로서 법률유보를 요하지 않든 간에 사실행위는 법률우위의 원칙과 조리상의 원칙의 제약을 받아 그 범위 안에서 행하여야 한다. 그러므로 사실행위는 법령에 저촉되어서는 아니되며 행정목적을 위하여 필요한 범위 안에서 이루어져야 한다(비례의 원칙). 또한 평등의 원칙 · 신뢰보호의 원칙 등의 준수도 아울러 요구된다.

Ⅳ. 行政上의 事實行爲에 대한 救濟

행정상의 사실행위 중 특히 권력적 사실행위는 국민에 대한 공권력행사를

1) 사실행위를 사건의 일종으로 이해하는 것은 문제가 있다. 왜냐하면「행위」란 용어 자체가 용태임을 의미하고 있기 때문이다.

그 내용으로 하는 것이므로 때때로 국민의 권익을 침해하는 경우가 발생한다. 그런데 사실행위는 법적 효과를 발생하지 않는 것이기 때문에 사실행위에 의한 침해에 대한 구제는 이론상 문제가 없지 아니하다. 이하 손해전보와 행정쟁송의 경우를 나누어서 검토하기로 한다.

1. 行政上의 事實行爲와 損害塡補

(1) **손실보상** 적법한 권력적 사실행위로 국민이 특별한 손해를 입은 경우에는 손실보상을 청구할 수 있다(소방기본법 25).

(2) **국가배상** 국가배상법 제 2 조의 공무원의 직무상의 불법행위로 인한 손해배상의 원인행위인 공무원의 위법한 직무행위에는 공무원의 위법한 사실행위도 포함된다는 데 이론이 없으므로, 행정상의 사실행위에 대한 국가배상은 다른 요건이 충족되는 한 가능한 일이라 할 것이다. 다만, 행정상의 사실행위라고 하더라도 사법적사실행위로 인한 손해배상에는 국가배상법의 적용이 없고 민법이 적용된다 할 것이다.

2. 行政上의 事實行爲와 行政爭訟

행정상 사실행위가 행정쟁송의 대상이 되느냐 여부는, 그것이 행정쟁송법상의 「처분」개념에 포함되느냐의 여부에 달려 있다.

(1) **권력적 사실행위** 권력적 사실생위의 처분성에 대하여는 통설은 긍정하여, 행정심판법(2 (2))과 행정소송법(2 (1))에서 규정하는 처분개념인 「행정청이 행하는 구체적 사실에 관한 법집행으로서의 공권력의 행사 또는 그 거부와 그 밖에 이에 준하는 행정작용」에 있어서의 「공권력행사」에는 처분적 행위뿐 아니라 사람의 수용이나 물건의 영치와 같은 「권력적 사실행위」도 포함되는 것으로 보고 있다. 권력적 사실행위의 처분성을 인정하더라도 사실행위는 비교적 단시간에 종료되므로 실제에 있어서는 행정상쟁송이 불가능한 경우가 많다. 그러나 계속적인 권력적 사실행위의 경우에는 행정쟁송이 가능할 것이며, 계속성이 없는 사실행위라도 가구제로서의 집행정지결정을 신청하기 위한 행정상쟁송은 가능하다 할 것이다.

(2) **비권력적 사실행위** 비권력적 사실행위 중에서 주의·권고·지도 등 정신적 사실행위의 처분성에 대하여는, 통설은 그것이 사인의 권리의무에 직접적인 법적 효과를 발생시키는 것이 아니기 때문에 처분성을 부인한다. 그러나 예컨대 의사에 대한 경고와 같이 상대방의 명예·신용에 사실상 중대한 영향을

미치는 징계적 작용에 대하여는 처분성을 인정하는 견해도 있다.

(3) **공공시설의 설치 등** ① 비권력적 사실행위 중에서 도로공사 등 공공토목공사의 시공이나 공항・철도・고무소각장 등 공공시설의 설치 또는 그 조업 등의 처분성에 대하여는, 통설은 「공권력행사나 이에 준하는 행정작용」에 해당되지 아니하므로 그것에 의하여 권리침해를 당한 자는 민사소송(이론상으로는 공법상 당사자소송)에 의하여 그것의 금지 등을 청구하여야 한다고 한다. 이 견해는 행정과정을 개개의 행위로 분석하여 그 중에 행정행위에 해당하는 것이 존재하는지를 음미하는 방법론을 사용한다. ② 이에 대하여 소수설은 기능론적 입장에서 행정청의 「행정행위」 이외의 행위일지라도 국민생활을 일방적으로 지배하는 행위이고, 그것으로 인하여 국민이 입은 불이익을 민사소송에 의하여 적절하게 배제할 수 없는 경우에는 당해 행위를 항고소송의 대상으로 하여야 한다고 한다. 이러한 견해에서는 행정과정을 개개의 행위로 분석하지 아니하고 그것을 행정청의 일체적 행위로 파악하여 공법적 규율을 적용하여야 한다고 하며, 예컨대 횡단보도교의 설치를 일체적으로 파악하여 항고소송의 대상인 「처분」으로 본다.[1] 위에서 본 바와 같이 공공토목공사는 항고소송의 대상이 되지 아니하며, 민사소송에 의하여 그것의 금지 등을 청구하여야 할 것이다.[2] 그러나 공유수면의 매립면허에 따른 매립공사 또는 농지개량사업계획에 따른 토목공사 등 행정처분 또는 행정계획을 직접적으로 실현하기 위하여 실시되는 사실행위에 대하여는 민사소송에 의하여 그것의 금지 등을 청구할 수 있는지가 문제된다. 행정처분을 직접적으로 실현하기 위하여 실시되는 매립공사 등의 금지는 당해 사실행위의 근거가 되는 행정처분의 취소소송에 의하여 청구하여야 하며, 민사소송절차에 의하여서는 청구할 수 없다고 할 것이다.

(4) **판례** 대법원은 사실행위에 해당하는 단수처분(대법원 1979. 12. 28. 79 누 218 건물철거대집행계고처분취소)이나 교도소장의 이송처분[3]이 행정처분이라고 판시한 바 있으나, 일반적으로는 그 처분성을 부인하고 있다. 헌법재판소 역시 사실행위가 행정처분의 준비단계로서 행하여지거나 행정처분과 결합된 경우(합성적 행정행위)에는 행정처분에 흡수·통합되어 불가분의 관계에 있다 할 것이므로 행정처분만이 취소소송의

1) 박균성(상), p.432.
2) 유지태, p.211.
3) 교도소장 등이 미결수용자를 다른 수용시설로 이송하기 위하여 사전에 법원의 허가를 받을 필요는 없다고 하더라도 이러한 이송처분이 행정소송의 대상이 되는 행정처분임에는 틀림없고, 나아가 이송처분으로 인하여 미결수용자의 방어권이나 접견권의 행사에 중대한 장애가 생기는 경우에는 그 이송처분은 재량의 한계를 넘은 위법한 처분으로서 법원의 판결에 의하여 취소될 수 있음은 물론이다(대법원 1992. 8. 7. 92 두 30 이송처분효력정지).

대상이 되고, 처분과 분리하여 따로 권력적 사실행위를 다툴 실익은 없다고 한다(헌법재판소 2003. 12. 18. 2001 헌마754).[1)]

1) 스스로는 자생능력을 상실한 부실기업의 정상화 여부와 그 방안 및 실현방법에 관하여 적법한 권한 내에서 결정할 지위에 있는 주거래은행의 의사가 기본이 되고 정부의 의사가 이에 부합되어 기업의 정리가 관철된 경우라면, 특별한 사정이 없는 한 주거래은행의 정상화 방안을 실현시키기 위하여 정부가 한 지시 등이 권력적 사실행위에 해당한다고 보기는 어렵고, 오히려 정부가 경제정책적 관점에서 국민경제에 미치는 영향이 큰 부실기업의 정리에 관하여 주거래은행의 자율적 판단을 존중하면서 적극적이지만 비권력적으로 지원·독려한 사실행위라고 보아야 하고, 이와 같은 비권력적 사실행위는 공권력의 행사에 해당하지 아니하므로 이를 대상으로 한 헌법소원심판청구는 부적법하다(헌법재판소 1994. 5. 6. 89 헌마 35 공권력행사로 인한 재산권침해에 대한 헌법소원).

제 3 편　行政意思의 實效性確保手段

제 1 장 行政意思의 實效性確保手段의 의의 및 종류

I. 意 義

(1) 행정목적의 달성을 위하여 개인에게 의무가 부과되는 경우가 많다. 의무는 행정법규에 의하여 직접 부과되기도 하고, 처분에 의하여 부과되기도 한다. 이 경우에 개인이 행정법규에 위반하지 아니하고 자발적으로 의무를 이행하여야 행정목적이 달성될 수 있다.

(2) 그러나 개인이 의무를 자발적으로 이행하지 아니한 경우가 많으며, 이러한 경우에는 의무를 이행시키거나 이행된 것과 동일한 상태를 실현하는 여러 가지 법적 수단이 강구되어야 한다. 행정목적의 달성을 행정의 실효성이라고 하며, 그 법적 수단이 행정의사의 실효성확보수단이다.

Ⅱ. 種類(기본구조)

(1) **직접적 강제와 간접적 강제** 전통적인 의미에서 실효성확보수단은 크게 행정기관이 직접 의무이행상태를 실현시키는 「직접적 강제」수단과 의무위반 또는 의무불이행에 대한 불이익(제재)을 과하는 심리적 강제를 통하여 의무이행을 확보하는 「간접적 강제」수단으로 구분된다.

(2) **직접적 강제수단의 종류** 직접적 강제는 보통 「행정강제」라 하며, 그것은 다시 「행정상강제집행」과, 「행정상즉시강제」로 나눈다. 우리 현행법상으로는 행정상강제집행은 대체적 작위의무에 대하여서만 일반적으로 인정되는데, 대체적 작위의무 중 금전지급의무에 대하여는 「행정상강제징수」가, 그리고 다른 대체적 작위의무에 대하여는 「행정상대집행」이 인정된다.

행정법상 의무의 대부분을 차지하는 비대체적 작위의무 · 부작위의무 및 수인의무에 대하여서는 직접강제 또는 집행벌(이행강제금)이라는 직접적 강제수단이 개별법률에 의하여 예외적으로만 인정될 뿐이다. 따라서 비대체적 작위의무·부작위의무 및 수인의무의 강제는 거의 대부분 간접적 강제수단, 특히 행정벌, 그 중에서도 행정형벌에 의존하고 있다.

(3) **간접적 강제수단의 종류** 다시 크게 두 가지로 나눌 수 있는바, 원

래 간접적 강제수단으로 마련된 것과, 원래는 다른 목적을 위하여 마련된 제도가 간접적 강제수단으로 전용되는 것이 있다. 전자에는 ① 행정벌(행정형벌 및 행정질서벌), ② 가산세·부당이득세 및 가산금, ③ 과징금, ④ 행정상의 위반사실의 공표, ⑤ 취업제한 등이 있으며, 후자에는 ① 수익적 행정행위(인가·허가·특허 등)의 거부 또는 철회·정지, ② 형사상 수단의 전용, ③ 행정상즉시강제수단의 전용, ④ 공급거부, ⑤ 관허사업의 제한, ⑥ 위반물건운반자 면허 등 취소 및 운반자동차 등의 사용정지, ⑦ 계약상대방으로부터의 배제 등이 있다.

이러한 간접적 강제수단 중에서 과징금·위반사실의 공표·공급거부·관허사업의 제한 등의 수단은 다른 의무확보수단의 기능을 보완하기 위하여 비교적 최근에 와서 채택되거나 활용되기 시작한 제도이기 때문에 「새로운 의무확보수단」으로 활발한 논의가 이루어지고 있다.

Ⅲ. 法治主義的 安全裝置

행정의사의 실효성확보수단은 행정권력의 강제적 성격이 직접적으로 표출되는 영역이므로 그 남용으로부터 국민의 기본권을 보장하기 위하여서는 그 발동에 대한 법치주의적 안전장치가 마련되어야 한다. 헌법재판소는 헌법 제12조 제1항의 적법절차원리는 형사절차상의 영역에 한정되지 않고 입법·행정 등 국가의 모든 공권력작용에 적용되는 헌법상의 기본원리라고 선언한 바 있다(92 헌가 8 (1992.12.24 헌재결정)). 이러한 점에서 행정벌을 협의의 행정벌이라 하고, 행정벌을 포함하여 수익적 행정행위의 철회·정지, 과징금 기타의 모든 간접적 강제수단을 광의의 행정벌이라 하여, 이러한 광의의 행정벌의 부과에는 모두 헌법상의 적법절차원리가 적용되어야 한다는 견해는 매우 타당한 것이라 할 것이다.[1)]

---

1) 박정훈, 협의의 행정벌과 광의의 행정벌, 서울대학교 법학, 제41권 제4호(2001.2-통권 제117호), p.278 이하.

제 2 장 行政強制

제 1 절 概 說

I. 意 義

행정강제(Verwaltungszwang)라 함은 행정목적의 실현을 확보하기 위하여, 사람의 신체 또는 재산에 실력을 가하여 행정상 필요한 상태를 실현하는 행정권의 사실상의 작용을 말한다.

(1) 행정강제는 권력적인 실력행사(Anwendung obrigkeitlicher Machtmittel)로서의 사실행위인 점에서 법적 행위인 행정행위와 구별된다.

(2) 행정강제는 행정목적의 실현을 확보함을 목적으로 하는 점에서 궁극적으로는 같은 목적을 가진 행정벌과 같으나, 양자는 직접목적(행정강제는 행정목적의 실현, 행정벌은 비행에 대한 제재)과 수단(행정강제는 실력행사, 행정벌은 형벌 또는 질서벌)에 있어 차이가 있다.

(3) 행정강제는 그와 함께 성립하는 수인의무로 말미암아 상대방의 저항을 배제한다고 보는 것이 통설이다.

(4) 행정강제는 신속·확실을 기하고 행정권의 재량에 맡기는 것이 합리적이라는 등의 이유로, 사법상 의무의 강제집행절차와는 달라서 행정권 스스로 행함을 특징으로 한다(자력집행력).

Ⅱ. 種 類

행정강제에는 「행정상강제집행」과 「행정상즉시강제」의 두 가지가 있다. 전자는 법령 또는 이에 의거한 행정처분에 의하여 과하여진 행정법상의 의무를 의무자 스스로 이행하지 아니한 경우에, 행정청이 의무자의 신체 또는 재산에 실력을 가하여, 장래에 향하여 그것을 이행하거나 이행한 것과 동일한 상태를 실현하는 작용이고, 후자는 의무의 이행을 강제하기 위한 것이 아니고, 목전에 급박한 행정상의 장해를 제거할 필요가 있는 경우에, 미리 의무를 명할 시간적 여유가 없을 때 또는 성질상 의무를 명하여 가지고는 목적달성이 곤란한 때에, 즉시 국민의 신체 또는 재산에 실력을 가하여 행정상의 필요한 상태를 실현하는 작용이다. 양자는 실력으로 필요한 상태를 실현시키는 사실행위인 점에서는 서로 같으나 발동의 요인 및 성질을 달리한다.

제 2 절 行政上強制執行

I. 意 義

행정상강제집행(Zwangsvollzug)이란, 「법령」 또는 「이에 의거한 행정처분」에 의하여 과하여진 행정법상의 의무를 의무자 스스로 이행하지 아니한 경우에, 행정청이 의무자의 신체 또는 재산에 실력을 가하여, 장래에 향하여 그것을 이행하거나 이행한 것과 동일한 상태를 실현하는 작용을 말한다(국가에 대한 의무라도 사법상의 의무는 행정상강제집행의 대상이 되지 않는다).

1. 行政上 卽時強制와의 구별

행정상 강제집행은 의무의 존재와 그 불이행을 전제로 하는 점에서, 이를 전제로 하지 않고 행정목적달성을 위하여 즉시 가하여지는 실력행사인 행정상즉시강제와 구별된다.

2. 民事上 強制執行과의 구별

(1) 뒤에서 보는 행정상 강제집행의 수단은 각각 민사상 강제집행의 수단에 대응된다. 민사상 강제집행은 사인에 의한 자력구제를 금지한 대상으로, 국가가 채권자의 보조자로 나타나 국가적 강제력에 의하여 채권자의 청구권을 실현하는 체계이다. 민사상 강제집행이 행하여지기 위하여는 ① 집행될 청구권의 존재가 국가기관(법원·공증인)에 의하여 확인되어 판결이나 집행증서 등의 채무명의(집행명의)가 발행되어야 하고, ② 이에 기하여 채권자가 국가의 집행기관(집행관)에 집행을 청구할 수 있다. 이에 대하여 행정상강제집행은 의무를 과하고 그 이행을 청구한 행정권이 ① 스스로 그 의무의 존재를 확인하고, ② 자기 스스로의 강제수단으로 집행하는 자력구제의 체계이다.

(2) 행정법상의 의무를 민사상 강제집행수단에 의하여 강제집행할 수 있는지에 대하여 논의가 있다. 이에 대하여는 행정법상의 의무에 대하여 행정상강제집행수단이 법정되어 있는 경우에는 그것을 부정하는 것이 통설·판례(99 다 8909 (2000.5.12 대판)—행정대집행절차가 인정되는 경우에는 민사소송의 방법으로 공작물의 철거·수거 등을 구할 수 없다.)이다.

3. 行政罰과의 구별

양자는 다같이 행정법상의 의무이행을 확보하기 위한 수단인 점에서 공통성을 가지나, 행정상강제집행이 장래에 향하여 의무이행을 강제함을 주안으로 하는 수단인데, 행정벌은 과거의 의무위반에 대한 제재를 주안으로 하는 점에서 구별된다. 양자는 그 직접의 목적을 달리하므로, 같은 의무의 불이행에 대하여 한편으로 강제집행을 하면서 동시에 행정벌을 과함을 방해하지 않는다.

Ⅱ. 根 據

1. 理論的 근거

행정주체에게 의무를 명할 수 있는 명령권을 부여한 법은, 행정주체 스스로 강제적으로 그 명령의 내용을 실현하는 권능도 함께 부여한 것으로 볼 것인가에 대하여는 견해가 갈린다.

이 문제는 결국 그 나라 실정법과의 관계에서 검토할 것인바, 우리 헌법은 사법국가주의를 취하여 행정작용의 적법성보장도 사법권의 기능으로 하고 있다(101①·107 등). 이러한 체계에서는 행정권의 자력구제인 행정상 강제집행은 헌법원칙에 대한 변칙이므로 별도의 근거법규가 있어야 한다고 본다. 또한 명령권의 내용을 실현하는 수단은 다양하여, 선택가능성이 있다는 것과, 개인의 권리를 존중하여 공정한 강제를 보장할 요청에서도 별도로 강제집행의 절차에 관한 법규가 필요하다 할 것이다. 행정법에서도 실체법과 절차법의 분화의 필요성은 타당하다. 통설도 같다.[1)]

2. 實定法的 근거

행정상 강제집행에 관한 근거법은 그 수단과의 관계에서 대집행에 관한 일반법으로 행정대집행법이,[2)] 행정상 강제징수에 대한 실질적 일반법으로 국세징

1) 김남진·김연태(Ⅰ), p. 442; 김도창(상), p. 554; 박균성(상), p. 463; 이상규(상), p. 532.

2) 일정한 경우에는 행정청은 행정강제를 행하여야 할 의무를 지는지가 현대행정의 하나의 문제이다. 종래 행정벌의 합법주의(Legalitätsprinzip), 행정강제의 편의주의(Opportunitätsprinzip)에 입각하여 행정강제를 행할 것인지의 여부는 행정청에 맡겨져 있다고 보았다. 행정강제에 관한 법규정은 이른바 능력규정(Kann-Vorschrift)으로 행정강제를 행할 것인가는 원칙적으로는 행정의 재량에 속한다. 그러나 개인의 생활공간 내지 환경의 합리적 조정이 행정의 임무로 된 오늘날에 있어서는, 어떤 환경파괴행위자에 대하여 시정을 명한 행정처분의 강제실현을 타자가 소구하거나 그 불법행위의 위법을 이유로 행정주체에 대하여 손해배상을 청구할 가능성이 있게 되었다. 그와 같이하여 행정권의 발동을 구하는 제 3 자의 청구권이라는 관념에 따라 기본적으로는 행정의 재량에 맡겨져 있는 강제권의 발동이 구체적인 사실관계 아래서는 행정의 의무로 되어 환경파괴행위를 시정하기 위한 행정강제를 행하는 것만이 의무에 적합한 재량권의 행사라고 생각할 수도 있게 되었다. 이와 관련하여 오늘날 독일에서도 집행의무(Vorstreckungspflicht)라는 것이 논의되고 있다(G. Arndt, Der Verwaltungsakt als Grundlage der Verwaltungsvollstreckung, 1967, S. 52ff.). 여하튼 행정강제의 발동을 상대방과의 관계에서뿐만 아니라 제

수법이 있다. 예외적 수단인 직접강제를 인정한 법률로는 출입국관리법(동법 68·62) 등이 있으며, 역시 예외적 수단인 집행벌을 인정한 법률로는 건축법(69조 의2)·농지법(62조) 등이 있다.

Ⅲ. 現行法上의 強制執行의 수단

1. 현행제도와 그 不完全性

(1) 현행제도 그 수단은 집행되는 의무의 내용의 차이에 대응하여 구분된다. 의무는 ① 작위의무(가옥을 이전할 의무, 증인으로 출석할 의무 등), ② 급부의무(납세의무, 물품부담에 있어서의 물품제공의무 등), ③ 부작위의무(허가를 받지 않고는 영업을 하지 아니할 의무), ④ 행정청의 행위에 저항하지 아니할 수인의무(예방접종을 받을 의무)가 있다. 이들 의무는 다시 타인에 의한 대체성유무에 따라 대체적의무와 비대체적 의무로 나누어진다. 우리 현행법상의 강제집행수단으로는 대집행과 강제징수가 비교적 일반적 수단으로 인정되어 있다. 그러나 이들 수단은 비교적 일반적인 강제집행 수단임에 그치며, 그 적용범위에는 한계가 있음을 주의하여야 한다. 따라서, 뒤에서 보는 바와 같이 이러한 수단이 적용될 수 없는 행정법상의 의무의 강제적 실현은 어떻게 확보할 것인가 하는 문제가 생기게 된다.

(2) 그 불완전성 (가) 원래 민사상 강제집행은 국가가 채권자를 원조하는 제도이며 원칙적으로 법원의 판결에 기초를 두고 있는데, 행정상 강제집행의 기초는 행정행위이며 공정성의 보장이 충분하지 못하다. 따라서, 남용의 위험이 많은 행정상 강제집행 수단을 정비하는 것보다는 행정벌에 의한 제재로서 만족하든가, 사법권 발동에 의거하는 새로운 강제방법을 입법상 고안하는 것이 인권보장의 견지에서나 사법국가주의를 채택한 우리 제도에서 바람직하다는 입장에 선 것이라 하겠다.

그리하여 민사상강제집행은 원칙적으로 모든 의무의 실현이 가능하도록 포괄적으로 정비되어 있는데, 행정상강제집행은 그와 같은 제도적 완결성을 갖지 못한다. 그 결과 현행법제도의 마련에 있어서는 강제집행제도에 갈음한 것으로서 통상의 형사소송절차에 따라 법원에 의하여 과하여지는 행정형벌에 주된 기대를 걸게 되었으며, 따라서 현행법하에서는 행정법의 각 분야에 걸쳐 광범하게 행정형벌(그 자체는 간접적인 것이기는 하지만)이 강제수단으로서 오히려 중심적 기능을 담당할 것이 전제로 되어 있다.

3자와의 관계에서도 고려하지 않으면 안된다고 하는, 과거의 행정강제이론에서는 생각할 수 없었던 문제가 오늘날은 중요하게 되었다고 하겠다.

(나) 그러나 강제수단으로서의 기능에 관한 한 행정벌칙은 법적으로나 사실적으로나 스스로 일정한 한계가 있음을 부정할 수 없다고 하겠다. 벌칙은 한편으로는 ① 강제효과가 상대방의 심리적 압박을 통한 간접적 수단에 불과하며, ② 설사 벌칙을 과한다고 하더라도 위반행위를 계속하는 경우에는 행정벌칙은 집행벌과는 달라서 이중처벌금지의 원칙이 적용되어 동일사실에 대하여 목적을 달성할 때까지 반복하여 과하는 것은 허용되지 않고, 또한 ③ 벌칙 중에서 극히 널리 활용되고 있는 벌금형은 위반행위에 의하여 얻어지는 경제적 이익이 막대한 경우에는 그 강제효과가 극히 희박하며, 그리고 ④ 위반행위가 있다고 하여 벌칙을 빠짐없이 과하는 것은 사실상으로 불가능하고, 다른 한편으로는 ⑤ 행정법규의 수가 늘어남에 따라 행정벌칙도 늘어나고 이러한 벌칙이 빠짐없이 과하여지는 경우 전과자가 양산되게 된다.

2. 새로운 間接強制手段의 등장과 그 문제점

(1) 새로운 간접강제수단의 등장 오늘날의 적극화된 행정이 어떠한 행정강제수단을 필요로 하며, 또한 현행법이 인정하고 있는 일반적 수단인 대집행·강제징수, 개별법에 의한 직접강제 및 집행벌 그리고 행정벌칙만으로 행정수요를 충족시킬 수 있는지가 재검토되게 되었다. 질적으로 또한 양적으로 변화하고 있는 현대행정이 필요로 하는 강제를 모두 전통적인 강제수단으로 처리하려고 하는 것은 반드시 적절하지 못하며, 여기에서 뒤에서 보는 바와 같은 공급거부, 관허업의 제한, 공표제도 등의 새로운 간접적 강제수단이 종래의 강제집행수단을 보완할 필요에서 새로이 고안·활용되게 된 것이다.

(2) 그 문제점 그런데 이와 같이 단편적으로 채택하고 있는 새로운 강제수단들은 현행법제가 직접강제와 집행벌을 예외적으로만 인정하고 있기 때문에 그 공간을 메우기 위한 일종의 탈법적 수단이라고도 할 수 있다.

여하튼 새로운 강제수단들은 그것들에 의하여서도 모든 행정수요를 충족시킬 수 없을 뿐만 아니라 이론적으로 보아 그러한 간접적 강제수단이 사용될 수 있는지가 문제되고 있다.

이와 관련하여 「포르스트호프」의 공급거부에 대한 다음과 같은 논의는 참고가 된다. 그는 생활배려를 위한 급부행정이 발달하여 개인은 항상 행정에 의존하게 되었다. 그와 같이 되면 행정은 개인의 의무이행을 강제하기 위하여 마땅히 행하여야 할 급부를 거부하는 방법을 사용하게 되어, 전통적인 행정강제에서는 볼 수 없는 방법을 강제수단으로 사용할 가능성이 있다. 따라서, 법률이 정한 강제수단만이 행정강제를 위하여 사용될 수 있다는 원리를 고수하는 것이 법치국가원리를 유지하기 위하여 중요하다"고 하였다.[1] 급부행정의 확대에 따라 행정이 국민측의 의무이행이 있을 때까지 급부를 거부하는 수단을 사용하고자 하는 유혹에 빠질 수도 있을 것이다. 그러나 그러한 간접적인 강제방법은 법률에서 인정하고 있지 않는 한 허용할 수 없으며, 법률에서 인정하는 경우에도 부당결부금지의 원칙에 비추어 이행이 확보되어야 할 의무와 거부되는 급부간에는 충분한 사물적 관련이 있고, 그와 같은 강제방법을 인정할 합리적 근거가 있는 경우에 한정할 것이다. 이러한 점에서 건축법이 위법건축물에 대하여 전화·전기·수도를 설치하여서는 아니되며, 그 건축물을 사용하여 행할 다른 법령에 의한 영업 기타 행위를 허가할 수 없게 하였던 제69조 제2항을 삭제한 것은 바람직한 일이다.

3. 直接強制의 選別的 導入확대의 필요성

여하튼 종합적으로 보아 현행법제하에서의 행정상강제집행 수단은 지극히 미비하다. 그리하여 많은 무허가업소나 변태영업 등에서 볼 수 있는 바와 같이 행정상의 의무위반이 있어도 이에 대하여 효과적으로 대처하지 못하고 방치하는 사례가 허다하게 발생하고 있으며, 여기에서 현행법제는 행정작용의 복효성을 충분히 감안하지 못하고 국민공통의 이익보다는 행정작용의 직접상대방의 권익보호에만 지나치게 치중되어 있다는 비판이 나오게 되었다.

그리하여 그 동안의 상황변화와 운영현황을 감안하여 강제집행수단에 대한 현행법제는 전면적으로 재검토되어야 할 것으로 생각되는바, 그 검토의 방향은 공급거부 등 새로운 수단의 확대보다는 종래 예외적으로만 인정되어 왔던 직접강제를 요건 및 절차를 엄격히 제한하여 정면에서 인정하는 것이 오히려 법률에 의한 행정의 이념을 살릴 수 있다는 주장이 유력하여지고 있다. 이에 따라 우리 실정법에서도 특히 안전관리분야(예: 총포·도검·화학류의 무허가제조 등), 식품제조분야(예: 식품 또는 첨가물의 무허가제조 등), 의약품제조분야(예: 의약품의 무허가제조 등), 환경보전분야(예: 무허가산업폐기물처리업의 경영 등), 기타 사회질서와 관련된 분야(예: 무허가유기장업의 경영 등)에서 차츰 직접강제수단이 확대되어 있다.

Ⅳ. 行政上 強制執行과 行政廳의 裁量

행정상 강제집행에 있어서는 행정청은 광범위한 재량권을 가진다. 행정대집

1) E. Forsthoff, Lehrbuch des Verwaltungsrechts, Bd. 1, 10. Aufl., S. 292.

행법에 있어서도(동 2), 직접강제를 정한 법률에 있어서도(예: 해군기지 7②),[1] 강제집행의 수단을 사용할 것인지의 여부가 행정청의 재량에 맡겨지고 있다(이른바 「할 수 있다」는 표현을 쓰고 있다). 또한 이들 법률에 있어서는 강제집행의 요건에 대하여도 불확정개념을 사용하여 행정청의 판단여지(재량)를 인정할 수 있게 하고 있다(예컨대 행정대집행법 제 2 조에서 「다른 수단으로써 그 이행을 확보하기 곤란하고, 또한 불이행을 방치함이 심히 공익을 해할 것으로 인정될 때」 등의 표현). 다만, 국세징수법에 의한 체납처분의 경우에는 재량을 부여하지 않고 있다(다만 압류재산의 선택 등에 대하여는 광범한 재량이 인정되고 있다).

구체적인 사안에 있어서 대집행의 요건을 갖추었는지의 여부의 인정은 행정청에 일응 판단여지(재량권)가 있다고 할 것이며, 또한 요건이 갖추어졌다고 인정된 경우에도 대집행을 행할 것인지, 또한 언제 행할 것인지의 여부는 구체적인 이익형량에 의하여 행정청이 재량으로 결정할 것이고, 일반적으로 대집행을 행하지 않는 것을 위법으로 보기는 어려울 것이다. 위에서 든 예에 있어서도 동일하게 말할 수 있을 것이다. 그러나 동일한 위법건축물의 경우라 하더라도, 예컨대 건축물이 구조상 안전성을 현저히 결하여 무너질 위험이 명백함에도 불구하고 그 제각 또는 개축의 명령에 상대방이 응하지 아니한 경우, 행정청이 대집행을 해태함으로써 건축물이 도괴되어 사람의 신체·재산에 대하여 위해를 미칠 가능성이 있는 경우에는 동일하게 말할 수는 없을 것이다. 구체적 사정에 따라서는 대집행을 행하는 것만이 의무에 적합한 재량권의 행사라고 볼 것이며, 그러한 부작위에 대하여는 재량권의 0으로의 수축이론에 따라 행정주체에게 개입의무가 발생되는 경우도 있을 것이다.[2]

V. 代 執 行

1. 의　　의

(1) 대집행(Ersatzvornahme)은 법령 또는 그에 의거한 행정처분에 의하여 명하여진 의무로서 타인이 갈음하여 행할 수 있는 의무, 즉 대체적 작위의무를 불이행한 경우에, 당해 행정청이 의무자가 행할 작위를 스스로 행하거나, 또는 제 3 자로 하여금 이를 행하게 하고 그 비용을 의무자로부터 징수함을 말한다

1) 관할부대장은 수역 안에 정박중인 선박에 대하여 필요한 경우에는 그 정박지를 지정 또는 변경하거나 퇴거의 강제 등 필요한 조치를 할 수 있다(해군기지법 7②).

2) 지방자치단체 소유의 임야에 주민들이 무허가로 주택을 지어 살고 있더라도 그에 대하여 관리행정을 실시해 온 이상 그 자치단체로서는 주택가에 돌출하여 위험이 예견되는 자연암벽이 있으면 복지행정의 집행자로서 이를 사전에 제거하여야 할 의무가 있고, 그 의무를 해태한 부작위로 인하여 붕괴사고가 일어나서 주민들이 손해를 입었다면 이를 배상할 책임이 있다(대법원 1980.2.26. 79 다 2341 손해배상).

(행정대집행 2). 대집행에 관하여는 일반적인 행정대집행법 이외에 많은 단행법이 있다(예: 토지등의취득및보상 44, 건축 74).[1)]

(2) 대집행과 직접강제의 구별은 애매한 점이 있다. 그러나 예컨대 가옥철거를 보통의 방법이 아니고, 소각 또는 폭파하는 등 행정청이 대체적으로 집행한다는 한계를 넘어서 실현한다면, 대집행이 아니고 직접강제이다.

또한 의무자가 부작위의무에 위반한 경우에 그 결과의 제거의무를 명함이 없이 직접 강제적으로 제거하는 것은 직접강제이다.

2. 代執行權者·對象義務·代執行要件

(1) 대집행권자 대집행을 할 수 있는 자는 당해 행정청이다(행정대집행 2). 「당해 행정청」이라 함은 당초에 의무를 명하는 행정행위를 한 행정청을 말한다.

(2) 대집행대상의무

(가) 법령 또는 법령에 의거한 행정처분에 의하여 명하여진 의무 ① 대집행의 대상이 되는 의무는 첫째로 법령(지방자치단체의 조례 포함)에 의하여 직접 명하여졌거나, 법령에 의거한 행정처분에 의하여 명하여진 의무이다. 그러나 대집행의 대상이 되는 의무는 구체적·특정적 의무이어야 하는바, 법령에 의하여 직접 구체적·특정적 행위를 행할 의무가 명하여지는 일은 비교적 드물고, 많은 경우에 행정처분에 의하여 비로소 그러한 의무가 과하여지므로, 대집행의 대상이 되는 것은 원칙적으로 행정처분에 의한 의무이다.[2)]

② 법령에 의하여 과하여진 대체적 작위의무는 어느 정도 구체적·특정적인 것일 때에도 의무자가 그 의무를 명확하게 인식하지 못하고 있는 경우가 많다. 그러한 경우에는 법령에 의한 의무의 불이행을 이유로 하여 직접 대집행을 행하는 것은 가혹하다 할 것이며, 그 경우에도 먼저 행정처분에 의하여 대체적 작위의무를 명확하게 할 필요가 있다고 할 것이다.

---

1) 공익사업을 위한 토지 등의 취득 및 보상에 관한 법률 제44조(인도 또는 이전의 대행) ① 특별자치도지사, 시장·군수 또는 구청장은 다음 각 호의 어느 하나에 해당하는 때에는 사업시행자의 청구에 의하여 토지나 물건의 인도 또는 이전을 대행하여야 한다. 1. 토지나 물건을 인도 또는 이전하여야 할 자가 고의나 과실없이 그 의무를 이행할 수 없는 때 2. 사업시행자가 과실없이 토지나 물건을 인도 또는 이전하여야 할 의무가 있는 자를 알 수 없는 때

2) 건축법 제42조 요건의 구비 여부는 본건 계고처분의 요건이 아니고 계고처분이 있기 전의 행정대집행법 제 2 조 소정행정청에 명령, 즉 본건에 있어서는 계고처분에 선행되어야 할 피고의 본건 건물에 대한 철거명령의 적부에 관한 문제로서, 위의 건축법 제42조 소정요건이 구비되어 있지 않다고 주장하는 변론의 전취지로 해석되는 본건에 있어서는, 원심은 석명권을 행사하여 본건 계고처분에 선행하여 철거명령이 있었는지의 여부를 심리하여 그 철거명령이 없었다면 본건 계고처분은 요건 흠결로 인하여 적법한 것이라 할 수 없고, 철거명령이 있어 취소된 바 없다면, 본건에서 건축법 제42조 소정요건의 흠결을 주장할 수 없음을 판단하였어야 할 것이다(대법원 1966.2.28. 65 누 141 건물철거, 계고처분취소).

③ 우리 행정대집행법은 독일에서와 같이 당해 처분에 대한 불가쟁력의 발생을 대집행의 요건으로 하고 있지 않기 때문에, 비록 당해 처분이 위법하다 하더라도 공정력에 의하여 대집행을 할 수 있다. 이 점에서 공정력과 집행력은 제도상 결합되어 있다.

(나) 대체적 작위의무 ① 대집행의 대상이 되는 의무는 둘째로「타인이 대신하여 행할 수 있는 행위」, 즉 대체적 작위의무이다. 부작위의무와 수인의무는 대집행의 대상이 되지 아니하며, 작위의무일지라도 타인이 대신하여 행할 수 없는 행위는 대집행의 대상이 되지 아니한다. 대체적 작위의무로는 예컨대 공작물 기타의 물건의 제거·이전·개수, 가옥의 청소·소독, 입목의 벌채, 방재시설의 설치, 공장 등 시설의 개선, 토지형질의 원상회복 등을 들 수 있다.

또한 사람의 구조를 목적으로 하는 노무제공의무와 같은 것도 대체가능성이 있다고 할 것이다.[1)]

② 어떤 의무의 이행에 있어서 의무자 스스로 이행하지 아니하면 목적을 달성할 수 없을 정도로 고도의 전문기술성이 필요한 때에는 그러한 의무는 대집행의 대상이 될 수 없다. 그러나 어떤 의무의 이행에 대하여 높은 전문기술성이 필요하다고 하더라도, 다른 전문가를 써서 의무자가 이행한 것과 동일하게 목적을 달성할 수 있는 경우에는 그러한 의무는 대집행의 대상이 된다고 할 것이다.

③ 그리고 어떤 의무가 대체적 작위의무로 이해되는 이상 그 의무를 타인이 갈음하여 행하는 경우에, 의무자 스스로 행하는 경우에 비하여 다액의 비용이 소요된다 하더라도 당해 의무가 대집행의 대상이 되지 못한다고는 말할 수 없다.

(다) 토지·물건의 인도의무가 대상이 되는지 ① 토지·물건의 인도의무가 대집행의 대상이 되는지가 문제된다. 인도 중에서 대체가능성이 있는 어떤 물건의 인도에 대하여서는 반드시 의무자가 점유하는 물건을 그 점유를 풀어 인도할 필요는 없고, 타자로 하여금 대체물을 급부시키고 의무자로부터 그 대가에 상당하는 금액을 징수하는 방법으로 대집행을 행할 수 있다고 할 것이다. 그러나 사람이 점유하고 있는 토지·건물 등의 인도는 실력으로 점유를 풀어 점유이전을 행하지 않으면 목적을 달성할 수 없으므로, 대집행의 대상이 될 수 없다고 할 것이다(같은 취지: 97 누 157 (1998.10.23 대판)).

〔**판례**〕 사람이 점유중인 물건의 명도를 포함하는 대집행은 허용될 수 없다.

---

1) 광산보안법 제15조의2(구호명령) 지식경제부장관은 광산에서 재해를 입은 자를 구출하기 위하여 필요가 있다고 인정할 때에는 광업권자 또는 조광권자에 대하여 필요한 조치를 명할 수 있다.

피수용자 등이 기업자에 대하여 부담하는 수용대상 토지의 인도의무에 관한 구 토지수용법(2002.2.4. 법률 제6656호 공익사업을 위한 토지 등의 취득 및 보상에 관한 법률 부칙 제2조로 폐지) 제63조, 제64조, 제77조 규정에서의 '인도'에는 명도도 포함되는 것으로 보아야 하고, 이러한 명도의무는 그것을 강제적으로 실현하면서 직접적인 실력행사가 필요한 것이지 대체적 작위의무라고 볼 수 없으므로 특별한 사정이 없는 한 행정대집행법에 의한 대집행의 대상이 될 수 있는 것이 아니다(대법원 2005.8.19. 2004 다 2809 가처분이의).[1]

〔**판례**〕 부작위 의무를 부과하는 금지규정에서 작위의무 명령권이 당연히 도출되지 않는다.

대집행계고처분을 하기 위하여는 법령에 의하여 직접 명령되거나 법령에 근거한 행정청의 명령에 의한 의무자의 대체적 작위의무 위반행위가 있어야 한다. 따라서 단순한 부작위의무의 위반, 즉 관계 법령에 정하고 있는 절대적 금지나 허가를 유보한 상대적 금지를 위반한 경우에는 당해 법령에서 그 위반자에 대하여 위반에 의하여 생긴 유형적 결과의 시정을 명하는 행정처분의 권한을 인정하는 규정(예컨대, 건축법 제69조, 도로법 제74조, 하천법 제67조, 도시공원법 제20조, 옥외광고물등관리법 제10조 등)을 두고 있지 아니한 이상, 법치주의의 원리에 비추어 볼 때 위와 같은 부작위의무로부터 그 의무를 위반함으로써 생긴 결과를 시정하기 위한 작위의무를 당연히 끌어낼 수는 없으며, 또 위 금지규정(특히 허가를 유보한 상대적 금지규정)으로부터 작위의무, 즉 위반결과의 시정을 명하는 권한이 당연히 추론되는 것도 아니다(대법원 1996.6.28. 96 누 4374 유치원시설물철거대집행계고처분취소).

② 이와 관련하여 문제되는 것은 「특별자치도지사, 시장 · 군수 또는 구청장은… 사업시행자의 청구에 의하여 토지나 물건의 인도 또는 이전을 대행하여야 한다.」는 「공익사업을 위한 토지 등의 취득 및 보상에 관한 법률」 제44조 규정이다. 물건의 이전이 대체적 작위의무로서 대집행의 대상이 될 수 있는 것은 명백하지만, 토지나 건물의 인도의무는 사람이 그 신체로 토지나 건물을 점유하여 인도를 거부하는 때에는 신체에 대한 직접강제를 필요로 한다. 대집행은 본래 대체적 작위의무에 대하여만 가능하므로 토지 · 건물의 인도의무는 완전한 의미에서는 대집행에 적합하지 않다고 할 것이다. 따라서, 인도의무자가 인도대상인 토지 · 건물을 그 신체로 점유하여 인도를 거부하는 경우에, 그 신체에 실력에 의한 구속을 가함으로써 점유를 푸는 것이 필요하며, 그러한 작용은 직접강제에 속하고 대집행의 관념에는 포함되지 않는다고 할 것이고, 토지 등의 취득 및 보

1) 행정대집행법상 대집행의 대상이 되는 대체적 작위의무는 공법상 의무이어야 할 것인데, 토지 등의 협의취득은 공공사업에 필요한 토지 등을 그 소유자와의 협의에 의하여 취득하는 것으로서 공공기관이 사경제주체로서 행하는 사법상 매매 내지 사법상 계약의 실질을 가지는 것이므로, 그 협의취득시 건물소유자가 매매대상 건물에 대한 철거의무를 부담하겠다는 취지의 약정을 하였다고 하더라도 이러한 철거의무는 공법상의 의무가 될 수 없고, 이 경우에도 행정대집행법을 준용하여 대집행을 허용하는 별도의 규정이 없는 한 위와 같은 철거의무는 행정대집행법에 의한 대집행의 대상이 되지 않는다(대법원 2006.10.13. 2006 두 7096 건물철거대집행계고처분취소).

상법 제44조의 규정이 그러한 작용까지를 허용한 것으로는 볼 수 없다. 그리하여 토지 등의 취득 및 보상법 제44조는 인도의 대상인 토지·건물을 가재도구 등 건물의 존치로 점유하고 있는 경우에 존치물건의 반출로써 점유를 풀어 인도대상인 토지·건물의 현실적 지배를 사업시행자에게 취득시키는 것만을 인정한 것으로 해석하여야 할 것이다.

㈑ 부작위의무의 대체적 작위의무로의 전환 부작위의무위반을 이유로 바로 그 위반으로 인하여 생긴 유형적 결과를 시정하기 위한 대집행을 행할 수는 없다. 부작위의무의 위반으로부터 생긴 결과를 시정하기 위하여는 위반물건의 제각·이전·개수 등의 대체적 작위의무를 과하고, 그 대체적 작위의무의 불이행이 있는 경우에 비로소 대집행을 할 수 있다고 할 것이다. 여기에서 법령은 어떤 행위의 금지(부작위)를 규정함과 동시에 그에 위반한 자에 대하여 위반에 의하여 생긴 유형적 결과의 시정을 명하는 행정처분의 권한을 인정하여 부작위의무를 대체적작위의무로 전환하는 법적 근거를 정하고 있다. 예컨대, 도로법은 동법 또는 동법에 의하여 발하는 명령, 또는 이에 의한 처분에 위반한 자(여기에는 예컨대 점용허가를 받지 않고 도로점용을 한 자도 포함)에 대하여 공사의 중지, 물건의 이전 기타 필요한 처분(원상회복명령 등)을 하거나 조치를 할 수 있다고 규정 고 있다(동 74)(같은 취지: 96 누 4374 (1996. 6. 28 대판) 등).

(3) 대집행요건 대집행의 실체적 요건은「다른 수단으로써 이행을 확보하기 곤란하고, 또한 그 불이행을 방치함이 심히 공익을 해할 것으로 인정될 때」[1),2)] 이다. 따라서, 의무불이행이 있다고 하여 즉시 대집행의 수단을 취하는 것은 허용되지 않는다.

㈎ 다른 수단이 없을 것 여기에서「다른 수단」이 무엇인지가 애매하다. 그러나 법취지로 볼 때 대집행을 함부로 행할 수 없다는 것, 다시 말하면 대집행을 행하지 않아도 될 수 있는 경우에는 이를 행하여서는 안 된다는 의미, 즉

---

1) 행정강제의 요건을 어떻게 제약할 것인지도 중요한 문제이다. 행정대집행법 제 2 조는「… 다른 수단으로써 그 이행을 확보하기 곤란하고, 또한 그 불이행을 방치함이 심히 공익을 해할 것으로 인정될 때」에만 대집행을 할 수 있게 하였다. 설령 그러한 규정이 없다고 하더라도 강제수단의 적용에 있어서는 의무를 과하는 경우보다 더 신중하게 그 필요성을 인정하여야 함은 비례원칙으로부터 당연히 도출할 수 있는 것으로, 위의 규정에 의하여 법리적으로 얼마나 대집행이 제약될 것인가는 반드시 명확하지 않다. 그러나 그 규정의 존재가 행정청을 심리적으로 제약하여 대집행의 실현을 신중하게 하는 사실상의 효과를 가진 것은 부인할 수 없다.

2) 대집행의 상당수는 하천·도로·공원·항만 등 공물의 불법점용건축물제각의 대집행이다. 그 중에는 위법한 모래채취 등 영리추구를 위하여 공물을 불법점용한 자도 있으나, 대부분은 저소득자 등이 주거장소를 마련하기 위하여 불가피하게 불법점용한 사례이다. 공물관리의 관점에서 보면, 마땅히 불법점용물건을 대집행에 의하여 제각하여야 하겠지만, 문제의 근본적인 해결을 위하여서는 공물관리의 관점에서 대집행을 행함과 동시에 주거시설의 알선, 실업자구제, 생활보호 등 종합행정적인 관점에서 여러 가지 행정상조치를 취하는 것이 필요하다. 서울시의 경우에도 철거민에 대하여 보조금의 지급, 아파트입주권제공 등의 조치를 취하고 있다.

대집행을 행함에 있어서 행정법상의 보충성의 원칙이나 비례의 원칙이 적용되어야 함을 강조한 의미로 볼 수 있다.[1)]

(나) 공익상의 요청이 있을 것 「그 불이행을 방치함이 심히 공익을 해한다고 인정될 때」에 한하여 할 수 있다는 것은 불이행이 있는 경우에도 그것이 공익에 반하지 않으면 대집행을 할 수 없다는 것이다. 따라서 어떤 것이 「심히 공익을 해한 것」인가는 일률적으로 말하기는 어려우나 행정관례와 판례는 그 내용 결정에 중요한 참고가 될 것이다.[2)]

3. 代執行의 절차

계고 · 대집행영장에 의한 통지 · 실행 · 비용징수의 4단계이다(동 3 내지 6).

4단계의 행위는 각각 독립된 것이 아니고 상호 결합하여 대집행이라는 효과를 완성시키기 때문에 선행행위의 흠은 후행행위에 승계된다.

(1) 계 고

(가) 계고의 성격과 방법 상당한 이행기한을 정하여 그 때까지 이행되지 아니한 때에는 대집행을 한다는 뜻을 미리 문서로써 통지하여야 한다(동 3②). ① 계고의 성질은 준법률행위적 행정행위로 보아, 이를 항고소송의 대상이 될 수 있다는 것이 일반적 견해이다. ② 「상당한 이행기한」은 사회통념상 이행에 필요한 기한이다.[3)] ③ 「문서」에 의하지 않는 계고는 무효이다. ④ 대집행요건은 계고를 할 때 이미 충족되어야 한다. 그러므로 계고는 독일의 경우와 같이 명문의 규정이 없는 우리나라에서는 의무를 명하는 행정행위와 결합될 수 없다.[4)] 다만,

1) 피고가 계고처분을 한 위 위법 건물부분을 대집행으로 철거할 경우 많은 비용이 소요되는 반면에 철거를 한다 하더라도 위법 건물을 철거하였다는 점 이외에는 위 건물 1, 2층에 새든 입주자들의 생활에는 막대한 불편을 초래하여 오히려 쓰임새가 줄어든 건물을 만들게 되는 사실을 인정하고 위 증축으로 인하여 위반결과가 현존하여 있고, 원고가 그 철거의무를 불이행하고 있으나 이를 방치함이 도시계획이나 도로교통상 또는 방화, 보안, 위생, 도시미관 및 공해예방 등의 공익을 심히 해하는 때에 해당한다고 할 수 없으니 이 사건 계고처분은 위법하다(대법원 1989.7.11. 88 누 11193 건물철거대집행계고처분취소).

2) 위법건축 부분은 그 면적이 지나치게 클 뿐 아니라 무단증축함으로써 결국 2층 공장건물을 그 구조 및 용도가 전혀 다른 4층 일반건물로 변경한 결과가 되었으므로 합법화될 가능성도 없어서 위법건축 부분을 그대로 방치하여야 한다면 불법건축물을 단속하는 당국의 권능을 무력화하여 건축행정의 원활한 수행을 위태롭게 하고, 건축법이 정하고 있는 여러 제한규정을 회피하는 것을 사전에 예방하지 못하게 되어 이는 더 큰 공익을 해하는 것이 된다는 이유로 이에 대한 철거계고처분이 적법하다고 한 사례(대법원 1995.12.26. 95 누 14114 건축물자진철거계고처분취소).

3) 행정청인 피고가 의무이행 기한이 1988.5.24.까지로 된 이 사건 대집행계고서를 5.19. 원고에게 발송하여 원고가 그 이행 종기인 5.24. 이를 수령하였다면, 설사 피고가 대집행영장으로써 대집행의 시기를 1988.5.27 15:00로 늦추었더라도 위 대집행계고처분은 상당한 이행기한을 정하여 한 것이 아니어서 대집행의 적법절차에 위배한 것으로 위법한 처분이라고 할 것이다(대법원 1990.9.14. 90 누 2048 건축물무단용도변경원상복구명령계고처분취소).

4) 이상규(상), p.536.

의무를 과하는 행위를 할 때, 대집행요건이 충족될 것이 명백하고 급속한 실시를 요하는 아주 긴급한 사유가 있을 경우에만 예외를 인정하여 양자의 결합을 허용할 수 있다고 본다.[1)]

(나) 계고의 내용 ① 행정청이 대집행을 행함에는 의무자가 이행하여야 할 행위와 그 의무불이행시 대집행할 행위의 내용과 범위가 특정되어야 한다. 그러나 그것은 반드시 계고서에 의하여서만 특정되어야 하는 것은 아니고, 그 처분 전후에 송달된 문서나 기타 사정을 종합하여 이를 특정할 수 있으면 된다.[2)]

② 의무를 명하는 처분(예: 건물철거명령)이 위법한 경우에는 그 처분이 당연무효가 아닌 이상 행정쟁송을 제기하여 그 위법을 다투어야 하며, 그러한 절차를 거치지 아니한 한 후행행위인 계고처분에서는 선행행위의 위법을 주장(예: 건물이 무허가건물이 아니라 적법한 건물이라는 주장)하지 못한다.[3)]

(다) 예외 예외적으로 「비상시 또는 위험이 절박한 경우에 있어서 당해 행위의 급속한 실시를 요하여 계고절차를 취할 여유가 없을 때」에는 계고 없이 대집행할 수 있다(동 3③). 또한 건축법(74조)과 하천법(68의 2)도 계고 또는 대집행영장에 의한 통지 없이 대집행할 수 있게 하였다.

(2) 대집행영장에 의한 통지 ① 계고를 받고도 지정된 기한까지 의무를 이행하지 아니한 경우에는 당해 행정청은 대집행영장에 의하여 대집행의 시기, 대집행책임자의 성명 및 대집행비용의 개산액을 의무자에게 통지하여야 한다(동 3②). 개인의 권리존중을 위하여 당사자에게 미리 실행행위의 내용을 알림과 동시에, 통지를 함으로써 당사자 자신의 이행을 촉구한다는 심리적 효과를 기대한 것이다. ② 예외적으로 생략할 수 있는 경우가 있는바, 그 사유는 계고에 있어서와 같다(동 3③, 건축 74).

(3) 대집행의 실행 대집행책임자에 의하여 실행된다. 집행책임자는 증

1) 계고서라는 명칭의 1장의 문서로서 일정기간 내에 위법건축물의 자진철거를 명함과 동시에 그 소정기한 내에 자진철거를 하지 아니할 때에는 대집행할 뜻을 미리 계고한 경우라도 건축법에 의한 철거명령과 행정대집행법에 의한 계고처분은 독립하여 있는 것으로서 각 그 요건이 충족되었다고 볼 것이다(대법원 1992.6.12. 91 누 13564 건물철거대집행계고처분취소).

2) 행정청이 건축법 제42조 제 1 항과 행정대집행법 제 2 조 및 제 3 조 제 1 항에 따라 건축법위반 건축물의 철거를 명하고 그 의무불이행시 행할 대집행의 계고를 함에 있어서는, 의무자가 이행하여야 할 행위와 그 의무불이행시 대집행할 행위의 내용 및 범위가 구체적으로 특정되어야 할 것이지만, 반드시 철거명령서나 대집행계고서에 의하여서만 특정되어야 하는 것은 아니고, 그 처분 전후에 송달된 문서나 기타 사정을 종합하여 이를 특정할 수 있으면 족하다(대법원 1990.1.25. 89 누 4543 건축물자진철거처분취소).

3) 건물철거명령이 당연무효가 아닌 이상 행정심판이나 소송을 제기하여 그 위법함을 소구하는 절차를 거치지 아니 하였다면, 위 선행행위인 건물철거명령은 적법한 것으로 확정되었다고 할 것이므로, 후행행위인 대집행계고처분에서는 그 건물이 무허가건물이 아닌 적법한 건축물이라는 주장이나 그러한 사실인정을 하지 못한다(대법원 1998.9.8. 97 누 20502 계고처분취소).

표를 휴대하고 이해관계인에게 제시하여야 한다(동 4). 대집행의 실행은 물리력을 행사하는 권력적 사실작용이다. 대집행의 실행에 대하여 의무자는 수인의 의무가 있는바, 저항하는 경우 실력으로 그 저항을 배제하는 것은 대집행의 일부로서 인정될 것인지가 문제된다. 독일행정집행법(Verwaltungsvollstreckungsgesetz)(15②)과 같은 명문은 없으나, 필요한 한도 안에서 저항의 배제에 부득이한 실력은 대집행에 수반된 기능으로 인정되어야만 할 것이다. 신체에 대한 물리력의 행사는 명문의 근거가 있어야 하므로 부정하는 견해도 있다.[1] 그러나 입법론으로는 독일에서와 같이 한편으로는 실력행사를 정면에서 인정하고, 다른 한편으로는 그 요건과 절차를 명확하게 규정하는 것이 바람직하다 하겠다.

대집행의 실행에 있어서는 대집행의 내용인 행위를 행함에 있어 필요불가결한 부수적 작용도 아울러서 행할 수 있다고 할 것이다(예컨대 불법건물의 소유자를 상대방으로 한, 건물철거의 대집행에 있어서 건물점유자인 임차인의 동산을 반출하는 것 등).

또한 대집행의 실행중에 소유자가 물건을 점유·관리할 수가 없고 사실상 집행책임자의 점유하에 있을 때에는, 행정청은 보관의무를 부담한다고 할 것이다.

(4) 비용징수 대집행 비용은 의무자가 부담한다. 대집행 비용은 그 금액과 납부기일을 정하여 문서로써 납부고지함으로써 징수한다(동 5). 따라서, 대체적 작위의무는 금전급부의무로 대치되는 셈이다. 납부기일까지 납부하지 않을 때에는 국세체납처분의 예에 의하여 강제징수한다(동 6①). 징수된 비용은 사무비의 소속에 따라 국고 또는 지방자치단체의 수입으로 한다(동 6③).

4. 代執行에 대한 구제

(1) 행정심판 대집행에 대하여 불복이 있는 자는 당해 행정청 또는 그 직근상급행정청에 행정심판을 제기할 수 있다(동 7①). 당해 행정청에 대한 행정심판은 실질적으로는 이의신청이다. 당해 행정청에 행정심판(이의신청)을 제기한 자는 다시 행정심판을 제기하지 못한다(동 3②). 그리고 행정심판을 인정한 것은 「법원에 대한 출소의 권리를 방해하지 아니한다」(동 8). 「법원에 대한 출소의 권리를 방해하지 아니한다」는 규정이 무엇을 의미하는가에 대하여, 과거에는 우리 행정소송법이 행정심판전치주의를 채택하고 있었기 때문에 그에 대한 예외를 인정한 것이라는 견해도 있었으나, 현행 행정소송법은 임의전치주의를 채택하고 있으므로 그러한 견해를 주장할 여지가 없어졌다. 동 규정은 단지 법원에 대한 출소를 강조한 규정이며, 별다른 의미가 없는 규정이라 할 것이다.

1) 박균성(상), p.469.

(2) **행정소송** 대집행은 4단계의 절차로 되어 있기 때문에「대집행에 관하여 불복」이 있다 함은, 그 어느 단계에 대한 불복을 의미하는가에 대하여 의문이 있다. ① 계고는 단순한 통지행위가 아니고 대집행영장교부의 기초가 되는 법적행위인 점에서 독자적 의미가 있으므로 쟁송의 대상이 될 수 있다는 것이 통설·판례이다, ②「대집행영장에 의한 통지」에 대하여도, 그 통지가 대집행수인의무를 과하는 것으로, 이에 의하여 행정청이 대집행권한을 취득한다고 보아 긍정한다. ③ 사실행위인 대집행의 실행에 대하여는「대집행은 사실작용으로서 대집행이 행하여진 후에는 행정심판이나 행정소송(항고소송)을 제기할 실익이 있을 수 없다」고 하여 행정대집행법이 인정하는 행정심판 및 행정소송은 대집행의 실행의 선행절차(계고, 대집행령장에 의한 통지)에 대한 것으로 보는 견해도 있으나,[1] 현행 행정소송법상의「처분」에는 권력적 사실행위도 포함된다 할 것이므로 긍정하는 것이 타당하다고 본다. 다만 실행행위는 쟁송을 제기할 틈도 없이 완료되는 경우가 있을 것이고, 따라서 쟁송의 이익을 잃은 경우가 많을 것이다.[2]

(3) **하자의 승계** ① 대체적 작위의무부과행위가 무효인 경우에는 그 하자는 대집행절차에 승계하지만, 취소할 수 있는 행위인 경우에는 승계되지 아니한다(대법원 1975.12.9. 75 누 218 대집행계고처분취소). ② 대집행절차를 이루는 계고, 통지, 대집행 실행, 비용납부명령의 각 하자는 승계된다.[3]

(4) **국가배상 및 결과제거청구** 대집행이 실행된 후의 구제로는 대집행의 위법을 이유로 하는 손해배상 또는 원상회복의 청구나, 대집행비용산정의 위법을 이유로 하는 그 취소·변경의 청구가 있을 수 있다. 그리고 실행의 종료후에도 위법상태가 계속되는 때에는 결과제거청구의 주장이 가능하다고 할 것이다.

---

1) 이상규(상), p.539.

2) 계고처분에 기한 대집행의 실행이 이미 사실행위로서 완료되었다면, 계고처분이나 대집행의 실행행위 자체의 무효확인 또는 취소를 구할 법률상 이익은 없다(대법원 1995.7.28. 95 누 2623 계고처분등취소).

3) 대집행의 계고·대집행영장에 의한 통지·대집행의·실행·대집행에 요한 비용의 납부명령 등은, 타인이 대신하여 행할 수 있는 행정의무의 이행을 의무자의 비용부담하에 확보하고자 하는, 동일한 행정목적을 달성하기 위하여 단계적인 일련의 절차로 연속하여 행하여지는 것으로서, 서로 결합하여 하나의 법률효과를 발생시키는 것이므로, 선행처분인 계고처분이 하자가 있는 위법한 처분이라면, 비록 하자가 중대하고도 명백한 것이 아니어서 당연무효의 처분이라고 볼 수 없고 대집행의 실행이 이미 사실행위로서 완료되어 계고처분의 취소를 구할 법률상 이익이 없게 되었으며, 또 대집행비용납부명령 자체에는 아무런 하자가 없다 하더라도, 후행처분인 대집행비용납부명령의 취소를 청구하는 소송에서 청구원인으로 선행처분인 계고처분이 위법한 것이기 때문에 그 계고처분을 전제로 행하여진 대집행비용납부명령도 위법한 것이라는 주장을 할 수 있다(대법원 1993.11.9. 93 누 14271 건물철거대집행계고처분취소).

Ⅵ. 執行罰(履行強制金)

(1) 의의 집행벌(Zwangsstrafe)이란, 비대체적 작위의무 또는 부작위의무를 불이행하는 경우에 그 의무를 강제적으로 이행시키기 위하여, 일정한 기간 안에 의무이행이 없을 때에는 일정한 과태료(과료)에 처할 것을 계고하여, 그 기간 안에 이행이 없는 경우에는 과태료에 처하는 것을 말한다.[1] 이런 종류의 의무는 의무자 자신에 의하지 않으면 이행될 수 없으므로 의무자를 심리적으로 압박하여 자발적으로 이행하게 하는 것이다.

예컨대 건축주가 법정건폐율 또는 용적률을 초과하여 건축물을 건축하여 건축법 제79조 제 1 항에 의하여 시정명령을 받은 후 시정기간 내에 당해 시정명령을 이행하지 아니하는 경우 행정청이 이행강제금을 부과하여 간접적으로 의무이행을 강제하는 것(건축 80)이 이에 속한다.

독일에서는 행정집행법에 의하여 집행벌이 행정상강제집행의 일반적 수단으로 채택되어 있다.[2]

그런데 독일에서는 집행벌이라는 용어를 사용하지 아니하고 이행강제금(Zwangsgeld)이라는 용어를 사용하고 있다. 「벌」(Strafe)이라는 용어가 행정벌로 오해될 소지가 있기 때문인 것으로 여겨진다. 그리하여 우리 나라에서도 실정법상 집행벌이라는 용어를 사용하지 않고 이행강제금이라는 용어를 사용하고 있으므로 학문상으로도 집행벌이라는 용어를 버리자는 견해도 있다.[3]

(2) **성질** ① 집행벌은 행정상강제집행의 하나의 수단이라는 점에서 행정벌과 구별된다. 그리하여 집행벌을 장래의 의무이행을 심리적으로 강제하기 위한 것으로서 의무이행이 있기까지 반복하여 부과할 수 있으나(예컨대 건축법상의 이행강제금은 1년에 2회의 범위 안에서, 농지법상의 이행강제금의 경우는 1년에 1회의 범위 안에서 반복하여 과할 수 있다), 행정벌은 과거의 위반에 대한 제재로서 하나의 위반에 대하여 반복하여 부과할 수 없다.

② 집행벌은 실력적 사실작용이 아닌 점에서 행정상즉시강제나 직접강제와 구별된다.

---

1) 전통적으로 행정대집행은 대체적 작위의무에 대한 강제집행수단으로, 이행강제금은 부작위의무나 비대체적 작위의무에 대한 강제집행수단으로 이해되어 왔으나, 이는 이행강제금제도의 본질에서 오는 제약은 아니며, 이행강제금은 대체적 작위의무의 위반에 대하여도 부과될 수 있다.(중략) 행정청은 개별사건에 있어서 위반내용, 위반자의 시정의지 등을 감안하여 대집행과 이행강제금을 선택적으로 활용할 수 있으며, 이처럼 그 합리적인 재량에 의해 선택하여 활용하는 이상 중첩적인 제재에 해당한다고 볼 수 없다(헌법재판소 2004.2.26. 2001 헌바 80, 2002 헌바 26(병합) 개발제한구역의지정및관리에관한특별조치법제11조제 1 항등위헌소원).

2) Ule, Umweltsschutz im Verfassungs-und Verwaltungsrecht, DVBI, 1972, S.443.

3) 김남진 · 김연태(Ⅰ), p.450.

(3) **근거** 집행벌에 관한 일반법은 없으며, 따라서 각 개별법률에 의하여 예외적으로 과하여지는 수단이다. 현행법상 집행벌(이행강제금)을 인정하고 있는 개별법률로는 건축법(80조), 농지법(62조), 「부동산 실권리자 명의등기에 관한 법률」(6조), 대덕연구개발특구 등의 육성에 관한 특별법(70조), 「독점규제 및 공정거래에 관한 법률」(17조의3), 장사 등에 관한 법률(38조), 전기통신사업법(7의2) 등이 있다.

(4) **절차** 개별법률에 따라 약간의 차이가 있으나, 건축법에 의한 이행강제금의 부과절차를 보면 다음과 같다. ① 행정청은 이행강제금을 부과하기 전에 시정명령을 이행하지 아니하였으므로 이행강제금을 부과·징수한다는 뜻을 미리 문서로 계고하여야 한다(동법 80②). 법문상으로는 시정명령을 발하고 그것을 이행하지 아니한 경우에 계고를 하도록 되어 있으나, 시정명령과 함께 계고하는 것도 가능하다고 할 것이다. ② 이행강제금의 부과는 금액·부과사유·납부기한 및 수납기관·이의제기방법 및 이의제기기관 등을 명시한 문서로 행하여야 한다(동 80③). ③ 시정명령을 받은 자가 시정명령을 이행하는 경우에는 새로운 이행강제금의 부과를 즉시 중지하되, 이미 부과된 이행강제금은 징수하여야 한다(동 80⑤). ④ 확정된(기간 내에 이의를 제기하지 아니하여) 이행강제금을 납부하지 아니한 때에는 국세 또는 지방세징수의 예에 따라 강제징수한다(동 80⑥).

(5) **불복절차** 불복절차는 이행강제금에 대하여 특별한 불복절차가 정하여 있는 경우에는 그에 의할 것이며(농지법 62⑥), 그러한 절차가 마련되어 있지 아니한 경우(부동산 실권리자명의등기에관한법률 6, 독점규제및공정거래에관한법률 17의 2)에는 일반 행정불복절차에 따라 행정쟁송을 제기하면 될 것이다. 예컨대 종래에 건축법 제83조 제 6 항에서는 비송사건절차법에 의한 재판을 받도록 하였으나, 현재는 위 조항이 삭제됨으로 인하여 이행강제금 부과처분은 일반 행정불복절차에 따라 행정쟁송의 대상이 된다.

〔**판례**〕 건축법상 이행강제금은 일신전속적인 것으로서 승계되지 아니한다.
구 건축법(2005.11.8. 법률 제7696호로 개정되기 전의 것)상의 이행강제금은 구 건축법의 위반행위에 대하여 시정명령을 받은 후 시정기간 내에 당해 시정명령을 이행하지 아니한 건축주 등에 대하여 부과되는 간접강제의 일종으로서, 그 이행강제금 납부의무는 상속인 기타의 사람에게 승계될 수 없는 일신전속적인 성질의 것이므로, 이미 사망한 사람에게 이행강제금을 부과하는 내용의 처분이나 결정은 당연무효이고, 이행강제금을 부과받은 사람의 이의에 의하여 비송사건절차법에 의한 재판절차가 개시된 후에 그 이의한 사람이 사망한 때에는 사건 자체가 목적을 잃고 절차가 종료한다(대법원 2006.12.8. 2006 마 470 건축법위반이의).

Ⅶ. 直接強制

1. 意 義

직접강제(Unmittelbarer Zwang)란 행정법상의 의무의 불이행이 있는 경우에, 직접적으로 의무자의 신체나 재산 또는 양자에 실력을 가하여, 의무의 이행이 있었던 것과 동일한 상태를 실현하는 작용을 말한다.

예컨대 식품의약품안전청장 등은 영업자가 영업허가의 취소나 영업소 폐쇄명령을 받고도 계속하여 영업을 하는 때에는, 당해 영업소를 폐쇄하기 위하여 관계공무원으로 하여금 당해 영업소의 간판 기타 영업표지물의 제거·삭제, 당해 영업소가 적법한 영업소가 아님을 알리는 게시문 등의 부착, 당해 영업소의 시설물 기타 영업에 사용하는 기구 등을 사용할 수 없게 하는 봉인 등의 조치를 하게 하는 것 등이다(식품위생 62).

대체적 작위의무뿐만 아니라 비대체적 작위의무·부작위의무·수인의무 등 모든 의무의 불이행에 대하여 쓰여질 수 있다.

2. 性 質

직접강제는 의무의 불이행을 전제로 하는 점에서 행정상 즉시강제와 구별되며, 의무자의 신체·재산에 실력을 가하여 직접 의무이행의 상태를 실현하는 것인 점에서 대집행과, 또한 재산에 대하여 행하여지는 경우에도 행정법규 위반상태를 띠고 있는 재산 자체를 배제하는 점에서, 금전급부의무의 강제수단인 재산의 압류·공매 등과 각각 구별된다.

3. 根 據

구 행정집행령에서는 일반적으로 인정되었으나, 현재는 기본권존중의 견지에 서 일반법은 없고, 식품위생법(62조)·방어해면법(7조)·군사시설보호법(9조)·출입국관리법(68·62) 등 개별법에서 예외적으로 인정되고 있다.

직접강제는 식품위생법 등 개별법률에서 인정하고 있으며, 그 수가 점차 늘어나고 있는바, 과거에는 그 구체적인 태양이나 절차에 대하여 정하지 아니하였으나, 오늘날 새로이 제정되는 법률에서는 구체적인 강제의 태양을 정하고 있다.

4. 節 次

직접강제를 정한 법률에 특별한 절차를 마련하고 있는 경우에는 그에 따르고, 그러한 규정이 없는 경우에는 직접강제가 처분에 해당하는 때에는 행정절차법상의 의견청취절차 등을 거쳐야 할 것이다. 그러나 「공공의 안전 또는 복리를 위하여 긴급히 처분을 할 필요가 있는 경우」 등(행정절차법 21④)에 해당되어 예외가 인정되는 경우가 많을 것이다.

5. 直接強制의 選別的 導入확대의 필요

(1) 현행법상으로는 무허가영업을 하지 않아야 할 부작위의무에 대하여는 거의 벌칙에 의하여 확보하고 있으며, 최근에는 이른바 새로운 의무확보수단인 공급거부와 허가제한 등의 확보수단이 마련되고 있다. 그러나 벌칙은 위에서 본 바와 같이 의무확보수단으로서는 일정한 한계가 있다.

그리고 더 나아가서 허가를 받아 영업을 하는 자에 대하여는 의무위반이 있는 경우 개선명령·영업정지·허가취소 등 다양한 행정제재수단이 마련되어 있고, 이에 위반한 경우에는 다시 벌칙이 적용되는데, 무허가영업자에 대하여는 오직 벌칙에만 의존하고 있어 고발되어 처벌되는 이외에는 의무확보 내지 의무위반상태의 원상회복을 위한 아무런 수단도 마련되어 있지 않다는 것은 불합리하다고 아니할 수 없다.

(2) 그리하여 직접강제제도를 선별적으로 확대하여 도입하고 그 행사에 대한 요건을 엄격하게 하고 절차적 규정을 완비한다면 대집행이나 이행강제금으로 이행확보가 어려운 작위·부작위·수인의무의 이행확보에 유익하고 실효성 있는 강제수단으로 기능을 할 것으로 본다. 종래의 입법태도는 직접강제의 상대방 개인의 보호에만 관심을 기울였으며, 직접강제에 의하여 확보되는 일반공중의 이익이나 사회질서에 대하여는 등한시하였다는 비판을 면할 수 없다고 할 것이다. 이에 우리나라에서도 의무확보수단의 개선작업의 일환으로 안전관리분야, 식품제조분야, 의약품제조분야, 환경보전분야, 기타 사회질서와 관련된 분야에서 직접강제를 도입하여 대처하기로 하고 관계법률의 개정시마다 입법조치를 하고 있다.

Ⅷ. 行政上 強制徵收

1. 의 의

행정상 강제징수(Zwangsbeitreibung)란, 국민이 국가 등 행정주체에 대한 행정법상(공법상)의 금전급부의무를 불이행한 경우에, 행정청이 의무자의 재산에 실력을 가하여, 의무가 이행된 것과 동일한 상태를 실현하는 행정상의 강제집행을 말한다.

2. 根 據

(1) 개인의 국가 등 행정주체에 대한 행정법상의 금전급부의무, 특히 조세는 국가 또는 지방자치단체의 재원조달수단으로서 가장 중요한 것이기 때문에, 그 징수확보를 위하여 사법상의 채권확보와는 다른 특수한 제도가 채용되고 있다. 조세징수에 대한 자력집행권의 부여, 조세의 일반채권에 대한 우선권이 바로 그것이다.

(2) 그러나 공법상의 금전채권이라 하여 당연히 자력집행이 인정되는 것이 아니며 실정법상 근거가 있어야 하는바, 일반법으로 국세징수법이 있다. 원래 국세징수법은 국세의 강제징수에 대하여 규정한 법률이지만 지방세법(28 ②)·토지 등의 취득 및 보상법(90조), 보조금의 예산 및 관리에 관한 법률(33조), 기타의 많은 법률에서 국세징수법의 체납처분의 예에 의하도록 규정하고 있어 동법은 행정상 강제징수에 관한 사실상 일반법적 지위를 가지게 되었다. 그리고 관세의 강제징수에 관하여는 국세징수법이 적용되지 않고 관세법에 특별한 규정을 두고 있다(다만 동법에 특별한 규정이 있는 경우를 제외하고는국세징수법이 준용된다(동법 26).).

3. 行政上 強制徵收의 절차

국세징수법에 의한 강제징수의 절차는 독촉 및 체납처분으로 이루어지며, 체납처분은 다시 재산압류·압류재산의 매각·청산(충당)의 3단계로 되어 있다. 이들은 모두가 결합하여 1개의 효과를 완성하는 관계에 있으므로, 선행행위가 적법·유효하여야 적법하게 다음의 절차를 진행시킬 수 있다. 그리하여 선행행위의 위법은 후행행위에 승계되게 된다. 또한 강제징수절차는 조세부과처분을 전제조건으로 한다. 그리하여 조세부과처분이 무효이거나 부존재인 경우에는 강제징수도 할 수 없게 된다. 그러나 조세부과처분에 취소원인인 흠이 있는 경우에 그 위법이 강제징수절차에 승계되는가에 대하여는 다툼이 있는바, 승계되지 않는다고 보는 것이 일반적 견해이다(92 행상 73(1961.10.26)—과세처분의 흠은 당연무효사유를 제외하고는 체납처분에 승계되지 아니한다는 판례).[1]

(1) 독촉

㈎ 독촉장 발부　국세를 납기까지 불납한 때에는, 납기경과 15일 이내에 독촉장에 의하여(독촉의 요식성) 발급일로부터 10일 이내의 납부기한을 주어 독

1) 新井隆, 租稅法講義, p.152.

촉하여야 한다(국징 23① 본문). 독촉은 납세의무자에게 이행을 청구(또는 최고)하고, 아울러 체납처분을 할 것을 예고하는 준법률행위적행정행위인 통지행위이다. 다만, 납기 전 징수의 경우에는 예외적으로 독촉 없이 다음 단계의 절차를 진행시킬 수 있다(동 23① 단). 독촉장의 송달은 교부 또는 우편에 의하되, 우편에 의하고자 할 때에는 등기우편에 의하여야 한다(국세기본 10②). 송달을 받을 자의 주소 등이 불명할 때 등에는 공시송달의 방법에 의한다(동 11).

(나) 가산금 · 중가산금 국세를 납기까지 불납한 때에는, 체납된 국세의 100분의 3에 상당하는 가산금을 징수하며(국징 21①), 납부기한이 경과한 날로부터 매 1월이 경과할 때마다 체납된 국세의 1,000분의 12에 상당하는 중가산금을 가산금에 가산하여 징수하되, 중가산금을 가산하여 징수하는 기간은 60개월을 초과하지 못한다(다시 말하면 중가산금의 합계액은 체납된 국세의 1,000분의 720을 초과하지 못한다.)(동 22①). 다만, 체납된 국세가 50만원 미만인 때에는 중가산금을 징수하지 않는다(동 22②).

〔**판례**〕 가산금과 중가산금의 법적 성질
국유재산 등의 관리청이 하는 행정재산의 사용 · 수익 허가에 따른 사용료에 대하여는 국유재산법 제25조 제 3 항의 규정에 의하여 국세징수법 제21조, 제22조가 규정한 가산금과 중가산금을 징수할 수 있다 할 것이고, 위 가산금과 중가산금은 위 사용료가 납부기한까지 납부되지 않은 경우 미납분에 관한 지연이자의 의미로 부과되는 부대세의 일종이다(대법원 2006.3.9. 2004 다 31074 채무부존재확인).

〔**판례**〕 가산금 또는 중가산금의 고지는 항고소송의 대상이 되는 처분이 아니다.
국세징수법 제21조, 제22조가 규정하는 가산금 또는 중가산금은 국세를 납부기한까지 납부하지 아니하면 과세청의 확정절차 없이도 법률 규정에 의하여 당연히 발생하는 것이므로 가산금 또는 중가산금의 고지가 항고소송의 대상이 되는 처분이라고 볼 수 없다(대법원 2005.6.10. 2005 다 15482 부당이득금).

(다) 납부최고서 제 2 차 납세의무자가 체납액을 납부기한까지 납부하지 아니한 때에는 15일 이내에 납부최고서를 발부하여야 하는바(동 23②③), 이는 독촉장에 해당한다.

(라) 독촉등의 효과 독촉장 또는 납부최고서가 송달되면, 시효중단의 효과(독촉 또는 납부최고에 의한 납부기간 동안 중단된다.)(국세기본 28①(1) · ②(2))와 압류의 전제조건충족의 효과가 생긴다.

(2) 체납처분

(가) 재산압류(부(附) 교부청구 · 참가압류) 조세채권의 만족, 즉 체납국세의 징수를 실현하기 위하여 체납자의 재산을 보전(사실상 또는 법률상의 처분금지)하는 강제행위이다.

(a) 압류요건 ① 원칙적으로, 체납자가 독촉장 또는 납부최고서를 받고도 지정된 기한까지 국세와 가산금을 완납하지 아니한 때이다(국징 24①(1)). ② 예외적으

로, 납기 전 징수의 경우에 납부고지를 받고 지정된 기한까지 완납하지 아니한 때(동 24①(2))와, 납기 전 징수에 해당하는 사유가 있어 국세의 확정 후에는 당해 국세를 징수할 수 없다고 인정되는 때에는 국세로 확정되리라고 추정되는 금액의 한도 안에서 납세자의 재산을 압류할 수 있다(동 24②).[1)2)]

(b) **압류대상재산** 체납자의 소유이고 금전적 가치를 가지며, 양도성이 있는 모든 재산은 압류대상이 된다.[3)] 그러나 국세징수법과 각 개별법(국가배상법 4, 국민연금법)은 체납자의 최저생활의 보장, 수학의 계속, 국민보건의 유지, 생업의 유지, 사회보장제도의 확보 등의 견지에서 일정한 재산에 대하여는 압류를 금지 또는 제한하고 있다(동 31 내지 33). 그리고 국세를 징수하기 위하여 필요한 재산 이외의 재산을 압류할 수 없다(동 33의 2). 압류가 허용된 재산 중에서 어느 것을 선택하여 압류할 것인가는 당해 세무공무원의 재량에 속한다 할 것이나, 성질상 재산가격이 체납금액과 상당한 비례가 유지되어야 할 것이며, 또한 가능한 한 제 3 자의 권리를 존중하도록 하여야 할 것이다(예컨대 구태여 제 3 자가 담보권을 가지고 있는 재산을 압류할 것은 아니다).

(c) **압류방법** 동산 및 유가증권, 채권, 부동산, 무체재산권에 따라 각각 압류방법이 정하여져 있다(동 38·41·45·51 등). 압류의 경우에는 세무공무원은 수색권(동 26), 질문·검사권(동 27)을 가지며, 신분증을 제시하여야 하고(동 25), 참여자를 설정하여야 하며(동 28), 압류조서를 작성하여 그 등본을 체납자에게 교부하여야 한다(동 29). 또한 사해행위의 취소요구권이 있다(동 30).

(d) **압류의 효력** 압류재산의 법률상·사실상의 처분을 금지시키는 것이 가장 기본적 효력이다. 질권이 설정된 재산이 압류되면 질권자의 질물인도의무가 생긴다(동 34). 압류의 효력은 압류재산으로부터 생기는 천연과실 또는 법정과실에 미친다(다만, 압류재산을 체납자 또는 제 3 자가 사용·수익하는 경우에는 천연과실에는 미치지 아니한다)(동 36). 압류의 효력은 재판상의 가압류·

---

1) 조세의 부과처분과 압류 등의 체납처분은 별개의 행정처분으로서 독립성을 가지므로 부과처분에 하자가 있더라도 그 부과처분이 취소되지 아니하는 한 그 부과처분에 의한 체납처분은 위법이라고 할 수는 없지만, 체납처분은 부과처분의 집행을 위한 절차에 불과하므로 그 부과처분에 중대하고도 명백한 하자가 있어 무효인 경우에는 그 부과처분의 집행을 위한 체납처분도 무효라 할 것이나, 그 부과처분의 무효확인청구를 기각하는 판결이 확정된 경우에는 사실심변론종결 이전의 사유를 들어 그 부과처분의 무효를 주장하고 이로써 압류처분의 무효를 다툴 수는 없다(대법원 1988.6.28. 87 누 1009 부동산소유권이전청구채권압류처분등무효확인).

2) 국세징수법 제24조 제 1 항 제 1 호의 규정에 의한 독촉장 발부도 한 바 없이 과세처분과 동시에 이에 대한 체납처분으로 부동산을 압류하였다면 그 압류처분은 위법하다(대법원 1984.9.25. 84 누 107 체납세액금및압류집행처분취소).

3) 과세관청이 납세자에 대한 체납처분으로서 제 3 자의 소유 물건을 압류하고 공매하더라도 그 처분으로 인하여 제 3 자가 소유권을 상실하는 것이 아니고, 체납처분으로서 압류의 요건을 규정하는 국세징수법 제24조 각 항의 규정을 보면 어느 경우에나 압류의 대상을 납세자의 재산에 국한하고 있으므로, 납세자가 아닌 제 3 자의 재산을 대상으로 한 압류처분은 그 처분의 내용이 법률상 실현될 수 없는 것이어서 당연무효이다(대법원 2006.4.13. 2005 두 15151 압류처분취소).

가처분 또는 체납자의 사망이나 법인합병으로 영향을 받지 아니한다(동 35·37).[1)]

(e) **압류해제** 납부 기타 일정한 사유가 있는 때에는 필요적으로 압류를 해제하여야 하며(동 53①), 압류 후 재산가격의 변동 기타의 사유로 그 가격이 징수할 체납액의 전액을 현저히 초과한 때 기타 일정한 사유가 있는 때에는 임의적으로 압류를 해제할 수 있다(동 53②).

(f) **교부청구, 참가압류** 압류에 상당하는 또는 그에 갈음하는 수단으로 교부청구와 참가압류가 있다(동 56 내지 60). ① 교부청구는 이미 다른 국세의 체납으로 체납처분을 받은 때 등 다른 강제환가절차가 개시된 경우에 미리 재산을 압류함이 없이 그 집행기관에 대하여 체납세액의 교부를 청구하여 그 강제환가절차로부터 배당을 받는 제도를 말한다(동 56). 이 제도는 민사소송법상의 배당요구에 해당하며, 참가압류제도와 함께 강제환가기관의 일원화와 집행경제상의 요청에 의한 것이다.

② 참가압류는, 압류하고자 하는 재산이 이미 다른 기관의 체납처분에 의하여 압류되어 있는 재산인 경우에 교부청구에 갈음하여 그 압류에 참가하는 제도를 말한다(국징 57). 교부청구 이외에 참가압류를 인정한 것은 교부청구의 경우에는, 기압류기관이 압류를 해제하면 교부청구도 효력이 상실되기 때문에 이러한 결함을 보완하기 위한 것이다(동 58).

(나) **압류재산의 매각**

(a) **공매의 원칙** ① 체납처분은 결국 금전에 의한 조세의 징수를 목적으로 하므로 압류재산을 매각하여 금전으로 환가하여야 한다. 매각은 공정을 도모하기 위하여 원칙적으로 입찰 또는 경매 등 공매에 의하고(동 61), 예외적으로 수의계약에 의한다(동 62). 공매는 세무서장이 행하나, 한국자산관리공사에게 대행시킬 수 있으며, 이 경우의 공매는 세무서장이 한 것으로 본다(동 61①).

② 압류한 재산이 채권인 때에는 체납처분을 행한 기관이 채권자에 대위하여 이를 추심하는바, 추심한 것이 금전 이외의 물건인 때에는 역시 공매에 붙인다(동 61①). 납세의무확정 전에 압류한 재산은 그 납세의무가 확정되기 전에는 공매할 수 없으며(동 61②), 국세기본법에 의한 이의신청·심사청구 또는 심판청구가 계류중에 있는 국세에 관한 압류재산은 신속히 매각하지 않으면 감가될 우려가 있는 경우를 제외하고는 청구 등에 대한 결정이 확정되기 전에는 공매할 수 없다

1) 세무서장이 한 부동산 등의 압류 후 압류재산에 저당권, 질권 또는 전세권이 설정된 경우 그 물권과 압류 이후 새로 발생한 조세와의 우선순위는 국세기본법 제35조 제 1 항 제 3 호의 규정에 따라 그 설정등기일과 새로 발생한 조세의 법정기일의 선후에 따라 결정된다고 할 것이다(대법원 2004.11.12. 2003 두 6115 공매대금배분처분취소).

(동 61③). 공매개시 전까지 체납자 또는 제 3 자가 국세 등을 완납한 때에는 공매를 중지한다(동 71).

(b) **공매의 성질** 공매의 성질은 체납자에 대한 관계에서는 행정처분(공법상의 대리)이다.[1] 그러나 이 처분에 기하여 낙찰자 또는 경락자가 체납자의 소유재산을 취득하는 관계에 있어서는 사법상의 매매계약이라 할 것이다.[2]

(c) **수의계약** 매각은 위에서 본 바와 같이 원칙적으로 공매에 의하나 공매에 의할 필요가 없거나 부적당한 경우에는 수의계약에 의한다. 수의계약에 의하지 아니하면 매각대금이 체납처분비에 충당하고 잔여가 생길 여지가 없는 때, 부패·변질 또는 감량이 되기 쉬운 재산으로서 속히 매각하지 않으면 그 재산가격이 감손될 우려가 있는 때 등이 이에 해당한다(동 62). 수의계약은 사법상의 매매계약이라 할 것이다.

(다) **청산(충당)** ① 청산이란 체납처분의 집행으로 수령한 금전(압류한 금전, 제 3 채무자 등으로부터 받은 금전, 압류재산의 매각대금, 교부청구에 의하여 받은 금전)을 체납국세, 교부청구를 한 국세, 지방세 및 공과금, 전세권·질권·저당권에 의하여 담보된 채권자 등에게 배분하고 잔여가 있으면 체납자에게 지급하며, 반대로 부족하면 민법 기타 법령에 의하여 배분할 순위와 금액을 정하여 배분하는 것을 말한다(동 80). ② 배분에 있어서는 국세우선, 압류에 의한 우선, 담보 있는 국세의 우선 등의 원칙이 채택되었다. 국세·가산금·체납처분비의 징수순위는 체납처분비·가산금·국세의 순이다(동 4).

(3) 체납처분의 유예 세무서장은 체납자가 ① 국세청장이 성실납세자로 인정하는 기준에 해당하는 때, ② 재산의 압류나 압류재산의 매각을 유예함으로써 사업을 정상적으로 운영할 수 있게 되어 체납액의 징수가 가능하다고 인정되는 때에는 재산의 압류나 압류재산의 매각을 1 년 이내의 기간에 한하여 유예할 수 있으며, 이러한 유예를 하는 경우에는 이미 압류한 재산의 압류를 해제할 수 있다(동 85의 2①②). 체납처분의 유예를 하는 경우에는 그에 상당하는 납세담보의 제공을 요구할 수 있다(동 85의 2③).

(4) 체납처분의 중지 및 결손처분 체납처분의 목적물인 총재산의 추산가격이 체납처분비에 충당하고, 잔여가 생길 여지가 없는 때에는 체납처분을 중지하여야 한다(동 85). 이 경우에는 결손처분을 할 수 있고(동 86①(2)), 이로써 납세의

---

1) 과세관청이 체납처분으로서 행하는 공매는 우월한 공권력의 행사로서 행정소송의 대상이 되는 공법상의 행정처분이며, 공매에 의하여 재산을 매수한 자는 그 공매처분이 취소된 경우에 그 취소처분의 위법을 주장하여 행정소송을 제기할 법률상 이익이 있다(대법원 1984.9.25. 84 누 201 공매처분취소처분취소).

2) 判例體系(日本), 租稅法總則 追補 제 2 호 Ⅱ, p.1135.

무는 소멸된다(국세기본 26). 결손처분을 한 후 그 처분 당시 다른 압류할 수 있는 재산이 있었던 것을 발견한 때에는 지체 없이 그 처분을 취소하고 체납처분을 하여야 한다(동 86②).

(5) **국세징수법상의 강제징수절차에 대한 불복** 독촉 또는 체납처분이 위법·부당하다고 인정할 때에는 행정쟁송절차에 의하여 그 취소 또는 변경을 청구할 수 있다. 다만, 행정쟁송절차 중 행정심판에 있어서는 일반법인 행정심판법이 배제되고 국세기본법에 특별한 절차를 마련하였으며(국세기본 55 이하), 행정소송에 있어서도 약간의 특칙이 정하여져 있다(동 56②).

제 3 절 行政上即時強制

Ⅰ. 意 義

1. 槪 念

행정상 즉시강제(sofortiger Zwang)라 함은 의무의 이행을 강제하기 위한 것이 아니고, 목전에 급박한 행정상의 장해(Verwaltungswidrigkeit)를 제거할 필요가 있는 경우에, 미리 의무를 명할 시간적 여유가 없을 때(예: 광견이 가로를 배회하여 통행하는 사람을 해할 우려가 있을 때 등), 또는 성질상 의무를 명하여 가지고는 목적달성이 곤란한 때(예: 전염병환자에게 언제까지 입원할 것을 명하고, 그 불이행을 기다려 강제집행을 하여가지고는 전염병박멸이란 행정목적을 달하기 어렵다)에 즉시 국민의 신체 또는 재산에 실력을 가하여, 행정상의 필요한 상태를 실현하는 작용을 말한다.[1)]

2. 行政上 強制執行과의 차이

실력으로 행정상의 필요한 상태를 실현시키는 사실행위인 점에서는 서로 같다. ① 그러나 양자는 발동의 원인 및 성질을 달리한다. 행정상강제집행은 선행하는 의무의 불이행을 전제로 하는데, 행정상즉시강제는 선행하는 의무 자체가 존재하지 아니하며, 따라서 그 불이행을 전제로 하지 않는다. 이 점에서 즉시강제가 한층 예측가능성과 법적안정성을 침해하는 작용이라 하겠다. 법령 또는 일반처분에 의한 불특정다수인에 대한 일반적·추상적 의무의 강제는 즉시강제로 보는 것이 타당할 것으로 생각된다. 예컨대 도로교통법은 「누구든지 교통에 방해될 만한 물건을 도로에 함부로 내버려 두어서는 아니된다」(68②)고 규정하여 불특정 다수인에게 일반적·추상적인 부작위의무를 과하고, 동법은 또한 이에 위반하여 물건이 방치된 경우 위반자의 성명·주소를 알 수 없는 경우에는 경찰서장은 방치된 물건을 스스로 제거·보관할 수 있게 하였다(71②). 이러한 제거·보관조치는 법령에 의한 불특정다수인에 대한 금지의 위반(부작위의무의 불이행)에 의하여 생긴 유형적 결과를 배제하여 부작위의무가 이행된 것과 동일한 상태를 실현하는

1) 독일에서는 대집행 및 직접강제는 의무부과처분을 전제로 한 강제집행의 수단으로서만이 아니고 즉시강제의 수단으로서도 사용된다. 즉, 독일행정집행법은 「가벌적 행위의 저지 또는 급박한 위험을 회피하기 위하여 즉시집행이 필요하고, 행정청이 당해 사항에 대하여 의무를 명하는 행정행위를 할 수 있는 권한이 있는 경우에는 행정행위를 선행시키지 아니하고 즉시집행을 할 수 있다」고 규정하고 있다. 그리고 즉시강제에 있어서의 「강제」의 요소는 저항과 그것의 실력에 의한 배제에 있다고 할 것인바, 그것이 현재화(顯在化)하는 경우는 드물고 많은 경우에 단순히 가능성으로서 잠재되어 있는 데 지나지 아니하므로 즉시강제라는 용어보다는 즉시집행(sofor-tige Vollzug)이라는 용어를 사용하기도 한다.

작용인 점에서 강제집행으로도 볼 수 있다. 그러나 이 경우는 특정의 상대방에 대한 위반상태 시정의 명령도 계고도 없는 실력행사이다. 이와 같은 특정인에 대한 의무이행의 요구를 전제로 하지 아니한 실력행사를 의무이행확보를 위한 강제집행으로 보는 것은 민사강제집행 등과 대비하여 볼 때 자연스럽지 못하다. 따라서, 이러한 조치는 즉시강제로 보는 것이 타당하다 하겠다. 도로교통법상의 주차위반차량의 이동·보관조치(동법 35②), 출입국관리법상의 강제퇴거조치(동법 46) 등도 동일하게 볼 것이다. 다만, 통상의 즉시강제는 화재시의 강제처분(소방기본법 24①)이나 전염병환자의 강제격리(전염병예방 29)와 같이 일반적인 부작위의무조차 전제되어 있지 아니한 실력행사라는 점에서 볼 때 위의 조치들은 양쪽의 성격을 아울러 갖는다고도 볼 수 있겠다.

3. 行政調査와의 차이

행정조사는 그 자체가 행정상 필요한 구체적인 결과를 실현시키는 것이 아니고, 행정작용(조세부과 등)에 필요한 자료의 수집을 위하여 행하여지는 준비적·보조적 수단의 성질을 가진다. 반면 즉시강제는 실력을 가하여 행정상 필요한 구체적인 결과를 실현한다. 행정조사는 권력적 조사외에 비권력적 조사도 있으나, 즉시강제는 권력적 작용만을 내용으로 한다.[1]

Ⅱ. 根 據

1. 理論的 근거

(1) 과거 독일에서는 경찰법분야에서 법률의 근거가 없는 경우에도 경찰상의 긴급사태(Polizei Notstand)에 처하여 경찰강제만이 유일한 처리방법일 때에는 강제수단을 쓸 수 있었다. 이 경찰긴급권이론은[2] 1927년의 판례를 계기로 국가긴급방어권(Staatsnotwehrrecht)으로 확대되었고, 다시 행정상의 일반긴급권(allgemeines Notrecht der Verwaltung)으로 발전되었다. 영·미에서는 즉시강제에 해당하는 약식집행(summary execution, summary proceeding)의 근거를 「코먼로」(common law)상의 불법방해(nuisance)와 자력제거(abatement)의 법리에서

1) 홍정선(상), p. 602.

2) 독일에서는 경찰권의 법적 근거라는 점에서는 법치주의가 완전하게 침투되지 못하여, 구체적인 수권법규가 없는 경우에도 경찰의 일반적 임무를 정한 경찰개괄조항에서 경찰상즉시강제의 허용성을 도출하는 견해가 지배적이었다. 「오토 마이어」(O. Mayer)는 경찰개괄조항이라는 관념을 배경으로 하여 민법이나 형법에서 인정되는 사인의 긴급권을 원용하여 경찰상의 즉시강제가 구체적인 법률의 수권 없이도 허용된다고 보았다.

구한다.

(2) 그러나 오늘날은 행정상즉시강제는 법치주의의 요청인 예측가능성과 법적안정성을 부정하는 침해행정의 전형이기 때문에 엄격한 실정법상의 근거가 필요하다고 본다. 사실 즉시강제에 있어서는 사전의 예고 내지는 사전절차가 생략되고, 또한 행정심판이나 행정소송에 의한 구제도 즉시강제의 대상인 사실행위 중 계속적 성질의 것에 한하여 가능하다고 보기 때문에, 사후구제의 범위도 지극히 좁다는 것을 고려하면 실정법에서 행정청의 권한을 명확하고 상세하게 규정하는 것만이 국민의 권익을 보장하는 최선의 방법이라고 하겠다.

2. 實定法的 근거

① 마약류관리에 관한 법률 · 전염병예방법 · 검역법 · 식품위생법(주로 보건위생에 관한 법률임을 주의) 등의 각 단행법률과, ② 경찰상즉시강제에 관한 일반법으로 경찰관직무집행법이 있다.

Ⅲ. 限界(내지는 要件)

1. 實體法的 限界

(1) **급박성** 행정위반상태로 인한 위해가 이미 발생하고 있거나, 단순한 발생의 개연성만이 아니고 사회통념에 비추어 위험발생이 확실하여야 한다. 이는 미국법에서의 경찰권의 발동에 관한 이른바, 현존하고 명백한 위험(clear and present danger)의 법리에 상당한 것이라 하겠다.[1)]

(2) **보충성** 다른 위해방지조치를 행할 시간적 여유가 없거나 다른 조치로는 행정목적을 달성할 수 없는 경우이어야 한다.

(3) **비례성** 위해방지수단은 행정목적달성에 적합하고 유용한 수단을 선택하여야 하며, 또한 여러 적합한 수단 중에서도 최소한의 침해를 가져오는 수단을 선택하여야 하고, 침해의 정도는 공익상의 필요의 정도와 상당한 비례가 유지되어야 한나(대포로 참새를 쏘는 격이어서는 안된다). 행정위반상태가 멈추면 곧 중지하여야 한다

(4) **소극성** 소극적으로 사회공공의 질서를 유지하기 위하여 필요한 범위 내에 그쳐야 하며, 적극적인 행정목적달성을 위하여 발동되어서는 아니된다.

(5) **의견청취절차** 행정상 즉시강제가 행정처분에 해당하는 경우에는 행정절차법이 정한 의견청취절차를 거쳐야 할 것이다(동법 21 · 22). 그러나 동법이 예외

1) 이상규(상), p.551.

사유로 규정한 「공공의 안전 또는 복리를 위하여 긴급히 처분을 할 필요가 있는 경우」에 해당되는 경우가 거의 대부분일 것이다.

2. 節次法的 限界

(1) **문제의 소재** 행정상즉시강제는 때로는 사람의 신체를 구속하기도 하고(예: 마약중독자의 강제수용 등), 주거에 대한 침해를 가져오기도 한다(예: 위생검사를 위한 가택에의 출입 등). 그런데 헌법 제12조는 신체의 구속에 대하여, 제16조는 주거의 수색이나 물건의 압수에 대하여 각각 법관의 영장을 요하게 하였다. 여기에 행정상 즉시강제에도 법관의 영장을 요할 것인지가 문제된다.

(2) **학설**

㈎ **영장불요설(소극설)** ① 헌법의 영장주의에 관한 규정은 연혁적으로 볼 때 형사사법권을 남용할 우려가 특히 현저함에 비추어 그 남용으로부터 국민의 자유권을 보장함을 목적으로 발전하였으므로, 행정목적수행을 위한 행정상즉시강제에는 적용이 없다고 한다.

㈏ **영장필요설(적극설)** ① 명문의 규정이 없는 이상 소극설은 헌법규정의 뜻을 부당하게 축소해석하여 헌법의 기본권보장의 취지를 몰각하게 되며, ② 실제로 양자는 결부되어 행사되는 경우가 많으므로, 영장이 형사사법권의 행사에만 필요하다면 형사사법의 목적은 영장 없는 즉시강제의 명목으로 달성될 수 있게 되고, 결국 영장에 관한 헌법규정은 실효를 거두지 못하게 될 것이라고 한다.[1]

㈐ **절충설** 권력억제와 기본권보장을 주안으로 하는 영장주의는 행정상즉시강제권의 발동에도 동일하게 적용되어야 하나, 다만 행정강제의 특질을 무시할 수는 없는 것이므로, 행정상즉시강제 중에서 행정목적달성에 불가피하다고 인정할 만한 합리적인 이유가 있는 특수한 경우에 한하여, 영장주의의 적용을 받지 아니하는 강제조치를 인정할 수밖에 없다고 한다.[2]

(3) **결언** 절충설이 타당하다고 생각한다. 판례도 같은 입장이다(96 다 56115 (1997.6.13 대판)). 그리하여 영장주의는 행정상즉시강제권의 발동에도 동일하게 적용되어야 하나, 다만 즉시강제의 특성을 무시할 수 없는 것이므로, 즉시강제 중에서 행정목적달성에 불가피하다고 인정할 만한 합리적인 이유가 있는 특수한 경우에 한하여, 영장주의의 적용을 받지 아니하는 강제조치를 인정할 수밖에 없다고 할

1) 김기범, 헌법강의, p.142.
2) 김남진·김연태(I), p.461; 김도창(상), p.588; 김동희(I), p.461; 이상규(상), p.553.

것이다. 다만 영장주의의 적용을 받지 아니한 경우에도 영장주의 취지는 충분히 존중되어야 할 것이다.

(4) 판례　　판례도 절충설과 같은 입장이다.

「불법게임물은 불법현장에서 이를 즉시 수거하지 않으면 증거인멸의 가능성이 있고, 그 사행성으로 인한 폐해를 막기 어려우며, 대량으로 복제되어 유통될 가능성이 있어, 불법게임물에 대하여 관계당사자에게 수거·폐기를 명하고 그 불이행을 기다려 직접강제 등 행정상의 강제집행으로 나아가는 원칙적인 방법으로는 목적달성이 곤란하다고 할 수 있으므로, 이 사건 법률조항의 설정은 위와 같은 급박한 상황에 대처하기 위한 것으로서 그 불가피성과 정당성이 인정된다. (중략) 이 사건 법률조항은 앞에서 본바와 같이 급박한 상황에 대처하기 위한 것으로서 그 불가피성과 정당성이 충분히 인정되는 경우이므로, 이 사건 법률조항이 영장 없는 수거를 인정한다고 하더라도 이를 두고 헌법상 영장주의에 위배되는 것으로는 볼 수 없다」(헌법재판소 2002.10.31. 2000 헌가 12 음반·비디오물및게임물에관한법률제24조제3항제4호중게임물에관한규정부분위헌제청).

「사전영장주의는 인신보호를 위한 헌법상의 기속원리이기 때문에 인신의 자유를 제한하는 모든 국가작용의 영역에서 존중되어야 하지만, 헌법 제12조 제3항 단서도 사전영장주의의 예외를 인정하고 있는 것처럼 사전영장주의를 고수하다가는 도저히 행정목적을 달성할 수 없는 지극히 예외적인 경우에는 형사절차에서와 같은 예외가 인정되므로, 구 사회안전법(1989.6.16. 법률 제4132호에 의해 '보안관찰법'이란 명칭으로 전문 개정되기 전의 것) 제11조 소정의 동행보호규정은 재범의 위험성이 현저한 자를 상대로 긴급히 보호할 필요가 있는 경우에 한하여 단기간의 동행보호를 허용한 것으로서 그 요건을 엄격히 해석하는 한, 동 규정 자체가 사전영장주의를 규정한 헌법규정에 반한다고 볼 수는 없다」(대법원 1997.6.13. 96 다 56115 손해배상(기)).

Ⅳ. 行政上即時強制와 有形力의 行使

(1) 즉시강제의 실시에 당하여 상대방의 저항을 받은 경우에 실력행사가 허용될 것인지가 실무상 문제되는바, 구체적인 사례에 따라 검토할 필요가 있다. 극히 일반적으로 말하면, 즉시강제라 한다면 각각의 법목적의 실현을 도모하기 위하여 구체적 사정에 따라 필요최소한의 강제력을 사용할 수 있다고 할 것이다. 예컨대 전염병환자가 강제입원조치에 저항하여 도주하려고 하는 때에는 그 저항을 배제하여 신체를 강제적으로 구속하는 것이 인정된다고 하겠다.

(2) 그러나 종래 즉시강제로 설명되어 온 조치 중에는 그 법목적에서 보아 강제력의 행사가 허용되지 않는 것으로 보아야 할 것이 있음을 주의하여야 한다. 예컨대 질문 등은 상대방이 이에 응하여 주지 않는 한 신체에 대하여 유형

력을 행사하여서까지 응답을 강요하는 것은 사안의 성질상 적당하지 않다.

(3) 그리하여 오늘날의 학설은 즉시강제가 실력행사를 요소로 하는 데 대하여, 질문이나 출입검사는 원칙적으로 유형력의 행사를 수반하지 않는 것으로 보아 이를 따로 구분하여 행정조사라 하고, 이에 대하여는 즉시강제와는 다른 법리의 적용을 주장하게 되었다.

V. 行政上卽時強制의 수단

「경찰상의 즉시강제」에 관한 일반법인 경찰관직무집행법을 비롯하여 각 단행법에서 규정하고 있는바, 이를 종합하여 보면 대인적 강제·대물적 강제 및 대가택강제로 대별할 수 있다.

1. 對人的 強制

신체에 실력을 가하여 행정상 필요한 상태를 실현시키는 경우이다.

(1) 경찰관직무집행법상의 대인적 강제 불심검문(질문 및 동행요구)(동법 3)(다만, 의사에 반하여 동행하거나 답변을 강요당하지 아니하므로 이 조치는 엄격하게 말하면 강제수단이 아니고 임의수단이라고 하겠다.), 구호를 요하는 자의 보호조치(동 4), 위험발생방지조치(경고·억류 또는 피난)(동 5), 범죄의 예방 및 제지(동 6), 가택·선차에의 출입(동 7), 장비사용(동 10), 장구사용(동 10의 2), 분사기 등의 사용(동 10의 3) 및 무기사용(동 10의 4) 등이 있다.

(2) 동법 이외의 각 단행법상의 대인적 강제 강제격리(전염병예방 29), 출입·검사와 수거(마약류 관리에 관한 법률 41), 원조강제(소방기본법 24), 강제건강진단 및 예방접종(전염병예방 42①, 후천성 면역결핍증예방 8), 교통차단(전염병예방 39①) 및 동행명령(관세 294②) 등이 있다.

2. 對物的 強制

물건에 대한 소유권 기타의 권리를 실력으로 침해함으로써, 행정상 필요한 상태를 실현시키는 경우이다.

(1) 경찰관직무집행법상의 대물적 강제 무기 등 물건의 임시령치(동법 4③) 및 위험발생방지조치(동법 4①·6①)가 있다.

(2) 동법 이외의 각 단행법상의 대물적 강제 물건이나 시설의 이전·분산·소개(疏開)(민방위기본 32), 물건의 폐기·압수(식품위생 31의2, 약사 71, 검역 10, 행형 41, 관세 303·304, 청소년보호 36), 물건의 영치·몰수(행형 41), 물건의 파괴(소방기본 25, 광고물등관리 10②) 등을 들 수 있다.

3. 對價宅強制

소유자 또는 관리자의 의사에 불구하고, 타인의 가택·영업소 등에 출입 또는 수색하는 경우이다. 예로는 가택출입·임검·검사 및 수색(경찰관직무집행 7 등) 등이 있다.

Ⅵ. 行政上卽時強制에 대한 救濟

1. 개　　설

그 발동으로 국민의 권익이 침해된 경우의 구제수단이 특히 논의된다.

즉시강제의 발동에 대하여 국민의 권리를 보장하기 위하여서는 사후구제수단을 정비함은 물론, 위법한 즉시강제가 발동되지 않도록 사전의 예방이 필요하며, 이를 위하여는 즉시강제의 근거법에서 행정청의 권한을 명확하고 상세하게 규정하여야 할 것이다.

2. 適法한 卽時強制에 대한 救濟

즉시강제는 원칙적으로 의무위반의 상태에 대한 책임이 있는 자에 대하여 행하여지는 것이나, 예외적으로는 책임자 이외의 제 3 자에 대하여 즉시강제가 행하여짐으로써, 그에게 재산상의 「특별한 희생」을 가하는 경우가 있다(예: 수난구호를 위한 징용과 수용, 소화·구조작업을 위한 동원이나 소방상의 강제처분 등). 이 경우에는 국가는 공익과 사익을 합리적으로 조절함으로써 평등의 원칙을 보장하기 위하여 그 「특별한 희생」에 대한 적정한 보상을 하여야 한다(헌 23③, 수난구호 24, 소방기본법 25④ 참조).

3. 違法한 卽時強制에 대한 救濟

위법한 즉시강제에 대하여는 다음과 같은 구제수단이 있다. 위법한 즉시강제에 대한 구제수단으로서 다음의 수단 이외에 감독권에 의한 취소·정지, 공무원의 징계, 공무원의 형사책임,[1] 정당방위,[2] 청원 및 소청 등을 드는 견해도 있

1) 공무원의 형사책임　즉시강제가 위법임을 인식하면서 즉시강제를 남용하였을 때에는 강제의 근거가 되는 법률에 그에 대한 특별한 벌칙이 있으면 그 규정에 의하여, 특별한 벌칙이 없으면 형법상의 직권남용죄(형 123 내지 125)에 관한 규정에 의하여 당해 공무원이 처벌된다. 경찰관직무집행법은 동법이 규정하는 조치를 남용한 자에 대하여 특별한 벌칙을 두고 있다(동법 12).

2) 91 도 2797(1992.2.11 대판)—공무집행방해죄는 공무원의 직무집행이 적법한 경우에 한하여 성립하는 것으로서 적법한 공무집행이라 함은 그 행위가 공무원의 추상적 권한에 속할 뿐만 아니라 구체적 직무집행에 관한 법률상 요건과 방식을 갖춘 것이므로, 이러한 적법성이 결

으나,[1] 넓은 의미에서는 그렇게 볼 수도 있지만 위법한 즉시강제로 인하여 피해를 당한 자가 자기의 권리로서 요구할 수 있는 것은 아니므로 이러한 수단은 어디까지나 간접적 내지는 우회적인 구제수단에 그치며, 직접적인 구제수단으로는 볼 수 없다.[2]

(1) **행정심판 · 행정소송** 즉시강제는 사실행위이지만 행정심판과 항고소송의 대상이 된다. 다만, 즉시강제는 그 성질상 신체 · 재산 · 가택에 대한 단기간의 침해로 행위가 종료되는 것이 보통인바, 즉시강제가 이미 행하여진 뒤에는 그것이 비록 위법 또는 부당한 것이라 하더라도 원상회복이나 손해배상을 청구하는 외에는 행정심판이나 취소소송으로 즉시강제의 취소를 청구할 법률상 이익이 없게 된다.[3] 따라서, 즉시강제에 대하여 행정쟁송을 제기할 수 있다고 하더라도, 실제로 이를 제기할 수 있는 경우는 극히 제한된다 하겠다. 그러나 즉시강제가 비교적 장기간에 걸치는 계속적인 성질의 것(강제격리 · 물건의 영치 등)일 때에는 행정쟁송으로 취소를 청구할 수 있다. 또한 즉시강제가 이미 종료된 경우에도 그 취소로 회복되는 법률상 이익이 있는 경우에는 즉시강제의 취소를 구하는 행정쟁송의 제기가 가능하다(행심 9①, 행송 12).

(2) **국가의 배상책임** 위법한 즉시강제로 인하여 재산상의 손해를 받은 자는 국가에 대하여 배상을 청구할 수 있다(국배 2). 위에서 본 바와 같이 즉시강제에 대하여 행정심판이나 항고소송을 제기할 수 있는 경우가 제한되기 때문에 국가에 대한 배상의 청구는 즉시강제에 대한 중요한 구제수단이 된다고 하겠다.

(3) **공법상 결과제거** 즉시강제로 위법한 상태가 야기된 경우에는 공법상 결과제거청구가 가능하다.[4]

(4) **인신보호법에 의한 구제**

㈎ **인신보호법(제정 2007.12.21. 시행일 2008.6.22.)의 제정** 위법한 행정처분 또는 사인(私人)에 의한 시설에의 수용으로 인하여 부당하게 인신의 자유를 제한당하고 있는 개인

여된 직무행위를 하는 공무원에게 항거하였다고 하여도 그 항거행위가 폭력을 수반하는 경우에 폭행죄 등의 죄책을 묻는 것은 별론으로 하고 공무집행방해죄로 다스릴 수 없다. 피고인이 교통단속 경찰관의 면허증제시에 응하지 않고 경찰관의 오만한 단속태도에 항의한다고 하여 피고인을 그 의사에 반하여 교통초소로 연행해 갈 권한은 없는 것이므로 그러한 강제연행에 항거하는 와중에서 경찰관의 멱살을 잡는 등 폭행을 가하였다 하여도 공무집행방해죄는 성립하지 않는다.

1) 홍정선(상), p.600.

2) 이상규(상), p.556.

3) 65 누 25(1965.5.31 대판)—행정상즉시강제 또는 행정대집행과 같은 사실행위는 그 실행이 완료된 이후에 있어서는 그 행위의 위법을 이유로 하는 손해배상 또는 원상회복의 청구를 하는 것은 몰라도 그 사실행위의 취소를 구하는 것은 권리보호의 이익이 없다.

4) 박균성(상), p.488.

의 구제절차를 마련함으로써 「헌법」이 보장하고 있는 국민의 기본권을 보호하는 것을 목적(동법 1)으로 하는 인신보호법이 제정되었다.[1]

(나) **연혁** 인신보호법은 영미법상 인신보호영장(the Writ of Habeas Corpus)제도를 연원으로 하고 있다.[2] 「the Writ of Habeas Corpus」는 구속된 자를 법정에 출두시키라고 명령(thou shall have the body brought into court)하는 것으로, 인신보호영장이라 한다.[3] 피구금자에 대하여 즉각적인 석방을 요구할 수 있는 길을 마련해 둔 것이 인신보호영장이다.[4] 우리 헌법 제12조 제 6 항 구속적부심사제도로 인신보호영장제도가 구현되었다.

(다) **인신보호구제청구의 요건** 피수용자에 대한 수용이 위법하게 개시되거나(시설에의 수용이 권한 없는 자에 의하여 행하여진 경우, 수용절차를 거치지 않고 행하여진 경우, 수용 자체가 범죄를 구성한 경우, 임의동행·임의출석한 자를 영장없이 수사관서에 억류하는 경우 등), 적법하게 수용된 후 그 사유가 소멸되었음에도 불구하고 계속 수용되어 있어야 한다(동법 3). 여기서 「피수용자」란 자유로운 의사에 반하여 국가, 지방자치단체, 공법인 또는 개인, 민간단체 등이 운영하는 의료시설·복지시설·수용시설·보호시설에 수용·보호 또는 감금되어 있는 자(동법 2①; 정신병원에 강제입원된 자·정박아·농아자 등)를 말하며, 「수용자」란 수용시설의 장 또는 운영자를 말한다(동법 2②). 다만, 형사절차에 따라 체포·구속된 자, 수형자 및 「출입국관리법」에 따라 보호된 자는 제외한다(동법 2① 단서). 다른 법률에 구제절차가 있는 경우에는 상당한 기간 내에 그 법률에 따른 구제받을 수 없음이 명백하여야 한다(동법 3 단서)는 보충성요건을 규정하고 있다. 구제청구의 보충성 규정은 행정쟁송과 같은 다른 구제절차와의 중복으로 인한 혼란을 없애고, 남소를 막아야 한다는 취지에서 규정된 것이지만,[5] 인신보호법의 실효성을 떨어뜨릴 수 있는 요소로 작용할 가능성이 크다.[6]

---

1) 여기서 「인신」이라는 단어는 통상 「신체」와 동의어로 사용되지만, 인신보호영장에 의한 보호의 객체는 신체 그 자체만이 아니라 「신체의 안전(bodily security)」 또는 「동작의 자유(freedom of locomotion)」도 포함하기 때문에 인신을 신체와 동의어로 보는 것은 부정확한 것이라는 지적도 있다(高柳賢三, "人身保護令狀", 人身保護法關係資料, 36면). 그러나 우리 판례는 동일한 개념으로 보고 있다(대법원 1995.6.30. 93 추 83 경상북도의회에서의증언·감정등에관한조례(안)무효확인청구의소).

2) Habeas는 have를 의미하고, Corpus는 body를 의미한다. Habeas Corpus는 you have the body인데, 즉시 신체(身柄)를 제출(出頭·出席)시키라는 의미를 갖고 있다.

3) A.W. Bradley and K.D. Ewing, Constitutional and administrative law, 14th. Longman, 2007, p.502; Colin Turpin, Adam Tomkins, British government and the constitution, Cambridge University Press, 2007. p.7; Federman, Cary, The Body and the State; Habeas Corpus and American Jurisprudence, State Univ of New York Pr, 2006, pp.1−20.

4) A.V. Dicey, Introduction to the study of the Law of the Constitution, Macmillan, 1952, p.219.

5) 법원행정처, 인신보호제도의 해설, 2008, 13면.

6) 인신보호법의 실효성 확보를 위해서는 다른 법률에 따른 구제절차를 먼저 거치게 하거나(필요적 전치주의), 서로 다른 구제절차를 선택하게 할 수 있지만(선택주의), 모든 인신구제청구는 인신보호법이 정하는 절차에 따르도록 하는 방향으로 개정되어야 할 것이다.

(라) 인신보호구제절차

(a) **구제청구자** 피수용자, 그 법정대리인·후견인·배우자·직계혈족·형제자매·동거인·고용주가 구제청구자가 된다(동법 3).

(b) **관할** 당해 피수용자 또는 수용시설의 주소, 거소 또는 현재지를 관할하는 지방법원 또는 지원으로 한다(동법 4).

(c) **청구사건의 심리** 법원은 구제청구에 대하여 이를 각하하는 경우를 제외하고 지체 없이 수용의 적법 여부 및 수용을 계속할 필요성 등에 대하여 심리를 개시하여야 한다(동법 8①). 수용자는 수용사유에 대한 답변서를 제출할 의무와 피수용자를 법정에 출석시킬 의무를 진다.[1]

(d) **수용의 임시해제** 법원은 수용을 계속하는 경우 발생할 것으로 예상되는 신체의 위해 등을 예방하기 위하여 긴급한 필요가 있다고 인정하는 때에는, 직권 또는 구제청구자의 신청에 따라 피수용자의 수용을 임시로 해제할 것을 결정할 수 있다(동법 9①). 임시해제의 사유는 수용을 계속할 경우 신체의 위해 등이 발생할 가능성과 긴급성이다.[2]

(e) **종국결정** 법원은 구제청구사건을 심리한 결과 그 청구가 이유가 있다고 인정되는 때에는 결정으로 피수용자의 수용을 즉시 해제할 것을 명하여야 한다(동법 13①). 구제청구가 이유 없다고 인정하는 때에는 이를 기각하여야 한다(동법 13②). 법원의 명령이 의무이행소송을 인정하는 것과 같은 결과를 낳기 때문에 헌법상 권력분립의 원칙에 반한다는 지적도 있지만,[3] 행정기관의 위법한 수용에 대한 사법적 통제에 해당되므로 적절하지 않다.

1) D. Clark, G. McCoy, The most fundamental legal right: habeas corpus in the Commonwealth, 2000, pp. 15−16; Ian Loveland, Constitutional law, Administrative law, and Human Rights, Oxford, 2006, p. 98.

2) 법원행정처, 앞의 책, 24면; 인신구제청구가 제기된 경우에는 인신보호법 제11조에 의한 신병보호결정을 할 수 있다.

3) 국회법제사법위원회, 인신보호법 제정에 관한 공청회(2005. 9. 15.), 9면.

제 4 절 行政調査

Ⅰ. 槪 念

1. 意 義

(1) 행정조사란 「행정기관이 정책을 결정하거나 직무를 수행하는 데 필요한 정보나 자료를 수집하기 위하여 현장조사·문서열람·시료채취 등을 하거나 조사대상자에게 보고요구·자료제출요구 및 출석·진술요구를 행하는 활동을 말한다.」(행정조사기본법 2). 즉 행정기관이 사인으로부터 행정상 필요한 자료나 정보를 수집하기 위하여 행하는 일체의 행정작용이다.[1)]

(2) 여기에서 행정기관이란 법령 및 조례·규칙(법령등)에 따라 행정권한이 있는 기관과 그 권한을 위임 또는 위탁받은 법인·단체 또는 그 기관이나 개인을 말한다. 행정기관은 적정하고 효과적인 행정수행을 위하여 각종 자료의 수집을 위한 조사를 하는데, 법령 등에서 행정 조사를 규정하고 있는 경우에 한하여 행정조사를 실시할 수 있다(동법 5).

(3) 종래에는 조사목적으로 영업소 등에의 출입 등 행정작용을 위한 자료수집활동을 행정상 즉시강제에 포함시켜 다루어 왔다. 그러나 2007.5.17. 행정조사기본법이 제정되어 같은해 8.18.부터 시행됨으로 행정조사의 독자성을 갖게 되었다.[2)]

2. 行政上卽時強制와의 구별

행정조사는 그 자체가 행정상 필요한 구체적인 결과를 실현시키는 것이 아니고 행정작용(조세부과 등)에 필요한 자료의 수집을 위하여 행하여지는 준비적·보조적 수단인 성질을 가진다.[3)] 반면 즉시강제는 실력을 가하여 행정상 필요한

1) 김영조, "행정조사에 관한 연구", 경희대 박사학위논문(1998), p.2.

2) 정책수립 등을 위하여 지금까지 행정기관이 실시하여 온 행정조사는 조사요건이 포괄적으로 되어 있고, 절차규정이 미흡하며, 조사활동에 대한 통제장치가 제대로 마련되어 있지 아니하여 조사의 투명성과 예측가능성이 낮아 조사대상이 되는 기업 등에게 적지 아니한 부담을 주어 왔다는 지적에 따라 행정조사에 관한 원칙·방법 및 절차 등에 관한 기본적인 사항을 정함으로써 절차적 정의를 실현하는 한편, 행정조사의 공정성·투명성 및 효율성을 확보함으로써 행정조사의 대상이 되는 기업 등에게 행정조사에 대한 부담을 덜어주고 국민의 권익을 보호하려는 취지에서 제정된 것이다.

3) 「출입」·「검사」는 행정활동의 기초가 되는 자료의 수집을 목적으로 하며, 따라서 행정조사에 해당하나, 그것이 구체적 행정목적의 실현을 위한 것인 때에는 즉시강제에 해당한다. 예컨대 경찰관직무집행법에 의한 「위험방지를 위한 출입」이 여기에 해당한다(동법 6).

구체적인 결과를 실현한다. 행정조사는 권력적 조사외에 비권력적 조사도 있으나, 즉시강제는 권력적 작용만을 내용으로 한다.

Ⅱ. 根 據

1. 理論的 根據

행정조사는 법률에 의한 수권이 있을 때에만 가능한가의 문제이다. 행정조사는 좁은 의미에서는 벌칙이 따르는 수인의무를 부담하는 강제조사이기 때문에 법률에 의한 수권을 요한다. 그러나 넓은 의미에서는 조사의 상대방이 조사를 수인할 의무가 없는 임의조사를 포함하며 임의조사는 법률의 수권 없이도 행할 수 있다고 할 것이다. 또한 모든 행정행위에는 대개가 행정조사가 선행하며 그것에 강제적인 요소가 없는 한, 행정행위의 근거법률에 임의적인 조사권한도 당연히 포함되어 있는 것으로도 볼 수 있을 것이다.

2. 實定法的 根據

(1) 행정조사의 일반법으로는 행정조사기본법이 있다. 동법은 행정조사에 관한 기본원칙·행정조사의 방법 및 절차 등에 관한 공통적인 사항을 규정함으로써 행정의 공정성·투명성 및 효율성을 높이고, 국민의 권익을 보호함을 목적으로 제정되었다(동법 1). 행정기관은 법령등에서 행정조사를 규정하고 있는 경우에 한하여 행정조사를 실시할 수 있다. 다만, 조사대상자의 자발적인 협조를 얻어 실시하는 행정조사의 경우에는 법령의 근거가 없어도 가능하다(동법 5).

(2) 개별적 행정조사에 대한 근거법으로는 식품위생법(29·67—보고를 받는 것), 토지 등의 취득 및 보상법(9 등—출입조사), 약사법(보고명령, 출입·검사·질문—69) 등 많은 법률이 있다. 그리고 임의조사는 작용법적 근거는 요하지 아니하나, 조직법적 권한의 범위 안에서 행하여야 할 것이다.

Ⅲ. 種 類

행정조사는 그 목적을 효과적으로 달성하기 위하여 여러 가지 방법으로 행하여진다. 기본적인 것만 들어 보면 다음과 같다.

1. 強制調査와 任意調査(수단에 의한 구분)

(1) 강제조사　상대방이 따르지 아니한 경우에 벌칙의 적용을 받게 되는 행정조사이다. 즉, 강제력이 벌칙규정에 의하여 간접적으로 담보되어 있는 행정조사이다. 좁은 의미에서는 강제조사만을 행정조사라 한다.

(2) 임의조사　상대방의 임의적인 협력에 의하여 행하거나 행정청 단독으로 행하는 행정조사이다. 오늘날은 많은 행정조사가 이 방법에 의하여 행하여진다. 정부가 추진하는 부동산소유현황전산화 · 주민등록자료전산화 등 전산화사업 등이 그 예이다.

2. 個別的 調査와 一般的 調査(목적에 따른 구분)

(1) 개별적 조사　법률이 정하는 개별적 · 구체적 목적을 위한 자료의 수집활동이다. 예컨대 식품위생법이 식품영업의 실태를 파악하기 위하여 영업자로 하여금 식품의 생산실적 등을 보고하게 한 것(동법 29), 토지 등의 취득 및 보상법이 사업의 준비를 위하여 토지 등에 출입하여 조사할 수 있게 한 것(동법 9), 소방기본법이 화재예방 활동의 하나로 관계지역에 출입하여 관계자에게 질문 등을 하게 한 것(동법 12) 등이다. 오늘날은 컴퓨터 기술의 발달로 이와 같은 개별적인 정보를 결합하면 새로운 정보를 창출할 수도 있게 되었다.[1]

(2) 일반적 조사　일반적인 정책입안의 자료를 수집하기 위한 행정조사이다. 어떤 구체적인 행정목적을 달성하기 위하여 조사를 행하는 것이 아닌 점에서 개별적 조사와 다르다. 개별적조사에 비하여 국민의 권리 의무에 미치는 영향이 크다고 하겠다.

3. 對人的 調査 · 對物的 調査 · 對家宅調査(대상에 따른 처분)

(1) 대인적 조사　사람에 대한 조사이며, 질문 등이 그 예이다.

(2) 대물적 조사　물건에 대한 조사를 말하며, 장부나 물건의 검사, 토지에의 출입 · 조사 등이 그 예이다.

(3) 대가택조사　주거 기타의 가택에 대한 조사를 말하며 가택에의 출입 · 조사 등이 그 예이다.

1) 예컨대 개인에 대한 개별적 정보를 결합하면 그 사람의 신용상태를 파악할 수 있게 된다.

Ⅳ. 行政調査의 방법

1. 出席·陳述 요구

행정기관의 장이 조사대상자의 출석·진술을 요구하는 때에는 다음 각 호(1. 일시와 장소, 2. 출석요구의 취지, 3. 출석하여 진술하여야 하는 내용, 4. 제출자료, 5. 출석거부에 대한 제재(근거 법령 및 조항 포함), 6. 그 밖에 당해 행정조사와 관련하여 필요한 사항)의 사항이 기재된 출석요구서를 발송하여야 한다(동법 9①).

조사대상자는 지정된 출석일시에 출석하는 경우 업무 또는 생활에 지장이 있는 때에는 행정기관의 장에게 출석일시를 변경하여 줄 것을 신청할 수 있으며, 변경신청을 받은 행정기관의 장은 행정조사의 목적을 달성할 수 있는 범위 안에서 출석일시를 변경할 수 있다(동법 9②). 출석한 조사대상자가 제 1 항에 따른 출석요구서에 기재된 내용을 이행하지 아니하여 행정조사의 목적을 달성할 수 없는 경우를 제외하고는 조사원은 조사대상자의 1회 출석으로 당해 조사를 종결하여야 한다(동법 9③).

2. 報告要求와 資料提出의 요구

행정기관의 장은 조사대상자에게 조사사항에 대하여 보고를 요구하는 때에는 다음 각 호(1. 일시와 장소, 2. 조사의 목적과 범위, 3. 보고하여야 하는 내용, 4. 보고거부에 대한 제재(근거 법령 및 조항 포함), 5. 그 밖에 당해 행정조사와 관련하여 필요한 사항)의 사항이 포함된 보고요구서를 발송하여야 한다(동법 10①).

행정기관의 장은 조사대상자에게 장부·서류나 그 밖의 자료를 제출하도록 요구하는 때에는 다음 각 호(1. 제출기간, 2. 제출요청사유, 3. 제출서류, 4. 제출서류의 반환 여부, 5. 제출거부에 대한 제재(근거 법령 및 조항 포함), 6. 그 밖에 당해 행정조사와 관련하여 필요한 사항)의 사항이 기재된 자료제출요구서를 발송하여야 한다(동법 10②).

3. 現場調査

조사원이 가택·사무실 또는 사업장 등에 출입하여 현장조사를 실시하는 경우에는 행정기관의 장은 다음 각 호(1. 조사목적, 2. 조사기간과 장소, 3. 조사원의 성명과 직위, 4. 조사범위와 내용, 5. 제출자료, 6. 조사거부에 대한 제재(근거 법령 및 조항 포함), 7. 그 밖에 당해 행정조사와 관련하여 필요한 사항)의 사항이 기재된 현장출입조사서 또는 법령 등에서 현장조사시 제시하도록 규정하고 있는 문서를 조사대상자에게 발송하여야 한다(동법 11①).

현장조사는 해가 뜨기 전이나 해가 진 뒤에는 할 수 없다. 다만, 조사대상자가 동의하거나 사무실 또는 사업장 등의 업무시간에 행정조사를 실시하는 경우 등은 그러하지 아니하다(동법 11②). 현장조사를 하는 조사원은 그 권한을 나타내는 증표를 지니고 이를 조사대상자에게 내보여야 한다(동법 11③).

4. 試料採取

조사원이 조사목적의 달성을 위하여 시료채취를 하는 경우에는 그 시료의 소유자 및 관리자의 정상적인 경제활동을 방해하지 아니하는 범위 안에서 최소한도로 하여야 한다(동법 12①). 행정기관의 장은 제 1 항에 따른 시료채취로 조사대상자에게 손실을 입힌 때에는 대통령령으로 정하는 절차와 방법에 따라 그 손실을 보상하여야 한다(동법 12②).

5. 資料 등의 領置

조사원이 현장조사중에 자료 · 서류 · 물건 등(자료등)을 영치하는 때에는 조사대상자 또는 그 대리인을 입회시켜야 한다(동법 13①). 조사원이 제 1 항에 따라 자료 등을 영치하는 경우에 조사대상자의 생활이나 영업이 사실상 불가능하게 될 우려가 있는 때에는 조사원은 자료 등을 사진으로 촬영하거나 사본을 작성하는 등의 방법으로 영치에 갈음할 수 있다. 다만, 증거인멸의 우려가 있는 자료 등을 영치하는 경우에는 그러하지 아니하다(동법 13②). 조사원이 영치를 완료한 때에는 영치조서 2부를 작성하여 입회인과 함께 서명날인하고 그중 1부를 입회인에게 교부하여야 한다(동법 13③). 행정기관의 장은 영치한 자료 등이 행정조사와 관련이 없다고 인정되는 경우 또는 행정조사 목적의 달성 등으로 자료 등에 대한 영치의 필요성이 없게 되는 경우에는 이를 즉시 반환하여야 한다(동법 13④).

6. 共同調査

행정기관의 장은 다음 각 호의 어느 하나에 해당하는 행정조사를 하는 경우에는 공동조사를 하여야 한다(동법 14①). ① 당해 행정기관 내의 2 이상의 부서가 동일하거나 유사한 업무분야에 대하여 동일한 조사대상자에게 행정조사를 실시하는 경우 ② 서로 다른 행정기관이 대통령령으로 정하는 분야에 대하여 동일한 조사대상자에게 행정조사를 실시하는 경우

제 1 항 각 호에 따른 사항에 대하여 행정조사의 사전통지를 받은 조사대상자는 관계 행정기관의 장에게 공동조사를 실시하여 줄 것을 신청할 수 있다. 이 경우 조사대상자는 신청인의 성명 · 조사일시 · 신청이유 등이 기재된 공동조사신청서를 관계 행정기관의 장에게 제출하여야 한다(동법 14②). 공동조사를 요청받은 행정기관의 장은 이에 응하여야 한다(동법 14③). 국무총리실장은 행정기관의 장이 제 6 조에 따라 제출한 행정조사운영계획의 내용을 검토한 후 관계 부처의 장에게

공동조사의 실시를 요청할 수 있다(동법 14④).

7. 重複調査의 制限

제 7 조에 따라 정기조사 또는 수시조사를 실시한 행정기관의 장은 동일한 사안에 대하여 동일한 조사대상자를 재조사하여서는 아니 된다. 다만, 당해 행정기관이 이미 조사를 받은 조사대상자에 대하여 위법행위가 의심되는 새로운 증거를 확보한 경우에는 그러하지 아니하다(동법 15①). 행정조사를 실시할 행정기관의 장은 행정조사를 실시하기 전에 다른 행정기관에서 동일한 조사대상자에게 동일하거나 유사한 사안에 대하여 행정조사를 실시하였는지 여부를 확인할 수 있다(동법 15②). 행정조사를 실시할 행정기관의 장이 제 2 항에 따른 사실을 확인하기 위하여 행정조사의 결과에 대한 자료를 요청하는 경우 요청받은 행정기관의 장은 특별한 사유가 없는 한 관련 자료를 제공하여야 한다(동법 15③).

8. 自律申告制度

행정기관의 장은 법령 등에서 규정하고 있는 조사사항을 조사대상자로 하여금 스스로 신고하도록 하는 제도를 운영할 수 있다(동법 25①). 행정기관의 장은 조사대상자가 제 1 항에 따라 신고한 내용이 거짓의 신고라고 인정할 만한 근거가 있거나 신고내용을 신뢰할 수 없는 경우를 제외하고는 그 신고내용을 행정조사에 갈음할 수 있다(동법 25②).

9. 情報通信手段을 통한 行政調査

행정기관의 장은 인터넷 등 정보통신망을 통하여 조사대상자로 하여금 자료의 제출 등을 하게 할 수 있다(동법 28①). 행정기관의 장은 정보통신망을 통하여 자료의 제출 등을 받은 경우에는 조사대상자의 신상이나 사업비밀 등이 유출되지 아니하도록 제도적 · 기술적 보안조치를 강구하여야 한다(동법 28②).[1)]

---

1) ① 정보기술(Information Technology)의 발달로 민간과 정부 간의 정보유통이 가속화되고, 기업 등에 대한 감시체계가 고도화되어 규제의 준수에 대한 기업의 의식이 높아지고 있으나, 행정기관 주도로 이루어지고 있는 행정조사의 관행은 조사대상자가 스스로 행정조사에 관한 사항 등을 신고할 수 있는 환경의 조성을 저해할 수 있는 문제점이 있고, ② 조사대상자가 조사내용을 스스로 신고하도록 하고, 신고한 조사내용에 대하여는 행정조사에 갈음할 수 있도록 하는 자율신고제도 등을 도입하며, 성실한 자율신고자에게는 행정조사를 감면해 주는 등 동기를 부여할 수 있도록 하고, ③ 정보화 등 시대적 환경변화에 맞추어 행정조사 운영체계를 개편함으로써 국민이 참여하는 행정을 구현하고, 행정조사사항에 대한 자발적인 신고 등을 통하여 조사대상자의 자율성을 신장하며, 행정조사 대상자의 부담이 경감될 것으로 기대된다.

V. 行政調査의 限界

1. 實體法的 限界

(1) 법령상의 한계　행정조사는 조사목적을 달성하는 데 필요한 최소한의 범위 안에서 실시하여야 하며, 다른 목적 등을 위하여 조사권을 남용하여서는 아니 된다(동법 4①).

행정기관은 조사목적에 적합하도록 조사대상자를 선정하여 행정조사를 실시하여야 한다(동법 4②). 행정기관은 유사하거나 동일한 사안에 대하여는 공동조사 등을 실시함으로써 행정조사가 중복되지 아니하도록 하여야 한다(동법 4③). 행정조사는 법령 등의 위반에 대한 처벌보다는 법령 등을 준수하도록 유도하는 데 중점을 두어야 한다(동법 4④). 다른 법률에 따르지 아니하고는 행정조사의 대상자 또는 행정조사의 내용을 공표하거나 직무상 알게 된 비밀을 누설하여서는 아니 된다(동법 4⑤). 행정기관은 행정조사를 통하여 알게 된 정보를 다른 법률에 따라 내부에서 이용하거나 다른 기관에 제공하는 경우를 제외하고는 원래의 조사목적 이외의 용도로 이용하거나 타인에게 제공하여서는 아니 된다(동법 4⑥).

(2) 법의 일반원칙상의 한계

(가) 목적적합성　당해 행정조사를 필요로 하는 행정목적의 범위 안에서 허용되는 것인데,[1] 당해 행정조사와 직접 관계가 없는 행정목적을 위한 수단으로 활용하여서는 아니된다.[2]

(나) 보충성　행정조사, 특히 강제조사는 당해 행정조사를 통하여 확보하고자 하는 자료 내지 정보를 임의적 방법 등 다른 방법에 의하여서는 효과적으로 수집하기 어렵다고 인정되는 경우에 한하여 보충적으로만 행하여져야 한다.

1) [노동조합에 대하여 조사를 위한 자료제출요구를 한 경우노동조합이 이에 응할 의무가 있는지] 노동조합법 제30조, 같은법시행령 제 9 조의2에 의하면 행정관청은 당해 노동조합에 대하여 진정 등이 있는 경우와 분규가 야기된 경우뿐만 아니라 노동조합의 회계, 경리상태나 기타 운영에 대하여 지도할 필요가 있는 경우에도 노동조합의 경리상황 기타 관계서류를 제출하게 하여 조사할 수 있도록 규정되어 있으므로, 행정기관이 그와 같은 업무지도의 필요성이 있다고 판단되면 관계서류 등의 제출을 요구하여 조사할 수 있다고 하여야 할 것이고, 설사 노동조합의 회계, 경리상태나 기타 운영에 대하여 지도할 필요가 있는 경우에 해당되지 않는다고 하더라도 행정관청이 그와 같이 판단하여 조사하기로 한 이상 노동조합은 이에 응할 의무가 있다고 할 것이다(대법원 1992.4.10. 91 도 3044 업무방해, 출판물에의한명예훼손, 노동조합법위반).

2) [군 정보기관이 법령상의 직무범위를 벗어나 민간인에 관한 정보를 비밀리에 수집·관리한 경우] 구 국군보안사령부가 군과 관련된 첩보 수집, 특정한 군사법원 관할 범죄의 수사 등 법령에 규정된 직무범위를 벗어나 민간인들을 대상으로 평소의 동향을 감시·파악할 목적으로 지속적으로 개인의 집회·결사에 관한 활동이나 사생활에 관한 정보를 미행, 망원 활용, 탐문채집 등의 방법으로 비밀리에 수집·관리한 경우, 이는 헌법에 의하여 보장된 기본권을 침해한 것으로서 불법행위를 구성한다(대법원 1998.7.24. 96 다 42789 손해배상(기)).

(다) 비례성 당해 행정목적 달성의 필요와 비례하여야 함은 물론 필요한 최소한도에 그쳐야 한다.

2. 節次法的 限界

(1) **사전절차** 행정기관이 출석·자료제출 등을 요구하거나 현장조사를 하는 경우, 조사의 사유·대상·내용 등을 사전에 통지하지 아니하여 자의적인 행정조사가 이루어질 수 있으므로, 행정조사의 대상자에게 조사내용 등을 미리 통지하게 함으로써, 행정조사의 투명성과 예측가능성을 높이고 조사대상자의 협력을 유도할 수 있어 행정조사의 효율성이 제고될 것을 목적으로 규정하고 있다.

행정조사를 실시하고자 하는 행정기관의 장은 제9조에 따른 출석요구서, 제10조에 따른 보고요구서·자료제출요구서 및 제11조에 따른 현장출입조사서(출석요구서 등)를 조사개시 7일 전까지 조사대상자에게 서면으로 통지하여야 한다. 다만, 다음 각 호(1. 행정조사를 실시하기 전에 관련 사항을 미리 통지하는 때에는 증거인멸 등으로 행정조사의 목적을 달성할 수 없다고 판단되는 경우, 2. 「통계법」 제 3 조제 2 호에 따른 지정통계의 작성을 위하여 조사하는 경우, 3. 제 5 조 단서에 따라 조사대상자의 자발적인 협조를 얻어 실시하는 행정조사의 경우)의 어느 하나에 해당하는 경우에는 행정조사의 개시와 동시에 출석요구서 등을 조사대상자에게 제시하거나 행정조사의 목적 등을 조사대상자에게 구두로 통지할 수 있다(동법 17①). 행정기관의 장이 출석요구서등을 조사대상자에게 발송하는 경우 출석요구서 등의 내용이 외부에 공개되지 아니하도록 필요한 조치를 하여야 한다(동법 17②). 국세기본법에서는 세무조사의 사전통지를 규정하고 있다. 즉 세무공무원은 국세에 관한 조사를 위하여 당해 장부·서류 기타 물건 등을 조사하는 경우에는 조사를 받을 납세자(납세자가 제82조의 규정에 의하여 납세관리인을 정하여 관할세무서장에게 신고한 경우에는 납세관리인을 말한다.)에게 조사개시 10일 전에 조사대상 세목, 조사기간 및 조사사유 기타 대통령령이 정하는 사항을 통지하여야 한다. 다만, 범칙사건에 대한 조사 또는 사전통지의 경우 증거인멸 등으로 조사목적을 달성할 수 없다고 인정되는 경우에는 그러하지 아니하다(국세기본법 87의 7).

(2) **사전통지에 대한 의견제출** 조사대상자는 제17조에 따른 사전통지의 내용에 대하여 행정기관의 장에게 의견을 제출할 수 있다(행정조사기본법 21①). 행정기관의 장은 제 1 항에 따라 조사대상자가 제출한 의견이 상당한 이유가 있다고 인정하는 경우에는 이를 행정조사에 반영하여야 한다(동법 21②).

(3) **증표의 제시** 대개의 경우 증표제시의무를 규정하여, 행정조사를 행하는 관계공무원은 그 권한을 표시하는 증표를 지니고 이를 관계인에게 내보이도록 하였다(소방기본 30②, 식품위생 17③). 그러한 규정이 없는 경우에도 증표제시의무가 있다고 할 것이다.

(4) 기본권과의 관계

㈎ 행정조사와 영장주의 헌법 제16조는 주거의 수색이나 물건의 압수에 대하여 법관의 영장을 요하게 하였는바, 행정조사를 위한 출입·검사에 있어서도 법관의 영장을 요하는지가 문제된다. 행정상 즉시강제의 경우와 같이 적극·소극 및 절충의 견해의 대립이 있겠으나, 행정상 즉시강제의 경우와 같이 절충설이 타당하다고 본다. 그리하여 영장주의는 행정조사권의 발동에도 동일하게 적용되어야 하나, 다만 행정조사의 특성을 무시할 수 없는 것이므로, 행정조사 중에서 행정목적달성에 불가피하다고 인정할 만한 합리적인 이유가 있는 특수한 경우에 한하여, 영장주의의 적용을 받지 아니하는 강제조치를 인정할 수밖에 없다고 할 것이다. 다만 영장주의의 적용을 받지 아니한 경우에도 영장주의 취지는 충분히 존중되어야 할 것이다(약사 71②, 식품위생 17·56④).

㈏ 행정조사와 진술거부권 헌법 제12조는 「누구든지 … 형사상 자기에게 불리한 진술을 강요당하지 아니한다」고 규정하고 있는바, 이는 순수한 형사절차에 있어서의 진술거부권을 인정한 것이므로 행정조사를 위한 질문에는 적용되지 아니한다고 할 것이다. 다만, 진술거부권은 순수한 형사절차에 있어서만이 아니고 실질적으로 형사책임추급을 위한 자료의 수집을 위한 절차에서도 타당하다 할 것이므로, 질문이 행정조사와 형사책임추급의 양 목적으로 행사되는 경우는 진술을 거부할 수 있다고 할 것이다.

㈐ 행정조사와 그 밖의 기본권 ① 행정조사가 사인의 생활의 일상성을 현저히 침해하는 것인 때에는 헌법 제10조가 보장한 행복추구권을 침해하게 될 것이다. ② 행정조사가 상대방의 영업수행의 일상성을 현저히 침해하거나, 영업상의 비밀을 침해하거나, 그 거래선으로부터의 신용을 현저히 손상시키는 결과를 가져올 때 등에는 헌법 제15조가 보장한 직업선택의 자유 내지는 영업의 자유를 침해하게 될 것이다. ③ 행정조사의 실시가 필요한 범위를 넘어 상대방의 재산조사에까지 미친 때에는 사유재산의 비밀을 침해한 것으로 헌법 제23조가 보장한 사유재산권을 침해하게 될 것이다. ④ 또한 행정조사의 실시가 필요한 범위를 넘어 상대방 또는 그 밖의 자의 사생활의 비밀을 조사하는 결과가 된 때에는 헌법 제17조가 보장한 사생활의 비밀과 자유를 침해하게 될 것이다.

Ⅵ. 違法한 行政調査와 行政行爲

행정조사가 행정행위에 선행되는 경우, 행정조사에 위법이 있게 되면 그것이 행정행위의 위법을 구성하는지의 여부가 문제된다. 고지나 청문과 같은 행정절차가 행정행위를 적법하게 행하기 위한 요건으로 법률상 요구되어 있는 경우와는 달리, 행정조사는 법령에서 특히 행정행위의 전제요건으로 규정하고 있는 경우를 제외하고는 일응 별개의 제도로 볼 수 있을 것이다. 이 경우에는 조사의 위법이 바로 행정행위를 위법하게 만들지는 않는다고 할 것이다. 다만, 행정조사에 의하여 수집된 정보 자체가 정당한 것이 아닌 때에는 그것에 기초를 두고 행하여진 행정행위는 사실의 기초에 흠이 있는 행정행위가 되지 않을 수 없을 것이다.

Ⅶ. 行政調査로 얻은 資料의 管理·利用

1. 정보공개

정보공개는, 행정조사에 의하여 얻어진 정보는 국민의 것이라는 기본인식에 바탕을 둔다. 정보공개는 두 가지 측면에서 요청된다. ① 행정절차의 상대방이나 이해관계인이 행정절차에 참가하는 경우에 예비지식을 얻기 위하여 필요하다고 할 것이다. 이러한 입장에서의 정보공개는 행정법차원의 문제라 할 것이다. ② 국민의 기본권의 하나로서의 「알 권리」(right to know)를 실현하는 제도로서 요청된다. 이러한 입장에서는 정보공개는 헌법차원의 문제라 할 것이다.[1)]

2. 사생활비밀의 보호

오늘날 행정조사에 의하여 얻어지는 행정정보 중에서 개인정보는 국민을 대상으로 하는 행정서비스의 확대 등에 따라 급격히 증가하고 있으며, 그것의 이용영역도 넓어지고 있다. 한편으로 행정의 효율화, 질적 향상을 위하여서는 개인정보를 포함한 행정정보의 상호리용의 확대 등 정보처리의 고도화가 요청된다고 할 것이나, 다른 한편으로 그에 따라 개인정보의 결합·집중화, 수집목적 외의 사용, 정보의 부당한 유통 등으로 인한 사생활의 비밀의 침해우려가 증대되고 있다. 우리나라에서는 「공공기관의 개인정보 보호에 관한 법률」이 제정되어

1) 이 사건에서 피고가 행한 세무조사는 과세처분을 위한 세무조사로서, 이는 행정조사의 일종으로 오직 조세의 공평확실한 부과징수를 목적으로 하는 절차라고 할 것인데 그것이 언론사에 대한 것인 점에서 그 공개로 인하여 공익에 보탬이 될 사회적 영역이 포함되어 있음을 부인할 수 없으나, 납세자 및 그와 거래한 일반 제 3 자의 정보로서 이러한 정보가 공개되면 경쟁 언론사에 대한 영업비밀의 노출, 취재원 확보를 위한 전략의 노출 등이 드러날 수밖에 없으므로 이는 납세자의 비밀, 조세비밀에 속하는 사항으로서 법인이 사생활에 속하는 사항, 또는 법인의 영업에 속하는 정보로서 그 대부분이 개인영역에 속하는 정보라고 보지 아니할 수 없다(서울고법 1995.8.24. 94 구 39262 정보공개청구거부처분취소).

1998년 1월 1일부터 시행되었다.[1)]

3. 기업비밀의 보호

행정조사의 경우에는 조사목적에 따라서는 기업비밀에 속하는 사항에까지 조사가 미칠 수도 있을 것이다. 예컨대 공해행정상의 출입검사는 그 성질상 제조공정이나 사용원재료에까지 미칠 수도 있으며, 그것이 비록 기업비밀에 속한다고 하더라도 공해방지와 관련되는 한 검사를 거부할 수는 없을 것이다. 다만, 그러한 기업비밀을 알게 된 행정주체는 직무상 비밀을 누설하여서는 아니되는 의무를 부담하지만, 그러한 비밀사항이 공해발생의 중요한 원인이 되는 경우에는 직무상 비밀보호의무와 관련하여 미묘한 문제가 생긴다.

Ⅷ. 行政調査에 대한 救濟

1. 適法한 行政調査에 대한 救濟

적법한 행정조사로 재산상의 손실을 받은 자는 그것이 사회적 제약을 넘은 「특별한 희생」에 해당되는 때에는 관계법률에서 손실보상을 행하도록 정하여야 하며(헌 23③), 손실을 받은 자는 이에 따라 보상을 청구할 수 있다. 토지수용을 위한 출입조사에 대한 보상이 그 예이다(구 토지수용 9 · 12 · 54). 그러나 검사를 위한 식품 등의 수거와 같이 손실이 경미하여 「특별한 희생」으로 볼 수 없는 경우에는 보상을 하지 아니한다(식품위생 17 등).

2. 違法한 行政調査에 대한 救濟

(1) **행정심판 · 행정소송** 행정조사는 사실행위이지만 행정심판과 행정소송의 대상이 된다. 다만, 즉시강제의 경우와 같이 행정조사는 단기간의 침해로 행위가 종료되는 일이 많으며, 그 경우에는 원상회복이나 손해배상을 청구하는 외에는 행정심판이나 행정소송으로 행정조사의 취소를 청구할 법률상이익이 없게 된다. 따라서, 행정조사가 비교적 장기간에 걸치는 계속적인 성질의 것인 경우에만 행정쟁송을 청구할 수 있게 된다. 또한 행정조사가 이미 종료된 경우에도 그 취소로 회복되는 법률상이익이 있는 경우에는 행정조사의 취소를 구하는 행정쟁송의 제기가 가능하다(행심 9①, 행송 12).

(2) **국가의 배상책임** 위법한 행정조사로 인하여 재산상의 손해를 받은

1) 송상현, 컴퓨터안전과 프라이버시보호에 관한 연구, 연구보고서(한국과학재단) 참조.

자(예컨대 사생활비밀침해, 기업비밀침해, 영업방해, 신용상실 등으로 손해를 받은 자)는 국가에 대하여 배상을 청구할 수 있다(국배 2). 위에서 본 바와 같이 행정조사에 대하여 행정쟁송으로 취소를 구할 수 있는 경우가 제한되기 때문에 국가에 대한 배상의 청구가 중요한 구제수단이 된다고 하겠다.

제 3 장 行 政 罰

제 1 절 概 說

Ⅰ. 意 義

(1) **행정벌의 개념** 행정벌(Verwaltungsstrafe)이란 행정법상의 의무위반 행위(행정목적상의 명령·금지위반)에 대하여, 일반통치권에 의거하여, 일반사인에게 제재로서 과하는 처벌을 말하며, 행정벌이 과하여질 의무위반을 형사범과 구별하여 행정범(Verwaltungsdelikt)이라 한다. 행정법상의 의무를 지는 자가 그 의무를 불리행하거나 의무를 위반한 경우에 그 확보를 위하여 두 가지 권력적 수단이 강구되어 있는바, 그 하나는 의무이행을 강제하는 행정강제이고, 다른 하나는 의무위반에 대한 제재인 행정벌이다.

(2) **문제점** ① 행정벌은 행정법상의 의무확보수단으로서는 여러 가지 문제성을 지니고 있다. 예컨대 행정벌의 경우에 본래의 의무를 명하는 기관은 각 주무행정기관인 데 대하여, 행정벌을 과하는 기관은 사법경찰관·검사 및 법원으로 되어 있기 때문에 행정법상의 의무실현이 행정청의 손을 떠나서 제 3 기관에 맡겨진 결과가 되어, 행정적 판단을 관철시키는 것을 어렵게 하고 있다. 그리하여 의무위반이 있어도 그것이 확인되어 처벌되는 일은 오히려 예외적이며, 대부분의 경우에는 사건화되지 않는 것이 현실이라 하겠다. 이는 바로 행정벌이 의무확보수단으로서의 제기능을 다하지 못하고 있다는 것이며, 국민간에 균형을 잃게 하고 국민의 준법정신을 흐리게 하는 요인이 된다.

② 그렇다고 하여 행정형벌을 주된 수단으로 하고 있는 현행 행정법규상의 벌칙을 전제로 하는 한, 의무위반이 있는 경우에 그에 대한 벌칙이 빠짐없이 적용되는 것은 바람직스러운 일은 되지 못한다고 할 것이다. 그것은 오늘날과 같이 질·양 양면에서 행정법규에 의한 규율대상이 확대된 시대에 있어서는 행정법규상의 벌칙이 빠짐없이 적용된다면 대부분의 국민이 형사벌의 전과자가 될 우려조차 있기 때문이다.

Ⅱ. 性質(다른 罰과의 구별)

1. 懲戒罰과의 구별

행정법규의 실효성을 확보하기 위하여 일반통치권에 의거하여 일반사인에게 과하는 제재인 점에서, 공법상 특별권력관계의 내부질서를 유지하기 위하여 특별권력에 의거하여 특별권력관계 복종자에게 과하는 제재인 징계벌과는 다르다. 물론 특별권력관계의 질서를 문란하게 하는 행위가 동시에 반사회성을 띠어, 징계벌의 대상이 됨과 아울러 행정벌의 대상이 되는 경우도 있다(예: 공무원이 직무상 비밀을 누설하는 행위). 그러나 이 경우에도 양자는 목적·대상·처벌을 과하는 권력적 기초가 다르기 때문에 일사부재리(헌 13)의 원칙이 적용되지 않고 병과과 가능하며, 종전에는 인정되던 형사소추우선의 원칙은 현행법상으로는 채택되지 않고 있다(국공 83).

2. 行政上強制執行(특히 이행강제금)과의 구별

행정벌은 과거의 행정법상의 의무위반에 대하여 과하는 제재인데, 이행강제금은 행정법상의 의무의 불이행이 있는 경우에 장래에 있어서 그 이행을 강제하기 위한 행정상강제집행수단의 1종인 점에서 서로 다르다.

3. 刑事罰과의 구별

행정벌과 형사벌의 구별 내지는 그 각각의 과벌대상인 행정범과 형사범이 구별될 수 있는가에 대하여는 견해가 갈린다.

그 구별기준에 대하여, ① 피침해이익의 성질을 표준으로 하는 견해(「골드 슈미트」(J. Goldschmidt)는 형사범은 법규침해를 형식적 요소로 하고 법익침해를 실질적 요소로 하는데 대하여, 행정범은 「행정의사에 반하는 일정한 위반행위」라는 형식적 요소만을 가진다고 한다.), ② 피침해규범의 성질을 표준으로 하는 견해(「마이어」(M.E. Mayer)는 문화규범설을 기초로 형사범은 법규범 및 문화규범에 위반한 것이며, 행정범은 법규범에만 위반한 것이라고 한다.), ③ 윤리를 표준으로 하는 견해(「뢰더」(Röder)는 형사범은 실정법 이전에 민족의 법감정에 의하여 이미 벌하여야 할 것으로 되어 있는 것이고, 행정범은 공동체의 내면적·윤리적 확신에 의하여서가 아니고 입법자의 의사에 의하여 정하여진 규범에의 위반이라고 한다.), ④ 생활질서의 차이를 표준으로 하는 견해(국가적·사회적 생활에 있어서는 그 기본적 생활질서(근대시민사회의 기본적 생활구조를 규제하는 질서)를 위반한 것이 형사범, 기본적 생활질서와 관련은 되지만 기본적 생활구조와 직접 결합되지 않은 파생적 생활질서(시민사회로부터 일응 차단된 외곽적 생활질서)를 위반한 것이 행정범이라 한다.)가 있다.

우리는 양자가 모두 국가의 구체적인 법질서(법규범)에 대한 위반이라는 점에서 공통성을 갖는다는 것을 인정하면서도 양자간의 실질적 차이를 고찰하여야 할 것이다. 따라서 양자의 구별기준에 대한 견해들은 모두가 그 나름대로의 타당성을 가지고 있다고 할 것이나, 양자의 구별은 지금까지의 우리 통설에서와 같이 윤리·도의와의 관계에서 구하는 것이 타당하다 할 것이다. 양자의 구별을 윤리·도의와의 관계에서 볼 때에는 형사범은 살인행위 등과 같이 국가의 제정법을 기다릴 것 없이 그 성질 자체로 보아 반윤리성·반사회성을 가지며, 그것이 국민일반에게 의식되어 있는데, 행정범은 좌측통행규칙에 위반한 행위 등과 같이 그 행위의 성질 자체는 반윤리성·반사회성을 갖지 않으며, 특정한 행정목적(교통질서 유지)의 실현을 위한 국가의 제정법(도로 교통법)에 의한 명령·금지에 위반하였기 때문에 비로소 반윤리성·반사회성을 갖게 되고 범죄로서 처벌되는 행위라 할 것이다. 형사범에 대한 형법은 재판규범(제재규범)을 정립하는 데 그치고 그 이론적 전제가 되는 행위규범은 생략되는데(절도범을 예로 들면 형법은 절도한 자는 6년 이하 … 의 징역에 처한다는 재판규범만 정하고, 절도를 하여서는 안된다는 행위규범은 정하지 않았다), 행정범에 대한 법규는 행위규범과 제재규범을 아울러 규정(준수의무를 규정한 후 그 의무위반에 대한 처벌을 정한다)하는 것은 그 때문이라 할 것이다. 요컨대 형사범은 국가의 제정법 이전의 문화규범, 도의규범을 침해한 자연범(mala in se)인데, 행정범은 국가의 제정법을 침해한 법정범(mala prohibita)이다.

Ⅲ. 根 據

(1) 행정벌도 처벌의 1종이므로 법률에 근거가 있어야 한다. 죄형법정주의는 형사벌만이 아니라 행정벌에도 똑같이 타당하다. ① 행정형벌에 관한 일반법은 없고, 법률·법규명령(대통령령·총리령·부령)(예: 수산자원보호령 37 내지 39)에서 일반적인 규정을 두고 있으며, ② 행정질서벌은 질서위반행위규제법(제정 2007.12.21. 시행 2008.6.22.)에 총칙이 규정되어 있고, 각칙은 개별법률에서 규정되고 있다. 따라서 법률에 따르지 아니하고는 어떤 행위도 질서위반행위로 과태료를 부과하지 아니한다(질서위반행위규제법 6).

(2) 지방자치법은 자치행정의 영역에서 행정질서벌에 대하여 「지방자치단체는 조례를 위반한 행위에 대하여 조례로써 1천만원 이하의 과태료를 정할 수 있다」(지방자치법 27)고 규정하고 있으며, 「사기나 그 밖의 부정한 방법으로 사용료·수수료 또는 분담금의 징수를 면한 자에 대하여는 그 징수를 면한 금액의 5배 이내의 과태료를, 공공시설을 부정사용한 자에 대하여는 50만원 이하의 과태료를 부과하는 규정을 조례로 정할 수 있다」(동법 139②)고 규정하고 있다.

Ⅳ. 種 類

1. 處罰의 對象에 의한 구분

경찰벌·재정벌(예: 세금탈루)·군정벌(예: 병역기피)·경제통제벌(예: 가격표시제위반)·공기업벌(예: 사용료체납)

등으로 나눌 수 있다.

2. 處罰의 내용에 의한 구분

(1) 행정형벌과 행정질서벌

(가) 행정형벌 형법에 형명이 있는 벌칙(형 41)(사형·징역·금고·자격상실·자격정지·벌금·구류·과료 및 몰수)이 과하여지는 행정벌이며, 행정벌은 대부분이 이에 속한다. 원칙적으로 형법총칙을 적용되고(동 8), 처벌절차는 형사소송법에 의하지만 예외가 있다.

(나) 행정질서벌 형법에 없는 과태료가 과하여지는 행정벌이다.[1] 이것은 다시 ① 국가의 법령에 근거한 것과, ② 지방자치단체의 조례에 근거한 것으로 나눌 수 있다(종래의 통설은 지방자치단체의 조례에 근거한 것을 별도의 종류로 드나, 처벌내용은 동일하고, 근거에 있어서만 국가의 법령에 의한 것과 다르므로 타당하지 않다). 형법총칙의 적용이 없고, 처벌절차도 형사소송법에 의하지 않는다.[2]

(2) 행정형벌과잉현상 (가) 행정범과 형사범의 성질상의 차이를 인정한다면 행정범에 대한 처벌수단도 형사범에 대한 처벌수단과는 달라야 한다는 것이 이론상 당연한 귀결이라 할 수 있음에도 불구하고, 우리의 경우 현실적으로는 행정범에 대한 처벌수단도 대부분 형벌로 되어 있고, 과태료는 거의 예외적인 처벌수단으로 되어 있다.

(나) 행정형벌의 과잉현상의 원인을 정확하게 밝히는 것은 어려운 일이기는 하지만, 그러한 입법의 배경으로는 다음과 같은 것을 들 수 있겠다. ① 질서벌인 과태료는 종래 지방자치법 등 행정기관에서 부과·징수하는 약간의 예외가 있었으나, 원칙적으로는 비송사건절차법에 의하여 법원이 직권으로 과하도록 되어 있는바, 그 절차가 형벌을 과하는 절차와 비교하여 신속성·효율성·확실성의 점에서 보다 나은 제도라 할 수 없고, 다른 한편 직권주의적이어서 진실의 발견과 당사자의 권리보장에 있어서도 보다 나은 제도라고 할 수 없었다. 그렇다면 절차면에서는 굳이 형벌을 피하고 과태료를 과하는 입법을 할 동기가 없었

---

1) 과태료와 같은 행정질서벌은 행정질서유지를 위한 의무의 위반이라는 객관적 사실에 대하여 과하는 제재이므로 반드시 현실적인 행위자가 아니라도 법령상 책임자로 규정된 자에게 부과되고 원칙적으로 위반자의 고의·과실을 요하지 아니하나, 위반자가 그 의무를 알지 못하는 것이 무리가 아니었다고 할 수 있어 그것을 정당시할 수 있는 사정이 있을 때 또는 그 의무의 이행을 그 당사자에게 기대하는 것이 무리라고 하는 사정이 있을 때 등 그 의무 해태를 탓할 수 없는 정당한 사유가 있는 때에는 이를 부과할 수 없다(대법원 2000.5.26. 98 두 5972 과태료등부과처분취소).

2) 과태료를 과하는 경우로는 행정질서벌 이외에 ① 민사상의 의무위반에 대하여 과하는 과태료(민 97, 상 635), ② 소송법상의 의무위반에 대하여 과하는 과태료(민소 311, 형소 151·161), ③ 징계벌인 과태료(공증인 83(2)·87, 변호사 117, 법무사 48 등), ④ 집행벌인 과태료(건축 113)가 있다.

으며, 행정지도 등을 행하기가 쉽게 하기 위하여 위하력이 큰 형벌을 마련하여 두는 쪽으로 기울었다 하겠다.

② 현행법상 많은 경우에 하나의 의무위반행위에 대하여 형벌과 영업의 취소·정지 등 다른 간접적 강제수단을 병과하도록 하고 있는바, 이러한 경우에 다른 간접적 강제수단도 제재적 성격을 가지며, 헌법 제12조와의 관계에서 이중처벌로 이해될 가능성도 있다. 그러나 우리 학설은 형벌과 다른 간접적 강제수단은 목적이 서로 다르다는 이유로 병과가 가능하며 이중처벌이 아니라고 보고 있다.[1] 이러한 상황 아래서는 행정법상의 의무를 과하는 입법을 하는 경우에는 모든 경우에 형벌에 의하여 담보하는 것이 가능하게 되고, 입법자가 형벌을 규정함에 있어 신중한 태도를 기대할 수 없으며, 형벌을 일종의 보험으로서 활용하는 것을 용이하게 하고 형벌과잉현상을 가져오게 된다.

(3) 행정형벌의 행정질서벌화(행정범의 탈범죄화)

㈎ 현행법상의 행정형벌, 특히 그 중에서도 단기자유형과 벌금형은 한편으로 ① 다른 행정제재수단 등과 무원칙하게 중복(병과)된 것이 많고, ② 형사벌로 다스릴 필요가 없는 사항에 대하여 형사벌을 과한 것, 과중한 것, 불필요한 것 등이 많고, 다른 한편으로 과벌절차가 번잡하여 행정법상의 의무확보수단으로서의 기능을 제대로 발휘하지 못하고 있다고 하겠다.

㈏ 그리하여 현행 행정법규상의 행정벌칙은 대폭 정비·개선되어야 할 것인데, 그러한 정비·개선은 단기 자유형과 벌금인 행정형벌은 원칙적으로 질서벌로 전환하고, 그 과벌을 제 1 차적으로 당해 행정법규를 집행하는 행정기관이 과하고, 상대방이 이에 불복하는 경우에만 법원에서 과하도록 할 필요가 있다.[2]

㈐ 이같은 요청에 따라 질서위반행위규제법은 행정청이 과태료를 부과하고(동법 17), 이의가 있을 때에는 법원이 결정으로 부과하도록 하였다(동법 36).

1) 구병삭, 헌법학(상), p.648; 85 누 1002(1986.7.8 대판)—동일한 행위에 관하여 독립적으로 행정처분이나 형벌을 과하거나 이를 병과할 수 있는 것이다.

2) 어떤 행정법규 위반행위에 대하여 이를 단지 간접적으로 행정상의 질서에 장해를 줄 위험성이 있음에 불과한 경우로 보아 행정질서벌인 과태료를 과할 것인가 아니면 직접적으로 행정목적과 공익을 침해한 행위로 보아 행정형벌을 과할 것인가, 그리고 행정형벌을 과할 경우 그 법정형의 형종과 형량을 어떻게 정할 것인가는 당해 위반행위가 위의 어느 경우에 해당하는가에 대한 법적 판단을 그르친 것이 아닌 한 그 처벌내용은 기본적으로 입법권자가 제반사정을 고려하여 결정할 입법재량에 속하는 문제라고 할 수 있다(헌법재판소 1994.4.28. 91 헌바 14 집회및시위에관한법률제 2 조등에대한헌법소원).

제 2 절 行政刑罰의 특수성

Ⅰ. 行政刑罰과 刑法總則(實體法的 특수성)

행정벌은 형사벌과는 상대적이나마 성질을 달리하지만, 행정범에 적용할 통칙적 규정은 없다. 그런데 행정형벌의 경우에는, 그 처벌수단의 점에서는 형사벌과 공통되기 때문에, 행정범에 대하여 어느 범위에서 형법총칙이 적용될 것인지가 문제된다.

1. 槪 觀

형법 제 8 조는 「본법총칙은 다른 법령에 정한 죄에 적용한다. 단, 그 법령에 특별한 규정이 있을 때에는 예외로 한다」고 규정하였다. 이는 행정범에 대하여도 원칙적으로 형법총칙이 적용됨을 정함과 동시에 행정범의 특수성에 기하여, 그 행정법령에 「특별한 규정」이 있으면 그 범위에서 형법총칙의 적용이 배제됨을 명시하고 있다. 그런데 여기에서의 「특별한 규정」이 무엇을 의미하는가에 대하여는 견해가 갈린다.

죄형법정주의의 원칙에 비추어 형벌법규의 해석·적용은 엄격해야 하며, 더욱이 행위자에게 불이익하게 해석하는 것은 허용되지 않는다. 다만 형벌의 범위를 축소한다든가 형벌을 감경하는 경우는 죄형법정주의의 원칙에 저촉되지 않으므로, 명문의 특별규정이 없더라도 규정의 성질을 고려하여 형법총칙의 규정을 배제·제한할 수 있다고 본다.[1] 그러므로 명문의 성문법규는 물론 당해 규정자체의 해석에 의하여 인정되는 특수성을 의미한다는 견해가 통설·판례이다.

2. 行政刑罰의 특수성

행정형벌에 관하여 명문규정 또는 해석상 형법총칙의 적용이 배제되는 구체적 사례를 보면 다음과 같다.

(1) **범의** 형사범의 성립에는 원칙적으로 범의가 있음을 요건으로 하고(형 13), 과실 있는 행위는 법률에 특별한 규정이 있는 경우에 한하여 처벌된다(동 14). 형법원리인 책임주의의 당연한 결론으로서 고의를 책임요소로서 요구하는 것이며, 행정형벌에도 이 원칙이 적용된다. 다만, 고의의 성립에 어떤 특수성을 인정할 것인지와 과실에 관한 「특별한 규정」의 의미를 어떻게 볼 것인지가 문제

1) 김남진·김연태(I), p.466; 김동희(I), p.477.

된다.

㈎ 고의의 성립

(a) 사실인식 행정형벌도 형벌의 성질을 가진다는 것과, 행정형벌의 정책적·기술적 성격과 빈번한 법령개정으로 인하여 사인 쪽에서 보면 외형적 표상의 인식과 그 의미·내용의 인식이 일치하지 아니하는 경우가 많은 까닭에, 형사벌의 경우와 같이 고의의 성립에 사실의 의미·내용의 인식도 필요하다고 하겠다.

(b) 위법성인식 행정형벌에 있어서의 고의의 성립에 사실인식 외에 위법성의 인식이 필요한가의 문제가 형법 제16조(법률의 착오)와의 관계에서 문제된다. 행정범의 경우에는 사실의 인식과 위법성의 인식이 바로 연결지워지지 않는다는 견지에서 위법성의 인식(행정법규위반의 인식)이 필요하다고 보고, 따라서 법률의 착오는 고의의 성립을 조각한다는 견해(엄격고의설)도 있으나, 현실적인 위법인식은 없더라도 위법인식의 가능성이 있었으면 고의가 성립한다는 견해(제한적 고의설)가 통설적 견해이다. 형법 제16조도 이러한 취지를 명문화한 것으로 볼 수 있다.[1)]

〔**판례**〕 허가를 받지 않더라도 죄가 되지 않는 것으로 착오를 일으킨 데 정당한 이유가 있는 사례

행정청의 허가가 있어야 함에도 불구하고 허가를 받지 아니하여 처벌대상의 행위를 한 경우라도, 허가를 담당하는 공무원이 허가를 요하지 않는 것으로 잘못 알려주어 이를 믿었기 때문에 허가를 받지 아니한 것이라면 허가를 받지 않더라도 죄가 되지 않는 것으로 착오를 일으킨 데 대하여 정당한 이유가 있는 경우에 해당하여 처벌할 수 없다(대법원 1992.5.22. 91 도 2525 산림법위반, 농약관리법위반).

㈏ 과실에 관한 특별규정(양벌규정)

(a) 형법의 규정 형법 제14조는, 과실범은 특별한 규정이 있는 경우에만 처벌하도록 하였다. 통설은 형법 제 8 조의 규정에 의하여 행정범의 성립에도 고의가 있어야 하며, 과실에 의한 행위는 ① 특히 명문규정이 있거나, ② 해석상 과실범도 벌할 뜻이 명확한 경우 이외에는 성립하지 않는다고 한다.[2)]

(b) 양벌규정의 의의 해석상 과실범도 벌할 뜻이 명확한 것의 예는 종업원의 위반행위에 대하여 사업주도 벌하는 양벌규정이다. 양벌규정에 의하여 사업

---

1) 초등학교 교장이 도교육위원회의 지시에 따라 교과내용으로 되어 있는 꽃 양귀비를 교과식물로 비치하기 위하여 양귀비 종자를 사서 교무실 앞 화단에 심은 행위는 법률의 착오에 해당된다(대법원 1972.3.31. 72 도 64 마약법위반).

2) 행정상의 단속을 주안으로 하는 법규라 하더라도 명문규정이 있거나 해석상 과실범도 벌할 뜻이 명확한 경우를 제외하고는 형법의 원칙에 따라 고의가 있어야 벌할 수 있다(대법원 1986.7.22. 85 도 108 소방법위반, 건축법위반, 업무상과실치사상등).

주가 처벌되는 것은 종업원의 책임을 대위하여 지는 것이 아니고, 종업원이 위반행위를 행하지 않도록 감독할 의무를 태만히 한 책임, 즉 감독의무해태(監督義務懈怠)의 과실책임으로, 양벌규정은 종업원의 위반행위가 있으면 사업주의 감독상의 과실을 추정하는 규정으로 볼 수 있다.

(c) **감독의무의 신설** 그런데 종전의 양벌규정은 문언상 사업주가 종업원 등에 대한 관리·감독상 주의의무를 다하였는지 여부에 관계없이 영업주를 처벌하도록 하고 있어 책임주의 원칙에 위배될 소지가 있었다. 또한 양벌규정에 대한 헌법재판소의 위헌결정에 영향을 받아 2008.12.8. 사업주가 종업원 등에 대한 관리·감독상 주의의무를 다한 경우에는 처벌을 면하도록 하는 내용으로 양벌규정을 둔 법률이 개정되었다.「다만, 법인 또는 개인이 그 위반행위를 방지하기 위해 해당 업무에 관하여 상당한 주의와 감독을 게을리 하지 아니한 경우에는 그러하지 아니하다」(소비자기본법 85 단서)라는 규정을 각 법률에 신설한 것이다. 이로써 양벌규정에도 책임주의 원칙이 관철되었다.

(d) **판례** 대법원 판례도 통설의 입장과 같다.[1] 헌법재판소는 종업원의 위반행위에 대하여 양벌조항으로서 개인인 영업주에게도 동일하게 처벌하는 것은 형사법상 책임원칙에 위반한다고 하였다(헌법재판소 2007.11.29. 2005 헌가 10 보건범죄단속에 관한 특별조치법 제 6 조 위헌제청).

> [재판관 이강국, 재판관 김종대, 재판관 민형기, 재판관 목영준의 의견]
> 「이 사건 법률조항이 종업원의 업무 관련 무면허의료행위가 있으면 이에 대해 영업주가 비난받을 만한 행위가 있었는지 여부와는 관계없이 자동적으로 영업주도 처벌하도록 규정하고 있고, 그 문언상 명백한 의미와 달리 "종업원의 범죄행위에 대해 영업주의 선임감독상의 과실(기타 영업주의 귀책사유)이 인정되는 경우"라는 요건을 추가하여 해석하는 것은 문리해석의 범위를 넘어서는 것으로서 허용될 수 없으므로, 결국 위 법률조항은 다른 사람의 범죄에 대해 그 책임 유무를 묻지 않고 형벌을 부과함으로써, 법정형에 나아가 판단할 것 없이, 형사법의 기본원리인 "책임 없는 자에게 형벌을 부과할 수 없다"는 책임주의에 반한다.」(헌법재판소 2007.11.29. 2005 헌가 10 보건범죄단속에 관한 특별조치법 제 6 조 위헌제청).[2]

1) 양벌규정에 의한 영업주의 처벌은 금지위반행위자인 종업원의 처벌에 종속하는 것이 아니라 독립하여 그 자신의 종업원에 대한 선임감독상의 과실로 인하여 처벌되는 것이므로 종업원의 범죄성립이나 처벌이 영업주 처벌의 전제조건이 될 필요는 없다(대법원 2006.2.24. 2005 도 7673 저작권법위반; 대법원 1987.11.10. 87 도 1213 참조).

2) [재판관 이공현, 재판관 조대현, 재판관 김희옥, 재판관 송두환의 의견] 일정한 범죄에 대해 형벌을 부과하는 법률조항이 정당화되기 위해서는 범죄에 대한 귀책사유를 의미하는 책임이 인정되어야 하고, 그 법정형 또한 책임의 정도에 비례하도록 규정되어야 하는데, 이 사건 법률조항은 문언상 종업원의 범죄에 아무런 귀책사유가 없는 영업주에 대해서도 그 처벌가능성을 열어두고 있을 뿐만 아니라, 가사 위 법률조항을 종업원에 대한 선임감독상의 과실 있는 영업주만을 처벌하는 규정으로 보더라도, 과실밖에 없는 영업주를 고의의 본범(종업원)과 동일하게 '무기 또는 2년 이상의 징역형'이라는 법정형으로 처벌하는 것은 그 책임의 정도에 비해 지나치게 무거운 법정형을 규정하는 것이므로, 두 가지 점을 모두 고려하면 형벌에 관한 책임원

〔**판례**〕 지방자치단체가 도로법 제86조의 양벌규정의 적용대상이 되는 법인에 해당하는지

지방자치단체가 그 고유의 자치사무를 처리하는 경우에는 지방자치단체는 국가기관의 일부가 아니라 국가기관과는 별도의 독립한 공법인이므로, 지방자치단체 소속 공무원이 지방자치단체 고유의 자치사무를 수행하던중 도로법 제81조 내지 제85조의 규정에 의한 위반행위를 한 경우에는 지방자치단체는 도로법 제86조의 양벌규정에 따라 처벌대상이 되는 법인에 해당한다(대법원 2005.11.10. 2004 도 2657 도로법위반).[1]

〔**판례**〕 구 건축법 제57조의 양벌규정이 위반행위의 이익귀속주체인 업무주에 대한 처벌규정임과 동시에 행위자의 처벌규정인지[2]

구 건축법(1991.5.31. 법률 제4381호로 전문 개정되기 전의 것) 제54조 내지 제56조의 벌칙규정에서 그 적용대상자를 건축주, 공사감리자, 공사시공자 등 일정한 업무주로 한정한 경우에 있어서, 같은 법 제57조의 양벌규정은 업무주가 아니면서 당해 업무를 실제로 집행하는 자가 있는 때에 위 벌칙규정의 실효성을 확보하기 위하여 그 적용대상자를 당해 업무를 실제로 집행하는 자에게까지 확장함으로써 그러한 자가 당해 업무집행과 관련하여 위 벌칙규정의 위반행위를 한 경우 위 양벌규정에 의하여 처벌할 수 있도록 한 행위자의 처벌규정임과 동시에 그 위반행위의 이익귀속주체인 업무주에 대한 처벌규정이라고 할 것이다(대법원 1999.7.15. 95 도 2870 전원합의체판결 건축법위반).

(2) **타인의 행위에 대한 책임** ㈎ 형사범에서는 범죄를 행한 자를 벌하며, 행위자 이외의 자를 벌하는 경우는 없으나(형벌개별화의 원칙), 행정범에서는 행위자 이외의 자를 벌하는 경우가 있다. 위에서 본 양벌규정에 있어 종업원의 위반행위에 대하여 행위자 외에 사업주도 처벌되는 것, 청소년이나 금치산자의 위반행위에 대하여 법정대리인이 처벌되는 것 등이다. 따라서, 행정범의 책임자는 행위자인지의 여부와 관계없이 법령상 책임자(의무자)로 정하여진 자이다.

㈏ 사업주나 법정대리인이 지는 책임의 성질에 대하여는, 자기 자신의 주의·감독의무를 태만히(해태) 한 과실책임이라는 견해가 일반적 견해이다.[3] 판례도 같은 입장이다.

칙에 반한다(헌법재판소 2007.11.29. 2005 헌가 10 보건범죄단속에 관한 특별조치법 제6조 위헌제청).

1) 지방자치단체 소속 공무원이 압축트럭 청소차를 운전하여 고속도로를 운행하던 중 제한축중을 초과 적재 운행함으로써 도로관리청의 차량운행제한을 위반한 사안에서, 해당 지방자치단체가 도로법 제86조의 양벌규정에 따른 처벌대상이 된다고 한 사례(대법원 2005.11.10. 2004 도 2657 도로법위반).

2) 종전의 대법원 판례는 양벌규정은 실제로 위법행위를 분담하지 아니한 업무주를 처벌할 수 있다는 규정일 뿐 행위자의 처벌규정으로 해석할 수 없다고 해석하였으나, 본 전원합의체 판결로 업무주가 아니면서 실제로 당해 업무를 실제로 집행한 행위자도 처벌할 수 있다고 하였다.

3) 김남진·김연태(Ⅰ), p.468; 박균성(상), p.493; 홍정선(상), p.558.

「공중위생법 제45조의 규정은, 법인의 경우 종업원의 위반행위에 대하여 행위자인 종업원을 벌하는 외에 업무주체인 법인도 처벌하고, 이 경우 법인은 엄격한 무과실책임은 아니라 하더라도 그 과실의 추정을 강하게 하고, 그 입증책임도 법인에게 부과함으로써 양벌규정의 실효를 살리자는 데 그 목적이 있다」(대법원 1992.8.18. 92 도 1395 공중위생법위반).[1]

(3) **법인의 책임** 원래 형사범에서는 법인은 범죄능력이 없다고 보는 것이 일반적 견해이다. 그러나 행정법규에는 법인의 대표자, 또는 법인의 대리인·사용인 기타 종업원이 그 법인의 업무에 대한 행정범을 범한 경우에는 행위자뿐만 아니라 법인도 아울러 처벌할 수 있는 명문의 규정을 두어 법인의 범죄능력을 인정한 경우가 많다(문화재보호 117, 소방기본 55). 처벌수단은 법인의 성질상 벌금·과료·몰수 등의 금전벌이다. 이와 같이 형사벌과 달리 법인을 처벌할 수 있게 한 것은, 행정벌은 행정목적 달성이라는 정책적 견지에서 과하는 측면이 강하다고 할 것인바, 법인을 처벌하지 아니하고는 목적을 달성할 수 없기 때문이라 하겠다.

(나) 그 가장 보통의 것이 앞에서 본 양벌규정이다.[2]

(4) **책임능력** 형사범에서는 심신장애자의 행위는 형을 감경하거나 벌하지 않으며(형 10), 농아자의 행위는 형을 감경하며(동 11), 14세가 되지 아니한 자의 행위는 벌하지 않으나(동 9), 행정범에 대하여는, 이들 규정의 적용을 배제 또는 제한하는 규정을 둔 경우가 있다(예: 담배사업 31).

(5) **경합범** 경합범이란 판결이 확정되지 아니한 수개의 죄 또는 판결이 확정된 죄와 그 판결확정 전에 범한 죄를 말한다(형 37). 형법총칙에 의하면 형사범에 있어서는 2개 이상의 벌금은 각 죄에 정한 다액을 합산한 액 이하로 처단하도록 하고 있으나(형 38①(2)), 행정범에 대하여는 이 규정의 적용을 배제하고 있는 경우가 있다(담배사업 31). 명문의 규정이 없을 때에는 형법총칙에 따를 것이다.

(6) **공범** 행정범에 있어서는 행정법상의 의무의 다양성 때문에 공동정범·교사범·종범의 규정의 적용을 배제한 경우(선박 39), 종범감경규정의 적용을 배

1) 법인이 종업원들에게 윤락행위알선을 하지 않도록 교육을 시키고, 또 입사시에 그 다짐을 받는 각서를 제출하게 하는 등 일반적이고 추상적인 감독을 하는 것만으로는 공중위생법 제45조 단서의 면책사유에 해당하지 않는다(대법원 1992.8.18. 92 도 1395 공중위생법위반).

2) 법인격 없는 사단과 같은 단체는 법인과 마찬가지로 사법상의 권리의무의 주체가 될 수 있음은 별론으로 하더라도 법률에 명문의 규정이 없는 한 그 범죄능력은 없고 그 단체의 업무는 단체를 대표하는 자연인인 대표기관의 의사결정에 따른 대표행위에 의하여 실현될 수밖에 없는바, 구 건축법(1995.1.5. 법률 제4919호로 개정되기 전의 것) 제26조 제 1 항의 규정에 의하여 건축물의 유지·관리의무를 지는 '소유자 또는 관리자'가 법인격 없는 사단인 경우에는 자연인인 대표기관이 그 업무를 수행하는 것이므로, 같은 법 제79조 제4호에서 같은 법 제26조 제 1 항의 규정에 위반한 자라 함은 법인격 없는 사단의 대표기관인 자연인을 의미한다(대법원 1997.1.24. 96 도 524 업무방해·건축법위반·주차장법위반).

제한 경우(담배사업 31), 교사범을 정범으로 처벌하도록 한 경우(근로기준 115) 등이 있다.

(7) **작량경감** 형사범에서는 범죄의 정상에 참작할 만한 사유가 있는 때에는 작량하여 그 형을 감경할 수 있으나(형 35), 행정범에 대하여는 그 규정의 적용을 배제한 경우가 있다(예: 담배사업 31).

Ⅱ. 行政刑罰과 刑事訴訟法(節次法的 특수성)

1. 一般節次

행정형벌도 형사소송법이 정하는 절차에 의하여 과함이 원칙이나, 이에 대하여는 통고처분이라는 예외적인 과벌절차가 인정되어 있다.

2. 通告處分

(1) **의의** 통고처분이란 일정한 위법행위의 범법자에게 범칙금이라는 금액을 납부하도록 하고, 범칙자가 그 범칙금을 납부하면 처벌이 종료되는 과형절차를 말한다. 통고처분은 현행법상 조세범(조세범처 벌절차법)[1]·관세범(관세 법)[2]·출입국관리사범(출입국 관리법)·교통사범(도로교 통법) 등에 대하여 인정된다.

(2) **효과** 범칙금의 통고를 받고 납부기간 내에 그 범칙금을 납부한 경우 범칙금의 납부에 확정판결에 준하는 효력이 인정된다. 그러므로 범칙금 통고의 이유에 기재된 당해 범칙행위 자체와 그 범칙행위와 동일성이 인정되는 행위에 대하여는 다시 처벌되지 아니한다.[3]

(3) **불복** 통고처분은 행정소송의 대상이 되는 행정처분이 아니므로, 그

---

1) 세무서장 등은 범칙의 심증을 얻은 때에는 그 이유를 명시하여 벌금 또는 과료에 상당하는 금액, 몰수 또는 몰취에 상당하는 물품 등의 납부를 통고할 수 있다(동법 9). 범칙자가 그 통고의 내용을 이행한 때에는 동일사건에 대하여 소추를 받지 않으며 처벌절차는 종료한다(동법 11). 범칙자가 통고의 내용을 이행하지 않을 때에는 세무서장 등의 고발절차에 의하여 통상의 형사소송절차에 이행된다(동법 12).

2) 통고처분을 할 것인지의 여부는 관세청장 또는 세관장의 재량에 맡겨져 있고, 따라서 관세청장 또는 세관장이 관세범에 대하여 통고처분을 하지 아니한 채 고발하였다는 것만으로는 그 고발 및 이에 기한 공소의 제기가 부적법하게 되는 것은 아니다(대법원 2007.5.11. 2006 도 1993 관세법위반).

3) 같은 일시, 장소에서 이루어진 안전운전의무 위반의 범칙행위와 중앙선을 침범한 과실로 사고를 일으켜 피해자에게 부상을 입혔다는 교통사고처리특례법위반죄의 범죄행위사실은 시간, 장소에 있어서는 근접하여 있는 것으로 볼 수 있으나 범죄의 내용이나 행위의 태양, 피해법익 및 죄질에 있어 현격한 차이가 있어 동일성이 인정되지 아니하고 별개의 행위라고 할 것이어서 피고인이 안전운전의 의무를 불이행하였음을 이유로 통고처분에 따른 범칙금을 납부하였다고 하더라도 피고인을 교통사고처리특례법 제 3 조 위반죄로 처벌한다고 하여 도로교통법 제119조 제 3 항에서 말하는 이중처벌에 해당한다고 볼 수 없다(대법원 2002.11.22. 2001 도 849 교통사고처리특례법위반).

처분의 취소를 구하는 소송은 부적법하다.[1] 따라서 이미 효력을 상실한 통고처분의 취소를 구하는 헌법소원도 부적법하다(헌법재판소 2003.10.30. 2002 헌마 275 통고처분취소).

3. 즉결심판·보호처분

행정형벌의 예외적인 과벌절차로 통고처분 이외에 즉결심판[2]·보호처분[3]을 드는 견해가 있으나, 즉결심판은 행정범이건 형사범이건 20만원 이하의 벌금 또는 구류나 과료에 처할 모든 범칙사건에 대한 특수한 과벌절차이고(법조 34, 즉결심판에 관한 절차법), 보호처분은 소년에 대한 특수한 처분(소년 3이하)이므로 우리나라에서는 행정형벌의 예외적인 과벌절차라고 말할 수 없다.[4]

1) 도로교통법 제118조에서 규정하는 경찰서장의 통고처분은 행정소송의 대상이 되는 행정처분이 아니므로 그 처분의 취소를 구하는 소송은 부적법하고, 도로교통법상의 통고처분을 받은 자가 그 처분에 대하여 이의가 있는 경우에는 통고처분에 따른 범칙금의 납부를 이행하지 아니함으로써 경찰서장의 즉결심판청구에 의하여 법원의 심판을 받을 수 있게 될 뿐이다(대법원 1995.6.29. 95 누 4674 범칙금부과처분취소).

2) 김도창(상), p.573; 이상규(상), p.519 등.

3) 김도창(상), p.573.

4) 일본에서는 즉결심판은 교통사범에 대하여만 인정되므로 행정형벌의 특수한 과벌절차라 할 수 있다.

제 3 절 行政秩序罰의 특수성

Ⅰ. 意義 및 性質

1. 行政秩序罰의 의의

(1) 행정상의 질서위반행위에 대하여 제재로서 과태료(또는 과료)를 과하는 일종의 금전벌이다.

(2) ① 전통적인 견해에 의하면 행정형벌은 행정목적을 직접 침해한 행위에 대하여 과하고, 행정질서벌은 신고·등록·장부비치의무를 태만히 한 것과 같이 간접적으로 행정목적의 달성에 장해를 미칠 위험성이 있는 행위, 즉 행정상의 질서를 문란하게 하는 행위에 대한 제재라고 보았다.

② 그러나 앞에서 본 바와 같이 오늘날에는 종래 행정형벌이던 단기자유형이나 벌금으로 되어 있던 많은 벌칙을, 예컨대 미국에서는 민사금전벌로 전환하고, 독일에서는 질서위반법에 의하여 행정질서벌인 과태료로 전환하고 있다. 또한 우리나라에서도 벌칙제도의 개선·합리화라는 차원에서 종래 형벌로 되어 있는 벌칙규정을 대폭적으로 행정질서벌인 과태료로 전환하고 있다.

③ 따라서 행정질서범은 행정법규에 위반되는 행위로서 간접적으로 행정목적의 달성에 장해를 미칠 위험성이 있는 행위 또는 행정목적을 직접 침해하는 행위라 하더라도 그 침해의 정도가 비교적 경미하여 과태료로써 충분히 그 제재목적을 달성할 수 있는 행위라고 보는 것이 타당하다고 할 것이다.

2. 秩序違反行爲規制法上의 秩序違反行爲의 개념

질서위반행위규제법 제2조는 질서위반행위를 「법률(지방자치단체의 조례포함)상의 의무를 위반하여 과태료를 부과하는 행위(가. 대통령령으로 정하는 私法上·소송법상 의무를 위반하여 과태료를 부과하는 행위, 나. 대통령령으로 정하는 법률에 따른 징계사유에 해당하여 과태료를 부과하는 행위 제외)」로 정의하고 있다. 위 법에서 규정하는 질서위반행위가 모두 행정질서벌에 해당하는 것이 아니고, 행정법의 영역에서 이루어지는 질서위반행위만이 행정질서벌에 해당한다.[1)]

3. 處罰內容

행정질서벌은 과태료 부과를 처벌내용으로 한다(건축법(113조)·지방자치법(27조)·식품위생법(78조)). 질서

1) 홍정선(상), p.561.

위반행위의 성립과 과태료 처분은 행위 시의 법률에 따른다(질서위반행위규제법 3①). 등이 있다.

Ⅱ. 行政秩序罰과 刑法總則

1. 故意 또는 過失

행정질서위반행위는 반윤리성이 희박하기 때문에, 원칙적으로 객관적 법규위반이 있으면 과할 수 있고, 행위자의 주관적 요건, 즉 고의·과실은 문제되지 않는다고 보는 것이 통설·판례였다.[1)]

그러나 질서위반행위규제법에서는 고의 또는 과실이 없는 질서위반행위는 과태료를 부과하지 아니한다(동법 7)고 규정하였다.

2. 違法性의 錯誤

자신의 행위가 위법하지 아니한 것으로 오인하고 행한 질서위반행위는 그 오인에 정당한 이유가 있는 때에 한하여 과태료를 부과하지 아니한다(동법 8).

3. 責任能力(책임연령과 심신장애)

14세가 되지 아니한 자의 질서위반행위는 과태료를 부과하지 아니한다. 다만, 다른 법률에 특별한 규정이 있는 경우에는 그러하지 아니하다(동법 9).

심신(心神)장애로 인하여 행위의 옳고 그름을 판단할 능력이 없거나 그 판단에 따른 행위를 할 능력이 없는 자의 질서위반행위는 과태료를 부과하지 아니한다(동법 10①). 심신장애로 인하여 제 1 항에 따른 능력이 미약한 자의 질서위반행위는 과태료를 감경한다(동법 10②). 스스로 심신장애 상태를 일으켜 질서위반행위를 한 자에 대하여는 제 1 항 및 제 2 항을 적용하지 아니한다(동법 10③).

4. 法人의 處理 등

법인의 대표자, 법인 또는 개인의 대리인·사용인 및 그 밖의 종업원이 업무에 관하여 법인 또는 그 개인에게 부과된 법률상의 의무를 위반한 때에는 법인 또는 그 개인에게 과태료를 부과한다(동법 11①).

1) 과태료와 같은 행정질서벌은 행정질서유지를 위하여 행정법규위반이라는 객관적 사실에 대하여 과하는 제재이므로 반드시 현실적인 행위자가 아니라도 법령상 책임자로 규정된 자에게 부과되고 또한 특별한 규정이 없는 한 원칙적으로 위반자의 고의·과실을 요하지 아니한다(대법원 1994.8.26. 94 누 6949 사용료및과태료부과처분취소).

5. 多數人의 秩序違反行爲 가담

2인 이상이 질서위반행위에 가담한 때에는 각자가 질서위반행위를 한 것으로 본다(동법 12①). 신분에 의하여 성립하는 질서위반행위에 신분이 없는 자가 가담한 때에는 신분이 없는 자에 대하여도 질서위반행위가 성립한다(동법 12②). 신분에 의하여 과태료를 감경 또는 가중하거나 과태료를 부과하지 아니하는 때에는 그 신분의 효과는 신분이 없는 자에게는 미치지 아니한다(동법 12③).

6. 수개의 秩序違反行爲의 처리

하나의 행위가 2 이상의 질서위반행위에 해당하는 경우에는 각 질서위반행위에 대하여 정한 과태료 중 가장 중한 과태료를 부과한다(동법 13①). 제 1 항의 경우를 제외하고 2 이상의 질서위반행위가 경합하는 경우에는 각 질서위반행위에 대하여 정한 과태료를 각각 부과한다. 다만, 다른 법령(지방자치단체의 조례를 포함한다.)에 특별한 규정이 있는 경우에는 그 법령으로 정하는 바에 따른다(동법 13②).

7. 過怠料의 時效

과태료는 행정청의 과태료 부과처분이나 법원의 과태료 재판이 확정된 후 5년간 징수하지 아니하거나 집행하지 아니하면 시효로 인하여 소멸한다(동법 15①). 제 1 항에 따른 소멸시효의 중단·정지 등에 관하여는 「국세기본법」 제28조를 준용한다(동법 15②).

8. 行政刑罰과 行政秩序罰의 병과

과태료는 행정질서벌이고, 벌금 또는 과료는 행정형벌로 서로 다르고 과벌절차도 다르지만, 다 같이 금전적 제재이며 넓은 의미에서는 처벌이므로 동일한 위반행위에 대하여 양자를 병과할 수는 없다고 하겠으나,[1] 판례는 과태료의 부과처분과 형사처벌은 그 성질이나 목적을 달리하는 별개의 것이라는 이유로 병과할 수 있다고 한다.[2]

---

1) 김남진·김연태(I), p.472; 박균성(상), p.502.

2) 피고인이 행형법에 의한 징벌을 받아 그 집행을 종료하였다고 하더라도 행형법상의 징벌은 수형자의 교도소 내의 준수사항위반에 대하여 과하는 행정상의 질서벌의 일종으로서 형법 법령에 위반한 행위에 대한 형사책임과는 그 목적, 성격을 달리하는 것이므로 징벌을 받은 뒤에 형사처벌을 한다고 하여 일사부재리의 원칙에 반하는 것은 아니다(대법원 2000.10.27. 2000도 3874 위계공무집행방해).

Ⅲ. 行政秩序罰의 과벌절차

1. 秩序違反行爲規制法 시행 전

(1) 비송사건절차법에 따라 법원이 결정으로 과하는 절차(동법 247)와 행정청이 부과한 후 이의신청이 있으면 법원이 결정하는 절차가 있었다(식품위생법 78).

(2) 지방자치단체의 조례에 의하여 ① 조례위반행위에 대하여 1천만원 이하의 과태료를 정할 수 있으며(지방자치법 27), 이의를 제기받은 지방자치단체의 장은 지체없이 관할법원에 그 사실을 통보하여야 하고, 통보를 받는 법원은 비송사건절차법에 따라 과태료 재판을 하고(동법 27③④), 사기나 그 밖의 부정한 방법으로 사용료·수수료 또는 분담금의 징수를 면한 자에 대하여는 그 징수를 면한 금액의 5배 이내의 과태료를, 공공시설을 부정사용한 자에 대하여는 50만원 이하의 과태료를 부과할 수 있는 조례를 제정할 수 있고(동법 139②), 그 과태료의 징수는 지방세징수의 예에 따라 징수할 수 있도록 되어 있다(동법 140②).

2. 秩序違反行爲規制法 시행 후

(1) **사전통지·의견제출** 행정청이 질서위반행위에 대하여 과태료를 부과하고자 하는 때에는 미리 당사자(제11조 제2항에 따른 고용주 등을 포함한다.)에게 대통령령으로 정하는 사항을 통지하고, 10일 이상의 기간을 정하여 의견을 제출할 기회를 주어야 한다. 이 경우 지정된 기일까지 의견 제출이 없는 경우에는 의견이 없는 것으로 본다(질서위반행위규제법 16①). 당사자는 의견 제출 기한 이내에 대통령령으로 정하는 방법에 따라 행정청에 의견을 진술하거나 필요한 자료를 제출할 수 있다(동법 16②). 행정청은 제2항에 따라 당사자가 제출한 의견에 상당한 이유가 있는 경우에는 과태료를 부과하지 아니하거나 통지한 내용을 변경할 수 있다(동법 16③).

(2) **과태료의 부과 및 그 제척기간** 행정청은 제16조의 의견 제출 절차를 마친 후에 서면으로 과태료를 부과하여야 한다(동법 17①). 제1항에 따른 서면에는 질서위반행위, 과태료 금액, 그 밖에 대통령령으로 정하는 사항을 명시하여야 한다(동법 17②).

행정청은 질서위반행위가 종료된 날(다수인이 질서위반행위에 가담한 경우에는 최종행위가 종료된 날을 말한다)부터 5년이 경과한 경우에는 해당 질서위반행위에 대하여 과태료를 부과할 수 없다(동법 19①).

(3) **이의제기 및 효력상실** 행정청의 과태료 부과에 불복하는 당사자는 제17조 제1항에 따른 과태료 부과 통지를 받은 날부터 60일 이내에 해당 행정

청에 서면으로 이의제기를 할 수 있다(동법 20①). 제1항에 따른 이의제기가 있는 경우에는 행정청의 과태료 부과처분은 그 효력을 상실한다(동법 20②). 당사자는 행정청으로부터 제21조 제3항에 따른 통지를 받기 전까지는 행정청에 대하여 서면으로 이의제기를 철회할 수 있다(동법 20③).

(4) **법원에 통보** 제20조 제1항에 따른 이의제기를 받은 행정청은 이의제기를 받은 날부터 14일 이내에 이에 대한 의견 및 증빙서류를 첨부하여 관할 법원에 통보하여야 한다. 다만, 다음 각 호(1. 당사자가 이의제기를 철회한 경우, 2. 당사자의 이의제기에 이유가 있어 과태료를 부과할 필요가 없는 것으로 인정되는 경우)의 어느 하나에 해당하는 경우에는 그러하지 아니하다(동법 21①).

행정청은 사실상 또는 법률상 같은 원인으로 말미암아 다수인에게 과태료를 부과할 필요가 있는 경우에는 다수인 가운데 1인에 대한 관할권이 있는 법원에 제1항에 따른 이의제기 사실을 통보할 수 있다(동법 21②). 행정청이 제1항 및 제2항에 따라 관할 법원에 통보를 하거나 통보하지 아니하는 경우에는 그 사실을 즉시 당사자에게 통지하여야 한다(동법 21③).

(5) **가산금 징수 및 체납처분** 행정청은 당사자가 납부기한까지 과태료를 납부하지 아니한 때에는 납부기한을 경과한 날부터 체납된 과태료에 대하여 100분의 5에 상당하는 가산금을 징수한다(동법 24①). 체납된 과태료를 납부하지 아니한 때에는 납부기한이 경과한 날부터 매 1개월이 경과할 때마다 체납된 과태료의 1천분의 12에 상당하는 가산금(이하 이 조에서 "중가산금"이라 한다)을 제1항에 따른 가산금에 가산하여 징수한다. 이 경우 중가산금을 가산하여 징수하는 기간은 60개월을 초과하지 못한다(동법 24②). 행정청은 당사자가 제20조 제1항에 따른 기한 이내에 이의를 제기하지 아니하고 제1항에 따른 가산금을 납부하지 아니한 때에는 국세 또는 지방세 체납처분의 예에 따라 징수한다(동법 24③). 행정청의 과태료 결손처분에 관하여는 「국세징수법」 제86조를 준용한다(동법 24④).

Ⅳ. 行政秩序罰의 재판 및 집행

1. 管轄法院

과태료 사건은 다른 법령에 특별한 규정이 있는 경우를 제외하고는 당사자의 주소지의 지방법원 또는 그 지원의 관할로 한다(동법 25).

2. 裁　判

법원은 심문기일을 열어 당사자의 진술을 들어야 하며(동법 31①), 법원은 직권으로 사실의 탐지와 필요하다고 인정하는 증거의 조사를 하여야 한다(동법 33①).

과태료 재판은 이유를 붙인 결정으로써 한다(동법 36①). 결정은 당사자와 검사에게 고지함으로써 효력이 생긴다(동법 37①).

3. 過怠料 裁判의 執行

과태료 재판은 검사의 명령으로써 집행한다. 이 경우 그 명령은 집행력 있는 집행권원과 동일한 효력이 있다(동법 42①). 과태료 재판의 집행절차는 「민사집행법」에 따르거나 국세 또는 지방세 체납처분의 예에 따른다. 다만, 「민사집행법」에 따를 경우에는 집행을 하기 전에 과태료 재판의 송달은 하지 아니한다(동법 42②).

4. 過怠料 納付의 實效性 提高

행정청은 당사자가 과태료를 자진하여 납부하고자 하는 경우에는 과태료를 감경할 수 있으며(동법 18①), 행정청은 과태료의 부과·징수를 위하여 필요한 때에는 관계 행정기관, 지방자치단체, 그 밖에 대통령령으로 정하는 공공기관의 장에게 그 필요성을 소명하여 자료 또는 정보의 제공을 요청할 수 있으며(동법 23①), 행정청은 허가·인가·면허·등록 및 갱신을 요하는 사업을 경영하는 자로서 과태료를 체납한 경우에는 사업의 정지 또는 허가등의 취소를 할 수 있다(동법 52①).

또한 법원은 검사의 청구에 따라 결정으로 30일의 범위 이내에서 과태료의 납부가 있을 때까지 체납자(법인인 경우에는 대표자를 말한다.)를 감치(監置)에 처할 수 있다(동법 54①).

제 4 장 間接強制制度
— 새로운 行政法上의 義務確保手段 등 —

제1절 개 설

I. 傳統的 行政法上의 義務確保手段들의 기능약화

(1) **대집행** 대집행은 원래 위법건축물의 철거·개축 및 시정 등에 특히 많이 활용되는 수단이라 하겠다. 그러나 건축물이 대형화된 오늘날에는 건축물이 일단 완성되면 그것을 철거하거나 위법부분을 시정하는 것은, 국가적으로나 개인적으로 국민자산의 효율적 활용이라는 면에서 볼 때 사실상 불가능하며 철거 등을 위한 행정력이나 비용면에서 볼 때에도 마찬가지이다. 준공미필 기존건축물 정리에 관한 특별조치법(1981.12.31. 폐지)이나 특정건축물 정리에 관한 특별조치법을 제정하여 무허가 및 위법건축물을 일정한 절차를 거쳐 합법화시켜 주고 있는 것은 그러한 사정을 말하여 주고 있다.[1] 또한 건축법 제85조에서 위법건축물철거를 위한 대집행의 경우에 「특히 필요한 때에는」 계고와 대집행영장에 의한 통지절차를 생략할 수 있게 하여 대집행제도를 변질시켜 버린 것은 그러한 사정을 말하여 주고 있다.

(2) **행정상강제징수** 그 절차가 정교할 정도로 정비되어 있고, 보통 금전급부의무불이행에 대하여 매우 훌륭한 의무확보수단으로 여겨지고 있다. 그러나 실제로는 그 수많은 조세체납의 경우에 체납처분을 행하는 것은 행정력이 뒤따르지 못하고, 또한 체납자의 영업상신용이나 명예라는 점에서도 체납이 있다고 하여 바로 강제권을 발동하는 것은 어려운 실정이다.

(3) **행정벌** 위에서 본 바와 같이 우리 현행법은 의무확보수단으로서 많은 경우에 강제집행에 갈음하여 벌칙을 정비함으로써 간접적으로 의무이행의 확보를 도모하고 있다. 행정벌칙은 강제수단으로서의 기능에 관한 한 법적으로도

1) 특정건축물 정리에 관한 특별조치법(1981.12.31 법률 제3533호)은 무허가건축물과 위법시공건축물로서 대지의 도로와의 관계에 관한 건축법 제27조의 규정 및 건축선에 의한 건축제한에 관한 동법 제31조의 규정에 위반되지 아니하고, 건축물의 구조안전·위생 및 방화와 도시계획사업의 시행상 현저한 지장이 없으며, 자기소유대지(사용승인받은 타인소유대지 포함) 또는 국공유지에 건축된 것일 경우에는 건축법 기타 관계법령의 규정에 불구하고 건축물의 소유자에게 준공검사필증을 교부하여 사후합법화하도록 하였다. 그리고 준공검사필증을 교부할 때에는 일정한 과태료를 부과한다.

사실상으로도 일정한 한계가 있다. 특히 행정법상 의무의 확보를 행정벌칙에 의존하는 것은 행정법상의 의무실현이 행정청의 손을 떠나서 제 3 기관에 맡겨진 결과가 되어 행정적 판단을 관철시키려는 것을 어렵게 만들고 있다. 실제로 행정법규에 규정된 많은 벌칙, 특히 그 중에서 벌금으로 되어 있는 벌칙은 그 벌칙이 적용될 위반행위의 유무를 경찰이나 검찰이 모두 파악할 수도 없는 일이며, 그렇다고 관계행정청이 그 모두를 고발하는 것도 아니어서 위반행위가 있더라도 벌칙이 과하여지는 것은 오히려 예외적 현상이 되고 있다. 따라서, 벌칙은 행정법상의 의무확보수단으로서의 기능을 제대로 수행하지 못하고 있으며 국민의 준법정신마저 흐리게 하는 요인이 되고 있다.

벌칙으로서 행정질서벌인 과태료가 과하여지도록 된 경우에도 사정은 비슷하다고 할 것인바, 다만 과태료의 경우에는 그것이 과하여지더라도 전과자로 되지는 아니하므로 그것을 과하는 절차만 개선한다면 행정법상의 의무확보수단으로서 훌륭하게 작동할 수 있을 것으로 생각된다. 다만, 문제는 그것이 과하여지더라도 전과자로 되지 않기 때문에 국민에 대한 위하(威嚇)적 효과가 크지 못하다는 점이다.

(4) 인·허가의 취소·정지　다음으로 인·허가의 취소·정지는 오늘날 많은 국민의 생업이 인·허가사업으로 되어 있기 때문에 가장 실효성 있는 의무확보수단의 하나가 되고 있다. 그러나 인·허가가 취소되면 국민이 생업을 잃게 되며, 자동차운수사업의 경우와 같이 일반공중이 이용하는 사업의 경우에는 그것을 취소하면 일반공중의 이용을 불가능하게 하는 것이 되기 때문에 함부로 발동될 수 없는 경우가 많다. 여기에 인·허가의 취소·정지도 의무확보수단으로는 일정한 한계가 있다.

Ⅱ. 새로운 義務確保手段의 마련 필요성

여기에서 전통적인 의무확보수단을 보완 내지는 대체할 새로운 의무확보수단의 마련이 요청된다 하겠다. 그러나 종합적이고 일반적인 새로운 의무확보수단체계는 아직 마련되지 못하고 있고, 그때 그때의 필요에 따라 대증요법적으로 개별적이고 단편적인 간접적 강제수단이 채택되고 있다. 아래에서는 현행법상의 모든 간접적 강제제도(의무확보를 제 1 차적·직접적 목적으로 하는 제도는 아니나, 간접적으로 의무확보를 실현하는 제도)를 체계화하여 개괄적인 고찰을 하여 보기로 한다. 이들 간접적 강제제도에는 ① 본래 강제제도로서 마련된 것과, ② 본래는 다른 목적을 위하여 마련되어 있는 제도가 뜻밖에도 동시에 간접적인 강제효과를 갖거나 또는 행정기관이 의도적으로 강제를 위한 제도로 운용함으로써 강제효과를 발휘하는 것으로 나누어 볼 수 있다.

제 2 절 間接的 強制制度
—새로운 행정법상의 의무확보수단 등—

I. 間接的 強制制度

1. 行 政 罰

행정벌은 위에서 본 바와 같이 법률위반행위에 대한 제재를 목적으로 과하여지는 처벌로서, 그 자체가 행정상의 강제수단은 아니다. 그러나 한편으로 그 위하(威嚇)효과가 간접적인 강제효과를 발휘하며 그 점에서 간접적 강제제도의 하나가 된다.

2. 加算稅 · 加算金

(1) 가산세 　현행법상 개인의 세법상의 의무위반에 대한 경제적 불이익으로서 본래의 조세채무와는 별개로 과하여지는 조세가 있으며, 그 중의 하나가 가산세이다. 조세법상 법정신고기간 내에 신고하여 납부하여야 할 의무가 있는 경우에 신고하지 아니하였거나 과소신고를 하였을 경우에는 일정비율의 납부불성실가산세라든가 신고불성실가산세 등이 과하여지는 것이 그 예이다(소득세 158, 159).

이러한 가산세는 벌금과 마찬가지로 조세법상의 의무위반에 대한 금전적인 제재로서의 성질을 가지고 있기 때문에,[1] 특정한 조세범에 대하여 이중적으로 과하여지는 경우 이른바 「이중처벌」의 문제가 제기되지만, 가산세는 조세법상의 의무이행확보를 위한 행정적인 조치인 데 대하여, 벌금은 반사회적 행위에 대한 제재이기 때문에 병과가 가능한 것으로 해석되고 있다.

(2) 가산금 　국세를 납기까지 불납한 때에는, 체납된 국세의 100분의 3에 상당하는 가산금을 징수하며, 납부기한이 경과한 날로부터 매 1월이 경과할 때마다 체납된 국세의 1,000분의 12에 상당하는 중가산금을 가산금에 가산하여 징수하되,[2] 중가산금의 합계액은 체납국세의 1,000분의 720을 초과하지 못한다

1) 세법상 가산세는 과세권의 행사 및 조세채권의 실현을 용이하게 하기 위하여 납세자가 정당한 이유 없이 법에 규정된 신고, 납세 등 각종 의무를 위반한 경우에 법이 정하는 바에 따라 부과되는 행정상 제재로서 그 의무의 이행을 납세의무자에게 기대하는 것이 무리인 사정이 있을 때 등 그 의무해태를 탓할 수 없는 정당한 사유가 있는 경우에는 이를 부과할 수 없다(대법원 2005.11.25. 2004 두 930 상속세부과처분취소).

2) 중가산금은 국세가 법정기한까지 납부되지 않는 경우, 미납분에 관한 지연이자의 의미로 부과되는 부대세의 일종으로 과세권자의 중가산금 확정절차 없이 납부기한으로부터 국세징수법 소정기한까지 체납세액을 납부하지 아니하면 위 법규정에 의하여 중가산금이 당연히 발생하고 확정된다(대법원 1988.9.20. 85 누 635 중가산금부과처분취소).

(국징 22①). 지방세의 경우도 이와 비슷하다(지세 27). 가산금은 연체금에 해당하며 조세채무의 이행에 대한 간접강제의 효과를 갖는다.[1)]

(3) **부당이득세** 부당이득세는 국세청장이 정하는 가액을 초과하여 거래를 함으로써 부당한 이득을 얻은 자에 대하여, 실제로 거래한 가격·임대료 또는 요금에서 기준가격을 감한 금액 전부를 징수하였다. 이는 정부의 통제가격을 초과하여 거래하지 않도록 하는 의무를 강제하는 가장 실효성 있는 수단이었다. 그러나 부당이득세법은 2007년 7월 19일 폐지되었고, 부당이득의 환수는 「물가안정에 관한 법률」 제 2 조의2를 신설(2007. 3.29.)하여 과징금으로 징수하게 되었다.

3. 課徵金(賦課金)

(1) **의의** 과징금이란 맨 먼저 「독점규제 및 공정거래에 관한 법률」(1980. 12. 13 법률 3320호)에 의하여 도입된 수단으로서, 원래 그것은 주로 경제법상의무(예: 공정거래위원회의 가격인하명령에 응하여 가격을 인하시킬 의무 등)에 위반한 자가 당해 위반행위로 경제적 이익을 얻을 것이 예정되어 있는 경우에 당해 의무위반행위로 인한 불법적인 이익을 박탈하기 위하여 그 이익액에 따라 과하여지는 일종의 행정제재금이라 하겠다. 과징금을 과하면 위반행위로 인한 불법적인 경제적 이익을 박탈당하기 때문에 사업자는 위반행위를 하여도 아무런 경제적 이익을 얻을 수 없게 되며, 따라서 간접적으로 의무이행을 강제하는 효과를 갖게 된다.[2)]

(2) **유형(변형된 형태의 과징금)** 과징금제도와 유사한 부과금제도가 그 뒤 대기환경보전법(초과배출 부과금) 및 축산법(초과사육 부과금)에 의하여 도입되고, 다시 구 자동차운수사업법(1981. 12. 31 법률 3513호에 의한 개정)에서 과징금제도가 변형된 형태로 도입되었는바, 변형된 형태의 과징금제도는 계속하여 수많은 법률에서 채택되고 있다. 여기에서 변형된 형태의 과징금이라 함은, 인·허가사업에 관한 법률에 의한 의무위반을 이유로 단속상 그 인·허가사업 등을 정지하여야 할 경우에, 이를 정지시키지

---

1) 국세징수법 제21조, 제22조가 규정하는 가산금 또는 중가산금은 국세를 납부기한까지 납부하지 아니하면 과세청의 확정절차 없이도 법률 규정에 의하여 당연히 발생하는 것이므로 가산금 또는 중가산금의 고지가 항고소송의 대상이 되는 처분이라고 볼 수 없다(대법원 2005. 6. 10. 2005 다 15482 부당이득금).

2) 구 독점규제및공정거래에관한법률 제24조의2에 의한 부당내부거래에 대한 과징금은 부당내부거래 억지라는 행정목적을 실현하기 위하여 그 위반행위에 대하여 제재를 가하는 행정상의 제재금으로서의 기본적 성격에 부당이득 환수적 요소도 부가되어 있는 것이라 할 것이고, 이를 두고 헌법 제13조 제 1 항에서 금지하는 국가형벌권 행사로서의 '처벌'에 해당한다고는 할 수 없으므로, 공정거래법에서 형사처벌과 아울러 과징금의 병과를 예정하고 있더라도 이중처벌금지원칙에 위반된다고 볼 수 없으며, 이 과징금 부과처분에 대하여 공정력과 집행력을 인정한다고 하여 이를 확정판결 전의 형벌집행과 같은 것으로 보아 무죄추정의 원칙에 위반된다고도 할 수 없다(헌법재판소 2003.7.24. 2001 헌가 25 위헌제청).

아니하고 사업을 계속하게 하되, 사업을 계속함으로써 얻은 이익을 박탈하는 행정제재금이다.

(가) 독점규제 및 공정거래에 관한 법률에 의한 과징금(본래의 의미의 과징금) 현재까지 본래의 의미의 과징금제도를 채택하고 있는 법률에는 독점규제 및 공정거래에 관한 법률뿐이며, 대기환경보전법 및 축산법에서 과징금제도와 유사한 부과금제도를 채택하고 있다.

독점규제 및 공정거래에 관한 법률이 채택하고 있는 전형적인 과징금에 관하여 살펴보면, 동법상의 과징금 부과대상이 되는 행위는 동법상의 거의 모든 위반행위인바, ① 시장지배적 지위 남용행위(동법 3의 2·6), ② 상호출자 행위 또는 출자총액의 제한위반행위(동 9·10·17①), ③ 계열회사에 대한 채무보증행위(동 10의 2①·17②), ④ 지주회사의 행위제한 등 위반행위(동 8의 2①②·17④), ⑤ 부당한 공동행위(동 19·22), ⑥ 불공정거래행위(동 23①(1) 내지 (6)(8)·24의 2), ⑦ 부당한 지원행위(동 23①(7)·24의 2), ⑧ 사업자단체 금지행위(동 26①·28①), ⑨ 사업자단체 금지행위 참가행위(동 26②·28②), ⑩ 재판매가격유지행위(동 29·31의 2), ⑪ 부당한 국제계약의 체결행위(동 32①·34의 2) 등이다. 각 위반행위마다 부과기준이 다르게 되어 있는바, 매출액, 영업이익, 일정금액(매출액이 없는 경우 등), 취득 또는 소유한 주식의 취득가액, 법위반 채무보증액, 자본총액을 초과한 부채액, 주식의 장부가액의 합계액 등이다. 여하튼 당해 위반행위 자체로 얻은 불법적인 경제적 이익이 부과기준이 된다.[1] 여기에서는 시장지배적 사업자가 지위를 남용한 행위(상품의 가격이나 용역의 대가를 부당하게 결정·유지 또는 변경하는 행위 등)를 행한 경우를 예로 들어 보면, 남용행위를 행한 경우에는 당해 사업자에 대하여 대통령령이 정하는 매출액(대통령령이 정하는 사업자의 경우에는 영업수익)에 100분의 3을 곱한 금액(매출액이 없는 경우 등에는 10억원)을 초과하지 아니하는 범위 안에서 과징금을 부과할 수 있다(동 6).

(나) 여객자동차운수사업법에 의한 과징금(변형된 형태의 과징금) 변형된 형태의 과징금제도는 맨 먼저 구 자동차운수사업법에 의하여 도입되었다. 현재는 동법은 폐지되고 여객자동차운수사업법과 화물자동차운수사업법으로 분리되었으며, 과징금제도는 이들 법률에 거의 그대로 승계되었다. 여객자동차운수사업법상의 과징금에 관하여 살펴보면, 국토해양부장관은 여객자동차운수사업자가 동법 등에 위반하여 사업정지처분을 할 사유가 발생한 경우에 그 사업정지처분이

---

1) 공정거래위원회는 법 위반행위에 대하여 과징금을 부과할 것인지 여부와 만일 과징금을 부과할 경우 법과 시행령이 정하고 있는 일정한 범위 안에서 과징금의 액수를 구체적으로 얼마로 정할 것인지에 관하여 재량을 가지고 있다고 할 것이므로, 공정거래위원회의 법 위반행위자에 대한 과징금 부과처분은 재량행위라 할 것이다(대법원 2006.5.12. 2004 두 12315 시정조치등 취소; 대법원 2002.9.24. 2000 두 1713등).

이용자에게 심한 불편을 주거나 기타 공익을 해할 우려가 있는 때에는 그 사업정지처분에 갈음하여 5천만원 이하의 과징금처분을 할 수 있는바, 과징금은 위반행위의 종별 · 정도 등에 따라 정하게 되어 있다(동 88, 화물자동차운수 21).

운수사업면허의 취소 또는 정지처분은 사업자로 하여금 여객(화물)자동차운수사업법상의 의무를 이행시키는 데 있어 가장 유효한 수단이라 하겠다. 만약 운수사업자가 의무를 위반하였다고 하여 당장 사업면허를 취소 또는 정지한다면 일반공중의 교통수요를 충족시킬 수 없어 혼란이 빚어지게 된다. 물론 사업자가 의무를 위반한 경우에는 대개가 취소 · 정지와 더불어 벌금 등의 형사처벌이 가능하게 되어 있으나 경미한 의무위반에까지 항상 벌금을 부과하는 것은 어렵고, 또한 벌금을 부과하면 사업자가 전과자로 되기 때문에 묵인할 수밖에 없는 경우가 많아 벌금도 의무확보수단으로 발동되기가 어려운 실정이다. 그렇다고 하여 의무위반을 그대로 방치할 수도 없는 것이어서 취소 · 정지처분에 갈음한 의무확보수단으로 고안된 것이 과징금제도이며, 이는 사업은 계속시키되 일정기간 당해 사업으로부터 생기는 수익을 박탈하자는 것이다.

(3) **과징금과 벌금**(형사처벌) 과징금은 단순한 금전부담으로 형사처벌이 아니며, 따라서 논리상으로는 같은 위반행위에 대하여 한편으로 행정제재금인 과징금을 부과하고, 다른 한편으로 형사제재인 벌금을 과하는 것도 가능하다 할 것이다. 그러나 실질적으로는 과징금이나 벌금은 다같은 금전부담으로 양자를 함께 부과시키는 것은 이중부담 내지는 이중처벌의 문제가 생길 수 있다.

(4) **과징금제도의 확대와 그 문제점** 구 자동차운수사업법에서 사업「정지」에 갈음하는 과징금제도가 도입된 이래 많은 법령에서 사업 「정지」에 갈음하는 과징금제도가 도입되고 있다(관광진흥 37, 해운 20, 식품위생 65, 공중위생관리 11의2, 의료 67, 약사 81). 더 나아가서 「시정명령」에 갈음하는 과징금(대외무역 39 등), 「자격정지」에 갈음하는 과징금(국민건강보험 85의2 등)이 도입되고 있다. 의무위반행위가 있어도 그 사업에 대한 일반공중의 의존도, 당해 사업의 생업성, 경제상 위치 등으로 사업정지 · 시정명령 · 자격정지 등을 행할 수 없기 때문에 차선책으로 하는 수 없이 과징금제도가 모든 분야에 확대되고 있다고 할 것이다. 그러나 그러한 측면에서의 충분한 고려 없이 사업정지 등으로 생기는 상대방과의 마찰 등을 피하려는 행정편의적인 생각 또는 의무이행이나 법의 실효성보다는 의무불이행자의 입장만을 지나치게 고려하는 온정주의적인 생각에서 과징금제도가 안이하게 확대되는 경향도 없지는 않은 것으로 생각된다.

(5) **구제수단** 과징금은 조세부과와 같이 강제적 금전부담금이라는 점에

서 당연히 법률상의 근거가 있어야 부과할 수 있다. 그리고 과징금의 부과처분이 법령에 위반된 경우에는, 특별한 쟁송제도가 마련되어 있지 아니하므로, 행정심판법과 행정소송법에 의한 행정쟁송을 제기하여 그 취소 등을 청구할 수 있다.

참고 재정적 공과금(조세 · 특별부담금 · 사용료 · 수수료)

위에서 본 가산금 · 가산금과 과징금은 제재적 공과금으로서 그 주된 목적이 행정법상의 의무위반자에 대하여 금전적 제재를 가하여 구체적인 행정의무를 이행시키는 데 있다. 그런데 그 주된 목적은 국가 등의 재정수입을 목적으로 하는 조세 · 특별부담금 · 사용료 또는 수수료가 국민들로 하여금 국가 등이 의도하는 특정한 행정목적에 따르도록 하는 행정목적실현의 확보수단으로 사용되는 경우가 있다. 예컨대 「수질 및 수생태계 보전에 관한 법률」에 의한 기본배출부과금(초과배출부과금은 제재적 공과금의 일종이다)은 사업자로 하여금 수질오염물질의 배출감소를 유도하고(동법 41), 「수도권정비 계획법」에 의한 과밀부담금은 인구집중시설의 설치억제를 유도하며(동법 12), 또한 전기요금(사용료)의 산정기준을 사용량에 따라 비례하여 정하지 않고 누진율을 적용할 때에는 전기에너지의 사용억제를 유도하는 행정목적을 달성한다. 이러한 공과금을 재정적 공과금이라고 할 수 있는데, 유도적 · 조정적 공과금(Lenkungsabgaben)이라고도 한다.[1] 재정적 공과금이 위에서 본 제재적 공과금과 다른 것은 주된 목적이 행정법상의 구체적 의무확보가 아니고 재정적 수입이며, 따라서 그 부과는 구체적인 의무위반이 전제되어 있지 않다는 점이다. 그러나 넓은 의미에서 행정목적의 실현수단이 된다는 점에서는 공통성을 가진다.

4. 行政上의 違反事實의 公表

(1) 의의 ① 위반사실의 공표란 행정주체가 상대방의 의무위반사실을 널리 알림으로써 상대방의 명예 · 신용의 침해를 위협하여 행정법상의 의무이행을 간접적으로 강제하는 제도이다.

② 행정상의 공표에는 일반 국민의 알 권리에 따라 국민에게 정보를 제공하는 공표도 있다. 행정절차법상의 처리기간의 공표(동법 19), 처분기준의 공표(동 20), 소비자기본법에 의한 소비생활의 합리화 및 안전을 위한 각종 정보의 수집과 제공(동법 11·28①(4)) 등이 그 예이다. 이러한 공표는 넓은 의미의 행정지도에 속하는 것으로, 위반사실 공표와는 다르다.[2] 그러나 그 공표의 결과가 특정인의 명예 · 신용의 침해를 가져오는 경우도 있다. 예컨대 판례에 나타난 바와 같이 소비자보호원이 「이동쌀막걸리」의 성분을 분석한 결과 주류제조에 첨가할 수 없는 「시카

1) 김성수(I), p.460.
2) 물론 위반사실의 공표도 부수적으로는 국민에 대한 정보제공을 갖는다(예: 안전한 건물, 신뢰할 수 있는 사업자를 이용자 · 소비자가 알 수 있도록 하는 기능 등).

린나트륨」이 검출되었다는 것을 공표하였는바, 그것이 이동주조회사에서 제조한 「이동쌀막걸리」가 아니어서 이동주조회사의 명예·신용을 침해한 것으로 판명되어 소비자보호원이 손해배상을 한 것과 같다(대법원1998.5.22. 97다57689 손해배상(기)). 이러한 공표는 그 범위 안에서 위반사실의 공표에 포함시킬 수 있을 것이다.

(2) **법적 성질** 위반사실의 공표는 일종의 권력적인 사실행위라고 할 것이다. 그것은 행정기관에 의하여 일방적으로 행하여지며, 그로 인하여 상대방의 명예·신용 또는 프라이버시권이 침해되기 때문이다.[1)]

(3) **법적 근거** 권력적 사실행위이기 때문에 법률적 근거를 요한다고 할 것이다. 이에 관한 일반법은 없으며, 각 개별 법률, 예컨대 독점규제 및 공정거래에 관한 법률(5·27),[2)] 공직자윤리법(8의2 ①③), 자원의 절약과 재활용 촉진에 관한 법률(13 ②) 등이다.[3)]

(4) **공표에 대한 구제수단**

㈎ **행정쟁송** 공표는 권력적 사실행위로서 행정소송의 대상인 처분에 해당된다고 할 것이기 때문에, 행정쟁송의 대상이 된다고 할 것이다. 그러나 공표가 되면 대부분의 경우에 좁은 의미의 소익 내지 권리보호의 필요성이 없어지게 된다고 할 것이다. 이러한 경우를 위하여 예방적 부작위청구소송의 도입이 요청된다고 할 것이다(행정소송법 개정안은 이 제도를 도입하고 있다). 반면 (명단)공표는 순수한 사실행위이므로 수인의무를 수반하는 권력적 사실행위로 보기 어렵기 때문에 행정쟁송의 대상이 될 수 없다는 견해도 있다.[4)]

㈏ **국가배상** 위법한 공표로 법익이 침해된 때에는 국가배상청구가 가능하다 할 것이다. 위법한 공표로 인한 구제는 그 성질상 대부분 이 방법에 의할 것이다.

㈐ **결과제거청구권** 위법한 공표에 대하여는 결과제거청구권에 의하여 철

1) 김용섭, 행정상 공표, 한국행정판례연구회 142차(2000.6.16.) 발표논문.

2) 소비자보호를 위한 이러한 보호적·경고적·예방적 형태의 공표조치를 넘어서 형사재판이 개시되기도 전에 공정거래위원회의 행정처분에 의하여 무조건적으로 법위반을 단정, 그 피의사실을 널리 공표토록 한다면 이는 지나치게 광범위한 조치로서 앞서 본 입법목적에 반드시 부합하는 적합한 수단이라고 하기 어렵다. 나아가 '법위반으로 인한 시정명령을 받은 사실의 공표'에 의할 경우, 입법목적을 달성하면서도 행위자에 대한 기본권 침해의 정도를 현저히 감소시키고 재판 후 발생가능한 무죄로 인한 혼란과 같은 부정적 효과를 최소화할 수 있는 것이므로, 법위반사실을 인정케 하고 이를 공표시키는 이 사건과 같은 명령형태는 기본권을 과도하게 제한하는 것이 된다(헌법재판소 2002.1.31. 2001 헌바 43 독점규제및공정거래에관한법률제27조위헌소원).

3) 과거 청소년의 성보호에 관한 법률 제20조는 「청소년의 성을 사는 행위 등의」죄를 범한 자의 성명, 연령, 직업 등의 신상과 범죄사실의 요지를 그 형이 확정된 후 이를 게재하여 공개할 수 있다(2항)고 규정하였으나 현재는 위 조문은 폐지되었고, 보건복지가족부장관이 10년간 청소년대상 성범죄자의 신상정보를 등록하여 관리하게 하였다(동법 35①).

4) 홍정선(상), p.628.

회청구가 가능하다고 하겠다. 다만 독일에서는 일반적 이행소송에 의하여 결과제거청구권이 실현되는데, 우리나라에서는 당사자소송에 의하여 그것이 실현될 수 있도록 이론구성을 하여야 할 것으로 본다.

5. 就業制限

병역법에 의하여 국가기관, 지방자치단체의 장 또는 고용주는 ① 징병검사를 기피하고 있는 사람, ② 징집·소집을 기피하고 있는 사람, ③ 군복무 및 공익근무요원근무를 이탈하고 있는 사람을 공무원 또는 임직원으로 임용 또는 채용할 수 없으며, 재직중인 경우에는 해직하여야 한다(동 76①). 국민의 가장 기본적인 의무를 불이행한 자에 대하여는 공직을 비롯한 취업을 제한하여 의무이행을 확보하려고 한 것이다.

Ⅱ. 다른 수단의 間接強制制度로의 轉用

1. 受益的 행정행위의 拒否 또는 撤回(停止)

인·허가영업의 거부 또는 철회·정지 등의 수단이 마련되어 있다는 것이 이에 선행하는 각종의 의무에 대하여 간접적인 강제효과를 갖게 된다. 특히 많은 국민의 생업이 인·허가사업으로 되어 있는 오늘날에는 인·허가의 거부 또는 철회·정지는 행정상강제집행이나 행정벌보다 실효성 있는 의무확보수단이 되고 있다.

2. 刑事上手段의 轉用

(1) 현행법상 행정상강제집행수단은 극히 한정되어 있으며, 일반적 수단으로 인정되어 있는 대집행절차도 그것이 이용될 수 있는 경우는 한정되어 있는바, 현실적으로는 다른 수단이 이에 대체되는 기능을 수행하는 경우가 있다. 예컨대 대집행에 대하여 실력으로 저항하는 경우 이를 배제하는 것이 대집행의 권한에 포함될 수 있는지의 여부가 법해석상 문제되는바, 현실적으로는 적어도 공무집행방해죄를 구성하는 것으로 보아 현행범의 체포형식으로 저항하는 자를 실력으로 배제하는 일이 있을 수 있다.

(2) 그러나 이러한 형사상 수단의 전용은 커다란 문제가 있다고 할 것이며, 이러한 전용은 결국 형사상 수단에 의하여 직접강제가 행하여진 것과 동일한 결과를 실현하려는 것으로, 말하자면 직접강제가 일반적으로 부정되고 있는 우리

현행법제에 대한 일종의 탈법행위가 행하여지고 있다고 볼 수 있다.

3. 供給拒否

(1) 의의 ① 행정법상의 의무를 위반한 자에 대하여 행정상의 급부나 재화의 공급을 거부하는 행위를 말한다. ② 공급거부의 예로는 구 건축법(69 ②③)에 의한 전기 등의 공급거부를 들 수 있다. 위 법은 동법 또는 동법에 의하여 발하는 명령이나 처분에 위반하여 건축물을 건축하였을 때에는 허가권자는 전기·전화·수도의 공급자, 도시가스사업자에게 당해 건축물에 대하여 전기 등의 설치 또는 공급의 중지를 요청할 수 있으며, 그러한 요청을 받은 자는 특별한 이유가 없는 한 이에 응하도록 하였다.[1] ③ 행정주체는 일상생활의 여러 가지 측면에서 사인에 대하여 법적·사실적으로 우월한 입장에 있으므로 이러한 입장의 차이 자체가 사인에 대한 무언의 압력이 되며, 간접적 강제효과를 갖는 경우가 많다고 하겠다.

(2) **법적 근거** ① 공급거부는 침해적 행위이므로 당연히 법률에 근거가 있어야 한다. ② 현행법상 공급거부에 관한 일반적인 근거법은 없으며 각 개별법률에서 근거를 정하고 있는데, 구 건축법(69 ②③) 등에서 정하고 있었다.[2] ③ 그러나 비록 법률에서 정하였다고 하더라도 이행이 확보되어야 할 의무와 거부되는 공급간에는 충분한 실질적(사물적) 관련(sachliche Vehältnis)이 있고, 그와 같은 강제방법을 인정할 합리적 근거가 있는 경우에 허용된다 할 것이다. 사물적 관련이 있다고 하기 위하여서는, 그러한 공급거부가 직접 대가관계에 있거나(예: 수도요금불납에 대한 급수정지), 직접 대가관계는 없더라도 당해 의무와 관련이 있는 경우(예: 사업장폐기물의 보관장소를 설치하지 아니한 자의 사업장에서 발생하는 사업장폐기물의 공영사업장폐기물처리장에의 반입거부)이어야 하며, 어떤 의무의 불이행에 대하여 당해 의무와 직접 관련이 없는 서비스의 공급을 거부하는 것은 문제된다 할 것이다. ④ 독일에서는 행정주체가 직접적인 관계가 없는 다른 행정목적을 달성하기 위하여 일상생활수단의 급부주체인 입장을 이용하여 간접적인 강제효과를 도모하는 것을 부당한 결부(Koppelung)로서 위법으로 보는 입장이 확립되어 있다.

(3) **구제수단** 전기·수도 등의 위법한 공급거부에 대하여는, 당해 급부

1) 관할 구청장이 한국전력공사에 대하여 건축법 제69조 제2항, 제3항의 규정에 의하여 위 건물에 대한 전기공급이 불가하다는 내용의 회신을 하였다면, 그 회신은 권고적 성격의 행위에 불과한 것으로 행정처분이라고 볼 수 없다(대법원 1995.11.21. 95 누 9099 전기공급불가처분취소).; 위법 건축물에 대한 단전 및 전화통화 단절조치 요청행위도 행정처분이 아니다((대법원 1996.3.22. 96 누 433 시정명령처분등취소).

2) 과거에는 더 많은 법률에서 공급거부를 허용하고 있었으나(예컨대, 공업배치 및 공장설립에 관한 법률, 대기환경보전법 등), 1999년에 규제완화 작업의 일환으로 그러한 많은 규정들이 삭제되었다.

의 형식이 공법적인가 또는 사법적인가에 따라 행정상 또는 민사상의 구제수단에 의하여 구제를 받을 수 있을 것이다. 공급거부가 처분에 해당하는 경우에는 행정쟁송의 제기가 가능하며, 또한 그로 인하여 손해를 받은 경우에는 행정상 손해배상을 청구할 수 있다고 할 것이다. 판례가 단수조치를 행정처분으로 인정한 것은 앞에서 보았다.

4. 官許事業의 제한

(1) 의의　넓은 의미에서 관허사업의 제한은 ① 행정법규에 의하여 인·허가를 받은 자가 그 인·허가업을 수행하는 과정에서 행정상의 의무를 위반한 경우에 당해 법률에 근거하여 인·허가를 취소·정지하는 경우와, ② 특정한 행정상의 의무와 직접적인 관련이 없는 각종의 인·허가를 행하지 아니 하거나, 이미 행한 인·허가를 취소·정지하는 것을 포함한다. 그러나 여기에서 관허사업의 제한은 좁은 의미, 즉 후자만을 의미한다.

(2) 종　류

(가) 위반건축물을 이용한 관허사업의 제한　건축법 제79조는 이 법 또는 이 법에 따른 명령이나 처분에 위반되면 이 법에 따른 허가 또는 승인을 취소하거나 그 건축물의 건축주·공사시공자·현장관리인·소유자·관리자 또는 점유자(건축주 등)에게 공사의 중지를 명하거나 상당한 기간을 정하여 그 건축물의 철거·개축·증축·수선·용도변경·사용금지·사용제한, 그 밖에 필요한 조치를 명할 수 있으며(동조 ①), 허가권자는 제 1 항에 따라 허가나 승인이 취소된 건축물 또는 제 1 항에 따른 시정명령을 받고 이행하지 아니한 건축물에 대하여는 다른 법령에 따른 영업이나 그 밖의 행위를 허가하지 아니하도록 요청할 수 있다. 다만, 허가권자가 기간을 정하여 그 사용 또는 영업, 그 밖의 행위를 허용한 주택과 대통령령으로 정하는 경우에는 그러하지 아니하다(동조 ②). 제 2 항에 따른 요청을 받은 자는 특별한 이유가 없으면 요청에 따라야 한다(동조 ③).

이는 위반건축물의 발생을 예방함과 동시에 위반건축물을 사실상 사용할 수 없도록 함으로써 당해 건축물을 철거하게 하는 간접적 강제수단의 하나로 마련된 것이다.

오늘날 대형 위반건축물이 발생한 경우 비록 위법하다 하더라도 그것을 전통적인 대집행수단으로 철거하는 것은 국가적으로 막대한 경제적 손실을 초래하기 때문에 사실상 불가능하게 되고, 따라서 전통적인 대집행은 무력한 강제수단이 되고 있는 실정이다.

여기에서 이에 대체되는 강제수단의 하나로 우리 건축법상 고안된 것이, 위법건축물에서의 영업허가를 취소하거나 건축물의 사용제한 등의 조치이다.[1]

㈏ **조세체납자의 관허사업의 제한** 국세징수법에 의하면 세무서장은 납세자가 대통령령이 정하는 사유 없이 국세를 체납한 때에는 허가 · 인가 · 면허 및 등록과 그 경신을 요하는 주무관서에 당해 납세자에 대하여 그 허가 등을 하지 아니할 것을 요구할 수 있으며(국세징수 7①), 세무서장은 이미 허가 등을 받아 사업을 경영하는 자가 국세를 3회 이상 체납한 때에는 대통령령이 정하는 경우를 제외하고 그 주무관서에 사업의 정지 또는 허가의 취소를 요구할 수 있으며, 당해 주무관서는 세무서장으로부터 그러한 요구가 있는 때에는 정당한 사유가 없는 한 이에 응하도록 하였다(동법 7②). 지방세체납의 경우에도 지방세법에서 유사한 규정을 두고 있다(지세 40).

이는 조세를 체납한 자에 대하여는 국가의 허가 등을 요하는 모든 사업을 새로이 할 수도 없게 함은 물론 기존의 허가 등을 정지 또는 취소하여 기존의 사업도 하지 못하게 함으로써 체납조세를 스스로 납부하게 하는 강제집행수단의 하나이다.[2] 여기에서 한 가지 주의를 요하는 사항은 체납된 조세와 불허가 또는 취소 · 정지되는 사업과는 직접적인 관련이 없더라도 체납자와 사업자가 동일인이기만 하면 이러한 강제수단이 발동된다는 것이다.

㈐ **병역의무불이행자에 대한 관허사업의 제한** 병역법은, 국가기관 또는 지방자치단체의 장은 제 1 항 각호(1. 징병검사를 기피하고 있는 사람, 2. 징집 · 소집을 기피하고 있는 사람, 3. 군복무 및 공익근무요원복무를 이탈하고 있는 사람)에 해당하는 사람에 대하여는 각종 관허업의 특허 · 허가 · 인가 · 면허 · 등록 또는 지정 등을 하여서는 아니되며, 이미 이를 받은 사람에 대하여는 취소하여야 한다(동법 76②)고 규정하고 있다.

(3) **한계** 건축법규 위반자 또는 체납자의 사업수행 자체를 위협함으로써 스스로 이행하게 하도록 고안된 수단이 관허사업의 제한이다. 이 수단은 매우 실효성이 있는 강제수단이기는 하지만, 의무위반사항인 체납된 조세와 불허

1) 구 국세징수법(1961.12.8 법률 제819호) 제23조 소정의 관허사업은 널리 허가 인가 면허 등을 얻어 경영하는 사업 모두가 포함된다 할 것이고, 건설업면허를 받아 건설업을 경영하는 자도 위 법 제23조 소정의 관허사업을 경영하는 자에 해당한다(대법원 1976.4.27. 74 누 284 건설업면허처분취소).

2) 원주세무서장은 원고가 3회 이상 국세를 체납하였다는 이유로 2004.5.18. 피고에게 원고에 대한 관허사업 제한을 요구한 사실, 이에 따라 피고는 2004.11.17. 원고의 일반음식점 영업 등을 정지하는 내용의 이 사건 처분을 한 사실, 그러나 이 사건 제한요구 이전인 2003.12.10. 원고 소유의 부동산에 관하여 임의경매가 개시된 사실,(중략) 위와 같이 경매가 개시됨으로써 시행령 제 9 조 제 2 항 제 1 호, 제 8 조 제 5 호에 해당하는 제외사유가 있었음에도 불구하고, 원주세무서장이 이 사건 관허사업 제한요구를 한 것은 위법하다(대법원 2006.9.22. 2006 두 7942 영업정지처분취소).

가 또는 취소·정지되는 사업과 직접적인 관련이 없다는 점과 체납 때문에 국민의 기본적인 생업 그 자체를 위협한다는 점에서 비례원칙상의 문제가 있다 하겠다.[1)]

5. 違反物件運搬者免許 등 取消 및 運搬自動車 등의 使用停止

(1) 산림법은 부정림산물을 적재하거나 운송하는 자동차 또는 선박은 당해 운전사의 운전면허 또는 선박의 해기사면허의 취소·정지 및 당해 자동차 또는 선박의 사용정지처분을 할 수 있게 하고 있다(동 94).

(2) 산림법을 위반한 임산물을 단속하기 위하여서는 그러한 위반행위를 직접 행한 자를 처벌하는 것만으로는 부족하고, 그러한 위반행위는 자동차·선박·중기 등을 운반도구로 사용하지 아니하고는 발생할 수 없으므로 운전자 등의 운전면허를 취소·정지시키거나 자동차 등의 사용을 정지시키는 강제수단을 채용한 것이다.

6. 契約相對方으로부터의 排除

행정법상의 의무이행확보를 위하여 일정한 의무의 불이행상태에 있는 자를 행정주체와의 계약상대방으로부터 배제하는 경우가 있다. 국가와의 계약에 있어서 불공정한 행위를 한 자 등에 대하여 일정기간 입찰자격을 제한하는 것과 같다(국가를 당사자로 하는 계약 27).[2)] 또한 실제로 어떤 신청 등의 요건으로서 일정한 의무의 불이행이 없을 것(예: 조세의 불납)을 요건으로 한다든가, 일정한 의무를 불이행하고 있는 경우에는 지명대상에서 제외시키는 일은 흔히 볼 수 있다. 그리하여 계약과 직접 관계가 없는 의무에까지 확대하고 또한 자격제한의 효과가 미치는 행정구역을 제한하지 아니하는 경우에는 의무이행확보수단으로서 커다란 기능을 갖게 된다.

---

1) 원고가 국세를 체납하고 있었으므로 세무서장이 교통부장관에게 원고의 자동차정비사업허가를 취소하라고 요구하자 원고가 체납세금을 전부완납하였음에도 불구하고 교통부장관이 허가취소처분을 하였다면 국세체납을 이유로 한 취소처분은 위법하다[73 누 191(1975.5.27 대판)].

2) 입찰보증금의 국고귀속조치는 국가가 사법상의 재산권의 주체로서 행위하는 것이지 공권력을 행사하는 것이거나 공권력작용과 일체성을 가진 것이 아니라 할 것이므로, 이에 관한 분쟁은 행정소송이 아닌 민사소송의 대상이 될 수밖에 없다고 할 것이다. (중략)원고대리인이 입찰금액을 60,780,000원으로 기재한다는 것이 착오로 금 6,078,000원으로 잘못 기재한 것은 시설공사 입찰유의서 소정의 입찰서에 기재한 중요부분의 착오가 있는 경우에 해당되어, 이를 이유로 즉시 입찰취소의 의사표시를 한 이상 피고(조달청장)는 본건 입찰을 무효로 선언함이 마땅하므로, 원고가 이 사건 공사계약체결에 불응하였음에는 정당한 이유가 있다고 할 것이니, 원고를 부정당업자로서 6월간 입찰참가자격을 정지한 피고의 처분은 재량권을 일탈하여 위법하다(대법원 1983.12.27. 81 누 366 입찰참가자격정지처분취소).

Ⅲ. 義務者의 擴張과 제 3 자인 私人의 協力

1. 의무자의 확장

오늘날에는 의무이행을 확보하기 위하여 의무자를 확장하는 경우가 있다. 조세법에 있어서 연대납세의무자 · 제 2 차납세의무자가 가장 전형적인 예이다. 주·정차위반의 경우에 운전자 이외에 관리책임이 있는 자에게 위반차량을 다른 장소로 이전하게 하는 것도 그 예의 하나이다(도교 35①). 그러나 본래의 의무와 관계가 전혀 없는 자에게까지 확장하는 것은 허용되지 않는다고 할 것이다.

2. 제 3 자인 私人의 協力

행정법상의 의무의 확보에 있어서 경우에 따라서는 사인의 협력이 유효한 경우가 많다. 위반에 대하여 제 3 자에게 통보 또는 신고하게 하는 경우가 있다. 무허가벌채를 한 자를 행정기관에 통보한 자에 대하여 상여금을 지급하는 것(산림 96), 「독점규제 및 공정거래에 관한 법률」에서 동법에 위반되는 사실에 대하여 공정거래위원회에 신고할 수 있도록 한 것(동법 49) 등이 있으며, 쓰레기투기 신고포상금제(각 지방자치 단체의 조례), 범죄신고자보상제(1995. 12. 31 경찰청훈령 150호), 교통법규 위반차량 신고보상제(2001. 3. 10 경찰청예규 283호) 등이 그 예인바, 이른바 전문신고꾼의 발생 등 많은 문제점도 나타났다. 이러한 통보나 신고는 단순한 사실의 통지에 지나지 아니하며, 행정청은 그에 구속되지 아니한다고 보는 것이 일반적인 견해이다. 그러나 신고 등에 의하여 행정기관이 발견하지 못한 위무위반이 발견되어 의무확보가 이루어지며, 위반행위의 발생이 예방되고 있다고 하겠다.

제 4 편 行政救濟

제 1 장 概　説

Ⅰ. 行政救濟의 의의

(1) 행정구제(Verwaltungsrechtsschutz)라 함은 행정기관의 작용으로 자기의 권리·이익이 침해되었거나 될 것으로 주장하는 자가 행정기관이나 법원에 원상회복·손해전보 또는 당해 행정작용의 취소·변경을 청구하거나, 기타 피해구제 또는 예방을 청구하고, 이에 대하여 행정기관 또는 법원이 이를 심리하여 권리·이익의 보호에 관한 판정을 내리는 것을 말한다.

(2) 법치주의가 제대로 시행되기 위하여서는 법의 양면적 구속성이 확보되어야 한다. 즉, 한편으로 국민이 법을 준수하여야 하고, 국민이 법을 위반한 경우에는 이를 확보하는 수단(행정강제·행정벌 등)이 있어야 하며, 다른 한편으로 행정을 집행·운영하는 국가기관이 법을 잘 준수하여야 하고, 국가기관의 작용이 위법·부당하여 개인의 권리·이익이 침해된 경우에는 이를 구제하는 수단이 있어야 한다. 그 구제수단이 바로 행정구제이다.

Ⅱ. 行政救濟法의 基本觀念

(1) **법원에 의한 권리구제**　개인적 권리를 보호함에 있어 가장 적합한 것은 법원에 의한 구제이므로, 근대 여러 나라의 법제는 모두 행정구제에 있어서의 법원의 역할을 가장 중시한다. 그러나 행정사건을 사법재판소의 관할로 하는가(영미법계) 행정재판소를 별도로 설치하여 그 관할로 하는가(대륙법계)에 대하여는 대립이 있으며, 행정재판소를 두는 나라에 있어서도 그것을 사법부의 한 부문으로 하는가(우리나라와 독일의 현행제도) 행정부내부의 독립기관으로 하는가(프랑스·제 2 차대전 전의 독일)는 나라에 따라 다르다. 어느 제도를 채택하느냐는 권력분립에 관한 헌법이론 및 연혁의 차이에 달려 있지만, 현재 각국의 법원(사법재판소이건 행정재판소이건)이 실제로 담당하고 있는 행정구제기능에는 뉘앙스의 차이는 있다 하더라도 기본적인 차이는 없다고 말할 수 있다.

(2) **행정국가주의에서 사법국가주의로**　제 2 차대전 전의 독일이나 일본

등 이른바 형식적 법치국가에서는, 행정재판소를 설치하여 행정사건을 관할하게 하였으나, 열기주의를 채택하여 출소사항이 한정되었고 소송절차도 불비하여 국민의 권리구제제도로서는 극히 불완전하였다. 또한 행정상의 손해배상 또는 손실보상에 관한 사건은 사법재판소의 관할에 속하기는 하였으나, 공권력행사로 인한 손해의 배상은 특별한 명문규정이 없는 한 부정되었다. 그러나 제 2 차대전 후에는 이들 국가에 있어서도 행정소송사항에 대한 개괄주의의 채택, 공권력행사로 인한 국가배상책임의 인정 등 행정구제제도에 있어서 많은 변혁을 이룩하였다. 실질적 법치국가주의에 입각한 우리 헌법은 행정소송사항에 대하여 개괄주의를 취하였고(헌 107②), 행정사건을 비롯한 모든 법률상쟁송을 사법재판소의 관할로 하여 영·미식의 사법국가주의를 채택하였으며, 국가 또는 공공단체의 불법행위책임을 인정하였고(헌 29), 공공필요에 의한 사유재산의 수용 등에 대한 보상에 관하여 정하고 있다(헌 23③).

(3) **사후구제제도와 사전구제제도의 상호보완** 과거 독일 등 대륙법계국가에서의 행정구제는 사후구제제도를 주축으로 하여 왔다. 과거 이들 국가에서는 행정주체의 개인에 대한 우월성의 관념을 기축으로 전개되어 왔기 때문에, 사전에 국민이 행정법규의 적용에 참여하는 제도가 인정되지 않고 전적으로 행정기관에 맡기는 것이 오히려 당연한 것으로 생각되었다.

그러나 사후구제제도는 권익이 이미 침해된 뒤에 행하여지는 것이기 때문에 처음부터 권익의 침해가 없었던 것과 같은 의미에서의 권리구제는 기대할 수 없다는 결함을 지니고 있으며, 그것은 오늘날 행정작용이 증대되어 감에 따라 더욱 뚜렷하게 나타나게 되었다. 그리하여 독일 등 대륙법계 국가에서도, 사후구제제도를 개선함은 물론 위법·부당한 행정작용을 예방하는 데 중점을 둔 사전적 구제(prior relief)가 채택되고 있으며, 또한 보다 넓은 분야에서의 채택을 위한 작업이 활발하게 행하여지고 있다. 그것은 바로 각국에 있어서의 일반행정절차 입법의 경향에서 잘 나타나고 있다. 예컨대 독일·일본의 행정절차법의 제정, 또한 우리나라의 행정절차법의 제정 등이다.

Ⅲ. 行政救濟의 종류

(1) **사후구제제도** 행정기관의 행위의 효력을 다투는 행정상쟁송과 행정작용으로 인하여 개인이 입은 재산상의 손해(손실)의 전보에 관한 국가보상이 있다.

(가) 행정상쟁송은 다시 법원의 소송절차를 거쳐 재판으로 처리하는 행정소송과, 행정기관의 일정한 절차에 의하여 재결하는 행정심판 등이 있다.

(나) 국가보상에는 공무원의 직무상의 불법행위 또는 공공의 영조물의 설치·관리의 흠(하자)으로 인한 손해의 배상인 「행정상의 손해배상」과, 행정상의 적법행위로 인한 손실의 보상인 「행정상의 손실보상」이 있는바, 종래 양자는 다른 원리에 입각한 전혀 별개의 제도로 생각되어 왔다.

그러나 오늘날의 불법행위법은 제재기능보다도 이해조정기능으로 그 중점이 옮겨졌다. 그리하여 국가배상과 손실보상의 구별은 상대적인 것으로 되었으며, 행정작용으로 인하여 생긴 개인의 재산상의 손해를, 공적 부담 앞의 평등이라는 원리에 따라, 가해행위의 적법·위법이라는 견지에서가 아니고 피해자의 손해전보라는 견지에서 함께 고찰하는 것이 필요하게 되었다.

(2) **사전구제제도** 행정절차가 그 주된 수단이라 할 것인바, 우리나라에서도 1996년에 행정절차법이 제정되어 1998년 1월 1일부터 시행되게 되었다. 헌법이 인정하고 있는 청원(헌 26)도 사전 또는 사후구제제도로서의 기능을 갖는다. 헌법상으로만 보면 청원에 관하여 국가의 수리·심리의무만을 규정하고 있어 행정구제제도로서의 의미가 희박하다 하겠으나, 이 규정에 의하여 제정된 청원법은 처리·통지의무까지 인정하고 있어 행정구제제도로서의 의의가 강화되었다고 하겠다.

(3) **「옴부즈만」제도** (가) 위에서 본 제도 이외에 특수한 행정구제제도로서 「옴부즈만」(Ombudsman)제도가 있다. 「옴부즈만」은 「스웨덴」말인데, 대리자·대표자(agent, representative)를 의미하며, 우리나라에서는 많은 학자가 호민관이라고 번역한다.[1)]

(나) 「옴부즈만」제도는 현대국가에 있어서 행정기능이 날로 확대·강화됨에 따라 거기에서 파생되는 부적정한 행정작용(maladministration)으로부터 개인의 권익을 보호하기 위하여서는 전통적인 행정구제제도에 더하여 국민의 대표기관인 의회의 대리자가 모든 행정관·사법관의 준법 여부를 감시하여야 한다는 인식 아래서 발전된 제도라 할 것이다.

(다) ① 「옴부즈만」제도의 장점으로는 다음과 같은 점이 지적된다. ⓘ 다른 구제방법에 비하여 시민의 접근이 용이하고, ⓘⓘ 적은 비용으로 문제해결이 가능하며, ⓘⓘⓘ 고도의 융통성과 적응성이 있는 것이 특색이고, ⓘⓥ 특히 대민행정과

---

1) 김도창(상), p. 579; 이상규(상), p. 576; 김남진(I), p. 804.

인구가 적은 사회에서 큰 효용을 보일 수 있다.[1)]

② 「옴부즈만」제도의 단점으로는 다음과 같은 점이 지적된다. ⅰ 그 기능이 국회의원의 직무와 중복된다는 비판이 있을 수 있고,[2)] ⅱ 다른 기관(감사기구·법원·해당행정기관(감사관) 등) 또는 다른 제도(청원·진정 등)와 기능이 중복되는 면이 있으며, ⅲ 행정의 책임성과 비밀성이 침해될 우려가 있고(초기에 여러 나라에서 주장되었다), ⅳ 무엇보다도 「옴부즈만」제도는 직접 행정이나 재판에 관한 시정권을 가지고 있지 않고 권고권만 가지고 있다는 점이 지적된다.

㈑ 현재 우리나라에서도 실질적인 기능면에서는 위에서 본 바와 같이 대통령비서실·국무총리비서실·감사원, 특히 「부패방지 및 국민권익위원회의 설치와 운영에 관한 법률」(제정 2008.2.29. 법률 제8878호)에 의하여 설치된 「국민권익위원회」등에서 「옴부즈만」의 기능을 일부나마 수행하고 있다고 할 것이다.

---

1) 「옴부즈만」의 기능은 시민보호로부터 차츰 「보다 나은 공공행정의 촉진」(promotion of better public administration)으로 중점이 옮겨 가고 있다. 「스칸디나비아」 4개국과 「뉴질랜드」의 경험에서 보면, 총제소건수 중에서 구제를 요구하는 것은 10%밖에 안되고 있다(김도창(상), p.549).

2) Gellhorn, When Americans Complain, p.57.

제 2 장 行政上損害賠償

제 1 절 概　　說

I. 行政上損害賠償의 의의 및 行政上損失補償과의 구별

1. 意　　義

공무원의 위법한 직무집행행위 또는 국가나 공공단체의 공공의 영조물의 설치·관리의 흠(하자)으로 인하여, 개인에게 재산상의 손해를 가한 경우에, 국가나 공공단체가 그 손해를 배상하는 것을 말한다(헌 29, 국배 2·5 참조).

2. 行政上損失補償과의 구별

(1) 국가작용으로 인하여 국민이 받는 손해를 전보하는 제도에는 위에서 본 바와 같이 「행정상손해배상」과 「행정상손실보상」의 두 가지가 있다.

「행정상손해배상」과 「행정상손실보상」제도는 시민적 법치국가를 전제로 하여 형성된 것이라 할 것이며, 법치주의의 확립에 따라 국가행위는 위법행위와 적법행위로 준별되고, 전자에 대하여는 과실책임주의에 의한 「손해배상」이 인정되었으며, 후자에 대하여는 재산권보장과 평등원칙에 의하여 「손실보상」이 인정되었다고 할 것이다. 그리하여 양제도는 각각 별개의 제도로 발전되어 왔으며, 실정법상으로도 구분되어 있다.

(2) 그러나 오늘날의 복리국가에 있어서는 개인생활에 대한 국가의 광범한 개인이 행하여짐에 따라 국가기능이 확대·강화되고, 이에 따라 손해배상과 손실보상의 어느 것에 의하여서도 보전되지 아니하는 손해가 발생하게 되었다. 이 것을 손해배상과 손실보상의 간격이라고 일컬을 수 있겠다. 예컨대, 공무원의 위법·적법을 가리기 어려운 행위 내지는 위법무과실행위로 침해를 받은 경우 등이다. 여기에서 「손해배상」과 「손실보상」의 양쪽에서 입법과 판례를 통하여 그러한 간격을 메우기 위한 제도가 발전하게 되었는바, 손해배상 쪽에서는 사법분야에서의 영향을 받아 무과실책임 또는 위험책임 등이 등장하였고, 손실보상 쪽에서는 수용유사침해에 대한 보상책임 등이 등장하였으며, 그 결과 손해배상과 손실보상은 상호 융화 내지는 접근경향을 보이게 되었다. 그것은 무과실책임 또

는 위험책임의 경우에는 손해발생의 원인에 대하여 도의적 비난을 가할 수 있는지의 여부에 관계없이, 발생된 결과에 대한 공평부담의 견지에서의 책임이라는 점에서 손실보상과 공통점을 가지며, 수용유사침해에 대한 보상은 위법무과실행위로 인한 침해에 대한 보상인 점에서 손해배상과 공통점을 가진다.

Ⅱ. 行政上損害賠償制度의 발전

1. 槪 說

(1) 공무원의 직무상 불법행위로 인한 국가의 배상책임은, 일찍이 발전한 사법상의 불법행위제도에 기초를 두고 있다. 다만, 19세기 말경까지도 공무원의 직무상 불법행위로 인한 국가의 배상책임은 부정되고, 행위자인 공무원이 민법에 근거하여 배상책임을 졌었다. 그 때까지 국가의 배상책임이 부정된 것은 국왕은 악을 행할 수 없다(The king can do no wrong.)라는 봉건적인 국가무책임이론(sovereign immunity)과 공무원의 불법행위의 효과는 국가에 귀속시킬 수 없다는 이론에 의하여 뒷받침되었다. 그리하여 공무원의 직무상 불법행위로 인하여 국민이 받는 손해는 공무원 개인이 배상책임을 졌었다.

(2) 그러나 행정기능이 확대·강화됨에 따라 공무원의 직무상 불법행위로 국민의 권익을 침해할 가능성이 증대되고, 국민의 권익구제의 요청이 강하여짐에 따라, 19세기 말경부터 각국에서 국가무책임이론과, 공무원의 불법행위를 어떻게 국가에 귀속시킬 것인가 하는 법률상의 문제를 극복하고, 공무원의 직무상 불법행위로 인한 국가의 배상책임을 인정하게 되었다.

2. 프 랑 스

「프랑스」에서는 국사원의 판례를 통하여 발전하였으며, 현재 역무과실책임·위험책임의 이원적 구조를 취하고 있다.

전자는 과실책임주의를 바탕으로 한 것이며, 「블랑코(Blanco)」사건 이래 확립되었다(1873). 후자는 무과실책임주의를 취한 것이며, 오늘날 증대하는 행정적 위험에 대한 사회보험으로 「위험의 사회화」, 「공적부담 앞의 평등」을 실현하려는 것으로 「프랑스」 국가책임제도의 하나의 빛나는 특색이라 하겠다.

3. 독 일

(1) 독일에서는 국고작용으로 인한 것은 일찍부터 민법에 의하여 국가도

사인과 동일한 책임을 졌으나, 공행정작용에 있어서는 공무원이 직무상의무를 위반하여 제 3 자에게 손해를 가한 때에는 민법에 의하여 공무원 자신이 그에 대한 배상책임을 졌으며, 국가는 책임을 지지 아니하였다.

(2) 1949년의 「본」기본법 제34조는 「바이마르」헌법상의 국가배상책임원칙을 계승하였는바, 기본법 제34조에 의한 국가책임의 성격에 대하여는 다툼이 있었으나, 직무책임(대위책임)으로 보는 것이 통설・판례의 입장이었다. 직무책임이 갖는 문제점은 실제운영상으로는 그 동안 학설・판례를 통하여 상당한 정도로 보완되었으나 궁극적 해결은 새로운 국가책임법의 제정이라는 인식 아래, 오랜 입법작업결과 국가책임법(Staatshaftungsgesetz)이 1982년 1월 1일부터 시행되게 되었다.

국가책임법은, ① 국가의 직접적 책임(자기책임)・배타적 책임(공무원 개인에 대한 배상청구 불인정)의 채택, ② 입증책임의 전환(원칙적으로 과실책임주의를 유지하되, 입증책임을 국가에게 부담시킴), ③ 기본권 침해 및 기술적 설비의 고장으로 인한 손해에 대한 무과실책임주의 채택, ④ 결과제거청구권의 인정, ⑤ 위법무과실행위에 대한 구제의 인정 등 국가책임제도를 대폭 개선하였다.

그런데 국가책임법은 시행되자마자 「바덴」주 등 5개주의 제소에 의하여 1982년 10월 19일에 연방헌법재판소에서 「국가책임법의 입법은 연방의 입법권한에 속하지 않는다」는 이유로 위헌판결을 받아 무효로 되었다(독일기본법 93 참조).

그런데 이러한 위헌의 문제는 독일 통일을 계기로 이루어진 기본법 개정을 통하여 해결되었다. 즉, 1994년에 기본법을 개정하여 제74조 제 1 항 제25호에 국가책임법 제정의 명시적 근거규정을 둔 것이다. 이에 따라 앞으로 국가책임법의 제정이 활발하게 논의될 것으로 예상된다.

독일에서도 증대하는 행정적 위험에 대처하기 위하여 학설・판례를 통하여 위법무과실행위에 대한 책임인 수용유사침해이론, 그리고 위험책임의 이론이 현저히 발전되고 있으나 위험책임의 이론은 판례상 아직 인정되지 않고 있다.[1)]

4. 영국・미국

영・미에서는 공무원에게는 개인적 민사책임을 인정하되, 영국에서는 국왕대권에서 유래한 「왕은 악을 행할 수 없다」(The king can do no wrong.)는 법리, 왕이 없는 미국에서는 「주권자는 그 승낙 없이 소추되지 않는다」(The sovereign can not be suited without its consent.)는 법리에 의하여, 국가무책임의 원칙이 지배하여 왔다. 그러나 제 2 차대전 후 영국에서는

1) 최정일(상), p.893 참조.

국왕소추법(The Crown Proceedings Act(1947)), 미국에서는 연방불법행위청구권법(The Federal Tort Claims Act(1946))의 제정으로 드디어 인정되기에 이르렀다. 그러나 아직도 넓은 적용배제조항을 두고 있는 것이 이들 국가의 불법행위책임의 특색이다.

예컨대, 공무원의 개념이 한정되어 있으며(국왕소추법 2⑥), 법원의 사법작용(재판)으로 인한 손해에 대하여는 국가책임이 배제되고(동 2⑤)(상하양원의 입법작용에 대하여는 명문규정이 없으나 동일하게 본다.), 군대구성원이 다른 구성원에게 입힌 손해에 대하여도 국가책임이 배제된다(동 2①②).[1)]

5. 일 본

제 2 차대전 후에 헌법에 국가배상을 일반적으로 긍정하는 규정을 두고(일본헌법 17), 이에 근거하여 국가배상법을 제정하여 공무원의 불법행위로 인한 배상책임(동법 1)과 영조물의 설치·관리의 하자로 인한 배상책임(동법 2)을 인정하였다.

Ⅲ. 우리 行政上損害賠償制度

1. 국가배상책임의 憲法에 의한 認定

(1) 우리 헌법 제29조는 국가 또는 공공단체의 배상책임을 일반적으로 긍정하였고, 동 규정의 실시를 위하여 국가배상법을 제정하여, ① 공무원의 위법한 직무행위로 인한 배상과, ② 공공영조물의 설치·관리의 흠으로 인한 배상의 두 가지 유형으로 나누어, 그 구체적 내용을 명백히 하고 있다.

(2) 다만, 헌법은 배상주체를 「국가 또는 공공단체」로 하고 있으나, 국가배상법은 「국가 또는 지방자치단체」로 한정하고, 지방자치단체 이외의 공공단체(공공조합·영조물법인)의 배상책임에 대하여는 민법에 맡겼다.

이와 같이 지방자치단체 이외의 공공단체의 배상책임에 대하여 민법에 맡긴 것은 헌법 제29조의 취지에 어긋난다는 견해가 있으나,[2)] 헌법의 취지는 소속직원의 불법행위에 대하여는 당해 공공단체 스스로 배상하여야 한다는 데 있으며, 모든 공공단체에 대하여 동일법률에 따라 배상하여야 한다는 것을 정한 것은 아니라 할 것이므로, 헌법상 문제는 없다고 할 것이다.

2. 國家賠償法의 지위

(1) 국가배상법 제 8 조는 「국가나 지방자치단체의 손해배상 책임에 관하여

1) 古崎慶長, 國家賠償法, p.52 참조.
2) 이상규(상), p.610; 변재옥(I), p.506.

는 이 법에 규정된 사항 외에는「민법」에 따른다. 다만,「민법」외의 법률에 다른 규정이 있을 때에는 그 규정에 따른다.」고 규정하여, 동법이 공행정작용으로 인한 배상에 대한 일반법임을 명시하고 있다.

(가) 그리하여, ① 민법 이외의 다른 법률이 있으면 그 법률이 먼저 적용되며, ② 그런 특별법이 없으면 국가배상법이 적용되고, ③ 국가배상법에 규정이 없는 사항에 대하여는 민법이 보충적으로 적용된다.

(나) 국가배상법은 과실책임주의를 채택한 민법의 일반원칙과의 균형과 재정상의 이유 등으로 과실책임주의를 취하고 무과실책임주의를 채택하지 아니하였는바, 동법 제정 이후 계속하여 무과실책임의 입법적 도입이 주장되고 있다. 그러나 일률적 · 포괄적인 도입은 현재로서는 곤란할 뿐만 아니라 바람직스럽지도 못하다고 하겠다. 그 원인행위 · 가해상황의 개별적 · 구체적 사정에 따라 개별입법에 의하여 무과실책임주의를 도입하고 있다.

참고 무과실책임

1. 개　　설

무과실책임(responsabilité sans faute)은 사법에 있어서와 마찬가지로 행정법에 있어서도 예외적으로만 적용되는 보충적 이론이다. 그러나 오늘날은「프랑스」국사원의 판례에서 보는 바와 같이 그 적용범위를 점차 넓혀 가고 있다. 무과실책임은 프랑스에서 국사원의 판례를 통하여 가장 잘 발전되고 있는바, 프랑스의 경우 무과실책임이론은 민법에서는 위험(risque)이라는 하나의 이론에 기반을 두고 있는데, 행정법에서는 두 가지 다른 원리에 기반을 두고 있다. 즉, 위험의 조성(création d'un risque)과 공적부담 앞의 만인의 평등에 대한 침해(la rupture de l'égalité de tous devant les charges publiques)가 그것이다. 넓은 의미의 무과실책임은 위험책임과 위험과 관계없는 무과실책임으로 구분된다.

2. 위험책임(responsabilité pour risque)

행정이 그 임무를 수행함에 있어서 일정한 자를「특별한」위험(risque particulier) 아래 두게 되고, 그 위험이 행정측의 과실에 의하지 않고 현실적인 사고로 나타나는 경우가 있다. 국사원은 이러한 사고 중 일정한 경우에 국가에게 배상의무를 지우는바, 책임발생원인은 오직 의도적으로 조성한 위험이 현실화되었다는 데 둔다. 판례는 다음과 같은 경우에 위험책임을 인정한다.

(1) 공무담당자(공무원)에게 생긴 근로재해(accidents du travail)　프랑스에 있어서 근로재해는 오늘날은 법률에 의하여 보상이 보장되어 있으나, 원래 국사원의 판례에서 국영공장의 근로자가 받은 손해에 대하여 행정이 조성한 위험을 유일한 근거로 하여 배상책임을 인정하였다. 오늘날에도 입법에 의하여 보장되지 아니한 행정에 협력한 자에 대하여 적어도 행정측의 요구 내지는 권장에 응한 것인 경우에는 판례에 의하여 배상책임을 인정하고, 더 나아가서 자발적 협력자, 특히 인명구조자에게까지 확대하고 있다(전염병발생시 여자교원이 그 자신과 태아가 감염의 위험이 있는 환경에서 직무를 수행하여야 하는 경우에 전염병에 감염됨으로써 받은 손해배상책임의 인정도 이에 준한다).

(2) **위험물(choses dangereuses)에 의하여 생긴 손해** 그 자체가 위험한 공공공작물(전기선로 등), 폭발물, 경찰이 사용하는 무기 등으로 인하여 생긴 손해에 대한 배상책임이다. 경찰이 사용하는 무기의 경우 피해자가 당해 경찰활동과 무관계인 경우에는 무과실책임을 인정하는데, 피해자가 경찰활동과 관계가 있는 경우에는 과실이 있는 경우에만 배상책임을 인정한다.

(3) **위험한 활동 또는 기술수단에 의하여 생긴 손해** 예컨대 비위생적인 물건의 소각작업중에 인가에 연소한 경우 배상책임을 인정하고, 행형기관이 과거에 취하던 범죄소년의 탈주예방을 위한 관찰갱생제도를 의도적으로 폐지한 경우에는 인근주민을 용이하게 행하여질 수 있는 탈주에 따른 위험 아래 둔 것으로 위험이 현실화된 경우에는 배상책임을 인정한다.

3. 위험과 관계없는 무과실책임

위험의 관념으로 설명할 수 없는 무과실책임이다. 이 경우에는 행정측에 과실은 없지만 일반의 이익을 위하여 특정개인에게 이상한 손해(préjudice anormal)를 부담시키는 조치가 취하여진 경우이다. 배상책임의 근거는 「공적부담 앞의 만인의 평등이 침해되었다는 것」에 둔다.

여하튼 위험과 관계없는 무과실책임이 인정되는 경우는 다음과 같다.

(1) **비위험 공공공작물에 인접함으로써 생기는 영속적 손해** 공토목분야에서 비위험 공공공작물에 인접함으로써 생기는 영속적 손해는 상린관계에서 오는 제약을 넘는 경우에는 배상책임을 인정한다.

(2) **재판불집행** 법원에서 승소판결을 받은 사인은 타방당사자에 대하여 이행을 강제하기 위하여 국가의 실력기관(집행관)의 조력을 받을 권리가 있다. 그런데 당해 재판의 집행으로 인하여 중대한 사회적 혼란이 야기될 우려가 있어 실력기관의 조력을 거부하는 경우가 있는바, 이 경우에도 과실은 있다고 할 수 없으나, 집행이 행하여지지 아니함으로써 당해 사인에게 생긴 손해에 대한 국가의 배상책임을 인정한다.

(3) **일반의 이익을 위한 특정사기업에 과하여진 경제정책적 내지는 사회정책적 성격을 가진 조치** 예컨대 노동감찰국(inspection du travail)이 특정기업에 대하여 그 일부 종업원의 해고인가를 사회적 분쟁을 피하기 위하여 거부하는 경우 등에 배상책임을 인정한다. 비슷한 예는 손해가 경찰상의 조치로부터 생기는 경우에도 볼 수 있다.

(4) **도시계획법에 위반된 건축물의 철거조치거부** 그 거부조치가 적법한 것으로 판단되더라도 인근토지소유자는 특별하고 이상한 손해가 생긴 경우에는 국가의 배상책임을 인정한다.

4. 우리나라 경우의 무과실책임

우리나라에서는 무과실책임은 그때 그때의 개별적인 입법에 의하여 인정되고 있으며 판례에 의하여 인정된 것은 없는 것 같다. 다만, 판례는 과실의 전제가 되는 주의의무를 객관화·정형화함으로써 과실책임주의를 취하는 우리 법제도 아래서도 배상책임을 널리 인정하는 쪽으로 나아가고 있다고 말할 수 있겠다.

입법에 의하여 인정된 무과실책임은 그것을 명확하게 분류할 수도 없고, 또한 구분할 실익도 없다고 할 것이나 굳이 구분한다면 대개 위험책임의 성격을 갖는 것이라고 하겠으며 위험과 관계없는 무과실책임에 해당하는 것은 거의 없는 것 같다. 다만, 우리나라에서는 공공의 영조물의 하자로 인한 배상책임은 당해 공공의 영조물이 위험물인지의 여부에 관계없이 모두 무과실책임을 인정하는바, 완전한 결과배상도 아니고 하자가 있어야 책임을 인정하는 점에서 완전한 위험책임도 아니라고 하겠다.

우리나라의 경우 무과실책임이 넓게 인정되기 위하여서는 결국 그에 관한 입법이 행하여져야 한다. 그러나 그러한 입법이 행하여지기 전이라도 국가보상의 기본이념에 따라 현행법을 해석함으로써 가능한 한 손실보상과 손해배상의 간격을 메워나가야 할 것이다. 그러한 해석의 예로는 국가배상법 제 2 조의 과실개념의 객관화, 동법 제 5 조의 영조물개념의 확대, 공용수용개념의 확대 등을 들 수 있겠다.

(2) 국가배상법은 「외국인이 피해자인 경우에는 해당 국가와 상호 보증이 있을 때에만 적용한다.」(동법 7).[1] 주한미국군대 및 한국증원군대의 구성원 등의 공무집행중의 행위와 이들이 소유·관리하는 시설 등의 설치 또는 관리의 흠으로 인한 피해자는 우리 군대의 공무집행중의 행위로 피해를 받은 경우와 마찬가지로 국가배상법의 규정에 따라 대한민국을 피고로 배상을 청구한다.[2]

3. 國家賠償法의 성격

(1) **사법설** 사법설은 그 논거로 ① 우리 헌법이 국가가 공권력의 주체로서 종래 누려온 주권면책의 특권을 포기하고 국가를 사인과 동일한 지위에 두어 그 배상책임을 인정하였다는 점, ② 그리고 실정법상으로도 국가배상법 제 8 조에서 「이 법에 규정된 사항 외에는 「민법」에 따른다.」라고 규정한 것은, 바로 동법이 민법에 대한 특별법임을 나타내는 것이라는 점, 또한 ③ 행정소송법 제 10조 제 1 항은 「당해 처분 등과 관련되는 손해배상 …」을 행정소송에 병합할 수 있게 하였는바, 이는 위법한 행정작용으로 인한 손해배상의 청구는 원칙적으로 일반 민사소송절차에 의하는 것임을 전제로 하여 그와 같은 민사상의 청구를 특히 이질적인 행정소송에 병합할 수 있도록 한 것이라는 점 등을 든다. 이 견해에 의하면 국가배상의 청구는 민사소송에 의하여 행하게 된다.

(2) **공법설** 공법설의 논거는 ① 실정법상 공법과 사법의 이원적인 구별이 인정되고 있는 이상 공법적 원인에 의하여 발생한 손해의 배상을 규율하고 있는 국가배상법은 공법으로 보아야 한다는 점(국가배상책임은 공행정작용의 적법·위법의 평가와 직결되어 있다.), ② 국

1) 중화민국 민법 제188조 제192조 제197조에 외국인도 중화민국을 상대로 피용인의 직무집행시의 불법행위에 인한 재산상 및 정신상 손해를 배상하도록 규정되어 있으므로, 중화민국과 우리나라 사이에 국가배상법 본조에 이른바 외국인이 피해자인 경우에 상호의 보증이 있는 때에 해당한다(대법원 1968.12.3. 68 다 1929 손해배상).

2) 주한미군 소속 헬기가 야간에 타조농장이 있는 곳을 저공비행함으로써 그 비행소음으로 인하여 그 농장주에게 타조폐사 등의 손해를 입게 한 사안에서, 대한민국 정부가 '대한민국과 아메리카합중국 간의 상호방위조약 제 4 조에 의한 시설과 구역 및 대한민국에서의 합중국군대의 지위에 관한 협정' 제23조 등 관련 법규에 따라 위 손해에 대한 배상의무를 부담한다고 한 사례(서울중앙지법 2006.7.4. 2005 가합 88362 손해배상(기)).

가배상법이 민법상의 사용자의 면책조항(민 756① 단서), 점유자의 면책조항(동 758① 단서)을 배제하고 있을 뿐만 아니라 민법과는 달리 점유자의 배상책임의 대상범위를 확대하고 있다는 점, ③ 행정소송법 제 3 조 제 2 항의「행정청의 처분 등을 원인으로 하는 법률관계에 관한 소송」에는 당연히 국가배상소송이 포함된다는 점, ④ 행정소송법 제10조 제 1 항의 관련청구소송에는 민사소송뿐만 아니라 행정소송도 포함되는 것이므로 동조가 손해배상청구소송을 민사소송으로 상정하여 규정한 것이라고 보아야 할 논리적 필연성은 없다는 점 등을 든다.

(3) 결언 ㈎ 공법설이 통설이며, 타당하다고 생각한다.

㈏ 그러나 국가배상법이 공법인지 사법인지를 구별필요성은 적용법규와 재판관할 및 재판절차를 결정하기 위한 것이다. 그런데 적용법규는 동법 제8조에서 정하고 있어 이미 입법적으로 해결되어 있다. 재판관할 및 재판절차에 있어서는 공법으로 보면 공법상 당사자소송으로, 사법으로 보면 민사소송에 의하게 된다. 그러나 당사자소송에 있어서 민사소송에 대한 특수성이 경미한 것이라서 배상청구자에게는 어느 소송에 의하더라도 별다른 차이가 없다.

(4) 소송실무 국가배상법시행 이래로 계속하여 사법설에 입각하여 국가배상청구사건을 사법상 청구사건으로 보아 통상의 민사소송사건으로 다루고 있다. 그것은 대등한 당사자간에 손해배상청구권의 존부를 다투는 것과, 그 원인이 되는 공법상의 행위(행정처분 등)를 다투는 것과는 별개의 것으로, 후자는 직접 공익에 중대한 영향을 미치는 까닭에 행정소송법에 의하여 특별한 취급을 할 필요가 있으나, 전자는 그러한 필요가 없으므로 통상의 민사소송으로 다루면 충분하다고 보는 것이라 하겠다.

〔판례〕 국가배상법은 민법의 특별법이라는 판례
공무원의 직무상 불법행위로 손해를 받은 국민이 국가 또는 공공단체에 배상을 청구하는 경우 국가 또는 공공단체에 대하여 그의 불법행위를 이유로 손해배상을 구함은 국가배상법이 정한 바에 따른다 하여도 이 역시 민사상의 손해배상 책임을 특별법인 국가배상법이 정한데 불과하다(대법원 1972.10.10. 69 다 701 손해배상).[1]

1) 대법원 전원합의체 판결은「공무원의 직무상 불법행위로 국민에게 손해를 입힌 경우에 공무원의 귀책사유의 정도에 관계없이 공무원 개인이 손해배상책임을 진다」고 판시한 위 판결(대법원 1972.10.10. 69 다 701)을 변경하면서,「공무원 개인도 고의 또는 중과실이 있는 경우에는 불법행위로 인한 손해배상책임을 진다고 할 것이지만, 공무원에게 경과실뿐인 경우에는 공무원 개인은 손해배상책임을 부담하지 아니한다」고 하였다(대법원 1996.2.15. 95 다 38677 전원합의체판결 손해배상(자)).

제 2 절 公務員의 違法한 職務執行行爲로 인한 損害賠償

Ⅰ. 국가의 賠償責任의 성질

국가나 지방자치단체의 행정은 결국 그 기관인 자격에서 행동하는 공무원의 행위에 지나지 않는다. 그리하여 국가배상법 제 2 조는 공무원의 위법한 직무집행행위로 인한 국가 또는 지방자치단체(이하 「국가 등」이라 한다.)의 배상책임을 규정하였는바, 이 경우의 국가 등의 배상책임의 성질에 대하여는 견해가 갈린다.

1. 代位責任說

(1) 원래 가해공무원이 부담하여야 할 배상책임을 국가 등이 갈음하여 지는 대위책임이며, 국가 등의 자기책임은 아니라고 한다.

이론상으로는 사법상의 법인이론에서의 법인의제설(Savigny에 의하여 대표된다.)을 배경으로 한 것이며,[1] 입법례로는 과거 독일의 책임법의 영향을 받은 것이라 하겠다. 이 견해는 위임이론에 따라, 국가의 기관인 공무원은 국가의 대리인이며, 따라서 수권에 위반하여 행한 대리인의 행위가 수권자의 행위로 될 수 없는 것과 마찬가지로, 공무원의 위법행위는 국가의 행위로 될 수 없으므로 국가가 직접 책임을 질 수 없다는 데 근거를 둔다.

(2) 이 견해가 우리 국가배상법상의 국가 등의 책임이 대위책임이라고 보는 근거는 동법이 과실책임주의를 채택하여 국가 등의 책임은, 공무원의 불법행위책임의 성립을 전제로 하여 성립한다는 데(2①본문) 둔다.

(3) 이 견해가 우리 행정법학자의 일반적 견해이다.[2]

2. 自己責任說

(1) 국가 등의 자기책임이며, 가해공무원이 져야 할 배상책임을 국가 등이 갈음하여 지는 대위책임은 아니라고 한다. 이론상으로는 사법상의 법인이론에서의 법인실재설(Gierke에 의하여 대표된다.)을 배경으로 한 것이며, 입법례로는 프랑스의 책임법의 영향을 받은 것이라 하겠다.

---

1) 다만, 사법상의 법인이론이 공법인인 국가 등에 그대로 적용될 것인가는 의문이다. 「켈젠」(Kelsen)은 의제설 또는 실재설은 전법률적 문제며, 결코 국가의 불법행위능력을 결정하는 전제가 되는 것은 아니며, 국가의 불법행위능력의 문제는 개인의 위법한 행위를 국가에 귀속시켜 국가의 행위로 보는 것이 법적으로 가능하다고 볼 것인지의 법내의 문제라고 한다.

2) 김도창(상), p. 624; 김남진(Ⅰ), p. 500; 서원우(상), p. 701; 변재옥(Ⅰ), p. 509.

이 견해는 국가 등은 그의 기관의 지위에 있는 공무원을 통하여 행위하는 것이기 때문에, 그의 기관인 공무원의 행위의 효과는 적법한 경우는 물론, 위법한 경우에도 국가 등에게 귀속되는 것이므로 국가 등이 직접 책임을 져야 한다는 데 근거를 둔다.

(2) 이 견해가 우리 국가배상법상의 국가 등의 책임이 자기책임이라고 보는 근거는, 동법이 독일국공무원책임법에서와 같이 「공무원에 갈음하여」(an Stelle des Beamten)라는 문구를 두지 아니하고, 「국가나 지방자치단체는 … 그 손해를 배상하여야 한다」(동법 2①)고 규정한 것은 동법에 의한 국가 등의 책임은 위법하게 행사될 가능성이 있는 공권적 행정의 권한을 수권한 결과에 대하여 지는 위험책임이라는 데 둔다.

(3) 이 견해는 우리 헌법학자의 일반적 견해이다.[1)]

3. 中間說(절충설)

고의·중과실에 의한 행위는 국가 등의 기관행위로 볼 수 없으므로 대위책임이지만, 경과실에 의한 행위는 기관행위로 볼 수 있으므로 자기책임이라고 한다. 국가배상법 제 2 조 제 2 항이 고의 또는 중과실의 경우에만 공무원에 대한 구상권을 인정하고, 경과실의 경우에는 인정하지 않고 있음을 논거로 한다.[2)] 우리 판례의 입장이다(대법원 1996.2.15. 95 다 38677 전원합의체판결 손해배상(자)).

4. 結 言

(1) 생각건대 우리 국가배상법이 ① 과실책임주의를 채택하여 「공무원이 … 고의 또는 과실로」 타인에게 손해를 가한 경우에 국가 등이 배상하도록 한 점(동법 2①본문), ② 국가 등이 배상한 경우에 공무원에 대한 구상권을 행사하도록 한 점(다만, 자기책임의 경우에도 구상권행사는 가능하다 할 것이나, 구상권행사는 대위책임을 더 강하게 뒷받침한다), ③ 그리고 연혁적으로 볼 때 국가배상책임제도는 대위책임에서 자기책임으로 발전하여 가는 것이 일반적 추세인데, 우리 국가배상법이 일거에 자기책임제도를 인정하였다고는 볼 수 없다는 점에서 대위책임설이 타당하다고 본다.

(2) 중간설에서는 고의·중과실의 경우와 경과실의 경우를 구분하여, 국가배상법이 경과실의 경우에 구상권을 인정하지 아니한 것은 자기책임으로 본 것이라고 하나, 경과실의 경우에 구상권을 인정하지 아니한 것은 공무원의 집무의

1) 권영성, 헌법학원론, p.615 참조.
2) 이상규(상), p.613; 윤세창(상), p.434.

욕을 떨어뜨리지 않기 위한 입법정책적 고려이지, 자기책임으로 본 것은 아니라고 할 것이므로 타당하다고 볼 수 없다.[1)]

Ⅱ. 배상책임의 요건

「공무원이 직무를 집행하면서 고의 또는 과실로 법령을 위반하여 타인에게 손해를 입히」는 것이다(국배 2①본문). 이를 나누어 보면 ① 공무원이 직무를 집행하면서, ② 고의 또는 과실로 인한 행위, ③ 법령을 위반한 행위, ④ 타인에게 손해를 입혔을 것 등이다.

국가배상법 제 2 조 제 1 항 본문에서는 또는 「국가나 지방자치단체는…「자동차손해배상보장법」에 따라 손해배상의 책임이 있을 때에는 이 법에 따라 그 손해를 배상하여야 한다.」고 규정하고 있다. 이는 국가 등이 자동차손해배상보장법의 요건을 충족하여 배상책임을 질 때에도 국가배상법이 정하는 바(절차규정 및 배상액산정에 관한 규정)에 의하여 배상하여야 한다는 것을 의미한다. 그런데 과거에는 배상심의회에 대한 결정신청이 강제되어 있었고, 배상심의회의 배상액결정에 있어서는 기준액이 정하여 있으나, 현행법은 배상심의회에 대한 결정신청이 임의절차로 개정되었기 때문에, 배상청구인이 임의로 배상심의회에 신청을 하는 경우에는 국가배상법의 규정이 적용될 것이나, 법원에 바로 청구하는 경우에는 국가 등의 자동차로 인한 손해배상도 자동차손해배상보장법의 규정에 의하게 되어 거의 의미가 없는 규정이 되었다.

1. 공무원이 職務를 執行하면서 행한 행위

(1) **공무원** 넓은 의미의 공무원을 말한다. 즉, ① 국가공무원법 및 지방공무원법 등에 의하여 공무원의 신분을 가진 자는 물론 공무원의 신분을 갖지 않더라도 널리 공무를 위탁받아 이에 종사하는 자(예: 통장[2)] 청원경찰 · 교통할아버지[3)] 조세원천징수의무자 · 임시공무원 · 집행관 · 시청소차운전사 · 동원중인 향토예비군 등. 그러나 판례는 의용소방대원은 공무원으로 보지 않는다.[4)])를 말한다. 따라서 국가공무원법이나 형법에서

1) 변재옥(Ⅰ), p.509; 홍정선(상), p.471.

2) 통장이 전입신고서에 확인인을 찍는 행위는 공무를 위탁받아 실질적으로 공무를 수행하는 것이라고 보아야 하므로, 통장은 그 업무범위 내에서는 국가배상법 제2조 소정의 공무원에 해당한다(대법원 1991. 7. 9. 91다5570 손해배상(기)).

3) 지방자치단체가 '교통할아버지 봉사활동 계획'을 수립한 후 관할 동장으로 하여금 '교통할아버지'를 선정하게 하여 어린이 보호, 교통안내, 거리질서 확립 등의 공무를 위탁하여 집행하게 하던중 '교통할아버지'로 선정된 노인이 위탁받은 업무 범위를 넘어 교차로 중앙에서 교통정리를 하다가 교통사고를 발생시킨 경우, 지방자치단체가 국가배상법 제 2 조 소정의 배상책임을 부담한다고 한 사례(대법원 2001.1.5. 98 다 39060 구상금).

4) 소방법 제63조의 규정에 의하여 시, 읍, 면이 소방서장의 소방업무를 보조하게 하기 위하여

의 공무원의 개념보다 넓다. ② 행정관청의 지위에 있는 자나 보조기관의 지위에 있는 자나 다같이 포함된다. 의결기관을 구성하는 자도 포함된다. ③ 합의제 행정관청(예: 각급 선거관리위원회, 공정거래위원회 등)의 의사는 당해 관청의 이름으로 대외적으로 표시되지마는 그 의사결정을 한 것은 위원인 개개의 공무원이다. 따라서 기관 자체를 공무원에 포함시킬 것은 아니다. ④ 공무원의 임명행위가 무효라도, 그 자가 사실상 위탁받은 직무행위를 한 경우에는 공무원으로 보아야 할 것이다.

(2) 직 무

(가) 직무행위의 범위 국가작용에는 ① 권력작용도 있고, ② 비권력작용도 있으며, 비권력작용에는 도로·하천 등의 공공영조물의 설치·관리작용도 있고, 공기업작용과 같은 그 이외의 관리작용도 있다. 또한 ③ 국유잡종재산의 매매나 임대와 같은 사경제작용도 있다.

(a) 협의설 직무는 권력작용만을 의미한다는 견해로, 헌법과 국가배상법이 배상책임을 인정한 것은 그 입법취지가 종래 부인되었던 권력작용으로 인한 국가의 배상책임을 인정하려는 것이라는 데 근거를 둔다.[1]

(b) 광의설 직무는 권력작용과 비권력작용(다만, 공공영조물의 설치·관리작용은 제 5 조에 별도 규정이 있으므로 제외된다. 다만 경합되는 경우 등이 있다.)만을 의미한다는 견해이다. ① 국가배상법이 국가의 배상책임에 관하여 민법과 별도로 규정한 것은 사인간의 행위와는 법적 성질을 달리하는 모든 공행정작용(권력작용 및 비권력작용)은 국가배상법의 적용대상으로 하고 사인간의 행위와 법적 성질을 같이하는 사경제작용은 민법의 적용대상으로 하려는 것이라 할 수 있는 점, ② 국가배상법은 이론상 공법으로 사경제작용에는 적용할 수 없다는 점 등을 근거로 한다.[2]

(c) 최광의설 직무에는 권력작용·비권력작용 및 사경제작용이 모두 포함된다는 견해이다. ① 헌법(29조)은 행정작용의 성질상의 구별 없이 국가의 배상책임을 인정하고 있다는 점, ② 국가배상법은 사용자의 면책규정(민 756① 단 참조)을 두고 있지 아니하여 사경제작용에 대하여도 동법을 적용하는 것이 피해자에게 유리하다는 점, ③ 국가배상법은 사법이므로 사경제작용에도 당연히 적용된다는 점 등을 근거로 한다.[3]

(d) 결언 생각건대 광의설이 타당하다고 본다.

설치한 의용소방대를 국가기관이라고 할 수 없음은 물론 또 그것이 이를 설치한 시, 읍, 면에 예속된 기관이라고도 할 수 없다(대법원 1978.7.11. 78 다 584 손해배상).

1) 이종극(상), p.516.
2) 김남진·김연태(I), p.505; 석종현(상), p.613; 홍정선(상), p.636.
3) 이상규(상), p.594; 윤세창(상), p.426; 변재옥(I), p.501.

(e) 판례의 태도 최광의설에 입각한 것도 있으나, 오늘날은 광의설에 기울고 있는 것으로 보인다(91 다 14819(1991. 7. 26 대판), 94 다 11767(1994. 9. 30 대판), 96 다 50605(1997. 9. 26 대판)).

〔판례〕 국가나 지방자치단체가 단순한 사경제의 주체로서 하는 작용은 포함되지 않는다.

국가배상법이 정한 손해배상청구의 요건인 '공무원의 직무'에는 국가나 지방자치단체의 권력적 작용뿐만 아니라 비권력적 작용도 포함되지만 단순한 사경제의 주체로서 하는 작용은 포함되지 않는다(대법원 2004.4.9. 2002 다 10691 손해배상금).[1)]

〔판례〕 지방자치단체의 철거건물 소유자에 대한 시영아파트분양권 부여 업무는 공행정작용이다.

도로가설 등 공사로 인한 무허가건물의 강제철거와 관련하여 이루어지는 시나 구 등 지방자치단체의 철거건물 소유자에 대한 시영아파트분양권 부여 및 세입자에 대한 지원대책 등의 업무는 지방자치단체의 공권력 행사 기타 공행정작용과 관련된 활동으로 볼 것이지 단순한 사경제주체로서 하는 활동이라고는 볼 수 없다(대법원 1991.7.26. 91 다 14819 아파트입주권확인).

(나) 직무행위의 내용

(a) 입법작용 직무행위에 포함시키는 것이 일반적인 견해이다. 특히 국회에서 제정된 법률이 헌법재판소에서 위헌으로 결정된 경우에 문제가 될 수 있다. 다음의 두 가지 경우로 나누어 볼 수 있다. 영·미국가의 경우에는 명문의 규정은 없으나 의회의 입법행위에 대하여 국가는 면책된다.

(ㄱ) 위헌인 법률을 집행하는 행정청의 처분에 의하여 손해가 발생한 경우

처분의 근거법률이 사후에라도 위헌으로 판정되었으면 당해 처분은 결국 법률상 근거가 없는 처분으로 되어 위법성을 인정하는 데는 문제가 없다. 그러나 공무원은 법률의 위헌여부를 심사할 수 없는 것이므로 과실을 인정할 수 없다고 할 것이다.

(ㄴ) 법률에 의하여 직접 개인에게 손해가 발생한 경우 이는 이른바 처분법률에 의하여 손해가 발생한 경우이다. 이 경우에도 당해 법률이 헌법재판소에 의하여 위헌·무효로 판단된 경우에는 위법성을 인정하는 데는 문제가 없으나, 당해 법률의 입법과정에서의 과실을 인정하는 데는 국회가 국민의 대표기관인 점 그리고 합의제기관인 점 등 때문에 여러 가지 난점이 있다고 할 것이다. 그러나 과실이 있는지의 여부는 다른 합의제기관의 경우와 같이 그 구성원인 국회의원 개개인의 과실이 아니라, 합의제기관으로서의 국회의 입법활동상의 흠의

1) 특별한 사정이 없는 한 제 3 채무자가 집행공탁을 함에 있어서 그 채무에 관련된 채권자들에게 배당요구의 방법 등을 알려 줄 의무를 부담한다고 보기는 어렵다(대법원 2004.4.9. 2002 다 10691 손해배상금).

유무에 따라 판단되어야 할 것이다. 판례는, 국회의원의 입법행위는 그 입법 내용이 헌법의 문언에 명백히 위반됨에도 불구하고 국회가 굳이 당해 입법을 한 것과 같은 특수한 경우에 한하여 배상책임이 인정된다고 한다.[1)]

(ㄷ) **결언** 결과적으로 국회의 입법작용에 대한 국가배상책임은 처분법률에 의하여 직접 손해가 발생한 경우에 한하여 예외적으로 인정된다 할 것이다.

(b) **사법작용** ① 사법작용(주로 오판이 문제로 된다.)에 대하여도 특히 제외시키는 규정이 없으므로 판결을 포함한 법관의 직무활동도 직무행위에 포함되는 것으로 본다. ② 그러나 이에 대하여는 사법제도본질론 또는 법관의 독립을 이유로 반대하는 견해도 있다.[2)] ③ 법관의 직무활동에 대하여는 법관의 독립을 이유로 영·미에서는 면책되고, 독일에서는 법관의 직무행위를 재판작용과 사법행정작용(가압류·가처분·강제집행·등기·공탁 등)으로 나누어 사법행정작용에 대하여는 국가배상을 제한 없이 인정하고, 재판작용에 대하여는 형사소송절차에 의한 형벌을 받을 범죄행위에 해당하는 경우에 한하여(판결법관의 특권) 국가책임이 인정된다(독일민법 839② 참조). ④ 우리 판례는 「법관의 재판에 대한 국가배상책임이 인정되기 위한 요건」으로 「법관이 위법 또는 부당한 목적을 가지고 재판을 하는 등 법관이 그에게 부여된 권한의 취지에 명백히 어긋나게 이를 행사하였다고 인정할 만한 특별한 사정」이 있어야 한다고 한다.[3)] 대법원은 배상책임의 요건을 위와 같이 제한적으로 해석하는 이유를 「법관이 행하는 재판사무의 특수성과 그 재판과정의 잘못에 대하여는 따로 불복절차에 의하여 시정될 수 있는 제도적 장치가 마련되어 있는 점 등」[4)]이라고 판시하고 있다. 헌법재판소 재판관이 청구기간 내에 제기된 헌법소원심판청구 사건에서 청구기간을 오인하여 각하결정을 한 경우에는, 그에 대한 불복절차 내지 시정절차가 없다는 이유로 국가배상책임을 인정하였다(대법원 2003.7.11. 99 다 24218 손해배상(기)). 그러나 심급제도와 국가배상책임제도는 다른 것이므로, 법관의 중과실에 기한 재판행위에 대

---

1) 국회의원은 입법에 관하여 원칙적으로 국민 전체에 대한 관계에서 정치적 책임을 질 뿐 국민 개개인의 권리에 대응하여 법적 의무를 지는 것은 아니므로, 국회의원의 입법행위는 그 입법 내용이 헌법의 문언에 명백히 위반됨에도 불구하고 국회가 굳이 당해 입법을 한 것과 같은 특수한 경우가 아닌 한 국가배상법 제2조 제1항 소정의 위법행위에 해당된다고 볼 수 없다(대법원 1997.6.13. 96 다 56115 손해배상(기)).

2) 사법제도본질론을 이유로 반대하는 견해는 재판의 사실인정이나 법령의 해석적용의 잘못은 그 사건의 절차 내에서 다투어야 하며, 그것이 확정되면 재심에 의하여 위법으로 되지 않는 한, 그 판단은 다툴 수 없다고 하고, 법관의 독립을 이유로 반대하는 견해는 A법관이 판단한 것을 다른 절차에서 B법관이 다시 판단하는 것은 법관의 독립에 반한다고 한다.

3) 법관이 압수수색할 물건의 기재가 누락된 압수수색영장을 발부한 행위가 불법행위를 구성하지 않는다고 본 사례(대법원 2001.10.12. 2001 다 47290 손해배상(기)).

4) 대법원 2001.4.24. 2000 다 16114 손해배상(기); 임의경매절차에서 경매담당 법관의 오인에 의해 배당표 원안이 잘못 작성되고 그에 대해 불복절차가 제기되지 않아 실체적 권리관계와 다른 배당표가 확정된 경우에도 국가배상책임을 부정한 사례이다.

하여는 국가배상책임을 인정하는 것이 타당할 것이다.[1]

형사재판에서 무죄판결을 받은 자가 미결구금을 당하였을 때에는 검사[2]나 법관 등 관계 공무원의 고의·과실의 유무에 불구하고 형사보상을 청구할 수 있다(형사보상 1). 그러나 관계 공무원의 고의 또는 과실이 있는 경우에는 책임의 경합이 인정되며, 이 경우에는 보상금액과 배상금액간에 조정이 이루어진다(동 5).

(c) **준법률행위적 행정행위** 법률행위적 행정행위와는 달라서 준법률행위적 행정행위가 손해발생의 원인행위가 되는 일은 많지 않다고 하겠다. 그러나 허위의 인감증명서 발급과 같이 손해발생의 원인행위가 되는 경우가 있으며, 따라서 직무행위에 포함된다.[3]

(d) **사실행위** 직무행위에 당연히 포함된다. 오늘날은 행정지도와 같은 사실행위가 행정의 중요한 행위수단이 되고 있다. 그리고 사실행위가 항고소송의 대상이 되는 경우는 많지 않으므로 국가배상은 사실행위에 있어서 중요한 권리구제의 수단이 되고 있다.

(e) **부작위** 직무행위에 당연히 포함된다.[4] 다만, 부작위가 위법성을 띠기 위하여서는 행정청의 사인에 대한 작위의무가 있어야 하는데, 종래에는 행정편의주의와 반사적 이익론에 의하여 작위의무를 극히 예외적인 경우에만 인정하였다.

오늘날은 사인의 활동범위가 대폭적으로 증대되고 있으며, 많은 경우에 이에 대한 행정청의 감독권한의 행사가 인정되고 있다. 그리하여 사인이 그의 활동범위에서 제 3 자에게 손해를 발생시킨 경우에는 사인 간에서 가해자를 상대로 민사상의 불법행위법에 의한 손해배상을 청구할 수 있을 뿐만 아니라 행정청의 감독권한의 불행사, 즉 부작위를 이유로 국가를 상대로 하여 국가배상을 청구할 수 있게 된다. 부작위로 인한 국가배상사건은 주로 이러한 경우에 생기며, 특히 소비자행정법·환경행정법 등에서 거론된다.

1) 박균성(상), p.639.

2) 검사의 구속 및 공소제기에 관한 판단이 그 당시의 자료에 비추어 경험칙이나 논리칙상 도저히 합리성을 긍정할 수 없는 정도에 이른 경우에 그 위법성을 인정할 수 있다고 하면서, 국립과학수사연구소의 감정결과를 검사가 공판과정에서 입수한 경우 그 감정서는 원고의 무죄를 입증할 수 있는 결정적인 증거에 해당하는데도 검사가 그 감정서를 법원에 제출하지 아니하고 은폐하였다면 검사의 그와 같은 행위는 위법하다는 이유로 국가배상책임을 인정한 사례(대법원 2002.2.22. 2001 다 23447 손해배상(기)).

3) 위조인장에 의하여 타인 명의의 인감증명서가 발급되고 이를 토대로 소유권이전등기가 경료된 부동산을 담보로 금전을 대여한 자가 손해를 입게 된 경우, 인감증명 발급업무 담당 공무원의 직무집행상의 과실을 인정한 사례(대법원 2004.3.26. 2003 다 54490 대여금).

4) 공무원의 부작위로 인한 국가배상책임을 인정할 것인지 여부가 문제되는 경우에 관련 공무원에 대하여 작위의무를 명하는 법령의 규정이 없다면 공무원의 부작위로 인하여 침해된 국민의 법익 또는 국민에게 발생한 손해가 어느 정도 심각하고 절박한 것인지, 관련 공무원이 그와 같은 결과를 예견하여 그 결과를 회피하기 위한 조치를 취할 수 있는 가능성이 있는지 등을 종합적으로 고려하여 판단하여야 한다(대법원 2001.4.24. 2000 다 57856 손해배상(기)).

(f) 통치행위　통치행위는 법원의 심리대상에서 제외되므로 직무행위에 포함되지 아니한다.

(3) 직무를 집행하면서　(가) 「직무를 집행하면서」란 직무수행 자체(예: 영업허가의 철회·대집행 등)는 물론 직무수행의 수단으로 행하여진 행위라고 인정되거나, 직무와 밀접하게 관련된 행위라고 인정되는 경우를 말한다.[1] 직무행위인지의 여부의 판단기준은 당해 행위가 현실적으로 정당한 권한 내의 것인지 또는 행위자인 공무원이 주관적으로 직무집행의 의사를 가지고 있는지의 여부와는 관계없이 객관적으로 직무행위의 외형을 갖추고 있는지의 여부에 따라 행하여야 할 것이다. 이것을 외형설 또는 외형표준설이라고 하며, 통설·판례의 입장이다.[2]

(나) 비번중이라도 일반적 권한이 박탈되는 것은 아니므로, 외형상 일반적 권한의 범위 안에서 행한 행위는 직무행위에 포함된다.

(다) 직무집행중의 행위라고 하기 위하여는, 반대의 입장도 있으나, 당해 공무원의 사물관할과 토지관할이 필요하다. 왜냐하면, 공무원의 일반적 권한에 속하지 아니한 행위에 대하여 국가 등에게 배상책임을 지울 수는 없기 때문이다.[3]

(라) 실질적 직무관련을 기준으로 "직무를 집행하면서"를 판단하여야 한다는 견해(실질적 직무관련설)는, 직무와 공무원의 불법행위 사이의 내용면에서의 관련 여부와 시간적·장소적·도구적 관련 등을 종합적으로 고려하여 구체적인 경우에 직무가 공무원의 불법행위에 원인을 제공하였다고 볼 수 있는지 여부가 그 판단기준이 된다고 한다.[4]

2. 故意·過失로 인한 행위

(1) 고의·과실의 의의　(가) 고의·과실은 당해 공무원에 대하여 판단할 것이며, 국가 등에 의한 공무원에 대한 선임·감독상의 고의·과실이 아니다.

---

1) 국가배상법 제 2 조 제 1 항의 '직무를 집행함에 당하여'라 함은 직접 공무원의 직무집행행위이거나 그와 밀접한 관련이 있는 행위를 포함하고, 이를 판단함에 있어서는 행위 자체의 외관을 객관적으로 관찰하여 공무원의 직무행위로 보여질 때에는 비록 그것이 실질적으로 직무행위가 아니거나 또는 행위자로서는 주관적으로 공무집행의 의사가 없었다고 하더라도 그 행위는 공무원이 '직무를 집행함에 당하여' 한 것으로 보아야 한다(대법원 2005.1.14. 2004 다 26805 손해배상(기)).

2) 육군중사가 자신의 개인소유 오토바이 뒷좌석에 같은 부대 소속 군인을 태우고 다음날부터 실시예정인 훈련에 대비하여 사전정찰차 훈련지역 일대를 살피고 귀대하던 중 교통사고가 일어났다면, 그가 비록 개인소유의 오토바이를 운전한 경우라 하더라도 실질적, 객관적으로 위 운전행위는 그에게 부여된 훈련지역의 사전정찰임무를 수행하기 위한 직무와 밀접한 관련이 있다고 보아야 한다(대법원 1994.5.27. 94 다 6741 구상금).

3) 그러나 공무원에게는 타관내에서도 적법한 직무집행의 권한이 부여된 경우가 많음을 유념하여야 한다.

4) 박균성(상), p.642.

이 점에서 민법(756조)에 의한 사용자책임과 다르다.

(나) 공무원의 고의·과실은 당해 공무원의 주관적 책임요건이며, 공무원의 주관적 인식 유무를 기준으로 판단하게 된다(통설·판례인 대위책임설의 입장). 그리하여 「고의」란 공무원이 직무를 집행하면서 자기의 행위에 의하여 위법한 결과가 발생한다는 것을 인식하고 직무를 행하는 것이며, 「과실」은 주의를 게을리하여, 즉 부주의로 그것을 인식하지 못하고 직무를 행하는 것을 말한다.[1)]

(2) **과실의 객관화·정형화** 국가배상법이 과실책임주의를 취하고 있는 이상, 자기책임설에 따라 과실을 국가 등에게 책임을 귀속시키기 위한 공무운영상의 흠으로 보아 사실상 무과실책임을 인정하는 것은 법해석으로서는 무리가 있다고 본다.[2)] 따라서 현행법의 해석으로서는 대위책임설에 따라 국가 등의 책임이 성립하기 위하여서는 공무원의 주관적 책임요건으로서 고의·과실이 필요하다고 볼 것이다. 그러나 오늘날 행정기능의 확대에 따라 증대되는 위험에 대처하기 위하여서는 과실을 객관화·정형화함으로써 국가 등의 책임범위를 확대하여 나아가야 할 것이다. 과실의 객관화·정형화는 구체적으로 다음과 같다.

(가) **추상적 과실론** 과실의 객관화·정형화는 민법에서의 추상적 과실이론을 도입하여 과실을 구체적 과실이 아닌 추상적 과실로 보는 것이다. 즉, 과실은 직무상 요구되는 주의의무 위반인바, 과실을 추상적 과실로 보는 경우 주의의무의 내용은 공무원의 직종과 지위에 의하여 객관적으로 정하여져야 하고, 특정공무원 개인의 지식·능력·경험의 여하에 따라 주관적으로 정하여지지 아니한다. 따라서 당해 직종과 지위에 있는 평균적 공무원의 객관적인 주의의무위반으로 보아야 한다.[3)]

---

1) 행정청이 관계 법령의 해석이 확립되기 전에 어느 한 설을 취하여 업무를 처리한 것이 결과적으로 위법하게 되어 그 법령의 부당집행이라는 결과를 빚었다고 하더라도 처분 당시 그와 같은 처리 방법 이상의 것을 성실한 평균적 공무원에게 기대하기 어려웠던 경우라면 특별한 사정이 없는 한 이를 두고 공무원의 과실로 인한 것이라고는 할 수 없기 때문에, 그 행정처분이 후에 항고소송에서 취소되었다고 할지라도 당해 행정처분이 곧바로 공무원의 고의 또는 과실로 인한 불법행위를 구성한다고 단정할 수는 없다(대법원 1997.7.11. 97 다 7608 손해배상(기)).

2) 김동희(I), p.478. 일본의 학설 중에도 국가책임의 성질을 대위책임설을 취하면서 고의·과실은 공무원의 개인의 책임과는 무관하게 객관적으로 파악하여 「공무운영상의 하자」로 보는 견해도 있다. 金村成和, 國家補償法, p.96.

3) 부랑인선도시설 및 정신질환자요양시설에 대한 지도·감독 업무를 담당하는 공무원이 그와 같은 지도·감독의무를 다하지 아니한 경우 그 의무 위반이 직무에 충실한 보통 일반의 공무원을 표준으로 할 때 객관적 정당성을 상실하였다고 인정될 정도에 이른 경우에는 국가배상법 제 2 조에서 말하는 위법의 요건을 충족한다고 봄이 상당하다.(중략) 공무원이 위 시설에서 수용자들에 대하여 폭행 등의 부당한 대우가 있음을 알았거나 쉽게 알 수 있었음에도 불구하고 이와 관련하여 필요한 조치를 취하지 아니한 경우, 그 직무상 권한의 불행사가 현저히 합리성을 결한 것으로서 위법하다고 한 사례(대법원 2006.7.28. 2004 다 759 손해배상(기)).

(나) 가해공무원의 특정 여부, 조직과실 공무원의 과실을 입증하기 위하여서는 보통의 경우는 가해공무원을 특정할 필요가 있으나, 과실을 추상적 과실로 보는 경우, 가해공무원의 특정 자체는 국가책임의 성립요건은 아니라고 할 것이다.[1] 손해의 발생상황으로 보아 그것이 공무원의 지위에 있는 누군가의 행위로 생긴 것이 인정되면, 예컨대 사무가 다수공무원을 거쳐 처리되었거나, 공무원의 집단에 의하여 폭행을 당한 경우와 같이 불법행위자를 특정할 수 없는 경우에도 국가책임은 성립한다. 독일에서의 조직과실(Organizationsvers- chulden)이라고 불리우는 과실의 객관화도 이러한 관점에서 정립된 것으로서, 공무원 개인의 주의의무위반을 문제삼지 않고 행정작용의 결과의 흠을 행정청의 장의 과실로 의제한다.[2]

(다) 고의 · 과실의 입증책임 대위책임설에 의하면 과실의 입증책임은 피해자 측에 있다고 할 것이다. 그렇게 되면 과실의 입증이 매우 곤란하여 사실상 권리구제를 받지 못하게 되는 경우도 많을 것이다. 따라서 과실의 객관화의 입장에서 이미 입증된 사실 또는 다툼이 없는 사실이 사물의 성질상 과실을 추정하게 하는 개연성이 있는 경우에는 민법에서 발달한 일응추정(prima facie)이론에 따라 일응 과실이 있는 것으로 추정하여야 할 것이다.

(라) 위법성과 과실의 일원화 과실의 객관화의 입장에서 위법성과 과실을 불가분의 것으로 보아, 양자 중 어느 하나가 입증되면 원칙적으로 다른 요건은 당연히 인정되는 것으로 하여 책임성립요건으로서의 양자를 일원적으로 파악하여야 할 것이다.

(3) 위법무과실 위에서 본 바와 같이 과실책임주의를 취하고 있는 국가배상법 아래서는 국가 등의 배상책임이 성립하기 위하여서는 공무원의 주관적 책임요건으로서 고의 · 과실이 요구된다고 할 것이며, 그 경우 과실을 아무리 객관화한다고 하더라도, 공무원의 위법 · 적법을 가리기 어려운 행위 내지는 위법무과실행위[3]에 대하여는 국가 등의 배상책임이 인정될 수 없게 된다.

---

1) 국가 소속 전투경찰들이 시위진압을 함에 있어서 합리적이고 상당하다고 인정되는 정도로 가능한 한 최루탄의 사용을 억제하고 또한 최대한 안전하고 평화로운 방법으로 시위진압을 하여 그 시위진압 과정에서 타인의 생명과 신체에 위해를 가하는 사태가 발생하지 아니하도록 하여야 하는데도, 이를 게을리한 채 합리적이고 상당하다고 인정되는 정도를 넘어 지나치게 과도한 방법으로 시위진압을 한 잘못으로 시위 참가자로 하여금 사망에 이르게 하였다는 이유로 국가의 손해배상 책임을 인정한 사례(대법원 1995.11.10. 95 다 23897 손해배상(기)).

2) Maurer, Allgemeines Verwaltungsrecht, 11. Aufl., S. 629.

3) 예컨대 경찰관이 도망범인을 체포하기 위하여 사격을 한 경우에 그 유탄이 전혀 관계가 없는 제 3 자를 상해한 경우, 법익침해를 위법으로 보는 한 제 3 자에 대한 상해는 위법하다. 그러나 이 경우 과실을 인정할 수 없으면 위법무과실행위가 되어 현행 국가배상법상으로는 국가가 배상책임을 지지 않게 된다.

위에서 본 바와 같이 과실의 객관화와 「일응의 추정이론」에 따라 국가 등의 책임범위를 확대하여 무과실책임 쪽으로 접근시켜 나아가야 할 것이다. 그러나 무과실책임이 법해석에 의하여 인정되는 데는 과실책임주의를 취한 우리 국가배상법 아래서는 한계가 있으며 결국 입법에 의하여 확대해 나아가야 할 것이다.

독일에서는 이러한 공무원의 위법무과실행위에 대한 국가의 책임을 인정하기 위하여 손실보상 쪽에서도 판례법에 의하여 희생보상책임과 수용유사보상책임을 인정하고 있으나, 우리 헌법(23③) 아래서는 역시 입법에 의하지 아니하고는 인정하기가 어렵다고 할 것이다.

〔**판례**〕 행정처분이 뒤에 항고소송에서 취소된 경우, 그 자체만으로 공무원의 고의·과실로 인한 것이라고 단정할 수 없다.

어떠한 행정처분이 뒤에 항고소송에서 취소되었다고 할지라도 그 자체만으로 그 행정처분이 곧바로 공무원의 고의 또는 과실로 인한 불법행위를 구성한다고 단정할 수는 없는바, 그 이유는 행정청이 관계 법령의 해석이 확립되기 전에 어느 한 설을 취하여 업무를 처리한 것이 결과적으로 위법하게 되어 그 법령의 부당집행이라는 결과를 빚었다고 하더라도 처분 당시 그와 같은 처리방법 이상의 것을 성실한 평균적 공무원에게 기대하기 어려웠던 경우라면 특별한 사정이 없는 한 이를 두고 공무원의 과실로 인한 것이라고는 볼 수 없기 때문이다(대법원 2001.3.13. 2000 다 20731 손해배상등).[1)]

3. 法令을 위반한 행위

(1) 법령의 범위

㈎ 「법령」의 의미 국가배상책임이 성립하기 위하여서는 공무원의 직무행위가 당해 직무를 집행하면서 공무원이 준수하여야 할 법령을 위반한 것, 즉 위법성을 띤 것이어야 하는데, 여기에서의 법령의 의미 내지 범위에 대하여 견해가 대립된다. ① 협의설(법령은 성문법과 불문법을 포함한 모든 「법규」를 의미한다고 본다.), ② 광의설(법령은 성문법과 불문법을 포함한 모든 법규뿐만 아니라 인권존중, 사회질서나 공서양속도 포함하여 당해 직무행위가 객관적으로 정당성을 결한 경우를 말한다.),[2)] ③ 두 견해의 차이는 결국 불문법으로 인정

1) 같은 취지: 공인회계사 1차 시험 출제위원의 출제 및 정답결정의 오류로 인하여 수험생에 대한 불합격처분이 취소된 경우, 국가배상책임을 인정할 수 있을 만큼 시험관련 공무원이나 시험위원들에게 그 직무를 집행함에 있어 객관적 주의의무를 결한 고의·과실이 있다고 볼 수 없다고 한 사례(대법원 2003.12.11. 2001 다 65236 손해배상(기)).

2) 준공검사업무를 담당하는 공무원이 준공검사를 현저히 지연시켰고 그러한 지연이 직무에 충실한 보통 일반의 공무원을 표준으로 할 때 객관적 정당성을 상실하였다고 인정될 정도에 이른 경우에는 국가배상법 제 2 조에서 말하는 위법의 요건을 충족하였다고 봄이 상당하고, 이 때 객관적 정당성을 상실하였는지 여부는 지연처리의 원인 및 이유 외에 건축주의 피침해이익의 내용, 당해 건축물의 종류 및 공사 내용 등 제반 사정을 종합적으로 고려하여 판단하여야 한다. 준공검사는 앞에서 본 바와 같이 건축허가를 받은 자로 하여금 건축물을 사용·수익할 수 있게 하는 공법적 효과를 발생시키는 것에 불과하므로 이러한 준공검사의 지연으로 인한 통상의 손해라 함은 당해 건축물이 공법상 사용·수익이 금지됨으로 인하여 그 건축주가 입게 되

되지 않는 사회질서나 공서양속에 위반되는 경우에 생기는데, 협의설이 타당하다고 생각한다.

(나) 훈령 등 행정규칙위반 법령에 포함되는지가 다투어지고 있으나, 그것은 궁극적으로 행정규칙이 좁은 의미의 법규에 포함되는지의 여부에 의하여 결정되어야 할 것이다. 앞에서 본 바와 같이, 행정규칙은 좁은 의미에서는 법규성과 대외적 효력이 인정되지 않는다 할 것이므로 국가배상법상의 법령에도 포함되지 않는다고 할 것이다. 다만 국가배상법상의 법령을 광의로 보는 견해에서는 행정규칙을 법령에 포함시키고 있는바, 그 점에서도 국가배상법상의 법령을 좁은 의미로 이해할 필요가 있다고 할 것이다.[1)]

(2) 결과위법설과 행위위법설 법령의 위반이 결과위법을 말하는지 아니면 행위위법을 말하는지에 대하여 견해가 갈린다.

(가) 결과위법설 국가배상법상의 위법을 항고소송의 위법과는 달리 행위의 법규에의 위반뿐만 아니라 결과의 위법, 손해의 중대성도 고려하여야 한다는 것으로, 피해결과에 착안하여 위법성의 유무를 판단하려는 견해이며, 법령의 범위에 관하여 광의설이 취하는 견해이다. 이 견해에 의하면 공무원의 행위로 인하여 국민의 권리가 침해된 경우에는 그 결과를 정당화할 만한 다른 사유가 없는 한 국가배상책임을 인정한다.

(나) 행위위법설 국가배상법상의 위법을 항고소송의 위법과 동일하게 보며, 가해행위 그 자체에 착안하여 행위가 법규범에 합치되는가의 여부에 따라 위법성유무를 판단하는 견해이다. 이 견해는 결과위법설이 국가배상법상의 위법을 민사불법행위법상의 불법과 동일시하는 하는 것은 타당하지 않다고 한다. 그것은 사인간에는 타인의 권리침해가 원칙적으로 허용되지 아니하므로 권리침해는 곧 위법이라고 말할 수 있다. 그러나 행정주체의 공행정작용은 그것이 법규범에의 적합 여부가 가장 중요한 법적 평가의 기준이며, 법규범에 적합하게 행사된 이상 타인의 권리침해가 있었다고 하더라도 위법이라고 할 수 없는 것이다.

「공무원의 직무집행이 법령이 정한 요건과 절차에 따라 이루어진 것이라면 특별한 사정이 없는 한 이는 법령에 적합한 것이고 그 과정에서 개인의 권리가 침해되

는 손해라고 할 것이고, 당해 건물을 준공을 받은 직후 매도하여 수익을 올리지 못한 그 건물 및 부지 가격에 대한 은행 정기예금 이율인 연 10%의 운용이익 상당의 손해는 위법한 준공검사의 지연에 의하여 통상 발생할 수 있는 손해라고는 하기 어렵고 특별한 사정에 의하여 발생한 손해라고 할 것이고, 따라서 준공검사를 지연시킨 담당 공무원들이 불법행위 당시에 그 사정을 알았거나 알 수 있었을 때에 한하여 그에 대한 배상책임이 있다고 할 것이다(대법원 1999.3.23. 98 다 30285 손해배상(기)).

1) 김성수(I), p.564.

는 일이 생긴다고 하여 그 법령적합성이 곧바로 부정되는 것은 아니다」(대법원 1997.7.25. 94 다 2480 손해배상(기)).[1]

㈐ 결언 행위위법설이 타당하다 할 것이다. 다만 국가배상법에서의 위법은 행정권행사 자체의 위법뿐만 아니라 행정권행사에 부수되는 집행행위의 위법도 포함되는 것이므로 그 한도 안에서는 항고소송의 위법보다는 넓다고 보는 것이 타당하다.[2] 또한 판례는 행정권에게 일정한 경우(예: 경찰분야)에는 조리상 위해방지의무(손해방지의무)가 있다고 하는데,[3] 이 위해방지의무의 위반도 국가배상법상 위법을 구성한다(광의의 행위위법설).

(3) 부당한 재량처분 재량처분도 그 행사가 비례원칙 · 평등원칙 · 신뢰보호의 원칙 등에 위배되어 일탈 · 남용된 경우에는 위법이 된다. 그러나 일탈·남용으로 위법에는 이르지 않고 보다 합리적인 대안이 있었음에도 불구하고 부당한 처분이 내려졌을 경우에는, 국가배상법상의 법령의 위반, 즉 위법성을 띠지는 않는다고 할 것이다.

(4) 부작위와 위법 위에서 본 바와 같이 부작위(예: 위험한 축대에 대한 개수명령의 해태)도 직무에 포함된다. 그러나 종래에는 부작위의 위법성을 좀처럼 인정하지 아니하였다.

㈎ 재량행위론과 반사적 이익론 ① 그것은 공무원의 부작위가 위법하기 위하여서는 먼저 공무원의 국민에 대한 작위의무가 존재하여야 하는데, 행정권의 발동으로 국민이 받는 이익을 단순한 반사적이익에 그치고(반사적이익론), 또

---

1) 경찰관이 교통법규 등을 위반하고 도주하는 차량을 순찰차로 추적하는 직무를 집행하는 중에 그 도주 차량의 주행에 의하여 제 3 자가 손해를 입은 경우, 경찰관의 추적행위를 위법하다고 할 수 없다(대법원 2000.11.10. 2000 다 26807 손해배상(자) · 구상금); 시위진압에 대항하여 시위자들이 던진 화염병에 의하여 발생한 화재로 손해를 입은 주민의 국가배상청구를 기각한 사례(대법원 1997.7.25. 94 다 2480 손해배상(기)).

2) 국가배상책임은 공무원의 직무집행이 법령에 위반한 것임을 요건으로 하는 것으로서, 공무원의 직무집행이 법령이 정한 요건과 절차에 따라 이루어진 것이라면 특별한 사정이 없는 한 이는 법령에 적합한 것이고 그 과정에서 개인의 권리가 침해되는 일이 생긴다고 하여 그 법령적합성이 곧바로 부정되는 것은 아니라고 할 것인바, 불법시위를 진압하는 경찰관들의 직무집행이 법령에 위반한 것이라고 하기 위하여는 그 시위진압이 불필요하거나 또는 불법시위의 태양 및 시위 장소의 상황 등에서 예측되는 피해 발생의 구체적 위험성의 내용에 비추어 시위진압의 계속 수행 내지 그 방법 등이 현저히 합리성을 결하여 이를 위법하다고 평가할 수 있는 경우이어야 한다(대법원 1997.7.25. 94 다 2480 손해배상(기)).

3) 공무원의 부작위로 인한 국가배상책임을 인정할 것인지 여부가 문제되는 경우에 관련 공무원에 대하여 작위의무를 명하는 법령의 규정이 없다면 공무원의 부작위로 인하여 침해된 국민의 법익 또는 국민에게 발생한 손해가 어느 정도 심각하고 절박한 것인지, 관련 공무원이 그와 같은 결과를 예견하여 그 결과를 회피하기 위한 조치를 취할 수 있는 가능성이 있는지 등을 종합적으로 고려하여 판단하여야 할 것이다. 에이즈 검사 결과 양성으로 판정된 후 자의로 보건당국의 관리를 벗어난 특수업태부에 대하여 그 후 국가 산하 검사기관이 실시한 일련의 정기검진 결과 중에서 일부가 음성으로 판정된 적이 있음에도 불구하고 위 검사기관이 이를 본인에게 통보하지 않고 그에 따른 후속조치도 없었던 사안에서, 국가의 위자료 지급의무를 인정한 원심판결을 파기한 사례(대법원 1998.10.13. 98 다 18520 손해배상(의)).

한 행정권의 발동여부는 대체로 공무원의 재량에 맡겨져 있기 때문(행정편의주의, 재량행위론)에 부작위의 위법성은 인정할 수 없다는 것이었다. ② 그러나 오늘날은 종래에 반사적이익으로 보던 이익이 점차로 공권화 내지는 법적 이익화되고 있어, 공무원이 국민에 대하여 작위의무를 지는 경우도 늘어나고 있다. 그러나 국가배상법 제 2 조는 단순히 「법령을 위반하여」라고만 규정하고 있으므로 행정기관에 의한 위법한 공권력행사가 있고, 그에 의하여 개인의 권익이 침해된 경우에는 국가 등의 배상책임이 인정되는 것이고, 행정청이 피해자와의 관계에서 손해를 방지하여야 할 직접적 의무를 부담하는지의 여부는 배상책임과는 무관한 문제라고 하여, 국가배상법에 있어서 법적보호이익과 반사적이익의 구별을 적용할 필요가 없다는 견해도 있다.[1] 판례는 국가배상법의 적용에 있어서도 공무원에게 부과된 직무상 의무의 내용이 「단순히 공공일반의 이익을 위한 것이거나 행정기관내부의 질서를 규율하기 위한 것」인 경우에는 배상책임을 부담하지 않고, 「전적으로 또는 부수적으로 사회구성원 개인의 안전과 이익을 보호하기 위한 것」인 경우에는 배상책임을 부담한다는 취지로 판시하여(91 다 43466(1993.2.12 대판)—유람선 극동호 화재사고에 대하여 국가배상책임을 인정한 사건), 국가배상법의 적용에 있어서 법적 이익과 반사적 이익의 구별이 적용된다고 보고 있다.

③ 그리고 오늘날에는 비록 재량행위에 있어서도 국민의 생명·재산 등 중대한 법익이 위험에 처해 있고 이를 방지하기 위하여 행정권의 발동이 절실히 요구되는 경우에는 공무원의 재량권은 영으로 수축되어 행정권을 발동할 작위의무가 생기고, 따라서 이를 발동하지 아니한 때에는 위법이 되어 국가배상책임을 지게 된다고 본다.

〔**판례**〕 경찰관에게 부여된 권한의 불행사가 직무상의 의무를 위반하여 위법하게 되는 경우
경찰은 범죄의 예방, 진압 및 수사와 함께 국민의 생명, 신체 및 재산의 보호 등과 기타 공공의 안녕과 질서유지도 직무로 하고 있고, 그 직무의 원활한 수행을 위하여 경찰관직무집행법, 형사소송법 등 관계 법령에 의하여 여러 가지 권한이 부여되어 있으므로, 구체적인 직무를 수행하는 경찰관으로서는 제반 상황에 대응하여 자신에게 부여된 여러 가지 권한을 적절하게 행사하여 필요한 조치를 취할 수 있는 것이고, 그러한 권한은 일반적으로 경찰관의 전문적 판단에 기한 합리적인 재량에 위임되어 있는 것이나, 경찰관에게 권한을 부여한 취지와 목적에 비추어 볼 때 구체적인 사정에 따라 경찰관이 그 권한을 행사하여 필요한 조치를 취하지 아니하는 것이 현저하게 불합리하다고 인정되는 경우에는 그러한 권한의 불행사는 직무상의 의무를 위반한 것이 되어 위법하게 된다(대법원 2004.9.23. 2003

1) 김동희(I), p.472.

다 49009 손해배상(기)등).[1]

(나) 조리상 개괄적 위험방지의무(손해방지의무) ① 조리에 의한 작위의무 즉, 조리에 의한 공무원의 개괄적 위험방지의무를 인정할 것인가에 대하여는 견해가 갈리고 있다. 반대설은 법률에 의한 행정의 원칙에 논거를 두고 있다. 그러나 법치행정의 목적은 인권보장이라는 점과 국민의 생명·재산을 보호하여야 한다는 국가의 임무에 비추어 일정한 경우에는 조리에 의한 위험방지의무가 있다고 할 것이다. ② 판례도 국가에 대하여 개괄적인 위험방지의무를 인정하고 있다. 즉,「국민의 생명, 신체, 재산 등에 대하여 절박하고 중대한 위험상태가 발생하였거나 발생할 우려가 있어서 국민의 생명, 신체, 재산 등을 보호하는 것을 본래적 사명으로 하는 국가가 초법규적, 일차적으로 그 위험 배제에 나서지 아니하면 국민의 생명, 신체, 재산 등을 보호할 수 없는 경우에는 형식적 의미의 법령에 근거가 없더라도 국가나 관련 공무원에 대하여 그러한 위험을 배제할 작위의무를 인정할 수 있을 것」[2]고 판시한 바 있다.

(5) 수익처분과 위법 판례는 수익적 행정처분에 대한 위법성의 평가요건에 대하여,「수익적 행정처분은 그 성질상 특별한 사정이 없는 한 그 처분이 이루어지는 것이 신청인의 이익에 부합하고, 이에 대한 법규상의 제한은 공공의 이익을 위한 것이어서, 그러한 법규상의 제한 사유가 없는 한 원칙적으로 이를 허용할 것이 요청된다고 할 것」[3]이라고 하면서,「당해 행정처분에 관한 법령의 내용, 그 성질과 법률적 효과, 그로 인하여 신청인이 무익한 비용을 지출할 개연성에 관한 구체적 사정 등을 종합적으로 고려하여 객관적으로 보아 그 행위로 인하여 신청인이 손해를 입게 될 것임이 분명하다고 할 수 있어 신청인을 위하여도 당해 행정처분을 거부할 것이 요구되는 경우이어야 할 것이다.」라고 하였다. 판례는 이러한 취지에서 중소기업창업지원법에 의한 창업승인을 받은 자가 상당한 창업비용과 기계제작비 등을 지출한 후 공장건축지역이 고속도로용지로

1) 군산 윤락업소 화재 사건으로 사망한 윤락녀의 유족들이 국가를 상대로 제기한 손해배상청구 사건에서, 경찰관의 직무상 의무위반행위를 이유로 국가에게 위자료의 지급책임을 인정한 사례의 판결이다. 같은 취지: 당뇨병 환자인 교도소 수용자가 당뇨병의 합병증인 당뇨병성 망막병증으로 인한 시력저하를 호소하였으나 교도소 의무관이 적절한 치료와 조치를 취하지 아니하여 수용자의 양안이 실명상태에 이르게 된 데 대하여 교도소 의무관의 주의의무위반을 인정한 사례(대법원 2005.3.10. 2004 다 65121 손해배상(기)).

2) 에이즈 바이러스 항체검사를 실시한 결과 음성 판정을 한 기관에서 위 수검자에 대하여 그 검사 결과를 전혀 알려주지 않았고 그 판정의 모순점에 대한 정확한 재검사 및 재판정 절차 없이 형식적으로 정기적인 검사와 판정을 되풀이한 관리 및 검사·판정상의 잘못이 있음을 전제로 하여 위 수검자의 정신적 고통에 대한 국가의 위자료 지급의무를 인정하였던 원심판결을 파기한 사례(대법원 1998.10.13. 98 다 18520 손해배상(의)).

3) 대법원 2001.5.29. 99 다 37047 손해배상(기).

수용되어 창업을 못하게 된 사건에서, 중소기업의 창업을 위하여서는 반드시 창업승인을 받아야 하는 것도 아니고, 창업승인을 받은 사업계획(공장부지도 포함)은 승인을 받아 변경할 수 있으며, 창업승인 당시에는 고속도로의 구역이 결정되기 전의 계획단계였음을 들어 창업승인을 한 담당공무원에게 신청인의 이익을 위하여 창업승인을 거부할 의무가 없다고 하여 위법성을 인정하지 아니하였다(99 다 37047 (2001. 5. 29 대판)).

(6) **공공의 이익과 위법성** 비록 공무원의 행위로 국민의 권리가 침해되었다고 하더라도(예: 사법경찰관이나 검사의 피의사실 공표로 피의자의 명예가 훼손된 경우 등), 그것이 공공의 이해에 과한 사항으로서 그 목적이 오로지 공공의 이익을 위한 것인 때에는 진실한 사실이라는 증명이 있으면 그 행위에 위법성이 없고, 또한 증명이 없더라도 행위자가 그것이 진실이라고 믿을 만한 상당한 이유가 있는 경우에는 위법성이 없다고 보아야 한다. 그리하여 판례는 「직접 수사를 담당한 수사기관이나 수사담당 공무원이 피의사실을 공표하는 경우에는 공표하는 사실이 의심의 여지없이 확실히 진실이라고 믿을 만한 객관적이고 타당한 확증과 근거가 있는 경우가 아니라면 그러한 상당한 이유가 있다고 할 수 없다.」고 하여 위법성의 조각을 인정하지 않았다.[1)]

(7) **위법성의 입증책임** 소송실무에서는 가해행위가 위법하다는 입증책임은 민사상 일반불법행위 성립요건의 입증책임의 경우와 마찬가지로 원고인 피해자에게 있다고 본다. 그러나 위법성과 과실은 불가분의 관계에 있다고 할 것이며, 따라서 과실이 입증되면 위법성은 따로 입증할 필요가 없다고 할 것이다.

(8) **처분의 공정력(처분의 위법)과 국가배상청구** 행정행위의 위법을 이유로 국가배상을 청구함에는 미리 행정행위의 취소판결을 얻어야 되는지가 행정행위의 공정력과 관련하여 다투어지고 있다. 행정행위의 효력을 직접 부인하는 것이 아니면 민사소송절차(또는 공법상 당사자소송)에서 배상청구사건을 심리하는 법원이 선결문제로서 그 행위의 위법을 인정하는 것은 공정력에 반하는 것이 아니므로, 취소소송을 제기하지 아니하고 직접 행정행위의 위법을 주장하여 민사소송(또는 공법상 당사자소송)으로 손해배상청구를 하는 것이 가능하다는 견해가 통설·판례이다.[2)]

1) 범죄 자체를 보도하기 위하여 반드시 범인이나 범죄 혐의자의 신원을 명시할 필요가 있는 것은 아니고, 범인이나 범죄혐의자에 관한 보도가 반드시 범죄 자체에 관한 보도와 같은 공공성을 가진다고 볼 수도 없을 것이다(대법원 1998.7.14. 96 다 17257 손해배상(기)).

2) 재개발사업 시행자의 분양처분고시는 행정처분의 성질을 지닌 것이므로 그것이 적법한 행정소송의 절차에 의하여 취소되지 아니하는 한 법원도 그 처분에 기속되어 그 행정처분의 내용과 달리 청산금을 지급하라고 명할 수는 없지만, 대지 및 건축시설도 분양하지 아니하고 청산금도 지급하지 아니한 채 분양처분고시를 하여 재개발구역 내에 다른 사람이 소유하고 있던 토지의 소유권을 상실시켰다면 재개발사업 시행자는 그 한도에서 재개발사업을 위법하게 시행하였으므로 그 토지의 소유자에 대하여 불법행위의 책임을 진다(대법원 2002.10.11. 2002 다 33502 토지대금지급).

4. 他人에게 損害를 加하였을 것

국가가 배상책임을 지기 위하여서는 공무원의 직무상의 불법행위로 인하여 타인에게 손해를 가하여야 한다.

(1) **손해** 재산적 손해와 그 이외의 손해(생명·신체·정신적 손해), 적극적 손해와 소극적 손해를 가리지 아니한다. 생명·신체의 침해로 인한 손해가 가장 문제된다.

(2) **직무상 불법행위와 손해와의 인과관계** 공무원의 직무행위와 손해의 발생 사이에는 상당인과관계가 있어야 한다. 상당인과관계란 민법에서와 같이 우리 사회생활상의 경험법칙상 어떤 원인이 있으면 어떤 결과가 발생하는 것이 일반적이라고 생각되는 범위 안에서만 법률이 요구하는 인과관계가 인정하는 것을 말한다.

(3) **타인의 손해** 타인에게 손해를 입혔어야 한다.

㈎ **타인의 범위** ①「타인」이란 국가 또는 지방자치단체와 당해 가해공무원을 제외한 모든 자를 말하며 자연인·법인을 가리지 아니한다. ② 가해공무원이 국가공무원인 경우에는 지방자치단체도, 지방공무원인 경우에는 국가도 타인에 포함된다. ③ 공무원은 가해자의 입장에 설 수 있음은 물론 다른 공무원의 불법행위로 손해를 받은 때에는「타인」, 즉 피해자의 입장에 설 수도 있다(예컨대 관용차운전자의 과실로 인한 사고로 승차자인 공무원이 상해를 입은 경우 등).

㈏ **군인 등에 대한 특례**

ⓐ **법률의 규정** 군인·군무원·경찰공무원 또는 향토예비군대원이 전투·훈련 등 직무 집행과 관련하여 전사·순직하거나 공상을 입은 경우에 본인이나 그 유족이 다른 법령에 따라 재해보상금·유족연금·상이연금 등의 보상을 지급받을 수 있을 때에는 이 법 및「민법」에 따른 손해배상을 청구할 수 없다(국가배상 2①단서).

ⓑ **입법취지** 이와 같은 특례는 위험성이 높은 직무종사자에게 사회보장적 위험부담으로서의 보상제도를 별도로 마련하고, 그것과 경합되는 이중배상청구를 배제하려는 취지이다(영·미의 경우도 있다. 영국국왕소추법 10, 미연방불법행위청구권법 2680(1)).

> 「국가 또는 공공단체가 위험한 직무를 집행하는 군인·군무원·경찰공무원 또는 향토예비군대원에 대한 피해보상제도를 운영하여, 직무집행과 관련하여 피해를 입은 군인 등이 간편한 보상절차에 의하여 자신의 과실 유무나 그 정도와 관계없이 무자력의 위험부담이 없는 확실하고 통일된 피해보상을 받을 수 있도록 보장하는 대신에, 피해 군인 등이 국가 등에 대하여 공무원의 직무상 불법행위로 인한 손해배상을 청구할 수 없게 함으로써, 군인 등의 동일한 피해에 대하여 국가 등의 보상과 배상이 모두 이루어짐으로 인하여 발생할 수 있는 과다한 재정지출과 피해

군인 등 사이의 불균형을 방지하고, 또한 가해자인 군인 등과 피해자인 군인 등의 직무상 잘못을 따지는 쟁송이 가져올 폐해를 예방하려는 것이라고 할 것이다」(대법원 2001.2.15. 96 다 42420 전원합의체판결 구상금).

(c) **적용범위** ① 공무원은 가해공무원의 입장에 설 수 있으나 피해를 받은 경우에는 일반사인과 마찬가지로 피해자의 입장에 선다.[1] 위 특례규정이 적용되는 범위에 대하여 다툼이 있는데, 판례는 교도소 경비교도대원(대법원 1998.2.10. 97 다 45914 손해배상(기))[2]과 공익근무요원은 군인에 해당되지 않는다(대법원 1997.3.28. 97 다 4036 손해배상(자))고 하였으며, 반면 전투경찰순경은 경찰공무원에 해당한다(헌법재판소 1996.6.13. 94 헌마118, 95 헌바39(병합) 헌법 제29조제2항등위헌확인등)고 판시한 바 있다.

② 국가유공자등 예우 및 지원에 관한 법률 및 군인연금법의 각 보상규정은 국가배상법 제2조 제1항 단서 소정의 "다른 법령의 규정"에 해당한다(대법원 1993.5.14. 92 다 33145 손해배상(기)). 따라서 국가배상청구를 할 수 없다.

③ 다른 법령에 따라 재해보상금 등 보상을 받을 수 있음을 전제로 하므로, 그것을 받을 수 없을 때에는 국가배상법과 민법에 의한 배상청구를 할 수 있다.[3]

(d) **공동불법행위 관련 구상 여부** 군인 등의 직무수행과 관련하여 다른 군인 등이 피해자인 경우에도 국가에 대하여서는 배상을 청구하지 못하지만, 군인 등의 직무행위에 민간인이 가담하여 공동불법행위로 손해를 입은 때에는 피해군인 등은 그 민간인에 대하여서는 배상을 청구하는 것이 물론 가능하다. 그런데 이 경우에 피해군인 등은 민간인에 대하여 손해전액의 배상을 청구할 수 있

---

1) 공무원이 자신의 소유인 승용차를 운전하여 공무를 수행하고 돌아오던 중 동승한 다른 공무원을 사망하게 하는 교통사고를 발생시킨 경우, 이는 외형상 객관적으로 직무와 밀접한 관련이 있는 행위이고, 가해행위를 한 공무원과 동일한 목적을 위한 업무를 수행한 공무원이라 할지라도 그가 가해행위에 관여하지 아니한 이상 국가배상법 제2조 제1항 소정의 '타인'에 해당하므로 국가배상법에 의한 손해배상책임이 인정된다(대법원 1998.11.19. 97 다 36873 전원합의체판결 손해배상(자)).

2) 구 국가유공자예우등에관한법률에 의하여 국가유공자 등에게 연금, 각종 수당 등 보상금을 지급하는 제도는 그들의 생활안정과 복지향상을 도모한다는 사회보장적 성격을 가질 뿐만 아니라 그들의 국가를 위한 공헌이나 희생에 대한 응분의 예우를 시행하는 것으로서 손해를 배상하는 제도와는 그 취지나 목적을 달리한다고 할 것이므로, 같은 법 제11조, 제12조, 같은법시행령 제20조의 각 규정에 의하여 지급받았거나 지급받게 될 사망급여금이나 유족연금은 국가가 배상하여야 할 손해액에서 공제하여서는 안 된다(대법원 1998.2.10. 97 다 45914 손해배상(기)).

3) 군인 또는 경찰공무원으로서 교육훈련 또는 직무 수행중 상이(공무상의 질병 포함)를 입고 전역 또는 퇴직한 자라고 하더라도 국가유공자예우등에관한법률에 의하여 국가보훈처장이 실시하는 신체검사에서 대통령령이 정하는 상이등급에 해당하는 신체의 장애를 입지 않은 것으로 판명되고 또한 군인연금법상의 재해보상 등을 받을 수 있는 장애등급에도 해당하지 않는 것으로 판명된 자는 위 각 법에 의한 적용 대상에서 제외되고, 따라서 그러한 자는 국가배상법 제2조 제1항 단서의 적용을 받지 않아 국가배상을 청구할 수 있다(대법원 1997.2.14. 96 다 28066 손해배상(자)).

는지 그리고 그 경우에 민간인은 국가에 대하여 배상하여야 할 부분에 대하여 구상권을 행사할 수 있는지 문제된다.

① 헌법재판소는「일반국민이 직무집행중인 군인과의 공동불법행위로 직무집행중인 다른 군인에게 공상을 입혀 그 피해자에게 공동의 불법행위로 인한 손해를 배상한 다음 공동불법행위자인 군인의 부담부분에 관하여 국가에 대하여 구상권을 행사하는 것을 허용하지 않는다고 해석한다면, 이는 위 단서 규정의 헌법상 근거규정인 헌법 제29조가 구상권의 행사를 배제하지 아니하는데도 이를 배제하는 것으로 해석하는 것으로서 합리적인 이유 없이 일반국민을 국가에 대하여 지나치게 차별하는 경우에 해당하므로 헌법 제11조, 제29조에 위반되며」(헌법재판소 1994.12.29. 93 헌바 21 국가배상법제 2 조제 1 항단서위헌소원)라고 하여 한정위헌결정을 하였다.

② 그러나 대법원은「공동불법행위자 등이 부진정연대채무자로서 각자 피해자의 손해 전부를 배상할 의무를 부담하는 공동불법행위의 일반적인 경우와 달리, 예외적으로 민간인은 피해 군인 등에 대하여 그 손해 중 국가 등이 민간인에 대한 구상의무를 부담한다면, 그 내부적인 관계에서 부담하여야 할 부분을 제외한 나머지 자신의 부담부분에 한하여 손해배상의무를 부담하고, 한편 국가 등에 대하여는 그 귀책부분의 구상을 청구할 수 없다고 해석함이 상당하다」(대법원 2001.2.15. 96 다 42420 전원합의체 구상금)[1]고 판시하였다.

그리고 대법원은 헌법재판소가「구상권행사를 허용하지 않는다고 해석하는 한 위헌」이라는 한정위헌결정에 대하여「법률 또는 법률조항 자체의 효력을 상실시키는 위헌결정은 기속력이 있지만, 한정위헌결정과 같은 해석기준을 제시하는 형태의 헌법재판소 결정은 기속력을 인정할 근거가 없다」(대법원 2001.4.27. 95 재다 14 구상금)고 하였다.

③ 이와 같이 헌법재판소와 대법원은 서로 상반되는 입장을 취하고 있는데, 헌법과 국가배상법의 입법취지에서 볼 때 대법원의 입장이 타당하다고 본다. 대법원은 공동불법행위에서 부진정연대채무의 예외를 인정하므로, 민간인과 국가는 각자 자신의 부담부분에 대하여서만 책임을 진다고 하겠다.

(e) 위헌성 여부 등　이와 같이 일정한 범위의 공무원에 대하여 국가배상청구권을 제한하고 있는 것은 헌법 제11조의 평등원칙에 위반된다고 할 것이나,

1) 이 사건 트럭의 보험자인 원고가 위 트럭이 피고 산하 부산진경찰서 부암2파출소의 공무용으로서 위 파출소 소속 의무경찰대원이 운전하던 오토바이와 충돌하여 발생한 사고로, 위 오토바이 뒷좌석에 타고 있다가 상해를 입은 의무경찰대원에게 치료비 및 합의금으로 금 47,330,000원을 지급한 후, 그 중 피고의 부담부분 상당의 상환을 구하는 이 사건에서, 트럭 운전자와 오토바이 운전자 사이의 과실비율(3:1)을 기초로 원고의 피고에 대한 금 11,832,500원의 구상권을 인정한 원심을 파기한 사례이다.

그 특례를 직접 헌법에 규정하고 있으므로 위헌문제는 제기되지 아니한다. 다만, 이러한 특례는 국가가 지급하는 재해보상금 등 보상금에 의하여 실질적으로 국가배상을 받게 된다는 것을 전제로 하고 있는데, 보상금이 손해배상액에 미치지 못할 때에는 균형상 문제가 있다고 할 것이다.[1)]

Ⅲ. 효과(損害賠償責任)

위의 요건이 갖추어지면 국가 또는 지방자치단체는 피해자에게 손해를 배상하여야 한다.

1. 賠償責任者

(1) **국가나 지방자치단체** 배상책임자는 가해공무원이 소속하는 국가나 지방자치단체이다(국배 2①). 헌법은 배상주체를 「국가 또는 공공단체」로 하고 있으나, 국가배상법은 「국가나 지방자치단체」로 한정하고, 지방자치단체 이외의 공공단체(공공조합·영조물법인)의 배상책임에 대하여 민법에 맡겼다.

(2) **공무원의 선임·감독자와 비용부담자가 다른 경우** 위법행위를 행한 공무원의 「선임·감독을 맡은 자」와 「봉급·급여 그 밖의 비용을 부담하는 자」가 다른 경우(예: 국가사무를 지방공무원이 처리한 경우 또는 그 반대의 경우)에는, 비용부담자도 배상책임이 있으므로(국배 6①), 피해자는 양자 중 선택적으로 청구할 수 있다. 이 경우에 손해를 배상한 자는 내부관계에서 그 손해를 배상할 책임이 있는 자에게 구상할 수 있다(동 6②).

국가나 지방자치단체가 배상책임을 진다고 하는 것은 당해 사무의 귀속주체에 따라서 국가사무의 경우에는 국가가 배상책임을 지고, 자치사무의 경우에는 당해 지방자치단체가 배상책임을 진다는 것을 뜻한다.[2)]

㈎ 공무원의 선임·감독을 맡은 자에 대하여 판례는 「지방자치단체의 장이 기관위임된 국가행정사무를 처리하는 경우 그에 소요되는 경비의 실질적·궁극적 부담자는 국가라고 하더라도 당해 지방자치단체는 국가로부터 내부적으로 교

1) 헌법은 통일된 가치체계를 이루고 있는 것으로서, 이념적·논리적으로는 헌법규범 상호간의 우열을 인정할 수 있는 것이 사실이다. 그러나 헌법의 어느 특정규정이 다른 규정의 효력을 전면적으로 부인할 수 있을 정도의 개별적 헌법규정 상호간에 효력상의 차등을 의미하는 것이라고는 볼 수 없다. 향토예비군의 직무는 고도의 위험성을 내포하는 공공적 성격의 직무이므로, 향토예비군대원에 대하여 다른 법령의 규정에 의한 사회보장적 보상제도를 전제로 하여 이중보상으로 인한 일반인들과의 불균형을 제거하고 국가재정의 지출을 절감하기 위하여 임무수행 중 상해를 입거나 사망한 개별 향토예비군대원의 국가배상청구권을 금지하는 것은 위헌규정이라고 할 수 없다(헌법재판소 1996.6.13. 94 헌바 20 헌법제29조제 2 항등위헌소원).

2) 홍정선(상), p. 652.

부된 금원으로 그 사무에 필요한 경비를 대외적으로 지출하는 자이므로, 이러한 경우 지방자치단체는 국가배상법 제 6 조 제 1 항 소정의 비용부담자로서 공무원의 불법행위로 인한 같은 법에 의한 손해를 배상할 책임이 있다」(대법원 1994.12.9. 94 다 38137 손해배상(기)) 라고 하여 기관위임사무를 처리하는 지방자치단체는 비용부담자로서의 책임을 진다고 한다.

(나) 공무원의 봉급·급여 등 비용부담자에 대하여는 「공무원의 인건비만을 가리키는 것이 아니라 당해사무에 필요한 일체의 경비를 의미한다고 할 것이고, 적어도 대외적으로 그러한 경비를 지출하는 자는 경비의 실질적·궁극적 부담자가 아니더라도 그러한 경비를 부담하는 자에 포함된다.」[1]고 판시하여 실질적이며, 형식적인 비용부담자를 포함하는 개념으로 보고 있다.

2. 損害賠償額

(1) 배상기준 ① 배상액은 헌법이 규정한 「정당한 배상」(29 ①)이어야 하는바, 그것은 민법에서의 불법행위로 인한 손해배상의 경우와 같이, 가해행위와 상당인과관계가 있는 모든 손해를 정당한 가격으로 환산하여 배상하는 것을 말한다. ② 그런데 국가배상법은 종래 생명·신체의 침해의 경우 손해배상액의 산정이 극히 어려워 사안에 따라 균형을 잃은 경우가 있어 생명·신체의 침해로 인한 배상기준을 정하고 있었으나, 1980년의 개정(1980.1.4 법률 3235호)시에 새로이 물건의 멸실·훼손으로 인한 배상기준을 정하였으며, 그 밖의 손해에 대하여는 불법행위와 상당인과관계가 있는 범위 안에서 배상한다고 하여 일반적인 배상기준을 정하고 있다(동법 3). ③ 그리고 생명·신체의 침해로 인한 유족배상·장해배상 및 장래에 필요한 요양비 등을 일시에 청구하는 경우에는 종전에는 복할인법(복리계산)(Leibniz 식이라 한다.)에 의하여 중간이자를 공제하도록 하였다.

그러나 이는 민법상의 불법행위로 인한 손해배상액산정에 있어서는 우리 법원이 주로 단할인법(단리계산)(Hoffmann 식이라 한다.)에 의하여 중간이자를 공제하고 있는 것과는 차이가 있어[2] 1997년의 개정 국가배상법(1997.12.13 법률 5433호)에서는 중간이자공제방식을 대통령령으로 정하도록 하여 대통령령에서 양자를 일치시키도록 하였다.

(2) 배상기준의 뜻 국가배상법이 정하고 있는 위의 「배상기준」이 배상액을 정함에 있어서 따라야 할 기준만을 정한 것인지, 아니면 한정한 것인지에

1) 대법원 1994.12.9. 94 다 38137 손해배상(기).

2) 유족배상 등을 일시에 신청하는 경우에 중간이자를 공제하는 것은 장래 발생할 손해액을 현재 앞당겨 지급함으로 인하여 생기는 이자상당액을 공제하는 것으로 그 방법으로는 일반적으로 단할인법(단리계산법 Hoffmann식)과 복할인법(복리계산법 Leibniz식)이 있다.

대하여 기준액설과 한정액설의 대립이 있으나, 생명·신체에 대한 배상기준은 민법상의 배상에 비하여 균형을 잃을 정도로 불리하며, 따라서 그것을 단순히 기준액으로 보는 것이 국가배상법의 입법정신에 부합된다는 기준액설이 다수설이며, 판례도 같은 입장을 취한다.[1)]

(3) 결언 ① 국가배상법이 배상기준을 정하고 있는 것은 배상액을 한정하여 국고지출을 줄여 보자는 뜻도 있었다는 것을 부정할 수는 없으나, 주된 입법취지는 사안에 따라 균형을 잃은 배상액이 정하여지는 것을 막아 보자는 데 있다고 할 수 있으며, ② 국가배상법상의 배상기준을 한정액으로 보는 경우, 그것은 민법에 의한 배상보다 피해자에게 불리하다고 할 것이고, 그렇게 되면 헌법 제29조 제 1 항의「정당한 배상」과도 관련하여 위헌문제가 제기된다 할 것인바, 굳이 그러한 문제점을 야기시키면서까지 한정액으로 볼 이유가 없다 할 것이고, 또한 ③ 국가배상법이 배상「기준」또는「기준」으로 하여 배상을 한다고 하여 기준이라는 문구를 쓰고 있으므로 기준액설이 타당하다고 본다.

3. 賠償請求權의 讓渡·押留禁止

생명·신체의 침해에 대한 배상청구권은 이를 양도하거나 압류하지 못한다(국배 4). 배상청구권은 재산권이므로 법적 성질로는 양도나 압류가 금지된다고는 볼 수 없으나, 유족이나 신체의 침해를 받은 자를 보호하기 위한 사회보장적 견지에서 특히 금지한 것이라 하겠다.

4. 賠償請求權의 消滅時效

국가배상법에 특별한 규정이 없으므로, 민법의 규정(766조)에 의하여 피해자나 그 법정대리인이 손해 및 그 가해자를 안 날로부터 3년이 지나면 시효로 소멸한다(국배 8). 다만 국가배상법은「이 법에 따른 손해배상의 소송은 배상심의회에 배상신청을 하지 아니하고도 제기할 수 있다(9조).」고 하였다. 배상심의회의 결정을 거쳐서 소송을 제기하는 경우(임의적 결정전치주의)에는, 동 심의회에 대한 손해배상금지급신청은 시효중단사유로 볼 수 있고(민 168), 그 신청에 대한 동 심의회의 결정이 있은 때로부터 다시 시효기간이 진행된다 할 것이다.[2)]

1) 구 국가배상법(1967.3.3. 법률) 제 3 조 제 1 항과 제 3 항의 손해배상의 기준은 배상심의회의 배상금지급기준을 정함에 있어서의 하나의 기준을 정한 것에 지나지 아니하는 것이고 이로써 배상액의 상한을 제한한 것으로 볼 수 없다 할 것이며, 따라서 법원이 국가배상법에 의한 손해배상액을 산정함에 있어서 그 기준에 구애되는 것이 아니라 할 것이니 이 규정은 국가 또는 공공단체에 대한 손해배상청구권을 규정한 구 헌법(62.12.26. 개정헌법) 제26조에 위반된다고 볼 수 없다(대법원 1970.1.29. 69 다 1203 전원합의체판결 손해배상).

2) 이상규(상), p.614.

Ⅳ. 求 償 權

1. 公務員에 대한 求償

국가가 피해자에게 배상한 때에는, 당해 공무원에게 고의 또는 중대한 과실이 있는 경우에 한하여 구상권을 가진다(국배 2②). 즉, 공무원은 고의 또는 중과실이 있는 경우에 한하여 국가 등에 대하여 책임을 진다. 국가의 구상권의 성격은, 대위책임설에 의하면 본래 공무원이 부담할 책임을 국가가 갈음하여 지는 것이므로 본래의 책임자인 공무원에게 구상하는 것은 당연하며, 부당이득반환청구권에 유사한 것이다. 자기책임설에 의하더라도 공무원은 국가에 대하여 직무상의무위반에 대하여 책임을 져야 할 지위에 있으므로, 공무원이 구상권의 행사를 당하는 것은 당연하다고 할 것이며, 그 관계는 채무불이행에 유사한 관계라 하겠다.

경과실(실제상 대부분을 차지한다.)의 경우에는 구상을 할 수 없는바, 그것은 공무원에게 가혹함은 물론 집무의욕의 저하와 사무정체를 방지하기 위한 정책적 견지에서이다.

2. 公務員의 選任·監督者와 費用負擔者가 다른 경우의 求償

양쪽 모두가 피해자에게 배상책임을 지며, 어느 한쪽이 배상을 한 때에는 내부관계에서 궁극적으로 책임이 있는 자에게 구상할 수 있다(국배 6).

3. 選擇的 請求의 문제(공무원의 피해자에 대한 直接責任의 문제)

공무원이 직접 피해자에게 배상책임을 지는가, 바꾸어 말하면 피해자가 국가 등에게 청구하지 아니하고 공무원에게 직접 청구할 수 있는가에 대하여 견해가 갈린다.

(1) **선택적 청구를 부정하는 견해** 공무원은 직접 피해자에게 배상책임을 부담하지 않는다고 한다. 종래의 통설이다.[1] 이 견해는 헌법 제29조 제1항 단서의 「이 경우 공무원 자신의 책임은 면제되지 아니한다」는 뜻은 국가 등의 구상에 응하는 책임이라 한다.

(2) **선택적 청구를 긍정하는 견해** 공무원은 피해자에게 직접 책임을 진다고 한다.[2] 이 견해는 헌법 제29조 제1항 단서의 뜻을 피해자의 청구에 직접 응하는 책임의 뜻으로 본다.

---

1) 김도창(상), p.638; 한태연(상), p.435; 윤세창(상), p.288; 이상규(상), p.611.
2) 이종극(상), p.158; 박일경, 제오공화국헌법, p.248; 문홍주, 한국헌법, p.275.

(3) 경과실에 의한 행위의 경우에는 선택적 청구를 부정하고, 고의·중과실에 의한 행위의 경우에는 선택적 청구를 긍정하는 견해 판례의 입장이다(95 다 38677 (1996.2.15 대판)). 중간설(절충설)의 입장에서, 공무원의 경과실로 인한 행위의 경우에는, 공무원의 행위는 국가 자신의 행위로 보아 선택적 청구를 부정하고, 공무원의 고의·중과실로 인한 행위의 경우에는 국가 자신의 행위로 볼 수 없고 공무원 개인의 행위로 보아야 할 것이나 국가배상법이 피해자인 국민을 보호하기 위하여 국가에게 배상책임을 인정하였으나, 공무원 자신의 행위로서의 품격을 잃는 것은 아니므로 공무원 개인에게도 선택적으로 청구할 수 있다고 한다. 이 견해는 헌법 제29조 제1항 단서의 뜻을 공무원이 피해자의 청구에 응하는 책임의 뜻으로 본다.

(4) 판례 판례의 입장은 변천을 거듭하여 왔는데, 종전에는 선택적 청구를 긍정하는 견해를 취하였다가, 판례를 변경하여 부정하는 견해를 취하였고, 1996년 전원합의체판결을 통하여 고의·중과실로 인한 행위의 경우에는 선택적 청구를 긍정하는 견해를 취하였다.

(가) 선택적 청구를 긍정한 판례 「공무원의 직무상 불법행위로 손해를 받은 국민은 공무원 자신에 대하여도 직접 그의 불법행위를 이유로 민사상의 손해배상을 청구할 수 있다」(대법원 1972.10.10. 69 다 701 손해배상).[1]

(나) 선택적 청구를 부정한 판례 「공무원의 직무상 불법행위로 인하여 손해를 받은 사람은 국가 또는 공공단체를 상대로 손해배상을 청구할 수 있고, 이 경우에 공무원에게 고의 또는 중대한 과실이 있는 때에는 국가 또는 공공단체는 그 공무원에게 구상할 수 있을 뿐, 피해자가 공무원 개인을 상대로 손해배상을 청구할 수 없다」(대법원 1994.4.12. 93 다 11807 보험금).[2]

---

1) 원판결은 피고 1시는 공공단체로서 그 소속공무원인 피고 2, 3등에 의한 분묘발굴행위는 공권력 있는 직무상의 사실행위이므로, 위 공무원들의 행위가 불법행위임을 이유로 배상을 청구함에는 특별법인 국가배상법에 따라 청구하여야 할 것이고, 민사상인 손해배상을 구하는 이건 본원적 청구는 부당하다고 판단하였다. 그러나 국가배상법의 공무원 자신의 책임에 관한 규정여하를 기다릴 것 없이 공무원 자신이 불법행위를 이유로 민사상의 손해배상책임을 져야 할 법리임에도 불구하고 원 판결이 피고 1시는 공공단체로서 불법행위로 인한 손해배상 책임이 있어도 직무를 행함에 당하여 불법행위를 한 피고 2, 3에게 대하여는 민사상의 손해배상을 청구할 수 있다는 취의의 판단을 하였음은 위 헌법 제26조 단서 규정을 오해한 위법이 있다 할 것이다(대법원 1972.10.10. 69 다 701 손해배상).

2) (관공서 소유의 트럭을 운전한)원고는 (원고의 과실로 교통사고를 당한 동승자) 양홍식에게 이 사건 사고로 인한 손해를 배상할 책임이 있고, 따라서 피보험자에 해당하는 원고가 위 소외인과 사이에 서면에 의한 합의를 한 이상 피고 (보험)회사는 원고에게 위 보험계약에 따른 보험금을 지급할 의무가 있다고 판시하였다. 원심이 국가가 공무원의 직무상 불법행위로 인한 책임을 지는 경우에도 공무원 자신의 책임은 면제되지 아니한다 하여 피고는 원고에게 이 사건 보험계약에 따른 보험금을 지급할 의무가 있다고 판시한 것은 구 헌법 제28조 제1항, 국가배상법 제2조 제1항에 관한 법리를 오해하여 판결에 영향을 미친 위법이 있다 할 것이다(대법

(다) **선택적 청구를 긍정하는 판례** 「공무원이 직무수행 중 불법행위로 타인에게 손해를 입힌 경우에 국가 등이 국가배상책임을 부담하는 외에 공무원 개인도 고의 또는 중과실이 있는 경우에는 불법행위로 인한 손해배상책임을 진다고 할 것이지만, 공무원에게 경과실뿐인 경우에는 공무원 개인은 손해배상책임을 부담하지 아니한다고 해석하는 것이 헌법 제29조 제 1 항 본문과 단서 및 국가배상법 제 2 조의 입법취지에 조화되는 올바른 해석이다」(대법원 1996.2.15. 95 다 38677 전원합의체판결 손해배상(자)).[1)]

(5) **결언** 생각건대 피해자의 구제와 공무수행상의 능률의 조화라는 관점에서 보아 선택적 청구를 부정하는 입장이 타당하고 본다.

V. 國家등의 自動車損害賠償責任

「국가나 지방자치단체는 공무원이 … 「자동차손해배상 보장법」에 따라 손해배상의 책임이 있을 때에는 이 법에 따라 그 손해를 배상하여야 한다(국배 2)」고 규정하고 있으며, 자동차손해배상 보장법은 「자기를 위하여 자동차를 운행하는 자는 그 운행으로 인하여 다른 사람을 사망하게 하거나 부상하게 한 때에는 그 손해를 배상할 책임을 진다(동법 3)」고 규정하고 있다.

1. 公務員이 官用車를 運行한 경우의 責任關係

① 공무원이 그 직무를 집행하면서 국가나 지방자치단체 소유의 관용차량을 운행하는 경우는, 국가 등은 자기를 위하여 자동차를 운행하는 자에 해당되어

원 1994.4.12. 93 다 11807 보험금).

1) ① 따라서 종전에 이와 견해를 달리하여 공무원의 직무상 불법행위로 국민에게 손해를 입힌 경우에 공무원의 귀책사유의 정도에 관계없이 공무원 개인이 손해배상책임을 진다고 판시한 당원 1972.10.10. 선고 69 다 701 판결 등과 공무원의 귀책사유의 정도에 관계없이 공무원 개인은 손해배상책임을 지지 아니한다고 판시한 당원 1994.4.12. 선고 93 다 11807 판결은 이를 모두 변경하기로 한다. ② 이 사건에 관하여 보건대, 피고는 군부대 운전병으로서 공무를 수행하기 위하여 국가 소유의 사고 차량을 운전하다가 이 사건 교통사고를 일으킨 것이므로 위 차량의 운행은 헌법 제29조 제 1 항 본문 및 국가배상법 제 2 조 제 1 항에 의하여 일응 피고가 소속된 국가가 국가배상책임을 부담하여야 할 경우로 보이는바(한편 피해자인 소외 홍종권 역시 같은 부대 소속 군인으로서 직무집행중 이 사건 사고로 사망한 것으로 인정되어 그 유족들인 원고들이 국가유공자예우등에관한법률 등에 의하여 보상을 받을 수 있는 경우에는 국가배상법 제 2 조 제 1 항 단서에 의하여 국가에 대하여 국가배상을 청구할 수 없게 될 것이지만, 피고 개인의 손해배상책임의 인정 여부에 영향이 없다), 사고차량을 운전한 피고에게 경과실만 인정되는 경우에는 공무원 개인인 피고에게는 불법행위로 인한 손해배상책임을 물을 수 없지만, 피고에게 중과실이 있는 것으로 인정되는 경우에는 피고 개인에게도 손해배상책임을 물을 수 있다고 할 것이다. 그런데도 원심은 피고의 귀책사유의 정도에 관하여는 논하지도 아니한 채 피고 개인에게는 불법행위로 인한 손해배상책임이 없다고 판단한 것은 공무원 개인의 손해배상책임에 관한 법리오해의 위법을 저질렀다고 할 것이다(대법원 1996.2.15. 95 다 38677 전원합의체판결 손해배상(자)).

운행이익과 운행지배가 인정된다. 이 때 공무원이 자동차손해배상보장법이 규정하는 「다른 사람을 사망하게 하거나 부상하게 한 때」는 국가배상법(2①)에 의하여 그 손해를 배상하여야 한다.[1] ② 관용차를 공무원의 사적인 용무로 무단으로 사용하는 경우에도, 국가 등에게 운행지배나 운행이익을 인정할 사정이 있는 경우에는 위 자배법상의 책임을 진다.[2] ③ 반면 관용차를 사적인 용무로 운전하였으나 국가 등에게 운행지배나 운행이익을 인정할 사정이 없는 경우에는 국가 등은 배상책임이 없다.[3]

2. 公務員이 자기 所有의 自動車를 運行한 경우의 責任關係

① 공무원이 자기 소유의 차량을 운행중에 사고가 난 경우에, 국가 등은 자동차의 운행자성이 부인되는 경우에는 국가배상책임이 없다.[4] 그러나 국가 등이 자동차에 대한 운행자성을 갖지 않더라도, 공무원이 직무수행중에 야기한 사고라면 국가배상법이 적용된다. 공무원이 자동차 사고로 물적 피해를 야기한 경우에도 국가배상법이 적용된다. ② 공무원이 「자기를 위하여 자동차를 운행하는 자」인 때에는 자동차손해배상보상법상의 책임을 지게 된다.[5]

---

1) 박성훈은 피고(제주도)가 설립한 특수학교의 교장이고, 보험증권상의 주된 운전자로 기재된 홍성립이 운전하는 학교의 업무용 승용차인 이 사건 자동차에 승차하고, 그 학교에서 운영하는 야영장으로 가다가 사고를 당하였다는 것이므로, 그 승용차에 대한 운행지배나 운행이익은 지방자치단체인 피고가 가지는 것이지, 위 학교의 교장인 박성훈이 가진다고 할 수는 없다(대법원 1994.12.27. 94 다 31860 채무부존재확인).

2) 피고 대한민국 산하의 충남농수산통계사무소의 공무원인 피고가 비록 관리권자의 허락을 받지 아니한 채 오토바이를 무단으로 사용하였다 하더라도, 피고 대한민국이 그 오토바이와 시동열쇠를 피고의 무단운전이 가능한 상태로 잘못 보관하였고, 피고로서도 피고 나라와의 고용관계에 비추어 위 오토바이를 잠시 운전하다가 본래의 위치에 갖다 놓았을 것이 예상되므로 피고 대한민국이 위 오토바이에 대한 객관적, 외형적인 운행지배 및 운행이익을 계속 가지고 있었다고 판시한 것은 정당하다(대법원 1988.1.19. 87 다카 2202 손해배상(자)).

3) 피고 여주군 소속 차량의 운전수가 일과시간 후에 피해자의 적극적인 요청에 따라 동인의 개인적인 용무를 위하여 상사의 허락없이 무단으로 위 차를 운행하다가 사고가 일어났다면 군은 자동차손해배상보장법 제 3 조 소정의 자기를 위하여 자동차를 운행하는 자에 해당되지도 아니하며, 위 사고가 위 운전수의 직무집행중의 과실에 기인된 것도 아니므로 피고에 대하여 국가배상법상의 책임도 물을 수 없다(대법원 1981.2.10. 80 다 2720 손해배상).

4) 영주지방철도청 소속 공무원인 피고가 자기 소유의 봉고차량에 동료 공무원인 소외 조석도, 권태갑을 태우고 영주지방철도청으로 출근을 하기 위하여 위 차량을 운행하던 중 피고의 과실로 이 사건 교통사고를 일으켜 위 조석도 등으로 하여금 부상을 입게 하였다면, 피고가 공무집행에 당하여 불법행위를 한 것이라고 할 수 없어 국가는 국가배상법상의 책임을 부담하지 아니한다고 할 것이다(대법원 1996.5.31. 94 다 15271 구상금).

5) 공무원이 직무상 자동차를 운전하다가 사고를 일으켜 다른 사람에게 손해를 입힌 경우에는 그 사고가 자동차를 운전한 공무원의 경과실에 의한 것인지 중과실 또는 고의에 의한 것인지를 가리지 않고, 그 공무원이 자동차손해배상보장법 제 3 조 소정의 '자기를 위하여 자동차를 운행하는 자'에 해당하는 한 자동차손해배상보장법상의 손해배상책임을 부담한다. 그러므로 피고가 위 사고 당시 운전한 차량이 피고 개인 소유인 이상 비록 이 사건사고 당시에 공무를 수행하기 위하여 위 차를 운행하였다고 하더라도 피고 개인이 자배법 제 3 조의 '운행자'라고 할 것이므로, 앞에서 본 공무원 개인책임에 관한 일반적 법리에 앞서 자배법이 우선하여 적용되는

Ⅵ. 損害賠償의 請求節次

국가배상청구사건도 사법절차에 따라 법원에 소송을 제기하고 법원에 의하여 결정되는 것은 당연하다. 그런데 국가배상법은 국가 또는 지방자치단체에 대한 국가배상신청사건을 심의하기 위하여 법무부와 국방부에 배상심의회를 두어 배상심의회가 배상신청에 대한 결정을 행하는 행정기관에 의한 결정제도를 채택하였다. 따라서 국가배상의 청구절차는 행정기관인 배상심의회에 의한 것과, 법원에 의한 것의 두 가지가 있다. 그런데 양자의 관계에 관하여 종전에는 배상심의회의 결정을 거치지 아니하면 법원에 청구를 할 수 없는 이른바 강제적 결정전치주의를 채택하였으나, 2000년 12월 29일의 국가배상법의 개정(2000. 12. 29 법률 6310호)으로, 현행법상으로는 임의적 결정전치주의를 취하여 본인이 원하는 경우에만 소송을 제기하기 전에 배상심의회의 결정을 신청할 수 있게 하였다. 즉, 국가배상법 제 9 조는 「이 법에 의한 손해배상의 소송은 배상심의회 … 에 배상신청을 하지 아니하고도 제기할 수 있다」고 규정하였다.

1. 賠償審議會에 대한 배상결정신청제도(임의적 결정전치주의)

(1) 제도의 존재이유　법원에 손해배상의 소송을 제기하기 전에 본인이 원하는 때에는 먼저 배상심의회에 결정을 신청할 수 있게 한 것은 ① 국가 등은 스스로 배상금을 지급하여 국민과의 사이에 야기될 수 있는 분쟁을 미리 해결할 수 있도록 하고, ② 비용 · 노력 · 시간을 절약하며, ③ 배상사무의 원활(행정편의)을 기하기 위한 것이라 하겠다.

(2) 제도의 내용

㈎ 결정신청　배상금을 지급받고자 하는 자는 그 주소지 · 소재지 또는 배상원인발생지를 관할하는 지구배상심의회에 신청하여야 한다(동 12①).

㈏ 배상심의회

(a) 성격　일종의 행정위원회적 성격을 가진 합의체행정관청으로 스스로 배상금을 심의 · 결정하고 그 결과를 신청인에게 송달한다(동 13 · 14).

(b) 설치　상급심의회인 본부심의회 및 특별심의회와 하급심의회인 지구심의회가 있다. 본부배상심의회는 법무부에, 특별배상심의회는 국방부에 두며, 이들 각각의 소속하에 지구배상심의회를 둔다.

결과, 그 사고가 경과실에 의한 것이든 고의, 중과실에 의한 것이든 피고 개인이 자배법 제 3 조 소정의 손해배상책임을 부담하게 된다(대법원 1996.3.8. 94 다 23876 손해배상(자)).

(c) **관할** 배상신청사건은 원칙적으로 본부심의회와 그 소속 지구심의회가 관할하되, 특별배상심의회 및 그 소속 지구배상심의회는 군인 또는 군무원이 가한 손해 및 군이 사용하는 공공의 영조물의 설치·관리의 흠으로 인한 배상신청사건을 심의·결정한다. 그리고 본부심의회 및 특별심의회와 지구심의회간에는, 지구심의회가 모든 배상신청사건을 신청받아 심의·결정하되, 본부심의회 및 특별심의회는 지구심의회로부터 송부받은 사건만을 관할한다. 지구심의회는 배상금의 개산액이 대통령령으로 정하는 가액 이상인 사건과 기타 대통령령이 정하는 사건은 심의결과를 첨부하여 본부심의회 또는 특별심의회로 송부하여야 하며 본부심의회와 특별심의회는 당해 사건의 배상결정을 한다(동 13⑥⑦).

(다) **결정절차** ① 지구배상심의회가 배상신청을 받은 때에는 증인심문 등 증거조사를 한 후 그 심의를 거쳐 4주일 내에 배상금지급·기각 또는 각하의 결정을 한다(동 12·13). ②심의회가 배상금지급을 결정함에 있어서는 법정의 배상기준에 의하여야 한다(동 13⑤·3의 2). ③ 지구심의회는 긴급한 사유가 있다고 인정할 때에는 장례비·요양비 및 수리비의 일부를 사전에 지급하도록 결정할 수 있다. 위원장은 심의회의 회의를 소집할 시간적 여유가 없거나 기타 부득이한 사유가 있을 때에는 직권으로 사전지급을 결정할 수 있다(동 13② 내지 ④).

(라) **결정의 효력** 신청인의 동의가 있거나 지방자치단체가 신청인의 청구에 따라 배상금을 지급한 때에는 민사소송법에 의한 재판상의 화해가 이루어진 것으로 간주되도록 되어 있었다(실효된 국가배상법 16). 그런데 국가배상법 제16조 중 「심의회의 배상결정은 신청인이 동의한 때에는 민사소송법의 규정에 의한 재판상의 화해가 성립된 것으로 본다」라는 부분은 신청인의 재판청구권을 과도하게 제한하는 것이어서 과잉입법금지에 반하고 실질적 의미의 사법작용인 분쟁해결에 관한 종국적인 권한은 원칙적으로 이를 헌법과 법률에 의한 법관으로 구성되는 사법부에 귀속시키고 나아가 국민에게 그러한 법관에 의한 재판을 청구할 수 있는 기본권을 보장하고자 하는 헌법의 정신에도 충실하지 못한 것이라고 하여 위헌결정이 내려져서(91 헌가 7 (1995.4.25 헌재결정)), 효력이 상실되었다. 그리하여 신청인은 심의회의 배상결정에 동의하여 배상금을 수령한 후에도 소송에 의하여 배상금청구(실질적 증액청구)를 다시 제기할 수 있다고 할 것이며, 따라서 심의회의 배상결정은 종국적인 효력을 갖지 못하게 되었다고 할 것이다.

(마) **신청인의 동의와 배상금지급** 배상결정을 받은 신청인은 지체 없이 그 결정에 대한 동의서를 첨부하여 국가나 지방자치단체에 배상금 지급을 청구하여야 한다(동법 15①). 배상결정을 받은 신청인이 배상금 지급을 청구하지 아니하거나

지방자치단체가 대통령령으로 정하는 기간 내에 배상금을 지급하지 아니하면 그 결정에 동의하지 아니한 것으로 본다(동법 15②). 배상결정에 대한 신청인의 동의에 의하여 배상금을 지급하는 경우에는 부제소합의도 하게 될 것이므로 실질적인 배상절차는 종료되게 될 것으로 예상된다.

(바) **재심신청** 지구심의회에서 배상금지급신청이 기각(일부 기각 포함) 또는 각하된 때에는 신청인은 그 결정정본의 송달일로부터 2주일 이내에 지구심의회를 거쳐 본부심의회 또는 특별심의회에 재심을 신청할 수 있다(동 15의 2①). 재심신청을 받은 지구심의회는 1주일 내에 본부심의회 또는 특별심의회에 이송하여야 하고, 본부심의회 또는 특별심의회는 4주일 이내에 다시 배상결정을 하여야 한다(동 15의 2②③).

2. 司法節次에 의한 損害賠償의 請求

(1) **일반절차에 의하는 경우** (가) 행정행위의 취소소송에서 행정행위가 위법함이 인정되어 행정행위가 취소된 후 당해 행정행위가 위법함을 이유로 손해배상청구소송이 제기된 경우에는, 취소소송의 피고행정청이 속하는 국가 또는 지방자치단체는 취소판결의 기판력에 의하여 당해 행정행위의 적법성을 주장할 수 없다. 그러나 그것은 당해 행정행위가 곧바로 공무원의 고의 또는 과실로 인한 것이라고 단정할 수는 없는 것이다(96 다 54413 (1999.9.17 대판)). 그리고 취소소송에서 원고의 청구가 기각된 경우에는 당해 행정행위가 적법하다는 데 대하여 기판력이 생긴 결과 원고는 손해배상청구소송을 제기하더라도 기판력에 의하여 당해 행정행위의 위법성을 주장할 수 없다고 할 것이다.

(2) **특별절차에 의하는 경우** 행정소송(항고소송)과 관련되는 손해배상을, 행정소송에 병합하여 청구하는 소송절차(행소 10)가 바로 그것이다.

제 3 절 營造物의 設置·管理의 흠(瑕疵)으로 인한 損害賠償

I. 국가의 賠償責任의 성질

국가배상법 제 5 조 제 1 항은「도로·하천, 그 밖의 공공의 영조물의 설치나 관리에 하자가 있기 때문에 타인에게 손해를 발생하게 하였을 때에는 국가나 지방자치단체는 그 손해를 배상하여야 한다. 이 경우 제 2 조 제 1 항 단서, 제 3 조 및 제 3 조의 2를 준용한다.」고 규정하였다.

(1) 민법 제758조와의 비교　이 규정에 의한 국가 등의 배상책임은 민법 제758조에 해당하는 것이나, ① 대상이 공작물 등에 한정되지 않고 그 범위가 확대되었고, ② 민법은 공작물의 소유자에게는 절대적 책임을 과하지만, 점유자에게는「점유자가 손해의 방지에 필요한 주의를 해태하지 아니한 때에는 그 소유자가 손해를 배상할 책임이 있다」고 하여 면책사유를 인정한 데 대하여, 국가배상법은 점유자인 경우에도 그 면책사유를 인정하지 않고 있다.

(2) 무과실책임　이 규정에 의한 국가 등의 배상책임은 공공의 영조물의 설치 또는 관리에 흠이 있다고 하는 객관적 사실에 의하여 발생하는 것으로, 설치 또는 관리를 담당한 공무원(관리자)의 고의·과실의 유무를 불문하므로 무과실책임의 성질을 가진다. 이는 위험책임주의에 입각하여 국가의 무과실책임을 일반사인(민 758) 이상으로 강하게 인정한 것이라 하겠다. 다만, 흠이 있을 것을 필요로 하므로 완전한 위험책임이라고는 할 수 없다.

국가배상법 제 5 조에 의한 배상책임은 그러한 의미에서는 불법행위, 즉 관리자측의 잘못을 책하여 그 책임을 묻는 제도라기보다는 영조물의 이용자가 우연히 받은 손해를 국민전체(또는 주민전체)가 연대하여 전보한다는 사회보장적 색채가 크다고 하겠다.

Ⅱ. 賠償責任의 요건

① 도로·하천, 그 밖의 공공의 영조물일 것, ② 설치나 관리에 하자가 있을 것, ③ 타인에게 손해를 발생하게 하였을 것 등이다.

1. 公共의 營造物일 것

(1) 본래 학문상으로 영조물(Anstalt)이란 공적 목적을 달성하기 위한「인적·물적 종합체」를 말하는 것이 보통이나, 국가배상법 제 5 조에서의 영조물이란 학문적 의미에서의 공물, 즉 행정주체가 직접 공적 목적을 달성하기 위하여 제공한 유체물[1)]을 말한다. 다만, 여기에서의 유체물에는 관용차와 같은 개개의 유체물뿐만 아니라 도로·하천·항만·상하수도·관공서청사·국공립학교교사와 같이 물건의 집합체인 유체적 설비도 포함된다.[2)]

(2) 도로·하천과 같은 공공용물은 물론, 관공서 청사와 같은 공용물도 포함된다.

(3) 공공의 영조물의 설치·관리의 흠으로 인한 국가 등의 배상책임은, 민법 제758조의 공작물의 설치·관리의 흠으로 인한 배상책임에 해당하는 것이나, 여기에서의 영조물은 공작물보다는 넓은 개념이다.

(4) 국가 등의 소유에 속하는 유체물이라도 공적목적에 제공된 공물이 아닌 사물(국유재산 중 잡종재산)은 영조물에 해당되지 아니한다. 따라서 민법 제758조가 적용된다(국배 8). 다만 공물과 사물의 구별이 어려운 경우도 예상된다.

(5) 공작물에 한하지 아니하므로 자동차·항공기·경찰견·경찰마 등 동산도 포함된다. 국가배상법 제 5 조의「도로·하천, 그 밖의 공공의 영조물」이라는 문언으로 보면 공물 중 부동산만을 가리키는 것으로 볼 수 있고 또한 이론적으로도 동산인 공물의 관리에 대하여는 관리자인 공무원의 직무책임의 문제로 처리하는 것이 타당하다고 볼 수 있으나, 그 관리자인 공무원의 고의·과실을 묻지 않고 국가책임을 인정할 수 있다는 점에서 동산도 포함된다고 보는 것이 일반적 견해이다.

(6) 영조물에는 도로·공원·운하와 같은 인공공물뿐만 아니라 하천·해면·호소와 같은 자연공물도 포함된다.

그러나 오늘날에는 인공공물과 자연공물과의 차이는 반드시 명확한 것은 아니며, 또한 이론상으로도 공물성립과정의 차이가 필연적으로 배상책임의 차이를 가져온다고도 할 수 없다. 그리하여 앞으로는 국가배상법의 운영과 관련하여서는 인공공물과 자연공물로 구분하기보다는 오히려 도로·공원·학교 등 국민에

1) 김남진 교수님은 공물에 관리할 수 있는 자연력을 포함시키며, 따라서 여기에서의 영조물에도 그것을 포함시킨다(김남진(Ⅰ), p.350).

2) 판례에서 영조물로 판시한 예 — 지하케이블선의 맨홀, 건널목 자동경보기, 공중화장실, 배수로의 제방, 전신주 등.

대한 편익제공시설과 자연공물이 초래하는 위험을 방지하기 위한 제방·방파제·방조제 등 위험방지시설로 나누어 시설·관리의 하자의 의의와 범위를 따로 고찰하는 것이 타당할 것으로 생각한다. 공공영조물의 범위가 확대되면 영조물의 종별에 따라 하자의 판정기준도 달리할 수밖에 없다고 할 것이기 때문이다.

2. 設置나 管理에 흠이 있을 것

(1) 설치·관리의 하자(흠)의 의의 「설치나 관리」라 함은 민법 제788조의 「설치 또는 보존」과 동일한 것으로, 「설치」의 흠이란 설계의 불비, 불량재료의 사용 등 설계·건조에 완전하지 못한 점이 있는 것을 말하며, 「관리」의 흠이란 건조 후의 영조물의 유지·수선에 불완전한 점이 있는 것을 말한다.

설치·관리의 흠은 「공물이 통상 갖추어야 할 안전성을 결여」한 경우를 말하는 것으로 이해하는 것이 학설과 판례의 일반적인 입장인바, 안전성의 결여상태의 판단에 있어 관리책임자인 공무원의 귀책사유를 아울러 고려할 것인지의 여부를 둘러싸고 견해가 갈리고 있다.

(2) 학설·판례

㈎ 객관설 설치·관리의 흠은 영조물이 통상적으로 갖추어야 할 안전성을 결여한 것으로 이해하며, 안전성을 결여하였는지의 여부는 물적 상태에 초점을 두어 객관적으로 파악하여야 하며 그것이 관리자의 작위나 부작위 의무위반으로 발생된 것인지는 전혀 문제가 되지 않는다고 한다(같은 취지의 대표적 판례: 94 다 32924(1994.11.24 대판)).[1] 이 견해에서는 물(物) 자체가 객관적으로 보아 안전성을 결하고 있는 상태를 흠으로 보기 때문에 객관설이라고 한다. 보다 정확하게는 객관적·물적 결함설이라고 하겠다. 이 견해에서는 ① 통상 갖추어야 할 안전성이 결여되어 있으면, ② 관리자측의 과실이라든가, ③ 재정력의 유무에는 관계없이(이른바 3원칙), 관리자인 국가 등에게 배상책임을 인정한다. 도로에 구멍이 뚫리거나 낙석 등에 의하여 생긴 도로사고의 경우에는 인위적으로 그것을 예방하기 어려운 경우도 많다고 할 것이나, 일단 피해가 발생하면, 영조물에 흠이 있는 것으로 보아 국가 등에게 책임을 인정한다. 다만 ① 사고가 천재 등 불가항력에 의하여 생긴 경우, ② 피해자가 통상의 용법에 의하지 아니하고 이상한 행위를 함으로써 손해가 생긴 경우(술에 취하여 토하려 하거나 소변을 보러 제방에 들어가서 실족한 경우—85 다카 2336(1986.2.11 대판))에는 배상책임을 인정하지 아니한다.

㈏ 절충설 위험책임이론에 입각한 객관적·물적 결함설은, 무과실책임을 매개로 하여 피해자에게 후한 구제를 인정한다고 할 것이다. 그러나 이 견해에

1) 김도창(상), p.640.

서는 물적 결함상태에 귀책사유를 구하는 이상, 물 자체에 결함이 없는 경우에는 아무리 관리행위에 소홀함이 있어 공물상에서 사고가 발생하였더라도 그러한 피해에 대하여서는 국가배상책임을 물을 수가 어렵다고 할 것이다. 예컨대 농무(濃霧)라든가 낙뢰와 같은 자연현상에 의하여 도로상에서 사고가 발생하였더라도, 도로 자체가 통상 갖추어야 할 안전성을 갖추고 있었다면, 국가배상책임의 문제는 생기지 않는다고 할 것이다. 여기에서 위와 같은 사례에 대하여서도 국가배상법 제 5 조를 적용하여 가능한 한 구제를 할 수 있도록 물적 결함이 있는 경우는 물론이고, 그와는 별도로 공물관리자의 관리행위의 과오도 독립된 관리의 흠의 하나로 이해하려는 견해가 있다. 이러한 견해는 영조물의 설치·관리의 흠의 뜻을 영조물의 물적 결함이 있는 경우로 한정하지 아니하고, 이에 더하여 공물관리자에게 안전관리의무의 위반이 있는 경우를 추가시키고 있는 점에 특징이 있으며, 절충설이라고 할 수 있겠다.[1] 절충설에 의하면 자연재해에 의한 피해에 있어서도 관리자측의 안전관리상의 대응이 불충분하였음을 나타내는 특별한 사정이 있는 경우에는 국가배상법 제 5 조에 의한 구제가 가능하여지게 된다고 하겠다.

(다) 주관설(의무위반설) (a) 국가배상법 제 5 조가 전적인 결과책임을 정한 것이 아니고 설치·관리의 흠에 따르는 책임이라고 한다면, 영조물에 물적 결함이 있어 피해가 발생한 경우에도 그러한 물적 결함의 발생에 대하여 아무런 귀책사유가 없었다면 관리자에게 책임을 지울 수는 없다는 견해가 주장되게 되었다.[2] 이 견해에서도 「통상 갖추어야 안전성의 결여」를 설치·관리의 하자의 기준으로 삼고 있지마는 안전성의 구비여부를 판단함에 있어서는, 관리자가 손해의 발생을 예측하고(예측가능성) 손해를 회피할 수 있었음(회피가능성)에도 불구하고 공물의 안전확보의무에 위반하여 물적 결함이 생긴 경우에 한하여 안전성이 결여되었다고 본다.

오늘날에는 이러한 입장을 취하는 판례가 늘어나고 있다. 고속도로상에서 다른 자동차가 떨어뜨린 타이어에 걸려 발생한 사고에 있어, 관리자의 순찰차가 당해 지점을 통과한 후 10분 내지 15분 사이에 사고 원인인 자동차 타이어가

---

1) 일본 名古屋高判 1974.11.20 비탄천 버스추락사건판결에서의 입장. 여기에서 절충설은 물적 결함이 영조물관리자의 안전확보의무에 위반한 관리행위에 의하여 발생한 경우를 말하는 것이 아니고, 영조물에 물적 결함이 있는 경우도 설치·관리의 흠으로 보고, 이와는 독립적으로 영조물관리자의 안전확보의무위반도 설치·관리의 흠으로 보는 것이다. 영조물의 물적 결함이 관리자의 안전관리의무위반으로 생긴 경우를 설치·관리의 흠으로 보는 견해는 바로 주관설의 입장이다.

2) 김동희(I), p.363; 강구철(I), p.652.

도로에 떨어졌다면 도로관리자로서는 떨어진 타이어를 발견하고 이를 제거하여 사고방지조치를 취하는 것은 시간상으로 거의 불가능한 일이라고 하여 관리의 하자를 인정하지 아니한 것이 그 예라고 하겠다(92 다 3243(1992. 9. 14 대판), 97 다 3194(1997. 4. 22 대판)).

(b) 이 견해는 민법학자를 중심으로 주장된 것으로 그 논거는 ① 국가배상법 제 5 조에서 「영조물의 하자」라 하지 아니하고 「영조물의 설치 · 관리의 하자」라고 한 점에서 보아, 법문의 문리상 영조물 자체의 안전성의 결여로 보는 것은 자연스럽지 못하며, 영조물관리자의 안전관리의무위반으로 보는 것이 자연스럽다고 할 것이며, ② 의무위반을 귀책사유로 보는 것이 불법행위의 통일적 논거라는 점에서 타당하며, ③ 영조물의 설치 · 관리의 하자를 관리자의 안전확보의 무위반으로 통일적으로 해석하여 귀책사유를 관리자의 의무위반(객관화된 주의의무위반)으로 보는 것이 국가배상법 제 5 조의 적용범위를 합리적으로 한정하여 그 무한정한 확대에 제한을 가할 수 있다는 것을 든다.

(c) 객관설에서는, 주관설은 관리자의 주관적 요소를 가미함으로써 과실책임주의를 벗어나지 못하여 국가배상법 제 5 조가 채택한 무과실책임주의의 취지를 몰각하는 것이라고 비판한다. 이러한 비판에 대하여 주관설은 관리자의 주의의무를 객관적으로 파악하고 또한 높은 수준의 주의의무를 요구한다면 제 5 조의 두터운 구제기능은 저해받지 않으면서도 배상책임의 범위에 대하여 공정한 선을 그을 수 있다고 한다.[1] 일본의 판례는 예견불가능, 불가항력 등의 범위를 점점 좁혀가고 있다.[2]

㈑ 위법 · 무과실책임설 최근에는 국가배상법 제 5 조의 책임을 행위책임으로 보고 이를 위법 · 무과실책임이라고 하는 이른바, 위법 · 무과실책임설을 주장하는 견해가 있다.[3] 이 견해에서는 행정주체가 형체적 요소를 갖춘 일정한 물건을 공용개시를 통하여 일반의 사용에 제공한 경우 타인에게 위험이 발생하지 않도록 안전조치를 취하여야 할 법적 의무를 부담하며, 제 5 조의 책임은 이러한 법적 의무를 위반한 위법한 행위에 의하여 발생한 손해에 대한 국가의 책임이며, 따라서 설치 · 관리의 흠이란 이러한 관리주체의 안전의무위반을 의미한다고 한다. 그리고 이 견해에서는 안전조치의무는 관리주체가 외부법관계에서 개인에게 지는 책임이기 때문에 공무원은 권리의무의 주체로 나타날 수 없으며, 따라서 공무원의 고의 · 과실은 전혀 작용할 수 없다고 하고, 따라서 관리주체의 책임은 무과실책임이라고 한다.

1) 강구철, 행정법(I), p. 653; 原田尙彦, 행정법요론, p. 260 참조.
2) 藤田宙靖, 신판 행정법 1, 청림서원, p. 380 참조.
3) 정하중(총), p. 529.

이 견해도 주관설의 하나라 할 것이다.

(마) 판례 (a) 국가배상법 시행 초기의 판례는 영조물의 설치·관리의 하자를 대체로 객관설의 입장에서 해석하였으나, 영조물책임에 관한 소송이 증가하면서 영조물 관리자의 안전확보의무 내지 손해방지의무위반도 국가배상법 제5조의 하자로 보는 주관설 내지 절충설의 입장도 보이고 있다.[1] 폭우로 인하여 병사(兵舍)가 붕괴되어 사병들이 압사한 사건에서 「영조물 설치의 하자라 함은 영조물의 축조에 불완전한 점이 있어 이 때문에 영조물 자체가 통상 갖추어야 할 안전성을 갖추지 못한 상태에 있음을 말한다 할 것이고, 영조물 설치의 하자 유무는 객관적 견지에서 본 안전성의 문제이고, 재정사정이나 사용목적에 의한 사정은, 안전성을 요구하는 데 대한 정도문제로서의 참작사유에는 해당할지언정, 안전성을 결정지을 절대적 요건에는 해당하지 아니한다고 할 것」[2]이라고 판시하여 객관설의 입장을 취하고 있다. 본판결에 대하여 다수설은 위 판결의 「영조물 자체가 통상 갖추어야 할 안정성을 갖추지 못한 상태」의 기술부분만을 강조하고, 「영조물축조의 불완전한 점」의 부분을 등한시하였다면서, 위 판결의 후반부에서 행정주체가 공용물인 병사(兵舍)의 안전확보를 위한 교통안전의무를 위배하였는지의 여부를 심사하였다는 견해도 있다.[3]

(b) 도로결빙으로 발생한 사고에 대하여 지방자치단체가 관리하는 도로지하에 매설되어 있는 상수도관에 균열이 생겨 그 틈으로 새어 나온 물이 도로 위까지 유출되어 노면이 결빙되었다면 도로로서의 안전성에 결함이 있는 상태로서 설치·관리상의 하자가 있다고 하였다. 그 논거로서 「국가배상법 제5조 소정의 영조물의 설치·관리상의 하자로 인한 책임은 무과실책임이고 나아가 민법 제758조 소정의 공작물의 점유자의 책임과는 달리 면책사유도 규정되어 있지 않으므로, 국가 또는 지방자치단체는 영조물의 설치·관리상의 하자로 인하여 타인에게 손해를 가한 경우에 그 손해의 방지에 필요한 주의를 해태하지 아니하였다 하여 면책을 주장할 수 없다」[4]고 하여 객관설을 취하고 있다.

(c) 최근 대법원은 도로 등 영조물의 하자가 객관적으로 발생한 것만으로 국가 등의 배상책임을 인정할 수 없고, 공물관리자가 그러한 하자의 발생을 예견할 수 있었는지 또는 하자가 발생하여 그것을 제거할 시간적인 여유가 존재하였

1) 정형근, "도로의 설치·관리하자로 인한 국가배상책임에 관한 연구," 경희대 박사학위논문, p.37.
2) 대법원 1967.2.21. 66 다 1723.
3) 정하중, "국가배상법 제5조의 영조물의 설치·관리에 있어서 하자의 의미와 배상책임의 성격," 행정판례연구 Ⅲ, p.216.
4) 대법원 1994.11.22. 94 다 32924.

는가 하는 제반 여건을 고려하여 공물의 하자 여부를 판단하여야 한다는 견해를 보이고 있다.[1] 즉 도로의 객관적 하자뿐만 아니라 관리자의 주관적 안전확보의무를 아울러 요구하는 절충설을 취하는 판례도 있다.

(3) 결언 (a) 객관설이 전통적으로 일반적인 견해이며, 종래의 주류적인 판례의 입장이나, 오늘날은 주관설을 취하는 학설과 판례도 많아지고 있다. 객관설이 타당하다고 생각한다. 그것은 국가배상법 제 5 조에서 「설치나 관리에 하자」라고만 표현되어 있고, 제 2 조에서와 같이 「고의 또는 과실」이라는 표현이 없는데도, 제 5 조의 책임을 과실책임에 가깝게 새기는 것은 타당한 해석이라고 보기 어려우며, 가해자인 국가의 입장만을 중시하고 피해자인 국민의 입장은 가볍게 보는 것이라고 하겠다. 설치 · 관리의 하자를 관리자가 안전확보의무를 해태한 경우에만 인정하려고 하는 것은 결국 과실책임주의를 취하는 것으로, 명문으로 과실책임주의를 취하고 있는 공무원의 직무책임의 경우에도 오늘날은 과실을 객관화·정형화하여 무과실책임에 가깝게 운영하여야 한다는 것이 일반적인 견해임을 감안할 때, 시대의 흐름에도 맞지 아니하는 입장이라고 하겠다.

(b) 주관설에서는 「설치 · 관리」의 하자라는 것은, 그 문맥상 관리자의 안전확보의무위반을 전제로 하는 것으로 보아야 한다고 하지마는, 그것은 개개의 사건에서의 개별적 · 구체적인 의무위반을 전제로 하는 것이라고는 볼 수 없고, 공공의 영조물을 설치 · 관리하는 관리주체에게 일반적으로 요구되는 안전확보의무 내지는 손해방지조치의무를 전제로 하고 있는 것으로 보아야 할 것이다.

(c) 오늘날과 같이 영조물이 국민의 필수시설로 된 상황 아래서 과실책임주의를 취한다면 적절한 피해의 구제는 불가능하게 될 것으로 본다. 예를 위에서 본 고속도로상에서의 사고의 경우를 든다면, 오늘날과 같이 복잡하고 위험한 교통체제 아래서 관리자가 고속도로에 떨어진 타이어를 제거하여 안전조치를 취할 수 있는 시간 후에 발생한 사고에 대하여서는 국가책임을 인정하고, 그 이전에 발생한 사고에 대하여서는 국가책임을 인정하지 아니한다는 것은 피해를 받는 자의 입장에서 보면, 심히 형평에 맞지 아니한다고 할 것이다. 그리고 어느 시점을 안전조치가 가능한 시점으로 볼 것인지도 문제된다고 할 것이다. 굳이 말하면 오늘날의 고속도로의 상황을 감안한다면 타이어가 떨어진 바로 그 시점부터 안전조치를 취하여야 할 시점으로 보아야 할 것이다.

(4) 사회적 · 기능적 하자(供用關聯瑕疵) 오늘날은 하자 개념의 확대 내

1) 대법원 2000.2.25. 99 다 54004; 대법원 1992.9.14. 92 다 3243; 대법원 1994.10.28. 94 다 16328; 대법원 1997.5.16. 96 다 54102.

지 변용이 이루어지고 있다. 영조물을 목적에 따라 공용(供用)되는 것과 관련하여 위해를 발생시킬 위험성이 있는 경우도 포함되며, 또한 그러한 위해는 영조물의 이용자에 대한 위해뿐만 아니라 인근거주자 등 제 3 자에 대한 위해도 포함한다고 본다. 국가 등은 영조물의 이용자에 대하여서뿐만 아니라 인근거주자 등 이용자 이외의 자에 대하여서도 손해를 미치는 방법으로 영조물을 설치·관리하여서는 아니될 것이므로, 영조물의 통상적인 운용에 의하여 인근거주자에게 손해를 발생시킨 경우(예: 도로를 주행하는 자동차의 소음 등 교통공해로 인한 도로부근 주민의 피해, 공항에 이착륙하는 비행기의 소음에 의한 인근주민의 생활상의 피해, 국영 알콜 공장의 폐수로 인한 하류의 벼농사 피해 등)에는 영조물 존재 자체가 안전성을 결하여 사회적·기능적 하자를 띠는 것으로 볼 것이다(사회적·기능적 영조물 하자설).

판례는 「영조물의 설치 또는 관리의 하자라 함은 당해 영조물을 구성하는 물적 시설 그 자체에 있는 물리적·외형적 흠결이나 불비로 인하여 그 이용자에게 위해를 끼칠 위험성이 있는 경우뿐만 아니라 그 영조물이 공공의 목적에 이용됨에 있어 그 이용상태 및 정도가 일정한 한도를 초과하여 제 3 자에게 사회통념상 참을 수 없는 피해를 입히는 경우까지 포함된다고 보아야 할 것」(대법원 2005.1.27. 2003 다 49566 손해배상(기))이라고 판시하고 있다. 이는 일본의 대판공항소음공해소송[1]에서 확립된 공용관련하자 개념을 우리나라에서도 수용되고 있음을 볼 수 있다.[2] 그러나 이 같은 하자로 인한 국가배상은 엄밀하게는 손실보상에 해당된다고 할 것이다.

(5) 자연공물(하천 등)과 설치·관리의 흠 ㈎ 영조물관리의 내용 및 흠의 내용은 영조물의 종류에 따라 동일하지는 않다고 하겠다. 예컨대 대표적인 영조물인 도로와 하천에 대하여 보면, 도로는 인공공물로서 개통 자체가 인위적인 소산이며 사고를 회피하기 위하여 위험성이 있는 도로의 공용폐지나 일시폐쇄도 가능한데, 하천은 자연공물로서 치수공사에 의하여 안전성을 높여 갈 수는 있으나 도로와 같이 폐지나 일시폐쇄가 불가능하고 수해가 전혀 없도록 하기 위하여서는 막대한 비용·시간·인력이 소요된다고 할 것이다. 여기에서 안전확보의 요청도와 흠의 인정에 있어서 도로와 하천은 차이가 있다고 하겠다.

㈏ 그리하여 도로·공원·학교와 같은 공중에 대한 편익제공시설의 경우에는 그것을 공중에 제공한 이상 국민이 안심하고 이용할 수 있는 상황을 확보할 책무를 부담한다고 할 것이고, 당해 시설이 통상 갖추어야 할 안전성을 결하여 그로 인한 손해가 발생한 때에는 고의·과실을 묻지 않고 또는 재정상황의 여하

1) 최고재판소 1981.12.16. 민집35권 10호, p.1369.
2) 대법원 2007.6.15. 2004 다 37904, 37911 채무부존재확인등·손해배상(기); 대법원 2005.1.27. 2003 다 49566; 대법원 2004.3.12. 2002 다 14242; 대법원 2000.4.25. 99 다 54998; 대법원 2002.8.23. 2002 다 9158.

에 불구하고 배상책임을 져야 할 것이다. 이에 대하여 제방·방파제 등의 위험방지시설의 경우에는 편익제공시설의 경우와 차이가 있다고 하겠다. 물론 위험방지시설에 있어서도 그 자체에 물적 결함이 있어 그로 인하여 손해가 발생한 경우, 예컨대 제방에 균열이 있어 그로 인하여 제방이 무너져 수해가 생긴 이른바 「파제형(破堤型)의 수해」의 경우에는 편익제공시설의 경우와 다르게 볼 것은 아니다.

〔**판례**〕 자연영조물로서의 하천의 관리상의 특질과 특수성 및 하천관리상 하자 유무의 판단 기준
자연영조물로서의 하천은 원래 이를 설치할 것인지 여부에 대한 선택의 여지가 없고, 위험을 내포한 상태에서 자연적으로 존재하고 있으며, 간단한 방법으로 위험상태를 제거할 수 없는 경우가 많고, 유수라고 하는 자연현상을 대상으로 하면서도 그 유수의 원천인 강우의 규모, 범위, 발생시기 등의 예측이나 홍수의 발생작용 등의 예측이 곤란하고, 실제로 홍수가 어떤 작용을 하는지는 실험에 의한 파악이 거의 불가능하고 실제 홍수에 의하여 파악할 수밖에 없어 결국 과거의 홍수경험을 토대로 하천관리를 할 수밖에 없는 특질이 있고, 또 국가나 하천관리청이 목표로 하는 하천의 개수작업을 완성함에 있어서는 막대한 예산을 필요로 하고, 대규모 공사가 되어 이를 완공하는 데 장기간이 소요되며, 치수의 수단은 강우의 특성과 하천 유역의 특성에 의하여 정해지는 것이므로 그 특성에 맞는 방법을 찾아내는 것은 오랜 경험이 필요하고 또 기상의 변화에 따라 최신의 과학기술에 의한 방법이 효용이 없을 수도 있는 등 그 관리상의 특수성도 있으므로, 하천관리의 하자 유무는, 과거에 발생한 수해의 규모·발생의 빈도·발생원인·피해의 성질·강우상황·유역의 지형 기타 자연적 조건, 토지의 이용상황 기타 사회적 조건, 개수를 요하는 긴급성의 유무 및 그 정도 등 제반 사정을 종합적으로 고려하고, 하천관리에 있어서의 위와 같은 재정적·시간적·기술적 제약하에서 같은 종류, 같은 규모 하천에 대한 하천관리의 일반수준 및 사회통념에 비추어 시인될 수 있는 안전성을 구비하고 있다고 인정할 수 있는지 여부를 기준으로 하여 판단해야 한다(대법원 2007.9.21. 2005 다 65678 손해배상(기)).[1]

(6) 불가항력과 설치·관리의 흠 사회통념상 일반적으로 갖추어야 할 안전성을 갖추어 설치·관리의 흠이 없는 데도 불구하고 예상할 수 없는 외력에 의하여 재해가 발생한 때에는, 손해회피가능성이 없으며, 불가항력에 의한 것으로 면책된다고 할 것이다(99 다 54998(2000.4.25 대판)—겨울철 산간지역에 위치한 도로에 강설로 생긴 빙판을 그대로 방치하고 경고나 위험표지판을 설치하지 아니하여 발생한 사고의 경우,

1) 관리청이 하천법 등 관련 규정에 의해 책정한 하천정비기본계획 등에 따라 개수를 완료한 하천 또는 아직 개수 중이라 하더라도 개수를 완료한 부분에 있어서는, 위 하천정비기본계획 등에서 정한 계획홍수량 및 계획홍수위를 충족하여 하천이 관리되고 있다면 당초부터 계획홍수량 및 계획홍수위를 잘못 책정하였다거나 그 후 이를 시급히 변경해야 할 사정이 생겼음에도 불구하고 이를 해태하였다는 등의 특별한 사정이 없는 한, 그 하천은 용도에 따라 통상 갖추어야 할 안전성을 갖추고 있다고 봄이 상당하다(대법원 2007.9.21. 2005 다 65678 손해배상(기)).

적설지대에 속하는 도로 또는 최저속도에 제한이 있는 고속도로 등 특수목적을 가진 도로가 아닌 일반 보통의 도로에 있어서는 설치·관리의 흠을 인정할 수 없다). 불가항력으로 인한 손해는 제 3 자의 행위로 인한 경우도 있고(예: 공사표지판을 사고 직전의 선행하는 제 3 자의 차가 잘못하여 쓰러뜨린 경우 등), 자연력으로 인한 경우도 있다(예: 폭풍우·지진·낙뢰·눈사태 등). 이러한 경우에도 설치·관리의 흠과 제 3 자의 행위 또는 자연력이 서로 경합하여 손해를 발생시킨 경우에는 경합된 범위 안에서는 책임이 있다고 할 것이다.[1)]

(7) **재정적 제약과 설치·관리의 흠** 영조물의 안전성확보를 위한 예산의 제약, 즉 재정적 제약으로 설치·관리의 흠이 생긴 경우에 면책사유가 될 수 있는지가 문제된다. 도로나 하천을 안전한 상태로 유지·관리하는 데에는 막대한 예산이 소요된다고 할 것이다. 따라서, 유지·관리에 소요되는 재정지출이 일반적으로 예상되는 위험과 비교하여 객관적으로 사회통념상 기대가능성이 없을 정도로 과다하고, 현실적으로 생긴 손해와 관련지어 보더라도 그러한 재정지출을 요구하는 것이 가혹하다고 판단되는 경우에는 면책사유는 되지 못하여도 참작사유는 될 수 있다고 한다(대법원 1967.2.21. 66 다 1723 손해배상).

> 「전화취급소에서 전화를 걸던중, 낙뢰가 전화선을 강타하여 송수전기가 파괴됨과 동시에 그 수화기에 귀를 대고 있던 사람이 고막천공 등의 상해를 입은 경우에, 국가가 값이 비싸다는 이유로 구미각국에서 사용하고 있는 환전한 보안기를 사용하지 않고, 값이 싼 불완전한 보안기를 사용했기 때문에 위 낙뢰사고가 발생한 것이라면, 그것을 국가가 책임질 수 없는 불가항력에 의한 사고라고는 할 수 없다」(대법원 1980.12.23. 80 다 1705 손해배상등).

(8) **흠의 입증책임** 원고(피해자)가 입증하여야 한다고 할 것이다. 그러나 영조물의 설치·관리의 흠으로 인한 국가 등의 배상책임의 경우에도 「일응의 추정력이론」을 도입하여 영조물에 의하여 손해가 발생한 것이 입증되면 설치·관리의 흠을 추정시킨다고 할 것이다.[2)]

(9) **영조물의 하자유형** 국가배상법 제 5 조는 「공공시설 등의 하자로 인한 책임」이라는 제목으로 도로와 하천을 대표적인 영조물로 들고 있다.

---

1) 집중호우로 제방도로가 유실되면서 그 곳을 걸어가던 보행자가 강물에 휩쓸려 익사한 경우, 사고 당일의 집중호우가 50년 빈도의 최대강우량에 해당한다는 사실만으로 불가항력에 기인한 것으로 볼 수 없다는 이유로 제방도로의 설치·관리상의 하자를 인정한 사례(대법원 2000.5. 26. 99 다 53247 손해배상(기)).

2) 만일 객관적으로 보아 시간적·장소적으로 영조물의 기능상 결함으로 인한 손해발생의 예견가능성과 회피가능성이 없는 경우 즉 그 영조물의 결함이 영조물의 설치·관리자의 관리행위가 미칠 수 없는 상황 아래에 있는 경우임이 입증되는 경우라면 영조물의 설치·관리상의 하자를 인정할 수 없다.(중략) 가변차로에 설치된 두 개의 신호등에서 서로 모순되는 신호가 들어오는 오작동이 발생하였고 그 고장이 현재의 기술수준상 부득이한 것이라고 가정하더라도 그와 같은 사정만으로 손해발생의 예견가능성이나 회피가능성이 없어 영조물의 하자를 인정할 수 없는 경우라고 단정할 수 없다(대법원 2001.7.27. 2000 다 56822 손해배상(자)).

㈎ 도로의 하자 ① 웅덩이,[1] ② 단차(段差; 포장된 도로 부분과 비포장된 부분 또는 도로와 측면 도랑과의 사이에 존재하는 凹凸), ③ 노견(갓길), ④ 방호책(가드레일)·중앙분리대,[2] ⑤ 신호기, ⑥ 급커브·급경사, ⑦ 노면상의 장해물·낙하물(차량의 진행에 불편을 주는 일체의 물건), ⑧ 낙석·붕토(崩土), ⑨ 안개·눈·미끄럼,[3] ⑩ 사람·동물의 출현,[4] ⑪ 자동차 소음으로 인한 도로공해등이 있다.

㈏ 하천의 하자 하천의 설치나 관리의 하자로 구분하여 판단할 수 있다. ① 하천법에 따른 하천정비 기본계획에 따라 적절한 유량, 수위 등을 기준으로 하여 산정한 계획고수유량(計劃高水流量)이 하천관리에 있어서 통상적으로 요구되는 안전성의 기준이 된다.[5] 따라서 계획고수유량내의 출수(出水)로 제방이 붕괴 또는 일수(溢水)하여 수해가 발생한 경우에 하자가 있는 것으로 본다.[6] ② 하천 관리상의 하자 판단기준은 하천의 특수성을 고려하여 결정하고 있다.

「하천의 관리청이 하천법 등 관련규정 또는 그 관련규정에 의한 하천관리계획 등에 따라 개수를 완료한 하천이나 아직 개수중이라 하더라도 개수를 완료한 부분에 있어서는 관련규정 내지 그 하천관리계획이 정하고 있는 바에 따라 해당 시설이 설치·관리되고 있다면, 당초부터 그 계획이 잘못되었다거나 그 후 이를 시급히 변경시켜야 할 사정이 있었음에도 이를 해태하였다는 등의 특별한 사정이 없는 한, 그 하천관리시설은 용도에 따라 통상 갖추어야 할 안전성을 갖추고 있다고 봄이 상당하다」(대법원 2007.10.25. 2005 다 62235 손해배상(기)).[7]

---

1) 국도상에 아스팔트가 패여서 생긴 길이 1.2미터, 폭 0.7미터의 웅덩이가 있어서 이곳을 통과하던 관광버스가 이를 피하기 위하여 중앙선을 침범 운행한 과실로 마주 오던 타이탄 화물트럭과 충돌하여 이 사건 교통사고가 발생한 사례(대법원 1993.6.25. 93 다 14424).

2) 고속도로 등에서 통행차량의 차선을 왕복방향을 분리하기 위하여 위와 같은 설치기준에 의하여 설치하는 것이지만, 그 높이, 폭, 기타 구조에 비추어 그 목적, 용법 및 이용상황 등으로 안전성에 결함이 있는지 여부를 판단한다(東京高判 1979.10.25. 訟月 26권 1호, 85면).

3) 강우설 후 기온급강하로 도면에 빙결이 형성된 채로 장시간 방치함으로써 정상적인 속도로 진행하던 차량들이 도면이 미끄러워서 연쇄충돌하는 사고가 발생하였다면 고속도로 관리상의 하자로 인한 불법행위의 책임을 면할 수 없다(대법원 1975.8.19. 74 다 1647).

4) 고속도로에 개가 출입하게 방치된 것은 고속도로의 설치 또는 보존의 하자에 의한 것이라는 사례(대법원 1992.10.27. 92 다 27164).

5) 하천의 관리청이 관계 규정에 따라 설정한 계획홍수위를 변경시켜야 할 사정이 생기는 등 특별한 사정이 없는 한, 이미 존재하는 하천의 제방이 계획홍수위를 넘고 있다면 그 하천은 용도에 따라 통상 갖추어야 할 안전성을 갖추고 있다고 보아야 하고, 그와 같은 하천이 그 후 새로운 하천시설을 설치할 때 기준으로 삼기 위하여 제정한 '하천시설기준'이 정한 여유고를 확보하지 못하고 있다는 사정만으로 바로 안전성이 결여된 하자가 있다고 볼 수는 없다. 100년 발생빈도의 강우량을 기준으로 책정된 계획홍수위를 초과하여 600년 또는 1,000년 발생빈도의 강우량에 의한 하천의 범람은 예측가능성 및 회피가능성이 없는 불가항력적인 재해로서 그 영조물의 관리청에게 책임을 물을 수 없다고 본 사례(대법원 2003.10.23. 2001 다 48057 손해배상(기)).

6) 최치호, "하천수해의 국가배상책임에 관한 연구", 숭실대 박사학위논문, p.148.

7) 피고 서울특별시가 1999년경 마련한 빗물펌프장에 관한 시설기준이 잘못되었다거나 그 후 이를 시급히 변경시켜야 할 사정이 있었음에도 담당공무원이 이를 해태하였다는 등의 특별한 사정이 없는 이상 이 사건 휘경빗물펌프장 및 신이문빗물펌프장의 설치가 위 시설기준에 부합한다면 그 용도에 따라 통상 갖추어야 할 안전성을 갖추고 있는 것으로 보아 설치상 하자는 없다고 할 것이다(대법원 2007.10.25. 2005 다 62235 손해배상(기)).

3. 他人에게 損害를 발생하게 하였을 것

(1) 설치·관리의 흠으로 타인에게 손해가 발생하여야 하며 흠과 손해간에는 상당인과관계가 있어야 한다. 흠이 손해의 발생 또는 확대와 상당인과관계가 있는 한 자연현상 또는 제 3 자나 피해자의 행위가 그 손해의 원인으로서 가세되었더라도 국가 등의 배상책임은 성립한다.

(2) 흠이 있는 것 및 흠과 손해간에 상당인과관계가 있다는 것은 원고(피해자)가 입증하여야 한다.

(3) 공무원도 영조물의 설치·관리의 흠으로 손해를 입은 때에는 타인 중에 포함된다. 그러나 국가배상법은 공무원의 직무상 불법행위로 인한 손해의 경우와 마찬가지로 공무원 중에서 군인·군무원·경찰공무원·향토예비군대원에 대하여는 특례를 인정하고 있다(동법 2①단서·5①후단).[1)]

4. 제 2 조와 제 5 조와의 競合 등

(1) 예컨대 소방자동차의 기계의 흠과 운전자의 과실이 경합하여 사람을 사상하게 하는 경우에는 제 2 조와 제 5 조가 경합되어 양책임이 중복적으로 성립되므로 어느 규정에 의하여서도 배상을 청구할 수 있다고 할 것이다. 그리고 관리의무 위반으로 물적 하자가 생겨서 이로 인하여 손해를 받은 경우에도 제 2 조와 제 5 조의 어느 규정에 의하여서도 배상을 청구할 수 있다고 할 것이다.

「지방자치단체장이 교통신호기를 설치하여 그 관리권한이 도로교통법 제71조의2 제 1 항의 규정에 의하여 관할 지방경찰청장에게 위임되어 지방자치단체 소속 공무원과 지방경찰청 소속 공무원이 합동근무하는 교통종합관제센터에서 그 관리업무를 담당하던 중 위 신호기가 고장난 채 방치되어 교통사고가 발생한 경우, 국가배상법 제 2 조 또는 제 5 조에 의한 배상책임을 부담하는 것은 지방경찰청장이 소속된 국가가 아니라, 그 권한을 위임한 지방자치단체장이 소속된 지방자치단체라고 할 것이다」(대법원 1999.6.25. 99 다 11120 손해배상(자)).

(2) 그런데 물적인 흠은 없는데, 영조물의 관리행위의 흠(관리자의 관리의무 위반)으로 인하여 손해를 입은 경우에 제 2 조와 제 5 조 중 어느 규정에 의하여 배상을 청구할 것인지가 문제될 수 있다. 이 문제에 대한 해답은 두 가지 책임의 근거를 어떻게 볼 것인가에 달려 있다고 하겠다. ① 제 5 조에 의한 책임을 영조물의 물적

1) 77 다 2938(1979.1.30 대판)—경찰관이 숙직실에서 잠자다 연탄가스중독으로 숨졌을 경우에는, 전투·훈련에 관련된 시설에서의 순직이 아니므로 공무원년금법에 의한 순직연금 이외에도 국가를 상대로 민법상 손해배상청구를 낼 수 있다.

흠에 의한 책임, 즉 상태책임으로 보고, 제 2 조에 의한 책임을 행위책임으로 보는 입장(객관설)에서는, 영조물의 물적 하자로 인한 손해배상의 문제는 제 5 조가 적용될 문제이고, 영조물 관리자의 관리의무 위반으로 인한 손해배상은 제 2 조가 적용될 문제로 보게 된다. ② 이에 대하여 제 5 조의 책임의 근거를 제 2 조의 책임과 같이 영조물 관리자의 관리행위에 있어서의 관리의무위반에 있다고 보는 견해(주관설)에 의하면, 양자의 경우에 모두 제 5 조가 적용된다고 보게 될 것이다. ③ 그리고 영조물의 「설치 · 관리의 하자」라는 것은 영조물 자체의 객관적 하자뿐만 아니라 관리자의 관리의무 위반도 포함된다고 보는 견해(절충설)에서도 양자의 경우에 모두 제 5 조의 적용을 받게 된다고 보게 될 것이다.

Ⅲ. 效果(損害賠償)

1. 賠償責任者

(1) 국가나 지방자치단체는 영조물의 흠으로 인하여 손해가 발생하였을 때에는 배상책임을 진다(국배 5①).

(2) 영조물의 설치 · 관리자와 그 비용부담자(경제주체)가 동일하지 아니한 경우에는 비용부담자도 손해를 배상할 책임이 있으므로(동 6①), 피해자는 그 어느 쪽에 대하여서도 선택적으로 청구할 수 있다.

2. 賠 償 額

흠과 상당인과관계가 있는 모든 손해액이다. 그러나 국가배상법은 공무원의 직무행위로 인한 손해배상의 경우에 「배상기준」을 정하고 있으며, 당해 규정을 영조물의 설치 · 관리의 흠으로 인한 손해배상의 경우에도 준용하고 있다(동법 5① 후단).

3. 賠償請求權의 讓渡 · 押留禁止

공무원의 직무행위로 인한 경우와는 달라서 명문의 규정은 없으나 마찬가지로 해석하여야 할 것이다. 따라서 생명 · 신체의 침해로 인한 배상청구권은 양도나 압류가 제한된다고 할 것이다(동 4 참조).

Ⅳ. 求 償 權

1. 設置 · 管理者와 費用負擔者가 다른 경우의 求償

설치 · 관리자와 비용부담자가 다른 경우에는 양쪽 모두가 피해자에게 대하여 배상책임을 진다(국배 6①). 이 경우에 손해를 배상한 설치 · 관리자 또는 비용부담자는 내부관계에서 배상할 책임이 있는 자에게 구상할 수 있다(동 6②).

최종책임자는 일반적으로 당해 공무원의 선임 · 감독을 맡은 자라고 보고 있지만, 비용부담자라고 보는 견해도 있다. 전자는 책임의 원리에 논거를 두고 있으며, 후자는 손해배상도 비용에 포함시켜야 한다는 데 논거를 두고 있다.

2. 損害 原因의 責任者에 대한 求償

국가 등이 배상한 경우에 손해의 원인에 대하여 책임을 질 자가 따로 있을 때에는 국가 등은 그 자에게 구상할 수 있다(동 5②). 「손해의 원인에 대하여 책임을 질 자가 따로 있을 때」라는 말은 ① 공공의 영조물을 불완전하게 건조한 건축공사수급인 등 영조물의 설치 또는 관리의 흠을 생기게 한 자로서 그의 고의 또는 과실이 있음을 요한다. 이 경우의 구상에 응하는 책임의 성질은 국가 등에 대한 채무불이행, 피해자에 대한 불법행위책임이라 하겠다. ② 또한 영조물의 관리기관을 구성하는 공무원도 그 관리의무의 해태가 손해발생의 원인으로 볼 수 있는 때에는 여기에서의 책임을 질 자에 포함된다고 할 것이다. 다만, 제 2 조와의 균형상 고의 또는 중과실이 있는 경우에 한하여 책임을 인정하며, 경과실의 경우에는 책임을 인정하지 않는 것이 통설의 입장이다.

Ⅴ. 損害賠償의 請求節次

앞에서 본 공무원의 직무상불법행위로 인한 손해배상의 청구절차와 동일하다. 즉, 본인이 원하는 경우에는 법원에 배상금청구소송을 제기하기 전에 먼저 배상심의회에 배상금결정신청을 하여 그 결정에 따라 배상금을 지급받을 수 있으며, 본인이 원하지 아니하는 경우에는 배상심의회의 배상결정을 거치지 않고 법원에 바로 배상금청구소송을 제기할 수 있다(임의적 결정 전치주의).

제 4 절 私經濟作用으로 인한 損害賠償

국가 등이 사인과 동일한 지위에서 행하는 사경제적 작용(국고작용)(철도·전차·식당·주택 등의 경영)으로 인한 손해와 사물(私物)(국유잡종재산, 판례는 철도시설도 사물로 본다(70 다 2322(1971.4.30 대판)).)의 설치·관리의 흠으로 인한 손해에 대하여서는 국가 등은 사법상의 배상책임을 지는 것이니, 국가배상법 제 8 조가 국가 등의 배상책임에 관하여는 동법에 규정된 것을 제외하고는「민법의 규정에 의한다」고 한 것이 바로 그것이다.[1)]

1) 이상규(상), p.513.

제 5 절 公法上의 結果除去請求權

I. 槪 說

1. 意 義

(1) 행정상의 결과제거청구권(Folgenbeseitigungsanspruch)이란 행정작용의 결과로서 남아 있는 상태로 인하여 자기의 법률상의 이익을 침해받고 있는 자가 행정주체에 대하여 그 위법한 상태를 제거하여 줄 것을 청구하는 것을 말한다.

「행정상의 원상회복」(Wiederherstellung)이라고도 하고,[1)]「위법한 행정작용으로 인한 방해배제」라고도 한다.[2)]

행정상의 결과제거청구는 예컨대 토지수용재결이 취소되었음에도 불구하고 기업자인 행정주체가 그 토지를 반환하지 않고 있는 경우에 이를 반환받고자 하는 경우, 공직자의 직무수행중의 발언으로 명예를 훼손당한 자가 그 발언의 철회를 요구하고자 하는 경우에 활용될 수 있다.

(2) 행정상의 결과제거청구권의 법리는 원래 독일에서 학설·판례에 의하여 발전하였다. 독일에 있어서 초기에는 결과제거청구권은 행정행위가 확정 전에 집행되어 취소소송에 의하여 그것이 취소되어도 권리구제의 실효를 거둘 수 없는 경우에 그 집행결과의 제거를 청구할 수 있게 함으로써 취소소송을 보완하는 제도로 발전하였다. 이것을 집행결과제거청구권(Vollzugsfolgenbeseitigungsanspruch)이라 하며, 「바호프」(O. Bachof)에 의하여 주장되었고, 1960년의 행정재판소법(Verwaltungsgerichtsgesetz) 제113조에 제도화되었다.[3)]

「바호프」는 행정청이 어떤 피난자(Obdachloser)를 X의 주택에 할당하는 처분을 하고, 이에 따라 당해 피난자가 입주한 경우에 X가 할당처분의 취소소송을 제기하여 그 처분이 취소된 경우에 X는 행정청에 대하여 피난자를 퇴거시켜 줄 것을 청구할 수 있어야 한다고 한다. 그것은 법치국가의 이념에서 보아 당연하다고 한다.[4)]

---

1) 김도창(상), p.645.
2) 이상규(상), p.625.
3) 행정재판소법 제113조 ① 행정행위가 위법한 경우에는 원고가 그것에 의하여 권리가 침해받고 있는 범위 안에서 법원은 이를 취소한다. ② 행정행위가 이미 집행된 경우에는 법원은 신청에 의하여 행정청으로 하여금 집행을 복원할 것과 그 방법을 선언할 수 있다. ③ 위의 선언은 행정청이 그것을 할 수 있는 상태에 있고, 또한 사안이 판결을 할 수 있는 정도로 성숙된 경우에 행한다.
4) O. Bachof, Die Verwaltungsgerichtliche Klage auf Vornahme einer Amtshandlung, 1951.

이와 같은 초기의 집행결과제거청구권은 그 후 학설·판례에 의하여 1970년대 무렵부터는 행정행위의 집행결과제거만이 아니고 행정행위가 개재되지 않은 사실행위의 결과제거청구권도 인정하게 되었으며(법정절차 없는 사인토지상의 도로설치의 배제청구, 공공공사로 인한 장해배제청구, 명예훼손적 발언의 철회청구 등), 더 나아가서는 엄격한 의미에서의 결과제거만이 아니고 위법한 침해행위 자체의 제거에까지 그 적용령역을 확대하여야 한다는 주장이 나오게 되었다. 이러한 이론은 「베터맨」(K. A. Bettermann)에 의하여 발전되어[1] 1982년의 국가책임법(Staatshaftungsgesetz) 제 3 조에 제도화되었다.[2]

2. 성 질

(1) 물권적 청구권인지의 여부 결과제거청구권은 행정청의 정당한 권원없는 행위로 말미암아 사인의 물권적 지배권이 침해된 경우에 발생하는 물권적 청구권이라는 견해도 있으나,[3] 다수설은 이 청구권은 물권적 지배권이 침해된 경우뿐만 아니라 비재산적 침해(예: 명예 등)의 경우에도 발생되는 것이므로 물권적 청구권으로 한정할 것은 아니라고 한다.[4] 다수설이 타당하다고 생각한다.

(2) 공권이냐 사권이냐 ① 사권설은 결과제거청구권의 원인은 반드시 공권력의 행사와 관계되는 것만이 아님은 물론, 그 자체로서 아무런 법적 권원없는 행위로 야기된 물권적 침해상태의 제거를 도모하는 권리인 것이므로, 따로이 공법상의 규율대상으로 삼아야 할 합리적인 이유가 없는 것이며, 사인상호간에 있어서의 동일한 법률관계의 경우와 같이 취급하는 것이 타당한 일이라고 한다.[5] 이에 대하여 ② 공권설은 이 청구권은 행정주체의 공행정작용으로 인한 침해가 있는 경우에 발생하는 것이며, 행정주체의 사법활동에 의한 침해로 인한 위법상태의 제거는 민법 기타의 사법의 적용대상이 된다고 한다.[6] ③ 공권설이 타당하다고 생각한다.

(3) 손해배상청구권과의 차이 손해배상청구권과 결과제거청구권은 청구의 요건과 내용에 있어서 차이가 있다. ① 전자는 행정작용이 위법할 뿐만 아니라 고의 또는 과실이 있어야 성립하는데, 후자는 위법한 행정작용의 결과로서

1) K. A. Bettermann, zur Lehre von Folgenbeseitigungsanspruch, DOV, 1955, S. 528.
2) 국가책임법 제 3 조 ① 손해가 피해자에게 불리익한 사실상태의 변경에 의하여 생긴 경우에는 공권주체는 그 결과를 그 이전의 상태로 복원하거나 그것이 곤란한 경우에는 그와 동가치의 상태로 복원하여 제거하여야 한다.
3) 이상규(상), p. 626; 석종현(상), p. 695; 변재옥(I), p. 540.
4) 김도창(상), p. 645; 김남진(I), p. 370.
5) 이상규(상), p. 626.
6) 김도창(상), p. 648; 김남진·김연태(I), p. 584.

남아 있는 상태로 인하여 자기의 법률상의 이익이 침해받고 있기만 하면 행정주체의 고의 또는 과실의 유무를 불문하고 성립한다. 따라서 양자는 서로 대체관계에 있는 것이 아니고 각각의 요건이 갖추어질 때 독자적으로 성립된다. 다만, 후자의 경우에도 행정주체의 고의 또는 과실을 요한다는 견해도 있다.[1] ② 전자는 금전배상을 내용으로 하는데, 후자는 사실적 상태의 원상회복을 내용으로 한다.

위법한 행정작용에 의하여 초래된 피해가 원상회복을 통하여 실현될 수 있는 경우에는 보다 직접적인 구제인 행정상의 결과제거청구에 의한 구제를 도모하여야 하고 최종적인 구제의 성격을 갖는 손해배상은 배제된다고 보아야 할 것이다. 다만 결과제거청구에 의하여 원상회복은 되었으나 그 피해가 완전하게 보전되지 못하였을 때에는 별도로 손해배상청구가 인정될 수가 있다.

Ⅱ. 根　　據

1. 理論的 근거

위법한 행정작용으로 인하여 법익을 침해당한 자는 실체적인 행정상손해전보제도(손해배상·손실보상) 또는 절차적인 행정쟁송제도(행정심판·행정소송)에 의하여 구제를 받을 수 있다.

그러나 이러한 전통적인 행정구제제도만으로는 피해자에게 완전한 만족을 주지 못하는 경우가 있으며, 그러한 경우에는 위법한 결과의 제거만이 또는 다른 행정구제와 함께 위법한 결과의 제거에 의하여 피해의 구제를 받게 된다. 그리하여 결과제거청구권은 기존의 전통적인 행정구제제도를 보완하는 의미를 가진다.[2]

2. 實定法的 근거

결과제거청구권의 법리는 독일에서 학설·판례로서 발전된 것인데, 거기에서는 이 법리의 근거를 기본법상의 법치국가의 원리, 기본권규정(특히 자유권적 기본권) 및 민법의 방해배제청구권규정(802·1004)의 유추에서 찾는다.

그런데 오늘날 독일의 지배적 견해는 그 근거를 자유권으로부터 도출하고 있다. 즉 자유권은 국가에 대하여 부작위의무를 발생시키며 개인은 이에 상응하여 부작위청구권을 갖는바, 방해예방청구권으로서의 부작위청구권은 개인의 자

1) 김도창(상), p.647.
2) 김도창(상), p.646; 김남진(Ⅰ), p.571; 석종현(상), p.696.

유권이 침해된 경우에 방해제거청구권으로 변화된다고 본다.[1] 독일과 유사한 자유권규정을 두고 있는 우리나라에서도 자유권에서 그 근거를 찾을 수 있다고 하겠다. 그리고 행정소송법상의 관련청구의 이송 및 병합에 관한 규정(동법 10), 당사자소송에 관한 규정(39 내지 44)에서 그의 소송법적 근거를 찾을 수 있다고 하겠다.

Ⅲ. 成立要件

결과제거청구권이 성립하기 위하여서는 ① 행정주체의 공행정작용으로 인한 침해가, ② 소유권 등 개인의 권리 또는 법률상 이익에 대하여 행하여지고, ③ 그로 인하여 위법한 상태가 형성되었으며, ④ 그러한 상태가 계속되고 있는 등의 요건이 충족되어야 한다.

(1) 행정주체의 공행정작용으로 인한 침해 여기에서 공행정작용에는 법적 행위뿐만 아니라 사실행위도 포함하며 또한 권력작용뿐만 아니라 관리작용, 즉 비권력작용도 포함한다. 그리고 의무위반의 부작위(pflichtwidrige Unterlassen)도 포함한다. 예컨대 행정주체가 처음에는 타인의 승용차를 합법적으로 압류하였으나, 뒤에 압류가 취소된 후에도 계속 억류하고 반환하지 아니한 행위 등이다. 그러나 행정주체의 사법적 활동은 포함되지 아니한다고 할 것이다.

(2) 타인의 법률상 이익의 침해 공행정작용으로 인하여 야기된 결과적 상태가 타인의 권리 또는 법률상 이익을 침해하고 있어야 한다. 여기에서의 권리 또는 법률상이익은 재산적 가치가 있는 것은 물론 명예·호평 등 그 밖의 것까지 포함한다. 그러나 권리 또는 법률상 이익은 보호받을 만한 가치가 있어야 한다. 따라서 관계인이 어떤 물건을 불법적으로 점유하거나 소유하고 있는 때에는 보호받지 못한다. 예컨대 경찰이 불법주차한 자동차를 다른 곳에 옮겨 놓은 경우에, 차주는 원상회복을 요구할 수 없다.

(3) 위법한 상태의 존재 행정주체의 공행정작용으로 인하여 야기된 결과적 상태가 위법한 상태로 존재하고 있어야 한다. 결과제거청구권은 위법한 상태의 제거를 목적으로 하는 것이기 때문이다. 위법한 상태의 존재여부는 사실심의 변론종결시를 기준으로 하여 판단하여야 한다.[2]

여기에서의 위법성은 정당한 권원 없이 타인의 토지를 도로용지로 편입하는 것과 같이 처음부터 발생할 수도 있고, 기간의 경과, 해제조건의 성취, 행정행위

1) 정하중(총), p. 581 참조.
2) 김도창(상), p. 648; 이상규(상), p. 628.

의 취소·철회 등에 의하여 사후에 발생할 수도 있다. 위법하기는 하지만 무효가 아닌 행정행위, 즉 취소할 수 있는 행정행위의 경우에는 그 공정력에 의하여 권한 있는 기관에 의하여 취소되기 전에는 그 행위의 효력은 존속하고, 따라서 그 행위에 의하여 야기된 상태는 아직 정당화되고 있기 때문에 결과제거청구권은 성립되지 아니한다.

(4) 위법한 상태의 계속　행정주체의 공행정작용에 의하여 야기된 결과적 상태가 위법한 상태로 계속 존재하고 있어야 한다. 그것은 결과제거청구권은 현존하는 사실상태(위법한 침해)와 권리상태를 일치(Anpassung der Tatsachenlage an die Rechtslage)시키는 것을 목적으로 하기 때문이다. 따라서 예컨대 어떤 물건이 압류된 경우에 있어서, 압류가 취소되고 그에 따라 그 물건이 이미 소유자에게 반환된 때에는 위법한 상태는 계속되고 있지 않기 때문에 결과제거청구권의 문제는 생기지 아니한다. 이러한 경우에 아직도 불이익이 남아 있는 때에는 결과로서의 위법한 상태는 존재하지 않기 때문에 손해배상이나 보상청구만이 고려될 수 있다고 하겠다.

Ⅳ. 內容과 限界

1. 原狀回復의 請求

결과제거청구권의 내용은 행정작용으로 인하여 야기된 위법한 결과적 상태를 제거하여 침해가 없는 원래의 상태로 회복(Wiederherstellung)시켜 줄 것을 청구하는 것이다. 손해전보의 청구 등은 이 청구권의 내용이 될 수 없다. 따라서 이 청구권은 위법한 행정작용으로 인하여 야기된 피해의 포괄적인 구제제도는 아닌 것이다.

2. 妨害中止請求權과 구별

좁은 의미의 결과제거청구권은 단순한 방해중지청구권(Abwehranspruch)과 구별되어야 한다. 방해중지청구권이 방해와 침해의 중단, 즉 공법적으로 운영되는 시설(공기업 등)에 의한 환경오염의 중지 등을 목표로 하는데, 결과제거청구권은 과거의 상태를 회복시키는 적극적인 활동, 즉 위법하게 타인의 토지 위에 설치된 시설의 제거 또는 명예훼손적인 발언의 취소를 요하는 것이다.

3. 結果除去의 가능성

결과제거청구권의 요건이 충족된 경우에도 결과제거로 인하여 원초적 또는 동가치의 상태의 회복이 사실상으로나 법률상으로 가능하며, 또한 의무자에게 있어 그것이 기대가능(zumutbar)한 것이어야 한다는 한계가 있다.

위법한 상태의 제거가 사실상 또는 법률상 불가능한 경우에는 손해배상이나 손실보상만이 고려될 수 있다. 우리 대법원도 「수용절차는 없었더라도 도로예정지로서 도로법 제40조 등의 준용이 있는 경우, 특별한 사정이 없는 한 손실보상은 몰라도 불법점유를 이유로 토지의 인도 … 는 청구할 수 없다」고 하여 (68 다 2081 (1969.3.25 대판)) 같은 취지의 판시를 한 바 있다.

결과제거청구권에 따라 결과제거를 통한 원상회복을 하고자 하는 경우에 있어 지나치게 비싼 비용(unverhältnismäßig großen Aufwand)이 소요되는 경우에도 기대가능성이 없다고 할 것이며, 그 경우에는 대상적(代償的)인 전보를 통하여 해결할 수밖에 없다고 할 것이다. 우리 행정심판법 제33조 및 행정소송법 제28조에서 사정재결 및 사정판결제도를 채택하고 있는 것은 부분적으로는 기대가능성이 없는 결과제거에 대한 대상적인 전보의 법리에 입각한 것이라 하겠다.[1] 그러나 결과제거의 기대가능성이 없다고 하여 손해배상청구권이 자동적으로 결과제거청구권에 대치되는 것은 아니다. 기대가능성이 있는지의 여부는 개별적인 사안에 따라 판단하여야 할 것이다.

서울특별시가 타인의 대지 약 10평을 권원 없이 점유하여 상수도관을 매설하여 인근주민들의 식수공급시설로 사용하고 있는 사안에 있어서, 우리 대법원은 「피고가 공익사업으로서 공중의 편의를 위하여 매설한 상수도관을 철거할 수 없다거나, 이를 이설(移設)할 만한 마땅한 다른 장소가 없다는 사유만으로는 원고가 그 소유권에 기하여 불법점유를 하고 있는 피고에 대하여 그 철거를 구하는 것을 권리남용이라고 할 수 없다」고 판시하였는바(85 다카 1383 (1987.7.7 대판)), 이는 결과제거의 기대가능성을 인정한 사례로 볼 수 있겠다.

4. 違法狀態의 消滅

위법한 상태의 원인이 된 취소된 행정행위가 다른 적법한 행정행위에 의하여 대체되어 위법한 상태가 다시 적법하게 된 경우에는 결과제거청구권은 성립되지 아니한다.

---

1) 김남진(I), p.575; 석종현(상), p.698.

5. 過失相計

위법한 상태의 발생에 대하여 피해자에게도 과실이 있는 경우에, 민법상의 과실상계에 관한 규정(396조)을 유추적용할 수 있는지가 문제될 수 있으나, 유추적용된다고 볼 것이다.[1] 따라서 피해자의 과실의 정도에 따라 결과제거청구권이 수축되거나 상실되는 경우도 있을 수 있다. 수축의 경우에는 원상회복에 소요되는 비용을 피해자에게도 부담시키는 방법이 고려될 수 있겠다. 그러나 명예를 훼손하는 발언의 철회나 타인 토지의 불법점유와 같이 처음부터 과실상계의 문제가 없는 경우도 있다.[2]

6. 私人에 대한 結果除去請求 가능 여부

건축허가와 같은 복효적행정행위에 있어서 제 3 자(예컨대 이웃주민)가 당해 행정행위의 취소소송을 제기하여 승소한 경우에, 당해 행정행위의 직접 상대방(예컨대 건축허가를 받은 자)의 행위로 인하여 생긴 결과의 제거를 청구할 수 있는지가 문제된다. 결과제거청구권은 행정주체의 행정작용으로 인하여 생긴 직접적인 위법한 결과의 제거를 내용으로 하며, 행정작용의 상대방 등 행정주체가 아닌 자의 개입으로 생긴 결과의 제거를 내용으로 하는 것은 아니므로 부정적으로 보아야 할 것이다.

V. 爭訟節次

결과제거청구권의 법적 성질을 사권으로 볼 것인지 또는 공권으로 볼 것인지에 따라 쟁송절차가 달라질 것이다. 위에서 본 바와 같이 결과제거청구권은 행정주체의 공행정작용으로 인하여 야기된 위법한 결과로서의 위법한 상태의 제거를 목적으로 한다는 점에서 공권으로 보아야 하며, 따라서 행정소송으로 제기하여야 할 것이다. 결과제거청구권은 위법상태의 제거라는 사실행위를 요구하는 것이고 행정행위를 요구하는 것이 아니며, 위법상태의 제거는 행정청의 의무라 할 것이므로 이 경우 소송의 형태는 공법상의 당사자소송(행정청의 처분 등을 원인으로 하는 법률관계에 관한 소송)이 될 것이다.[3] 당사자소송은 독자적으로 제기하거나 처분 등의 취소소송에 관련청구소송으로서 병합하여 제기할 수 있다(행송 10①②). 다만, 우리의 소송실무상으

1) H. Maurer, Allgemeines Verwaltungsrecht, S. 647.

2) 석종현(상), p. 699.

3) 독일에서는 공법상의 권리를 바탕으로 행정행위를 제외한 작위, 부작위, 급부, 수인을 청구하는 소송은 일반이행소송(allgemeines Leistungsklage)에 의한다. 독일에서 일반이행소송에 의하여 청구할 수 있는 것은 우리나라에서는 당사자소송으로 청구할 수 있다 할 것이다.

로는 결과제거청구도 민사소송으로 다루고 있는 것으로 볼 것이다(예: 68 다 2081 (1969. 3. 25 대판)).

Ⅵ. 餘論: 社會保障法上의 回復請求權

독일에 있어서 결과제거청구권과 관련하여 사회보장법상의 회복청구권(sozialrechtliche Herstellungsanspruch)이 논의된다. 사회보장법상의 회복청구권은 결과제거청구권과 약간의 공통점도 있으나 서로 구별되는 제도이다. 결과제거청구권이 과거에 존재하였던 사실상의 상태의 원상회복을 목표로 하는데, 사회보장법상의 회복청구권은 행정기관이 적법하게 행동하였더라면 현재 존재할 법적 상태의 회복을 목표로 한다.

사회보장법상의 회복청구권은 특히 행정기관이 상담의무와 보호의무를 위반한 경우에 발생한다.

사회보장법상의 회복청구권의 이론적 근거는 아직도 다투어지고 있는데, 결과제거청구권의 발전된 현상으로서, 급부행정법 분야에서의 결과제거청구권과 유사한 현상으로서, 사회보장법상의 급부관계의 부수적 의무로서, 신의성실의 원칙에서 또는 그 자체 독자적(sui generis)인 법제도라는 데에서 구한다.[1)]

1) H. Maurer, Allgemeines Verwaltungsrecht, S. 648.

제 3 장 行政上損失補償

I. 觀　　念

행정상손실보상(compensation, indemnite, Entschädigung)이란, 적법한 공권력 행사로 사유재산에 가하여진 특별한 희생에 대하여 사유재산의 보장과 공평부담의 견지에서 행정주체가 이를 조정하기 위하여 행하는 조절적인 재산적 보상을 말한다. 분설하면 다음과 같다.[1)]

(1) **적법행위**로 인한 손실의 보상이다. 토지수용·징발 등과 같이 행정법규가 상대방에게 손실을 발생시킬 권한을 행정기관에 부여한 경우에, 그 권한이 적법하게 행사된 결과 생긴 손실, 즉 법규가 처음부터 예측한 손실의 보상이다. 이 점에서 위법행위로 인한 손해의 배상과 구별된다.

(2) **공권력행사**로 인한 손실의 보상이다. 따라서 그 보상은 공법적 성질을 가지며, 사법상계약에 의한 반대급부, 예컨대 공공용지의 임의매수대가(토지등의 취득 및 보상 17 참조) 등과 구별된다.

(3) **「특별한 희생」**(besonderes Opfer)에 대한 조절적 보상이다. 공공의 수요에 충당하기 위하여 특정개인이 입은 재산상의 「특별한 희생」을 국민 전체의 부담으로 전가시켜서 공적부담을 모든 국민간에 고르게 조절하여 주는 보상이다. 일반적인 부담 또는 재산권 그 자체에 내재하는 사회적 제약에 대하여는 보상의 문제가 생기지 않는다. 예컨대 보안상 위험한 건물의 사용금지로 그 소유자가 받는 손실은 그 소유권에 내재하는 사회적 제약으로 소유자 개인이 부담하여야 한다(건축 81③ 등 참조).

(4) **재산권침해**, 즉 재산권의 수용·사용 또는 제한(공용침해)에 대한 보상이다. 그런데 오늘날은 재산권침해에 대하여서만이 아니라 생활권침해에 대하여서도 보상이 행하여진다. 또한 의욕된 침해가 대상이 되나, 의욕되지 않은 침해(수용적침해)도 보상의 대상이 되는 경우가 있을 수 있는지가 논의된다.[2)]

1) 김영훈, 행정상손실보상에 관한 연구, 국제대학논문집, 제 4 집·제 5 집; 유경춘, 행정상손실보상, 법률행정논집(고려대), 제16집; 한창규, 국가보상법연구(박사학위논문), 1975 참조.

2) 재산권 이외의 생명 또는 신체에 대한 침해가 가해지는 경우(예, 예방접종의 부작용으로 인한 사망 또는 상해의 경우)에도 보상의 필요가 있다는 관점에서 손실보상의 개념을 확장하여 「적법한 공권력 행사에 의해 국민에게 가해진 특별한 손해를 공적 부담 앞의 평등의 원칙에 근거하여 국가나 지방자치단체 또는 공익사업의 주체가 그 손해를 보상하여 주는 것」이라고 정의하는 견해로는 (박균성(상), p.724.) 참조.

Ⅱ. 根 據

1. 理論的 根據

(1) **평등부담설** 「프랑스」에서는 1789년의 인권선언 제13조에 근거를 둔「공적부담 앞의 평등」(l'égalite devant les charges puliques)을 들었다.

(2) **특별희생설** 독일에서는 ① 근대초에는 자연법적인 기득권(wohlerworbenes Recht)의 관념에 근거를 두어 공공필요에 의한 기득권의 침해에 대하여는 그 경제적 가치에 따라 보상하여야 한다고 하였고, ② 그 뒤 그것과 평등원칙을 결합하여 평등부담의 원칙(Lastensgleichheitssatz)을 근거로 하게 되었으며, ③「오토 마이어」는 이를 더욱 발전시켜 희생설(Opfertheorie) 내지는 특별희생설을 발전시켰으며, 이 이론은「바이마르」헌법 이래 판례상으로 손실보상의 근거로 되어 왔다.[1)]

(3) **결언** 특별희생설이 통설[2)]·판례이며 타당하다고 생각한다. 사유재산제를 인정하고 있는 경우에도, 공공필요를 위하여 재산권 그 자체에 내재하는 사회적·자연적 제약을 넘어서 사유재산에 대하여「특별한 희생」을 강요하지 않으면 안 되는 경우가 있다. 그러나 사유재산제를 전제로 하는 이상, 그와 같은「특별한 희생」에 대하여는 전체국민의 부담으로 전가하여 전체적인 공평부담의 견지에서 조절적 보상(ausgleichende Entschädigung)을 행함은 당연하다. 헌법 제11조의 평등원칙은 공적부담에 대한 평등도 그 내용으로 하기 때문이다. 그리하여「특별한 희생」에 대한 보상을 통하여, 비로소 ① 공적부담 앞의 평등이란 이상을 실현(사회정의의 실현)할 수 있으며, ② 공익과 사익의 조절을 도모할 수 있고, ③ 법률생활의 안정을 기할 수 있다. 여기에 이 제도가 인정된 합리적 근거가 있다. 다만, 공익을 실현하기 위한 국가권력작용의 사회적 기능을 중시할 것인가, 개인의 사유재산존중의 사회적 의의를 보다 중시할 것인가에 따라, 손실보상에 대한 관념의 차이가 생기게 된다.

---

1) 김도창(상), p.654 참조.

2) 김남진·김연태(I), p.548; 김동희(I), p.551; 정하중(개론), p.583; 홍정선(상), p.680; 이와 달리「재산권과 공적부담 앞의 평등원칙」이라는 견해(박균성(상), p.724.)가 있으며, 특별희생설은 공용침해의 대상자가 많으면 많을수록 그 기준이 모호해짐을 부인할 수 없는데, 예컨대 개발구역지정행위와 같은 공용제한행위는 그 대상자가 다수이므로 전국민을 대상으로 하여 재산권의 내용과 한계를 정하는 일반적 희생인지 혹은 특별한 희생을 의미하는 것인지 부별하기 어렵다는 지적도 있다(김성수, 일반행정법[제 4 판], pp.738-739.).

2. 實定法的 根據

손실보상에 관한 실정법적 근거로는, 「공공필요에 의한 재산권의 수용·사용 또는 제한 및 그에 대한 보상은 법률로써 하되, 정당한 보상을 지급하여야 한다」는 헌법 제23조 제 3 항이 있다. 그런데 국가배상의 경우와는 달리, 이 헌법 규정에 근거하여 보상의 기준과 방법 등에 관하여 정한 일반법은 없고, 각 개별법(토지등의 취득 및 보상 제 6 장, 국토의 계획 및 이용 96, 건축 70③, 하천 74·75, 도로 79·80 등)에서 이를 정하고 있다(영국에서는 1961년의 Land Compensation Act라는 일반법이 있다. 프랑스도 같다.).

(1) 보상규정 흠결시의 권리구제 공공필요에 의한 재산권의 수용·사용 또는 제한이 행하여졌는데, 당해 법률에서 그에 대한 손실보상에 관하여 정하지 아니한 경우에 공용침해를 당한 국민은 헌법 제23조 제 3 항을 근거로 하여 보상을 청구할 수 있는지 여부에 대하여 의견이 갈리어 있다.

㈎ 입법지침설(방침규정설) 손실보상에 관한 헌법규정은 입법지침(Programmvorschrift)에 지나지 않으므로 재산권을 침해당한 자에 대한 보상여부는 입법자가 자유로히 정할 수 있으며, 입법자가 보상불요로 판단하여 보상규정을 두지 않았으면 보상을 청구할 수 없다고 한다. 이러한 견해는 헌법이 규정하고 있는 재산권보장의 원칙에 맞지 아니하며, 따라서 오늘날 이러한 견해를 취하는 분은 없다.

㈏ 입법자에 대한 직접효력설(위헌무효설) 헌법규정은 재산권을 침해당한 국민에게 직접 그 규정에 근거한 손실보상청구권을 부여한 것은 아니나, 입법자(국회, 긴급명령을 발하는 대통령)에 대하여는 국민의 재산권을 침해하는 입법을 할때에는 반드시 보상에 관한 규정도 두도록 구속하는 효력을 가진다고 한다. 따라서 법률이 재산권침해를 규정하면서 보상에 관하여 규정하지 않으면 그 법률은 위헌무효이며, 그 법률에 근거한 재산권 침해행위는 불법행위가 되고, 손실보상은 청구할 수 없으나, 손해배상은 청구할 수 있다고 한다.[1] 이 견해는 재산권 침해를 규정하면서 보상에 관하여 규정하지 아니한 법률의 측면에서 보아 그러한 법률과 그에 의거한 재산권의 침해행위를 위헌무효로 보는 점에서 위헌무효설(김도창), 또는 위헌설(이상규)이라고 하나, 헌법규정이 직접 입법자를 구속한다는 측면에서 보아 「입법자에 대한 직접효력설」이라고 하는 것이 타당할 것 같다.[2]

㈐ 국민에 대한 직접효력설 손실보상에 관하여 규정한 헌법규정은 국민에 대하여 직접 효력을 가지며, 따라서 재산권을 침해당한 국민에게 직접 손실

1) 김도창(상), p.600; 이상규(상), p.644.
2) 김남진(I), p.535.

보상청구권을 부여한 것으로 본다.[1] 이 견해는 헌법 제23조 제 3 항에서 보상을 법률로 정하도록 한 것은 입법권이 정당한 보상의 범위 내에서 구체적인 보상의 기준과 방법만을 정하도록 한 것이라고 해석한다. 재산권침해를 당한 자는 직접 헌법규정을 근거로 하여 민사소송(또는 공법상 당사자소송)으로 보상청구를 할 수 있다고 한다.[2]

㈃ 유추적용설(간접효력규정설) (a) 법률이 재산권침해를 규정하면서 보상에 관하여 규정하지 않으면 그 법률은 위헌위법이 된다고 하고, 따라서 헌법 제23조 제 3 항을 직접 적용하여 보상을 청구할 수는 없으나, 헌법 제23조 제 1 항 및 제11조에 근거하여 헌법 제23조 제 3 항 및 관계규정을 유추적용하여 손실보상을 청구할 수 있다고 한다. 이 견해는 그 뜻하는 바가 명백하지는 않으나, 독일의 판례법상 인정된 수용유사침해의 법리를 도입하여 문제를 해결하려는 견해라고 할 것이다. 그리하여 이 견해에서는 어떤 법률이 재산권 침해를 규정하면서 보상에 관한 규정을 두지 아니한 경우에는 위의 입법자에 대한 직접효력설에서와 같이 위헌 무효라고 하면서도, 위에서 본 위헌무효설에서와 같이 불법행위를 이유로 하여 국가배상을 청구하게 하면 과실책임주의를 취하고 있는 우리 국가배상법 아래서는 과실을 인정할 수 없어 구제를 받기가 사실상 어렵다는 것을 전제로 하여, 이러한 경우는 헌법 제23조 제 3 항을 유추적용하여 공법상 당사자소송(민사소송)에 의하여 보상을 청구할 수 있다고 하여, 해석에 의하여 (위법) 무과실책임을 도입하려는 것이다.[3] 이 견해의 법적 논리는 적법한 재산권에 대한 공용침해가 보상된다면, 위법한 공용침해에 대하여는 당연히(erst recht) 보상하여야 한다는 형평관념이다.

(b) 유추적용설에서는 독일의 수용유사침해 및 수용적침해이론을 받아들여서 문제를 해결할 수 있다고 주장한다.[4] 그러나 연방헌법재판소의 자갈채취사건에 대한 판결 후 독일의 판례는 더 이상 수용유사적 침해제도를 헌법상의 손실보상규정에서 끌어내고 있지 않으며, 전통적인 관습법적 효력을 갖고 있는 희생보상제도에서 그 근거를 찾고 있다.[5]

(2) 판례 우리 판례 중에는 어떤 법률이 재산권침해를 규정하면서 보상에 관하여서는 명문의 규정을 두지 아니한 경우에, 유사한 재산권 침해를 규정하면서 보상에 관하여 규정한 관계법률의 보상규정을 「유추적용」하여 보상청구

1) 박균성, "손실보상규정흠결시의 공용침해에 대한 권리구제", 행정상손실보상의 주요문제: 쟁현 박윤흔박사 화갑기념논문집, 박영사(1997년), p.506.
2) 박균성(상), p.738.
3) 강구철(I), p.697; 석종현(상), p.663; 홍정선(상), p.*684*.
4) 김남진(I), p.536.
5) 정하중(개론), p.595.

를 인정한 것이 있다. 대표적인 사례가 제외지(堤外地)는 하천구역에 속하는 토지로서 법률의 규정에 의하여 당연히 그 소유권이 국가에 귀속된다고 할 것인데, 하천법에는 제외지의 소유자에 대하여 그 손실을 보상한다는 직접적인 보상규정이 없으나, 하천법 제74조의 공용부담 등으로 인한 손실보상에 관한 규정은 보상사유를 예시적으로 정하고 있다고 볼 것이므로 동 규정을 유추적용하여 관리청은 그 손실을 보상하여야 한다는 판례(대법원 1987.7.21. 84 누 126 하천구역손실보상재결처분취소),[1] 공공사업의 시행의 결과 그 공공사업의 시행이 기업지 밖에 미치는 간접손실에 관하여 그 피해자와 사업자 사이에 협의가 이루어지지 아니하고 그 보상에 관하여 명문의 근거법령이 없는 경우라도, 공공사업의 시행으로 인하여 그러한 손실이 발생하리라는 것을 예견할 수 있고, 그 손실의 범위도 구체적으로 이를 특정할 수 있는 경우라면 그 손실의 보상에 관하여 공공용지의 취득 및 손실보상에 관한 시행규칙의 관련규정을 유추적용할 수 있다(대법원 1999.10.8. 99 다 27231 손해배상(기))는 판례 등이 있다. 이러한 유추적용에 관한 판례는 그「유추적용」이라는 용어 때문에, 마치 유추적용설이 주장하는 유추적용으로 혼동할 우려가 있으나, 이들 판례에서의 유추적용은 일반적인 법의 해석원리에 따른 유추적용으로서 유추적용설에서 주장하는 유추적용과는 차원이 다른 것이라고 할 것이다. 유추적용설에서는 재산권 침해규정을 두면서 보상규정을 두지 아니한 경우에 일반적으로 헌법 제23조 제 3 항의 규정을 유추적용하여 공법상 당사자소송으로 보상을 청구할 수 있다는 것이고, 판례가 인정하고 있는 유추적용은 재산권 침해규정을 두면서 보상규정을 두지 아니한 경우에 한정된 것이 아니고 일반적인 법의 해석원리에 따라 재산권침해를 규정하면서 보상에 관한 규정을 두지 아니한 경우에 개별적으로 검토하여 유사한 재산권침해규정을 두면서 보상규정을 둔 관계법률의 규정을 유추적용한다는 것이다. 결국 이러한 유추적용이 가능한 경우는 보상규정을 둔 경우에 포함되게 되며, 여기에서 논의되는 보상규정을 두지 아니한 경우에 대한 논의는 판례에서 인정하는 유추적용도 불가능한 경우에 대한 논의인 것이다.

(3) 결언 (a) 입법지침설은 손실보상의 이론적 근거인 정의·공평의 원칙에서 보나, 사유재산제를 보장한 우리 헌법의 원칙에서 보나 받아들일 수 없다고 하겠다.

(b) 그리고 국민에 대한 직접효력설은「… 재산권의 수용·사용 또는 제한은

---

1) 비관리청인 행정기관 등이 구 하천법(2002.2.4. 법률 제6656호로 개정되기 전의 것) 제30조의 규정에 의한 하천공사허가를 받아 시행한 하천공사로 인하여 손실을 받은 자는 같은 법 제74조 제 2 항을 유추적용하여 손실보상을 청구할 권리가 있다(대법원 2006.4.28. 2004 두 12278 토지수용이의재결처분취소등).

법률로써 하되, 정당한 보상을 지급하여야 한다」고 규정한 제 5 차 개정헌법(제3공화국헌법 20③) 아래서 주장되고 당시의 판례가 채택한 견해(67 다 1337 (1967.11.2 대판))이기는 하나, 현행 헌법은 「… 보상은 법률로써 하되, 정당한 보상을 지급하여야 한다」고 규정하고 있으므로(헌 23③) 국민에 대한 직접효력설은 채택할 수 없다고 할 것이다. 직접효력설에서는 「정당한 보상을 지급하여야 한다」라는 문구에만 역점을 두고, 「보상은 법률로써 하되」라는 문구는 보상의 구체적 내용이나 방법만을 법률로 정하도록 하는 의미밖에 없는 것으로 해석하려고 하지만,[1] 문장구조로 보나, 동조항의 연혁으로 보나 찬성하기 어렵다고 하겠다.

(c) 유추적용설은, ① 원래 유추적용(Analogie)이라는 것은 유사한 두 개의 대상이 유사한 조건 아래 놓여 있는 경우에, 그 중 하나의 대상에 대한 적용법규를, 적용법규가 정하여져 있지 아니한 다른 대상에 대하여 적용함으로써 법률흠결의 공백을 메우려고 하는 이론인데, 적법한 작용에 대하여 정한 헌법규정을 위법한 행위에 유추적용하려고 하는 점에서 법의 해석적용의 원칙상 문제가 있고, ② 적법한 공행정작용에 대한 손실보상제도를 국가배상제도가 적용되어야 할 위법한 공행정작용의 영역에 무리하게 확대적용함으로써 양 제도로 2원화되어 있는 현행 국가보상제도의 균형적이고 체계적인 발전을 저해할 우려가 있으며, ③ 결국 국가의 위법·무과실행위에 대하여 판례에 의하여 무과실책임을 도입하자는 것인바, 과실책임주의를 취하고 있는 우리 국가배상법 체계 아래서, 무과실책임주의의 도입은 공공이익의 형량은 법원에 계속되어 있는 개별사안으로서는 전체를 인식하기 어렵고, 경제적·사회적·정치적 기타 수많은 요인을 고려하여 정하여야 한다는 점에서 판례에 의하여서가 아니라 입법으로 도입하여야 할 것이다.

우리 판례 중에는 수용유사침해의 관념을 언급한 것이 있기는 하나, 그 채택 여부에 대하여서는 소극적인 입장을 암시하고 있다. 즉 국가에 의한 문화방송주식의 강제취득에 따른 손해배상청구사건에서 서울고등법원은 수용유사침해의 법리를 적극적으로 적용하여 국가의 손실보상책임을 인정한 바 있으나(92 나 20073 (1992.12.24 서울고판)), 대법원은 수용유사침해의 법리에 관하여 일단 언급은 하고 있으나, 그 채택여부에 대하여서는 입장을 보류한 바 있다(93 다 6409 (1993.10.26 대판)).

결국 유추적용설은 위에서 본 바와 같은 문제점이 있고, 독일에서와 같은 판례법이나 관습법으로서의 희생보상청구권의 법리의 발전이 없는 우리 나라에서는 인정하기가 어렵다고 하겠다.

---

1) 박균성, 고시계, 1990. 8 월호, p. 114.

(d) 결국 헌법규정에 대하여 어떠한 효력을 갖게 할 것인가는 헌법정책의 문제라 할 것인바, 우리 현행 헌법은 「입법자에 대한 직접효력설」을 취한 것이라고 하겠으며, 따라서 보상에 관한 규정을 두지 아니한 경우에는 손실보상은 청구할 수 없다고 할 것이다. 우리 판례도 제 7 차 개정헌법(유신헌법)에 의하여 보상을 법률로 정하도록 개정한 이후에는 일관되게 이와 같은 입장을 취하고 있으며(대법원 1976.10.12. 76 다 1443 부당이득, 대법원 1987.7.21. 84 누 126 하천구역손실보상재결처분취소),[1] 헌법재판소도 구 도시계획법 제21조(개발제한구역의 지정)에 대한 헌법소원사건에서 「개발제한구역의 지정에 따라 생기게 되는 가혹한 부담의 유무와 정도 및 이에 따른 구체적인 보상의 기준과 방법은 헌법재판소가 일률적으로 확정할 수 없고 개개의 토지에 대하여 구체적이고 객관적인 사정을 종합하여 입법자가 판단할 사항이다」고 판시하여(89 헌마 214, 90 헌바 16, 97 헌바 78(병합)(1998. 12. 24 헌재결정)), 입법이 선행되어야 보상을 청구할 수 있음을 분명히 하였다. 따라서 재산권에 대한 「특별한 희생」에 해당하는 제한을 가하면서, 보상에 관한 규정을 두지 않은 경우에는, 손실보상은 청구할 수 없고, 제한을 당한 자는 당해 법률에 근거한 재산권침해행위의 취소를 구하는 취소소송을 제기하고, 그 취소소송절차에서 당해 법률에 대한 위헌심판제청을 신청하여 헌법재판소에서 위헌결정이 된 경우에는, 침해행위의 취소판결에 의하여 재산권 자체의 회복을 기하도록 하고, 침해행위의 존속기간중의 손해배상청구를 인정하되, 과실을 완화하여 모든 경우에 배상이 가능하도록 하여야 할 것이다. 그런데 손해배상청구는 행정행위의 공정력에 의한 제한을 받지 아니하므로 기간의 제한 없이 청구할 수 있다고 할 것이나, 침해행위의 취소소송은 제소기간 내에 제기하여야 한다. 다만 제소기간이 지난 후라도 침해를 당한 자는 예컨대 개발제한구역 내의 토지에 있어서의 건축허가를 신청하고, 그것이 거부되면 그 거부처분의 취소소송을 제기하여 그 소송에서 거부처분의 근거가 된 법률규정의 위헌심판제청을 신청하여 위헌결정을 받을 수 있다고 할 것이다.

Ⅲ. 補償請求權의 성질

(1) **공권설** 손실보상은 그 원인행위인 권력작용(토지수용·징발 등)과 일체성(Einheitlichkeit)[2]의 관계에 있으므로 손실보상의무의 이행관계는 공법관계라고 한

1) 토지소유자가 그 소유 토지를 도로로 개설하여 점유사용하고 있는 지방자치단체에 대하여 손실보상을 청구하려면 개정헌법 20조 3항의 규정에 의하여 그 손실보상의 기준과 방법을 정한 법률에 의하여서만 가능하다(대법원 1976.10.12. 76 다 1443 부당이득).

2) W. Jellinek, Verwaltungsrecht, 3. Aufl., S. 50.

다. 통설적 견해이다.[1] 손실보상청구권을 공권으로 볼 때에는 그에 관한 소송을 행정소송인 당사자소송에 의하게 된다(행송 3(2)).

(2) **사권설** 손실보상의 원인행위가 비록 공법적인 것이라 할지라도, 이에 대한 손실보상은 당사자의 의사 또는 직접 법률의 규정에 의거한 사법상의 채권채무라는 것이다.

(3) **판례** ① 손실보상청구권을 사권으로 보고 그에 관한 소송도 민사소송에 의하게 된다.

「면허·허가 또는 신고한 어업에 대한 위와 같은 처분으로 인하여 손실을 입은 자는 처분을 한 행정관청 또는 그 처분을 요청한 행정관청이 속한 권리주체인 지방자치단체 또는 국가를 상대로 민사소송으로 손실보상금지급청구를 할 수 있다」(대법원 2000.5.26. 99 다 37382 손해배상(기)).[2]

② 그러나 하천법상 손실보상청구권은 종전에는 민사소송의 대상으로 보았으나, 행정소송법상의 당사자소송이라고 판례를 변경하였다.

「위 각 규정들에 의한 손실보상청구권은 모두 종전의 하천법 규정 자체에 의하여 하천구역으로 편입되어 국유로 되었으나 그에 대한 보상규정이 없었거나 보상청구권이 시효로 소멸되어 보상을 받지 못한 토지들에 대하여, 국가가 반성적 고려와 국민의 권리구제 차원에서 그 손실을 보상하기 위하여 규정한 것으로서, 그 법적 성질은 하천법 본칙이 원래부터 규정하고 있던 하천구역에의 편입에 의한 손실보상청구권과 하등 다를 바가 없는 것이어서 공법상의 권리임이 분명하므로 그에 관한 쟁송도 행정소송절차에 의하여야 한다」(대법원 2006.5.18. 2004 다 6207 전원합의체판결 보상청구권확인).

③ 구 토지수용법에 따른 보상금증감소송은 행정소송으로 보았다.

「도시계획법 제23조 등에 의하여 건설부장관이나 시장·군수 등의 행정청이 토지를 수용 또는 사용할 수 있는 공익사업을 시행하는 경우에도 손실보상금의 증감에 관한 행정소송은 행정청이 속하는 권리의무의 주체인 국가나 지방공공단체를 상대로 제기하여야 하고, 그 기관에 불과한 행정청을 상대로 제기할 수 없다」(대법원 1993.5.25. 92 누 15772 토지수용재결처분취소등).

(4) **결언** 행정상의 손해배상은 그에 상응하는 민사상의 손해배상제도가 있으나, 행정상의 손실보상은 권력작용의 원인 또는 결과로서 밀접하게 관련되어 있는 것으로 공법에 특유한 제도이며, 따라서 보상청구권은 공권이고 그에

1) 김도창(상), p.658; 이상규(상), p.633; 김남진(Ⅰ), p.536.

2) 이러한 법리는 농어촌진흥공사가 농업을 목적으로 하는 매립 또는 간척사업을 시행함으로 인하여 같은 법 제44조의 규정에 의한 어업의 신고를 한 자가 더 이상 신고한 어업에 종사하지 못하게 되어 손실을 입은 경우에도 같이 보아야 한다(대법원 2000.5.26. 99 다 37382 손해배상(기).

관한 소송은 당사자소송이라 할 것이다(행송 3(2)).

Ⅳ. 行政上損失補償의 원인

1. 公共必要에 의한 재산권의 收用·使用 또는 制限

「공공필요」의 뜻에 대하여는 특정공익사업을 위한 필요(좁은 의미), 공공복리를 위한 필요(넓은 의미) 또는 널리 공공목적을 위한 필요(가장 넓은 의미)로 이해하는 견해가 있다. 결국 공용침해를 필요로 하는 공익과 침해되는 사익을 형량하여 「공공필요」에의 해당여부를 결정하여야 할 것이다.

「공공필요」의 유무가 크게 논의되는 것은 사인이 수행하는 공익사업을 위한 공용침해의 경우이다(토지등의 취득 및 보상법 4 등). 사인을 위한 공용침해(Enteignung zugunsten Privater)에는 ① 행정주체가 사인을 위하여 행하는 경우(지방자치단체가 개인 토지를 수용하여 택지 조성 후 사인인 주택업자에게 분양하는 것 등)와, ② 사인이 직접 행하는 경우(사립학교법인이 다른 사인의 토지를 수용하는 것 등)가 있다.

토지등의 취득 및 보상법은 수용의 전제가 되는 사업이 공익사업이기만 하면 행정주체는 물론 사인도 토지를 수용할 수 있도록 하고 있다. 그것은 공익사업의 수행은 행정주체만이 독점하는 것이 아니기 때문이다. 그리하여 여기에서 문제되는 사인을 위한 공용침해는 이윤추구성이 강한 사업을 수행하는 사인에게 공용침해를 허용하는 것이 「공공필요」의 요건에 합치되는가이다. 그런데 사인의 이윤추구를 위한 사업 중에는 전기·가스·수도·철도·도로·공항·항만 등 국민의 생존을 배려하는 급부행정작용에 속하는 생존배려형 사기업(Daseinsvorsorgeunternehmen)도 있고, 유통단지·화물터미널이나 창고 등 물류시설·관광단지·생활체육시설 등 공익성은 있으나, 공공성이 약한 사업인 경제적 사기업(private Wirtschaftsunternehmen)이 있다. 우리의 「사회간접자본시설에 대한 민간투자법」(20조)은 바로 앞에서 열거한 경제적 사기업을 위한 토지의 수용권을 부여하고 있다.

2. 特別한 犧牲

공공필요에 의한 재산권의 수용·사용·제한이라도 그것이 사회적 제약을 넘는 「특별한 희생」인 때에 한하여 보상의 원인이 된다. 우리 헌법도 재산권에 대하여 「그 내용과 한계는 법률로 정한다」, 「행사는 공공복리에 적합하도록 하여야 한다」(헌 23 ①②)고 규정하여, 다른 자유권에 비교하여 강한 사회적 제약을 받을

것을 예정하고 있다.[1]

그러나 보상을 요하지 않는「사회적 제약」내지는 내재적 제약과 이를 요하는「특별한 희생」과의 한계를 긋는 것은 매우 어려운 일이라고 하겠다.[2]

그리하여 예컨대 공용제한의 하나인 계획제한에 속하는 개발제한구역지정으로 인한 개발제한이 사회적 제약인지 특별한 희생인지가 특히 다투어져 왔다. 그 구별의 기준에 대하여는 다음과 같은 많은 학설이 주장되고 있는바, 우리나라의 학설은 주로 독일의 학설·판례의 영향을 받고 있다.

(1) **형식적 표준설** 개별행위설(Einzelakttheorie)이 이에 속하며, 독일의 제국법원(Reichgericht)에 의하여 발전되었다.[3] 이 견해에서는 재산권에 대한 침해행위가 일반적인 것인지, 개별적인 것인지를 표준으로 하여 특정인 또는 한정된 범위의 사람에 대한 침해행위만을「특별한 희생」으로 본다. 한편 연방통상법원(Bundesgericht)은 특별희생이라는 공용수용의 고전적 징표를 근거로 하여 개별행위설을 특별희생설(Sonderopferthorie)로 계속 발전시키면서 개별행위설에 대하여 제기된 문제점을 제거하려고 노력하였다. 그리하여 공용수용이란 특정인 또는 한정된 범위의 사람에 대하여 다른 사람과 비교하여 불평등하게 재산권을 침해하여 통상적으로 요구되지 아니한 특별희생을 가하는 것이라고 하였다.[4]

(2) **실질적 표준설** 재산권을 침해하는 실질적 내용에 따라 공용수용의 개념을 규정하려고 하는 이론으로, 침해가 재산권의 본질을 침해하는 강도의 것인가의 여부를 표준으로 하는 견해이다. 실질설에 입각한 견해도 그 구체적인 주장은 한결같지 않다.

(가) **보호가치설(Schutzwürdigkeitstheorie)** 이 견해는 역사, 일반적인 가치관, 언어의 사용례, 법률의 취지 등 여러 관련사실을 종합적으로 판단하여 재산권을 보호할 만한 가치 있는 것과 그렇지 않는 것으로 구분할 수 있다고 하고,

---

1) 실정법상 ① 법령위반 등 스스로 자초한 원인에 의하여 침해를 받는 경우(청소년보호 36), ② 보안상·위생상 위험한 상태를 방지·제거하기 위한 것인 경우(건축 81③), ③ 검사·시험을 위한 필요·최소한의 견품의 수거(식품위생 17 등), ④ 일정한 공익목적에 제공하기 위하여 재산권의 어떠한 효용을 제한하는 경우(문화재보호 4 등) 등에는 당연히 수인하여야 할 재산적 손실로서 보상규정을 두지 않고 있다.

2)「공용침해(재산권의 수용·사용·제한)」과「재산권의 내용·한계의 설정」사이의 구분에 관하여, ① 경계이론은 재산권 내용규정의 경계를 벗어나면, 즉 사회적 제약을 벗어나는 재산권규제는 특별희생에 해당되어 보상규정의 유무를 불문하고 보상을 하여야 한다는 것이며, ② 분리이론은 입법자가 재산권의 내용을 규정하는 경우에 일정한 한계를 벗어나면 보상의 문제가 아니라 위헌의 문제를 야기한다고 한다. 이같은 이론이 우리의 재산권보장체계에 수용될 수 있는지 문제가 되고 있다(정하중(개론), p.600.).

3) F. W. Giese, Offentliche Aufopferungsanspruch, S.38.

4) BGHZ 6 270(279f.).

전자에 대한 침해만이 보상을 요한다고 한다.[1)]

(나) 수인한도설(Zumutbarkeitstheorie) 침해의 본질성과 강도를 표준으로 하여, 재산권의 본체인 배타적 지배성을 침해하지 아니하는 범위 안의 침해는 사회적 제약이나, 재산권의 본질적 내용을 침해하는 것은 그 침해에 대한 수인을 기대할 수 없으며, 따라서 특별한 희생에 해당한다고 한다.[2)]

(다) 사적 효용설(Privatnüzigkeitstheorie) 헌법이 경제발전의 원동력으로서 사적 창의(이니시어티브)와 사적 이익, 즉 사적 효용의 원리(Prizip der Privatnüzigkeit)에 결정적인 중요성을 부여하고 있다는 기본적 인식 아래서, 사적효용의 원리를 본질적으로 침해하는 것은 「특별한 희생」인데, 사적효용의 원리를 존중하여 재산권의 기능에 적합한 이용을 확보하기 위하여 행하여지는 침해는 「사회적 제약」이라고 한다.[3)]

(라) 목적위배설(Zweckentfremdungstheorie) 기능설(Functionstheorie)이라고도 한다. 재산권에 대한 침해가 종래부터 인정되어 온 이용목적이나 기능에 위배되는 경우에는 「특별한 희생」이고, 종래부터의 이용목적이나 재산권의 기능에 적합한 이용을 확보하기 위한 침해는 「사회적 제약」이라고 한다.[4)] 독일에서의 지배적 견해이다. 이 견해에 의하면 물가안정을 위한 공정가격 결정, 주택난 해결을 위한 임대강제는 재산권의 본래적 기능을 발휘하게 하는 것이므로 보상을 요하지 않는다고 한다.

(마) 상황적(지역적)구속설(Theorie der Situationsgebundenheit) 주로 토지이용과 관련하여 연방통상법원의 판례를 통하여 발전된 견해로서, 토지는 그 위치·성질·경관 등으로 인하여 일정한 이용을 제한받게 되며, 그러한 제약은 「사회적 제약」에 지나지 아니한다고 한다.[5)]

(바) 중대설(Schweretheorie) 이 견해는 독일의 연방행정재판소가 취하는 견해인바, 침해의 중대성과 범위를 기준으로 하여, 침해의 중대성과 범위에 비추어 사인이 수인할 수 없는 제한에 대하여서만 보상이 주어져야 한다고 한다.[6)]

(3) 절충설 위에서 본 형식적 표준설과 실질적 표준설이 각각 일면적 타당성만을 갖는다는 전제 아래서 형식적표준과 실질적표준을 아울러 기준으로 하는 견해이며, 우리나라의 통설적 견해이다.[7)]

---

1) W. Jellinek, Verwaltungsrecht, 3. Aufl., 1931, S. 413.
2) R. Stödter, Offentlichrechtliche Entschädigung, 1933, S. 208.
3) R. Reinhardt/Scheiner, Verfassungsschutz des Eigentums, 1954, S. 12ff.
4) E. Forsthoff, Lehrbuch des Verwaltungsrechts, 10. Aufl., 1973, S. 344.
5) Dazu vgl, H. Rittstieg, Grundgesetz und Eigentum, NJW, 1982, S. 721.
6) BVerwGE 5, 143(145f.); BVerwGE 19, 94(98f.).

(4) 결언 (가) 생각건대 통설인 절충설이 타당하다고 본다. 즉, 공권력작용이 국민 전체에 대하여 일반적으로 발동되고, 그 결과 모든 자에게 균등하게 손실이 생긴 경우에는 공평부담의 원칙에 의한 보상이 행하여질 이유가 없다. 따라서 특정인 또는 특정범위의 사람에 대하여 생긴 손실(형식적표준)에 대하여서만 보상의 문제가 생기는바, 이러한 손실도 모두 보상의 대상이 되는 것이 아니고, 재산권의 실질적·본질적 제한에 대한 손실(실질적표준)만이 보상의 대상이 된다. 그리고 실질적·본질적 제한의 유무는 위의 실질설이 주장하는「목적위배」,「기능에 적합한 이용」,「상황적(지역적) 구속성」등의 기준을 종합적으로 고려하여 판단하여야 할 것이다.

(나) 위의 추상적 기준의 실제적용에 있어서는 어려운 점이 많다. 예컨대 국토의 계획 및 이용에 관한 법률에 의하여 지정된 개발제한구역(greenbelt) 안에서의 토지이용의 제한으로 인한 손실은 보상의 대상이 되는 특별한 희생에 해당하는가 하는 것 등이다(89 부 2(1990.5.8 대결)—공공복리를 위하여 감수하지 아니하면 안될 정도의 것이라 인정되므로 이에 대하여 손실보상의 규정을 두지 아니하였다 하여 헌법 제23조 제3항이나 제37조 제2항에 위배된다고 할 수 없다.).[1]

(다) 그런데 헌법재판소는 개발제한구역에 관하여 규정한 구도시계획법 제21조가 헌법에 합치되지 아니한다는 헌법불합치결정에서 상당히 구체화된 기준을 제시하였다. 즉 ① 개발제한구역의 지정 후 토지를 종래의 목적으로 사용할 수 있는 원칙적인 경우에는, 지정 당시의 지목과 토지현황에 의한 이용방법에 따라 사용할 수 있는 한, 재산권에 내재하는 사회적 제약을 비례의 원칙에 합치하게 합헌적으로 구체화한 것이라고 할 것이나, ② 구역지정 후 토지를 종래의 목적으로도 사용할 수 없거나 또는 토지를 전혀 이용할 수 있는 방법이 없는 예외적인 경우에는, 아무런 보상 없이 이를 감수하도록 하고 있는 한 재산권을 침해하고 평등권을 침해하여 헌법 제23조와 제11조에 위반된다고 하였다(89 헌마 214, 90 헌바 16, 97 헌바 78(병합)(1998.12.24 헌재결정)). 헌법재판소는 동 결정에서 종래의 목적으로도 사용할 수 없는 경우의 예로 나대지를 들었다. 지정 당시의 지목이 대지로서 나대지의 상태로 있었던 토지는 구역의 지정과 동시에 건물의 신축이 금지되는 결과 실제로는 지정 당시의 지목과 토지의 현황에 따른 용도로조차 사용할 수 없게 되었다고 한다. 그리고 토지를 전혀 이용할 수 있는 방법이 없는 경우의 예로 사정변경으로 인한 용도폐지를 들었다. 사정변경으로 인한 용도폐지는 토지가 종래 농지 등으로 사용되었으나 개발제한구역지정이 있은 후에 주변지역의 도시과밀화로 인하여 농지

7) 김도창(상), p.661; 박균성(상), p.560; 이상규(상), p.646; 정하중(개론), p.592.

1) 박윤흔, 계획제한과 손실보상, 고시계, 1995.8월호.

가 오염되거나 수로가 차단되는 등의 사유로 토지를 더 이상 종래의 목적으로 사용하는 것이 불가능하거나 현저히 곤란하게 되어 버린 경우를 말한다. 그리고 헌법재판소는 이러한 예외적인 경우에는 헌법에 합치시키기 위하여 입법자는 보상규정을 두어야 할 것인바, 보상규정은 금전보상만을 의미하는 것이 아니고, 지정의 해제 또는 토지매수청구권제도와 같이 금전보상에 갈음하거나 기타 손실을 완화할 수 있는 제도를 보완하는 등 여러 가지 방법을 사용할 수 있다고 하였다.

〔**판례**〕 외국대사관에 대한 주택명도 및 연체차임 지급판결의 강제집행을 거부함으로 인하여 받은 손실에 대하여 국가의 손실보상책임을 부인한 판례
원고는 주택을 주한 자이레 대사관 관저로 임대하였으나, 임대료를 체불하여 임대차계약을 해지한 다음 법원으로부터 주택명도 및 연체차임지급판결을 받고 판결의 집행문을 부여받은 다음 집달관에게 집행을 의뢰하였으나, 집달관은 「외교관계에 관한 비엔나협약」의 규정을 내세워 원고의 강제집행신청을 거부하였다. 이에 원고는 국가를 상대로 손실보상을 청구한 사안이다.

「외교관계에 관한 비엔나협약이 대사관저에 대한 명도집행뿐만 아니라 공관내의 재산에 대한 강제집행을 직접적으로 금하고 있다고 하더라도, 협약규정의 적용을 받는 외국대사관과 어떠한 법률행위를 할 것인지의 여부는 전적으로 국민의 자유의사에 맡겨져 있다고 할 것이므로 협약규정의 적용에 의하여 어떠한 손해가 발생하였다고 하여 그것이 국가의 공권력행사로 말미암은 것이라고 볼 수 없고, 나아가 외국 대사관이 사전에 승소판결에 기한 강제집행을 거부할 의사를 명시적으로 표시하였으므로 손해가 집달관의 강제집행 거부를 직접적인 원인으로 하여 발생한 것이라고 볼 수 없으므로 손실보상의 대상이 되지 아니하고, 또한 국가가 보상입법을 하지 아니하였다거나 집달관이 협약의 관계 규정을 내세워 강제집행을 거부하였다고 하여 이로써 불법행위가 되는 것은 아니다」(대법원 1997.4.25. 96 다 16940 보상금).

Ⅴ. 行政上損失補償의 기준

1. 立法例 및 學說

보상의 기준은 그 나라 헌법을 밑받침하고 있는 재산권에 대한 사회적 가치관에 의하여 결정될 것인바, 학설은 각국의 입법례를 반영하는 완전보상설과 상당보상설 및 절충설이 대립되어 있다.

(1) **완전보상설** 다시 크게 구별하여 손실보상의 목적은 평등원칙의 실현에 있으므로 발생한 손실 전부를 보상하여야 한다는 견해와, 손실보상은 재산권에 대한 보상이므로 피침해재산의 객관적 가치를 보상하여야 한다는 견해로

나뉘어진다.[1]

이와 같은 완전보상(perfect compensation, vollständige Entschädigung)의 관념은 미국헌법 수정 제 5 조의 정당한 보상(just compensation)조항의 해석을 중심으로 주로 미국에서 발전되어 나왔다.

(2) **상당보상설** 다시 대별하여 그때 그때의 사회통념에 비추어 객관적으로 공정·타당한 것이면 된다는 견해와, 완전한 보상이 원칙이나 합리적인 이유가 있으면 그 이하의 보상도 허용된다는 견해로 나뉘어진다.

이와 같은 상당보상(reasonable compensation, angemessene Entschädigung)의 관념은 재산권의 의무성(Eigentum verpflichtet)을 선언한 「바이마르」헌법 제153조의 해석에서 그 대표적인 예를 찾아볼 수 있으며, 「본」기본법 제14조에서 「공익과 관계자 이익의 정당한 형량(gerechte Abwägung)에 의한 보상」이라고 규정하여 이를 계승하고 있다.

(3) **절충설** 이 견해는 완전한 보상을 요하는 경우와 상당한 보상으로써 충분한 경우를 나누어 본다. 넓은 의미에서는 상당보상설의 일종이라고 하겠으나 여기에서는 절충설이라고 부르기로 한다. 절충설이라고 볼 수 있는 견해에도 여러 가지가 있으나, 대표적인 견해에 의하면 「작은 재산」의 침해에 대하여서는 완전한 보상이 행하여져야 할 것이나, 「큰 재산」의 침해에 대하여는 상당한 보상만을 행하면 된다고 한다.[2]

2. 우리 憲法 아래서의 補償基準

(1) **개관** ㈎ 우리 헌법은 제헌 이후 9차에 걸쳐 개정되었는바, 보상기준은 표현상으로 보면 상당보상의 입장과 완전보상의 입장으로 나누어진다. 현행 헌법(제 9 차 개정헌법)(23 ③)은 「… 정당한 보상을 지급하여야 한다」고 규정하여 완전보상의 입장을 취하고 있다.

㈏ 그러나 우리 헌법이 취하였던 상당보상과 완전보상의 입장이 보상기준에 있어 실질적인 차이를 두려고 한 것인지는 의문이다. 그것은 보상의 기준은 그 헌법을 밑받침하고 있는 재산권에 대한 사회적 가치관에 의하여 결정될 것인바 사유재산제의 보장(헌 23①)이나 경제질서의 기본원칙(동 119①)에 있어서 제헌헌법 이

1) 헌법 제23조 제 3 항에 따른 정당한 보상이란 원칙적으로 피수용재산의 객관적인 재산가치를 완전하게 보상하여야 한다는 완전보상을 뜻하는 것이다(대법원 2001.9.25. 2000 두 2426토지수용이의재결처분취소); 정당한 보상이란 원칙적으로 피수용재산의 객관적인 재산가치를 완전하게 보상하는 것이어야 한다는 완전보상을 의미한다(헌법재판소 1995.4.20. 93 헌바 20·66, 구 토지수용법제46조제 2 항등위헌소원).

2) 高原賢治, 財產權과 損失補償, 1978, p.20.

후 거의 차이가 없기 때문이다. 따라서 우리 헌법이 취하고 있는 보상기준은 헌법규정의 표현의 차이가 있었음에도 불구하고 실질적으로는 완전보상, 그 중에서도 발생한 손실을 전부 보상하는 것이라고 할 것이다(96 헌바 12 (1998.3.26 헌재결정)). 헌법규정의 차이에도 불구하고 토지의 수용과 보상에 관한 일반법이라 할 수 있는 토지수용법과 이를 승계한 「공익사업을 위한 토지등의 취득 및 보상에 관한 법률」이 일관되게 재결 당시의 가격에 의한 보상(다만 가격의 산정기준에는 차이가 있다.), 즉 완전보상을 하도록 한 것에서도 그것을 알 수 있다고 하겠다.

1971년 지가고시제의 채택, 1989년의 공시지가제의 시행, 그리고 1991년 보상액산정의 기준가격의 시점의 변경(재결당시에서 사업인정고시일)에 따라 개발이익이 토지수용보상에서 배제되는 방향으로 발전되었으나, 개발이익은 사업시행자의 투자에 의해 발생하는 것으로서 피수용자인 토지소유자의 노력이나 자본에 의해 발생한 것이 아니고, 따라서 개발이익은 토지소유자에게 귀속되어야 할 성질의 것이 아니므로 개발이익이 보상에서 제외된다고 하여도 완전보상이 아니라고 할 수는 없다.[1)]

〔**판례**〕 공시지가를 기준으로 수용된 토지에 대한 보상액을 산정하도록 하는 공익사업법 등의 법률이 재산권을 침해하는지 여부
토지수용으로 인한 손실보상액의 산정을 공시지가를 기준으로 하되 그 공시기준일부터 가격시점까지의 시점보정을 지가상승률 등에 의하여 행하도록 규정한 것은 공시지가가 공시기준일 당시의 표준지의 객관적 가치를 정당하게 반영하는 것이고, 표준지와 지가산정 대상토지 사이에 가격의 유사성을 인정할 수 있도록 표준지의 선정이 적정하며, 공시기준일 이후 수용 시까지의 시가변동을 산출하는 시점보정의 방법이 적정한 것으로 보이므로, 청구인의 재산권을 침해하였다고 볼 수 없다.

또한 당해 토지의 협의 성립 또는 재결 당시 공시된 공시지가 중 당해 사업인정고시일에 가장 가까운 시점에 공시된 공시지가로 하도록 규정한 것은 시점보정의 기준이 되는 공시지가에 개발이익이 포함되는 것을 방지하기 위한 것으로서 개발이익이 배제된 손실보상액을 산정하는 적정한 수단에 해당되므로 헌법 제23조 제 3 항에 위반된다고 볼 수 없다(헌법재판소 2007.11.29. 2006 헌바 79 국토의계획및이용에관한법률제96조제 2 항등위헌소원).

---

1) 지가공시및토지등의평가에관한법률상 표준지를 반드시 수용대상지역 안에서 선정하여야 한다든가 혹은 그 밖에서 선정하여야 한다든가 하는 규제는 없으므로, 표준지는 수용대상지역 안에서 선정할 수도 있고, 혹은 그 밖에서 선정할 수도 있는 것이지만, 그에 따라 가격에 차이가 나는 경우에는 같은 법 제10조 제 1 항의 취지에 비추어 지역요인 및 개별요인 등 품등비교 과정이나 개발이익의 배제를 위 구 토지수용법 제46조 제 2 항 소정의 기타사항으로 참작하는 등의 방법에 의하여 그 차이를 없애도록 조정을 거침으로써 재산의 객관적 가치를 적정하게 평가하도록 하고 있으므로, 표준지를 수용대상지역 내에서 선정하느냐 혹은 그 밖에서 선정하느냐에 따라 원칙적으로 보상액 산정의 결과에 차이가 나는 것은 아니다(대법원 1993.9.10. 93 누 5307 토지수용재결처분취소등).

3. 補償의 구체적 내용

(1) 개 관

㈎ 손실보상 내용의 다양화 ① 과거에는 손실보상의 내용은 주로 토지에 대한 보상과 토지수용에 부대되는 기타 재산권의 손실에 대한 보상이었다. 그리하여 종래의 보상이론은 주로 구 토지수용법이 정하고 있는 토지의 보상기준이 헌법상의 정당보상에 해당되는지의 여부를 밝히는 데 집중되어 있었다고 하여도 과언이 아니다.

종래에는 공공사업이 주로 이른바 점선(點線)적 개발사업이어서(도로·국공립학교 건설 등) 수용되는 재산권도 주로 소규모 토지소유권이었고, 토지를 수용당한 자가 당해 지역에서 생활을 계속 영위할 수 있어 생활권 자체는 침해당하지 아니하였으며, 또한 종래에는 국민의 경제생활도 매우 단조로워서 토지수용에 부대되어 침해되는 경제적 손실도 경미하였다. 그리하여 공공사업으로 침해되는 재산권도 주로 토지였고, 또한 당시에는 토지거래에 있어서도 시장경제의 원칙이 타당하여 인근에서 동가치의 유사토지를 취득할 수 있었으므로 토지에 대하여 완전보상을 하면 그것이 바로 정당보상이라는 논리가 성립할 수 있었다.

② 그러나 오늘날은 손실보상의 내용이 다양화되고 있다. 그것은 오늘날은 국민의 경제생활이 고밀도화하여 감에 따라 공공사업으로 인하여 침해되는 재산권이 토지소유권에 한정되지 않고 다양화되고 있으며, 또한 재산권상실에 부대되는 경제적 손실도 다양화되고 있다. 그리고 오늘날도 종전과 같은 공공사업이 없는 것은 아니나, 대개의 경우 댐·산업단지·항만건설 등 이른바 면적(面的) 개발사업인 대규모 공공사업이 대대적으로 행하여지며, 이러한 경우에는 주민들이 일시에 원거리로 이주하여야 하며 공공사업으로 인하여 재산권만 침해당하는 것이 아니라 생활기반 자체를 상실하게 된다. 그리하여 오늘날에는 토지소유권과 함께 토지소유권 이외의 각종 재산권 그리고 재산권침해에 부대되는 경제적 손실에 대한 보상기준 그리고 생활권 침해에 대한 보상기준의 발전 없이, 종래와 같이 헌법규정의 해석을 중심으로 재산권, 그 중에서도 토지의 수용에 있어서 완전보상을 하여야 하는 것인지 상당보상을 하여도 되는 것인지와, 완전보상을 하여야 한다면 무엇이 완전보상인가 하는 추상적 논의만으로는 문제를 해결할 수 없게 되었다.

㈏ 손실보상의 분류 ① 오늘날 손실보상의 내용은 다종다양하며 여러 가지 관점에서 분류할 수 있겠다. ⅰ 원인행위의 태양에서 보아 공용수용에 따른

보상, 공용제한·공용사용에 따른 보상, 행정활동의 변경(계획변경 등)에 따른 보상으로, ⅱ 객체에서 보아 토지, 권리, 입목, 토지정착물, 토석사력(土石砂礫) 등에 대한 보상으로, ⅲ 사인의 재산권에 대한 보상인지 공공시설(기존도로 등)에 대한 보상인지에 따라 일반보상과 공공보상으로, ⅳ 보상의 방법에서 보아 금전보상과 현물보상으로, ⓥ 보상의 구체적 내용에서 보아 재산권보상과 생활권보상으로 분류할 수 있다. 아래에서는 보상을 ⓥ의 보상의 구체적 내용에 따라 분류하여 고찰하기로 한다.

② 종래의 토지수용법과 동법을 승계한 「토지등의 취득 및 보상법」은 공익사업으로 인하여 침해될 수 있는 손실을, 명시적으로 분류하고 있지는 않지만, 그 성질상으로 보면, 재산권에 대한 손실과 생활권에 대한 손실로 나누고, 각 손실에 대한 보상기준을 정하고 있으며, 아울러 보상금이 보상을 받은 자의 생활재건을 위하여 가장 유효하게 쓰여지도록 유도하는 생활재건조치(이주대책 등)와 공공사업의 시공 또는 완성 후의 시설이 사업시행지 외에 미치는 피해인 사업손실(간접손실)에 대하여도 규정하고 있다. 그러나 이러한 보상기준은 그때 그때의 현실적인 필요성이 생겨날 때마다 보완적으로 덧붙여진 것이 많아서 체계성이 결여되고 상호간에 균형이 이루어지지 못한 것도 있는 것 같다.[1)]

(다) 재산권보상과 생활권보상의 구별 (a) 「토지등의 취득 및 보상법」에서도 두 가지 보상을 명확하게 구분하고 있지 아니하여 양자를 구별하는 것은 어려운 일이다.

(b) 여기에서 재산권보상은 개별적·구체적인 재산손실에 대한 대가성을 갖는 보상이라 할 것인바, ① 토지소유권을 비롯한 각종의 재산권의 상실, ② 재산권상실에 부대하는 경제적 손실에 대한 보상을 말한다고 할 것인바, 후자에는 ⅰ 재산권상실에 부대하여 지출을 요하는 경비에 대한 실비변상적 보상(예: 이전료) ⅱ 재산권상실에 부대하여 경제활동(예: 농업·어업 등 경영, 각종 인·허가 영업 등)을 폐지 또는 휴지함으로써 생기는 일실손실(기대이익손실)에 대한 보상(예: 영업폐지의 경우 일정한 전업기간중의 기대이익보상)이 있다.

여하튼 위에서 본 바와 같이 실비변상적 보상이나 일실손실에 대한 보상은 재산권보상으로 보아야 하며, 따라서 실비변상적 보상의 하나인 이전료 보상과

1) 구특례법은 종래 각 공공사업마다 보상의 항목·내용이 구구각각이어서 그것이 토지소유권자 등의 불신을 초래하고 보상업무가 원활하지 못하였음을 감안하여 그 동안의 보상이론과 보상실태 등을 감안하여 보상의 항목·내용 등 기본적 사항에 대하여 적정·타당한 통일적 기준을 정한 것이라 할 것이다. 그러나 보상의 내용은 복잡다기한 것으로 모든 경우를 예상하여 구체적 기준을 정하는 것은 불가능한 것이며, 따라서 동기준은 기본적 사항에 대한 예시적인 것에 지나지 아니하며, 또한 동기준은 임의매매(협의취득)의 경우 보상가격을 정한 것이므로 어디까지나 기준이며 구속적인 것은 아니다.

일실손실보상의 하나인 영업손실보상을 생활권보상으로 보는 것은[1] 타당하다고 볼 수 없다.

(c) 생활권보상은 현재 당해 장소에서 현실적으로 누리고 있는 생활이익의 상실로서 재산권보상으로 메꾸어지지 아니한 손실에 대한 보상을 말한다고 할 것이다. 다시 말하면 재산권보상 이외에 현재와 동일한 정도의 생활재건을 위한 보상을 말한다. 토지등의 취득 및 보상법 등은 아직 생활권에 대하여 총체적으로 평가하여 보상하는 제도를 마련하고 있지 못하며, 현실적인 요청에 쫓기어 주거비, 이농·어비, 주거이전비, 주거용건물의 최저액보장 등 여러 가지 명목으로 부분적이고 단편적인 생활권보상을 꾀하고 있다.

(2) 재산권보상 토지와 토지 이외의 기타 재산권에 대한 현행법상의 보상기준에 관하여 살펴보기로 한다. 기타 재산권의 경우는 토지수용에 부대되어 수용되는 경우도 있고, 독자적으로 수용대상이 되는 경우도 있다.

(가) 토지의 보상기준 토지등의 취득 및 보상법은 토지재산권의 보상에 대하여, 토지취득(소유권)(동법 70), 토지에 관한 소유권 이외의 권리(동 70⑤⑥), 토지사용권(동 71①), 토지의 지하 및 지상의 공간사용권(동 71②), 잔여지(동 73·74)의 보상에 관하여 정하고 있는바, 여기에서는 토지취득(소유권)에 대한 보상을 중심으로 설명하기로 한다.

(a) 일반적 보상기준(협의 또는 재결당시의 가격) 토지소유권의 취득에 있어 보상액의 산정은 「협의에 의한 경우에는 협의성립 당시의 가격을, 재결에 의한 경우에는 수용 또는 사용의 재결 당시의 가격」이 보상액 산정기준이 된다(토지등의취득및보상 67①). 보상액은 산정시기와 산정기준에 의하여 결정된다. 수용절차상 협의성립시 또는 재결시에 보상금액이 결정되므로, 보상액의 산정시기는 협의성립 또는 재결 당시가 되며, 이와 같이 보상액 산정의 기준이 되는 시점은 가격시점(동법 2(6))이라고 한다.

(b) 현행법상의 보상기준 ① 1962년에 토지수용법(1962.1.15 법률 965호)이 제정되면서부터 토지수용의 경우에 보상액은 재결 당시의 인근토지거래가격을 기준으로 산정하였다. 그런데 1970년대 초부터의 급속한 산업화에 따른 공공사업이 대대적으로 수행되면서 당해 공공사업으로 인하여 지가가 급등하게 됨에 따라 보상액에서 개발이익을 배제하기 위하여 1971년에 토지수용법(1971.1.19 법률 2293호)을 개정하여 지가고시제를 채택하면서부터 보상액의 산정기준이 ⓘ 기준지가를 기준으로 하는 방법과, ⓘⓘ 그 이외의 방법의 두 가지로 나누어지게 되었다. 그런데 1989년

1) 이상규(상), p.653.

에 「지가공시 및 토지등의 평가에 관한 법률」(1989.4.1 법률 4120호)이 제정되어 전국의 모든 토지를 대상으로 한 지가공시제가 채택된 후로는 모든 경우에 공시지가를 기준으로 하여 보상액을 산정하는 방법으로 일원화되었다(토지등의취득 및보상 70).

그리고 그 후 토지수용법이 폐지되고 「공익사업을 위한 토지등의 취득 및 보상에 관한 법률」이 이에 대체되었는바, 보상기준에는 변함이 없다.

(ㄱ) **공시지가 기준** 협의 또는 재결에 의하여 취득하는 토지에 대하여는 「부동산가격공시 및 감정평가에 관한 법률」에 의한 공시지가를 기준으로 하여 보상하되, 그 공시기준일부터 가격시점까지의 관계 법령에 의한 당해 토지의 이용계획, 당해 공익사업으로 인한 지가의 영향을 받지 아니하는 지역의 대통령령이 정하는 지가변동률, 생산자물가상승률(「한국은행법」 제86조의 규정에 의하여 한국은행이 조사 · 발표하는 생산자물가지수에 의하여 산정된 비율을 말한다) 그 밖에 당해 토지의 위치 · 형상 · 환경 · 이용상황 등을 참작하여 평가한 적정가격으로 보상하여야 한다(동법 70①).

여기에서 기준이 되는 공시지가란 국가가 매년 1월 1일을 기초로 하여 정하는 전국토 중 일부 표준지의 시가(표준공시지가)를 말한다. 취득하는 토지를 평가함에 있어서는 평가대상토지와 유사한 이용가치를 지닌다고 인정되는 하나 이상의 표준지의 공시지가를 기준으로 한다(동법시행규칙 22①).

> 「공시지가가 고시된 지역 안에서도 표준지가 선정되지 아니하여 적법한 공시지가가 고시된 것으로 볼 수 없을 때에는 일반적인 손실보상액산정 방법에 따라 수용재결 당시의 인근토지의 거래가격을 고려한 적정가격으로 그 보상액을 산정할 수밖에 없다」(대법원 1990.5.22. 89 누 7214 토지수용재결처분취소).[1]

(ㄴ) **객관적 가치의 보상** 토지에 대한 보상액은 가격시점에 있어서의 현실적인 이용상황과 일반적인 이용방법에 의한 객관적 상황을 고려하여 산정하되, 일시적인 이용상황과 토지소유자 또는 관계인이 갖는 주관적 가치 및 특별한 용도에 사용할 것을 전제로 한 경우 등은 이를 고려하지 아니한다(동법 70②).

(ㄷ) **공시지가 기준일** 사업인정 전의 협의에 의한 취득에 있어서 제 1 항의 규정에 의한 공시지가는 당해 토지의 가격시점 당시 공시된 공시지가 중 가격시점에 가장 가까운 시점에 공시된 공시지가로 한다(동법 70③).

1) 토지수용재결에 대한 이의신청의 재결의 기초가 된 토지평가사의 감정평가가 손실보상액의 산정방법에 관한 원칙이나 기준을 잘못 선택하였기 때문에 위법한 것으로 판단됨에 따라 그 재결 역시 위법한 것으로 판단되는 경우에는, 그럼에도 불구하고 이의신청의 재결에서 산정된 보상액 자체는 결과적으로 관계법령에 따라 적법하게 산정된 손실보상액보다 오히려 비싸거나 같다는 등의 특별한 사정이 인정되지 않는 이상, 법원은 적법한 평가방법에 따라 산정된 손실보상액과 대비하여 볼 필요없이 이의신청의 재결이 손실보상액의 산정방법에 관한 원칙과 기준을 잘못 선택하였다는 이유만으로 이의신청의 재결을 취소할 수 있는 것이다(대법원 1990. 5.22. 89 누 7214 토지수용재결처분취소).

사업인정 후의 취득에 있어서 제 1 항의 규정에 의한 공시지가는 사업인정고시일 전의 시점을 공시기준일로 하는 공시지가로서, 당해 토지에 관한 협의의 성립 또는 재결 당시 공시된 공시지가중 당해 사업인정고시일에 가장 가까운 시점에 공시된 공시지가로 한다(동법 70④).

제 3 항 및 제 4 항에도 불구하고 공익사업의 계획 또는 시행이 공고 또는 고시됨으로 인하여 취득하여야 할 토지의 가격이 변동되었다고 인정되는 경우에는 제 1 항에 따른 공시지가는 당해 공고일 또는 고시일 전의 시점을 공시기준일로 하는 공시지가로서 당해 토지의 가격시점 당시 공시된 공시지가 중 당해 공익사업의 공고일 또는 고시일에 가장 가까운 시점에 공시된 공시지가로 한다(동법 70⑤).

이와 같이 사업인정고시일 현재의 공시지가를 기준으로 하여 보상액을 산정하게 되면 당해 공공사업의 영향으로 수용토지의 지가가 상승한 경우에는 개발이익이 배제되게 되고 당해 공공사업의 영향으로 지가가 하락한 경우(댐 건설의 경우에는 수몰예정지역의 지가가 하락하는 것이 일반적이라 한다.)에는 하락하기 전의 공시지가를 기준으로 하여 보상액을 산정하게 되므로 수용되는 토지소유자는 손해를 입지 않게 된다. 다만, 사업인정 당시에는 당해 공공사업의 영향으로 지가가 상당한 정도로 오르는 것이 보통이라 할 것이므로 사업인정고시일 현재의 공시지가를 기준으로 하여 보상액을 정한다고 하더라도 개발이익이 완전히 배제되지는 않는다고 할 것이다(대법원 1993.7.27. 92 누 11084 토지수용재결처분취소).

(ㄹ) 채권보상(債券補償) 토지등의 취득 및 보상법은 예외적으로 채권으로 지급할 수 있게 하고 있는바, 사업시행자가 국가 · 지방자치단체 · 한국토지개발공사 기타 대통령령이 정하는 정부투자기관 및 공공단체인 경우로서, ⅰ 토지소유자 및 관계인이 원하는 경우, ⅱ 대통령령으로 정하는 부재부동산소유자의 토지로서 보상금이 대통령령으로 정하는 일정금액(3천 만원)을 초과하는 경우이다(동법 63⑥, 동법시 25 내지 36). 보상금을 채권으로 지급하는 경우에는 정당한 보상이 될 수 있도록 상환기간, 이율 등을 정하도록 하였으며, 상환기간은 5년을 넘지 못하며, 이율은 발행 당시의 3년 만기 정기예금 이자율로 하도록 하였다(동 63⑧).

채권에 의한 보상금지급에 대하여는 보상금을 수용과 동시에 지급하지 아니하고 사실상 후급(後給)한다는 점에서 그러한 후급이 헌법 제23조 제 3 항의 「정당한 보상」에 해당하는지의 여부에 대하여, 그리고 부재부동산소유자의 토지에 대한 보상금만을 채권으로 지급한다는 점에서 그러한 차별이 헌법 제11조의 평등원칙에 합치되는지의 여부에 대하여 문제가 제기될 수 있다. 그러나 우리 현행헌법 제23조 제 3 항은 「보상은 법률로써 하되」라고 정하고 있으므로 통상적인 수익(reasonable return)만 보장된다면 법률로써 보상의 방법을 후급으로 정할 수 있다고 할 것이고, 또한 부재부동산소유자는 당해 토지를 직접 자기의 생활에 공여하고 있는 거주자와는 달라서 토지를 하나의 자산증식수단으로 소유하고 있는 것이므로 토지보유목적인 통상적인 수익만 보장된다면 양자를 달리 취급할 합리적인 사유가 있다고 할 것이며, 따라서 위헌으로 볼 수 없다 하겠다.

(ㅁ) 대토보상(代土補償) 2007.10.17. 토지등의 취득 및 보상법의 개정으로 시행된 제도로서, 토지소유자가 원하는 경우에 보상금 중에서 법률이 정하는 일정 면적의 조성된 토지를 분양받을 수 있도록 한 보상방법이다. 즉「토지소유자가 원하는 경우로서 사업시행자가 해당 공익사업의 합리적인 토지이용계획과 사업계획 등을 고려하여 토지로 보상이 가능한 경우에는 토지소유자가 받을 보상금 중 본문에 따른 현금 또는 채권으로 보상받는 금액을 제외한 부분에 대하여 다음 각 호에서 정하는 기준과 절차에 따라 그 공익사업의 시행으로 조성한 토지로 보상할 수 있다」(동법 63①단서).

1. 토지로 보상받을 수 있는 자(「건축법」제49조 제 1 항에 따른 대지의 분할제한 면적 이상의 토지를 사업시행자에게 양도한 자가 된다. 이 경우 대상자가 경합하는 때에는 제 6 항 제 2 호에 따른 부재부동산소유자가 아닌 자로서 제 6 항에 따라 채권으로 보상을 받는 자에게 우선하여 토지로 보상하며, 그 밖의 우선순위 및 대상자 결정방법 등에 관하여는 사업시행자가 정하여 공고한다).
2. 보상하는 토지가격의 산정 기준금액(다른 법률에 특별한 규정이 있는 경우를 제외하고는 일반 분양가격으로 한다).
3. 보상기준 등의 공고(제15조에 따라 보상계획을 공고하는 때에 토지로 보상하는 기준을 포함하여 공고하거나 토지로 보상하는 기준을 따로 일간신문에 공고할 것이라는 내용을 포함하여 공고한다).

(ㅂ) 토지소유권 이외의 권리의 보상 토지에 관한 소유권 이외의 권리의 종류, 존속기간 및 기대이익 등을 종합적으로 고려하여 거래사례비교법에 의하여 평가하여 보상함을 원칙으로 한다(동법시행 규칙 28).

(ㅅ) 잔여지의 보상 잔여지에 대한 보상에는 잔여지수용보상(99 두 11080(2001. 9.4 대판) 참조), 잔여지가격하락보상 및 잔여지공사보상이 있다(동 32).

(ㅇ) 무허가건축물 등의 부지 등 무허가건축물 등의 부지 또는 불법형질변경된 토지(동 24), 미불용지(未拂用地)(동 25), 돌 및 구거(동 26), 소유권 외의 권리의 목적이 되고 있는 토지의 평가·보상에 대하여는 각각 특례가 규정되어 있다.

(c) 수용당하지 아니한 토지소유자 등으로부터의 개발이익금환수

(ㄱ) 의의 지가가 오른 개발지역 내에서 토지를 수용당한 토지소유자와 수

용당하지 않는 토지소유자 및 개발사업자간의 불균형이 생겨, 수용당하지 않는 토지소유자 등은 개발로 인한 이익을 차지하는 결과를 초래할 것이므로, 이들이 받는 이익도 사회화하여 이러한 불균형을 시정하기 위한 제도를 개발이익금환수제도라고 한다.

(ㄴ) 법적 근거와 내용 ① 우리나라에서는 「개발이익환수에 관한 법률」에서 개발사업자가 사업을 시행하여 토지가격의 증가분이 있는 경우에는 그 증가분 중에서 개발부담금을 개발이익으로 환수하게 하였다. 개발부담금은 개발이익의 100분의 25를 환수한다(동법13및 부칙 1).

② 개발부담금의 부과기준은 부과종료시점의 부과대상토지의 가액(종료시 점지가)에서 다음 각호(1. 부과개시시점의 부과대상토지의 가액(개시시점지가), 2. 부과 기간동안의 정상지가상승분, 3. 제11조의 규정에 의한 개발비용)의 금액을 뺀 금액으로 한다(동법 8).

부과개시시점은 사업시행자가 국가 또는 지방자치단체로부터 개발사업의 인가 등을 받은 날로 한다. 다만, 다음 각호(1. 인가등을 받기 전에 대통령령이 정하는 토지이용계획 등의 변경이 있는 경우로서 그 토지이용계획 등의 변경 전에 취득한 토지의 경우에는 취득일. 다만, 그 취득일부터 2년 이상이 경과한 후 토지이용계획등이 변경된 경우 등 대통령령이 정하는 경우에는 대통령령이 정하는 날로 한다. 3. 인가 등의 변경으로 부과대상토지의 면적이 변경된 경우에는 대통령령이 정하는 시점)의 경우에는 그에 해당하는 날을 부과개시시점으로 한다(동법 9).

(ㄷ) 판례 헌법재판소는 보상액을 산정함에 있어 개발이익을 배제하고, 기준지가의 고시일 이후 시점보정을 인근토지의 가격변동률과 도매물가상승률 등에 의하여 행하도록 규정한 것은 헌법 제23조 제3항에 규정한 정당보상의 원리에 어긋나지 않는다고 한다(헌법재판소 1990.6.25. 89 헌마 107 토지수용법 제46조 제 2 항의 위헌여부에관한헌법소원).[1)]

(나) 토지 이외의 재산권보상, 실비변상적 보상 및 일실손실보상의 기준

(a) 개설 「토지등의 취득 및 보상법」은 수용되는 토지보상 이외에 ① 지상물건에 대한 보상으로, ⓘ 건축물 · 입목 · 공작물 기타 토지정착물에 대한 보상(동 75①), ⓘⓘ 농작물에 대한 보상(동 75②), ⓘⓘⓘ 토지에 속한 흙·돌·모래 또는 자갈에 대한 보상(동 75③), ⓘⓥ 분묘에 대한 보상(동 75④), ⓥ 사업예정지 안에 있는 건물 등의 수용재결신청(동 75⑤) ⓥⓘ 잔여 건축물의 손실에 대한 보상 등(동 75조의 2; 2007.10.17.신설),[2)]

1) 헌법 제23조 제 3 항에서 규정한 "정당한 보상"이란 원칙적으로 피수용재산의 객관적인 재산가치를 완전하게 보상하여야 한다는 완전보상을 뜻하는 것이지만, 공익사업의 시행으로 인한 개발이익은 완전보상의 범위에 포함되는 피수용토지의 객관적 가치 내지 피수용자의 손실이라고는 볼 수 없다(헌법재판소 1990.6.25. 89 헌마 107 토지수용법 제46조 제 2 항의 위헌여부에 관한 헌법소원).

2) ① 건축물의 일부가 공익사업에 편입되어 잔여 건축물의 가치가 하락하거나, 잔여 건축물을 종래의 목적에 사용하는 것이 현저히 곤란한 경우에 이에 대한 손실보상 제도가 마련되지 아니하여 건축물 소유자의 재산권이 적정하게 보호되지 못하는 문제가 있었다. ② 건축물의 일부가 공익사업에 편입됨으로 인하여 잔여 건축물의 가격이 감소되거나 그 밖의 손실이 있는 때에는 그 손실을 보상하도록 하고, 잔여 건축물을 종래의 목적대로 사용하는 것이 현저히 곤란한 때에는 그 건축물 소유자는 사업시행자에게 잔여 건축물을 매수하여 줄 것을 청구할 수

② 권리(광업권·어업권·물 등의 사용권)의 보상(동 76), ③ 영업(농업 포함)의 손실 등에 관한 보상(동 77), ④ 주거용 건물의 주거이전에 필요한 비용과 가재도구 등 동산의 운반에 필요한 비용의 보상(동 78⑤), ⑤ 수용토지나 잔여지 외의 토지에 대한 공사비보상(동 79①), ⑥ 공익사업이 시행되는 지역 밖에 있는 토지등의 보상(동 79②)의 기준에 대하여 정하고 있는바, 이들 보상은 재산권에 대한 보상, 실비보상적 보상, 일실손실보상을 그 내용으로 한다. 토지등의 취득 및 보상법은 그 이외에 주거나 공장의 이주대책(동 78 내지 78의2)과 이농·어비(漁費)(동 78⑥) 보상에 대하여 정하고 있는바, 이들은 뒤에서 보는 생활권보상 또는 보상개념의 확장에 해당한다.

(b) 토지 이외의 재산권보상

(ㄱ) 지상물건에 대한 보상　　건축물, 건축물에 관한 소유권 이외의 권리, 건축물의 잔여부분, 공작물 등, 과수 등, 묘목, 입목 등, 농작물, 분묘, 그 밖의 물건에 대한 보상을 말한다(동시행규칙 33 내지 42). 수용보상과 이전보상이 있다. 이전보상은 뒤에서 보는 실비변상적 보상에 해당한다. 지상물건 중 영세건물의 보상기준에 있어서는 특례가 인정되는바, 그 평가액이 500만원 미만인 경우에는 500만원으로 보상한다(동 58).

(ㄴ) 권리에 대한 보상　　① 광업권에 관한 손실의 평가는 광업법시행규칙 제19조의 2의 규정에 의한다(동 43). ② 어업권 및 어선·어구 또는 시설물에 대한 손실의 평가는 수산업법시행령 별표 3의 규정에 의하되, 다른 어장에 시설을 이전하여 어업이 가능한 경우는 별표 3 중 어업권이 정지된 경우의 손실액으로 보상한다(동 44). ③ 허가어업 및 신고어업에 대한 손실의 평가에 대하여는 어업권의 평가에 관한 규정을 준용한다(동 44④). ④ 무허가·무신고어업에 대한 보상에 관하여는 무허가 등 영업의 보상에 관한 규정을 준용한다(동 44⑤).

(c) 실비변상적 보상　　재산권의 상실·이전 등에 따라 비용의 지출을 요하는 경우, 그 비용을 보상하는 것이 실비변상적 보상인바, 과수 또는 묘목 등의 이식비보상(동 37②(1)·38), 잔여지공사비보상(동 32②), 동산의 이전비 및 이사비보상(동 55), 건축허가 등 절차진행중인 사업폐지의 경우 이미 지출한 법정수수료 등의 보상(동 57) 등이 그 예이다.

(d) 일실손실보상　　토지 등 재산권의 수용에 부수하여 또는 독립적으로 사업을 폐지하거나 휴업하게 되는 경우에는 전업기간 또는 휴업기간중에 사업경영으로 얻을 수 있는 기대이익을 일실하게 되는바, 당해 일실손실을 보상한다. 다

있도록 하며, 협의가 성립되지 아니한 경우에는 해당 사업의 공사완료일까지 관할 토지수용위원회에 수용을 청구할 수 있도록 한 것이다.

만 사업의 폐지 또는 휴업에 따르는 보상 중에는 휴업기간중의 영업용자산에 대한 감가상각비·유지관리비와 휴업기간중에도 근무하여야 하는 최소인원에 대한 인건비와 같이 실비변상적 보상에 해당하는 것도 있다.

(ㄱ) 영업의 폐지·휴업·축소에 따르는 보상　① 보상대상이 되는 영업은 일정한 장소에서 인적·물적 시설을 갖추고 계속적으로 영리를 목적으로 행하고 있는 영업, 허가 등을 필요로 하는 경우에는 허가 등을 받아 그 내용대로 행하고 있는 영업이다. ② 폐업·휴업·규모축소·임시영업소설치별로 보상한다(폐업·휴업 중 어느 것으로 볼 것인지에 대한 판례— 2000 두 1003(2001.11.13 대판)). ③ 폐업의 경우에는 2년간의 영업이익에 영업용 고정자산·원재료·제품 및 상품 등의 매각손실액을 더한 금액으로 보상한다(동 46①). ④ 휴업의 경우에는 휴업기간에 해당하는 영업이익에, 휴업기간중의 영업용자산의 감가상각비, 유지관리비와 휴업기간중에도 정상적으로 근무하여야 하는 최소인원에 대한 인건비 등 고정적 비용, 영업시설·원재료·제품 및 상품의 이전에 소용된 비용 및 그 이전에 따른 감손상당액, 이전광고비 및 개업비 등 영업이전에 소요되는 부대비용을 합한 액으로 보상한다. 휴업기간은 3월로 하되 일정한 경우에는 휴업기간으로 하되 그 기간은 2년을 초과할 수 없다(동 47). 무허가 등 영업자에 대하여는 3월분의 주거이전비만을 원칙적으로 보상한다(동 52).

(ㄴ) 농업의 폐지·이전에 따르는 보상(영농손실보상)　농업을 폐지·이전하는 경우에는 농작물 등에 대하여 보상하는 이외에 폐지·이전에 따르는 전업기간 또는 휴업기간중의 일실손실을 축산업·잠업·일반농업별로 보상한다(동 48 내지 50). 축산업과 잠업은 다른 영업에 관한 규정을 준용하여 다른 영업과 동일한 기준으로 보상한다(동 49·50).

(ㄷ) 근로자에 대한 휴직 또는 실직보상　영업의 폐지·휴업 또는 규모축소로 휴업 또는 실직하게 되는 당해 영업에 종사하는 근로자에 대하여는, 휴업의 경우는 최장 90일분의 평균임금의 70%의 휴직보상을, 폐업의 경우에는 90일분의 평균임금의 실직보상을 행한다(동 51).

(ㄹ) 재산권보상기준의 문제점　(a) 위에서 본 바와 같이 종래의 보상이론은 토지소유권과 기타의 재산권은 정상적인 시장가격에 의하여 보상하고, 재산권의 상실에 부대되는 경제적 손실은 실비변상적 보상과 일정한 범위의 일실손실보상을 하면 정당보상이 되는 것으로 보았다.[1]

---

1) 토지의 정상적인 시장가격에 의한 보상은 토지소유자에게 다음과 같은 의미를 가진다. 즉 토지에 대하여 소유권을 잃는다고 하더라도 당해 토지의 시장가격에 상당한 금액의 화폐를 받게 되면 그 화폐에 의하여 시장을 물색하여 원하는 다른 토지를 취득할 수 있게 된다. 토지, 화폐, 토지로 모양이 변하더라도 그간에 등가교환이 이루어지는 한 시장가치는 보존되고 권리의 상

그러나 위와 같은 논의는 ① 토지에 관한 시장이 존재한다는 것, 그리고 그 시장이 등가교환을 실현하는 기능을 가지고 있다는 것(시장경제의 타당성)과, ② 토지소유권을 상실하는 경우에는 2차적 영향으로 생기는 다른 경제적 손실은 모두 개별적으로 평가하여 보상을 행하면 되고, 따라서 토지소유권에 대하여는 이들 2차적 영향으로 인한 손실과는 독립하여 평가하는 것이 가능하다는 것(재산권의 독립성)을 전제로 한다.

(b) 위의 ① ②점에 대한 음미 없이는 보상의 정당성을 논할 수 없다고 할 것이다.[1] ①의 점에 대하여 보면 토지소유권이 양도성을 갖는다고 하여 이에 대한 시장이 존재하고 또한 그 시장이 정상적인 기능을 발휘하여 보편적 가치를 표시하는지, 다시 말하면 시장경제의 타당성에 대하여는 의문이 제기된다. 어느 하천의 상류에 댐을 건설하는 경우, 그 댐에 의하여 수몰되는 농지의 가격을 예로 들어 보면, 일시에 대량의 농지가 수용되게 된 결과 많은 농가가 농지를 잃고 부근의 농촌마을에 이전하게 되는데, 농촌마을에서는 한꺼번에 대량의 농지를 공급할 여력이 없는 것이 일반적이어서 하류의 농지가격이 상승하는 것이 일반적이다. 그리고 도시지역에서는 토지가 희소재화(稀少財化)하는 경향이 있다. 그 결과 이주자들은 그와 같은 보상금액으로는 종전과 동등의 농지 등을 취득할 수 없게 된다.[2]

여하튼 위와 같이 볼 때 보상금액을 정함에 있어서 항상 시장경제의 타당성을 전제로 하는 것은 문제가 있다고 할 것이다.

②의 점에 대하여 보면 시장경제타당성의 가설은 언제나 항상 받아들일 수 있는 것은 아니라고 한다면 그것과 표리일체의 관계에 있는 재산권독립성의 가설에 대하여도 의문이 생기게 된다. 토지소유권에 대하여는 당해 토지소유권의 상실에 부대되는 다른 경제적 손실과는 독립하여 평가할 수 있다는 재산권독립성의 가설이 성립되기 위하여서는, 다른 경제적 손실이 전혀 없다는 전제에 서거나, 다른 경제적 손실은 별도로 완전하게 평가하여 보상한다는 전제에 서야 한다. 그러나 우리 현행법을 보면 다른 경제적 손실을 완전하게 평가하여 보상하고 있다고는 말할 수 없다. 우리 현행법은 토지소유권의 수용에 수반하여 통

실에 따르는 손실은 시장가치에 관한 한 회복되게 된다.

1) 華山謙, 공공사업의 시행과 보상, 현대행정법대계, 제 6 권, p.310 이하.

2) 이러한 사정 아래서는 현금보상에 갈음하여 현물보상을 하여야 한다는 주장이 나오기도 한다. 일본토지수용법에서는 토지소유자 또는 소유자 이외의 권리자는 수용되는 토지 또는 그 토지에 관한 소유권 이외의 권리에 대한 보상금의 전부 또는 일부에 갈음하여 토지 또는 토지에 관한 소유권 이외의 권리에 의한 보상을 토지수용위원회에 요구할 수 있게 하고 있다(동법 70·82 내지 86 참조).

상적으로 발생하는 손실에 대하여서는 위에서 본 바와 같이 실비변상적인 보상과 더불어 경제활동의 폐지·휴지(영업 등의 폐지·휴지)의 경우 전업에 필요한 기간 동안의 일실손실에 대하여 보상을 하도록 하고 있다. 그런데 일실손실을 보상하는 전업에 필요한 기간은 일반영업과 농업의 경우, 2년으로 되어 있다. 또한 영업폐지로 인하여 실직하게 된 근로자도 자유롭게 재취직이 가능하다고 보고, 재취직에 필요한 기간(90일)중의 근로기준법에 의한 평균임금만 보상하도록 하였다(동법시행규칙 51). 그러나 현실적으로 현행법이 극히 한정적으로 정하고 있는 전업기간중에 전업을 하여 종전과 같은 영업을 계속 하는 것은 사실상 불가능한 경우가 많다고 할 것이다.

(c) 위와 같이 볼 때, 우리 현행법이 전제로 하고 있는 시장경제 타당성의 가설이나 재산권독립의 가설은 어디까지나 가설에 지나지 아니하며 실제로는 항상 타당하다고는 볼 수 없다. 그리하여 재산권을 개별적으로 평가한 가액과 실비변상적인 보상 및 일실손실에 대한 한정적인 보상만으로는 완전한 보상이 되지 못한다.

(3) 생활권보상

㈎ 생활권보상의 의의 생활권보상의 개념은 아직 확립된 것은 없다고 할 것이다. 광의설(廣義說)은 대물적 보상(그 부대손실에 대한 보상 포함)과 정신적 손실에 대한 보상을 제외한 손실에 대한 보상으로 소수잔존자보상, 이직자보상, 생활재건조치를 든다. 반면 협의설(狹義說)은 손실보상 중에서 구체적·개별적으로 특정할 수 있는 유형·무형의 재산이나 재산적 이익을 대상으로 하는 보상을 제외하고, 현재 당해 지역에서 누리고 있는 생활이익의 상실로서 재산권보상으로 메꾸어지지 아니한 손실에 대한 보상을 말한다.

생활권보상은 보상의 범위 내지 대상에 관한 것이고, 생활보상은 보상의 내용 내지 방법에 관한 것이라고 양자를 구별하는 견해도 있다.[1] 광의설과 협의설은 어떤 본질적인 사항에 대하여 견해를 달리하는 것이 아니고, 단지 일부 보상항목을 생활권보상으로 보는가 또는 재산권보상으로 보는가에 차이를 나타낼 뿐이다. 예컨대 소수잔존자보상·이직자보상을 광의설에서는 생활권보상으로 보는데 대하여 협의설에서는 그것을 재산권보상으로 본다.

이와 같이 광의설과 협의설은 그 내용에 있어 별다른 차이가 없다고 할 것이다. 그러나 이론상으로 보아 개별적으로 특정할 수 있는 유형·무형의 재산 또는 재산적 이익의 침해에 대한 보상은 재산권보상으로 보는 것이 타당하다 할

1) 박균성(상), p.772.

것이다. 또한 우리 판례에서나 실무에 있어서는 생활권보상의 관념이 확실하게 정립되어 있지 아니하며, 생활권보상을 헌법상의 「정당한 보상」의 범위에 포함되지 아니한 것으로 보는 경향조차 있다.

(나) 생활권보상의 필요성　① 오늘날에는 생활권보상의 필요성을 부인하는 학설은 없다고 할 것이다. 근대헌법은 사유재산제를 채택하고 있으나, 공공필요에 의하여 사유재산을 수용하는 경우에는 그 객관적 가치만을 완전하게 보상하면 된다는 전제에 서 있다. ② 그러나 오늘날에는 댐 건설 등 대규모 공공사업이 행하여지며, 그 경우에는 광범위한 용지취득〔면적(面的)수용〕이 행하여지고 지역사회 전체가 파괴되게 된다. 이러한 경우에는 재산권의 객관적 가치의 보상만으로 완전한 보상이 될 수는 없는 것이다. 여기에서 오늘날은 생활권의 보상이 보상문제의 중요한 일환으로서 파악되게 된 것이다.

③ 우리 판례도 「공공용지의 취득 및 손실보상에 관한 특례법상의 이주대책은 공공사업의 시행에 필요한 토지 등을 제공함으로 인하여 생활의 근거를 상실하게 되는 이주자들을 위하여 사업시행자가 기본적인 생활시설이 포함된 택지를 조성하거나 그 지상에 주택을 건설하여 이주자들에게 이를 그 투입비용 원가만의 부담하에 개별 공급하는 것으로서, 그 본래의 취지에 있어 이주자들에 대하여 종전의 생활상태를 원상으로 회복시키면서 동시에 인간다운 생활을 보장하여 주기 위한 이른바 생활보상의 일환으로 국가의 적극적이고 정책적인 배려에 의하여 마련된 제도이다」(대법원 1994.5.24. 92 다 35783 전원합의체판결 지장물세목조서명의변경)[1]라고 하여 생활권보상의 관념을 긍정하고 있다.

(다) 생활권보상의 법적 근거

(a) 헌법적 근거

(ㄱ) 제34조설　이 견해는 생활권보상은 헌법 제23조 제 3 항의 정당보상의 범위에 포함되지 않는다고 본다. 그것은 그 규정은 재산권의 객관적 가치의 보상을 지향하고 있으며, 만약 생활권보상이 그 규정의 정당보상의 범위에 포함된다고 본다면 경제적 약자가 아닌 자에게도 생활권보상을 부여하여야 하기 때문에 생활보상의 취지에 반하게 되기 때문이라고 한다. 그리하여 생활권보상의 근

1) 사업시행자에게 이주대책의 수립·실시의무를 부과하고 있다고 하여 그 규정 자체만에 의하여 이주자에게 사업시행자가 수립한 이주대책상의 택지분양권이나 아파트 입주권 등을 받을 수 있는 구체적인 권리(수분양권)가 직접 발생하는 것이라고는 도저히 볼 수 없다.(중략) 따라서 수분양권의 취득을 희망하는 이주자가 소정의 절차에 따라 이주대책대상자 선정신청을 한 데 대하여 사업시행자가 이주대책대상자가 아니라고 하여 위 확인·결정 등의 처분을 하지 않고 이를 제외시키거나 또는 거부조치한 경우에는, 이주자로서는 당연히 사업시행자를 상대로 항고소송에 의하여 그 제외처분 또는 거부처분의 취소를 구할 수 있다고 보아야 한다(대법원 1994. 5. 24. 92다35783 전원합의체판결 지장물세목조서명의변경).

거는「모든 국민은 인간다운 생활을 할 권리를 가진다」고 규정한 헌법 제34조의 사회권적 기본권 조항에서 찾아야 한다고 한다.

(ㄴ) **제34조 · 제23조 통일설** 재산권보상과 생활권보상을 통일적으로 파악하여야 한다는 견해이다. 이러한 입장에서 헌법 제23조 제 3 항의 해석에 있어서도 그것을 헌법의 기본권체계 전체와 관련하에서 보아야 한다고 한다. 그리하여 헌법 제23조 제 3 항의 해석에 있어서도, 그것을 현대헌법의 기본권체계의 중심으로 보아야 할 제34조의 생활권과 분리시켜 보아, 거기에서의 재산권을 고전적 의미의 재산권 내지는 교환가치 지배권으로 파악하여서는 아니되며, 제34조의 생활권을 기초로 한 재산권으로 파악하여야 한다고 한다.

(ㄷ) **결언** 제34조설에 의하면, 손실보상에는, 제23조에 의한 것과 제34조에 의한 것의 두 종류가 있게 되어 이원적으로 파악하게 된다. 이에 대하여 제34조 · 제23조 통일설에 의하면, 생활권보상도「정당한 보상」의 하나의 내용으로서 일원적으로 파악하게 된다. 학설로서는 양설 모두 충분히 성립할 수 있다고 할 것이다. 그러나 우리 헌법상의 기본권체계로 볼 때, 이론적으로 보아 제34조 · 제23조 통일설이 보다 타당할 것으로 생각된다.[1]

그러나 헌법규정만을 근거로 하여 생활권보상을 직접 청구할 수는 없다고 할 것이다. 여기에서 생활권보상에 대하여서는 다시 법률적 근거를 찾아야 하며, 그것을 마련하지 아니하여 찾을 수 없다면 입법불작위로 위헌상태가 발생한다고 할 것이다.

(b) **법률적 근거** 생활권보상의 근거는「토지등의 취득 및 보상법」에서 찾을 수 있다고 본다. 동법 제79조 제 4 항은「기타 공익사업의 시행으로 인하여 발생하는 손실의 보상 등에 대하여는 국토해양부령이 정하는 기준에 의한다」고 규정하여 손실보상에 관하여 일종의 포괄적 규정을 두고 있는바, 이 규정은 생활권보상의 근거규정도 될 수 있는 것이다. 그것은 생활권보상도「공익사업의 시행으로 인하여 발생하는 손실」이기 때문이다.

(라) **현행법상의 생활권보상의 내용**

(a) **소수잔존자보상, 이직자보상 및 사업손실보상의 성격** ① 오늘날에 있어서도 생활권보상에 관한 실정법제도가 정비되어 있지 아니하고 실무상으로 생활권보상에 관한 관념이 확립되어 있는 것도 아니어서, 학문상으로도 그 개념이나 범위에 대하여 의견이 일치되지 못하고 있다. 그리하여 생활권보상의 범위에 소수잔존자보상과 이직자보상, 사업손실보상, 그리고 생활재건조치를 포함시키고

1) 박균성(상), p.773; 정하중(개론), p.609; 홍정선(상), p. 699.

있는 견해가 많다. 그러나 여기에서는 재산권보상의 개념을 넓게 파악하여, 개별적으로 구체화할 수 있는 모든 유형·무형의 재산과 재산상의 이익의 침해에 대한 보상으로 파악하는 입장을 취하고 있으므로, 생활권보상의 개념은 좁게 파악한다. ② 그럴진대 다수설이 생활권보상으로 보는 소수잔존자보상·이직자보상 및 사업손실보상은, 우리 실정법을 전제로 하는 한 모두 개별적으로 구체화할 수 있는 유형·무형의 재산 또는 재산상의 이익의 침해에 대한 보상이므로 재산권보상에 포함시키는 것이 타당하다 할 것이다.

그리고 생활재건조치는 사업시행자가 피보상자에게 지급하는 보상금을 말하는 것이 아니고 보상금이 피보상자의 생활재건을 위하여 가장 유효하게 쓰여지도록 유도하는 각종의 조치를 말하는 것인바, 그것은 재산권보상도 생활권보상도 아닌 제 3 의 영역에 속한 것이라 하겠다. 다만 그것을 굳이 어느 쪽에 포함시킨다면, 그것은 피보상자의 생활재건을 위한 조치라는 점에서 생활권보상에 포함시켜도 무방하다고 하겠다.

그리하여 아래에서는 좁은 의미의 생활권보상에 대하여서만 살펴보기로 한다.

(b) 생활권보상의 종류 그 종류는 확정되었다고 말할 수는 없다고 할 것이나, 우리 실정법이 인정하는 생활권보상으로는 영세농 등 생업보상·생활비보상·주거대책비보상을 들 수 있으며, 다른 나라에서 행하여지고 있고, 우리 나라에 있어서도 국가와 지방자치단체 이외의 자가 공공사업주체인 경우에 사실상 행하여지는 것으로 특산물보상, 사례금 등을 들 수 있다.

(ㄱ) 생활비보상(이농비 등) 이전 전후의 일정기간의 생활비를 보상하는 것이다. 현행법상 인정된 것으로는 이농(어)비가 있다. 이농(어)비는 농(어)민이 공공사업의 시행으로 인하여 영위하던 농(어)업을 계속할 수 없게 되어, 다른 지역으로 이향하는 경우에 지급하는 보상이다. 이농(어)비는 공익사업의 시행으로 인하여 영위하던 농·어업을 계속할 수 없게 되어 다음 각 호(1. 공익사업에 편입되는 농지의 소재지(어민인 경우에는 주소지를 말한다)와 동일한 시·군 또는 구, 2. 제 1 호의 지역과 인접한 시·군 또는 구)의 어느 하나 외의 지역으로 이주하는 농민(농지법시행령 제 3 조 제 1 호에 따른 농업인으로서 농작물의 경작 또는 다년생식물의 재배에 상시 종사하거나 농작업의 2분의1 이상을 자기의 노동력에 의하여 경작 또는 재배하는 자를 말한다) 또는 어민(연간 200일 이상 어업에 종사하는 자를 말한다))에게 보상한다(동법시행규칙 56②).

(ㄴ) 주거이전비보상 전세입자 등에 대하여 일시적으로 거주할 주거대책을 위하여 지급하는 보상이다. ① 실제 거주하고 있는 주거용건물에서 이주하는 소유자에 대하여는 가족수에 따라 2월분의 주거이전비(근로자가구의 가구원수별 월평균 가계지출비를 기준으로 산정)를 지급한다(동 54①). ② 사업인정고시일 등 현재 당해 지구 안에서 3월 이상 거주한 자로서 공공사업시행으로 주거용건물에서 이주하게 되는 전세입자에 대하여는

가족수에 따라 4월분의 주거이전비를 지급한다(동 54②).[1] ③ 사업인정고시일 등 전부터 영업을 허가 등이 없이 행한 무허가영업자 등에게도 폐업보상으로 가족수에 따라 3월분의 주거이전비를 지급한다(동 52).

주거용건물에 대한 보상에 있어서, 주거용건물의 평가액이 500만원에 미달되는 경우에는 500만원으로 보상하여, 최저보상액을 보장하는바, 그것도 일종의 주거대책비로 볼 수 있다(동 58).

㈐ 특산물보상 　당해 지역에서 얻어온 일종의 생활편익에 대한 보상으로서, 당해 지역의 토질이나 위치 등에 의하여 얻어온 특산물에 대한 보상이다. 또한 해안에 거주하는 자는 자연산 조개·낙지 등을 채취하는 것이 사실상 생업이 되고 있는바, 오늘날까지는 그것이 관습법상 어업권으로 인정되는 경우에만 보상의 대상이 되었으나, 관습법상 어업권으로 볼 수 없는 경우에도 특산물로 보아 보상을 할 수도 있다고 할 것이다. 다만 우리 실정법에서는 아직 특산물보상을 인정하지 않고 있다.

㈑ 사례금 　공공사업을 위하여 토지를 제공하여 주어서 감사하다는 뜻으로 행하는 보상이다. 우리나라에 있어서도 실정법상으로는 인정되고 있지 않으나, 국가나 지방자치단체 이외의 자에 의하여 장학금 등의 명목으로 상당한 금액을 지급하고 있는 것으로 알려지고 있다.

(4) 정신적 고통에 대한 보상 　㈎ 토지수용법 등 우리 현행법은 원칙적으로 재산권적 손실보상청구권으로 보상의 대상을 한정하고 있는바, 이와 같은 대물주의는 우리나라의 공동사회에 전통적으로 존재하는 이른바 무형의 재산을 무시하는 결과가 된다. 수몰이주자들이 주장하는 「선조 전래의 땅」이란 말은, 다만 근대적 의미에서의 소유권의 대상으로서의 토지를 의미하는 것만은 아니라고 할 것이다. 예를 들면 극히 영세한 토지만을 소유하거나 토지를 전혀 소유하지 아니한 자도 농촌이나 어촌에서 생활을 꾸려가는 것은 촌락공동체에 있어서의 상호부조에 의존하는 것이다. 댐 건설 등 대규모 공공사업은 이러한 공동체를 파괴하여 버리는데, 대물주의에 입각한 종래의 보상이론은 이와 같이 파괴된 공동체의 기능에 대하여 아무런 보상도 행하지 아니한다. 공공용지를 적법한 절

1) 이주대책의 실시 여부는 입법자의 입법정책적 재량의 영역에 속하므로 공익사업을위한토지등의취득및보상에관한법률시행령 제40조 제3항 제3호가 이주대책의 대상자에서 세입자를 제외하고 있는 것이 세입자의 재산권을 침해하는 것이라 볼 수 없다. 소유자와 세입자는 생활의 근거의 상실 정도에 있어서 차이가 있는 점, 세입자에 대해서 주거이전비와 이사비가 보상되고 있는 점을 고려할 때, 입법자가 이주대책 대상자에서 세입자를 제외하고 있는 이 사건 조항을 불합리한 차별로서 세입자의 평등권을 침해하는 것이라 볼 수는 없다(헌법재판소 2006. 2. 23. 2004헌마 19 공익사업을위한토지등의취득및보상에관한법률시행령제40조제3항제1호위헌확인).

차에 따라 취득하는 경우에는 설령 정신적 고통을 당하는 일이 있더라도 그것은 사회생활상 수인하여야 할 것으로서 통상받는 손실로 인정할 수 없다는 데 근거를 둔 것이라 하겠다.

그러나 민사소송에서도 당연히 인정되는 위자료가 공공용지의 취득과 관련하여 인정되지 아니할 이유가 없다고 할 것이며, 댐 건설의 경우에는 수혜자는 하류주민들이며, 이주자들은 별다른 이익을 받지 못한다는 점에서 더욱 그러하다. 앞으로 이러한 경우에 위자료를 인정하는 방향에서 보상이론을 구성하는 것이 하나의 과제라 하겠다.

(나) 「댐건설 및 주변지역지원등에 관한 법률」에서는 수몰이주민 중 이주정착지에 이주하지 아니한 자에 대하여는 댐건설로 인한 실향 및 생활기반상실 등을 감안하여 세대당 1천 500만원의 이주정착지원금과 세대구성원 1인당 250만원의 생활안정지원금을 지급하도록 하였는데(동법 39, 동법 시행령 31③), 그것은 「토지등의 취득 및 보상법 시행규칙」의 규정에 의한 일반적인 이주정착금(500만원에서 1,000만원)(동법시행 규칙 53)에 비하여 비하여 월등하게 다액이며, 따라서 그 중에는 실향으로 인한 정신적 고통에 대한 보상이 포함되어 있다고 할 것이다.

4. 補償개념의 擴張

(1) 개설 ① 오늘날의 대규모 공공사업을 위한 수용의 경우에는 피수용자는 주거와 생업장소를 다른 곳으로 이전하거나 전업을 하여야 하기 때문에 이주대책이나 직업훈련 등 기업자와 행정당국에 의한 생활재건조치가 필요하게 된다. ② 또한 오늘날의 대규모 공공사업의 경우에는 당해 공공사업에 직접적으로 소요되어 수용되는 토지 등의 재산권에 대하여뿐만 아니라, 당해 공공사업의 시공 또는 완성 후의 시설이 간접적으로 타인의 토지 등의 재산에 대하여 손실을 발생시키는 경우가 있다. 이러한 손실에 대한 보상을 사업손실(간접손실)보상이라 한다. ③ 위의 생활재건조치와 사업손실보상은 전통적인 보상이론에서 보면 보상개념의 확장이라 할 수 있다.

(2) 생활재건조치

(가) 의의 여기에서 생활재건조치라 함은 기업자가 피보상자에게 지급하는 보상금을 말하는 것이 아니고 보상금이 피보상자의 생활재건을 위하여 가장 유효하게 쓰여지도록 유도하는 각종의 조치를 말한다.

구체적으로 이주대책의 수립·시행(토지등의 취득 및 보상 78, 산업입지 및 개발 36① 등), 대체지의 알선(간척지의 알선, 국공유지의알선 등), 공영주택 알선, 개간비보조·융자(토지등의 취득 및 보상 78③), 국민주택기금의 우선지원(댐건설 40) 직업훈련, 국민주택기금지원(산업입지및개발 36②, 댐건설 40), 각종의 상담 등이며, 보상금에 대한 조세의 감면조치(조세특례제한 77①(1)(3))도 일종의 생활재건조치라고 할 것이다.

우리 현행법이 채택하고 있는 생활재건조치는 이주희망자가 10호 이상인 경우에 수립·시행하는 이주대책이 중심이 되고 있으나(이주희망자가 10호 이상인 경우에도 시행하지 아니하는 예외가 있다(동법시행령 40②)), 아직은 체계성이 결여되어 있고 극히 미흡하다고 하겠다.

생활재건조치가 가장 문제로 되는 것은 댐 건설로 인한 수몰보상의 경우가 가장 많다.

보상액이 적은 이전자의 생활재건이 더욱 어렵기 때문에 보상금액을 인상하기 위하여 필사의 노력을 하게 되는 원인이 된다. 그 결과 한편으로 위에서 본 바와 같이 영세이전자를 중심대상으로 하는 대인주의적 보상이 확대되게 되고, 다른 한편으로 보상단가가 인상되게 되는바, 현행보상기준에 따르면 영세한 세대의 보상금 증가는 미미한 데 비하여, 재산을 많이 소유한 세대의 보상금은 급격히 상승되어 기업자의 재정적 부담을 크게 가중시키게 된다. 그런 의미에서 생활재건조치는 영세한 세대에 대하여는 절실한 필요를 충족시켜 주면서, 기업자에게는 보상단가를 적정수준으로 유지시켜 줌으로써 공공사업주체의 재정적 부담을 오히려 경감시켜 주는 기능을 갖게 된다.

(나) 이전대책 (a) 현행법상의 생활재건조치에는 위에서 본 바와 같이 대체지의 알선 등 여러 가지 수단이 있으나, 다른 수단들은 모두가 단편적인 것에 지나지 아니하며, 사업시행자가 행정당국과 협조하여 도로·급수시설·배수시설 그 밖의 공공시설 등 당해 지역조건에 따른 생활기본시설이 포함된 이주정착지를 조성하여 이주자들에게 분양하여 주는 이주대책의 수립·시행이 가장 기본적인 생활재건조치이다(동법 78④). 최근에는 공장의 이주대책 수립도 신설되었다(동법 78의 2). 그리하여 이주대책을 수립·시행하는 경우에는 이주대책을 주된 수단으로 하고 다른 수단들은 보조적 수단으로 생활재건 조치가 취하여지며, 이주대책을 수립·시행하지 아니한 경우에는 다른 수단들에 의하여 생활재건조치가 취하여진다.

「댐건설 및 주변지역지원등에 관한 법률」에서는 수몰이주민 중 이주정착지에 이주를 원하지 아니한 자에 대하여는 실향 및 생활기반상실 등을 감안하여, 세대당 1천500만원의 이주정착금과 세대구성원 1인당 250만원의 생활안정자금을 지급하도록 하였다(동법 39, 동법시행령 31).

(b) 이주대책을 수립·실시하여야 할 경우에는, 사업시행자는 이주대책을 수립·실시할 의무를 지며, 이주대상자는 이주대책계획수립청구권을 갖는다고 할 것이다.

「구 공익사업을 위한 토지 등의 취득 및 보상에 관한 법률(2007.10.17. 법률 제8665호로 개정되기 전의 것) 제 2 조, 제78조에 의하면, 세입자는 사업시행자가 취득 또는 사용할 토지에 관하여 임대차 등에 의한 권리를 가진 관계인으로서, 같은 법 시행규칙 제54조 제 2 항 본문에 해당하는 경우에는 주거이전에 필요한 비용을 보상받을 권리가 있다. 그런데 이러한 주거이전비는 당해 공익사업 시행지구 안에 거주하는 세입자들의 조기이주를 장려하여 사업추진을 원활하게 하려는 정책적인 목적과 주거이전으로 인하여 특별한 어려움을 겪게 될 세입자들을 대상으로 하는 사회보장적인 차원에서 지급되는 금원의 성격을 가지므로, 적법하게 시행된 공익사업으로 인하여 이주하게 된 주거용 건축물 세입자의 주거이전비 보상청구권은 공법상의 권리이고, 따라서 그 보상을 둘러싼 쟁송은 민사소송이 아니라 공법상의 법률관계를 대상으로 하는 행정소송에 의하여야 한다」(대법원 2008.5.29. 2007 다 8129 주거이전비등).[1]

(3) 사업손실(간접손실)보상

㈎ 의의 ① 사업손실이라 함은 공공사업의 시공 또는 완성 후의 시설이 사업시행지구 외에 미치는 손실을 말한다. 그 손실이 사업시행지구에 인접하는 토지의 가격에 영향을 미치는 경우에는 종래부터 잔여지손실 및 잔여지공사비 보상을 인정하고 있으며(토지등의취득 및보상 73), 또한 잔여지와 잔여지 외의 토지에 통로·도랑·담장 등의 신설 기타 공사가 필요한 경우에 그 비용에 대한 실비변상적 보상을 인정하였다(동 79①). 이와 같이 종전에는 사업손실에 대한 보상을 사업시행지구에 인접된 토지와 물권적 보상청구권에 한정하여 왔으나, 실제로 발생하는 손실은 인접하는 토지에 한정되는 것도 아니고 물권적 보상청구권에 한정되는 것도 아니다.

② 현행법상의 사업손실보상은 그때그때의 필요에 따라 단편적으로 도입된 것이어서 비체계적이며, 또한 주로 사회적 사업손실에 관한 것이다. 그리고 지하철공사 등에 따르는 소음·진동·탁수(濁水)·기후변화·통행제한 등 기술적 사업손실에 대한 보상은, 공공사업시행지구 인근의 어업피해를 제외하고는, 인정되지 아니하고 있다(동법시행 규칙 63).[2]

1) 세입자의 주거이전비 보상청구권은 그 요건을 충족하는 경우에 당연히 발생하는 것이므로, 주거이전비 보상청구소송은 행정소송법 제 3 조 제 2 호에 규정된 당사자소송에 의하여야 한다(대법원 2008.5.29. 2007 다 8129 주거이전비등).

2) 도시철도건설자가 도시철도의 건설을 위하여 타인 토지의 지하부분을 사용할 경우 그 보상은 도시철도 시설물의 설치 또는 보호를 위하여 사용되는 토지의 지하부분을 대상으로 하여 당해 토지(지하부분의 면적과 수직으로 대응하는 지표의 토지를 말한다)의 적정 가격에 도시철도 시설물의 설치로 인하여 당해 토지의 이용이 저해되는 정도에 따른 건물의 이용저해율과 지하부분의 이용저해율 및 기타의 이용저해율을 내용으로 하는 입체이용저해율을 곱하여 산정한 금액에 의하게 되어 있는데, 신축계획 건물에 대한 변경설계비와 추가공사비는 이에 속하지 아니함이 분명하고, 달리 계획 단계의 건물 신축과 관련하여 예상되는 변경설계비나 추가공사비가 지하부분의 사용에 따른 통상의 보상 범위에 속한다거나 위와 같은 입체이용저해율에 의한 손실보상 외에 별도로 보상 대상이 된다고 볼 근거도 없다(대법원 2000.11.28. 98 두 18473

③ 「댐건설 및 주변지역지원등에 관한 법률」에서는 일정규모 이상의 댐(저수면적 200만m^2 이상이거나 총저수용량 2천만m^3 이상인 댐)의 경우에는 당해 댐의 건설로 인한 여건변화를 감안하여 당해 댐 주변지역의 경제를 진흥하고 생활환경을 개선하기 위하여 「댐건설 기간동안」 댐주변지역정비사업을 시행하도록 하였고(동법 41), 「댐건설이 완료된 후」 일정 주변지역의 주민 복지증진을 도모하기 위하여 매년 댐주변지역지원사업(소득증대사업, 후생사업 등)의 계획을 수립하여 시행하도록 하였다(동 43).

(나) **법률적 근거** ① 사업손실에 대하여서는 「토지등의 취득 및 보상법」에서는, 위에서 본 잔여지손실보상과 잔여지 및 잔여지 외의 통로 등 공사비보상에 대하여서만 정하고 기타의 사업손실보상에 대하여서는 직접 정하고 있지 아니한바, 동법 제79조 제 4 항의 위임에 따라 동법시행규칙(국토해양부령)에서 정하고 있다.

② 그리고 구 공특법 아래에서의 대법원판례는 공공사업의 수행으로 인하여 손실을 받은 자는, 공특법은 손실보상의 「기준과 방법」을 정하는 것을 목적으로 하는 법이므로, 공특법시행규칙 제23조의 5, 제23조의 6 등의 간접보상에 관한 규정들에 근거하여 곧바로 사업자에게 구체적인 보상청구권을 행사할 수 없고, 손실을 입은 자와 사업시행자간에 보상에 관한 협의가 이루어진 경우에만 구체적인 보상청구권을 행사할 수 있다고 하였다(대법원 1999.6.11. 97 다 56150 보상금).[1),2)] 토지등의 취득 및 보상법하에서도 이러한 문제는 제기될 수 있을 것이다. 만약 협의가 이루어지지 아니한 경우에 보상은 청구할 수 없다고 해석된다면 그러한 경우에는 불법행위를 이유로 손해배상청구소송을 제기하여야 할 것이다.

(다) **현행법상의 사업손실(간접손실)에 대한 보상** ① 공익사업시행지구 밖의 대지·건축물·분묘 또는 농지가 공공사업의 시행으로 인하여 산지나 하천 등에 둘러싸여 교통이 두절되거나 경작이 불가능하게 된 경우(동법시행규칙 59), ② 소유농지의 대부분이 공익사업시행지구에 편입됨으로써 건축물만이 사업시행지구 밖에 남게 되는 경우로서 그 건축물의 매매가 불가능하고 이주가 부득이한 경우(동 60), ③ 공익사업의 시행으로 인하여 1개 마을의 주거용건축물이 사업시행지구에 편

토지수용이의재결처분취소).

1) 간접손실은 사법상의 권리인 영업권 등에 대한 손실을 본질적 내용으로 하고 있는 것으로서 그 보상청구권은 공법상의 권리가 아니라 사법상의 권리이고, 그 보상금의 결정 방법, 불복절차 등에 관하여 아무런 규정도 마련되어 있지 아니하므로, 그 보상을 청구하려는 자는 사업시행자가 보상청구를 거부하거나 보상금액을 결정한 경우라도 이에 대하여 행정소송을 제기할 것이 아니라, 사업시행자를 상대로 민사소송으로 직접 손실보상금 지급청구를 하여야 한다(대법원 1999.6.11. 97 다 56150 보상금). (사업시행자가 택지개발사업을 시행하면서 그 구역내의 농지개량조합 소유 저수지의 몽리답을 취득함으로써 사업시행구역 외에 위치한 저수지가 기능을 상실하여 농지개량조합이 입은 손해).

2) 신봉기, 공특법상 간접영업보상제도의 문제점, 공법연구, 제29집 제 1 호, 2000.11, p.323.

입됨으로써 잔여주거용건축물거주자의 생활환경이 현저히 불편하게 되어 이주가 부득이한 경우(소수잔존자보상)(동 61), ④ 공익사업시행지구 밖에 있는 공작물 등이 사업의 시행으로 인하여 그 본래의 기능을 다할 수 없게 되는 경우(동 62)에는 이를 사업시행지구에 편입된 것으로 보아 보상하며, ⑤ 공익사업의 시행으로 당해 사업시행지구 인근에 있는 어업에 피해가 발생한 경우, 사업시행자는 실제 피해액을 확인할 수 있는 때에는 이를 보상하여야 하며(동 64), ⑥ 공익사업시행지구 밖에서 영업손실의 보상대상이 되는 영업(자유영업도 포함)을 하고 있는 자가 사업의 시행으로 배후지의 3분의 2 이상이 상실되어 당해 장소에서 영업을 계속할 수 없는 경우에는 당해 영업을 사업시행지구에 편입된 것으로 보아 보상하며(동 64), ⑦ 경작하고 있는 농지의 3분의 2 이상에 해당하는 면적이 공익사업시행지구에 편입되어 당해 지역에서 영농을 계속할 수 없게 된 농민에게는 사업시행지구 밖의 농지에 대하여도 영농손실액을 보상하여야 한다(동 65).

㈑ 판례 토지등의 취득 및 보상법 시행규칙은 간접손실의 보상에 관하여 제59조 내지 제65조에서 통상 발생할 수 있는 전형적인 손실에 대하여 열거적으로 정하고 있는데, 그 이 외에도 간접손실이 발생할 수 있음은 쉽게 예상할 수 있다.

> 「공공사업의 시행으로 인하여 그러한 손실이 발생하리라는 것을 쉽게 예견할 수 있고 그 손실의 범위도 구체적으로 이를 특정할 수 있는 경우라면 그 손실의 보상에 관하여 공공용지의취득및손실보상에관한특례법시행규칙의 관련 규정 등을 유추적용할 수 있다고 해석함이 상당하다. 공유수면매립사업의 시행으로 그 사업대상지역에서 어업활동을 하던 조합원들의 조업이 불가능하게 되어 일부 위탁판매장에서의 위탁판매사업을 중단하게 된 경우, 그로 인해 수산업협동조합이 상실하게 된 위탁판매수수료 수입의 손실은 헌법 제23조 제 3 항에 규정한 손실보상의 대상이 되고, 그 손실에 관하여 구 공유수면매립법(1997.4.10. 법률 제5335호로 개정되기 전의 것) 또는 그 밖의 법령에 직접적인 보상규정이 없더라도 공공용지의취득및손실보상에관한특례법시행규칙상의 각 규정을 유추적용하여 그에 관한 보상을 인정하는 것이 타당하다」(대법원 1999.10.8. 99 다 27231 손해배상(기)).[1]

간접보상은 당해 지역에서의 농업 등을 행하는 것이 어렵게 된 경우에 행하는 매수보상과 생활여건의 변화로 지가가 하락된 경우에 행하는 차액보상이 있을 수 있는데, 현행법은 차액보상을 인정하지 않고 있는바, 이는 형평에 맞지 않는다고 할 것이다.

1) 유추적용된다 하더라도 손실을 입은 자와 사업자 간에 협의가 이루어지지 아니한 경우에는 직접 손실보상은 청구할 수 없고, 불법행위를 이유로 한 손해배상청구소송을 제기하여야 할 것이다(대법원 1999.10.8. 99 다 27231 손해배상(기)).

5. 公用使用 및 公用制限의 경우

위에서 본 바는 주로 수용에 있어서의 보상기준에 관한 사항이다. 그런데 공용사용 및 공용제한에 대한 보상기준이 또한 문제되는바, 토지의 사용료는 원칙적으로 임대사례비교법으로 평가하여 보상하며(동법시행규칙 30), 토지의 지하 또는 지상공간을 사실상 영구적으로 사용하는 경우의 사용료는 당해 토지의 가격에 당해 공간을 사용함으로 인하여 토지의 이용이 저해되는 정도에 따른 적정한 비율(입체이용저해율)을 곱하여 산정한 금액을 보상한다(동 31). 특히 문제되는 것은 공용제한에 있어서의 보상기준인바, 이에 대하여는 수용의 경우와는 달리 아직 확고한 정설이 없는 형편이다. 그러나 공용제한은 공익사업 등의 목적으로 타인의 재산권에 부작위의무를 과하는 공용지역권을 설정하는 것으로 보아 그에 대한 보상액은 공용제한으로 인한 지가의 저락분의 가액으로 보는 것이 일반적 견해이다. 물론 공용제한도 일방적인 공권력발동에 의하여 과하여지므로 부수적인 손실이 발생한 경우에는 그 손실도 보상하여야 함은 수용의 경우와 같다.

Ⅵ. 行政上損失補償의 방법

1. 概　　說

현행 헌법은 「보상은 법률로써 하되…」라고 규정하고 있으므로, 보상의 방법도 법률로 정하여진다. 공익사업에 필요한 토지 등의 취득 또는 사용으로 인하여 토지소유자 또는 관계인이 입은 손실은 사업시행자가 이를 보상하여야 하며(사업시행자보상의 원칙)(토지등의 취득 및 보상 61), 사업시행자는 당해 공익사업을 위한 공사에 착수하기 이전에 토지소유자 및 관계인에 대하여 보상액의 전액을 지급하여야 한다. 다만, 제38조의 규정에 의한 천재·지변시의 토지의 사용과 제39조의 규정에 의한 시급을 요하는 토지의 사용 또는 토지소유자 및 관계인의 승낙이 있은 때에는 그러하지 아니하다(동법 62).

2. 現金補償의 원칙

손실보상은 다른 법률에 특별한 규정이 있는 경우를 제외하고는 현금으로 지급하여야 한다(동법 63①). 현금보상의 방법에 의하는 경우에 보상금 지급방법은 선급·현금급·전액급을 원칙으로 한다.

3. 債券補償

(가) 임의적 채권보상 사업시행자가 국가·지방자치단체 그 밖에 대통령령으로 정하는「공공기관의 운영에 관한 법률」에 따라 지정·고시된 공공기관 및 공공단체인 경우로서 다음 각 호(1. 토지소유자 또는 관계인이 원하는 경우, 2. 사업인정을 받은 사업에 있어서 대통령령이 정하는 부재부동산소유자(부재부동산소유자)의 토지에 대한 보상금이 대통령령이 정하는 일정금액을 초과하는 경우로서 그 초과하는 금액에 대하여 보상하는 경우)의 어느 하나에 해당되는 경우에는 제 1 항 본문에도 불구하고 해당 사업시행자가 발행하는 채권으로 지급할 수 있다(동법 63⑥).

(나) 의무적 채권보상 토지투기가 우려되는 지역으로서 대통령령이 정하는 지역 안에서 다음 각 호(1.「택지개발촉진법」에 의한 택지개발사업, 2.「산업입지 및 개발에 관한 법률」에 의한 산업단지개발사업, 3. 그 밖에 대규모 개발사업으로서 대통령령이 정하는 사업)의 어느 하나에 해당하는 공익사업을 시행하는 자 중 대통령령으로 정하는「공공기관의 운영에 관한 법률」에 따라 지정·고시된 공공기관 및 공공단체는 제 6 항에도 불구하고 제 6 항 제 2 호에 따른 부재부동산소유자의 토지에 대한 보상금 중 대통령령이 정하는 1억원 이상의 일정금액을 초과하는 부분에 대하여는 당해 사업시행자가 발행하는 채권으로 지급하여야 한다(동법 63⑦).

(다) 채권의 상환기간 채권으로 지급하는 경우 채권의 상환기한은 5년을 넘지 아니하는 범위 안에서 정하여야 한다(동법 63⑧).

4. 現物補償(代土補償)

(가) 현물보상의 필요성 토지소유자가 원하는 경우에는 해당 공익사업의 토지이용계획 및 사업계획 등을 고려하여 공익사업의 시행으로 조성된 토지로 보상할 수 있도록 대토보상제도를 도입하였다. 현물보상제도는 토지 등을 수용당한 권리자가 인근에서 다른 토지 등을 획득함이 현지히 곤란하게 된 오늘날은 피수용자 등의 생활재건을 위하여 극히 중요성을 갖게 되었다.

(나) 대토보상의 요건 토지소유자가 원하는 경우로서 사업시행자가 해당 공익사업의 합리적인 토지이용계획과 사업계획 등을 고려하여 토지로 보상이 가능한 경우에는 토지소유자가 받을 보상금 중 본문에 따른 현금 또는 제 6 항 및 제 7 항에 따른 채권으로 보상받는 금액을 제외한 부분에 대하여 그 공익사업의 시행으로 조성한 토지로 보상할 수 있다(동법 63①단서).

(다) 토지로 보상하는 면적 제 1 항 단서에 따라 토지소유자에 대하여 토지로 보상하는 면적은 사업시행자가 그 공익사업의 토지이용계획과 사업계획 등을 고려하여 정한다. 이 경우 그 보상면적은 주택용지는 330평방미터, 상업용지는 1,100평방미터를 초과할 수 없다(동법 63②).

㈑ **금지행위** 제 1 항 단서에 따라 토지로 보상받기로 결정된 권리는 그 보상계약의 체결일부터 소유권이전등기를 완료할 때까지 전매(매매, 증여, 그 밖의 권리의 변동을 수반하는 일체의 행위를 포함하되, 상속의 경우를 제외한다)할 수 없으며, 이를 위반하는 때에는 사업시행자는 토지로 보상하기로 한 보상금을 현금으로 보상할 수 있다. 이 경우 현금보상액에 대한 이자율은 제 8 항에 따른 이자율의 2분의 1로 한다(동법 63③).

㈒ **대토보상을 할 수 없는 경우** 사업시행자는 해당 사업계획의 변경 등 국토해양부령으로 정하는 사유로 인하여 보상하기로 한 토지의 전부 또는 일부를 토지로 보상할 수 없는 경우에는 이를 현금으로 보상할 수 있다. 이 경우 현금보상액에 대한 이자율은 제 8 항에 따른 이자율로 한다(동법 63④).

㈓ **재개발사업의 현물보상** 도시 및 주거환경 정비법에 의한 재개발사업의 경우 대지(垈地) 또는 건축물을 현물보상하는 경우에는, 공익사업을 위한 토지등의 취득 및 보상에 관한법률 제42조의 규정에 불구하고 제52조의 규정에 의한 준공인가 이후에 그 현물보상을 할 수 있다(도시 및 주거환경 정비법 40④).

Ⅶ. 補償額의 決定方法 및 不服節次

1. 補償額의 決定方法

법률에 따라 구구하지만 다음의 세 가지로 대별할 수 있다.

(1) **당사자의 협의로 결정되는 경우** 협의는 행정청의 일방적 결정의 전단계로 되어 있다(예: 토지수용법상의 협의).

(2) **행정청의 재결(또는 결정)로 결정되는 경우** 이 경우는 다시, ① 토지수용위원회의 토지수용에 관한 재결과 같이 보상액결정만을 내용으로 하는 것이 아니고 재산권의 침해와 그에 대한 효과로서의 보상액을 함께 결정하는 경우와, ② 보상액결정만을 내용으로 하는 행정청의 결정으로 정하여지는 경우가 있다. ②의 경우는 다시 여러 가지가 있는데, 사업주체가 행정주체인 경우에는 ⅰ 행정청이 상대방과 협의하되, 협의가 성립하지 못한 때에는 행정청 스스로 결정한 금액을 지급하며, 불복하는 경우에는 상대방의 신청에 의하여 토지수용위원회에서 재결하도록 한 것(도로 79·80, 항만 65 내지 67, 하천 74, 공유수면관리 20 등), ⅱ 행정청이 일방적으로 결정하도록 한 것(산림 63), ⅲ 행정청이 결정하되 이의가 있는 경우에는 다른 행정청(주로 합의제기관)에 재심을 신청하도록 한 것(징발 24) 등이 있고, 사업주체가 행정주체 이외의 자인 경우에는 당사자가 협의하되, 협의가 성립하지 아니한 때에는 감독행정청에 신청하여 재결하게 하는 것(전기사업 90·57)이 보통이다.

②의 경우는 재산권의 침해가 재결에 근거하여 행하여지는 것이 아니고 별도의 행정청의 처분(징발처분 · 지장물의 철거 · 이전대집행 등)에 의하여 행하여지므로 법률에서 사전보상에 관한 규정을 둔 경우를 제외하고는 ①의 경우와는 달라서 보상에 관한 협의나 재결이 있어야 재산권을 침해할 수 있는 것이 아니고 그 성질상 보상에 관한 협의나 재결이 있기 전에 재산권에 대한 침해행위가 선행되게 된다.

(3) 소송으로 결정되는 경우 그 예가 많지 않으나 법률에서 재산권침해와 이에 대한 보상에 대하여만 정하고 협의 또는 재결절차 등 보상금결정에 대하여 특히 규정하고 있지 않은 경우(예: 소방기본 27③)에는 처음부터 보상금지급청구소송을 제기할 수 있으며, 따라서 소송으로 결정하게 된다. 이 경우에도 보통은 재산권을 침해당한 자의 청구에 의하여 관계 행정청이 「보상액결정통지」와 같은 형식으로 보상액을 결정 · 통지하는 것이 일반적이라 할 것이나, 이 경우의 행정청의 재결은 「보상액의 사실상의 제시」에 그치며, 따라서 상대방은 그것을 수락하지 아니할 때에는 처분취소소송을 제기할 것이 아니고 바로 「보상금지급청구소송」을 제기할 수 있다고 할 것이다. 이 경우의 소송은 공법상의 당사자소송으로 보는 것이 통설이나[1] 판례는 민사소송으로 보고 있고(67 다 1334(1967.11.2 대판), 69 다 9(1969.12.30 대판), 70 다 88(1970.3.10 대판)), 실정법도 민사소송으로 보는 경우가 있다(우편 44). 그러나 하천법상 손실보상청구권은 종전에는 민사소송의 대상으로 보았으나, 행정소송법상의 당사자소송이라고 판례를 변경한 점과 구 토지수용법에 따른 보상금증감소송은 행정소송이라는 점은 앞서 언급하였다.

2. 행정청의 補償額決定에 대한 不服節次

행정청의 재결 또는 결정의 형식으로 보상금이 결정되는 경우(위의 보상금결정방법 중 (2)의 경우)에는 이에 대한 불복절차가 문제된다. 그 불복절차는 행정청의 재결 등이 어떤 내용의 것인가에 따라 다를 것이다.

(1) 재결의 내용이 보상금결정만인 경우 이러한 경우에는 보상원인이 되는 재산권침해행위와 보상결정은 서로 분리하여 존재하며, 따라서 그것에 대한 불복도 분리하여 행하여야 한다. 보상결정에 대한 불복절차는 행정청의 보상결정의 성격에 따라 정하여질 것이다. 보상결정의 행정처분성을 인정한다면 보상액결정처분의 취소를 구하는 취소심판 및 취소소송을 제기하여야 할 것이고(우리 판례의 입장: 92 누 5058(1992.12.22 대판)), 그 처분성을 부인한다면 법원에 보상금지급청구소송(급부소송)을 공법상당사자소송으로 제기할 수 있다 할 것이다. 우리 판례는 하천법(74조)

1) 김도창(상), p.668; 이상규(상), p.662; 윤세창(상), p.455.

및 공유수면관리법(18조)의 규정에 의한 토지수용위원회의 재결에 불복하는 경우에, 전자의 입장을 취하여 보상결정의 행정처분성을 인정하고 바로 관할 토지수용위원회를 상대로 재결의 취소소송을 제기하여 그 결과에 따라 보상을 받을 수 있을 뿐이며, 직접 하천관리청을 상대로 행정소송으로 보상금청구소송을 제기할 수는 없다고 하였다(대법원 2003.4.25. 2001 두 1369 재결신청기각처분취소등). 그러나 우리 현행법상으로는 하천법 제74조의 규정에 의한 토지수용위원회의 재결에 대하여 불복하는 경우에 소정기간 내에 행정심판의 청구나 소송을 제기하도록 하고 그것을 제기하지 아니하는 경우에는 보상액이 확정되어 다툴 수 없다는 규정을 두고 있지 않기 때문에, 오히려 후자의 입장에서 토지수용위원회의 보상액결정은 행정처분이 아니고 단순한 「보상견적액의 제시」(사업주체가 행정주체인 경우) 또는 「중재적 결정」(사업주체가 행정주체가 아닌 경우)으로 보는 것이 타당하다 할 것이며, 따라서 토지수용위원회의 재결을 받아들이지 아니할 때에는 사업주체를 상대로 직접 보상금청구소송을 제기할 수 있다고 할 것이다.

(2) 재결의 내용이 수용 등과 그에 대한 보상금결정인 경우　가장 일반적인 절차인 「토지등의 취득 및 보상법」상의 토지수용위원회의 재결에 대하여 살펴보면 토지수용위원회의 재결에 불복이 있으면, ① 이의신청(행정심판)을 제기하고, 이의신청재결에 불복이 있는 경우에는 행정소송을 제기하거나, ② 이의신청을 제기하지 아니하고 바로 행정소송을 제기할 수 있다. 종래에는 이의신청전치주의가 채택되었으나, 「토지등의 취득 및 보상법」에서는 임의적 선택주의를 채택하였다.

㈎ 이의신청(행정심판)　토지수용위원회의 재결(원재결)은 수용재결과 보상재결로 쪼개어 볼 수 있는바, 이의신청의 단계에서는 양자로 분리함이 없이 어느 부분에 불복이 있더라도 동일한 이의신청을 하게 된다. 즉 지방토지수용위원회의 재결에 대하여 불복이 있는 자는 일정기간 내(재결서정본송달일로부터 30일 이내)에 중앙토지수용위원회에, 중앙토지수용위원회의 재결에 불복이 있는 자는 일정기간 내에 중앙토지수용위원회에 이의신청을 할 수 있다(토지등의 취득 및 보상 83). 이의신청을 받은 중앙토지수용위원회는 원재결이 위법 또는 부당한 때에는 전부 또는 일부를 취소하거나 보상액을 변경할 수 있다(동 84). 다시 말하면, 중앙토지수용위원회는 원재결을 취소하는 재결만을 할 수 있는 것이 아니고 적극적으로 보상액을 증액 또는 감액하는 재결을 할 수 있는 것이다.

㈏ 행정소송　행정소송단계에서는 지방토지수용위원회나 중앙토지수용위원회의 재결을 공익적 부분인 수용재결과 사익적 부분인 보상재결로 분리하여,

① 전자에 대하여 불복하는 경우(또는 양 재결 모두에 불복하는 경우)에는 재결취소소송을 제기하고, ② 후자에 대하여 불복하는 경우에는 재결 또는 이의신청재결상의 보상금의 증액 또는 감액청구소송을 제기할 수 있다(동 85). 보상금증감청구소송에서 법원은 보상금을 직접 결정한다. ③ 또한 토지수용위원회의 원재결이 당연무효인 경우에는 원재결무효확인소송을 제기할 수 있다(대법원 1993.1.19. 91 누 8050 전원합의체판결 토지수용재결처분취소).[1]

Ⅷ. 현행 行政上損失補償制度의 欠缺과 그 補完

1. 개　　설

개인이 공권력행사로 인하여 재산상의 특별한 희생을 당하였음에도 불구하고 헌법 제23조 제3항의 해석과 관련하여 보상을 받을 수 있는지가 문제되는 경우가 있다. 대표적인 예를 든다면 ① 헌법 제23조 제3항의 보상은 공용침해를 규정한 법률에서 보상에 관한 규정을 둔 경우의 보상으로 본다면, 법률이 재산권에 대한 공권적침해를 규정하면서 보상규정을 두지 아니한 경우(수용유사침해)에 피해자의 구제가 문제되며, ② 또한 헌법 제23조 제3항에 의한 보상은 「의욕된 침해」에 대한 보상으로 본다면 적법한 공권력행사에 의한 비의욕적인 부수적 침해(수용적 침해)(Ungewollte Nebenfolge)에 대한 구제가 문제되고, ③ 그리고 헌법 제23조 제3항의 보상을 「재산권」침해에 대한 보상으로 본다면 비재산적법익, 즉 생명·신체 등에 대한 침해(예방접종사고 등)에 대한 구제가 문제된다.

2. 收用類似侵害에 대한 補償

(1) 의의　수용유사침해(enteignungsgleicher Eingriff)의 보상이란 위법한 공용침해(공공필요에 의한 재산권의 수용·사용·제한)로 인하여 특별한 희생을 당한 자에 대한 보상을 말한다. 다시 말하면 「적법한 공권력행사로 인한 손실보상」의 요건은 갖추고 있으나 법률에서 공용침해에 대한 근거규정은 두면서 「손실보상」에 관한 근거규정은 두지 아니하여 결과적으로 위법하게 된(위에서 본 입법자에 대한 직접효력설을 전제로 한 것이며, 국민에 대한 직접효력설을 전제로 한다면 위법이 되지 아니한다.) 공용침해에 대한 보상을 말한다. 예컨대 구 도시계획법(21조)은 택지에 대하여도 개발제한구역(greenbelt)을 지정할 수 있는 근거규정을 두고 있는바, 그로 인한

1) 중앙 또는 지방토지수용위원회의 수용재결에 대하여 불복이 있는 자는 중앙토지수용위원회에 이의신청을 하고, 중앙토지수용위원회의 이의재결에도 불복이 있으면 수용재결이 아닌 이의재결을 대상으로 행정소송을 제기하도록 해석·적용한 것은 어디까지나 토지수용에 관한 재결이 위법 부당함을 이유로 그 취소를 소구하는 경우에 한하는 것이지, 수용재결 자체가 당연무효라 하여 그 무효확인을 구하는 경우에까지 그와 같이 해석할 수는 없다(대법원 1993.1.19. 91 누 8050 전원합의체판결 토지수용재결처분취소).

침해에 대한 보상을 규정하지 아니하였다. 따라서 택지에 대한 개발제한구역지정으로 택지소유자가 앞으로 거기에 건축물을 건축하지 못함으로써 받는 손실은 특별한 손실에 해당된다고 할 것인바,[1] 개발제한구역지정은 법률에 근거하여 행한 것이나, 결국 위헌·위법이 되게 된다. 이러한 위법한 공용침해로 인한 손실보상을 「적법한 공용침해로 인한 손실보상」과 구별하여 「수용유사침해에 대한 보상」이라고 한다.

(2) **본래 의미의 공용침해에 대한 보상 등과의 구별** 수용유사침해는 ① 「위법」한 공용침해에 대한 보상인 점에서 「적법」한 공용침해에 대한 보상인 본래 의미의 공용침해에 대한 보상과 구별된다. 또한 그것은 ② 공용침해로 야기된 손실의 조절적 보상인 점에서 위법·유책(과실)의 손해에 대한 배상을 의미하는 국가배상과 구별된다. 그리고 그것은 ③ 위법한 공용침해에 대한 보상인 점에서, 처음에는 적법한 공용침해였으나, 시간이 흐름에 따라 수인할 수 없을 정도의 침해로 된 수용적 침해에 대한 보상과 구별된다.

(3) **수용유사침해에 대한 보상이론의 발전**

㈎ **독일에서의 이론배경** 손해전보에 대한 실정법상의 흠결(Lücke)을 보충하기 위하여 독일의 연방민사법원의 판례를 통하여 형성되었다.[2] 다시 말하면 헌법은 적법한 공용침해로 인한 손실보상과 위법·유책(과실)의 침해로 인한 손해배상만을 인정하고 있는바, 이러한 이원적 구조를 취하고 있는 법제 아래에서는 위법·무과실의 행위로 인한 손해의 전보의 문제가 제기된다. 위법·무과실의 행위는, 위법한 것이라는 점에서 손실보상제도에 의하여서는 보상되지 아니하며, 또한 당해 행위는 과실이 인정되지 아니한다는 점에서 손해배상제도에 의하여서도 배상되지 아니한다. 이러한 결과가 부당한 것임은 물론인바, 수용유사침해이론은 독일의 국가보상제도의 이러한 흠결상태를 보완하기 위하여 판례에 의하여 형성된 것이다. 이 이론은 결국 판례에 의하여 위법·무과실행위에 대하여 무과실책임제도를 도입한 것이며, 그 이론적 근거는 적법한 공용침해에 대하여 보상을 한다면, 위법한 공용침해에 대하여 보상을 하는 것은 너무나 당연하다(erst recht)는 「당연이론」이다. 그리고 이 이론의 초기의 실정법적 근거는 재산권의 침해행위와 그에 대한 보상을 규정한 기본법 제14조 제 3 항의 준용(유추

1) 우리 헌법재판소는 개발제한구역지정으로 「종래의 지목과 토지현황에 의한 이용방법에 따른 토지의 사용을 할 수 없는」 경우는 특별한 희생에 해당된다고 판시하였다(89 헌마 214, 90 헌바 16, 97 헌바 78(병합)(1998.12.24 헌재결정)). 헌법재판소 결정 전의 대법원판례는 특별한 희생으로 보지 아니하였다(89 부 11(1990.5.8 대결)).

2) BGHZ 60, 270(1952.6.10).

적용)이었다.

(나) **발전단계**　수용유사침해이론은 두 단계로 발전되었다. ① 처음 단계에서는 공용침해에 대한 다른 요건(재산권에 대한 적법한 침해, 공공필요, 특별희생)이 충족되었으나, 단지 보상에 관한 근거규정이 흠결된 경우에 보상을 인정하기 위하여 적용되었으나, ② 다음 단계에서는 공용침해의 다른 요건의 충족 여부에 대한 구체적인 검토 없이 재산권에 대한 모든 위법한 침해의 경우에 적용하여 사실상 수용유사침해이론을 재산권의 영역에서 국가무과실 배상책임제도로 전환시켰다. 침해의 위법성이 무과실에 의한 것인지, 과실에 의한 것인지는 구별할 필요가 없다는 데 근거를 둔 것이다.[1)]

독일헌법재판소는 1981년 7월 15일 자갈채취사건(Naßauskiesungbeschluß) 판결에서 수용유사침해법리에 따르는 보상청구를 제약하는 판결을 하였다.[2)] 헌법재판소는 이 판결에서 보상규정을 두지 아니한 수용규정은 위헌무효라는 종래의 입장을 고수하는 한편, 수용의 개념을 매우 좁게 해석하여 재산권의 완전한 또는 부분적인 박탈을 목적으로 하는 의도적인 침해행위로 정의하였다. 이 판결은 재산권의 존속보장을 우선시켜 좁은 의미의 수용을 행하는 근거법률이 보상규정을 두지 아니한 경우에는 위헌이므로 그러한 법률에 근거한 침해행위에 대한 구제는 근거 법률의 무효화와 이에 근거한 침해행위의 취소를 통하여 침해행위를 배제하여 재산권 자체를 회복시키는 것이며, 따라서 법원이 재산권침해행위의 취소에 갈음하여 보상을 허용함으로써 보상규정의 흠결을 치유할 수는 없다고 하였다(취소소송과 손실보상청구권의 선택불인정).[3)] 기본법 제14조의 이론체계를 재구성한 연방헌법재판소의 새 판례에 의하여 수용유사침해라는 개념이 부정되는 것은 아닌가 하는 논의도 있게 되어 이에 대한 연방민사법원의 대응이 수목되었다.

연방민사법원은 1984년 1월 26일의 판결에서 일응의 해답을 내렸다.[4)] 동 법원은 위의 연방헌법재판소판결의 사정거리(射程距離)를 한정하여, 기본적으로는 수용유사침해에 의한 보상청구권을 유지하였다. 즉, 헌법재판소의 판결에서의 좁은 의미에서의 수용의 경우에는 수용의 근거법률에서 보상규정을 두지 아니한 경우에는 법원이 재산권침해행위에 대하여 보상을 허용함으로써 보상규정

1) H. Maurer, Allgemeines Verwaltungsrecht, 9. Aufl., 1994, S. 556; 정하중, 행정법사례연구, p. 295.

2) 자갈채취업자인 원고가 계속적으로 자갈을 채취하려고 행정청에 자갈채취허가신청을 하였으나, 행정청은 자갈채취장이 수원지로부터 가까운 곳에 있다는 이유로 허가신청을 거부하자, 원고가 손실보상청구소송을 제기한 사건이다.

3) Bverf, GE 58, 300.

4) BGHZ 90, 17.

의 흠결을 치유할 수 없으나, 좁은 의미의 수용이 아닌「사용 · 제한」에 의한 침해에 대하여서는 수용유사침해이론에 의한 보상청구권을 유지시켰다. 그리하여 기본법 제14조 제 3 항의 좁은 의미의 수용에 해당함에도 불구하고 보상규정을 두지 아니하여 위헌으로 되는 경우에는 위의 헌법재판소의 판결 때문에 행정쟁송제기기간 내에 행정행위의 취소를 통하여 재산권 자체를 회복시켜야 하며, 그렇지 않은 이상 침해를 감수하여야 하고 보상을 청구할 수 없으나, 그 이외의「사용 · 제한」의 경우에는 판례법상 형성되어 온 넓은 의미의 희생보상청구권에 의하여 보상을 청구할 수 있다고 하였다.[1)]

(나) **미국의 역수용소송**(逆收用訴訟) 미국에서는 수용유사침해행위에 해당하는 규제적수용(regulatory taking)에 대한 구제수단으로는 침해행위의 위헌 · 위법을 이유로 한 침해배제청구와 당해 침해존속기간중의 손실보상의 청구가 인정된다. 이 경우 손실보상청구는 이른바, 역수용소송(inverse condemnation)에 의한다.[2)] 종래의 판례에서는 침해행위의 위헌 · 위법을 이유로 한 침해배제만을 인정하고 당해 침해존속기간중의 손실보상청구는 인정하지 아니하였으나,[3),4)] 1987년 6월 9일의「퍼스트 · 잉글리쉬」(First English)사건[5)]에서 연방대법원은 처음으로 침해존속기간중의 손실보상청구를 인정하였다.

(4) 수용유사침해로 인한 손실보상청구권의 성립요건 (가) 타인의 재산권에 대한 위법한 공용침해로 인한 특별한 희생의 발생이 동청구권의 성립요건이다. 즉 ① 재산권침해, ② 공용침해, ③ 특별한 희생, ④ 침해의 위법성이 성립요건이다. 다른 요건은 본래의 공용침해로 인한 손실보상의 경우와 다를 바 없으므로, 여기에서는「침해의 위법성」에 대하여서만 살펴보기로 한다.

(나) 여기에서의「위법」은 국가배상책임의 성립요건인「위법」과는 다른 의미를 가진다.[6)] 여기에서의 위법은 공용침해 자체는 법률에 근거하여 행하여졌는데, 그 법률에서 손실보상에 관하여 규정하지 않았기 때문에 공용침해를 규정한 법률이 위헌법률이 되어, 결과적으로 동 법률에 근거한 공용침해가 위헌이 된다는 의미의 위법인 것이다. 따라서 공용침해를 한 행정기관은 상대방에게 손해를 가할 의사가 없다고 할 것이며, 따라서 과실을 인정할 수 없다. 그러므로 수용유

1) BGHZ 91, 20.
2) 원래 수용은 기업자가 청구하는 것인데, 이 경우에는 반대로 토지소유자가 수용과 보상을 청구하는 것이기 때문에 이와 같이 부른다.
3) 박윤흔, 미국에 있어서의 토지리용규제와 손실보상, 미국헌법연구, 제 2 호, p.58.
4) San Diego Gas & Electric Co. v. San Diego, 450 U.S. 621, 1981.
5) First English Evangelical Lutheran Church of Glendale v. County of Los Angeles, 107 S. Ct. 2378(1987).
6) 김남진(I), p.563 참조.

사침해의 전형적인 태양은 「위법 · 무과실의 침해」이다.

(5) 우리나라에서의 위법한 공용침해에 대한 보상

(가) 학설 우리 헌법도 독일의 기본법(14· 34)과 매우 유사한 보상(23 ③) 및 국가배상규정(29 조)을 두고 있기 때문에 위법한 공용침해에 대한 보상에 관하여서는 흠결이 있다. 그리하여 이러한 흠결의 보충에 관하여는 견해가 갈리는바, 헌법 제23조 제 3 항이 입법자에 대하여서만 직접효력를 갖는다는 입장(위헌무효설)에 서되, ① 손해배상청구만이 가능하다는 견해, ② 독일의 수용유사침해의 법리를 받아들여 손실보상청구가 가능하다는 견해가 있고, ③ 헌법 제23조 제 3 항이 국민에 대하여 직접효력을 갖는다는 입장(직접효력설)에 서서 손실보상청구가 가능하다는 견해가 있다.

생각건대 헌법 제23조 제 3 항에서 「보상은 법률로써 하되」라고 규정한 것은 입법자에 대한 직접효력설을 인정한 것이고 국민에 대한 직접효력설을 인정하였다고는 볼 수 없으므로, 국민에 대한 직접효력설을 취하여 손실보상을 청구할 수 없다고 본다. 또한 헌법 제23조 제 3 항은 국민에 대하여 특별한 희생을 가하는 공용침해에 대하여는 입법자가 모두 법률에서 보상을 정하라는 취지라 할 것이므로, 입법자가 법률에서 보상을 정하고 있지 않은 경우에는 독일에서와 같은 판례법이나 관습법으로서의 희생보상청구권의 법리의 발전도 없는 우리나라에서 수용유사침해의 법리에 의하여 손실보상을 청구할 수는 없다고 본다. 따라서 입법자가 공용침해를 규정하면서 보상에 관한 규정을 두지 아니한 경우에는 침해를 받은 자는 침해행위의 취소소송을 제기하고 그 취소소송절차에서 당해 법률에 대하여 헌법재판소에 위헌심판을 제청하여 위헌결정이 된 경우에는 침해행의의 취소판결에 의하여 재산권 자체의 회복을 기하도록 하고, 침해행위의 존속기간중의 손해배상청구를 인정하되, 과실을 완화하여 모든 경우에 그것이 가능하도록 하여야 할 것으로 생각된다.[1)]

(나) 판례 문화방송주식 강제증여사건에서 대법원은 원심이 들고 있는 수용유사적 침해이론을 「과연 우리 법제하에서 그와 같은 이론을 채택할 수 있는 것인가」라고 하여 그 표현상 소극적 입장을 암시하고 있다(대법원 1993.10.26. 93 다 6409 주주확인등).

반면에 대법원은 (구) 하천법의 시행으로 인하여 국유화가 된 제외지의 소

1) 법률에 보상을 하여야 한다는 규정은 두고 있으나 보상의 구체적인 기준과 방법을 명시하지 않고 있는 경우가 있다(소방기본 25④). 엄밀히 말하면 헌법 제23조 제 3 항에 있어서의 보상에 관한 법률규정은 보상의 구체적인 기준과 방법을 규정하여야 할 것이지만, 보상하여야 한다는 입법자의 의사는 분명히 표시된 것이므로 헌법합치적 해석을 하여 위헌은 아닌 것으로 보는 것이 타당할 것이다.

유자에 대하여 그 손실을 보상한다는 직접적인 보상규정을 둔 바가 없는 경우에 손실보상을 하여야 한다고 하였다(대법원 1987.7.21. 84 누 126 하천구역손실보상재결처분취소). 또한 군사상의 긴급한 필요에 의하여 수용 또는 사용이 법률의 근거 없이 이루어진 경우에는 재산권자에 대한 관계에 있어서는 불법행위가 된다(대법원 1966.10.18. 66 다 1715 손해배상)고 판시한 바 있다.

3. 收用的侵害에 대한 補償

(1) 의의 독일의 판례는 어떤 행정작용의 근거법률이 수용효과를 부여하지 아니 하였음에도 불구하고 수용적 효과가 발생되는 경우, 다시 말하면 적법한 행정작용의 결과 부수적으로 개인이 입게 되는 침해(Nebenfolge)에 대한 보상을 수용적 침해(enteignender Eingriff)에 대한 보상이라 하여 인정한다. 수용적침해는 당초 법률에 의하여 또는 법률에 근거하여 적법하게 타인의 재산에 가하여진 침해이며, 처음에는 상대방은 그 침해를 수인할 의무를 지고 있었으나, 시간이 흐름에 따라 수인할 수 없을 정도의 의도되지 않은 적법한 침해로 된 경우이다. 예컨대 지하철공사가 장기간 계속됨으로 인하여 오랫동안 영업을 하지 못한 경우, 쓰레기적치장 등 공공시설의 경영으로 인근주민이 손실을 받는 경우 등이다. 본래 「위법 · 무과실의 공용침해」에 대한 보상의 법리로서 발전한 수용유사침해이론은 제 1 단계로 「위법 · 유책의 공용침해」에 대한 보상의 법리로 확대되었으며, 제 2 단계로 「의도되지 않은 적법한 침해」로 확장되었는바, 그것이 바로 수용적침해의 법리이다.[1)]

(2) 인정여부 헌법 제23조 제 3 항의 규정을 엄격하게 해석할 때에는 동규정은 직접적인 침해, 즉 「의도된 적법한 공용침해」만을 보상의 대상으로 하며, 간접적인 침해, 즉 「의도되지 않은 적법한 침해」는 보상의 대상으로 하고 있지 않다고 보게 된다. 이러한 흠결의 보충에 대하여서는 역시 해석상 견해가 갈리는바, ① 헌법 제23조 제 3 항은 보상은 법률로써 정하도록 하였으므로 법률에 보상규정이 없을 때에는 보상이 불가능하다고 보고 입법적으로 해결하여야 한다는 견해, ② 독일의 수용적침해의 법리를 도입하여 보상청구가 가능하다는 견해, ③ 헌법 제23조 제 3 항의 해석에 있어서 국민에 대한 직접효력설의 입장을 취하면서 동규정을 확대적용하여 보상청구가 가능하다는 견해가 대립되고 있다. 생각건대 ①의 견해가 타당하다고 본다.

1) 김남진(I), p.567 참조.

4. 非財產的 法益의 侵害에 대한 補償(희생보상청구권)

(1) 개설 예방접종사고처럼 공공복리를 위하여 생명·신체 등 사인의 비재산적 법익에 대한 특별한 희생을 야기하는 공법상의 침해에 대한 보상청구권을 희생보상청구권이라 한다. 전염병예방법(54조의 2, 54조의 3)은 의사에게 예방접종사고에서 과실이 있는 경우에도 국가가 피해자에게 「보상」하고, 국가는 의사에게 구상권을 행사하도록 하였는바, 법문에서 「보상」이라는 용어를 사용하고 있더라도, 국가가 지는 책임의 성질은 「배상」이라고 할 것이다.[1]

그리하여 의사에게 과실이 없는 경우가 문제된다. 의사에게 과실을 인정할 수 없다면 국가배상법에 의한 구제는 어렵게 된다. 다른 한편으로 국가에 대하여 금전의 전보를 구하는 방법으로는 손실보상의 청구가 있는바, 그것은 헌법 제23조의 문리상으로는 사전에 의도되고 예정된 적법한 「재산권」의 수용·사용·제한에 대한 손실의 전보이다. 그리하여 예방접종사고로 인한 피해의 경우에는, 직접 적용할 손해전보의 제도가 없다고 할 것이다. 이러한 현상을 국가보상제도의 「갭」이라고 할 수 있다. 그리하여 예방접종사고와 피해간에 인과관계가 인정되는 때에는 그 피해를 공행정주체가 전보하여야 한다는 데 대하여서는 이견이 없는 것 같으나, 그 법적 구성에 대하여서는 견해가 갈리고 있는바, 크게 보아 손해배상설과 손실보상설로 나누어진다.[2] 독일에 있어서는 1794년의 「프로이센」 일반주법전 서장(序章) 제74조와 제75조에 기원을 둔 희생보상청구권에 의하여, 손실보상의 대상으로 삼아 전보함으로써, 이 문제가 비교적 쉽게 해결되고 있다.

(2) 예방접종사고보상의 성질

(a) 손해배상설 생명·신체에 대한 침해는 위법행위라고 하여, 예방접종피해를 불법행위의 범주에 포함시켜, 과실개념의 확장, 과실의 추정 등을 주장하는 견해이다. 이 견해에서는 특별한 희생이 의도된 것인지가 전보의 성격을 결정하는 중요한 표지가 되어야 할 것인데, 예방접종사고는 공익실현을 위한 활동에

---

1) 전염병예방법 뿐만 아니라 희생보상청구권을 인정하는 사례로, 산불예방·진화 및 인명구조작업으로 인하여 사망하거나 부상을 입은 자에 대한 보상금을 지급(산림자원의 조성 및 관리에 관한 법률 55), 의상자(직무 외의 행위로서 타인의 생명, 신체 또는 재산의 급박한 위해를 구제하다가 대통령령이 정하는 신체의 부상을 입은 자를 말한다) 및 의사자의 유족에 대하여도 보상금을 지급(의사상자 예우에 관한 법률7①)하는 개별법률이 있다.

2) 그 이외에 결과책임설·공법상위험책임설 등이 있다. 결과책임설은 국가보상의 곡간에 위치하는 특수한 제 3 의 유형으로서, 원인행위에 대한 비난이 아니고, 순수하게 결과에 대한 책임이라고 한다. 공법상위험책임설은 국가가 예방접종의 강제 또는 권장에 의하여 특별한 위험상태를 형성함으로써, 거기에서 발생한 의도되지 아니한 결과에 대한 보상이라고 한다.

의하여 의도되지 아니한 특별한 희생이 불특정의 자에게 결과적으로 생긴 것이므로, 그것은 광의에 있어서의 위법행위에 의한 손해배상의 문제로 보아야 한다고 한다.[1]

(b) 손실보상설 예방접종의 실시는 전염병으로부터의 집단적 사회방위라고 하는 사회 전체의 이익을 위하여 행하여지며, 그 원인행위 자체는 적법하며, 오직 그 결과로서 일부의 자에게 불가피하게 피해가 미치는 것이라 하여, 적법행위로 인한 특별한 희생에 대한 보상으로 구성한다.[2]

(c) 결언 생각건대 비록 피해발생이라는 결과는 위법으로 볼 수 있다고 하더라도, 전형적인 예방접종사고는 원인불명이거나 피해자의 이상체질에 기인하는 경우가 대부분이어서 행위 자체는 위법으로 볼 수 없으며, 국민 전체의 전염병예방이라는 공익을 실현하기 위하여 실시하는 제도이므로, 그것으로 인한 의도하지 아니한 피해의 전보는 손실보상으로 보아야 할 것이다.

(3) 예방접종사고보상의 헌법적 근거 전염병예방법은 의사에게 과실이 있는 경우는 물론이고, 의사에게 과실이 없는 경우에도 국가에서 보상을 행하도록 하였다(동 54의 2). 그런데 이러한 전염병예방법의 규정은 예방접종사고보상의 성질을 손해배상으로 보는 견해에서는 헌법 제29조에 근거를 둔 것으로 보게 되고, 손실보상으로 보는 견해에서는 헌법 제23조 제 3 항에 근거를 둔 것이라고 보게 되겠다.

(a) 유추적용설 재산권의 침해에 대한 보상을 정한 헌법 제23조 제 3 항은 생명·신체·건강이라는 비재산권의 침해인 예방접종의 피해에 대하여는 직접 적용할 수는 없으나, 그것도 무과실행위로 인한 침해이고, 국민 전체의 전염병예방이라는 공익을 위한 침해라는 점에서, 그러한 피해를 특정개인의 부담으로 돌리는 것은 인간의 존엄, 평등권, 인간다운 생활을 할 권리에 관한 헌법규정에 반한다고 할 것이므로, 헌법 제23조 제 3 항을 유추적용하여 보상을 청구할 수 있다고 한다.[3]

(b) 물론해석설 헌법 제23조 제 3 항은 재산권의 침해에 대한 보상만을 규정하고 있으나, 동 규정에는 비재산권에 대한 특별한 희생에 대하여서도, 재산권에 대한 보상과 적어도 동 정도의 보상을 하여야 한다는 뜻이 당연히 포함되어 있다고 하는 물론해석에 의하여, 동 조항에 의하여 보상을 청구할 수 있다고

1) 浦部法惠, 事例式 演習教室憲法, p. 109.
2) 今村成和, 行政法入門, 제 4 판, p. 195.
3) 박균성, 현행손실보상제도의 흠결과 보충, 고시계, 1990. 8월호, p. 90.

한다.[1)]

(c) 결언 생각건대 유추적용설이 타당하다고 본다. 그런데 재산권의 침해에 대한 보상과 관련한 헌법 제23조 제 3 항의 해석에 있어서는, 공공필요에 의하여 재산권을 침해당한 자는 직접 동 헌법규정을 근거로 하여 손실보상을 청구할 수 있다는 국민에 대한 「직접효력설」을 주장하는 견해도 있으나, 통설과 판례는 동 헌법규정이 「그에 대한 보상은 법률로써 하되」라고 규정하여, 보상의 기준과 방법 등을 법률로 정하도록 하였으므로(93 누 3(1993.7.13 대결) 참조), 헌법규정에 의하여 직접 보상을 청구할 수 없고, 보상에 관하여 정한 법률이 있어야 그에 근거하여 보상을 청구할 수 있다고 보는 이른바, 「입법자에 대한 직접효력설」을 취한다. 그리하여 전염병예방법의 규정은 바로 보상의 법률적 근거를 정한 것이라고 하겠다.

1) 大阪地裁, 1987.9.30 判, 判例時報 제1255호, p.45.

제 4 장 行政上爭訟

제 1 절 行政上爭訟制度

I. 概 觀

1. 行政上爭訟의 의의

행정기관이 행하는 행정쟁송절차를 말한다. 이러한 행정상쟁송에는, ① 행정상의 법률관계에 관하여 분쟁이 있는 경우에, 당사자의 청구에 의하여, 그 분쟁을 해결하기 위한, 행정기관의 심판제도(실질적 행정상쟁송—대륙형 행정상쟁송)와, ② 분쟁을 전제로 이를 해결하기 위한 것이 아니고 행정작용을 신중하게 하기 위하여, 행정기관에서 행하는 사전절차(형식적 행정상쟁송—영미형 행정상쟁송)를 포함한다. 좁은 의미에서는 실질적 행정상쟁송만을 의미하며, 통상적으로 행정상쟁송이라 할 때에는 이 의미로 사용된다. 이런 의미의 행정상쟁송은 행정소송에 대응된 관념으로 쓰여진다. 그리하여 행정상의 법률관계에 대한 분쟁을 해결하기 위한 절차는 행정상쟁송과 행정소송의 이원적 구조를 취하고 있다. 여기에는 행정상쟁송[1)]과 행정소송을 통틀어서 넓은 의미의 행정상쟁송이라 한다.

2. 行政上爭訟의 存在理由

(1) 개설 ① 행정소송은 정식쟁송인데 대하여, 행정상쟁송(행정심판 등)은 약식쟁송이며 상대적으로 그 절차가 불완전하다. 특히 위법 또는 부당한 처분·부작위의 효력을 다투는 항고쟁송에 있어서는 행정기관이 스스로 행한 처분 등 또는 같은 계통의 하급행정기관이 행한 처분 등에 대한 심판기관이 되므로, 영미법상의 이른바 자연적 정의의 원칙(principle of natural justice)[2)] 또는 적법절

1) 행정심판과 행정소송을 대치시키고, 행정기관이 심판기관이 되는 쟁송을 행정심판이라 하고, 법원이 심판기관이 되는 쟁송을 행정소송이라 하여 이 두 가지를 포괄하여 행정상쟁송이라고 하는 견해도 있으나(이상규(상), p.582), 행정기관이 심판기관이 되는 쟁송은 행정심판만이 있는 것이 아니고, 예외적으로만 인정되는 수단이기는 하지만, 처분청 자신이 심판기관이 되는 이의신청 기타의 쟁송도 있으므로, 행정기관이 심판기관이 되는 쟁송을 포괄하여 행정상쟁송이라 하여, 이를 행정소송과 대치시키는 것이 편리하다고 생각되어, 본서에서는 행정상쟁송을 좁은 의미로 사용하여 행정기관이 심판기관이 되는 쟁송의 뜻으로 사용하기로 한다.

2) principle of natural justice에는 두 가지 원칙이 포함되는바, 그것은 ① audi alteram partem(hear both sides to a dispute)와, ② nemo judex in causa sua(no one should be a judge in his own cause)이다.

차(due process of law)의 원칙에 위배된다고 말할 수 있다. 여기에서 이러한 불합리성을 내포하고 있음에도 불구하고 행정상쟁송이 인정되는 이유가 무엇인지가 문제된다.

② 그 존재이유는 국민의 권리구제에 있으며, 아울러 이를 계기로 행정운영의 적정성을 확보하기 위한 자기통제(행정감독제도)에 있다고 보겠다. 가장 일반적으로 말하면 행정상쟁송은 행정기관이 심판기관이 되는 점에서 행정소송에 비교하면 행정운영의 적정성 확보를 위한 자기통제수단이라는 면이 강하다고 말할 수 있다.

(2) **자율적 행정통제** 과거 대륙형 행정국가에서는 행정상쟁송은 권리구제기능보다는 오히려 행정의 적법성 및 합목적성을 행정권 스스로 보장하려는 자율적 행정통제에 중점이 놓여져 있었다. 그러나 오늘날은 이들 국가도, ① 쟁송대상에 있어 개괄주의를 채택하고 더 나아가 사실행위 및 행정청의 부작위도 대상으로 인정하였으며, ② 신청인에게 입증활동에 필요한 절차적 권리를 인정하였고, ③ 불이익변경금지원칙을 채택하였으며, ④ 교시제도(당해 처분에 대하여 쟁송제기가 가능하다는 뜻, 제기하는 기관, 제기기간 등을 처분시에 알리는 제도) 등을 채택하여, 국민의 권리구제로 중점이 옮겨갔다.

(3) **국민의 권리구제(사법기능 보충)** 사법국가주의를 자랑하는 영미에서도 20세기에 와서 각종의 행정심판소(administrative tribunals)에 의한 준사법적 행정절차의 급속한 발전을 보았는바, 이들 절차는 사법절차에 갈음하는 의미를 가졌으며, 따라서 자연적 정의 또는 적법절차의 요청에 의하여 사법절차에 준하는 절차적 보장을 가지게 되었다. 즉, ① 심판기관은 각종 행정위원회로서 통상의 행정계통 밖에 위치하여 독립성이 보장되며, ② 심판절차는 구술변론주의·청문·심리공개 등 사법절차와 유사한 절차가 취하여지고, ③ 사실인정에 있어 실질적 증거의 법칙(substantial evidence rule)이 취하여지며, 행정청의 사실인정에 종국성(finality)이 인정된다.

(4) **우리나라의 경우** 우리 행정상쟁송 제도의 존재이유는 국민의 기본권을 보장한 헌법의 취지나, 우리의 넓은 의미의 행정쟁송이 행정상쟁송과 행정소송의 이원적 구조를 취하고 행정상쟁송을 행정소송의 전심(다만, 필요적 전심은 아님)으로 하고 있는 것을 보면, 행정상쟁송에 의하여 사법재판구조의 단점을 보충하여, ① 행정기관의 전문적 소양을 활용하고, ② 법원의 사건수를 줄여 그 부담을 경감시키며, ③ 경비·시간·노력을 절약하여 간이·신속하게 사건을 처리하고, 아울러 행정에 대한 자율적 통제를 도모하여 행정의 적정한 운영을 기함으로써 전체적으로 합리적인 권리구제제도를 수립하려는 데 있다고 볼 수 있다(행심 1).[1]

1) 김도창(상), p.685.

Ⅱ. 現行法上의 行政上爭訟의 종류

1. 行政上爭訟의 성질에 따른 구분

다시 다음의 세 가지로 구분할 수 있다.

(1) **주관적 쟁송과 객관적 쟁송** ㈎ 쟁송이 개인적인 권리·이익의 보호를 목적으로 하는지 또는 일반공공의 이익보호를 목적으로 하는지에 따라 전자를 주관적 쟁송, 후자를 객관적 쟁송이라 한다.

㈏ 쟁송은 일반적으로 개인의 권리·이익을 보호하기 위하여 인정되는 것으로서(쟁송목적), 그 결과 쟁송을 제기하여 해결을 구할 만한 직접적인 이익을 가진 자만이 제기할 수 있다(제기권자의 범위). 이와 같이 쟁송제기권자의 주관적인 권리·이익의 보호를 목적으로 하기 때문에 이러한 쟁송을 주관적 쟁송이라 한다. 그러나 주관적 쟁송도 부수적으로 행정작용의 적법·타당성의 확보라는 공익의 보호도 목적으로 한다. 주관적 쟁송은 다시 다음에서 보는 항고쟁송과 당사자쟁송으로 나누어진다.

㈐ 때로는 행정작용의 적법성·타당성의 확보라는 공익의 보호만을 목적으로 쟁송의 제기가 인정되는 경우가 있는데, 이 경우에는 쟁송제기자의 주관적인 권리·이익의 침해를 요건으로 하지 아니하므로 객관적 쟁송이라 한다. 직접적인 이해관계자 이외의 자에게 쟁송제기권이 부여되는 쟁송이므로 특별한 법률의 규정이 있는 경우에 한하여 인정된다. 객관적 쟁송은 다시 다음에서 보는 민중쟁송과 기관쟁송으로 나누어진다.

(2) **항고쟁송과 당사자쟁송** 항고쟁송은 이미 행하여진 행정처분의 위법·부당을 주장하여 그것의 시정(취소·변경)을 구하는 쟁송인데, 당사자쟁송은 서로 대립하는 당사자 상호간에 법률관계의 형성 또는 존부를 다투는 절차를 말한다. 그러므로 전자는 행정기관의 행정처분을 전제로 하여 그것을 다투는 것이므로 복심적인 것인데, 후자는 제 1 차적 행정작용 그 자체가 쟁송의 형식에 따라 행하여지는 것이므로 시심적인 것이다.

(3) **민중쟁송과 기관쟁송** ㈎ 위에서 본 객관적 쟁송을 그 쟁송의 당사자에 따라 구분한 것이다. 민중쟁송은 법규의 적정한 적용을 확보하기 위하여 일반 민중에 대하여 쟁송제기를 인정한 경우의 쟁송이며, 기관쟁송은 법규의 적정한 적용을 확보하기 위하여 공법상의 기관(국가기관 또는 공공단체기관)이 당사자가 되어 그들 간의 분쟁을 해결하기 위한 쟁송이다.

(나) 이러한 쟁송은 개인의 권리·이익의 보호를 위한 것이 아니기 때문에 특히 개별 법률에서 인정하는 경우에 한하여 인정된다. 현행법상으로는 민중쟁송은 선거인명부에 대한 쟁송(공직선거 42·43)이 있으나, 행정기관이 심판기관이 되는 기관쟁송의 예는 없으며, 법원이 심판기관이 되는 기관쟁송만이 인정된다(지방의회와 지방자치단체장간의 기관소송(지자 107), 국가기관과 지방자치단체장 간의 기관소송(지자 170)).[1)]

2. 行政上爭訟의 단계에 의한 구분(始審的爭訟과 覆審的爭訟)

행정쟁송을 단계에 따라 구분한 것이다. 시심적쟁송이란 법률관계의 형성 또는 존부의 확인 등에 관한 제 1 차적 행정작용 그 자체가 쟁송의 형식으로 행하여지는 경우의 행정쟁송을 말하며, 복심적쟁송은 이미 행하여진 행정작용의 하자(흠)를 이유로 그 재심사에 의한 시정을 구하는 쟁송을 말한다. 항고쟁송은 복심적쟁송에 속하며, 당사자쟁송은 시심적쟁송에 속한다.

---

1) 우리 헌법 제111조는 국가기관 상호간, 국가기관과 지방자치단체간, 지방자치단체 상호간의 「권한쟁의」에 관한 심판을 헌법재판소의 심판사항으로 하고 있는바, 여기에서의 「권한쟁의」는 권한의 귀속에 관한 적극적 또는 소극적 분쟁이라 할 것이므로, 기관간에 상대방 기관행위의 적법성 또는 타당성에 관한 분쟁은 여기에 해당되지 아니한다고 할 것이고, 따라서 상대방 기관행위의 적법성 또는 타당성에 관한 분쟁은 일반 법원의 심판사항이라 할 것이며, 지방자치법도 이를 대법원의 관할로 하고 있다.

제 2 절 行政審判

제 1 목 概 說

Ⅰ. 의 의

1. 行政審判의 개념

행정심판(Beschwerde)이라 함은, 위법 또는 부당한 행정처분 기타 공권력의 행사·불행사로 인하여 권리 또는 이익을 침해당한 자가, 원칙적으로 처분청의 직근상급행정청에 대하여, 그 취소·변경이나 무효등확인 또는 일정한 처분을 구하는 쟁송절차를 말한다(행심 3). 행정심판은 이의신청과 함께 항고쟁송에 속한다.

실정법상으로는 이런 의미의 쟁송절차도 행정심판이라는 용어 이외에 이의신청(광업 90)이나 심사청구(지방세 74)·재심신청(노동조합및노동관계조정 69) 등의 용어가 사용되고 있다.

행정심판에 관하여서는 일반법인 행정심판법이 있으나, 많은 다른 법률에서 이에 대한 특칙을 정하고 있으며,[1] 그 범위 안에서는 행정심판법의 적용이 배제됨은 물론이다.

2. 行政審判과 유사한 개념과의 구별

(1) 이의신청과의 구별 ㈎ 양자는 그 심판기관을 달리하는바, 이의신청은 처분청 자체에 제기하는 쟁송인데, 행정심판은 원칙적으로 처분청의 직근상급행정청에 제기하는 쟁송이다.

㈏ 이의신청은 모든 위법 또는 부당한 처분 등에 대하여 인정되는 것이 아니고, 각 개별법에서 정하고 있는 처분 등에 대하여만 인정되나, 행정심판은 원칙적으로 모든 위법 또는 부당한 처분 등에 대하여 인정된다(개괄주의).

㈐ 어떠한 처분에 대하여 양자가 함께 인정된 경우(예: 국세기본법)에는 보통은 전·후심의 관계에 있으나 양자 중 택일이 허용되는 경우도 있다.

(2) 청원과의 구별 청원으로도 위법 또는 부당한 행정처분 등의 취소 또는 변경 등을 구할 수 있다는 점에서 행정심판과 공통성을 가진다. 헌법에서는 청원이 제출된 경우에 수리·심사의무만을 국가에 지웠으나(헌 26②), 청원법은

1) 재결청과 심의·의결기관을 달리하는 것(국공 9), 제기기간을 달리하는 것(국세기본 61) 등이 있다.

이에 더하여 통지의무까지를 지우고 있어(청원 9②), 양자의 공통성은 더욱 짙어졌다. 그러나 양자는 그 본질적 의의를 달리하는바, 행정심판은 기본적으로 권리구제를 위한 쟁송제도인데, 청원은 쟁송수단이라기보다는 국정에 대한 국민의 정치적 의견의 표시를 보장하기 위한 제도이다. 모든 관서는 청원을 성실·공정·신속히 심사·처리하고 그 결과를 청원인에게 통지함을 원칙으로 하지만(동 9), 그렇다고 청원인에게 심사·처리를 구하는 청구권을 부여한 것은 아니다.

(3) **진정과의 구별** 진정은 널리 법정의 형식과 절차에 의하지 않고 행정청에 대하여 어떤 희망을 진술하는 것을 말하는바, 위법 또는 부당한 행정처분을 바로잡는 수단으로 쓰여질 수도 있으나, 그것은 권리행사가 아니며, 그에 대한 회답은 별다른 법률적 의미를 가지지 못한다는 점에서 행정심판과 다르다. 따라서 진정을 받아 행정청이 그 행위를 취소·변경하더라도 그것은 직권에 의한 행위에 불과하다. 다만, 진정이라는 표제를 쓰고 있어도 그 내용이 행정심판에 해당하면 행정심판으로 처리하여야 한다.[1)]

(4) **직권에 의한 취소와의 구별** 행정심판을 제기받아서 행하는 취소는 「법률에 의한 행정의 원리」의 실현을 위하여 행정행위의 추상적인 위법성을 이유로 회고적으로 적법상태를 회복하고, 국민의 권리구제를 위한 제도이며, 국민에게 불리한 부담적 행위가 주로 문제된다. 이에 대하여 직권취소는 추상적인 위법성을 이유로 한 적법성의 회복만이 아니고 오히려 취소행위도 하나의 행정행위로서 장래에 향하여 행정목적 실현을 위한 수단으로 사용되는 점에 특색이 있다 할 것이다. 직권취소에서는 수익적 행위가 주로 문제된다.

(5) **행정소송과의 구별** ㈎ 양자는 행정상쟁송제도로서 권리구제적 기능과 행정통제적 기능을 갖는바, 행정소송은 전자에 중점을 두고 전자를 통하여 후자의 목적을 달성하려는 것인데, 행정심판은 오히려 후자에 중점을 두고 후자를 통하여 전자의 목적을 달성하려는 제도라 하겠다.

㈏ 구 행정소송법은 행정심판전치주의를 채택하여 행정소송을 제기하는 경우에는 먼저 행정심판을 거치도록 하였으나, 1998년부터 시행된 개정 행정소송법은 임의적 선택주의를 채택하였다.

1) 비록 제목이 '진정서'로 되어 있고, 재결청의 표시, 심판청구의 취지 및 이유, 처분을 한 행정청의 고지의 유무 및 그 내용 등 행정심판법 제19조 제2항 소정의 사항들을 구분하여 기재하고 있지 아니하여 행정심판청구서로서의 형식을 다 갖추고 있다고 볼 수는 없으나, 피청구인인 처분청과 청구인의 이름과 주소가 기재되어 있고, 청구인의 기명이 되어 있으며, 문서의 기재내용에 의하여 심판청구의 대상이 되는 행정처분의 내용과 심판청구의 취지 및 이유, 처분이 있은 것을 안 날을 알 수 있는 경우, 위 문서에 기재되어 있지 않은 재결청, 처분을 한 행정청의 고지의 유무 등의 내용과 날인 등의 불비한 점은 보정이 가능하므로 위 문서를 행정처분에 대한 행정심판청구로 보는 것이 옳다(대법원 2000.6.9. 98 두 2621 건축불허가처분취소).

(6) **고충민원처리절차와의 구별** 「부패방지 및 국민권익위원회의 설치와 운영에 관한 법률」에서는 행정기관등의 위법·부당하거나 소극적인 처분(사실행위 및 부작위를 포함한다) 및 불합리한 행정제도로 인하여 국민의 권리를 침해하거나 국민에게 불편 또는 부담을 주는 사항에 관한 민원(현역장병 및 군 관련 의무복무자의 고충민원을 포함한다)의 처리절차를 규정하고 있다. 고충민원의 처리와 이에 관련된 불합리한 행정제도를 개선하고, 부패의 발생을 예방하며 부패행위를 효율적으로 규제하도록 하기 위하여 국무총리 소속으로 국민권익위원회를 두고(동법 11), 각 지방자치단체에는 시민고충처리위원회를 둘 수 있다(동법 32①). 누구든지 국민권익위원회 또는 시민고충처리위원회(권익위원회)에 고충민원을 신청할 수 있다(동법 39①).

「고충민원의 신청이 행정소송의 전치절차로서 요구되는 행정심판청구에 해당하는 것으로 볼 수는 없지만, 신청서가 행정처분의 시정을 구하는 취지임이 분명하고 국민고충처리위원회가 이를 행정청에 송부한 경우에는 행정심판을 제기한 것으로 본다」(대법원 1995.9.29. 95 누 5332 건물철거대집행계고처분등취소).

Ⅱ. 종 류

행정심판법은 행정심판의 종류로 취소심판, 무효등확인심판 및 의무이행심판만을 인정하고 있으며, 이들은 모두 항고심판에 속한다. 행정심판법에 의하여 인정된 의무이행심판은 행정소송법에 의하여 인정된 부작위위법확인소송과 함께 부작위로 인한 권익침해에 대한 구제수단으로 획기적인 것이라 할 것이다.

1. 取消審判

(1) 의의 행정심판 중에서 가장 대표적인 유형이며 행정청의 위법 또는 부당한 공권력의 행사 또는 그 거부나 그 밖에 이에 준하는 행정작용으로 권익을 침해당한 자가 그 취소 또는 변경을 구하는 행정심판이다(행심 2①·4①). 행정심판법은 취소심판이 행정심판 중에서 중심적인 위치에 있는 점에 비추어 취소심판을 중심으로 하여 각각 절차적 규정을 마련하고 있다.

(2) **성질** 취소심판의 성질에 대하여 형성적 쟁송설은 취소심판은 일응 일정한 법률관계를 성립시킨 처분의 효력을 다투어 취소 또는 변경을 통하여 그 법률관계를 소멸·변경하는 성질의 심판, 즉 형성적 성질(소극적 형성)의 것으로 본다. 이에 대하여 확인적 쟁송설은 취소심판이란 처분의 위법성·부당성을 확인하

는 행정심판이기 때문에 확인적 쟁송이라 한다. 형성적 쟁송설이 통설적 견해이다.[1]

(3) **특수성** ① 심판청구기간이 제한되어 있어, 그 기간이 지나면 당해 처분의 취소·변경을 청구할 수 없게 된다(행심 18). ② 집행부정지의 원칙이 채택되어 행정심판을 제기하여도 당해 처분의 효력은 정지되지 아니한다. 집행정지 결정을 신청할 수 있으나, 집행정지가 공공복리에 중대한 영향을 미칠 우려가 있을 때에는 허용되지 아니하며, 집행정지결정을 한 후에도 공공복리에 중대한 영향을 미친 때에는 취소할 수 있다(동 21). ③ 심리절차를 행정심판위원회의 재량에 따라 구술심리 또는 서면심리로 한다(동 26②). ④ 사정재결제도가 인정되어 심판청구가 이유 있다고 인정되는 경우에도 이를 인용하는 것이 현저히 공공복리에 적합하지 아니하다고 인정하는 때에는 기각결정을 할 수 있다(동 33). ⑤ 취소심판의 청구가 이유 있다고 인정할 때에는 행정심판위원회는 스스로 심판대상인 처분을 취소·변경할 수도 있고(형성적 재결), 처분청에게 처분의 취소·변경을 명할 수도 있다(이행적 재결)(동 32③).

2. 無效 등 確認審判

(1) 의의 행정청의 처분의 효력유무 또는 존재여부에 대한 확인을 구하는 심판이다(동 4②). 처분의 상대방이나 이해관계인은 특정한 처분의 효력의 유무나 존재 여부에 대한 공권적인 판단·선언을 받음으로써 처분의 무효·부존재 또는 유효·존재를 확정하여야 할 필요가 있으며, 그것이 무효등확인심판의 존재이유이다.

(2) **성질** 무효등확인소송의 성질에 대한 것과 마찬가지로 무효등확인심판의 성질에 대하여, 확인적 쟁송설은, 무효등확인심판은 새로이 적극적으로 처분의 효력을 소멸시키는 것이 아니고 원천적으로 처분이 무효·부존재 또는 유효·존재한 것을 공권적으로 확인·선언하는 데 그치는 것이므로 확인적쟁송에 속한다고 한다. 형성적 쟁송설은, 무효사유인 하자와 취소사유인 하자의 상대성을 전제로 하여 무효등확인심판도 결국 행정권에 의한 작용의 효력관계를 다투는 것으로서 본질적으로는 형성적 쟁송으로서의 성질을 가진다고 한다. 준형성적 쟁송설은, 무효등확인심판은 실질적으로 확인적쟁송이나 형식적으로는 처분의 효력유무 등을 직접 쟁송의 대상으로 한다는 점에서 형성적 쟁송으로서의 성격을 아울러 가지는 것으로 본다. 준형성적 쟁송설이 통설적 견해견해이다.[2]이다.

1) 이상규(상), p.694; 박균성(상), p.831; 홍정선(상), p.762.
2) 이상규(상), p.696; 석종현(상), p.733; 홍정선(상), p.762.

(3) **특수성** (가) 당연무효 등을 전제로 하기 때문에 ① 심판제기기간의 제한을 받지 아니하며(행심 18⑦), 또한 ② 사정재결에 관한 규정이 적용되지 아니한다(동 33③).

(나) 행정심판위원회는 심판청구가 이유 있다고 인정할 때에는 처분의 효력 유무 또는 존재 여부를 확인하는 재결을 한다(동 32④). 행정심판에 있어서의 확인재결은 사익만이 관련된 사인 간의 법률관계를 확인의 대상으로 하는 것과는 달라서 당해 행정심판의 당사자는 물론 제 3 자에게도 그 효력이 미친다고 할 것이다.[1)]

3. 義務履行審判

(1) **의의** 행정청의 위법 또는 부당한 거부처분이나 부작위에 대하여 일정한 처분을 하도록 하는 행정심판이다(동 4③). 국민의 권익은 행정청의 적극적인 공권력발동으로만 침해되는 것이 아니고, 소극적인 공권력불발동(예: 인·허가 신청의 방치)으로도 침해되는바, 국민생활의 행정의존도가 높아진 오늘날은 더욱 그러하다. 여기에서 거부처분과 부작위로 인한 권익의 침해에 대한 구제수단이 필요한바, 행정심판법에 의한 의무이행심판과 행정소송법에 의한 부작위위법확인소송이 바로 그러한 구제수단이다.[2)]

(2) **성질** 의무이행심판은 이행쟁송의 성질을 가진다. 즉, 의무이행심판은 피청구인인 행정청에 대하여 일정한 처분을 할 것을 명하는 재결을 구하는 행정심판이기 때문이다. 의무이행심판은, 그 항고쟁송으로서의 성질에 비추어 현재의 이행쟁송, 즉 당사자의 신청에 대하여 피청구인이 일정한 처분을 하여야 할 법률상의무의 이행기가 도래하여 현실화된 경우에 그 이행의무의 존재를 주장하는 행정심판만이 가능하고, 장래의 이행쟁송과 같은 것은 허용되지 아니한다.[3)]

(3) **특수성** (가) 의무이행심판도 항고쟁송의 하나이므로 취소심판과 동일한 특수성을 가진다. 그러나 ① 부작위를 심판대상으로 하는 경우에는 부작위가 존재하는 한 언제든지 심판을 제기할 수 있어야 하므로 심판제기기간의 제한을 받지 아니하며(행심 18⑦), ② 집행정지에 관한 규정이 적용되지 아니한다고 할 것이다. 그것은, 집행정지는 침해적 처분의 집행정지라는 소극적 형성을 내용으로 하

1) 82 누 173(1982.7.27 대판)—행정처분의 무효확인판결이 비록 형식상 확인판결이라 하여도 그 무효확인판결의 효력은 취소판결과 같이 소송의 당사자는 물론 제 3 자에게도 미치는 것이다.
2) 김동희, 부작위위법확인소송과 의무이행심판, 고시연구, 1987. 3 월호.
3) 이상규(상), p. 699.

며, 수익적 처분이 행하여진 것과 같은 상태를 적극적으로 창출하는 것은 아니기 때문이다.

(나) ① 위원회는 심판의 청구가 이유 있다고 인정할 때에는 지체없이 신청에 따른 처분을 하거나(형성적 재결),[1] 처분을 할 것을 처분청에게 명하는 재결을 한다(이행적 재결)(동 32⑤). 뒤의 경우에는 행정청은 지체없이 그 재결의 취지에 따라 이전의 신청에 대한(신청인은 다시 신청할 필요가 없다.) 처분을 하여야 한다(동 37②). 신청에 따른 처분을 할 것을 명하는 재결(이행적 재결)은 청구인의 신청대로 처분을 할 것을 명하는 재결[2](기속행위의 경우)과 신청을 방치하지 말고 지체없이 어떤 처분(신청대로의 처분 또는 기타의 처분)을 하도록 명하는 재결[3](재량행위의 경우)로 구분된다. ② 행정청이 재결의 취지에 따른 처분을 하지 아니할 때에는, 위원회는 당사자의 신청에 따라 기간을 정하여 서면으로 시정을 명하고, 그 기간 내에 이행하지 아니하는 경우에는 당해 처분을 할 수 있다(동 37② 후단). ③ 거부처분·부작위에 대한 재결에 대하여 불복이 있으면, 제소기간 내에 부작위위법확인소송을 제기하여야 한다[4](다만 거부처분에 대한 재결에 대하여는 거부처분취소소송을 제기하여야 한다.).

제 2 목 行政審判의 對象

I. 概 說

(1) **행정심판의 입법주의** 행정심판사항을 정하는 입법주의는 개괄주의(Generalklausel)와 열기주의(Enumerationsmethode)로 대별할 수 있다. 전자는 법률상 특히 예외가 인정된 사항을 제외하고는 일반적으로 모든 사항에 대하여 행정심판을 인정하는 제도를 말하며, 후자는 법률상 특히 열기한 사항에 대하여만 행정심판을 인정하는 제도이다. 국민의 권리구제라는 점에서 보면 개괄주의가 좋은 제도라고 하겠다.[5] 그러나 1998년부터 시행된 개정 행정소송법은 행정소송

---

1) 85 경행심 44(1985.12.28 경기도행정심판위원회재결)—「피청구인은 1985년 9월 3일 청구인에게 개인택시면허처분에 따른 시설확보지시 공문내용대로 면허처분을 한다」.

2) 국행심 86—43(1986.4.10 국무총리행정심판위원회재결)—「피청구인은 청구인이 1986년 2월 12일자로 피청구인에게 한 자동차정비사업장 위치변경에 따른 본 허가신청에 대하여 사업을 허가함과 동시에 사업장 소재지가 은평구 불광동 311-13으로 변경기재된 1급자동차정비사업허가증을 청구인에게 교부하라」(재결주문).

3) 국행심 86—144(1986.8.22 국무총리행정심판위원회재결)—「피청구인은 청구인의 1985년 9월 21일자 재개발사업시행인가 신청에 대하여 도시재개발법 등 관계법규에 따라 인가여부를 결정하라」(재결주문).

4) 김도창(상), p.691.

5) 영미국가에서는 ubi jus ibi remedium(Where there is a right, there shall be a remedy)의 이념에 따라 개괄주의 권리구제제도를 당연한 전제로 하고 있다고 하겠다.

을 제기함에 있어서 행정심판을 제기할 것인지의 여부에 대하여 임의적 선택주의를 채택하였기 때문에, 행정심판법이 아무리 행정심판사항에 대하여 개괄주의를 채택하였다고 하더라도, 행정심판제도가 권리구제제도로서 실효성 있게 운영되지 못한다면, 국민들이 행정심판을 활용하지 아니할 것이므로 행정심판사항의 개괄주의는 별다른 의미를 갖지 못하게 될 우려도 있다고 하겠다.

(2) 개괄주의 채택 행정심판법은 개괄주의를 채택하여 행정청의 모든 위법 또는 부당한 처분이나 부작위를 심판대상으로 하고 있다. 부당한 처분이나 부작위도 대상이 되는 점에서 위법한 처분이나 부작위만을 대상으로 하는 행정소송보다 대상이 넓다. 아래에서 심판대상에 대하여 분설하기로 한다.

Ⅱ. 行政廳

행정심판의 대상은 「행정청」의 처분 또는 부작위이다.

(1) 행정청(Verwaltungsbehörde)이란 처분 또는 부작위를 할 수 있는 권한을 가지는 행정기관, 즉 국가 또는 지방자치단체의 의사나 판단을 결정하여 외부에 표시할 수 있는 권한을 가지는 행정기관을 말하는바, 학문상의 행정관청 또는 행정청이 이에 해당한다.

(2) 행정청에는 법령에 의하여 행정권한의 위임 또는 위탁을 받은 행정기관, 공공단체 및 그 기관 또는 사인이 포함된다(행심 2②). 권한이 위임 또는 위탁된 경우에는 권한이 수임청 또는 수탁청에 이양되는 것이므로 그들이 행정청이 되는 것은 당연하다 하겠다.[1)]

(3) 처분이나 부작위가 있은 뒤에 그 처분이나 부작위에 관계되는 권한이 다른 행정청에 승계된 때에는 그 권한을 승계한 행정청이 처분청 또는 부작위청이 된다(행심 13①단).

---

1) 항고소송은 행정청의 처분 등이나 부작위에 대하여 처분 등을 행한 행정청을 상대로 이를 제기할 수 있고 행정청에는 처분 등을 할 수 있는 권한이 있는 국가 또는 지방자치단체와 같은 행정기관뿐만 아니라 법령에 의하여 행정권한의 위임 또는 위탁을 받은 행정기관, 공공단체 및 그 기관 또는 사인이 포함되는바 특별한 법률에 근거를 두고 행정주체로서의 국가 또는 지방자치단체로부터 독립하여 특수한 존립목적을 부여받은 특수한 행정주체로서 국가의 특별한 감독 하에 그 존립목적인 특정한 공공사무를 행하는 공법인인 특수행정조직 등이 이에 해당한다. 대한주택공사가 관계법령에 따른 사업을 시행하는 경우 법률상 부여받은 행정작용권한을 행사하는 것으로 보아야 할 것이므로, 위 공사가 시행한 택지개발사업 및 이에 따른 이주대책에 관한 처분은 항고소송의 대상이 된다(대법원 1992.11.27. 92 누 3618 단독주택용지공급신청에 대한거부처분취소등).

Ⅲ. 處 分

「처분」은 행정청이 행하는 구체적 사실에 관한 법집행으로서의 공권력의 행사 또는 그 거부와 그 밖에 이에 준하는 행정작용을 말한다(동 2①(1)).

1. 公權力의 행사

공권력의 행사는「행정행위」가 그 중심이 된다고 할 것이나, 그보다는 넓은 개념으로서 신체의 감금이나 물건의 압류와 같은 공권력행사에 해당하는 사실행위 등으로 그 내용이 계속적 성질을 가지는 것도 포함된다.[1)]

2. 拒否處分

「거부」처분은 행정행위의 신청이 있는 경우에 그 신청에 따르는 행정행위를 할 것을 거부하는 내용의 행정행위를 말한다. 거부처분은「부작위」와는 달리 소극적 내용이기는 하지만 행정청의 일정한 행위가 있는 것이다(91 누 2649(1992.1.21 대판)—주택공급에관한규칙 제15조 제 1 항 제 5 호에 근거하여 신청한 특별분양을 거부한 지방자치단체의 거부행위는 항고소송의 대상이 되는 거부처분이다).

3. 公權力의 행사 또는 그 拒否에「準하는 行政作用」

공권력의 행사 또는 그 거부에「준하는 행정작용」이라 함은 행정심판의 대상을 넓히기 위한 일종의 포괄적 개념으로서, 오늘날 행정수단의 다양화에 따라 엄격한 의미에서는 공권력의 행사 또는 그 거부로 보기에는 의문이 있으나, 현실적으로 행정구제의 필요성이 인정되는 행정작용을 행정심판대상으로 포함시키기 위하여 인성된 개념이라 할 것이다.[2)]

Ⅳ. 不 作 爲

행정심판의 대상이 되기 위한 부작위가 성립하기 위하여서는 행정청이 당사자의 신청에 대하여, 상당한 기간 내에, 일정한 처분을 하여야 할 법률상의 의무가 있음에도 불구하고, 이를 하지 아니하는 것을 말한다(동 2①(2)).

---

1) 일본행정불복심사법 제 2 조 제 1 항은 처분에는「공권력의 행사에 해당하는 사실상의 행위로서 사람의 수용, 물건의 압류 기타 그 내용이 계속적 성질을 가지는 것을 포함하는 것으로 한다」고 규정하여 사실행위의 내용을 예시하고 있다.

2) 이상규, 신행정쟁송법, p.118.

1. 당사자의 申請

(1) 부작위가 성립하기 위하여서는 당사자의 신청이 있어야 한다. 신청은 급부행정의 영역에서 보조금의 교부 등 수익적 처분을 하여 달라는 내용일 수도 있고, 규제행정의 영역에서 건강위해물품의 단속 등 행정개입을 청구하는 내용일 수도 있다.

(2) ① 그런데 당사자의 신청은 행정청에 대하여 일정한 처분을 구할 법규상(예: 광업법 17), 조리상(예: 일정한 건축물을 건축하고자 하는 경우에는 건축허가를 받아야 한다는 건축법 제11조의 규정은 해석상 또는 조리상 건축허가신청권의 근거가 된다.)의 권리가 있는 자의 신청이라야 한다. 왜냐하면 신청권이 있는 당사자의 신청이 있어야 행정청에 대하여 처분을 할 법률상 의무가 생긴다고 할 것이기 때문이다. 판례도 같은 입장을 취한다(대법원 1990.5.25. 89 누 5768 대지인도등부작위위법확인; 어떤 신청을 받고서도 그 신청에 따르는 내용의 행위를 하지 아니한 것이 위법한 부작위가 된다고 하기 위하여는 국민이 행정청에 대하여 그 신청에 따른 행정행위를 해줄 것을 요구할 수 있는 법규상 또는 조리상의 권리가 있어야 한다).[1] 따라서 신청권에 근거하지 아니하고 단순히 행정청의 직권발동을 촉구하는 당사자의 신청은 이에 해당되지 아니하며, 그에 대하여 응답하지 아니하여도 부작위가 되지 아니한다(예컨대 독점규제 및 공정거래에 관한 법률 제49조 제 2 항의 규정에 의한 공정거래위원회에 대한 위법행위의 신고 등).

2. 상당한 期間의 경과

부작위가 성립되기 위하여서는 행정청이 신청 후 「상당한 기간」이 지나도 아무런 처분을 하지 아니한 상태가 존재하여야 한다. 상당한 기간은 사회통념상 그 신청을 처리하는 데 소요될 것으로 판단되는 기간이다. 국민의 신청은 그 수가 무한에 가깝고 그 내용도 다양하여 일률적인 처리기간을 정할 수 없으므로 「상당한 기간」이라고 추상적으로 규정하였다. 그런데 행정절차법은 「행정청은 신청인의 편의를 위하여 처분의 처리기간을 종류별로 미리 정하여 공표하여야 한다」고 규정하고 있으며(동법 19①), 민원사무 처리에 관한 법률도 「행정안전부장관은 민원인의 편의를 위하여 관계법령 등에 규정되어 있는 민원사항의 처리기간…에 관한 사항을 종합한 민원사무처리기준표를 작성하여 관보에 고시하고 인터넷에 게시하여야 한다」고 규정하고 있다(동법 20①). 따라서 여기에서 공표되거나 고시된 처리기간이 경과되면, 특별한 사유가 없는 한, 상당한 기간을 경과하였다고 볼 것이다.

---

1) 국민에게는 행정재산의 사용·수익허가를 신청할 법규상 또는 조리상의 권리가 있다고 할 것이므로, 공유재산의 관리청이 행정재산의 사용·수익에 대한 허가 신청을 거부한 행위 역시 행정처분에 해당한다(대법원 1998.2.27. 97 누 1105 공유재산대부신청반려처분무효확인).

3. 處分을 할 法律上義務의 存在

처분을 할 법률상의무가 있다 함은 법령이 일정한 요건을 갖춘 때에는 일정한 처분을 할 것을 명하는 뜻의 명문의 규정을 두거나(예: 식품위생 24), 법령의 취지나 당해 처분의 성질로 보아 기속적 행위에 해당하는 경우까지를 포함한다. 그러나 재량행위의 경우에도 재량권수축이론에 따라 재량의 폭이 축소되어 1 또는 그 이하로 됨으로써 일정한 행위를 하여야 한다는 결론밖에 나오지 아니한 경우에는 처분을 하여야 할 법률상의무가 있다고 볼 것이고, 또한 흠 없는 재량권행사청구권을 인정한다면, 당사자의 신청이 있으면 그에 대한 처분을 할 것인지의 여부 및 처분을 하는 때에는 어떤 내용의 처분을 할 것인지에 대하여 흠 없는 재량권을 행사하여 응답하여야 할 법률상의무가 있다고 할 것이다.[1]

4. 處分의 不存在

처분을 하지 아니한다 함은 신청에 따른 인용처분도 거부처분도 하지 아니하는 경우(또는 신청의 내용에 따른 사실행위를 하지 않는 경우)를 말하며, 단순히 신청에 따른 조사착수, 준비시작 등으로는 부작위상태가 해소되지 아니한다. 부작위와 구별하여야 할 것으로, 처분의 무효의 경우와, 이른바 의제거부가 있다. 즉, 처분이 무효인 경우에는 처분은 당초부터 당연히 효력이 없는 것이기는 하지만, 처분은 일단 행하여졌고 행위의 외관은 존재한다고 할 것이기 때문에 부작위와 구별된다. 또한 사실상으로는 아무런 처분도 존재하지 아니하는 부작위, 즉 정보공개를 청구한 날부터 20일 이내에 공공기관이 공개 여부를 결정하지 아니한 때에는 비공개의 결정이 있는 것으로 본다(공공기관의 정보공개 11⑤ 등)고 하는 경우에도 법적으로는 거부처분이라는 소극적 처분이 있는 것으로 되므로, 행정심판의 대상인 부작위가 성립되지 아니함은 물론이다.

제 3 목 審判機關

I. 概　　說(변천과정)

(1) 행정심판의 권리구제기능을 높이기 위하여서는 영미의 행정위원회 또는 행정심판소(administrative tribunal)와 같이 행정심판의 재결기관을 행정심판

1) 김남진(I), p. 212; 김도창(상), p. 706; 이상규(상), p. 704; 杉村敏正・兼子仁, 行政手續・行政爭訟法, p. 347.

의 대상이 되는 처분 등이나 불행위를 행한 당해 행정청과는 조직계통을 달리하는 독립성을 가진 합의제기관으로 하는 것이 바람직하다고 할 것이다.

(2) 그러나 심판기관이 재결청과 행정심판위원회로 이원화되어 있으며(이 점은 국무총리행정심판위원회도 마찬가지이다.), 재결청은 처분청의 직근상급청이거나 처분청 자체로 되어 있고, 행정심판위원회는 재결청소속으로 되어 있으며, 그 위원을 재결청이 선임하게 되어 있어 아무리 위원의 과반수를 외부인사로 선임하도록 하였다고 하더라도 심판위원회가 재결청의 영향으로부터 완전히 벗어날 수는 없었다.

따라서 심판기관의 독립성을 강화하기 위하여서는 근본적인 개선이 행하여져야 할 것인데, 재결청과 행정심판위원회를 분리하여 따로 둘 것이 아니라 그것을 영·미의 행정위원회제도로 일원화하여 하나의 심판기관에서 심판사건을 직접 심리·결정하도록 하여야 할 필요성이 제기되었다.

(3) 2008.2.29. 개정된 행정심판법은 행정심판기관을 ① 처분 행정청의 직근 상급행정기관 소속으로 행정심판위원회를 두고(동법 5①), ② 대통령 직속기관의 장, 국회사무총장·법원행정처장·헌법재판소사무처장 및 중앙선거관리위원회사무총장, 그 밖에 소관 감독행정기관이 없는 행정청의 처분 또는 부작위에 대한 심판청구를 심리·재결하기 위하여 해당 행정청 소속으로 행정심판위원회를 두며(동법 5②), ③ 특별시장·광역시장·도지사·제주특별자치도지사(교육감을 포함한다.)의 처분이나 부작위, 그 밖에 국무총리나 중앙행정기관이 직근 상급행정기관이나 소관감독 행정기관에 해당하는 처분이나 부작위 등에 대한 심판청구를 심리·재결하기 위하여 「부패방지 및 국민권익위원회의 설치와 운영에 관한 법률」에 따른 국민권익위원회에 국무총리행정심판위원회를 두도록 하였다(동법 5③). ④ 특별시장·광역시장·도지사·제주특별자치도지사에 소속된 각급 국가행정기관 또는 그 관할구역 안에 있는 자치행정기관의 처분 또는 부작위에 대한 심판청구를 심리·재결하기 위하여 각각 특별시장·광역시장·도지사·제주특별자치도지사 소속으로 행정심판위원회를 둔다(동법 5④)고 하여 종전에 제기된 문제점을 개선하였다.

Ⅱ. 行政審判委員會(심리·재결기능의 통합)

1. 審判機關에 대한 改正 行政審判法의 내용

(1) 개정 전 행정심판법에서는 처분청, 의결기관인 행정심판위원회, 행정심판위원회의 의결에 따라 재결하는 재결청 등 행정심판과 관련된 기관의 구조가 복잡해서 국민의 혼선이 발생하였다. 또한 처분청의 답변서가 행정심판위원회에

접수되기 전에 반드시 재결청을 경유하여야 하고, 행정심판위원회에서 의결결과를 청구인에게 직접 통보하지 못함에 따라 행정심판사건의 처리기간이 늘어나 신속한 권리구제라는 행정심판제도의 취지에 부합하지 못하는 문제가 있었다.

(2) 그리하여 개정 행정심판법은 재결청의 개념을 없애고 처분청에서 답변서를 행정심판위원회에 바로 송부하도록 하고, 행정심판위원회에서 행정심판사건의 심리를 마치면 직접 재결을 하도록 하여 심리와 재결을 일원화하였다.

(3) 이로 인하여 행정심판 관련 기관에 대한 국민의 혼선이 해소되고, 행정심판사건의 처리기간을 단축하여 신속한 권리구제에 기여할 것으로 기대된다.

(4) 국무총리행정심판위원회, 국민고충처리위원회, 국가청렴위원회를 통합한 국민권익위원회에서 행정심판사건과 고충민원 등의 창구를 일원화하기 위하여 「부패방지 및 국민권익위원회의 설치와 운영에 관한 법률」(제정 2008.2.29 법률 제8878호)이 제정됨에 따라 국민권익위원회에 국무총리행정심판위원회를 두어 「행정심판법」에 따른 심판사건을 처리하도록 하였다.

2. 法的 地位

행정심판법은 원칙적으로 처분청의 직근 상급행정기관 소속으로 행정심판위원회를 두어 심리와 재결을 하도록 하였다(동법 5①) 행정심판위원회는 원칙적으로 처분청의 직근 상급행정기관에 소속되지만, 독자적으로 심리·재결을 할 수 있는 권한을 갖는다(동법 32).

3. 設 置

(1) **직근 상급행정기관 소속하에 설치** 행정심판위원회는 해당 행정청의 직근 상급행정기관 소속하에 설치하는 것이 원칙이다(동법 5①). 「상급행정기관」이란 처분청 또는 부작위청을 지휘·감독하는 권한을 가진 행정청을 가리키며, 「직근」상급행정기관이란 이중 삼중의 상급행정기관이 있는 경우에 처분청(부작위청)으로부터 가장 가까운 상급행정기관을 말한다. 그러나 복잡한 행정조직 아래서는 어떤 행정청이 이에 해당하는지를 알기 어려운 경우가 많다. 이 때문에 고지제도의 채택은 매우 그 의의가 크다 하겠다. 몇 가지 예를 들어보면 ① 국무총리 직속기관인 처(법제처, 국가보훈처)의 처장의 경우에는 국무총리(정부조직법 20, 21), ② 행정각부의 직속기관인 청장(국세청장 등)의 경우는 소속 각부장관, ③ 서울특별시장·광역시장·도지사의 경우는 사무 소관에 따라 감독행정기관(정부조직법 22③)이 된다.

(2) **처분청(부작위청) 자체에 설치** ① 대통령 직속기관의 장(현재는 국가정보원과 감사원

(이 있으나 감사원의 처분에 대한 불복신청에 대하여는 감사원법에 특별한 규정이 있다.), ② 국회사무총장·법원행정처장·헌법재판소사무처장 및 중앙선거관리위원회사무총장, ③ 그 밖에 소관 감독행정기관이 없는 행정청(국회의장·대법원장·헌법재판소장이 여기에 해당된다 할 것이다.)의 경우에는 그 행정청 소속으로 행정심판위원회를 둔다(동법 5②).

①의 경우에는 일반원칙에 의하면 대통령 소속하에 행정심판위원회를 설치해야 하지만(정부조직법 11), 대통령의 사무번잡을 피하기 위한 것이다.

(3) **국민권익위원회 소속하에 국무총리행정심판위원회 설치** ① 특별시장·광역시장·도지사·제주특별자치도지사(교육감 포함)의 처분이나 부작위, 그 밖에 국무총리나 중앙행정기관이 직근 상급행정기관이나 소관 감독 행정기관에 해당하는 처분이나 부작위, ②「정부조직법」제 3 조 또는 다른 법률의 규정에 따라 설치된 국가특별지방행정기관(대통령령으로 정하는 중앙행정기관에 소속된 국가특별지방행정기관을 제외한다.)의 처분 또는 부작위, ③ 국무총리나 행정 각 부 장관의 처분 또는 부작위에 대한 심판청구를 심리·재결하기 위하여 국민권익위원회 소속하에 국무총리행정심판위원회를 둔다(동법 5③).

개정 행정심판법은 종전부터 국무총리 소속하에 설치되어 있던 국무총리행정심판위원회를, 고충민원의 처리와 이에 관련된 불합리한 행정제도를 개선하고, 부패의 발생을 예방하며 부패행위를 효율적으로 규제하도록 하기 위하여 국무총리 소속으로 국민권익위원회를 신설하여(부패방지 및 국민권익위원회의 설치와 운영에 관한 법률 11) 그 소속하에 설치하여「행정심판법」에 따른 심판사건을 처리하도록 하였다(동법 2(19) 1).

(4) **특별시장·광역시장·도지사·제주특별자치도지사 소속하에 설치** 특별시장·광역시장·도지사·제주특별자치도지사에 소속된 각급 국가행정기관 또는 그 관할구역안에 있는 자치행정기관의 경우에는 각각 특별시장·광역시장·도지사·제주특별자치도지사 소속으로 행정심판위원회를 둔다(동법 5④).

4. 構成·會議

(1) **행정심판위원회** 행정심판위원회(국무총리행정심판위원회는 제외)는 위원장 1인을 포함한 15인 이내의 위원으로 구성한다(동법 6①). 행정심판위원회의 위원장은 해당 행정심판위원회가 소속된 행정청이 되며, 필요한 경우에는 소속공무원으로 하여금 그 직무를 대행하게 할 수 있다(동법 6②).

행정심판위원회의 위원은 해당 행정심판위원회가 소속된 행정청이 ① 변호사의 자격이 있는 자, ② 고등교육법 제 2 조 제 1 호 또는 제 3 호의 규정에 의한 학교에서 법률학 등을 가르치는 부교수 이상의 직에 있거나 있었던 자, ③ 행정기관의 4급 이상 공무원 또는 고위공무원단에 속하는 일반직공무원으로 있었던 자 또는 그 밖에 행정심판에 관한 지식과 경험이 있는 자 또는 그 소속공무원 중에서 위촉하거나 지명하는 자로 한다(동법 6④).

행정심판위원회의 회의는 위원장과 위원장이 매회의마다 지정하는 6인의 위원으로 구성하되, 제 4 항 각호의 1에 해당하는 자가 4인 이상 포함되어야 한다(동법 6⑤). 행정심판위원회는 제 5 항의 규정에 의한 구성원 과반수의 출석과 출석위원 과반수의 찬성으로 의결한다(동법 6⑥).

(2) **국무총리행정심판위원회** 국무총리행정심판위원회는 위원장 1인을 포함한 50인 이내의 위원으로 구성하되, 위원 중 상임위원은 2인 이내로 한다(동법 6의 2①). 국무총리행정심판위원회의 위원장은 국민권익위원회의 부위원장 중 1명이 되며, 필요한 경우에는 상임위원으로 하여금 그 직무를 대행하게 할 수 있다(동법 6의 2③). 국무총리행정심판위원회의 상임위원은 별정직 국가공무원으로 보하되, 3급 이상 공무원 또는 고위공무원단에 속하는 일반직공무원으로 3년 이상 근무한 자 기타 행정심판에 관한 식견이 풍부한 자중에서 국무총리행정심판위원회 위원장의 제청으로 국무총리를 거쳐 대통령이 임명하고, 그 임기는 3년으로 하며, 1차에 한하여 연임할 수 있다(동법 6의 2④). 국무총리행정심판위원회의 비상임위원은 제 6 조 제 4 항 각 호의 어느 하나에 해당하는 자 중에서 국무총리행정심판위원회 위원장의 제청으로 국무총리가 위촉하거나 지명하는 자로 한다(동법 6의 2⑤). 국무총리행정심판위원회의 회의는 위원장, 상임위원과 위원장이 매회의마다 지정하는 위원을 포함하여 총 9인으로 구성하되, 제 6 조 제 4 항 각호의 1에 해당하는 자가 5인 이상 포함되어야 한다(동법 6의 2⑥).

국무총리행정심판위원회는 제 6 항의 규정에 의한 구성원 과반수의 출석과 출석위원 과반수의 찬성으로 의결한다(동법 6의 2⑦). 국무총리행정심판위원회는 위원장이 지정하는 심판청구사건을 미리 검토하게 하기 위하여 필요한 경우에는 소위원회 또는 전문위원회를 둘 수 있다(동법 6의 2⑧). 국무총리행정심판위원회의 조직 및 운영과 위원의 임기·신분보장 그 밖에 필요한 사항은 대통령령으로 정한다(동법 6의 2⑨).

5. 委員 등의 除斥·忌避·回避

행정심판법은 심판사건에 대한 심리·의결의 공정을 도모하기 위하여 법관에 준하여 위원과 직원의 제척·기피·회피에 관하여 규정하고 있다(동법 7).

제척의 효과는 당사자의 주장 여부나 행정심판위원회의 결정 여부에 관계없이 법률상 당연히 발생한다. 위원에 대한 당사자의 기피신청이 있는 경우에, 행정심판위원회의 위원장은 기피신청에 대하여 위원회의 의결을 거치지 아니하고 결정한다(동법 7②). 위원이 제척 또는 기피사유에 해당하는 때에는 스스로 그 사건의 심리·재결에서 회피할 수 있다(동법 7③).

6. 權 限

행정심판위원회는 심리·재결권을 가진 기관이므로 심판청구사건의 심리권(동법 23, 25, 26 등) 및 재결권(동법 32, 33, 34, 35)과 기타 심판권에 부수된 권한을 가진다.

(1) 심리권 (가) 행정심판위원회는 행정심판청구인이 제기한 심판청구사건에 대한 심리권을 가진다. 여기에서 심리권이라 함은 재결의 기초가 되는 사실관계 및 법률관계를 명백히 하기 위하여 문서 또는 구술에 의한 당사자 및 관계인이 심판청구서·보정서·답변서 또는 참가신청서상의 주장과 반박을 듣고(동법 25①), 그것을 뒷받침하는 증거 기타의 자료 등을 수집·조사할 수 있는 권한을 말한다.

(나) 심리는 각 심판사건을 단위로 하여 행하는 것이 원칙이나, 위원회는 필요하다고 인정할 때에는 서로 관련되는 내용의 심판청구를 병합하여 심리하거나 병합된 관련청구를 분리하여 심리할 수 있다(동법 29).

(다) 심리·재결의 공정성과 객관성을 보장하기 위하여 위원회에서 위원이 발언한 내용 기타 공개할 경우 위원회의 심리·의결의 공정성을 해할 우려가 있는 사항으로서 대통령령이 정하는 사항은 이를 공개하지 아니한다(동법 26의 2). 이는 당해 심판사건의 심리·재결에 관한 회의록 등의 일부 또는 전부를 공개하지 아니할 수 있다는 것이며, 「공공기관의 정보공개에 관한 법률」에 의한 정보공개에 대한 예외를 규정한 것으로 동법에 의한 공개청구가 있어도 응하지 아니할 수 있게 된 것이다.

(2) 심리권에 부수된 권한 위원회는 심판청구서를 피청구인에게 송부하고(동법 17의 2①), 답변서를 받은 때에는 다른 당사자에게 송달한다(동법 17의 2⑤). 국무총리 행정심판위원회에서 심리·재결하는 심판청구의 경우 다음 각 호(1. 제5조 제3항 제1호에 대한 심판청구: 직근 상급행정기관이나 소관 감독 행정기관에 해당하는 국무총리 또는 중앙행정기관 2. 제5조 제3항 제2호에 대한 심판청구: 해당 국가특별지방행정기관이 소속된 중앙행정기관)의 구분에 따른 행정청은 의견서를 제출하거나 의견을 진술할 수 있다(동법 28⑤).

그리고 ① 증거조사권(동법 28①), ② 대표선정권고권(동법 11②), ③ 청구인의 지위승계허가권(동법 12⑤), ④ 대리인 선임허가권(동법 14①(4)), ⑤ 피청구인경정결정권(동법 13②), ⑥ 심판참가허가 및 요구권(동법 6①② 1), ⑦ 청구의 변경허가권(동법 20⑤), ⑧ 보정명령권(동법 23) 등을 가진다.

(3) **재결권** ㈎ 행정심판위원회는 심판청구사건에 대한 심리를 마치면 그 심판청구에 대하여 재결하는 권한을 가진다. 재결이란 행정심판의 청구에 대하여 행정심판법 제 5 조에 따른 행정심판위원회가 행하는 판단을 말한다(동법 2①3).

(4) **그 외 권한** 행정심판위원회는 재결이 주된 것이나, 그 외에 ① 집행정지결정에 관한 것(동법 21④)(예외 있다), ② 사정재결에 관한 것(동법 33①)이 있다.

(5) **시정조치요청권** 국무총리행정심판위원회는 심판청구를 심리·의결함에 있어서 처분 또는 부작위의 근거가 되는 명령 등(대통령령·총리령·부령·훈령·예규·고시·조례·규칙 등을 말한다.)이 법령에 근거가 없거나 상위법령에 위배되거나 국민에게 과도한 부담을 주는 등 현저하게 불합리하다고 인정되는 경우에는 관계행정기관에 대하여 당해 명령 등의 개정·폐지 등 적절한 시정조치를 요청할 수 있다(동법 42의 2①). 이 요청을 받은 관계행정기관은 정당한 사유가 없는 한 이에 따라야 한다(동법 42의 2②).

여기에서 시정조치요청대상에 법률은 포함시키지 아니하였는데, 이는 타당한 것이라 볼 수 없다. 그것은 법률은 국회가 입법권을 갖기 때문에 국회에 대하여 시정조치를 요구하는 것은 국회의 입법권을 침해할 우려가 있기 때문인 것으로 추측이 되나, 법률을 포함시키더라도 시정조치의 요청은 주관 행정기관에 대하여 행할 것이고 주관 행정기관은 요청을 받으면 개정안을 마련하여 국회에 제출할 것이며, 국회는 이를 심의하여 타당하면 입법조치를 할 것이고, 타당하지 않으면 입법조치를 하지 아니할 수도 있는 것이므로 요청대상에 법률을 포함시킨다 하여 국회의 입법권을 침해하는 것은 아니라고 할 것이기 때문이다.

제 4 목 當事者와 關係人

Ⅰ. 行政審判의 當事者

행정심판은 청구인과 피청구인이 서로 대립하는 당사자관계에 있는 쟁송이다. 행정심판법은 행정심판의 준사법적 절차화를 규정한 헌법 제107조 제 3 항의 취지를 구체화하여 청구인과 피청구인이란 관념을 명문화하고 행정심판절차를 그들간의 대심구조로 편성함으로써 어느 정도 대등한 지위에서 공격·방어를 통하여 심리를 진행하도록 하고 있다.

1. 請 求 人

(1) 의의 ① 청구인이란, 행정심판의 대상인 처분 또는 부작위에 불복

하여, 그의 취소 또는 변경 등을 위하여 심판청구를 제기하는 자를 말한다. ② 청구인은 원칙적으로 자연인·법인이어야 하나, 법인격 없는 사단 또는 재단으로서 대표자나 관리인이 있을 때에는, 그 이름으로 청구인이 될 수 있다(행심 10). ③ 또한, 법률상 이익만 침해당하였으면 처분 등의 직접 상대방이거나 제3자이거나를 불문한다. ④ 다수의 청구인들이 공동으로 심판청구를 하는 때에는, 그 중 3인 이하의 대표자를 선정할 수 있고, 위원회도 그 선정을 권고할 수 있다(선정대표자의 선정). 선정대표자는 각기 다른 청구인들을 위하여, 청구의 취하를 제외하고는, 그 사건에 관한 모든 행위를 할 수 있으며, 청구인들은 그 선정대표자를 통하여서만 그 사건에 관한 행위를 할 수 있다(동 11).

(2) 취소심판의 청구인적격

㈎ 법률상의 이익　취소심판은 처분의 취소 또는 변경을 구할 법률상의 이익이 있는 자가 청구인적격을 가진다(행심 9① 전단). 「법률상이익」을 어떠한 이익으로 볼 것인지에 대하여는 학설·판례가 갈리고 있는바, 판례·학설은 기본적으로 법률상 보호이익설의 입장에 서되, 오늘날 국민의 행정의존도가 점차 커지고 있음을 감안하여 심판절차에 의하여 보호할 가치가 있는 이익을 점차 법률상이익에 포용하려는 경향이 있다.[1),2)]

㈏ 입법상 과오 여부　취소심판은 위법 또는 「부당」한 처분을 대상으로 하고 있는데, 행정심판의 청구인적격은 「법률상 이익」을 가진 자로 한정하고 있다. 그런데 법률상 이익의 침해는 위법한 처분에 의해서만 가능하고, 부당한 처분에 의해서는 사실상 이익의 침해만 가능하다면서, 행정심판법이 부당한 처분도 취소심판의 대상으로 하면서 청구인적격을 법률상 이익이 있는 자로 한정한 것은 입법상 과오라는 주장이 있다. 그러나 청구인적격은 처분을 다툴 수 있는 자를 한정하는 입법정책의 문제이므로 입법상의 과오라는 주장은 타당하지 않다.

㈐ 처분의 효과가 소멸된 때　① 행정심판법은 취소심판의 경우에는 처분의 효과가 기간의 경과(영업정지기간의 경과 등), 처분의 집행(예: 강제퇴거명령을 받고 이미 국외로 강제퇴거당한 경우 등), 그 밖

1) 행정심판청구인이 아닌 제3자라도 당해 행정심판청구를 인용하는 재결로 인하여 권리 또는 법률상 이익을 침해받게 되는 경우에는 그 재결의 취소를 구할 수 있으나, 이 경우 법률상 이익이란 당해 처분의 근거 법률에 의하여 직접 보호되는 구체적인 이익을 말하므로 제3자가 단지 간접적인 사실상 경제적인 이해관계를 가지는 경우에는 그 재결의 취소를 구할 원고적격이 없다. 온천관리대장에 온천발견자의 성명을 등재하는 행위는 행정사무집행상의 편의를 위한 것에 불과하여, 온천발견자 명의변경을 항고소송의 대상이 되는 공권력의 행사 또는 이에 준하는 행정작용으로 볼 수 없다(대법원 2000.9.8. 98 두 13072 온천발견신고자명의변경신고수리불가처분취소).

2) 김시수, 취소소송의 원고적격, 법조, 1988.9. p.150.

의 사유로 인하여 소멸된 뒤에도 그 처분의 취소로 인하여 회복되는 법률상 이익이 있는 경우에는(예컨대 전에 영업정지처분을 받았거나 강제퇴거명령을 받은 경우에는 추후에 다시 위반행위를 한 경우 가중사유가 되거나 재입국을 하는 경우 불이익사유로 작용한다.) 행정심판을 제기할 수 있게 하였다(동 9① 후단). ② 종래의 판례는 법률상 이익을 처분의 직접적 효력의 제거에만 있는 것으로 좁게 해석함으로써, 처분의 효과가 소멸된 뒤에는, 취소·변경을 구할 목적물이 없어져 당해 처분의 취소·변경을 구할 법률상 이익이 없는 것으로 보았다.[1),2)] 그리고 청구인적격은 심판청구 당시에는 물론이고 심판청구에 대한 심리종결시까지도 유지되어야 하므로, 처분의 효과가 이미 소멸된 뒤에는 심판청구를 제기할 수 없음은 물론, 청구인적격을 가진 자가 심판청구를 제기한 뒤에 당해 심판청구에 대한 심리가 종결되기 전에 그 심판청구의 대상이 된 처분의 효과가 소멸된 때에는 그 처분의 취소·변경을 구할 법률상 이익이 없어지게 되고 당해 심판청구는 각하를 면하지 못하게 된다.

③ 그러나 오늘날의 학설·판례는 법률상 이익을 좁게 해석하여 처분의 직접적 효력의 제거에만 있는 것으로 보지 아니하고, 보다 넓게 해석하여 당해 처분으로 인한 부수적 효과의 제거에도 있는 것으로 보아 당해 처분의 취소·변경으로 부수적 효과가 제거되는 경우에도 법률상 이익을 인정한다. 행정심판법은 이를 명문화한 것이라 하겠다.

(3) **무효등확인심판의 청구인적격** 무효등확인심판의 경우에는, 처분의 효력 유무 또는 존재 여부에 대한 확인을 구할 법률상이익이 있는 자가 청구인적격을 가진다(동 9②). 확인을 구할 법률상이익이란 계쟁처분의 효력유무 또는 존재여부에 관한 당사자간의 다툼이 있어서, 재결로 공권적인 확정을 하는 것이 청구인의 법적 지위의 불안정상태를 제거하기 위하여 필요한 것을 말한다. 그런데 행정심판으로서의 무효등확인심판은 민사소송에 있어서의 「확인의 소」와는 달라서 그것이 항고쟁송의 성질을 가지는 것이므로, 무효등확인심판의 법률상이익은 그 재결의 결과로서 얻어지는 법적 이익까지 포괄하여 종합적·입체적으로 판단하여야 할 것이다.[3)]

1) 건축허가처분이 민법 또는 건축법, 동법시행령 소정의 이격거리를 두지 아니하고 건축물을 건축하도록 되어 있어 위법하다고 할지라도, 그 건축허가에 기하여 건축공사를 시행하여 원심 변론종결 전에 그 준공검사까지 마쳤다면, 위 건축허가처분의 취소를 받아 위와 같은 이격거리를 확보할 수 있는 단계는 이미 지났을 뿐만 아니라 위 처분이 취소된다 하여 위와 같은 이격거리가 확보되는 것도 아니므로 결국 위 건축허가처분의 취소를 소구할 법률상의 이익이 없다고 할 것이다(대법원 1987. 5. 12. 87 누 98, 건축허가처분취소).

2) 시기와 종기를 명시하여 영업정지를 명한 행정처분에 대하여 그 처분의 효력 또는 집행이 정지된 바 없다면, 그 처분의 상대방은 위 처분이 잔존함으로 말미암아 어떠한 법률상 이익의 침해가 있다고 볼 만한 별다른 사정이 없는 한 종기가 지난 다음 그 처분의 취소를 구할 법률상의 이익이 없다(대법원 1986. 7. 8. 86 누 281 행정처분취소).

3) 이재성, 납세 후의 과세처분불존재확인쟁송, 판례월보, 1982. 8월호 참조.

(4) **의무이행심판의 청구인적격** 의무이행심판의 경우에는 행정청의 거부처분 또는 부작위에 대하여 일정한 처분을 구할 법률상 이익이 있는 자가 청구인적격을 가진다(동 9③). 여기에서의 「법률상 이익」은 취소심판의 청구인적격으로서의 법률상 이익과 크게 다를 것이 없다고 할 것이다.

(5) **청구인의 지위승계** ① 청구인이 사망한 때에는 상속인, 그 밖의 권리·이익의 승계자가, ② 법인이나 법인격 없는 단체인 청구인이 합병한 때에는 합병 후 존속하는 법인이나 단체, 합병으로 설립된 법인이나 단체가 청구인의 지위를 승계하며(이상 당연승계), ③ 심판청구의 대상인 처분에 관계되는 권리·이익을 양수받은 자(예: 개인택시운송사업·건설업·하천점용·공유수면매립사업의 각 양수인)는 위원회의 허가를 받아 청구인의 지위를 승계할 수 있다(동 12)(이상 허가승계).

2. 被請求人

피청구인이란 심판청구를 제기받은 상대방인 당사자를 말한다.

(1) **행정청** ① 심판청구는 행정청(처분청 또는 부작위청)을 피청구인으로 하여 제기되어야 한다(동 13①). 이론상으로는 행정청은 권리주체인 국가나 지방자치단체 등의 기관에 불과하므로 국가나 지방자치단체 등이 피청구인이 되어야 할 것이나, 행정소송의 경우와 마찬가지로 공격방어방법의 용이, 기타 절차 진행상의 기술적인 편의를 위하여, 직접 처분을 하거나 부작위에 관계되는 행정청을 피청구인으로 한 것이다. ② 법령에 의하여 행정권한이 다른 행정기관, 공공단체 및 그 기관 또는 사인에게 위임 또는 위탁된 경우에는, 위임 또는 위탁을 받은 자가 행정청이 되며(국가를 당사자로 하는 소송에 관한 법률 2의2 참조), 처분이나 부작위가 있은 뒤에 위임이나 위탁이 있는 경우에도 같다.

(2) **피청구인 경정** 청구인이 심판청구를 제기함에 있어서, 피청구인을 잘못 지정한 때에는 위원회는 당사자의 신청 또는 직권에 의하여 결정으로써 피청구인을 경정할 수 있고, 이러한 결정이 있으면 종전의 피청구인에 대한 심판청구는 취하되고 새 피청구인에 대한 심판청구가 처음에 심판청구를 한 때에 소급하여 제기된 것으로 본다(동 13② 내지 ④). 만약 처음 심판청구를 한 때 제기한 것으로 보지 아니하고 경정된 때 제기한 것으로 보게 하면, 제기기간 도과로 각하재결을 당하게 되어 권리구제가 불가능하게 되기 때문에 청구인의 권리구제의 길을 확보하기 위하여서이다.

(3) **권한승계에 따른 경정** 처분이나 부작위와 관계되는 권한이 다른 행정청에게 승계된 때에는 이를 승계한 행정청을 피청구인으로 하여야 하는바

(동 13① 단서), 심판청구가 제기된 후에 권한승계가 이루어졌을 때에는 위원회는 위의 경정절차에 준하여 피청구인을 경정한다(동 13⑤).

Ⅱ. 行政審判의 關係人

1. 參加人(審判參加)

(1) 행정심판의 결과에 대하여 이해관계가 있는 제 3 자 또는 행정청은 위원회의 허가를 받아 심판에 참가할 수 있고, 위원회가 필요하다고 인정하면 참가를 요구할 수 있다(동 16). 예를 들면 A에 대한 영업허가가 위법하다 하여 B로부터 행정심판이 제기된 경우의 A와 같이 심판절차의 당사자가 되어야 할 이해관계인이 국외자로 된 때가 있으며, 이러한 경우 국외자인 제 3 자를 심판에 참가하게 하여 그 이익을 보호하게 하고 아울러 심리자료를 제출하게 하여 심리의 적정과 공정을 도모하도록 한 것이다. 또한 예컨대 어떤 처분에 대하여 협의를 한 행정청과 같이 피청구인인 행정청 이외의 행정청이 심판청구의 대상인 처분에 관계된 경우가 있는바, 이 경우 협의를 한 행정청 등도 심판에 참가할 수 있도록 하여 심리의 적정을 도모하도록 한 것이다.

(2) 심판에 참가할 수 있는 제 3 자인 이해관계인은 당해 심판청구에 대한 재결의 주문에 의하여 직접 자기의 권익을 침해당할 자를 말한다. 그러므로 이해관계인에는 당해 처분 자체에 대하여 이해관계가 있는 자(예컨대 체납처분절차로서 행하는 공매처분의 목적물인 재산의 소유자)는 물론이고, 재결의 내용여하에 따라서 불이익을 받게 될 자(예컨대 위의 공매처분의 취소를 구하는 심판청구가 제기된 경우의 당해 공매재산의 매수자)도 포함된다고 할 것이다.

(3) 제 3 자가 심판청구를 한 때에는 위원회는 처분의 상대방에게 이를 통지하여야 하는데(동 17⑥), 이는 처분의 상대방에게 심판참가의 기회를 주기 위한 것이다.

2. 代 理 人

(1) 청구인은, ① 법정대리인 이외에, ② 청구인의 배우자 · 직계존비속 · 형제자매, ③ 변호사, ④ 다른 법률의 규정에 의하여 심판청구의 대리를 할 수 있는 자, ⑤ 위원회의 허가를 받은 자를 대리인으로 선임할 수 있다(동 14).

(2) 피청구인도 소속직원 · 변호사나 허가를 받은 자를 대리인으로 선임할 수 있다(동 14② · 15).

제 5 목 行政審判의 提起

I. 行政審判의 提起要件

행정심판은 청구인적격이 있는 자가, 심판청구의 대상이 되는 처분이나 부작위를 대상으로, 심판청구기간 내에, 심판청구서에 의하여, 피청구인인 처분청이나 행정심판위원회에 제기하여야 한다.

1. 請求人

(1) 심판청구는 취소·변경(취소심판 청구의 경우)이나, 무효·부존재 등의 확인(무효등확인심판 청구의 경우) 또는 일정한 처분을 구할(의무이행심판 청구의 경우) 「법률상 이익이 있는 자」가 제기할 수 있다. 법률상이익만 침해당하였으면 ① 처분 또는 부작위의 직접 상대방이거나 제3자이거나를 불문하며, ② 자연인(외국인 포함)·법인·법인격 없는 단체(사단·재단)를 불문하고 심판청구를 할 수 있다(동 10).

(2) 또한 취소심판의 경우에는 처분의 효과가 기간의 경과(영업정지기간의 경과 등), 처분의 집행(예: 강제퇴거명령을 받고 이미 국외로 강제퇴거당한 경우 등), 그 밖의 사유로 인하여 소멸된 뒤에도 그 처분의 취소로 인하여 회복되는 법률상이익이 있는 경우에는(예컨대 전에 영업정지처분을 받았거나 강제퇴거명령을 받은 경우에는 추후에 다시 위반행위를 한 경우 가중사유가 되거나 재입국을 하려고 하는 경우 불이익사유로 작용한다.) 행정심판을 제기할 수 있다(동 9① 후단).

2. 審判請求의 대상

(1) 모든 위법 또는 부당한 처분이나 부작위가 심판청구의 대상이 된다(개괄주의).

(2) 부당한 처분이나 부작위도 대상이 되는 점에서, 위법한 처분이나 부작위만을 대상으로 하는 행정소송보다 대상이 넓다. 이것은 행정심판이 행정의 자기통제수단도 되는 데 기인한 것으로, 권리구제수단으로서도 행정소송이 갖지 못하는 장점이 되기도 한다.

(3) 「처분」은 행정청이 행하는 구체적 사실에 관한 법집행으로서의 공권력의 행사 또는 그 거부와 그 밖에 이에 준하는 행정작용을 말한다(동 2①(1)).

(4) 「부작위」는 행정청이 ① 당사자의 신청에 대하여, ② 상당한 기간 내에, ③ 일정한 처분을 하여야 할 법률상의 의무가 있음에도 불구하고, ④ 이를 하지 아니하는 것을 말한다(동 2①(2)).

3. 審判請求期間

아래에서 설명하는 심판청구기간은, 취소심판청구와 거부처분에 대한 의무이행심판청구에 적용되고, 무효확인등행정심판과 부작위에 대한 의무이행행정심판에는 적용되지 아니한다(동 18⑦).

(1) **심판청구기간과 권리구제** 행정처분에 대하여는, 한편으로는 이에 대한 불복제기기간을 길게 하여 국민의 권리구제를 두텁게 하려는 요청과, 다른 한편으로는 당해 처분의 효과를 가능한 한 빨리 안정시키려는 요청이 있다. 행정심판제기기간은 이 두 가지 요청을 조화시키기 위한 입법정책적 견지에서 정하여질 것이나, 행정심판법은 행정심판 제기기간을 배(倍)로 늘리고 불가항력적인 사유가 있는 경우 등에 특례를 인정하였으며, 또한 고지제도를 채택하여 대폭적인 개선을 하였다.

(2) **원칙적인 심판청구기간** ㈎ 행정심판 제기기간은 원칙적으로 처분이 있음을 안 날로부터 90일 이내, 처분이 있은 날로부터 180일이다(동 18①③). 이들은 불변기간이다(동 18④). 이 두 기간 중의 어느 하나라도 도과하면 행정심판을 제기할 수 없게 된다(71 누 61 (1961.6.30 대판)).

㈏ 「처분이 있음을 안 날로부터 90일」이라 함은 「당사자가 통지·공고 기타의 방법에 의하여 당해 처분이 있었다는 사실을 현실적으로 안 날」을 의미하고, 추상적으로 알 수 있었던 날을 의미하는 것은 아니라 할 것이므로, 「처분을 기재한 서류가 당사자의 주소에 송달되는 등으로 사회통념상 처분이 있음을 당사자가 알 수 있는 상태에 놓여진 때(대법원 2002.8.27. 2002 두 3850 과징금부과처분취소)」, 즉 도달한 때로부터 90일로 볼 것이다.[1] 사실행위의 경우에는, 상대방에 대한 고지절차가 없는 것이 보통이므로, 사실행위가 있고 그것이 자기의 권리·이익을 침해하고 있다는 인식을 한 날이 처분이 있음을 안 날이라 할 것이다.

㈐ 「처분이 있은 날로부터 180일」이라 함은 처분이 고지에 의하여 외부에 표시되고 효력이 발생한 날을 말한다.[2] 처분은 보통은 상대방에게 도달되어야만 비로소 효력이 발생한다. 그런데 상대방이 처분의 때에는 존재를 알았든 몰랐든간에 처분 후 180일이 경과하면 다툴 수 없도록 한 것은 법적 안정성을 확보하

1) 아파트 경비원이 과징금부과처분의 납부고지서를 수령한 날이 그 납부의무자가 '부과처분이 있음을 안 날'은 아니라고 한 사례(대법원 2002.8.27. 2002 두 3850 과징금부과처분취소).

2) 행정처분이 있은 것을 알았다는 뜻은 행정처분의 구체적 내용을 알았다는 취지로 볼 것이 아니고, 어떠한 종류의 행정처분이 있었다는 사실을 알았으면 족한 것이고, 그 구체적 내용은 확인하지 못하였다 하여도 행정처분이 있은 것을 알았다는 요건은 충족한다(대법원 1964.3.31. 63 누 158 행정처분취소).

기 위한 것이다.[1)]

(3) 예외적인 심판청구기간

(가) 90일에 대한 예외　처분이 있음을 안 날로부터 90일 이내에 제기하여야 하지만 천재·지변·전쟁·사변 그 밖에 불가항력으로 그 기간 내에 제기할 수 없을 때에는 그 사유가 소멸한 날로부터 14일 이내(국외에서는 30일)에 제기할 수 있다(동 18②). 다만 이러한 불가항력의 사유는 처분이 있음을 안 날로부터 90일 이내이고, 있은 날로부터 180일 이내에 시작되어야 한다고 볼 것이다.

(나) 180일에 대한 예외　처분이 있은 날로부터 180일 이내에 제기하여야 하지만 정당한 사유가 있는 경우에는 180일이 넘어서도 제기할 수 있다(동 18③). 어떤 사유가 「정당한 사유」에 해당하는가는 심판위원회에서 직권으로 조사하여 건전한 사회관념에 입각하여 판단할 것이나 위의 불가항력보다는 넓은 개념이라 할 것이다. 다만 「정당한 사유」는 처분이 있은 날로부터 180일 이내이고 있음을 안 날로부터 90일 이내에 시작되어야 한다고 볼 것이다.

(4) 복효적 행정행위와 심판청구기간　행정행위는 원칙적으로 상대방에게 도달(통지)됨으로써 효력이 발생되는데, 현행법상으로는 행정행위의 직접 상대방에게는 통지하도록 되어 있으나(사무관리 규정 8②) 제 3 자에게는 통지하도록 하는 규정이 없다.[2)] 그리하여 제 3 자는 특별한 사정이 없는 한 행정행위가 있음을 알 수가 없다고 할 것이며, 따라서 일반적으로 행정심판제기기간은 「처분이 있은 날로부터 180일 이내」가 기준이 될 것인바, 처분이 있은 날로부터 180일이 경과된 경우에도, 그 기간 내에 심판청구가 가능하였다는 특별한 사정이 없는 한 행정심판법 제18조 제 3 항 단서의 「정당한 사유가 있는 경우」에 해당되어 행정심판청구가 가능하다고 할 것이다.[3)] 그러면 이 경우 「그 기간 내에 심판청구가 가능하였다는 특별한 사정」이란 무엇이며, 180일이 지난 후 언제까지를 정당한 사유가 있는 경우로 볼 것인지가 문제되는바, 심판청구기간을 설정한 법의 취지에 비추어 볼 때 제 3 자가 어떠한 사유에 의하였든 간에 처분이 있음을 알고 그

1) 건축허가처분과 같이 상대방이 있는 행정처분에 있어서는 달리 특별한 규정이 없는 한 그 처분을 하였음을 상대방에게 고지하여야 그 효력이 발생한다고 할 것이어서, 위의 행정처분이 있은 날이라 함은 위와 같이 그 행정처분의 효력이 발생한 날을 말한다(대법원 1977.11.22. 77 누 195 행정처분무효확인).

2) 독일행정절차법 제43조는 제 3 자에게도 통지하게 하였다.

3) 행정처분의 직접 상대방이 아닌 제 3 자는 일반적으로 처분이 있는 것을 바로 알 수 없는 처지에 있으므로, 그 기간 내에 처분이 있은 것을 알았거나 쉽게 알 수 있었기 때문에 심판청구를 제기할 수 있었다고 볼 만한 특별한 사정이 없는 한, 위 법조항 본문의 적용을 배제할 "정당한 사유"가 있는 경우에 해당한다고 보아야 한다(대법원 1992.7.28. 91 누 12844 시외버스운송사업계획변경인가처분취소).

후 90일이 경과된 경우라 할 것이다. 그것은 처분이 있은 날로부터 180일의 전후를 불문하고 처분이 있음을 안 때에는 그 때부터 90일이 경과되면 행정심판을 제기할 수 없기 때문이다.

〔**판례**〕 고시 또는 공고에 의하여 행정처분을 하는 경우 행정심판 청구기간의 기산일(=고시 또는 공고의 효력발생일)
통상 고시 또는 공고에 의하여 행정처분을 하는 경우에는 그 처분의 상대방이 불특정 다수인이고, 그 처분의 효력이 불특정 다수인에게 일률적으로 적용되는 것이므로, 그에 대한 행정심판 청구기간도 그 행정처분에 이해관계를 갖는 자가 고시 또는 공고가 있었다는 사실을 현실적으로 알았는지 여부에 관계없이 고시가 효력을 발생하는 날인 고시 또는 공고가 있은 후 5일이 경과한 날에 행정처분이 있음을 알았다고 보아야 한다(대법원 2000.9.8. 99 두 11257 도시계획시설(공공공지) 결정처분취소).

(5) **심판청구기간의 불고지의 경우** 행정청이 서면에 의하여 처분을 하는 경우에는 그 처분의 상대방에게 그 처분에 대한 심판청구를 할 수 있는지의 여부와 심판청구가 가능한 것인 때에는, 심판청구절차 및 청구기간을 고지하여야 하는바, 고지를 함에 있어서 실제보다 긴 기간으로 잘못 알린 경우에는 그 잘못 고지된 기간 내에, 심판청구기간을 고지하지 아니한 경우에는 처분이 있은 날로부터 180일 이내에 심판청구를 할 수 있게 하였다. 이는 오고지 또는 불고지에 대하여 절차상 제재적 효과를 부과한 것이다.[1)]

(6) **특별법상 심판청구기간** 행정심판법 이외의 많은 단행법은 심판청구기간에 관하여 특례를 규정하고 있다(예: 국세기본 61 · 66⑥ · 68, 국공 76, 관세 121, 주민등록 21).

4. 審判請求의 방식

행정심판의 청구는 피청구인인 행정청과 위원회 등의 사항을 기재한 행정심판청구서를 제출함으로써 행하는 서면청구주의를 취하였다(동 19). 심판청구를 서면으로만 하게 한 것은 내용을 명확히 하고 획일적인 방식으로 통일하며, 구술로 하는 경우에 생길 수 있는 지체와 번잡을 피하자는 취지라고 할 것이다.

행정심판청구는 엄격한 형식을 요하지 아니하는 서면행위라고 할 것이다.

「행정소송의 전치요건인 행정심판청구는 엄격한 형식을 요하지 아니하는 서면행위라고 해석되므로, 위법 부당한 행정처분으로 인하여 권리나 이익을 침해당한 자로

1) 행정청이 법정 심판청구기간보다 긴 기간으로 잘못 알린 경우에, 그 잘못 알린 기간 내에 심판청구가 있으면 그 심판청구는 법정 심판청구기간 내에 제기된 것으로 본다는 취지의 행정심판법 제18조 제 5 항의 규정은, 행정심판 제기에 관하여 적용되는 규정이지, 행정소송 제기에도 당연히 적용되는 규정이라고 할 수는 없다(대법원 2001.5.8. 2000 두 6916 배출부과금부과처분취소).

부터 그 처분의 취소 또는 변경을 구하는 서면이 제출되었을 때에는, 그 표제와 제출기관의 여하를 불문하고 이를 행정소송법 제18조 소정의 행정심판으로 보고 불비된 사항이 보정가능한 때에는 보정을 명하고, 보정이 불가능하거나 보정명령에 따르지 아니한 때에 비로소 부적법 각하를 하여야 할 것이며, 더욱 심판청구인은 일반적으로 전문적 법률지식을 갖고 있지 못하여 제출된 서면이 취지 불명인 경우가 적지 않으나, 이러한 경우 행정청으로서는 그 서면을 가능한 한 제출자의 이익이 되도록 취급 해석하여야 할 것이다」(대법원 1990.6.8. 90 누 851 학사제명처분취소).

5. 行政審判請求書提出機關

(1) **행정청 또는 행정심판위원회** 행정심판청구서는 처분청이나 부작위청인 행정청 또는 행정심판위원회에 제출하여야 한다(동법 17①). 종전에는 재결청 또는 행정청에 제출하도록 하였으나, 개정 행정심판법에서는 재결을 하는 권한을 갖는 행정심판위원회에 제출할 수 있도록 하였다.

(2) **처분청에 제출되는 경우의 처리** 처분청이나 부작위청이 청구인으로부터 심판청구서를 접수한 때에는 다음의 조치를 하여야 한다.

(가) **청구내용의 인용** 심판청구가 이유 있다고 인정할 때에는 심판청구의 취지에 따르는 처분이나 확인을 하고 지체없이 이를 행정심판위원회와 청구인에게 통지하여야 한다(행심 17③). 행정심판이 제기된 때에는 심판청구의 대상인 처분이나 부작위를 직접 행한 행정청이 심판청구서를 받아 이를 재검토하여 본 결과 그 심판청구가 이유 있다고 인정할 때에는 구태여 번잡한 심리절차를 거칠 것 없이 그 단계에서 스스로 심판청구의 취지에 따르는 처분을 하도록 하는 것은 당연하다 할 것이다.

(나) **행정심판위원회에 송부** 행정청은 심판청구서를 접수한 때에는 심판청구의 취지에 따르는 처분이나 확인을 하고 이를 위원회와 청구인에게 통지한 경우 또는 제30조 제1항의 규정에 의하여 청구인이 심판청구를 취하한 경우를 제외하고는 심판청구서를 받은 날로부터 10일 이내에 그 심판청구서를 위원회에 송부하여야 한다(동법 17④).

행정청이 심판청구서를 송부함에 있어서는 심판청구서에 위원회가 표시되지 아니하였거나 잘못 표시된 경우에도 정당한 권한 있는 위원회에 송부하여야 한다(동법 17⑤).

(다) **청구인에 통지** 행정청은 고지를 하지 아니하거나 잘못 알려서 청구인이 심판청구서를 다른 행정기관에 제출한 때에는 정당한 권한 있는 행정청에 송부하거나(동법 17②), 심판청구서에 위원회가 표시되지 아니하였거나 잘못 표시된 경

우에 정당한 권한 있는 위원회에 송부(동법 17⑤)한 때에는 지체없이 그 사실을 청구인에게 통지하여야 한다(동법 17⑥).

이는 청구인에게 심판청구서의 처리상황을 알 수 있도록 하여 주장의 보충 및 증거서류의 제출을 용이하게 하기 위한 것이라 하겠다.

(3) 위원회에 제출된 경우의 처리　위원회는 심판청구서를 받은 때에는 지체 없이 그 부본을 피청구인에게 송부하고, 피청구인은 그 부본을 받은 날부터 10일 이내에 답변서를 위원회에 제출하여야 한다(동법 17의2①). 피청구인이 심판청구서를 위원회에 송부할 때에는 답변서를 첨부하여야 한다(동법 17의2②). 피청구인이 제출하는 답변서에는 처분 또는 부작위의 근거와 이유를 명시하고 심판청구의 취지와 이유에 대응하는 답변을 기재하여야 한다(동법 17의2③). 답변서에는 다른 당사자의 수에 따르는 부본을 첨부하여야 한다(동법 17의2④). 피청구인으로부터 답변서가 제출된 때에는 위원회는 그 부본을 다른 당사자에게 송달하여야 한다(동법 17의2⑤). 제 3 자가 심판청구를 한 때에는 위원회는 처분의 상대방에게 이를 통지하여야 한다(동법 17의2⑥). 피청구인은 제 1 항부터 제 3 항까지에 따라 위원회에 심판청구서 및 답변서를 제출할 때에는 다음 각 호(1. 제 5 조 제 3 항 제 1 호에 대한 심판청구 : 직근 상급행정기관이나 소관 감독 행정기관에 해당하는 국무총리 또는 중앙행정기관 2. 제 5 조 제 3 항 제 2 호에 대한 심판청구: 해당 국가특별지방행정기관이 소속된 중앙행정기관)의 구분에 따른 행정청에도 그 심판청구·답변의 내용을 통보하여야 한다(동법 17의2⑦).

Ⅱ. 審判請求의 變更

행정심판법은 청구인이, 심판청구를 제기한 후에, 일정한 사유가 있을 때에는, 새로운 심판청구를 제기할 필요 없이, 청구의 변경을 할 수 있도록 하여, 청구인의 편의와 심판의 촉진을 도모하고 있다.

1. 請求의 變更(일반적 경우)

청구인은 청구의 기초에 변경이 없는 한도 내에서 청구취지(예: 취소심판청구를 무효확인심판으로 변경하는 것) 또는 청구원인(예: 처분의 부당을 위법으로 변경하는 것)을 변경할 수 있다(행심 20①). 청구변경은 행정심판위원회의 재결이 있기 전까지 할 수 있다(동 20⑤).

2. 處分變更으로 인한 請求의 變更

피청구인인 행정청이 심판청구 후에 그 대상인 처분을 변경한 때(예: 허가 취소처분을 허가정지처분으로 변경한 때)에는 청구인은 변경된 처분에 맞추어 청구취지 또는 청구이유를 변경할 수 있다(동 20②).

3. 變更節次

청구변경은 서면으로 신청하고, 그 부본을 다른 당사자에게 송달한다(동 20③④). 청구변경은 행정심판위원회가 그 허가권을 가진다고 할 것이므로, 청구변경의 신청은 위원회에 제출하여야 할 것으로 본다. 위원회는 청구변경의 신청이 이유 없다고 인정할 때에는 상대방인 당사자의 신청 또는 직권에 의하여 변경을 허가하지 않을 수 있다(동 20⑤).

Ⅲ. 行政審判提起의 효과

1. 行政審判委員會에 대한 효과—審理 · 裁決義務—

행정심판이 제기되면 행정심판위원회는 심의 · 재결할 의무를 진다(동 5).

2. 處分에 대한 효과

(1) 집행부정지의 원칙　행정처분이 위법 · 부당하다 하여 행정심판이 제기되어도, 그것은 원칙적으로 처분의 효력이나 그 집행 또는 절차의 속행을 정지시키는 효력은 없다(동 21①). 이와 같은 집행부정지의 이론적 근거는 종래 행정처분의 공정력 내지 자력집행력에서 구하는 견해가 많았으나 오늘날은 행정심판의 제기로 처분의 집행을 정지시킬 것인지의 여부는 입법정책적으로 결정할 문제로 보는 것이 통설적 견해이다.

그리하여 우리 행정심판법은 한편으로 ① 남소(濫訴)의 폐단을 방지하는 동시에, ② 행정운영의 부당한 정체를 예방하기 위한 정책적인 필요에서 집행부정지의 원칙을 채택하되, 다른 한편으로 행정의 지속적 수행만을 강조하여 개인의 권리 · 이익이 침해되는 일이 없도록 하기 위하여, 회복하기 어려운 손해를 예방하기 위하여 긴급한 필요가 있다고 인정할 때에는 집행정지결정을 할 수 있게 한 것이다.

(2) 집행정지의 결정　위와 같이 행정심판이 제기되어도 원칙적으로 처분의 효력 등을 정지시키는 효력은 없으나, 예외적으로 위원회는 당사자의 신청 또는 직권으로 처분의 효력이나 그 집행 또는 절차의 속행의 전부 또는 일부의 정지를 결정할 수 있다(동 21②). 다만, 위원회의 심리 · 결정을 기다려서는 회복하기 어려운 손해가 발생할 우려가 있다고 인정할 때에는 위원회의 위원장은 직권으

로 심리·결정에 갈음하는 결정을 할 수 있다(동 2 1⑥). 「결정을 할 수 있다」고 하였으나, 특별한 사정이 없는 한 요건이 갖추어진 때에는 「결정을 하여야 한다」는 뜻으로 보아야 할 것이다.

㈎ 집행정지결정의 요건

(a) 요건의 구체화 적극적 요건으로서, 처분이나 그 집행 또는 절차의 속행으로 인하여 생길 ① 회복하기 어려운 손해를 예방하기 위하여, ② 긴급한 필요가 있다고 인정될 때에 집행정지 결정을 할 수 있지만, 소극적 요건으로서 아무리 그러한 사유가 있다고 하더라도 ③ 공공복리에 중대한 영향을 미칠 우려가 있을 때에는 인정되지 아니한다. 그리고 명문의 규정은 없으나, 집행정지대상인 처분이 존재하여야 하고 본심(本審)인 행정심판이 계속되어야 한다.

그러나 집행정지결정의 요건을 구체화한 행정심판법 아래서도 그동안의 운영상황를 보면 종전의 소원법 아래에서와 같이 집행정지결정은 하나의 잠정적 조치임에도 불구하고 위원회는 법원과는 달라서 청구내용 자체가 이유 있다고 인정되는 경우가 아니면 집행정지결정을 하지 않으려는 성향을 그대로 유지하고 있어서 집행정지결정신청을 받아들이는 결정은 거의 행하지 않고 있다. 그렇게 되면 종전과 마찬가지로 행정심판제기와 동시에 행정소송을 제기하고 법원에 집행정지결정을 신청하게 될 것이고 이왕 행정소송을 제기하였으니 행정소송을 통하여 권리구제를 얻으려는 성향이 높아질 것이며, 그것은 종전과 같이 행정심판을 불필요한 존재로 인식하게 되는 원인의 하나가 될 수 있다. 따라서 행정심판위원회의 운영을 활성화하고, 청구내용 자체와는 관계없이 행정심판법이 정한 집행정지요건이 있을 때에는 과감하게 집행정지결정을 하도록 하여야 할 것이다.

(b) 적극적 요건 위원회가 집행정지결정을 하기 위하여 적극적으로 존재할 것이 요구되는 요건을 말한다.

(ㄱ) 집행정지대상인 처분의 존재 ① 처분이 이미 집행완료되었거나 목적을 달성하는 등으로 집행할 실체가 없게 된 때에는 집행정지가 불가능하게 된다. 집행정지는 소극적으로 당해 처분이 없었던 것과 같은 상태를 잠정적으로 실현하는 것이므로 처분 전의 상태의 실현이 어렵게 된 때에도 집행정지의 대상이 없는 경우가 된다.

② 처분이 무효인 때에도 사실상 처분으로서의 외관은 존재하고 국민은 구속력이 있는 것으로 오인할 염려가 있기 때문에 집행정지결정과 관련하여서는 처분이 존재한 것으로 보아야 한다.

③ 거부처분이나 부작위의 경우에는, 집행정지가 처분의 존재를 전제로 하여 소극적으로 처분이 없었던 것과 같은 상태를 실현하는 데 그치며, 처분이 행하여진 것과 동일한 법률상태를 실현할 수는 없다 할 것이므로 집행정지결정의 대상이 되지 못한다고 할 것이다.

(ㄴ) 심판청구의 계속 행정소송의 경우와 마찬가지로 행정심판의 계속을 요건으로 한다.[1]

(ㄷ) 회복하기 어려운 손해발생의 우려 집행정지는 처분이나 그 집행 또는 절차의 속행으로 인하여 발생하는 회복하기 어려운 손해를 예방하기 위하여 인정된다. 처분의 존재나 집행 또는 절차의 속행으로 인하여 당사자의 권익침해를 가져올 우려가 없는 내용의 것인 때에는 처음부터 집행정지의 문제가 일어날 여지가 없으므로 수익적 처분의 경우에는 원칙적으로 집행정지의 문제가 생기지 아니하나 복효적 처분의 경우에는 불이익을 받는 제 3 자가 집행정지결정을 신청할 수 있다. 「회복하기 어려운 손해」가 어떠한 손해를 말하는지는 명백하지 아니한바, 판례는 금전배상의 가능성 여부에 기준을 두어 금전배상이 불가능한 경우는 물론 금전배상만으로 수인할 수 없거나(수인불능), 수인하기 현저히 어려운(수인곤난)유형·무형의 손해를 말하며, 원칙적으로 신청인이 입증책임을 진다고 판시하였다.[2] 그리하여 판례의 기본적 입장은 비재산적 처분의 경우는 「회복하기 어려운 손해」의 요건의 충족을 보다 넓게 인정하고, 재산적 처분의 경우는 요건 충족을 좀처럼 인정하지 않는 것 같다.

(ㄹ) 긴급한 필요의 존재 집행정지는 본안에 대한 재결을 기다릴 시간적 여유가 없는 「긴급한 필요가 있다고 인정될 때」에만 허용된다. 「긴급한 필요」는 회복곤란한 손해의 발생이 시간적으로 절박하였거나 이미 시작됨으로 말미암아, 재결을 기다릴 여유가 없는 경우이다.

(ㅁ) 본안이유의 유무 판례는 집행정지신청사건에서는 처분자체의 적법여부(본안이유의 유무)를 판단할 것이 아니고, 그 처분의 집행정지에 관한 요건의 존부만을 판단하여야 한다는 입장을 취한다. 그러나 예외적으로 본안청구가 이유 없는 것이

1) 행정처분에 대한 집행정지는 취소소송 또는 무효확인소송 등 본안소송이 제기되어 계속중에 있음을 그 요건으로 한다(대법원 2007.6.15. 2006 무 89 집행정지).

2) 회복하기 어려운 손해가 발생할 우려가 있다고 본 사례로, 부정당업자에 대한 제재처분(86 두 5(1986.3.21 대결)), 현역병입영처분(92 두 7(1992.4.29 대결)), 안양교도소에서 진주교도소로의 이송처분(92 두 30(1992.8.7 대결)), 토석채취허가취소처분(97 두 63(1998.3.10 대결)), 주택건설공사중지명령(97 두 3(1997.2.26 대결)), 위반사실의 공표명령 및 과징금부과처분(98 무 57(1999.4.27 대결) 등이 있고, 회복하기 어려운 손해가 발생할 우려가 없다고 본 사례로 유흥접객업영업허가취소처분(91 두 1(1991.3.2 대결)), 자동차운수사업면허취소처분(94 두 42(1994.9.24 대결)), 영업허가취소처분(95 두 53(1995.11.23 대결)), 과세처분(99 무 15(1998.8.23 대결)) 등이 있다.

기록상 분명한 때에는 집행정지는 허용되지 아니한다고 판시하고 있다.[1]

(c) **소극적 요건** 집행정지결정을 하기 위하여 존재하여서는 아니되는 요건을 말하는바, 집행정지는 「공공복리에 중대한 영향을 미칠 우려가 있을 때」에는 허용되지 아니한다. 「공공복리에 중대한 영향을 미칠 우려가 있을 때」에는 허용되지 아니한다는 것은, 비록 적극적 요건이 충족되어 집행정지가 청구인의 권리보전을 위하여 요청되는 경우에도 공공복리에 중대한 영향을 미칠 우려가 있는 경우에는 청구인의 권리보전의 이익을 부득이 희생시키고 집행정지결정을 할 수 없다는 것이다. 판례는 이 요건은 원칙적으로 행정청이 입증책임을 진다고 판시하였다(대법원 1999. 4. 27. 98 무 57 시정명령등효력정지; 공정거래위원회의 위반사실공표명령과 과징금납부명령의 집행으로 인한 손해가 '회복하기 어려운 손해'에 해당한다고 본 사례).

(나) **집행정지결정의 대상** 집행정지의 대상은 처분의 효력, 처분의 집행 또는 절차의 속행이다(동 21②). 이러한 정지는 종전의 상태(처분 전의 상태)를 유지시키는 소극적인 것이며, 종전의 상태를 변경시키는 적극적인 조치로 활용될 수 없다. 따라서 거부처분이나 부작위에 대하여는 집행정지결정은 허용되지 아니한다.

(a) **처분의 효력정지** 「처분의 효력」의 정지는 처분의 내용에 따르는 구속력·공정력·집행력 등을 잠정적으로 정지시킴으로써, 장래에 향하여 처분 자체가 존재하지 아니한 상태에 두는 것이다. 예컨대, 영업허가취소처분·사업정지처분에 대한 정지결정이 있으면 이러한 처분이 없는 것과 같은 상태에서 영업 내지는 사업을 계속할 수 있게 된다. 집행의 정지, 절차속행의 정지 등 다른 정지방법에 의하여 그 목적을 달성할 수 있는 경우에는 구태여 효력까지 정지시킬 필요는 없다 할 것이므로 처분의 효력정지는 허용되지 아니한다(동 21②단). 예컨대 사업정지처분은 그 자체로서 효력이 발생하고, 이를 집행하거나 그에 따르는 절차의 속행이 없으므로 그 효력 자체를 정지시켜야만 목적을 달성할 수 있으나, 토지수용절차에 있어서와 같이 그 절차의 속행을 정지시킴으로써 목적을 달성할 수 있는 경우에는 사업인정 등 개별적인 처분의 효력을 정지시킬 필요는 없는 것이다.

(b) **처분의 집행정지** 「처분의 집행」의 정지는 처분의 내용을 강제적으로 실현하는 집행력의 행사를 정지시키는 것으로 처분의 내용이 실현되지 아니한 상태로 두는 것이다. 예컨대 강제국외퇴거명령을 받은 자를 강제퇴거시킬 수 없

---

1) 행정처분의 효력정지나 집행정지제도는 신청인이 본안 소송에서 승소판결을 받을 때까지 그 지위를 보호함과 동시에 후에 받을 승소판결을 무의미하게 하는 것을 방지하려는 것이어서, 본안 소송에서 처분의 취소가능성이 없음에도 처분의 효력이나 집행의 정지를 인정한다는 것은 제도의 취지에 반하므로, 효력정지나 집행정지사건 자체에 의하여도 신청인의 본안 청구가 이유 없음이 명백하지 않아야 한다는 것도 효력정지나 집행정지의 요건에 포함시켜야 한다(대법원 2007. 7. 13. 2005 무 85 효력정지기각결정에대한재항고; 대법원 1992. 6. 8. 92 두 14 등).

게 하는 것이다.

(c) 절차속행정지 「절차의 속행」의 정지는 심판대상인 처분에 따르는 후속처분을 정지시키는 것을 말한다. 예컨대 행정대집행절차 중 대집행영장에 의한 통지를 다투는 심판청구사건에서 대집행을 정지시키는 것과 같다.

(다) 집행정지결정의 절차 ① 집행정지결정은 위원회가 당사자의 신청 또는 직권에 의하여 위원회의 결정에 의하여 행하는데, 신청은 심판청구와 동시에 또는 심판청구에 대한 재결이 있기 전까지 할 수 있으며, 신청의 취지와 원인을 기재한 서면을 심판청구서사본 및 접수증명서를 첨부하여 위원회에 제출하여야 한다. 다만, 위원회에 심판청구가 계속중인 경우에는 심판청구서 및 접수증명서를 첨부하지 아니한다(동 21⑤). 이와 같이 집행정지 결정의 신청은 행정청에 하는 것이 아니고 위원회에 하게 되었음을 유의하여야 한다. ② 집행정지결정은 미리 위원회의 심리를 거쳐야 한다(동 21②). ③ 행정심판법은 위원회의 심리·재결을 기다려서는 회복하기 어려운 손해가 발생할 우려가 있다고 인정될 때에는 위원회의 위원장은 직권으로 위원회의 심리·결정에 갈음하는 결정을 할 수 있다(동 21⑥). 이 경우 위원장은 위원회에 그 사실을 보고하고 추인을 받아야 하며, 위원회의 추인을 받지 못한 때에는 위원장은 집행정지 또는 집행정지의 취소에 관한 결정을 취소하여야 한다. ④ 위원회는 집행정지 또는 집행정지의 취소에 관하여 심리·결정한 때에는 지체없이 결정서를 당사자에게 송달하여야 한다(동 21⑦).

(라) 집행정지결정의 취소 위원회는 집행정지의 결정을 한 후에 집행정지가 공공복리에 중대한 영향을 미치거나 그 정지사유가 없어진 때에는 당사자의 신청 또는 직권에 의하여 집행정지의 결정을 취소할 수 있다(동 21④). 공공복리에의 영향을 이유로 하는 집행정지결정의 취소신청을 할 수 있는 당사자는 처분청인 당사자라 할 것이나, 처분의 직접 상대방이 아닌 제 3 자의 신청에 의하여 집행정지결정이 행하여진 경우에는, 처분의 직접 상대방인 당사자도 신청할 수 있다고 할 것이다. 집행정지결정의 취소의 신청은 위원회에 한다(동 21⑤).

Ⅳ. 審判請求 등의 取下

청구인·참가인은, 재결이 있을 때까지, 서면으로 각각 심판청구 또는 참가신청을 취하할 수 있다(동 30).

제 6 목 行政審判의 審理

Ⅰ. 審理의 내용

심리의 내용에 따라 요건심리와 본안심리로 나누어진다.

1. 要件審理

제기요건을 갖추고 있는지의 여부를 심리하는 것을 말한다. 제기요건을 갖추지 못한 부적법한 것인 때에는 그 요건불비가 보정할 수 있는 것인 경우 보정을 명하거나 직권으로 보정하는 경우(행심 23①)를 제외하고는 재결로 행정심판을 각하한다. 요건심리는 본안재결이 있기 전에는 언제라도 할 수 있다.

2. 本案審理

요건심리의 결과 행정심판제기가 적법한 경우에 그 행정심판의 본안, 즉 행정처분의 위법 또는 부당 여부를 심리하는 것을 말한다. 본안심리의 결과, 재결로써 심판청구의 취지를 인용하거나, 기각(사정재결 포함)하게 된다.

Ⅱ. 審理의 범위

1. 不告不理 및 不利益變更禁止

행정심판의 행정구제적 기능을 중시하여, 행정심판의 심리와 재결에 있어 불고불리의 원칙(Nemo judex sine actore) 및 불이익변경금지의 원칙(Verbot der reformatio in peius)의 적용을 명문화하였다(동 36 예외 33②).

2. 法律問題와 事實問題

행정심판의 심리에 있어서, 행정심판의 대상인 처분이나 부작위에 관한 적법・위법의 판단인 법률문제뿐만 아니라, 당・부당의 판단인 재량문제, 그리고 사실문제까지 심리할 수 있다. 다만 법령의 위헌・위법성을 심사할 수 있는지에 대하여는 다툼이 있다. 당・부당의 문제까지 심리할 수 있다는 점에서 행정심판은 행정소송보다 국민의 권리구제에 있어 폭이 넓다.

Ⅲ. 審理의 節次

1. 書面主義·職權主義와 그 補完을 위한 審理節次의 司法化의 요구

(1) 행정심판은 그 성질상 행정소송에 비하여 간이성과 신속성이 강하게 요구되므로 심리절차의 구조가 서면심리주의 및 직권심리주의로 되어 있다. 그러나 다른 한편으로 심판청구에 대한 재결은 사법적 성질의 작용이며, 이러한 작용은 그 성질상 그것을 행정기관이 담당하는 경우에도 그 공정성과 객관성의 보장을 위하여 사법적 작용의 수행에 관하여 일반적으로 요구되는 자연적 정의(natural justice)의 원리에 입각한 적법절차(due process of law)가 요청된다 할 것이다. 따라서 법원의 소송절차에 준하여 심리절차의 사법화가 요청된다.

(2) 심리절차의 사법화는 심리기관의 객관화와 심리절차의 대심구조화 및 객관화를 요청한다. 헌법 제107조 제 3 항에서 「행정심판의 절차는 사법절차가 준용되어야 한다」라고 명시하고 있는 것도 그러한 뜻에서의 심리절차의 사법화(司法化)를 요구하고 있는 것이라 하겠다.

2. 審理節次의 구조와 원리

(1) **대심주의(對審主義)**　행정심판법에서는 주로 서면에 의한 것이기는 하지만 서로 대등한 입장에서 공격과 방어방법을 제출할 수 있게 하고, 원칙적으로 당사자가 제출한 공격·방어방법을 심리의 바탕으로 삼으며, 행정심판위원회가 중립적 지위에서 심리를 행하도록 함으로써 대심주의(adversary system)를 취하였다. 그리고 서면심리주의를 원칙으로 하되, 청구인에게 구술변론의 기회를 권리로 인정함으로써 구술변론을 통하여 자기에게 유리한 주장과 입증을 행할 수가 있게 되었다.

(2) **서면심리주의와 구술심리주의**　행정심판법은 「행정심판의 심리는 구술심리 또는 서면심리로 한다. 다만, 당사자가 구술심리를 신청한 때에는 서면심리만으로 결정할 수 있다고 인정되는 경우 외에는 구술심리를 하여야 한다」고 규정하고 있다(동 26②). 이 규정의 뜻은 명백한 것은 아니지만 행정심판의 성질에 비추어 볼 때, 서면심리를 원칙으로 하되, 구체적 사안별로 서면심리만으로 결정할 수 없다고 인정될 때에는 위원회는 직권으로 구술심리를 하여야 하며, 또한 당사자가 구술심리를 신청한 때에는 원칙적으로 이를 받아들여 구술심리를 하여야 한다는 것을 의미한다 할 것이다. 행정심판에 있어서 서면심리를 원칙으로

하는 것은 그것이 간이·신속한 절차인 점에 그 특색이 있으며 행정내부감독적인 성격을 갖기 때문이라 하겠다. 그런데 위와 같은 서면심리의 장점이 나타나기 위하여서는 양 당사자가 쟁점에 관한 상대방의 주장에 대하여 자기의 의견(방어)을 빠짐없이 법률적으로 서면에 기재하여 주장할 수 있어야 하고, 심판위원회의 위원이 서면을 정사(精査)하여 양 당사자의 쟁점을 정확하게 파악한다는 전제요건이 충족되어야만 나타날 수 있다 할 것이다.

(3) **직권심리주의** ㈎ 직권주의는 심리의 진행을 심판위원회의 직권으로 함과 동시에, 심리에 필요한 자료를 당사자가 제출한 것만에 의존하지 아니하고 직권으로 수집·조사하는 제도를 말한다. 심판위원회는 사건의 심리를 위하여 필요한 때에는 당사자 또는 참고인을 신문할 수 있고, 당사자 또는 관계인이 소지하는 문서 기타 증거자료를 위원회에 제출하게 하여 이를 영치할 수 있으며, 전문가에게 감정을 명하거나 검증을 할 수 있는 것 등이 그것이다(동 28).

㈏ 행정심판법에 의한 직권심리는 단지 직권에 의한 심리의 진행만을 의미하는 것이 아니고 나아가 직권탐지의 실질을 가진다고 할 것이다. 행정심판의 심리과정에서 직권심리주의를 채택하여 심판위원회가 주도적 지위를 가지게 한 것은 ① 절차의 대상이 단지 사적 관심사에 그치는 것이 아니고 국가적 관심사이기도 하며, ② 공정한 재결은 당사자의 의사에만 매이지 아니하고 진실의 사실관계를 밝힘으로써 가능하고, ③ 심리의 간이·신속을 도모하기 위한 것이라 하겠다. 다만 행정심판법은 직권탐지주의의 자의성을 억제하고, 행정심판절차에 당사자주의의 요구를 가미하는 뜻에서 당사자의 절차적 권리로서 증거방법의 제출 및 증거조사의 신청권을 인정하고 있다.[1)]

(4) **비공개주의** 비공개주의란 행정심판의 심리와 재결과정을 일반에게 공개하지 아니하는 원칙을 말하며, 공개주의에 대칭되는 개념이다.

행정심판법에서는 이에 관한 명문의 규정은 없으나, 서면심리주의·직권심리주의 등을 채택한 동법의 전체적인 구조로 보아, 비공개주의를 원칙으로 하는 것으로 해석된다. 행정심판법은「위원회에서 위원이 발언한 내용 기타 공개할 경우 위원회의 심리·의결의 공정성을 해할 우려가 있는 사항으로서 대통령령이 정하는 사항은 이를 공개하지 아니한다」(동법 26의2)고 규정하고 있으나, 이는 회의가 끝난 후의 회의록 등의 일부내용을「공공기관의 정보공개에 관한 법률」의 적용대상에서 제외시키려는 것으로, 심리의 공개여부와는 직접적인 관계가 없다고 할 것이다.[2)]

1) 이상규(상), p.742.
2) 같은 취지: 홍정선(상), p.729.

3. 當事者의 節次關與의 權利

(1) **위원·직원의 기피신청권** 당사자는 행정심판위원회의 위원에게 심리·재결의 공정을 기대하기 어려운 사정이 있는 경우에 그 위원에 대한 기피신청권을 가지며, 당사자의 기피신청이 있을 때에는 위원장(국무총리행정심판위원회의 경우에도 위원장)은 위원회의 의결을 거치지 아니하고 스스로 기피 여부를 결정한다(동 7②④).

(2) **보충서면제출권** 각 당사자는 심판청구서·답변서 또는 참가신청서 등에서 주장한 사실을 보완하고, 다른 당사자의 주장을 다시 반박하기 위하여 보충서면을 제출할 수 있다. 위원회가 보충서면의 제출기한을 정한 때에는 그 기한 내에 제출하여야 한다(동 25).

(3) **구술심리신청권** 행정심판의 심리는 서면심리를 원칙으로 하지만, 당사자는 행정심판위원회에 구술심리를 신청할 수 있는 권리를 가진다(동 26② 단서).

구술심리를 신청할 수 있는 사유는 뚜렷하지 않으나 서면진술만으로는 자기의 주장을 다할 수 없고, 효과적인 공격·방어를 하기 위하여 구술심리가 바람직하다고 인정되는 때에는 구술심리를 신청할 수 있는 것으로 볼 것이다.

위원회가 구술심리를 하는 때에는 기일을 정하여 당사자와 관계인을 소환하여야 한다(동 26③).

(4) **물적증거제출권** 당사자는 심판청구서·답변서 또는 참가신청서 등에 덧붙여 그 주장을 뒷받침하는 증거서류 또는 증거물을 제출할 수 있다. 증거서류를 제출하는 경우에는 다른 당사자의 수에 따르는 부본을 첨부하여야 하며, 위원회는 그 부본을 지체없이 다른 당사자에게 송달하여야 한다(동 27).

「증거서류」는 서증의 일종으로서 일정한 서면의 내용이 증거로 되는 것을 말하며, 「증거물」은 증거서류 이외의 모든 서류·물품을 말하는 것으로, 두 가지를 합쳐 「물적 증거」라 한다.

(5) **증거조사신청권** (가) 당사자는 위원회에 당사자 또는 참고인의 신문, 당사자 또는 관계인이 소지하는 문서 등의 위원회에의 제출 요구, 감정의 요구, 검증의 요구 등 증거조사를 신청할 수 있게 하였다(동 28). 이는 직권심리주의의 자의성을 억제함과 동시에 심리의 적정을 도모한 것이라 할 수 있다.

(나) 심판청구에 관계되는 자료는 대부분 피청구인인 처분청이 보유하고 있다 할 것이므로 심판청구인에게 처분청이 보유하는 자료제공요구권이나 자료열람청구권이 인정되어야 할 것이나 행정심판법은 이들 권리를 인정하고 있지 아니하다. 다만 행정심판법은 행정심판위원회만이 관계행정기관에 대하여 필요한 서류

의 제출 또는 의견의 진술을 요구할 수 있게 하였으므로(동 28③), 당사자는 위원회를 통하여 간접적으로만 관계자료에 접근할 수 있다고 하겠다.[1] 다만 개별법에서는 서류열람권을 인정한 것(국세기 58, 지방세 74의 2 등)이 있다.

4. 行政廳의 意見書제출 및 意見陳述權

국무총리행정심판위원회에서 심리·재결하는 심판청구사건의 경우 위에서 본 바와 같이 행정청은 위원회에 의견서를 제출하거나 의견을 진술할 수 있다(동 28⑤). 국무총리위원회는 사실상 제 3 기관이어서 행정청은 당연히는 의견서 제출 등의 기회를 갖지 못하기 때문에 특별히 이러한 권한을 부여한 것이다.

5. 審理의 併合과 分離

(1) 동일 또는 관련된 사안에 관한 수개의 심판청구(관련청구)는, 이를 병합심리하는 것이 심판청구사건의 통일적이고도 신속한 해결에 도움이 되는 것이므로, 행정심판법은 행정심판위원회가 필요하다고 인정하는 때에는 직권으로 관련청구를 병합할 수 있게 하였다(동 29).

관련청구의 병합은 심리의 병합에 그치므로, 재결은 병합된 각 심판청구별로 하여야 한다.

(2) 또한, 행정심판위원회는 이미 병합된 관련청구사건을 필요에 따라 직권으로 분리하여 심리할 수 있다(동 29). 「병합된 관련청구」사건이란 위원회가 직권으로 병합하여 심리하기로 결정한 관련청구사건 및 당사자에 의하여 병합제기된 심판청구를 모두 포함하는 개념이다.

제 7 목 行政審判의 裁決

재결이란 행정심판청구에 대하여 행정심판위원회가 행하는 판단을 말한다(동 2①3). 재결은 행정법상의 법률관계의 존부 또는 정부(正否)에 관한 분쟁에 대하여 위원회가 일정한 절차를 거쳐서 판단·확정하는 행위이므로 준법률적 행정행위의 일종인 확인행위(Feststellung)이다.

1) 김도창(상), p. 719.

Ⅰ. 裁決節次 등

1. 委員會의 審理·裁決

행정심판법은 행정심판사건의 심리·의결기관과 재결청을 분리하였던 종전의 제도를 개정하여, 행정심판위원회는 심리를 마치면 재결할 내용을 판단하게 된다. 즉 심리와 재결기능을 통합한 것이다.

2. 裁決期間

행정심판법은 행정청 또는 위원회가 심판청구를 받은 날로부터 60일 이내에 재결하도록 하고, 부득이한 사정이 있을 때에는 위원장이 직권으로 30일을 연장할 수 있게 하였다(동 34①).

3. 裁決의 方式(裁決書)

재결서(서면)로 하여야 하며 재결서에는 ① 사건번호와 사건명, ② 당사자·대표자 또는 대리인의 이름과 주소, ③ 주문, ④ 청구의 취지, ⑤ 이유, ⑥ 재결날짜를 기재하고, 기명날인하여야 한다(동 35). 재결서에 기재하는 이유에는 주문내용이 정당함을 인정할 수 있는 정도로 판단을 표시하여야 한다.

4. 裁決의 범위

(1) **불고불리 및 불이익변경금지의 원칙** 행정심판법은「위원회는 심판청구의 대상이 되는 처분 또는 부작위 외의 사항에 대하여는 재결하지 못한다.」(동 36①)는 불고불리의 원칙과,「위원회는 심판청구의 대상이 되는 처분보다 청구인에게 불이익한 재결을 하지 못한다.」(동 36②)는 불이익변경금지의 원칙을 명문화하여 행정심판의 권리구제기능을 높였다.

(2) **재량문제에 대한 판단** 행정심판은 행정소송과는 달리 위법한 처분이나 부작위뿐만 아니라 부당한 처분이나 부작위도 그 대상이 된다(행심 4(1)(3)). 따라서 행정청의 재량에 속하는 처분이나 부작위에 대하여 행정심판을 제기할 수 있으며, 위원회는 재량권의 일탈·남용 등 재량권의 적법한 행사 여부뿐만 아니라, 재량권 내에서의 재량권 행사의 당부에 대하여도 판단할 수 있다. 적어도 이 점에서는 행정심판은 행정소송이 갖지 못하는 권리구제제도로서의 강점을 가진다.

5. 裁決의 送達, 效力發生

위원회는 지체없이 당사자에게 재결서의 정본을 송달하여야 한다. 이 경우 국무총리행정심판위원회는 재결결과를 다음 각 호(1. 제 5 조 제 3 항 제 1 호에 대한 심판청구: 직근 상급행정기관이나 소관 감독 행정기관에 해당하는 국무총리 또는 중앙행정기관, 2. 제 5 조 제 3 항 제 2 호에 대한 심판청구: 해당 국가특별지방행정기관이 소속된 중앙행정기관)의 구분에 따른 행정청에게도 통보하여야 한다(동법 38①).

재결은 청구인에게 제 1 항의 규정에 의한 송달이 있은 때에 그 효력이 생긴다(동법 38②). 위원회는 재결서의 등본을 지체없이 참가인에게 송달하여야 한다(동법 38③). 위원회는 제37조 제 3 항의 규정에 의한 취소재결이 있는 때에는 지체없이 그 재결서의 등본을 처분의 상대방에게 송달하여야 한다(동법 38④).

Ⅱ. 裁決의 종류

1. 却下裁決

(1) 행정심판제기요건이 결여되어 부적법한 것인 경우에 본안심리를 거절하는 재결이다(동 32①). 심판제기요건이 결여된 경우는, 예컨대 제기자격 또는 이익이 없는 자가 제기한 경우, 법정기간 경과 후에 제기한 경우, 행정심판의 목적인 처분이 소멸한 경우 등이다. 다만, 처분이 소멸한 뒤에도 그 처분의 취소로 인하여 회복되는 이익이 있는 경우에는 행정심판의 이익이 있으므로(동 9①) 본안심리를 하여야 한다.

(2) 요건심리는 본안에 대한 재결이 있기 전에는 언제라도 할 수 있으므로 본안심리에 들어간 후라도 행정심판제기요건이 결여된 것이 인정된 때에는 각하재결을 할 수 있다.

2. 棄却裁決

본안심리의 결과 행정심판청구가 이유 없다고 인정하여 원처분을 시인하는 재결이다.

(1) (보통의)기각재결　위원회는 심판청구가 이유 없다고 인정할 때에는 뒤에서 보는 사정재결을 하는 경우를 제외하고는 원칙적으로 그 심판청구를 기각(Abweisung)하여야 한다(행심 32②). 원처분을 시인하는 데 그치고 이 재결에 의하여 원처분의 효력이 강화되는 것은 아니므로 그 처분청이 직권으로 원처분을 취소 · 변경하는 것은 가능하다.

(2) 사정재결

(가) 의의　① 취소심판이나 의무이행심판의 절차에 있어서, 위원회는 다투어지고 있는 처분 또는 부작위가 위법 또는 부당하다고 인정되면 뒤에서 보는 인용재결을 하는 것이 원칙이지만, 예외적으로 심판청구가 「이유 있다고 인정되는 경우」에도 이를 인용하는 것이 「현저히 공공복리에 적합하지 아니하다고 인정하는 때」에는 그 심판청구를 기각하는 재결을 할 수 있는바(동 33①), 이를 사정재결이라 한다. 사정재결은 개인의 적은 사익을 보호하려다가 국가적인 공익이 중대한 침해를 받게 되는 일이 없도록 하기 위하여 공익과 사익의 합리적인 조정을 도모하는 제도로서 행정소송에 있어서의 사정판결제도에 대응하여 인정한 예외적 제도이다.

② 무효등확인심판의 경우에는 유지시킬 수 있는 처분이나 효력이 처음부터 없으므로 성질상 사정재결을 할 수 없다(동 33③).

③ 사정재결은 공익보호를 위한 예외적 제도인바, 그렇다고 사익을 희생시킬 수는 없는 것이므로 행정심판법은 인용재결을 하지 아니하고 기각재결을 하는 대신 다음과 같은 대상적인 구제조치를 마련하고 있다.

(나) 위법 · 부당의 주문에의 명시　사정재결은 다른 재결의 경우와 마찬가지로 행정심판위원회가 행한다. 그런데 사정재결을 한다고 하여 위법 · 부당성이 치유되는 것은 아니므로 위원회는 사정재결을 하는 경우에는 「재결의 주문에 그 처분 또는 부작위가 위법 또는 부당함을 명시하여야 한다」(동 33① 후단). 여기에서의 「위법」의 명시는 국가배상의 전제요건으로서의 의미를 갖는다 할 것이다. 그러나 「부당」의 명시는 전제요건이 되지 않는다(국배 2).

(다) 구제방법　사정재결은 원래 인용하여야 할 심판청구임에도 불구하고 공익보호를 위하여, 심판청구가 이유 있음에도 불구하고 그것을 기각하는 예외적인 재결이므로, 그러한 재결로 인하여 마땅히 취소되어야 할 처분이 존속되고(취소심판청구의 경우), 이행되어야 할 행위가 부작위인 채로 방치됨으로(의무이행심판 청구의 경우) 인하여 청구인이 입게 되는 손해에 대하여 적절한 구제방법이 강구되어야 함은 당연한 일이다. 그리하여 위원회는 사정재결을 함에 있어서는 청구인을 위하여 상당한 구제방법(손해배상 · 제해시설의 설치 등)을 스스로 취하거나 피청구인인 행정청에게 상당한 구제방법을 취할 것을 명할 수 있다(동 33②).

여기에서 「명할 수 있다」는 것은 위원회의 권한의 측면에서 규정된 것이며 청구인에 대한 관계에서는 「명하여야 한다」는 취지로 새겨야 할 것이다.[1)]

---

1) 김도창(상), p. 723.

3. 認容裁決

인용재결은 본안심리의 결과 심판청구가 이유 있고, 원처분이나 부작위가 위법 또는 부당하다고 인정하여 청구인의 청구의 취지를 받아들이는 재결이다.

인용재결에는 행정심판의 종류에 대응하여 취소 · 변경재결, 무효등확인재결 및 의무이행재결이 있다.

(1) **취소 · 변경재결** 위원회는 취소심판의 청구가 이유 있다고 인정할 때에는, 재결로써 스스로 처분을 취소 또는 변경하거나, 처분청에게 취소 또는 변경할 것을 명한다(동 32③). 따라서 취소재결에는 처분취소재결 · 처분변경재결 · 처분취소명령재결 · 처분변경명령재결이 있다. 이 중에서 앞의 두 가지는 형성재결의 성질을 가진 것인 데 반하여, 뒤의 두 가지는 이행재결의 성질을 가진다고 할 것이다.

처분을 취소하거나 취소를 명하는 재결은 당해 처분의 전부취소를 내용으로 하는 것과 일부취소를 내용으로 하는 것이 있을 수 있다.

〔취소 · 변경재결 사례〕

「피청구인이 2007.3.28. 청구인에게 한 2007.4.14.자 제 1 종 보통 운전면허취소처분을 취소한다.」(국무총리행정심판위원회 의결, 사건번호: 200707198, 자동차운전면허취소처분취소청구, 처분청:서울특별시지방경찰청장)

「피청구인이 2006.12.12. 청구인에 대하여 한 1월(2006.12.24.-2007.1.23.)의 건축사 업무정지처분은 이를 취소한다.」(국무총리행정심판위원회 의결, 사건번호: 200700669, 건축사업무정지처분취소청구, 처분청: 경상북도지사)

「피청구인이 2006.11.17. 청구인에 대하여 한 2003년도 확정 산업재해보상보험료 추가징수금 · 가산금, 2004년도 및 2005년도 확정 산업재해보상보험료 추가징수금 · 가산금 · 연체금 및 2006년도 개산 산업재해보상보험료 및 연체금 총 1억 2,143만 4,270원의 부과처분 중 2003년도 확정 산업재해보상보험료 가산금, 2004년도 및 2005년도 확정 산업재해보상보험료 가산금 · 연체금 및 2006년도 개산 산업재해보상보험료 연체금은 이를 취소한다.」(국무총리행정심판위원회 의결, 사건번호: 200700986, 산업재해보상보험료부과처분취소청구, 처분청:근로복지공단(서울강남지사))

처분을 변경하거나 변경을 명하는 재결은 처분 내용을 적극적으로 변경하거나 변경을 명하는 재결이며, 예컨대 면허취소가 과중하다고 인정하는 경우에는 재결로써 일정기간의 면허정지로 변경하거나 변경을 명하고, 손실보상금액이 적정하지 못하다고 인정하는 경우에 증액결정을 하는 것(토지등의취득및보상 84 등 참조) 등이며, 이 점에서 국민의 권리는 보다 직접적이며 신속하게 구제될 수 있게 되었다고 하겠다.

(2) 무효등확인재결 위원회는 무효등확인심판의 청구가 이유 있다고 인정할 때에는, 재결로써 처분의 효력유무 또는 존재여부를 확인한다(동 32④). 따라서 무효등확인재결에는 처분무효확인재결·처분실효확인재결·처분유효확인재결·처분존재확인재결·처분부존재확인재결이 있다.

(3) 의무이행재결 위원회는 의무이행심판의 청구가 이유 있다고 인정한 때에는, 재결로써 지체없이, 신청에 따른 처분을 하거나 행정청에게 이를 할 것을 명한다(동 32⑤). 따라서 의무이행재결에는 처분재결과 처분명령재결이 있다. 이 경우의 처분재결은 형성적 성질을 가지는 이행재결이다. 신청에 따른 처분을 할 것을 명하는 재결은 청구인의 신청대로 처분을 할 것을 명하는 재결(기속행위의 경우)과, 신청을 더 이상 방치하지 말고 지체없이 어떤 처분(신청대로의 처분, 거부 또는 기타의 처분)을 하도록 사무처리의 촉진을 명하는 재결(재량행위의 경우)이 있다. 따라서 이유가 있다고 하여 항상 신청대로 처분을 하도록 명하는 재결만을 하여야 하는 것은 아니다.[1)]

〔신청대로 처분을 한 재결 결례〕

「피청구인은 청구인이 2005.1.20. 피청구인에게 신청한 정보공개청구에 대하여 이를 이행하라.」(국무총리행정심판위원회 의결, 사건번호: 200515399).

「피청구인이 2002.2.15. 청구인에 대하여 한 극동염산모르핀주사와 극동구연산펜타닐주사의 제조품목허가취소처분 및 극동염산모르핀주사와 극동구연산펜타닐주사의 폐기처분명령은 이를 취소하되, 재시험 또는 재재시험의 결과에 따라 행정처분 여부를 결정하라.」(국무총리행정심판위원회 의결, 사건번호: 200203514).

Ⅲ. 裁決의 效力

행정심판법은 재결의 효력에 대하여 기속력에 관한 규정만을 두고 있으나, 재결은 행정행위의 하나이므로 일반의 행정행위와 마찬가지로 그것이 당연무효인 경우를 제외하고는 불가쟁력·공정력·자력집행력을 갖는 이외에 쟁송재단행위의 특성으로서의 다음과 같은 효력을 갖는다.

1. 形成力

재결의 내용에 따라 기존의 법률관계에 변동을 가져오는 효력을 말한다. 재결에 의하여 취소심판의 청구가 인용되어 원처분의 전부 또는 일부가 취소된 때

1) 김도창(상), p.724; 김동희, 부작위위법확인소송과 의무이행심판, 고시연구, 1986.2월호, p. 21.

에는 원처분의 당해 부분은 즉시 효력을 잃으며, 당초부터 존재하지 않은 것으로 된다. 변경재결에 의하여 원처분이 취소되고 그에 갈음하는 별도의 처분이 행하여진 경우에도, 새로운 처분의 효력은 즉시 발생하며, 그 효력은 제 3 자의 권익을 침해하지 않는 한 소급한다 할 것이다. 또한 의무이행심판에 대한 인용재결 중에서 재결로써 신청에 따른 처분을 한 경우에도 마찬가지라고 할 것이다. 다만 이 경우에는 성질상 재결의 효력은 소급되지 않는다 할 것이다.

「행정심판 재결의 내용이 처분청에게 처분의 취소를 명하는 것이 아니라 재결청이 스스로 처분을 취소하는 것일 때에는 그 재결의 형성력에 의하여 당해 처분은 별도의 행정처분을 기다릴 것 없이 당연히 취소되어 소멸되는 것이다」(대법원 1998.4.24. 97 누 17131 의약품제조품목허가취소처분취소).[1)]

2. 不可變力

재결은 국가기관이 분쟁을 해결하기 위하여 당사자 기타 이해관계인을 절차에 참여시켜 신중한 절차를 거쳐 행하는 분쟁의 재단행위이므로, 재결은 분쟁을 종국적으로 해결하는 효과를 가져야 한다. 그리하여 재결이 일단 행하여진 경우에는 설령 그것이 위법·부당하다 하더라도 위산(違算)·오기 기타 이에 유사한 오류가 있는 경우를 제외하고는 재결청 스스로도 그것을 취소·변경할 수 없는 효력을 발생한다. 이것을 불가변력이라 한다.

3. 羈 束 力

(1) 관계행정청에 대한 기속 심판청구가 인용되더라도 행정청측이 재결의 취지에 반하는 태도를 취한다면 청구인의 권리구제를 달성할 수 없다. 그리하여 행정심판법은 「피청구인인 행정청 그 밖의 관계행정청을 기속한다」(동 37①) 고 규정하여 처분청과 관계행정청에 대하여 재결의 취지를 존중하여 그 취지를 실현하기 위한 적절한 조치를 취할 실체법상의 의무를 과하여 권리구제의 실효를 도모하였다.[2)] 재결의 기속력은 인용재결의 효력이며, 기각재결에는 인정되지

1) 당해 의약품제조품목 허가처분 취소재결은 제약회사에 대한 위 의약품제조품목 허가처분을 취소한 이른바 형성재결임이 명백하므로, 위 회사에 대한 의약품제조품목허가처분은 당해 취소재결에 의하여 당연히 취소·소멸되었고, 그 이후에 다시 위 허가처분을 취소한 당해 처분은 위 회사에게 위 허가처분이 취소·소멸되었음을 확인하여 알려주는 의미의 사실 또는 관념의 통지에 불과할 뿐이므로 항고소송의 대상이 되는 처분이라고 할 수 없다.

2) 건물을 철거하라는 취지의 계고처분에 대하여 원고가 불복소원을 제기하여 일부 인용재결을 받아 확정된 경우에, 위 재결에 구속을 받는 처분청이 동일한 사정 아래서 같은 내용을 되풀이한 계고처분은 확정된 재결에 위배되는 것이어서 위법하다(대법원 1983.8.23. 82 누 302 계고처분취소).

않는다. 따라서 기각재결에 의하여 처분이 유지된 경우에도 처분청은 처분을 취소·변경할 수 있다.

(2) **소극적효력—동일처분의 반복금지효** 처분청은 재결의 취지에 반하는 처분을 다시 하여서는 아니된다. 즉, 처분청은 동일한 사정 아래서 같은 사유로 동일인에 대하여 같은 내용의 처분을 반복하여서는 아니된다.

「양도소득세 및 방위세부과처분이 국세청장에 대한 불복심사청구에 의하여 그 불복사유가 이유 있다고 인정되어 취소되었음에도 처분청이 동일한 사실에 관하여 부과처분을 되풀이한 것이라면 설령 그 부과처분이 감사원의 시정요구에 의한 것이라 하더라도 위법하다」(대법원 1986.5.27. 86 누 127 양도소득세부과처분취소).

(3) **적극적 효력—취소·변경의무, 처분의무(재처분의무·행정청의 직접처분)**

(가) **취소·변경재결에 따른 취소·변경의무** ① 취소심판에 있어서 취소·변경을 명하는 재결이 있는 때에는 취소·변경하여야 한다(동 32③). ② 행정청의 거부처분에 대하여서는 의무이행행정심판을 제기하여, 「거부한 처분의 이행을 명하는」 재결을 구할 수 있으며, 그것이 인용되어 의무이행재결이 있으면 뒤에서 보는 바와 같이 처분청의 재처분의무가 생긴다. 그런데 거부처분에 대하여서는 의무이행심판을 제기하지 아니하고, 거부처분취소심판을 제기할 수도 있다. 이 경우에 그것이 인용되어 거부처분취소재결이 행하여지면 행정청은 재처분의무를 지는지에 대하여 명문의 규정이 없기 때문에 양론이 있을 수 있다.[1] 생각건대 재처분의무는 재결의 기속력의 일부를 이루는 것으로 보아야 할 것이므로, 거부처분을 취소하는 재결이 있는 때에는 기속력의 효과로써 뒤에서 보는 재처분의무를 진다고 할 것이다.

(나) **의무이행재결에 따른 처분의무**

(a) **재처분의무** 당사자의 신청을 거부하거나 부작위로 방치한 처분의 이행을 명하는 재결이 있는 경우에는, 행정청은 지체없이 그 재결의 취지에 따라 다시 이전의 신청에 대한 처분을 하여야 한다(동 37②). 즉, 기속행위인 경우에는 신청인의 신청대로의 처분을 하여야 하며, 재량행위인 경우에는 신청대로의 처분 또는 거부처분 기타의 처분을 하여야 한다. 다만 재량행위의 경우에도 재량이 영으로 수축된 경우에는 신청대로의 처분을 하여야 할 것이다.

(b) **직접처분** ① 위의 경우(이행명령재결이 있는 경우), 위원회는 당해 행정청이 처분을 하지 아니하는 때에는 당사자의 신청에 따라 기간을 정하여 서면으로 시정을 명하고, 그 기간 내에 이행하지 아니하는 경우에는 직접 당해 처분을 할 수 있다(동 37② 후단).

1) 김동희(I), p.590 참조.

이는 이행재결의 실효성을 확보하기 위한 것이다. 지방자치가 시행되지 아니하여 자치단체의 장도 국가에 의하여 임명되던 과거에는, 재결을 이행하지 아니한 경우가 거의 없었으나, 지방자치가 시행되어 자치단체의 장이 주민에 의하여 직선되는 현행법 아래서는 재결을 이행하지 아니한 사례도 발생하고 있으므로, 이행재결의 실효성을 확보하기 위하여 재결청의 직접 처분권을 인정한 것이다. ② 위원회는 직접처분을 한 때에는 그 사실을 당해 행정청에 통보하여야 하며, 그 통보를 받은 행정청은 위원회가 행한 처분을 당해 행정청이 행한 처분으로 보아 관계 법령에 따라 관리·감독 등 필요한 조치를 하여야 한다(동 37④).

(다) **절차위법의 경우** 또한 신청에 따른 처분이 절차의 위법 또는 부당을 이유로 재결로써 취소된 경우에는 이에 준하여 적법한 절차에 따라 신청에 따른 처분을 하거나 신청을 기각하는 재결을 하여야 한다(동 37③). 이 경우에도 행정청이 적법한 절차에 따라 신청에 따른 처분을 하지 아니한 때에는 당사자의 신청에 따라 위원회가 직접 당해 처분을 할 수 있다(동 37③).

(라) **원상회복의무** 취소재결 또는 무효재결이 행하여지면, 행정청은 당해 처분과 관련하여 행하여진 후속처분이나 사실상의 조치 등에 기한 법률관계 또는 사실관계는 위법한 것이 되므로, 처분청은 이를 원상으로 회복시킬 의무를 진다. 예컨대 건물의 철거명령이 재결로써 취소되었으면, 그것을 전제로 한 계고처분을 취소하여야 하며, 운전면허처분이 취소되면 면허증을 새로이 교부하여야 한다.

〔**판례**〕 행정심판의 재결에 따르지 아니한 행정청의 처분은 불법행위를 구성하며, 그에 따른 손해배상을 하여야 한다는 판례
대구광역시 달서구청장이 원고에 대하여 행한 근린생활시설에서 위락시설로의 건물용도변경신청반려처분을 대구광역시장이 대구광역시행정심판위원회의 의결을 거쳐 취소하였음에도 불구하고, 구청장이 이에 따르지 아니하고 또다시 원고의 용도변경허가신청에 대하여 불허가처분을 행한 것은 구청장의 고의 또는 과실에 의한 위법한 처분으로서 피고는 원고에게 이로 인하여 원고에게 발생한 손해를 배상할 의무가 있다[97 가합 8766(1997. 9. 11 대구지판)].

Ⅳ. 裁決에 대한 不服

1. 再審判請求의 禁止

행정심판법은 심판청구에 대한 재결이 있는 경우에는 당해 재결 및 동일한 처분 또는 부작위에 대하여는 다시 행정심판을 제기하지 못하도록 하여(동 39), 행정심판의 단계를 단일화하였다. 다만 국세기본법 등 각 개별법에서 다단계의 행

정심판이 인정되고 있는 경우도 있다(국기 55 내지 81 참조).

2. 裁決에 대한 行政訴訟

행정심판에 대한 재결도 처분의 하나이므로 그 재결 자체에 고유한 위법이 있음을 이유로 그 취소·변경을 구하거나, 그 재결 자체에 무효사유가 있음을 이유로 무효확인을 구하는 행정소송을 제기할 수 있다(행송 2①·19 단서). 행정소송법은 원처분주의를 취하여 행정심판의 재결에 대하여 불복이 있는 경우에도 원칙적으로 행정심판의 대상이 된 원처분을 다투게 하고 있으나, 예외적으로 재결 자체에 대한 행정소송을 인정하는 것은 복효적 행정행위에서 볼 수 있는 바와 같이 재결에 의하여 원처분이 취소·변경되어 제 3 자의 권익이 침해될 수도 있고, 또한 행정심판과 행정소송의 쟁송범위의 차이에 비추어 재결 자체를 행정소송의 대상으로 인정할 필요가 있기 때문이다.[1)]

제 8 목 告知制度

I. 槪 說

1. 告知制度의 의의

심판청구의 고지[2)]제도(Rechtsmittelbelehrung)란 처분을 행하면서 상대방에게 당해 처분에 대하여 행정심판을 제기하고자 하는 경우에 필요한 사항을 아울러 고지하여야 할 의무를 지우는 제도를 말한다. 아무리 훌륭한 심판청구제도가 마련되어 있더라도 상대방에게 심판청구를 하는 데 필요한 사항을 알려서 충분히 활용되지 않으면 목적을 달성할 수 없는 것이므로 필요한 사항을 가르쳐 주어 충분히 활용하게 하려는 것이다. 행정심판법은 고지제도를 채택하여 행정청이 처분을 서면으로 하는 경우에는 그 상대방에게 처분에 관하여 행정심판을 제기할 수 있는지의 여부, 제기하는 경우의 심판청구절차·청구기간을 알려 주도록 하였고(직권고지), 또한 이해관계인으로부터 이러한 사항을 알려 줄 것을 요구받은 때에는 서면으로 알려 주도록 하였다(청구고지). 행정심판제도의 취지에

1) 이상규(상), p. 752.
2) 용어에 있어서 정부원안에서는 「교지」라는 용어를 사용하였으나, 국회에서 교지란 용어가 생소하다는 이유로 「고지」로 수정하였다. 정부원안에서 교지로 한 것은 단순히 알려 주는 데 그치는 것이 아니고 가르쳐 준다는 뜻이 있기 때문인 것으로 생각된다. 일본 행정불복심사법에서는 「교시」라는 용어를 사용하고 있다.

서 볼 때에 행정심판제도가 있음을 알려 주어 그 활용을 도모하는 것은 행정청의 책무라 할 것이다. 행정심판의 고지제도는 일반행정절차적 성질을 가진 것으로서 많은 나라에서는 행정절차법 중에 행정심판의 고지제도를 규정하고 있으며, 1996년에 제정된 우리 행정절차법에서도 고지제도를 규정하고 있다.[1)]

2. 告知의 성질

고지는 행정청이 처분을 하는 경우에 행정심판의 제기에 필요한 사항을 상대방에게 알리는 행위로서, 이는 행정심판법에 규정된 바를 특정한 처분을 함에 있어 구체적으로 알리는 비권력적 사실행위이다. 그것은 준법률행위적 행정행위의 일종인 통지로서의 행정청의 일정한 관념의 통지나 일정한 의사의 통지가 아니라, 기존의 법규(행정심판법에 규정된 심판청구에 필요한 사항)의 내용을 구체적으로 알리는 비권력적 사실행위로서, 그 자체로서는 아무런 법률효과도 수반하지 아니한다.[2)]

3. 告知의 필요성

(1) **행정심판제기의 기회보장** 고지는 상대방이 당해 처분에 대한 행정심판의 제기요건을 알지 못함으로 인하여 심판청구의 기회를 잃어버리거나, 심판청구를 하더라도 청구요건이 잘못되어 부적법한 행정심판으로서 각하되는 일이 없도록 함으로써 행정심판제기의 기회를 실질적으로 보장하려는 데 있다고 하겠다.

(2) **행정의 적정화** 고지를 하게 하면 고지를 하면서 행정청 내지 그 구성원은 처분에 대한 심판제기를 예상하게 되며 이로써 당해 처분을 함에 있어 보다 신중을 기하게 하고, 결과적으로 처분의 적성화를 노보할 수 있게 된다.

Ⅱ. 職權에 의한 告知

1. 告知의 대상

(1) **처분을 서면으로 하는 경우** ㈎ 여기에서의 「처분」은 행정심판법에 의한 심판청구의 대상이 되는 처분에 한하지 않고, 행정심판법 이외의 다른 법령에 의한 심판청구의 대상이 되는 처분 등을 포함한다고 할 것이다. 그것은 고지는 행정심판제도보다는 넓은 일반행정절차적 차원에서 요구되는 것으로서, 우

1) 1950.5.23 오스트리아 행정절차법 58①·61; 1968.12.20 스위스 행정절차법 35; 1976.5.23 서독행정절차법 69② 등.

2) 이상규(상), p.753.

리 행정절차법에서도 행정심판법의 심판대상이 되는 처분을 포함하여 모든 다른 법령에 의한 처분을 할 때에도 고지를 하도록 하고 있기 때문이다(행정절차 26). 우리 판례가 국세기본법 제55조에 규정하는 처분에 대하여서는, 동법이 행정심판법의 적용을 배제하고 있음을 이유로, 고지가 필요없다고 판시한 것은, 그것이 비록 행정절차법 시행 전의 판결이라 하더라도, 고지의 본질을 잘 이해하지 못한 판결이라고 할 것이다.[1] 따라서 상대방에게 부담을 지우는 처분을 하는 경우에는 원칙적으로 모든 경우에 고지를 하여야 한다고 할 것이다. 다른 법령에 의한 심판청구 등에는 이의신청(국세기본 66, 주민등록 21, 산림 60, 사방사업 12, 보조금의예산및관리 37, 광업 90, 에너지이용합리화 100, 토지등의취득및보상 83, 국토의계획및이용 120, 국민기초생활보장 38, 자동차관리 28, 문화재보호 116), 심사청구(국세기본 55, 노인복지 50, 공무원연금 80 등), 심판청구(국세기본 67), 재검사신청(선박안전 72) 등이 있다.

(나) 처분이 아닌 것(예: 국유잡종재산 매각·배상심의회의 배상결정)은 설령 고지를 하였다고 하더라도 심판청구를 할 수 없음은 당연하다.

(다) 고지는 처분을 「서면으로 하는 경우」에 행하여야 하는바, 실제로는 중요한 처분은 서면으로 행하여지므로 거의 모든 경우에 고지를 하여야 한다고 할 것이다.

(라) 다만 고지를 하도록 한 규정은 훈시규정이라 할 것이며, 따라서 고지를 하지 아니하거나 잘못한 경우에도 당해 처분의 효력에 영향을 미치지 아니하며[2] 따라서 당해 처분은 유효하다.[3] 그러나 일정한 절차법상의 제재효과가 부과되어야 할 것인바, 행정심판법은 고지를 하지 아니한 경우와 잘못 고지한 경우 일정한 절차법상의 제재적 효과를 부과하고 있다.

(2) 고지의 대상인 처분 (가) 고지의 대상인 처분은 공권력의 행사 또는 그 거부와 그 밖에 이에 준하는 행정작용을 말하는 것으로, 인가·허가·면허·승인·인정·지정·명령·등록·해임 및 이들 행위의 거부[4] 등이다. 국가나 지

---

1) 국세기본법 제56조 제 1 항은 "제55조에 규정하는 처분에 대하여는 행정심판법의 규정을 적용하지 아니한다"고 규정하고 있으므로, 국세청장이 같은 법 제55조에 규정하는 처분인, 조세범처벌절차법 제16조에 의한 보상금을 교부하지 않기로 하는 처분을 함에 있어서, 행정심판법 제42조 제 1 항에 따라 그 상대방에게 행정불복의 방법을 고지할 의무는 없다고 할 것이다(대법원 1992. 3. 31. 91 누 6016 탈세보상금불지급처분취소).

2) 고지절차에 관한 규정은 행정처분의 상대방이 그 처분에 대한 행정심판의 절차를 밟는 데 있어 편의를 제공하려는 데 있으며, 처분청이 위 규정에 따른 고지의무를 이행하지 아니하였다고 하더라도 경우에 따라서는 행정심판의 제기기간이 연장될 수 있는 것에 그치고, 이로 인하여 심판의 대상이 되는 행정처분에 어떤 하자가 수반된다고 할 수 없다(대법원 1987. 11. 24. 87 누 529 차량면허취소처분취소).

3) 南博方, 注釋 行政不服審査法, p. 224.

4) 이들 처분의 거부도 소극적인 처분이며 상대방에게 불이익한 것이므로 고지를 하여야 할 것인바, 우리나라의 경우 자동차운수사업 등에서 보는 바와 같이 그러한 사업을 하고자 하여 신청하는 국민은 많고, 그러한 사업의 면허나 인가는 거의 행하여지지 않고 대개 거부되며 행정

방자치단체 이외의 공공단체의 행위도 공권력의 행사에 해당한 때에는 행정심판의 대상이 되며 따라서 고지하여야 한다(예: 한국농촌공사의 농업용수이용료 부과처분). 또한 정부투자기관 기타 법인·단체 또는 그 기관이나 개인에게 행정권한이 위탁된 경우에는 이들이 행하는 처분도 행정심판의 대상이 되므로 고지를 하여야 한다(예: 공무원연금공단의 급여결정).

(나) 위와 같이 널리 고지의무를 과하고 있지만 그 성질상 고지를 요하지 아니하는 것이 있다 할 것이다. ① 신청에 의한 처분으로서 신청대로 행한 처분의 경우에는 상대방에게 불복이 있을 수 없으므로 고지를 요하지 아니한다 할 것이다. 따라서 신청을 거부하는 처분이나, 또는 부관을 붙인 처분 등 불이익이 되는 측면이 있는 경우에는 고지를 하여야 한다. 또한 행정심판 등의 재결에 대하여는 원칙적으로 또다시 행정심판은 제기할 수 없으므로 고지를 요하지 아니하나, 재결에 대하여 또다시 행정심판이 인정되는 경우에 앞의 행정심판청구에 대하여 각하재결이나 기각재결 또는 일부인용재결을 하는 때에는 또다시 고지를 하여야 한다(예: 국세이의신청결정). ② 처분이 법령에 의한 신청에 의한 것이 아니고 행정청이 일방적으로 행하는 것인 경우에도 그 내용이 상대방에게 어떠한 부담도 과하는 것이 아닌 때에는 역시 고지를 요하지 아니한다고 할 것이다(예: 각종 하명의 직권취소처분).

(3) 고지의 상대방　고지는 처분의 직접 상대방에게만 하면 된다. 그러나 오늘날은 복효적 행정행위가 많으며, 처분의 직접 상대방이 아닌 이해관계인은 뒤에서 보는 바와 같이 고지를 청구할 수 있지만 청구가 없더라도 행정청이 당해처분으로 인하여 법적 이익을 침해받는 제 3 자가 있는 것을 안 때에는 이들에게도 직권으로 고지하는 것이 바람직스럽다고 하겠다.[1]

2. 告知의 내용

(1) 행정심판을 제기할 수 있는지의 여부　국민의 입장에서는 행정청의 어떤 행위가 행정심판의 대상이 되는 처분에 해당되는지의 여부가 불명하므로 (예컨대 국가를 당사자로 하는 계약에 관한 법률의 규정에 의한 각 중앙관서장의부정당업자의 입찰자격제한행위(동법 27)) 행정심판의 대상이 되는 처분에 해당되지 아니하는 행위를 할 때에는 그 뜻을 고지하여야 한다고 할 것이다. 그러나 행정능률도 고려할 때 처분에 해당하지 않음이 명백한 행위(예: 정부청사건설도급계약의 해제 등)의

심판이 제기된다 하여도 면허나 인가가 행하여지는 것은 거의 불가능한 실정인데, 수많은 거부처분을 하는 경우에 고지를 하는 것은 행정력만 낭비하는 결과를 가져오고 구제가 거의 불가능한 상태에서 고지를 하는 것은 국민의 입장에서 볼 때 우롱당한다는 생각도 가질 수 있다고 할 것이다. 따라서 고지를 하여야 한다는 것은 훈시규정에 불과하다 할 것이므로 구제의 가능성이 거의 없는 대량의 거부처분을 하는 경우에는 고지를 하지 아니하는 것이 오히려 합리적이라 할 수도 있을 것이다.

1) 南博方, 앞 책, p.228.

경우에는 고지를 하지 아니 하여도 된다고 할 것이다. 처분에 해당하더라도 행정심판을 제기할 필요가 없는 경우에는 고지할 필요가 없다. 처분에 해당하여 행정심판을 제기할 필요가 있는 경우에는 고지를 하여야 하는데, 위에서 본 바와 같이 행정심판법에 의한 행정심판의 대상이 되는 것뿐만 아니라 다른 법률에 의한 불복대상이 되는 경우에도 고지하여야 한다.

(2) **심판청구절차** 심판청구절차 중에서는 주로 심판청구서를 제출하여야 할 기관이 문제된다 할 것인데, 심판청구서는 행정심판위원회 또는 피청구인인 행정청에 제출하여야 하므로 이들 기관의 명칭을 고지하여야 할 것이다.

(3) **청구기간** 일반적으로는 행정심판 청구기간인 「처분이 있음을 안 날로부터 90일」만을 고지하면 된다고 할 것이다.

(4) **고지의 방법** 제한이 없으므로 서면으로 하거나 또는 구술로 할 수 있다고 하겠다. 처분을 서면으로 하는 경우에 고지하게 되므로 처분서에 기재하여 고지하는 것이 편리하다 할 것이며, 고지의 유무, 고지의 정확성 등에 대한 다툼을 없애기 위하여서도 서면으로 고지함이 바람직하다 할 것이다.

(5) **고지의 시기** 원칙적으로 처분시에 하여야 할 것이나, 처분시에 하지 못한 때에는 처분 후에 지체없이 고지하여 추완하여야 할 것이다.

Ⅲ. 請求에 의한 告知

오늘날은 처분의 직접 상대방이 아닌 제 3 자의 권익이 처분으로 인하여 영향을 받는 복효적 행정행위가 많아지고 있으며, 청구에 의한 고지제도를 채택한 것은 주로 이러한 제 3 자의 권리구제를 용이하게 하려는 것이라 할 것이다.

1. 告知를 請求할 수 있는 자

당해 처분에 대한 이해관계인인바, 보통은 당해 처분으로 인하여 직접 자기의 법적이익이 침해되었다고 주장하는 제 3 자가 이해관계인에 해당한다 할 것이다. 그러나 처분시에 고지를 하지 아니한 경우에는 당해 처분의 상대방도 이해관계인에 포함된다 할 것이다. 고지를 청구하는 자는 스스로 당해 처분에 대하여 이해관계가 있음을 소명하여야 한다고 할 것이다.[1)]

1) 김향기, 고지제도, 고시연구, 1985. 10월호.

2. 告知를 請求할 수 있는 대상

모든 처분이며, 행정심판의 대상이 되는 처분인지의 여부, 서면에 의한 것인지의 여부를 불문한다. 사실행위도 포함된다 할 것이다.

3. 告知의 내용

(1) 고지의 내용은 ① 행정심판의 대상이 되는 처분인지의 여부와, ② 대상이 되는 경우에는 위원회 및 청구기간을 알려 주어야 한다(동 42②). 행정심판을 제기할 수 없는 처분인 경우에는 그 뜻을 알려 주면 된다.

(2) 청구기간은 이해관계인으로부터의 청구의 시기에 따라 다르다 할 것이다. 예컨대 주관적 청구기간인 90일을 경과한 후에 고지를 청구한 경우에도 천재 등으로 행정심판을 청구하지 못한 경우에 해당한 때에는 그 사유가 소멸한 날로부터 14일(외국에서는 30일) 이내에 제기할 수 있음을 알려 주어야 하며, 처분이 있은 날로부터 예컨대 5월이 지난 후에 처분이 있음을 알았다는 것이 인정되는 경우에는 처분이 있은 날로부터 객관적 청구기간인 180일 이내에 제기할 수 있음을 알려 주어야 한다.

4. 告知의 方法

서면이나 구술로 알려 주면 될 것이나, 청구인으로부터 서면으로 알려 줄 것을 요구받은 때에는 서면으로 알려 주어야 한다(동 42② 후단).

Ⅳ. 不告知·잘못된 告知의 효과

1. 不告知의 효과

(1) **제출기관** 고지를 하지 아니하여 심판청구인이 심판청구서를 소정의 행정기관 이외의 행정기관에 제출한 때에는 당해 행정기관은 심판청구서를 지체없이 정당한 권한 있는 행정청에 이송하고 그 사실을 청구인에게 통지하여야 한다(동 17②⑥⑦). 이 경우에는 심판청구기간을 계산함에 있어서는 최초의 행정기관에 심판청구서가 제출된 때에 심판청구가 제기된 것으로 본다.

(2) **청구기간** 심판청구기간을 고지하지 아니한 때에는 심판청구기간은 당해 처분이 있은 날로부터 180일이 된다(동 18⑥).

〔판례〕 도로관리청이 도로점용료 징수고지서를 발부하면서 이의제출기간을 고지하지 않은 경우의 이의제출기간(=처분일로부터 180일)

도로점용료 상당 부당이득금의 징수 및 이의절차를 규정한 지방자치법에서 이의제출기간을 행정심판법 제18조 제3항 소정기간 보다 짧게 정하였다고 하여도, 같은법 제42조 제1항 소정의 고지의무에 관하여 달리 정하고 있지 아니한 이상, 도로관리청인 피고가 이 사건 도로점용료 상당 부당이득금의 징수고지서를 발부함에 있어서 원고들에게 이의제출기간 등을 알려주지 아니하였다면, 원고들은 지방자치법상의 이의제출기간에 구애됨이 없이 행정심판법 제18조 제6항, 제3항의 규정에 의하여 징수고지처분이 있은 날로부터 180일 이내에 이의를 제출할 수 있다고 보아야 할 것이다(대법원 1990.7.10. 89 누 6839 도로부당이득금부과처분취소).

2. 잘못된 告知의 효과

(1) **제출기관** 제출기관을 잘못 고지하여 청구인이 그 고지에 따라 심판청구서를 다른 행정기관에 잘못 제출한 때의 효과도 위에서 본 불고지의 경우와 같다(동 17②).

(2) **청구기간** 행정청이 소정의 심판청구기간보다 길게 고지한 때에는 그 고지된 청구기간 내에 심판청구가 있으면 설령 소정의 청구기간을 경과한 후에 제기된 것이라도 적법한 심판청구가 있은 것으로 의제된다(동 18⑤).

〔판례〕 법정 심판청구기간보다 긴 기간으로 잘못 통지받아 행정소송법상 법정 제소기간을 도과한 경우, 그것이 당사자가 책임질 수 없는 사유에 해당하는지 여부(소극)

행정처분시나 그 이후 행정청으로부터 행정심판 제기기간에 관하여 법정 심판청구기간보다 긴 기간으로 잘못 통지받은 경우에 보호할 신뢰 이익은 그 통지받은 기간 내에 행정심판을 제기한 경우에 한하는 것이지 행정소송을 제기한 경우에까지 확대된다고 할 수 없으므로, 당사자가 행정처분시나 그 이후 행정청으로부터 행정심판 제기기간에 관하여 법정 심판청구기간보다 긴 기간으로 잘못 통지받아 행정소송법상 법정 제소기간을 도과하였다고 하더라도, 그것이 당사자가 책임질 수 없는 사유로 인한 것이라고 할 수는 없다(대법원 2001.5.8. 2000 두 6916 배출부과금부과처분취소).[1]

1) 행정소송법 개정안은 행정청이 제소기간을 법정제소기간보다 긴 기간으로 잘못 알린 경우에 그 잘못 알린 기간 내에 소 제기가 있는 경우에는 적법한 것으로 본다는 규정을 신설하고 있다.

제 5 장 行政訴訟

제 1 절 概　　說

I. 의　　의

행정소송(Verwaltungsrechtspflege)이란 법원이, 행정사건에 관하여, 정식소송절차로 행하는, 소송이라고 하겠다. 분설하면 다음과 같다.

1. 「法院」이 司法의 일환으로 행하는 「訴訟」이다

행정소송은 국민의 기본권 보장과 법질서유지기능을 본래의 사명으로 하는 법원에 의한 소송이며, 이 점에서 「행정」과는 성격을 달리한다. 행정은 법의 규율을 받으면서도 그 자체로서는 일종의 정치적·행정적 결단의 표시라고 할 수 있다. 이에 대하여 소송은 당사자 간의 법률상 쟁송의 존재를 전제로 하여, 일방당사자의 쟁송제기에 의하여, 공정·중립의 입장에 선 법원이 일정한 소송절차에 의하여, 유권적 판단으로 쟁송을 해결함을 목적으로 하는 작용인 점에 특색이 있다.

2. 「行政事件」에 관한 訴訟이다

행정사건이란 행정법규, 즉 공법법규의 적용에 관한 소송사건이다. 이와 같이 행정사건에 관한 소송인 점에서 민사소송 및 형사소송과 구별된다.

3. 「正式訴訟節次」로 행하는 소송이다

소송당사자 또는 이해관계인의 권익보호를 위하여 대심구조, 심판절차의 원칙적인 공개, 구술변론, 법정절차에 의한 증거조사, 판결에 대한 특별한 효력의 인정 등 올바른 사실인정과 법의 적용을 보장할 수 있는 절차와 판정기관이 독립된 지위에 있는 제 3 자인 경우의 쟁송을 말한다고 할 것이다. 여하튼 이 점에서 약식쟁송절차에 의하는 행정심판과 구별된다.

Ⅱ. 성 질

(1) 「프랑스」에서는 역사적으로 사법권이 행정권에 간섭하는 것을 배제하여 사법권으로부터 행정권이 독립하기 위하여 행정부 내부에 국사원(conseil d'Etat)이라는 행정법원을 설립하여 행정사건에 대한 재판을 담당하게 하였다. 반면 독일에서는 국가권위사상 내지는 행정의 우월성을 지키기 위하여 「프랑스」를 모방하여 과거(뒤에서 보는 바와 같이 오늘날은 다르다.)에는 행정부 내부에 행정법원(Verwaltungsgericht)을 설립하여 행정사건에 대한 재판을 담당하게 하였다.

(2) 법의 지배를 기본원리로 삼고 있는 영미에서는 그 파생원리의 하나인 법 앞의 평등(equality before law) 관념에 따라 행정권 내지는 공무원의 행위도 사인의 행위와 마찬가지로 일반사법법원의 심판대상이 되며, 따라서 사법권에는 민사 및 형사재판뿐만 아니라 행정사건에 대한 재판권도 포함된다는 것은 당연한 것으로 받아들여져 왔다고 하겠다.

(3) 우리 헌법은 행정사건에 대한 최종적 심사권을 대법원에 부여하였으나(헌 107②), 하급심에 대하여는 명문규정이 없기 때문에, 대법원의 하급심으로 행정권 내에 행정재판소를 둘 수 있는지에 대하여 이론상 논의가 있으나, 대법원의 하급심으로라도 행정권 내에 행정재판소를 설치하여 일반적인 행정재판제도를 두는 것은 헌법정신에 위배된다 할 것이다. 다만, 행정권 내에 설치하는 것이 아니고, 우리의 행정법원과 같이 사법부 내에 사법법원의 일종으로 행정사건만을 관장하는 하급법원을 설치하는 것은 물론 가능하다.

Ⅲ. 行政訴訟에 있어서의 大陸型과 英美型

행정에 관한 법률상쟁송을 판단하여 분쟁을 해결하는 재판제도를 어떻게 구성할 것인가는 그 나라의 역사적·정치적 배경의 차이에 따라서 정책적으로 결정될 문제인바, 각국의 제도는 크게 대륙형과 영미형으로 나눌 수 있다.

1. 大陸型 國家

대륙형이란 통상법원과는 전혀 계통을 달리하는 행정재판소를 행정권 내부에 설치하여, 여기에서 일반 행정조직으로부터도 다소간 독립된 지위에서 최종적으로 행정사건에 대한 재판을 행하는 제도이다.

2. 英美型 國家

영미형이란 통상법원이 민사·형사사건과 함께 행정사건도 재판하는 제도이다.

3. 결 어

대륙형과 영미형 중 어느 원칙에 의할 것인가는 입법정책의 문제라 할 것인데, 우리 헌법은 대법원에 행정사건에 대한 최종적 심사권을 부여하여(헌 107②), 영미형의 사법국가주의를 채택하였다.

Ⅳ. 우리나라 行政訴訟制度의 沿革

1. 概 觀

(1) 1948년 7월 17일 공포된 제헌헌법에서「명령·규칙·처분이 헌법이나 법률에 위반되는지의 여부가 재판의 전제가 된 경우에는 대법원은 이를 최종적으로 심사할 권한을 가진다」고 규정하여(제헌헌법 81), 이른바 행정사건도 일반사법법원이 관할하는 사법국가주의를 취하였고, 이에 따라 1951년 8월 24일 행정소송법이 제정·공포되고, 그 뒤 1955년과 1963년의 두 차례에 경미한 개정이 있었으나 기본골격에는 변함이 없이 시행되어 왔다.

(2) 1984년에 전문 개정된 행정소송법은 1994년에 부분적이기는 하지마는 매우 중요한 사항에 대한 개정(1994. 7. 27 법률 4770호)이 있었으며, 1998년 3월 1일부터 시행되게 되었다. 1994년에 개정된 주요내용은 ① 법원조직법이 개정되어 지방법원의 하나로 행정법원이 신설됨에 따라 종래 행정사건에 대한 제1심관할이 고등법원이던 것을, 지방법원인 행정법원으로 하여, 종래 행정소송의 심급구조가 민사소송과는 달리 고등법원·대법원의 2심구조였던 것을, 앞으로는 민사소송과 동일하게 행정법원·고등법원·대법원의 3심구조로 변경하였으며(다만 특허사건에 대한 소송은 고등법원·대법원 2심급으로 되었다), ② 종래에는 행정심판을 행정소송에 필요적으로 전치시키도록 하는 행정심판전치주의를 취하였으나, 앞으로는 원칙적으로 당사자의 선택에 의한 임의적 전치절차로 하되, 다른 법률에서 특별히 규정한 경우에만 예외적으로 필요적 전치주의를 취하도록 한 것 등이다.

(3) 현행 행정소송법의 일반적 특색을 보면, 1951년의 구 행정소송법이 민사소송법에 대한 특례만을 정하고 있어 행정사건을 민사사건의 일환으로 보는

입장에 서 있는데, 현행 법은 행정사건이 이론상 일반의 민사사건과 기본적으로 성격을 달리하는 면이 있다는 것을 승인하고 그 범위에서 장래에 있어서 자기완결적인 이론·판례의 전개가 있을 것을 기대하고 있는 점에 있다 하겠다. 그것은 구법이 「본법에 특별한 규정이 없는 사항은… 민사소송법이 정하는 바에 의한다」고 규정한 데 대하여(구법 14), 현행 법은 이 원칙을 역으로 하여 「행정소송에 대하여는 다른 법률에 특별한 규정이 있는 경우를 제외하고는 이 법이 정하는 바에 의한다」고 규정하고(행송 8①), 더 나아가서 「행정사건에 관하여 이 법에 특별한 규정이 없는 사항에 대하여는… 민사소송법의 규정을 준용한다」고 규정한 점에서(동 8②) 알 수 있다.

2. 行政訴訟法의 主要內容 및 特色

주요내용만을 항목별로 보면 다음과 같다.[1]

(1) 행정소송의 종류 행정소송법은 행정소송을 항고소송·당사자소송·민중소송 및 기관소송으로 대별하고, 항고소송을 다시 취소소송·무효등확인소송 및 부작위위법확인소송으로 나누었으며 각각에 대하여 적용법조를 명시적으로 규정하였다(동 3·4).

(2) 부작위위법확인소송의 인정 행정소송법은 행정청이 당사자의 신청에 대하여 상당한 기간 내에 일정한 처분을 하여야 할 법률상의무가 있음에도 불구하고 이를 하지 아니하는 경우, 즉 부작위에 대하여 법원이 행정청에 대하여 당해 처분을 행할 것을 명하는 이른바 「의무이행소송」은 인정하지 아니하였으나, 행정청의 부작위가 위법하다는 것을 확인하는 소송인 이른바 「부작위위법확인소송」을 인정하였다(동 4(3)). 행정소송법 개정안은 부작위위법확인소송을 폐지하고 의무이행소송을 신설하고 있다.

(3) 3심급제의 채택 1994년에 개정된 행정소송법은 행정심판전치주의를 폐지하고 행정심판의 전치여부를 당사자의 임의적 선택에 맡기는 임의적 전치절차로 바꾸었으며, 또한 지방법원의 하나인 행정법원을 설립하여 행정소송의 심급을 민사소송과 동일하게 행정법원·고등법원·대법원의 3 심제를 채택하였다. 다만 특허사건에 대한 소송은 예외적으로 특허법원(고등법원)·대법원의 2 심급제를 채택하였다. 이러한 3심급제는 사법제도 개혁의 일환으로 채택되었는바, 그것은 취소소송의 성격과도 관련된 중대한 전환이라 하겠다.

---

1) 최광률, 개정행정소송법의 특색, 사법행정, 1987. 7월호; 석종현, 신행정소송법, 월간고시, 1985. 6월호.

(4) **선결문제의 심판** 행정처분의 효력의 유무 또는 존재여부가 민사소송의 선결문제로 된 경우에 당해 민사사건의 수소법원이 그에 대한 심판권을 가지는지가 행정행위의 공정력 및 행정소송에 대한 재판관할에 대한 특례 때문에 논란이 있었는바, 현행 행정소송법은 그에 대한 입법적 해결을 하지 아니하고 종래와 같이 학설·판례에 맡기되, 민사법원이 선결문제에 관한 심판을 하는 경우에는 항고소송에 관한 약간의 규정을 준용하도록 하였다(동11).

(5) **원고적격의 명문화** 구법에는 소의 이익 내지 원고적격에 관한 규정이 없으나, 현행 행정소송법은 처분 등의 취소를 구할 법률상의 이익이 있는 자는 당해 처분의 상대방이거나 제 3 자이거나 간에 구별 없이 원고적격을 인정하고, 처분 등의 효과가 기간의 경과, 처분 등의 집행, 그 밖의 사유로 인하여 소멸된 뒤에도 그 처분 등의 취소로 인하여 회복되는 법률상의 이익이 있는 경우에는 취소소송을 제기할 수 있도록 원고적격을 인정하였다(동12). 이는 종래의 통설·판례의 태도를 명문화한 것이라 하겠다.

(6) **제 3 자 및 다른 행정청의 소송참가의 명문화, 제 3 자의 재심청구** 오늘날은 복효적행정행위가 많아지고 이에 따라 항고소송의 결과로 권익에 영향을 받는 제 3 자가 증가함에 비추어 제 3 자의 소송참가 및 재심청구권을 명문화하고(동16①·31), 또한 항고소송의 판결은 관계행정청을 기속하는 효력이 있음에 비추어(동30①) 관계행정청의 소송참가도 아울러 인정하였다(동17①).

(7) **제소기간의 연장** 1994년의 개정에서는 행정심판의 임의적 전치주의의 채택에 따라 제소기간을 처분 등이 있음을 안 날로부터 90일 이내, 처분 등이 있은 날로부터 1년 이내로 하고, 예외적으로 본인의 선택에 의하여 또는 예외적으로 행정심판전치주의가 채택되어 행정심판청구가 있었던 때의 제소기간은 재결서의 정본을 송달받은 날로부터 90일 이내로 하였다(동20).

(8) **행정심판의 임의전치주의의 채택** 종래에는 행정심판을 취소소송에 필요적으로 전치시키는 행정심판전치주의를 채택하였으나, 1994년의 개정에서는 원칙적으로 임의적 전치절차로 하되, 다른 법률에서 필요적으로 행정심판을 전치시키도록 특별히 규정한 경우에만 예외적으로 필요적인 행정심판전치주의를 채택하였다(동18①).

(9) **거부처분 및 부작위에 대한 인용판결의 효력강화와 간접강제** 현행 행정소송법은 부작위위법확인소송을 인정함과 아울러, 그 실효성을 담보하기 위하여 부작위위법확인소송에서 인용판결이 있으면 행정청은 판결의 취지에 따라 이전의 신청에 대한 처분을 하도록 하여 인용판결의 효력을 강화하고, 또한 거

부처분 · 부작위에 대한 인용판결에 따른 행정청의 의무이행을 확실히 담보하기 위하여 판결의 취지에 따라 이전의 신청에 대한 처분을 하지 아니하는 때에는 제 1 심 수소법원은 당사자의 신청에 의하여 상당한 기간을 정하여 그 기간 내에 이행하지 아니하는 때에는 행정청에 대하여 그 지연기간에 따라 일정한 배상을 할 것을 명하거나 즉시 손해배상을 할 것을 명할 수 있게 하였다(동 34). 이는 독일 행정재판법 제172조의 집행금(Zwangsgeld)제도와 유사한 것이다.

(10) **행정심판기록의 제출명령** 항고소송의 대상인 처분 등에 관계되는 서면은 대부분 관계 행정청이 가지고 있어 원고가 소송진행상 불리한 지위에 서게 되는 경우가 많다. 물론 민사소송법을 준용하여 문서제출명령신청을 할 수 있으나(민소 343), 신청을 함에 있어서는 제출신청문서를 표시하여야 하는데, 원고로서는 어떠한 문서가 있는지 알 수 없기 때문에 신청을 하기가 사실상 어렵다 할 것이다. 이에 현행 행정소송법은 당사자에게 행정심판에 관한 기록을 한 묶음으로 제출명령을 신청할 수 있게 하고, 신청이 있는 때에는 제출을 명할 수 있게 하였다(행송 25).

3. 行政訴訟法의 문제점

현행 행정소송법은 구법이 지니고 있는 미비점을 대폭 개선하였으나, 아직 미진한 점도 없는 것은 아닌 것 같다.[1)]

(1) **의무이행소송의 미채택** 현행 행정소송법은 행정청의 거부처분 또는 부작위에 대한 소극적인 위법확인소송만을 인정하고, 적극적인 의무이행소송(행정청에 대하여 특정행위를 행할 것을 명하는 소송)은 인정하지 않고 있다. 현대국가에 있어서의 수익적 행정기능의 확대와 국민생활의 행정의존도가 높아진 점을 감안하면 영미의 직무집행명령(mandamus)이나 독일의 의무이행소송(Verpflichtungsklage) 등과 같은 의무이행소송을 인정하는 것이 행정소송의 권리구제기능을 크게 높이게 된다는 것은 말할 것도 없다.

(2) **가(임시)구제절차의 불비** 현행 행정소송법은 구법과 마찬가지로 항고소송에 관하여 집행부정지의 원칙을 채택하고, 예외적으로 매우 엄격한 요건(회복하기 어려운 손해를 예방하기 위하여 긴급한 필요가 있다고 인정할 때)을 정하여 집행정지를 할 수 있게 하고 있다. 또한 오늘날의 현대국가에 있어서의 수익적 행정기능의 확대와 국민생활의 행정의존도의 증대에 비추어, 침해적 처분을 사전에 제지하는 가처분, 가의 영업허가 등을 행할 것을 행정청에게 명하거나, 또는 그것이 행하여진 것과 동일한 법률

1) 김남진, 행정쟁송법 개정법률상의 문제점, 고시계, 1985. 4 월호.

상태를 형성하는 가처분, 공권력 행사에 해당하는 사실행위를 금지하는 가처분 등의 채택이 고려되었어야 할 것으로 생각된다.[1)]

(3) **자료제출요구제도의 미흡** 현행 행정소송법은 열람·복사신청권을 인정하는 데 갈음하여 행정심판기록제출명령신청권을 인정하는 데 그치고 있다(동 28). 그러나 행정소송법 개정안은 행정청에 대한 자료제출요구권을 신설하고 있다.

1) 행정소송법 개정안은 집행정지의 요건을 완화하고, 가처분제도를 도입하고 있다.

제 2 절 行政事件에 대한 司法審査의 한계 (行政訴訟의 한계)

Ⅰ. 개 설

(1) 헌법은 모든 국민에게 「재판을 받을 권리」를 보장하였으며(헌27①), 그 당연한 결과로 헌법은 모든 행정사건에 대한 최종심사권을 대법원에 부여하여 행정소송사항에 대하여 이른바 개괄주의를 채택하였고(헌107②), 행정소송법과 법원조직법이 이를 구체화하고 있다.

(2) 그러나 개괄주의를 채택하였다 하여, 행정에 관한 일체의 불만에 대하여 제소가 가능한 것은 아니다. 법원조직법(2①)은 헌법 제107조 제 2 항을 구체화하여 「법원은 헌법에 특별한 규정이 있는 경우를 제외한 일체의 법률상의 쟁송을 심판하고 …」라고 규정하여(종전에는 민사·형사·행정·선거소송이 법률적 쟁송으로 예시되어 있었다.), 이러한 「법률상쟁송」(legal controversy)만이 법원의 심판대상이 됨을 명시하고 있다.

「법률상쟁송」이란 당사자 간의 「구체적인 권리의무에 관한 분쟁」으로, 「법률의 적용에 의하여 해결될 수 있는 사건」을 의미한다.

(3) 또한 비록 법률상 쟁송에 해당한다 하더라도 행정사건에 대한 사법심사는 행정권의 행위를 사법권이 심리·판단한다는 점에서 사법권과 행정권을 분립시킨 권력분립의 취지에서 보아 그 모두가 사법심사에 적합한가는 의문인바, 통설은 우리 현행헌법하에서는 권력분립의 원칙에서 오는 일정한 한계가 있다고 한다.

(4) 이와 같이 행정사건에 대한 사법심사에는, 사법권의 성질에서 오는 한계와 권력분립에서 오는 한계가 있다.

Ⅱ. 司法權의 성질에서 오는 司法審査의 한계

사법권에 어느 범위의 심사권한을 인정할 것인가는, 원래 입법정책의 문제이다. 현행 헌법은 「명령·규칙·처분이 헌법이나 법률에 위반되는 여부가 재판의 전제가 된 경우에는 대법원은 이를 최종적으로 심사할 권한을 가진다」고 규정하고 있는바(헌107②), 처분 등의 위헌·위법여부가 문제되면 법원이 바로 심사권한을 발동할 수 있는 것이 아니고, 그것이 「재판의 전제가 된 경우」에만 심사권한을 발동할 수 있게 한 것은, 첫째로 당사자의 구체적인 권리의무에 관한 분쟁에 대하여, 둘째로 법규를 적용하여 이를 해결하는 판단작용을 사법으로 관념하여 그 범위 안에서만 심사권한을 인정하였다고 보는 것이 타당하다 할 것이다. 다시 말하면, 행정소송은 ① 당사자(권리주체)간의, ② 구체적인, ③ 법률상 이익에 관한 분쟁, 즉 구체적 사건성을 필요로 하며, 그리고 또한 법령의 해석·적용으로 해결할 수 있는 분쟁, 즉 법적 해결성도 필요로 한다.

1. 具體的 事件性을 결여한 사건

(1) 구체적·현실적 분쟁이 아닌 사건(추상적인 법령의 효력 또는 해석에 관한 분쟁 등) 사법권의 사명은 구체적·개별적인 분쟁을 해결하는 것이므로 가정적인 분쟁이나 일반적·추상적인 분쟁은 그 대상에서 제외된다. 「추상적인 법령의 효력 또는 해석」에 관한 분쟁이 그 예이다.

위에서 본 바와 같이 우리 헌법은 명령·규칙 등의 위헌·위법여부, 즉 법령의 효력 또는 해석에 관한 분쟁은 「재판의 전제가 된 때」, 다시 말하면 구체적인 사건을 해결하기 위하여 필요한 경우에 한하여 사법심사의 대상으로 하였다.[1] 그런데 법령은 보통 국민의 권리의무에 관하여 개별적·구체적으로 규정하는 것이 아니고, 장래에 불특정다수인에게 반복적으로 적용될 수 있는 일반적·추상적 규정이어서, 당해 법령에 따라 행정기관이 특정인(또는 특정 부류의 사람)에 대하여 행정처분을 함으로써 행정처분의 매개를 통하여 비로소 국민의 권리의무에 대하여 개별적·구체적으로 영향을 미치게 된다.

따라서 행정기관의 특정인에 대한 행정처분이 있기 전의 법령의 효력과 해석에 관한 분쟁은 국민의 구체적인 권리의무에 관한 분쟁이 아니며, 구체적 사건성이 결여된 것이다.

그러나 예외적으로 그의 구체화를 위한 행정처분을 기다릴 것 없이 법령 자체가 국민의 권리의무에 구체적으로 영향을 미치는 경우가 있는바, 이러한 법령을 처분법령이라 하며, 이러한 법령은 그 자체가 구체적 사건성을 가지며 행정소송의 대상이 된다.[2]

---

1) 행정청의 위법한 처분 등의 취소 또는 변경을 구하는 취소소송의 대상이 될 수 있는 것은 구체적인 권리의무에 관한 분쟁이어야 하고 일반적, 추상적인 법령이나 규칙 등은 그 자체로서 국민의 구체적인 권리의무에 직접적 변동을 초래케 하는 것이 아니므로 그 대상이 될 수 없다(대법원 1992. 3. 10. 91 누 12639 자동차 3 급정비업허가부작위위법확인).

2) 조례(경기 가평읍 상색국민학교 두밀분교를 폐지하는 내용의 조례)가 집행행위의 개입 없이도 그 자체로서 직접 국민의 구체적인 권리의무나 법적 이익에 영향을 미치는 등의 법률상 효과를 발생하는 경우 그 조례는 항고소송의 대상이 되는 행정처분에 해당하고, 교육에 관한 조례의 무효확인소송을 제기함에 있어서는 그 집행기관인 시·도 교육감을 피고로 하여야 한다

(2) 자신의 「법률상 이익」에 관한 분쟁이 아닌 사건

(가) 반사적 이익에 관한 분쟁 행정소송법은 법률상 이익이 있는 경우에만 원고적격을 인정하여 행정소송을 제기할 수 있게 하고 있다(동법 12 · 35 · 36)(같은 취지: 80 무 6(1982.7.13 대결)—행정소송에 있어서 소의 이익의 존재 여부는 원고가 해당 행정처분에 의하여 권리 또는 법률상 이익을 침해받은 것인가, 아니면 사실상 이익 내지는 반사적 이익을 침해받은 데 불과한 것인가의 여부에 달려 있다).

다만 법률상이익과 반사적이익의 구별은 쉽지 아니한바, 통설 · 판례의 입장은 양자의 구별을 관계 실정법의 법의에 기준을 두어 당해 실정법이 일방 당사자가 주장하는 이익의 보호를 목적으로 하는 경우, 즉 당해 실정법에 의하여 보호된 이익이면 법적이익으로 보고, 당해 실정법은 공익보호를 목적으로 하고 있고 당사자는 오직 그 반사적효과로서 사실상 이익을 받는 경우에는 반사적 이익으로 보는 법률상 이익구제설이다. 따라서 행정상의 방침규정(Programmvorschrift)(정부의 농가소득증대시책의 계획 · 실시를 규정한 농업 · 농촌기본법의 규정 등) 또는 일정한 정치적 · 사회적 목적에서 제 3 자에게 일반적 · 추상적 의무를 부과하는 규정(의사의 진료의무를 정한 의료법의 규정 등)은 특정개인에게 그에 대응하는 구체적인 권리를 인정한 것은 아니므로, 그런 규정에 의하여 개인이 사실상으로 받는 이익은 반사적 이익으로 그에 관한 분쟁은 사법심사의 대상이 되지 않는다.[1]

(나) 객관적 소송 개인의 구체적인 권리 · 의무와 관계가 있는 법률적쟁송이 아니고, 단지 국민 내지는 주민의 한 사람으로서 법치행정의 유지를 도모하기 위하여 위법한 국가행위의 시정을 구하는 이른바 민중소송이나, 행정기관의 지위에 있는 자가 개인의 이익과 관계가 없는 직책상의 권한을 주장하여 제기하는 이른바 기관소송은 법률에 의하여 특히 인정된 경우를 제외하고는 행정소송의 대상이 되지 않는다. 행정소송법 제45조에서 「민중소송 및 기관소송은 법률이 정한 경우에 법률에 정한 자에 한하여 제기할 수 있다」고 한 것은 이를 명문화한 것이다. 단체소송이나 집단소송도 민중소송적 성격을 갖는다.

(3) 권리주체 간의 분쟁이 아닌 사건(특별권력관계에서의 분쟁의 문제) 종래에는 권리주체 간의 분쟁이 아니고 하나의 권리주체 내의 분쟁으로 보아 사법심사의 대상에서 제외되는 것으로 보았으나, 오늘날은 특별권력관계에서의 분쟁이라는 것만으로 제외될 수 없고 법률상 이익에 관한 분쟁이기만 하면 대상이

(대법원 1996. 9. 20. 95 누 8003 조례무효확인).

1) 행정소송은 행정처분으로 인하여 법률상 직접적이고 구체적인 이익을 가지게 되는 사람만이 제기할 이익이 있는 것이고, 다만 사실상이며 직접적인 관계를 가지는 데 불과한 사람은 제기할 이익이 없는 것이므로, 공유수면매립준공인가처분의 당사자가 아니고 그 처분을 받은 자와의 사이에 그가 취득한 매립지를 양수하기로 약정한데 불과한 자는, 위 처분에 대하여 사실상의 간접적인 경제적 이해관계가 있을지언정 법률상 직접적인 이해관계가 있다고 할 수 없으므로 그 무효확인을 구할 이익도 없다(대법원 1985. 6. 25. 84 누 579 부동산소유권국가귀속처분무효확인).

된다고 보는 것이 일반적 견해이다.[1)]

2. 法令의 適用으로 해결할 수 없는 紛爭

사법권의 사명은 법을 적용하는 것이므로 사법심사의 대상이 되는 분쟁은 법의 적용에 의하여 일의적으로 해결할 수 있는 분쟁이어야 한다. 정치적·경제적 정책의 당부나 예술적 또는 학술적 평가에 관한 분쟁 등은 사법심사의 대상에서 제외된다.

(1) **통치행위** 구체적으로 어떤 행위를 통치행위로 보고, 어떤 근거로 사법심사에서 제외할 것인가는 특히 국민의 기본권보장과 관련하여 검토하여야 할 문제이나, 사법권 본래의 성질과 사법권과 행정권의 분립의 취지에 비추어 일정한 범위에서 사법심사에서 제외되는 통치행위의 관념이 인정될 수 있다고 본다.

(2) **재량과 판단여지** ㈎ 행정상의 분쟁 중에서는 정책의 당부나 전문기술적 또는 학문적인 지식·능력의 우열이나 당부에 관한 분쟁이 있다. 예컨대 특정인의 해외여행이 대한민국의 이익을 현저히 해할 상당한 이유가 있는지의 여부, 학위논문심사의 당부 또는 국가시험채점의 당부 등에 관한 분쟁이다. 이러한 사항의 판단은 원칙적으로 행정기관의 자유재량행위 또는 판단여지에 속하는 것으로 그러한 판단을 그르친 경우 당·부당의 문제는 생기나 위법성의 문제는 생기지 아니하고(법적 해결성에서 오는 한계), 또한 사법권과 행정권의 분립의 취지에서(권력분립에서 오는 한계) 행정권의 책임에 속하며, 사법권이 판단하기에는 적합하지 아니한 사항으로 사법심사에서 제외된다고 보는 것이 일반적 견해이며 판례이다. 따라서 자유재량에 대한 사법심사는 법적 해결성과 함께 다음에서 보는 권력분립적 측면에서도 문제된다.

㈏ 자유재량이 사법심사에서 제외된다는 것은 결코 행정청의 자의를 인정하는 것은 아니므로 이를 일탈하거나 남용한 경우에는 부당에 그치지 아니하고 위법이 되며 사법심사의 대상이 된다. 그리고 일탈이나 남용은 심리 후에 판단될 수 있는 사항이므로 자유재량행위를 대상으로 행정소송이 제기된 때에는 요건심리 후 각하할 것이 아니고, 본안심리에서 일탈이나 남용이 없는지를 심리하고 없으면 기각하여야 할 것이다.[2)]

---

1) 농촌근대화촉진법의 관계 규정과 피고 농지개량조합의 정관에 따르면, 피고 조합과 그 직원과의 관계가 단순한 사법상의 근로계약관계가 아니라 공법상의 특별권력관계이므로, 조합의 직원에 대한 징계처분의 취소를 구하는 이 사건 소송은 행정소송사항에 속한다(대법원 1998. 10. 9. 97 누 1198 파면처분취소).

2) 무사고운전경력이 인정되어 개인택시 및 개인택시운송사업면허를 대금 25,500.000원에 양수하여 개인택시운송사업을 하는 원고가 비번날 친구와 함께 소주 2홉들이 1병을 나누어 마시

Ⅲ. 權力分立에서 오는 한계(義務履行訴訟 등의 인정여부)

1. 문제의 所在

(1) 행정소송법 제 4 조는 항고소송의 소송형식으로서 3종의 소송을 인정하고 있는바, 오늘날의 행정현실에서는 그것만으로 공권력의 행사 또는 불행사, 특히 불행사에 대한 국민의 권리구제의 필요를 모두 충족시킬 수는 없기 때문에 동법이 정한 것 이외의 이른바 「법정외항고소송」이 현행 행정소송법의 해석상 인정될 수 있는지가 권력분립주의와 관련하여 행정소송의 한계로서 논의된다.

법정 외의 항고소송을 무명항고소송이라 하는바, 무명항고소송으로도 여러 가지 소송형식을 생각할 수 있는데, 보통 행정청의 작위 또는 부작위를 청구하는 소송으로 ① 행정청에 대하여 일정한 처분을 할 것(작위)을 명하는 이른바 의무이행소송, ② 행정청의 공권력행사로 인한 위법한 침해를 예방하기 위하여 행정청에 대하여 침해행위의 금지(부작위)를 명하는 예방적 부작위소송(금지소송), ③ 그 밖에 공권력의 행사 또는 불행사로 인한 불이익의 배제를 청구하는 불이익배제청구소송 등이 들어진다.

(2) 의무이행소송 등이 현행 행정소송법의 해석상 인정될 것인지의 여부가 논의되는 것은, 행정소송법이 명문규정을 두고 있지 않기 때문이다. 그것의 인정여부에 대하여는 소극·적극의 양설이 대립되고 있는바, 그것은 주로 권력분립주의에 대한 이해의 차이와, 그에 따른 행정소송법의 관련규정의 해석의 차이에서 비롯된다.

2. 현행 행정소송법의 立法的 解決의 意圖

1984년의 개정 행정소송법의 입법과정에서 의무이행소송을 인정할 것인지에 대하여 격렬한 논의가 있었음에도 불구하고 결국 부작위위법확인소송만을 인정하게 된 것은 입법적으로는 의무이행소송을 인정하지 않으려는 것이 분명하다 하겠다. 우리의 경우에도 헌법이 보장하고 있는 환경권(헌 35), 보건권(헌 36③) 등 생활권적 기본권이나, 소비자보호(헌 124, 소비자기본법) 등의 실현이나, 이른바 행정개입청구권의 실현을 위하여서는 부작위위법확인소송은 너무 우회적이며, 직접적인 구제

고 여동생의 승용차를 운전중 적발된 경우, 개인택시운송사업이 원고의 유일한 생계수단이며 원고의 운전면허가 취소되면 개인택시운송사업면허까지 취소되게 되어 위 투자금액을 회수할 수 없게 되는 점 등의 여러 사정들을 참작하여 재량권을 일탈하여 위법하다고 본 사례(대법원 1991. 6. 11. 91 누 2083 자동차운전면허취소처분취소)가 있으나, 최근에는 보다 엄격한 판단을 하고 있다.

수단인 의무이행소송의 필요성은 절실하다 하겠다. 그럼에도 불구하고 현행 행정소송법은 부작위위법확인소송만을 인정하였고, 그 실효성을 높이기 위하여 간접강제제도를 마련하는 데 그치고(동 4(3)·30②·38②), 의무이행소송은 인정하지 아니한 것이다. 그러나 부작위위법확인소송은 부작위에 대한 구제제도로서는 우회적이며, 의무이행소송 등이 인정되어야 오늘날의 새로운 행정현실에 부응하는 국민의 권리구제가 직접적으로 실현될 수 있을 것임은 두말할 것도 없다. 현행 행정소송법이 의무이행소송 등을 인정하지 아니한 것은, 행정에 대한 행정청의 제 1 차적 판단권은 존중되어야 한다는 권력분립적 고려와, 사법권의 정치화·행정화를 막고 부담을 경감한다는 의미에서의 사법자제적 고려에 입각한 것이다.

3. 학 설

(1) **소극설(전면적 부정설)** (가) 명문규정이 없는 이상 의무이행소송 등은 권력분립제도 아래서의 사법권의 한계를 일탈한 것이라 하여 부인한다. 즉, 사법법원은 행정기관 또는 행정감독기관은 아니므로 그 권한에는 일정한 한계가 있으며, 명문규정이 없는 한, 작위·부작위를 명하거나 의무를 확인하는 것은 사법권의 행정권에 대한 부당한 간섭으로 권력분립의 취지에 반한다고 한다.

(나) 초기에는 권력분립주의가 그대로 소극설의 논거로 주장되었으나 차츰 그것을 구체화한 것으로 볼 수 있는, 행정에 대한 제 1 차적 판단권은 행정권에 귀속하여야 한다는 주장이 논거로 제시되었다.

(다) 그리하여 행정소송법의 관련규정의 해석에 있어서도 ① 동법 제 1 조의 공권력의 불행사 등으로 인한 권익침해에 대한 구제는 동법이 명문으로 인정한 부작위위법확인소송에 의한 구제만을 의미한다고 보며, ② 동법의 취소소송에서의 변경은 소극적 변경인「일부취소」로 보고, ③ 동법이 정한 항고소송의 종류는 열거적인 것으로 본다.

(2) **적극설(전면적 허용설)** (가) 소극설은 권력분립주의를 형식적·정치적으로 이해하고 있으나, 권력분립주의는 실질적·기능적으로 이해하여야 한다고 하여 사법권의 행정권에 대한 통제와 국민의 권리구제기능을 강조하는 견해이다.

(나) 행정소송법 제 1 조에서「공권력의… 불행사 등으로 인한, 국민의 권리 또는 이익의 침해를 구제 … 함을 목적으로 한다」고 명시하고 있음에 비추어 권력분립주의를 바탕으로 의무이행소송을 부정하는 것은 행정구제제도로서의 행정소송의 일반적인 기능 및 행정소송법이 의도하는 행정소송의 취지에도 부합되지

않는 일이라고 한다.[1)]

(다) 그리하여 행정소송법의 관련규정의 해석에 있어서도 ① 동법 제 1 조의 공권력의 불행사 등으로 인한 국민의 권익침해에 대한 구제는 의무이행소송 등에 의한 구제까지를 포함한다고 보며, ② 동법의 취소소송에서의 변경에는 적극적 변경도 포함된다고 보고, ③ 동법이 정한 항고소송의 종류는 예시적인 것으로 본다.

(3) 결언(제한적 허용설) (가) 모든 국민은 재판을 받을 권리를 가진다(헌27). 따라서 국회라 할지라도 국민의 재판을 받을 권리를 제한하는 입법을 할 수는 없다고 할 것이다. 그러나 국민이 공권력작용으로 인하여 권익을 침해받은 경우에 그에 대한 구제의 방법을 정하는 데 있어서는 국회는 일정한 입법재량을 가진다고 할 것이다. 그럴진대 행정소송법은 공권력작용으로 인한 권익침해에 대한 구제방법으로는 취소소송·무효등확인소송·부작위위법확인소송을 법정하여 그것에 의하여 일응 구제제도를 완비하였다고 할 것이다. 그리고 입법권은 행정권의 제 1 차적 판단권을 존중하여 취소소송중심주의를 취하였다고 할 것이다.

(나) 그러나 행정활동의 증대에 따라 법정항고소송에 의하여서는 구제를 받을 수 없는 경우가 생길 수 있다고 할 것이며, 그러한 사태를 방치하는 것은 국민의 재판을 받을 권리를 박탈하는 것이 되므로, 그러한 경우에는 보충적으로 법정외항고소송을 인정하여야 할 것이다. 그 인정의 범위는 법정외항고소송의 종류별로 기능적으로 고찰하여야 할 것이다.[2)]

(a) 먼저 의무이행소송에 대하여 살펴보건대 부작위에 대한 구제방법으로는 행정소송법에서 부작위위법확인소송을 인정하고 있으므로 그것이 비록 우회적이라 하더라도 그것을 전면적으로 긍정하는 것은 행정소송법의 취지에 맞지 않는다고 할 것이다. 따라서 의무이행소송은 ① 행정청에게 제 1 차적 판단권을 행사하게 할 것도 없을 정도로 처분요건이 일의적으로 정하여져 있고, ② 사전에 구제하지 않으면 회복할 수 없는 손해가 발생할 우려가 있으며, ③ 다른 구제방법이 없는 경우에만 인정된다 할 것이다.

(b) 다음으로 예방적 부작위소송에 대하여 살펴보건대 앞으로의 공권력작용에 의하여 권익침해가 예상되는 경우에도 보통은 공권력작용을 기다려서 그것의 취소소송에 의하여 구제를 받아야 할 것이기 때문에, 예방적부작위소송은 역시 그러한 방법에 의한 구제가 불가능한 경우에만 보충적으로 인정되어야 할 것이다. 그리고 예방적 부작위소송을 제기할 수 있는 경우도 의무이행소송의 경우와

1) 이상규(상), pp.775, 776; 김남진(상), p.674; 석종현(상), p.753; 홍정선(상), pp.760, 761.

2) 김향기, 무명항고소송의 가부, 판례월보, 1995. 2 월호, p.48.

같이 3요건이 갖추어져야 할 것이다. 다만 의무이행소송의 경우는 현상의 개선을 요구하는 적극적인 청구인 데 대하여, 예방적 부작위소송의 경우는 현상의 악화를 방지하기 위한 것이므로 그 보충성의 요건은 보다 완화하여야 할 것으로 본다. 그리고 행정상강제와 같은 권력적 사실행위 중에는 그것이 즉시완결적행위(강제검진 등)여서 그 발동을 기다려서 취소소송을 제기하는 것으로는 권리구제의 실효성을 기할 수 없는 경우가 많으며 따라서 예방적 부작위소송을 허용하여야 할 경우는 상대적으로 많다고 하겠다.

(c) 여하튼 보충적으로 법정외항고소송이 인정된다고 할 경우에 그에 대한 적용법규가 문제된다. 법정외항고소송도 공권력의 행사 또는 불행사를 청구하는 소송이므로 성질이 허용하는 범위 안에서 취소소송에 관한 규정을 준용할 수 있다고 할 것이다.

4. 判 例

우리 판례는 일관하여 소극설의 입장을 취하고 있다. 즉 행정소송법상 의무이행소송이나 의무확인소송은 인정되지 않으며,[1] 형성판결을 구하는 소송과 작위의무확인소송도 허용되지 아니하고,[2] 행정소송법상 행정청이 일정한 처분을 하지 못하도록 그 부작위를 구하는 청구 역시 부인한다.[3]

5. 行政訴訟法 改正案(義務履行訴訟과 豫防的 禁止訴訟의 수용)

부작위위법확인소송을 폐지하고, 행정청의 거부처분 등 또는 부작위에 대하여 처분이나 명령 등을 하도록 하는 의무이행소송을 도입하고, 행정청이 장래에 일정한 처분이나 명령 등을 할 것이 임박한 경우에, 그 처분이나 명령 등의 금지를 구할 법적으로 정당한 이익이 있는 자가 사후에 그 처분이나 명령 등의 효

1) 행정소송법 제3조와 제4조가 행정청의 부작위에 대하여 일정한 처분을 하도록 하는 의무이행소송에 관하여는 규정하고 있지 아니하여, 행정청의 위법 또는 부당한 부작위에 대하여 일정한 처분을 하도록 청구하는 소송을 허용하지 아니한 것이, 국민의 재산권을 보장한 헌법 제23조에 위배된다고 볼 수 없다(대법원 1992. 12. 22. 92 누 13929 징발수용토지에대한징발해제청구등).

2) 피고 국가보훈처장 등에게, 독립운동가들에 대한 서훈추천권의 행사가 적정하지 아니하였으니 이를 바로잡아 다시 추천하고, 잘못 기술된 독립운동가의 활동상을 고쳐 독립운동사 등의 책자를 다시 편찬, 보급하고, 독립기념관 전시관의 해설문, 전시물 중 잘못된 부분을 고쳐 다시 전시 및 배치할 의무가 있음의 확인을 구하는 청구는 작위의무확인소송으로서 항고소송의 대상이 되지 아니한다(대법원 1990. 11. 23. 90 누 3553 의무이행청구거부처분취소).

3) 행정소송법상 행정청이 일정한 처분을 하지 못하도록 그 부작위를 구하는 청구는 허용되지 않는 부적법한 소송이라 할 것이므로, 피고 국민건강보험공단은 이 사건 고시를 적용하여 요양급여비용을 결정하여서는 아니 된다는 내용의 원고들의 위 피고에 대한 이 사건 청구는 부적법하다 할 것이다(대법원 2006. 5. 25. 2003 두 11988 건강보험요양급여행위등처분취소).

력을 다투는 방법으로는 회복하기 어려운 손해를 입을 우려가 있는 때에는 그 처분이나 명령 등의 금지를 구하는 예방적 금지제도를 도입하기로 하였다.

6. 각국의 立法例

참고로 몇몇 국가의 입법례를 간단히 살펴보기로 한다.

(1) 영·미　전통적인 보통법과 형평법을 중심으로 독특한 「법의 지배의 원리」를 확립하여 소송당사자인 행정주체는 사인과 동등한 지위에서 법원의 심판을 받아야 한다고 생각되어 왔기 때문에, 행정행위에 대한 사법심사에도 민사소송에서의 소송형식 및 판결형식 이외에 대권영장(writ of prerogative)에서 유래한 행정법에만 특유한 소송형식 및 판결형식인 금지영장(writ of injunction), 직무집행영장(writ of mandamus), 사건이송영장(writ of certiorari) 등의 제도를 통하여 행정청의 의무이행과 제지(예방)를 구하는 소송이 널리 인정되고 있다.

(2) 독일　㈎ 1960년의 행정재판소법에서 의무이행소송(Verpflichtungsklage)을 인정하였다(동법 42·114 참조). 의무이행소송은 이행소송의 한 형태로 거부처분에 대한 소송(Weigerungsklage)과 부작위에 대한 소송(Untätigkeitsklage)이 있는바, 부작위에 대한 소송은 기속행위에 있어서의 당해 특정행위명령소송(Vornahmeklage)과 재량행위에 있어서 법원의 법적 견해를 존중하면서 적법한 재량권행사를 명하는 소송(Bescheidungsklage)으로 나누어 볼 수 있다.

여하튼 독일은 대륙법국가 중에서는 최초로 의무이행소송을 인정하였다.

㈏ 독일에서도 예방적 부작위소송의 인정여부에 대하여는 행정재판소법에 명문규정이 없어 학설은 나누어져 있으며, 판례는 1971년 4월 16일의 판결에서 「이웃사람에게 행하여질 건축허가를 기다려서 그 취소를 구하도록 하는 것을 기대할 수 없는 특별한 사정이 있는 경우」에는 허용되어야 한다고 하여 건축허가에 대한 예방적부작위소송을 인정하였다.[1)]

독일의 판례와 지배적인 학설은 예방적 부작위소송을 당사자소송에서 발전한 일반적 이행소송의 형태로 인정하고 있다.[2)]

(3) 일본　2004년 행정사건소송법을 개정하면서 의무이행의 소와 예방적 금지소송에 해당하는 차지(差止)의 소를 도입하였다.

---

1) DVBI, 1971, 713 참조.

2) 이행소송은, 행정청에 대하여 일정한 행정처분을 구하는 의무이행소송(항고소송)과 행정처분 이외의 직무행위의 작위 또는 부작위를 구하는 일반적의무이행소송(당사자소송)으로 구분된다. 정하중(총), p.673 참조.

제 3 절 行政訴訟의 종류

제 1 목 槪 說

(1) 행정법상의 위법상태는 행정청의 공권력의 행사 또는 불행사를 원인으로 하여 형성된 경우와, 공권력의 행사에 해당하지 아니한 행위로 인하여 생기는 경우가 있으며, 이들 두 경우에 따라 실체법상으로도 적용법규·법원칙을 달리한다. 그리하여 이러한 실체법상의 구별을 소송절차에서도 받아들일 수 있다고 하겠다. 이러한 견지에서 공권력의 행사에 관한 불복소송인 항고소송과, 공법상의 법률관계에 관한 소송인 공법상의 당사자소송으로 대별할 수 있다.

(2) 항고소송과 당사자소송은 개인의 법률상의 이익의 침해를 원인으로 하여 위법한 법상태의 제거를 목적으로 하는 소송, 즉 주관적 소송인데, 권리·이익의 침해를 전제로 하지 아니하고 직접적으로 오직 위법한 법상태의 제거만을 목적으로 하는 소송, 즉 객관적 소송을 입법정책적으로 인정할 필요가 있는 경우가 있다. 민중소송과 기관소송이 그것이다.

제 2 목 種 類

I. 內容에 의한 분류

행정소송법은 행정소송을 소송의 내용에 따라 항고소송·당사자소송·민중소송 및 기관소송으로 대별하고, 항고소송을 다시 다음에 보는 바와 같이 세분하고, 그 각각의 정의규정을 두고 적용 내지는 준용규정의 범위를 명백히 하였다(同 3·4). 다만 행정소송법은 민중소송과 기관소송에 대하여는 그것이 개인의 구체적인 권리의무에 관한 법률적 쟁송이 아니고 객관적 소송이기 때문에 다른 법률에서 특히 인정한 경우에 한하여 제기할 수 있으므로, 그 경우에 행정소송법 중 준용될 수 있는 규정만을 정하고 있으므로 이러한 소송은 행정소송법에 근거하여 바로 제기할 수 있는 것은 아니라는 점을 유의하여야 한다.

1. 抗告訴訟

항고소송(Anfechtungsklage)이란 행정청의 처분 등이나 부작위에 대하여 제기하는 소송, 즉 행정청의 적극적 또는 소극적인 공권력의 행사에 의하여 생긴 행정법상의 위법한 법상태를 제거하여 권리·이익의 보호를 목적으로 하는 소송을 총칭한다. 행정소송법이 명문으로 규정하고 있는 항고소송의 형태로는 다음에서 보는 취소소송·무효등확인소송 및 부작위위법확인소송의 3종이다(동 3(1)). 그런데 여기에 규정된 항고소송은 보통 예상할 수 있는 형태를 예시한 것으로 볼 것인지, 아니면 여기에 규정된 것만을 인정하려는 열거·제한적인 것으로 볼 것인지에 대하여는 다툼이 예상된다. 여하튼 그것을 예시적인 것으로 보면 행정소송법에 명문으로 규정된 다음의 3종을 「법정항고소송」이라 할 수 있고, 그 이외의 것을 「무명항고소송」이라 할 수 있다.

(1) 법정항고소송

㈎ 취소소송

(a) 의의 행정청의 위법한 처분 또는 재결 등의 취소·변경을 청구하는 소송이다(동 4(1)). 행정소송 중에서 가장 전형적인 것이다. 행정소송법은 행정심판의 재결도 취소소송의 대상으로 하되, 재결취소소송의 경우는 재결 자체의 고유한 위법만을 주장할 수 있게 하고 원처분의 위법은 주장할 수 없게 하였다(행송 19단서).

취소소송은 취소사유인 흠(하자)이 있는 처분 등을 대상으로 하는 것이 보통이나, 무효인 처분 등을 대상으로 무효선언의 뜻에서 취소청구를 하는 것도 무방하다 하겠다. 다만 이 경우에는 형식에 있어서 취소소송이므로 제소기간 등의 제한을 받는다는 것이 판례의 입장이다.[1]

(b) 성질 취소소송의 성질에 대하여는, ① 취소소송은 법원이 행위시의 적법요건의 존부를 확정하는 확인소송으로 보는 견해, ② 위법하기는 하나 공정력에 의하여 일응 일정한 법률관계를 성립시킨 행정처분의 효력을 다툼으로써 당해 행정처분의 취소·변경을 통하여 그 법률관계를 소멸·변경시키는 성질의 소송, 즉 형성소송으로 보는 견해, ③ 취소소송은 단순히 특정한 처분 자체의 취소를 구하는 소송이 아니고 그 처분과 연결되어 있는 처분의 효과 내지는 사실상의 결과가 위법하므로 그 위법상태를 배제시키는 성질의 소송, 즉 위법상태배제소송이라는 견해 등이 있는바, 형성소송설이 통설[2]·판례(같은 취지: 4292 행상 20 (1960.9.30 대판))이다. 행정소송법은 취소소송의 인용판결에 대하여 대세적 효력을 명시함으로써

1) 행정처분의 당연무효를 선언하는 의미에서 그 취소를 구하는 행정소송을 제기하는 경우에는 전치절차와 그 제소기간의 준수 등 취소소송의 제소요건을 갖추어야 한다(대법원 1987.6.9. 87 누 219 부가가치세부과처분취소); 같은 취지, 대법원 1976.2.24. 75 누 128 전원합의체판결 갑종배당소득세과세처분취소).

2) 서원우(상), p.795; 이상규(상), p.796; 석종현(상), p.812; 김남진(I), p.681; 김동희(I), p.519.

(동법 29①), 형성소송설의 입장을 밑받침하고 있다.

(c) **소송물** 민사소송에서의 형성소송의 소송물은 원고의 실체법상의 형성권이다. 따라서 취소소송을 형성소송으로 보고 민사소송의 이론을 그대로 적용한다면 취소소송의 소송물은 원고의 실체법상의 행정행위의 형성권(취소권)이 될 것이다. 그러나 행정법관계에서는 사인에 대하여 행정행위의 취소권이 부여되어 있지 아니하며 형성권의 관념이 존재하지 아니하므로 취소소송의 소송물은 행정행위의 위법성 그 자체라고 할 것이다.[1] 즉, 취소소송에서는 원고는 특정한 처분이 위법함을 주장하는 것이며, 그 처분의 위법성이 심리대상이 되어 원고의 위법성주장의 당부가 판결에 의하여 확정되게 된다.

다만, 행정행위의 위법성이 심리대상이 된다고 하더라도 그것만으로 구체적 사건에 있어 소송물이 특정되는 것은 아니다. 그것은 행정행위의 위법성을 초래하는 위법사유는 여러 가지가 있으며, 그 위법사유마다 소송물을 인정할 것인지 아니면 하나의 행정행위에 대하여는 위법사유가 여러 개 있더라도 소송물은 하나로 볼 것인지가 문제된다. 그러한 문제를 논의할 실익은 취소소송에 있어서 행정청에 의한 이유의 변경가능성여부의 판단, 기판력범위의 판단 등에서 나타난다.

생각건대 취소소송의 소송물은 행정행위의 위법성 일반(당해 처분이 적법한 것으로서 청구기각판결을 하기 위하여는 모든 적법요건이 갖추어져 있어야 하고, 그 중의 하나라도 결여되면 청구인용판결을 하게 된다는 의미에서의 위법성 일반)이라고 보아,[2] 하나의 행정행위에 대하여는 위법사유가 여러 개 있더라도 소송물을 하나로 보는 것이 타당하다. 또한, 이 견해가 우리나라의 통설이다.[3] 만약에 위법 사유마다 소송물을 인정한다면 행정청이 여러 처분이유를 들어 동일한 행정행위를 반복하였을 때에 원고가 취소소송을 그 수만큼 제기하지 않으면 안되는 불이익을 보게 될 것이다. 기판력은 소송물에 대하여 발생한다. 따라서 취소소송의 기판력은 다투어진 행정처분의 위법성 일반의 판단에 대하여 발생하므로 취소소송에서 청구기각판결을 받은 경우에 다른 위법사유를 들어 동일한 처분에 대하여 새로운 취소소송을 제기하는 것이 허용되지 아니한다.

(d) **특수성** 민사소송에 대하여 여러 가지 특수성이 인정되는바, 처분행정청

1) 원래 과세처분이란 법률에 규정된 과세요건이 충족됨으로써 객관적, 추상적으로 성립한 조세채권의 내용을 구체적으로 확인하여 확정하는 절차로서, 과세처분취소소송의 소송물은 그 취소원인이 되는 위법성 일반이고 그 심판의 대상은 과세처분에 의하여 확인된 조세채무인 과세표준 및 세액의 객관적 존부이다(대법원 1990. 3. 23. 89 누 5386 법인세등부과처분취소); 대법원 1996. 4. 26. 95 누 5820 주택건설사업계획승인처분무효.

2) 김동희(I), p. 616.

3) 처분의 객관적 위법성은 당사자의 법적 주장과는 관계 없다는 이유로 처분으로 자신의 권리가 침해되었다는 원고의 법적인 주장을 소송물로 보는 견해로는, 박균성(상), p. 893; 홍정선(상), p. 828.

을 피고로 한 것(동 13), 행정법원을 제 1 심으로 한 것(동 9), 제소기간을 제한한 것(동 20), 관련청구소송의 이송과 병합을 넓게 인정한 것(동 10), 직권심리주의를 가미한 것(동 26), 집행부정지의 원칙을 채택한 것(동 23), 사정판결을 인정한 것(동 28) 등이 그것이다.

(나) 무효등확인소송

(a) 의의　① 행정청의 처분 등의 효력 유무 또는 존재 여부의 확인을 청구하는 소송이다(동 4(2)). 따라서 「무효등확인소송」에는 처분이나 재결의 무효확인소송·유효확인소송·존재확인소송·부존재확인소송 및 실효확인소송이 포함된다. 처분 등이 무효 또는 부존재인 경우에는 확인을 기다릴 것도 없이 누구든지 그것을 무시할 수 있으나 처분 등으로서의 외관은 존재하고, 처분 등의 무효원인과 취소원인의 구별은 절대적인 것이 아니기 때문에 행정청에 의하여 집행될 우려가 있다. 따라서 무효 또는 부존재인 처분 등의 상대방은 그 무효 또는 부존재를 공적으로 확인받을 필요가 있다. 반대로 존재하는 처분 등을 관계행정청이 무효 또는 부존재인 것으로 다루어 관계인의 권익이 침해되는 경우도 있을 수 있다. 따라서 당해 처분 등이 유효하게 존재함을 확인받을 필요가 있다. 여기에 무효등확인소송을 하나의 독립된 소송형태로 인정할 필요가 있다 하겠다.

② 무효확인청구와 취소청구는 그 소송의 요건을 달리하므로 동일한 행정처분의 동일한 하자를 청구의 원인으로 하여 두 청구를 병합해서 청구할 수 있다.[1] 행정처분의 무효확인을 구하는 청구에는 원고가 그 처분의 취소를 구하지 아니한다고 해석되지 않는 한, 그 처분의 취소를 구하는 취지까지 포함되어 있다고 볼 수 있다. 다만, 이 경우에 취소청구를 인용하려면 취소소송의 요건을 구비한 경우에 한한다(대법원 1986. 9. 23. 85 누 838 사회단체등록취소처분무효확인).

(b) 성질　무효등확인소송의 성질에 대하여는 구법하에서는 명문이 없었기 때문에 다툼이 있었다. 현행 행정소송법은 입법적으로 해결하여 항고소송의 일종으로 명문화하였다(동 4(2)). 행정소송법은 항고소송의 일종으로 명문화하였으나 성질로 볼 때에는 역시 준항고소송으로 보는 것이 정확하다 하겠다.

(c) 소송물　무효등확인소송의 소송물은 구체적인 청구에 따라 처분 등의 무효성·유효성 또는 존재·부존재이다. 그러나 판례는 무효확인소송의 소송물을 권리 또는 법률관계의 존부확인을 구하는 것으로 보고 있다.[2]

1) 행정처분에 대한 무효확인과 취소청구는 서로 양립할 수 없는 청구로서 주위적·예비적 청구로서만 병합이 가능하고 선택적 청구로서의 병합이나 단순 병합은 허용되지 아니한다(대법원 1999. 8. 20. 97 누 6889 환지계획등무효확인및취소).

2) 과세처분무효확인소송의 경우 소송물은 권리 또는 법률관계의 존부 확인을 구하는 것이며, 이는 청구취지만으로 소송물의 동일성이 특정된다고 할 것이고, 따라서 당사자가 청구원인에서 무효사유로 내세운 개개의 주장은 공격방어방법에 불과하다고 볼 것이며, 한편 확정된 종국판

(d) **특수성** 무효등확인소송에 대하여는 재판관할 · 집행정지 · 직권심리 등 취소소송에 대한 많은 규정이 준용되며(동 38①), 따라서 민사소송에 대하여 여러 가지 특수성을 가지게 된다.

(다) 부작위위법확인소송

(a) 의의 행정청이 당사자의 신청에 대하여 상당한 기간 내에 일정한 처분을 하여야 할 법률상 의무가 있음에도 불구하고 이를 하지 아니한 경우에 이러한 부작위의 위법의 확인을 청구하는 소송이다(동 4(3)). 부작위에 대한 행정소송으로는 소극적인 부작위위법확인소송 이외에 의무이행소송 · 의무확인소송 등을 생각할 수 있으며, 국민의 행정의존도가 크게 높아진 오늘날의 사정 아래서는 이러한 소송을 인정하는 것이 국민의 권리구제의 실효를 기할 수 있다고 할 것이다.[1)]

(b) **성질** 부작위위법확인소송은 위법한 법상태를 제거하여 행정법질서를 유지하려고 하는 점에서 내용상으로 볼 때에는 항고소송이며, 그 위법함을 확인받으려는 점에서 성질상으로 볼 때에는 확인소송으로서의 성질을 가진다고 할 것이다. 부작위위법확인소송에서의 판결은 행정청에 대하여 적극적으로 일정한 처분을 할 의무를 직접 명할 수는 없고, 행정청의 특정한 부작위의 위법 여부를 확인하는 데 그친다.

(c) **소송물** 부작위위법확인소송의 소송물은 당해 소송의 대상인 부작위의 위법성이다. 이는 다같은 부작위소송이라도 의무이행소송인 경우에는 일정한 작위의무의 존재가 소송물인 것과 다르다.

(d) **특수성** 부작위위법확인소송에 대하여도 재판관할 등 취소소송에 관한 많은 규정이 준용되며(동 38②), 따라서 민사소송에 대하여 여러 가지 특수성을 가지게 된다.

(2) 무명항고소송 (가) 부작위와 관련하여 제기하는 무명항고소송으로는 크게 두 가지 소송을 생각할 수 있다.[2)] ① 첫째는, 행정청의 부작위에 대하여 작위를 청구하는 소송이며, 그 대표적인 것이 의무이행소송이다. 의무이행소송은 오늘날은 급부청구의 수단일 뿐만 아니라 사회적 위험발생의 단속을 행정청

결은 그 기판력으로서 당사자가 사실심의 변론종결시를 기준으로 그때까지 제출하지 않은 공격방어방법은 그 뒤 다시 동일한 소송을 제기하여 이를 주장할 수 없다(대법원 1992. 2. 25. 91 누 6108 증여세등부과처분무효확인).

1) 소제기의 전후를 통하여 판결시까지 행정청이 그 신청에 대하여 적극 또는 소극의 처분을 함으로써 부작위상태가 해소된 때에는 소의 이익을 상실하게 되어 당해 소는 각하를 면할 수가 없는 것이다(대법원 1990. 9. 25. 89 누 4758 교원임용의무불이행위법확인등).

2) 그 밖에 위법선언소송 등 공권력행사로 인한 불이익의 배제를 구하는 불이익배제소송을 생각할 수 있겠다. 변재옥, 당사자소송, 월간고시, 1987. 4 월호; 박규하, 현행행정소송법상의 당사자소송, 고시연구, 1986. 10월호.

이 태만히 하는 경우에 관계 국민이 행정청에 대하여 단속권의 발동을 요구하는 이른바 행정개입청구권을 실현하는 수단으로도 이용된다. ② 둘째로, 급박한 공권력발동(작위)에 의한 침해를 배제하기 위하여 그것의 저지(부작위)를 목적으로 하는 이른바 예방적 부작위소송 등이 있다.[1] 우리 행정소송법은 예방적부작위소송의 인정여부에 대하여 명문규정을 두지 아니하였다.

2. 當事者訴訟

(1) 의의　당사자소송(Parteistreitigkeit)이란 「행정청의 처분 등을 원인으로 하는 법률관계에 관한 소송, 그 밖에 공법상의 법률관계에 관한 소송」을 말한다(동 3(2)). 당사자소송은 행정청의 그러한 공권력의 행사·불행사의 결과로서 생긴 법률관계에 관하여 다투는 소송을 포함하여 그 밖에 서로 대등하게 대립된 당사자 사이의 공법상의 법률관계에 관한 소송이다.

(2) 성질　성질이 서로 다른 두 가지의 소송이 포함되어 있는바, 실질적 당사자소송과 형식적 당사자소송이 포함되어 있다.

(가) 실질적 당사자소송　공법상의 법률관계에 관한 소송이다. 항고소송에서와 같이 행정청의 권한행사를 소송물로 하는 것이 아니고 공법상의 권리관계(법률관계) 그 자체를 소송물로 하는 소송이며 그 점에서 민사소송에 아주 가깝다. 그 예로는 행정청의 처분 등을 원인으로 하는 법률관계에 관한 소송(처분 등의 무효를 전제로 하는 부당이득반환청구소송), 공법상의 신분·지위 등의 확인소송, 공법상의 금전지급청구소송, 공법상계약에 관한 소송 등이 있다.

(나) 형식적 당사자소송　(a) 행정청의 처분 등을 원인으로 하는 법률관계에 관한 소송 중에서 그 법률관계의 한쪽 당사자를 피고로 하는 소송을 말한다. 예컨대 토지수용위원회의 재결 또는 이의신청재결(토지수용과 보상금을 결정하는 처분)에 불복하는 소송형태(토지등의 취득 및 보상 85)로는 두 가지를 생각할 수 있다. ① 첫째는, 토지소유자 또는 사업시행자가 처분청인 토지수용위원회를 피고로 하여 제기하는 재결취소소송이다. ② 둘째, 재결의 취소를 구하는 것이 아니고 토지소유자 또는 사업시행자가 재결 중 보상재결에서 정한 보상금만의 증액 또는 감액을 직접 법률관계의 한쪽 당사자인 사업시행자 또는 토지소유자를 피고로 하여 제기하는 소송인바, 이와 같이 실질적으로 행정청의 처분 등을 다투는 소송이면서 항고소송에서와 같이 처분청을 피고로 하지 아니하고 법률관계의 한쪽 당사자를 피고로 하여 제기하

1) 그리고 당사자소송으로 행정청에 대하여 일정한 처분을 하여야 할 의무가 있다는 확인을 청구하는 「의무확인소송」과 행정청의 침해행위를 저지하기 위하여 행정청의 권한부존재의 확인을 청구하는 「권한부존재확인소송」이 있다.

는 소송을 형식적 당사자소송이라 한다.

(b) 행정소송법 이외의 각 개별법에서 형식적 당사자소송을 인정하고 있는 예로는「공익사업을 위한 토지등의 취득 및 보상에 관한 법률」제85조, 특허법 제187조, 전기통신기본법 제40조의 2 제 5 항, 제 6 항 등이 있다.

(3) **특수성** 항고소송에 관한 규정 중 재판관할(동 9)과 관련청구의 이송·병합(동 10), 소송참가(동 16·17), 직권심리주의(동 26) 등 주로 소송의 신속한 처리, 실체적 진실의 발견, 재판의 적정을 기하기 위한 규정들이 준용되나, 항고소송에 관한 본질적 규정은 성질상 준용되지 아니하며 오히려 민사소송에 가깝다고 하겠다.

(4) **소송물** 공법상당사자소송의 소송물은 대립되는 권리주체간의 공법상의 법률관계(권리관계) 또는 그 주장이다.

3. 民衆訴訟

(1) 민중소송(Popularklage)이란 국가 또는 공공단체의 기관이 법률에 위반되는 행위를 한 때에 직접 자기의 법률상 이익과 관계없이 그 시정을 구하기 위하여 제기하는 소송이다(동 3(3)). 민중소송은 행정법규의 적정한 적용을 보장하기 위하여 제소자(원고)의 권익침해의 요건을 완화하여, 널리 일반대중에게 출소권을 인정한다. 다만, 문자대로 모든 민중에게 제기가 인정되는 것은 아니고, 법률은 소송의 종류에 따라 제기권자를 다르게 정한다(예컨대 선거인 또는 주민으로).

(2) 이 소송은 원고 자신의 권익구제를 직접목적으로 하는 것이 아니므로, 기관소송과 함께 객관적 소송에 속한다.

(3) 이 소송은 행정소송법에 의하여 일반적으로 인정된 것이 아니며, 각 개별 법률이 정한 경우에 한하여, 법률에 정한 자에 한하여 제기할 수 있다(동 45). 일반선거인이 제기하는 선거소송(공직선거 222), 일반투표인이 제기하는 국민투표무효소송(국민투표 92)이 그 예이다.

(4) 민중소송에 대하여는 각 개별 법률에서 특례규정을 둔 경우를 제외하고는 그 성질에 반하지 않는 한 처분 등의 취소를 구하는 소송에는 취소소송에 관한 규정을, 처분 등의 효력유무 또는 존재 여부나 부작위의 위법확인을 구하는 소송에는 무효등확인소송 또는 부작위위법확인소송에 관한 규정을, 그 밖의 소송에는 당사자소송에 관한 규정을 각각 준용한다(행송 46).

4. 機關訴訟

(1) 기관소송(Kompetenzkonflikt)이란 국가 또는 공공단체의 기관상호간의

권한의 존부 또는 그 행사에 관한 다툼이 있을 때에 이를 해결하기 위하여 제기하는 소송이다(동 3(4)). 그런데 헌법과 헌법재판소법은 ① 국회·정부·법원 및 중앙선거관리위원회 상호간의 권한쟁송, ② 국가기관과 지방자치단체 간의 권한쟁송, ③ 지방자치단체간의 권한쟁의, 즉 이들 당사자간의 권한의 존부 또는 범위에 관한 심판은 헌법재판소의 심판사항(권한쟁의심판)으로 하였다(헌 111①(4), 헌법재판소 62·66). 따라서 그범위 안에서는 행정소송인 기관소송에서 제외된다(헌법재판소법 부칙 8②).

(2) 이 소송도 민중소송과 함께 객관적 소송의 일종이다.

(3) 지방자치법 제107조 제 3 항과 제170조 제 3 항에서 지방자치단체의 장이 지방의회의 재의결사항이 법령에 위배되는 것임을 이유로 의회를 피고로 하여 대법원에 제소할 수 있도록 규정하고 있는 소송이 그 예이다.

(4) 행정소송법은 기관소송에 대한 적용법규에 관하여는 민중소송의 경우와 동일한 규정을 두고 있다(동 46).

Ⅱ. 性質에 의한 분류

1. 形成의 訴

형성의 소(Gestaltungsklage)라 함은 행정법상의 법률관계를 발생·변경 또는 소멸시키는 판결을 구하는 소송이다. 따라서 형성판결은 형성요건의 존재를 확정하는 동시에, 새로운 법률관계를 발생시키거나, 기존의 법률관계를 변경 또는 소멸시키는 판결이다.

항고소송 중 취소소송은 행정청의 위법한 처분 등의 취소 또는 변경을 구하는 소송이므로 형성의 소에 속한다. 항고소송에는 적극적인 형성, 즉 새로운 법률관계를 발생시키는 형성의 소는 허용되지 아니한다고 할 것이다.

2. 履行의 訴

이행의 소(Leistungsklage)라 함은 이행청구권의 확정과 피고에 대한 이행명령을 구하는 소송이다. 이 소송에서는 다툼이 있거나 불확실한 권리를 확정받는 한편, 피고에 대한 이행명령의 선고를 받아 확정된 권리를 실현시키는 명령형의 소송이다.[1)]

의무이행소송이나, 이행명령을 구하는 당사자소송이 이행의 소에 속한다.

---

1) 이상규(상), pp. 794, 795.

3. 確認의 訴

확인의 소(Feststellungsklage)라 함은 권리 또는 법률관계의 존재 또는 부존재의 확정·선언을 구하는 소송이다. 따라서 원칙적으로 권리 또는 법률관계만이 확인의 소의 대상이 된다.

항고소송 중에서 무효등확인소송 및 부작위위법확인소송과 공법상의 법률관계의 존부의 확인을 구하는 당사자소송이 확인의 소에 속한다.

참고 행정소송과 민사소송

통설은 전통적인 공법·사법의 구체적 이원론의 입장에서 공법관계에서 생기는 분쟁은 행정사건, 사법관계에서 생기는 분쟁은 민사사건으로 본다. 그리하여 행정소송법도 소송법상의 행정사건과 민사사건의 구분을 실체법상의 공법관계와 사법관계에 대응시켜 규정하고 있다. 즉, 동법은 공법관계에서는 행정청이 원칙적으로 행정행위 기타의 공권력을 행사하여 활동하는 것에 착안하여 공권력행사에 대한 불복의 소인 항고소송을 행정소송의 전형으로 예정하고 있고, 공법상의 법률관계에 관한 소송인 당사자소송을 행정소송의 일종으로 법정하고 있다.

그러나 새로운 견해에서는 행정사건과 민사사건의 구분은 실체법상의 공법관계와 사법관계의 구분에 대응되는 것이 아니라고 한다. 즉, 현행법 아래서의 항고소송은 법률관계의 성질에 착안한 것이 아니고 행정의 개개의 행위형식에 착안하여 행정청이 공권력을 행사하여 활동한 경우에 그것을 다투는 소송형식으로 보는 것이 실태에 합치한다고 한다. 물론 행정청이 공권력을 행사하여 활동하는 것은 주로 공법관계의 분야이기는 하지마는, 오늘날은 사법관계로 볼 수 있는 분야에서도 입법정책상 행정청이 공권력을 행사하여 활동하도록 하고 있는 경우도 많으며 (보조금의 교부결정, 공영주택의 입주결정 등), 그러한 행위는 항고소송에 의하여 다투고 있어, 항고소송이 바로 공법관계에 대응되는 것은 아니라고 한다.

또한 행정소송법은 공법상의 법률관계에 관한 소송으로서 당사자소송이라는 소송형식을 정하였다. 그러나 현실의 소송실무상으로는 공법상의 법률관계에 관한 소송도 거의 민사소송에 의하여 처리되고 있으며, 공법상당사자소송과 민사소송의 구분은 명확하게 의식되지 않고 있다. 그 원인은 양자를 구분한다 하여도 절차가 거의 동일하여 구분의 실익이 거의 없기 때문이라 하겠다. 전통적 견해에서는 당사자소송을 활용·활성화하여 공익성이 강한 행정활동에 대응하여야 한다고 한다. 그러나 새로운 견해에서는, 우리 현행법 아래서는 어느 것이나 사법법원이 거의 동일한 절차에 따라 심리하도록 되어 있어 양자의 구분은 의미가 없으며, 실천적으로 보아도 당사자소송·민사소송을 엄격하게 구분하는 것은 국민에 의한 소송형식의 선택을 어렵게 하는 부작용만을 초래한다고 한다. 그리하여 당사자소송으로 다룰 사건을 민사소송으로 다루고 있는 현재의 실태를 변경할 필요가 없다고 한다. 이러한 견해에서는 결국 행정사건과 민사사건의 구분은 실체법상의 공법관계와 사법관계의 구분에 대응되는 것이 아니며 행정청이 법률의 개별적·구체적 수권에 의하여 발동하는 공권력행사를 다투는 사건만을 행정사건으로 다루고, 그 이외의 사건은 극히 예외적인 경우(형식적 당사자소송 등)를 제외하고는 민사사건으로 다루어도 된다는 것이다.

제 4 절 抗告訴訟

제 1 항 取消訴訟

제 1 목 槪 說

Ⅰ. 槪 說

행정소송법은 위에서 본 바와 같이 법정항고소송으로서 「취소소송」·「무효등확인소송」 및 「부작위위법확인소송」의 3종을 인정하고 있는바, 이러한 항고소송 중에서 가장 중핵적 지위를 차지하며 가장 기본적인 것이 취소소송이다. 그리하여 행정소송법은 취소소송에 대하여 상세한 규정을 두고 있으며(2장), 그 이외의 항고소송에 대하여는 취소소송에 관한 규정을 준용하고 있다(3장).

Ⅱ. 訴訟要件

소송이 적법한 것으로 다루어지고 본안판결을 받기 위하여 갖추어야 할 요건을 소송요건(본안판결요건)이라 하는바, 소송요건은 ① 법원에 관한 사항, ② 당사자에 관한 사항, ③ 소송물에 관한 사항으로 나누어 볼 수 있겠다.

소송요건의 존재는 직권조사사항이며 그것이 갖추어지지 아니한 경우에는 소송제기는 부적법으로 각하된다.

제 2 목 取消訴訟의 裁判管轄

Ⅰ. 事物管轄

(1) 구 행정소송법은 취소소송의 제 1 심 관할법원을 고등법원으로 하였다(동 9①).

(2) 그런데 사법제도 개혁 작업의 일환으로 개정되고 1998년부터 시행된 개정 행정소송법(1994.7.27 법률 4770호)은 취소소송의 제 1 심 관할법원을 지방법원급인 행정법원으로 하여, 취소소송도 민사소송이나 마찬가지로 3심제로 전환하였다. 3심제로 전환한 이론적인 이유로는 ① 오늘날 공법과 사법의 융화경향과 법의 지

배의 내용인 평등원칙에서 보아 행정기관도 사인과 동일한 심급의 재판을 받아야 한다는 것, ② 사법국가제도 아래서는 행정심판을 실질적인 권리구제장치로서의 사법절차인 제 1 심으로 볼 수 없으며, 따라서 고등법원을 제 1 심으로 하는 것은 사법권의 법원귀속원칙에 위배된다는 것, ③ 현대국가의 복리국가적 성격으로 인한 행정권의 확대·강화에 맞추어 행정작용에 대한 법적 통제의 필요성이 증대되고 있다는 것 등을 들 수 있고, 그 실제적인 이유로는 ① 고등법원이 5개소뿐인 우리나라에서 제 1 심을 지방법원으로 전환하는 것은 행정소송에 대한 국민의 접근을 용이하게 하여 국민의 편의를 도모할 수 있다는 것, ② 법관의 실무경험을 통한 전문지식과 법이론의 축적이 용이하여 행정법의 발달을 도모할 수 있다는 것 등을 들 수 있겠다.

개정 행정소송법에서는 행정법원을 설치하여 행정사건을 전담하도록 하였으나, 관할할 예상 사건수를 감안하여 우선은 서울지역에만 설치하고, 다른 지역에서는 사건수의 증가에 따라 순차적으로 설치하고 그 때까지는 지방법원 본원에서 행정사건을 관할하도록 하였다(1994.7.27 법률 4765호 부칙 2).[1] 행정법원의 심판권은 합의부에서 행하되, 행정법원 합의부에서 단독판사가 심판할 것으로 결정한 사건의 심판권은 단독판사가 행한다(법조 7③).

(3) 그러나 특허청의 심결의 취소소송은 고등법원에 해당하는 특허법원·대법원으로 연결되는 2심급 구조로 되어 있다(법원조직 28조의2 등). 또한 「독점규제 및 공정거래에 관한 법률」 제55조,[2] 약관의 규제에 관한 법률 제30조의2, 보안관찰법 제23조는 서울고등법원을 전속관할법원으로 하고 있다.

Ⅱ. 土地管轄

(1) **일반관할** 제 1 심 관할은 피고의 소재지를 관할하는 행정법원이다. 다만 중앙행정기관 또는 그 장이 피고인 경우의 관할법원은 대법원 소재지의 행정법원이다(행송 9①). 그런데 행정법원이 설치되지 아니한 지역에 있어서의 행정법원의 권한에 속하는 사건은 해당 지방법원이 관할하도록 되어 있으므로(법률 4765호 부칙 2), 현재는 행정법원이 설치되어 있는 서울을 제외하고는 피고의 소재지를 관할하는 지방법원 본원이 취소소송의 제 1 심 관할법원이 된다.

(2) **특별관할** 토지수용 기타 부동산 또는 특정의 장소에 관계되는 처분

1) 사법제도개혁위원회, 사법제도개혁법률안 검토자료, p.110 이하 참조.
2) 제54조(소의 제기)의 규정에 의한 불복의 소는 공정거래위원회의 소재지를 관할하는 서울고등법원을 전속관할로 한다.

등에 대한 취소소송은 그 부동산 또는 장소의 소재지를 관할하는 행정법원에도 이를 제기할 수 있다(행송 9②). 2개 이상의 관할구역에 걸쳐 있을 때에는 어느 구역을 관할하는 법원도 관할권을 갖는다.

(3) **토지관할의 성질** 종래에는 전속관할이었으나(소재지를 달리하는 행정청의 처분에 대하여 동일한 위법사유로 다투어지는 관련사건이 전속관할로 인하여 오히려 판결에 모순·저촉이 생길 우려도 있었다.), 현행 행정소송법은 항고소송이나 당사자소송의 토지관할에 대하여 전속관할로 규정하지 아니함으로써 임의관할로 되었다.[1] 따라서 관할의 결정에 대하여서는 민사소송법상의 합의관할(동법 26), 응소관할(동 27), 관련재판적(동 22), 관할위반 또는 재량에 의한 이송(동 31) 등의 규정이 준용될 수 있다.

Ⅲ. 管轄法院에의 移送

법원은 원고의 고의 또는 중대한 과실 없이 행정소송이 심급을 달리하는 법원이나 관할권이 없는 다른 법원에 잘못 제기된 경우에는 이송한다(행송 7, 민소 31①).

Ⅳ. 關聯請求訴訟의 移送·併合

1. 관련청구소송제도의 취지

(1) 취소소송의 경우에는 처분의 취소만으로 해결할 수 없는 여러 청구가 수반되는 경우가 많다. 그리하여 취소소송과 이와 관련되는 수개의 청구를 병합하여 하나의 소송절차에서 통일적으로 심판함으로써, 한편으로 당사자나 법원의 부담을 경감하고 심리의 중복과 저촉을 피하면서 동일한 처분에 관한 분쟁을 한꺼번에 해결하도록 하고, 다른 한편으로 심리의 복잡화를 방지하여 취소소송 자체의 신속한 처리를 도모하고자 취소소송에 관련되는 청구의 병합과 이송제도를 인정한 것이다.

(2) 원래 청구의 병합에는 단수당사자 간(하나의 원·피고 간)에 있어서의 복수청구의 병합, 즉 객관적 병합과, 복수당사자에 의한(수인의 또는 수인에 대한) 복수청구의 병합, 즉 주관적 병합(공동소송)이 있는데, 처음부터 병합하여 제기

1) 행정소송법 제9조나 제40조에 항고소송이나 당사자소송의 토지관할에 관하여 이를 전속관할로 하는 명문의 규정이 없는 이상 이들 소송의 토지관할을 전속관할이라 할 수 없다. 토지 소유자 또는 관계인이 토지수용법 제75조의2 제2항에 근거하여 제기하는 보상금 증액청구소송은 재결청과 기업자를 공동피고로 하여야 하는 필요적 공동소송이므로 행정소송법 제8조 제2항, 민사소송법 제22조 제2항, 제1항에 의하여 재결청이나 기업자 중 어느 하나의 당사자에 대하여만 관할권이 있더라도 그 법원에 제소할 수 있다(대법원 1994. 1. 25. 93 누 18655 토지수용재결처분취소).

하는 경우와 계속중인 소송에다가 추가적으로 병합하는 경우가 있다.

(3) 행정소송법(10조)은 위에서 본 제도적 취지를 살리기 위하여 관련청구소송의 범위를 명확히 하는 동시에, 그 병합과 그것을 위한 이송에 관하여 규정하였다.

2. 관련청구의 범위

취소소송에 대한 관련청구사건의 범위는 다음과 같다(동 10①(1)(2)).

(1) **당해 처분이나 재결과 관련되는 손해배상·부당이득반환·원상회복 등 청구소송** 여기에서 처분이나 재결과 관련되었다는 것은, ① 그 처분이나 재결이 원인이 되어 발생한 청구, 또는 ② 그 처분이나 재결의 취소·변경을 선결문제로 하는 청구를 말한다.

(2) **당해 처분이나 재결과 관련되는 취소소송** 여기에는 ① 그 처분과 함께 하나의 절차를 구성하는 다른 처분의 취소를 구하는 소송, ② 그 처분에 관한 재결의 취소를 구하는 소송, ③ 그 재결의 대상인 처분의 취소소송, ④ 그 처분이나 재결의 취소·변경을 구하는 다른 사람의 취소소송 등이 포함된다.

3. 관련청구소송의 移送

취소소송과 관련청구소송이 각각 다른 법원에 계속되고 있는 경우에 관련청구소송이 계속된 법원이 상당하다고 인정하는 때에는, 당사자의 신청 또는 직권에 의하여, 이를 취소소송이 계속된 법원으로 이송할 수 있다(동 10①본문). 법원이 병합심리의 필요성을 인정하는 경우에만 이송이 가능하고, 관련청구이면 당연히 이송되는 것은 아니다. 이송 주체는 관련청구소송이 계속된 법원이다.

4. 관련청구사건의 倂合

(1) 취소소송에는 사실심의 변론종결시까지 관련청구소송을 병합하거나(객관적 병합), 피고 이외의 자를 상대로 한 관련청구소송을 취소소송이 계속된 법원에 병합하여 제기할 수 있다(주관적·예비적 병합, 주관적·추가적 병합)(동 10②).

(2) 병합의 태양에는 ① 객관적 병합(병합제기·추가적 병합)(동 10②전단), ② 주관적·예비적 병합,[1] 주관적·추가적 병합(동 10②후단)[2] 및 뒤에서 보는 ③ 단순

1) 여러 원고의 각 청구 또는 여러 피고에 대한 각 청구가 논리적으로 서로 양립할 수 없는 관계에 있을 때에 원고측에서 어느 일방당사자(또는 어느 일방당사자에 대한) 청구가 판결에서 받아들여질 것을 우선적으로 신청하면서 이를 해제조건으로 하여 다른 당사자의(또는 다른 당사자에 대한) 청구에 관하여 심판을 바라는 신청을 하는 것을 말한다.

2) 하나의 소로써 여러 원고의 각 청구 또는 여러 피고에 대한 각 청구에 관하여 동시에 심판을 바라

한 주관적 병합(공동소송)(동 15)이 있다.

소의 객관적 병합은 민사소송법에서는 수개의 청구가 동종의 소송절차에 의하는 경우에 한하여 인정하지만(민소 253), 행정소송법은 관련청구인 이상 동종의 소송절차만이 아니고 이종의 소송절차(예컨대 행정소송과 민사소송)도 관련청구소송으로 인정한 것이다. 당사자소송의 취소소송에의 병합도 가능하다.[1)]

(3) 다만 제 3 자에 의한 관련청구의 병합은 소송관계를 복잡하게 할 우려가 있으므로 채택하지 아니하였다.

(4) 관련청구소송의 병합은 취소소송이 적법함을 전제로 한다.[2)]

제 3 목 取消訴訟의 當事者 등

I. 槪 說

1. 當事者의 지위

당사자소송에서는 원고와 피고는 서로 자기의 권리를 주장하여 대립하는 점에서 민사소송에서와 동일한 지위를 갖는다. 그러나 항고소송에서는 피고인 행정청은 원고와 대립하는 권리주체로서가 아니라, 단지 반대이익, 즉 공익을 대표하여, 스스로 행한 처분 등이 위법하지 않다는 것을 변명하게 하고, 재판의 정확·공정을 기하기 위하여 소송절차상 특히 피고의 지위에 서게 하였음에 불과하다. 이러한 점은 행정청이 원고가 되어 제기하는 기관소송이나 또는 일반선거인이 제기하는 민중소송에서 더욱 뚜렷하게 나타난다.

2. 當事者能力 및 當事者適格

(1) 당사자능력 소송의 주체(원고·피고·참가인)가 될 수 있는 능력을 말한다. 민법 등에 의하여 권리능력을 갖는 자연인·법인은 물론, 법인격 없는

는「소의 주관적 병합」이 소제기의 단계에서 이루어지지 않고 소송계속중에 발생하는 것을 말한다.

1) 취소소송 등을 제기한 당사자가 당해 처분 등에 관계되는 사무가 귀속되는 국가 또는 공공단체에 대한 당사자소송을 관련 청구로서 병합한 경우, 법원은 청구의 기초에 변경이 없는 한 당초의 청구가 부적법하다는 이유로 병합된 청구까지 각하할 것이 아니라 병합청구 당시 유효한 소변경청구가 있었던 것으로 받아들여 이를 허가함이 타당하다(대법원 1992. 12. 24. 92 누 3335 보상금지급결정취소).

2) 행정소송법 제38조, 제10조에 의한 관련청구소송의 병합은 본래의 항고소송이 적법할 것을 요건으로 하는 것이어서 본래의 항고소송이 부적법하여 각하되면 그에 병합된 관련청구도 소송요건을 흠결한 부적합한 것으로 각하되어야 한다(대법원 2001. 11. 27. 2000 두 697 압류처분무효확인등).

사단 또는 재단도 당사자능력을 갖는다(민소 52, 행송 8②). 법인격 없는 사단 또는 재단은 대표자를 통하여 원고가 될 수 있다(법인격 없는 사단에 대하여 당사자능력을 인정한 사례, 75 누 250(1977.6.28 대판)—아파트 자치회, 80 다 156(1980.3.25 대판)—자연마을; 부정한 사례, 80 누 495(1982.10.12 대판)—외국법인의 국내지점).

(2) **당사자적격** 구체적 소송사건에서 원고·피고·참가인 등 당사자로서 소송을 수행하고 본안판결을 받을 자격을 말한다.

Ⅱ. 原告適格

(1) 취소소송은 처분 등의 취소를 구할 법률상이익이 있는 자에게 그 적격이 인정된다(동 12). 원고적격을 가지는 자는 처분 등의 직접상대방에 한정되는 것이 아니고 취소를 구할 법률상의 이익이 있는 자이기만 하면 제 3 자도 원고적격을 가진다.[1]

(2) 오늘날의 학설과 판례는 법률상이익이 있는 자의 범위를 확대하여 종래 반사적 이익의 침해에 지나지 아니한 것으로 본 경우까지도 소익을 인정하는 경우가 많다(후술).

(3) 원고적격에 관한 규정은 구법에는 없던 것으로, 현행 행정소송법에서 신설되었으며, 그 이외에 원고적격에 관하여 판례에서 인정되어 온 사항에 대하여 명문의 규정을 두어 이를 수용하고 아울러 원고적격의 범위를 확대하였다. 즉, 처분 등의 효과가 기간의 경과, 처분 등의 집행, 그 밖의 사유로 인하여 소멸된 뒤에도 그 처분의 취소로 인하여 회복되는 이익이 있는 자는 취소소송을 제기할 수 있게 하였다(동 12후문).

Ⅲ. 被告適格

1. 처분 등을 행한 행정청(處分廳)

(1) **행정청(피고적격)** 취소소송은 다른 법률에 특별한 규정이 없는 한 그 처분 등을 행한 행정청, 즉 처분청을 피고로 하여 제기한다(동 3①본문 1). 법원이나 국회의 기관도 그것이 행정적인 처분을 하는 범위 안에서는(예: 국회직원·법원직원에 대한 징계, 법원장의

1) 행정처분의 직접 상대방이 아닌 제 3 자라 하더라도 당해 행정처분으로 인하여 법률상 보호되는 이익을 침해당한 경우에는 취소소송을 제기하여 그 당부의 판단을 받을 자격이 있다. 도시및주거환경정비법에 의한 조합설립추진위원회의 구성에 동의하지 아니한 정비구역 내의 토지 등 소유자도 조합설립추진위원회 설립승인처분에 대하여 같은 법에 의하여 보호되는 직접적이고 구체적인 이익을 향유하므로 그 설립승인처분의 취소소송을 제기할 원고적격이 있다(대법원 2007. 1. 25. 2006 두 12289 추진위원회승인처분취소).

(법무사인가 및 동인가의 취소(법무사법 48)등), 역시 「행정청」에 포함된다.

(2) 합의제 행정기관 공정거래위원회, 토지수용위원회, 방송위원회, 공직자윤리위원회 등 각종 합의제 행정기관이 한 처분에 대하여는 그 합의체의 대표가 아닌 합의체 행정청 자체가 피고가 되는 것이 원칙이다.[1] 그러나 중앙노동위원회의 처분에 대한 소는 「중앙노동위원장」을 피고로 하고(노동위원회법 27), 중앙해난심판원의 재결에 대한 소는 「중앙심판원장」을 피고로 하는 특별규정을 두고 있다(해양사고의 조사 및 심판에 관한 법률 75).

(3) 지방의회 지방의회가 의결한 조례가 그 자체로서 직접 국민의 권리·의무에 영향을 미쳐 항고소송의 대상이 되는 경우에도 그 피고는 조례를 공포한 지방자치단체의 장(교육 · 학예에 관한 조례는 시·도교육감)이 되어야 하고, 지방의회가 될 수 없다.[2] 그러나 지방의회의원에 대한 징계의결이나 의장에 대한 불신임결의의 취소 · 무효확인을 구하는 소와 같이 지방의회의 의결 자체를 대상으로 하는 소의 피고는 지방의회이다.[3]

(4) 공법인 등 공공단체 공공단체에는 지방자치단체뿐만 아니라, 공공조합과 영조물법인(정부투자기관,지방공사 · 지방공단)도 공권력이 부여되어 있는 한, 그 공권력을 행사하는 경우에는 「행정청」에 포함된다(예: 에스 에이치공사(변경 전 명칭, 서울특별시 도시개발공사; 대법원 2007. 8. 23. 2005 두 3776 입주권확인), 토지개량조합, 대한주택공사, 국민연금관리공단, 근로복지공단, 공무원연금관리공단, 성업공사4)).

(5) 권한의 위임 · 위탁(수임청 · 수탁청) (가) 행정권한의 위임이나 위탁이 있는 경우에는 권한이 수임청(受任廳) 또는 수탁청(受託廳)에 넘어가기 때문에 이들이 피고가 된다(서울특별시에 있어 부동산 취득세의 부과권은 서울특별시장에게 있는 것이 아니고 당해 구청장에게 있다(대법원 1972. 5. 9. 71 누 152 전원합의체판결 부동산취득세부과처분취소)).

(나) 내부위임의 경우에는 권한이 이양되는 것은 아니므로 위임기관이 피고가 된다. 그러나 판례는 두 가지 경우로 구분하여 수임기관의 명의로 처분을 한 경우에는 수임기관을(대법원 1994. 8. 12. 94 누 2763 자동차운전면허정지처분취소등), 위임기관의 명의로 처분을 한 경우에는 위임기관이 피고가 된다고 한다.[5] 실제로는 외부위임과 내부위임을 구분하기

---

1) 법원행정처, 법원실무제요(행정), p.51.

2) 조례에 대한 무효확인소송을 제기함에 있어서 피고적격이 있는 처분 등을 행한 행정청은, 지방자치단체의 집행기관으로서 조례로서의 효력을 발생시키는 공포권이 있는 지방자치단체의 장이다. 교육에 관한 조례의 무효확인소송을 제기함에 있어서는 그 집행기관인 시·도 교육감을 피고로 하여야 한다(대법원 1996. 9. 20. 95 누 8003 조례무효확인).

3) 법원실무제요(행정), p.52.

4) 성업공사가 체납압류된 재산을 공매하는 것은 세무서장의 공매권한 위임에 의한 것으로 보아야 할 것이므로, 성업공사가 한 그 공매처분에 대한 취소 등의 항고소송을 제기함에 있어서는 수임청으로서 실제로 공매를 행한 성업공사를 피고로 하여야 하고, 위임청인 세무서장은 피고적격이 없다. 피고 지정을 잘못하여 피고적격이 없는 세무서장을 상대로 그 공매처분의 취소를 구하는 소송이 제기된 경우, 법원으로서는 석명권을 행사하여 피고를 성업공사로 경정하게 하여 소송을 진행하여야 한다(대법원 1997. 2. 28. 96 누 1757 공매처분취소).

5) 내부위임의 경우에 수임관청이 그 위임된 바에 따라 위임관청의 이름으로 권한을 행사하였다

어렵기 때문에 처분명의에 따른 것이라 하겠다.

(6) **공무원징계처분의 피고** 국가공무원법 등 각종 공무원법에서는 공무원에 대한 징계 기타 불이익처분의 처분청이 대통령·국회의장 또는 중앙선거관리위원회위원장인 경우에 특례를 인정하여, 처분청이 대통령인 경우에는 소속장관, 국회의장인 경우에는 국회규칙이 정하는 소속기관장, 중앙선거관리위원회위원장인 경우에는 사무총장이 피고가 되도록 하였다(국공 16, 외무공 23, 경찰공 28, 소방공 25 등). 그리고 그 밖의 처분의 경우에도 국회의장·대법원장·헌법재판소장이 처분청인 경우에는 각각 사무총장(국회사무처 4③, 법원조직 70) 또는 사무처장(헌재 17⑤)이 피고가 되도록 하였다. 부(府)의 수반 또는 최고기관의 장인 지위를 감안한 특례라고 할 것이다. 대통령의 경우에는 공무원에 대한 불이익처분 이외의 처분에 대하여서는 특례가 정하여 있지 아니한바, 그것은 그러한 처분은 없기 때문인 것으로 풀이된다.

2. 權限承繼와 機關 폐지의 경우

이 경우에는 권한을 승계한 행정청이 피고가 된다(동 13①단서). 처분 등을 행한 행정청이 없어진 때에는 그 처분 등에 관한 사무가 귀속되는 국가 또는 공공단체를 피고로 한다(동 13②).

위 두 경우가 발생한 때에는 법원은 당사자의 신청 또는 직권에 의하여 피고를 경정한다(동 14⑥).

3. 被告의 更正

원고가 피고를 잘못 지정한 때에는 법원은 원고의 신청에 의하여 결정으로써 피고의 경정을 허가할 수 있다(동 14①). 이러한 결정이 있는 때에는, 새로운 피고에 대한 소는 소를 제기한 때에 제기된 것으로 보며(동 14④), 종전의 피고에 대한 소는 취하된 것으로 본다(동 14⑤).

Ⅳ. 共同訴訟(關聯請求의 主觀的 併合)

행정소송법은 수인의 청구 또는 수인에 대한 청구가 처분 등의 취소청구와 관련되는 청구인 경우에 한하여 그 수인은 공동소송인이 될 수 있게 하였다(동 15).

면 그 처분청은 위임관청이므로 그 처분의 취소나 무효확인을 구하는 소송의 피고는 위임관청으로 삼아야 한다. 구청장이 서울특별시장의 이름으로 한 직위해제 및 파면의 처분청은 서울특별시장이므로 구청장을 피고로 한 소를 각하한 판단은 정당하다(대법원 1991. 10. 8. 91 누 520 파면처분등무효확인).

이는 위에서 본 바와 같이 관련청구소송에 관하여 주관적 병합을 인정한 것이다.[1] 민사소송법에 의한 공동소송의 경우에는 소송의 목적이 되는 권리·의무가 수인에게 공통될 것 등 여러 제약이 있으나(민소 65), 취소소송의 경우에는 관련청구인 이상 병합이 인정된다.

V. 訴訟參加

1. 개　　설

취소소송에 있어 이해관계가 있는 행정청 기타 제 3 자를 소송에 참가시키는 것은, 제 3 자의 권익을 보호하고 소송심리에 필요한 자료를 제공시키며, 공익과 밀접한 관계가 있는 행정소송의 정확·공정한 해결을 위하여 필요하고, 또한 판결의 효력을 이들에게 미치게 하기 위하여서도 필요하다.

이해관계 있는 제 3 자에는 행정청도 포함된다고 할 것이나, 행정청의 소송참가와 제 3 자의 소송참가는 그 제도의 취지·목적을 달리하므로 행정소송법은 양자를 구분하여 참가인의 법적 지위를 명확히 하고, 직권참가뿐만 아니라 당사자 및 행정청이나 제 3 자의 신청에 의한 참가도 인정하고 있다.

2. 제 3 자의 訴訟參加

(1) 법원은 소송의 결과에 따라 권리 또는 이익의 침해를 받을 제 3 자가 있는 경우(예컨대 이웃인 A가 B에 대한 건축허가취소소송을 제기한 경우의 B, 특정노선의 여객자동차운송사업면허를 갑이 받은 경우, 함께 신청하여 거부된 을이 갑에 대한 사업면허취소소송을 제기한 경우의 을 등)에는, 당사자 또는 제 3 자의 신청 또는 직권에 의하여, 결정으로써 그 제 3 자를 소송에 참가시킬 수 있다(동 16①). 제 3 자의 소송참가는 복효적 행정행위에서처럼 제 3 자가 당해 소송에 의하여 권익을 침해당할 우려가 있는 경우에 그 권익을 보호하고 제 3 자를 소송에 관여시켜 서로 모순되는 재판을 피하기 위한 소송상의 수단이라 하겠다. 또한 행정소송법은 취소판결의 효력은 제 3 자에 대하여도

---

1) 현대행정이 복잡·다양하고 대량화함에 따라 행정처분도 대량적이고 반복적인 양상을 띠고 있으며, 대량적 조세부과처분, 공해규제처분, 소비자보호에 관련된 처분 등에서 그러한 경향이 두드러지게 나타나고 있다. 이와 같이 어떤 행정처분에 의하여 다수자의 피해가 발생하였을 경우 그러한 다수자가 전원이 원고가 되어 소송을 제기하거나 수행할 수 없는 때가 많다. 이러한 경우 그들의 일부나 그들이 소속하는 단체가 소송을 제기하거나 소송을 수행하여 판결의 효과를 전원에게 미치게 하는 제도가 이른바 집단소송 내지는 단체소송이다. 이러한 소송은 행정소송뿐만 아니라, 민사소송에서도 문제가 되는 것으로, 먼저 민사소송법에 규정되어야 할 사항이다. 정부에서 마련한 행정소송법 초안에서는 이러한 소송에 관한 선언적 규정을 두었으나, 이러한 소송에 관하여는 대상인 처분, 원고적격, 소송의 심리절차, 판결의 효력범위 등에 관한 규정이 필요한바, 민사소송법에서 먼저 규정하는 것이 타당하다는 이유로 삭제되었다.

미친다는 것을 명시하고 있으므로(동 29①), 취소판결의 효력과 관련하여서도 제 3 자의 권익보호를 위한 제도적 장치가 요구된다 하겠다. 이에 행정소송법은 제 3 자의 소송참가를 인정하는 외에 재심청구를 인정하는(동 31) 등 제 3 자 보호를 위하여 각별한 배려를 하고 있다.

(2) 참가인으로 된 제 3 자의 지위는, 민사소송법 제67조를 준용하고 있으므로 참가인은 피참가인과의 사이에 필요적 공동소송에 있어서의 공동소송인에 준하는 지위에 선다(동 16④).[1] 제 3 자에게 그와 같은 중요한 지위가 인정되는 것은 취소판결의 효력이 제 3 자에게 미치기 때문이다(동 29①).

(3) 행정소송법에 의한 제 3 자의 소송참가와는 별도로 제 3 자의 선택에 따라 민사소송법에 의한 보조적 참가(민소 71), 독립당사자참가(동 79) 및 공동소송참가(동 83)에 관한 규정이 행정소송법(8 ②)에 의하여 준용될 수 있는지가 문제된다. 보조참가는 참가인 자신의 명의로 판결을 구하는 것이 아니고 오직 당사자 일방을 보조하는 데 그치는 것이므로 행정소송에도 준용된다 할 것이고, 공동소송참가는 참가인의 지위가 필요적 공동소송인이어서 공동소송적 보조참가인과 흡사한 지위를 갖는 행정소송법 제16조의 규정에 의한 참가인의 지위와 다르므로 역시 준용된다 할 것이다. 그러나 독립당사자참가는 행정소송의 당사자적격·제소요건 및 행정소송의 취지 등에 비추어 볼 때 행정소송과는 친하지 않기 때문에 준용될 수 없다고 할 것이다(70 누 70·71(1970.8.31 대판)—행정소송에서 독립당사자참가는 허용되지 아니한다.).

3. 행정청의 訴訟參加

법원은 다른 행정청을 소송에 참가시킬 필요가 있다고 인정할 때에는 당사자 또는 당해 행정청의 신청 또는 직권에 의하여, 결정으로써 그 행정청을 소송에 참가시킬 수가 있다(동 17①).

참가행정청의 소송상의 지위는 민사소송법 제76조의 규정을 준용하고 있으므로 민사소송법상의 보조참가인에 준한다(동 17③).

행정청의 소송참가는 행정청이 처분을 함에 있어서는 처분청 이외의 행정청이 협의 또는 승인 등의 방법으로 관련되는 경우가 많다는 점을 감안하여, 이들 행정청이 가지고 있는 공격·방어방법을 제출하게 함으로써 소송자료를 풍부하게 하여 피고행정청을 보조하게 함으로써 행정처분의 효력을 유지시키려는 취지에서 정하여진 것이라 하겠다. 그러나 행정청 상호간에 의견이 서로 저촉되어서는 아니될 것이므로 참가 당시의 소송정도에 따라서 공격·방어방법을 제출할

1) 이상규(상), p.835; 杉木良吉, 行政事件訴訟法解說, p.68.

수 있고, 이의신청·상소도 가능하지만, 피참가인의 소송에 불이익한 소송행위를 할 수 없으며, 한다고 하더라도 무효가 된다.

Ⅵ. 訴訟代理人

원칙적으로 민사소송법(민소 87 내지 88)의 규정에 의하여야 하나 「국가를 당사자로 하는 소송에 관한 법률」에 특별규정이 있다.

제 4 목 取消訴訟의 訴益(原告適格)

Ⅰ. 訴益의 의의

(1) 행정소송법은 취소소송을 처분 등의 취소를 구할 「법률상이익」이 있는 자가 제기할 수 있게 하고, 그 처분 등의 취소로 인하여 회복되는 법률상이익이 있는 자는 그 처분 등의 효과가 기간의 경과, 처분 등의 집행, 그 밖의 사유로 인하여 소멸된 뒤에도 제기할 수 있게 하였다(동 12). 이는 바로 취소소송의 소익에 관하여 규정한 것이다.[1)]

(2) 소익은 최광의로는 ① 청구의 내용이 재판의 대상으로 될 적성을 가지고 있는가(소송대상의 문제), ② 당사자가 청구를 함에 있어서 정당한 이익을 가지고 있는가(원고적격의 문제), ③ 청구에 대하여 법원이 판단을 행할 구체적인 실익이 인정되는가(판단의 구체적 이익 내지 필요성의 문제)의 세 가지 측면에서 검토된다. 그러나 광의로는 ①의 소송대상론은 제외되고, 주관적 측면에서 본 소익인 ②의 원고적격론과, 객관적 측면에서 본 소익인 ③의 판단의 구체적 실익론만을 가리키며, 협의로는 ③만을 가리킨다.

Ⅱ. 取消訴訟의 目的과 機能

(1) 취소소송에 의하여 보호되어야 할 개인의 이익(소익)의 범위여하에 대하여서는 현재까지도 정설이 없는 형편이다. 우리 행정소송법은 종래의 판례의 태도를 입법화하여 처분 등의 취소를 구할 「법률상 이익」이 있는 자는 취소소송

---

1) 천병태, 항고소송에 있어서의 이익, 공법연구, 제 7 집, 1979, p. 103 이하; 양승두, 행정소송에 있어서의 소의 이익, 고시계, 1985. 2 월호; 原田尙彦, 訴의 利益, 1973 참조.

을 제기할 수 있다고 규정하고 있다.

그러나 「법률상 이익」이라는 용어는 불확정개념이며, 따라서 소익의 내용은 결국 취소소송의 목적과 기능을 어떻게 보는가에 따라 결정되어야 할 것이다.

(2) 취소소송의 기능과 목적에 관한 종래의 학설의 태도는 네 가지로 요약될 수 있다.

㈎ **권리향수회복설** 이 견해는 2차대전 전의 행정재판소 이래의 전통적인 견해로서 취소소송의 목적 및 기능을 현재 개인의 권리향수를 방해하고 있는 위법한 행정처분의 효력을 배제하여 권리향수를 회복시키는 데 있다고 한다.

이 견해에 의하는 경우에는 소송에 의한 구제이익은 권리의 범위여하에 매이게 된다. 이 견해하에서의 소익은 다음과 같은 제약을 당하게 된다. ① 소의 대상은 국민의 구체적 권리를 직접 침해하는 처분이 아니면 안된다. 특정인의 권리를 직접 침해하지 아니한 처분은 설령 국민에게 불이익하게 작용하여도 선험적으로 소송의 대상으로 될 적격을 부정한다(예컨대 공도(公道)의 폐지처분 등이 이에 해당한다). ② 제 3 자에 대한 처분에 대하여서는 그 제 3 자에 대한 특별한 권리를 가진 자를 제외하고는 원고적격은 인정되지 않는다(예컨대 인인(隣人)보호규정에 의한 건축허가에 대한 인인의 지위 등).

㈏ **법률상 이익구제설** 이 견해는 취소소송을 고유한 의미의 권리의 관철수단으로서가 아니고 「법률이 개인을 위하여 보호하고 있는 이익」을 침해한 위법한 처분에 대하여 개인이 이를 방위하기 위한 수단이라고 본다. 따라서 이 견해에 의하면 소익은 실정법의 취지·목적을 기준으로 정하게 되며, ① 처분이 개인의 이익보호를 고려한 강행법규에 위반하여 관계인에게 불이익을 미치고 있는 경우에는 설령 그 이익이 권리라고는 말할 수 없는 경우에도 취소소송의 제기가 가능하다고 보기 때문에 취소소송의 보호법익은 권리향수회복설에 비하여 크게 확대된다. ② 또한 주된 권리의 회복은 불가능하더라도 이에 부수하는 종된 권리나 이익의 회복이 처분의 취소에 의하여 가능한 경우에는 그것이 법률이 보호하고 있는 이익이기만 하면 역시 소익을 인정하게 된다. 이 견해가 우리나라의 통설·판례의 입장이다.[1)]

㈐ **보호가치이익구제설**

법률상 이익구제설에서는 취소소송의 목적을 권리 내지는 실체법상의 이익의 보호에 있다고 보는데, 보호가치이익구제설에서는 분쟁의 해결, 즉 법의 해석·적용을 통하여 개인의 실생활상의 이익에 관한 개별적·구체적 분쟁을 해결하는 절차로 본다. 따라서 처분의 위법을 다투는 자가 그 효력을 부인함에 대하여

1) 김도창(상), p. 773; 이상규(상), p. 823; 석종현(상), p. 823.

실질적 이익을 가지는 한 그것이 법률이 보호하는 이익이건 사실상의 이익이건 소송법상으로 보호할 가치가 있는 이익(schutzwürdiges Interesse)이면 널리 취소소송의 소익요건을 충족시키는 것으로 본다.[1] 그리하여 보호가치이익구제설은 법률상 이익구제설에 비하여 소익을 완화·확대하기 위한 견해로 받아들여지고 있으나, 원래 양설의 차이는 소익의 광협에 관한 것이 아니고 소송제도의 본질을 어떻게 보는가에서 유래하는 원리론적인 입장의 차이라고 할 것이다.

(라) **적법성보장설** 처분의 적법성보장설은 행정소송 특히 취소소송을 개인의 이익보호만을 위한 수단으로 보는 것을 의문시하여 취소소송의 특징을 오히려 행정처분의 적법성유지기능에서 구한다. 그리하여 소송법상의 개별적·구체적인 문제(소익의 문제 이외에 소송지휘의 방식, 화해·인낙의 가부, 기판력의 범위 등의 문제)를 해결함에 있어서도 처분의 적법성유지, 즉 객관소송이념을 지도이념으로 채택할 것을 요청한다.[2] 따라서 이 견해에 의하면 소익의 인정은 종래와 같이 원고의 주장이익의 성질만을 판정의 기준으로 하지 아니하고, 오히려 계쟁처분의 성질을 감안하여 당해 처분이 사법심사의 가능성 없이 확정되는 것을 극력배제하여 가능한 한 사법심사의 가능성을 확보하여야 하므로 처분의 성질로부터 판단하여 당해 처분을 다툼에 대하여 가장 적합한 이익상태에 있는 자로부터 소가 제기된 경우에는 가능한 한 소익을 승인하게 된다.

(3) **결언** (가) 우리의 통설·판례는 법률상 이익구제설을 취하고 있으며, 현행 행정소송법은 이를 받아들여 취소소송은 법률상 이익이 있는 자가 제기할 수 있다고 규정하게 되었다(동법 12·35·36).

(나) 생각건대 권리향수회복설은 오직 실체법상의 「권리」가 훼손된 경우에만 소익을 인정하는 것으로 오늘날의 권리구제의 요청에 부응할 수 없으며, 적법성보장설은 취소소송의 본질을 객관적인 행정처분의 적법성유지에 있다고 보는 점에서 주관적 소송인 취소소송의 소익으로는 채택할 수 없다 하겠다. 그리하여 취소소송의 소익은 법률상 이익구제설(실체법적 법률상 이익구제설) 또는 보호가치이익구제설(소송법적 법률상 이익구제설)에 따라 판정할 수밖에 없는바, 보호가치이익구제설이 주장하는 「실생활상의 이익」이라는 개념은 ① 지극히 애매하며, ② 원고 개인의 주관적인 것이어서 무한정하게 확대될 가능성이 있다고 할 것이어서 채택하기 어렵다 하겠다. 우리 행정소송법이 법률상 이익구제설을 받아들인 것은 그러한 사유에서라고 하겠다.

---

1) 白石建三, 反射的 利益과 訴의 利益, 行政法演習, p.67. 또한 Davis가 행정행위에 대하여 challenge하는 자격으로서 legal right의 주장은 불필요하며 substantial interest의 주장이 있으면 된다고 하는 것도 같은 취지라고 하겠다. Davis, Administrative Law Treatise, vol. 3, pp.216f.

2) 南博方, 無效等確認訴訟과 爭點訴訟, ジュリスト, 제266호, p.36.

(다) 우리 행정소송법의 운영에 있어서도 오늘날의 국민의 권리구제의 요청에 부응하기 위하여서는 「법률상이익」의 개념을 완화·확대하여 실생활상의 이익을 포함시키도록 노력함으로써 점차 보호가치이익구제설의 입장을 받아들이는 방향으로 나아가야 할 것으로 본다.[1)]

Ⅲ. 訴益에 관한 個別的 問題

1. 原告適格(法律上利益이 있는 자)

(1) 판정기준 (가) 법률상 이익구제설에 따라 ① 먼저 「법률상이익」이 있는지의 여부를 실정법의의 해석에서 구한다(제1단계). 즉, 당해 처분의 근거법률이 되는 행정법규가 불특정다수인의 구체적 이익을 오직 일반적 공익 중에 흡수·해소시키고 있는 취지로 해석되는 경우에는, 개인은 단지 반사적 이익을 가지는데 그치며, 불특정다수인의 구체적 이익을 그것이 귀속하는 개개인의 개별적 이익으로서 보호하려는 취지로 해석되는 경우에는 개인은 법률상이익을 갖는 것으로 볼 것이다(대학생들이 전공이 다른 교수를 임용함으로써 학습권을 침해당하였다는 이유를 들어 교수임용처분의 취소를 구할 소의 이익이 없다고 한 사례(대법원 1993. 7. 27. 93 누 8139 전임강사임용처분취소)). ② 그러나 근거법률의 명문규정에 의하여 법률상이익보호를 도출하는 것이 어려운 경우에도 그것의 보호가 절실히 필요한 경우에는, 다음으로 근거법률의 목적론적 해석에 의하여 법률상이익보호를 도출하도록 시도하여야 할 것이다(제2단계). ③ 그리고 목적론적 해석에 의하여서도 법률상이익보호를 도출할 수 없는 경우에는 최후적으로 헌법상의 기본권, 특히 환경권·소비자보호권 등 새로운 기본권규정의 직접 적용에 의한 법률상이익보호 여부가 검토되어야 할 것이다(제3단계).[2)]

(나) 부담적 행정행위(침해적 행정행위)의 직접상대방이 원고적격을 가지는 것은 당연하며, 수익적 행정행위에 있어서 처분에 의하여 이익을 받은 직접상대방은 그 취소를 구할 이익이 없다.[3)]

그리하여 원고적격의 유무가 특히 다투어지는 것은 주로, 처분의 직접상대

---

1) 대법원의 행정소송법 개정안은 「법적으로 정당한 이익」이 있을 때 원고적격을 인정하여 권익구제의 폭을 넓히고 있다.

2) 김성수(I), p.755 참조.

3) 그러나 특정의 처분이 불이익처분인지 수익적인지가 명료하지 않은 경우가 많다. 법적 효과를 기준으로 한다면 처분의 직접적인 법적 효과가 수익적이라면 타면으로 사실상 불이익한 효과가 부수적으로 파생하더라도 출소는 인정되지 않는다고 할 것이다. 다만, 그러한 경우에도 상대방이 받는 사실상의 불이익이 직접적인 법적 효과에 비하여 중대하다고 판단되는 경우에는 소익을 인정하여야 할 것이다. 우리 대법원은 종합소득세 900만원을 500만원으로 감액하는 경정처분의 상대방이 제기한 취소소송의 원고적격을 인정하지 않았다[82 누 55(1982.9.14 대판)].

방에게는 이익을 부여하고 제 3 자에게는 불이익을 주는(또는 그 반대의 경우) 이른바 복효적 행정행위에 관한 경우와, 학교 · 도로 · 횡단육교 등 공공시설의 설치, 동명(洞名)변경조치, 버스요금변경(인상)승인, 공항설치허가 등 주민일반에게 공통되는 집단적 내지는 생활적 이익에 관한 경우이다.

처분의 직접 상대방에 대한 수익처분에 의하여 불이익을 받은 제 3 자가 그 취소를 구하는 소송은 이른바 경업자소송 · 인인소송 등의 형태로 나타난다.

그리고 주민 일반에게 공통되는 집단적 내지는 생활적 이익에 관한 소송은 소비자소송 · 환경소송 등의 형태로 나타난다.

(2) 판례의 동향 우리의 판례와 학설은 법률상이익의 개념을 계속하여 확대시키는 경향이며, 판례 중에는 보호가치이익설의 입장에 선 것으로 여겨지는 판례도 있으나,[1] 법률상 이익구제설의 입장에 선 것이 아직은 주류적인 입장이라 하겠다.[2]

현재까지의 원고적격에 관한 주요판례의 동향을 간추려 보면 다음과 같다. 이들 판례는 위에서 본 바와 같이 그 대부분이 복효적 행정행위에 있어서의 제 3 자, 즉 처분의 직접상대방이 아닌 제 3 자의 원고적격에 관한 것이다. 다만, 우리의 경우에도 주민 일반에게 공통되는 집단적 내지는 생활적 이익에 관한 판례가 점차 많아지고 있다.

ⓐ 경업자소송(競業者訴訟 · 競爭者訴訟) 경쟁관계에 있는 영업자 사이에 특정인에게 주어지는 수익적 행위가 상대방에게 법률상 불이익을 초래하는 경우에 그 상대방이 자기의 법률상 이익의 침해를 이유로 다투는 소송을 말한다.[3] 특허기업에 있어서는 기존업자가 그 특허로 인하여 받은 이익은 법률상이익이 있다

---

1) 무권한의 지방자치단체가 해 준 직행버스정류장의 설치인가로 말미암아 적법한 자동차 정류장을 설치한 기존업자의 이익이 침해된 경우에는 그 설치인가의 취소를 구할 법률상의 이익이 있다(대법원 1975. 7. 22. 75 누 12 행정처분취소).

2) 법률상 보호되는 이익이라 함은 당해 처분의 근거 법규 및 관련 법규에 의하여 보호되는 개별적 · 직접적 · 구체적 이익이 있는 경우를 말하고, 공익보호의 결과로 국민 일반이 공통적으로 가지는 일반적 · 간접적 · 추상적 이익이 생기는 경우에는 법률상 보호되는 이익이 있다고 할 수 없다. 헌법 제35조 제 1 항에서 정하고 있는 환경권에 관한 규정만으로는 그 권리의 주체·대상·내용 · 행사방법 등이 구체적으로 정립되어 있다고 볼 수 없고, 환경정책기본법 제 6 조도 그 규정 내용 등에 비추어 국민에게 구체적인 권리를 부여한 것으로 볼 수 없다는 이유로, 환경영향평가 대상지역 밖에 거주하는 주민에게 헌법상의 환경권 또는 환경정책기본법에 근거하여 공유수면매립면허처분과 농지개량사업 시행인가처분의 무효확인을 구할 원고적격이 없다고 한 사례(대법원 2006. 3. 16. 2006 두 330 전원합의체판결 정부조치계획취소등(새만금사건)).

3) 이른바 경원관계에 있는 경우로서 동일대상지역에 대한 공유수면매립면허나 도로점용허가 혹은 일정지역에 있어서의 영업허가 등에 관하여 거리제한규정이나 업소개수제한규정 등이 있는 경우를 그 예로 들 수 있다(대법원 1999. 10. 12. 99 두 6026 자동차운송사업면허신청서반려처분의취소).

고 하여 원고적격을 인정하고, 허가영업에 있어서는 기존업자가 그 허가로 인하여 받은 이익은 반사적 이익 내지는 사실상 이익에 지나지 아니한다고 하여 원고적격을 인정하지 않는 것이 일반적 경향이라 하겠다.

① 원고적격을 인정한 예 ⓐ 기존업자가 제기한 신규업자에 대한 선박운항사업면허처분의 취소송에서「기존업자의 이익은 단순한 사실상의 이익이 아니고 법에 의하여 보호되는 이익이라고 해석된다」(대법원 1969. 12. 30. 69 누 106 행정처분취소)고 판시하였다.[1] ⓑ 기존 시내버스업자가 제기한 다른 시외버스업자에 대한 市外버스의 市內버스로의 전환을 허용하는 사업계획인가처분의 취소소송,[2] ⓒ L.P.G. 충전사업의 신규허가처분에 대한 경원관계에 있는 업자의 허가처분취소소송,[3] ⓓ 국세청장의 특정업체에 대한 병마개 제조자 지정행위는 다른 기업의 경쟁의 자유를 제한하는 것이라는 사안,[4] ⓔ 시외버스 운송사업계획 변경인가처분으로 시외버스 운행노선 중 일부가 기존의 시내버스 운행노선과 중복하게 되는 경우에, 기존의 시내버스운송사업자의 처분취소소송[5]에서도 같은 취지로 판시하였다.

② 원고적격을 인정하지 않은 예 ⓐ 기존업자가 제기한 신규업자에 대한 공중목욕장영업허가처분의 취소소송에서 기존업자의 수입이 사실상 감소되었어도 그것은 반사적 이익의 침해에 불과하다고 판시하였고(63 누 97(1963.8.22 대판), 63 누 101(1963.8.31 대판)), ⓑ 기존업자가 제기한 신규업자에 대한 석탄가공업허가처분의 취소소송에서 석

1) 같은 취지: 기존업자가 제기한 신규사업자에 대한 자동차운송사업의 노선연장인가처분의 취소소송(대법원 1974. 4. 9. 73 누 173 행정처분취소).

2) 기존 시내버스 업자로서는 다른 운송사업자가 운행하고 있는 기존 시외버스를 시내버스로 전환을 허용하는 사업계획변경인가처분에 대하여 그 취소를 구할 법률상의 이익이 있다고 할 것이다(대법원 1987. 9. 22. 85 누 985 버스여객자동차운수사업계획변경인가처분취소).

3) 액화석유가스충전사업의 허가에 있어 인근 주민들이 반대한다는 사정만으로 특별한 사정이 없는 한 액화석유가스의안전및사업관리법시행령 소정의 공공의 안전과 이익을 저해한다고 볼 수 없을 것이고, 또한 그 허가시 여론을 검토하도록 한 취지는 사회통념상 액화석유가스의 폭발 또는 화재로 인하여 위해우려의 부담을 안게 되는 일정구역 내의 주민들의 의견을 반영하여 이를 허가 여부를 결정함에 있어 참작하고자 함에 있는 것이므로 합리적인 근거에서 나온 것이 아닌 인근 주민들의 반대를 이유로 허가를 거부할 수 없다(대법원 1992. 5. 8. 91 누 13274 엘피지충전소허가처분취소).

4) 국세청장의 지정행위는 행정청이 병마개 제조업자들 사이에 특혜에 따른 차별을 통하여 사경제 주체 간의 경쟁조건에 영향을 미치고 이로써 기업의 경쟁의 자유를 제한하는 것임이 명백한 경우에는, 국세청장의 지정행위로 말미암아 기업의 경쟁의 자유를 제한받게 된 자들은 적어도 보충적으로 기본권에 의한 보호가 필요하다. 따라서 일반법규에서 경쟁자를 보호하는 규정을 별도로 두고 있지 않은 경우에도, 기본권인 경쟁의 자유가 바로 행정청의 지정행위의 취소를 구할 법률상의 이익이 된다 할 것이다(헌법재판소 1998. 4. 30. 97 헌마 141 특별소비세법시행령제37조제 3 항등위헌확인).

5) 시외버스운송사업계획변경인가처분으로 인하여 기존의 시내버스운송사업자의 노선 및 운행계통과 시외버스운송사업자들의 그것들이 일부 중복되게 되고 기존업자의 수익감소가 예상된다면, 기존의 시내버스운송사업자와 시외버스운송사업자들은 경업관계에 있는 것으로 봄이 상당하다 할 것이어서 기존의 시내버스운송사업자에게 시외버스운송사업계획변경인가처분의 취소를 구할 법률상의 이익이 있다(대법원 2002. 10. 25. 2001두4450 시외버스운송사업계획변경인가처분취소).

탄가공업허가는 형성적행위가 아니라 금지를 해제하는 명령적행위로서 독점적 영업권을 부여하는 것이 아니기 때문에 기존허가를 받은 원고들이 신규허가로 이익이 감소되었다 하더라도 반사적이익의 침해에 불과하다고 판시하였으며(80 누 33 · 34 (1980.7.22 대판)), ⓒ 기존업자가 제기한 신규업자에 대한 양곡가공업허가의 취소소송에 있어서도, 허가처분으로 인하여 받는 이익은 양곡관리법이 국민식량의 확보와 국민경제의 안정이라는 공공복리를 보호하는 결과로서 영업상자유가 제한됨으로써 제한이 해제된 피허가자가 받는 반사적 이익에 불과하다고 판시(79 누 433 (1981.1.27 대판))하였다.

③ 인인소송(隣人訴訟)과의 구별　인인소송에서는 제 3 자의 이익이 주로 생명 · 신체 · 보건 · 환경상의 이익이기 때문에 관계 실정법규의 목적론적 해석에 의하여 제 3 자인 인근 주민의 이익을 널리 인정할 수 있다. 그러나 경업자소송에 있어서 제 3 자인 기존업자의 이익보호는 목적론적 해석에 의하여 널리 인정하여서는 아니되고 원칙적으로 명문규정에 의하여서만 인정하여야 할 것이다. 그것은 기존업자가 누리고 있는 경제적 이익을 과도하게 확대한다면 결국 일정한 재화와 용역이 유통되는 시장질서에서 경제력의 집중을 야기할 가능성이 있기 때문이다. 기존업자의 이익을 과잉보호한다면 헌법이 지향하는 독점의 금지, 시장지배와 경제력남용의 방지 그리고 신규업자의 직업선택의 자유와 같은 다른 가치들과 충돌하게 된다.[1)]

(b) 인인소송　① 원고적격을 인정한 예로는 인근주민이 제기한 도시계획법에 의한 주거지역 내에서 건축법 소정의 제한규모 $50m^2$를 초과하여 허가한 다른 자에 대한 주거지역 내에서의 연탄공장건축허가처분의 취소소송에서 주거지역 내에 거주하는 사람이 받는 「주거의 안녕과 생활환경을 보호받을 이익은 단순한 반사적 이익이나 사실상 이익이 아니라 바로 법률에 의하여 보호되는 이익이라고 할 것이다」라고 판시하였고(73 누 96 · 97 (1975.5.13 대판)), 인근주민이 제기한 엘·피·지(L.P.G) 자동차충전소설치허가처분의 취소소송에서 「행정처분의 상대방이 아닌 제 3 자도 그 처분으로 인하여 법률상 보호되는 이익을 침해당한 경우에는 그 처분의 취소 또는 변경을 구하는 행정소송을 제기하여 그 당부의 판단을 구할 법률상자격이 있으므로 인근주민들이 그 취소를 구할 적격이 있다」고 판시하였다(83 누 59 (1983.7.12 대판)).

「폐기물소각시설의 부지경계선으로부터 300m 밖에 거주하는 주민들도 위와 같은 소각시설 설치사업으로 인하여 사업 시행 전과 비교하여 수인한도를 넘는 환경피

1) 김성수(I), p.143 참조.

해를 받거나 받을 우려가 있음에도 폐기물처리시설 설치기관이 주변영향지역으로 지정·고시하지 않는 경우 당해 폐기물처리시설의 설치·운영으로 인하여 환경상 이익에 대한 침해 또는 침해우려가 있다는 것을 입증함으로써 그 처분의 무효확인을 구할 원고적격을 인정받을 수 있다」(대법원 2005. 3. 11. 2003 두 13489 쓰레기소각장입지지역결정고시취소청구).

② 원고적격을 인정하지 아니한 예로 인근공장주들이 제기한 다른 자에 대한 고압가스제조허가처분의 취소소송에서 액화가스시설이 폭발할 위험성이 없음에도 동 시설이 폭발하여 인근에 있는 원고들의 공장에 위해를 가할지도 모른다는 이유로 허가처분의 취소를 구하는 것으로서 허가처분으로 인하여 「원고들의 법률상이익이 침해되었다고 할 수 없다」고 판시하였다(80 누 449 (1981.9.22 대판)).

(c) **환경소송** 앞에서 본 경업자소송이나 인인소송에서는 특정개인의 경제상 내지는 재산상의 이익보호가 문제되나, 환경소송에서는 주로 쾌적한 생활환경의 유지 등 주민일반에게 공통되는 집단적 내지는 생활적 이익의 보호가 문제된다. 우리나라에서도 환경소송에서 지역주민의 원고적격이 인정되는 것이 점차 많아지고 있는바, 공설화장장은 20호 이상의 인가가 밀집한 지역으로부터 1,000m 이내에는 설치하지 못하도록 한 「매장 및 묘지등에 관한 법률」의 규정에 위반한 공설화장장 설치를 위한 도시계획결정처분의 취소소송에서 지역주민(299인)에게 원고적격을 인정한 것이 있다(94 누 14544 (1995. 9. 26 대판)). 그리고 전형적인 의미에서의 환경소송에 관한 대표적인 판례로는,

비공원관리청인 사업자에 대한 속리산 용화집단시설지구개발허가의 취소를 당해 지역에서 발원하는 하천수를 농업용수·음용수 등으로 이용하는 하류지역의 주민이 청구한 소송에서 당해 개발허가의 전제가 되는 공원계획의 결정에 있어서는 미리 자연공원법과 그 시행령 및 시행규칙에서 당해 계획이 자연환경에 미치는 영향을 미리 평가하도록 하고, 또한 환경현황조사·자연생태계변화분석·대기 및 수질변화분석·환경에의 악영향 감소방안에 대한 평가를 하고, 그 평가결과에 관하여 환경부장관과 협의하도록 하였으며, 한편 환경영향평가법은 환경영향평가대상사업(사업시행지역이 10만km² 이상이면 평가대상사업인바, 이 사업의 경우는 약 60만km²로 당연히 평가대상사업이 된다.)의 사업자로 하여금 설명회나 공청회 등을 개최하여 평가대상지역 안의 주민의 의견을 수렴한 다음 이를 포함하여 환경영향평가서를 작성하고 그 사업에 대한 승인 등의 기관의 장에게 제출하도록 하며, 그 승인 등의 기관의 장은 그 제출된 영향평가서에 대하여 환경부장관과 협의하고 그 협의내용이 사업계획에 반영되도록 한 후에 승인 등을 하도록 하였는바, 이 경우 자연공원법령뿐만 아니라 환경영향평가법령도 이 사건 허가처분에 직접적인 영향을 미치는 근거법률이 된다고 할 것이고, 환경영향평가에 관한 자연공원법령 및 환경영향평가법령들의 취지는 집단시설지구개발사업이 환경을 해치지 아니한 방법으로 시행하도록 함으로써 ① 개발사업과 관련된 환경공익을 보호하려

는 데 그치는 것이 아니라, ② 그 사업으로 인하여 직접적이고 중대한 환경피해를 입으리라고 예상되는 환경영향평가대상지역 안의 주민들이 개발 전과 비교하여 수인한도를 넘는 환경피해를 받지 아니하고 쾌적한 환경에서 생활할 수 있는 개별적 이익까지도 이를 보호하려고 하는 데 있다 할 것이므로 주민들이 이 사건 허가처분과 관련하여 갖고 있는 환경상의 이익은 단순히 환경공익의 보호의 결과로 국민일반이 공통적으로 가지게 되는 추상적 · 평균적 · 일반적인 이익에 그치는 것이 아니고 주민 개개인에 대하여 개별적으로 보호되는 직접적 · 구체적 이익이라고 하여 원고적격을 인정하였다(97 누 3286 (1998. 4. 24 대판)). 또한 같은 취지에서 환경영향평가대상지역 안의 주민들이 제기한 전원개발사업(양수발전소건설사업)실시계획승인처분의 취소청구소송에서 원고적격을 인정하였다(97 누 19571 (1998. 9. 22 대판)).

이들 판례에서도 원고적격을 법률상 이익구제설에 입각하여 당해 처분의 근거법률의 법의에 따라 인정하였으나, 다만 그 근거법률에 실체법뿐만 아니라 절차법도 포함된다는 점을 명백히 한 점에서 의미가 큰 판례라고 할 수 있다. 그리고 위에서 본 인인소송은 환경소송으로서의 성질도 아울러 갖는다.[1]

(d) 소비자소송　환경소송에서와 같이 주로 소비자일반에게 공통되는 집단적 내지는 생활적 이익의 보호가 주로 문제된다. 우리나라에서는 폐교처분의 취소송에서 원고적격을 인정하였으나(95 누 7994(1996. 9. 20 대판)—가평군 두밀분교 폐교처분(조례) 취소청구소송에서 원고적격은 인정하였으나 기각판결을 하였다.), 아직까지는 법률상 이익을 또렷하게 인정한 것은 그리 많지 않은 것 같다. 독일이나 일본 등에서는 그 예가 많은데, 가스사용자가 제기한 가스의 특별공급조건인가처분의 취소소송에서 그 취소를 구할 법률상이익이 있다고 하고(1978. 7. 1 東京지재판결), 친권자가 제기한 국민학교의 신설통합에 의한 취학학교의 지정처분의 취소소송(1964. 9. 9 山形지재판결), 친권자가 제기한 학교교육과정의 편성처분의 취소소송(1973. 3. 1 大阪지재판결)에서 원고적격을 인정하였다. 그러나 독점금지법에 의하여 일반소비자가 받는 이익은 동법의 목적인 공익보호를 통하여 일반국민이 공통적으로 가지는 추상적 · 평균적 · 일반적 이익, 즉 사실상이익 내지는 반사적이익이라는 이유로 원고적격을 인정하지 않았으며(1978. 3. 14 최고재판결), 인근주민이 제기한 지방철도의 선로 등 변경인가의 취소소송(1971. 4. 27 동경지재판결), 지방철도여객운임변경인가처분의 취소소송(1977. 10. 5 동경지재판결)에서도 원고적격을 인정하지 않았다.

〔판례〕 행정처분으로 인하여 환경상 이익이 침해될 것으로 예상되는 영향권의 범위가 관련 법규에 규정되어 있는 경우, 영향권 범위 안 주민들과 범위 밖 주민들에 대한 원고적격 판단 기준

---

1) 독일이나 일본 등에서도 그 예가 많은데, 원자로설치허가처분에 대한 지역주민(1984. 12. 24. 高松高裁判決), 볼링장 건축확인처분에 대한 인근주민(1973. 11. 6. 東京地裁判決), 공항건설용지수용을 위한 사업인정처분에 대한 지역주민(1984. 7. 6. 성전공항사건에 대한 東京地裁 제1심판결) 등에게 원고적격을 인정하였다.

행정처분의 근거 법규 또는 관련 법규에 그 처분으로써 이루어지는 행위나 사업으로 인하여 환경상 이익의 침해를 받으리라고 예상되는 영향권의 범위가 규정되어 있는 경우에는, 그 영향권 내의 주민들에 대하여는 당해 처분으로 인하여 직접적이고 중대한 환경피해가 발생할 수 있음을 예상할 수 있고, 이와 같은 환경상 이익은 주민 개개인에 대하여 개별적으로 보호되는 직접적·구체적 이익으로서 그들에 대하여는 특단의 사정이 없는 한 환경상 이익에 대한 침해 또는 침해 우려가 있는 것으로 사실상 추정되어 원고적격이 인정되는 것이고, 그 영향권 밖의 주민들은 당해 처분으로 그 처분 전과 비교하여 수인한도를 넘는 환경피해를 받거나 받을 우려가 있다는 자신의 환경상 이익에 대한 침해 또는 침해 우려가 있음을 입증하여야만 비로소 원고적격이 인정되는 것이다(2006.12.22. 선고 2006 두 14001 판결 등 참조).[1)]

(3) 원고적격의 확대와 새로운 항고소송관

(가) 원고적격의 확대 오늘날은 좁은 의미의 권리침해를 당한 자만이 아니고 「법률상 이익을 침해당한 자」이면 취소소송의 원고적격이 인정됨으로써 원고적격이 확대되었다고 하겠다. 이러한 원고적격의 확대경향은 국가행정기능의 확대와 사인의 행정의존도의 증대를 발판으로 하고, 법원의 행정에 대한 통제의 필요성에 부응하기 위한 것이다.

(나) 새로운 항고소송관의 대두 원고적격의 확대와 관련하여 ① 원고적격의 유무판정 기준을 전적으로 실정법의 취지 해석에서 구할 것이 아니고, 오히려 실체법적으로는 사실상 이익 또는 반사적 이익에 불과하더라도 소송법상으로는 보호가치 있는 이익이면 원고적격을 인정하여야 한다는 보호가치이익구제설을 취하는 입장, ② 항고소송을 단지 개인적 이익을 보호하는 주관소송이 아니고 행정의 적법성을 감시하기 위한 국민의 대표소송이라는 관점을 가미하여 원고적격은 누가 그 소송을 가장 적절하게 수행할 수 있는가라는 관점에서 판정하여야 할 것이라는 등의 견해가 나오고 있다. 이러한 견해에 따르면 항고소송은 객관소송화(민중소송화)하게 된다.

(4) 집단소송 또는 단체소송과 원고적격 행정처분에 의하여 침해되는

1) 공유수면매립과 농지개량사업시행으로 인하여 직접적이고 중대한 환경피해를 입으리라고 예상되는 환경영향평가 대상지역 안의 주민들이 전과 비교하여 수인한도를 넘는 환경침해를 받지 아니하고 쾌적한 환경에서 생활할 수 있는 개별적 이익까지도 이를 보호하려는 데에 있다고 할 것이므로, 위 주민들이 공유수면매립면허처분 등과 관련하여 갖고 있는 위와 같은 환경상의 이익은 주민 개개인에 대하여 개별적으로 보호되는 직접적·구체적 이익으로서 그들에 대하여는 특단의 사정이 없는 한 환경상의 이익에 대한 침해 또는 침해우려가 있는 것으로 사실상 추정되어 공유수면매립면허처분 등의 무효확인을 구할 원고적격이 인정된다. 한편, 환경영향평가 대상지역 밖의 주민이라 할지라도 공유수면매립면허처분 등으로 인하여 그 처분 전과 비교하여 수인한도를 넘는 환경피해를 받거나 받을 우려가 있는 경우에는, 공유수면매립면허처분 등으로 인하여 환경상 이익에 대한 침해 또는 침해우려가 있다는 것을 입증함으로써 그 처분 등의 무효확인을 구할 원고적격을 인정받을 수 있다(대법원 2006. 3. 16. 2006 두 330 전원합의체판결 정부조치계획취소등).

이익이 특정개인만의 이익이 아니고 널리 지역주민, 소비자와 같은 일반적으로 공통되는 집단적 이익으로서 파악될 수 있는 경우에 그와 같은 다수인의 공통이익을 법률상 또는 사실상 대표하는 주민단체·소비자단체·사업자단체 등에게 취소소송의 원고적격을 인정할 수 있는지가 문제된다.[1] 이 문제는 ① 좁게는 개개인이 원고적격을 가진 경우에 그 개인이 소속하는 집단 또는 단체에게 원고적격을 인정할 수 있을 것인지의 문제이나, ② 넓게는 개개인에게는 원고적격을 인정하기가 어려운 경우에도 집단 또는 단체에게 원고적격을 인정할 수 있을 것인지의 문제까지를 포함한다. 미국의 집단소송(class action)이나 독일의 단체소송(Verbandsklage)이 그 예이다.

(나) 소비자단체소송

(a) 의의 다음 각 호(1. 제29조의 규정에 따라 공정거래위원회에 등록한 소비자단체로 소정의 요건을 갖춘 단체, 2.「상공회의소법」에 따른 대한상공회의소,「중소기업협동조합법」에 따른 중소기업협동조합중앙회 및 전국 단위의 경제단체로서 대통령령이 정하는 단체, 3.「비영리민간단체 지원법」제 2 조의 규정에 따른 비영리민간단체로서 소정의 요건을 갖춘 단체)의 어느 하나에 해당하는 단체는 사업자가 제20조의 규정을 위반하여 소비자의 생명·신체 또는 재산에 대한 권익을 직접적으로 침해하고 그 침해가 계속되는 경우 법원에 소비자권익침해행위의 금지·중지를 구하는 소송(이하 "단체소송"이라 한다)을 제기할 수 있다(소비자기본법 70).

소비자단체소송은 저질수입상품 등에 따른 소비자안전과 악덕상술, 과장광고 등 불공정거래행위로 인한 소비자권익 침해행위를 방지하고, 소제기를 우려한 사업자의 자발적인 위법행위 중지와 예방, 제품의 품질과 안전성의 향상, 그리고 제품결함의 사후시정 등이 활성화될 수 있도록 하는 목적으로 2008. 1. 1.부터 시행하고 있다.

(b) 변호사 강제주의 단체소송의 원고는 변호사를 소송대리인으로 선임하여야 한다(동법 72).

(c) 소송허가신청 ① 단체소송을 제기하는 단체는 소장과 함께 다음 각 호(1. 원고 및 그 소송대리인, 2. 피고, 3. 금지·중지를 구하는 사업자의 소비자권익 침해행위의 범위)의 사항을 기재한 소송허가신청서를 법원에 제출하여야 한다(동법 73①). ② 제 1 항의 규정에 따른 소송허가신청서에는 다음 각 호(1. 소제기단체가 제70조 각 호의 어느 하나에 해당하는 요건을 갖추고 있음을 소명하는 자료, 2. 소제기단체가 제74조제 1 항 제 3 호의 규정에 따라 요청한 서면 및 이에 대한 사업자의 의견서. 다만, 동호에서 정하는 기간 내에 사업자의 응답이 없을 경우에는 사업자의 의견서를 생략할 수 있다.)의 자료를 첨부하여야 한다(동법 73②).

1) 사단법인 대한의사협회는 의료법에 의하여 의사들을 회원으로 하여 설립된 사단법인으로서, 국민건강보험법상 요양급여행위, 요양급여비용의 청구 및 지급과 관련하여 직접적인 법률관계를 갖지 않고 있으므로, 보건복지부 고시인 '건강보험요양급여행위 및 그 상대가치점수 개정'으로 인하여 자신의 법률상 이익을 침해당하였다고 할 수 없으므로 위 고시의 취소를 구할 원고적격이 없다(대법원 2006. 5. 25. 2003 두 11988 건강보험요양급여행위등처분취소).

(d) **소송허가요건** 법원은 다음 각 호(1. 물품등의 사용으로 인하여 소비자의 생명·신체 또는 재산에 피해가 발생하거나 발생할 우려가 있는 등 다수 소비자의 권익보호 및 피해예방을 위한 공익상의 필요가 있을 것, 2. 제73조의 규정에 따른 소송허가신청서의 기재사항에 흠결이 없을 것, 3. 소제기단체가 사업자에게 소비자권익 침해행위를 금지·중지할 것을 서면으로 요청한 후 14일이 경과하였을 것)의 요건을 모두 갖춘 경우에 한하여 결정으로 단체소송을 허가한다(동법 74①).

(e) **확정판결의 효력** 원고의 청구를 기각하는 판결이 확정된 경우 이와 동일한 사안에 관하여는 제70조의 규정에 따른 다른 단체는 단체소송을 제기할 수 없다. 다만, 다음 각 호(1. 판결이 확정된 후 그 사안과 관련하여 국가 또는 지방자치단체가 설립한 기관에 의하여 새로운 연구결과나 증거가 나타난 경우, 2. 기각판결이 원고의 고의로 인한 것임이 밝혀진 경우)의 어느 하나에 해당하는 경우에는 그러하지 아니하다(동법 75).

2. 판단의 具體的 實益 내지 必要性(狹義의 訴益)

(1) **개설** (가) 행정처분에 대하여 원고적격을 가진 자가 소를 제기하여 취소판결이 내려지면 원고의 구제가 현실적으로 달성될 가망이 있을 것이 필요하다. 문제는 취소판결에 의하여 원고에게 어떠한 이익이 회복되는 경우에 소익을 인정할 것인가이다. 오늘날의 통설(법률상 이익구제설)·판례는 위법한 처분의 취소에 의하여 어떠한 법률상 이익이 회복될 가능성이 있는 경우에는 그것이 비록 부수적 이익일지라도 소송을 인정하게 되었다.

그리하여 행정소송법 제12조 후단은「처분 등의 효과가 기간의 경과, 처분 등의 집행 그 밖의 사유로 인하여 소멸된 뒤에도 그 처분 등의 취소로 인하여 회복되는 법률상이익이 있는 자의 경우에는 또한 같다」고 규정하여 이러한 입장을 명문으로 받아들였다.

(2) **처분의 효과소멸 후 법률상 이익이 인정되는 경우** 위에서 본 바와 같이 오늘날에는 취소소송의 소익은 넓게 인정되어 처분의 취소에 의하여 부수적 이익이 회복되는 경우에도 인정된다. 그러나 거기에서의 부수적 이익도「법률상 이익」이어야 하며, 단순한 사실상 이익이어서는 아니된다. 법률상 이익이 인정되는 경우로는 크게 나누어 두 가지 경우가 있는바, 판결의 소급효에 의하여 당해 처분이 소급적으로 취소되게 됨으로써 원고의 이익이 구제될 수 있는 경우와 당해 처분이 존재하였다는 것이 원고에 대한 장래의 불이익한 전력이 되는 경우이다.

(가) **부수적 이익의 구제필요성** 기본적인 권리회복은 불가능하다 하더라도 판결의 소급효에 의하여 당해 처분이 소급적으로 취소되게 됨으로써 원고의 법률상이익에 해당하는 부수적인 이익이 구제될 수 있는 경우에는 처분 등의 효과가 소멸된 후에도 소익이 인정된다. 판례는 공무원이 파면처분을 다투고 있는

중에 다른 사정으로 공무원의 지위를 회복할 여지가 없게 된 경우에도, 그 동안의 급여청구와의 관계에서 아직 이익이 있는 이상 소를 제기할 수 있다고 하였다(대법원 1993. 7. 27. 92 다 40587 직위해제및대기발령무효확인).[1)]

(나) 불리한 처분사실이 장래의 제재적처분의 가중요건인 경우

① 가중요건이 법적 구속력 있는 법령으로 규정된 경우　가중요건이 법률 또는 법규명령의 효력을 갖는 행정입법에 의하여 규정되어 있는 경우에 장래의 제재적 처분의 가중요건을 제거하기 위하여 정지기간 후에 처분의 취소를 구할 이익이 있다.

「건축사업무정지처분을 받은 건축사로서는 위 처분에서 정한 기간이 도과되었다 하더라도 위 처분을 그대로 방치하여 둠으로써 장래 건축사사무소 등록취소라는 가중된 제재처분을 받게될 우려가 있는 것이므로 건축사로서의 업무를 행할 수 있는 법률상 지위에 대한 위험이나 불안을 제거하기 위하여 건축사 업무정지처분의 취소를 구할 이익이 있다」(대법원 1991. 8. 27. 91 누 3512 영업정지처분취소).[2)]

② 가중요건이 부령형식의 행정규칙으로 규정된 경우　제재적처분이 그 처분의 집행 등으로 효과가 소멸되었으나, 부령인 시행규칙 또는 지방자치단체의 규칙형식으로 정한 처분기준에서 과거의 제재처분을 받은 사실이 장래의 가중사유나 처분의 전제요건으로 삼고 있는 경우에 제재기간이 경과하였더라도 그 처분의 취소를 구할 소의 이익이 인정되는지 여부가 문제된다.[3)]

ⓐ 부정하는 판례　부령형식의 행정규칙은 법적 구속력이 없기 때문에 소의 이익을 인정할 수 없다는 것이다. 종전의 대법원 판례의 입장이다.

「행정처분에 효력기간이 정하여져 있는 경우, 그 처분의 효력 또는 집행이 정지된 바 없다면 위 기간의 경과로 그 행정처분의 효력은 상실되므로 그 기간 경과 후에는 그 처분이 외형상 잔존함으로 인하여 어떠한 법률상 이익이 침해되고 있다고 볼 만한 별다른 사정이 없는 한 그 처분의 취소를 구할 법률상의 이익이 없고, 행정명령에 불과한 각종 규칙상의 행정처분 기준에 관한 규정에서 위반 횟수에 따라 가중처분하게 되어 있다 하여 법률상의 이익이 있는 것으로 볼 수는 없다」(대법원 1995. 10. 17. 94 누 14148 전원합의체판결 자동차운행정지가처분취소등).[4)]

1) 징계처분으로서 감봉처분이 있은 후 공무원의 신분이 상실된 경우에도 위법한 감봉처분의 취소가 필요한 경우에는 위 감봉처분의 취소를 구할 소의 이익이 있다(대법원 1977. 7. 12. 74 누 147 감봉처분취소).

2) 건축사가 업무정지처분을 받은 후 새로운 업무정지처분을 받음이 없이 1년이 경과하여 실제로 가중된 제재처분을 받을 우려가 없어졌다면 위 처분에서 정한 정지기간이 경과한 이상 특별한 사정이 없는 한 그 처분의 취소를 구할 법률상 이익이 없다(대법원 2000. 4. 21. 98 두 10080 건축사업무정지처분취소등).

3) 박균성(상), p. 988.

4) 이 판결의 다수견해는 가중요건규정이 적용되어 가중처분이 행하여지면 그 때 가서 그 적법성을 심사할 수 있다고 하지만, 가중요건규정의 적용을 사전에 예방하는 것과, 그것이 적용된

그런데 제재적 처분을 후행처분에 대하여 가중요건이 되도록 한 것은, 거의 전부가 部令인 시행규칙 등에서 정하고 있는 점을 감안한다면, 이 판례에 의하여 제재적 처분에 대하여는 그 제재기간이 경과한 후에는 대부분의 경우에 소의 이익이 인정되지 않게 되었다고 할 것이다.[1)]

ⓑ 긍정하는 판례　부령형식의 행정규칙의 법규성 여부를 묻지 않고 소의 이익을 긍정하는 판례(대법원 2006.6.22. 2003 두 1684 전원합의체판결 다수의견)는, 제재적 행정처분의 가중사유나 전제요건에 관한 규정이 법령이 아니라 규칙의 형식으로 되어 있다고 하더라도, 그러한 규칙이 법령에 근거를 두고 있는 이상 그 법적 성질이 대외적·일반적 구속력을 갖는 법규명령인지 여부와는 상관없이,[2)] 관할 행정청이나 담당공무원은 이를 준수할 의무가 있으므로 선행처분의 취소소송을 통하여 그 불이익을 제거할 필요가 있다고 한다.

〔**판례**〕 선행처분인 제재적 행정처분을 받은 상대방이 그 처분에서 정한 제재기간이 경과하였다 하더라도 그 처분의 취소를 구할 법률상 이익이 있는지 여부(한정 적극)

제재적 행정처분의 가중사유나 전제요건에 관한 규정이 법령이 아니라 규칙의 형식으로 되어 있다고 하더라도, 그러한 규칙이 법령에 근거를 두고 있는 이상 그 법적 성질이 대외적·일반적 구속력을 갖는 법규명령인지 여부와는 상관없이, 관할 행정청이나 담당공무원은 이를 준수할 의무가 있으므로 이들이 그 규칙에 정해진 바에 따라 행정작용을 할 것이 당연히 예견되고, 그 결과 행정작용의 상대방인 국민으로서는 그 규칙의 영향을 받을 수밖에 없다. 따라서 그러한 규칙이 정한 바에 따라 선행처분을 받은 상대방이 그 처분의 존재로 인하여 장래에 받을 불이익, 즉 후행처분의 위험은 구체적이고 현실적인 것이므로, 상대방에게는 선행처분의 취소소송을 통하여 그 불이익을 제거할 필요가 있다.

또한, 나중에 후행처분에 대한 취소소송에서 선행처분의 사실관계나 위법 등을 다툴 수 있는 여지가 남아 있다고 하더라도, 이러한 사정은 후행처분이 이루어지기 전에 이를 방지하기 위하여 직접 선행처분의 위법을 다투는 취소소송을 제기할 필요성을 부정할 이유가 되지 못한다. 그러한 쟁송방법을 막는 것은 여러 가지 불합리한 결과를 초래하여 권리구제의 실효성을 저해할 수 있기 때문이다. 오히려 앞서 본 바와 같이 행정청으로서는 선행처분이 적법함을 전제로 후행처분을

후에 사후에 배제하는 것과는 피해국민의 입장에서 보면 결정적인 차이가 있는 것을 간과하고 있다고 하겠다.

1) 대법원의 입장은 동일한 법규명령인데도 불구하고, 법령의 내용이 아니고 법령의 종별에 따라 대통령령에 대하여는 구속적 효력을 인정하고, 부령에 대하여는 구속적 효력을 인정하지 아니한 것으로 보이는데, 그러한 입장은 문제가 있다고 할 것이다. 구속적 효력을 갖는지의 여부는 법령의 종별이 아니고 그 내용에 따라 정하여야 할 것이다.

2) 다수의견에 대한 대법관 이강국의 별개의견: 다수의견이 위와 같은 경우 선행처분의 취소를 구할 법률상 이익을 긍정하는 결론에는 찬성하지만, 그 이유에 있어서는 부령인 제재적 처분기준의 법규성을 인정하는 이론적 기초 위에서 그 법률상 이익을 긍정하는 것이 법리적으로는 더욱 합당하다고 생각한다.

할 것이 당연히 예견되므로, 이러한 선행처분으로 인한 불이익을 선행처분 자체에 대한 소송에서 사전에 제거할 수 있도록 해 주는 것이 상대방의 법률상 지위에 대한 불안을 해소하는 데 가장 유효적절한 수단이 된다고 할 것이고, 또한 그 소송을 통하여 선행처분의 사실관계 및 위법 여부가 조속히 확정됨으로써 이와 관련된 장래의 행정작용의 적법성을 보장함과 동시에 국민생활의 안정을 도모할 수 있다. 이상의 여러 사정과 아울러, 규칙이 정한 바에 따라 선행처분을 가중사유 또는 전제요건으로 하는 후행처분을 받을 우려가 현실적으로 존재하는 경우에는, 선행처분을 받은 상대방은 비록 그 처분에서 정한 제재기간이 경과하였다 하더라도 그 처분의 취소소송을 통하여 그러한 불이익을 제거할 권리보호의 필요성이 충분히 인정된다고 할 것이므로, 선행처분의 취소를 구할 법률상 이익이 있다고 보아야 한다(대법원 2006. 6. 22. 2003 두 1684 전원합의체판결 영업정지처분취소).

(3) 한계

㈎ 처분이 취소되어도 원고에게 아무런 실익이 없는 경우(원상회복이 불가능한 경우) 어느 특정 일시가 경과하거나 일정 사실이 발생한 경우에는 처분이 취소되어도 원고에게 아무런 실익이 없는 경우가 있으며, 그러한 경우에는 특정 일시가 경과하거나 일정한 사실이 발생한 때에 처분의 효과가 소멸(실효)되고 원상회복이 불가능하여 소익이 없게 된다.

「피고 보조참가인들이 이 사건 건축허가처분에 기하여 이미 건축공사를 완료하였다면, 비록 이 사건 건축허가처분이 건축법 등의 관계법령 소정이격거리 제한에 위반된 것이어서 위법하다고 하더라도, 원고로서는 이 사건 건축허가처분의 취소를 구할 이익이 없다 할 것이다」(대법원 1996. 11. 29. 96 누 9768 건축허가신청불허가처분취소).

「공익근무요원 소집해제신청을 거부한 후에 원고가 계속하여 공익근무요원으로 복무함에 따라 복무기간 만료를 이유로 소집해제처분을 한 경우, 원고가 입게 되는 권리와 이익의 침해는 소집해제처분으로 해소되었으므로 위 거부처분의 취소를 구할 소의 이익이 없다」(대법원 2005. 5. 13. 2004 두 4369 공익근무소집해제신청거부처분취소등).

「토석채취 허가기간이 경과하였다면 그 허가는 이미 실효되었다고 할 것이어서 새로 토석채취허가를 받지 아니하고는 채석을 계속할 수 없고, 나아가 토석채취허가 취소처분이 외형상 잔존함으로 말미암아 어떠한 법률상 불이익이 있다고 볼 만한 특별한 사정도 없다면 위 취소처분의 취소를 구하는 소는 소의 이익이 없다」(대법원 1993. 7. 27. 93 누 3899 토석채취허가취소처분취소).

원칙적으로 원상회복이 불가능한 경우에는 소익이 인정되지 아니한다 할 것이나, 경우에 따라서는 소익을 인정하되, 사정판결로 청구기각판결을 하는 것이 타당한 경우도 있을 수 있다[1] 하겠다. 공유수면매립면허취소소송 중 매립공사가

1) 김동희(Ⅰ), p. 634.

완료된 경우 등이 그 예로서, 사정판결에서는 판결주문에 당해 처분의 위법성이 명시되고, 그로 인하여 원고가 입게 될 손해의 정도·배상 방법 등이 고려되기 때문이다(행송 28).

〔**판례**〕 상등병에서 병장으로 진급처분을 행하지 아니한 상태에서 예비역으로 편입하는 처분을 한 경우, 진급처분부작위위법을 이유로 예비역편입처분취소를 구할 소의 이익이 있는지

상등병에서 병장으로의 진급요건을 갖춘 자에 대하여 그 진급처분을 행하지 아니한 상태에서 예비역으로 편입하는 처분을 한 경우라도 예비역편입처분은 병역법 시행령 제27조 제3항에 따라 헌법상 부담하고 있는 국방의 의무의 정도를 현역에서 예비역으로 변경하는 것으로 병의 진급처분과 그 요건을 달리하는 별개의 처분으로서 그 자에게 유리한 것임이 분명하므로 예비역편입처분에 앞서 진급권자가 진급처분을 행하지 아니한 위법이 있었다 하더라도 예비역편입처분으로 인하여 어떠한 권리나 법률상 보호되는 이익이 침해당하였다고 볼 수 없고, 또한 예비역편입처분취소를 통하여 회복하고자 하는 이익침해는 계급을 상등병에서 병장으로 진급시키는 진급권자에 의한 진급처분이 행하여져야만 보호받을 수 있는 것인데, 비록 위 예비역편입처분이 취소된다 하더라도 그로 인하여 신분이 예비역에서 현역으로 복귀함에 그칠 뿐이고, 상등병에서 병장으로의 진급처분 여부는 원칙적으로 진급권자의 합리적 판단에 의하여 결정되는 것이므로 그와 같은 진급처분이 행하여지지 않았다는 이유로 위 예비역편입처분의 취소를 구할 이익이 있다고 할 수 없다(대법원 2000. 5. 16. 99 두 7111 예비역편입처분취소).

(나) **처분 후의 사정에 의하여 이익침해상태가 해소된 경우** 예컨대 판례에서도 의사국가시험에 불합격한 후 새로 실시된 의사국가시험에 합격한 경우(93 누 686 (1993. 11. 9 대판)), 사법시험 1차 시험에 불합격한 후 새로 실시된 1차 시험에 합격한 경우(95 누 2865 (1996. 2. 23 대판))에는 이들 불합격처분의 효과는 새로운 시험에 합격한 때에 소멸(실효)되고 더 이상 불합격처분의 취소를 구할 소익이 없다고 하였다.

(다) **사실상 이익만이 침해되는 경우** 예컨대 의사면허정지처분을 받고 그 정지기간이 도과되었으며, 그것이 불이익조치의 전력으로도 되어 있지 아니한 경우에는 비록 당해 면허정지처분에 의하여 명예·신용 등의 인격적 이익이 침해되거나 계쟁처분이 있었다는 것이 사실상의 이유가 되어 장래 불이익처분을 받을 우려가 있다고 하더라도 그것은 법률상 이익에 해당되지 아니한다(78 누 72 (1978.5.8 대판)).

그러나 취소소송의 목적이 국민의 실생활상의 이익의 구제에 있다고 보는 보호가치이익구제설에서는 처분이 취소되면 원고가 위법한 처분에 의하여 받고 있는 불이익이 실질적으로 해소될 수 있는 상태에 있고, 또한 취소소송 이외에는 적절한 구제수단을 발견할 수 없는 경우에는 비록 그것이 법률상이익에 해당되지 않는다고 하더라도 소익을 인정하여야 한다고 한다. 이 견해에서는 이러한

경우에 국가배상에 의하여 구제를 받을 수 있다고 하더라도 금전배상보다는 취소소송에 의한 위법선언이 불이익의 배제에 보다 유효한 경우가 있을 수 있기 때문에 국가배상청구가 가능하다고 하여 소익을 부인할 이유가 없다고 한다.

제 5 목 取消訴訟의 대상

Ⅰ. 槪 說

취소소송의 대상은 처분 등이다(행송 9). 그런데 여기에서「처분 등」이란 행정청이 행하는 구체적 사실에 관한 법집행으로서의 공권력의 행사 또는 그 거부와 그 밖에 이에 준하는 행정작용 및 행정심판에 대한 재결을 말한다(동 2①(1)). 행정소송법은「처분」과는 별도로 재결을 취소소송의 대상으로 하였다. 그리하여 처분과 재결을 합쳐「처분 등」이라 부른다.

Ⅱ. 處 分

1. 개 설

취소소송의 대상은 처분 등이다(행송 9). 그런데 여기에서「처분 등」이란 행정청이 행하는 구체적 사실에 관한 법집행으로서의 공권력의 행사 또는 그 거부와 그 밖에 이에 준하는 행정작용 및 행정심판에 대한 재결을 말한다(동 2①(1)). 처분에는 행정심판에 대한 재결도 포함된다.

여기에서는 재결은 제외하고 취소소송의 원칙적인 대상인 처분에 대하여서만 살펴보기로 한다.

2. 行政處分 및 行政行爲 槪念의 沿革

(1) 행정처분 및 행정행위 개념은 과거의 불·독 등 행정재판제도를 가진 나라, 특히 독일행정법학 내지는 법제도에서 그 원류를 찾을 수 있다고 하겠다. 과거의 독일행정법이론에서는 취소소송을 공정력을 가진 행정행위를 매개로 하여 생긴 위법상태의 제거를 목적으로 하는 소송형태로 보았기 때문에, 취소소송의 대상인 처분은 공정력을 수반하는 강학상의 행정행위로 보았다.

(2) 그런데 과거부터 개인의 권리구제를 넓힌다는 실제상의 필요에 의하여 민사소송에 의하여 다투기가 어려운 공권력적 사실행위(사람의 수용, 물건의 영치 등)를 행정행

위에 준하는 것으로 보아 취소소송의 대상에 포함시켰다.

(3) 우리 구 행정소송법(1951.8.24 법률 21호)은 제 1 조에서 「처분」을 취소소송의 대상으로 정하였는데, 통설적인 견해는 「처분」에는 강학상의 행정행위 이외에 공권력적 사실행위가 포함되는 것으로 보았다. 따라서 역시 과거의 독일법제를 계승한 것으로 볼 수 있었다. 그런데 우리 현행 행정소송법(1984.12.15 법률 3754호)은 취소소송을 「행정청의 위법한 처분」을 취소 또는 변경하는 소송이라고 하고(동법 4(1)), 「처분」을 행정청이 행하는 구체적 사실에 관한 법집행으로서의 「공권력의 행사」 또는 그 거부와 「그 밖에 이에 준하는 행정작용」이라고 정의하고 있다(동 2①(1)).

통설적 견해에 의하면 이와 같은 규정은 취소소송의 대상을 넓히기 위한 것으로 「공권력의 행사」에는 강학상의 행정행위와 공권력적 사실행위가 포함되며, 「그 밖에 이에 준하는 행정작용」은 엄격한 의미에서는 「공권력의 행사 또는 그 거부」로 보기에는 해석상 의문이 있더라도, 현실적으로는 행정구제의 필요성이 인식되는 행정작용으로 보고 있다.[1)]

Ⅲ. 處分性에 관한 學說의 推移

취소소송의 대상인 처분의 개념 내지는 처분과 행정행위와의 관계에 대하여는 전통적으로 실체법상 개념설이 통설적 견해였으나, 오늘날에는 처분성의 확대를 주장하는 쟁송법상 개념설이 주장되고 있다.

1. 實體法上 槪念說

종래의 전통적 견해는 행위의 성질을 기준으로 실체법적으로 행정행위의 개념을 정립하고, 취소소송은 공정력을 가진 행정행위를 매개로 하여 생긴 위법상태를 제거하여 상대방의 권익을 구제함을 목적으로 하는 소송형태로 보아, 공정력이 인정되는 행정행위에 대하여서만 처분성을 인정하였다. 이러한 견해는 처분의 실체법적 개념이라고 할 수 있겠다. 다만, 이 견해에도 공권력적 사실행위만은 공정력이 있는 행정행위에 준하는 것으로 본다.

이 견해는 취소소송의 대상인 처분은 공정력이 인정되는 행위만으로 한정한다. 따라서 처분에는 법률행위적 행정행위 이외에 준법률행위적 행정행위 및 공권력적 사실행위가 포함된다.

1) 이상규(상), p.811.

2. 爭訟法上 槪念說

(1) 그러나 오늘날은 국민생활의 행정의존도가 높아지고 행정기능이 확대됨에 따라 국민의 권익이 비권력적 행정에 크게 영향을 받게 되어, 취소소송의 대상을 공정력을 가진 행정행위로 한정하는 경우에는 행정소송제도가 그 본래의 권리구제기능을 충분히 발휘할 수 없게 되었다. 그리고 비권력적 행위도 처분개념에 포함시켜 취소소송의 대상을 확대하여야 한다는 주장이 나오게 되어 종래의 전통적 견해는 비판을 받게 되었다.

(2) 이 견해에는 넓게는 다시 두 갈래가 있다. 하나는 형식적 행정행위 개념을 구성하는 등 처분개념과 행정행위개념을 일원적으로 파악하는 견해(행정행위·처분일원설)이며, 다른 하나는 처분개념은 오직 개인에게 구제를 인정할 것인가라는 입장에서 정립하여야 할 것이므로 양자를 서로 관련시켜 통일적으로 이해할 필요가 없다고 하여 이원적으로 파악하는 견해(행정행위·처분이원설)이다. 후자는 아직 소수의 견해이며, 따라서 보통 쟁송법적 개념설이라 할 때에는 전자의 견해를 의미한다.

(3) 이 견해는 전통적으로 행정법에서 취소소송의 대상으로서 본래적으로 예정하고 있는 공정력을 갖는 행정처분을 본래적 행정행위라고 칭하고, 「행정기관의 행위로서 공권력행사의 실체는 갖지 않으나 일정한 행정목적을 위하여, 국민개인의 법익에 대하여, 계속적으로 사실상의 지배력을 미치는 행위」를 법해석상의 「형식적 행정행위」라고 부른다. 그리하여 현행법이 취소소송의 대상으로 법정하고 있는 행정처분에는 공정력이 있는 본래적 행정행위 이외에, 공정력이 없는 형식적 행정행위가 포함된다고 한다.[1)]

3. 爭訟法上槪念說에 대한 批判論

(1) **실체법상개념설에서의 반론** 처분성확대에 대하여는 전통적인 실체법상개념설에서의 반론도 만만치 않다. 그러한 반론은 전통적 처분관이 실무의 대세라고 하고, 형식적 행정행위론 등이 실정법의 해석상 공정력을 갖는 행정행위 이외에 본래는 비권력적 행위이지만 국민을 사실상 지배하여 그 법익에 중대한 영향을 미치는 것에 대하여서도 구제의 편의를 도모하기 위하여 그것을 항고소송의 대상으로 보아 취소소송을 활용하게 하려는 것이라면 그것은 해석론의

1) 杉村·兼子, 行政手續·行政爭訟法, p.265.

범위를 넘어 입법론이라고 한다.[1)]

(2) **공법상 당사자소송 활용론** 취소소송의 대상인 처분은 강학상의 행정행위로 한정하고, 「법률상 쟁송」에 해당되지마는, 취소소송의 대상에는 해당되지 아니한 것은 공법상의 당사자소송 또는 민사소송에 의하여 구제를 받게 하여야 한다고 한다.

이 견해는 처분성확대론이 주장하는 쟁송법상 처분개념론 내지는 형식적 행정행위론은 「공권력행사」에 비권력적 작용을 포함시키고, 또한 「공권력행사」에의 해당 여부를 법적 효과가 아니고 사실상의 영향을 기준으로 하여 정하는 점에서 이론상 난점이 있다고 한다.

또한 이 견해에서는 처분성확대론은 「국민의 재판을 받을 권리」를 바로 「항고소송의 개괄주의」와 연결시키고 있는데 그것은 잘못이라고 한다. 그것은 모든 국민이 재판을 받을 권리를 갖고 사법법원이 모든 법률상쟁송에 대한 재판권을 가지는 것은 「소송사항의 개괄주의」를 의미하는 것이며, 행정에 관한 모든 법률상쟁송을 항고소송에 의하여 해결하여야 한다는 「항고소송의 개괄주의」를 의미하는 것은 아니기 때문이라고 한다.[2)]

이 견해에서는 처분성확대론은 최소소송 내지는 항고소송의 대상의 확대만을 주장하며, 공법상 당사자소송의 활용은 전혀 고려하지 않고 있으며, 따라서 「항고소송＋민사소송＝권리보호」라는 도식에 맞춘 발상이라고 한다.

4. 結 言

(1) 권리구제의 개괄주의는 바로 「항고소송」 내지는 「취소소송」의 개괄주의를 의미하는 것은 아니다. 따라서 항고소송의 대상인 「처분」의 범위를 확대하는 것만이 권리구제를 확대하는 것이라고 말할 수 없다. 그것은 행정작용에 대한 법률상의 쟁송에 대하여도 항고소송·당사자소송·민사소송 중 어느 형태의 소송에 의하여 다툴 수 있게만 하면 권리구제의 개괄주의는 충족되는 것이기 때문이다.

(2) 그리하여 행정행위와는 성질을 달리하는 행정작용을 처분에 포함시켜 항고소송의 대상으로 하려는 것은 항고소송 내지는 행정행위개념의 부담과중을 초래한다 하겠다. 따라서 독일에서와 같이 행정의 행위형식의 다양화에 맞추어 소송형태도 다양화하여 취소소송의 대상인 처분은 행정행위로 한정하고, 행정행

1) 原田尙彦, 訴의 利益, p.107 참조.
2) 小早川, 抗告訴訟의 本質과 體系, 現代行政法大系 4, p.146; 같은 취지: 유지태, p.94.

위 이외의 비권력작용은 다른 소송형태에 의하여 구제를 받도록 하는 것이 바람직하다고 하겠다.

(3) 그러나 우리 행정소송법은 소송형태를 다양화하지 못하였으며, 당사자소송도 거의 활용되지 못하고 있다. 그리하여 행정상의 법률상쟁송은 사실상 항고소송과 민사소송으로 처리되고 있다. 이런 상황 아래서는 항고소송의 대상을 넓히기 위하여 처분성확대의 노력이 있게 된다. 우리 행정소송법이 쟁송법상처분개념을 채택한 것은 그러한 상황을 전제로 한 것이다.

참고 행정소송유형의 다양화의 필요성과 그 한계

행정의 행위형식이 다양화하여「행정행위」이외의 행위형식에 의하여 행정활동이 전개되게 됨에 따라 이에 대응하여 그것을 다투기 위한 소송유형을 다양화하여 취소소송 이외의 형식에 의한 구제를 도모하는 것이 적절한 경우가 있게 되었다. 그리하여 소송유형을 다양화하는 것이 급선무이며, 취소소송의 대상을「행정행위」이외의 행위로 확대하여 취소소송의 과잉부담을 초래하여서는 안 된다고 하여 처분성확대론을 비판하는 소리도 높다. 그러나 우리나라에서는 다양한 소송형식이 발전되어 있지 못하고 행정활동의 적부를 다투는 행정상의 분쟁은 주로 취소소송에 의하여 해결되고 있는 실정이다.

그리하여 현재의 상황 아래서는 소송형식의 다양화가 바람직스럽기는 하지만 학설에서 다양한 소송형식을 제시한다고 하더라도 그것이 취소소송의 이용범위를 한정시키는 논거가 되기는 어렵다 하겠다. 그것보다는 오히려 취소소송의 탄력적 운용을 도모하여 그것에 의하여 위법한 행정활동을 배제하는 것이 국민의 권리구제를 위하여 바람직하다 하겠다.

Ⅳ. 裁 決

(1) 의의 재결이란 행정심판의 청구에 대하여 제5조에 따른 행정심판위원회가 행하는 판단을 말한다(행정심판법 2①3). 여기에서 행정심판이란 행정심판법에 의한 행정심판에 한하지 아니하고 국세심판(국세기본 55 이하)등을 포함하여 널리 위법·부당한 처분으로 인하여 권익을 침해당한 자가 행정기관에 대하여 그 시정을 구하는 행정상쟁송절차를 총칭하는 것으로서, 그에 대한 재결청의 결정이 재결이다.[1)]

(2) 원처분주의 행정청의 처분(예: 허가취소처분)에 대하여 행정심판의 재결(예: 허가취소처분의 취소심판에 대한 기각재결)을 거쳐 취소소송을 제기하는 경우에, 원처분과 재결을 모두 취소소

1) 김도창 교수님은 당사자쟁송의 이의재결(예컨대 토지수용의 경우)도 여기의 재결에 포함될 수 있다고 보신다. 그러나 그것은 행정심판의 재결로 볼 수는 없으며, 따라서 처분에 해당한다 할 것이다. 김도창(상), p.736 참조.

송의 대상으로 할 수 있게 한 경우에 원처분주의를 취할 것인가 또는 재결주의를 취할 것인가가 문제된다.

원처분주의는 원처분과 재결 중 어느 것에 대하여도 소를 제기할 수 있으나, 원처분의 위법은 원처분취소소송에서만 주장할 수 있으며, 재결취소소송에서는 원처분의 위법은 주장할 수 없고, 재결 자체의 고유한 위법만을 주장할 수 있는 제도를 말한다. 이에 대하여 재결주의란 원처분에 대하여서는 소송을 제기할 수 없고, 재결에 대하서만 소송을 제기할 수 있도록 하되, 재결 자체의 위법뿐만 아니라 원처분의 위법도 재결취소소송에서 주장할 수 있게 하는 제도를 말한다.

우리 행정소송법은 「취소소송은 처분 등을 대상으로 한다. 다만 재결취소소송의 경우에는 재결자체에 고유한 위법이 있음을 이유로 하는 경우에 한한다」고 하여(동법 19), 원처분주의를 취하였다.

(3) 취소소송의 대상이 되는 재결 행정소송법은 원처분(예: 허가취소처분)을 취소소송의 원칙적인 대상으로 하고, 재결(예: 허가취소처분의취소심판에 대한 인용재결)은 예외적인 대상으로 하고 있다.

㈎ 재결소송의 필요성 원처분을 유지하는 각하재결이나 기각재결의 경우는 재결 자체가 위법하더라도 원처분에 대하여도 바로 소송을 제기할 수 있고, 또한 원처분의 취소를 구하는 것이 보다 직접적인 권리구제수단이 될 것이므로, 재결취소를 구할 실익은 거의 없다. 재결취소를 구할 실익이 있는 경우는 원처분의 인용재결, 특히 복효적 행정행위에 있어서 제 3 자가 제기한 행정심판에 대하여 인용재결이 있는 때이다.

> 「행정청이 골프장 사업계획승인을 얻은 자의 사업시설 착공계획서를 수리한 것에 대하여 인근 주민들이 그 수리처분의 취소를 구하는 행정심판을 청구하자 재결청이 그 청구를 인용하여 수리처분을 취소하는 형성적 재결을 한 경우, 그 수리처분 취소 심판청구는 행정심판의 대상이 되지 아니하여 부적법 각하하여야 함에도 위 재결은 그 청구를 인용하여 수리처분을 취소하였으므로 재결 자체에 고유한 하자가 있다」(대법원 2001. 5. 29. 99 두 10292 재결취소).

㈏ 재결소송의 사유 행정심판에 대한 재결에 대하여 그 재결 자체에 고유한 위법이 있음을 이유로 하는 경우에는 항고소송을 제기하여 그 취소를 구할 수 있다.

> 「여기에서 말하는 '재결 자체에 고유한 위법'이란 그 재결자체에 주체, 절차, 형식 또는 내용상의 위법이 있는 경우를 의미하는데, 행정심판청구가 부적법하지 않음

에도 각하한 재결은 심판청구인의 실체심리를 받을 권리를 박탈한 것으로서 원처분에 없는 고유한 하자가 있는 경우에 해당하고, 따라서 위 재결은 취소소송의 대상이 된다」(대법원 2001.7.27. 99 두 2970 용화집단시설지구기본설계변경승인처분취소).

위 판례에서 말하는, ① 재결의 주체에 관한 위법사유는 재결권한이 없는 재결청에 의한 재결의 경우나 행정심판위원회의 구성상 하자가 있는 경우를 말하고, ② 재결의 절차에 관한 위법사유는 행정심판법상의 심판절차를 준수하지 않는 경우이고, ③ 재결의 형식에 관한 위법사유는 서면으로 하지 않고 구두로 하거나 재결서에 주요기재 사항이 누락된 경우이며, ④ 재결의 내용에 관한 위법사유는 원처분 자체에는 취소할 사유가 없음에도 법적 근거가 될 수 없는 사유에 근거하여 취소한 경우를 말한다.

행정심판청구가 적법함에도 각하한 재결도 청구인의 실체심리청구권을 박탈한 것으로 여기에 포함된다.

(4) 원처분주의에 대한 예외 각 개별법에서 원처분주의에 대한 예외로서, 재결주의를 채택한 경우가 있다. 이 경우에는 원처분은 취소소송의 대상이 되지 못하며, 재결만이 취소소송의 대상이 된다. 또한 이 경우에는 재결에 고유한 위법만을 주장할 수 있다는 제한 규정이 없으므로, 재결에 고유한 위법뿐만 아니라 원처분의 위법도 주장할 수 있다.[1] 다만 재결주의가 채택되고 있는 처분이라 하더라도 당해 처분이 당연 무효인 경우에는 그 효력은 처음부터 당연히 발생하지 않는 것이므로 원처분무효확인의 소도 제기할 수 있다.

「토지수용에 관한 중앙 또는 지방토지수용위원회의 수용재결이 그 성질에 있어 구체적으로 일정한 법률효과의 발생을 목적으로 하는 점에서 일반의 행정처분과 전혀 다를 바 없으므로 수용재결처분이 무효인 경우에는 그 재결 자체에 대한 무효확인을 소구할 수 있다」(대법원 1993.1.19. 91 누 8050 전원합의체판결 토지수용재결처분취소).

(가) 감사원의 재심의 판정 감사원의 재심의판결에 대하여는 감사원을 당사자로 하여 행정소송을 제기할 수 있다. 다만, 그 효력을 정지하는 가처분결정은 할 수 없다(감사원법 40②).

1) 토지수용에 관한 취소소송은 중앙토지수용위원회의 이의재결에 대하여 불복이 있을 때에 제기할 수 있고 수용재결은 취소소송의 대상으로 삼을 수 없다 할 것이므로 그 취소소송에서는 이의재결 자체의 고유한 위법사유뿐만 아니라 이의신청사유로 삼지 아니한 수용재결의 하자도 주장할 수 있고, 또한 토지수용법 제75조는 이의신청이 있는 경우에 중앙토지수용위원회가 수용재결의 위법 또는 부당 여부를 심리하도록 규정하고 있을 뿐 이의신청서에 기재된 이의사유에 한하여 심리하도록 제한하고 있지 아니하므로 특별한 사정이 없는 한 이의신청의 효력은 수용재결 전체에 미친다(대법원 1995.12.8. 95 누 5561 토지수용이의재결처분취소등).

「감사원의 변상판정처분에 대하여서는 행정소송을 제기할 수 없고, 재결에 해당하는 재심의 판정에 대하여서만 감사원을 피고로 하여 행정소송을 제기할 수 있다」(대법원 1984. 4. 10. 선고 84 누 91 변상판정처분취소).

(나) 중앙노동위원회의 재심판정 중앙노동위원회의 재심판정에 대하여 관계 당사자는 그 재심판정서의 송달을 받은 날부터 15일 이내에 행정소송법이 정하는 바에 의하여 소를 제기할 수 있다(노동조합 및 노동관계 조정법 85②)고 규정하여 원처분주의에 대한 예외를 규정하고 있다.

「당사자가 지방노동위원회의 처분에 대하여 불복하기 위하여는 처분 송달일로부터 10일 이내에 중앙노동위원회에 재심을 신청하고 중앙노동위원회의 재심판정서 송달일로부터 15일 이내에 중앙노동위원장을 피고로 하여 재심판정취소의 소를 제기하여야 할 것이다」(대법원 1995. 9. 15. 95 누 6724 노동쟁의중재회부결정취소).

V. 判例의 동향 및 문제되는 具體的 行爲形式

1. 判例의 동향

우리 판례는 기본적으로 처분의 개념에 관하여 실체법상개념설에 따르고 있으며,[1] 쟁송법상개념설을 받아들이지 않고 있다. 다만 쟁송법상개념설의 경향을 띤 것으로 볼 수 있는 판례도 있다.[2]

여하튼 우리 판례는 기본적으로는 실체법적개념설에 입각하고 있는바, 처분개념을 이해함에 있어서 ① 공권력발동으로서의 행위이어야 한다는 것(공권력성), ② 국민에 대하여 권리설정 또는 의무의 부담을 명하며, 기타 법률상의 효과를 발생하게 하는 행위라야 한다는 것(법적 효과성), ③ 국민의 권리의무에 직접 관계가 있는 행위, 즉 행정의사를 구체화하기 위한 일련의 행정과정을 구성하는 행위 중에서 최종적으로 직접적 효과를 발생시키는 행위단계라야 하며, 당해 행위에 의하여 「일반적·추상적인 법상태의 변동」이 있는 것만으로는 부족하다는 것(분쟁의 성숙성)이다. 이러한 판례의 입장에서 보아 처분성이 문제되는

1) 행정청의 처분이라 함은 행정청이 공권력의 발동으로 하는 행위로서 국민의 권리의무에 직접 관계 있는 것을 말한다(대법원 1962. 1. 18. 4292 행상 89 행정처분취소); 피고의 행위 즉 부산시 서구청장이 원고 소유의 밭에 측백나무 300주를 식재한 것은 공법상의 법률행위가 아니라 사실행위에 불과하므로 행정소송의 대상이 아니다(대법원 1979. 7. 24. 79 누 173 행정처분취소).

2) 행정소송법 제 1 조의 행정청의 처분이라 함은 행정청의 공법상의 행위로서 특정사항에 대하여 법규에 의한 권리설정 또는 의무의 부담을 명하며 기타 법률상의 효과를 발생하게 하는 등 국민의 권리의무에 직접관계가 있는 행위를 말한다고 할 것이므로, 어떤 행정청의 행위가 행정소송의 대상이 되는 행정처분에 해당하는가는 그 행위의 성질, 효과 외에 행정소송제도의 목적 또는 사법권에 의한 국민의 권리보호의 기능도 충분히 고려하여 합목적적으로 판단되어야 할 것이다(대법원 1984. 2. 14. 82 누 370 행정처분무효확인).

구체적인 행위형식을 아래에서 살펴보기로 한다.

2. 문제되는 具體的 行爲形式

(1) 공권력성 사법행위(私法行爲)는 처분성이 인정되지 아니한다. 판례는 국유잡종재산매각(74 누 97 (1974.7.14 대판)), 국유광업권처분(69 다 2286 (1970.3.24 대판)), 국유림대부(83 누 292 (1983.9.27 대판)), 공법인직원의 급여청구(65 다 1834 (1967.3.21 대판)), 행정관서의 물품구입행위(4294 민상 204 (1961.12.28 대판)), 국고수표발행행위(71 다 991 (1971.6.30 대판)), 전화가입관계(77 누 132 (1978.9.12 대판)), 은닉국유재산신고자보상금지급관계(81 누 389 (1982.6.22 대판)), 농지분배행위(64 누 5 (1964.6.23 대판)) 등을 사법행위로 보고 있다. 그러나 단수처분, 교도소재소자의 이송조치에 대하여는 처분성을 인정하고 있음은 앞에서 보았다.

(2) 법적 효과성 처분의 가장 중요한 개념요소는 개인의 권리의무를 형성하거나 그 범위를 확정하는 행위이다. 따라서 ① 이러한 법적 효과를 갖지 아니한 것(단순한 사실행위 등), ② 법적 효과를 갖지만 그것이 단순히 내부적인 것, ③ 외부적인 법적 효과를 갖지만 권리의무를 형성하거나 그 범위를 확정하는 정도에 이르지 아니한 것[1]은 제외된다.

㈎ 사실행위 사실행위에도 국민의 신체·재산에 대하여 물리력을 행사하는 강제작용인 공권력적 사실행위도 있고, 주의·권고와 같은 정신작용인 사실행위도 있으며, 공공토목공사와 같은 사실행위도 있다. 사실행위는 주로 물리적인 사실상태의 변동을 가져오는 물리작용인 사실행위가 문제된다.

(a) 공권력적 사실행위 여기에서의 공권력적 사실행위에는 전염병환자의 강제격리·강제입원 등을 말한다. 이러한 사실행위가 공권력의 행사에 해당하면 그에 대한 민사소송법상의 가처분은 허용되지 않는다고 보고 있으므로, 그 집행정지를 청구하기 위하여서도 취소소송을 제기하지 않을 수 없는 것이다.[2]

(b) 정신작용인 사실행위 주의·권고·호의적 중재·조정·희망의 표시·알선·지도 등은 사인의 권리의무에 대하여 직접의 법적 효과를 발생시키는 것이 아니기 때문에 처분성이 인정되지 아니한다. 그러나 행정청의 위법 건축물에

---

1) 물론 ③에 해당하는 것으로는 법적 효과가 일반적·추상적인 것도 있으나, 그것은 다음에서 보는 분쟁의 성숙성에서 문제되며 여기서는 개별적·구체적 행위 중에서 권리의무를 형성하거나 그 범위를 확정하는 정도에 이르지 아니한 것(예: 주의 또는 계고의 조치)을 말한다.

2) 수형자의 서신을 교도소장이 검열하는 행위는 이른바 권력적 사실행위로서 행정심판이나 행정소송의 대상이 되는 행정처분으로 볼 수 있으나, 위 검열행위가 이미 완료되어 행정심판이나 행정소송을 제기하더라도 소의 이익이 부정될 수밖에 없으므로 헌법소원심판을 청구하는 외에 다른 효과적인 구제방법이 있다고 보기 어렵기 때문에 보충성의 원칙에 대한 예외에 해당한다. 수형자의 서신발송의뢰를 교도소장이 거부한 행위에 대하여는 행정심판법 및 행정소송법에 의한 심판이나 소송이 가능하므로, 이 절차를 거치지 아니한 채 제기된 심판청구 부분은 부적법하다(헌법재판소 1998. 8. 27. 96 헌마 398 통신의자유침해등위헌확인).

대한 단전 및 전화통화 단절조치 요청행위[1]와 한국전력공사가 전기공급의 적법 여부를 조회한 데 대한 관할 구청장의 회신은 권고적 성격의 행위에 불과한 것으로서 행정처분이라고 볼 수 없다(대법원 1995.11.21. 95 누 9099 전기공급불가처분취소). 이와 달리 구 남녀차별 금지 및 구제에 관한 법률상 국가인권위원회의 성희롱결정 및 시정조치권고는 행정처분에 해당한다.[2]

(c) 공공시설의 설치 · 폐지, 공공토목사업 행위의 성질에 따라 판단하는 전통적 견해에 의하면 사실행위라 하여 처분성을 부인하나, 오늘날은 급부행정의 영역이 확대됨에 따라 취소소송의 존재의의에 비추어 그러한 작용의 처분성을 인정하여야 한다는 견해가 유력하게 주장되고 있다. 예컨대 횡단보도교 또는 횡단보도의 설치로 인하여 행인의 감소로 손해를 볼 것이 예상되는 인근 상점운영자가 그 설치를 행정처분으로 보아 취소소송을 제기할 수 있는지가 다투어진다. 우리 대법원은, 횡단보도설치에 관한 일련의 행위를 전체로서 평가하여도 항고소송의 대상인 행정청의 처분 기타 공권력행사에 해당되지 아니한다는 원심인 광주고등법원의 판결(97 구 3209 (1998.4.24 광주고판))을 깨고, 도로교통법 제10조 제 2 항은 보행자는 지하도 · 육교 · 그 밖의 횡단시설이나 횡단보도가 설치되어 있는 도로에서는 그곳을 횡단하여야 한다고 규정하고, 제24조 제 1 항은 모든 운전자는 보행자가 횡단보도를 통행하고 있는 때에는 그 횡단보도 앞에서 일시 정지하여 보행자의 횡단을 방해하거나 위험을 주어서는 아니된다고 … 규정한 도로교통법의 취지에 비추어 볼 때, 지방경찰청장이 횡단보도를 설치하여 보행자의 통행방법 등을 규제하는 것은, 행정청이 특정사항에 대하여 의무의 부과를 명하는 행위이고 이는 국민의 권리의무에 직접 관계가 있는 행위로서 행정처분에 해당한다고 판시하였다(98 두 896 (2000.10.27 대판)). 횡단보도설치행위를, 원심인 광주고등법원은 행위 자체의 측면에서 보아 처분성을 인정하지 아니하였고, 대법원은 관계 법령에 의한 효과의 측면에서 보아 처분성을 인정하였다고 하겠다.

(나) 내부적 행위

(a) 행정기관의 내부적 행위 행정기관의 결정이 오직 행정기관의 내부적

1) 행정청이 위법 건축물에 대한 시정명령을 하고 나서 위반자가 이를 이행하지 아니하여 전기 · 전화의 공급자에게 그 위법 건축물에 대한 전기 · 전화공급을 하지 말아 줄 것을 요청한 행위는 권고적 성격의 행위에 불과한 것으로서 전기 · 전화공급자나 특정인의 법률상 지위에 직접적인 변동을 가져오는 것은 아니므로 이를 항고소송의 대상이 되는 행정처분이라고 볼 수 없다(대법원 1996.3.22. 96 누 433 시정명령처분등취소).

2) 국가인권위원회의 성희롱결정과 이에 따른 시정조치의 권고는 불가분의 일체로 행하여지는 것인데, 국가인권위원회의 이러한 결정과 시정조치의 권고는 성희롱 행위자로 결정된 자의 인격권에 영향을 미침과 동시에 공공기관의 장 또는 사용자에게 일정한 법률상의 의무를 부담시키는 것이므로, 국가인권위원회의 성희롱결정 및 시정조치권고는 행정소송의 대상이 되는 행정처분에 해당한다고 보지 않을 수 없다(대법원 2005.7.8. 2005 두 487 의결처분취소).

사무처리절차인 경우에는 취소소송의 대상이 되지 아니한다. 판례도 같다.

> 「국세기본법 제51조 및 제52조 국세환급금 및 국세가산금결정에 관한 규정은 이미 납세의무자의 환급청구권이 확정된 국세환급금 및 가산금에 대하여 내부적 사무처리절차로서 과세관청의 환급절차를 규정한 것에 지나지 않고 그 규정에 의한 국세환급금(가산금 포함)결정에 의하여 비로소 환급청구권이 확정되는 것은 아니므로, 국세환급금결정이나 이 결정을 구하는 신청에 대한 환급거부결정 등은 납세의무자가 갖는 환급청구권의 존부나 범위에 구체적이고 직접적인 영향을 미치는 처분이 아니어서 항고소송의 대상이 되는 처분이라고 볼 수 없다」(대법원 1989. 6. 15. 88 누 6436 전원합의체판결 국세환급거부처분취소).

> 「한국자산공사가 당해 부동산을 인터넷을 통하여 재공매(입찰)하기로 한 결정 자체는 내부적인 의사결정에 불과하여 행정처분이라고 볼 수 없다」(대법원 2007. 7. 27. 2006 두 8464 공매처분취소).

(b) **행정기관 상호간의 내부적 행위** 행정기관 상호간의 내부적 행위는 국민의 권리의무에 직접적으로 법률적 영향을 미치는 행위는 아니므로 취소소송의 대상으로 되지 않고(외환은행장이 수입허가의 유효기간연장승인을 하고자 할 때에 상공부장관과 하는 협의—71 누 99(1971.9.14 대판)), 이에 기하여 외부에 대하여 행하여진 구체적 행위를 다투어야 할 것이다.

상급행정기관의 하급행정기관에 대한 승인·동의·지시 등은 행정기관 상호간의 내부행위로서 국민의 권리 의무에 직접 영향을 미치는 것이 아니므로 항고소송의 대상이 되는 행정처분에 해당한다고 볼 수 없다.

> 「지방자치단체장이 개발제한구역 안에서의 혐오시설 설치허가에 앞서 건설부훈령인 "개발제한구역관리규정"에 의하여 사전승인신청을 함에 따라 건설교통부장관이 한 승인행위는 행정처분에 해당되지 않는다」(대법원 1997. 9. 26. 97 누 8540 개발제한구역내행위허가승인처분취소등).

> 「외환은행장이 수입허가의 유효기간 연장을 승인하고자 할 때에 무역거래법시행규칙 제10조 제 3 항에 의하여 상공부장관과 하는 협의는 행정청의 내부 행위로서 항고소송의 대상이 되는 행정처분이라고 할 수 없다」(대법원 1971. 9. 14. 71 누 99 수입허가기간연장신청에대한협의불응처분취소).

> 「행정기관 상호간의 협의·동의·촉탁, 상급행정기간의 하급행정기관에 대한 동의·승인·지시·통달, 하급행정기관의 상급행정기관에 대한 신청·보고 등의 행위는 내부행위로서 국민의 권리·의무에 직접적인 법률적 영향을 미치지 아니하므로 원칙적으로 항고소송의 대상이 되지 않고, 이에 기하여 외부에 행하여진 구체적인 행위를 다투어야 한다」(서울행법 2007. 6. 12. 2006 구합 48066 취업제한결정의결등취소).

(c) **특별권력관계에서의 행위** 종래의 통설은 원칙적으로 처분이 아니라고 보았으나, 오늘날의 견해는 소익이 인정되는 한 특별권력관계라는 이유만으로

처분성이 부인되지는 않는다고 한다.

「국립 교육대학 학생에 대한 퇴학처분은, 국가가 설립·경영하는 교육기관인 동 대학의 교무를 통할하고 학생을 지도하는 지위에 있는 학장이 교육목적실현과 학교의 내부질서유지를 위해 학칙 위반자인 재학생에 대한 구체적 법집행으로서 국가공권력의 하나인 징계권을 발동하여 학생으로서의 신분을 일방적으로 박탈하는 국가의 교육행정에 관한 의사를 외부에 표시한 것이므로, 행정처분임이 명백하다」(대법원 1991.11.22. 91 누 2144 퇴학처분취소).[1]

(다) 준법률행위적 행정행위 준법률행위적 행정행위는 모두 「처분」에 해당하는 것은 아니다. 등재·등록·통지 등 준법률행위적 행정행위 중에는 아무런 법률적 효과를 발생하지 아니한 것, 법률적 효과를 발생하더라도 그것이 단순히 내부적이거나 권리의무의 형성 또는 그 범위를 확정하는 정도에 이르지 아니한 것도 있다.

① 대법원 전원합의체 판결은 「지적공부 소관청의 지목변경신청 반려행위는 국민의 권리관계에 영향을 미치는 것으로서 항고소송의 대상이 되는 행정처분에 해당한다」(대법원 2004.4.22. 2003 두 9015 전원합의체 판결 지목변경신청반려처분취소청구각하취소)[2]고 판시하여, 지적공부에 일정한 사항을 등재하거나 등재된 사항을 변경하는 행위는 행정사무집행의 편의와 사실증명의 자료로 삼기 위한 것이라는 종전의 판례를 변경하였다.

② 헌법재판소는 이보다 앞서 「지적법 제38조 제 2 항에 의하면 토지소유자에게는 지적공부의 등록사항에 대한 정정신청의 권리가 부여되어 있고, 이에 대응하여 소관청은 소유자의 정정신청이 있으면 등록사항에 오류가 있는지를 조사한 다음 오류가 있을 경우에는 등록사항을 정정하여야 할 의무가 있는바, 피청구인의 반려행위는 지적관리업무를 담당하고 있는 행정청의 지위에서 청구인의 등록사항 정정신청을 확정적으로 거부하는 의사를 밝힌 것으로서 공권력의 행사인 거부처분이라 할 것」(헌법재판소 1999.6.24. 97 헌마 315 지목변경신청서반려처분취소)이라고 하여 지적공부상의 지목변경신청에 대한 거부를 처분으로 판시하였다.

1) 국립 교육대학의 학칙에 학장이 학생에 대한 징계처분을 하고자 할 때에는 교수회의 심의·의결을 먼저 거쳐야 하도록 규정되어 있는 경우, 교수회의 학생에 대한 무기정학처분의 징계의결에 대하여 학장이 징계의 재심을 요청하여 다시 개최된 교수회에서 학장이 교수회의 징계의결내용에 대한 직권 조정권한을 위임하여 줄 것을 요청한 후 일부 교수들의 찬반토론은 거쳤으나 표결은 거치지 아니한 채 자신의 책임 아래 직권으로 위 교수회의 징계의결내용을 변경하여 퇴학처분을 하였다면, 위 퇴학처분은 교수회의 심의·의결을 거침이 없이 학장이 독자적으로 행한 것에 지나지 아니하여 위법하다.

2) 위 전원합의체 판결은 지목변경(정정이나 등록전환 등 포함)신청에 대한 반려(거부)행위를 항고소송의 대상이 되는 행정처분에 해당한다고 할 수 없다고 판시한 종전의 판결과, 지적공부 소관청이 직권으로 지목변경한 것에 대한 변경(정정)신청 반려(거부)행위를 항고소송의 대상이 되는 행정처분에 해당한다고 할 수 없다고 판시한 종전의 판결 등을 모두 변경하였다.

그러나 단순한 통지에 해당하여 처분성을 부인한 사례도 있다.

「과거에 법률에 의하여 당연퇴직된 공무원이 자신을 복직 또는 재임용시켜 줄 것을 요구하는 신청에 대하여 그와 같은 조치가 불가능하다는 행정청의 거부행위는 당연퇴직의 효과가 계속하여 존재한다는 것을 알려주는 일종의 안내에 불과하므로 당연퇴직된 공무원의 실체상의 권리관계에 직접적인 변동을 일으키는 것으로 볼 수 없다」(대법원 2005. 11. 25. 2004 두 12421 당연퇴직자복직신청거절취소).[1]

(3) 분쟁의 성숙성 분쟁의 성숙성이라는 개념요소 때문에 다음의 행위의 처분성이 문제로 된다.

(가) 입법행위 · 일반처분 입법행위 · 일반처분은 원칙적으로 처분성이 인정되지 아니한다.

「수형자의 서신을 교도소장이 검열하는 행위는 이른바 권력적 사실행위로서 행정심판이나 행정소송의 대상이 되는 행정처분으로 볼 수 있고, 수형자의 서신발송의뢰를 교도소장이 거부한 행위에 대하여는 행정심판법 및 행정소송법에 의한 심판이나 소송이 가능하다」(헌법재판소 1998. 8. 27. 96 헌마 398 통신의자유침해등위헌확인).

「구 청소년보호법(2001. 5. 24. 법률 제6479호로 개정되기 전의 것)에 따른 청소년유해매체물 결정 및 고시처분은 당해 유해매체물의 소유자 등 특정인만을 대상으로 한 행정처분이 아니라 일반 불특정 다수인을 상대방으로 하여 일률적으로 표시의무, 포장의무, 청소년에 대한 판매 · 대여 등의 금지의무 등 각종 의무를 발생시키는 행정처분」(대법원 2007. 6. 14. 2004 두 619 청소년유해매체물결정및고시처분무효확인)[2]이다.

(나) 행정계획 과거에는 이른바, 청사진이론에 의하여 모든 행정계획은 단순한 청사진만을 정하는 것으로 보아 처분성을 인정하지 않았으나, 계획의 공고에 의하여 직접 권리제한의 효과가 생기는 경우에는 처분의 성질을 가진다 할 것이다(80 누 105(1982. 3. 9 대판)—도시계획법 제12조 소정의 고시된 도시계획결정은 특정 개인의 권리 내지 법률상의 이익을 개별적이고 구체적으로 규제하는 효과를 가져오게 하는 행정청의 처분이라 할 것이고 행정소송의대상이 된다).[3]

「피고가 1996. 2. 23.경 구 하수도법 규정에 따라 기존의 하수도정비기본계획을 변

---

1) 당연퇴직의 근거 법률이 헌법재판소의 위헌결정으로 효력을 잃게 되었다고 하더라도 당연퇴직된 이후 헌법소원 등의 청구기간이 도과한 경우에는 당연퇴직의 내용과 상반되는 처분을 요구할 수 있는 조리상의 신청권을 인정할 수도 없다고 할 것이어서, 이와 같은 경우 행정청의 복직 또는 재임용거부행위는 항고소송의 대상이 되는 행정처분에 해당한다고 할 수 없다(대법원 2005. 11. 25. 2004 두 12421 당연퇴직자복직신청거절취소).

2) 구 청소년보호법(2001. 5. 24. 법률 제6479호로 개정되기 전의 것) 제10조 제 3 항의 위임에 따라 같은 법 시행령(2001. 8. 25. 대통령령 제17344호로 개정되기 전의 것) 제 7 조와 [별표 1]의 제 2 호 (다)목은 '동성애를 조장하는 것'을 청소년유해매체물 개별 심의기준의 하나로 규정하고 있는바, 이 사건 청소년유해매체물 결정 및 고시처분 당시 위 시행령의 규정이 헌법이나 모법에 위반되는 것인지 여부가 해석상 다툼의 여지가 없을 정도로 객관적으로 명백하였다고 단정할 수 없고, 따라서 위 시행령의 규정에 따른 위 처분의 하자가 객관적으로 명백하다고 볼 수 없다(대법원 2007. 6. 14. 2004 두 619 청소년유해매체물결정및고시처분무효확인).

3) 석종현, 도시계획의 법적 성질, 판례월보, 1985. 8 월호.

경하여, 제주 남제주군 남원읍 태흥 2리 일대에 광역하수종말처리시설을 설치하는 등의 내용으로 새로이 하수도정비기본계획을 수립하였으나(1996. 7. 11. 이에 관하여 환경부장관의 승인을 받았다), 위 하수도정비기본계획은 항고소송의 대상이 되는 행정처분에 해당하지 아니한다」(대법원 2002. 5. 17. 2001 두 10578 처분무효확인등).

(다) 기준설정 다음 단계의 행위에서 적용할 기준설정은 최종적으로 직접 효과를 발생하는 행위가 아니므로 처분성이 인정되지 아니한다. 지가공시 및 토지등의 평가에 관한 법률에 의한 표준지지가공시 등이다(같은 취지: 78 누 242 (1979.4.24 대판)).[1] 다만, 개별지가공시에 대하여는 처분성을 인정하였다.

「시장, 군수 또는 구청장의 개별토지가격결정은 관계법령에 의한 토지초과이득세, 택지초과소유부담금 또는 개발부담금 산정의 기준이 되어 국민의 권리나 의무 또는 법률상 이익에 직접적으로 관계되는 것으로서 행정소송법 제 2 조 제 1 항 제 1 호 소정의 행정청이 행하는 구체적 사실에 관한 법집행으로서 공권력행사이므로 항고소송의 대상이 되는 행정처분에 해당한다」(대법원 1993. 6. 11. 92 누 16706 개별토지가격결정처분취소; 대법원 1993. 1. 15. 92 누 12407 개별토지가격결정처분취소등).

(라) 중간단계의 행위 일정한 법률효과가 연속된 수개의 행위에 의하여 비로소 완성되는 경우에는 절차의 중도에서 제소를 허용한다면 행정과정에의 사법권의 개입을 필요 이상으로 허용하는 결과가 되므로(미국에서의 exhaustion of administrative remedies의 법리 참조) 법률에 쟁송을 인정하는 취지의 특별한 정함이 없는 한, 최종단계의 행위에 의하여 그 효력이 모두 나타난 상태에서 제소함을 원칙으로 한다고 할 것이다. 다만, 선행행위가 그 자체의 고유한 불이익 처분으로서의 효과를 수반하는 경우(예컨대 사업인정은 토지수용의 선행행위에 지나지 않으나 그 자체도 출입수인의무 및 토지의 불변경의무를 과하는 처분으로 제소의 대상이 된다고 할 것이다.)에는 출소가 허용되는 것은 당연하다.

「어업권면허에 선행하는 우선순위결정은 행정청이 우선권자로 결정된 자의 신청이 있으면 어업권면허처분을 하겠다는 것을 약속하는 행위로서 강학상 확약에 불과하고 행정처분은 아니므로, 우선순위결정에 공정력이나 불가쟁력과 같은 효력은 인정되지 아니하며, 따라서 우선순위결정이 잘못되었다는 이유로 종전의 어업권면허처분이 취소되면 행정청은 종전의 우선순위결정을 무시하고 다시 우선순위를 결정한 다음 새로운 우선순위결정에 기하여 새로운 어업권면허를 할 수 있다」(대법원 1995. 1. 20. 94 누 6529 행정처분취소).

「원자로 및 관계 시설의 부지사전승인처분은 그 자체로서 건설부지를 확정하고 사전공사를 허용하는 법률효과를 지닌 독립한 행정처분이기는 하지만, 건설허가 전에 신청자의 편의를 위하여 미리 그 건설허가의 일부 요건을 심사하여 행하는 사전적 부분 건설허가처분의 성격을 갖고 있는 것이어서 나중에 건설허가처분이 있게 되면 그 건설허가처분에 흡수되어 독립된 존재가치를 상실함으로써 그 건설

1) 김현채, 기준지가고시의 처분성, 사법행정, 1979. 10월호.

허가처분만이 쟁송의 대상이 되는 것이므로, 부지사전승인처분의 취소를 구하는 소는 소의 이익을 잃게 되고, 따라서 부지사전승인처분의 위법성은 나중에 내려진 건설허가처분의 취소를 구하는 소송에서 이를 다투면 된다」(대법원 1998. 9. 4. 97 누 19588 부지사전승인처분취소).

참고 반복된 행위 및 경정처분

위에서 본 ① 공권력성, ② 법적 효과성, ③ 분쟁의 성숙성을 갖춘 행위는 일응 취소소송의 대상인 처분이 된다. 그러나 어느 것을 처분으로 볼 것인지가 문제되는 경우가 있다. 예시하면 다음과 같다.

(1) **반복된 행위** 행정실무상 동일한 처분이 반복하여 행하여지는 경우도 있다. 예컨대 제 1 차로 철거대집행 계고처분을 행한 후에 자진철거를 기다린 후, 자진철거를 이행하지 아니하자 계속하여 제 2 차, 제 3 차 계고서를 발송하여 자진철거를 촉구하는 경우가 있다. 이러한 경우, 판례는 상대방의 의무는 제 1 차 계고처분으로 발생하는 것이고, 제 2 차, 제 3 차의 처분은 단지 이행촉구 내지는 기한연기의 통보에 불과하다 하여 항고소송의 대상은 제 1 차 처분이라고 한다(94 누 5144 (1994. 10. 28 대판)).

그러나 거부처분의 경우에는 국민이 신청할 수 있는 횟수 등을 제한하는 법규가 없는 이상, 동일한 내용을 수차 신청할 수 있고, 그에 따라 거부처분이 수회 있을 수 있는 것이므로, 이러한 거부처분은 각각 독립적인 처분으로서 모두가 항고소송의 대상이 될 수 있다고 한다(92 누 1643 (1992. 10. 27 대판)).

(2) **경정처분** 행정청이 어떤 처분을 행한 후에 그 처분을 경정하여 그 내용을 감축 또는 확장하는 경우가 있다. 예컨대 세무서장이 당초 2천만원의 과세처분을 한 후 그 후 이를 경정하여 3천만원으로 증액하거나 또는 1천만원으로 감액처분하는 것과 같다. 이러한 경우에 당초처분과 경정처분 중 어느 것이 항고소송의 대상이 되는지가 문제된다.

판례는 감액경정처분과 증액경정처분을 나누어, ① 감액경정처분은 당초처분에서 결정된 과세표준과 세액의 일부를 취소하는 처분으로서, 이 경우 소송의 대상은 감액되고 남은 당초의 처분이라고 하고(대법원 1999. 4. 27. 98 두 19179 개발부담금부과처분취소; 대법원 1991. 9. 13. 91 누 391 양도소득세등부과처분취소[1]), ② 증액경정처분의 경우는 당초처분에서의 과세표준과 세액을 포함시켜 전체로서의 과세표준 및 세액을 결정하는 것이므로, 당초처분은 뒤의 경정처분의 일부로 흡수되어 소멸하고 오직 증액경정처분만이 소송의 대상이 된다고 한다(대법원 2005. 10. 7. 2003 두 14604 상속세부과처분취소).[2]

---

1) 과세관청이 조세부과처분을 한 뒤에 그 불복절차과정에서 국세청장이나 국세심판소장으로부터 그 일부를 취소하도록 하는 결정을 받고 이에 따라 당초 부과처분의 일부를 취소, 감액하는 내용의 갱정결정을 한 경우 위 갱정처분은 당초 부과처분과 별개 독립의 과세처분이 아니라 그 실질은 당초 부과처분의 변경이고, 그에 의하여 세액의 일부 취소라는 납세자에게 유리한 효과를 가져오는 처분이라 할 것이므로 그 갱정결정으로도 아직 취소되지 않고 남아 있는 부분이 위법하다고 하여 다투는 경우에는 항고소송의 대상이 되는 것은 당초의 부과처분 중 갱정결정에 의하여 취소되지 않고 남은 부분이 된다 할 것이고, 갱정결정이 항고소송의 대상이 되는 것은 아니라 할 것이므로, 이 경우 제소기간을 준수하였는지 여부도 당초처분을 기준으로 하여 판단하여야 할 것이다(대법원 1991. 9. 13. 91 누 391 양도소득세등부과처분취소).

2) 공동상속인이 있는 경우 상속세경정처분이 증액경정처분인지 감액경정처분인지의 여부는 각 공동상속인에 대하여 납부하도록 고지된 개별적인 세액을 기준으로 할 것이지 공동상속인 전체에 대한 총 상속세액을 기준으로 판단할 것은 아니고, 과세처분이 있은 후에 증액경정처분이 있는 경우 당초 처분은 증액경정처분에 흡수되어 당연히 소멸하고 그 증액경정처분만이 쟁송의 대상이 된다(대법원 2000. 9. 8. 선고 98 두 16149 판결 참조).

제 6 목　取消訴訟의 제기

I. 概　　說

행정소송에 있어서도 「소 없으면 재판 없다」(nemo judex sine actore)는 원칙이 그대로 적용된다. 그런데 취소소송의 경우에는 다른 항고소송에서 볼 수 없는 절차상의 특수성이 인정되는바, 제기요건에 관한 특칙 외에도, 관련청구소송의 병합, 소의 변경에 관한 특별규정이 있고, 또한 소제기의 효과에 관하여 특수한 문제가 있다.

II. 提起要件

(1) 소송요건이라 함은 소송을 제기하여 그 청구의 당부에 관한 법원의 본안판결을 구하기 위한 요건을 말한다. 소송요건의 전부 또는 일부가 결여되면 소는 부적법하게 되어, 법원은 본안의 판결에 들어가지 아니하고, 판결로써 소를 각하하게 된다.

(2) 취소소송은 행정청의 위법한 처분 등을 취소 또는 변경하는 소송(행송 4(1))이므로, 취소소송을 제기하기 위하여서는 ① 행정청의, ② 처분 등이 존재하고, ③ 그것이 위법하여, ④ 원고적격을 가진 자가, ⑤ 피고적격을 가진 행정청을 피고로 하여, ⑥ 제소기간 내에, ⑦ 일정한 형식의 소장에 의하여, ⑧ 예외적으로는 행정심판을 거쳐, ⑨ 관할 행정법원에, ⑩ 취소·변경을 구하는 것이어야 한다(소송요건의 구비여부는 직권조사사항이다— 76 누 268(1977.4.12 대판) 등.).

1. 違　　法

(1) **자기의 법률상 이익에 관계 있는 위법**　㈎ 처분의 위법이 주장되어야 한다. 이 점에서 부당까지가 대상이 되는 행정심판과 다르다. 처분의 객관적 위법성은, 소송을 제기하기 위한 소송요건은 아니고, 본안에 대한 이유유무의 문제이다.

㈏ 원고가 주장하는 위법은 자기의 법률상의 이익에 관계가 있는 것이어야 한다.

㈐ 행정규칙은 법규가 아니며 따라서 이에 위반되어도 위법이 아니라는 것이 종래의 통설의 입장이었다. 그러나 오늘날은 행정규칙을 매개항(媒介項: 연결

점)으로 하여 헌법상의 평등원칙을 위배하여 위법이 되는 경우가 있다고 보거나, 행정규칙이 직접 법규성을 갖는다고 보아 행정규칙에 위반되면 직접 위법이 된다는 견해가 유력하다.

(2) **원처분주의** 행정심판의 재결도 처분과 함께 취소소송의 대상이 된다(동 2①(1)). 행정소송법은 원처분주의를 채택하였다. 즉, 원처분의 위법은 원처분의 위법을 다투는 취소소송에서만 주장할 수 있고 재결의 위법을 다투는 취소소송에서는 재결에 고유한 위법(재결도 하나의 행정처분이므로 주체·내용·절차·형식상의 위법이 있을 수 있다.)만을 주장할 수 있으며(동 19), 원처분의 위법을 이유로 재결의 취소를 구할 수는 없다.[1)]

(3) **선행행위의 위법** 어떤 행위(후행 행위)의 취소를 구함에 있어, 이미 불가쟁력이 발생하여 다툴 수 없는, 그에 선행하는 행위(선행 행위)의 위법을 이유로 할 수 있는가에 대하여는 논의가 있다. 흠의 승계의 문제이다. ① 종래의 통설은 하나의 효과를 발생시키는 경우에는 승계되나, 각각 별개의 효과를 발생시키는 경우에는 승계되지 아니한다고 보았다. ② 그러나 오늘날의 유력한 견해는 흠의 승계를 인정하여도 법적 안정성이나 제 3 자보호에 지장이 없다면 흠의 승계를 널리 인정하여야 한다고 한다. 판례의 입장도 같다. 후설의 견해가 타당하다고 본다.

2. 原告適格·訴益을 가진 자가 제기할 것

행정청의 위법한 처분으로「자기의 법률상 이익」을 침해받은 자가 원고적격을 가진다. 처분의 효과가 기간의 경과 등으로 소멸된 뒤에도 그 처분의 취소로 인하여 회복되는 법률상의 이익이 있는 자의 경우에는 원고적격을 가진다(동 12).

3. 被告適格을 가진 행정청을 被告로 하여 제기할 것

다른 법률에 특별한 규정이 없는 한「처분 … 을 행한 행정청」을 피고로 하여 제기하여야 한다(동 13).

4. 提訴期間

(1) **제소기간의 제한** 행정소송법에서는 민사소송의 경우와는 달리 제소기간을 제한하고 있는데, 제소기간의 길이는 행정상의 법률관계의 신속한 안정의 필요성과 재판기회의 최대한 보장과의 조화를 고려하여 정하여질 것이다.

(2) **제소기간**

㈎ **행정심판을 제기하지 않은 경우** 처분 등이 있음을 안날로부터 90일

---

1) 이상규(상), p. 812.

이내에 제기하여야 한다(동법 20①5).

「'처분이 있음을 안 날'이라 함은 당사자가 통지, 공고 기타의 방법에 의하여 당해 처분이 있었다는 사실을 현실적으로 안 날을 의미하는바, 특정인에 대한 행정처분을 주소불명 등의 이유로 송달할 수 없어 관보·공보·게시판·일간신문 등에 공고한 경우에는, 공고가 효력을 발생하는 날에 상대방이 그 행정처분이 있음을 알았다고 볼 수는 없고, 상대방이 당해 처분이 있었다는 사실을 현실적으로 안 날에 그 처분이 있음을 알았다고 보아야 한다」(대법원 2006. 4. 28. 2005 두 14851 주민등록직권말소처분무효확인).

(나) 행정심판을 거친 경우　① 예외적으로 다른 법률에서 행정심판의 필요적 전치주의를 채택한 경우와 그 밖에 행정심판청구를 할 수 있는 경우 또는 행정청이 행정심판청구를 할 수 있다고 잘못 알린 경우에 행정심판 청구가 있은 때의 제소기간은 재결서의 정본을 송달받은 날로부터 기산하여 90일 이내에 제기하여야 한다(동 20① 단서). 필요적으로 행정심판을 전치시켜야 할 경우와 그 밖에 「행정심판청구를 할 수 있는」 경우 등에, 행정심판을 청구하고 있는 사이에 행정소송의 제소기간이 경과하여 처분 등이 형식적으로 확정력을 가지게 되어 그 효력을 다툴 수 없게 되는 것은 불합리하므로, 그러한 경우에 행정심판을 한 자에 대하여서는 그에 대한 행정청의 판단(재결)이 있기까지 제소기간이 진행되지 아니하도록 제소기간의 기산점을 재결서의 정본을 송달받은 날로부터 기산하여 90일 이내에 제기하도록 하였다. 여기에서 「행정심판을 할 수 있는 경우」라는 것은 거의 의미가 없다고 할 것이다. 그것은 행정심판법은 개괄주의를 채택하여 대통령의 처분을 제외하고는 모든 처분에 대하여 행정심판을 제기할 수 있도록 하였기 때문이다.

「행정청이 행정심판청구를 할 수 있다고 잘못 알려 행정심판의 청구를 한 경우에는 그 제소기간은 행정심판 재결서의 정본을 송달받은 날부터 기산하여야 한다」(대법원 2006. 9. 8. 2004 두 947 하천무단점용에따른부당이득금부과처분무효확인).

(다) 처분이 있은 날부터 1년　취소소송은 처분이 있은 날로부터 1년(행정심판을 거쳐 제기하는 경우에는 재결이 있는 날로부터 1년)을 경과하면 이를 제기할 수 없다. 다만 이 기간을 불변기간이 아니며, 「정당한 사유가 있는 경우에는」 그러하지 아니하다(행송 20②).[1] 「안 날」로부터 90일과 「있은 날」로부터 1년은 서로 선택적인 것이 아니라 그 중 어느 하나의 기간이 도과되면 제소기간이 만료된다. 따라서 「정당한」 사유는 처분이 있음

1) 여기서 당사자가 책임질 수 없는 정당한 사유란 당사자가 그 소송행위를 하기 위하여 일반적으로 하여야 할 주의를 다하였음에도 불구하고 그 기간을 준수할 수 없었던 사유를 말한다(대법원 2001. 5. 8. 2000 두 6916 배출부과금부과처분취소).

을 「안 날」로부터 90일 또는 「있은 날」로부터 1년중 어느 하나라도 경과하기 전에 시작되어야 한다고 볼 것이다(정당한 사유의 의미: 90 누 6521 (1991. 6. 28 대판)).

㈑ 불변기간 제소기간 90일은 불변기간이다(동법 20③). 법원은 직권으로 불변기간을 신축할 수 없다(민사소송법 172① 단서). 다만, 법원은 불변기간에 대하여 주소 또는 거소가 멀리 떨어진 곳에 있는 사람을 위하여 부가기간을 정할 수 있다(동조 ②). 그리고 당사자가 책임질 수 없는 사유로 말미암아 불변기간을 지킬 수 없었던 경우에는 그 사유가 없어진 날부터 2주 이내에 게을리한 소송행위를 보완할 수 있다(동법 173③). 국외에서의 추완기간은 14일에서 30일로 한다(행정소송법 5). 불변기간의 경과여부는 법원의 직권조사사항이다(대법원 1977. 4. 12. 76 누 268 재산세부과처분취소).

(3) 무효선언을 구하는 취소소송과 제소기간 무효확인소송의 경우에는 제소기간의 제한이 없다. 그러나 처분의 당연무효를 선언하는 의미에서 취소소송을 제기하면 제소기간의 제한을 받는다(대법원 1993. 3. 12. 92 누 11039 토지수용재결처분취소).

(4) 제소기간에 대한 특칙 다른 법률에서 많은 특칙을 정하고 있다(국세기본 55⑥ 90일, 교원지위 향상을 위한 특별법 9① 30일).

5. 訴 狀

행정소송법 제 8 조에 의하여 민사소송법을 준용한다(민소 227①).

6. 前審節次

현행법은 예외적으로만 행정심판전치주의를 채택하였으므로 취소소송을 제기함에는 예외적으로 먼저 행정심판절차를 거쳐야 한다(행송 18).

7. 管轄法院

피고인 행정청 소재지를 관할하는 행정법원에 제기하여야 한다(행송 9).

8. 取消・變更을 청구하는 것일 것

좁은 의미의 취소뿐만 아니라 무효선언의 의미에서의 취소도 포함된다. 「변경」은 소극적 변경, 즉 「일부취소」로서의 변경청구만이 가능하다고 보는 것이 일반적 견해이다.

Ⅲ. 關聯請求의 移送·併合과 訴의 변경

1. 關聯請求의 移送과 併合

(1) **관련청구소송의 이송** 취소소송과 관련청구소송이 각각 다른 법원에 계속되고 있는 경우에 관련청구소송이 계속된 법원이 상당하다고 인정하는 때에는, 당사자의 신청 또는 직권에 의하여, 이를 취소소송이 계속된 법원으로 이송할 수 있다(행송 10①).

(2) **관련청구소송의 병합** 취소소송에는 사실심의 변론종결시까지 관련청구소송을 병합하거나 피고 이외의 자를 상대로 한 관련청구소송을 취소소송이 계속된 법원에 병합하여 제기할 수 있다(동 10②).[1)]

2. 訴의 변경

행정소송법은 소의 변경에 관하여 소의 종류변경과, 처분변경으로 인한 소변경의 두 가지를 규정하고 있다. 이는 민사소송법에 대한 특칙이라 할 것이며, 따라서 그 이외에 민사소송법(민소 262)에 의한 청구의 변경을 할 수 있음은 물론이다.

(1) 소의 종류변경

㈎ 소변경의 의의 ⓐ 법원은 처분 등의 취소소송을, 당해 처분 등에 관계되는 사무가 귀속하는 국가 또는 공공단체에 대한 당사자소송(예: 면직처분취소소송을 공무원보수지급청구소송으로 변경)으로, 또는 취소소송 이외의 항고소송(무효등확인소송 또는 부작위위법확인소송)으로 변경하는 것이 상당하다고 인정할 때에는 청구의 기초에 변경이 없는 한 사실심의 변론종결시까지, 원고의 신청에 의하여, 결정으로써 소의 변경을 허가할 수 있다(행송 21①). 소의 종류변경에는 ① 취소소송을 다른 항고소송으로 변경하거나 당해 처분 등의 효과가 귀속되는 국가·공공단체 자체에 대한 당사자소송으로 변경하는 경우와(동 21①), 반대로 ② 무효등확인소송·부작위위법확인소송을 취소소송으로 변경하거나(동 37), 당사자소송을 당해 행정청 상대의 취소소송으로 변경하는 경우(동 42)를 포함한다.

ⓑ 행정소송법에 의한 소의 종류변경에서는 당사자인 피고의 변경을 가져올 수 있는 점에서, 민사소송법(262조)에 대한 특칙이라 하겠다. 다만, 취소소송을 국가배상청구소송으로 변경하는 경우 피고가 처분청에서 처분청이 속하는 국가 또는 지방자치단체로 되는 것과 같이 당사자의 변경이 되지만, 양당사자는 실체적 동일성을 유지하므로 취소소송을 국가배상청구소송으로 변경하는 것이 가능하다.

1) 95 누 13708(1997. 3. 14 대판)—관련청구소송의 병합은 본래의 취소소송이 적법할 것을 요건으로 한다.

피고를 달리하는 소의 종류변경을 허가하려고 하는 경우에는, 법원은 새로이 피고로 될 자의 의견을 들어야 한다(행송 21①).

(c) 행정소송법이 소의 종류 자체의 변경을 인정하는 이유는, 행정소송의 종류가 다양하여 원고가 종류를 잘못 선택함으로써, 권익의 구제에 차질이 있을 수 있기 때문이다. 다만 소의 종류변경은 교환적 변경(구 청구를 새로운 청구로 대체하는 것)만이 허용되고, 구 청구를 유지하면서 새로운 청구를 제기하는 추가적 변경은 허용되지 아니한다.[1]

(d) 소의 종류변경은 「청구의 기초」에 변경이 없어야만 허용되는데, 「청구의 기초」에 변경이 없어야 한다는 뜻은 법원에 계속중인 취소소송에 의하여 구제받으려는 원고의 법률상 이익의 동일성이 유지되어야 한다는 것을 의미한다(같은 취지: 87 다카 225(1987.7.7 대판)—동일한 생활사실 또는 동일한 경제적 이익에 관한 분쟁에 있어서그 해결방법에 차이가 있음에 불과한 청구취지의 변경은 청구의 기초에 변경이 없다.).

(나) 소변경의 허가결정에 대한 불복 소의 종류변경을 허가하는 결정에 대하여는, 새 피고나 종전의 피고가 즉시항고를 할 수 있다(동 21③). 불허가결정에 대한 불복방법은, 행정소송법에는 규정이 없으나 원고는 새 피고를 상대로 별소를 제기하면 될 것이다.

(다) 소변경의 효과 소변경에 대한 허가결정이 확정되면, 새로운 소는 구소(舊訴)가 처음 제기된 때에 제기된 것으로 보고, 구소는 취하된 것으로 본다(동 21④). 따라서 구소에 대하여 진행되어 온 소송절차는 새로운 소에 유효하게 승계된다.

(2) 처분변경으로 인한 소변경

(가) 의의 (a) 행정소송법은 위와 같은 일반적인 소의 종류변경 외에, 취소소송의 계속중에 피고인 행정청이 소송대상인 처분을 변경한 경우(예컨대 영업허가 취소처분을 영업허가 정지처분으로 변경한 경우)에, 원고의 신청이 있으면, 법원은 결정으로써, 청구취지 또는 청구원인의 변경을 허가할 수 있도록 하였다. 이 경우 원고는 처분변경의 사실을 안 날로부터 60일 내에 신청하여야 한다(동 21①②).

(b) 이러한 소의 변경을 인정하는 취지는 피고의 책임 있는 사유로 소의 목적물이 소멸(실제로는 변경)되어 생기는 소각하와 재제소(再提訴)라는 불합리한 절차의 반복을 피하고, 원고가 간이·신속하게 권익구제를 받을 수 있도록 하는 데 있다고 할 것이다.

따라서 처분의 변경은, 처분내용의 동일성이 없는 다른 처분으로 대치하는 실질적 변경(예: 영업허가취소를 영업허가정지로 변경하는 등)뿐만 아니라, 구 처분과 동일한 내용의 처분 또는 실질적으로 구 처분과 기초를 같이하는 다른 처분(예: 하천점용료 부과처분을 절차상의 흠을 이유로 취소한 후에 동일한 내용의 하천점용료

1) 김도창(상), pp.789, 790; 이상규(상), p.847.

(부과처분을 한 경우 등)으로 대치하는 형식적 변경도 포함한다.[1)]

(나) 변경대상소송 처분변경으로 인한 소변경이 인정되는 소는 취소소송 이외에 무효등확인소송 및 당사자소송의 경우이다(동 22①·38①·44①). 항고소송 중 부작위위법확인소송의 경우에는, 변경될 처분이 없기 때문에 소변경이 있을 수 없다.

(다) 소변경의 효과 (a) 처분변경을 이유로 하는 소변경에 있어서는, 새로운 소에 대한 행정심판을 거친 것으로 본다(동 22③). 권익구제의 신속을 기하기 위한 것이다.

(b) 소변경의 허가결정이 있으면 구소가 처음 제기된 때에 새로운 소가 제기되고, 동시에 구소는 취하된 것으로 본다(동 21④ 참조).

(3) 민사소송법에 의한 청구변경 행정소송법에 의한 소변경에 관한 규정은 민사소송법에 대한 특칙이라 할 것이므로, 위와 같은 행정소송법에 의한 소변경 외에, 원고는 민사소송법(민소 262)에 따라 청구변경을 할 수 있음은 물론이다(행송 8②).

Ⅳ. 取消訴訟提起의 효과

1. 法院 등에 대한 효력(主觀的 效力)

(1) 심판의무 소의 제기에 의하여 사건은 법원에 계속되며, 법원은 이를 심리하고 판결을 할 의무를 진다.

(2) 중복제소금지 당사자는 동일사건에 대하여 다시 소를 제기하지 못한다(민소 259).

2. 行政處分에 대한 효력(客觀的 效力)

취소소송의 제기에 의하여 그 대상이 되는 처분의 집행을 정지시킨다면 행정의 원활한 운영이 저해되어 공공복리에 반하는 일이 생길 뿐만 아니라 남소의 폐단이 생길 우려가 있다. 반면에 집행을 정지시키지 않는다면 소송의 결과 승소하더라도 회복이 곤란하여 구제의 목적을 달성할 수가 없는 경우가 생길 것이다. 그리하여 집행정지의 여부는 이 두 가지 측면을 고려하여 입법정책적으로 결정될 문제이다.

---

1) 피고(남원시장)가 원고에게 하천점용료 부과처분을 하였다가 절차상 하자를 이유로 이를 취소하고 다시 동일한 내용의 처분을 한 경우에, 원고가 당초의 부과처분에 대한 취소청구를 새로운 부과처분에 대한 취소청구로 변경하더라도 두 처분이 모두 동일한 내용의 하천점용료를 대상으로 한 것으로서 별개의 두 부과처분이 병존하는 것이 아닌 이상 그 청구의 기초에 변경이 없다고 볼 것이다(대법원 1984. 2. 28. 83 누 638 하천점용료부과처분취소).

행정소송법은 집행부정지를 원칙으로 하고, 예외적으로 법원은 직권 또는 신청에 의하여 집행정지결정을 할 수 있게 하였다(동 23).

V. 執行停止 — 假(臨時)救濟 —

1. 執行不停止의 원칙

(1) 의의 취소소송의 제기는 처분 등의 효력이나 그 집행 또는 절차의 속행에 영향을 주지 아니한다(동 23①).

(2) 집행부정지원칙과 집행정지원칙 (가) 입법론적으로는 독일의 법제와 같이 소의 제기에 의하여 자동적으로 정지적 효과가 생기도록 하고(집행정지원칙), 예외적으로 즉시집행을 하도록 하는 것이 바람직하다는 견해도 있으나, 우리 법제와 같이 「집행부정지의 원칙」을 취하는 것이 좋은지, 독일법제와 같이 「집행정지의 원칙」을 취하는 것이 좋은지는 속단하기 어렵다.

(나) 생각건대, 자동적인 정지적 효과라고 하는 가구제(假救濟)의 방식은 반드시 모든 경우에 적절한 방식이라고는 말할 수 없다. ① 예컨대, 인허가의 철회, 영업의 일시정지명령, 공무원에 대한 징계처분 등과 같이 행정강제에 의한 집행을 필요로 하지 않고 그 형성적 효과에 의하여 목적을 달성하는 행정처분에 대하여는, 소의 제기에 정지적 효과를 부여하여 본안판결이 확정될 때까지 행정처분의 효력발생을 지연시키기보다는, 집행부정지의 원칙을 전제로 하여, 법원이 구체적 사정을 감안하여 처분의 효력을 유지시킬 공익상의 필요성과 상대방의 권익보호의 필요성을 비교교량하여 효력의 정지 여부를 결정하는 것이 타당하다고 할 것이다. 또한 직접상대방에 대해서는 수익적이나 제 3 자에 대하여는 침해적인 복효적 행정행위에 있어서도 제 3 자가 취소소송을 제기한다 하여 자동적인 정지적 효과를 인정한다면 바로 상대방의 수익이 저지되어 타당하다고 할 수 없다.

② 그러나 대집행이나 직접강제가 가능하여 집행되어 버리면 원상회복이 불가능한 처분(건축물의 철거, 수용재결이 있는 토지의 형질변경 등)에 대하여 처분의 집행력의 발생을 원칙적으로 그의 불가쟁력의 발생시로 하지 않고 또한 소가 제기된 경우에도 집행부정지의 원칙을 채택한 우리 법제는 상대방의 권익보호보다는 행정권의 보호에 치우쳤다고 하겠다.[1)]

1) 행정강제에 의한 상대방의 태도나 사물의 상태에 물리적 변동을 가하여 원상회복이 불가능한 상태를 형성함으로써 행정권의 우월성이 현저하게 나타나는 경우에는, 이에 대응하여 상대방의 권리보호를 충분히 고려하여야 함은 당연하다 하겠다.

2. 執行停止決定

(1) 개 설

(가) 의의 및 필요성 (a) 취소소송이 제기된 경우에 처분 등이나 그 집행 또는 절차의 속행으로 인하여 발생하는 회복하기 어려운 손해를 예방하기 위하여 긴급한 필요가 있다고 인정할 때에는 법원은 직권 또는 당사자의 신청에 의하여 처분의 집행정지결정을 할 수 있다(행송 23②)(같은 취지: 68 두 6 (1968.8.31 대판))(광업법 제35조 제3항은 이에 대한 특례를 규정하고 있다.). 이는 소송의 결과 승소하더라도 그 때는 벌써 회복이 곤란하게 된 경우가 있을 것이기 때문이다.

(b) 집행정지결정은 본안소송이 처분의 취소 또는 변경을 구하는 취소소송인 경우에 허용되는바, 본안소송이 무효등확인소송인 경우에도 준용된다(동 38①).

(c) 행정소송은 위법한 행정작용에 대한 사후적인 구제제도이며, 행정소송의 대상인 처분 등은 민사상의 법률행위와는 다른 특수한 효력(집행력·공정력 등)이 인정되기 때문에, 적절한 가구제가 인정되지 않을 경우 처분 등이 집행되어 상대방의 태도나 사물의 상태에 변동을 가져와 원상회복이 불가능한 상태가 형성되는 등으로 행정구제가 공동화될 우려가 있다.[1] 여기에서 행정소송이 흠(하자) 있는 행정작용에 대한 권리구제제도로서의 기능을 다하기 위하여서는 본안판결이 있기까지 응급적이고 잠정적인 권익구제수단으로서 가구제제도가 필요하다 하겠다.

(나) 성질 (a) 집행정지는 본안판결이 확정될 때까지 임시의 지위를 정하는 잠정적 처분이므로, 본안소송과는 달리, ① 잠정성, ② 긴급성 및 ③ 본안소송에의 부종성이라는 세 가지 특성을 가진다.[2]

(b) 집행정지는 사법절차에 의한 구제조치의 일종이며, 사법절차에는 본안에 대한 재판절차뿐만 아니라 그에 부수되는 가구제절차가 당연히 포함된다 할 것이므로 사법작용으로 보아야 한다.[3]

(c) 집행정지는 다툼이 있는 공법상의 권리관계에 대하여 적극적으로 임시적 지위를 정하는 것이 아니고 오직 소극적으로 이미 행하여진 처분 등의 효력이나 그 집행 또는 절차의 속행을 정지시키는 현상유지적(maintenance of status quo ante)인 것에 그치는 소극적인 가처분적인 성질과 내용의 것이라 하겠다.

(다) 내용 집행정지에 의한 가구제는 그 범위가 한정된다. 행정소송법에

1) 이상규(상), p.851.
2) 이상규(상), p.852.
3) 今村成和, 行政法講座, 제 3 권, p.318 참조; 이상규(상), p.854; 김도창(상), p.794.

의한 집행정지는 처분 등의 효력이나 그 집행 또는 절차의 속행의 정지라고 하는 소극적 형성을 내용으로 하며, 오직 침해적 행정활동에 대한 보전처분으로서의 기능을 가진다. 그것은 민사소송법상의 가처분과 같이 광범한 가의 보호를 가능하게 하는 것이 아니어서, 수익처분을 행할 것을 행정청에 명하거나 명한 것과 동일한 상태를 창출하는 기능 또는 행하여지려고 하는 침해적 처분을 정지시키는 기능을 수행할 수는 없다.[1)] 이와 같이 현행법상 가구제의 범위가 한정되어 있는 것은 오늘날의 행정현실에 비추어 볼 때 커다란 문제점의 하나라고 할 것이다.

(2) 집행정지의 요건 행정소송법 제23조에 의한 집행정지의 요건은 크게 적극적 요건과 소극적 요건으로 나눌 수 있다. 적극적 요건은 법원이 집행정지결정을 하기 위하여 적극적으로 존재할 것이 요구되는 요건을 말하며, ① 정지대상인 처분 등이 존재하여야 하고, ② 본안소송이 계속중이라야 하며, ③ 회복하기 어려운 손해발생의 우려가 있어야 하고, ④ 긴급한 필요가 있어야 한다.

소극적 요건은 집행정지결정을 하기 위하여 존재하여서는 아니되는 요건을 말하며 공공복리에 중대한 영향을 미칠 우려가 없어야 한다.

㈎ 정지대상인 처분 등의 존재 집행정지의 대상은 ① 처분 등의 효력, ② 처분 등의 집행 또는 ③ 절차의 속행이다. 집행의 정지, 절차의 속행의 정지 등 다른 정지방법에 의하여 그 목적을 달성할 수 있는 경우에는 구태여 효력까지 정지시킬 필요는 없다 할 것이므로, 처분의 효력정지는 허용되지 않는다(동 23② 단서).

현행 행정소송법상의 집행정지는 종전의 상태(처분 전의 상태), 즉 원상을 회복하여 유지시키는 소극적인 것이며, 종전의 상태를 변경시키는 적극적인 조치로 활용될 수 없다. 따라서 집행정지는 ① 처분 전, ② 부작위 또는 ③ 처분소멸 후에는 회복시킬 대상이 없으므로 허용하지 아니한다. 그리하여 집행정지가 허용될 수 있는 본안소송은 취소소송과 무효등확인소송이며, 부작위위법확인소송은 제외된다. 그리고 비록 취소소송이라 하더라도 수익처분의 신청거부처분취소소송(예: 건축허가 신청거부처분)과 같이 회복시킬 원상이 없는 경우에는 집행정지는 인정되지 않는다고 할 것이다.[2)]

1) 85 프 4(1985.7.30 대결)—행정소송법 제10조에 규정된 소위 가처분은 이미 존재하고 있는 처분의 집행정지를 구하는 것이지 새로운 처분을 요구할 수 있는 것은 아니다.

2) 신청에 대한 거부처분의 효력을 정지하더라도 거부처분이 없었던 것과 같은 상태, 즉 거부처분이 있기 전의 신청시의 상태로 되돌아가는 데에 불과하고 행정청에게 신청에 따른 처분을 하여야 할 의무가 생기는 것이 아니므로, 거부처분의 효력정지는 그 거부처분으로 인하여 신청인에게 생길 손해를 방지하는 데 아무런 보탬이 되지 아니하여 그 효력정지를 구할 이익이 없다(대법원 1995. 6. 21. 95 두 26 점검필증교부거부처분효력정지).

여기에서 현행법상의 집행정지제도는 커다란 한계가 있음을 알 수 있다. 특히 인허가갱신신청거부처분의 경우에는 심각한 문제가 생긴다. 그것은 그 경우에는 결국 가구제가 없는 것이 되며, 본안판결시까지는 항상 종전의 영업 등을 중단하여야 하기 때문이다.

여기에서 우리 고등법원의 판례 중에서는 위와 같은 일반적 입장을 시인하면서도 구체적 사안에 대하여 개별적으로 판단하여 거부처분에 대한 집행정지신청을 인정한 것도 있다(91 부 45(1991.10.10 서울고판)—투전기업소갱신불허처분효력정지결정).

그러나 우리 대법원은 투전기업소갱신신청을 거부한 불허가처분의 효력을 정지하더라도 이로 인하여 신청인에게 허가의 효력이 회복되는 것은 아니므로 불허처분의 효력정지로서는 신청인이 입게 될 손해를 피하는 데 아무런 보탬이 되지 아니하여 그 불허가처분의 효력정지를 구할 법률상 이익이 없다고 하여 허가갱신거부처분에 대한 집행정지를 인정하지 아니하였다(대법원 1992.2.13. 91 두 47 투전기업소갱신허가불허처분효력정지).

그런데 또한 서울행정법원은 응시자격이 없다는 이유로 한약사 국가시험응시원서를 반려한 처분(거부처분)의 취소소송에서 집행정지결정을 하였다. 즉, 서울행정법원은 「본안에서 반려처분의 적법성이 부정될 개연성을 배제할 수 없는데, 반려처분의 효력이 시험 시행시까지 유지된다면 신청인들의 응시기회가 부당하게 박탈될 수 있으므로 반려처분의 효력을 정지한다」(2000 아 120 (2000.2.18 서울행법결))고 하여 정지결정을 한 바 있다. 다만 이 사례도 편법적인 사태해결이라는 비판을 받을 수 있으므로 근본적으로는 입법적인 해결이 있어야 할 것이다.[1)]

(나) 본안소송의 계속 집행정지는, 민사소송법상의 가처분이 본안소송제기전에 보전수단으로서 신청될 수 있는 것과는 달리, 본안소송이 법원에 계속되어 있을 것을 요건으로 한다.

> 「행정처분에 대한 집행정지는 취소소송 또는 무효확인소송 등 본안소송이 제기되어 계속중에 있음을 그 요건으로 한다」(대법원 2007.6.15. 2006 무 89 집행정지).
> 「집행정지결정을 한 후에라도 본안소송이 취하되어 소송이 계속하지 아니한 것으로 되면, 집행정지결정은 당연히 그 효력이 소멸되는 것이고 별도의 취소조치를 필요로 하는 것이 아니다」(대법원 2007.6.28. 2005 무 75 집행정지).

그러나 집행정지신청시에 본안소송이 제기되어 있지 않았더라도 집행정지결정시까지 본안소송이 제기되면 정지신청은 적법한 것으로 보아야 할 것

1) 이재홍, 서울행정법원 부장판사, 행정재판실무편람, p.85 참조.

이다.[1])

(다) 회복하기 어려운 손해발생의 우려 (a) 회복하기 어려운 손해를 예방하기 위하여 필요한 경우에만 인정된다. 이 점에서 보더라도 현행법상의 가구제제도는 침해적 행정작용(복효적 행정행위의 경우는 예외)에 대하여서만 인정되는 것임을 알 수 있다.

(b) 「회복하기 어려운 손해」는 사회통념상 금전배상이나 원상회복이 어렵다고 인정되는 손해를 가리킨다고 할 것이다.

> 「'회복하기 어려운 손해'라 함은 특별한 사정이 없는 한 금전으로 보상할 수 없는 손해로서 이는 금전보상이 불능인 경우 내지는 금전보상으로는 사회관념상 행정처분을 받은 당사자가 참고 견딜 수 없거나 또는 참고 견디기가 현저히 곤란한 경우의 유형, 무형의 손해를 일컫는다 할 것이다」(대법원 2004. 5. 17. 2004 무 6 집행정지).

판례상 회복하기 어렵다고 판시한 사례로는, ① 과징금납부명령의 처분은 사업자의 자금사정이나 경영 전반에 미치는 파급효과가 매우 중대한 경우(대법원 2001. 10. 10. 2001 무 29 효력정지), ② 토석채취허가취소처분의 효력이 정지되지 아니한 채 본안소송이 진행됨으로써 막대한 자본 등을 투자하고도 거래선으로부터의 납품계약해제, 신용실추 등으로 입게 될 손해(대법원 1994. 10. 11. 94 두 35 토석채취허가취소처분효력정지), ③ 상고심에 계속중인 형사피고인을 안양교도소로부터 진주교도소로 이송함으로써 받은 손해(대법원 1992. 8. 7. 92 두 30 이송처분효력정지), ④ 현역병입영처분으로 특례보충역으로 방위산업체에 종사하던 신청인이 입영하여 다시 현역병으로 복무하지 않을 수 없어 병역의무를 중복하여 이행하게 되는 경우(대법원 1992. 4. 29. 92 두 7 현역병입영처분집행정지), 반면, 회복하기 어려운 손해에 해당되지 않는다는 사례는, ① 건설업면허취소처분으로 회사가 이미 수주받아 시공중인 공사들을 중단하고 그에 따른 손해배상책임까지 부담하게 되는 등 그 존립조차 위태로울 정도로 막대한 재산상 손실을 입게 됨은 물론 대외적인 신용 내지 명예도 실추된다는 사정(대법원 1995. 3. 30. 94 두 57 건설업면허취소처분효력정지), ② 자동차운송사업면허 취소처분으로 운송사업자의 경영정상화 노력이 수포로 돌아가게 되고, 대외적인 신용의 하락 및 사업면허의 반납으로 보유하여 온 차량들을 헐값에 처분하거나 폐차할 수밖에 없어 근로자나 그 가족들의 생계까지 위협받게 되는 결과가 초래될 수 있는 경우(대법원 1994. 9. 24. 94 두 42 자동차운송사업면허취소처분효력정지)를 볼 수 있다.

(라) 긴급한 필요의 존재 (a) 집행정지는, 손해발생가능성이 절박하여, 본안판결을 기다릴 만한 시간적 여유가 없는 경우에만 허용될 수 있다.

(b) 위에서 본 「회복하기 어려운 손해의 예방」과 여기에서의 「긴급한 필요의 존재」 여부는, 각각 개별적으로 판단할 것이 아니라, 앞의 요건이 충족되

1) 정태웅, 행정처분의 집행정지, 사법논집, 제 5 집, p. 556.

면 뒤의 요건도 충족되는 것으로 보아, 합일적·포괄적으로 판단하여야 할 것이다.[1)]

(마) **공공복리에 중대한 영향을 미칠 우려가 없을 때** 집행정지가 공공복리에 중대한 영향을 미칠 우려가 있고, 그것이 신청인이 입을 우려가 있는 손해를 희생시켜서라도 옹호할 만한 것이라고 인정되는 것인 때에는 집행정지는 할 수 없다.

> 「집행정지의 장애사유로서의 '공공복리에 중대한 영향을 미칠 우려'라 함은 일반적·추상적인 공익에 대한 침해의 가능성이 아니라 당해 처분의 집행과 관련된 구체적·개별적인 공익에 중대한 해를 입힐 개연성을 말하는 것으로서, 이러한 집행정지의 소극적 요건에 대한 주장·소명책임은 행정청에게 있다」(대법원 2004. 5. 17. 2004 무 6 집행정지).

(바) **'본안청구'가 이유 없음이 명백하지 아니할 것'의 문제** 본안청구가 이유 없음이 명백하지 아니할 것이 집행정지의 요건이 될 것인지에 관하여 학설상 견해의 대립이 있다. ① 제 1 설은 '본안청구가 이유 없음이 명백하지 아니할 것'은 집행정지의 요건이 아니라는 견해로 우리나라의 다수설이다.[2)] 제 1 설의 논거는 집행정지는 임시적 보전절차이므로 집행정지의 단계에서 본안에 관한 이유의 유무를 따지는 것은 허용될 수 없다는 것이다. ② 제 2 설은 '본안청구가 이유 없음이 명백하지 아니할 것'을 집행정지의 소극적 요건으로 보는 견해이다. 제 2 설의 논거는 본안에서 승소할 가망이 전혀 없는 데도 불구하고 집행정지신청을 인용하는 것은 집행정지제도의 취지에 어긋난다는 것이다.[3)] 최근의 판례도 제 2 설을 취하고 있다.[4)]

(3) **집행정지의 절차** ① 당사자의 신청 또는 직권에 의하되 결정의 재판에 의한다(동 23② 본문). 신청인은 그 신청의 이유에 대하여 소명하여야 한다(동 23④).

② 이 경우 신청인이 소명하여야 할 사항은 집행정지의 적극적 요건에 관한 것이고, 공공복리에의 중대한 영향 및 본안청구의 이유 없음이라는 소극적 요건은 그 성질상 피신청인인 행정청이 소명하여야 할 것이다.

(4) **집행정지결정의 대상** 집행정지의 대상은 처분의 효력, 그 집행 또

---

1) 김도창(상), pp.796, 797; 김성룡, 행정처분의 집행정지, 재판자료(법원행정처발행), 제13집 참조.

2) 김남진·김연태(Ⅰ), p.713; 박균성(상), p.1023.

3) 최광률, 집행정지의 요건과 본안이유와의 관계—대법 1968. 8. 11, 고지 86 두 9 결정—행정판례연구, 제 1 집(한국행정판례연구회 편저), 1992, p.195.

4) 본안에서 원고가 승소할 수 있는 가능성을 전제로 한 권리보호수단이라는 점에 비추어 보면 집행정지사건 자체에 의하여도 신청인의 본안청구가 적법한 것이어야 한다는 것을 집행정지의 요건에 포함시켜야 한다(대법원 1999. 11. 26. 99 부 3 집행정지).

는 그 절차의 속행이다(동 23①).

(5) 집행정지의 효력　집행정지결정은 그 내용에 따라 처분의 효력, 집행 또는 절차의 속행의 전부나 일부를 정지시키는 효력을 발생한다.

(가) 형성력　(a) 처분등의 효력정지는 공정력을 바탕으로 한 당해 처분 등의 구속력을 일응 정지시킴으로써 당해 처분 등이 없었던 것과 같은 상태를 실현시키는 것이므로 그 범위 안에서 형성력(소극적 형성력)을 가지는 것이라고 할 수 있다. 그리하여 처분 등의 효력의 집행정지결정이 있는 때에는 그 결정 이후 동처분의 발효를 전제로 하는 모든 행정처분은 허용되지 아니하며, 설령 그러한 처분이 있었다고 하더라도 그 처분은 중대하고 명백한 흠을 띠게 되어 무효가 된다(같은 취지: 4294 행상 3 (1961.11.23 대판)).

(b) 처분의 효력정지는 처분에 의하여 생긴 법률관계를 처분 이전의 상태로 되돌아가게 하는 것을 의미하지만 그 효과는 기왕에 소급하지 않고 장래에 대하여서만 효력을 가지는 것이기 때문에 그 때까지 행하여진 법률관계에는 영향을 미칠 수 없다. 예컨대 귀속재산의 불하처분으로 그 재산을 매수하여 소유권이전등기까지 완료한 자는 그 후 위 불하처분에 대한 집행정지결정이 있었다 하더라도 그 소유권취득에는 영향을 받지 아니한다(같은 취지: 4290 민상 623 (1957.11.14 대판)).

(나) 대인적 효력　(a) 집행정지결정의 효력이 당사자, 즉 신청인과 피신청인에 미친다는 것은 당연한 일이나, 판결의 효력에 준하여 관계 행정청(동 23⑥) 및 제 3 자(동 29②)에 대하여도 효력이 미친다(같은 취지: 4288 민상 132 (1955.7.12 대판)).

(b) 당사자인 행정청 이외의 관계 행정청에 대하여 집행정지결정의 효력이 미치는 것은 행정소송에서의 실질적인 피고는 행정주체인 국가 또는 지방자치단체라는 점에서 당연한 것이라 하겠다.

(c) 제 3 자에게 미친다는 것은 집행정지결정을 신청한 자가 아닌 자에 대하여 미친다는 뜻으로, 예컨대 복효적 행정행위에 있어서 수익적 처분(예: 건축허가)의 직접상대방이 아닌 자(예: 인인)가 처분의 취소소송을 제기하고 집행정지신청을 하여 결정을 받은 경우, 그 효력이 직접상대방인 수익자에게 미친다는 것이다.

(다) 시간적 효력

「집행정지결정의 효력은 결정 주문에서 정한 시기까지 존속하며, 그 시기의 도래와 동시에 효력이 당연히 소멸한다」(대법원 2007. 11. 30. 2006 무 14 행정처분효력정지). 그러므로 「법원이 집행정지결정을 하면서 주문에서 당해 법원에 계속중인 본안소송의 판결선고시까지 처분의 효력을 정지한다고 선언하였을 경우에는, 당초 처분에서 정한 업무정지기간의 진행은 그때까지 저지되다가 본안소송의 판결선고에 의하여 위 정지결정의 효력이 소멸함과 동시에 당초 처분의 효력이 당연히 부활되어 그 처분에서 정하였던 정지기간(정지결정 당시 이미 일부 진행되었다면 나머지 기간)은 이때부터 다시 진행한다」(대법원 2005. 6. 10. 2005 두 1190 업무정지처분취소; 대법원 2004. 11. 25. 2004 두 9012).

(6) **집행정지결정에 대한 불복** 집행정지결정 또는 기각결정에 대하여는 즉시항고를 할 수 있다. 집행정지결정에 대한 즉시항고에는 결정의 집행을 정지하는 효력이 없다(동 23⑤). 복효적 행정행위에 있어서는 집행정지결정에 대한 즉시항고는 집행정지결정으로 불이익을 받은 자의 대항수단이 된다.

(7) **집행정지결정의 취소** 집행정지의 결정이 확정된 후 집행정지가 공공복리에 중대한 영향을 미치거나 그 정지사유가 없어진 때에는 당사자의 신청 또는 직권에 의하여 결정으로써 집행정지의 결정을 취소할 수 있다(동 24①). 이 취소신청은 그 사유를 소명하여야 한다(동 24②). 집행정지결정의 취소결정에 대하여도 즉시항고를 할 수 있다(동 24②). 「집행정지 결정의 취소사유는 특별한 사정이 없는 한 집행정지 결정이 확정된 이후에 발생한 것이어야 한다」(대법원 2005. 7. 15. 2005 무 16 집행정지취소).

(8) **취소판결의 선고와 행정처분의 집행정지와의 관계** 행정처분의 취소판결이 선고되더라도 상소 등으로 그것이 확정되기 전에는 행정처분의 효력이 정지되지 아니한다. 그러나 처분의 적법 여부에 대한 심리를 한 후 처분이 위법하다고 하여 취소판결을 하는 경우에는 당해 처분의 집행정지요건에 대한 입증도 행하여졌다고 할 것이다. 따라서 취소판결을 하면서 행정처분의 효력을 유지시키는 것은 취소판결의 성질에 반한다고 할 것이다. 비록 우리 행정소송법은 집행부정지의 원칙을 채택하고 있으나, 취소판결이 선고된 경우에는 그것의 확정 전이라도 집행정지결정이 있는 것으로 보도록 행정소송법을 개정하여야 할 것이다.

3. 假處分

(1) **개설** 위에서 본 집행정지결정은 그 범위에 있어서 가구제로서는 일정한 한계가 있다. 특히 그것은 민사소송법상의 가처분(einstweilige Verfüung)과 같이 광범한 가의 보호를 가능하게 하는 것이 아니고 처분 등을 전제로 하여 그 효력 등을 정지시키는 소극적 형성을 내용으로 하여 침해적 행정활동에 대한 보전처분으로서의 기능을 가진다. 그러나 적극적으로 수익처분을 행할 것을 행정청에 명하거나 명한 것과 동일한 상태를 창출하는 기능 또는 행하여지려고 하는 침해적 처분을 정지시키는 기능을 수행할 수는 없다.

여기에서 민사소송법상의 가처분을 행정소송에도 준용하여 행정소송법상의 가구제제도인 집행정지결정이 갖는 한계를 보충할 수 있는지가 논의되고 있는 가구제제도인 집행정지결정이 갖는 한계를 보충할 수 있는지가 논의되고 있다.

(2) 가처분의 가능성

(가) 소극설　(a) 소극설은 그 논거를 권력분립에서 오는 사법권의 한계와, 집행정지결정에 관한 우리 행정소송법의 규정(23·24)은 민사소송법의 가처분에 관한 규정을 배제하는 특별규정이라는 데서 찾는다.

(b) 제도적으로 우리 행정소송법 제23조의 규정은 행정소송에 있어서의 가구제에 관한 민사소송법상의 가처분을 배제한 특별규정으로 보아야 하며, 따라서 행정소송에 있어서의 가구제에 대하여는 행정소송법에 「특별한 규정」이 있으므로 동법 제 8 조 제 2 항의 규정에 의하여 민사소송법의 가처분에 관한 규정은 행정소송에는 준용될 수 없다고 한다.[1]

(나) 적극설　(a) 이론적으로 우리 헌법 제27조 제 1 항이 보장하는 재판을 받을 권리는 형식적인 소권의 보장에 그치는 것이 아니라 사법권에 의한 실효성 있는 권리보호의 보장을 내용으로 하는 것임에 비추어 행정소송에 있어서 가처분의 타당성을 부정할 까닭이 없는 일이라고 한다.[2]

(b) 제도적으로 우리 행정소송법의 해석상 가처분을 배제하는 「특별한 규정」이 없으므로 행정소송법 제 8 조 제 2 항에 의하여 당연히 가처분에 대한 민사소송법의 규정이 행정소송에 적용되어야 한다고 한다.[3]

(다) 제한적 긍정설　행정소송법이 처분 등의 집행정지제도를 두고 있는 관계상 처분 등의 집행정지제도가 미치지 않는 범위 내에서만 가처분제도가 인정된다고 한다.[4]

(라) 판례　판례는 부정설을 취하고 있다.

> 「민사소송법상의 보전처분은 민사판결절차에 의하여 보호받을 수 있는 권리에 관한 것이므로, 민사소송법상의 가처분으로써 행정청의 어떠한 행정행위의 금지를 구하는 것은 허용될 수 없다」(대법원 1992. 7. 6. 92 마 54 공유수면매립면허권가처분).[5]

1) 박균성(상), p. 1027.
2) 이상규(상), p. 860.
3) 김남진 · 이명구, 행정법연습, p. 333.
4) 김남진 · 김연태(Ⅰ), p. 718; 홍정선(상), p. 913.
5) 채권자가, 채무자와 제 3 채무자(국가)를 상대로 채무자의 공유수면매립면허권에 관하여, "채무자는 이에 대한 일체의 처분행위를 하여서는 아니되며, 제 3 채무자는 위 면허권에 관하여 채무자의 신청에 따라 명의개서 기타 일체의 변경절차를 하여서는 아니된다."는 요지의 내용을 신청취지로 하여 가처분신청을 한 데 대하여, 원심이, 채무자에 대한 신청부분은 인용하면서도, 제 3 채무자에 대한 부분에 대하여는, 위 신청취지를 채무자가 면허권을 타에 양도할 경우 면허관청으로 하여금 그 양도에 따른 인가를 금지하도록 명해 달라는 뜻으로 풀이한 후, 이 부

(마) 결언 (a) 행정소송이나 이에 따르는 가구제가 우리 헌법상 사법작용에 속하는 것은 당연하다. 그러나 행정소송법 제23조에 의한 집행정지는 그것이 가구제의 하나이기는 하지만 민사소송법상의 가처분과는 ① 정지요건을 달리하고, ② 본안소송의 계속중에만 가능하며, ③ 보전조치의 내용이, 집행정지라는 소극적인 현상동결에 그칠 뿐, 적극적으로 계쟁권리관계에 대한 어떤「임시의 지위를 정하는 내용」의 보전조치는 아니며, ④ 법원의 직권으로 가능한 점에서 차이가 있다.[1)]

이와 같이 행정소송법이 민사소송법의 가처분과는 다른 가구제제도를 마련한 것은 사법관계에서는 사인상호간의 사권보전을 목적으로 하여 비교적 용이하게 인정될 수 있으나, 행정소송에서는 공익과의 관련성 때문에 그대로 적용할 수 없다는 입장에서 민사소송법상의 가처분을 배제하고「특별한 규정」을 둔 것으로 볼 수 있다. 그러므로 가처분에 관한 민사소송법상의 규정은 행정소송에는 적용되지 않는다고 할 것이다.

(b) 취소소송의 경우에는 가처분에 관한 민사소송법의 규정이 준용되지 않는다고 할 것이나, 무효확인소송의 경우에도 가처분에 관한 규정의 적용이 배제될 것인지가 문제된다.

가처분배제의 기준은 가의 조치를 구하는 대상이 되는 행위의 성질이 행정청의 처분 기타 공권력의 행사에 해당하는 행위인가의 여부에 있다고 할 것인바, 무효확인소송도 행정청의 행정처분을 그 대상으로 한다는 점에서 취소소송과 그 본질을 같이하며, 따라서 가처분에 관한 규정의 적용이 배제된다고 하겠다.

그리하여 무효확인소송을 본안으로 하는 행정소송에 있어서도 행정처분의 효력의 제지는 행정소송법 제23조에 의한 집행정지결정만으로 행할 수 있다고 할 것이다.

제 7 목 行政審判과 行政訴訟과의 관계(例外的 行政審判前置主義)

I. 概 說

1. 意 義

1998년 3월 1일부터 시행된 개정 행정소송법(1994.7.27 법률 4770호) 제18조 제 1 항은

분 신청은 허용될 수 없다고 한 조치를 수긍한 사례(대법원 1992.7.6. 92 마 54 공유수면매립면허권가처분).

1) 김도창(상), p.794.

「취소소송은 법령의 규정에 의하여 당해 처분에 대한 행정심판을 제기할 수 있는 경우에도 이를 거치지 아니하고 제기할 수 있다. 다만 법률에 당해 처분에 대한 행정심판의 재결을 거치지 아니하면 취소소송을 제기할 수 없다는 규정이 있는 때에는 그러하지 아니하다」고 하여, 원칙적으로 임의적 선택주의를 채택하고, 예외적으로 각 개별법률에서 정하는 경우에만 행정심판전치주의를 채택하였다. 행정심판과 행정소송은 기본적 성격을 달리하는 제도로 양자의 관계를 어떻게 정할 것인가는 그 나라의 입법정책의 문제로서, 전치주의를 취한 국가도 있고(독일연방행정재판소법 68 이하, 프랑스 1956. 6. 7 법 1, 영·미도 doctrine of exhaustion of administrative remedy를 취한다), 전치 여부를 제기권자가 자유로이 결정하게 하는 선택주의를 취한 국가도 있다(일본행정사건소송법).[1]

2. 行政審判前置主義의 存置 여부에 관한 논의

(1) 헌법과 행정심판전치주의 과거에 우리 헌법은 행정심판에 관한 규정을 두지 아니하였으나, 1980년 10월 27일의 개정헌법은 제108조 제 3 항에서 「재판의 전심절차로서 행정심판을 할 수 있다. 행정심판의 절차는 법률로 정하되, 사법절차가 준용되어야 한다」고 규정하여, 처음으로 행정심판에 관한 규정을 두었고, 현행 헌법에서도 이를 유지하고 있다(107 ③).[2] 헌법이 행정심판을 재판의 「전심절차」로 규정하고 있는 것은, ① 행정심판이 「헌법과 법률에 의한 재판을 받을 권리를 침해하는 것으로 위헌」이라는 견해도 있어[3] 행정심판에 대한 헌법적 근거를 부여하고, ② 우리나라가 사법국가주의를 취하여 행정사건도 사법법원에서 재판한다는 것을 전제로 하여 행정소송을 제기할 때에는 반드시 먼저 행정심판을 전치시켜야 한다는 것을 규정한 것으로는 볼 수 없다고 할 것이다. 심판전치주의를 취한 것인지, 아니면 전치 여부를 제기권자가 자유로이 선택하게 할 것인지는 입법정책의 문제라고 생각된다.

(2) 행정심판전치주의의 존폐론

(가) 존치론과 폐지론의 논거 존치론의 주장은 ① 행정기관의 전문지식을 활용할 수 있으며, ② 법원의 부담을 경감하고, ③ 시간 · 비용 등을 절감할 수 있다는 것 등을 들며, 폐지론의 주장은 ① 행정청의 위법 · 부당한 행위로 피해를 받은 국민에게 다시 행정청의 심사를 받으라고 강제하는 것은 민주주의이념

1) 이관희, 소원전치주의에 관한 연구(박사학위론문), 고려대학교대학원, 1984, p.27 이하.
2) 이 규정은 여러 가지 결함으로 권리구제기능을 다하지 못하던 당시까지의 소원제도를 개선하여 사법절차가 준용되도록 하기 위하여 헌법개정심의위원회위원이신 윤세창 교수의 주장에 의하여 헌법에 규정되기에 이른 것으로 알려지고 있다.
3) 김철수, 헌법학개론, 박영사, 1983, p.480 참조.

상 비논리적이며, ② 헌법적으로 볼 때 재판청구권을 부당하게 제한하는 것이 되는바, 특히 집행부정지의 원칙과 관련하여 그러하고, ③ 행정심판전치주의는 행정의 관료성·권위성의 표현이라 할 것인바, 행정의 민주화를 위하여는 일반적 행정심판전치주의는 폐지되어야 한다는 것이다.

㈏ 판례

① 대법원

「행정청의 위법한 처분의 취소, 변경, 기타 공법상의 권리관계에 관한 소송인 행정소송에 있어서 실질적으로 초심적 기능을 하고 있는 행정심판전치주의는 행정행위의 특수성, 전문성 등에 비추어 처분행정청으로 하여금 스스로 재고, 시정할 수 있는 기회를 부여함에 그 뜻이 있는 것이다」(대법원 1994. 11. 22. 93 누 11050 현역병입영처분취소).

② 헌법재판소

「첫째, 행정심판절차는 통상의 소송절차에 비하여 간편한 절차를 통하여 시간과 비용을 절약하면서 신속하고 효율적인 권리구제를 꾀할 수 있다는 장점이 있다. 궁극적으로 행정심판은 국민의 이익을 위한 것이고, 사전절차를 통하여 원칙적으로 권리구제가 약화되는 것이 아니라 강화되는 것이다. 둘째, 법원의 입장에서 보더라도, 행정심판전치주의를 취하는 경우에는 행정심판절차에서 심판청구인의 목적이 달성됨으로써 행정소송의 단계에 이르지 아니하는 경우가 많을 뿐 아니라, 그렇지 아니하는 경우에도 행정심판을 거침으로써 사실상·법률상의 쟁점이 많이 정리되기 때문에 행정소송의 심리를 위한 부담이 경감되는 효과가 있다」(헌법재판소 2002. 10. 31. 2001 헌바 40 도로교통법제101조의3위헌소원).[1)]

㈐ 결언 생각건대 행정처분으로 인하여 권익을 침해당한 개인의 입장에서만 보면 행정심판도 스스로의 권리구제를 위하여 제기하는 것이라면 행정심판의 전치여부는 제기하는 자가 자유로이 선택하도록 하는 것이 논리적으로 맞다고 할 것이다. 그러나 위법·부당한 행정처분으로 인하여 침해된 권리의 구제제도를 어떻게 편성할 것인가는 논리적으로만 정할 수 있는 사항은 아니며 다른 나라의 입법례도 참고로 하고 전치주의의 장·단점을 고려하여 입법정책으로 결정할 사항이라고 할 것이다. 그렇다면 행정심판제도(절차)를 사법절차에 준하도록 개선하여 행정심판이 국민의 권리구제 기능을 제대로 담당할 수 있게 한다면 그 단점은 보완된다고 할 것이고 행정심판전치주의는 그 존재이유를 갖는다고

1) 특히 도로교통법 제101조의3과 관련하여 행정심판 전치주의를 정당화하는 합리적인 이유를 살펴본다면, 교통관련 행정처분의 적법성 여부에 관하여 판단하는 경우, 전문성과 기술성이 요구되므로, 법원으로 하여금 행정기관의 전문성을 활용케 할 필요가 있으며, 도로교통법에 의한 운전면허취소처분은 대량적·반복적으로 행해지는 처분이라는 점에서도 행정심판에 의하여 행정의 통일성을 확보할 필요성이 인정된다(헌법재판소 2002. 10. 31. 2001 헌바 40 도로교통법 제101조의 3 위헌소원).

할 것이다. 사법국가주의를 자랑하는 영미국가에서도 제 3 기관인 행정심판소(administrative tribunal)에 의한 행정심판제도가 점차 확대되고 있는 것은 이러한 사정에서라고 하겠다.

Ⅱ. 任意的 選擇主義, 例外的 行政審判前置主義(임의적전치주의)

1. 개 설

(1) 행정소송법은 행정심판과 취소소송을 제기함에 있어 먼저 행정심판을 거칠 것인지의 여부를 당사자의 임의적 선택에 맡겼다. 그러나 행정소송법은 예외적으로 행정심판전치주의를 채택하여 「다만 다른 법률에 당해 처분에 대한 행정심판의 재결을 거치지 아니하면 취소소송을 제기할 수 없다는 규정이 있는 때에는 그러하지 아니하다」고 규정하여(동 18① 단서), 다른 법률에서 정한 경우에는 먼저 행정심판을 거쳐 행정소송을 제기하도록 하였다. 따라서 어느 범위에서 행정심판전치주의가 채택될 것인지는 다른 법률의 규정에 매여 있다고 할 것이다. 그러나 행정소송법이 임의적선택주의를 채택한 취지에서 볼 때 다른 법률에서 행정심판전치주의를 채택하는 데는 일정한 한계가 있다고 할 것이다.

(2) 현재까지 예외적으로 다른 법률에서 행정심판전치주의를 채택하고 있는 경우는, 공무원 인사사건 관계사건, 조세관계사건, 전문기술성 관계사건 그리고 각 개별법에서 원처분주의에 대한 예외로서 재결주의를 채택하고 있는 경우 등이다.

구체적으로 보면, ① 국가공무원법 제16조(행정소송과의 관계), 지방공무원법 제20조의2, 군무원인사법 제35조의2(이상 공무원 인사관계법), ② 국세기본법 제56조(다른 법률과의 관계), 관세법 제120조(행정소송등과의 관계), 지방자치법 제140조(사용료 등의 부과·징수, 이의신청)(이상조세 관계), ③ 선박안전법 제72조(재검사 등), 특허법 제186조 제 1 항, 실용신안법 제31조, 상표법 제86조 제 2 항, 광업법 제95조(행정심판법의 준용)(이상 전문기술성 관계법).

2. 例外的 行政審判前置主義의 적용범위

(1) **행정심판전치주의의 적용대상인 행정소송** 행정소송법(18① 단서)은 취소소송에 대하여 예외적으로 행정심판전치주의를 채택하고, 같은 항고소송의 하나인 부작위위법확인소송에 이를 준용하고 있다(38②). 항고소송 중 무효확인소송에 대하여는 적용되지 아니한다(동 38①).

그리하여 각 개별법률에서 취소소송에 대하여 행정심판전치주의를 채택하고 있는 법률에서는 부작위위법확인소송에 대하여도 적용됨을 규정하고 있다(예컨대 국가공무원법 제16조에서는 전치주의가 적용되는 소송으로 「부작위에 관한 행정소송」을 규정하고 있는바, 우리 행정소송제도상 그것은 부작위위법확인소송을 지칭하는 것이 분명하다고 할 것이다).

(2) **무효선언을 구하는 취소소송** 처분의 무효선언을 구하는 뜻에서의 취소소송에 대하여 전치주의가 적용될 것인지에 대하여서는 적극설과 소극설이 대립되고 있다.

㈎ **적극설** 비록 무효선언을 구한 뜻에서라고 하더라도 그 소송의 형식이 취소소송이라면 행정소송법상 취소소송에 대하여 요구되는 여러 가지 제기요건이 적용되어야 할 것이므로, 행정심판전치주의도 적용되어야 할 것이라고 한다. 통설・판례(대법원 1990.8.28. 90 누 1892 부가가치세부과처분취소; 대법원 1976.2.24. 75 누 128 전원합의체판결 갑종배당소득세과세처분취소)의 입장이다.

㈏ **소극설** 무효인 행정행위의 무효선언의 뜻에 취소를 구하는 취소소송은 그 형식이 취소소송일 뿐, 그 소송으로 구하는 판결은 당해 행정행위가 무효임을 확인하는 무효확인소송이며, 무효인 행정행위는 행정쟁송을 기다릴 것도 없이 당연히 무효이므로 전치절차가 적용될 필요가 없는 것이라고 한다.[1]

㈐ **결언** 소극설이 타당하다고 생각한다.

(3) **2 이상의 행정심판절차가 인정된 경우** 하나의 처분에 대하여 법령이 이의신청과 행정심판 등 2 이상의 행정심판절차를 규정한 경우에 그 모두를 거치지 않으면 행정소송을 제기할 수 없는지가 문제된다. 행정청에 반성의 기회를 한번 주면 행정심판전치주의의 취지는 달성되며(국세기본법은 종전에는 심사청구와 심판청구를 모두 거쳐야 행정소송을 제기할 수 있던 것을, 앞으로는 두 절차 중 하나만 거치면 행정소송을 제기할 수 있도록 하여납세자의 신속한 권리구제를 도모하였다), 또한 모든 절차를 거치게 하는 것은 소제기자에게 너무 큰 부담이 된다는 점에서 하나의 절차만 거치면 출소할 수 있다고 할 것이다.[2]

3. 前置要件

(1) **행정심판의 형식** 행정소송의 전치요건인 행정심판은 행정심판법(19②)에 규정한 사항을 기재한 서면으로 처분청 또는 위원회에 제출하여야 한다.

「행정심판청구는 엄격한 형식을 요하지 않는 서면행위로 해석되므로, 위법・부당한 행정처분으로 인하여 권리나 이익을 침해당한 자로부터 그 처분의 취소나 변경을 구하는 서면이 제출되었을 때에는 그 표제와 제출기관의 여하를 불문하고

1) 이상규(상), p.782; 김동희(I), p.654; 변재옥(I), p.647.

2) 산업재해보상보험법상의 보험급여처분에 대한 행정소송은 심사 및 재심사의 2단계 전심절차를 거친 연후에 제기하도록 되어 있으나, 제소당시에 비록 전치요건을 구비하지 못한 위법이 있다 하여도 사실심 변론종결당시까지 그 전치요건을 갖추었다면 그 흠결의 하자는 치유되었다고 볼 것이다(대법원 1987.9.22. 87 누 176 요양결정처분취소).

이를 행정소송법 제18조 소정의 행정심판청구로 보아야 하며, 심판청구인은 일반적으로 전문적 법률지식을 갖지 못하여 제출된 서면의 취지가 불명확한 경우가 적지 않을 것이나, 이러한 경우 행정청으로서는 그 서면을 가능한 한 제출자에게 이익이 되도록 해석하고 처리하여야 한다」(대법원 2007. 6. 1. 2005 두 11500 공장설립허가및제조시설설치승인처분취소).[1)]

(2) 행정심판의 적법성(행정심판의 제기 및 재결)

(가) 심판청구가 부적법하여 각하된 경우 전치할 행정심판은 적법하게 제기되어야 하고, 본안에 대한 재결을 받아야 하며, 행정심판의 제기가 부적법하여 요건심리의 결과 각하된 경우에는 행정심판전치의 요건을 충족하지 못한다.

(나) 부적법한 심판청구를 각하하지 않고 본안에 대한 재결을 한 경우

「행정처분의 취소를 구하는 항고소송의 전심절차인 행정심판청구가 기간도과로 인하여 부적법한 경우에는 행정소송 역시 전치의 요건을 충족치 못한 것이 되어 부적법 각하를 면치 못하는 것이고, 이 점은 행정청이 행정심판의 제기기간을 도과한 부적법한 심판에 대하여 그 부적법을 간과한 채 실질적 재결을 하였다 하더라도 달라지는 것이 아니다」(대법원 1991. 6. 25. 90 누 8091 초임호봉획정처분취소).

(다) 적법한 심판청구가 부적법한 것으로 각하된 경우

「행정심판청구가 부적법하지 않음에도 각하한 재결은 심판청구인의 실체심리를 받을 권리를 박탈한 것으로서 원처분에 없는 고유한 하자가 있는 경우에 해당하고, 따라서 위 재결은 취소소송의 대상이 된다」(대법원 2001. 7. 27. 99 두 2970 용화집단시설지구기본설계변경승인처분취소; 대법원 1990. 10. 12. 90 누 2383 법인세등부과처분취소).

(3) 행정심판과 행정소송의 관련도 행정심판의 청구인과 행정소송의 원고와의 사이에는 어느 정도의 관련성이 있어야 하며, 또한 양자는 청구원인 등에 있어 어느 정도로 관련되어야 행정심판전치의 요건이 충족되는지가 문제된다.

(가) 인적 관련 행정심판의 청구인과 행정소송의 원고와는 반드시 동일인일 것을 요하지 않는다. 즉, 행정심판전치의 근본취지는 행정행위에 대한 행정청의 재심사기회를 부여하려는 것이므로 공동소송의 경우에 공동소송인의 1인이

1) 한국교원대학교로부터 제명처분을 당한 원고의 어머니가 그 처분이 있음을 알고 원고를 대신하여 작성, 제출한 학사제명취소신청서에는 행정심판법 제19조 제 2 항 소정의 사항들을 구분하여 기재하고 있지 아니하고, 작성명의자도 '원고 어머니'라고 기재되어 있을 뿐 행정심판청구로서의 형식을 갖추고 있지는 않으나, 위 서면의 내용에서 계쟁처분의 내용과 심판청구의 취지 및 이유를 알아 볼 수가 있고 행정처분의 상대방인 원고의 이름과 학년, 학과를 기재하여 처분청인 피고(위 대학교 총장)에게 이를 제출하였다면, 청구인을 원고, 피청구인을 피고로 하여 원고의 어머니가 원고의 대리인으로서 심판청구를 하고 있다고 보아야 할 것이다(대법원 1990. 6. 8. 90 누 851 학사제명처분취소).

행정심판을 거쳤으면 다른 공동소송인은 직접 행정소송을 제기할 수 있다.[1] 또한 소송의 원고가 그 행정행위에 대한 관계에서 행정심판청구인과 동일한 지위에 있는 경우 또는 그 지위를 실질적으로 승계하고 있는 경우에도 원고자신은 행정심판을 거침이 없이 제소할 수 있다.

(나) 사물관련성　행정심판의 대상인 처분과 행정소송의 대상인 처분은 동일하여야 한다. 다만 뒤에서 보는 바와 같이 서로 내용상 관련되는 처분 또는 같은 목적을 위하여 단계적으로 진행되는 처분 중 어느 하나에 대하여 이미 행정심판의 재결을 거친 때에는 바로 행정소송을 제기할 수 있다(동 18③(2)).

(다) 주장사유의 공통성 여부　행정심판에서의 청구인의 주장사유와 행정소송에서의 원고의 주장사유가 동일하여야 하는지가 문제된다.

> 「전심절차에 있어서의 주장과 행정소송에 있어서의 주장이 전혀 별개의 것이 아닌 한 반드시 일치하여야 하는 것은 아니므로 전심절차에 있어서 주장하지 아니한 사항도 행정소송에서 주장할 수 있고 세액산출근거를 흠결한 납세고지처분이 위법하다는 주장 역시 다 같이 이건 과세처분의 위법사유의 하나로서, 전심절차에서 주장하지 아니하다가 본소에서 비로소 종전의 주장에 추가하였다 하여 그것이 전혀 별개의 주장이라고 할 수 없다」(대법원 1984. 5. 9. 84 누 116 물품세부과처분취소).

이 판례의 입장이 타당하다.

(4) 행정심판전치에 관한 흠의 치유(전치요건의 충족의 시기)　행정심판은 제기하였으나 그 재결이 있기 전에 제기된 소는 부적법한 것이나, 소가 각하되지 않고 있는 사이에 재결이 있으면 그 흠은 치유된다. 예컨대 판례는 행정심판을 제기하지 않고 직접 행정소송을 제기하였을 경우에 그 후 적법한 제기기간 내에 행정심판을 제기하였는데 그 행정심판에 대하여 60일이 경과하여도 재결이 없고, 그 기간 내에 소가 각하되지 않았을 경우에도 하자가 치유되어 적법한 소로서 처리되어야 한다(대법원 1987. 9. 22. 87 누 176 요양결정처분취소).

4. 例外的 行政審判主義에 대한 예외

예외적으로 채택된 행정심판주의라 하더라도 그것을 일률적으로 적용하는 경우에는 국민의 권리구제의 면에서 폐단이 있을 수 있으므로 여러 가지 예외를 인정하는 것이 보통이다.[2]

1) 동일한 행정처분에 의하여 여러 사람이 동일한 의무를 부담하는 경우 그 중 한 사람이 적법한 행정심판을 제기하여 행정처분청으로 하여금 그 행정처분을 시정할 수 있는 기회를 가지게 한 이상 나머지 사람은 행정심판을 거치지 아니하더라도 행정소송을 제기할 수 있다(대법원 1988. 2. 23. 87 누 704 제 2 차납세자지정처분등취소및무효확인).

2) 예컨대 독일에서는 연방장관 이상 또는 주장관 이상의 행정청의 처분에 대하여는 행정심판전치주의를 적용하지 않는다(독일행정재판소법 98①(1)(2)).

행정소송법 제18조는 행정심판전치주의에 대한 예외사유를 다음과 같이 두 가지로 명확히 구분하여 정하고 있다.

(1) 행정심판은 제기하되 그에 대한 재결을 받지 아니하고 소송을 제기할 수 있는 경우 이 경우는 소송을 제기하기 위하여서는 일응은 행정심판을 제기하여야 하되 일정한 사유가 있어 재결을 기다릴 수 없기 때문에 재결을 받지 아니하고 소송을 제기할 수 있는 경우이다(동 18②). 그 사유는 원고가 소명하여야 한다(동 18④). 이 경우 굳이 행정심판제기를 하게 한 것은, 행정심판청구서를 접수한 처분청은 행정소송이 법원에 계속되어 있더라도 심판청구가 이유 있다고 인정되면 직권으로 그 취지에 따르는 처분을 할 수 있음은 물론(행심 17③), 행정심판의 청구를 받은 위원회는 행정소송의 계속 중에도 재결을 할 수 있기 때문에, 행정소송의 원고는 신속하게 권리구제를 받을 수도 있기 때문이다.

㈎ 행정심판청구가 있은 날로부터 60일이 지나도 재결이 없는 때(동 8①(1)) 재결의 부당한 지연으로 입게 될 불이익을 방지하기 위한 것이다. 이 경우의 60일의 경과요건은 행정소송을 제기한 날에 충족되어야 하는 것이 원칙이나, 위에서 본 바와 같이 당해 소송의 변론종결시까지 「60일의 경과」라는 요건이 충족되면 행정심판전치주의에 대한 흠이 치유되는 것으로 본다(69 누 9 (1969.5.13 대판)).

60일을 경과하여도 재결이 없는 때에는 청구인은 ① 곧바로 행정소송을 제기할 수 있으나, ② 재결을 기다려서 제기할 수도 있다. ②의 경우에는 당해 사건은 재결을 거친 사건이므로 행정소송의 제기기간은 재결서의 정본을 송달을 받은 날로부터 90일이다(동 20①).

㈏ 법령의 규정에 의한 행정심판기관이 의결 또는 재결을 하지 못할 사유가 있는 때(동 18②(3)) 예컨대 행정심판위원회가 구성되어 있지 않거나 과반수 이상의 결원이 있고 단시일 안에 보충될 가망이 없는 경우, 재결청의 권한이 다른 기관으로 이관되고 이관받은 기관에서 당해 권한을 행사할 수 있는 준비가 되어 있지 아니한 경우 등을 예상한 것이라 하겠다. 이러한 경우까지 재결을 기다리도록 하는 것은 무용한 시간의 낭비를 초래하고, 결과적으로 행정구제제도의 취지에 어긋난다 할 것이기 때문에 예외를 인정한 것이다.

㈐ 「처분의 집행 또는 절차의 속행으로 생길 중대한 손해를 예방하여야 할 긴급한 필요가 있는 때」와 「그 밖의 정당한 사유가 있는 때」(동 18②(2)(4)) 판례는 「중대한 손해가 생길 우려가 있는 때」는 「행정심판의 재결을 경함으로써 그 행정소송의 목적을 달성할 수 없거나 현저한 곤란으로 인하여 중대한 손해를 받을 경우에 국한」되는 것이라고 한다(4287 행상 68 (1955.4.15 대판))(조세부과결정에 대하여 이미 납부금액·납부장소 및 납부기일이 지정되고 제소

(당시 이미 그 납부기일도 경과한 때에는 이에 해당한다는 판례(4294 행상 168(1962.4.2 대판))). 또한 「정당한 사유가 있는 경우」는 「시기 기타 사유로 인하여 행정심판을 경함으로써는 청구의 목적을 달성치 못하겠거나 또는 현저히 그 목적을 달성키 곤란한 경우를 말한다」고 판시하였다(4285 행상 11 (1953.4.15 대판)). 구체적인 경우에 합리적으로 판단할 것이나, 예컨대 체납처분에 의한 공매가 실시되는 경우, 징계처분을 받아 본인·가족의 생활이 위태롭게 된 경우, 별소의 종결 전에 별소의 운명을 좌우할 처분의 취소를 구할 필요가 있는 경우 등은 「중대한 손해가 발생할 우려 있는 때」에 해당한 것으로 볼 것이고, 행정심판의 재결을 얻지 않은 것이 당사자의 책임으로 돌릴 수 없는 경우, 행정심판의 재결을 기다려서는 취소소송을 제기하는 목적을 잃게 될 경우, 60일 이내에 재결을 얻을 가망이 없는 경우, 이미 제출한 진정이 받아들여지지 않는 경우 또는 재결의 결과가 예측되는 경우 등은 「기타 정당한 사유가 있는 경우」에 해당한다고 볼 수 있을 것이다.[1)]

(2) **행정심판을 제기함이 없이 바로 소송을 제기할 수 있는 경우** 이 경우는 행정심판에 의하여서는 권리구제의 가능성이 거의 없거나 처분청이 행정심판을 거칠 필요가 없다고 잘못 고지한 경우 등이다(동 18③). 그 사유는 원고가 소명하여야 한다(동 18④).

(가) **동종사건에 관하여 이미 행정심판의 기각재결이 있은 때**(동 18③(1)) 행정청에게 동종처분을 심리하여 시정할 기회를 준 이상, 다른 동종처분에 대하여 행정심판을 거치게 하는 것은 청구인에게 불필요한 부담만을 지우는 것이기 때문에 바로 소송을 제기하게 한 것이다. 그러나 여기에서의 동종사건의 개념 내지는 범위를 어떻게 볼 것인지는 매우 애매하다.

> 「동종사건에 관하여 이미 행정심판의 기각재결이 있은 때"에 행정심판을 거치지 아니하고 행정소송을 제기할 수 있도록 한 것은, 행정심판의 재결결과가 명확하여 인용재결이 예상될 수 없는 경우에는 행정심판전치가 무의미하기 때문이며, 여기서 "동종사건"이라 함은 당해 사건은 물론이고 당해 사건과 기본적인 동질성이 있는 사건을 말한다」(대법원 1994.11.8. 94 누 4653 종합토지세등부과처분취소[2)]

1) 박창래 등, 소원전치주의, 사법론집, 제 4 집, p.756 참조.

2) 재산세 또는 종합토지세는 보유하는 재산에 담세력을 인정하여 과세하는 수익세적 성격을 지닌 보유세로서 그 납세의무는 당해 재산을 보유하는 동안 매년 독립적으로 발생하는 것이므로, 종전부과처분들은 이 사건 부과처분과 기본적으로 동질성이 있는 사건으로 볼 수 없어 행정소송법 제18조 제 3 항 제 1 호 소정의 동종사건에 해당한다고 할 수 없고, 위 양 처분이 그 쟁점을 공통으로 한다고 하더라도, 전심절차의 심판기관은 종전의 자료에 의하여 형성된 심증이나 의견을 가지고 결정 또는 재결을 하는 것이 아니라 새로운 자료에 기하여 다시 형성되는 심증과 의견에 기하여 판단하는 것이므로 종전 부과처분들에 대하여 전심절차를 거쳤다 하여 이 사건 부과처분에 대하여 전심절차를 거치는 것이 무의미한 것이라고도 말할 수 없는 이상 이 사건 부과처분에 대하여는 별도로 전심절차를 거쳐야 할 것이다.

대법원 2000. 6. 9. 98 두 2621 건축불허가처분취소).

(나) 서로 내용상 관련되는 처분 또는 같은 목적을 위하여 단계적으로 진행되는 처분 중 어느 하나가 이미 행정심판의 재결을 거친 때(동 18③(2)) 「서로 내용상 관련되는 처분」이라 함은 별개 독립된 행정처분이지만 서로 내용상 관련된 처분을 말하는 것으로, 그 중 어느 하나의 행정행위에 대하여 행정심판을 거친 경우에는 그와 관련된 일정한 행정행위에 대하여는 행정심판을 거치지 않고 행정소송을 제기할 수 있게 한 것이다.

> 「하천구역의 무단 점용을 이유로 부당이득금 부과처분과 가산금 징수처분을 받은 사람이 가산금 징수처분에 대하여 행정청이 안내한 전심절차를 밟지 않았다 하더라도, 부당이득금 부과처분에 대하여 전심절차를 거친 이상 가산금 징수처분에 대하여도 부당이득금 부과처분과 함께 행정소송으로 다툴 수 있다」(대법원 2006. 9. 8. 2004 두 947 하천무단점용에따른부당이득금부과처분무효확인).

「같은 목적을 위하여 단계적으로 진행되는 처분」이라 함은 별개 독립된 행정처분이기는 하지만, 하나의 행정목적을 실현하기 위한 단계적인 절차관계에 있는 처분을 말한다. 다시 말하면 둘 이상의 서로 연속되는 처분이 종국적으로는 마지막 처분에 의하여 실현될 하나의 행정목적을 위한 것일 때를 가리킨다고 볼 것이다.

(다) 행정청이 사실심의 변론종결 후 소송의 대상인 처분을 변경하여 당해 변경된 처분에 관하여 소를 제기하는 때(동 18③(3)) 행정소송이 제기된 뒤에도 행정청은 당해 소송의 대상인 처분을 변경하는 것이 가능하다. 행정청이 사실심변론종결후 소송의 목적인 처분을 변경한 경우에는 원고는 대법원에서 소를 변경하여야 할 것인데, 대법원의 법률심적 성격 때문에 소를 변경할 수 없으므로 원고는 대법원의 승소확정판결을 받더라도 소송의 목적을 달성할 수 없게 된다. 그러한 경우에 그 변경된 처분에 대하여 원고로 하여금 행정심판을 거쳐 취소소송을 제기하도록 하는 것은 처분의 변경에 따른 소의 변경의 경우(동 22)와 균형이 맞지 아니하므로, 원고로 하여금 행정심판제기 없이 취소소송을 제기할 수 있도록 하려는 것이다.

(라) 처분을 행한 행정청이 행정심판을 거칠 필요가 없다고 잘못 알린 때(동 18③(4)) 행정청이 고지를 함에 있어서 당해 처분에 관하여 행정소송을 제기하기 위하여서는 먼저 행정심판을 거쳐야 함에도 불구하고 당해 처분을 행한 행정청이 행정심판을 거칠 필요가 없다고 잘못 알린 때에는 행정심판을 거칠 필요 없이 바로 행정소송을 제기할 수 있게 한 것으로, 이는 고지제도의 취지에서 보아 당연하

다 할 것이다. 다만, 행정심판법은 심판대상에 관하여 개괄주의를 취하고 있어 보통의 경우에 잘못 알리는 경우는 거의 없을 것이고, 따라서 잘못 알리는 경우는 행정심판법 제18조 제 3 항 제 1 호 내지 제 3 호에 규정된 행정심판전치주의의 예외사유에 해당되지 아니함에도 불구하고 예외사유에 해당하는 것으로 잘못 판단하여 알린 경우가 대부분일 것이다.

「처분청이 아닌 재결청이 이와 같은 잘못된 고지를 한 경우에도 행정소송법 제18조 제 3 항 제 4 호의 규정을 유추 · 적용하여 행정심판을 제기함이 없이 그 취소소송을 제기할 수 있다고 할 것이다」(대법원 1996. 8. 23. 96 누 4671 택지초과소유부담금부과처분취소).[1)]

(마) **처분의 변경에 따라 소를 변경하는 때** 취소소송이 법원에 계속되고 있는 동안에 당해 소송의 대상인 처분이 행정청에 의하여 변경된 때에는 그 변경된 처분에 맞추어 소의 변경을 할 수 있다(동 22①). 그러한 경우에는 변경된 처분에 대하여 따로 행정심판을 거칠 필요 없이 전심절차의 요건을 갖춘 것으로 보게 하였다(동 22③). 이는 행정청이 의도적으로 소송을 지연시키거나 방해하는 것을 막고 원고의 소송절차상의 편의를 도모하며, 사실심종결 후에 행정청이 처분을 변경함으로써 별도의 취소소송을 제기하는 때에 전심절차를 거칠 필요가 없도록 한 경우(동 18③(3))와 균형을 유지하기 위한 것이라 하겠다.

5. (例外的)行政審判前置主義의 充足 여부의 판단

(1) **직권조사사항** 행정심판절차를 거치는 것은 취소소송의 제기를 위한 요건이므로, 전심절차를 거쳤는지의 여부는 다른 소송요건의 경우와 마찬가지로 법원의 직권조사사항에 속한다.[2)]

(2) **판단기준시** 행정심판전치요건의 충족은 행정소송제기 당시에 요구되는 것이고, 그 때에 충족되지 않으면, 행정소송은 부적법한 것으로 되어 각하

1) 원고가 2차 부과처분 직후 그 처분에 대한 행정심판청구서를 작성하여 직접 그 재결청인 중앙토지수용위원회에 이를 접수시키려고 하였으나 중앙토지수용위원회 사무국 행정심판업무 담당 공무원인 소외 김혜가 이미 1차 부과처분에 대한 행정심판을 거쳤으니 별도로 2차 부과처분에 대한 행정심판을 거칠 필요가 없다고 잘못 알리는 바람에 이를 믿고 별도로 2차 부과처분에 대한 행정심판청구를 하지 아니한 채 1차 부과처분 전부와 2차 부과처분 일부의 취소를 구하는 이 사건 소를 제기하였음을 알 수 있으므로, 이와 같은 경우에는 재결청이 행정심판을 거칠 필요가 없다고 잘못 알린 것으로 보고 행정소송법 제18조 제 3 항 제 4 호의 규정을 유추·적용하여 이 사건 소 중 2차 부과처분 일부의 취소를 구하는 부분도 이를 적법한 소라고 하여야 할 것이다(대법원 1996. 8. 23. 96 누 4671 택지초과소유부담금부과처분취소).

2) 전심절차를 거친 여부는 행정소송제기의 소송요건으로서 직권조사사항이라 할 것이므로, 이를 거치지 않았음을 원고 소송대리인이 시인하였다고 할지라도 그 사실만으로 전심절차를 거친 여부를 단정할 수는 없다(대법원 1986. 4. 8. 82 누 242 법인세등부과처분취소).

하는 소송판결을 면할 수 없게 된다.

그러나 우리 판례는 행정소송제기 후에도, 가급적 원고의 권익을 구제할 수 있게 하기 위하여 사실심변론종결시까지 행정심판전치요건의 불충족으로 인한 흠(하자)의 치유를 인정한다.[1)]

제 8 목 取消訴訟의 審理

I. 概 說

(1) 소송의 심리는 소에 대한 판결을 하기 위하여, 그 기초가 되는 소송자료를 수집하는 것으로, 소송절차의 가장 중심적인 위치를 차지한다.

(2) 취소소송은 행정청의 처분의 취소를 구하는 소송으로, 그 결과는 공공복리와 밀접한 관련이 있으므로 소송자료를 풍부하게 하여, 가능한 한 객관적으로 공정·타당한 해결을 기할 필요가 있다. 이런 견지에서 직권증거조사를 인정하는 등 직권주의의 요소가 가미되어 있는 점에 특색이 있다.

Ⅱ. 審理의 내용 및 범위

1. 審理의 내용

(1) 요건심리　법원은 소가 제기된 때에는, 그것이 일정한 소송제기요건을 갖추었는지의 여부를 심리하고, 만약 그것을 갖추지 못하였다고 인정될 때에는 부적법한 소로 각하한다. 어떤 사항이 소송요건에 속하는지 본안에 속하는지는 청구내용에 따라 상대적이어서, 예컨대 행정처분의 존재는 취소소송에서는 소송요건이지만, 부존재확인소송에서는 본안에 속한다.

「행정처분의 존부는 소송요건으로서 직권조사사항이고, 자백의 대상이 될 수 없는 것이므로, 설사 그 존재를 당사자들이 다투지 아니한다 하더라도 그 존부에 관하여 의심이 있는 경우에는 이를 직권으로 밝혀 보아야 할 것이고, 사실심에서 변론종결시까지 당사자가 주장하지 않던 직권조사사항에 해당하는 사항을 상고심에서 비로소 주장하는 경우 그 직권조사사항에 해당하는 사항은 상고심의 심판범위에 해당한다」(대법원 2004. 12. 24. 2003 두 15195 퇴직연금지급청구거부처분취소; 대법원 2007. 4. 12. 2004 두 7924 위성궤도망신청처분등취소).

1) 소송계속중 심사청구 및 심판청구를 하여 각 기각결정을 받았다면, 원심변론종결일 당시에는 위와 같은 전치요건흠결의 하자는 치유되었다고 볼 것이다(대법원 1987. 9. 22. 87 누 176 요양결정처분취소).

(2) **본안심리** 요건심리의 결과 당해 소송이 소송요건을 갖춘 것이라고 인정하여, 그 소에 의한 청구를 인용할 것인지 또는 기각할 것인지를 판단하기 위하여 사건의 본안, 예컨대 취소소송에서는 처분의 위법여부에 대하여 실체적으로 심사하는 것이다.

2. 審理의 범위

(1) **불고불리의 원칙과 그 예외** 취소소송에서도 민사소송과 마찬가지로 불고불리의 원칙(nemo judex sine actore)이 적용되어, 법원은 소송제기가 없는 사건에 대하여 심리·재판할 수 없음은 물론, 소송제기가 있는 사건에 대하여서도 원고의 청구범위를 넘어 심리·재판할 수 없다.

다만, 행정소송법은 이 원칙에 대한 예외를 인정하여 법원은 필요하다고 인정할 때에는, 당사자가 주장하지 아니한 사실에 관하여도 심리·판단할 수 있게 하였다(행송 26전단).[1]

(2) **재량문제의 심리** (가) 오늘날은 자유재량에 있어서도 재량을 단순히 그르친 것은 부당에 그치고 위법문제는 생기지 아니하나, 자유재량을 일탈·남용한 경우에는 위법이 되며 법원의 심리대상이 된다고 본다.

(나) 행정소송법 제27조는 「행정청의 재량에 속하는 처분이라도 재량권의 한계를 넘거나 그 남용이 있는 때에는 법원은 이를 취소할 수 있다」고 규정하여 법원은 재량문제에 대하여 심리·판단할 수 있음을 명백히 하였다.

(3) **법률문제·사실문제** 법원은 행정사건의 심리에 있어서 당해 소송의 대상이 된 처분의 실체면·절차면 및 법률문제·사실문제의 모든 점에 관하여 완전한 재심사(de novo judicial review)를 할 수 있다.[2] 그러나 전문·기술적인 지식을 요하는 사항에 관하여는 행정의 전문성(expertness)과 통일성(consistency)을 살리기 위하여 법원의 심리범위를 법률문제(question of law)에 한정시키는 입법례도 있다. 이러한 심리범위의 한정은 미국에서 이른바 실질적 증거의 법칙(substantial evidence rule)[3]을 중심으로 판례법상 확립되고 있으며[4] 일본에서도

1) 행정소송법 제26조에서 직권심리주의를 채용하고 있으나, 이는 행정소송에 있어서 원고의 청구범위를 초월하여 그 이상의 청구를 인용할 수 있다는 의미가 아니라, 원고의 청구범위를 유지하면서 그 범위내에서 필요에 따라 주장외의 사실에 관하여도 판단할 수 있다는 뜻이다(대법원 1987. 11. 10. 86 누 491 종합소득세부과처분취소); 중앙토지수용위원회가 이의재결에서 기업자의 협의제시 가액을 초과한 금원을 토지에 대한 손실보상액으로 정하였다 하더라도 이의재결에 당사자주의나 불고불리의 원칙에 위배된 위법이 있다고 할 수 없다(대법원 1993. 10. 8. 93 누 8610 토지수용재결처분취소등).

2) R. J. Pierce, Jr., S. A. Shapiro, P. R. Verkuil, Administrative Law and Process, 1985, p. 370.

3) 실질적 증거의 법칙은 사실문제에 대한 심사는 행정청에 맡기고 법원은 법률문제만 심리하되, 행정청의 사실인정이 실질적 증거에 의하여 뒷받침되고 있는지를 심사하는 것은 법률문제로

몇 개의 개별법에서 이를 채택하고 있다.[1]

「행정소송에 있어서 형사판결이 그대로 확정된 이상 위 형사판결의 사실판단을 채용하기 어렵다고 볼 특별한 사정이 없는 한 이와 배치되는 사실을 인정할 수 없다」(대법원 1999. 11. 26. 98 두 10424 부당해고구제재심판정취소).

Ⅲ. 審理의 절차

1. 審理에 관한 일반적인 원칙

행정소송사건의 심리에 있어서도 행정소송법에 특별한 규정이 없는 한 민사소송법과 법원조직법이 준용된다(행송 8②).

따라서 일반 민사소송사건의 경우와 마찬가지로 심리에 관한 일반적인 원칙으로는 ① 공개심리주의(헌 109, 법조 57①본문), ② 구술심리주의, ③ 변론주의(Verhandlungsmaxime)를 들 수 있다.[2]

2. 行政訴訟의 심리에 특수한 절차

(1) 직권증거조사주의 취소소송의 결과는 공공복리와 밀접한 관련이 있으므로, 법원이 어느 정도 적극적으로 소송에 개입하여 재판의 적정을 확보할 필요가 있다. 이에 행정소송법은 「법원은 필요하다고 인정할 때에는 직권으로 증거조사를 할 수 있고, 당사자가 주장하지 아니한 사실에 대하여도 판단할 수 있다」고 규정하여(행송 26), 변론주의에 대한 특례를 인정하여, 직권증거조사를 인정하였다.

여기에서 취소소송에서 변론주의에 대한 특례규정을 두어 직권증거조사를 인정한 것은 어느 범위까지의 직권조사를 의미하는지에 대하여 견해가 갈린다.

㈎ 변론주의 보충설 민사소송에서와 같이 당사자가 주장한 사실에 대하여 당사자의 입증활동이 불충분하여 심증을 얻기 어려운 경우에 법원이 보충적으로 직권으로 증거조사를 할 수 있다는 뜻으로 이해한다. 다수설이다.[3]

㈏ 직권탐지주의설 당사자가 주장한 사실에 대하여 보충적으로 증거조사를 할 수 있을 뿐만 아니라 당사자가 주장하지 아니한 사실에 대하여도 직권으

보아 법원이 심사할 수 있는 원칙을 말한다. 이 법칙은 미국의 판례법으로 확립되었고, 오늘날은 행정절차법(706②(E))에 의하여 실정법상의 제도로서 성문화되었다. 이 법칙과 유사한 것으로 영국법상의 무증거의 법칙(no evidence rule) 및 독일의 판단여지를 들 수 있는데, 이들은 모두 사실문제에 대한 법원의 심리를 제한하기 위한 것이라는 점에서 공통성을 가진다.

4) K. C. Davis, Administrative Law Treatise, Vol. 5, 2nd ed., 1984, §29:1.

1) 독점금지법 제81조, 전파법 제99조 등.

2) 이상규(상), p. 866.

3) 김남진 · 김연태(Ⅰ), p. 722.

로 이를 탐지할 수 있다는 뜻으로 이해한다.

㈐ **판례** 판례는 변론주의 보충설의 입장에 서지만 민사소송에서 보다는 더 널리 직권증거조사를 인정하고 있는 것 같다.

「행정소송법 제26조가 직권으로 증거조사를 할 수 있고, 당사자가 주장하지 아니한 사실에 대하여도 판단할 수 있다고 규정하고 있지만, 이는 행정소송의 특수성에 연유하는 당사자주의, 변론주의에 대한 일부 예외 규정일 뿐 법원이 아무런 제한 없이 당사자가 주장하지 아니한 사실을 판단할 수 있는 것은 아니고, 일건 기록에 현출되어 있는 사항에 관하여서만 직권으로 증거조사를 하고 이를 기초로 하여 판단할 수 있을 따름이고, 그것도 법원이 필요하다고 인정할 때에 한하여 청구의 범위내에서 증거조사를 하고 판단할 수 있을 뿐이다」(대법원 1994. 10. 11. 94누 4820 양도소득세등부과처분취소), 한편 판례는, 원고는 원심 변론절차에서 기초조사의 흠결에 관하여 아무런 주장을 하지 아니하였음에도 원심이 직권으로 피고에 대하여 그에 대한 자료 제출을 명하였다가 그 자료 제출이 없다는 이유로 도시계획결정이 위법하다고 판단한 것은 「결국 원고가 아무런 주장을 하지 아니한 처분의 위법사유에 관하여 석명을 구한 후 그에 대한 판단을 하기에 이른 것이어서 앞서 본 법리에 비추어 볼 때 변론주의의 원칙에 위배되고 석명권 행사의 한계를 일탈한 것」이라고 판시하였다(대법원 2000. 3. 23. 98 두 2768 도시계획결정취소).

㈑ **결언** 판례의 입장이 타당하다고 생각한다.

직권증거조사는 법원에게 부여된 권능으로 볼 것인지, 직권증거조사를 하여야 할 의무를 부담하는 것까지로 볼 것인지에 대하여는 다툼이 있으나, 행정소송의 특수성으로 보아 의무라고 할 것이다.

(2) **행정심판기록제출명령** 행정소송에 있어서 원고의 지위를 피고와 대등하게 하기 위하여서는 입증방법을 확보할 수 있도록 행정청이 보유하고 있는 서류의 열람 및 복사청구권이 인정되어야 할 것이다. 그러나 우리 행정소송법은 거기에 미치지 못하고 이를 보완하는 뜻에서 법원에 의한 행정심판기록제출명령 제도를 인정하였다(행송 25①).

행정심판기록 제출명령은 당사자의 신청에 의하여, 법원이 결정으로써 재결을 행한 행정청에 대하여 행정심판에 관한 기록의 제출을 명하는 것으로서, 이 제출명령을 받은 행정청은 지체없이 당해 행정심판에 관한 기록을 법원에 제출하여야 한다(동 5② 2).

여기에서 행정심판기록이란 당해 행정심판에 관한 모든 기록을 가리키는 것으로서, 행정심판청구서와 그에 대한 답변서 및 재결서뿐만 아니라, 행정심판위원회의 회의록 기타 행정심판위원회의 심리를 위하여 제출된 모든 증거와 기타의 자료를 포괄한다고 할 것이다.

Ⅳ. 主張責任과 立證責任

1. 主張責任

(1) 당사자는 자기에게 유리한 주요사실을 변론에서 진술하지 아니하면 그 사실이 존재하지 아니한 것으로 다루어져 불이익한 재판을 받게 된다. 이러한 불이익을 주장책임이라 한다.

주요사실의 존부에 관한 입증이 문제되기 이전에 먼저 주요사실의 주장이 있어야 하기 때문에 주장책임은 입증책임과는 별개의 문제로서 독자적 의미를 가진다.

(2) 주장책임에 있어서도, 어느 주요사실의 주장책임을 원고·피고 중 어느 당사자가 질 것인가 하는 분배의 문제가 있다. 자기에게 유리한 사실이 소송심리에서 주장되지 아니하여 받는 불이익과, 주요사실의 존부·진위불명의 경우에 받는 불이익과는 항상 동일한 분배기준에 의하여 결정할 것은 아니라는 견해가 다수설이다. 이에 따를 경우에는 입증책임의 분배문제와는 별도로 주장책임의 분배가 문제된다.

행정소송의 심리에서도 원칙적으로 변론주의가 채택되고 있기 때문에 주장책임의 분배도 민사소송법상의 원칙에 의한다고 할 것이다. 위에서 본 바와 같이 예외적으로 직권증거조사 내지는 직권심리주의가 채택되어 있으나, 그것은 어디까지나 보충적·제한적이기 때문이다. 따라서「행정소송에 있어서 직권주의가 가미되어 있다고 하더라도 여전히 변론주의를 기본구조로 하는 이상 행정처분의 위법을 들어 그 취소를 청구함에 있어서는 직권조사사항을 제외하고는 그 취소를 구하는 자가 위법사유에 해당하는 구체적 사실을 먼저 주장하여야 한다」(대법원 2001. 1. 16. 99 두 8107 법인세등부과처분취소)고 할 것이다.

2. 立證責任

(1) 입증책임의 의의[1)]

㈎ 소송상 어떤 사실이 진위불명(眞僞不明), 즉 진실인지 허위인지 명확하지 않으면 그 사실을 요건으로 하는 법률효과가 생기지 않으므로, 그 법률효과를 주장하는 당사자는 그 사실의 진위불명으로 인하여 불이익을 입게 된다. 입증책임은 바로 이러한 불이익 또는 불이익의 위험이라 할 것이다.

㈏ 입증책임은 변론주의 아래서의 특유한 문제가 아니며, 진위불명의 사태

1) 황도연, 행정소송에 있어서의 입증책임, 사법논총, 제 2 집.

가 예상되는 한 직권조사주의 아래서도 문제된다. 따라서 행정소송에 있어서는 제한적으로 직권조사주의를 채택하였으나(행송 26), 입증책임은 역시 문제가 된다.

(다) 입증책임의 중심적인 문제는 어떤 사실에 대하여 어느 당사자가 입증책임을 질 것인가의 문제로서, 이를 입증책임의 분배라고 한다. 그런데 행정소송 중에서 당사자소송의 입증책임은 그 성질상 민사소송의 경우와 다를 것이 없다 할 것이므로, 입증책임이 특히 문제되는 것은 취소소송을 중심으로 하는 항고소송이라 할 것이다.

(2) 취소소송에서의 입증책임 행정소송에 있어서 입증책임에 관하여는 행정소송법에 아무런 규정이 없기 때문에, 취소소송에 있어서 입증책임을 어떻게 분배할 것인지에 대하여 종래부터 견해의 대립이 있다.

(가) 원고책임설 행정행위에는 공정력이 있는바, 공정력은 당해 행정행위의 적법요건이 실체법상 존재한다는 것을 추정시키는 「적법성의 추정」으로 보아, 입증책임은 그 행위가 위법임을 주장하는 원고에게 있다고 하는 견해이다.

(나) 민소법상 분배설(법률요건분류설 또는 규범설) (a) 취소소송에서도 양 당사자의 지위는 대등하다 할 것이므로 민사소송의 일반원칙에 따라 입증책임을 분배하여야 한다는 견해로 통설의 태도이다.[1),2)]

(b) 이러한 민사소송법상의 입증책임분배원칙을 취소소송에 도입할 경우에는 다음과 같이 된다. ① 행정청의 권한행사규정(…한 경우에는 … 한 처분을 한다.)에 있어서는, 그 규정은 행정청의 처분권한의 발생근거가 되는 것이므로, 그 규정을 적용하여 처분을 한 경우에 그 적법 여부에 대하여 다툼이 있는 때에는 행정청이 그 요건사실의 존재에 대한 입증책임을 진다. 취소소송의 대부분은 이러한 권한행사규정의 적용에 관한 다툼이므로, 피고인 행정청이 당해 처분의 적법성에 대하여 입증책임을 지는 경우가 보통이라 하겠다. 그리고 처분절차에 관한 규정도 실체적 요건에 관한 규정과 마찬가지로 권한행사규정이라 할 것이므로 쟁송의 대상이 된 처분이 적법한 절차에 따라 행하여졌다는 점을 피고가 입증하여야 한다(과세처분이 절차상 적법요건을 구비하였다는 것을 행정청이 입증하여야 한다고 한다(84 누 225(1984.12.11 대판))). ② 행정청의 권한불행사규정(…한 때에

1) 김도창(상), p.805; 이상규(상), p.872; 김남진(I), p.750; 홍정선(상), p.919.

2) 이 견해에서는 위에서 본 원고책임설이 주장하는 네 가지의 실질적 근거를 다음과 같이 반박한다.

① 행정행위의 법적합성은 법치주의의 본질적 요청이기는 하지만, 그것이 바로 모든 행정행위가 그 요청을 충족시키고 있다고는 할 수 없고, ② 설령 행정행위에는 과오가 적다고 하더라도 그것은 경험칙에 의한 사실상의 추정에 불과하며, 입증책임의 분배를 정하는 법률상의 추정과 무관하며, ③ 불균형이 생기는 것은 소송당사자 사이의 지위이지, 다툼이 없는 행정행위와의 불균형은 아니며, ④ 소송에 있어서 행정행위의 적법성의 추정을 부정한다고 하더라도, 소송외에서의 행정행위의 집행 및 실효성에는 영향이 없다는 것이다.

는 …한 처분을 하여서는 아니된다.)에 있어서는 처분권한의 불행사를 주장하는 원고가 요건사실에 대한 입증책임을 진다. 예컨대 「과세를 하지 아니한다」는 권한불행사규정에 위반하여 과세관청이 과세를 한 경우에 당해 과세처분취소소송에서의 비과세요건에 대한 입증책임은 이를 주장하는 원고가 진다. ③ 또한 재량권의 일탈·남용은 원칙에 대한 예외이며, 권리장해규정으로서의 행정법의 일반원리 등의 위반이므로 원고가 부담한다.

결국 각 당사자는 자기에게 유리한 법률효과의 발생을 정하는 법규정의 요건사실에 대하여 입증책임을 부담하게 된다.

(다) 행소법독자분류설　행정소송에서의 입증책임분배는 행정소송과 민사소송의 목적과 성질의 차이, 행위규범과 재판규범과의 차이 등을 이유로 독자적으로 정하여야 한다고 한다. 행정소송의 특질을 어떻게 보느냐에 따라 다시 견해가 나누어지는데, 행정처분의 내용에 의한 분배설에 의하면, 개인의 기본권을 보장한 헌법질서로부터 보아 ① 국민의 권리와 자유를 제한하거나 의무를 과하는 행정행위의 취소를 구하는 취소소송에서는 피고인 행정청이 그 적법성에 대한 입증책임을 진다.[1] ② 개인이 자기의 권리영역·이익영역의 확장을 구하는 소송에서는 원고가 그 청구권을 뒷받침하는 사실에 대한 입증책임을 진다.[2] ③ 행정청의 재량행위에 대한 그 일탈·남용을 이유로 한 취소소송에서는 원고가 일탈·남용사실에 대한 입증책임을 진다. ④ 무효확인소송에 있어서 무효사유에 대한 입증책임은 원고가 진다.[3]

(라) 결언　(a) 법률요건분류설에 따라 취소소송의 입증책임을 분배하는 것은 위에서 본 바와 같이 소송물과 직접 관계가 없는 권리의무의 형성을 기준으로 하는 점에서 타당하다고 할 수 없다.

---

1) 과세처분의 위법을 이유로 그 취소를 구하는 행정소송에 있어서 과세처분의 적법성 및 과세요건사실의 존재에 관하여는 원칙적으로 과세관청이 그 입증책임을 부담하나, 경험칙상 이례에 속하는 특별한 사정의 존재는 납세의무자에게 그 입증책임 내지는 입증의 필요가 돌아간다고 할 것이므로, 원심이 이 사건 종합소득세 과세표준 및 세액의 경정결정과 이에 기한 부과처분이 정치보복적 차원에서 이루어진 것이라는 납세의무자인 원고의 주장에 대하여 이를 인정할 자료가 없다고 판시하여 위 주장을 배척한 것은 옳고 입증책임의 분배에 관한 법리오해의 위법이 있다고 할 수 없다(대법원 1990. 2. 13. 89 누 2851 종합소득세등부과처분취소).

2) 국가유공자등 예우 및 지원에 관한 법률 제 4 조 제 1 항 제 6 호(공상군경)에서 말하는 '교육훈련 또는 직무수행중 상이(공무상의 질병을 포함한다)'가 되기 위하여는 교육훈련 또는 직무수행과 그 부상·질병 사이에 상당인과관계가 있어야 하고, 위 같은 조항 제 4 호(전상군경)에서 말하는 '전투 또는 이에 준하는 직무수행중 상이'의 경우에도 이러한 상당인과관계가 있어야 하며, 그 직무수행 등과 부상 등 사이의 인과관계에 관하여는 이를 주장하는 측에서 입증을 하여야 한다(대법원 2003. 9. 23. 2003 두 5617 국가유공자등록거부처분취소).

3) 행정처분의 당연무효를 구하는 소송에 있어서 그 무효를 구하는 사람에게 그 행정처분에 존재하는 하자가 중대하고 명백하다는 것을 주장 입증할 책임이 있다(대법원 1984. 2. 28. 82 누 154 주세등과세처분취소).

(b) 따라서 취소소송에 있어서의 입증책임의 분배는 지금까지 통설적 견해인 법률요건분류설에 따라 정하여진 민사소송에 있어서의 분배법칙에 의하여 정할 수는 없고, 행정소송에 있어서 독자적으로 정하여야 할 것인바, 이 경우 증거와의 거리, 입증의 난이, 금반언(estoppel) 또는 경험칙의 개연성 등에 의하여 구체적인 사안에 따라 분배하여야 한다는 이익교량설이, 민사소송에서의 입증책임분배이론으로는 아직 받아들여지지 않고 있으나, 행정소송에서는 내용면에서만 보면 지금까지의 행소법독자분배설을 보완·발전시킨 것으로 타당한 이론으로 생각된다.

(마) 판례 ① 우리 판례는 과거에는 행정행위에는 공정력이 있음을 이유로 원고에게 입증책임이 있는 것으로 보았으나(4291 행상 45 (1961.3.27 대판)), 그 뒤 종래의 견해를 바꾸어 행정소송에서의 입증책임의 문제는 공정력과 관계가 없음을 명백하게 하였다(63 누 142(1964.5.26 대판)—입증책임문제는 소위 행정처분의 공정력과는 별개의 문제라 할 것이다.).

② 우리 판례가 취소소송에 있어서의 입증책임분배를 민사소송상의 분배원칙에 의하고 있는지에 대하여는 그렇게 보는 견해도 있으며,[1] 판례 중에도 그러한 입장을 밝힌 것도 있으나(84 누 124 (1984.7.24 대판)), 우리 판례를 종합적으로 볼 때에는 오히려 행소법독자분배설의 입장에 선 것으로 볼 수도 있을 것 같다.[2]

「민사소송법의 규정이 준용되는 행정소송에 있어서 입증책임은 원칙적으로 민사소송의 일반원칙에 따라 당사자간에 분배되고 항고소송의 경우에는 그 특성에 따라 당해 처분의 적법을 주장하는 피고에게 그 적법사유에 대한 입증책임이 있다 할 것인바, 피고가 주장하는 당해 처분의 적법성이 합리적으로 수긍할 수 있는 일응의 입증이 있는 경우에는 그 처분은 정당하다 할 것이며, 이와 상반되는 주장과 입증은 그 상대방인 원고에게 그 책임이 돌아간다고 할 것이다」(대법원 1984. 7. 24. 84 누 124 법인세부과처분취소).[3]

V. 處分根據의 事後變更

1. 의 의

행정소송절차에서 그 소송의 대상이 된 처분의 사실상의 근거 또는 법률상의 근거를 변경하는 것을 처분근거의 사후변경(Nachschieben von Gründen)이라

1) 박균성(상), p.1068; 원칙적으로 민사소송의 일반원칙에 따라 당사자 간에 분배되어야 한다고 하면서도 항고소송의 특성도 고려하여야 하는 것으로 파악한다.

2) 이석선, 개정 행정소송, 1983, p.541 이하 참조.

3) 주주가지급금계정, 받을어음계정, 대여금계정, 미결산금계정에 계상된 금액에 대하여 세무조사당시 근거와 증빙을 제시하지 못하였고 부사장이 사채이자를 변태기장한 것이라는 확인서까지 제출한 사실이 입증된 이상 그와 반대되는 부과처분의 위법사유는 원고에게 입증책임이 있다(대법원 1984. 7. 24. 84 누 124 법인세부과처분취소).

한다. 처분이유의 사후변경[1] 또는 처분사유의 추가·변경[2]이라고도 한다. 행정기관은 행정소송절차에서 그가 행한 처분을 뒷받침하기 위하여 처분 당시에 존재한 모든 근거를 제시할 필요는 없는 것이다. 그런데 소송의 진행중에 처분 당시에 이미 객관적으로 존재하고 있었으나 알지 못하였거나, 알고는 있었으나 처분의 근거로 주장하지 않았던 근거로 당해 처분의 근거를 변경할 필요가 생기는 경우가 있다. 예컨대 무자료 주류판매 및 위장거래를 근거로 한 주류도매업면허취소처분의 취소소송에서 무면허판매업자에 대한 주류판매를 새로이 그 취소사유로 주장하는 것과 같다(대법원 1996. 9. 6. 96 누 7427 종합주류도매업면허취소처분취소).

2. 類似槪念과의 구별

① 처분근거의 사후변경은 처분시에 존재하였으나 주장하지 않았던 사실상 또는 법률상 근거로 변경하는 것이므로, 처분시에는 존재하지 않았으나 사후에 새로이 발생한 사실관계 또는 법률관계를 법원이 판결에 있어서 고려할 수 있는지의 여부인 위법판단의 기준시점문제와 구별되며, ② 처분근거의 사후변경은 처음부터 법령상 요구되는 이유를 제시하고 있으나, 사후에 그 이유를 변경하는 것이므로, 처음에는 법령상 요구되는 이유를 제시하지 않은 경우에 사후에 이유부기를 추완하는 처분이유의 사후추완과 구별되고, ③ 처분근거의 사후변경은 행위 자체는 그대로 두고 처분의 이유만을 변경하는 것이므로, 흠 있는 행정행위를 새로운 행위로 대체하는 행정행위의 전환과 구별된다.

3. 許容與否

(1) 일반적 견해 소송절차 진행중에 처분근거의 변경이 허용될 것인지가 문제되는데, 처분근거의 사후변경은 원칙적으로 허용된다고 할 것이다. 그것은 만약 변경을 허용하지 않는 경우에는, 법원은 원래의 근거를 받아들이지 않고 처분을 취소할 것이고, 그렇게 되면 행정기관은 변경하려는 근거에 의하여 새로운 처분을 하게 될 것인바, 이는 불필요하게 분쟁해결과정을 장기화하여 소송경제에 반하게 되기 때문이다. 그러나 무제한하게 변경을 인정하게 될 때에는 소송경제만을 위하여 원고의 권리가 침해되는 경우가 발생할 수 있다. 따라서 일정한 제한 안에서만 허용하여야 한다는 것이 일반적인 견해이다.

---

1) 홍정선(상), p.921.
2) 김남진·김연태(I), p.728; 박균성(상), p.1054.

(2) 판례

(가) 일반적 기준

「행정처분의 취소를 구하는 항고소송에 있어서는 실질적 법치주의와 행정처분의 상대방인 국민에 대한 신뢰보호라는 견지에서 처분청은 당초 처분의 근거로 삼은 사유와 기본적 사실관계에 있어서 동일성이 인정되는 한도 내에서만 새로운 처분사유를 추가하거나 변경할 수 있을 뿐, 기본적 사실관계와 동일성이 인정되지 않는 별개의 사실을 들어 처분사유로 주장하는 것은 허용되지 않는다」(대법원 2006.10.13. 2005 두 10446 건축허가신청반려처분취소; 대법원 2008.2.28. 2007 두 13791, 13807 부정당업자제재처분취소).

여기에서의 「기본적 사실관계」의 동일성 유무는 처분사유를 법률적으로 평가하기 이전의 구체적인 사실에 착안하여 그 기초가 되는 사회적 사실관계가 기본적인 점에서 동일한지의 여부에 따라 결정하여야 한다고 판시하였다(대법원 1999.3.9. 98 두 18565 부정당업자제재처분취소).[1]

(나) 기본적 사실관계의 동일성을 인정한 판례 ① 행정청이 폐기물처리사업계획 부적정 통보처분을 하면서 농지전용 불가능 사유를 「인근 농지의 농업경영과 농어촌 생활유지에 피해」를 내세웠다가 사후에 「농지법에 의한 농지전용이 불가능하다는 사유」 등을 주장한 경우,[2] ② 골프연습장에 대한 건축허가 신청에 대한 반려처분을 하면서 「향후 토지이용계획에 대한 검토가 이루어질 때까지 건축허가결정을 유보한다」에서 「주변지역의 토지이용실태나 주변환경 또는 경관과 조화를 이루지 못할 우려」사유를 추가한 경우,[3] ③ 주택신축을 위한 산림형질변경허가신청에 대한 거부처분을 하면서 「준농림지역에서의 행위제한이라는 사유」에서 「자연경관 및 생태계의 교란, 국토 및 자연의 유지와 환경보전 등 중대한 공익상의 필요」 사유를 추가한 경우[4]

(다) 기본적 사실관계의 동일성을 부정한 판례 ① 정보공개거부 처분사유인 「구 공공기관의 정보공개에 관한 법률 제 7 조 제 1 항 제 2 호, 제 4 호, 제 6 호의 사유」에 「같은 항 제 1 호의 사유」를 추가한 경우,[5] ② 의료보험요양기관 지정취소처분 사유인 「구 의료보험법 제33조 제 1 항이 정하는 본인부담금 수납대장을

---

1) 처분사유의 추가변경의 허용범위에 관하여, ① 제재처분 및 경찰하명처분은 처분사유의 동일성에 의해, ② 거부처분은 신청된 수익처분의 동일성에 의해, ③ 과세처분은 과세단위와 세액에 의해, ④ 계획재량처분과 수익처분은 원칙적으로 처분주문의 동일성에 의해 판단된다는 견해도 있다(박정훈, "취소소송의 소송물—처분사유의 추가 · 변경, 소변경 및 취소판결의 효력과 관련하여", 행정소송의 구조와 기능[행정법연구 2], pp.424-425.).

2) 대법원 2006.6.30. 2005 두 364 폐기물처리업사업계획부적정통보처분취소

3) 대법원 2006.10.13. 2005 두 10446 건축허가신청반려처분취소

4) 대법원 2004.11.26. 2004 두 4482 산림형질변경불허가처분취소

5) 대법원 2006.1.13. 2004 두 12629 정보비공개결정취소

비치하지 아니한 사실」에 「같은 법 제33조 제 2 항이 정하는 보건복지부장관의 관계서류 제출명령에 위반하였다는 사실」를 추가한 경우,[1] ③ 입찰참가자격을 제한시킨 처분 사유인 「정당한 이유 없이 계약을 이행하지 않은 사실」과 「계약의 이행과 관련하여 관계 공무원에게 뇌물을 준 사실」을 추가한 경우[2]

4. 事後變更의 시적 범위

①「행정청은 기본적 사실관계의 동일성이 있다고 인정되는 한도 내에서만 다른 처분사유를 추가·변경할 수 있다고 할 것이고, 이는 사실심 변론종결시까지만 허용된다」(대법원 1999. 8. 20. 98 두 17043 단독주택용지조성원가공급거부처분취소).

② 항고소송에서 그 처분의 위법 여부는 처분 당시를 기준으로 판단하므로(대법원 2005. 4. 15. 2004 두 10883 주택건설사업계획승인신청반려처분취소), 처분시 이후의 사정은 사후변경할 수 있는 사정에 해당되지 않는다.

제 9 목 취소소송의 判決

I. 判決의 의의 및 종류

1. 判決의 의의

판결(judgement, Urteil)이란 소송의 대상인 구체적 쟁송을 해결하기 위하여 법원이 원칙적으로 변론을 거쳐 무엇이 법인가를 판단하여 선언하는 행위이다.

2. 判決의 종류

(1) **종국판결과 중간판결** 소송절차에 대한 관계에서 본 분류로, 종국판결(final judgement, Endurteil)은 사건의 전부 또는 일부를 종료시키는 판결이며, 중간판결(interlocutory judgement, Zwischenurteil)은 종국판결을 하기 전에 소송의 진행중에 생긴 쟁점을 해결하기 위한 확인적 성질의 판결을 말한다.

(2) **소송판결과 본안판결** 전자는 소송의 적부에 대한 판결로서, 요건심리의 결과 소송요건의 흠결을 이유로 그 행정소송을 부적법한 것으로 각하하는 판결이며, 후자는 청구의 당부에 대한 판결로서 본안심리의 결과 청구의 전부 또는 일부를 인용하거나 기각함을 내용으로 한다.

1) 대법원 2001. 3. 23. 99 두 6392 의료보험요양기관지정취소처분취소
2) 대법원 1999. 3. 9. 98 두 18565 부정당업자제재처분취소

(3) **확인판결 · 형성판결 · 급부판결** 이는 청구인용판결의 내용 및 효력에 따른 종별이다. 취소소송의 판결은 형성판결이다.

Ⅱ. 違法判斷의 基準時

항고소송에서 소송의 대상인 처분의 위법성을 어느 시점의 법규와 상태를 기준으로 판단할 것인지가 문제된다.

(1) **처분시설** 항고소송의 본질은 처분에 대한 사법적 사후심사이며, 판결시를 기준으로 하면 법원에 대하여 행정적 재량 및 행정감독적 기능을 인정하게 되어 부당하다는 것을 이유로 한다. 통설이다.[1)]

(2) **판결시설** 취소소송의 목적을 계쟁처분의 효력을 현재에 있어서 유지할 것인가의 여부를 결정하는 데 있다고 보고, 처분의 취소여부를 판결시(정확하게는 구두변론종결시)를 기준으로 하여 판단하여야 한다고 본다.

(3) **결언** ㈎ 취소소송은 원고가 위법한 처분에 대하여 그 위법한 행위(행위시의 위법한 행위)의 취소를 구한다고 볼 것이므로 법원은 원고의 뜻에 따라 처분시를 기준으로 위법여부를 판단하여야 할 것이다. 판결시설에 의하면 행위시에는 위법한 행위가 그 동안의 법령의 개폐에 따라 적법하게 될 수도 있어 법치주의의 뜻에 어긋나고, 판결이 늦어지는 경우 불균형이 생길 우려도 있고, 또한 반대로 행위시에 적법인 행위가 판결시에는 위법한 행위가 될 수도 있어 불합리하다 할 것이다.[2)]

㈏ 다만, 계속적 효력을 가진 처분이나 미집행의 처분에 대한 소송에 있어서는, 소송의 목적이 일정 시기에서의 처분의 위법성의 판단에 있는 경우(선거 또는 당선의 효력 등은 선거시를 기준으로 하여야 한다.) 또는 직접 제 3 자의 권리 · 이익에 관계되는 경우(경원자의 일방에 대한 허가처분의 효력을 다투는 것 등)를 제외하고는, 판결시를 기준으로 하는 것이 현실적으로 타당한 판결결과를 보장한다는 면에서 합리적이라 하겠다.

㈐ 그러나 같은 항고소송이라도 부작위위법확인소송의 경우에는 그 성질로 보아, 판결시를 기준으로 하여 위법여부를 판단하여야 할 것이다.

(4) **판례** 처분시를 기준으로 한다.

「행정소송에서 행정처분의 위법 여부는 행정처분이 행하여졌을 때의 법령과 사실상태를 기준으로 하여 판단하여야 하고, 처분 후 법령의 개폐나 사실상태의 변동

---

1) 김남진 · 김연태(I), p. 729; 김동희(I), p. 750; 박균성(상), p. 1074; 홍정선(상), p. 928.
2) 이상규(상), p. 783.

에 의하여 영향을 받지는 않는다」(대법원 2007. 5.11. 2007 두 1811 공사중지명령 처분취소).[1]

Ⅲ. 終局判決의 내용

1. 訴却下判決

(1) 소송요건을 갖추지 못한 부적법한 소에 대하여 본안심리를 거절하는 판결이다. 소송요건이 결여된 경우는 예컨대 당사자적격이 없는 경우, 제소기간 경과 후에 제기한 경우 등이다.

(2) 각하판결로 인하여 소송대상이 된 처분이 적법한 것으로 확정되는 것은 아니므로, 동일 처분에 대하여 다시 소송요건을 갖춘 소가 제기되면 법원은 이를 심리・판결하여야 한다.

2. 請求棄却判決

본안심리의 결과 원고의 주장을 배척하는 판결이다. (보통의) 기각판결과 사정판결이 있다.

(1) (보통의) 기각판결 ㈎ 원고의 청구가 이유 없다 하여 그 주장을 배척하는 판결이다. 계쟁처분이 위법하지 아니하고 적법하거나 단순한 부당에 그친 경우, 소제기 후에 소의 대상이나 소의 이익이 소멸된 경우에 한한다.[2]

㈏ 다만, 기각판결이 있더라도 행정청이 당해 처분을 직권으로 취소 또는 변경하는 것을 막는 것은 아니다.

(2) 사정판결

㈎ 의의 및 근거(필요성) ⓐ 처분이 위법함에도 불구하고 예외적으로 기각판결을 하는 경우가 있다. 즉, 원고의 청구가 이유 있다고 인정하는 경우에도 그 처분을 취소・변경하는 것이 현저히 공공복리에 적합하지 아니하다고 인정하는 때에는 법원은 원고의 청구를 기각할 수 있는바, 이것을 사정판결이라 한다(동 28① 전단).

---

1) 지방자치단체장이 공장시설을 신축하는 회사에 대하여 사업승인 내지 건축허가 당시 부가하였던 조건을 이행할 때까지 신축공사를 중지하라는 명령을 한 경우, 위 회사에게는 중지명령의 원인사유가 해소되었음을 이유로 당해 공사중지명령의 해제를 요구할 수 있는 권리가 조리상 인정된다(대법원 2007.5.11. 2007 두 1811 공사중지명령처분취소).

2) 임기 만료된 지방의회의원이 군의회를 상대로 한 의원제명처분 취소소송에서 승소한다고 하더라도 군의회 의원으로서의 지위를 회복할 수는 없는 것이므로, 위 의원은 소를 유지할 법률상의 이익이 없어서 소를 각하한 원심은 정당하다(대법원 1996.2.9. 95 누 14978 의원제명처분취소).

(b) 처분 후에 생긴 새로운 공공복리(기성사실)를 존중하려는 취지이다(예컨대 댐 건설을 위한 하천점용허가처분이 위법하더라도 이를 취소하여 원상회복시키는 것이 공익에 적합하지 않는 경우, 환지처분이 위법하다 하여 이를 취소한다면 당해 환지계획 전체를 수정하지 않을 수 없게 되어 공익에 적합하지 않는 경우 등을 예상한 것이다).

(c) 그러나 사정판결제도는 법치행정의 원리와 사법판결을 통한 권리구제라는 헌법이념에서 볼 때에는 설명하기 어려운 제도라 하겠다.[1)]

(나) 요 건

(a) 사익과 공공복리와의 이익형량 ① 사정판결은「처분 등을 취소하는 것이 현저히 공공복리에 적합하지 아니한 때」에 행한다(행송 28①). 사정판결제도는 사익과 공익(공공복리)을 비교형량한 결과 공익을 유지시키려는 제도로서 집행부정지의 원칙과 더불어, 행정소송법상 가장 두드러진 공익조항이라 할 수 있다.[2)]

② 사정판결제도는 위법한 처분을 유지시키는 점에서 법치행정의 원칙에 대한 중대한 예외가 되는 것이므로, 그 발동요건은 엄격하게 제한적으로 해석하여야 한다. 따라서 사정판결제도는 사법의 본래의 기능인 법보장기능을 후퇴시키고, 개인의 권익을 희생시키지 않으면 안될 정도의 필요불가결한 공공복리상의 요청이 있는 경우에 한하여서만 발동되어야 할 것이며, 사정판결 이외의 방법에 의한 해결이 불가능한 경우에 보충적으로만 인정되어야 하고, 또한 그 경우에도 대상적(代償的) 이익구제조치가 반드시 병행되어야 한다.

③ 공공복리(public welfare, gemeine Beste)가 사정판결을 위한 가장 중요한 기본적 관념이다. 공공복리는 개인의 인권존중과 사회공익의 조화 위에 창출되는 사회 전체의 공동행복·공동이익을 의미하는 고차원적 개념이라 하겠다.[3)]

우리 판례도,「행정처분이 위법한 경우에는 이를 취소하는 것이 원칙이고, 예외적으로 그 위법한 처분을 취소·변경하는 것이 도리어 현저히 공공복리에 적합하지 아니하는 경우에는 그 취소를 허용하지 아니하는 사정판결을 할 수 있고, 이러한 사정판결에 관하여는 당사자의 명백한 주장이 없는 경우에도 기록에 나타난 여러 사정을 기초로 직권으로 판단할 수 있는 것이나, 그 요건인 현저히 공공복리에 적합하지 아니한지 여부는 위법한 행정처분을 취소·변경하여야 할 필요와 그 취소·변경으로 인하여 발생할 수 있는 공공복리에 반하는 사태 등을 비교·교량하여 판단하여야 할 것이다」(대법원 2006. 12. 21. 2005 두 16161 보험약가인하처분취소)이라고 판시하여, 개별적 사건에 있어서 여러 사정을 참작하여 직권으로 판단하는 태도를 보이고

1) 이상규, 신행정쟁송법, 개정판, p. 482.

2) 김도창(상), p. 810; 김석수, 사정판결—대법원판례를 중심으로—사법론집, 제 5 집; 김철용, 사정판결, 월간고시, 1987. 4 월호 참조.

3) 김도창(상), p. 811; 南博方 編, 條解행정사건소송법, p. 693 참조.

있다.[1)]

〔판례〕 환지예정지지정처분 및 환지예정지변경처분이 위법하지만 이를 취소하는 것이 현저히 공공복리에 적합하지 아니한 경우에 해당하여 사정판결을 할 사유가 있다고 본 사례

당해 공업용지조성사업은 그 사업면적이 150,000㎡를 초과하고 있어 구 도시계획법 제86조 제1항 및 같은법시행령 제67조 제2호의 규정상 토지구획정리사업법상의 환지 규정을 준용할 수 없는 사업이므로 그 사업시행자인 지방자치단체장이 위 환지 규정을 준용하여 행한 환지예정지지정처분 및 환지예정지변경처분이 위법하지만, 만약 이를 취소할 경우 이미 환지예정지지정(변경)처분에 불복하지 않고 그 처분에 기하여 사실관계를 형성하여 온 사업지역 내 다수의 이해관계인들에 대한 환지예정지지정(변경)처분까지도 이를 변경하게 됨으로써 기존의 사실관계가 뒤집어지고 새로운 사실관계가 형성되는 혼란이 발생할 수 있게 되는 반면에, 위 환지예정지지정(변경)처분을 취소하지 않고 유지함으로써 당해 회사에게 다소의 손해가 발생한다고 하더라도 이는 금전 등으로 전보될 수 있는 것이므로 당해 환지예정지지정처분을 취소하는 것은 현저히 공공복리에 적합하지 아니한 경우에 해당하여서 사정판결을 할 사유가 있다(대법원 1997. 11. 11. 95 누 4902, 4919 환지예정지지정처분취소·손해배상).

〔판례〕 재개발조합설립 및 사업시행인가처분이 법정요건을 충족하지 못하여 위법하나 재개발사업의 공익목적에 비추어 사정판결을 한 사례

재개발조합설립 및 사업시행인가처분이 처분 당시 법정요건인 토지 및 건축물 소유자 총수의 각 3분의 2 이상의 동의를 얻지 못하여 위법하나, 그 후 90% 이상의 소유자가 재개발사업의 속행을 바라고 있어 재개발사업의 공익목적에 비추어 그 처분을 취소하는 것은 현저히 공공복리에 적합하지 아니하다고 인정하여 사정판결을 한 사례(대법원 1995. 7. 28. 95 누 4629 주택개량재개발조합설립및사업시행인가처분무효확인).

(b) 위법성인정 등의 기준시, 주장·입증책임 ① 사정판결의 대상이 되는 처분의 위법성인정은 일반원칙에 따라 행위시(처분시)를 기준으로 하여 판단할 것이다. 그러나 사정판결의 필요성은 그 성질상 처분 후의 사정이 고려되어야 할 것이므로 판결시(변론종결시)를 기준으로 판단하여야 할 것이다. ② 그리고 주장·입증책임은 사정판결을 하여야 할 사유는 예외적인 사항에 속하는 것이므로 당연히 피고인 행정청이 부담한다고 할 것이다. ③ 판례는 당사자의 명백한 주장이 없는 경우에도 기록에 나타난 여러 사정을 기초로 직권으로 사정판결을 할

1) 건축허가취소처분이 의견진술 절차 없이 이루어진 절차적인 위법사유가 있으나, 이를 이유로 취소처분을 취소하고 당초의 건축허가를 유지하는 것은 현저히 공공복리에 적합하지 아니하므로 사정판결을 할 사유가 있다(대법원 2005. 12. 8. 2003 두 10046 개발제한구역내행위허가취소처분무효확인등); 환지예정지지정처분을 함에 있어, 토지평가협의회의 심의를 거치지 아니하고 결정된 토지 등의 가격평가에 터잡음으로써 그 절차에 하자가 있다는 사유만으로 위 처분을 취소하는 것이 현저히 공공복리에 적합하지 아니하다고 보이므로 사정판결을 할 사유가 있다(대법원 1992. 2. 14. 90 누 9032 환지예정지지정처분취소등).

수 있다고 한다(대법원 2001. 1. 19. 99 두 9674 이사및이사장취임승인취소처분취소).

(c) 사정조사 법원이 심리과정에서, 사정판결이 필요하다고 인정하면, 판결 전에 미리 원고가 사정판결로 인하여 입게 될 손해의 정도와 배상방법, 그 밖의 사정을 조사하여야 한다(동 28②). 이러한 조사를 하게 한 것은, 원고가 입게 될 손해를 조사하여 사정판결을 위한 이익형량의 기준으로 삼고, 동시에 사정판결을 하려는 취지를 원고에게 알려, 청구의 병합제기 등 구제방법을 준비시키려는 것이라 할 것이다.

(다) 효 과

(a) 판결주문에 위법성 명시 사정판결을 할 때에는 법원은 「그 판결의 주문에서 그 처분 등이 위법함을 명시하여야 한다」(동 28①후단). 따라서 그 위법성에 대하여 기판력이 발생한다(70 누 66 · 67 · 68 (1970. 7. 28 대판)).

당해 처분으로 인하여 원고가 손해를 입은 경우에 손해배상청구를 한다든가 당해 처분의 존재를 전제로 한 후속처분 등을 저지하기 위하여 당해 처분이 위법한 것임을 판결로 확정할 필요가 있다. 이에 판결주문에 위법성을 명시하도록 한 것이다.

(b) 소송비용 사정판결은 피고가 행한 처분이 위법하고 따라서 원고의 청구가 이유 있음에도 불구하고 원고가 패소한 것이므로, 소송비용은 일반적인 소송비용부담의 예에서와는 달리 피고가 부담한다(동 32).

(c) 원고의 권익구제 원고가 당해 처분으로 인하여 입은 권익침해는 사정판결에 영향을 받지 않고 당연히 그리고 가급적 당해 사정판결과 동시에 구제되어야 한다.

그리하여 행정소송법은 원고는 피고인 행정청이 속하는 국가 또는 공공단체를 상대로 손해배상 · 제해시설의 설치 그 밖에 적당한 구제방법의 청구를 당해 취소소송 등이 계속된 법원에 병합하여 제기할 수 있게 하였다(동 28③).

(라) 무효등확인소송 · 부작위위법확인소송 처분이 무효 또는 부존재인 경우에는 존치시킬 유효한 처분이 없으므로 이들 소송에 있어서는 사정판결이 인정되지 않는다고 할 것이다. 행정소송법에 있어서도 사정판결에 관한 규정은 취소소송에 관하여서만 인정하고(동 28), 무효등확인소송과 부작위위법확인소송에 대하여는 준용하지 아니하였다(동 38 참조).

이와 같이 이들 소송에는 사정판결이 인정되지 않는다는 것이 통설 · 판례이다.[1)]

1) 행정처분이 무효인 경우에는 존치시킬 효력이 있는 행정행위가 없기 때문에 사정판결을 할 수 없다(대법원 1996. 3. 22. 95 누 5509 토지수용재결처분취소등).

3. 請求認容判決

(1) 의의　① 취소소송에서의 인용판결은 원고의 청구가 이유 있다 하여 그 전부 또는 일부를 인용하는 형성판결이다. 형성판결은 법률관계를 형성·변경·소멸시킴을 내용으로 하는 판결이다. 여기에는 적극적으로 형성하는 적극적 형성판결(법률관계의 형성, 기존법률관계의 적극적 변경)과 소극적으로 형성하는 소극적 형성판결(법률관계의 취소 또는 소극적 변경인 일부취소)로 나누어진다. ② 취소소송에서의 인용판결은 기존의 처분을 취소하고 변경하는 것이므로 소극적 형성판결에 해당한다.

(2) 취소와 변경의 의미　현행 행정소송법 아래서도 변경을 소극적 변경(일부취소)으로 보는 견해와 적극적 변경으로 보는 견해가 대립된다. 소극적 변경으로 보는 견해는 행정심판에 있어서의 의무이행심판이 제도화된 것과는 달리, 행정소송법이 의무이행소송을 명문화하지 못하고 부작위위법확인소송만을 채택하는데 그친 점으로 보아 변경판결에서의 「변경」은 소극적 변경으로 이해할 수밖에 없다고 한다.[1] 이에 대하여 권력분립원칙을 실질적·기능적으로 이해하여 법원이 행정청의 행위를 취소함과 동시에 새로운 처분을 내용으로 하는 적극적 형성판결 또는 이행판결을 하는 것도 가능한 것으로 새기는 것이 바람직하다고 한다.[2] 행정소송법의 해석론으로서는 소극설이 타당하다고 할 것이다.

(3) 판례　① 처분의 전부가 위법한 경우에는 전부취소를 하여야 할 것이고, ② 일부가 위법한 경우에는 일부취소를 하거나[3] 전부취소를 하여야 하며,[4] ③ 적극적인 변경판결을 행하는 것은 사법심사의 범위를 벗어나는 것이라고 하겠다.[5]

---

1) 김동희(Ⅰ), p.749; 김성수(일반), 939; 박균성(상), p.1078; 정하중(개론), p.811.

2) 홍정선(상), p.933.

3) 법원이 행정기관의 정보공개거부처분의 위법 여부를 심리한 결과 공개를 거부한 정보에 비공개대상 정보에 해당하는 부분과 공개가 가능한 부분이 혼합되어 있고, 공개청구의 취지에 어긋나지 아니하는 범위 안에서 두 부분을 분리할 수 있음을 인정할 수 있을 때에는, 청구취지의 변경이 없더라도 공개가 가능한 정보에 관한 부분만의 일부취소를 명할 수 있다 할 것이다(대법원 2004.12.9. 2003 두 12707 정보공개거부처분취소); 시로부터 공원휴게소 설치시행허가를 받음에 있어 담당공무원이 법규 오해로 인하여 잘못 회시한 공문에 따라 동기의 착오를 일으켜 법률상 기부채납의무가 없는 휴게소부지의 16배나 되는 토지 전부와 휴게소건물을 시에 증여한 경우 휴게소부지와 그 지상시설물에 관한 부분을 제외한 나머지 토지에 관해서만 법률행위의 중요부분에 관한 착오라고 본 사례(대법원 1990.7.10. 90 다카 7460 소유권이전등기말소등).

4) 처분을 할 것인지 여부와 처분의 정도에 관하여 재량이 인정되는 과징금 납부명령에 대하여 그 명령이 재량권을 일탈하였을 경우 법원으로서는 재량권의 일탈 여부만 판단할 수 있을 뿐이지 재량권의 범위 내에서 어느 정도가 적정한 것인지에 관하여 판단할 수 없으므로 그 전부를 취소할 수밖에 없고, 법원이 적정하다고 인정되는 부분을 초과한 부분만 취소할 수는 없는 것이다(대법원 2007.10.26. 2005 두 3172 시정조치등취소).

5) 영업정지처분이 재량권 남용에 해당한다고 판단될 때에는 위법한 처분으로서 그 처분의 취소

「법원이 새로운 내용의 행정처분을 직접 할 수는 없으나 조세부과처분의 일부를 취소하는 것은 법원의 정당한 권한행사라 할 것이다」(대법원 1964. 5. 19. 63 누 177 물품세부과처분취소).

Ⅳ. 判決의 효력

취소소송의 판결의 효력에 대하여 행정소송법은 기속력(구속력)만을 규정하고(동법 30) 기타의 효력, 즉 형성력·확정력에 대하여는 규정하지 않았으나 그러한 효력도 당연히 인정된다 할 것이다.

1. 形 成 力

(1) 의의　계쟁처분의 취소판결이 확정된 때에는, 처분청의 취소를 기다릴 것 없이 당해 처분은 당연히 효력을 상실하여 처음부터 처분이 없었던 것과 같은 상태(공권력행사에 해당하는 사실행위의 취소판결이 확정된 때에는, 그 공권성이 박탈되어 사인의 사실행위가 있었던 것과 동일한 상태가 생긴다.)로 되는 효과(이를 형성력이라 한다.)가 생기는 것은 명문의 규정은 없으나, 일반적으로 승인할 수 있다(같은 취지: 82 누 91 (1982.7.27 대판)).

(2) 제 3 자효(대세효)

㈎ 행정소송법의 규정　① 구법(1985.10.1 이전)하에서는 형성력이 제 3 자에게 미칠 것인가에 대하여 명문규정이 없어 이론(異論)이 있었으나(예컨대 국세체납처분절차에 있어서 자기의 소유부동산을 공매당한 자가 당해 공매처분의 취소소송을 제기하여 승소판결을 얻은 경우, 그 처분에 전혀 관계하지 아니한 자인 당해 부동산을 낙찰받아 소유권이전등기를 마친 자와의 관계에서도 판결의 효력이 미칠 것인지의 여부), 현행 행정소송법은 이를 명문화하여 「처분 등을 취소하는 확정판결은 제 3 자에 대하여도 효력이 있다」(동법 29①)고 규정하였다. ② 그리고 이 경우에 소외의 제 3 자에게 형성력이 미치는 결과로 생기는 불합리를 시정하도록 제 3 자의 소송참가(동 16) 및 제 3 자의 재심의 소(동 31)를 인정하였다. ③ 제 3 자효에 관한 규정은 집행정지결정이나 그 취소결정에 준용되며(동 29②), 또한 무효확인소송에도 준용된다(동 38①).

㈏ 제 3 자의 범위　(a) 그런데 취소판결의 형성력이 제 3 자에게 미친다고 할 때에, 그 제 3 자의 범위를 어떻게 볼 것인가(형성력의 주관적 범위)에 대하여서는 의견이 갈리는바, 그 대표적인 것이 「소송참가인=상대적 형성력설」(이하 상대적형성력설이라 함)과 「일반제 3 자=절대적 형성력설」(이하 절대적형성력설이라 함)이 그것이다. ① 상대적 형성력설은 소송에 참가하여 재판상 청문권을 행사할 기회를 갖지 않은 제 3 자에게까지 형성력을 미치는 것은 재판을 받을 권리를 침해하는 것이므로, 소송에 참가한 제 3 자에게만 형성력이 미친다고 한다. 즉, 제 3 자의 소송참가와 제 3 자효와는 상호

를 명할수 있을 따름이고, 재량권의 한계 내에서 어느 정도가 적정한 영업정지기간인가를 가리는 일은 사법심사의 범위를 벗어나는 것이다(대법원 1982. 6. 22. 81 누 375 행정처분취소).

의존관계에 있다고 한다. ② 이에 대하여 절대적 형성력설은 행정법관계의 획일적 규율의 요청, 법률상태 변동의 명확화의 요청 등에서 보아 소송에 참가하지 아니한 일반 제 3 자에게도 형성력이 미친다고 한다.[1] 우리의 일반적 견해는 절대적 형성력설인 것 같다.[2]

(b) 그러나 실제문제에 적용함에 있어서는 어려움이 많다. 취소판결의 형성력의 제 3 자효는 내용적으로 두 가지 측면에서 문제가 제기된다. 그 하나는 제 3 자가 취소판결 효력을 부인할 수 있는가의 문제이고, 다른 하나는 제 3 자가 적극적으로 취소판결의 효력을 원용하고 향수할 수 있는가의 문제이다.

① 취소판결의 효력을 제 3 자가 부인할 수 없는 것은 행정소송법 제29조 등 관계규정으로 보아 명백하다.

② 그러나 제 3 자가 취소판결의 효력을 적극적으로 원용하여 향수할 수 있는가의 문제는 어려운 문제로서 앞으로 학설·판례의 집적에 의하여 해결할 문제라고 본다. 이 문제는 의료비인상직권고시, 사설철도의 특급요금개정인가처분 등과 같은 일반처분이나 처분법령에 있어서 그 적용대상이 되는 특정인 또는 일부의 자가 그 취소소송을 제기하여 취소판결을 받은 경우, 소송을 제기하거나 소송에 참가하지 아니한 일반 제 3 자가 당해 일반처분이나 처분법령의 적용 또는 구속으로부터 벗어날 수 있는지의 형태로 문제가 된다.

「취소판결의 확정으로 인하여 당해 행정처분을 기초로 새로 형성된 제 3 자의 권리관계에 변동을 초래하는 경우가 있다 하더라도 이는 취소판결 자체의 형성력에 기한 것이 아니라 취소판결의 위와 같은 의미에서의 제 3 자에 대한 효력의 반사적 효과로서 그 취소판결이 제 3 자의 권리관계에 대하여 그 변동을 초래할 수 있는 새로운 법률요건이 되는 까닭이라 할 것이다」(대법원 1986. 8. 19. 83 다카 2022 손해배상).[3]

2. 羈束力(Verbindlichkeit)

(1) 개 설

(개) 의의 구속력이라고도 하는바, 행정청에 대하여 처분이 위법이라는 판

1) 木村弘之亮, 현대행정법대계(5), p. 247 이하 참조.

2) 김철용(I), p. 531; 김동희(I), p. 693 참조.

3) 그러므로 이 사건에 있어서 위 환지계획변경처분을 취소하는 판결이 확정됨으로써 이 사건 토지들에 대한 원고들 명의의 소유권이전등기가 그 원인 없는 것으로 환원되는 결과가 초래되었다 하더라도, 동 소유권이전등기는 위 취소판결 자체의 효력에 의하여 당연히 말소되는 것이 아니라, 소외 이석구가 위 취소판결의 존재를 법률요건으로 주장하여 원고들에게 그 말소를 구하는 소송을 제기하여 승소의 확정판결을 얻어야 비로소 말소될 수 있는 것이며, 위 말소청구 소송에서의 승패 또한 위 취소판결의 존재가 주장되었다는 한 가지 사실만으로 미처 판가름나 있는 것이라 할 수 없고 당사자의 주장 입증 내용에 따라 달라질 여지가 있는 것이라 할 것이다(대법원 1986. 8. 19. 83 다카 2022 손해배상).

결의 내용을 존중하여, 그 사건에 대하여 판결의 취지에 따라 행동할 의무를 지우는 효력을 말한다. 행정소송법은 「처분 등을 취소하는 확정판결은 그 사건에 관하여 당사자인 행정청과 그 밖의 관계행정청을 기속한다」(동법 30①)고 규정하고 있다.

(나) **성질** 기속력의 성질에 대하여서는 견해가 갈린다.

(a) **기판력설** 기속력은 판결 자체의 효력인 기판력과 별개의 효력이 아니고 기판력의 효력 범위에 포함된다고 한다.

(b) **특별(특수)효력설** 기속력은 판결 자체의 효력은 아니고 취소판결의 효과를 실질적으로 보장하기 위하여 행정소송법이 특별히 부여한 효력이라고 한다. 현재의 통설이다.[1]

(c) **판례** 명확하지는 않지만 특수효력설을 취하는 것으로 보인다. 기속력과 기판력의 용어를 혼용하고 있다.

> 「관계 행정기관 또는 그 소속기간을 기속하는 것은 행정소송법 절차에 의거한 확정판결에 한하고 민사송법에 의한 판결은 이러한 기속력이 없다」(대법원 1957. 7. 26. 4290 행상 23).

> 「확정된 행정처분취소판결은 기판력에 의하여 피고인 행정청은 그 판단내용에 구속되어 이후 동일 당사자에 대한 관계에 있어 동일사항을 처리함에는 그 판단에 저촉되는 행정행위는 할 수 없다」(대법원 1960. 9. 26. 4291 행상 146).

(2) 내용

(가) **소극적 효력(반복 금지효)** 취소소송에서 인용판결이 확정되면 행정청(피고인 행정청은 물론 모든 관계행정청)은 동일사실관계 아래서 동일당사자에 대하여 사실심변론종결 이전의 사유를 내세워 다시 확정판결에 저촉되는 동일한 내용의 처분을 반복하여서는 아니되며, 다시 동일한 처분을 하면 그 처분은 그 하자가 중대하고도 명백한 것이어서 당연무효라 할 것이다(대법원 1990. 12. 11. 90 누 3560 토지형질변경허가신청불허가처분취소). 다만 취소판결의 사유가 행정행위의 절차나 형식상의 흠인 경우에는 그 확정판결의 기속력은 취소사유로 된 절차나 형식의 위법에 한하여 미친다 할 것이므로 행정청은 적법한 절차나 형식을 갖추어 다시 동일 내용의 처분을 하는 것은 가능하다 할 것이다.[2]

---

1) 김남진·김연태(I), p.738; 김성수(일반), p.947; 박균성(상), p.1091; 정하중(개론), p. 817; 홍정선(상), p.941.

2) 과세의 절차 내지 형식에 위법이 있어 과세처분을 취소하는 판결이 확정되었을 때는 그 확정판결의 기판력은 거기에 적시된 절차 내지 형식의 위법사유에 한하여 미치는 것이므로, 과세관청은 그 위법사유를 보완하여 다시 새로운 과세처분을 할 수 있고, 그 새로운 과세처분은 확정판결에 의하여 취소된 종전의 과세처분과는 별개의 처분이라 할 것이다. 같은 취지에서 1984. 3. 13 원심이 납세고지서에 세액의 산출근거가 기재되지 아니하였음을 이유로 과세처분의 취소를 명하는 판결을 선고하고 그 판결이 확정되자, 피고가 그 처분을 취소하고 새로이 이 사건 과세처분을 한 것은 적법하다고 본 조치에 주장하는 바와 같은 확정판결의 기판력에 관한 법리를 오해한 위법이 있다 할 수 없다(대법원 1987. 2. 10. 86 누 91 취득세부과처분취소).

이러한 반복금지효에 위반하여 행한 행정청의 행위는 위법한 것으로서 무효사유에 해당한다(대법원 1982. 5. 11. 80 누 104 귀속재산매매계약취소처분무효확인).

반복금지효는 청구인용판결, 즉 취소판결에만 인정되며, 청구기각판결에는 인정되지 아니한다. 행정소송법은 「처분 등을 취소하는 확정판결」이라고 하여 기속력이 수반되는 판결의 범위를 인용판결로 명시하였다(동 30①). 따라서 청구기각판결이 있더라도 행정청이 당해 처분을 직권으로 취소하는 것은 기속력과 관계가 없다고 하겠다.

(나) 적극적 효력

(a) 재처분의무 재처분의무는 당사자의 신청을 요하는 처분에 있어서, 신청에 대한 행정청의 거부처분이 판결에 의하여 취소된 경우에 행정청이 판결의 취지에 따라 다시 처분을 할 의무를 부담하는 것을 말한다(행소 38②). 그런데 행정소송법은 이러한 재처분의무를 신청에 따른 처분(인용처분)이 절차상의 위법을 이유로 취소된 경우에도 준용하고 있다(동 30③). 재처분의무는 뒤에서 보는 간접강제제도에 의하여 뒷받침되며, 부작위위법확인소송에도 준용된다(동 38②).

(ㄱ) 거부처분의 취소판결에 따른 재처분의무 행정소송법은 거부처분취소판결이 확정된 경우에, 기속력의 실효성을 확보하기 위하여 재처분의무를 규정하고 있다. 즉, 판결에 의하여 취소 또는 변경되는 처분이 당사자의 신청을 거부하는 것을 내용으로 하는 경우에는 그 처분을 행한 행정청은 판결의 취지에 따라, 다시 이전의 신청에 대한 처분을 하여야 한다(동 30②).

① 거부처분이 실체법상의 위법을 이유로 취소된 경우(예: 신청인이 법정결격사유에 해당된다고 본 행정청의 판단을 법원이 불인정) 행정청은 「판결의 취지에 따라」 처분을 다시 하여야 한다. 그런데 보통 판결의 취지는 신청을 인용하지 아니한 것이 위법이라는 것으로 새겨질 것이므로, 행정청은 원칙적으로 신청을 인용하는 처분을 하여야 할 것이다. 그러나 예외적으로는 판결의 취지가 인용하라는 것이 아닌 경우도 있을 것이며, 특히 신청한 처분이 재량행위인 경우에 그러할 것이다. 그러한 경우에는 취소된 거부처분과 다른 이유를 들어 또다시 거부처분을 할 수는 있다고 할 것인바, 여기에서 다른 이유란 취소된 거부처분의 이유와 동일성이 없는 이유를 말한다고 할 것이다.

「취소소송에서 소송의 대상이 된 거부처분을 실체법상의 위법사유에 기하여 취소하는 판결이 확정된 경우에는 당해 거부처분을 한 행정청은 원칙적으로 신청을 인용하는 처분을 하여야 하고, 사실심 변론종결 이전의 사유를 내세워 다시 거부처분을 하는 것은 확정판결의 기속력에 저촉되어 허용되지 아니한다」(대법원 2001. 3. 23. 99 두 5238 손실보상재결처분취소).

「처분 행정청은 사실심 변론종결 이후 발생한 새로운 사유를 내세워 다시 이전의 신청에 대한 거부처분을 할 수 있고, 그러한 처분도 위 조항에 규정된 재처분에 해당된다」(대법원 1997. 2. 4. 96 두 70 토지형질변경허가거부처분취소판결간접강제).

② 거부처분이 절차상의 위법을 이유로 취소된 경우(예: 거부처분의 이유제시결여) 이 경우에도 판결의 취지에 따라 처분을 다시 하여야 한다. 그러나 절차의 성격상 행정청은 적법한 절차를 거쳐서 다시 거부처분을 하게 되는 경우가 많을 것이다.

(ㄴ) 인용처분의 절차상 위법을 이유로 한 취소판결에 따른 재처분의무 ① 행정소송법은 당사자의 신청에 따른 인용처분(A에 대한 허가처분)이 절차상 위법을 이유로 취소된 경우에도 행정청의 재처분의무를 규정하고 있다(동 30③). 이 규정은 내용적으로 보면 복효적 행정행위에 의하여 권익을 침해받았다고 주장하여 제 3 자(A에 대한 허가처분에 대하여 B)가 제기한 취소소송에서, 당해 처분이 절차상의 위법을 이유로 판결에 의하여 취소된 경우(A에 대한 허가처분의 취소)에 있어서 행정청의 재처분의무를 규정한 것이다.[1] ② 여기에서 「절차」라 함은, 좁은 의미의 절차(예: 상급기관의 승인, 다른 기관의 동의·의결, 대외적 표시)뿐만 아니라 처분을 하기 위한 주체적 요건(예: 합의체기관의 구성, 정당한 권한의 보유)·형식을 포함하여 재량권행사절차도 포함한다.[2]

(b) 원상회복의무(결과제거의무) 취소판결이 확정되면 행정청은 결과적으로 위법이 되는 처분에 의하여 초래된 상태를 제거하여 원상을 회복할 의무를 진다고 보는 견해가 있다.[3] 원상회복의무는 후행처분의 정리의무와 좁은 의미의 원상회복의무로 나누어 볼 수 있다.

① 취소소송의 대상이 된 처분에 이어 후행처분이 행하여진 경우에는 선행처분의 취소판결의 기속력에 의하여 후행처분을 취소하여 원상으로 회복할 의무를 진다고 할 것이다. 예컨대 과세처분이 취소되면 세무서장은 그것을 전제로 한 압류처분을 취소하여야 할 것이다. ② 좁은 의미의 원상회복의무는 취소된 행정처분에 의하여 변동된 법률관계 또는 사실관계를 원상으로 회복할 의무를 진다고 할 것이다. 예컨대 농지매수처분이 판결에 의하여 취소되면 국가는 소유권등기말소의무가 있다고 할 것이다.

(3) 범 위

(가) 주관적 범위 기속력은 당사자인 행정청뿐만 아니라 그 밖의 관계행정청에도 미친다. 여기에서 관계행정청은 취소된 처분 등을 기초로 하여 그와 관

---

1) 당사자의 신청에 따른 인용처분의 경우에 그 처분의 직접상대방이 그 취소를 구하는 일은 상정하기 어렵다.

2) 김도창(상), p. 819 참조.

3) 藤田宙靖, 행정법(I) 제 3 판 개정판, 1995, p. 400.

련되는 처분이나 부수되는 행위를 할 수 있는 행정청을 총칭하는 것이다.[1]

(나) **객관적 범위** 기속력은 판결주문 및 그 전제가 된 요건사실의 인정과 판단에만 미치고, 판결의 결론과 직접 관계없는 방론이나 간접사실의 판단에는 미치지 아니한다.

「재결의 기속력은 재결의 주문 및 그 전제가 된 요건사실의 인정과 판단, 즉 처분 등의 구체적 위법사유에 관한 판단에만 미친다고 할 것이고, 종전 처분이 재결에 의하여 취소되었다 하더라도 종전 처분시와는 다른 사유를 들어서 처분을 하는 것은 기속력에 저촉되지 않는다고 할 것이며, 여기에서 동일 사유인지 다른 사유인지는 종전 처분에 관하여 위법한 것으로 재결에서 판단된 사유와 기본적 사실관계에 있어 동일성이 인정되는 사유인지 여부에 따라 판단되어야 한다(대법원 2005. 12. 9. 2003 두 7705 주택건설사업계획승인신청서반려처분취소).

(다) **시간적 범위** 기속력은 처분당시를 기준으로 하여 그 당시까지 존재하였던 이유에 한하고 그 이후에 생긴 이유에는 미치지 아니한다.

(4) **기속력위반의 효과** 취소판결의 기속력에 위반하는 행정처분은 위법한 행위로서 무효이다.[2]

3. 間接強制

(1) **민사소송의 집행력** 민사소송에서는 강제집행을 할 수 있게 하는 확정판결의 효력을 집행력(Vollstreckbarkeit)이라 한다. 현행 행정소송법은 일반이행소송 또는 의무이행소송을 인정하지 않았기 때문에 행정소송에서는 강제집행의 문제가 생길 여지가 없다.

(2) **간접강제의 의의** 현행 행정소송법 제34조 제 1 항은 「행정청이 제30조 제 2 항의 규정에 의한 처분을 하지 아니하는 때에는 제 1 심 수소법원은 당사자의 신청에 의하여 결정으로써 상당한 기간을 정하고 행정청이 그 기간 내에 이행하지 아니하는 때에는 그 지연기간에 따라 일정한 배상을 할 것을 명하거나 즉시 손해배상을 할 것을 명할 수 있다」고 규정하여 판결의 실효성을 확보하기 위한 수단으로 민사소송의 경우와 마찬가지로 간접강제제도를 채택하였다.

「거부처분에 대한 취소의 확정판결이 있음에도 행정청이 아무런 재처분을 하지 아니하거나, 재처분을 하였다 하더라도 그것이 종전 거부처분에 대한 취소의 확정

1) 이상규(상), p. 886.

2) 주택건설사업 승인신청 거부처분의 취소를 명하는 판결이 확정되었음에도 행정청이 그에 따른 재처분을 하지 않은 채 위 취소소송 계속중에 도시계획법령이 개정되었다는 이유를 들어 다시 거부처분을 한 것은 거부처분 취소판결의 기속력에 저촉되어 당연무효이다(대법원 2002. 12. 11. 2002 무 22 간접강제).

판결의 기속력에 반하는 등으로 당연무효라면 이는 아무런 재처분을 하지 아니한 때와 마찬가지라 할 것이므로 이러한 경우에는 행정소송법 제30조 제2항, 제34조 제1항 등에 의한 간접강제신청에 필요한 요건을 갖춘 것으로 보아야 한다」(대법원 2002. 12. 11. 2002 무 22 간접강제).

(3) **인정취지** 간접강제는 독일의 강제금제도에 해당하는 것으로 민사집행법 제261조의 간접강제규정을 본딴 것이다. 민사소송법상의 간접강제는 본래 비대체적인 작위의무의 이행을 간접적으로 강제하는 제도이다. 거부처분취소판결의 경우에도 행정청이 그 판결의 취지에 따른 처분을 하여야 할 의무는 비대체적인 의무이므로 이를 강제하기 위하여 간접강제를 인정한 것이다.

(4) **내용 및 절차** 행정소송법이 채택한 간접강제의 내용은 민사소송법의 그것과 거의 같은 것으로 거부처분취소판결이 확정된 경우, 행정청이 판결의 취지에 따라 다시 이전의 신청에 대한 처분을 하지 아니한 때에는 제1심 수소법원은 당사자의 신청에 의하여, 결정으로써 상당한 기간을 정하고 행정청이 그 기간 내에 이행하지 아니한 때에는 그 지연기간에 따라 일정한 배상을 할 것을 명하거나 즉시 손해배상을 할 것을 명할 수 있다. 이 경우에는 제33조를 준용하여 배상명령의 효력이 피고인 행정청이 소속하는 국가 또는 공공단체에도 미치게 하여 집행이 용이하도록 하였으며, 또한 민사소송법 제261조를 준용하여 행정청을 심문하도록 하였다(동 34).

(5) 간접강제제도는 부작위위법확인소송에도 준용된다(동 38② 참조).

4. 旣判力(實質的 確定力)

(1) **의의** 판결은 확정력을 가지는바, 보통 형식적 확정력과 실질적 확정력으로 나뉜다. 전자는 소송의 심급을 마쳤거나 상소기간의 경과로 더 이상 그 처분의 당부를 다툴 수단이 없는 상태를 말하며, 후자는 그 내용에 관하여 법원이 더 이상 이를 변경하거나 그와 다른 판결을 행할 수 없는 효력을 말한다. 취소소송의 판결은 심급을 마쳤거나 상소기간의 경과로 형식적 확정력을 발생함은 물론, 취소소송도 재판인 이상 명문규정은 없으나,[1] 그 본질에서 소송법상의 효력으로서 실질적 확정력, 즉 기판력을 발생함은 당연하다.[2]

1) 독일 행정재판소법 제121조는 「확정판결은 그 쟁송사항에 관하여 판단한 범위 안에서 당사자 및 그들의 승계인을 기속한다」고 규정하여 기판력에 관한 명문규정을 두었다.

2) 확정판결의 기판력이라 함은 확정판결의 주문에 포함된 법률적 판단의 내용은 이후 그 소송당사자의 관계를 규율하는 새로운 기준이 되는 것이므로, 동일한 사항이 소송상문제가 되었을 때 당사자는 이에 저촉되는 주장을 할 수 없고, 법원도 이에 저촉되는 판단을 할 수 없는 기속력을 의미하는 것이다. 기판력의 객관적 범위는 그 판결의 주문에 포함된 것, 즉 소송물로 주장된 법률관계의 존부에 관한 판단의 결론 그 자체에만 미치는 것이고 판결이유에 설시된 그

기판력은 일단 재판이 확정된 때에는 동일한 소송물에 대하여는 다시 소를 제기할 수 없고, 설령 제기되어도 상대방은 기판사항이라는 항변을 할 수 있으며, 법원도 일사부재리의 원칙에 따라 확정판결과 내용적으로 모순되는 판단을 하지 못하는 효력을 말한다.

(2) 범 위

(가) 주관적 범위 기판력이 미치는 주관적 범위에 대하여는 이론이 있으나, 원칙적으로 당사자 및 당사자와 동일시할 수 있는 그 승계인에게만 미치고(승계인에게 미친다는 판례— 63 다 522(1963.10.22 대판)), 제 3 자에게는 미치지 않는 것이 원칙이다. 앞에서 본 제 3 자효는 형성력을 뜻하며 기판력은 아니다. 다만 취소소송의 피고는 권리주체가 아닌 처분청이므로 행정청을 피고로 하는 취소소송에 있어서의 판결의 확정력은 당해 처분의 효력이 귀속하는 국가 또는 공공단체에 미친다고 볼 것이다.

(나) 객관적 범위 소송물에 관한 판단은 판결주문에 표시되기 때문에 판결주문에 대하여서만 기판력이 생기고 판결이유에 대하여서는 생기지 않는다. 따라서 취소소송 판결의 기판력은 행정행위의 위법성의 판단에 관하여 생기며, 그 전제가 되는 위법원인의 판단에 관하여는 생기지 않게 된다(예컨대 사업인정이 위법하다는 이유로 토지수용위원회의 재결을 취소한 판결이 확정되어도, 사업인정의 위법 여부는 다른 소송에서 판단할 수 있다). 즉, 취소소송은 하나의 행정처분을 전제로서 그 위법성(소송물)을 다투는 불복소송이므로 구체적으로 어느 점이 위법한가는 공격방법에 지나지 않으며, 소송물에는 영향을 미치지 않는다.

(다) 시간적 범위 기판력은 사실심 변론의 종결시를 표준으로 하여 발생한다. 즉, 당사자는 사실심의 변론 종결시까지 사실자료를 제출할 수 있고 종국판결도 그 때까지 제출한 자료를 기초로 한 결과이기 때문에, 이 시점에서 기판력이 생긴다.

(3) 기판력의 주장(행송 8②, 민사소송 216)

「확정판결의 존재 여부는 당사자의 주장이 없더라도 법원이 이를 직권으로 조사하여 판단하지 않으면 안 되고, 당사자가 확정판결의 존재를 사실심변론종결시까지 주장하지 아니하였더라도 상고심에서 새로이 이를 주장, 입증할 수 있다」(대법원 1989.10.10. 89 누 1308 침사자격존재확인).

전제가 되는 법률관계의 존부에까지 미치는 것은 아니다(대법원 1987.6.9. 86 다카 2756 가옥명도등).

V. 取消判決에 따르는 기타 사항

1. 違憲·違法判決 등의 公告

(1) 현행 행정소송법은, 명령이나 규칙이, 행정소송에 대한 대법원의 판결에 의하여, 헌법 또는 법률에 위반된다는 것이 확정된 경우에는(헌 107②), 그 판결 자체가 소극적 의미의 입법의 성질을 가지므로 동종의 사안에 있어서 그 위법한 명령·규칙에 의한 피해의 확대를 막기 위하여, 국민이 주지할 수 있도록 판결 내용을 행정안전부장관이 관보에 게재하여 공고하도록 하였다(동 6).

(2) 그러나 이러한 공고는 판결의 내용을 관계 행정청이나 이해관계인에게 알려서 앞으로는 위헌 또는 위법으로 판단된 명령이나 규칙을, 관계 행정청은 적용하지 않도록 하고, 이해관계인은 행정청이 그러한 명령이나 규칙을 적용하는 경우 위헌·위법을 주장하여 적용을 막도록 하려는 것이다.

2. 제 3 자의 再審請求

취소판결의 효력은 소외의 제 3 자에게도 미치는 것이므로(행송 29①), 자기에게 책임 없는 사유로 소송참가를 못함으로써, 판결 결과에 영향을 미칠 공격·방어 방법을 제출하지 못한 제 3 자의 권익을 보호하기 위하여, 행정소송법은 민사소송법에 대한 특칙으로서, 확정된 종국판결에 대한 제 3 자의 재심청구를 인정하였다(동 31).

제 2 항 無效등確認訴訟

I. 概 說

1. 意 義

① 행정청의 처분 등의 효력유무 또는 존재여부를 확인하는 소송이다(동 4(2)). 처분이나 재결의 무효확인소송(예: 압류처분 무효확인소송)·유효확인소송(예: 징수유예처분 유효확인소송)·존재확인소송(예: 압류취소처분 존재확인소송)·부존재확인소송(예: 압류처분 부존재확인소송) 및 실효확인소송(예: 영업정지 처분실효 확인소송)이 포함된다. 여기에서는 무효확인소송을 중심으로 설명하기로 한다. 다른 소송도 이에 준한다.

② 처분이 무효인 경우에도 처분으로서의 외관은 존재하고, 처분의 무효원인과 취소원인의 구별은 절대적인 것이 아니기 때문에 무효인 처분도 행정청에

의하여 집행될 우려가 있다.

따라서 무효인 처분의 상대방이나 이해관계인은 그 무효임을 공적으로 확인받을 필요가 있으며, 여기에 무효확인소송 그 자체를 독립된 하나의 소송형태로 인정할 의의가 있다고 하겠다.

③ 물론 무효확인 자체를 구하는 독립의 소송형태를 인정한다 하더라도 무효확인소송제도를 따로 두지 아니하고, 무효선언적 의미의 취소소송을 제기하여 무효확인을 받는 것도 가능하다 할 것이다.

2. 성 질

무효등확인소송의 성질에 대하여 구법하에서는 명문이 없었기 때문에 다툼이 있었다. 그러나 현행 행정소송법은 입법적으로 해결하여 항고소송의 일종으로 명문화하였다(동 4(2)). 이와 같이 행정소송법은 항고소송의 일종으로 명문화하였으나, 성질로 볼 때는 준항고소송으로 보는 것이 정확하다고 하겠다.[1]

3. 適用法規

(1) 무효등확인소송도 행정청의 제 1 차적 판단권의 행사인 처분을 매개로 하여 생긴 위법한 법상태의 제거를 목적으로 하며, 행정청의 공권력행사에 관한 불복소송인 점에서 취소소송과 기본적으로 그 성격을 같이한다.

(2) 그리하여 취소소송에 관한 거의 대부분의 규정이 준용되며(동 37·38①), 준용되지 아니한 규정은 ① 예외적 행정심판전치주의(동 18), ② 제소기간(동 20), ③ 재량처분의 취소(동 27), ④ 사정판결(동 28)에 관한 규정뿐이다.

이러한 규정이 준용되지 아니한 것은 무효등확인소송이 비록 처분을 대상으로 한다고 하더라도, 취소소송과는 달리 중대하고 명백한 흠이 있어서 무효인 처분을 대상으로 한다는 점에서 당연하다 하겠다.

Ⅱ. 裁判管轄

(1) 무효등확인소송의 재판관할도 취소소송과 같이 제 1 심 관할법원은 피고인 행정청의 소재지를 관할하는 행정법원으로 한다. 다만 중앙행정기관 또는 그 장이 피고인 경우의 관할법원은 대법원 소재지의 행정법원으로 한다(동 9·38①). 그의 재판에 불복이 있는 자는 고등법원·대법원에 상소할 수 있다.

---

1) 이상규(상), p. 798.

(2) 무효등확인소송이 관할권 없는 법원에 잘못 제기된 경우에는 원고의 고의나 과실로 인한 경우가 아니면 결정으로 정당한 관할법원에 이송하여야 한다(동 8②, 민소 34).

Ⅲ. 當事者 및 參加人

1. 原告適格

무효등확인소송은 처분 등의 효력의 유무 또는 존재여부의 확인을 구할 법률상 이익이 자가 제기할 수 있다(행송 35). 그런데 여기에서의 「확인을 구할 법률상 이익」이 무엇인가에 대하여 견해가 갈린다.

(1) 학 설

(가) 즉시확정이익설 이 견해는 「확인을 구할 법률상 이익」을 민사소송에 있어서의 확인의 이익과 같이, 원고의 권리나 법률상 지위에 현존하는 불안이나 위험을 제거하기 위하여 확인판결을 받는 것이 유효·적절한 때와 같은 즉시확정의 법률상 이익으로 본다.[1] 즉, 무효를 전제로 하는 현재의 법률관계에 관한 소송으로 구제되지 않을 때에만 무효확인소송이 보충적으로 인정된다고 보고 있다.

(나) 법적이익보호설 이 견해는 「확인을 구할 법률상 이익」을 민사소송에 있어서의 확인의 이익보다 넓은 개념으로서, 취소소송에 있어서와 동일하게 법규에 의하여 보호되는 이익으로 본다. 행정소송은 공익을 추구하는 행정작용에 대하여 특수한 취급을 하기 위하여 별도로 마련된 소송제도로서 민사소송과는 그 목적과 취지를 달리하므로 민사소송에서의 확인의 이익이론이 행정소송에서는 그대로 타당할 수 없다는 점 등을 든다. 우리의 통설적 견해이다.[2]

(2) 판례 판례는 다른 구제수단에 의하여 분쟁이 해결되지 않는 경우에 한하여 무효확인소송이 보충적으로 인정된다고 하는 이른바 「무효확인소송의 보충성」을 요구하였으나, 전원합의체 판결로 종전의 입장을 변경하여 보충성을 요하지 않는다고 판시하였다. 권리구제의 신속성과 직접성을 기할 수 있는 타당한 판단이다.

「행정처분의 근거 법률에 의하여 보호되는 직접적이고 구체적인 이익이 있는 경우에는 행정소송법 제35조에 규정된 '무효확인을 구할 법률상 이익'이 있다고 보

1) 김남진(Ⅰ), p. 840.
2) 최송화, 무효등확인소송에서의 소의 이익, 고시계, 1993. 5월호, p. 53 이하.

아야 하고, 이와 별도로 무효확인소송의 보충성이 요구되는 것은 아니므로 행정처분의 무효를 전제로 한 이행소송 등과 같은 직접적인 구제수단이 있는지 여부를 따질 필요가 없다고 해석함이 상당하다」(대법원 2008. 3. 20. 2007 두 6342 전원합의체판결 하수도원인자부담금부과처분취소).[1]

(3) 결언 법적이익보호설이 타당하다고 본다.

2. 被告適格

(1) 무효등확인소송도 취소소송과 마찬가지로 행정청의 처분의 적부를 다투는 것이므로, 그 행위권한을 가진 행정청을 피고로 하는 것이 소송제기에 편리하고, 적절한 방어방법을 강구하는 데도 합목적적이므로 처분청을 피고로 한다(동 13·38①).

(2) 피고의 경정(동 14)에 관하여도 취소소송의 규정이 준용된다(동 38①).

3. 訴訟參加

(1) 무효등확인소송에 있어서도 실질적 당사자로 볼 수 있는 자가 소송의 국외자가 된 경우에 이들을 소송에 참가시켜 소송자료를 풍부하게 하여 실체적 진실을 발견하고 이들에게 판결의 효력을 미치게 할 필요성은 취소소송에 있어서와 마찬가지이므로 제 3 자의 소송참가에 관한 규정이 준용된다(동 16·38①).

(2) 같은 취지에서 행정청의 소송참가에 관한 규정도 준용된다(동 17·38①).

Ⅳ. 訴訟提起

1. 訴訟의 대상

무효등확인소송도 취소소송과 마찬가지로 「처분 등」, 즉 행정청이 행하는 구체적 사실에 관한 법집행으로서의 공권력의 행사 또는 그 거부와 그 밖에 이에 준하는 행정작용 및 행정심판에 대한 재결을 소송대상으로 한다(동 19전단·38①).

1) (보충성을 요하는)종래의 대법원 판례 취지에 비추어 보면, 한국토지공사로부터 이 사건 토지를 매수하여 그 위에 이 사건 건물을 신축한 이후 이 사건 하수도원인자부담금 부과처분에 따라 이를 납부한 원고로서는 이 사건 처분의 무효를 주장하여 부당이득반환청구의 소로써 직접 이러한 위법상태의 제거를 구할 수 있으므로, 이 사건 처분에 대하여 무효확인을 구하는 원고의 예비적 청구는 소의 이익이 없게 된다.(중략) 이 사건에 관하여 보면, 원고로서는 부당이득반환청구의 소로써 직접 위와 같은 위법상태의 제거를 구할 수 있는지 여부에 관계없이 이 사건 처분의 근거 법률에 의하여 보호되는 직접적이고 구체적인 이익을 가지고 있어 행정소송법 제35조에 규정된 '무효확인을 구할 법률상 이익'을 가지는 자에 해당한다. 따라서 이 사건 처분에 대하여는 그 무효확인을 구할 수 있다고 보아야 하므로, 이를 구하는 예비적 청구에 관한 소는 적법하다(대법원 2008. 3. 20. 2007 두 6342 전원합의체판결 하수도원인자부담금부과처분취소).

무효등확인소송의 경우에는 행정심판전치주의에 관한 규정이 없으나, 임의로 행정심판을 전치시킬 수는 있으므로 행정심판의 재결도 대상이 될 수 있는 것이다. 그리고 재결을 소송대상으로 하는 경우에는 재결 자체에 고유한 위법만을 주장할 수 있고 원처분의 위법은 주장할 수 없다(원처분주의)(동 19후단·38①).

2. (例外的)行政審判前置主義 및 提訴期間制限規定의 적용배제

(1) 무효등확인소송의 경우에도 처분 등을 대상으로 하지만, 흠이 중대하고 명백한 무효인 처분일 경우에는 법원의 심사에 앞서 우선 행정청에게 심리·판단을 하게 할 필요가 없다고 할 것이다. 그러므로 행정심판전치주의에 관한 규정은 준용되지 아니한다(동 18·38①).

(2) 무효 또는 부존재인 처분은 기간의 경과에 의하여 확정될 만한 효력이 없는 처분이라 할 것이므로, 무효등확인소송은 제소기간의 제한을 받지 않고 제기할 수 있다(동 20·38①).

3. 關聯請求의 移送·倂合과 訴의 變更

(1) 처분과 관련되는 분쟁을 한꺼번에 해결하여, 심리의 중복과 재판의 모순·저촉을 피함으로써, 소송경제를 기할 필요가 있는 것은 무효등확인소송의 경우도 마찬가지이므로 관련청구소송의 이송·병합(동 10) 및 공동소송(동 15)에 관한 규정이 준용된다(동 38①).

(2) 소송의 제기중 그 소송자료를 그대로 이용할 수 있는 다른 소송으로의 변경을 인정하는 것이 원고의 권리구제의 면에서나 소송경제의 면에서 바람직한 것은 무효등확인소송의 경우에도 마찬가지이므로 무효등확인소송을 취소소송 또는 당사자소송으로 변경하는 경우에 취소소송의 소의 변경에 관한 규정(동 21)이 준용된다(동 37).[1] 무효등확인소송을 취소소송으로 변경할 경우에는 행정심판전치주의와 제소기간의 요건을 갖추어야 한다. 또한 소송의 제기중 행정청이 당해 소송의 대상인 처분을 변경한 경우에 소의 변경을 인정하였다. 이는 원고에게 책임없는 사유로 인한 무용한 절차의 반복을 피하도록 하고, 간편·신속하게 당해 소송의 목적을 달성할 수 있도록 하는 것이 되므로, 처분변경으로 인한 소의 변경에 관한 규정(동 22)도 준용된다(동 38①).

1) 구법 아래서의 판례는「무효확인을 구하는 소에서 취소를 구하지 아니한다고 주장하고 있지 않는 이상 그 처분이 만약 당연무효가 아니라면 그 취소를 구하는 취지도 포함되어 있다고 보아야 한다」고 판시하고 있는바[66 누 108(1969.7.29 대판)], 이는 행정심판전치주의와 제소기간의 요건이 갖추어진 경우에는 무효등확인소송을 취소소송으로 변경하지 않고도 취소판결을 할 수 있다는 뜻으로 해석된다. 신속한 권리구제라는 면에서 타당하다고 본다.

4. 執行停止決定 및 假處分

(1) **집행정지결정** 취소를 주장하는 경우와 무효를 주장하는 경우를 구별할 이유가 없다는 취지에서 집행정지에 관한 규정의 준용을 인정하여 구법에서의 다툼을 입법적으로 해결하였다(28 · 동 24 · 38①).

(2) **가처분** 무효등확인소송에 있어서 가구제로서 가처분에 관한 민사소송법의 규정이 적용될 수 있는 것인지에 대하여, 행정소송법상의 집행정지결정에 관한 규정이 가처분에 관한 민사소송법의 규정을 배제하는 것으로 보는 견해에서는 취소소송이나 무효등확인소송에 있어서는 가처분에 관한 민사소송법의 규정이 적용되지 않는다고 한다.

이에 대하여 행정소송법상의 집행정지결정에 관한 규정이 가처분에 관한 민사소송법의 규정을 배제하는 것이 아니라고 보는 견해는 취소소송이나 무효등확인소송에 있어서 가처분에 관한 민사소송법의 규정이 적용된다고 한다.

Ⅴ. 審 理

1. 行政審判記錄의 提出命令

법원은 당사자의 신청에 의하여 재결을 행한 행청청(행정심판위원회)에 대하여「행정심판에 관한 기록」의 제출을 명할 수 있게 하였는데, 이는 소송자료를 풍부하게 하여 원고의 입증을 용이하게 하려는 것으로 무효등확인소송에도 준용된다(25 · 동 38①).

2. 職權證據調査主義

행정소송법은 법원이 필요하다고 인정할 때에는 직권으로 증거조사를 할 수 있는 직권증거조사주의를 채택하였다. 그런데 소송의 결과가 공공복리와 밀접한 관련이 있는 것은 무효등확인소송도 마찬가지이므로, 직권증거조사에 관한 규정이 준용된다(26 · 동 38①).

3. 立證責任

무효등확인소송에 있어서 입증책임을 당사자간에 어떻게 분배할 것인가에 대하여는 견해가 갈린다.

(1) 학설

㈎ 취소소송의 경우와 동일하게 보는 견해 무효사유의 주장은 권한행사규정에 있어서의 특정요건사실의 부존재를 주장하는 데 그치는 것으로서, 당해 사실의 부존재가 무효사유인지의 여부는 법해석 또는 경험칙에 의하여 판단되어야 하는 것일 뿐 입증책임과는 무관하다는 점에서 취소소송의 경우와 동일하게 보아야 한다고 한다.[1)]

㈏ 원고입증책임설 이 견해는 ① 취소소송과 무효등확인소송과는 요건사실의 존재, 부존재의 주장내용에 차이가 있다는 점, ② 무효등확인소송은 제소기간의 제한 없이 언제든지 제기할 수 있어서 그 사이에 증거가 없어질 수 있으므로 취소소송과 동일하게 볼 수 없다는 점 등에서 원고가 입증책임을 져야 한다고 한다.[2)]

(2) 판례

「행정처분의 당연무효를 주장하여 그 무효확인을 구하는 행정소송에 있어서는 원고에게 그 행정처분이 무효인 사유를 주장·입증할 책임이 있다」(대법원 2000. 3. 23. 99 두 11851 재개발편입지구에대한사업시행인가를위한공람공고무효확인등).

(3) 결언 판례의 입장인 원고입증책임설이 타당하다고 본다. 우리 나라의 다수설은 취소소송의 경우와 동일하게 보는 견해이다.

Ⅵ. 裁 判

1. 事情判決規定의 적용배제

(1) 무효인 처분의 경우에는 사정판결에 의하여 존속시킬 만한 유효한 처분이 없으므로 사정판결에 관한 규정은 무효등확인판결에 준용하지 아니하였다(동 38① 참조).

(2) 우리 판례도 무효등확인소송에는 사정판결을 인정하지 아니한다(대법원 1985. 2. 26. 84 누 380 버스여객자동차운수사업계획변경인가처분취소).

2. 判決의 第 3 者效

(1) 무효등확인판결은 형식상으로는 확인판결이지만, 그 무효확인의 효과는 취소소송의 형성적 효과에 준하는 것으로 볼 수 있다는 입장에서 무효등확인판결의 제 3 자에 대한 효력을 인정하였다(동 29·38①).

1) 이상규(상), p. 878; 김도창(상), p. 828.
2) 1964. 4. 7 일본 최고재판결, 민집 제21권 제 3 호, p. 572.

(2) 이에 따라 제 3 자를 보호하기 위하여 제 3 자의 소송참가와 재심청구를 인정하였다(동 16 · 31 · 38①).

3. 判決의 羈束力

무효등확인소송에서도 취소판결의 기속력에 관한 규정을 준용하였다(동 30 · 38①).

「행정처분에 대하여 무효확인 판결이 내려진 경우에는 그 행정처분이 거부처분인 경우에도 행정청에 판결의 취지에 따른 재처분의무가 인정될 뿐 그에 대하여 간접강제까지 허용되는 것은 아니라고 할 것이다」(대법원 1998. 12. 24. 98 무 37 건축허가무효확인판결에기한간접강제).

Ⅶ. 先決問題

1. 意 義

(1) 행정소송법에서 선결문제라 함은 민사소송에서의 본안에 대한 판단의 전제가 된 처분 등의 무효 여부 또는 부존재 여부에 대한 다툼(토지소유권확인을 구하는 민사소송에서 토지수용의 무효를 주장하는 것 등)을 말한다(동 11).

(2) 행정소송법은 민사소송의 수소법원이 그 선결문제로서 처분 등의 무효 여부 또는 존재여부를 심리 · 판단하게 되는 경우 심리절차에 관한 약간의 규정을 두고 있다.

(3) 이와 같이 행정소송법이 선결문제에 관하여 규정을 둔 것은 그것이 공익과 밀접한 관련이 있으므로 취소소송에 관한 약간의 규정을 준용하기 위한 것이라 할 것이다. 공법상의 당사자소송(예: 파면처분의 무효를 전제로 한 공무원 신분확인소송 등)에 있어서는 그 소송 자체에 대하여 그러한 규정들이 준용되도록 되어 있고(동법 44), 또한 형사소송절차는 원래 직권심리주의를 채택하고 있으므로, 공법상의 당사자소송과 형사소송에서의 선결문제는 행정소송법이 「처분 등의 효력의 유무 또는 존재 여부가 민사소송의 선결문제로 되어」라고 규정하여 동법의 규정 대상에서 제외하였다.

2. 先決問題의 審判權의 所在

(1) 행정처분의 무효여부 또는 존재여부가 민사소송의 선결문제로 된 경우에 행정소송법은 그에 대한 입법적 해결을 하지 아니하고 종래와 같이 학설 · 판례에 맡기되, 뒤에서 보는 바와 같이 민사법원이 선결문제에 관한 심판을 하는 경우에는 항고소송에 관한 약간의 규정을 준용하도록 하였다(동 11).

(2) 선결문제에 대한 심리·판단권은, 처분 등이 무효 또는 부존재인 경우에는, 당해 민사사건의 수소법원에 있다는 것이 종래 판례의 일반적 태도이다.[1] 따라서 처분 등의 흠이 단순 위법으로 인한 취소사유에 그치는 경우에는 당해 민사법원도 그 처분 등의 공정력에 의한 기속을 받으며, 그 취소·변경은 별도의 항고소송절차에 의하여야 한다는 것이다(같은 취지: 74 다 1548 (1975.4.22 대판)). 그러나 판례는 국가배상사건의 경우에는 수소법원은 처분 등의 흠이 단순 위법인 경우에도 그 위법을 확인할 수 있다고 한다(73 다 228 (1974.3.12 대판)).

〔**판례**〕 무효처분에 대한 민사법원의 선결적 심사권

국세등의 부과 및 징수처분과 같은 행정처분이 당연무효임을 전제로 하여 민사소송을 제기한 때에는 그 행정처분이 당연무효인지의 여부가 선결문제이므로 법원은 이를 심사하여 그 행정처분의 하자가 중대하고도 명백하여 당연무효라고 인정될 경우에는 이를 전제로 하여 판단할 수 있으나, 그 하자가 단순한 취소사유에 그칠 때에는 법원은 그 효력을 부인할 수 없다(대법원 1973. 7 10. 선고 70 다 1439 과오납세금환부).

3. 審理節次

(1) 선결문제를 민사법원이 심리·판단하는 경우, 무효확인소송에 준하여 특별한 취급을 하는 것이 합리적이라 할 것이다.

(2) 그리하여 행정소송법은 수소법원의 처분청에 대한 통지의무를 규정하고 취소소송에 관한 약간의 규정을 준용하고 있다. 즉, ① 처분청에게 소송참가의 기회를 보장하기 위하여 당해 민사소송의 수소법원은 그 처분을 행한 행정청에게 그 선결문제로 된 사실을 통지하도록 하였으며(동 11②), ② 수소법원은 당사자 또는 당해 행정청의 신청 또는 직권에 의하여 결정으로써 그 행정청을 소송에 참가시킬 수 있게 하였다(동 11①·17). ③ 그리고 선결문제에 관한 한 공익과 밀접한 관련이 있으므로 소송자료가 모두 제출되어야 하고, 될 수 있는 대로 객관적이고 공정·타당한 해결을 도모할 필요가 있으므로, 당해 처분이 행정심판을 거친 경우 수소법원은 당사자의 신청이 있는 때에는 결정으로써 재결청에 대하여 행정심판에 관한 기록의 제출을 명할 수 있으며(동 11①·25), ④ 수소법원은 필요하다고 인정할 때에는 직권으로 증거를 조사할 수 있고, 당사자가 주장하지 아니한 사실에 대하여 판단할 수 있게 하였다(동 11①·26).

---

1) 본건 갑종 근로소득세 부과처분은 무효인 만큼 위 부과처분의 무효여부가 민사소송상 선결문제로 된 때에는 민사소송에서 판단 할 수 있다(대법원 1971. 5. 24. 71 다 744 과오납금환부).

제 3 항 不作爲違法確認訴訟

Ⅰ. 概 說

1. 意 義[1)]

행정청이 당사자의 신청에 대하여 상당한 기간 내에 일정한 처분을 하여야 할 법률상 의무가 있음에도 불구하고 이를 하지 아니한 경우에 법원이 행정청의 부작위가 위법하다는 것을 확인하는 확인소송을 말한다(동 2①(2)·43(3)).

2. 성 질

(1) 부작위위법확인소송에 있어서는 행정청의 적극적인 제 1 차적 판단권은 행사되지 아니하였다. 그러나 행정청이 일정한 처분을 하여야 할 법률상 의무가 있음에도 불구하고 이를 하지 아니함으로써 위법한 법상태가 외부화되고 현실화되었다고 볼 수 있다. 항고소송의 목적이 행정청의 태도에 의하여 형성된 위법한 법상태를 제거하여 행정법질서를 유지하려고 하는 것이라면, 행정청의 적극적 태도, 즉 행위(처분)에 의하여 형성된 위법한 상태의 제거를 목적으로 하는 취소소송이나 무효등확인소송과 마찬가지로 부작위위법확인소송도 그 내용상으로 볼 때는 행정청의 소극적 태도, 즉 부작위에 의하여 형성된 위법한 법상태의 제거를 목적으로 하는 것이므로 항고소송의 일종이라 할 것이다. 이에 행정소송법도 부작위위법확인소송을 항고소송의 하나로 규정하였다(동 4(3)).

(2) 그리하여 부작위위법확인소송의 성질과 관련하여서는 두 가지 사항을 특히 명백하게 밝혀 두어야 한다. ① 첫째는 당사자의 신청이 있었음에도 불구하고 인용도 거부도 하지 아니하고 방치하고 있는 것 그 자체의 위법성을 공격하는 것이다. 따라서 원고(신청자)에게 유리한 행정처분을 하지 아니한 것이 위법하다고 주장하는 것은 이 소송의 내용이 아니며, ② 이 소송은 신청에 대하여 상당한 기간이 경과되었음에도 불구하고 방치하고 있는 경우에 그와 같은 부작위가 위법하다는 것의 확인을 청구하는 데 그친다.

(3) 부작위위법확인소송은 공권력의 불행사인 부작위를 위법이라고 확인함으로써, 행정청으로 하여금 공권력을 발동하게 하는 기속(처분의무)을 과한다는 점에서, 의무이행소송과 같이 직접적이지 못하고 간접적이기는 하나 사전적인

---

1) 행정소송법 개정안은 의무이행소송의 도입으로 부작위위법확인소송은 폐지하였다.

행정개입청구의 성질을 가진다.[1)]

3. 不作爲(부작위위법확인소송의 대상)의 개념

행정소송법은 부작위를 「행정청이 당사자의 신청에 대하여 상당한 기간 내에 일정한 처분을 하여야 할 법률상 의무가 있음에도 불구하고 이를 하지 아니하는 것」이라고 정의하고 있다(동법 2①(1)).

4. 適用法規

(1) 부작위위법확인소송도 행정권의 제 1 차적 판단권의 소극적 행사인 부작위를 매개로 하여 생긴 위법한 법상태의 제거를 목적으로 하는 항고소송의 일종으로서 취소소송과 기본적 성격을 같이하므로 취소소송에 관한 많은 규정이 준용된다.

(2) 그리하여 취소소송에 관한 거의 대부분의 규정이 준용되며, 준용되지 않는 규정은 ① 제소기간제한 중에서 처분이 있는 것을 전제로 하여 정한 제소기간제한(동 20②), ② 처분변경으로 인한 소의 변경(동 22), ③ 집행정지결정(동 23·24), ④ 사정판결(동 28), ⑤ 사정판결 등의 경우 피고의 소송비용부담(동 32)에 관한 규정뿐인바, 부작위위법확인소송은 적극적인 처분이 없기 때문에 적극적인 처분이 있음을 전제로 하여 정한 이들 규정이 준용되지 아니한 것은 당연하다 하겠다.

Ⅱ. 裁判管轄

부작위위법확인소송의 재판관할도 취소소송과 같이 제 1 심관할법원은 피고인 행정청의 소재지를 관할하는 행정법원으로 한다. 다만 중앙행정기관 또는 그 장이 피고인 경우의 관할법원은 대법원 소재지의 행정법원으로 한다(동 9·38②).

Ⅲ. 當事者 및 參加人

1. 原告適格

(1) 「처분의 신청을 한 자」로서 부작위의 위법의 확인을 구할 법률상 이익이 있는 자만이 제기할 수 있다(동 36).

(2) 여기에서 「처분의 신청을 한 자」에 대한 해석에 있어서는, 앞에서 본

---

1) 김도창(상), p.833; 이상규(상), p.799.

바와 같이 그것은 「현실적으로 처분을 신청한 자」이면 모두 포함된다는 견해와, 「법령 또는 조리에 의하여 신청권이 인정된 자」만이 이에 해당한다는 견해가 대립되고 있다.

부작위위법확인소송의 목적은 신청권을 가진 자의 불이익을 구제하기 위한 것으로, 신청권의 유무는 행정청의 부작위가 위법인지의 여부를 판단하기 위한 전제가 되므로, 법령 또는 조리에 근거하지 아니하고 신청을 한 자가 부작위에 대하여 소송을 제기하여도 결국 부작위가 성립할 여지가 없으며, 따라서 신청권이 없는 자는 원고적격이 인정될 수 없다고 본다.[1]

따라서 위 견해가 타당하고 생각한다. 판례도 같다.

「부작위위법확인소송은 처분의 신청을 한 자로서 부작위의 위법의 확인을 구할 법률상 이익이 있는 자만이 제기할 수 있는 것으로서(행정소송법 제36조) 당사자가 행정청에 대하여 어떤 행정행위를 하여 줄 것을 신청하지 아니하였거나 당사자가 그러한 행정행위를 하여 줄 것을 요구할 수 있는 법규상 또는 조리상의 권리를 가지고 있지 아니하는 등의 경우에는 원고적격이 없거나 항고소송의 대상인 위법한 부작위가 있다고 할 수 없어 그 부작위위법확인의 소는 부적법하다고 할 것이다」(대법원 2007.10.26. 2005 두 7853 어장시설물등철거명령취소).

2. 被告適格

(1) 부작위위법확인소송도 취소소송과 마찬가지로 소극적이기는 하지만 행정청의 처분의 적부를 다투는 것이므로, 그 행위권한을 가진 행정청을 피고로 하는 것이 소송제기에 편리하고, 적절한 방어방법을 강구하는 데도 합목적적이므로 처분청을 피고로 한다(동 13·38②).

(2) 피고의 경정(동 14)에 관한 취소소송의 규정도 준용된다(동 38②).

3. 訴訟參加

(1) 부작위위법확인소송에 있어서도 실질적 당사자로 볼 수 있는 자가 소송의 국외자로 된 경우에 이들을 소송에 참가시켜 소송자료를 풍부하게 하여 실체적 진실을 발견하고 이들에게 판결의 효력을 미치게 할 필요성은 취소소송에 있어서와 마찬가지이므로 「제 3 자」의 소송참가에 관한 규정이 준용된다(동 16·38).

(2) 같은 취지에서 「행정청」의 소송참가에 관한 규정도 준용된다(동 17·38).

---

1) 김남진(I), p.740; 홍정선(상), pp.755, 756; 송동원, 부작위위법확인소송의 대상이 되는 위법한 부작위, 대법원판례해설, 통권 제13호, p.281; 남박방, 주역 행정사건소송법, p.342 참조.

5. 訴의 變更

(1) 부작위위법확인소송은 청구의 기초에 변경이 없는 한 법원의 허가를 받아 취소소송 또는 당사자소송으로 변경할 수 있다(동 37).

(2) 「처분변경으로 인한 소의 변경」에 관한 규정(동 22)은 부작위위법확인소송의 경우는 처분이 없으므로 준용되지 아니한다.

6. 執行停止決定 및 假處分

(1) 집행정지결정　부작위위법확인소송의 경우에는 부작위상태에 대한 집행정지는 그 성질상 생각할 수 없다.

(2) 가처분　본안소송 자체가 부작위가 위법임을 확인하는 데 지나지 않는다고 할 것이므로 당해 처분을 임시로 행할 것을 명할 수 있는 가처분은 허용되지 않는다고 할 것이다.

V. 審　理

1. 行政審判記錄의 提出命令

실체적 진실발견의 견지에서는 물론이고 소송자료를 풍부하게 하여 원고의 입증을 용이하게 하려는 것으로 부작위위법확인소송에도 준용된다(동 25·38①).

2. 職權證據調查主義

소송의 결과가 공공복리와 밀접한 관련이 있는 것은 부작위위법확인소송의 경우도 마찬가지이므로, 직권증거조사에 관한 규정이 준용된다(동 26·38).

3. 審理權의 범위

부작위위법확인소송의 심사권이 신청의 실체적 내용에까지 미칠 수 있을 것인가에 대하여는 소극·적극의 양설이 대립되어 있다.

(1) 소극설　이 소송에서의 심리·판결은 부작위의 위법을 확인하는 데 그치며, 신청이 실체법상의 요건을 갖추고 있는지의 여부까지를 심리할 수 없고 따라서 행정청이 앞으로 행할 처분의 내용까지 시사할 수는 없다고 한다.[1)]

(2) 적극설　법원은 단순히 행정청의 방치(Unterlassung)의 적부에 관한

1) 김동희(Ⅰ), p.596.

절차적 심리에만 그치지 아니하고 신청이 실체법상의 요건을 갖추고 있는지의 여부까지를 심리하여 사안이 성숙되어 있는 때에는 판결이유 중에서 행정청이 앞으로 행하여야 할 처분의 내용을 시사할 수 있다고 한다.

(3) 결언 (가) 소극설이 타당하다고 생각한다. 적극설은 의무이행소송이 인정되지 아니한 우리 행정소송법 아래에서 부작위위법확인소송을 기능상 의무이행소송에 가깝게 운영함으로써 국민의 권리구제를 온전하게 하려는 점에서는 수긍이 가는 점이 있다. 그러나 이행소송인 의무이행소송을 인정하지 아니하고, 확인소송인 부작위위법확인소송만을 인정한 우리 행정소송법 아래서 부작위위법확인소송을 실질적인 이행소송으로 운영하려고 하는 것은 입법의 아쉬움을 해석으로 메꾸어 보려는 무리가 있다고 할 것이다.

(나) 우리 판례도 소극설의 입장을 취하고 있다.[1)]

Ⅵ. 裁 判

1. 違法判斷 基準時

취소소송에 있어서는 위법판단의 기준시에 대하여 처분시설이 통설적 견해인데, 부작위위법확인소송에 있어서는 신청에 대하여 행정청이 일정한 처분을 하여야 할 의무가 있음을 전제로 하여 상당한 기간 내에 일정한 처분을 하지 아니한 의무위반의 상태를 위법이라 하여 그 확인을 구하는 것이므로 위법판단의 기준시는 판결시로 볼 수밖에 없다.[2)]

2. 事情判決規定의 적용배제

사정판결제도는 처분에 의하여 적극적으로 형성된 법률상태·사실상태를 공익적(공공복리) 견지에서 유지시키는 제도이므로 소극적인 부작위상태의 위법

1) 부작위위법확인의 소는 행정청이 당사자의 법규상 또는 조리상의 권리에 기한 신청에 대하여 상당한 기간 내에 신청을 인용하는 적극적 처분 또는 각하하거나 기각하는 등의 소극적 처분을 하여야 할 법률상 응답의무가 있음에도 불구하고 이를 하지 아니하는 경우 부작위가 위법하다는 것을 확인함으로써 행정청의 응답을 신속하게 하여 부작위 또는 무응답이라고 하는 소극적 위법상태를 제거하는 것을 목적으로 하는 제도이다(대법원 1993. 4. 23. 92 누 17099 부작위위법확인등).

2) 피고(서울교육대학장)는 원고의 위 상근강사 근무기간 종료 후 바로 원고를 정규교원으로 임용하는 처분을 하지 아니하였음은 물론 그 임용을 거부하는 처분도 한 바가 없었던 부작위상태에 있었던 것이어서 그 상당한 기간의 경과에 의하여 피고의 위 부작위는 위법함을 면치 못하게 되었으나, 그 후 피고는 원고의 요청에 의하여 민원서류처리결과통보라는 형식으로 그 임용거절의 의사를 명백히 함으로써 적어도 이 무렵에는 피고가 원고에 대하여 거부처분을 하였다고 보아야 한다(대법원 1990. 9. 25. 89 누 4758 교원임용의무불이행위법확인등).

의 확인을 목적으로 하는 부작위위법확인소송의 경우에는 사정판결이 있을 수 없다.

3. 判決의 第3者效

(1) 현행 행정소송법은 부작위위법확인판결은 형식상으로는 확인판결이지만, 그 위법확인의 효과는 취소소송의 형성적 효과에 준하는 것으로 볼 수 있다는 입장에서 부작위위법확인판결의 제 3 자에 대한 효력을 인정하였다(동 29·38②). 다만, 부작위위법확인판결은 판결시에 있어서 부작위상태의 위법을 확인하여 행정청에 대하여 일정한 처분을 할 의무를 지우는 것이므로, 그 성질상 제 3 자에 대한 효력에 관한 규정인 이들 규정의 준용은 실제로 없을 것으로 생각된다.

(2) 이에 따라 제 3 자를 보호하기 위하여 제 3 자의 소송참가와 재심청구를 인정하였다(동 16·31·38).

4. 判決의 羈束力(處分義務)과 間接強制

(1) 부작위위법확인소송에 있어서 인용판결(확인판결)이 있는 때에는 행정청은 이전의 신청에 대한 처분을 하도록 처분의무를 과하고 그 위반에 대한 간접강제제도를 인정하였다(동 38②·30·34).

(2) 원래 부작위위법확인판결은 부작위상태로 있는 것이 위법하다는 것을 확인함에 그치는 것으로, 확인판결이 있는 경우에는 행정청은 스스로의 판단에 따라 원고의 신청을 받아들이는 적극적인 처분을 하거나 원고의 신청을 기각하거나 각하하는 소극적인 처분을 하면 된다. 그러나 우리의 통설적 견해는 행정소송법이 「행정청은 판결의 취지에 따라 이전의 신청에 대한 처분을 하여야 한다」고 규정하고 있으므로, 행정청의 자유로운 판단에 따라 신청을 인용하거나 기각 또는 각하하는 처분을 할 수 없고, 판결이유에서 인용하는 처분을 하는 것이 타당하다는 것을 밝혔으면 판결이유에 대하여 행정청을 구속하는 효력을 인정하여 인용처분을 하여야 한다고 한다.[1)]

1) 이상규, 신행정쟁송법, 개정판, p.448; 김도창(상), p.836.
2) 김동희(I), p.596; 동, 부작위위법확인소송과 의무이행행정심판, 고시연구, 1986. 3 월호.

제 5 절 當事者訴訟

I. 槪 說

(1) 의의 행정소송법은 공법상의 당사자소송을 항고소송과 함께 행정소송의 하나의 유형으로 인정하였다(동 3(2)·39 내지 44). 당사자소송은 구법에서부터 「기타의 공법상의 권리관계에 관한 소송」이라 하여 인정되어 왔다(구법 1).

행정소송법은 실체법에서의 공법과 사법의 구별을 전제로 하여 소송법에서도 소송을 행정소송과 민사소송으로 나누고, 행정소송은 다시 「공권력의 행사·불행사」에 대하여 제기하는 항고소송과 「공법상의 법률관계」에 대하여 제기하는 당사자소송으로 나누고 있다.

당사자소송은 「행정청의 처분 등을 원인으로 하는 법률관계에 관한 소송 그 밖에 공법상의 법률관계에 관한 소송으로서 그 법률관계의 한쪽 당사자를 피고로 하는 소송」이다(행송 3(2)).

우리 실정법체계상 개념적으로 일응 공법과 사법을 구별하고 있으며, 행정사건의 처리에는 전문성이 요구된다는 뜻에서 행정법원이 설치되었을 뿐만 아니라, 특히 심리절차 등에 있어서도 뒤에서 보는 바와 같이 ① 당사자소송과 항고소송간에는 소변경이 가능하나, 민사소송과 항고소송간에는 소변경을 할 수 없고, ② 당사자소송에는 관련 민사소송청구를 병합할 수 있으나, 민사소송에는 관련 당사자소송청구를 병합할 수 없고, ③ 당사자소송에는 행정청이 참가할 수 있으나, 민사소송에는 불가능하며, ④ 당사자소송에는 직권주의가 적용되나, 민사소송에는 변론주의가 적용되고, ⑤ 당사자소송의 판결의 기속력은 당해 행정주체 산하의 행정청에도 미치나, 민사소송에서는 소송당사자에게만 미치는 등 당사자소송은 민사소송과 상당한 차이가 있기 때문에 당사자소송을 민사소송과 별도로 인정할 실익이 있다고 할 것이다.[1]

(2) **종류** 행정소송법은 규정내용이 애매하기는 하지만 당사자소송을 다시 두 가지로 나누고 있다고 보는 것이 일반적 견해이다. 즉 ① 「행정청의 처분 등을 원인으로 하는 법률관계에 관한 소송…으로서 그 법률관계의 한쪽 당사자를 피고로 하는 소송」과 ② 「그 밖에 공법상의 법률관계에 관한 소송으로서 그 법률관계의 한쪽 당사자를 피고로 하는 소송」을 규정하고 있는데, 전자의 소송 중

1) 백윤기, 당사자소송의 대상, 행정판례연구회, 행정판례연구 Ⅳ, p.359.

에는 형식적으로는 법률관계의 당사자 간의 쟁송이지만, 실질적으로는 행정청의 처분을 다투는 소송(예컨대 한국주택공사 A가 사인 B의 토지를 수용하는 경우에 보상금액에 관한 중앙토지수용위원회 C의 이의신청재결에 불복이 있는 경우에는 토지등의 취득 및 보상법 제75조의2에 의하여 B는 A와 C를 피고로 하여 보상금증액청구소송을 제기하게 되는바, 이 소송은 형식적으로는 법률관계의 당사자인 A와 B간의 다툼이나 실질적으로는 C의 이의신청에 대한 재결처분을 다투는 소송이다.) 이 포함되어 있다고 본다. 이러한 당사자소송을 형식적 당사자소송이라 한다. 이러한 형식적 당사자소송에 대하여 형식적으로나 실질적으로나 당사자간의 소송을 실질적 당사자소송이라 한다. 그리하여 당사자소송에는 이러한 두 가지 유형이 있다.

Ⅱ. 實質的 當事者訴訟

1. 內 容

행정소송법은 공법상의 권리관계, 즉 공권을 소송물로 하는 것을 공법상의 「실질적」당사자소송으로 하였다. 실질적당사자소송에 해당하는 것을 예시하면 다음과 같다.[1]

(1) 처분 등을 원인으로 하는 법률관계에 관한 소송 처분 등이 원인이 되어 그 직접적인 결과로서 성립된 법률관계는 공법관계로 보아서, 이에 관한 소송을 당사자소송으로 하려는 것이 행정소송법 제 3 조 제 2 호에서 「행정청의 처분 등을 원인으로 하는 법률관계에 관한 소송」을 당사자소송으로 예시하고 있는 취지라고 할 것이다. 이러한 당사자소송으로는, ① 과세처분의 무효 또는 취소를 전제로 한 조세채무부존재확인소송과 같이 처분으로 형성된 법률관계 그 자체를 다투는 소송이 당사자소송에 속한다는 것은 대체로 견해가 일치되어 있다. ② 그러나 처분 등을 기초로 하면서도 처분으로 형성된 법률관계 그 자체가 아닌 다른 법률관계를 다투는 소송, 예컨대 과세처분의 무효 또는 취소를 전제로 한 과오납금환급청구소송 등이 당사자소송에 속하는지에 대하여서는 견해가 나누어지고 있다. 다수의 견해는 행정소송법 제 3 조 제 2 호 전단의 「행정청의 처분 등을 원인으로 하는 법률관계에 관한 소송」에 속하는 것으로 보아 전형적인 당사자소송으로 보는 데 대하여, 판례는 처분을 원인으로 하는 법률관계 중 그 소송물의 성질에 따라 그것이 사법상(私法上)의 권리이면, 비록 처분 등의 효력이 선결문제가 되어 있다 하더라도 민사소송으로 보고 있다. ③ 종래의 판례는 국가배상청구사건을 모두 민사소송으로 다루었다. 그러나 국가배상사건을 그 성질에 따라 구분하여 적어도 행정처분의 적법 여부와 직접 관련된 국가배상청구

1) 김도창(상), p.765.

사건은 당사자소송으로 처리하여야 할 것이다.[1)]

(2) **공법상의 신분·지위 등의 확인소송** 판례는 ① 공무원이나 국·공립학교 학생 또는 국가유공자의 확인을 구하는 소를 당사자소송으로 보고 있다(90 누 9292(1991.9.24 대판); 90 누 3041(1991.1.25 대판); 90 누 4440(1990.10.23 대판)). ② 또한 국가와 채용계약에 의하여 일정기간 연구업무에 종사하는 계약직공무원이 국가의 일방적 계약해지통지를 다투는 소송은 그 해지통지를 공권력적 작용으로 볼 수 없어 항고소송에 의할 수 없고 지위확인을 구하는 당사자소송에 의한다(92 누 4611(1993.9.14 대판)). ③ 또한 도시 및 주거환경 정비법에 의한 재개발조합은 조합원에 대한 관계에서 조합원의 강제가입 등 공법상의 권리의무관계에 선다고 할 것이므로, 조합원자격인정여부가 다투어지는 경우, 그 다툼은 당사자소송의 대상이 된다(94 다 31235(1996.5.15 대판)).

(3) **공법상 금전지급청구소송** ① 공법상의 손실보상청구권은 공법상의 권리로 보아야 할 것이므로 그 소송은 당사자소송으로 보아야 할 것이다. 그러나 판례는 일관되게 그 권리를 사법상의 권리로 보고 민사소송으로 다루고 있다. 다만 5·18민주화운동 관련자 보상등에 관한 법률에 기한 보상금청구는 그 보상청구권을 공법상의 권리로 보아 당사자소송으로 다루었다(92 누 3335(1992.12.24 대판)). ② 산업재해보상보험법·고용보험법·공무원연금법·군인연금법·국가유공자 예우 및 지원에 관한 법률 등 각종 사회보장관계법률은 각 법률에 의한 급부를 받기 위하여서는 당사자의 신청과 이에 대한 행정청의 심사를 거친 결정에 의하도록 되어 있어, 법령상의 요건에 해당하는 것만으로 바로 구체적인 청구권이 발생하는 것이 아니고 행정청의 인용결정에 의하여 비로소 구체적인 청구권이 발생하도록 되어 있다. 따라서 이러한 경우에는 행정청의 인용결정 없이 청구권을 행사하는 것은 허용되지 아니하며, 신청과 그에 대한 행정청의 결정을 기다려 기각결정이 있을 경우, 그 결정의 취소를 구하는 항고소송에 의하여 구제를 받을 것이다. 다만 행정청의 인용결정이 있었음에도 급부가 이루어지지 않을 경우, 그 급부를 청구하는 소는 당사자소송이 될 것이다. 그리고 위와 같은 통상의 경우와는 달리 공법상의 청구권이 근거법령상 행정청의 1차적 판단 없이 바로 구체적 청구권이 발생하는 것으로 해석되는 경우에는 당사자소송으로 급부를 청구할 수 있다고 할 것이다(같은 취지: 95 다 28960(1997.5.30 대판)). ③ 법령에 의하여 관리주체와 비용부담주체가 다르게 정하여 있는 경우, 관리주체가 비용을 청구하는 소나, 비용부담주체가 과불금의 반환을 청구하는 소, 공무원의 선임감독자가 국가배상을

1) 예컨대 영업허가를 거부당한 자가 항고소송을 제기하지 아니한 채 처분청이 속하는 국가를 상대로 영업허가 거부의 위법을 주장하여 국가배상청구를 한 사건은 행정법 원리가 주된 쟁점이 된다는 점에서 민사소송에 적합하지 않다고 할 것이다.

행하고 공무원에게 구상금을 청구하는 소송(국배 6)은 당사자소송에 해당한다고 할 것이다.

(4) **공법상계약에 관한 소송** 행정주체 상호간 또는 행정주체와 사인 간의 공법상계약에 관련된 분쟁에 관한 소송은 당사자소송이다. 판례는 국가와의 계약에 의하여 임용된 계약직공무원의 임면에 관한 분쟁의 소와 서울시립무용단 해촉의 무효확인의 소를 당사자소송으로 보고 있다(95 누 4636 (1995.12.22 대판)).

2. 當事者訴訟의 문제 상황

(1) 당사자소송은 하나의 포괄적인 개념이며, 행정소송 중에서 항고소송을 제외한 모든 소송을 가리키는 일종의 잔여개념이다. 즉, 항고소송은 정형적 소송유형인 데 대하여, 당사자소송은 비정형적 소송유형이라 하겠다. 그리하여 당사자소송은 새로운 소송유형을 창출할 수 있는 시원적인 소송유형이라 할 것이다. 여기에서 정형적 소송유형인 항고소송에 의하여 처리될 수 없는 사건은 널리 당사자소송에 의하여 해결될 수 있으며, 더 나아가서는 항고소송사건도 당사자적인 법률관계로 환원될 수 있는 것이므로 두 소송형태 간의 선택도 인정될 수 있다고 할 것이다.[1)]

독일행정소송법의 일반적이행소송이나 확인소송이 당사자소송에서 발전되어 온 것은 당사자소송의 시원적인 소송유형임을 보여 주는 것이다. 따라서 우리나라에 있어서도 당사자소송에 이러한 소송을 포함시켜 일반적 이행소송은 행정행위를 제외한 여타의 행정작용(예: 사실행위 및 직무행위)의 작위·부작위·수인을 구하는 소송으로, 확인소송은 공법상의 법률관계의 존부 여부에 대한 확인을 구하는 소송으로 소송실무상 인정하여 취소소송중심주의에서 탈피하는 것이 바람직하다 할 것이다.[2)]

(2) 그런데 실제의 소송실무상으로는 당사자소송이 거의 인정되지 않고 있으며, 학설도 별다른 관심을 보이지 않고 있다. 그 이유를 간추려 보면 다음과 같다.

㈎ 첫째는 항고소송과의 관계에서 찾아볼 수 있다. 행정소송법에서의 취소소송중심주의이다. 행정소송법은 항고소송제도를 행정구제의 중심으로 하였으며, 항고소송의 전형을 취소소송으로 하였다. 그리하여 취소소송이 행정구제의 중심적 위치를 차지하게 됨에 따라 행정구제를 취소소송과 동위로 보는 사고가

1) 예컨대, 조세부과처분이 무효인 경우에는 항고소송인 무효확인소송, 당사자소송인 조세채무부존재확인소송을 생각할 수 있다.

2) 정하중(총), p. 793 참조.

생기게 되고, 행정행위 이외의 행위형식에 따른 분쟁도 취소소송에 의하여 해결하려고 하여 처분성의 확대이론이 주장되었다.

(나) 둘째는 민사소송과의 관계에서 찾아볼 수 있다. 행정소송법상의 당사자소송에 관한 규정이 극히 간단하고 또한 미비되어 공법상당사자소송을 행정소송법에 정하여진 정도의 규정 및 효과만으로는 독자의 제도로 보기 어렵고, 민사소송과 구별하기가 어렵다고 본다.

Ⅲ. 形式的 當事者訴訟

1. 內 容

형식적으로는 법률관계의 당사자 간의 쟁송이지만, 실질적으로는 행정청의 처분을 다투는 소송을 말한다.[1] 가장 전형적인 예로 들어지는 것이 특허무효심판·특허권존속기간의 연장등록무효심판·권리범위확인심판에 관한 소송 등 지적재산권에 관한 소송(특허 187 단서 참조)과 방송통신위원회의 재정에 관한 다툼의 소(전기통신기본 40의 2⑤⑥) 및 「토지등의 취득 및 보상법」 제85조의 규정에 의한 손실보상금증감청구소송을 들 수 있겠다. 다음에서는 방송통신위원회의 재정(裁定)에 대한 다툼의 소와 토지등의 취득 및 보상법 제85조의 규정에 의한 손실보상금증감청구소송에 대하여서만 살펴보기로 한다.

(1) **방송통신위원회의 재정(裁定)에 관한 다툼의 소** 전기통신사업법 제40조의2 규정에 의하면, 전기통신사업자 또는 이용자는 전기통신사업법 제33조의2 규정에 의한 손해배상 또는 제33조의5 규정에 의한 실비보상 등에 관하여 전기통신사업자와 이용자 간에 협의가 이루어지지 아니한 경우 등에는 방송통신위원회에 재정을 신청할 수 있다. 이에 대하여 방송통신위원회에서 재정을 한 경우에 그 재정 중 당사자가 지급하거나 수령하여야 할 금액에 대하여 불복이 있는 자는 재정문서의 송달을 받은 날로부터 60일 이내에 소송을 제기할 수 있다. 그 소송에서는 다른 당사자를 피고로 한다. 바로 이 소송이 형식적 당사자소송인데, 형식적으로는 법률관계의 당사자인 전기통신사업자와 그 이용자 간의 소송이지만, 실질적으로는 방송통신위원회의 행정처분(재정)을 다투는 소송이다.

(2) **손실보상금증감청구소송** 토지수용을 위한 재결은 지방토지수용위원회 또는 중앙토지수용위원회가 행하며, 그 재결에 대하여 불복이 있는 경우에는,

---

1) 박윤흔, 형식적 당사자소송, 공법이론의 현대적 과제(구병삭 박사 정년퇴임 기념논문집), 1991, p.615 참조.

지방토지수용위원회 또는 중앙토지수용위원회의 재결에 대하여 바로 행정소송을 제기할 수도 있고, 중앙토지수용위원회에 이의신청을 하고, 이에 다시 불복하는 경우에 행정소송을 제기할 수도 있다(토지등의 취득 및 보상 85). 그런데 지방토지수용위원회나 중앙토지수용위원회의 재결이나, 중앙토지수용위원회의 이의신청재결에는 두 가지 사항이 포함되어 있다. ① 권리취득재결과 ② 보상금재결이 그것이다. 「토지등의 취득 및 보상법」은 위의 ①②에 대한 불복소송형태를 달리 정하고 있다. 즉, ① 권리취득재결에 대하여 불복하는 경우에는 행정청인 지방토지수용위원회 또는 중앙토지수용위원회를 피고로 하여 그 취소를 구하는 행정소송(취소소송)을 제기하도록 하였고, ② 보상금재결에 불복하는 경우에는 보상금증감청구소송을 당해 소송을 제기하는 자가 토지소유자 또는 관계인인 때에는 사업시행자를, 사업시행자인 때에는 토지소유자 또는 관계인을 각각 피고로 하여 제기하도록 하였다(동 85②).

여기에서의 보상금증감청구소송은 형식적으로는, 법률관계의 당사자인 토지소유자 또는 관계인과 사업시행자간의 보상금에 관한 소송이지만, 실질적으로는 토지소유자 또는 관계인이나 사업시행자가 토지수용위원회의 재결의 위법을 주장하는 소송이다. 따라서 형식적당사자소송이다.[1)]

2. 根據(인정 여부)

그런데 행정소송법은 「행정청의 처분 등을 원인으로 하는 법률관계에 관한 소송…으로서 그 법률관계의 한쪽 당사자를 피고로 하는 소송」이라고만 규정하고 있어, 형식적당사자소송이 동 규정만에 의하여 인정될 수 있는지에 대하여 다툼이 있다.

(가) 부정설 행정청의 처분(위의 예에서 토지수용위원회의 재결)이 있으면 당해 처분은 공정력을 갖는데, 명문의 규정이 없는 데도 불구하고 형식적 당사자소송을 인정하여, 공정력을 가지는 처분을 그대로 둔 채 당해 처분을 원인으로 하는 법률관계(위의 예에서 보상금증감액청구)에 관한 소송을 제기하고 법원이 이를 심리·판단하는 것은 공정력에 반한다고 한다.[2)]

1) 구 토지수용법은 종전에는(1990.4.7 법률 4231호에 의한 개정전) 형식적 당사자소송을 인정하지 아니하였다. 그리하여 보상금액만을 다투는 경우에도 이의신청재결 전체의 취소를 구하는 취소소송을 제기하게 하고, 법원에서 인용판결을 하면 중앙토지수용위원회에서 보상금액을 다시 판결하였다. 이와 같은 절차는 이의신청재결이 판결에 의하여 취소되더라도 그것에 의하여 보상금액이 정하여지는 것이 아니고 또다시 토지수용위원회에서 보상금액을 정하여야 하기 때문에 권리구제가 우회적이었다.

2) 김남진(I), p.796.

(나) **긍정설** 우리 행정소송법 제 3 조 제 2 호의「행정청의 처분 등을 원인으로 하는 법률관계에 관한 소송…으로서 그 법률관계의 한쪽 당사자를 피고로 하는 소송」에는 형식적 당사자소송이 포함된다고 하고, 이론상으로도 공정력을 가진 처분을 그대로 둔 채 형식적당사자소송을 제기하고 이에 대한 판결이 있으면 당해 판결이 처분보다 우선한 것으로 볼 것이기 때문에 문제가 없다고 한다.[1] 부정설이 타당하다고 생각한다.

3. 성 질

(가) 형식적당사자소송, 그 중에서도 위에서 본「토지등의 취득 및 보상법」에 의한 보상금증감청구소송의 성질에 대하여서는 형성소송설과 급부·확인소송설이 대립되어 있다.

(나) 형성소송설은 토지수용위원회의 보상결정은 행정처분으로서 공정력을 가지며, 따라서 보상금증감청구소송은 보상재결의 적극적 변경 또는 소극적 변경(증액 또는 감액)을 구하는 소송이라고 한다.

(다) 이에 대하여 급부·확인소송설은 직접적으로 과소보상금의 급부 또는 과다보상금의 반환이나 보상채무부존재확인을 구하는 소송이라고 한다.[2]

(라) 생각건대 토지수용위원회의 보상금재결은 행정처분이며, 따라서 공정력을 갖기는 하지만, 보상금증감청구소송을 인정한「토지등의 취득 및 보상법」제 85조가 공정력을 이미 배제하였다고 볼 것이기 때문에 형성소송이 아니라 급부·확인소송이라 할 것이다.

Ⅳ. 當事者適格

당사자는 그 법률관계의 주체이다.

(1) **원고적격** 당사자소송은 민사소송과 유사한 법률관계 당사자간의 소송이므로, 원고적격에 관한 취소소송에 관한 규정이 준용되지 아니하며, 민사소송에 관한 규정이 준용된다(행송 8②).

(2) **피고적격** 당사자소송에 있어서는 항고소송과는 달리, 행정청을 피

1) 이상규(상), p.805; 김도창 교수님은 종전에는 긍정설을 취하셨으나,「앞으로의 학설·판례의 발전을 기다려야 할 것이다」라고 하여 입장표명을 보류하신다. 김도창(상), 제 3 전정판, 1988, p.768 참조.

2) 정확하게는 증액청구의 경우는 과소부분의 급부청구소송이며, 감액청구의 경우는 과다부분의 반환청구소송 또는 과다부분채무부존재확인소송이라 하겠다.

고로 하는 것이 아니고, 국가 · 공공단체 그 밖의 권리주체를 피고로 한다(동 39; 대법원 2001. 12. 11. 2001 두 7794 합창단재위촉거부처분취소).[1]

Ⅴ. 土地管轄

당사자소송의 재판관할에 관하여서는 취소소송에 관한 규정이 준용된다(동 40·9). 따라서 제 1 심관할법원은 피고의 소재지를 관할하는 행정법원이다. 다만 국가 또는 공공단체가 피고인 경우에는 관계행정청의 소재지를 피고의 소재지로 보며(동 40단서), 따라서 관계행정청의 소재지를 관할하는 행정법원의 관할이 된다. 이 경우 관계행정청이 중앙행정기관 또는 그 장인 때에는 대법원 소재지의 행정법원의 관할이 된다.

Ⅵ. 當事者訴訟의 特殊性

1. 準用되는 규정

민사소송에 대한 특수성을 말하는 것으로 그것은 결국 당사자소송에 대하여 취소소송의 절차에 관한 규정이 어느 범위에서 준용되는가 하는 문제이다.

취소소송의 절차에 관한 규정 중에서 재판관할(행소 9), 관련청구의 이송 · 병합(동 10), 피고경정(동 14), 공동소송(동 15), 소송참가(동 16·17), 소변경(동 21), 처분변경으로 인한 소변경(동 22), 행정심판기록 제출명령(동 25), 직권심리주의(동 26), 판결의 기속력(동 30①), 소송비용부담(동 32) 등 주로 소송의 신속한 처리, 실체적 진실의 발견, 재판의 적정을 기하기 위한 규정들이 준용된다(동 42·44).

이들 규정은 당사자소송의 특수성이란 관점에서 볼 때 별다른 의미를 갖지 않는 경미한 규정이라고도 할 것인바, 그것은 어떠한 소송을 당사자소송으로 하여야 할 실무상 필요성을 없게 만들며, 당사자소송 무용론의 논거가 되기도 한다. 여하튼 여기에서는 몇 가지 사항에 대하여서만 더 상세하게 검토하여 보기로 한다.

---

1) 광주광역시문화예술회관장의 단원 위촉은 광주광역시문화예술회관장이 행정청으로서 공권력을 행사하여 행하는 행정처분이 아니라 공법상의 근무관계의 설정을 목적으로 하여 광주광역시와 단원이 되고자 하는 자 사이에 대등한 지위에서 의사가 합치되어 성립하는 공법상 근로계약에 해당한다고 보아야 할 것이므로, 광주광역시립합창단원으로서 위촉기간이 만료되는 자들의 재위촉 신청에 대하여 광주광역시문화예술회관장이 실기와 근무성적에 대한 평정을 실시하여 재위촉을 하지 아니한 것을 항고소송의 대상이 되는 불합격처분이라고 할 수는 없다(대법원 2001. 12. 11. 2001 두 7794 합창단재위촉거부처분취소).

(1) **직권심리** 당사자소송도 변론주의에 의하지만, 당사자의 소송추행(訴訟追行)이 불비·불충분하여 충분한 심증을 얻을 수 없는 경우에 대비하기 위하여, 보충적으로 취소소송의 직권증거조사에 관한 규정이 준용된다.

(2) **행정청의 소송참가** 행정조직의 복잡성과 판결의 영향을 감안하여 당사자소송에 있어서도 행정청의 소송참가에 관한 규정을 준용한 것이다. 그러나 당사자소송에 있어서는 국가가 일방당사자가 되기 때문에 행정청의 소송참가 규정은 커다란 의미를 갖는다고는 할 수 없겠다.

(3) **판결의 기속력** 당사자소송에 있어서 국가측이 패소한 경우에 그것이 금전채권의 집행에 해당되는 경우를 제외하고는 재판의 집행은 어떠한 형태로든지 행정주체의 활동에 영향을 미치게 된다. 그 경우 법원과 집행관에 의한 강제집행에 적합한 것도 있고, 어느 정도 행정적 판단을 가미하지 않으면 안 되기 때문에 기속력에 의하여 행정청의 일정한 작위의무를 설정하는 것이 보다 바람직스러운 해결을 도모할 수 있는 경우도 있다고 하겠다. 판결의 기속력에 관한 규정을 당사자소송에 준용한 것은 그러한 이유에서라고 하겠다. 판결의 기속력에 관한 규정이 그와 같은 기능을 발휘할 수 있는 경우로는 공해 등 사건에 있어서 법원이 추상적인 부작위명령을 발한 경우를 들 수 있겠다.

2. 準用되지 아니한 規定

(1) **제소기간** ① 취소소송의 제소기간에 관한 규정은 준용되지 아니한다. ② 다만 당사자소송에 관하여 법령에 제소기간이 정하여져 있는 때에는 그 기간은 불변기간으로 한다(동 41). 이 규정은 위에서 본 방송통신위원회는 재정에 대한 다툼의 소, 손실보상금증감청구소송 등의 경우와 같이 형식적당사자소송에 대하여 제소기간이 정하여져 있는 경우를 상정한 것이다.

(2) **기타 규정** 원고적격(동 12), 피고적격(동 13), 예외적 행정심판전치주의(동 18), 소송대상(동 19), 집행정지(동 23), 사정판결(동 28), 제 3 자에 의한 재심청구(동 31) 등 취소소송에 특유한 규정은 준용되지 아니한다.

(3) **가집행선고의 제한** 국가를 상대로 하는 당사자소송의 경우에는 가집행선고를 할 수 없다(동 43). 그런데 헌법재판소는 소송촉진등에 관한 특례법 제 6 조 단서 「국가를 상대로 하는 재산권의 청구에 관하여는 가집행의 선고를 할 수 없다」는 부분이 헌법 제11조 제 1 항에 위반된다고 판시하였다.[1] 그 결과 위

1) 소송촉진등에 관한 특례법 제 6 조 제 1 항 중 단서 부분은 재산권과 신속한 재판을 받을 권리의 보장에 있어서 합리적 이유 없이 소송당사자를 차별하여 국가를 우대하고 있는 것이므로

단서는 삭제되었고, 국가가 민사상 당사자인 경우에는 가집행선고가 가능하게 되었다. 따라서 공법상 당사자소송에서 재산권의 청구를 인용하는 판결을 하는 경우 가집행선고를 할 수 있다.[1] 행정소송법 개정안은 가집행선고의 제한 규정을 삭제하였다.

헌법 제11조 제1항에 위반된다(헌법재판소 1989.1.25. 88 헌가 7 소송촉진등에관한특례법제6조의위헌심판).

1) 행정소송법 제8조 제2항에 의하면 행정소송에도 민사소송법의 규정이 일반적으로 준용되므로 법원으로서는 공법상 당사자소송에서 재산권의 청구를 인용하는 판결을 하는 경우 가집행선고를 할 수 있다(대법원 2000.11.28. 99 두 3416 환매대금이의재결처분취소).

제 6 절 客觀的 訴訟

Ⅰ. 意 義

행정소송은 원래 위법한 행정작용에 의하여 개인의 권리·이익이 침해된 경우에 법원이 이러한 위법한 행정작용을 심리·판단하여 행정법규의 적정한 적용을 보장하고, 개인의 권익을 보호할 목적으로 하는 소송이다. 그리하여 개인의 권익보호와는 관계없이 오직 행정법규의 적정한 적용을 보장하기 위한 행정소송은 원칙적으로 허용되지 않는다.

그러나 때로는 법률이 공익적 견지에서 개인의 권익보호와는 직접 관계없이 행정법규의 적정한 적용, 즉, 행정작용의 적법성만을 보장하기 위한 소송을 인정하는 경우가 있다. 이러한 소송은 개인의 주관적 권리의 보호를 목적으로 하는 것이 아니고, 객관적인 행정작용의 적법성을 보장하기 위한 소송이기 때문에 앞에서 본 바와 같이 이를 객관적소송이라 한다.

Ⅱ. 種 類

앞에서 본 바와 같이 행정소송법은 객관적소송으로 민중소송과 기관소송의 두 가지 소송을 규정하고 있다.

1. 民衆訴訟

(1) 의의 국가 또는 공공단체의 기관이 법률에 위반되는 행위를 한 때에 직접 자기의 법률상 이익과 관계없이 그 시정을 구하기 위하여 제기하는 소송이다(행송 3(3)).

(2) 種 類

㈎ 선거무효소송

ⓐ 대통령·국회의원 선거에 관한 소송 당해 선거의 효력에 관하여 이의가 있는 선거인은 선거일로부터 30일 이내에 대법원에 제소할 수 있다(공직선거법 222①).

ⓑ 지방의회의원·지방자치단체장의 선거에 관한 소송 당해 선거의 효력에 관하여 이의가 있는 선거인은 선거일로부터 14일 이내에, 관할 선거관리위원회에 소청한 후, 그에 대한 결정서를 받은 날로부터 10일 이내에 시·도지사선거의 경우는 대법원에, 지방의회의원 및 자치구·시·군의 장의 선거의 경우는 그 선거

구를 관할하는 고등법원에 제소할 수 있다(동 219①·222②).

(나) **당선무효소송** 대통령 · 국회의원 · 지방의회의원 · 지방자치단체의 장 선거에 있어서 선거의 효력은 인정하면서 개개 당선인의 당선을 다투는 소송이다. 무자격자가 당선되었다거나 개표에 잘못이 있음을 이유로 한다(동 223). 이 소송의 경우는 선거무효소송과는 달리 일반선거인은 제소할 수 없고, 후보자와 후보자를 추천한 정당만이 제기할 수 있다. 따라서 이 소송은 객관적 소송으로 보는 견해도 있으나, 주관적 소송의 하나로 보아야 한다.

(다) **국민투표 또는 주민투표무효소송** ① 국민투표의 효력에 관하여 이의가 있는 투표인은 10만인 이상의 찬성을 얻어, 투표일로부터 20일 이내에 대법원에 제소할 수 있다(국민투표 92). ② 주민투표의 효력에 관하여 이의가 있는 주민투표권자는 주민투표권자 총수의 100분의 1 이상의 서명으로 소청할 수 있으며, 소청에 불복이 있을 때는 10일 이내에 특별시 · 광역시 및 도에 있어서는 대법원에, 시·군 및 자치구에 있어서는 관할 고등법원에 소를 제기할 수 있다.

2. 機關訴訟

(1) 의의 국가 또는 공공단체의 기관상호간의 권한의 존부 또는 그 행사에 관한 다툼이 있을 때에 이를 해결하기 위하여 제기하는 소송이다(행송 3(4)).

(2) 범위 (a) 행정소송법에서는 「국가 또는 공공단체의 기관 상호간」에 있어서의 권한의 존부 또는 그 행사에 관한 다툼이라고 규정하였는바, 그것이 동일한 법주체 내부의 기관간의 다툼만을 의미하는지 또는 다른 법주체의 기관간의 다툼도 포함되는지에 대하여 의견이 갈리고 있다.

(b) 동일한 법주체 간의 다툼만을 의미한다는 견해(한정설)는, ① 원래 기관소송은 독일에서 서로 다툴 이익이 없는 자기소송(Insichprozess)의 관념에서 유래한 것으로 동일한 법주체 내의 기관간의 소송을 의미한 것으로 보아야 한다는 점, ② 우리 행정소송법의 법문상으로도 동일 법주체간의 다툼만으로 해석하는 것이 옳다는 점을 든다.[1] 이 견해에 의하면 국가기관과 지방자치단체기관의 다툼은 별개의 법주체간의 소송이 되며, 기관소송이 아니다.

(c) 이에 대하여 다른 법주체 간의 다툼도 포함된다는 견해(비한정설)는, ① 국가기관과 지방자치단체기관간의 법률관계를 기관소송이 아닌 일반행정소송, 즉 일반사인과 행정주체간의 소송과 동일하게 보는 것은 법체계상 어려움이 있다는 점, ② 현행법상 기관소송으로 인정되고 있는 다른 소송과 균형이 맞지 않는다

1) 이광윤, 기관소송에 있어서의 쟁점, 고시계, 1994. 8월호.

는 점을 든다.[1]

(d) 다른 법주체기관간의 다툼도 현행법상으로는 행정주체와 사인간의 관계로 볼 수 없고, 행정조직법상의 문제로 보아야 할 것이므로, 비한정설의 견해가 타당하다고 본다.

(3) 현행법상의 기관소송의 사례 현행법상 인정되는 기관소송으로는, ① 지방의회나 교육위원회의 의결무효소송과, ② 주무부장관이나 상급 지방자치단체장의 감독처분에 대한 이의소송이 있다.

(가) 지방의회 등의 의결무효소송 (a) 지방자치단체의 장은 지방의회의 의결이 위법하다고 인정되는 때에는 먼저 지방의회에 재의를 요구하고, 재의결된 사항도 역시 위법하면 재의결된 날로부터 20일 이내에 대법원에 그 무효확인의 소를 제기할 수 있다(지자 107③, 172③).

(b) 주무부장관은 시·도의회의 의결이, 시·도지사는 시·군·자치구의회의 의결이, 위법하다고 인정되는 때에는 당해 지방자치단체의 장에게 재의를 요구하게 할 수 있으며, 재의결된 사항이 역시 위법함에도 당해 지방자치단체의 장이 그 의결의 무효를 구하는 소를 제기하지 아니할 때에는 직접 그 의결의 무효를 구하는 소를 제기할 수 있다(동 172).

(c) 교육감은 시·도의회 또는 교육위원회의 의결이 법령에 위반된다고 인정할 때에는 재의를 요구할 수 있고, 재의결된 사항이 역시 위법하다고 인정되면, 재의결된 날로부터 20일 이내에 그 무효확인의 소를 제기할 수 있다. 교육감이 제소하지 아니할 때에는 교육과학기술부장관은 교육감에 제소를 지시하거나 직접 제소할 수 있다(지교자 28).

(나) 감독처분에 대한 이의소송 (a) 지방자치단체의 자치사무에 관한 그 장의 명령이나 처분이 법령에 위반되거나 현저히 부당하여 공익을 해한다고 인정될 때에는 시·도에 대하여는 주무부장관이, 시·군·자치구에 대하여는 시·도지사가, 그 시정을 명하고 이에 응하지 아니하면 직접 취소나 정지를 할 수 있다. 이 경우 당해 지방자치단체의 장은 그 취소나 정지처분을 통보받은 날로부터 15일 이내에 대법원에 이의소송을 제기할 수 있다(지자 169).

(b) 지방자치단체의 장이 국가 또는 상급 지방자치단체의 위임사무의 관리·집행을 명백히 해태하고 있다고 인정될 때에는 시·도에 대하여는 주무부장관이, 시·군·자치구에 대하여는 시·도지사가 기간을 정하여 그 이행을 명할 수 있는데, 이에 이의가 있는 지방자치단체의 장은 그 이행명령서를 접수한 날로부터

---

1) 백윤기, 권한쟁의심판과 기관소송, 한국헌법학의 현황과 과제(김철수 정년기념논문집), p. 952.

15일 이내에 대법원에 소를 제기할 수 있다(동 170).

Ⅲ. 適用法規

(1) 민중소송 또는 기관소송으로서 처분 등의 취소를 구하는 소송에는 그 성질에 반하지 아니하는 한 취소소송에 관한 규정을 준용한다(행송 46①).

(2) 민중소송 또는 기관소송으로서 처분 등의 효력 유무 또는 존재여부나 부작위의 위법의 확인을 구하는 소송에는 그 성질에 반하지 아니하는 한 각각 무효등확인소송 또는 부작위위법확인소송에 관한 규정을 준용한다(동 46②).

(3) 민중소송 또는 기관소송으로서 위의 (1)(2) 소송 외의 소송에는 그 성질에 반하지 아니하는 한 당사자소송에 관한 규정을 준용한다(동 46③).

索 引

Ⅳ. 訴訟提起

1. 訴訟의 대상

(1) 부작위위법확인소송의 대상은 부작위, 즉 「행정청이 당사자의 신청에 대하여 상당한 기간 내에 일정한 처분을 하여야 할 법률상 의무가 있음에도 불구하고 이를 하지 아니한 것」이다(동 2①(2)·19 전단·38②)(p.820 참조)(90 누 9391(1991.11.8 대판)—당사자의 신청에 대한 행정청의 거부처분이 있는 경우에는 부작위위법확인소송은 허용되지 아니한다).

(2) 부작위에 대한 행정심판을 제기하여 기각판결을 받고 그 재결의 취소소송을 제기하는 경우에도 원처분주의를 취하였다(동19후단·38②).

2. 例外的 行政審判前置主義

부작위위법확인소송도 그것이 소극적이기는 하지마는, 행정청의 제 1 차적인 판단인 부작위를 대상으로 하는 것이므로, 그 성질상 행정심판과 취소소송과의 관계에 관한 규정을 준용하여, 부작위위법확인소송도 원칙적으로 임의적 선택주의를 채택하되, 예외적으로 다른 법률이 정한 경우에만 행정심판전치주의를 채택하였다(동 18·38②).

3. 提訴期間

행정소송법은 부작위위법확인소송에도 취소소송의 제소기간에 관한 규정을 준용하고 있다(법 38②·20). 그런데 부작위상태는 일종의 상태로서 계속되므로 제소기간이 있을 수 없다. 다만 각 개별법률에서 예외적 행정심판전치주의를 채택하고 있어서 먼저 행정심판을 거친 경우 또는 행정청이 고지를 잘못하여 행정심판을 거친 경우 등 행정심판을 거쳐서 이 소송을 제기하는 경우에는, 원고가 행정심판의 재결서의 정본을 송달받은 날로부터 90일 내에 부작위위법확인소송을 제기하여야 한다(행송 38②·20①단서).

4. 關聯請求의 移送·併合

처분과 관련되는 분쟁을 한꺼번에 해결하여 심리의 중복과 재판의 모순·저촉을 피함으로써, 소송경제를 기할 필요가 있는 것은 부작위위법확인소송의 경우도 마찬가지이므로 관련청구소송의 이송·병합(동 10) 및 공동소송(동 15)에 관한 규정이 준용된다(동 38).

[ㅇ]